기/본/에/충/실/한

2024

객관식 세법

Tax law

PREFACE

머리말

객관식 세법은 동시에 출판되는 세법개론의 자매서로서 세법개론의 학습과정에 있어서 이해도를 높이고 공인회계사 및 세무사 1차 시험에 대비하고자 집필되었다.

저자들은 세법개론 문제편을 다음의 사항에 중점을 두고 집필하였다.

첫째 2000년부터 2023년까지 공인회계사 및 세무사 1차 시험에서 출제된 1,600문제들 중 현재 출제경향과 맞지 않거나 난이도가 낮은 문제들을 제외한 1,000여 문제로 교재를 구성함으로써 현재 출제되는 공인회계사 및 세무사 1차 시험의 출제경향 및 난이도에 부합하도록 하였다.

둘째 문제의 해답은 혼자서도 학습할 수 있을 정도의 수준으로 집필하려고 하였으며 가급적 명확하고 일관된 서술방식을 채택함으로써 수험생들의 혼란을 최소화하고자 하였다.

셋째 공인회계사 및 세무사 1차 시험에서 출제비중이 높은 법인세, 소득세, 부가가치세는 출제비중에 따라 문제 비율을 조절함으로써 단기간에 효율적으로 학습할 수 있도록 하였으며 총 700여 문제를 엄선해서 수험생들이 2주 정도에 한 번 풀 수 있는 분량으로 구성하였다.

책을 집필하는 과정은 저자의 고민과 시간이 필요한 과정이지만 출판단계에서는 저자의 용기가 필요하다는 생각이 든다. 개정판이 나오고 난 후에 나오는 조언과 충고는 저자가 감사하고 소중하게 받아 안아서 4판을 집필할 때에는 더욱 좋은 책을 만들 것을 약속드린다.

마지막으로 이 책이 출판되기까지 물심양면으로 도움을 주신 도서출판 미래가치 사장님과 편집하느라 고생하신 편집자님께 감사를 드리며 개정판 머리말을 마칠까 한다.

2024년 2월 집무실에서

공저자 원용대 · 구범서

CONTENT

목차

CONTENT

목차

CONTENT

목 차

Part

01

부가가치세법

제1장 기본이론
제2장 총칙
제3장 과세거래
제4장 영세율 적용과 면세
제5장 과세표준과 납부세액
제6장 납세절차
제7장 간이과세

CHAPTER

01 기본이론

01 부가가치세법과 전단계세액공제법(간접법)에 대한 설명이다. 옳지 않은 것은? 2009년 회계사

① 부가가치세법상 과세표준인 재화 또는 용역의 공급에 대한 공급가액은 해당 거래단계에서 창출된 부가가치의 총액을 의미한다.
② 부가가치세법은 부가가치를 직접 산출하여 과세하지 않고 전단계세액공제법에 따라 재화 또는 용역의 공급, 재화의 수입에 대하여 부가가치세를 부과한다.
③ 전단계세액공제법은 매출액에 세율을 곱하여 거래징수한 매출세액에서 재화 등을 매입할 때 거래징수 당한 매입세액을 공제하여 부가가치세 납부세액을 계산하는 방법이다.
④ 전단계세액공제법에서 전단계세액은 부가가치세법상 매입세액에 해당한다.
⑤ 부가가치세법상 납부세액을 산출함에 있어 매출세액에서 매입세액을 공제하는 이유는 이전 거래단계에서 창출된 부가가치에 대한 중복과세를 회피하기 위한 것이다.

해답 ①

해설 부가가치세법상 과세표준인 재화 또는 용역의 공급에 대한 공급가액은 **해당 거래단계까지 창출되어 누적된 부가가치**의 총액을 의미한다.

CHAPTER

02 총 칙

제1절 납세의무자

01 부가가치세 납세의무에 대한 설명으로 잘못된 것은?

① 영리목적 없이 사업상 독립적으로 용역을 공급하는 자도 납세의무자에 해당한다.

② 사업자가 부가가치세가 과세되는 재화의 공급시 부가가치세를 거래징수하지 못한 경우에는 부가가치세를 납부할 의무가 없다.

③ 사업자등록 없이 부가가치세가 과세되는 용역을 공급하는 사업자의 경우에도 부가가치세를 신고·납부할 의무가 있다.

④ 면세가 적용되는 사업자는 납세의무가 없지만, 영세율이 적용되는 사업자는 납세의무를 진다.

⑤ 사업자가 국외에서 재화를 공급하는 경우에는 납세의무가 없다.

해답 ②

해설 사업자가 부가가치세가 과세되는 재화 또는 용역을 공급시에는 사업자등록이나 거래징수와 무관하게 납세의무를 진다.

02 부가가치세 과세제도에 대한 설명이다. 옳지 않은 것은? 2010년 회계사

① 둘 이상의 사업장이 있으면서 본점 또는 주사무소 관할 세무서장에게 사업자단위로 등록한 사업자는 본점 또는 주사무소에서 총괄하여 부가가치세를 신고·납부할 수 있다.

② 상대방으로부터 인도받은 재화에 주요자재를 전혀 부담하지 아니하고 단순히 가공만 하여 주는 것은 과세거래인 용역의 공급으로 본다.

③ 사업자는 사업장마다 사업개시일로부터 20일 이내에 사업장 관할 세무서장에게 등록하여야 한다. 다만, 신규로 사업을 시작하려는 자는 사업개시일 전이라도 등록할 수 있다.

④ 「법인세법」과 같이 「부가가치세법」에서도 국가와 지방자치단체는 납세의무자에 포함되지 않는데, 이것은 국가와 지방자치단체가 실질적으로 부가가치세 납세의무를 부담할 수 없기 때문이다.

⑤ 사업자가 자신의 사업과 관련하여 생산 또는 취득한 재화를 직접 판매하기 위하여 특별히 판매시설을 갖춘 장소는 사업장으로 보며, 사업자가 재화의 보관·관리시설만을 갖추고 하치장설치신고서를 하치장 관할세무서장에게 제출한 장소는 사업장으로 보지 아니한다.

해답 ④

해설 부가가치세법상 국가와 지방자치단체도 납세의무자에 포함된다. 다만, 입법정책상 면세를 적용할 뿐이다.

03 부가가치세법상 납세의무에 관한 설명이다. 옳은 것은?

2012년 회계사

① 사업자가 아닌 자가 부가가치세가 과세되는 재화를 개인적 용도로 사용하기 위해 수입하는 경우 부가가치세 납세의무가 없다.

② 사업자가 부가가치세가 과세되는 재화 또는 용역을 공급하는 경우 부가가치세를 거래징수하지 않았다면 부가가치세 납세의무가 없다.

③ 청산 중에 있는 내국법인은 계속등기 여부에 불구하고 사실상 사업을 계속하는 경우에는 납세의무가 있다.

④ 개인·법인과 법인격이 없는 사단·재단 또는 그 밖의 단체는 부가가치세법상 납세의무자가 될 수 있으나, 국가·지방자치단체와 지방자치단체조합은 부가가치세법상 납세의무자가 될 수 없다.

⑤ 사업자가 현물출자에 의하여 재화를 인도하는 경우에는 해당 재화가 과세대상에 해당하더라도 사업성이 없으므로 부가가치세 납세의무가 없다.

해답 ③

해설 ① 사업자가 아닌 자가 부가가치세가 과세되는 재화를 개인적 용도로 사용하기 위해 수입하는 경우도 부가가치세 납세의무가 있다.

② 사업자가 부가가치세가 과세되는 재화 또는 용역을 공급하는 경우 부가가치세를 거래징수하지 않았더라도 부가가치세 납세의무가 있다.

④ 개인·법인과 법인격이 없는 사단·재단 또는 그 밖의 단체는 부가가치세법상 납세의무자가 될 수 있으며, 국가·지방자치단체와 지방자치단체조합도 부가가치세법상 납세의무자가 될 수 있다.

⑤ 사업자가 현물출자에 의하여 재화를 인도하는 경우에도 부가가치세 납세의무가 있다.

04 부가가치세법상 납세의무에 관한 설명으로 옳은 것은?

2017년 회계사

① 과세사업자인 내국법인이 국내사업장이 없는 외국법인으로부터 매입세액공제대상인 용역을 국내에서 제공받아 과세사업에 사용하는 경우 용역을 제공받은 내국법인은 대리납부의무를 부담하지 아니한다.
② 영세율적용대상 거래만 있는 사업자는 「부가가치세법」상 신고의무가 없다.
③ 과세의 대상이 되는 행위 또는 거래의 귀속이 명의일 뿐이고 사실상 귀속되는 자가 따로 있는 경우라 하더라도 명의자에 대하여 「부가가치세법」을 적용한다.
④ 국가 및 지방자치단체는 부가가치세 납세의무자가 될 수 없다.
⑤ 「여객자동차 운수사업법」에 따른 여객자동차 운수사업 중 관광용 전세버스 운송사업을 영위하는 내국법인은 부가가치세 납세의무를 부담하지 아니한다.

해답 ①

해설 ② 영세율적용대상 거래만 있는 사업자도 부가가치세법상 신고의무가 있다.
③ 과세의 대상이 되는 행위 또는 거래의 귀속이 명의일 뿐이고 사실상 귀속되는 자가 따로 있는 경우 사실상 귀속되는 자에 대하여 부가가치세법을 적용한다.
④ 국가 및 지방자치단체도 부가가치세 납세의무자이다.
⑤ 관광용 전세버스 운송사업을 영위하는 내국법인은 부가가치세 납세의무를 부담해야 한다.

05 「부가가치세법」의 총칙에 관한 설명으로 옳지 않은 것은?

2018년 세무사

① 사업자 단위 과세사업자는 각 사업장을 대신하여 그 사업자의 본점 또는 주사무소의 소재지를 부가가치세 납세지로 한다.
② 신규로 사업을 시작하는 자가 사업개시일 이전에 사업자등록을 신청한 경우의 최초의 과세기간은 사업개시일로부터 신청일이 속하는 과세기간의 종료일까지로 한다.
③ 사업장 단위로 등록한 사업자가 사업자 단위 과세사업자로 변경하려면 사업자 단위 과세사업자로 적용받으려는 과세기간 개시 20일 전까지 사업자의 본점 또 는 주사무소 관할 세무서장에게 변경등록을 신청하여야 한다.
④ 사업자등록증을 발급받은 사업자는 휴업 또는 폐업을 하거나 등록사항이 변경되면 지체 없이 사업장 관할 세무서장에게 신고하여야 한다.
⑤ 재화를 수입하는 자의 부가가치세 납세지는 「관세법」에 따라 수입을 신고하는 세관의 소재지로 한다.

해답 ②

해설 신규로 사업을 시작하는 자에 대한 최초의 과세기간은 사업 개시일부터 그 날이 속하는 과세기간의 종료일까지로 한다. 다만, 사업개시일 이전에 사업자등록을 신청한 경우에는 그 신청한 날부터 그 신청일이 속하는 과세기간의 종료일까지로 한다.

06 「부가가치세법」상 재화의 공급으로 보는 경우에 해당하는 것은? 2019년 세무사

① 질권, 저당권 또는 양도담보의 목적으로 동산, 부동산 및 부동산상의 권리를 제공하는 것
② 사업장별로 그 사업에 관한 모든 권리와 의무를 포괄적으로 승계시키는 사업의 양도
③ 사업에 관한 모든 권리와 의무를 포괄적으로 승계시키는 사업의 양도로서 양수자가 승계받은 사업의 종류를 변경한 경우
④ 「신탁법」에 따른 위탁자가 신탁재산을 수탁자의 명의로 매매하는 경우
⑤ 사업용 자산을 「상속세 및 증여세법」에 따라 물납하는 경우

해답 ④

해설 ① 질권, 저당권 또는 양도담보의 목적으로 동산, 부동산 및 부동산상의 권리를 제공하는 것은 재화의 공급으로 보지 않는다.
② 사업장별로 그 사업에 관한 모든 권리와 의무를 포괄적으로 승계시키는 사업의 양도는 재화의 공급으로 보지 않는다.
③ 재화의 공급으로 보지 않는 사업의 양도 조건에 양수자가 승계받은 사업 외에 새로운 사업의 종류를 추가하거나 사업의 종류를 변경한 경우를 포함한다.
⑤ 사업용 자산을 「상속세 및 증여세법」에 따라 물납하는 경우는 재화의 공급으로 보지 않는다.

제2절 신고, 납세지

01 **부가가치세법상 사업장과 납세지에 대한 설명이다. 옳지 않은 것은?**

① 부가가치세는 사업장마다 신고·납부하는 것이 원칙이다.

② 주사업장총괄납부의 승인을 얻은 경우에는 부가가치세를 주된 사업장에서 총괄하여 납부하지만, 신고는 각 사업장별로 해야 한다.

③ 사업자 단위 과세 사업자로 승인을 얻은 경우에는 본점 또는 주사무소에서 총괄하여 신고·납부를 하지만, 모든 사업장이 사업자등록을 하고 각 사업장 명의로 세금계산서를 교부하여야 한다.

④ 임시사업장을 개설하는 경우에는 임시사업장의 사업개시일 10일 전까지 임시사업장의 관할 세무서장에게 임시사업장개설신고서를 제출하여야 하지만, 임시사업장의 설치기간이 10일 이내인 경우에는 임시사업장 개설신고를 하지 아니할 수 있다.

⑤ 사업자가 자기의 사업과 관련하여 생산 또는 취득한 재화를 직접 판매하기 위하여 특별히 판매시설을 갖춘 장소는 사업장으로 보지만, 재화의 보관·관리시설만을 갖추고 하치장설치신고서를 하치장 관할세무서장에게 제출한 장소는 사업장으로 보지 아니한다.

해답 ③

해설 사업자 단위 과세 사업자로 승인을 얻은 경우에는 본점 또는 주사무소에서 총괄하여 신고·납부·사업자등록·세금계산서교부를 할 수 있다.

02 **「부가가치세법」상 사업장에 관한 설명이다. 옳지 않은 것은?** 2014년 회계사

① 사업장은 사업자가 사업을 하기 위하여 거래의 전부 또는 일부를 하는 고정된 장소로 하며, 사업자가 사업장을 두지 아니하면 사업자의 주소 또는 거소를 사업장으로 한다.

② 건설업은 사업자가 법인인 경우 법인의 등기부상 소재지(등기부상의 지점소재지 포함)를 사업장으로 하며, 사업자가 개인인 경우 사업에 관한 업무를 총괄하는 장소를 사업장으로 한다.

③ 제조업은 최종제품을 완성하는 장소를 사업장으로 하며, 따로 제품 포장만을 하거나 용기에 충전만을 하는 장소와 「개별소비세법」에 따른 저유소는 사업장으로 보지 않는다.

④ 무인자동판매기를 통하여 재화·용역을 공급하는 사업은 사업에 관한 업무를 총괄하는 장소를 사업장으로 한다.

⑤ 부동산임대업은 그 업무를 총괄하는 장소를 사업장으로 한다.

해답 ⑤

해설 부동산 임대업의 사업장 : 부동산의 등기부상 소재지
(부동산상의 권리만 대여하는 경우의 사업장 : 업무를 총괄하는 장소)

03 **다음은 주사업장 총괄납부와 사업자단위 신고·납부를 비교설명한 것이다. 가장 잘못된 것은?**

① 주사업장 총괄납부의 경우, 법인은 본점(주사무소 포함) 또는 지점(분사무소 포함)을 주된 사업장으로 할 수 있는 반면에 사업자단위의 신고·납부의 경우는 본점(주사무소 포함)에서만 총괄하여 신고·납부할 수 있다.

② 주사업장 총괄납부의 경우는 총괄하여 납부하는 경우만 가능하고 신고는 각 사업장별로 이루어져야 하는 반면에 사업자단위의 신고·납부의 경우는 총괄사업장에서 신고·납부를 모두 총괄하여 하는 것이 가능하다.

③ 기존의 사업자가 주사업장 총괄납부 또는 사업자단위 신고·납부를 적용받기 위해서는 과세기간 개시 20일전에 신청서를 주된 사업장의 관할세무서장에게 제출하여야 한다.

④ 신규로 사업을 개시하는 자가 주사업장 총괄납부 또는 사업자단위 신고·납부를 적용받기 위해서는 주된사업장의 사업자등록증을 받은 날부터 20일 이내에 신청서를 제출하여야 한다.

⑤ 사업자 단위 과세 사업자가 종된 사업장을 신설하는 때에는 종된 사업장에 대한 신규사업자등록과 함께 사업자등록정정신고를 하여야 한다.

해답 ⑤

해설 ⑤ 사업자단위 과세사업자가 종된 사업장을 신설하는 때에는 사업자등록 정정신고를 하여야 한다. 따로 사업자등록을 하는 것은 아님.

04 **부가가치세법상 사업장의 범위에 관한 설명으로 가장 틀린 것은?**

① 사업자가 부동산상의 권리만을 대여하는 경우에는 그 부동산의 등기부상 소재지를 사업장으로 한다.

② 사업자가 자기의 사업과 관련하여 생산 또는 취득한 재화를 직접 판매하기 위하여 특별히 판매시설을 갖춘 장소는 사업장으로 본다.

③ 사업장을 설치하지 아니한 경우에는 사업자의 주소 또는 거소를 사업장으로 한다.

④ 사업자가 법령에 규정하는 기존사업장 외에 임시사업장을 개설하는 경우에는 그 임시사업장은 기존사업장에 포함되는 것으로 한다.

⑤ 무인판매기를 통하여 재화를 공급하는 사업자는 법령이 규정하는 기존사업장 외에 사업자의 신청에 의하여 추가로 사업장으로 등록할 수 없다.

해답 ①

해설 사업자가 부동산상의 권리만을 대여하는 경우에는 그 사업에 관한 업무총괄장소를 사업장으로 한다.

05 부가가치세법상 납세지에 관한 설명으로 가장 옳지 않은 것은?

① 부가가치세는 사업장마다 신고·납부하여야 하며 사업장소재지가 납세지가 된다.
② 건설업·운수업과 부동산매매업에 있어서는 사업자가 법인인 경우에는 그 법인의 등기부상의 소재지, 개인인 경우에는 그 업무를 총괄하는 장소를 납세지로 한다.
③ 부가통신사업자의 사이버몰을 이용하여 재화 또는 용역을 공급하는 통신판매업에 있어서는 당해 부가통신사업자의 주된 사업장소재지를 납세지로 하지만 통신판매업자가 상시 주재하여 거래의 전부 또는 일부를 행하는 별도의 장소가 있는 경우에는 그 장소를 납세지로 한다.
④ 무인자동판매기를 통하여 재화·용역을 공급하는 사업에 있어서는 그 사업에 관한 업무를 총괄하는 장소가 납세지이나 사업자의 신청에 의하여 무인자동판매기의 설치장소를 납세지로 할 수 있다.
⑤ 사업장이 2 이상 있는 경우로서 주된 사업장 관할세무서장의 승인을 얻은 경우에는 주된 사업장에서 각 사업장별 납부세액을 총괄하여 납부할 수 있다.

해답 ④
해설 무인자동판매기를 통하여 재화·용역을 공급하는 사업에 있어서는 사업자의 신청에 의하여 무인자동판매기의 설치장소를 납세지로 할 수 없다.

06 신고·납세지에 관한 설명으로 옳은 것은 모두 몇 개인가?

2011년 세무사

ㄱ. 국가·지방자치단체 또는 지방자치단체조합이 공급하는 부동산 임대용역에 있어서 사업장은 그 부동산 등기부상의 소재지이다.
ㄴ. 무인자동판매기를 통하여 재화·용역을 공급하는 사업에 있어서 사업장은 그 사업에 관한 업무를 총괄하는 장소이다. 다만, 그 이외의 장소도 사업자의 신청에 의하여 추가로 사업장으로 등록할 수 있다.
ㄷ. 법인이 주사업장총괄납부의 신청을 하는 경우 주된 사업장은 본점 또는 주사무소를 말하며, 지점 또는 분사무소는 주된 사업장으로 할 수 없다.
ㄹ. 신규로 사업을 개시하는 자가 주된 사업장의 사업자등록증을 받은 날부터 20일 이내에 주사업장총괄납부를 신청하였을 때에는 관할 세무서장의 승인 없이 해당 신청일이 속하는 과세기간부터 총괄하여 납부한다.
ㅁ. 사업장은 원칙적으로 사업자 또는 그 사용인이 상시 주재하여 거래의 전부를 행하는 장소이므로 거래의 일부를 행하는 장소는 사업장이 아니다.

① 없음 ② 1개 ③ 2개
④ 3개 ⑤ 5개

해답 ②

해설 ㄱ. 국가·지방자치단체 또는 지방자치단체조합이 공급하는 부동산 임대용역에 있어서 사업장은 그 사업에 관한 업무를 총괄하는 장소이다.
ㄴ. 무인자동판매기를 통하여 재화·용역을 공급하는 사업에 있어서 사업장은 그 사업에 관한 업무를 총괄하는 장소이다. 그 이외의 장소를 사업자의 신청에 의하여 추가로 사업장으로 등록할 수 없다.
ㄷ. 법인이 주사업장총괄납부의 신청을 하는 경우 주된 사업장은 본점 또는 주사무소를 말하며, 지점 또는 분사무소도 주된 사업장으로 할 수 있다.
ㅁ. 사업장은 원칙적으로 사업자 또는 그 사용인이 상시 주재하여 거래의 전부를 행하는 장소이며 거래의 일부를 행하는 장소도 사업장이다.

07 **「부가가치세법」상 납부세액의 계산 및 신고에 관한 설명으로 옳지 않은 것은?** 2018년 세무사

① 사업자가 자기의 사업을 위하여 사용할 목적으로 공급받은 재화에 대한 매입세액은 매출세액에서 공제할 수 있다.
② 신용카드매출전표등 수령명세서를 「국세기본법」에 따른 기한 후 과세표준신고서와 함께 제출하여 관할 세무서장이 결정하는 경우의 해당 매입세액은 매출세액에서 공제한다.
③ 사업장이 둘 이상인 사업자가 주된 사업장의 관할 세무서장에게 주사업장 총괄납부를 신청한 경우에는 납부할 세액을 주된 사업장에서 총괄하여 신고하여야 한다.
④ 사업자는 매입세액이 공제되지 아니한 면세사업등을 위한 감가상각자산을 과세사업에 사용하거나 소비하는 경우 대통령령으로 정하는 바에 따라 계산한 금액을 그 과세사업에 사용하거나 소비하는 날이 속하는 과세기간의 매입세액으로 공제할 수 있다.
⑤ 간이과세자가 일반과세자로 변경되면 그 변경 당시의 재고품, 건설 중인 자산 및 감가상각자산에 대하여 대통령령으로 정하는 바에 따라 계산한 금액을 매입세액으로 공제할 수 있다.

해답 ③

해설 사업장이 둘 이상인 사업자(사업장이 하나이나 추가로 사업장을 개설하려는 사업자를 포함)가 주된 사업장의 관할 세무서장에게 주사업장 총괄 납부를 신청한 경우에는 납부할 세액을 주된 사업장에서 총괄하여 납부할 수 있다.(신고는 각 사업장마다 하여야 함)

08 **「부가가치세법」상 사업장에 관한 설명으로 옳지 않은 것은?** 2019년 세무사

① 사업장은 사업자가 사업을 하기 위하여 거래의 전부 또는 일부를 하는 고정된 장소로 한다.

② 사업장을 설치하지 아니하고 사업자등록도 하지 아니한 경우에는 과세표준 및 세액을 결정하거나 경정할 당시의 사업자의 주소 또는 거소를 사업장으로 한다.

③ 광업의 경우 광업사무소의 소재지로 하되, 광업사무소가 광구(鑛區) 밖에 있을때에는 그 광업사무소에서 가장 가까운 광구에 대하여 작성한 광업 원부의 맨 처음에 등록된 광구 소재지에 광업사무소가 있는 것으로 본다.

④ 제조업의 경우 따로 제품 포장만을 하거나 용기에 충전만을 하는 장소와 「개별소비 세법」에 따른 저유소(貯油所)는 사업장에서 제외한다.

⑤ 부동산상의 권리만 대여하는 부동산임대업의 경우에는 부동산의 등기부상 소재지를 사업장으로 하여야 한다.

해답 ⑤

해설 부동산상의 권리만을 대여하는 사업자가 부동산을 임대하는 경우에는 그 사업에 관한 업무를 총괄하는 장소를 사업장으로 한다.

제3절 사업자등록

01 사업자등록에 관한 설명으로 옳지 않은 것은? 2011년 세무사

① 추가로 사업장을 개설하여 둘 이상의 사업장이 있는 사업자는 사업자 단위로 해당 사업자의 본점 또는 주사무소 관할 세무서장에게 등록하여야 한다.
② 관할 세무서장은 부가가치세 업무의 효율적인 처리를 위하여 필요하다고 인정하는 때에는 사업자등록증을 갱신 발급할 수 있다.
③ 사업자가 폐업하는 경우 사업장 관할 세무서장은 지체 없이 그 등록을 말소하여야 한다.
④ 사업자가 배우자의 명의로 사업자등록을 하고 실제 사업은 자신의 계산과 책임으로 영위하는 것으로 확인되는 경우에는 타인명의등록에 따른 가산세가 부과되지 아니한다.
⑤ 신규로 사업을 시작하려는 자는 사업개시일 전이라도 사업자등록을 할 수 있다.

해답 ①
해설 ① 추가로 사업장을 개설하여 둘 이상의 사업장이 있는 사업자는 사업자 단위로 해당 사업자의 본점 또는 주사무소 관할 세무서장에게 등록할 수 있다.

02 「부가가치세법」상 사업장에 관한 설명으로 옳지 않은 것은? 2021년 세무사

① 기획재정부령으로 정하는 이동통신역무를 제공하는 전기통신사업의 사업장은 사업자가 법인인 경우에는 그 법인의 본점소재지이다.
② 사업자가 사업장을 설치하지 아니하고 사업자등록도 하지 아니한 경우에는 과세표준 및 세액을 결정하거나 경정할 당시의 사업자의 주소 또는 거소를 사업장으로 한다.
③ 운수업의 사업장은 개인의 명의로 등록된 차량을 다른 개인이 운용하는 경우 그 등록된 개인이 업무를 총괄하는 장소이다.
④ 무인자동판매기를 통하여 재화·용역을 공급하는 사업의 경우에는 사업에 관한 업무를 총괄하는 장소 외의 장소를 추가로 사업장으로 등록할 수 있다.
⑤ 사업자가 자기의 사업과 관련하여 생산하거나 취득한 재화를 직접 판매하기 위하여 특별히 판매시설을 갖춘 장소는 사업장으로 본다.

해답 ④
해설 무인자동판매기를 통하여 재화·용역을 공급하는 사업의 경우에는 사업에 관한 업무를 총괄하는 장소만을 사업장으로 할 수 있다.

03 부가가치세법상 납세지와 사업자등록에 관한 설명이다. 옳지 않은 것은? 2019년 회계사

① 사업장이 둘 이상인 사업자가 사업자 단위로 사업자등록을 한 경우에는 각 사업장을 대신하여 그 사업자의 본점 또는 주사무소 소재지를 부가가치세 납세지로 한다.
② 사업자 단위로 등록한 사업자의 세금계산서 발급·수취 의무와 부가가치세 신고·납부 의무는 본점 또는 주사무소에서 사업자 단위로 이행한다.
③ 국내사업장이 없어 사업자등록을 하지 아니한 비거주자가 국내에 전자적 용역을 공급하는 경우에는 간편사업자등록을 하여야 한다.
④ 주사업장 총괄납부 사업자의 세금계산서 발급·수취 의무는 각 사업장 단위로 이행하지만, 부가가치세 신고·납부 의무는 주사업장에서만 이행한다.
⑤ 법인의 경우에는 지점을 주된 사업장으로 하여 주사업장 총괄 납부를 신청할 수 있다.

해답 ④
해설 주사업장에서 총괄납부하는 경우 납부나 환급만 주사업장에서 이행하며 부가가치세 신고, 사업자등록, 세금계산서 발급 등 의무는 각 사업장별로 이행해야 한다.

04 부가가치세법상 주사업장 총괄납부에 관한 설명이다. 옳은 것은? 2015년 회계사

① 주사업장 총괄납부 사업자가 법인인 경우 법인의 본점 또는 지점을 주된 사업장으로 할 수 있다.
② 주사업장 총괄납부 사업자가 종된 사업장을 신설하는 경우 주된 사업장 관할세무서장에게 주사업장 총괄납부 변경신청서를 제출하여야 한다.
③ 주사업장 총괄납부 사업자가 되려는 자는 그 납부하려는 과세기간 개시후 20일 이내에 주사업장 총괄납부 신청서를 제출하여야 한다.
④ 주사업장 총괄납부 사업자가 주사업장 총괄납부를 포기할 때에는 주사업장 총괄납부 포기신고서를 주된 사업장 관할세무서장에게 제출하고 승인을 받아야 한다.
⑤ 신규로 사업을 시작하는 자가 주된 사업장의 사업자등록증을 받은 날부터 20일 이내에 주사업장 총괄납부를 신청하는 경우 해당 신청일이 속하는 과세기간의 다음 과세기간부터 총괄하여 납부한다.

해답 ①
해설 ② 주사업장 총괄납부 사업자가 종된 사업장을 신설하는 경우 신설하는 종된 사업장 관할세무서장에게 제출하여야 한다.
③ 주사업장 총괄납부 사업자가 되려는 자는 계속사업자의 경우 적용과세기간 개시 20일 전에 주사업장 총괄납부 신청서를 제출하여야 한다.
④ 주사업장 총괄납부를 포기할 때에는 승인은 불필요하다.
⑤ 신규로 사업을 시작하는 자가 주된 사업장의 사업자등록증을 받은 날부터 20일 이내에 주사업장 총괄납부를 신청하는 경우 신청일이 속하는 과세기간부터 총괄하여 납부한다.

05 **부가가치세 납세지 및 사업자등록에 관한 설명으로 옳은 것을 모두 고른 것은?** 2013년 세무사

ㄱ. 사업자 단위 과세 사업자는 그 사업자의 본점 또는 주사무소에서 총괄하여 신고·납부할 수 있다.
ㄴ. 사업자 단위 과세 사업자가 종된 사업장을 신설하는 때에는 종된 사업장에 대한 신규 사업자등록과 함께 사업자등록정정신고를 하여야 한다.
ㄷ. 계속사업자가 사업자단위로 등록하려면 사업자 단위 과세 사업자로 적용받으려는 과세기간 개시 20일전까지 등록하여야 한다.
ㄹ. 법인이 주사업장 총괄납부를 하려는 경우 지점(분사무소 포함)을 주된 사업장으로 할 수 있다.
ㅁ. 신규로 사업을 개시하는 자가 주된 사업장에서 총괄하여 납부하려는 경우에는 사업개시일부터 20일 이내에 주사업장총괄납부신청서를 제출하여야 한다.

① ㄱ, ㄴ, ㅁ ② ㄱ, ㄷ, ㄹ ③ ㄱ, ㄷ, ㅁ
④ ㄴ, ㄷ, ㄹ ⑤ ㄴ, ㄹ, ㅁ

해답 ②

해설 사업자단위 과세사업자가 종된 사업장을 신설하는 때에는 사업자등록 정정신고를 하여야 한다. 또한, 신규로 사업을 개시하는 자가 주된 사업장에서 총괄납부를 하려고 하는 경우에는 주된 사업장의 사업자등록증을 받은 날부터 20일 이내에 주사업장총괄납부신청서를 주된 사업장의 관할세무서장에게 제출하여야 한다.

06 **다음은 10.1.에 과세사업을 개시한 일반과세자(제조업) 甲의 제2기 과세기간에 대한 매출 및 매입내역이다. 甲이 12.1. 에 사업자등록을 신청하였을 때, 사업자미등록에 대한 가산세는 얼마인가? (단, 자료의 금액에는 부가가치세가 포함되어 있지 않고, 「국세기본법」상 가산세 감면 규정은 적용하지 않으며 주어진 자료 이외에는 고려하지 않음)** 2018년 세무사

구 분	10.1.~10.31.	11.1.~11.30.	12.1.~12.31.	합 계
매 출	75,000,000원	60,000,000원	55,000,000원	190,000,000원
매 입	40,000,000원	20,000,000원	25,000,000원	85,000,000원

① 0원 ② 750,000원 ③ 1,050,000원
④ 1,350,000원 ⑤ 1,900,000원

해답 ④

해설 (75,000,000+60,000,000)×1%=1,350,000

CHAPTER

03 과세거래

제1절 재화의 공급

01 **20×2년 3월 1일 사업자 甲에게 다음과 같은 거래가 발생하였다. 부가가치세가 과세되는 거래는 어느 것인가?**

① 매입세액을 공제받은 과세사업과 관련하여 취득한 재화를 면세사업에 사용하였다.
② 매입세액을 공제받지 못한 자동차부품을 자신의 업무용 소형승용자동차에 장착하였다.
③ 매입세액을 공제받지 못한 재화를 자신의 개인적인 목적을 위하여 대가를 지불하지 않고 사용하였다.
④ 매입세액을 공제받지 못한 재화(그 대가가 주된 거래인 재화공급의 대가에 포함되지 아니함)를 불특정다수인에게 증여하였다.
⑤ 매입세액을 공제받지 못한 재화가 사업폐지시 잔존하였다.

해답 ①
해설 과세사업과 관련하여 생산 또는 취득한 재화를 면세사업에 전용시에는 공급의제하여 과세한다.

02 **「부가가치세법」상 부가가치세 과세대상에 해당하는 것은 모두 몇 개인가?** 2019년 세무사

ㄱ. 소유재화의 파손, 훼손, 도난 등으로 인하여 가해자로부터 받는 손해배상금
ㄴ. 외상매출채권의 양도
ㄷ. 공동사업자 구성원이 각각 독립적으로 사업을 영위하기 위하여 공동사업용 건물의 분할등기(출자지분의 현물반환)로 소유권이 이전되는 건축물
ㄹ. 수표·어음 등의 화폐대용증권
ㅁ. 온라인 게임에 필요한 사이버 화폐인 게임머니를 계속적·반복적으로 판매하는 것
ㅂ. 재화 또는 용역에 대한 대가 관계가 없이 잔여 임대기간에 대한 보상으로서 받는 이주보상비

① 1개 ② 2개 ③ 3개 ④ 4개 ⑤ 5개

해답 ②
해설 ㄱ,ㄴ,ㄹ,ㅂ : 부가가치세 과세대상에 해당하지 않는다.
ㄷ,ㅁ : 부가가치세 과세대상에 해당한다.

03 **부가가치세법상 과세대상으로 옳은 것은?** 2018년 회계사

① 사업자가 상속재산인 사업용 건물을 「상속세 및 증여세법」에 따라 물납한 경우
② 소매업을 운영하는 사업자가 외국의 소매업자로부터 구입한 운동화를 우리나라의 보세구역으로 반입한 경우
③ 골프장 경영자가 골프장 이용자로부터 일정기간 거치 후 반환하지 아니하는 입회금을 받은 경우
④ 선주와 화주와의 계약에 따라 화주가 조기선적을 하고 선주로부터 조출료를 받은 경우
⑤ 장난감대여업을 운영하는 사업자가 대여한 장난감의 망실에 대하여 변상금을 받은 경우

해답 ③

해설 ① 사업용자산으로 상속세 및 재산세등을 물납시 공급으로 보지 아니한다.
② 외국에서 보세구역으로 반입해오는 것은 재화의 수입으로 보지 아니한다.
④ 선주와 화주와의 계약에 따라 화주가 조기선적을 하고 선주로부터 조출료를 받은 경우 대가관계가 없으므로 과세대상이 아니다.
⑤ 각종 손해배상금 등 변상금은 과세대상이 아니다.

04 **다음 경우 중 부가가치세 과세대상이 아닌 것은?** 2016년 회계사

① 유류판매업을 운영하는 사업자가 매입세액이 공제된 판매용 휘발유를 영업활동을 위해 사용하는 개별소비세 과세대상 소형승용자동차에 주유한 경우
② 운전학원업을 운영하는 사업자가 매입세액이 공제되었으며 개별소비세 과세대상인 운전교습용 소형승용자동차를 임직원의 업무출장용으로 전용한 경우
③ 컴퓨터판매업을 운영하는 사업자가 폐업할 때, 자기의 과세사업과 관련하여 취득하였고 매입세액이 공제된 상품이 남아 있는 경우
④ 부동산임대업을 운영하는 사업자가 사용인에게 대가를 받지 아니하고 사업용 부동산의 일부에 대하여 임대용역을 제공하는 경우
⑤ 기계제조업을 운영하는 사업자가 대가를 받지 아니하고 상대방으로부터 인도받은 재화를 자재 부담 없이 단순히 가공만 해주는 경우

해답 ⑤

해설 자기가 주요자재를 전혀 부담하지 아니하고 가공만 하는 경우 용역의 공급이다. 대가를 받지 아니하였으므로 용역의 무상공급에 해당하며, 이 경우 공급으로 보지 아니하고 부가가치세가 과세되지 아니한다.

05 「부가가치세법」상 재화의 공급에 해당하지 않는 것은? 2021년 세무사

① 공동사업자 구성원이 각각 독립적으로 사업을 영위하기 위하여 공동사업의 사업용 고정자산인 건축물을 분할등기하는 경우 해당 건축물의 이전
② 사업자간에 상품·제품 등의 재화를 차용하여 사용하거나 소비하고 동종 또는 이종의 재화를 반환하는 소비대차의 경우의 해당 재화의 차용 또는 반환
③ 사업자가 폐업할 시 자기생산·취득재화(매입세액공제 받음) 중 남아 있는 재화
④ 재화의 인도 대가로서 다른 재화를 인도받거나 용역을 제공받는 교환계약에 따른 재화의 인도·양도
⑤ 출자자가 자기의 출자지분을 타인에게 양도·상속·증여하거나 법인 또는 공동사업자가 출자지분을 현금으로 반환하는 경우

해답 ⑤
해설 출자자가 자기의 출자지분을 타인에게 양도·상속·증여하거나 법인 또는 공동사업자가 출자지분을 현금으로 반환하는 경우는 재화의 공급에 해당하지 않는다.

06 부가가치세법상 재화와 용역의 공급에 관한 설명으로 옳은 것은? 2017년 회계사

① 사업장이 둘 이상인 사업자 단위 과세사업자가 자기의 사업과 관련하여 생산 또는 취득한 재화를 판매할 목적으로 자기의 다른 사업장에 반출하는 것은 재화의 공급으로 본다.
② 사업자가 매입세액공제를 받은 취득재화를 사업과 직접적인 관계없이 자기의 개인적인 목적으로 사용·소비한 것으로서 사업자가 그 대가를 받지 아니한 경우 재화의 공급으로 본다.
③ 전기, 가스, 열 등 관리할 수 있는 자연력은 재화로 보지 아니한다.
④ 주된 사업에 부수된 거래로 주된 사업과 관련하여 우연히 또는 일시적으로 공급되는 재화 또는 용역의 공급은 별도의 공급으로 보며, 과세 및 면세 여부 등도 주된 사업과 별도로 판단하여야 한다.
⑤ 질권, 저당권 또는 양도담보의 목적이라고 하더라도 동산, 부동산 및 부동산상의 권리를 제공하는 것은 재화의 공급으로 본다.

해답 ②
해설 ① 사업자 단위 과세사업자의 직매장 반출은 재화의 공급으로 보지 아니한다.
③ 전기, 가스, 열 등 관리할 수 있는 자연력은 재화로 본다.
④ 주된 사업에 부수된 거래로 주된 사업과 관련하여 우연히 또는 일시적으로 공급되는 재화 또는 용역의 공급은 별도의 공급으로 보되, 과세 및 면세 여부는 주된 사업의 과세·면세 여부에 따른다.
⑤ 질권·저당권·양도담보의 목적으로 제공하는 경우 공급으로 보지 아니한다. 다만, 채무불이행으로 담보물이 채무변제에 충당된 경우에는 공급으로 본다.

07 부가가치세법상 과세거래에 관한 설명이다. 옳지 않은 것은?

2021년 회계사

① 신탁의 종료로 인하여 수탁자로부터 위탁자에게 신탁재산을 이전하는 경우 재화의 공급으로 보지 아니한다.
② 사업자가 자기의 사업과 관련하여 사업장 내에서 사용인에게 음식을 무상으로 제공하는 경우 용역의 공급으로 보지 아니한다.
③ 사업자가 대가의 전부를 자기적립마일리지로만 결제받고 재화를 인도하는 경우 재화의 공급으로 본다.
④ 사업자 단위 과세 사업자가 자기의 사업과 관련하여 생산 또는 취득한 재화를 판매할 목적으로 자기의 다른 사업장에 반출하는 경우 재화의 공급으로 보지 아니한다.
⑤ 사업자가 내국신용장에 의해 재화를 공급받아 영세율을 적용받은 재화를 자기의 면세사업을 위하여 직접 사용하거나 소비하는 경우 재화의 공급으로 본다.

해답 ③
해설 사업자가 대가의 전부를 자기적립마일리지로만 결제받고 재화를 인도하는 경우 자기적립마일리지 등으로 결제한 경우 재화의 공급으로 보지 않는다.

08 「부가가치세법」상 부가가치세가 과세되는 경우는 모두 몇 개인가?

2020년 세무사

○ 사업자가 자기생산·취득재화를 고객에게 증여하는 경우로서 자기적립마일리지등으로만 전부를 결제받고 공급하는 경우
○ 「도시 및 주거환경정비법」등에 따른 수용절차에서 수용대상 재화의 소유자가 수용된 재화에 대한 대가를 받는 경우
○ 사업자가 자기생산·취득재화를 경조사(설날, 추석, 창립기념일 및 생일 등을 포함)와 관련된 재화로서 사용인 1명당 연간 10만원 이하의 재화를 제공하는 경우
○ 사업자가 자기의 과세사업과 관련하여 취득한 재화(내국신용장에 의해 공급받아 영세율을 적용받음)를 자기의 면세사업을 위하여 직접 사용하는 경우
○ 사업자가 자기생산·취득재화를 매입세액이 불공제되는 「개별소비세법」에 따른 자동차로 사용·소비하거나 그 자동차의 유지를 위하여 사용·소비하는 경우

① 1개 ② 2개 ③ 3개 ④ 4개 ⑤ 5개

해답 ②
해설 아래의 경우 부가가치세가 과세된다.
○ 사업자가 자기의 과세사업과 관련하여 취득한 재화(내국신용장에 의해 공급받아 영세율을 적용받음)를 자기의 면세사업을 위하여 직접 사용하는 경우
○ 사업자가 자기생산·취득재화를 매입세액이 불공제되는 「개별소비세법」에 따른 자동차로 사용·소비하거나 그 자동차의 유지를 위하여 사용·소비하는 경우

09 다음 중 부가가치세 과세대상에 해당하는 것은?

① 양도담보의 목적으로 부동산을 제공하는 것
② 사업장별로 그 사업에 관한 모든 권리와 의무를 포괄적으로 승계시키는 것(그 사업을 양수받는 자가 대가를 지급하는 때에 그 대가를 받은 자로부터 부가가치세를 징수하여 납부한 경우는 제외)
③ 사업용 자산을 「상속세및증여세법」의 규정에 의하여 물납하는 것
④ 국내로부터 보세구역에 있는 조달청 창고에 임치된 임치물을 국내로 다시 반입하는 것
⑤ 「민사집행법」에 의한 강제경매 절차에 따라 재화를 양도하는 것

해답 ④
해설 ①, ②, ③, ⑤는 재화의 공급으로 보지 아니한다.

10 「부가가치세법」상 과세대상 거래에 관한 설명으로 옳지 않은 것은? 2016년 세무사

① 사업자가 취득한 재화(매입세액공제 받음)를 사업과 직접적인 관계없이 자기의 개인적인 목적으로 사용·소비하는 경우에는 재화의 공급으로 본다.
② 사업자가 취득한 재화를 견본품으로서 사업을 위하여 대가를 받지 아니하고 다른 사업자에게 인도하는 경우, 당해 견본품의 인도는 재화의 공급으로 보지 아니한다.
③ 사업자가 폐업할 때 자기생산·취득재화(매입세액공제 받음) 중 남아 있는 재화는 자기에게 공급하는 것으로 본다.
④ 위탁매매에 의한 매매를 하는 해당 거래의 특성상 위탁자를 알 수 없는 경우에 는 수탁자에게 재화를 공급하거나 수탁자로부터 재화를 공급받은 것으로 본다.
⑤ 사업용 자산을 「상속세 및 증여세법」에 따라 물납(物納)하는 것은 재화의 공급으로 본다.

해답 ⑤
해설 사업용 자산을 상속세 및 증여세법 및 지방세법(재산세)에 따라 물납하는 경우에는 재화의 공급으로 보지 아니한다. ☞ 사업자가 사업용 자산으로 물납하는 경우 국가로부터 부가가치세를 징수하는 것이 현실적으로 불가능한 점을 고려한 것.

11 부가가치세가 과세되는 거래가 아닌 것은?

① 중고자동차 매매사업자가 사업에 사용하던 중고 컴퓨터를 사업자가 아닌 개인에게 판매하였다.
② 사업자가 아닌 개인이 소형승용차를 수입하였다.
③ 면세사업자가 중고자동차 매매사업자로부터 사무실로 사용하던 건물을 구입하였다.
④ 사업자가 아닌 개인이 사용하던 소형승용차를 중고자동차 매매사업자에게 판매하였다.
⑤ 사업자가 아닌 개인이 국민주택 규모를 초과하는 아파트를 분양받았다.

해답 ④
해설 사업자가 아닌 자의 재화의 공급은 과세거래가 아니다.

12 「부가가치세법」상 재화 또는 용역의 공급에 관한 설명으로 옳지 않은 것은?

2017년 세무사

① 사업자가 거래상대방으로부터 인도받은 재화에 주요자재를 전혀 부담하지 않고 단순가공만 하여 대가를 받는 것은 용역의 공급으로 본다.
② 대학이 사업용 부동산을 그 대학의 산학협력단에 대가를 받지 않고 임대하는 것은 용역의 공급으로 보지 않는다.
③ 건설업의 경우 건설업자가 건설자재의 전부 또는 일부를 부담하고 대가를 받는 것은 용역의 공급으로 본다.
④ 사업자가 가공계약에 따라 거래상대방으로부터 인도받은 재화에 주요자재의 일부를 부담하고 새로운 재화를 만들어 인도하면 재화의 공급으로 본다.
⑤ 사업자가 자기가 생산한 재화를 자기의 고객에게 사업을 위하여 증여한 것으로서 법령에 따른 자기적립마일리지로만 전부를 결제받은 경우 재화의 공급으로 본다.

해답 ⑤
해설 사업자가 자기가 생산한 재화를 자기의 고객에게 사업을 위하여 증여한 것으로서 법령에 따른 자기적립마일리지로만 전부를 결제받은 경우 재화의 공급으로 보지 않는다.

13 **부가가치세법상 재화의 공급에 해당하는 것은? (단, 다음의 각 경우에 있어서 재화는 당초 부가가치세법상 매입세액이 공제되지 아니한 재화이고, 당해 사업장은 주사업장 총괄납부 또는 사업자단위 과세의 승인을 받지 아니하였다.)** 2009년 회계사

① 사업자가 자기의 사업과 관련하여 취득한 재화를 자기의 개인적인 목적으로 소비한 경우
② 사업자가 자기의 사업과 관련하여 생산한 재화를 자기의 고객에게 증여한 경우
③ 과세사업과 관련하여 취득한 재화를 부가가치세가 면제되는 재화를 공급하는 사업을 위하여 사용한 경우
④ 사업자가 사업을 폐지하는 때에 재화가 잔존하는 경우
⑤ 2 이상의 사업장이 있는 사업자가 자기사업과 관련하여 취득한 재화를 타인에게 직접 판매할 목적으로 다른 사업장에 반출한 경우

해답 ⑤
해설 2 이상의 사업장이 있는 사업자가 자기사업과 관련하여 취득한 재화를 타인에게 직접 판매할 목적으로 다른 사업장에 반출한 경우는 당초 부가가치세법상 매입세액이 공제되지 아니한 경우에도 간주공급으로 재화의 공급에 해당한다.

14 **부가가치세의 과세거래에 해당하는 것은?**

① 사업장이 각각 다른 수개의 사업을 겸영하는 사업자가 그 중 한 사업장의 재화 또는 용역의 공급에 필수적으로 부수되는 용역을 자기의 다른 사업장에서 공급하는 경우
② 사업자가 상속재산인 사업용 부동산으로 상속세를 물납하는 경우
③ 사업자가 사업자금을 차입하고 그 담보로 채권자에게 사업용 자산인 건물의 소유권 이전등기를 한 경우
④ 사업자가 사업을 위하여 대가를 받지 아니하고 다른 사업자에게 견본품을 인도하는 경우
⑤ 사업자의 사업용 자산이 경매에 의하여 매각된 경우

해답 ⑤
해설 국세징수법에 따른 공매·경매 또는 강제 공매·경매의 경우 공급으로 보지 않는 재화의 공급에 해당하나, 일반적인 경매에 의하여 매각된 경우 과세거래인 재화의 공급에 해당한다.

15 부가가치세법상 재화의 공급에 대한 설명으로 옳지 않은 것은?

① 재화의 공급은 계약상 또는 법률상의 모든 원인에 의하여 재화를 인도 또는 양도하는 것으로 한다.

② 위탁매매 또는 대리인에 의한 매매에 있어서는 위탁자 또는 본인이 직접 재화를 공급하거나 공급받은 것으로 본다. 다만, 위탁자 또는 본인을 알 수 없는 경우에는 그러하지 아니하다.

③ 「공익사업을 위한 토지 등의 취득 및 보상에 관한 법률」에 따른 수용절차에 있어서 수용대상인 재화의 소유자가 해당 재화를 철거하는 조건으로 그 재화에 대한 대가를 받는 경우에는 재화의 공급으로 보지 아니한다.

④ 질권·저당권 또는 양도담보의 목적으로 동산·부동산 및 부동산상의 권리를 제공하는 것은 재화의 공급으로 보지 아니한다.

⑤ 사업자가 세금계산서를 교부받지 아니하고 취득한 재화를 부가가치세가 면제되는 재화 또는 용역을 공급하는 사업을 위하여 사용 또는 소비하는 경우에는 재화의 공급에 해당한다.

해답 ⑤

해설 사업자가 세금계산서를 교부받지 아니하고 취득한 재화를 부가가치세가 면제되는 재화 또는 용역을 공급하는 사업을 위하여 사용 또는 소비하는 경우에는 재화의 공급에 해당하지 아니한다.

16 재화의 공급에 관한 설명으로 옳지 않은 것은?

2014년 세무사

① 사업자가 폐업할 때 자기생산·취득재화(매입세액 공제받음) 중 남아 있는 재화는 자기에게 공급하는 것으로 본다.

② 사업자가 사업을 위하여 대가를 받지 아니하고 다른 사업자에게 인도하는 견본품은 재화의 공급으로 보지 아니한다.

③ 사업자가 자기의 과세사업과 관련하여 취득한 재화로서 매입세액이 공제된 재화를 자기의 면세사업을 위하여 직접 사용하는 것은 재화의 공급으로 본다.

④ 사업장이 둘인 사업자가 사업자 단위 과세사업자로 적용을 받는 과세기간에 자기의 사업과 관련하여 취득한 재화를 판매할 목적으로 자기의 다른 사업장으로 반출하는 경우에는 재화의 공급으로 본다.

⑤ 운수업을 경영하는 사업자가 자기의 과세사업과 관련하여 취득한 재화(매입세액 공제받음) 중 배기량 2천씨씨를 초과하는 승용자동차를 운수업에 직접 영업으로 사용하지 않고 개인적 용도로 사용하는 경우에는 재화의 공급으로 본다.

해답 ④

해설 사업자가 사업자 단위 과세 사업자로 적용을 받는 과세기간에 자기의 다른 사업장에 반출하는 경우에는 재화의 공급으로 보지 아니한다(부법 제10조③ 1호).

17 **「부가가치세법」상 재화의 공급으로 보는 것은?** 2018년 세무사

① 사업자가 자기의 과세사업과 관련하여 생산한 재화로서 매입세액이 공제되지 않은 재화를 자기의 면세사업을 위하여 직접 사용하는 경우
② 사업장이 둘 이상인 사업자가 사업자 단위 과세사업자로 적용을 받는 과세기간에 자기의 사업과 관련하여 생산한 재화를 판매할 목적으로 자기의 다른 사업장에 반출하는 경우
③ 사업용 자산을 「상속세 및 증여세법」에 따라 물납하는 경우
④ 신탁의 종료로 인하여 수탁자로부터 위탁자에게 신탁재산을 이전하는 경우
⑤ 사업자가 자기의 과세사업과 관련하여 생산·취득한 재화로서 매입세액이 공제된 재화를 사업과 직접적인 관계없이 자기의 개인적인 목적을 위하여 사용·소비하는 경우

해답 ⑤

해설 ① 매입세액이 공제되지 않은 재화를 면세사업을 위해 사용한 경우에는 재화의 간주공급에 해당하지 않는다.
② 사업장이 둘 이상인 사업자가 사업자 단위 과세사업자로 적용을 받는 과세기간에 자기의 사업과 관련하여 생산한 재화를 판매할 목적으로 자기의 다른 사업장에 반출하는 경우에는 재화의 공급으로 보지 않는다.
③ 사업용 자산을 「상속세 및 증여세법」에 따라 물납하는 경우 재화의 공급으로 보지 않는다.
④ 신탁의 종료로 인하여 수탁자로부터 위탁자에게 신탁재산을 이전하는 경우 재화의 공급으로 보지 않는다.

제2절 용역의 공급

01 부가가치세법상 재화 및 용역의 공급에 대한 설명이다. 옳은 것은? 2011년 회계사

① 자기가 주요자재의 전부를 부담하고 상대방으로부터 인도받은 재화에 공작을 가하여 새로운 재화를 만드는 가공계약에 의하여 재화를 인도하는 것은 재화의 공급이다.
② 양도담보의 목적으로 부동산을 제공하는 것은 재화의 공급이다.
③ 부동산의 매매 또는 그 중개를 사업목적으로 나타내어 부동산을 판매하는 것은 용역의 공급이다.
④ 사업장별로 신고 및 납부를 하는 2 이상의 사업장이 있는 사업자가 자기사업과 관련하여 취득한 재화를 타인에게 직접 판매할 목적으로 다른 사업장에 반출하는 것은 재화의 공급이 아니다.
⑤ 대가를 받지 아니하고 타인에게 용역을 공급하는 것은 용역의 공급이다.

해답 ①
해설 ② 재화의 공급으로 보지 않는다. 거래실질이 채권의 담보목적에 불과하기 때문이다.
③ 재화의 공급(원칙적으로 건설업과 부동산업은 용역의 공급이다)
④ 재화의 간주공급중 자가공급(자기사업관련 생산·취득한 재화를 자기사업을 위해 직접사용·소비하는 것)에 해당한다.
⑤ 용역의 실체파악이 곤란하기 때문에 용역의 무상공급은 용역의 공급이 아니다.

02 부가가치세법상 재화와 용역의 공급에 관한 설명이다. 옳지 않은 것은? 2012년 회계사

① 사업자가 자기의 사업과 관련하여 취득한 재화를 자기의 과세사업과 관련한 수선비 등에 대체하여 사용하거나 소비하는 경우에는 재화의 공급으로 보지 않는다.
② 건설업을 영위하는 사업자가 건설자재의 일부 또는 전부를 부담하고 용역을 공급한 경우 사업자가 부담한 건설자재는 용역의 공급으로 본다.
③ 사업자가 위탁가공을 위하여 원자재를 국외의 수탁가공사업자에게 대가없이 반출하는 경우에는 재화의 공급으로 보지 않는다.
④ 사업자가 자기의 고객 중 추첨을 통하여 당첨된 자에게 자기가 취득한 재화(해당 경품 구입에 대한 매입세액이 불공제 되는 경우는 제외)를 경품으로 제공하는 경우에는 과세되는 재화의 공급으로 본다.
⑤ 사업자가 자기의 사업과 관련하여 거래처에 경영컨설팅 용역을 무상으로 제공하는 경우에는 과세되는 용역의 공급으로 본다.

해답 ⑤
해설 ⑤ 사업자가 자기의 사업과 관련하여 거래처에 경영컨설팅 용역을 무상으로 제공하는 경우에는 과세되는 용역의 공급으로 보지 않는다.
⇒ 특수관계인에 대한 사업용 부동산 임대용역의 무상공급에 대해서는 부가가치세를 과세한다.

03 「부가가치세법」상 재화 및 용역의 공급에 관한 설명으로 옳지 않은 것은? 2013년 회계사

① 위탁매매 또는 대리인에 의한 매매를 할 때에는 위탁자 또는 본인이 직접 재화를 공급하거나 공급받은 것으로 본다. 다만, 위탁자 또는 본인을 알 수 없는 경우에는 그러하지 아니하다.

② 건설업에 있어서 건설업자가 건설자재의 전부 또는 일부를 부담하고 수행하는 도급공사는 용역의 공급이다.

③ 자기가 주요자재의 전부 또는 일부를 부담하고 상대방으로부터 인도받은 재화에 공작을 가하여 새로운 재화를 만드는 가공계약에 의하여 재화를 인도하는 것은 재화의 공급이다.

④ 재화의 인도대가로서 다른 재화를 인도받거나 용역을 제공받는 교환계약에 의하여 재화를 인도 또는 양도하는 것은 재화의 공급이다.

⑤ 사업자가 위탁가공을 위하여 원자재를 국외의 수탁가공사업자에게 대가 없이 반출하는 것은 재화의 공급이다.

해답 ⑤

해설 사업자가 위탁가공을 위하여 원자재를 국외의 수탁가공사업자에게 대가 없이 반출하는 것은 **재화의 공급이 아니다**.

04 부가가치세 과세거래에 관한 설명으로 가장 틀린 것은?

① 사업자가 사업을 위하여 대가를 받고 다른 사업자에게 인도 또는 양도하는 견본품은 재화의 공급으로 보지 아니한다.

② 사업자가 민사집행법에 따른 강제경매에 따라 재화를 인도·양도하는 것은 재화의 공급으로 보지 않는다.

③ 사업자가 대가를 받지 않고 특수관계 없는 타인에게 용역을 공급하는 것은 용역의 공급으로 보지 않는다.

④ 사업자가 사업을 폐지하거나 사업자 등록 후 사실상 사업을 개시하지 않게 되는 때에 잔존하는 재화는 자기에게 공급하는 것으로 본다.

⑤ 사업자가 매입세액이 공제되지 않는 재화를 사업과 직접 관계없이 대가를 받지 아니하고 사용인의 개인적 목적으로 사용·소비하는 것은 재화의 공급으로 보지 않는다.

해답 ①

해설 사업자가 사업을 위하여 대가를 받고 다른 사업자에게 인도 또는 양도하는 견본품은 대가관계에 있으므로 재화의 공급으로 본다.

05 **재화 및 용역의 공급에 관한 설명으로 옳지 않은 것은?** 2012년 세무사

① 동일사업장내에서 2 이상의 사업을 겸영하는 사업자가 그 중 일부 사업을 폐지하는 경우, 폐지한 사업과 관련된 재고재화는 폐업시 재고재화로서 과세하지 아니한다.

② 사업자가 자기의 사업과 관련하여 생산하거나 취득한 재화를 자기사업의 광고선전 목적으로 불특정다수인에게 광고선전용 재화로서 무상으로 배포하는 경우에는 재화의 공급으로 보지 아니한다.

③ 사업자가 건물을 신축하여 국가에 기부채납하고 그 대가로 일정기간 해당 건물에 대한 무상사용·수익권을 얻는 거래는 부가가치세 과세거래이다.

④ 재화를 공급하는 사업의 구분은 통계청장이 고시하는 당해 과세기간 개시일 현재의 한국표준산업분류를 기준으로 한다.

⑤ 사업자가 자기의 사업과 관련하여 사업장 내에서 그 사용인에게 음식용역을 무상으로 제공하는 경우에는 용역의 공급으로 보아 부가가치세를 과세한다.

해답 ⑤

해설 사업자가 자기의 사업과 관련하여 사업장 내에서 **그 사용인에게 음식용역을 무상으로 제공하는 경우에는** 부가가치세를 **과세하지 않는다.**

06 **부가가치세법상 재화와 용역의 공급에 관한 설명이다. 옳은 것은?** 2015년 회계사

① 재화의 인도대가로 다른 용역을 제공받는 교환계약에 따라 재화를 인도하는 것은 재화의 공급으로 보지 않는다.

② 사업자가 과학상의 지식·경험 또는 숙련에 관한 정보를 제공하는 것은 용역의 공급으로 본다.

③ 건설업의 경우 건설업자가 건설자재의 전부를 부담하는 경우 재화의 공급으로 본다.

④ 사업자가 저작권을 양도하는 것은 용역의 공급으로 본다.

⑤ 「민사집행법」에 따른 경매로 재화를 인도하는 것은 재화의 공급으로 본다.

해답 ②

해설 ① 상품·제품·원재료 등 재화를 차용하여 사용·소비하고 동종·이종의 재화를 반환하는 소비대차의 경우 차용하거나 반환하는 것은 각각 재화의 공급으로 본다.

③ 건설업의 경우 건설자재의 전부나 일부를 부담해도 용역의 공급으로 본다.

④ 저작권은 물건 외의 재산적 가치가 있는 것으로 재화의 공급에 해당한다.

⑤ 민사집행법에 따른 경매로 재화를 인도하는 것은 재화의 공급으로 보지 않는다.

제3절 재화의 수입

01 부가가치세 과세거래에 관한 설명으로 옳지 않은 것은? (단, 사업자는 계속해서 사업을 영위한다고 가정한다.) 2010년 세무사

① 사업자가 「상속세 및 증여세법」에 따라 사업용 자산으로 조세를 물납하는 것은 재화의 공급으로 보지 아니한다.

② 수출신고가 수리된 물품으로서 선적되지 아니한 물품을 보세구역에서 반입하는 경우는 재화의 수입에 해당한다.

③ 사업자가 상품권 등을 현금 또는 외상으로 판매하고 그 후 해당 상품권 등이 현물과 교환되는 경우에는 재화가 실제로 인도되는 때가 공급시기이다.

④ 사업자가 다른 사업자와 상표권 사용계약을 할 때 사용대가 전액을 일시불로 받고 상표권을 둘 이상의 과세기간에 걸쳐 계속적으로 사용하게 하는 경우 해당 용역의 공급시기는 예정신고기간 또는 과세기간의 종료일이다.

⑤ 헬스클럽장 등 스포츠센터를 운영하는 사업자가 연회비를 미리 받고 둘 이상의 과세기간에 걸쳐 계속적으로 회원들에게 시설을 이용하게 하는 경우 해당 용역의 공급시기는 예정신고기간 또는 과세기간의 종료일이다.

해답 ②
해설 선적되지 아니한 물품은 재화의 수입에 해당하지 아니한다.

제4절 공급시기 및 공급장소

01 다음은 부가가치세법상 재화의 공급시기에 대한 설명이다. 잘못된 것은?

① 공급할 재화의 대가의 일부(공급가액의 9%에 해당)를 받고, 이와 동시에 그 받은 대가에 대하여 세금계산서를 교부하고, 그 교부하는 때를 당해 재화의 공급시기로 하였다. 재화는 한 달 후에 인도할 예정이다.
② 6월 중에 무인판매기를 이용하여 재화를 공급하고 7월 1일에 무인판매기에서 현금을 인취하면서 7월 1일을 재화의 공급시기로 하였다.
③ 선박을 이용하여 내국물품을 외국으로 수출하고 수출재화의 선적일을 재화의 공급시기로 하였다.
④ 사업자가 보세구역 내에서 보세구역 이외의 국내에 수입재화를 공급하며 수입신고수리일을 재화의 공급시기로 하였다.
⑤ 할부판매(4월 1일 재화 인도, 4월말부터 매 3개월마다 3회에 걸쳐 1,000,000원씩 지급하기로 함)를 하고 대가의 각 부분을 받기로 한 때를 재화의 공급시기로 하였다.

해답 ⑤
해설 ⑤ 단기할부판매이므로 재화의 인도시기를 공급시기로 한다.

02 「부가가치세법」상 재화 또는 용역의 공급시기에 관한 설명으로 옳지 않은 것은? 2016년 세무사

① 기한부판매의 경우에는 기한이 지나 판매가 확정되는 때를 재화의 공급시기로 본다.
② 완성도기준지급조건부로 재화를 공급하는 경우 대가의 각 부분을 받기로 한 때를 재화의 공급시기로 보지만, 재화가 인도되거나 이용가능하게 되는 날 이후에 받기 로 한 대가의 부분에 대해서는 재화가 인도되거나 이용가능하게 되는 날을 그 재 화의 공급시기로 본다.
③ 무인판매기를 이용하여 재화를 공급하는 경우 해당 사업자가 무인판매기에서 현금을 꺼내는 때를 재화의 공급시기로 본다.
④ 사업자가 둘 이상의 과세기간에 걸쳐 부동산 임대용역을 공급하고 그 대가를 선불 또는 후불로 받는 경우 예정신고기간 또는 과세기간의 종료일을 용역의 공급시기로 본다.
⑤ 전력이나 그밖에 공급단위를 구획할 수 없는 재화를 계속적으로 공급하는 경우에는 예정신고기간 또는 과세기간의 종료일을 재화의 공급시기로 본다.

해답 ⑤
해설 전력이나 그밖에 공급단위를 구획할 수 없는 재화를 계속적으로 공급하는 경우에는 대가의 각 부분을 받기로 한 때를 공급시기로 본다.

03 **다음은 컴퓨터 판매 및 유지보수용역을 제공하는 일반과세자인 개인 갑이 1월부터 6월까지 거래한 내역이다. 제1기 부가가치세 과세표준은 얼마인가?단, 모든 금액은 부가가치세를 제외한 공급가액이며, 세금계산서는 세법에서 정하는 원칙에 따라 발행되었다.**

(1) 1월 10일 A에게 대형컴퓨터를 20,000,000원에 판매하고 1월 10일부터 20개월간 매달 10일에 1,000,000원씩 받기로 하였다.
(2) 1월 10일부터 20개월간 A와 컴퓨터 유지보수 계약을 맺고, 1월 10일부터 20개월간 매달 10일에 200,000원씩 받기로 하였다.
(3) 2월 20일에 B에게 중형컴퓨터를 10,000,000원에 판매하고 2월 20일부터 10개월간 매달 20일에 1,000,000원씩 받기로 하였다.
(4) 1월 20일부터 10개월간 B와 컴퓨터 유지보수 계약을 맺고, 2월 20일부터 10개월간 매달 20일에 200,000원씩 받기로 하였다.

① 13,200,000원 ② 18,200,000원 ③ 22,000,000원
④ 32,200,000원 ⑤ 36,000,000원

해답 ②
해설 (1) 장기할부이므로 대가를 받기로 한때 과세표준 인식 : 1,000,000×6 = 6,000,000
(2) 장기할부이므로 대가를 받기로 한때 과세표준 인식 : 200,000×6 = 1,200,000
(3) 단기할부이므로 인도일에 전액 과세표준 인식 : 10,000,000
(4) 공급단위를 구획할 수 없는 계속적 공급이므로 대가를 받기로 한 때에 과세표준 인식 : 200,000×5 = 1,000,000
→ 과세표준 = 6,000,000 + 1,200,000 + 10,000,000 + 1,000,000 = 18,200,000

04 **「부가가치세법」상 재화 또는 용역의 공급시기에 관한 설명이다. 옳은 것은?** 2014년 회계사

① 상품권을 현금으로 판매하고 그 후 상품권이 현물과 교환되는 경우에는 상품권이 판매되는 때를 재화의 공급시기로 한다.
② 재화의 공급으로 보는 가공의 경우에는 재화의 가공이 완료된 때를 재화의 공급시기로 한다.
③ 사업자가 재화 또는 용역의 공급시기가 되기 전에 세금계산서를 발급하고 그 세금계산서 발급일부터 7일 이내에 대가를 받으면 해당 대가를 받은 때를 재화 또는 용역의 공급시기로 본다.
④ 사업자가 보세구역 안에서 보세구역 밖의 국내에 재화를 공급하는 경우가 재화의 수입에 해당할 때에는 수입신고 수리일을 재화의 공급시기로 본다.
⑤ 재화를 위탁판매수출하는 경우에는 외국에서 해당 재화가 인도되는 때를 재화의 공급시기로 본다.

해답 ④

해설

번호	내 역	공급시기
①	상품권을 현금 또는 외상으로 판매하고 그 후 상품권이 현물과 교환되는 경우	재화가 실제로 인도되는 때
②	재화의 공급으로 보는 가공	가공된 재화를 인도하는 때
③	공급시기전 세금계산서를 발급하고 그 세금계산서 발급일로부터 7일 이내 대가를 받은 경우	세금계산서 발급한 때
⑤	재화의 위탁판매수출	공급가액이 확정되는 때

05 부가가치세법상 공급시기를 설명한 것이다. 가장 틀린 것은?

① 할부판매 : 재화가 인도되거나 이용가능하게 되는 때
② 장기할부판매 : 대가의 각 부분을 받기로 한 때
③ 재화의 공급으로 보는 가공의 경우 : 가공이 완료된 때
④ 중계무역방식으로 수출하는 경우 : 수출재화의 선(기)적일
⑤ 사업자가 보세구역 내에서 보세구역 이외의 국내에 재화를 공급하는 경우 : 당해 재화가 수입재화에 해당하는 때에는 수입신고수리일

해답 ③

해설 재화의 공급으로 보는 가공의 공급시기 : 인도되는 때

06 부가가치세법상 공급시기에 관한 설명으로 옳지 않은 것은?

2017년 회계사

① 반환조건부 판매, 동의조건부 판매, 그 밖의 조건부 판매 및 기한부 판매의 경우에는 그 조건이 성취되거나 기한이 지나 판매가 확정되는 때를 공급시기로 본다.
② 현금판매의 경우 재화가 인도되거나 이용가능하게 되는 때를 공급시기로 본다.
③ 무인판매기를 이용하여 재화를 공급하는 경우 해당 사업자가 무인판매기에서 현금을 꺼내는 때를 재화의 공급시기로 본다.
④ 기획재정부령이 정하는 장기할부판매의 경우에는 대가의 각 부분을 받기로 한 때를 공급시기로 본다.
⑤ 재화의 수입시기는 당해 재화가 보세창고에 입고된 때로 한다.

해답 ⑤

해설 사업자가 보세구역 안에서 보세구역 밖의 국내에 재화를 공급하는 경우가 재화의 수입에 해당할 때 공급시기는 수입신고 수리일이다.

07 부가가치세법상 재화 또는 용역의 공급시기에 관한 설명으로 옳지 않은 것은? 2009년 세무사

① 사업자가 재화를 법인에 현물출자하는 경우에는 현물출자로서의 이행이 완료되는 때를 공급시기로 본다.

② 상품권을 현금 또는 외상으로 판매하고 그 후 상품권에 의하여 현물과 교환하는 경우에는 상품권이 인도되는 때를 공급시기로 본다.

③ 납세의무가 있는 사업자 갑이 법률에 의해 등록한 시설대여업자 을로부터 시설 등을 임차하고 당해 시설을 공급자로부터 직접 인도받는 경우에는 사업자 갑이 공급자로부터 재화를 직접 공급받은 것으로 보아 공급시기에 관한 규정을 적용한다.

④ 사업자가 보세구역내에서 보세구역 이외의 국내에 재화를 공급하는 경우에 당해 재화가 수입재화에 해당하는 때에는 수입신고수리일을 공급시기로 본다.

⑤ 중간지급·장기할부 기타 조건부로 용역을 공급하는 경우에는 그 대가의 각 부분을 받기로 한 때를 공급시기로 본다.

해답 ②

해설 상품권은 상품권이 인도된 후 현물과 교환하는 때가 공급시기이다.

08 사업자가 국내 다른 사업자에게 계속적으로 재화를 공급하는 경우에 구체적인 거래 형태에 따른 재화의 공급시기에 관한 설명으로 옳은 것은? 2014년 세무사

① 기한부 판매의 경우에는 그 기한이 지나 판매가 확정되는 때를 재화의 공급시기로 본다.

② 현금판매의 경우에는 대금이 지급된 때를 재화의 공급시기로 한다.

③ 완성도기준지급조건부로 재화를 공급하는 경우에는 재화의 공급에 관한 계약을 하는 때를 재화의 공급시기로 본다.

④ 무인판매기를 이용하여 재화를 공급하는 경우 공급받는 자가 무인판매기에 현금을 투입한 때를 재화의 공급시기로 본다.

⑤ 전력이나 그 밖에 공급단위를 구획할 수 없는 재화를 계속적으로 공급하는 경우에는 재화가 인도되거나 이용가능하게 되는 날을 재화의 공급시기로 본다.

해답 ①

해설 ② 현금판매의 경우 재화가 인도되거나 이용가능하게 되는 때를 재화의 공급시기로 본다(부령 제28조①).

③ 완성도기준지급조건부로 재화를 공급하는 경우에는 대가의 각 부분을 받기로 한 때를 재화의 공급시기로 본다(부령 제28조③ 2호).

④ 무인판매기를 이용하여 재화를 공급하는 경우 해당 사업자가 무인판매기에서 현금을 꺼내는 때를 재화의 공급시기로 본다(부령 제28조⑤).

⑤ 전력이나 그 밖에 공급단위를 구획할 수 없는 재화를 계속적으로 공급하는 경우에는 대가의 각 부분을 받기로 한 때를 재화의 공급시기로 본다(부령 제28조③ 4호).

09 **부가가치세법상 공급시기에 관한 설명이다. 옳지 않은 것은?** 2020년 회계사

① 사업자가 재화의 공급시기가 되기 전에 세금계산서를 발급하고, 그 세금계산서 발급일로부터 7일 이내에 대가를 받으면 해당 대가를 받은 때를 재화의 공급시기로 본다.

② 사업자가 재화의 공급시기가 되기 전에 재화에 대한 대가의 전부 또는 일부를 받고, 그 받은 대가에 대하여 세금계산서를 발급하면 그 세금계산서를 발급하는 때를 그 재화의 공급시기로 본다.

③ 사업자가 폐업 전에 공급한 재화의 공급시기가 폐업일 이후에 도래하는 경우에는 그 폐업일을 공급시기로 본다.

④ 사업자가 장기할부판매로 재화를 공급하는 경우 공급시기가 되기 전에 세금계산서를 발급하면 그 발급한 때를 그 재화의 공급시기로 본다.

⑤ 재화의 공급으로 보는 가공의 경우 가공된 재화를 인도하는 때를 공급시기로 본다.

해답 ①

해설 사업자가 재화의 공급시기가 되기 전에 세금계산서를 발급하고, 그 세금계산서 발급일로부터 7일 이내에 대가를 받으면 선 세금계산서를 발급한 때를 재화의 공급시기로 본다.

CHAPTER

04 영세율 적용과 면세

제1절 개 요

01 다음은 부가가치세법상 면세와 영세율에 대한 설명이다. 잘못된 것은?

① 영세율은 소비지국에서 부가가치세를 과세하는 것이 주된 목적인 반면에 면세는 부가가치세의 역진성을 완화하는 것이 주된 목적이다.

② 영세율 적용대상자는 과세사업자로서 부가가치세법상의 제반 의무를 수행하는 반면에 면세사업자는 이러한 의무를 수행하지 않는 것이 원칙이다.

③ 영세율이 적용되는 경우에는 이전 단계까지 과세된 부가가치세를 환급해주는 반면에 면세의 경우에는 환급해주지 않는다.

④ 사업자가 외국법인인 경우에는 그 외국에서 우리나라의 내국법인에게 동일한 면세를 하는 경우에 한하여 영세율을 적용하지만, 사업자가 비거주자의 경우에는 영세율을 적용하지 않는다.

⑤ 부가가치세가 면제되는 경우에 영세율을 적용받기 위하여 부가가치세의 면제를 포기할 수 있으며, 이때에는 과세관청의 승인을 필요로 하지 않고 포기신고만 하면 된다.

해답 ④

해설 ④ 외국법인과 비거주자에 대하여는 상호주의에 의하여 영세율을 적용한다.

02 부가가치세법에서는 사업자가 면세농산물 등을 원재료로 하여 제조·가공한 재화 또는 창출한 용역의 공급이 과세되는 경우에는 세금계산서 없이도 일정한 금액을 매입세액으로 의제하여 공제할 수 있다고 규정하고 있다. 다음 중 이러한 규정의 취지 및 목적으로서 직접 관계가 있는 것은?

① 납부세액 또는 환급세액의 재계산
② 영세농어민에 대한 조세부담 감소
③ 누적효과와 환수효과의 제거
④ 재고납부세액 환급
⑤ 재고매입세액 공제

해답 ③

제2절 영세율

01 **다음 중 부가가치세법상 영세율 적용 대상에 해당하는 것은?** 2012년 회계사

① 수출물품의 원자재는 20×1.12.20에 공급되었으나, 그에 대한 내국신용장이 20×2.1.26에 개설된 경우
② 국내사업장만 있는 사업자가 가공임을 지급하는 조건으로 베트남 현지 가공업자에게 원재료를 반출하여 가공시킨 후 가공물품을 현지에서 중국에 인도하는 경우
③ 신제품의 해외시장 확대를 위하여 신제품의 견본품 1,500개(시가 @10,000원)를 해외거래처에 무상 반출한 경우
④ 수출업자가 국내에서 수출품생산업자와의 계약에 따라 수출을 대행하고 수출대행수수료를 받는 경우
⑤ 사업자가 국내사업장이 있는 외국법인으로부터 국내 건설용역을 수주하여 공급하고 그 대가를 외국법인의 본점으로부터 받는 경우

해답 ②

해설 ① 내국신용장이 20×2.1.25까지 개설된 경우 가능함
③ 신제품의 해외시장 확대를 위하여 신제품의 견본품 1,500개(시가 @10,000원)를 해외거래처에 무상 반출한 경우 재화의 공급으로 보지 않으므로 영세율을 적용하지 않는다.
④ 수출업자가 국내에서 수출품생산업자와의 계약에 따라 수출을 대행하고 수출대행수수료를 받는 경우 영세율적용 제외함
⑤ 사업자가 국내사업장이 있는 외국법인으로부터 국내 건설용역을 수주하여 공급하고 그 대가를 외국법인의 본점으로부터 외국환은행을 통하여 원화로 받는 경우에 영세율을 적용함

02 **영세율제도에 관한 설명으로 틀린 것은?**

① 영세율을 적용받는 사업자의 사업장별 환급세액에 영세율이 적용되는 공급액과 관련이 없는 매입세액이 일부 포함되어 있더라도 그 환급세액의 전액에 대하여 조기환급을 받을 수 있다.
② 간이과세자가 재화를 수출하는 경우에 그 수출하는 재화에 대하여는 영세율을 적용한다.
③ 수출업자와 직접 도급계약에 의하여 수출재화를 임가공하고 그 대가로 원화를 받았다면 그 대가에 대하여는 영세율 적용이 배제된다.
④ 사업자가 영세율의 적용대상이 되는 재화의 공급가액에 대한 신고를 누락하였다고 하더라도 그 재화의 공급가액에 대하여 영세율의 적용이 배제되는 것은 아니다.
⑤ 사업자가 국내에서 국내사업장이 있는 외국법인에게 용역을 공급하고 그 대가로 외화를 받은 경우에 그 대가에 대하여는 영세율이 적용되지 않는다.

해답 ③

해설 ③ 수출업자와 직접 도급계약에 의하여 수출재화를 임가공하고 그 대가로 원화를 받았다면 그 대가에 대하여는 영세율을 적용한다.

03 부가가치세 영세율제도에 관한 설명으로 가장 옳지 않은 것은?

① 영세율제도는 원칙적으로 소비지국과세원칙에 따른 제도이다.
② 영세율은 원칙적으로 거주자 또는 내국법인에 한하여 적용되며, 사업자가 비거주자이거나 외국법인인 경우 영세율 적용은 상호면세주의에 따른다.
③ 사업자가 국내에서 국내사업장이 없는 비거주자가 지정하는 국내사업자에게 재화를 인도하고 그 대금을 외국환은행에서 원화로 받는 경우로서 재화를 인도받은 국내사업자가 해당 재화를 과세사업에 사용하는 경우에는 영세율을 적용한다.
④ 사업자가 국외에서 용역을 제공하는 때에는 그 대가를 국내의 다른 사업자로부터 원화로 받는 경우에도 영세율을 적용한다.
⑤ 사업자가 국내에 주재하는 외국정부기관·국제기구·국제연합군 또는 미국군에게 재화나 용역을 공급하는 경우에는 그 대가를 외국환은행에서 원화로 받는 것에 한하여 영세율을 적용한다.

해답 ⑤
해설 사업자가 국내에 주재하는 외국정부기관·국제기구·국제연합군 또는 미국군에게 재화나 용역을 공급하는 경우에는 대금결재방식에 불문하고 영세율을 적용한다.

04 영세율에 관한 설명으로 옳지 않은 것은? (단, 재화는 금지금이 아님)

2012년 세무사

① 외국으로 반출되지 아니하는 재화의 공급인 경우에도 주한미국군 군납계약서와 관련하여 개설된 내국신용장에 의한 재화의 공급은 영의 세율을 적용한다.
② 사업자가 재화(견본품이 아님)를 국외로 무상으로 반출하는 경우에는 영의 세율을 적용한다.
③ 사업자가 국외에서 건설공사를 도급받은 사업자로부터 해당 건설공사를 재도급받아 국외에서 건설용역을 제공하고 그 대가를 원도급자인 국내사업자로부터 받는 경우에는 영의 세율을 적용한다.
④ 사업자가 국가 및 지방자치단체에 직접 공급하는 도시철도건설용역은 영의 세율을 적용한다.
⑤ 수탁자가 자기명의로 내국신용장을 개설받아 위탁자의 재화를 공급하는 경우에는 위탁자가 영의 세율을 적용받는다.

해답 ①
해설 ① 외국으로 반출되지 아니하는 재화의 공급과 관련하여 개설된 내국신용장(주한미국군 군납계약서 등)에 의한 재화의 공급은 **영의 세율을 적용하지 않는다.**

05 영세율에 관한 설명으로 옳지 않은 것은?

2014년 세무사

① 사업자가 법령으로 정한 내국신용장 또는 구매확인서에 의하여 재화[금지금(金地金)은 제외]를 공급하는 경우 영세율을 적용한다.

② 사업자가 법령으로 정한 중계무역 방식으로 수출하는 경우 국내 사업장에서 계약과 대가 수령 등 거래가 이루어지는 것은 영세율을 적용한다.

③ 외국법인의 국내사업장이 있는 경우에 사업자가 국내에서 국외의 외국법인과 직접 계약하여 교육지원서비스업에 해당하는 용역을 공급하고 그 대금을 해당 외국법인으로부터 외국환은행에서 원화로 받는 경우에는 영세율을 적용한다.

④ 영세율을 적용할 때 사업자가 비거주자 또는 외국법인이면 그 해당 국가에서 대한민국의 「소득세법」상 거주자 또는 「법인세법」상 내국법인에 대하여 동일하게 면세하는 경우에만 영세율을 적용한다.

⑤ 영세율이 적용되는 재화나 용역을 공급하는 사업자는 사업자등록, 세금계산서발급, 신고·납부 등의 의무사항을 이행하지 않아도 되고, 그 의무를 이행하지 않더라도 가산세 등 불이익처분을 받지 않는다.

해답 ⑤

해설 영세율이 적용되는 재화나 용역을 공급하는 사업자는 「부가가치세법」상 사업자이므로 사업자등록, 세금계산서 발급, 신고·납부 등의 의무사항을 이행하여야 하며, 그 의무를 이행하지 않으면 가산세 등 불이익처분을 받는다.

06 「부가가치세법」상 영세율 적용에 관한 설명으로 옳은 것은?

2016년 세무사

① 금지금을 내국신용장 또는 구매확인서에 의하여 공급하는 것은 영세율이 적용되는 수출로 본다.

② 계약과 대가 수령 등 거래가 국외사업장에서 이루어지는 중계무역 방식의 수출은 영세율이 적용되는 수출에 속하는 것으로 본다.

③ 「항공법」에 따른 상업서류 송달용역의 공급에는 영세율이 적용되지 아니한다.

④ 대한민국 선박에 의하여 공해에서 잡힌 수산물을 외국으로 반출하는 것은 영세율이 적용되는 수출에 해당한다.

⑤ 비거주자인 사업자가 재화를 수출하는 경우, 비거주자의 해당 국가에서 대한민국의 거주자에 대하여 면세하는지 여부와 관계없이 영세율을 적용한다.

해답 ④

해설 ① 영세율이 적용되는 내국신용장 또는 구매확인서에 의하여 공급하는 재화의 수출에는 금지금은제외된다.

② 중계무역 방식 등 특정무역 방식의 수출은 계약과 대가 수령 등 거래가 국내사업장에서 이루어져야 영세율이 적용되는 수출로 본다.

③ 상업서류 송달용역의 공급은 영세율 적용대상이다.

⑤ 영세율은 거주자 또는 내국법인에 대하여 적용하며, 비거주자나 외국법인은 상호주의에 의한다.

07 「부가가치세법」상 영세율에 관한 설명으로 옳지 않은 것은? 2019년 세무사

① 「관세법」에 따른 수입신고 수리 전의 물품으로서 보세구역에 보관하는 물품을 외국으로 반출할 경우(국내 사업장에서 계약과 대가 수령 등 거래가 이루어짐) 영세을 적용이 된다.
② 수출용 완제품을 공급한 후라도 내국신용장이 그 공급시기가 속하는 과세기간이 끝난 후 25일 이내에 개설된 경우에는 영세율이 적용된다.
③ 국내사업장을 둔 사업자가 해외에서 도로건설 용역을 제공하는 경우 외화로 대금을 수령할 경우에만 영세율을 적용받는다.
④ 선박 또는 항공기에 의한 외국항행용역의 공급은 영세율을 적용한다. 이 때, 외국항행용역에는 선박 또는 항공기에 의하여 여객이나 화물을 국내에서 국외로, 국외에서 국 내로 또는 국외에서 국외로 수송하는 것을 포함한다.
⑤ 「관광진흥법」 시행령에 따른 일반여행업자가 외국인 관광객에게 공급하는 관광알선 용역(그 대가를 외국환은행에서 원화로 받았다)에는 영세율을 적용한다.

해답 ③
해설 국외에서 제공하는 용역은 외화로 대금을 수령받는지에 무관하게 모두 영세율을 적용받는다.

08 「부가가치세법」상 재화의 수출에 포함되지 않는 것은? 2020년 세무사

① 내국신용장 또는 구매확인서에 의하여 금지금(金地金)을 공급하는 것
② 원료를 대가 없이 국외의 수탁가공 사업자에게 반출하여 가공한 재화를 양도하는 경우에 그 원료의 반출
③ 수출대금은 국내에서 영수(領收)하지만 국내에서 통관되지 아니한 수출물품 등을 외국으로 인도하거나 제공하는 수출
④ 「관세법」에 따른 수입신고 수리 전의 물품으로서 보세구역에 보관하는 물품의 외국으로의 반출
⑤ 물품 등을 무환(無換)으로 수출하여 해당 물품이 판매된 범위에서 대금을 결제하는 계약에 의한 수출

해답 ①
해설 내국신용장 또는 구매확인서에 의하여 재화를 공급하는 것은 수출에 포함하지만 금지금은 제외한다.

09 부가가치세 영세율에 관한 설명이다. 옳지 않은 것은? 2020년 회계사

① 사업자가 부가가치세를 별도로 적은 세금계산서를 발급하여 수출업자와 직접도급계약에 의한 수출재화 임가공용역을 제공한 경우 영세율을 적용한다.
② 간이과세자는 과세사업자에 해당하므로 영세율을 적용받을 수 있다.
③ 외국항행사업자가 자기의 사업에 부수하여 자기의 승객만이 전용하는 호텔에 투숙하게 하는 용역을 제공하는 것은 영세율 적용대상이다.
④ 사업자가 지방자치단체에 직접 공급하는 도시철도건설용역은 영세율 적용대상이다.
⑤ 영세율을 적용할 때 사업자가 비거주자 또는 외국법인이면 그 해당 국가에서 대한민국의 거주자 또는 내국법인에 대하여 동일하게 면세하는 경우에만 영세율을 적용한다.

해답 ①
해설 사업자가 부가가치세를 별도로 적은 세금계산서를 발급하여 수출업자와 직접도급계약에 의한 수출재화 임가공용역을 제공한 경우 10%의 부가가치세가 과세된다.

10 부가가치세법상 면세와 영세율에 관한 설명으로 옳은 것은? 2018년 회계사

① 국내사업장에서 계약하고 대가를 수령한 위탁판매수출(물품 등을 무환으로 수출하여 해당 물품이 판매된 범위에서 대금을 결제하는 계약에 의한 수출)을 하고 판매대금을 외화로 수령하는 경우에는 영세율을 적용하지 아니한다.
② 내국신용장에 의해 공급되는 재화(금지금은 제외)는 공급받는 자인 비거주자가 지정하는 사업자에게 인도하는 경우에만 영세율을 적용한다.
③ 외국에서 수입한 관상용 거북이는 면세대상 재화이다.
④ 법인이 물적 시설 없이 근로자를 고용하여 작곡용역을 공급한 후 대가를 받는 용역은 면세대상이다.
⑤ 국내에서 국내사업장이 없는 외국법인에게 상품 중개를 하고 용역대금을 외국환은행에서 원화로 받은 경우에는 영세율을 적용한다.

해답 ⑤
해설 ① 물품 등을 무환으로 수출하여 해당 물품이 판매된 범위에서 대금을 결제하는 계약에 의한 수출은 판매대금을 외화로 수령하여도 영세율 적용이 가능하다.
② 국내에서 비거주자·외국법인에 공급하는 특정 재화에 대한 영세율 적용요건이다.(추가로 비거주자가 지정하는 사업자가 인도받은 재화를 과세사업에 사용하고 판매대금을 외국환은행에서 원화로 받은 경우 영세율을 적용한다.)
③ 국내생산 비식용 농·축·수·임산물로서 미가공된 것만 면세대상이다.
④ 개인이 물적시설없이 근로자를 고용하지 않고 독립된 자격으로 제공하는 작곡 등 용역의 경우 면세대상이나 이러한 용역을 법인이 근로자를 고용하여 제공하는 경우 과세대상이다.

11 부가가치세법상 면세와 영세율에 관한 설명으로 옳지 않은 것은? 2017년 회계사

① 외국인도수출(수출대금을 국내에서 영수하지만 국내에서 통관되지 아니한 수출물품 등을 외국으로 인도하거나 제공하는 수출)로서 국내사업장에서 계약과 대가수령 등 거래가 이루어지는 것은 영세율을 적용하지 아니한다.
② 국내에 주소를 둔 거주자 갑이 국내 사업장이 없는 비거주자에게 법률자문(전문서비스) 용역을 제공하는 경우 거래상대방의 해당 국가에서 우리나라의 거주자 또는 내국법인에 대하여 동일하게 면세하는 경우에만 영세율을 적용한다.
③ 면세의 포기를 신고한 사업자는 신고한 날부터 3년간 부가가치세를 면제받지 못한다.
④ 면세사업 등에 관련된 매입세액은 매출세액에서 공제하지 아니한다.
⑤ 규격단위로 포장하지 않고 판매하는 두부는 면세대상 재화이다.

해답 ①

해설 외국인도수출(수출대금을 국내에서 영수하지만 국내에서 통관되지 아니한 수출물품 등을 외국으로 인도하거나 제공하는 수출)로서 국내사업장에서 계약과 대가수령 등 거래가 이루어지는 것은 영세율을 적용한다.

제3절 면 세

01 **부가가치세법상 면세에 관한 설명이다. 옳지 않은 것은?** 2019년 회계사

① 시내버스에 의한 여객운송용역은 면세대상이지만, 시외우등고속버스에 의한 여객운송용역은 과세대상이다.
② 국민주택규모 이하 주택의 임대용역은 면세대상이지만, 국민주택규모를 초과하는 주택의 임대용역은 과세대상이다.
③ 약사가 제공하는 의약품의 조제용역은 면세대상이지만, 약사가 조제하지 않고 단순히 판매하는 의약품은 과세대상이다.
④ 도서의 공급은 면세대상이지만, 도서에 게재되는 광고의 공급은 과세대상이다.
⑤ 면세재화의 공급이 영세율 적용 대상인 경우에는 면세의 포기를 신고하고 과세 사업자등록을 하여 영세율을 적용받을 수 있다.

해답 ②
해설 주택과 그 부수토지의 임대용역은 면세대상이다.

02 **부가가치세법상 면세에 관한 설명이다. 옳지 않은 것은?** 2015년 회계사

① 면세의 포기를 신고한 사업자는 신고한 날부터 3년간 부가가치세를 면제받지 못한다.
② 국내에서 열리는 영화제에 출품하기 위하여 무상으로 수입하는 물품으로서 관세가 면제되는 재화의 수입에 대하여는 부가가치세가 면제된다.
③ 면세를 포기하려는 사업자는 면세포기신고서를 관할세무서장에게 제출하고, 지체 없이 사업자등록을 하여야 한다.
④ 은행업에 관련된 소프트웨어의 판매·대여 용역은 부가가치세가 면제된다.
⑤ 지방자치단체에 무상으로 공급하는 재화에 대하여는 부가가치세가 면제된다.

해답 ④
해설 은행업에 필수적으로 부수되어 공급하는 용역의 경우에는 부가가치세가 면제되는 것이나, 별도로 공급되는 소프트웨어의 판매나 대여 용역은 부가가치세 과세대상이다.

03 다음의 부가가치세법상 면세포기에 대한 설명 중 가장 옳은 것은?

① 면세를 포기하고자 하는 사업자는 관할세무서장으로부터 포기신고에 대한 승인을 받아야 한다.
② 면세를 포기하고자 하는 사업자는 확정신고 또는 예정신고 기한으로부터 20일 이전에 면세포기의 신고를 하여야 한다.
③ 영세율이 적용되는 재화 또는 용역 및 학술연구단체·기술연구단체가 학술연구 또는 기술연구와 관련하여 공급하는 재화 또는 용역을 제외한 재화 또는 용역에 대해서만 면세포기를 할 수 있다.
④ 면세포기신고를 한 사업자는 신고한 날로부터 2년간은 다시 면세사업자가 될 수 없다.
⑤ 면세되는 2 이상의 사업을 영위하는 사업자는 면세포기대상이 되는 재화 또는 용역의 공급 중 면세포기를 하고자 하는 재화 또는 용역의 공급만을 구분하여 면세포기를 할 수 있다.

해답 ⑤

해설 ① 면세포기는 승인을 받지 않으므로 승인을 받아야 한다는 설명은 옳지 않다.
② 면세포기기한은 규정되어 있지 않으므로 면세포기를 하고자 하는 확정신고 또는 예정신고기한으로부터 20일 이전에 면세포기신고를 하여야 한다는 설명은 옳지 않다.
③ 영세율이 적용되는 경우와 학술연구단체나 기술연구단체인 경우에만 면세를 포기할 수 있으므로 그 이외의 경우에만 포기할 수 있다는 설명은 옳지 않다.
④ 면세포기신고를 한 사업자는 신고한 날로부터 3년간은 부가가치세의 면제를 받지 못하며, 면세포기신고를 한 사업자가 면세포기신고를 한 날로부터 3년이 경과한 후 다시 부가가치세의 면제를 받고자 하는 때에는 면세적용신고서를 제출하여야 한다.

04 다음 중 부가가치세가 면세되지 않는 항목은?

① 자동차 대여사업
② 여행자휴대품으로서 관세가 면제되는 재화
③ 국가나 지방자치단체에 무상으로 공급하는 재화
④ 작곡가가 직업상 제공하는 인적용역
⑤ 동물원에의 입장

해답 ①

해설 ①을 제외한 나머지는 모두 면세적용대상에 해당한다.

05 「부가가치세법」상 면세에 관한 설명으로 옳지 않은 것은?
2017년 세무사

① 「음악산업진흥에 관한 법률」의 적용을 받는 전자출판물의 공급에 대해서는 부가가치세를 과세한다.
② 미술창작품의 공급에 대해서는 부가가치세를 면제한다.
③ 금융회사가 국가·지방자치단체에 제공하는 금고대행용역에 대해서는 부가가치세를 면제한다.
④ 면세 농산물을 수출하는 사업자가 면세포기를 하여 해당 농산물에 대하여 영세율이 적용되는 경우 수출을 위하여 당초 매입한 면세 농산물에 대하여 의제매입세액공제가 가능하다.
⑤ 면세재화의 공급이 영세율 적용의 대상이 되는 경우 면세포기가 가능하나 면세 포기를 신고한 날부터 3년간 부가가치세를 면제받지 못한다.

해답 ④
해설 면세 농산물을 수출하는 사업자가 면세포기를 하여 해당 농산물에 대하여 영세율이 적용되는 경우 수출을 위하여 당초 매입한 면세 농산물에 대하여 의제매입세액공제가 불가능하다.

06 부가가치세법상 영세율과 면세에 대한 설명이다. 옳지 않은 것은?
2009년 회계사

① 부가가치세법은 주로 소비지국과세원칙을 구현하기 위해 영세율제도를 두고 있고, 부가가치세의 역진성을 완화하기 위해 면세제도를 두고 있다.
② 영세율은 영세율사업자의 매입세액을 전액 환급받을 수 있으므로 완전면세제도이다.
③ 면세는 면세사업자의 매입세액을 일부만 환급받을 수 있으므로 부분면세제도이다.
④ 부가가치세가 면제되는 재화를 수출하는 사업자가 그 수출하는 재화에 대하여 영세율을 적용받기 위해서는 관할세무서장에게 면세포기를 하고, 지체없이 사업자등록을 하여야 한다.
⑤ 영세율 적용대상자는 부가가치세법상 사업자이지만, 면세사업자는 부가가치세법상 사업자가 아니다.

해답 ③
해설 면세는 매입세액이 공제되지 않는 부분면세제도이다.

07 「부가가치세법」 상의 영세율과 면세에 관한 설명이다. 옳지 않은 것은? 2010년 회계사

① 부가가치세 조기환급세액은 사업장별로 당해 매출세액에서 영세율이 적용되는 공급분에 관련된 매입세액과 시설투자에 관련된 매입세액을 공제하여 계산한다. 다만, 국내공급분에 대한 매입세액은 조기환급세액을 계산할 때 매출세액에서 공제하지 않는다.
② 영세율을 적용할 때 사업자가 비거주자 또는 외국법인(국내에 사업의 실질적인 관리장소가 소재하지 않음)인 경우에는 그 외국에서 대한민국의 거주자 또는 내국법인에게 우리나라의 부가가치세 또는 이와 유사한 성질의 조세를 면제하는 때와 그 외국에서 우리나라의 부가가치세 또는 이와 유사한 성질의 조세가 없는 때에만 영세율을 적용한다.
③ 사업자가 자기사업을 위하여 대가를 받지 아니하고 국외의 사업자에게 견본품을 반출하는 경우에는 영세율을 적용하지 않는다.
④ 사업자는 부가가치세가 면제되는 재화 또는 용역의 공급으로서 영세율 적용의 대상이 되는 것은 부가가치세의 면제를 받지 아니할 수 있다.
⑤ 면세되는 재화 또는 용역의 공급에 필수적으로 부수되는 재화 또는 용역의 공급은 면세되는 재화 또는 용역의 공급에 포함되는 것으로 본다.

해답 ①

해설 조기환급세액은 영세율이 적용되는 공급분에 관련된 매입세액·시설투자에 관련된 매입세액 또는 국내공급분에 대한 매입세액을 구분하지 않고 사업장별로 해당 매출세액에서 매입세액을 공제하여 계산한다(부기통 24-72-2).

08 부가가치세법상 영세율과 면세에 대한 설명이다. 옳은 것은? 2011년 회계사

① 가공하지 않은 비식용농산물은 국산과 수입산 모두 부가가치세 면세대상이다.
② 사업설비를 신설·취득·확장 또는 증축하는 경우에는 조기환급을 받을 수 없다.
③ 구매확인서에 의해 공급된 재화는 수출재화에 해당하지 않는다.
④ 면세포기신고를 한 사업자는 다음 과세기간부터 3년간 부가가치세 면제를 받지 못한다.
⑤ 은행법에 의한 은행업은 부가가치세 면제 대상이다.

해답 ⑤

해설 ① 가공하지 않은 비식용농산물은 국내산만 부가가치세 면세대상이다.
② 사업설비를 신설·취득·확장 또는 증축하는 경우에는 조기환급을 받을 수 있다.
③ 수출재화에 해당함(그 재화의 공급시기가 속하는 과세기간 종료 후 20일 이내에 내국신용장·구매확인서가 개설·발급 된 것에 한함)
④ 면세포기신고를 한 사업자는 신고한 날로부터 3년간 부가가치세 면제를 받지 못한다.

09 **「부가가치세법」상 면세포기에 관한 설명으로 옳지 않은 것은?** 2013년 회계사

① 부가가치세가 면제되는 재화 또는 용역의 공급이 영세율 적용의 대상이 되는 경우와 학술연구단체 또는 기술연구단체가 학술연구 또는 기술연구와 관련하여 이를 공급하는 경우는 부가가치세의 면세포기가 가능하다.
② 부가가치세의 면세포기를 적용받기 위해서는 그 적용을 받으려는 달의 마지막 날까지 사업장 관할세무서장에게 신고하여야 한다.
③ 부가가치세의 면세를 포기하려는 사업자는 면세포기신고서에 의하여 관할세무서장에게 신고하고, 지체없이 등록하여야 한다.
④ 부가가치세의 면세포기신고를 한 사업자가 다시 부가가치세의 면제를 받고자 하는 때에는 면세적용신고서와 함께 발급받은 사업자등록증을 제출하여야 하며, 면세적용신고서를 제출하지 아니한 경우에는 계속하여 면세를 포기한 것으로 본다.
⑤ 부가가치세의 면세포기신고를 한 사업자는 신고한 날로부터 3년간은 부가가치세의 면제를 받지 못한다.

해답 ②
해설 면세포기는 시기의 제한이 없으며 언제든지 가능하다. 그리고 사업자의 포기신고로써 충분하고 별도로 관세관청의 승인을 필요로 하지 않는다.

10 **부가가치세법상 면세대상 용역이 아닌 것은?**

① 의료법에 규정하는 성형외과의사가 제공하는 얼굴 성형수술 및 치료 용역
② 학술연구단체 또는 기술연구단체가 학술연구 또는 기술연구와 관련하여 공급하는 용역
③ 문화재보호법의 규정에 의한 지정유형문화재를 소유·관리하고 있는 주무관청에 등록된 종교단체의 경내지 내의 건물 임대용역
④ 국민은행이 건설교통부의 위탁을 받아 주택복권의 발행을 대행하는 용역
⑤ 교육인적자원부장관의 추천을 받아 공익을 목적으로 기숙사를 운용하는 자가 학생을 위하여 실비로 공급하는 음식·숙박용역

해답 ④
해설 국민은행이 건설교통부의 위탁을 받아 주택복권의 발행을 대행하는 용역은 과세대상 용역에 해당한다.

11 **부동산임대업을 영위하는 일반과세자 甲은 다음과 같이 도시계획구역 밖에 소재하고 있는 단층 겸용주택을 乙에게 임대(임대기간 1.1.~12. 31.)하였다. 다음 자료를 참고하여 甲의 제1기 부가가치세 과세표준을 계산하면 얼마인가?**

> (1) 겸용주택 건물의 임대내역은 월 임대료는 4,000,000원(공급가액임)이며 주택면적 40평, 점포면적 60평, 건물부수토지 1,000평이다.
> (2) 제1기 과세기간종료일 현재의 소득세법에 의한 기준시가는 건물 20,000,000원, 토지 100,000,000원이었다.

① 2,400,000원 ② 5,400,000원 ③ 12,000,000원
④ 14,400,000원 ⑤ 18,400,000원

해답 ④

해설 (1) 임대료의 계산
4,000,000원×6개월=24,000,000원
(2) 토지분 임대료와 건물분 임대료의 계산
1) 토지분 임대료=24,000,000원×(1억/1억2천)=20,000,000원
2) 건물분 임대료=24,000,000원-20,000,000원=4,000,000원
(3) 과세표준의 계산
20,000,000원×(600평/1,000평)+4,000,000원×(60평/100평)=14,400,000원

12 **부가가치세법상 면세와 영세율에 관한 다음의 설명 중 옳은 것을 모두 묶은 것은?** 2009년 세무사

> ㄱ. 영세율 적용대상자는 과세사업자가 이행하여야 할 제반 의무를 이행하여야 하고 불이행 시에는 가산세 등의 제재를 받는다.
> ㄴ. 면세대상인 재화를 수출하는 경우에 영세율을 적용받으려면 면세포기절차를 밟아야 한다.
> ㄷ. 수출업자와 직접 도급계약에 의하여 수출재화의 반제품을 임가공하는 용역은 직접 도급계약을 체결한 사업자 자신이 임가공을 하지 않았더라도 영세율을 적용받을 수 있다.
> ㄹ. 사업자가 국외에서 제공하는 용역의 공급에 대하여는 영세율을 적용한다.

① ㄴ, ㄷ, ㄹ ② ㄱ, ㄷ, ㄹ ③ ㄱ, ㄴ, ㄹ
④ ㄱ, ㄴ, ㄷ ⑤ ㄱ, ㄴ, ㄷ, ㄹ

해답 ⑤

해설 모두 옳은 설명이다

13 「부가가치세법」상 면세에 관한 설명으로 옳지 않은 것은? 2013년 세무사

① 「약사법」에 규정하는 약사가 조제하지 않은 의약품을 판매하는 경우 면세되는 의료보건 용역에 해당하지 않는다.
② 면세포기신고를 한 사업자는 신고한 날부터 3년간은 면세를 적용받지 못한다.
③ 발표회·연구회·경연대회 등의 예술행사는 영리 목적으로 하지 않는 경우에 면세대상이다.
④ 사업 목적 이외의 상시주거용 주택 임대용역의 공급(주택부수토지는 「부가가치세법 시행령」 관련규정 한도내 면적임)에 대해서는 부가가치세가 면제된다.
⑤ 면세되는 교육용역 제공시 필요한 교재의 대가를 수강료에 포함하지 않고 별도로 받는 경우에는 주된 용역인 교육용역에 부수되는 재화로서 면세되지 않는다.

해답 ⑤

해설 면세되는 교육용역의 제공시 필요한 교재의 대가를 수강료에 포함하지 않고 별도로 받는 경우에도 주된 용역인 교육용역에 부수되는 재화로서 면세된다.

14 다음 재화 또는 용역의 공급 중 면세가 적용되는 것을 모두 고른 것은? 2014년 세무사

ㄱ. 「은행법」에 따른 은행업무 및 부수업무로서 전자상거래와 관련한 지급대행에 해당하는 금융용역
ㄴ. 주무관청의 허가 또는 인가 등을 받은 수학학원에서 제공하는 교육용역
ㄷ. 국가 또는 지방자치단체에 유상으로 공급하는 재화 및 용역
ㄹ. 「잡지 등 정기간행물의 진흥에 관한 법률」에 따른 정기간행물(광고 제외)
ㅁ. 「철도건설법」에 따른 고속철도에 의한 여객운송 용역

① ㄱ, ㄴ, ㄷ ② ㄱ, ㄴ, ㄹ ③ ㄱ, ㄷ, ㅁ
④ ㄴ, ㄷ, ㅁ ⑤ ㄴ, ㄹ, ㅁ

해답 ②

해설 ⓒ 국가 또는 지방자치단체에 무상으로 공급하는 재화 및 용역에 대하여는 부가가치세를 면제하지만 유상으로 공급하는 경우에는 부가가치세가 면제되지 않는다.
ⓜ 여객운송용역의 공급에 대하여는 부가가치세를 면제하지만, 항공기·고속버스·전세버스·택시·고속철도 등에 의한 여객운송용역의 공급에 대하여는 부가가치세를 면제하지 않는다.

15 **「부가가치세법」상 면세대상에 관한 설명으로 옳은 것은?** 2021년 세무사

① 「항공사업법」에 따른 항공기에 의한 여객운송 용역은 면세한다.
② 면세되는 도서·신문·잡지 등의 인쇄·제본 등을 위탁받아 인쇄·제본 등의 용역을 제공하는 것에 대하여는 면세한다.
③ 피부과의원에 부설된 피부관리실에서 제공하는 피부관리용역은 면세한다.
④ 우리나라에서 생산되어 식용으로 제공되지 아니하는 관상용의 새에 대하여는 면세하지 아니한다.
⑤ 김치를 거래단위로서 포장하여 최종소비자에게 그 포장의 상태로 직접 공급하는 것에 대하여는 면세하지 아니한다.

해답 ⑤

해설 ① 「항공사업법」에 따른 항공기에 의한 여객운송 용역은 영세율 거래이다.
② 면세되는 도서·신문·잡지 등의 인쇄·제본 등을 위탁받아 인쇄·제본 등의 용역을 제공하는 것과 특정인과의 계약에 의하여 수집한 정보 및 자료를 도서의 형태로 공급하는 것에 대하여는 면세하지 아니한다.
③ 피부과의원에 부설된 피부관리실에서 제공하는 피부관리용역은 과세한다.
④ 우리나라에서 생산되어 식용으로 제공되지 아니하는 관상용의 새·열대어·금붕어 및 갯지렁이에 대하여는 면세한다

CHAPTER

05 과세표준과 납부세액

제1절 과세표준

01 **㈜서울은 ㈜백두에게 건물과 그 부수토지를 임대하고 있다. 다음 자료에 의하여 ㈜서울의 20×2년 제1기(1월 1일~6월 30일)의 부가가치세 과세표준을 구하면 얼마인가?**

> (1) 임대기간 : 20×2년 1월 1일 ~ 20×3년 12월 31일
> (2) 임대현황 :
> 가. 건물(단층) : 주택 $50m^2$, 상가 $150m^2$
> 나. 부수토지(도시지역 외의 지역에 있는 토지임) : $1,500m^2$
> (3) 임대료 등의 내역 :
> 가. 월 임대료 : 2,000,000원/월
> (20×2년 1월초에 1년분 임대료 24,000,000원을 일시에 받음)
> 나. 20×2년 제1기의 임대보증금에 대한 간주임대료 : 24,000,000원
> (4) 제1기 과세기간 종료일 현재의 소득세법상 기준시가
> 가. 건물 : 40,000,000원
> 나. 토지 : 10,000,000원

① 9,000,000원　② 27,000,000원　③ 27,600,000원
④ 29,600,000원　⑤ 36,000,000원

해답 ②

해설 (1) 수입금액 : ①+②=36,000,000원
① 임대료 : 2,000,000×6개월=12,000,000원
② 간주임대료 : 24,000,000원
(2) 토지 및 건물의 안분
① 건물분 수입금액 : 36,000,000×40,000,000/(10,000,000+40,000,000)
=28,800,000
② 토지분 수입금액 : 36,000,000−28,800,000=7,200,000
(3) 과세표준 : ①+②=27,000,000
① 건물분 : 28,800,000×150/(50+150)=21,600,000
② 토지분 : 7,200,000×{1,500×150/(50+150)}/1,500=5,400,000
* 부수토지가 건물의 10배에 미달하므로 건물 비율로 안분한다.

02 **과세사업을 영위하는 일반과세자 (주)A(제조업)의 공급에 대한 다음 자료에서 20×2년 제2기 과세기간 공급가액의 합계는 얼마인가? (단, 주어진 자료 이외에는 고려하지 않음)**

2018년 세무사

> (1) 20×3.1.31.에 인도 예정인 재화(공급가액 1,000,000원)에 대한 대가를 20×2.12.20.에 모두 받고, 그 받은 대가에 대한 세금계산서를 즉시 발급하였다.
> (2) 20×2.9.1.에 할부판매 조건으로 재화를 인도하고, 공급가액 1,000,000원은 10월 말부터 2개월마다 4번에 걸쳐 받기로 하였다.
> (3) 20×2.5.1.에 인도를 완료한 재화의 공급에 대하여 그 대가의 지급이 지체되었음을 이유로 20×2.10.31.에 연체이자 1,000,000원을 수취하였다.
> (4) 20×2.12.1.에 상품권 1,000,000원을 현금판매하였고, 그 후 당해 상품권은 20×3.1.10.에 현물과 교환되었다.

① 0원 ② 1,000,000원 ③ 2,000,000원
④ 3,000,000원 ⑤ 4,000,000원

해답 ③

해설 (1) 1,000,000원(공급시기가 도래하기 전에 세금계산서를 발급하고 발급일로부터 7일 이내에 대가를 받으면 해당 세금계산서를 발급한 때를 공급시기로 본다.)
(2) 1,000,000(단기할부에 대한 특례는 없으므로 인도일을 공급시기로 본다.)
(3) 0(공급에 대하여 그 대가의 지급이 지체되었음을 이유로 수취하는 연체이자는 과세표준에 포함하지 않는다.)
(4) 0(상품권이 현물과 교환되는 경우의 공급시기는 실제 재화가 인도되는 때이다.)

03 **자동차용 배터리 소재 제조업을 영위하는 일반과세자인 (주)세무의 20×2년 제1기 예정신고기간 자료이다. (주)세무의 20×2년 제1기 예정신고기간의 부가가치세 과세표준금액은? (단, 다음 자료의 금액에는 부가가치세가 포함되어 있지 않음)** 2021년 세무사

> (1) 1월 30일: 재화의 공급으로 인하여 거래처로부터 매출할인과 에누리액 200,000원 차감 후, 연체이자 100,000원을 포함한 현금 5,000,000원을 받았다.
> (2) 2월 15일: 미국의 U사와 신용장(L/C)방식에 의한 수출계약을 하고 2월 15일에 선적하였으며, 수출계약금액은 $5,000이다. 2월 10일에 선수금 $2,000를 수령하여 2월 12일에 2,000,000원으로 환가하였으며, 나머지 금액인 $3,000은 2월 15일에 수령하여 2월 20일에 환가하였다. (기준환율 2월 10일 1,100원/$; 2월 15일 1,200원/$; 2월 20일 1,300원/$)
> (3) 3월 5일: 시가 4,000,000원의 제품을 판매하여 현금 3,800,000원과 자기적립마일리지 200,000원으로 결제 받았다.
> (4) 사업을 위하여 대가를 받지 않고 거래처 A사에게 제품(시가 1,000,000원, 원가 500,000원)을 견본품으로 제공하였다.

① 14,000,000원　② 14,300,000원　③ 14,500,000원
④ 14,800,000원　⑤ 15,300,000원

해답 ②

해설 (1) 5,000,000-100,000=4,900,000
(2) 2,000,000+$3,000×1,200=5,600,000
(3) 3,800,000(자기적립마일리지 외 대가)
(4) 0(무상 견본품은 부가가치세 과세대상이 아님)

04 **다음 자료를 이용하여 자동차 부품 제조업을 영위하고 있는 일반과세자인 ㈜K의 제2기 예정신고기간(20×2.7.1.~20×2.9.30.)에 대한 부가가치세 과세표준을 계산한 것으로 옳은 것은? (단, ㈜K는 주사업장총괄납부 및 사업자 단위 과세제도를 적용받는 사업자가 아니다. 관련 매입세액은 모두 공제받았으며, 제시된 자료의 금액에는 부가가치세가 포함되지 아니하였다.)**

2017년 회계사

(1) ㈜K의 20×2년 제2기 예정신고기간(20×2.7.1.~20×2.9.30.)의 공급가액은 470,000,000원이다. 이 금액에는 매출에누리와 환입액 20,000,000원이 차감되지 아니하였다.
(2) 다음 거래는 (1)의 공급가액에는 포함되어 있지 아니하다.
① 재고자산 중 일부가 진부화 되어 하치장에 반출하였다(시가: 3,000,000원, 원가: 1,700,000원).
② 대표이사가 업무용으로 사용하고 있는 승용차(개별소비세 과세대상)의 수리를 위해 재고자산을 사용하였다(시가: 5,000,000원, 원가: 2,000,000원).
③ 회사가 보유하고 있던 자기주식 200주(주당 취득원가 1,000원)를 주당 1,200원에 양도하였다.
④ 20×2.8.6. 하청업체와의 협업을 위하여 하청업체에 기계장치를 무상으로 이전하였다(취득일: 20×1.9.5., 매입가액: 12,000,000원, 이전 당시 장부가액: 4,000,000원).
⑤ 주된 거래처에 신제품을 무상 제공하였다(시가: 7,000,000원, 원가: 4,000,000원).
(3) 상기 제시된 매출 및 기타거래 이외에 부가가치세 과세표준에 영향을 미치는 다른 거래는 없었다.

① 461,000,000원 ② 462,000,000원 ③ 463,000,000원
④ 468,000,000원 ⑤ 471,000,000원

해답 ④

해설 (1) 예정신고기간 공급가액 : 470,000,000 − 20,000,000 = 450,000,000
(2) 그 외 공급가액
① 하치장 반출은 판매목적의 반출이 아니므로 공급에 해당하지 않는다.
② 5,000,000
자기생산·취득재화를 소형승용자동차의 유지를 위해 사용하였으므로 자가공급으로 과세하며, 비상각자산은 시가를 과세표준에 산입한다.
③ 지분증권은 부가가치세가 과세되지 않는다.
④ 12,000,000(1 − 25% × 2) = 6,000,000
사업상 증여에 해당하며 감가상각자산을 이전하였으므로 자가공급에 해당한다.
⑤ 7,000,000
사업상 증여에 해당하므로 과세표준에 산입한다.
(3) 과세표준
450,000,000 + 5,000,000 + 6,000,000 + 7,000,000 = 468,000,000

05 공기정화기 임대 및 판매 사업을 영위하는 ㈜M의 20×2년 제1기 예정신고기간 자료이다. 20×2년 제1기 예정신고시 부가가치세 과세표준은 얼마인가? (제시된 자료의 금액에는 부가가치세가 포함되지 아니하였다.)

2019년 회계사

(1) 20×2년 1월 5일 : 시가 50,000,000원의 재화를 공급하고, 대금은 매출할인 1,000,000원을 차감한 현금 49,000,000원을 받았으며, 1개월 뒤 판매실적에 따라 시가 2,000,000원의 판매용 상품을 판매장려금품으로 지급하였다.
(2) 20×2년 2월 16일 : 특수관계인이 아닌 자에게 사무실 일부를 6개월간 임대해 주고 현금 6,000,000원을 받았다. 이 임대용역의 시가는 9,000,000원이다.
(3) 20×2년 2월 25일 : 시가 10,000,000원의 재화를 공급하고 현금 6,000,000원, 과거에 ㈜M이 적립해 준 마일리지 1,000,000원 및 Y통신사 마일리지 3,000,000원을 받았다. 회사는 이 거래에 대하여 Y통신사로부터 현금 2,000,000원을 1개월 후에 보전 받았으며, 회사와 Y통신사는 특수관계인이 아니다.
(4) 20×2년 3월 23일 : 특수관계인에게 공기정화기 임대용역을 12개월간 무상으로 공급하였다. 이 용역의 시가는 12,000,000원이다.
(5) 20×2년 3월 25일 : 시가 40,000,000원인 회사 사무실 건물 및 시가 30,000,000원인 부수토지를 양도하고, 그 대가로 시가 73,000,000원의 공기정화기를 받았다.

① 99,000,000원 ② 101,000,000원 ③ 102,000,000원
④ 103,000,000원 ⑤ 133,000,000원

해답 ②

해설 (1) 20×2년 제1기 예정신고시 부가가치세 과세표준

① 20×2.1.5. : 49,000,000 + 2,000,000 = 51,000,000
자기생산·취득재화를 지급하는 경우 사업상 증여로 과세표준에 포함한다.

② 20×2.2.16. : $6,000,000 \times \frac{2}{6} = 2,000,000$
특수관계인 외의 자에게 저가공급한 경우 거래금액을 과세표준으로 한다.

③ 20×2.2.25. : 6,000,000 + 2,000,000 = 8,000,000
자기적립마일리지 외의 마일리지등으로 결제받은 금액은 사업자가 실제 보전받았거나 받을 금액만큼 과세표준에 포함해야한다.

④ 20×2.3.23. : 특수관계인에게 부동산 임대용역 외의 용역을 무상공급한 경우 공급으로 보지 아니한다.

⑤ 20×2.3.25. : 40,000,000
유상공급 후 금전 이외의 대가를 받는 경우 자기가 공급한 재화 또는 용역의 시가를 과세표준으로 한다.

∴ 51,000,000 + 2,000,000 + 8,000,000 + 40,000,000 = 101,000,000

06 **20×2년 1분기(1.1.~3.31.) 손익계산서에서 발췌한 다음 자료를 이용하여 과세사업만을 운영하는 ㈜C의 20×2년 제1기 예정신고기간(1.1.~3.31.)의 부가가치세 과세표준을 계산한 것으로 옳은 것은? (단, 제시된 금액은 부가가치세를 포함하지 아니한 것이며, 상품, 기계 및 비품에 대해서는 매입세액공제를 받았다.)** 2016년 회계사 수정

(1) 상품 매출은 100,000,000원이며, 이 금액은 매출에누리 1,000,000원, 매출할인 2,000,000원, 매출환입 3,000,000원이 차감된 금액이다.
(2) 매출시 일정비율로 적립해준 자기적립마일리지로 결제되어 대금 유입이 없는 상품 판매 4,000,000원은 매출로 계상하지 않았다.
(3) 용역 매출은 5,000,000원이며, 이 금액에는 임원에게 제공한 운송용역 500,000원(시가 1,000,000원)이 포함되어 있고, 주주에게 무상으로 제공한 시가 2,000,000원의 운송용역은 포함되어 있지 않다.
(4) 사용하던 기계의 처분으로 인한 유형자산처분손실 500,000원이 계상되어 있다. 동 기계(20×1년 3월 3일에 5,000,000원에 취득)는 장부가액 4,000,000원인 상태에서 3,500,000원에 처분하였다.
(5) 사용하던 비품을 임원의 향우회에 기부하고 장부가액 1,600,000원을 기부금으로 처리하였다. 동 비품은 20×1년 8월 8일에 2,000,000원에 구입하였다.

① 116,500,000원 ② 110,500,000원 ③ 114,600,000원
④ 114,000,000원 ⑤ 114,500,000원

해답 ②

해설 과세표준 :

$$100{,}000{,}000 + (5{,}000{,}000 + 500{,}000) + 3{,}500{,}000 + 2{,}000{,}000 \times (1 - 25\% \times 1) = 110{,}500{,}000$$

* 자기적립마일리지등으로 결제받은 금액은 과세표준에 포함하지 않는다.

** 특수관계인에게 제공한 용역의 저가공급의 과세표준은 시가이며, 용역의 무상공급은 특수관계인에 대한 사업용 부동산 임대용역 외에는 공급으로 보지 아니한다.

*** 비품을 임원의 향우회에 기부한 것은 사업상 증여로 감가상각자산의 간주공급 시 시가를 적용한다.

07 **다음 자료를 이용하여 과세사업자 ㈜A의 제1기 예정신고기간(1.1.~3.31.)의 부가가치세 과세표준을 계산한 것으로 옳은 것은? (단, 아래에 제시된 금액들은 부가가치세를 포함하지 아니한 것이다.)**

2016년 회계사

(1) 1월 30일 : 상품을 10,000,000원에 판매하였는데, 그 대금은 1월 말일부터 매월 말일에 1,000,000원씩 10회 받기로 하였다. (2) 2월 10일 : 제품을 10,000,000원에 주문생산판매하기로 하였는데 그 대금은 ① 계약시 10%, ② 30% 완성시 40%, ③ 70% 완성시 30%, ④ 인도시 20%를 받기로 하였다. 3월 말일 현재 생산의 완성도는 30%이다. (3) 2월 20일 : 사업용 부동산을 10,000,000원(건물가액 7,000,000원, 토지가액 3,000,000원)에 양도하기로 계약하였다. 대금은 2월 20일에 1,000,000원, 4월 20일에 4,000,000원, 6월 20일에 5,000,000원을 받기로 하였으며, 부동산은 6월 20일에 양도하기로 했다. (4) 3월 10일 : 상품을 1,000,000원에 판매하기로 계약하고 계약금 200,000원을 수령하였으며, 수령한 대가에 대하여 세금계산서를 발급하였다. 상품은 4월 10일에 인도되었다.

① 14,900,000원 ② 15,200,000원 ③ 15,900,000원
④ 16,000,000원 ⑤ 18,200,000원

해답 ②

해설 (1) 1월30일 : 10,000,000
단기할부판매의 공급시기는 재화가 인도되거나 이용가능하게 되는 때이다.
(2) 2월 10일 : $10,000,000 \times (10\% + 40\%) = 5,000,000$
(3) 2월 20일 : 0
중간지급 조건부 공급은 계약금을 지급받기로 한 날의 다음날부터 인도일·이용가능일까지의 기간이 6개월 이상이면서 그 기간 이내에 계약금 외의 대가를 3회 이상 분할하여 받는 경우 대가의 각 부분을 받기로 한 때를 공급시기로 본다. 해당 계약의 경우 계약일 현재 계약금을 지급받기로 한 날의 다음날인 2월 20일부터 이용가능일인 6월 20일까지 6개월 이상이 아니므로 해당 계약의 공급시기는 인도일·이용가능일인 6월 20일이다.
(4) 3월 10일 : 200,000
공급시기가 되기 전의 대가의 일부를 받고 그 받은 대가에 대하여 세금계산서를 발급한 경우 그 발급하는 때를 공급시기로 본다.
$\therefore 10,000,000 + 5,000,000 + 200,000 = 15,200,000$

08 **다음 자료를 이용하여 각 사업자의 제1기 과세기간(20×2.1.1.~6.30.)에 대한 부가가치세 공급가액을 모두 합하여 계산한 것으로 옳은 것은? (단, 제시된 금액은 부가가치세를 포함하지 않은 금액이다.)**

2015년 회계사

(1) ㈜A는 20×2년 1월 10일 자신의 사업에 사용하던 다음의 토지와 건물㉠·㉡을 모두 1,200,000,000원에 일괄양도하였다. 토지, 건물㉠·㉡의 실지거래가액 구분은 불분명하며, 각각의 자산에 대한 감정평가가액은 없다.

구 분	장부가액	취득가액	기준시가
토 지	600,000,000원	500,000,000원	400,000,000원
건물㉠	300,000,000원	250,000,000원	100,000,000원
건물㉡	100,000,000원	250,000,000원	-

(2) ㈜B는 20×2년 2월 3일 기계를 10,000,000원에 공급하기로 계약하였다. 완성도에 따른 공급가액 수령비율은 다음과 같으며, 20×2년 6월 30일 현재 기계는 60% 완성되었다.

완성도	0% (계약시)	40%	70%	100% (완성시)
수령비율	10%	50%	30%	10%

(3) ㈜C는 과세사업과 면세사업에 공통으로 사용하던 기계장치(취득일 20×0.10.5., 취득가액 8,000,000원)를 20×2년 3월 20일 5,000,000원에 매각하였다. 과세사업과 면세사업의 공급가액은 다음과 같다.

구 분	20×1년 제2기	20×2년 제1기
과세사업	97,500,000원	72,000,000원
면세사업	52,500,000원	48,000,000원

(4) ㈜A, ㈜B는 과세사업만을 영위하는 사업자이고, ㈜C는 과세사업과 면세사업을 겸영하는 사업자이다.

① 321,250,000원 ② 333,250,000원 ③ 344,250,000원
④ 345,250,000원 ⑤ 417,250,000원

해답 ⑤

해설 (1) ㈜A : 336,000,000

건물㉠ : $1,200,000,000 \times \frac{900,000,000}{1,000,000,000} \times \frac{100,000,000}{500,000,000} = 216,000,000$

건물㉡ : $1,200,000,000 \times \frac{100,000,000}{1,000,000,000} = 120,000,000$

(2) ㈜B : $10,000,000 \times (10\% + 50\%) = 6,000,000$

(3) ㈜C : $5,000,000 \times \frac{97,500,000}{150,000,000} + 72,000,000$(과세사업공급가액) $= 75,250,000$

$\therefore 336,000,000 + 6,000,000 + 75,250,000 = 417,250,000$

09 **20×2년도에 발생한 다음 자료를 이용하여 (주)A(제조 및 수출 영위)의 20×2년 제1기 과세기간 (1.1.~6.30.)의 부가가치세 과세표준을 계산하면 얼마인가? (단, 금액은 특별한 언급이 없는 한 부가가치세가 포함되지 않은 금액이며, 영세을 적용대상 거래의 경우 적용요건을 충족하고 있고, 주어진 자료 이외에는 고려하지 않음)** 2019년 세무사

(1) 1월 1일 국내거래처에 AA제품을 20,000,000원에 장기할부로 매출하고 대금회수는 매년 말 10,000,000원씩 2년 동안 회수하기로 하였다. 회사는 현재가치로 매출 17,355,400원과 현재가치할인차금 2,644,600원을 인식하였다. 1월 1일부터 6월 30일까지의 현재가치할인차금상각액은 867,770원이다. 부가가치세법상 공급시기에 세금계산서는 발행된다.
(2) 2월 2일 국내거래처에 그동안 실적에 따라 장려금 300,000원과 BB제품(원가 1,000,000원, 시가 1,500,000원)을 장려품으로 지급하였다.
(3) 20×1년 8월 10일에 국내거래처에 대하여 발생했던 매출채권을 20×2년 3월 3일에 조기에 전액 회수하면서 매출채권의 10%에 해당하는 200,000원에 대해 매출할인을 실시하였다.
(4) 4월 4일 미국거래처에 CC제품을 수출하고 대금 $1,000는 4월 10일에 수령 하였으며 환전은 4월 12일에 하였다. 일자별 1달러당 환율은 다음과 같다.

구분	4월 4일	4월 10일	4월 12일
기준환율	1,000원	1,010원	1,020원

① 1,800,000원 ② 2,000,000원 ③ 2,300,000원
④ 2,320,000원 ⑤ 2,500,000원

해답 ③

해설 (1) 0(장기할부판매의 경우 대가의 각 부분을 받기로 한 때를 공급시기로 본다.)
(2) 1,500,000(공급자가 판매장려금을 현물로 지급하는 경우 사업상 증여로 보아 시가를 공급가액에 포함)
(3) △200,000(매출에누리, 매출환입 및 매출할인은 사유가 발생한 과세기간의 공급가액에서 차감)
(4) 1,000,000(대가를 외화로 받은 경우로서 공급시기 이후에 원화로 환가한 경우 공급시기의 기준환율로 환산)

10 **20×2년 제1기(1.1.~6.30.) 부가가치세 관련 자료이다. ㈜A와 ㈜B의 부가가치세 과세표준에 포함될 재화의 공급가액을 모두 합한 것으로 옳은 것은? (단, 제시된 금액은 부가가치세를 포함하지 않은 금액이다.)**

2021년 회계사

(1) ㈜A는 과세사업과 면세사업에 공통으로 사용하던 차량과 비품을 다음과 같이 매각하였다.

① 매각내역

구 분	취득일	취득가액	매각일	공급가액
차 량	20×1.3.1.	40,000,000원	20×2.4.1.	20,000,000원
비 품	20×1.8.1.	1,000,000원	20×2.5.1.	400,000원

② 과세사업과 면세사업의 공급가액비율

구 분	20×1년 제1기	20×1년 제2기	20×2년 제1기
과세사업	53%	50%	60%
면세사업	47%	50%	40%

(2) 과세사업자인 ㈜B는 20×2년 4월 10일에 토지와 건물을 500,000,000원에 다음과 같이 함께 양도하고 그 대금을 모두 수령하였다. 토지와 건물에 대한 감정가액은 없다.

구 분	실지거래가액	공급계약일 현재	
		장부가액	기준시가
토 지	300,000,000원	200,000,000원	160,000,000원
건 물	200,000,000원	200,000,000원	240,000,000원

① 210,200,000원　② 210,400,000원　③ 260,000,000원
④ 310,200,000원　⑤ 310,400,000원

해답 ⑤

해설 (1) ㈜A 공급가액

① 차량 : 20,000,000 × 50% = 10,000,000

② 비품 : 400,000*

* 비품의 공급가액이 50만원 미만이므로 과세표준의 안분계산을 생략한다.

(2) ㈜B 공급가액

안분계산 판단

구분	실지거래가액	안분계산액*	차이
토지	300	200	50%($\frac{100}{200}$)
건물	200	300	33%($\frac{100}{300}$)
합계	500	500	-

• 토지 : $500,000,000 \times \frac{160,000,000}{400,000,000}$, 건물 : $500,000,000 \times \frac{240,000,000}{400,000,000}$

→ 실지거래가액으로 구분한 토지와 건물 등의 가액이 안분계산한 금액과 30% 이상 차이가 나므로 안분계산액 기준으로 계산한다.

① 건물 : $500,000,000 \times \frac{240,000,000}{400,000,000} = 300,000,000$

∴ $10,000,000 + 400,000 + 300,000,000 = 310,400,000$

11 **양계 후 생닭으로 판매하는 축산회사 ㈜H의 20×2년 3월 3일 회사 사옥 및 부수토지 양도 관련 자료이다. 20×2년 제1기 예정신고시 부동산 양도에 따른 부가가치세 과세표준은 얼마인가? (제시된 자료의 금액에는 부가가치세가 포함되지 아니하였다.)** 2019년 회계사

(1) 건물의 구입시부터 1층($100m^2$)은 K은행 점포 임대에 사용하고 있으며, 2층부터 5층(총 $400m^2$)은 ㈜H가 사무실로 사용하고 있다. 부수토지의 면적은 $300m^2$이다.

(2) 건물과 부수토지를 100,000,000원에 양도하였다. 양도가액 중 건물가액과 토지가액의 구분은 불분명하다.

(3) 양도한 부동산의 가액

구 분	취득가액	기준시가	감정평가액
건물	30,000,000원	35,000,000원	40,000,000원
부수토지	20,000,000원	35,000,000원	60,000,000원
계	50,000,000원	70,000,000원	100,000,000원

(4) 건물 취득시 발생한 매입세액 중 공제가능액은 사용면적비율에 따라 계산되었으며, 감정평가는 20×2년 2월 2일에 감정평가업자에 의해 시행되었다.

(5) 회사 공급가액의 비율

구 분	20×1년 제2기	20×2년 제1기
생닭판매	60%	70%
부동산 임대수익	40%	30%

① 8,000,000원　② 10,000,000원　③ 16,000,000원
④ 40,000,000원　⑤ 0원

해답 ①

해설

건물 공급가액: $100,000,000 \times \frac{40,000,000}{100,000,000} \times \frac{100m^2}{500m^2} = 8,000,000$

건물 취득시 사용면적비율에 따라 계산되었으므로 공급 시 사용면적비율로 안분하며,(생닭 판매분 : 면세, 부동산 임대분 : 과세) 공급시기가 속하는 과세기간의 감정평가액이 존재하므로 감정평가액으로 안분계산한다.

12 갑씨는 부가가치세 과세사업을 영위하던 중 20×6년 4월 30일 당해 사업을 폐업하였다. 폐업하는 시점에 사업장내에 잔존하는 재화의 내역은 다음과 같다.

종류	취득일	취득원가	시가
제품	20×6년 1월 10일	2,000,000원	1,800,000원
토지	20×2년 1월 2일	6,000,000원	9,000,000원
건물	20×5년 1월 1일	7,000,000원	12,000,000원

건물의 취득시에 현재가치할인차금 2,000,000원을 취득가액과 구분하여 기장하였으며, 폐업일까지 현재가치할인차금 상각액 500,000원을 비용으로 계상하고 사업소득금액 계산시 필요경비로 인정받았다. 또한 폐업일까지 사업소득금액 계산시 필요경비로 인정받은 건물의 감가상각누계액은 1,000,000원이다. 위의 자료에 의할 때 부가가치세 과세표준은 얼마인가?

① 8,100,000원 ② 8,550,000원 ③ 9,900,000원
④ 18,900,000원 ⑤ 22,800,000원

해답 ③

해설

구분	과 세 표 준	비 고
제품	1,800,000	시가를 과세표준으로 함
토지	-	토지는 과세대상이 아님
건물	(7,000,000+2,000,000)×(1-5%×2) =8,100,000	현재가치할인차금은 취득가액에 가산함
합계	9,900,000	

13 다음 중 부가가치세 과세표준에 포함되는 것은?

① 공급받는 자에게 도달하기 전에 파손된 재화의 가액
② 재화 또는 용역의 공급과 직접 관련되지 아니하는 국고보조금
③ 매출한 후에 환입된 재화의 가액
④ 계약 등에 의하여 확정된 대가의 지급지연으로 인하여 지급받는 연체이자
⑤ 장기할부판매를 한 경우의 이자상당액

해답 ⑤

해설 ⑤ 장기할부판매 또는 할부판매의 경우 이자상당액은 부가가치세 과세표준에 포함한다.

14 **부가가치세 공급가액에 관한 설명이다. 옳지 않은 것은? (단, 아래 재화는 모두 부가가치세 과세 대상이다.)** 2021년 회계사

① 사업자가 시가 1,000,000원인 재화A를 판매하고 제3자 적립마일리지 300,000원(제3자와 마일리지 결제액을 보전받지 않기로 약정함에 따라 제3자로부터 보전받은 금액은 없음)과 현금 700,000원을 결제받았다. 이 경우 재화A의 공급가액은 700,000원이다.
② 사업자가 특수관계인이 아닌 자에게 재화B(시가 1,000,000원)를 공급하고 재화C(시가 900,000원)를 대가로 받았다. 이 경우 재화B의 공급가액은 1,000,000원이다.
③ 사업자가 재화D를 3월 20일(기준환율: 1,100원/$)에 인도하고 4월 20일(기준환율: 1,050원/$)에 $1,000를 대금으로 수령하였다. 이 경우 재화D의 공급가액은 1,100,000원이다.
④ 사업자가 재화E를 시가인 1,000,000원에 외상으로 판매하고 거래 상대방에 대한 판매장려금 지급액 300,000원을 차감한 나머지 금액 700,000원을 약정된 상환일에 수령하였다. 이 경우 재화E의 공급가액은 1,000,000원이다.
⑤ 사업자가 시가 1,000,000원인 재화F를 매출에누리 100,000원을 차감한 900,000원에 외상판매하였다. 이 경우 재화F의 공급가액은 900,000원이다.

해답 ①

해설 사업자가 실제 보전받았거나 받을 금액만큼 과세표준에 포함한다. 그러나 보전받지 않고 자기생산·취득 재화를 공급하는 경우 공급한 재화·용역의 시가를 과세표준에 포함한다. 그러므로 시가 1,000,000원을 공급가액으로 한다.

15 **「부가가치세법」상 과세표준에 관한 설명으로 옳지 않은 것은?** 2017년 세무사

① 사업자가 법령에 따른 특수관계인에게 대가를 받지 않고 과세되는 사업용 부동산임대용역을 공급하는 경우 공급가액에 포함되지 아니한다.
② 완성도기준지급조건부로 용역을 공급하는 경우 계약에 따라 받기로 한 대가의 각 부분을 과세표준으로 한다.
③ 위탁가공무역 방식으로 수출하는 경우 완성된 제품의 인도가액을 과세표준으로 한다.
④ 기부채납의 경우 해당 기부채납의 근거가 되는 법률에 따라 기부채납된 가액을 과세표준으로 하되 기부채납된 가액에 부가가치세가 포함된 경우 그 부가가치세는 제외한다.
⑤ 재화의 공급과 직접 관련된 국고보조금과 공공보조금은 과세표준에 포함된다.

해답 ①

해설 용역의 공급에 대하여 대가를 받지 않고 사업자가 특수관계인에게 사업용 부동산의 임대용역을 공급하는 경우 공급가액에 포함한다.

16 **「부가가치세법」상 매입세액에 관한 설명으로 옳지 않은 것은?** 2016년 세무사

① 건축물이 있는 토지를 취득하여 그 건축물을 철거하고 토지만 사용하는 경우에는 철거한 건축물의 취득 및 철거 비용과 관련된 매입세액은 매출세액에서 공제한다.

② 재화 또는 용역의 공급시기 이후에 발급받은 세금계산서라 하더라도 해당 공급 시기가 속하는 과세기간에 대한 확정신고기한까지 세금계산서를 발급받는다면 당해 매입세액은 매출세액에서 공제한다.

③ 사업자가 그 업무와 관련 없는 자산을 취득시 부담한 매입세액은 매출세액에서 공제하지 아니한다.

④ 면세사업을 위한 투자에 관련된 매입세액은 매출세액에서 공제하지 아니한다.

⑤ 공급시기가 속하는 과세기간이 끝난 후 20일 이내에 사업자등록을 신청한 경우 등록신청일부터 공급시기가 속하는 과세기간 기산일까지 역산한 기간 내의 매입세액은 매출세액에서 공제할 수 있다.

해답 ①

해설 토지의 조성 등을 위한 자본적 지출에 관련된 매입세액으로서 다음 중 어느 하나에 해당하는 경우에는 매입세액을 매출세액에서 공제하지 아니한다.

ⓐ 토지의 취득 및 형질변경, 공장부지 및 택지의 조성 등에 관련된 매입세액

ⓑ 건축물이 있는 토지를 취득하여 그 건축물을 철거하고 토지만을 사용하는 경우에는 철거한 건축물의 취득 및 철거비용과 관련된 매입세액 → 건축물을 신축하기 위하여 건축물이 있는 토지를 취득하고 그 건축물을 철거하는 경우 포함 (부가-235, 2011.3.11.)

ⓒ 토지의 가치를 현실적으로 증가시켜 토지의 취득원가를 구성하는 비용에 관련된 매입세액

17 **부가가치세법상 세금계산서 교부와 관련된 다음의 설명 중 가장 옳은 것은?**

① 사업자등록 여부와 관계없이 사업자는 세금계산서를 교부하여야 한다.

② 소매업, 미용·욕탕 및 유사서비스업, 여객운송업(전세버스운송사업 제외)을 영위하는 일반과세자는 세금계산서 교부의무가 면제되므로 공급받는 자가 세금계산서의 교부를 요구하더라도 세금계산서를 교부할 수 없다.

③ 세금계산서를 교부한 후 당초의 공급가액에 추가 또는 차감되는 금액이 발생한 경우에는 부가가치세의 과세표준과 납부세액을 경정하여 통지하기 전까지 세금계산서를 수정하여 교부할 수 있다.

④ 간주임대료에 대한 부가가치세는 이를 임대인과 임차인 중 누가 부담하는지를 불문하고 세금계산서를 교부하거나 교부받을 수 없다.

⑤ 위탁판매의 경우에 수탁자가 재화를 인도하는 때는 수탁자가 수탁자 본인 명의의 세금계산서를 교부하고, 위탁자의 등록번호를 부기하여야 한다.

해답 ④

해설 ① 사업자등록을 하지 않은 사업자는 세금계산서를 교부할 수 없다.

② 소매업은 공급받는 자가 세금계산서의 교부를 요구하면 세금계산서를 교부하여야 한다.

③ 세금계산서를 교부한 후 공급가액의 증감사항이 발생하는 경우 기한에 관계없이 세금계산서를 수정하여 교부할 수 있다.
⑤ 위탁판매는 수탁자가 위탁자의 명의로 세금계산서를 교부하여야 한다.

18 「부가가치세법」상 수정세금계산서를 발급할 수 있는 경우를 모두 고른 것은? 2017년 세무사

ㄱ. 세율을 잘못 적용하여 세금계산서를 발급하였으나 세무조사의 통지를 받은 경우로서 과세표준을 경정할 것을 미리 알고 있는 경우
ㄴ. 재화를 공급한 후 공급시기가 속하는 과세기간 종료 후 25일(25일이 되는 날은 영업일임) 이내에 내국신용장이 개설된 경우
ㄷ. 계약의 해지에 따라 공급가액에 추가되는 금액이 발생한 경우
ㄹ. 면세 등 발급대상이 아닌 거래에 대하여 발급한 경우
ㅁ. 계약의 해제로 재화 또는 용역이 공급되지 아니한 경우

① ㄱ ② ㄴ, ㄷ ③ ㄱ, ㄹ, ㅁ
④ ㄴ, ㄷ, ㄹ, ㅁ ⑤ ㄱ, ㄴ, ㄷ, ㄹ, ㅁ

해답 ④
해설 ㄱ. 세율을 잘못 적용하여 발급한 경우 처음에 발급한 세금계산서의 내용대로 세금계산서를 붉은색 글씨로 쓰거나 음(陰)의 표시를 하여 발급하고, 수정하여 발급하는 세금계산서는 검은색 글씨로 작성하여 발급한다. 다만 과세표준 또는 세액을 경정할 것을 미리 알고 있는 경우는 제외한다.

19 보세구역 내에서 공장을 운영하고 있는 일반과세자인 김갑동은 수입된 플라스틱부품을 가지고 인형을 제조하여 보세구역외의 국내사업자에게 공급하고 있다. 아래의 자료를 이용하여 김갑동이 거래징수하여야 할 부가가치세의 과세표준을 계산하면? (단, 세관장은 부가가치세를 적법하게 징수하였고, 예시된 것 이외의 세금은 부과되지 않은 것으로 간주한다.)

(1) 인형의 공급가액 : 50,000,000원
(2) 수입된 플라스틱부품에 대한 관세의 과세가격 : 10,000,000원
(3) 관세 : 2,000,000원

① 38,000,000원 ② 40,000,000원 ③ 50,000,000원
④ 60,000,000원 ⑤ 62,000,000원

해답 ①
해설 50,000,000원 − 12,000,000원 = 38,000,000원

20 **실크원단 판매업을 영위하던 일반과세자인 ABC실크는 20×2년 3월 10일부터 사업을 확장하여 면세업종인 국내산 마른 누에고치(건견) 판매업을 겸영하게 됨에 따라 일부 자산을 과세사업과 면세사업에 공통으로 사용하게 되었다. 다음 자료에 의하여 공통사용자산에 대한 20×2년 제1기의 과세표준을 계산하면?**

(1) 공통사용자산

구 분	취득일	취득가액
사무실건물	20×0. 1. 10	150,000,000원
트럭	20×1. 5. 1	25,000,000원

(2) 공급가액

구 분	20×1년 제2기	20×2년 제1기
실크원단공급가액	600,000,000원	700,000,000원
건견공급가액	-	100,000,000원
합계	600,000,000원	800,000,000원

① 15,781,250원 ② 16,562,500원 ③ 29,062,500원
④ 35,281,250원 ⑤ 53,281,250원

해답 ②

해설 (1) 사무실 건물
150,000,000원×(1－5%×4)×(1억원/8억원)＝15,000,000원
(2) 트 럭
25,000,000원×(1－25%×2)×(1억원/8억원)＝1,562,500원
(3) 공통사용자산에 대한 과세표준
(1)+(2)＝16,562,500원

21 **일반과세자인 (주)세무는 건물, 기계장치 및 토지를 69,480,000원(부가가치세 제외)에 일괄양도 하였으며, 건물, 기계장치 및 토지 각각의 실거래가액은 불분명하다. 인도시점에 매각대금을 전액 수령하였고, 각 자산의 관련 자료는 다음과 같으며, 감정평가가액은 불분명하다. 이 경우 (주)세무의 건물에 대한 부가가치세 과세표준금액은?** 2021년 세무사

구분	건물	기계장치	토지
취 득 가 액	55,000,000원	11,000,000원	15,000,000원
장 부 가 액	33,000,000원	9,900,000원	15,000,000원
기 준 시 가	22,000,000원	-	14,000,000원

① 35,200,000원 ② 36,000,000원 ③ 36,800,000원
④ 38,600,000원 ⑤ 39,600,000원

해답 ①

해설 $69{,}480{,}000 \times \frac{48{,}000{,}000}{57{,}900{,}000} \times \frac{22{,}000{,}000}{36{,}000{,}000} = 35{,}200{,}000$

22 다음 중 부가가치세 과세표준에 포함되는 것은?

① 매출에누리
② 사업자가 용기의 회수를 보장받기 위하여 받는 보증금
③ 확정된 공급대가의 지급지연으로 지급받는 연체이자
④ 공급받는 자에게 운송도중 파손된 재화의 가액
⑤ 공급되는 재화에 부과된 개별소비세 상당액

해답 ⑤

해설 공급가액에는 다음의 금액이 포함된다(부기통 13-48-2).
① 할부판매 또는 장기할부판매의 경우 이자상당액
② 대가의 일부로 받는 운송비·포장비·하역비·운송보험료·산재보험료 등
③ 개별소비세·주세·교통세가 과세되는 재화 또는 용역의 경우에는 당해 개별소비세·주세·교통세와 그에 대하여 부과되는 교육세·농어촌특별세

23 다음 중 부가가치세법상 세금계산서 교부의무가 면제되는 경우가 아닌 것은?

① 내국신용장에 의하여 수출업자에게 재화를 공급하는 경우
② 재화를 직접 수출하는 경우
③ 항공기에 의하여 외국항행용역을 제공하는 경우
④ 국내주둔 미국군에 재화를 공급하는 경우
⑤ 부동산 임대에 따른 간주임대료에 대한 부가가치세를 임차인이 부담하는 경우

해답 ①

해설 내국신용장에 의하여 수출업자에게 재화를 공급하는 것은 영세율 적용대상이지만 국내거래에 해당하므로 세금계산서는 교부하여야 한다.

24 부가가치세법상 세금계산서에 관한 설명으로 옳은 것은?

2018년 회계사

① 위탁에 의하여 재화를 공급하는 위탁판매의 경우에는 수탁자가 수탁자의 명의로 세금계산서를 발급하며, 이 경우 위탁자의 등록번호를 덧붙여 적어야 한다.

② 공급시기가 20×1년 8월 25일인 재화의 공급대가를 20×1년 7월 25일에 수령한 경우 20×1년 7월 20일자로 세금계산서를 발급할 수 있다.

③ 세금계산서 교부의무가 있는 일반과세자로부터 재화를 공급받은 간이과세자는 공급하는 자가 세금계산서를 발급하지 아니한 경우 매입자발행세금계산서를 발급할 수 없다.

④ 사업자는 15일 단위로 거래처별 공급가액을 합하여 그 기간이 속하는 달의 말일을 작성연월일로 하여 세금계산서를 발급할 수 있다.

⑤ 미용업을 영위하는 일반과세자가 미용용역을 제공하는 경우에 세금계산서 발급의무가 면제되지만 공급받은 자가 사업자등록증을 제시하고 세금계산서 발급을 요구하는 경우에는 세금계산서를 발급할 수 있다.

해답 ②

해설 ① 위탁에 의하며 재화를 공급하는 위탁판매의 경우에는 수탁자가 재화를 인도할 때 수탁자가 위탁자의 명의로 세금게산서를 발급하며, 이 경우 수탁자의 등록번호를 덧붙여 적어야 한다.

② 사업자가 재화 또는 용역의 공급시기가 도래하기 전에 세금계산서를 발급하고 그 세금계산서 발급일부터 7일 이내에 대가를 받으면 해당 세금계산서를 발급한 때를 재화 또는 용역의 공급시기로 본다.

③ 매입자발행세금계산서를 발행할 수 있는 사업자는 세금계산서 발급의무가 있는 사업자로부터 재화나 용역을 공급받은 모든 사업자가 가능하므로 간이과세자도 발급할 수 있다.

④ 1역월 단위로 거래처별 공급가액을 합하여 그 기간의 종료일을 작성연월일로 하여 세금계산서를 발급할 수 있다.

⑤ 미용업을 영위하는 일반과세자인 경우 공급받은 자가 사업자등록증을 제시하고 세금계산서 발급을 요구하더라도 세금계산서를 발급할 수 없다.

25 부가가치세법상 세금계산서에 관한 설명이다. 옳지 않은 것은?

2016년 회계사

① 3월 25일 재화를 인도하고 6월 25일 대금을 수령하면서 6월 25일자로 세금계산서가 발행된 경우, 해당 세금계산서는 잘못된 세금계산서이므로 공급받는 자는 해당 세금계산서로 매입세액을 공제받을 수 없다.

② 3월 25일 재화를 인도하고 6월 25일 대금을 수령하면서 6월 25일자로 세금계산서를 발급하는 경우, 공급자는 공급가액의 1%에 해당하는 가산세를 납부세액에 더하거나 환급세액에서 뺀다.

③ 세금계산서 발급의무가 있는 사업자가 공급대가 5만원의 재화를 공급하고 세금계산서 발급 시기에 세금계산서를 발급하지 아니한 경우, 공급받은 자는 관할 세무서장의 확인을 받아 세금계산서를 발행할 수 있다.

④ 법인은 전자세금계산서를 발급하여야 하며, 전자세금계산서를 발급하였을 때에는 발급일의 다음 날까지 전자세금계산서 발급명세를 국세청장에게 전송하여야 한다.

⑤ 6월 25일에 재화를 공급하고 공급대가 1,000,000원의 전자세금계산서를 발행하였으나 공급한 재화가 10월 15일에 환입된 경우에는, 10월 15일자로 공급대가 △1,000,000원의 수정전자세금계산서를 발행하여 제2기 과세기간의 과세표준에 포함하여 신고한다.

해답 ①

해설 ① 공급시기 이후에 발급받은 세금계산서로서 해당 공급시기가 속하는 과세기간에 대한 확정신고기한까지 발급받은 경우 매입세액은 공제 가능하다.
② 지연발급에 대한 내용이다.
③ 매입자발행세금계산서에 대한 내용이다.
④ 옳은 문장이다.
⑤ 옳은 문장이다.

26 **다음은 일반과세자 甲의 20×2년 제1기(1월 1일~6월 30일) 부가가치세 확정신고를 위한 자료이다. 부가가치세 과세표준은 얼마인가?단, 주어진 자료의 금액은 부가가치세가 포함되지 아니한 금액이며, 세금계산서 등의 증빙은 적법하게 교부하였거나 수령하였다. 또한 이전까지의 신고·납부는 적정하게 이루어졌다.**

(1) 현금 및 외상판매액 10,000,000원
(위 금액에는 수출액 3,000,000원이 포함되어 있고, 대금의 조기결제로 인한 할인액 1,000,000원이 차감되어 있지 않음)
(2) 할부판매액 4,000,000원
(위 금액에는 이자상당액 100,000원이 포함되어 있고, 상품의 하자로 인한 매출에누리 500,000원이 차감되어 있지 않음)
(3) 과세사업용 부동산 처분액 30,000,000원
(내역 : 토지 25,000,000원, 건물 5,000,000원)
(4) 3년 동안 사용한 업무용 소형승용차(취득원가 4,000,000원, 장부가액 1,000,000원, 시가 2,000,000원)를 시가 2,000,000원의 소형화물차와 교환

① 16,500,000원 ② 18,500,000원 ③ 19,500,000원
④ 20,500,000원 ⑤ 44,500,000원

해답 ③

해설 (1) 10,000,000 − 1,000,000(매출할인) = 9,000,000
(2) 4,000,000 − 500,000(매출에누리) = 3,500,000
(3) 5,000,000(건물)
(4) 2,000,000(공급분의 시가)
∴ 과세표준 : (1) + (2) + (3) + (4) = 19,500,000

27 **부가가치세법상 세금계산서에 대한 설명이다. 옳지 않은 것은?**

① 세금계산서를 교부한 후 세금계산서의 필요적 기재사항이 착오로 잘못 기재된 것을 발견한 경우에는 세무서장이 경정하여 통지하기 전까지는 세금계산서를 수정하여 교부할 수 있다.

② 세금계산서 교부의무가 있는 일반과세자가 공급대가 5만원의 재화를 공급하고 부가가치세법에서 정한 공급시기에 세금계산서를 교부하지 아니한 경우, 그 재화를 공급받은 사업자는 관할세무서장의 확인을 받아 세금계산서를 발행할 수 있다.

③ 관계증빙서류 등에 의하여 실제거래사실이 확인되는 경우로서 당해 거래일자를 발행일자로 하여 재화의 공급일이 속하는 달의 다음달 10일까지 세금계산서를 교부한 경우에는 적법하게 세금계산서를 교부한 것으로 본다.

④ 사업자가 재화 또는 용역의 공급시기가 도래하기 전에 세금계산서를 교부하고 그 세금계산서 교부일부터 7일 이내에 대가를 지급받는 경우에는 적법하게 세금계산서를 교부한 것으로 본다.

⑤ 숙박업을 하는 일반과세자가 여신전문금융업법에 따른 신용카드매출전표를 이미 교부한 경우에도 공급받은 사업자가 사업자등록증을 제시하고 세금계산서의 교부를 요구하는 때에는 세금계산서를 교부할 수 있다.

해답 ⑤
해설 신용카드매출전표를 이미 교부한 경우에는 세금계산서를 교부할 수 없다.

28 **다음 자료의 〈경우1〉과 〈경우2〉가 독립적이라고 가정할 때, 부가가치세 과세표준은 각각 얼마인가?**

과세사업만을 영위하는 ㈜A의 기계장치에 대한 명세는 다음과 같다.

종 류	취득일	취득가액
기계장치	20×1. 1. 20.	5,000,000원

〈경우1〉 ㈜A는 20×2년 5월 20일 사업을 확장하여 면세사업을 겸영하게 됨에 따라 위 기계장치(겸영당시 시가 : 2,000,000원)를 과세사업과 면세사업에 공통으로 사용하게 되었다. ㈜A의 과세기간별 공급가액에 대한 명세는 다음과 같다.

구 분	과세공급가액	면세공급가액	합계
20×1년 제2기	45,000,000원	-	45,000,000원
20×2년 제1기	48,000,000원	32,000,000원	80,000,000원

〈경우2〉 ㈜A는 20×2년 10월 18일 폐업하였다. 폐업할 당시 잔존하는 재화는 기계장치(폐업당시 시가 : 2,000,000원)뿐이다.

	〈경우1〉	〈경우2〉
①	1,000,000원	2,500,000원
②	400,000원	1,250,000원
③	1,000,000원	1,250,000원
④	1,000,000원	0원
⑤	400,000원	0원

해답 ③

해설 (1) 경우1의 과세표준 : $5{,}000{,}000 \times (1-25\% \times 2) \times \frac{32{,}000{,}000}{80{,}000{,}000} = 1{,}000{,}000$

(2) 경우2의 과세표준 : $5{,}000{,}000 \times (1 - 25\% \times 3) = 1{,}250{,}000$

29 **거래징수 및 세금계산서에 대한 설명이다. 옳지 않은 것은?**

① 사업자가 재화 또는 용역을 공급하는 때에 과세표준에 10%의 세율을 적용하여 계산한 부가가치세를 그 공급을 받는 자로부터 징수하는 것을 거래징수라고 한다.

② 필요적 기재사항이 모두 기재된 신용카드매출전표와 현금영수증은 세금계산서로 본다.

③ 세금계산서 기재사항 중 작성연월일은 필요적 기재사항이고, 공급연월일은 임의적 기재사항이다.

④ 납세의무자로 등록한 사업자가 부가가치세 과세대상인 재화를 공급하는 경우에는 거래상대방이 면세사업자일지라도 세금계산서를 교부하여야 한다.

⑤ 관계증빙서류 등에 따라 실제거래사실이 확인되는 경우로서 해당 거래일자를 발행일자로 하여 재화의 공급일이 속하는 달의 다음달 10일까지 세금계산서를 교부한 경우에는 적법하게 세금계산서를 교부한 것으로 본다.

해답 ②

해설 신용카드매출전표는 원칙적으로 영수증으로 본다.

30 **다음은 과세사업자인 ㈜A의 20×2년 제1기 과세기간의 공급과 관련된 자료이다. 동 과세기간의 부가가치세 과세표준을 계산한 것으로 옳은 것은? (단, ㈜A는 총괄납부승인을 받은 사업자 또는 사업자 단위 과세 사업자가 아니고, 주어진 자료의 금액은 부가가치세가 포함되지 아니한 금액이다.)**

2010년 회계사

(1) 1월 3일에 특수관계자인 ㈜갑에게 기계장치 수리용역을 무상으로 공급했는데 동 용역의 시가는 5,000,000원이다.
(2) 3월 8일에 재고자산을 ㈜을에게 16,000,000원에 판매하고 판매대금은 20×2년 7월 16일에 회수하였다.
(3) 4월 3일에 ㈜병에게 비영업용 소형승용차를 12,000,000원에 판매하고 판매대금은 20×1년 5월 1일, 20×1년 11월 1일 및 20×2년 5월 1일에 각각 4,000,000원씩 회수하기로 약정하였다.
(4) 5월 12일에 특수관계자인 ㈜정에게 자금을 6개월간 대여한 대가로 6,000,000원의 이자를 지급받았다. 시가로 계산한 동 기간의 이자는 10,000,000원이다.
(5) 기계장치 생산에 사용하던 건물을 6월 28일부터 면세사업인 과일판매업(과일판매업을 제외한 ㈜A의 모든 사업은 과세사업임)만을 위해 사용하게 되었다. 동 건물과 관련된 자료는 다음과 같다.

취득일자	20×1년 4월 1일
취득가액	30,000,000원

보유기간 중의 감가상각누계액	15,000,000원
20×2년 6월 28일 현재의 시가	35,000,000원

① 31,000,000원 ② 47,000,000원 ③ 52,000,000원
④ 55,000,000원 ⑤ 57,000,000원

해답 ②

해설 (1) 용역의 무상공급은 과세대상이 아니다.
(2) 재화판매(인도시점) : 16,000,000원
(3) 장기할부판매(대가의 각 부분을 받기로 한 때) : 4,000,000원
(4) 이자는 부가가치 구성요소이므로 중복과세 회피를 위해 과세하지 않는다.
(5) 건물 간주공급 : 30,000,000×(1－5%×2)＝27,000,000원
따라서, 과세표준 : 16,000,000＋4,000,000＋27,000,000＝47,000,000원

31 **과세사업과 면세사업을 겸영하는 일반과세자 甲이 두 사업에 공통으로 사용되는 차량운반구(화물운반용 트럭)를 매각하였다. 다음 자료에 의하여 차량운반구의 매각과 관련된 부가가치세 과세표준금액은?** 2020년 세무사

(1) 20×2년 제1기와 제2기 과세기간의 공급가액 내역

구 분	제 1기	제 2기
과세 사업	50,000,000원	80,000,000원
면세 사업	150,000,000원	120,000,000원

(2) 차량운반구의 취득일은 20×1년 7월 30일이고 취득가액은 30,000,000원이다. (단, 취득가액은 매입세액을 공제받은 가액임)

(3) 차량운반구의 매각일은 20×2년 8월 8일이고 매각금액은 22,000,000원(부가가치세가 포함되지 않음)이다.

① 3,750,000원　② 4,000,000원　③ 5,000,000원
④ 5,500,000원　⑤ 8,800,000원

해답 ④

해설 22,000,000×50,000,000/200,000,000=5,500,000

32 **부가가치세법상 과세표준에 대한 설명이다. 옳지 않은 것은?** 2011년 회계사

① 재화의 수입에 대한 부가가치세 과세표준은 관세의 과세가격과 관세·개별소비세·주세·교육세·농어촌특별세 및 교통·에너지·환경세를 합한 금액으로 한다.
② 사업자가 그와 특수관계있는 자에게 시가보다 낮은 대가를 받거나 대가를 받지 않고 제공하는 용역(사업용부동산의 임대용역이 아님)의 경우 자기가 공급한 용역의 시가를 과세표준으로 한다.
③ 부가가치세 과세표준에는 거래상대자로부터 받은 대금·요금·수수료 기타 명목여하에 불구하고 대가관계에 있는 모든 금전적 가치 있는 것을 포함한다.
④ 재화 또는 용역의 공급과 직접 관련되지 아니하는 국고보조금과 공공보조금은 과세표준에 포함하지 아니한다.
⑤ 공급받는 자에게 도달하기 전에 파손, 훼손 또는 멸실된 재화의 가액은 과세표준에 포함하지 아니한다.

해답 ②

해설 용역의 무상공급은 과세하지 않음

33 **부가가치세법상 세금계산서에 대한 설명이다. 옳은 것은?** 2011년 회계사

① 모든 사업자는 전자세금계산서를 발급하여야 한다.
② 사업자가 세금계산서를 발급 후 필요적 기재사항 등이 착오로 잘못 적힌 경우에는 세무서장이 경정하여 통지하기 전까지 세금계산서를 수정하여 발급할 수 있다.
③ 전자세금계산서를 발급일의 다음날까지 국세청장에게 전송한 경우에도 세금계산서를 5년간 보존해야 한다.
④ 법인사업자와 직전 연도의 사업장별 재화 및 용역의 공급가액의 합계액이 3억원 이상인 개인사업자는 전자세금계산서를 발급하여야 한다.
⑤ 수입되는 재화에 대하여는 국세청장이 세금계산서를 수입업자에게 교부한다.

해답 ②
해설 ① 일정한 개인사업는 전자세금계산서를 발행하지 않을 수 있다.
③ 세금계산서 보관의무는 면제된다.
④ 법인사업자와 직전 연도의 사업장별 재화 및 용역의 공급가액의 합계액이 1억원(2024.6.30. 까지) 이상인 개인사업자는 전자세금계산서를 발급하여야 한다.
⑤ 세관장이 세금계산서를 수입업자에게 교부한다.

34 **부동산임대용역을 공급하는 ㈜K의 20×2년 제1기 확정신고(4.1.~6.30.)에 대한 부가가치세 과세표준으로 옳은 것은?** 2011년 회계사

(1) 보증금 : 100,000,000원
(2) 월임대료 : 1,500,000원
(3) 건물기준시가 : 250,000,000원(상가임대면적 $20m^2$, 주택임대면적 $50m^2$)
(4) 토지기준시가 : 500,000,000원(상가임대면적 $200m^2$, 주택임대면적 $300m^2$)
(5) 제1기 과세기간 종료일 현재 1년 만기 정기예금이자율 : 4%
(6) 임대개시일은 20×2년 4월 1일이고, 임대기간은 2년이다.
(7) 임대대상건물은 단층건물이며 도시지역 내에 존재한다.
(8) 건물 및 토지의 기준시가는 20×2년 제1기 과세기간 종료일 현재의 기준시가이고, 동 과세기간의 예정신고·납부는 적절하게 이루어졌다.

① 5,497,260원 ② 1,989,484원 ③ 1,832,420원
④ 1,465,936원 ⑤ 1,099,452원

해답 ⑤

해설 1. 과세면적비율

주택임대면적이 상가보다 크므로 전부 주택의 면적으로 본다. 건물을 과세하지 않는다. 토지는 도시지역 내이므로 $70m^2 \times 5$배를 한도로 면세된다. 따라서 과세되는 토지 면적은 $150m^2$가 된다.

2. 임대료계산

$$(1{,}500{,}000 \times 3개월 + 100{,}000{,}000 \times 91일 \times \frac{1}{365} \times 4\%) \times \frac{500{,}000{,}000(토지기준시가)}{750{,}000{,}000(기준시가합계)}$$

$$\times \frac{150(과세면적)}{500(전체토지면적)} = 1{,}099{,}452$$

35 **다음은 친환경페인트를 제조·판매하는 주사업장 총괄납부 사업자인 ㈜불티나의 20×2. 1.1~20×2.3.31의 거래내역이다. ㈜불티나의 20×2년도 제1기 예정신고기간(1.1~3.31)의 부가가치세 과세표준으로 옳은 것은?** 2012년 회계사

(1) 총매출액은 30,000,000원이며, 이에는 아래 (2)~(5)의 내용이 포함되어 있지 않다.
(2) 대표이사의 친척인 A에게 사업과 무관하게 제품 100개(시가 @5,000원, 원가 @4,000원)를 무상으로 증정하였다.
(3) D거래처에 그동안의 거래실적에 따라 80개(시가 @5,000원, 원가 @4,000원)의 제품을 장려금으로 지급하였다.
(4) 업무와 관련하여 사용하던 비품(장부가액 500,000원)을 750,000원에 매각하였다.
(5) 제품 500개(시가 @5,000원, 원가 @4,000원)를 판매를 위해 직매장에 반출하였으며, 세금계산서는 발급하지 않았다.
(6) 모든 거래금액에는 부가가치세가 포함되어 있지 않으며, 당해 과세기간 이전에 구입한 과세대상 재화에 대한 매입세액은 전액 공제하였다.

① 31,250,000원 ② 31,550,000원 ③ 31,650,000원
④ 33,550,000원 ⑤ 33,650,000원

해답 ③

해설 주사업장 총괄납부 사업자인 ㈜불티나의 경우 직매장에 반출하였지만, 세금계산서는 발급하지 않았으므로 과세제외 된다.

30,000,000원 + 100개 × @5,000원 + 80개 × @5,000원 + 750,000원 = 31,650,000원

36 **다음은 기계장비 제조업을 영위하고 있는 일반과세자인 ㈜A의 20×2년 제2기 과세기간 최종 3월(10.1.~12.31.)의 거래와 관련된 자료이다. 20×2년 제2기 부가가치세 확정신고시 신고하여야 할 부가가치세 과세표준을 계산한 것으로 옳은 것은? (단, 제시된 자료의 금액에는 부가가치세가 포함되지 아니하였으며, 세금계산서는 「부가가치세법」이 정하는 원칙에 따라 발급되었음)**

2013년 회계사

(1) ㈜A의 20×2년 제2기 과세기간 최종 3월의 매출액은 232,000,000원이다. 이 금액에는 매출할인액(약정기일 전에 대금결제로 인해 할인된 금액) 5,000,000원이 차감되고 매출에누리와 환입액 7,000,000원이 차감되지 아니하였으며, 교통·에너지·환경세, 교육세 및 농어촌특별세 5,000,000원은 포함되지 아니하였다.

(2) ㈜A는 20×2년 제2기 예정신고기간(7.1.~9.30.)의 매출액 20,000,000원이 예정신고시 누락되어 이를 20×2년 제2기 확정신고시 포함하여 신고하고자 한다.

(3) 다음의 거래는 위 (1)의 매출액에 포함되지 아니하였다.

가. ㈜A는 10월 4일 지방자치단체에 제품(원가 15,000,000원, 시가 20,000,000원)을 17,000,000원에 공급하였다.

나. ㈜A는 11월 26일 국가에 제품(원가 15,000,000원, 시가 20,000,000원)을 무상으로 기부하였다.

다. ㈜A는 대주주인 갑(특수관계인)에게 사업용인 공장건물을 20×2년 10월 1일부터 3년간 임대하였으며 그 대가로 20×2년 제2기 과세기간 최종 3월의 임대료(3개월분) 3,000,000원(시가 5,000,000원)을 받았다.

라. ㈜A는 12월 3일 중국 소재 C회사(㈜A와는 특수관계인이 아님)와 신용장(L/C) 방식에 의한 제품수출계약을 체결하고 12월 9일에 제품을 선적하였으며, 동 제품의 수출계약금액은 $15,000이다. 이 수출계약금액 중에 $8,000를 12월 5일에 선수금으로 수령하여 9,600,000원으로 환가하였으며, 나머지 $7,000은 12월 23일에 수령하여 원화로 환가하였다.

※ 기준환율 : 12월 3일(₩1,150/$), 12월 9일(₩1,250/$), 12월 23일(₩1,300/$)

① 273,700,000원 ② 285,350,000원 ③ 285,750,000원
④ 290,350,000원 ⑤ 290,750,000원

해답 ④

해설

대상항목	과세표준
매출액	₩232,000,000
매출할인액	-
-매출에누리와 환입액	(7,000,000)
+교통·에너지·환경세·교육세 및 농어촌특별세	5,000,000
+예정신고누락분	20,000,000
+지방자치단체에 저가공급	17,000,000
국가에 무상공급	-
+부동산임대용역(저가공급)	5,000,000
+공급시기전 외화수령액($8,000×₩1,150)	9,600,000

+공급시기때 외화환가액($7,000×₩1,250)	8,750,000
합 계	₩290,350,000

37 **다음은 도시지역 내에 소재하는 1층 건물을 임대하고 있는 (주)A의 20×2년 제1기 예정신고기간(1.1.~3.31.)에 대한 자료이다. (주)A의 20×2년 제1기 예정신고기간의 부가가치세 과세표준은 얼마인가?**

2017년 세무사

(1) 임대기간: 20×1.7.1. ~ 20×2.6.30.
(2) 임대보증금: 365,000,000원
(3) 임대료 및 관리비: 임대료 1년분 4,800,000원은 20×1.7.1.에 모두 수령,
관리비 월 100,000원(청소비 30,000원 포함)은 매월 말일 수령
(4) 임대현황(주택면적에는 지하층·지상주차장·주민공동시설면적 제외)

구분		면적
건물	상가	300㎡
	주택	100㎡
토지		1,200㎡

(5) 20×2년 제1기 예정신고기간 종료일 현재 「소득세법」상 기준시가

구분	기준시가
건물	400,000,000원
토지	100,000,000원

(6) 과세되는 상가임대용역과 면세되는 주택임대용역에 대한 임대료 등의 구분이 불분명함
(7) 예정신고기간 종료일 현재 계약기간 1년 정기예금이자율: 4.6%

① 846,000원 ② 3,384,000원 ③ 4,140,000원
④ 4,230,000원 ⑤ 8,494,500원

해답 ④

해설
(1) 총임대료 : $4,800,000 \times \frac{3}{12} + 100,000 \times 3 + 365,000,000 \times 90 \times 4.6\% \times \frac{1}{365} = 5,640,000$

(2) 토지분 임대료=$5,640,000 \times \frac{100,000,000}{500,000,000} = 1,128,000$

건물분 임대료=5,640,000−1,128,000=4,512,000

(3) 과세분 임대료

1) 과세, 면세 면적

	과세	면세	합계
토지	900㎡	1,200㎡×100㎡/400㎡=300㎡	1,200㎡
건물	300㎡	100㎡	400㎡

2) 과세분 임대료 : 1,128,000×900/1,200+4,512,000×300/400=4,230,000

38 **다음은 제조업을 영위하는 일반과세자인 (주)A의 20×2년 제2기 과세기간(7.1.~12.31.)에 대한 자료이다. (주)A의 20×2년 제2기 과세기간의 부가가치세 과세표준은 얼마인가? (단, 다음 자료의 금액에는 부가가치세가 포함되지 않음)** 2017년 세무사

(1) 7월 20일: 기계를 15,000,000원에 판매하고 7월 20일부터 15개월 간 매달 20일에 1,000,000원씩 받기로 하였다.
(2) 7월 25일: 기계유지보수 계약을 맺고 7월 25일부터 10개월 간 매달 25일에 200,000원씩 받기로 하였다.
(3) 9월 25일: 증여세 20,000,000원을 사업용 건물로 물납하였다.
(4) 10월 14일: 당사가 생산한 제품(매입세액공제분)을 거래처에 판매장려 물품(제조원가: 800,000원, 시가: 1,000,000원)으로 기증하였다.
(5) 11월 11일: 사업용으로 사용하던 화물자동차를 500,000원에 매각하였다.
(6) 12월 5일: 공급에 대한 대가의 지급이 지체되어 거래처로부터 연체이자 800,000원을 수령하였다.

① 7,700,000원 ② 8,500,000원 ③ 8,700,000원
④ 9,500,000원 ⑤ 28,700,000원

해답 ③

해설 (1) 1,000,000×6(7.20~12.20)=6,000,000
(2) 200,000×6(7.25~12.25)=1,200,000
(3) 사업용 자산을 「상속세 및 증여세법」에 따라 물납하는 것은 재화의 공급으로 보지 않는다.
(4) 1,000,000
(5) 500,000
(6) 공급에 대한 대가의 지급이 지체되어 받는 연체이자는 과세표준에서 제외한다.

39 **다음은 반도체용 기계장치 및 소재 제조업을 영위하는 일반과세 자인 (주)A의 20×2년 제2기 과세기간(7.1.~12.31.)에 대한 자료이다. (주)A의 20×2년 제2기 과세기간의 부가가치세 과세표준금액은? (단, 다음 자료의 금액에는 부가가치세가 포함되지 않음)** 2020년 세무사

(1) 8월 20일: 미국에 있는 거래처 B사에 (주)A의 제품을 직수출하기 위해 선적하였다. 해당 제품의 총공급가액은 $10,000로 선적일의 기준환율은 1,000원/$이다. 대금지급 조건은 다음과 같다.
계약금 $1,000 : 20×1년 8월 20일 지급 (기준환율 1,000원/$)
중도금 $5,000 : 20×1년 12월 20일 지급 (기준환율 1,000원/$)
잔 금 $4,000 : 20×2년 9월 30일 지급
(2) 11월 10일: (주)A의 제품을 거래처에 판매장려 목적으로 무상 제공하였다. 해당 제품의 제조원가(적법하게 매입세액공제 받았음)는 1,000,000원이고 시가는 2,000,000원이다.
(3) 12월 15일: (주)A는 D사의 해약으로 인하여 제품의 공급없이 받은 손해배상금 3,000,000원을 수령하였다.
(4) 12월 20일: (주)A는 국내에서 수출물품의 원자재(공급가액 4,000,000원)를 수출업자인 E사에 공급하였는데 그 구매확인서가 20×2년 1월 31일에 발급되었다.

① 7,000,000원 ② 8,000,000원 ③ 11,000,000원
④ 12,000,000원 ⑤ 16,000,000원

해답 ⑤
해설 (1) $10,000×1,000=10,000,000
(2) 2,000,000
(3) 0
(4) 4,000,000

40 **과세사업(신발제조업)을 영위하던 일반과세자인 甲은 20×7년 6월 20일에 해당 사업을 폐업하였다. 폐업 시점에 남아있는 재화의 현황이 다음과 같은 경우 부가가치세 과세표준 금액은? (단, 건물과 원재료의 취득가액은 매입세액공제를 받은 금액이며, 주어진 자료 이외에는 고려하지 않음)** 2020년 세무사

폐업시점에 남은 재화	취득일	취득가액	시 가
토지(주1)	20×2.1.1.	100,000,000원	200,000원
건물(주1)	20×5.2.10.	100,000,000원	150,000,000원
차량(주2)	20×6.7.2.	60,000,000원	50,000,000원
원재료	20×6.12.1.	70,000,000원	80,000,000원

(주1) 건물과 토지는 신발 제조를 위한 건물 및 그 부속토지임
(주2) 차량은 「개별소비세법」에 따른 자동차로서 취득 시 매입세액을 공제받지 아니하였음

① 150,000,000원 ② 160,000,000원 ③ 205,000,000원
④ 210,000,000원 ⑤ 260,000,000원

해답 ②

해설 (1) 토지 : 0
(2) 건물 : 100,000,000(1-5%×4)=80,000,000
(3) 차량 : 0
(4) 원재료 : 80,000,000

41 **다음은 일반과세자의 부가가치세 과세표준에 관한 설명이다. 옳지 않은 것은?** 2014년 회계사

① 공급에 대한 대가의 지급이 지체되었음을 이유로 받는 연체이자는 공급가액에 포함하지 아니한다.
② 사업자가 재화 또는 용역을 공급받는 자에게 지급하는 장려금 및 대손금액은 과세표준에서 공제한다.
③ 사업자가 재화 또는 용역을 공급하고 그 대가로 받은 금액에 부가가치세가 포함되어 있는지가 분명하지 아니한 경우에는 그 대가로 받은 금액에 110분의 100을 곱한 금액을 공급가액으로 한다.
④ 사업자가 고객에게 매출액의 일정 비율에 해당하는 마일리지를 적립해주고, 향후 그 고객이 재화를 공급받고 그 대가의 일부 또는 전부를 적립된 마일리지로 결제하는 경우 해당 마일리지 상당액은 과세표준에서 제외한다.
⑤ 완성도기준지급조건부 또는 중간지급조건부로 재화나 용역을 공급하는 경우에는 계약에 따라 받기로 한 대가의 각 부분을 공급가액으로 한다.

해답 ②

해설 사업자가 재화 또는 용역을 공급받는 자에게 지급하는 대손금, 장려금, 하자보증금은 과세표준에서 공제하지 않는다.

42 「부가가치세법」상 세금계산서에 관한 설명이다. 옳은 것은?

2014년 회계사

① 사업자는 거래처별로 1역월의 공급가액을 합하여 해당 달의 말일을 작성연월일로 하여 세금계산서를 발급할 수 있다.

② 전자세금계산서를 발급하였을 때에는 전자세금계산서 발급일에 지체없이 전자세금계산서 발급명세를 국세청장에게 전송하여야 한다.

③ 세금계산서의 기재사항 중 공급연월일은 필요적 기재사항이다.

④ 소매업 또는 미용, 욕탕 및 유사 서비스업을 경영하는 일반과세자는 공급받는 자가 세금계산서의 발급을 요구하더라도 세금계산서의 발급의무가 면제된다.

⑤ 세금계산서의 필요적 기재사항이 착오 외의 사유로 잘못 적힌 경우에는 관할 세무서장이 부가가치세의 과세표준과 납부세액을 경정하여 통지하기 전까지 세금계산서를 수정하여 발급할 수 있다.

해답 ①

해설 ② 전자세금계산서를 발급하였을 때에는 발급일의 다음 날까지 전자세금계산서 발급명세를 국세청장에게 전송하여야 한다.

③ 세금계산서 필요적 기재사항

㈎ 공급하는 자의 등록번호와 성명 또는 명칭

㈏ 공급받는자의 등록번호

㈐ 공급가액과 부가가치세액

㈑ 작성연월일

④ • 소매업의 경우 원칙적으로 세금계산서를 발급할 수 없다. 다만, 공급받는 사업자가 사업자등록증을 제시하고 세금계산서의 발급을 요구하는 경우에는 세금계산서를 발급하여야 한다.

• 미용·욕탕 및 유사서비스업, 여객운송업, 입장권을 발행하여 경영하는 사업은 세금계산서 발급금지 업종이므로 공급받는 사업자가 사업자등록증을 제시하고 세금계산서 발급을 요구하는 경우에도 세금계산서를 발급할 수 없다. 단, 감가상각자산 또는 해당 역무 이외의 역무를 공급하는 경우에는 세금계산서를 발급할 수 있다.

⑤ 필요적 기재사항 등이 착오 외의 사유로 잘못 적힌 경우 : 확정신고기한 다음 날부터 1년 이내에 세금계산서를 작성하되, 처음에 발급한 세금계산서의 내용대로 세금계산서를 붉은색 글씨로 쓰거나 음(陰)의 표시를 하여 발급하고, 수정하여 발급하는 세금계산서는 검은색 글씨로 작성하여 발급다만, 과세표준 또는 세액을 경정할 것을 미리 알고 있는 경우는 제외한다.

43 「부가가치세법」상 세금계산서에 관한 설명으로 옳은 것은? 2020년 세무사

① 법인사업자와 직전 연도의 사업장별 재화 및 용역의 공급가액(면세공급가액 포함)의 합계액이 3억원 이상인 개인사업자는 세금계산서를 발급하려면 전자세금계산서를 발급하여야 한다.

② 계약의 해제로 재화 또는 용역이 공급되지 아니한 경우 수정세금계산서의 작성일은 처음 세금계산서 작성일로 적고, 비고란에 계약해제일을 덧붙여 적은 후 붉은색 글씨로 쓰거나 음(陰)의 표시를 하여 발급할 수 있다.

③ 처음 공급한 재화가 환입된 경우에는 재화가 환입된 날을 작성일로 적고 비고란에 처음 세금계산서 작성일을 덧붙여 적은 후 붉은색 글씨로 쓰거나 음(陰)의 표시를 하여 발급할 수 있다.

④ 전자세금계산서 발급명세 전송기한이 지난 후 재화 또는 용역의 공급시기가 속하는 과세기간에 대한 확정신고기한까지 국세청장에게 전자세금계산서 발급명세를 전송하는 경우 그 공급가액의 0.5%를 납부세액에 더하거나 환급세액에서 뺀다.

⑤ 매입자발행세금계산서를 발행하려는 자는 거래건당 공급가액이 100만원 이상인 거래에 한하여 해당 재화 또는 용역의 공급시기가 속하는 과세기간의 종료일부터 6개월 이내에 신청인 관할 세무서장에게 거래사실의 확인을 신청하여야 한다.

해답 ③

해설 ① 법인사업자와 직전 연도의 사업장별 재화 및 용역의 공급가액(면세공급가액 포함)의 합계액이 1억원(2024.6.30. 까지) 이상인 개인사업자는 세금계산서를 발급하려면 전자세금계산서를 발급하여야 한다.

② 계약의 해제로 재화 또는 용역이 공급되지 아니한 경우 수정세금계산서의 작성일은 계약의 해제일로 적고, 비고란에 처음 세금계산서 작성일을 덧붙여 적은 후 붉은색 글씨로 쓰거나 음(陰)의 표시를 하여 발급할 수 있다.

④ 전자세금계산서 발급명세 전송기한이 지난 후 재화 또는 용역의 공급시기가 속하는 과세기간에 대한 확정신고기한까지 국세청장에게 전자세금계산서 발급명세를 전송하는 경우 그 공급가액의 0.3%를 납부세액에 더하거나 환급세액에서 뺀다.

⑤ 매입자발행세금계산서를 발행하려는 자는 거래건당 공급가액이 5만원 이상인 거래에 한하여 해당 재화 또는 용역의 공급시기가 속하는 과세기간의 종료일부터 1년 이내에 신청인 관할 세무서장에게 거래사실의 확인을 신청하여야 한다.

44 「부가가치세법」상 세금계산서 등에 관한 설명으로 옳은 것을 모두 고른 것은? 2018년 세무사

ㄱ. 착오로 전자세금계산서를 이중으로 발급한 경우에는 처음에 발급한 세금계산서의 내용대로 음(陰)의 표시를 하여 수정전자세금계산서를 발급한다.
ㄴ. 세금계산서를 발급한 후 처음 공급한 재화가 환입된 경우, 재화를 처음 공급한 날을 작성일로 적고 비고란에 환입일을 덧붙여 적은 후 붉은색 글씨로 쓰거나 음(陰)의 표시를 하여 수정세금계산서를 발급한다.
ㄷ. 관할 세무서장은 개인사업자가 전자세금계산서 의무발급 개인사업자에 해당하는 경우에는 전자세금계산서를 발급하여야 하는 기간이 시작되기 1개월 전까지 그 사실을 해당 개인사업자에게 통지하여야 한다.

① ㄱ ② ㄴ ③ ㄱ, ㄷ
④ ㄴ, ㄷ ⑤ ㄱ, ㄴ, ㄷ

해답 ③

해설 ㄴ. 세금계산서를 발급한 후 처음 공급한 재화가 환입된 경우, 재화의 환입일을 작성일로 적고 비고란에 재화를 처음 공급한 날을 덧붙여 적은 후 붉은색 글씨로 쓰거나 음(陰)의 표시를 하여 수정세금계산서를 발급한다.

45 다음 자료를 이용하여 일반과세자인 ㈜A의 부가가치세 과세표준을 계산한 것으로 옳은 것은? 2014년 회계사

(1) ㈜A는 외국에서 보세구역으로 커피두를 반입하여 보세구역 내에서 이를 캡슐커피로 제조한 후 캡슐커피를 보세구역 외의 국내 커피판매사업자인 ㈜B에게 90,000,000원(부가가치세 제외)에 공급하였다.
(2) 수입 커피두에 대한 관세의 과세가격은 45,000,000원으로서 세관장은 수입 커피두에 대하여 부가가치세 5,000,000원을 징수하였다.

① 0원 ② 40,000,000원 ③ 45,000,000원
④ 50,000,000원 ⑤ 90,000,000원

해답 ②

해설 (1) 수입 커피두의 과세표준 : 50,000,000
수입 커피두의 과세표준 × 10% = 5,000,000
(2) 캡슐커피의 과세표준 : 40,000,000
캡슐커피의 과세표준 = 90,000,000 − 50,000,000

사업자가 보세구역 내에서 보세구역 밖의 국내에 수입재화를 공급하는 경우
공급가액 = 그 재화의 공급가액 − 수입재화의 과세표준

46 **다음 자료를 이용하여 과세사업자 ㈜A의 20×2년 제1기 예정신고기간(1.1.~3.31.)의 부가가치세 과세표준을 계산한 것으로 옳은 것은? (단, 아래에 제시된 금액들은 부가가치세를 포함하지 아니한 것이다.)**

2014년 회계사

(1) 1월 5일 : ㈜B에게 5월 10일에 판매대금을 받기로 하고 제품을 5,000,000원에 판매하였다.
(2) 1월 20일 : 직전 과세기간에 발생한 ㈜C에 대한 매출채권을 ㈜C가 조기변제함에 따라 500,000원의 매출할인이 발생하였다.
(3) 2월 3일 : 상품을 인도하기 전에 ㈜D로부터 판매대금 중 1,000,000원을 선수금으로 수령하고, 수령한 대가에 대하여 세금계산서를 발급하였다.
(4) 2월 15일 : 사업을 위하여 ㈜E에게 시가 500,000원(원가 300,000원)의 견본품을 무상으로 제공하였다.
(5) 3월 15일 : 업무와 관련하여 ㈜F로부터 시가 100,000원의 비품을 기증받았다.
(6) 3월 30일 : 국가에 시가 1,000,000원(원가 500,000원)에 상당하는 제품을 무상으로 기증하였다.
(7) 3월 31일 : ㈜A가 생산한 제품(시가 300,000원)을 ㈜G가 생산한 제품(시가 500,000원)과 교환하였다.

① 5,800,000원　② 6,300,000원　③ 6,800,000원
④ 7,300,000원　⑤ 7,800,000원

해답 ①

해설

번호	과세표준	사유
(1)	5,000,000	제품의 외상판매의 공급시기 : 인도일
(2)	△500,000	매출한은은 환입일 또는 감액사유발생일이 속하는 예정신고기간 또는 과세기간의 과세표준에서 공제한다.
(3)	1,000,000	공급시기 전에 재화·용역 대가의 전부 또는 일부를 미리받고 이와 동시에 받은 대가에 대하여 세금계산서를 발급하는 경우 세금계산서 발급시기를 공급시기로 한다.
(4)	-	견본품을 사업상 증여로 보지 않는다.
(5)	-	공급하는 사업자의 사업상 증여로 본다. ㈜F의 부가가치세 과세표준에 포함한다.
(6)	-	국가의 무상기부는 면세이다.
(7)	300,000	교환거래의 경우 공급한 재화의 시가가 과세표준이다.
계	5,800,000	

47 **부동산임대업 법인인 ㈜랜드는 겸용주택을 임대하고 있는 바, 20×2년 제1기 예정신고기간의 임대내역은 다음과 같다. ㈜랜드의 20×2년 제1기 예정신고기간의 부가가치세 과세표준은 얼마인가?**

2004년 세무사

(1) 임대부동산 현황 : 도시지역내 소재
- 건물(단층임) : 주택 100㎡, 점포 150㎡
- 부수토지 : 2,500㎡

(2) 임대조건 : 임대기간 20×1. 10. 1 ~ 20×3. 9. 30

매월 임대료(부가가치세 제외)	4,000,000원
임대보증금	183,000,000원

(3) 제1기 예정신고기간 종료일 현재 기준시가
건물 : 250,000,000원 부수토지 : 350,000,000원

(4) 제1기 예정신고기간 종료일 현재 국세청장이 고시한 정기예금이자율은 6%라고 가정하며, 모든 계산시 소수점 미만은 무시한다.

① 10,540,300원 ② 8,600,000원 ③ 8,838,000원
④ 7,200,000원 ⑤ 10,000,000원

해답 ①

해설 ① 간주임대료 : 183,000,000×90일×0.06×1/365 = 2,707,397
② 공급가액 : 4,000,000×3월 + 2,707,397 = 14,707,397
③ 공급가액 중 건물분 : 14,707,397×250,000,000/(250,000,000 + 350,000,000) = 6,128,082
④ 공급가액 중 토지분 : 14,707,397×350,000,000/(250,000,000 + 350,000,000) = 8,579,314
④ 과세표준 : 건물분 중 과세분 + 토지분 중 과세분 = {6,128,082×150/(100 + 150)} + {8,579,314×(2,500 − 100×5)/2,500} = 10,540,300

48 **과세재화와 면세재화를 모두 판매하는 일반과세자인 소매업자 ㈜D의 20×2년 4월 1일부터 6월 30일에 대한 제1기 확정신고시 납부세액 및 환급세액 재계산 규정을 고려한 부가가치세 납부세액을 계산한 것으로 옳은 것은? (단, 제시된 금액은 부가가치세를 포함하지 아니한 것이며, 20×2년 제1기 확정신고 이전의 모든 신고·납부는 적법하게 이루어졌다.)** 2018년 회계사

(1) 20×1년 7월 10일에 과세사업과 면세사업에 공통으로 사용하기 위한 비품(A)를 30,000,000원에 구입하였고 실지귀속을 알 수 없다.
(2) 20×2년 5월 20일에 과세사업과 면세사업에 공통으로 사용하기 위한 비품(B)를 10,000,000원에 구입하였고 실지 귀속을 알 수 없다.
(3) 공급가액의 내역

구분	과세	면세
20×1년 7월 ~ 9월	30,000,000원	70,000,000원
20×1년 10월~12월	45,000,000원	55,000,000원
20×2년 1월 ~ 3월	30,000,000원	50,000,000원
20×2년 4월 ~ 6월	60,000,000원	40,000,000원

(4) 매입세액의 내역

구분	과세	면세	공통
20×1년 7월 ~ 9월	3,000,000원	4,000,000원	3,000,000원*
20×1년 10월~12월	1,500,000원	2,000,000원	-
20×2년 1월 ~ 3월	1,800,000원	1,200,000원	-
20×2년 4월 ~ 6월	4,000,000원	3,000,000원	1,000,000원**

* 비품(A)에 대한 공통매입세액임
** 비품(B)에 대한 공통매입세액임

① 1,625,000원 ② 1,493,750원 ③ 1,218,750원
④ 1,108,750원 ⑤ 1,050,000원

해답 ③

해설 (1) 매출세액 : $60,000,000 \times 10\% = 6,000,000$

(2) 매입세액 : $4,000,000 + 1,000,000 \times \dfrac{30,000,000 + 60,000,000}{180,000,000} = 4,500,000$

(3) 납부세액 및 환급세액 재계산

$$3,000,000 \times (1 - 25\% \times 1) \times \left(\frac{90,000,000}{180,000,000} - \frac{70,000,000 + 55,000,000}{200,000,000}\right) = \triangle\ 281,250$$

(4) 납부세액

$6,000,000 - 4,500,000 - 281,250 = 1,218,750$

49 **의료보건 용역을 제공하는 개인사업자 갑은 20×2.10.2. 사업을 개시하였다. 다음은 갑의 20×2년 제2기 부가가치세 확정신고와 관련된 사항이다. 갑이 20×2년 제2기 확정신고할 때 납부하여야 할 부가가치세(지방소비세를 포함한 금액임)로 옳은 것은? (단, 가산세와 세액공제는 고려하지 않으며 아래에 제시된 금액들은 부가가치세를 포함하지 아니한 것이다.)**

2017년 회계사

(1) 20×2.10.2.~12.31.까지의 공급가액은 다음과 같다.

구 분	금 액
미용 관련 시술*	192,000,000원
질병치료 관련 시술	8,000,000원

* 미용 관련 시술은 부가가치세 과세대상 거래에 해당된다.

(2) 20×2.10.3. 병원운영을 위해 상가건물을 100,000,000원에 구입하였다.
(3) 20×2.10.8. 미용시술에 사용할 의료용기계를 25,000,000원에 구입하였고, 같은 날 병원운영을 위해 침대 등 비품을 5,000,000원에 구입하였다.
(4) 20×2.10.10. 질병치료 목적에 사용하기 위한 의약품을 2,000,000원에 구입하였다.
(5) 업무목적으로 사용할 승용차(개별소비세 과세대상)를 30,000,000원에 구입하였다.
(6) 모든 매입거래는 전자세금계산서를 수취하였으며, 병원운영목적으로 구입한 재화는 미용 및 질병치료에 공통으로 사용된다.

① 3,200,000원 ② 3,740,000원 ③ 6,200,000원
④ 6,620,000원 ⑤ 6,800,000원

해답 ④

해설 (1) 매출세액 : $192,000,000 \times 10\% = 19,200,000$

(2) 매입세액

① 과세사업 : $25,000,000 \times 10\% = 2,500,000$

② 공통매입세액 : $(100,000,000 + 5,000,000) \times 10\% \times \frac{192,000,000}{200,000,000}* = 10,080,000$

* 공통매입세액이 500만원 미만이면서 면세/총 공급가액이 5% 미만인 경우 공통매입세액의 안분계산을 생략하나 공통매입세액이 1,050만원이므로 면세/총 공급가액이 5% 미만이어도 안분계산을 해야한다.

(3) 납부세액 : $19,200,000 - 2,500,000 - 10,080,000 = 6,620,000$

50 **과세재화와 면세재화를 모두 판매하는 소매업자 ㈜D의 20×2년 제1기 예정신고기간(1.1.~3.31.)의 부가가치세 납부세액(또는 환급세액)을 계산한 것으로 옳은 것은? (단, 제시된 금액은 부가가치세를 포함하지 아니한 것이며, 모든 과세 매입거래에 대해서는 세금계산서를 발급받았다.)**

2016년 회계사

(1) 1월 10일에 과세사업과 면세사업에 공통으로 사용하기 위한 건물과 부수토지를 100,000,000원(건물가액 60,000,000원, 토지가액 40,000,000원)에 구입하였다.

(2) 1월 20일에 과세사업과 면세사업에 공통으로 사용중인 배달용 트럭(20×1년 1월 5일 구입가액 8,000,000원)을 3,000,000원에 매각하고, 같은 용도의 새 트럭을 10,000,000원에 구입하였다.

(3) 예정신고기간의 상품 매입액과 매출액은 다음과 같다.

구 분	매입액	매출액
과세상품	40,000,000원	60,000,000원
면세상품	40,000,000원	40,000,000원

(4) 20×1년 제2기의 과세공급가액과 면세공급가액은 각각 49,500,000원, 40,500,000원이다.

① 환급세액 1,980,000원
② 환급세액 1,985,000원
③ 환급세액 2,020,000원
④ 환급세액 2,035,000원
⑤ 환급세액 4,035,000원

해답 ④

해설 (1) 매출세액 : 6,165,000

① 매출액 : $60,000,000 \times 10\% = 6,000,000$

② 트럭 매각 : $3,000,000 \times \frac{49,500,000}{90,000,000} \times 10\% = 165,000$

(2) 매입세액 : 8,200,000

① 매입액 : $40,000,000 \times 10\% = 4,000,000$

② 건물구입액 : $60,000,000 \times \frac{60,000,000}{100,000,000} \times 10\% = 3,600,000$

③ 트럭구입액 : $10,000,000 \times \frac{60,000,000}{100,000,000} \times 10\% = 600,000$

(3) 환급세액 : $6,165,000 - 8,200,000 = \triangle 2,035,000$

51 **부동산 임대업을 영위하는 ㈜갑은 겸용주택A(도시지역 내 소재)를 을에게 일괄 임대하고 있으며, 그 내역은 다음과 같다. ㈜갑의 20×2년 제2기 예정신고기간의 겸용주택A에 대한 부가가치세 과세표준으로 옳은 것은? (단, 제시된 금액은 부가가치세를 포함하지 아니한 금액이다.)**

2020년 회계사

(1) 건물(단층) 및 토지 면적

구 분	건 물	토 지
주택	200㎡	2,500㎡
상가	200㎡	

(2) 임대기간 : 20×2년 9월 1일 ~ 20×4년 8월 31일

(3) 임대조건 : 월임대료 3,000,000원(매월 말 지급), 임대보증금 없음

(4) 20×2년 9월 30일 현재 감정가액 및 기준시가

구 분	감정가액	기준시가
토지	480,000,000원	200,000,000원
건물	320,000,000원	200,000,000원

① 1,320,000원 ② 1,350,000원 ③ 1,500,000원
④ 1,650,000원 ⑤ 1,680,000원

해답 ④

해설 (1) 과세대상 면적 구분

① 건물 : 200㎡

② 토지 : $2,500㎡ - \min[2,500 \times \frac{200}{400}, 200 \times 5] = 1500㎡$

(2) 임대료 안분

① 건물 : $3,000,000 \times \frac{200}{400} \times \frac{200}{400} = 750,000$

② 토지 : $3,000,000 \times \frac{200}{400} \times \frac{1,500}{2,500} = 900,000$

∴ $750,000 + 900,000 = 1,650,000$

52 **건물 1채를 소유하고 부동산임대업을 영위하는 일반과세자인 개인 사업자 갑이 20×2년 제1기 확정신고를 할 때 부가가치세 과세표준을 계산한 것으로 옳은 것은? (단, 아래에 제시된 금액들은 부가가치세를 포함하지 아니한 금액이며, 원 단위 미만은 절사한다.)** 2018년 회계사

> (1) 갑은 보유건물을 20×2년 4월 1일부터 20×3년 3월 31일까지 을에게 임대하는 계약을 체결하였고, 임대건물은 단층이며 도시지역 내에 있다.
> 가. 상가의 임대면적은 $40m^2$이고, 주택의 임대면적은 $50m^2$이며, 건물의 부수토지는 $750m^2$이다.
> 나. 보증금은 91,250,000원, 월임대료는 1,500,000원, 월관리비는 300,000원이며 월임대료 및 월관리비(공공요금 등의 징수대행이 아님)는 매월말에 수령하기로 약정되어 있다.
> 다. 20×2년 제1기 확정신고기간 종료일 현재 계약기간 1년의 정기예금이자율은 1.8%로 가정한다.
> (2) 20×2년 제1가 확정신고기간 종료일 현재 건물의 기준시가는 100,000,000원이며 토지의 기준시가는 400,000,000원이다.

① 1,571,040원　② 1,859,040원　③ 2,478,720원
④ 3,098,400원　⑤ 3,614,800원

해답 ②

해설 (1) 과세대상 면적 판단
① 건물 : 상가 임대면적< 주택 임대면적이므로, 전부 주택으로 본다.
② 토지 : $\min[90m^2 \times 5^*, 750m^2] = 450m^2 \rightarrow 750m^2 - 450m^2 = 300m^2$
$^* \max[90m^2, 90m^2 \times 5] = 450m^2$

(2) 총임대료
① 월임대료 : $1{,}500{,}000 \times 3 + 300{,}000 \times 3 = 5{,}400{,}000$
② 간주임대료 : $91{,}250{,}000 \times 1.8\% \times \frac{91}{365} = 409{,}500$
$\therefore 5{,}400{,}000 + 409{,}500 = 5{,}809{,}500$

(3) 부가가치세 과세표준
$$5{,}809{,}500 \times \frac{400{,}000{,}000}{500{,}000{,}000} \times \frac{300m^2}{750m^2} = 1{,}859{,}040$$

53 **㈜한라는 토지와 기계장치, 건물을 1억원(부가가치세 제외)에 양도하였는데, 토지와 기계장치, 건물의 실지거래가액은 불분명하다. 매각대금은 인도시점에서 전액 수령하였고, 각 자산의 관련 자료는 다음과 같으며, 각 자산의 감정평가가액은 알려져 있지 않다.**

(단위 : 원)

구 분	토 지	기계장치	건 물	합 계
기준시가	4,000,000	-	36,000,000	40,000,000
장부가액	6,000,000	20,000,000	24,000,000	50,000,000
취득가액	6,000,000	30,000,000	24,000,000	60,000,000

㈜한라의 자산양도와 관련된 부가가치세 과세표준은 얼마인가?

① 88,000,000원　② 90,000,000원　③ 94,000,000원
④ 95,000,000원　⑤ 100,000,000원

해답 ③

해설 1. 공급가액의 안분
① 토지 : 1억원×6,000,000/50,000,000=12,000,000
② 기계장치 : 1억원×20,000,000/50,000,000=40,000,000
③ 건물 : 1억원×24,000,000/50,000,000=48,000,000
2. 기준시가 있는 것의 재안분
① 토지 : 60,000,000×4,000,000/40,000,000=6,000,000
② 건물 : 60,000,000×36,000,000/40,000,000=54,000,000
3. 과세표준
기계장치+건물=40,000,000+54,000,000=94,000,000

54 **다음은 제조업을 영위하는 사업자인 최나라 씨의 제3기(20×2. 7. 1.~20×2. 12. 31.)의 손익계산서 자료이다.**

(1) 매출액	50,000,000원
(최나라 씨가 금전으로 수령한 판매장려금 2,000,000원이 포함되고, 매출할인 1,000,000원이 차감된 금액임)	
(2) 업무와 관련없이 기증받은 비품의 시가	2,000,000원
(3) 비품의 매각대금	3,500,000원
(장부가액 3,000,000원, 처분이익 500,000원)	
(4) 가사용으로 소비한 자가생산제품 시가	1,500,000원 (원가 800,000원)
(5) 매출채권의 회수지연으로 인한 연체이자	500,000원
(6) 최나라 씨가 생산한 제품(시가 1,000,000원)을 이조국 씨가 생산한 제품(시가 1,200,000원)과 교환하였다.	
(7) 위의 금액은 부가가치세가 포함되지 않은 금액이다.	

위의 자료에 의하는 경우 최나라 씨의 제3기(20×2. 7. 1.~20×2. 12. 31.) 기간에 대한 사업소득 총수입금액과 부가가치세 과세표준을 구하면 각각 얼마인가?

① 53,200,000원과 54,000,000원
② 53,200,000원과 57,000,000원
③ 53,700,000원과 55,000,000원
④ 53,000,000원과 57,000,000원
⑤ 52,700,000원과 55,000,000원

해답 ①

해설

구 분	사업소득총수입금액	부가가치세과세표준
(1) 매출액	₩50,000,000	₩48,000,000*1
(2) 업무무관 자산수증이익	-	-
(3) 비품매각대금	-	3,500,000
(4) 가사용재고자산	1,500,000	1,500,000
(5) 연체이자	500,000	-
(6) 제품교환	1,200,000*2	1,000,000
합 계	₩53,200,000	₩54,000,000

*1 ₩50,000,000 - ₩2,000,000 = ₩48,000,000

*2 제조업자에게 물건을 판매하고 금전 이외의 대가를 받은 경우에는 그 제조업자의 제품판매가액(시가)을 총수입금액으로 본다.

55 **부가가치세 과세표준에 관한 다음 설명 중 틀린 것은?**

① 과세표준에 세율을 곱하면 납부할 세액이 된다.
② 금전으로 대가를 받는 경우에는 그 대가가 공급가액이다.
③ 재화 또는 용역의 공급과 직접 관련되지 아니하는 국고보조금은 과세표준에 포함되지 아니한다.
④ 재화 또는 용역을 공급한 후의 그 공급가액에 대한 대손금은 과세표준에서 공제하지 아니한다.
⑤ 특수관계자에게 재화를 공급하고 부당하게 낮은 대가를 받는 경우에는 자기가 공급한 재화의 시가가 과세표준이다.

해답 ①
해설 ① 과세표준에 세율을 곱하여 산출한 금액은 납부세액이 아니라 매출세액이며 매출세액에서 매입세액을 차감한 이후에 납부세액이 산출된다.

56 **제조업을 영위하는 부가가치세 과세사업자인 ㈜태백은 20×1. 10. 1. 토지와 건물을 ㈜백두에게 300,000,000원에 양도하기로 계약을 체결하면서 계약금 100,000,000원을 수령하고, 20×2. 2. 15.에 잔금 200,000,000원을 수령하면서 토지와 건물을 일괄 양도하고 소유권이 전등기를 완료하였다. 건물의 공급가액은 얼마인가? (단, 양도대금 300,000,000원에는 부가가치세가 포함되어 있다.)**

구 분	토 지	건 물	비 고
장부가액	45,000,000	50,000,000	20×1. 10. 1 당시
감정평가액	140,000,000	100,000,000	20×1. 8. 1 감정평가법인 감정평가가액
기준시가	95,000,000	50,000,000	20×1. 1. 1 기준시가

① 50,000,000원 ② 100,000,000원 ③ 120,000,000원
④ 125,000,000원 ⑤ 150,000,000원

해답 ③
해설 300,000,000원×100만/(140만+100만+10만)=120,000,000원

57 **다음 중 부가가치세법상 세금계산서의 교부에 관한 설명으로 가장 틀린 것은?**

① 위탁판매 또는 대리인에 의한 판매의 경우에는 위탁자 또는 본인의 명의로 위탁자 또는 대리인이 세금계산서를 교부한다.

② 수용으로 인하여 재화가 공급되는 경우에는 위탁매매 등의 규정을 준용하여 당해 사업시행자가 세금계산서를 교부할 수 있다.

③ 위탁매입 또는 대리인에 의한 매입의 경우에는 공급자가 위탁자 또는 본인을 공급받는 자로 하여 세금계산서를 교부한다. 이 경우에는 수탁자 또는 대리인의 등록번호를 부기하여야 한다.

④ 대금청구시기와 지급시기사이의 기간이 30일 이내인 경우 등 소정의 법령 요건을 모두 갖춘 거래에서 공급하는 사업자가 재화 또는 용역의 공급시기가 도래하기 전에 세금계산서를 교부하고 그 세금계산서 교부일로부터 7일 이내에 대가를 지급받는 경우에도 정당한 세금계산서를 교부한 것으로 본다.

⑤ 필요적 기재사항 등이 착오로 잘못 기재된 경우에는 세무서장이 경정하여 통지하기 전까지 세금계산서를 작성하되, 당초에 교부한 세금계산서의 내용대로 세금계산서를 붉은색 글씨로 작성하여 교부하고, 수정하여 교부하는 세금계산서는 검은색 글씨로 작성하여 교부한다.

해답 ①

해설
- 위탁판매의 경우
  - 위탁자가 직접재화 인도시 : 위탁자가 세금계산서 교부하며 수탁자 등록번호를 부기함.
  - 수탁자가 재화 인도시 : 수탁자는 위탁자 명의의 세금계산서 교부
  - 위탁자를 알 수 없는 익명 거래시 : 위탁자는 수탁자에게, 수탁자는 거래상대방에게 각각 교부
- 위탁매입의 경우
  - 일반적인 경우 : 공급자는 위탁자를 공급받는 자로 하여 세금계산서 교부하며 수탁자 등록번호를 부기함.
  - 위탁자를 알 수 없는 익명 거래시 : 공급자는 수탁자에게, 수탁자는 위탁자에게 각각 교부

58 **㈜서울은 20×2. 5. 10. 부가가치세 과세사업에 사용하던 토지와 건물 및 기계장치를 15억원 (부가가치세 별도)에 매매계약을 체결하였다. 그런데 매매계약서상에 토지와 건물 및 기계장치 각각의 가액을 구분하지 않아 실지거래가액이 불분명하다. 위 재화의 매매계약일 현재 취득가액 등이 다음 자료와 같을 때 부가가치세 과세표준은 얼마인가?**

(단위 : 원)

구 분	취득가액	장부가액	기준시가	감정가액
토 지	250,000,000	250,000,000	350,000,000	400,000,000
건 물	500,000,000	450,000,000	400,000,000	-
기계장치	450,000,000	300,000,000	-	-
합 계 액	1,200,000,000	1,000,000,000	750,000,000	400,000,000

※ "기준시가"는 소득세법 규정에 의한 것이고, "감정가액"은 감정평가법인이 평가한 감정평가가액이다.

① 940,000,000원 ② 1,010,000,000원 ③ 1,062,500,000원
④ 1,125,000,000원 ⑤ 1,187,500,000원

해답 ②

해설
- [1차배분]
  - 토지·건물 : $1{,}500{,}000{,}000 \times \frac{700{,}000{,}000}{1{,}000{,}000{,}000} = 1{,}050{,}000{,}000$
  - 기계장치 : $1{,}500{,}000{,}000 \times \frac{300{,}000{,}000}{1{,}000{,}000{,}000} = 450{,}000{,}000$
- [2차배분]
  - 건물 : $1{,}050{,}000{,}000 \times \frac{400{,}000{,}000}{750{,}000{,}000} = 560{,}000{,}000$
- 건물과 기계장치의 과세표준
  560,000,000 + 450,000,000 = 1,010,000,000

59 **의류도매업을 영위하는 ㈜서울의 다음 자료에 의하여 20×2년 제2기 과세기간의 부가가치세 과세표준을 계산하시오.**

(1) 20×2. 7. 1.~12. 31. 장부상 국내 도매분 매출액 : 500,000,000원
- 위 매출액에는 A거래처에 금전으로 지급한 판매장려금 20,000,000원과 에누리액 5,000,000원이 제외되어 있고, B거래처로부터 대가의 지급지연으로 인해 지급받은 연체이자 3,000,000원이 포함되어 있다.
- 또한, 위 매출액에는 20×2. 6. 10. C거래처에 납품한 의류 10,000,000원이 20×2. 10. 30. 환입되었으나 동 금액이 반영되어 있지 않다.

(2) 20×2. 10. 1. 미국의 A회사와 $100,000 상당의 의류 수출계약을 체결하고 아래와 같이 의류를 미국으로 수출하였다.
- 10. 2. 선수금으로 $20,000를 송금받아 당일에 1$당 950원에 환가하였다.
- 10. 10. 세관에 수출신고를 하였고, 당일의 기준환율은 990원이다.
- 10. 15. 수출물품인 의류를 선적하였고, 당일의 기준환율은 960원이다.
- 10. 18. 수출대금 잔액 $80,000를 외화로 송금받아 1$당 940원에 환가하였다.

(3) 위 매출액 등은 모두 공급가액이다.

	과세표준 합계액	일반 과세분	영세율 적용분
①	602,800,000원	507,000,000원	95,800,000원
②	616,000,000원	520,000,000원	96,000,000원
③	612,800,000원	517,000,000원	95,800,000원
④	603,000,000원	507,000,000원	96,000,000원
⑤	615,200,000원	517,000,000원	98,200,000원

해답 ①

해설
- 일반과세분
  500,000,000 + 20,000,000(판매장려금 지급액) - 3,000,000(연체이자) - 10,000,000(매출환입) = 507,000,000
- 영세율적용분
  $20,000×950 + $80,000×960 = 95,800,000

60 **다음 자료를 이용하여 컴퓨터부품 제조업을 영위하는 일반과세자인 ㈜K가 20×2년 제1기 예정신고를 할 때 부가가치세 과세표준을 계산한 것으로 옳은 것은? (단, ㈜K는 주사업장총괄납부 및 사업자단위 과세제도를 적용받는 사업자가 아니고 제시된 자료의 금액에는 부가가치세가 포함되지 아니하였다.)**

2018년 회계사

(1) 1월 4일: ㈜B에게 제품을 인도하고 판매대금 2,000,000원은 ㈜K의 상품권(20×1년 12월 25일에 판매한 것임)으로 받았다.

(2) 1월 25일: 업무에 사용하던 승용차(매입시 매입세액불공제)를 임원에게 무상으로 이전하였다.(20×1년 2월 15일 취득시 취득가액 20,000,000원, 이전 당시 장부가액 8,000,000원)

(3) 2월 5일: 미국의 거래처인 ㈜C와 20×2년 1월 20일에 제품 수출 계약을 체결하였고, 2월 5일에 선적하였다. 수출대금 50,000달러 중 계약금으로 수령한 30,000달러를 20×2년 1월 25일에 환가하였고, 잔금 20,000달러는 20×2년 4월 10일에 회수하였다.

일자	구분	기준환율
20×2년 1월 20일	수출계약체결일	900원/달러
20×2년 1월 25일	환가일	950원/달러
20×2년 2월 5일	선적일	1,000원/달러
20×2년 3월 31일	예정신고기간 종료일	1,100원/달러
20×2년 4월 10일	잔금회수일	1,050원/달러

(4) 2월 15일: ㈜D에게 제품을 17,000,000원에 판매하고 인도하였으며, 대금은 5월 15일에 받기로 하였다.

(5) 3월 3일: 제품을 판매할 목적으로 직매장으로 반출하였다(취득가액은 5,000,000원, 취득가액에 일정액을 가산하는 내부규정에 의한 반출가액은 6,000,000원, 반출시 시가는 7,000,000원).

(6) 3월 20일: 지방자치단체에 무상으로 제품을 협찬하였다(원가 2,000,000원, 시가 2,500,000원).

① 73,500,000원 ② 74,500,000원 ③ 75,000,000원
④ 83,500,000원 ⑤ 86,000,000원

해답 ①

해설 (1) 부가가치세 과세표준

① 20×2.1.4. : 2,000,000

② 20×2.1.25. : 간주공급은 매입세액공제받은 자기생산·취득재화에 대하여 적용하나 매입 시 매입세액을 불공제받았으므로 임원에세 업무에 사용하던 승용차를 무상으로 이전하여도 간주공급으로 과세되지 않는다.

③ 20×2.2.5. : $30,000\$ \times 950 + 20,000\$ \times 1,000 = 48,500,000$

공급시기가 도래하기 전에 원화로 환가한 경우 그 환가한금액을 과세표준에 가산하며, 공급시기 이후에 지급받은 경우 공급시기(문제의 경우 20×2.2.5.선적일)에 따른 기준환율 또는 재정환율에 따라 계산한 금액을 과세표준에 가산한다.

④ 20×2.2.15. : 17,000,000
⑤ 20×2.3.3. : 6,000,000
직매장으로 반출한 경우 과세표준은 취득가액이나 취득가액에 일정액을 더하여 공급하는 경우 취득가액에 일정액을 더한 금액을 과세표준으로 한다.
⑥ 20×2.3.20. : 국가나 지방자치단체 또는 공익단체에 무상으로 공급하는 재화나 용역은 면세대상이다.
∴ 2,000,000+48,500,000+17,000,000+6,000,000 = 73,500,000

61 부가가치세의 과세표준에 관한 설명으로 옳지 않은 것은? 2009년 세무사

① 재화의 수입에 대한 부가가치세의 과세표준은 관세의 과세가격과 관세·개별소비세·주세·교육세·농어촌특별세 및 교통·에너지·환경세의 합계액으로 한다.
② 계약 등에 의하여 확정된 대가의 지급지연으로 인하여 지급받는 연체이자는 과세표준에 포함하지 아니한다.
③ 재화 또는 용역의 공급과 직접 관련되지 아니하는 국고보조금과 공공보조금은 과세표준에 포함하지 아니한다.
④ 사업자가 재화나 용역을 공급하고 받은 대가에 공급가액과 세액이 별도 표시되어 있지 아니한 경우에는 당해 거래금액의 110분의 100에 해당하는 금액이 과세표준이 된다.
⑤ 사업자가 완성도기준지급조건부로 재화 또는 용역을 공급하고 계약에 따라 대가의 각 부분을 받을 때 하자보증을 위하여 공급받은 자에게 보관시키는 하자보증금은 과세표준에서 공제한다.

해답 ⑤
해설 하자보증금은 과세표준에서 공제하지 아니한다.

62 **내국법인 ㈜A의 20×2.4.1.부터 20×2.6.30.까지의 부가가치세 과세표준을 계산하면 얼마인가? (단, ㈜A는 주사업장총괄납부를 하고 있으며, 각 금액에는 부가가치세가 포함되어 있지 않다.)**

2010년 세무사

거래일자	거래 내용
4. 03.	거래처 B에 전액 외상매출한 제품 50,000,000원
4. 25.	4월 3일 거래처 B에 매출한 제품 환입액 100,000원
5. 02.	지방자치단체에 무상기증한 제품(원가 3,000,000원, 시가 3,750,000원)
5. 24.	세금계산서 발급 없이 직매장에 반출한 제품(원가 1,000,000원, 시가 1,250,000원)
6. 05.	대가를 받지 아니하고 거래처 C에 증여한 견본품 (원가 400,000원, 시가 500,000원)
6. 12.	매입세액공제를 받은 후 대표자 개인용도로 사용한 제품 (원가 2,000,000원, 시가 2,500,000원)
6. 23.	미국의 거래처 D에 제품을 직수출하기 위하여 6월 23일 선적함. 6월 1일 수출대금 $50,000 중 $10,000(6월 2일 10,000,000원에 환가함)을 수령하고 잔액은 전액 외상으로 함(기준환율 6월 23일 $1 : 1,100원, 6월 30일 $1 : 1,120원)

① 103,000,000원 ② 105,000,000원 ③ 105,500,000원
④ 106,400,000원 ⑤ 107,200,000원

해답 ④

해설 50,000,000(외상매출) − 100,000(매출환입) + 2,500,000(개인적공급) + 10,000,000(수출환가액) + $40,000 × 1,100 = 106,400,000

63 **일반과세자로 제조업을 영위하는 개인사업자 갑은 20×2년 10월 30일 폐업하였다. 폐업 시 사업장의 잔존 재화가 다음과 같을 때 20×2년 제2기 동 재화에 대한 부가가치세 과세표준으로 옳은 것은? (단, 제시된 금액은 부가가치세를 포함하지 아니한 금액이다.)** 2020년 회계사

(1) 잔존 재화 내역

구 분	취득일	취득원가	시 가
제품	20×2년 9월 1일	10,000,000원	9,000,000원
건물	20×0년 12월 1일	85,000,000원	88,000,000원
소형승용차	20×2년 1월 1일	30,000,000원	25,000,000원

(2) 추가자료

- 제품은 취득 시 매입세액공제를 받았으며, 폐업일 현재 일부가 파손되어 시가가 취득원가에 미달한다.
- 건물은 취득 시 매입세액공제를 받았으며, 다음과 같이 회계처리하였다.

(차) 건　　　물	85,000,000	(대) 장기미지급금	100,000,000
현재가치할인차금	15,000,000		

- 소형승용차의 취득원가는 매입가액을 의미하며 취득 시 매입세액공제는 받지 못하였다.

① 77,000,000원　② 78,000,000원　③ 89,000,000원
④ 90,000,000원　⑤ 112,400,000원

해답 ③

해설 폐업시 잔존재화 과세표준

① 제품 : 9,000,000(시가)

② 건물 : (85,000,000 + 15,000,000)*×(1 − 5%×4) = 80,000,000

* 취득가액은 현재가치할인차금을 포함한 명목가액을 취득가액으로 한다.

** 소형승용차는 매입세액공제를 받지 못하였으므로 간주공급에 해당하지 않는다.

∴ 80,000,000 + 9,000,000 = 89,000,000

64 부가가치세 과세표준에 관한 설명으로 옳지 않은 것은?

2010년 세무사

① 사업자가 재화 또는 용역을 공급하고 금전외의 대가를 받는 경우에는 자기가 공급한 재화 또는 용역의 시가를 과세표준으로 한다.

② 재화의 공급에 대하여 부당하게 낮은 대가를 받거나 대가를 받지 아니하는 경우에는 자기가 공급한 재화의 시가를 과세표준으로 한다.

③ 용역(특수관계자에 대한 부동산 임대용역제외)의 공급에 대하여 부당하게 낮은 대가를 받거나 대가를 받지 아니하는 경우에는 자기가 공급한 용역의 시가를 과세표준으로 한다.

④ 사업자가 고객에게 매출액의 일정비율에 해당하는 마일리지를 적립해 주고 향후 고객이 재화를 공급받고 그 대가의 일부를 적립된 마일리지로 결제하는 경우 해당 마일리지 상당액은 과세표준에서 제외한다.

⑤ 사업자가 보세구역 내에 보관된 재화를 다른 사업자에게 공급하고 해당 재화를 공급받은 자가 그 재화를 보세구역으로부터 반입하는 경우로서 세관장이 재화의 수입에 대한 부가가치세를 관세징수의 예에 따라 징수하기 전에 같은 재화에 대한 선하증권이 양도되는 경우에 해당 재화를 공급하는 자의 과세표준은 선하증권의 공급가액으로 할 수 있다.

해답 ③

해설 용역의 무상공급은 과세대상이 아니다.

65 세금계산서에 관한 설명으로 옳은 것은?

2010년 세무사

① 법인사업자가 전자세금계산서를 발급하였을 때에는 그 발급일이 속하는 달의 다음 달 25일까지 세금계산서 발급명세를 국세청장에게 전송하여야 한다.

② 사업자가 거래처별로 1역월의 공급가액을 합계하여 해당 월의 말일자를 발행일자로 하여 세금계산서를 발급하는 경우에는 재화 또는 용역의 공급일이 속하는 달의 말일까지 세금계산서를 발급하여야 한다.

③ 전자세금계산서를 발급한 사업자가 국세청장에게 세금계산서 발급명세를 전송한 경우에는 전자세금계산서를 보존할 의무가 면제된다.

④ 위탁판매의 경우에 수탁자가 재화를 인도하는 때에는 수탁자가 자기의 명의로 세금계산서를 발급하며, 위탁자가 직접 재화를 인도하는 때에 수탁자가 위탁자 명의로 세금계산서를 발급하고 위탁자의 등록번호를 부기하여야 한다.

⑤ 공급받는 자의 등록번호와 공급연월일은 세금계산서의 필요적 기재사항이다.

해답 ③

해설 ① 25일(×) → 공급일의 다음날(O)

② 공급일이 속하는 달의 말일(X) → 공급일이 속하는 달의 다음달 10일(O)

④ 수탁자가 재화를 인도하는 때에는 수탁자가 위탁자 명의로 세금계산서를 교부하고, 위탁자가 직접 재화를 인도하는 때에는 위탁자가 세금계산서를 발급하고 수탁자의 등록번호를 부기한다.

⑤ 공급연월일(×) → 작성연월일(O)

66 **부가가치세법상 세금계산서에 관한 설명이다. 옳지 않은 것은?** 2020년 회계사

① 자기생산·취득재화가 공급의제되는 경우 세금계산서 발급의무가 없으나, 판매목적 타사업장 반출로서 공급의제되는 경우에는 세금계산서를 발급하여야 한다.
② 부동산임대용역 중 간주임대료에 해당하는 부분에 대하여는 세금계산서를 발급하지 않는다.
③ 내국신용장에 의하여 영세율이 적용되는 재화의 공급은 세금계산서 발급의무가 있다.
④ 직전 연도 공급가액이 과세 2억원, 면세 2억원이며 사업장이 하나인 개인사업자가 당해 연도 제2기 과세기간에 세금계산서를 발급하려면 전자세금계산서를 발급하여야 한다.
⑤ 세금계산서를 발급한 후 계약의 해제로 재화가 공급되지 않아 수정세금계산서를 작성하고자 하는 경우 그 작성일에는 처음 세금계산서 작성일을 기입한다.

해답 ⑤
해설 계약의 해제로 재화가 공급되지 않아 수정세금계산서를 작성하고자 하는 경우 그 작성일에는 계약해제일을 기입한다.

67 **㈜A는 과세사업에 사용하던 다음 자산을 20×2.7.1.부터 과세사업과 면세사업에 공통으로 사용하기로 하였다. 다음 자료를 이용하여 ㈜A의 20×2년 제2기 부가가치세 확정신고 시 자산의 면세사업 전용과 관련된 부가가치세 과세표준을 계산하면 얼마인가?** 2011년 세무사

(1) 20×2.7.1. 현재 자산보유내역은 다음과 같다. 단, 취득 시 매입세액은 모두 공제되었다.

종 류	취득일	취득가액	시가
건 물	20×0. 4.1.	50,000,000원	80,000,000원
기계장치	20×1.10.1.	30,000,000원	20,000,000원

위 건물의 취득 시 다음과 같이 회계처리 하였다.

(차) 건 물	50,000,000	(대) 장기미지급금	60,000,000
현재가치할인차금	10,000,000		

(2) ㈜A의 공급가액 관련 자료는 다음과 같다.

과 세 기 간	과세사업 공급가액	면세사업 공급가액	합 계
20×2년 제1기	40,000,000원	10,000,000원	50,000,000원
20×2년 제2기	48,000,000원	2,000,000원	50,000,000원

① 0원 ② 2,100,000원 ③ 2,400,000원
④ 2,800,000원 ⑤ 12,000,000원

해답 ①
해설 감가상각자산을 일부 면세전용한 경우로서, 당해 면세사업에 의한 면세공급가액이 총공급가액 중 5% 미만인 경우에는 과세표준이 없는 것으로 본다. 따라서 과세표준은 0이 된다.

68 과세표준에 관한 설명으로 옳지 않은 것은?

2011년 세무사

① 재화의 공급에 대하여 부당하게 낮은 대가를 받거나 대가를 받지 않은 경우에는 자기가 공급한 재화의 시가를 과세표준으로 한다. 이 때 시가가 불분명한 경우에는 「상속세 및 증여세법」 규정에 따라 평가한 가액을 우선 적용하여야 한다.

② 사업자가 고객에게 매출액의 2%에 해당하는 마일리지를 적립해 주고 향후 고객이 재화를 공급받고 그 대가의 일부를 적립된 마일리지로 결제하는 경우 해당 마일리지 상당액은 과세표준에서 제외한다.

③ 재화 또는 용역의 공급과 직접 관련되지 아니하는 국고보조금은 과세표준에 포함하지 아니한다.

④ 재화의 수입에 대한 과세표준은 관세의 과세가격과 관세·개별소비세·주세·교육세·농어촌특별세 및 교통·에너지·환경세를 합한 금액으로 한다.

⑤ 재화의 공급에 대한 대가를 미국 달러화로 받고 부가가치세법상의 공급시기 도래 전에 전액 원화로 환가한 경우에는 그 환가한 금액을 과세표준으로 한다.

해답 ①

해설 ① 재화의 공급에 대하여 부당하게 낮은 대가를 받거나 대가를 받지 않은 경우에는 자기가 공급한 재화의 시가를 과세표준으로 한다. 이 때 시가가 불분명한 경우에는 「법인세법상 부당행위계산의 부인」 규정에서 적용되는 시가 산정기준을 준용한다.

69 세금계산서에 관한 설명으로 옳지 않은 것은?

2012년 세무사

① 전자세금계산서 의무발급 개인사업자란 직전 연도의 사업장별 재화 및 용역의 공급가액의 합계액이 1억원 이상인 개인사업자를 말한다.

② 사업자가 수입원재료를 사용하여 제조 또는 가공한 재화를 내국신용장에 의하여 수출업자에게 공급하고 수출업자로부터 해당 수입원재료에 대한 관세환급금을 받는 경우, 해당 관세환급금에 대해 세금계산서 발급의무가 없다.

③ 일반과세자에서 간이과세자로 과세유형이 전환된 후 과세유형 전환전에 공급한 재화 또는 용역에 수정세금계산서 발급사유가 발생한 경우에는 당초 세금계산서 작성일자를 수정세금계산서의 작성일자로 적고 수정세금계산서를 발급할 수 있다.

④ 재화 또는 용역을 공급한 후 공급시기가 속하는 과세기간 종료 후 20일 이내에 내국신용장이 개설된 경우, 수정세금계산서의 작성일자는 당초 세금계산서 작성일자를 적는다.

⑤ 사업자가 아닌 자가 재화 또는 용역을 공급하지 아니하고 세금계산서를 발급한 경우에는 사업자로 보고 세금계산서에 적힌 공급가액의 100분의 3에 해당하는 금액을 그 세금계산서를 발급하거나 발급받은 장소를 관할하는 세무서장이 가산세로 징수한다.

해답 ②

해설 사업자가 수입원재료를 사용하여 제조 또는 가공한 재화를 내국신용장에 의하여 수출업자에게 공급하고 수출업자로부터 해당 수입원재료에 대한 관세환급금을 받는 경우, 해당 관세환급금에 대해서도 세금계산서 발급의무가 있다.

70 **일반과세사업자 甲은 다음의 주택과 사무용빌딩(각각 별개의 건물임)을 임대하고 있다. 甲의 20×2.1.1.부터 20×2.6.30.까지의 부가가치세 과세표준은 얼마인가? (단, 주어진 자료의 금액은 부가가치세가 포함되지 아니한 금액임)** 2013년 세무사

(1) 주택
- 용도 : 임차회사의 임원이 숙소로 사용하고 있음
- 임대차기간 : 20×1.7.1.부터 20×3.6.30.까지
- 임대보증금 : 1억원, 월임대료 : 200만원

(2) 사무용빌딩
- 용도 : 임차회사의 사무실로 사용(20×2.1.1.부터 20×2.3.31.까지는 임차인이 없어서 비워 두었음)
- 임대차기간 : 20×2.4.1.부터 20×3.3.31.까지
- 임대보증금 : 2억원, 월임대료 : 300만원
- 임대보증금의 수령 : 20×2.3.31.
- 사무용빌딩의 토지취득비 : 3억원, 건물건축비 : 1억원

※ 임대보증금에 적용하는 정기예금이자율은 4%로 하고, 이 기간 중 부가가치세 매입세액은 없으며, 계산시 1천원 미만은 절사할 것

① 9,997,000원 ② 10,994,000원 ③ 11,980,000원
④ 22,994,000원 ⑤ 23,991,000원

해답 ②

해설 (1) 주택의 임대
면세에 해당함
(2) 사무용 빌딩
임대료 : 3,000,000원×3개월 = 9,000,000원
간주임대료 : 200,000,000원 $\times \frac{91}{365} \times$ 4% = 1,994,000원
과세표준 = 9,000,000원 + 1,994,000원 = 10,994,000원

71 **다음 자료에 의하여 제조업을 영위하는 일반과세자인 甲의 20×2년 제1기 과세기간(1.1.~6.30.)의 과세표준은 얼마인가? (단, 모두 국내거래 이고, 금액에는 부가가치세가 포함되지 않았으며, 아래의 자료를 제외한 세무상 처리는 모두 적정하였음)** 2019년 세무사

거래일자	거래내용	금액
4.11.	A제품을 乙에게 외상으로 공급함(대금은 7.10.에 수령함)	10,000,000원
5.20.	대가를 받지 않고 丙에게 A제품을 견본품으로 제공함	시가 100,000원 원가 60,000원
6.17.	A제품을 직원의 생일축하선물로 제공함	시가 150,000원 원가 80,000원
6.26.	일주일 안으로 서면이나 구두로 매입동의 여부를 알려 주기로 하고 시제품을 丁에게 인도함(7.1. 상대방이 구두로 매입의사를 밝힘)	700,000원
6.27.	A제품을 戊에게 공급하기로 계약을 체결하였으나 戊가 일방적으로 이를 해제함에 따라 위약금으로 받은 금액	200,000원

① 10,000,000원 ② 10,080,000원 ③ 10,050,000원
④ 10,350,000원 ⑤ 10,990,000원

해답 ③

해설 (1) 10,000,000 (재화의 일반적인 공급시기는 인도일이다.)
(2) 0 (견본품의 무상제공은 과세대상 거래가 아니다.)
(3) 50,000 (사용인 1인당 연간 10만원을 초과하는 경조사 관련 재화는 10만원 초과 금액을 과세표준에 포함한다.)
(4) 0 (시용판매의 공급시기는 매입의사표시일 이므로 20×2년 2기 과세표준에 포함한다.)
(5) 0 (계약의 해제로 인해 지급받는 위약금은 과세표준에 포함하지 않는다.)

72 **다음 자료를 바탕으로 ㈜A의 20×2년 제1기 부가가치세 예정신고 시 신고하여야 할 과세표준은 얼마인가? (단, 외화의 환산은 적법하게 이루어진 것으로 가정한다.)** 2013년 세무사

(1) 다음의 대금지급조건으로 중국에 있는 ㈜B에게 내국생산품을 직수출하였으며, 그 공급가액은 1,000,000원이다.
- 선적일 : 20×2.3.5.
- 계약금(수령일 : 20×2.3.4.) : 100,000원
- 중도금(수령일 : 20×2.6.4.) : 500,000원
- 잔금(수령일 : 20×2.9.4.) : 400,000원

(2) ㈜C에게 내국생산품을 내국신용장에 의해 공급하였으며, 그 공급가액은700,000원이다.
- ㈜A의 인도일은 20×2.3.20.이며, ㈜C의 수출선적일은 20×2.4.10.이다.

① 0원 ② 100,000원 ③ 600,000원
④ 1,000,000원 ⑤ 1,700,000원

해답 ⑤

해설 1,000,000원(공급시기 : 선적일) + 700,000원(공급시기 : 재화의 인도일) = 1,700,000원

73 **다음 자료를 기초로 일반과세자인 개인사업자 甲의 20×2년 제1기 과세기간(1.1.~ 6.30.)의 부가가치세 과세표준을 계산하면 얼마인가? (단, 주어진 자료의 금액은 부가가치세가 포함되지 아니한 금액이며, 주어진 자료 이외에는 고려하지 않음)** 2016년 세무사

(1) 甲은 20×2.4.20. 제품을 공급하고 대금은 4월 말일부터 매월 1,000,000원씩 7개월 동안 받기로 하였다.

(2) 甲은 20×2.5.1. 미국의 X법인과 $20,000의 제품수출계약을 체결하였다.

○ 수출계약 금액 중 $10,000은 계약체결일에 선수금으로 수령하여 동 일자에 12,000,000원으로 환가하였다.

○ 수출신고필증상 신고수리일은 20×2.5.10.이며, 선적일은 20×2.5.15.이다.

○ 잔금은 20×2.5.30.에 수령하여 동일자에 기준환율로 환가하였다.

○ 기준환율은 다음과 같다.

비고	20×2.5.1.	20×2.5.10.	20×2.5.15.	20×2.5.30.
기준환율 (원/$)	1,200	1,100	1,050	1,000

(3) 甲은 20×1.12.1. 다음과 같이 대금회수를 하기로 하고 잔금수령일에 기계설비를 인도하는 계약을 하였다. 실제 인도 시기는 20×2.6.30.이었다.

비고	대금회수 약정일	금액(원)
계약금	20×1.12.1.	10,000,000
중도금	20×2.3.1.	10,000,000
잔금	20×2.7.1.	10,000,000

① 27,000,000원　② 39,500,000원　③ 45,500,000원
④ 49,000,000원　⑤ 49,500,000원

해답 ⑤

해설 (1) 7,000,000 (할부판매의 공급시기는 재화가 인도되거나 이용 가능하게 되는 때)

(2) 12,000,000+10,500,000($10,000×1,050)=22,500,000

(3) 10,000,000+10,000,000=20,000,000 (중간지급조건부공급의 경우 재화 인도일 이후에 받기로 한 대가의 부분에 대해서는 재화 인도일을 공급시기로 본다.)

74 「부가가치세법」상 세금계산서에 관한 설명으로 옳지 않은 것은? 2013년 세무사

① 위탁매입의 경우에는 공급자가 위탁자를 공급받는 자로 하여 세금계산서를 발급하며, 이 경우에는 수탁자의 등록번호를 부기하여야 한다.

② 착오로 전자세금계산서를 이중으로 발급한 경우에는 당초에 발급한 세금계산서의 내용대로 부(負)의 표시를 하여 발급한다.

③ 직전 과세기간의 사업장별 재화 및 용역의 공급가액의 합계액이 2억원 이상인 개인사업자는 전자세금계산서를 발급하여야 한다.

④ 대리인에 의한 판매의 경우에 대리인이 재화를 인도하는 때에는 대리인이 본인의 명의로 세금계산서를 발급하며, 본인이 직접 재화를 인도하는 때에는 본인이 세금계산서를 발급할 수 있다. 이 경우에 대리인의 등록번호를 부기하여야 한다.

⑤ 전자세금계산서를 발급하였을 때에는 전자세금계산서 발급일의 다음 날까지 세금계산서 발급명세를 국세청장에게 전송하여야 한다.

해답 ③

해설 직전 연도의 사업장별 재화 및 용역의 공급가액의 합계액이 1억원(2024.6.30. 까지) 이상인 개인사업자는 전자세금계산서를 발급하여야 한다.

제2절 납부세액

01 **부가가치세 매입세액공제에 관한 설명이다. 옳지 않은 것은?** 2021년 회계사

① 법인사업자로부터 전자세금계산서를 발급받았으나 그 전자세금계산서가 국세청장에게 전송되지 아니한 경우 발급한 사실이 확인되더라도 매입세액을 공제할 수 없다.

② 재화의 공급시기 이후에 발급받은 세금계산서로서 해당 공급시기가 속하는 과세기간에 대한 확정신고기한까지 발급받은 경우 매입세액을 공제할 수 있다.

③ 사업자가 일반과세자로부터 재화를 공급받고 부가가치세액이 별도로 구분되는 신용카드 매출전표를 발급받은 경우 법정요건을 모두 갖추면 매입세액을 공제할 수 있다.

④ 재화의 공급시기 전에 세금계산서를 발급받았더라도 재화의 공급시기가 그 세금계산서의 발급일부터 6개월 이내에 도래하고 해당 거래사실이 확인되어 납세지 관할 세무서장이 경정하는 경우 매입세액을 공제할 수 있다.

⑤ 재화의 공급시기가 속하는 과세기간에 대한 확정신고기한이 지난 후 세금계산서를 발급받았더라도 그 세금계산서의 발급일이 확정신고기한 다음 날부터 1년 이내이고 과세표준수정신고서와 함께 세금계산서를 제출하는 경우 매입세액을 공제할 수 있다.

해답 ①

해설 발급받은 전자세금계산서로서 국세청장에게 전송되지 아니하였으나 발급한 사실이 확인되는 경우 매입세액을 공제할 수 있다.

02 **부가가치세법상 매입세액공제 및 납부세액에 관한 설명으로 옳은 것은?** 2018년 회계사

① 건축물이 있는 토지를 취득하여 그 건축물을 철거하고 토지만 사용하는 경우에 철거한 건축물의 취득 및 철거 비용과 관련된 매입세액은 공제하지 아니한다.

② 면세농산물을 공급받아 과세재화와 면세재화를 공급하는 사업자가 당기 중에 매입하였으나 사용하지 않는 면세농산물은 의제매입세액공제를 적용하지 아니한다.

③ 일반과세자가 간이과세를 적용받게 되면 일반과세자인 경우에 공제받지 못한 매입세액을 추가적으로 공제하기 위하여 간이과세자의 납부세액에서 차감한다.

④ 6월 25일에 사업을 개시하고 7월 15일 사업자등록 신청을 한 도매업자가 6월 28일에 매입한 상품에 대한 매입세액은 공제받을 수 없다.

⑤ 과세사업에만 사용하던 감가상각대상 재화를 면세사업에만 사용하게 된 경우에는 불공제되는 매입세액을 계산하여 납부세액에 가산한다.

해답 ①

해설 ② 의제매입세액공제의 공제시기는 구입일이 속하는 예정신고기간 또는 확정신고기간이다. 그러므로 사용 여부와 상관없이 구입일 기준으로 의제매입세액공제를 적용받는다.

③ 일반과세자가 간이과세를 적용받는 경우 일반과세자일 때 간이과세자에 비해서 많이 공제된 매입세액을 간이과세자로 전환하는 시점에 납부해야 한다.

④ 사업자등록 신청 전 매입세액은 공제받을 수 없으나 공급시기가 속하는 과세기간이 끝난 후 20일 이내에 등록신청한 경우 등록신청일부터 공급시기가 속하는 과세기간 기산일까지 역산한 기간 이내 매입세액은 공제를 받을 수 있다.

⑤ 감가상각자산을 면세사업에 일부·전부 전용하는 경우 다음에 따라 계산한 금액을 납부세액에 가산한다.

$$= \text{취득가액} \times (1 - \text{체감율} \times \text{경과된 과세기간 수}) \times \text{전용일이 속하는 과세기간의 } \frac{\text{면세공급가액}}{\text{총공급가액}}$$

공급가액×10%

03 부가가치세법상 매출세액에서 공제하는 매입세액에 관한 설명이다. 옳은 것은? 2015년 회계사

① 사업자가 자기의 사업을 위하여 사용할 목적으로 공급받은 재화에 대한 부가가치세액은 재화가 사용되는 시기가 속하는 과세기간의 매출세액에서 공제한다.

② 토지의 가치를 현실적으로 증가시켜 토지의 취득원가를 구성하는 비용에 관련된 매입세액은 매출세액에서 공제한다.

③ 전자세금계산서 의무발급 사업자로부터 받은 전자세금계산서가 국세청장에게 전송되지 않으면 발급 사실이 확인되더라도 전자세금계산서 매입세액은 매출세액에서 공제하지 않는다.

④ 제조업을 운영하는 사업자가 자신의 사업을 위하여 직접 사용하는 「개별소비세법」에 따른 소형승용차의 유지에 관한 매입세액은 매출세액에서 공제한다.

⑤ 신용카드매출전표 등 수령명세서를 「국세기본법」에 따른 기한 후 과세표준신고서와 함께 제출하여 관할세무서장이 결정하는 경우의 매입세액은 매출세액에서 공제한다.

해답 ⑤

해설 ① 매입세액의 공제시기는 사용여부와 무관하게 공급받는 시기(수입시기)가 속하는 과세기간에 공제한다.

② 토지 가치를 증가시켜 토지의 취득원가를 구성하는 비용에 관련된 매입세액은 매입세액불공제 대상이다.

③ 전자세금계산서 의무발급사업자로부터 발급받은 전자세금계산서로서 국세청장에게 전송되지 아니하였으나 발급한 사실이 확인되는 경우 해당 매입세액을 공제한다.

④ 일정 업종 외의 업종을 영위하는 사업자가 개별소비세 과세대상 소형승용자동차의 구입·임차·유지에 관한 매입세액은 공제되지 않는다.

04 **일반과세 사업장인 음식점을 운영하고 있는 갑은 20×0년 7월 1일에 오피스텔을 11억원(부가가치세 포함)에 분양받아 비사업자인 을에게 주택으로 임대하였다. 20×2년 6월 30일에 을과의 임대기간이 만료된 후, 20×2년 7월 1일부터 동 오피스텔을 사업자인 병에게 임대보증금 1억원, 월임대료 4,000,000원에 사무실로 1년간 임대하였다. 이날 갑은 부동산임대사업자로 사업자등록을 하였다. 갑의 20×2년 제2기 부가가치세 납세의무와 관련된 다음의 설명 중 옳은 것은?**

① 20×2년 제2기 과세기간에 오피스텔의 주택임대를 사무실임대로 전환함에 따라 80,000,000원의 매입세액공제가 가능하다.
② 20×2년 제2기 과세기간에 오피스텔의 주택임대를 사무실임대로 전환함에 따라 75,000,000원의 매입세액공제가 가능하다.
③ 20×2년 제2기 과세기간에 오피스텔의 주택임대를 사무실임대로 전환함에 따라 발생하는 매입세액공제는 없다.
④ 갑은 개인사업자이므로 20×2년 제2기 예정신고기간에 대한 과세표준을 신고할 의무가 있다.
⑤ 부동산임대업은 간이과세배제업종이므로 갑은 간이과세자가 될 수 없다.

해답 ①

해설 ① 공제세액 = 100,000,000×(1 − 5%×4) = 80,000,000 ∴ 과세전용으로 맞는 설명이다.
④ 갑은 개인사업자이므로 20×2년 제2기 예정신고의무가 없다.
⑤ 특별시나 광역시지역에 소재하는 부동산임대사업장으로 국세청장이 정하는 규모이상의 부동산임대업만이 간이과세적용배제 업종이므로 부동산임대업이라고해서 모두 간이과세가 배제되는 것은 아니다.

05 **부가가치세법상 대손세액공제에 대한 다음의 설명 중 가장 옳은 것은?**

① 수표 또는 어음의 부도발생일로부터 6월이 된 경우에는 사업자가 채무자의 재산에 대하여 저당권을 설정하고 있더라도 대손세액공제를 받을 수 있다.
② 2017년 2월 1일이 공급일인 경우 2027년 9월 25일에 법에서 정한 회수불능사유가 발생하였다면 공급자는 대손세액공제를 받을 수 있다.
③ 대손세액공제는 과세사업자와 면세사업자에 대하여 모두 적용할 수 있다.
④ 공급받은 자가 대손세액 상당액을 차감하여 신고하지 않아 공급받은 사업자의 관할세무서장이 이를 경정하는 경우 신고불성실가산세와 납부지연가산세를 적용하지 않는다.
⑤ 대손세액을 매입세액에서 차감한 당해 사업자가 대손금의 전부 또는 일부를 변제한 경우에는 변제한 대손금액에 관련된 대손세액을 변제한 날이 속하는 예정신고기간 또는 확정신고기간의 매입세액에 가산한다.

해답 ④

해설 ① 수표 또는 어음의 부도발생일로부터 6월이 된 경우에는 대손세액공제를 받을 수 있으나, 채무자의 재산에 저당권을 설정하고 있는 경우에는 그러하지 아니한다.
② 공급일인 2017년 2월 1일로부터 10년이 되는 2027년 2월 1일이 속하는 과세기간의 확정신고기한(2027년 7월 25일)까지 대손이 확정되어야 하므로 2027년 9월 25일에 대손이 확정된 경우에는 대손세액공제를 받을 수 없다.
③ 대손세액공제는 과세사업자만 적용받으므로 면세사업자는 적용대상이 아니다.
⑤ 변제한 날이 속하는 과세기간의 매입세액에 더한다. 이 경우 확정신고서에 증명서류를 첨부하여야 한다.

06 다음의 거래에 대한 각 사업자의 「부가가치세법」상 처리를 설명한 것으로 옳은 것은?

2021년 회계사

(1) ㈜A는 20×0년 11월 1일에 ㈜B에게 제품을 11,000,000원(부가가치세 포함)에 판매하고 약속어음을 받았다.
(2) ㈜B가 발행한 약속어음이 부도가 발생함에 따라 ㈜A는 20×1년 1월 20일에 금융회사에서 부도확인을 받았다. ㈜A는 ㈜B의 재산에 대하여 저당권을 설정하고 있지 않다.
(3) ㈜A는 대손처리한 ㈜B에 대한 채권 중 5,500,000원(부가가치세 포함)을 20×2년 3월 10일에 ㈜B로부터 회수하였다.

① ㈜A는 20×1년 제1기 부가가치세 확정신고시 1,000,000원을 대손세액공제 받을 수 있다.
② ㈜A는 20×1년 제2기 부가가치세 예정신고시 1,000,000원을 대손세액공제 받을 수 있다.
③ ㈜A는 20×2년 제1기 부가가치세 예정신고시 과세표준에 5,000,000원을 더한다.
④ ㈜B는 20×1년 제1기 부가가치세 확정신고시 1,000,000원을 매입세액에서 뺀다.
⑤ ㈜B는 20×2년 제1기 부가가치세 확정신고시 500,000원을 매입세액에 더한다.

해답 ⑤

해설 (1) 대손확정 시
① ㈜A : 20×1년 제 2기 부가가치세 확정신고시 1,000,000원을 대손세액공제 받을 수 있다.
② ㈜B : 20×1년 제 2기 부가가치세 확정신고시 1,000,000원을 매입세액에서 뺀다.
* 20×1년 1월 20일에 부도확인을 받았으므로 ㈜A는 부도발생일로부터 6개월 이상 지나고 대손이 확정된 20×1년 제 2기에 대손세액공제를 받을 수 있다.
(2) 회수·변제 시
① ㈜A : 20×2년 제 1기 부가가치세 확정신고시 500,000원을 매출세액에 더한다.
② ㈜B : 20×2년 제 1기 부가가치세 확정신고시 500,000원을 매입세액에 더한다.

07 A은행은 20×1년 4월 6일 건물을 신축 완료하여 일부를 지점으로 사용하기로 결정하였다. 당해 건물의 신축에 관련된 매입세액은 10,000,000원이며, 과세기간별 영업수익 및 건물의 사용면적에 관한 자료는 다음과 같다. 20×2년 제1기 확정신고시 재계산하여 납부세액에 가산 또는 공제해야 할 금액은 얼마인가? (단, 주어진 자료의 금액은 부가가치세가 포함되지 아니한 금액이며, 세금계산서 등의 증빙은 적법하게 교부하였거나 수령하였다. 또한 이전까지의 공통매입세액 안분과 정산은 적법하게 이루어졌다.)

구분	공급가액		사용면적	
	은행공급가액	임대공급가액	지점	임대
신축시 예정공급가액과 사용면적	40,000,000원	10,000,000원	650평	350평
20×1년 제2기	35,000,000원	15,000,000원	600평	400평
20×2년 제1기	30,000,000원	20,000,000원	700평	300평

① 850,000원 차감　② 850,000원 가산　③ 900,000원 차감
④ 900,000원 가산　⑤ 950,000원 차감

해답 ④

해설
- 면세비율은 사용면적에 의하여 계산한다.
- 납부세액재계산 : $10,000,000 \times (1-5\% \times 2) \times \left(\frac{700평}{700평+300평} - \frac{600평}{600평+400평}\right)$
  $= 900,000$
  ∴ 납부세액에 900,000 가산

08 **과세사업과 면세사업을 겸영하는 제조업자 ㈜갑의 20×2년 자료이다. 공통매입세액 정산과 납부·환급세액 재계산 규정을 고려한 ㈜갑의 20×2년 제2기 확정신고시 부가가치세 납부세액으로 옳은 것은? (단, 제시된 금액은 부가가치세를 포함하지 아니한 금액이며, 20×2년 제2기 예정신고까지의 부가가치세 신고·납부는 정확하게 이루어졌다.)** 2020년 회계사

(1) 공급가액의 내역

기 간	과 세	면 세
1월 ~ 3월	50,000,000원	50,000,000원
4월 ~ 6월	30,000,000원	70,000,000원
7월 ~ 9월	49,000,000원	51,000,000원
10월 ~ 12월	51,000,000원	49,000,000원

(2) 매입세액의 내역

기 간	과 세	면 세	공 통
1월 ~ 3월	2,500,000원	3,000,000원	2,000,000원*
4월 ~ 6월	2,200,000원	3,300,000원	-
7월 ~ 9월	2,500,000원	3,500,000원	1,000,000원**
10월 ~ 12월	3,500,000원	2,500,000원	-

* 20×2년 2월 1일에 과세사업과 면세사업에 공통으로 사용하기 위하여 기계장치를 20,000,000원에 구입하였으며 실지귀속은 알 수 없다.

** 20×2년 9월 1일에 과세사업과 면세사업에 공통으로 사용하기 위하여 운반용 트럭을 10,000,000원에 구입하였으며 실지귀속은 알 수 없다.

① 1,430,000원　② 1,435,000원　③ 1,440,000원
④ 1,442,500원　⑤ 1,450,000원

해답 ③

해설 (1) 20×2년 제2기 확정신고시 매출세액

$51,000,000 \times 10\% = 5,100,000$

(2) 20×2년 제2기 확정신고시 매입세액

3,500,000

(3) 공통매입세액 정산액 및 납부·환급세액 재계산액

① 공통매입세액 정산액

$$1,000,000 \times \left(\frac{49,000,000 + 51,000,000}{200,000,000} - \frac{49,000,000}{100,000,000}\right) = 10,000 \text{ 납부세액 차감}$$

② 납부·환급세액 재계산액

$$2,000,000 \times (1 - 25\% \times 1) \times \left(\frac{51,000,000 + 49,000,000}{200,000,000} - \frac{120,000,000}{200,000,000}\right) = 150,000$$

환급세액

(4) 납부세액

$5,100,000 - 3,500,000 - 10,000 - 150,000 = 1,440,000$

09 **㈜A(중소제조업 아님)는 감을 발효시켜 개발한 음료를 판매하고 있다. 다음은 ㈜A의 20×2년 부가가치세 제1기 예정신고기간의 영업내역이다. 제1기 예정신고기간에 대한 차가감납부할 세액은 얼마인가?**

(1) 감음료 매출내역	
1) 카드매출(신용카드매출전표 발행)	100,000,000원
2) 외상매출(세금계산서 발행)	200,000,000원
(2) 사용하던 감음료 포장기계 매각(세금계산서 발행)	10,000,000원
(3) 매입내역	
1) 감음료 원재료인 감, 대추, 배 구입	153,000,000원
2) 설탕, 감미료 구입	3,000,000원
3) 감음료 포장기계구입	20,000,000원
(4) 위 거래금액은 부가가치세를 포함하지 아니한 금액이다.	
(5) 매입내역 중 과세거래에 대해서는 부가가치세를 지급하고 세금계산서를 받았으며, 면세거래에 대해서는 계산서를 받았다.	

① 13,400,000원 ② 24,700,000원 ③ 25,700,000원
④ 28,700,000원 ⑤ 29,700,000원

해답 ③

해설 • 매출세액 : (100,000,000 + 200,000,000 + 10,000,000) × 10% = 31,000,000

매입세액 : $(20{,}000{,}000 + 3{,}000{,}000) \times 10\% + 153{,}000{,}000 \times \frac{2}{102} =$ 5,300,000

납부세액 : 25,700,000

* 법인이므로 신용카드매출전표발행세액공제는 적용하지 않는다.

10 **부가가치세 겸영사업자인 신문사 (주)A의 20×2년 제1기 과세기간 확정신고시 ㉠공제받지 못할 매입세액과 20×2년 제2기 과세기간 확정신고시 납부·환급세액을 재계산하여 ㉡납부세액에 가산(또는 공제)하거나 환급세액에 가산(또는 공제)할 금액은 얼마인가? (단, 다음 자료의 금액은 부가가치세가 포함되지 아니한 금액이고, 건물의 과세 및 면세사용면적은 구분되지 않으며, 세금계산서 등의 증명서류는 회사설립 이후 현재까지 적법하게 수령 및 발급되었다고 가정함. ㉡의 경우 납부세액에 가산하거나 환급세액에 공제하는 것은 (+)로, 납부세액에 공제하거나 환급세액에 가산하는 것은 (-)로 표시함)** 2017년 세무사

(1) (주)A는 20×2.2.1.에 사업용 건물을 3,000,000,000원에 구입하였다.
(2) 광고료 및 신문판매 공급가액 자료

구분	20×1년 제2기	20×2년 제1기	20×2년 제2기
광고료 수입	2,000,000,000원	3,000,000,000원	3,000,000,000원
신문판매 수입	2,000,000,000원	2,000,000,000원	1,000,000,000원

	㉠	㉡
①	120,000,000원	(-)42,750,000원
②	120,000,000원	(-)33,750,000원
③	120,000,000원	(+)42,750,000원
④	150,000,000원	(-)40,500,000원
⑤	150,000,000원	(-)33,750,000원

해답 ①

해설 ㉠ 3,000,000,000×10%×40%*=120,000,000
* 2,000,000,000(신문판매수입)/(3,000,000,000+2,000,000,000)=40%
㉡ 3,000,000,000×10%×(1-5%)×(25%**-40%)=42,750,000 납부세액에서 공제
** 1,000,000,000(신문판매수입)/(3,000,000,000+1,000,000,000)=25%

11 **다음의 자료에 따라 과세사업인 음식점을 운영하는 ㈜A의 20×2년 제1기 부가가치세 확정신고시의 공제가능한 매입세액을 계산한 것으로 옳은 것은? (단, 주어진 자료의 금액은 부가가치세가 포함되지 아니한 금액이다.)**

2010년 회계사

(1) 20×2년 4월 1일부터 20×2년 6월 30일까지의 매입명세는 다음과 같고, 별도의 기술이 없는 경우 ㈜A는 매입과 함께 세금계산서 또는 계산서를 교부받았다.

가. 4월 10일에 외국산 미가공농산물을 53,000,000원에 매입하여 식품제조용 원료로 전부 사용하였다.

나. 5월 3일에 음식점 건물의 임대인인 ㈜갑에게 4월부터 6월까지의 임차료 21,000,000원을 지급하였다. 단, ㈜갑이 교부한 세금계산서는 착오로 공급가액이 20,000,000원으로 기재되었으나 해당 세금계산서의 세액(2,100,000원) 또는 수량(3개월) 및 단가(7,000,000원) 등으로 보아 임차료가 21,000,000원인 사실을 확인할 수 있다.

다. 5월 25일에 음식물 배달을 위해 5인승의 승용자동차(배기량 2,000cc)를 25,000,000원에 매입했다.

라. 6월 30일에 대형 냉장고를 10,000,000원에 매입했는데, 세금계산서는 다음 날에 교부받았다.

(2) 20×2년 3월 25일에 ㈜을로부터 간판을 5,000,000원에 매입하고 세금계산서를 교부받았으나 ㈜A는 20×2년 제1기 예정신고기간의 매입세액에서 이를 누락하여 공제받지 못하였다.

(3) 20×2년 5월 1일에 ㈜병으로부터 경영자문용역을 4,000,000원에 매입했으나 ㈜병이 세금계산서를 교부하지 않아서 ㈜A는 5월 10일에 사업장 관할세무서장에게 거래사실의 확인을 신청하였다. 6월 1일에 사업장 관할세무서장으로부터 거래사실 확인 통지를 받은 ㈜A는 5월 1일(㈜병의 사업장 관할세무서장이 확인한 거래일자임)을 작성일자로 하여 매입자발행세금계산서를 발행하여 ㈜병에게 교부하였다.

① 5,000,000원 ② 5,500,000원 ③ 5,600,000원
④ 6,000,000원 ⑤ 8,500,000원

해답 ④

해설 $53,000,000 \times \frac{6}{106} + 21,000,000 \times 10\% + 5,000,000 \times 10\% + 4,000,000 \times 10\%$
$= 6,000,000$원

12 **㈜A는 의류를 제작하여 판매를 하는 중소기업으로 일반과세자이다. 제2기 예정신고기간(7.1. ~9.30.) 중에 공급받은 재화 및 용역의 거래내역이다. ㈜A의 제2기 예정신고기간의 매입세액 공제액으로 옳은 것은?**

2017년 회계사

(1) 국내거래처로부터 원단을 구입하고 공급가액 350,000,000원의 세금계산서를 수취하였다.
(2) 자매결연을 맺은 고아원에 보내기 위해 사업과 관련없이 장난감을 구입하면서 공급가액 8,000,000원의 신용카드매출전표를 수취하였다.
(3) 출자임원(소액주주 아님) 사택으로 사용하고 있는 ㈜A 소유의 주택에 대한 유지비용을 지출하면서 공급가액 10,000,000원의 세금계산서를 수취하였다.
(4) 공급가액 30,000,000원(세금계산서 수취)에 구입한 재화를 거래처에 접대 목적으로 무상 이전하였다.
(5) 생산직 직원들의 작업복으로 사용할 목적으로 의류를 구입하고 공급가액 4,000,000원의 세금계산서를 수취하였다.
(6) 특별한 언급이 없는 한 세금계산서와 신용카드매출전표는 적법하게 발급 및 수취되었다고 가정한다.

① 35,000,000원 ② 35,400,000원 ③ 35,800,000원
④ 36,800,000원 ⑤ 39,800,000원

해답 ②

해설 매입세액공제액 : (350,000,000 + 4,000,000) × 10% = 35,400,000
* 사업과 관련 없는 매입세액은 불공제대상이다.
** 출자임원이 사용하는 사택의 유지비에 대한 매입세액은 사업무관분으로 매입세액불공제 대상이다.
*** 기업업무추진비 관련 매입세액은 불공제 대상이다.

13 「부가가치세법」상의 납부세액에 관한 설명이다. 옳지 않은 것은? 2010년 회계사

① 매입처별세금계산서합계표를 제출하지 아니한 경우의 매입세액은 매출세액에서 공제하지 아니한다. 다만, 교부받은 세금계산서에 대한 매입처별세금계산서합계표를 경정청구서와 함께 제출하여 경정기관이 경정하는 경우의 매입세액은 매출세액에서 공제한다.
② 토지의 조성 등을 위한 자본적 지출에 관련된 매입세액으로서 토지의 취득 및 형질변경, 공장부지 및 택지의 조성 등에 관련된 것은 매출세액에서 공제하지 아니한다.
③ 사업자가 부가가치세가 과세되는 재화 또는 용역을 공급하는 경우 공급을 받는 자의 파산이나 강제집행의 사유로 그 재화 또는 용역의 공급에 대한 외상매출금의 전부 또는 일부가 대손되어 회수할 수 없는 경우에는 대손금액에 110분의 10을 곱한 금액을 그 대손이 확정된 날이 속하는 과세기간의 매출세액에서 뺄 수 있다.
④ 사업자가 실지거래가액으로 구분한 토지와 건물 또는 구축물 등의 가액이 법령에 따라 안분계산한 금액과 30% 이상 차이가 있는 경우로서 건물이 있는 토지를 취득하여 건물을 철거하고 토지만 사용하는 경우에는 과세표준 안분계산 규정을 적용하지 않는다.
⑤ 과세사업과 면세사업을 겸영하는 사업자가 신규로 사업을 개시하는 과세기간에 공급하는 재화(과세사업과 면세사업에 공통으로 사용됨)에 대한 매입세액은 실지 귀속을 구분할 수 없는 경우에는 총공급가액에 대한 면세공급가액의 비율에 의하여 안분계산한다.

해답 ⑤

해설 과세사업과 면세사업을 겸영하는 사업자가 신규로 사업을 개시하는 과세기간에 공급하는 재화에 대한 매입세액은 실지 귀속을 구분할 수 없는 경우에는 안분계산을 생략하고, 전액을 공제한다.

14 **내국법인 ㈜대박(중소기업 아님)은 20×2.1.2에 신규 설립되었으며, 설립일 이후부터 계속적으로 과세사업과 면세사업을 겸업해 오고 있다. ㈜대박이 20×2년도 제1기 예정신고시(1.1~3.31) 납부하여야 할 부가가치세액(지방소비세를 포함한 금액임)으로 옳은 것은?** 2012년 회계사

(1) 1월 5일에 과세사업과 면세사업에 공통으로 사용하기 위한 건물을 34,500,000원에 구입하였다.
(2) 1월 20일에 과세사업과 면세사업에 공통으로 사용하기 위한 기계설비를 25,000,000원에 구입하였다.
(3) 1월 30일에 면세사업에 사용할 차량운반구(트럭)를 2,000,000원에 구입하였다.
(4) 3월 18일에 과세사업과 면세사업에 공통으로 사용하던 기계설비 중 일부(구입가액 3,000,000원)를 내부사정으로 인하여 2,700,000원에 매각하였다.
(5) 당해 예정신고기간(1.1~3.31)의 과일, 야채 등 원재료용 면세농산물 구입액은 60,384,000원이며, 이에는 운임 등의 부대비용 300,000원이 포함되어 있다. 다음은 동 기간의 총구입량과 사용량에 대한 자료이다.

총구입량	사용량	
	면세사업	과세사업
80,000kg	30,000kg	50,000kg

(6) 당해 예정신고기간(1.1~3.31)의 면세매출액은 60,000,000원이며, 과세매출액은 90,000,000원이다.
(7) 모든 거래는 세금계산서 등의 증거서류를 적법하게 발급하였거나 수취하였으며, 거래금액에는 부가가치세가 포함되어 있지 않다.

① 2,580,000원　② 3,443,774원　③ 4,570,000원
④ 4,840,000원　⑤ 5,260,000원

해답 ④

해설 (1) 매출세액 ① + ② = 9,270,000
① 과세매출액 : 90,000,000 × 10% = 9,000,000
② 공통사용재화의 공급 : 2,700,000 × 10% = 270,000
(신규사업자가 그 개시한 과세기간에 매입한 공통사용재화를 공급하는 경우에는 해당 재화의 공급가액 전액을 과세 공급가액으로 한다.)
(2) 매입세액 : ① + ② = 4,430,000
① 의제매입세액 = 60,384,000 × 2/102 × 50,000kg/80,000kg = 740,000
운임 등 부대비용은 면세농산물 판매사업자가 농산물 가격에 포함하여 받는 경우 농산물 취득가액에 포함하므로 농산물판매에 대한 부수용역으로서 의제매입세액공제 대상이다.
② 공통매입세액 = 3,690,000
• 건물분 : 34,500,000 × 10% × 과세공급가액비율$\left(\frac{90,000,000}{60,000,000+90,000,000}\right)$ = 2,070,000
• 기계 : (25,000,000 − 3,000,000) × 10% × 과세공급가액비율$\left(\frac{90,000,000}{60,000,000+90,000,000}\right)$ = 1,320,000
• 당기처분기계 : 3,000,000 × 10% = 300,000
(해당 과세기간에 신규로 사업을 시작한 사업자가 해당 과세기간에 공급한 공통사용재화에 대하여는 안분계산 없이 해당 재화의 매입세액 전부를 공제되는 매입세액으로 한다.)
(3) 납부세액 : (1) − (2) = 4,840,000

15 **「부가가치세법」상 일반과세자인 사업자에게 적용되는 대손세액공제에 관한 설명으로 옳지 않은 것은?**

2013년 회계사

① 사업자가 부가가치세가 과세되는 재화 또는 용역을 공급하는 경우 공급을 받는 자의 「소득세법」 및 「법인세법」상 대손사유로 그 재화·용역의 공급에 대한 외상매출금이나 그 밖의 매출채권(부가가치세 포함)의 전부 또는 일부가 대손되어 회수할 수 없는 경우에는 대손금액의 110분의 10을 그 대손이 확정된 날이 속하는 과세기간의 매출세액에서 뺄 수 있다.

② 대손세액공제의 범위는 사업자가 부가가치세가 과세되는 재화 또는 용역을 공급한 후 그 공급일부터 10년이 경과된 날이 속하는 과세기간에 대한 확정신고기한까지 대손사유로 인하여 확정되는 대손세액으로 한다.

③ 재화 또는 용역을 공급받은 사업자가 대손세액의 전부 또는 일부를 매입세액으로 공제받은 경우로서 공급자의 대손이 그 공급을 받은 사업자가 폐업하기 전에 확정되는 경우에는 관련 대손세액에 해당하는 금액을 그 공급받은 사업자의 폐업일이 속하는 과세기간의 매입세액에서 뺀다.

④ 재화 또는 용역의 공급자가 대손세액을 매출세액에서 차감한 경우 공급자의 관할세무서장은 대손세액공제사실을 공급받는 자의 관할 세무서장에게 통지하여야 한다.

⑤ 대손세액공제를 받은 사업자가 그 대손금액의 전부 또는 일부를 회수한 경우에는 회수한 대손금액에 관련된 대손세액을 회수한 날이 속하는 과세기간의 매출세액에 더한다.

해답 ③

해설 재화 또는 용역을 공급받은 사업자가 대손세액의 전부 또는 일부를 매입세액으로 공제받은 경우로서 공급자의 대손이 그 공급을 받은 사업자가 폐업하기 전에 확정되는 경우에는 관련 대손세액에 해당하는 금액을 **대손이 확정된 날이 속하는 과세기간**의 매입세액에서 뺀다.

16 **다음은 소시지제조업을 영위하는 일반과세자인 개인사업자 甲의 20×2년 제1기 과세기간(1.1.~6.30.)에 대한 거래내역이다. 20×2년 제1기 확정신고시 공제가능한 매입세액은 얼마인가? (단, 다음 거래는 세법상 요구되는 의무를 모두 이행하였으며, 의제매입세액공제 대상액은 공제한도 내 금액인 것으로 가정함)** 2017년 세무사

> (1) 외국산 미가공식료품을 31,200,000원에 매입하여 소시지 제조에 전부 사용하였다.
> (2) 소시지 배달을 위해 개별소비세가 과세되는 5인승 승용차를 22,000,000원(공급대가)에 구입하였다.
> (3) 세금계산서 발급이 금지되지 않은 일반과세자로부터 사업용 냉장고를 2,200,000원(공급대가)에 구입하고 부가가치세가 별도로 구분되는 신용카드매출전표를 수령하였다.
> (4) 20×2년 제1기 예정신고시 매입세액 500,000원이 신고누락되었다.
> (5) 20×0년 제1기 부가가치세 확정신고시 매입세액에서 차감한 대손세액은 300,000원이었고 20×2.3.10.에 관련 대손금액 전부를 변제하였다.

① 1,000,000원 ② 1,900,000원 ③ 2,200,000원
④ 3,200,000원 ⑤ 4,200,000원

해답 ③

해설
(1) 의제매입세액공제 : $31,200,000 \times \frac{4}{104} = 1,200,000$
(2) 개별소비세가 과세되는 비영업용소형승용차는 매입세액불공제 대상이다.
(3) 사업용 냉장고 : $2,200,000 \times \frac{10}{110} = 200,000$
(4) 예정신고 누락분 : 500,000
(5) 변제한 대손세액 : 300,000

17 **과세사업과 면세사업을 겸영하는 ㈜A의 자료이다. 20×3년 제1기 부가가치세 확정신고시 매입세액공제액으로 옳은 것은? (단, 모든 거래에 대한 세금계산서 및 계산서는 적법하게 발급받았다.)**

2021년 회계사

(1) 20×3년 4월 1일부터 6월 30일까지의 매입세액

구 분	과세사업분	면세사업분	공통매입분
원재료	50,000,000원	30,000,000원	-
비 품	10,000,000원	5,000,000원	2,000,000원*
기계장치	-	-	10,000,000원**

* 20×3년 4월 20일 과세사업과 면세사업에 공통으로 사용하기 위하여 비품을 구입하였으며, 실지 귀속을 구분할 수 없다. 비품을 사업에 사용하던 중 20×3년 6월 30일 16,500,000원(부가가치세 포함)에 매각하였다.

** 20×3년 5월 20일 과세사업과 면세사업에 공통으로 사용하기 위하여 기계장치를 구입하였으며, 실지 귀속을 구분할 수 없다.

(2) 면세사업에만 사용하던 차량(트럭)을 20×3년 4월 15일부터 과세사업과 면세사업에 함께 사용하기 시작하였다. 동 차량은 20×1년 12월 10일에 44,000,000원(부가가치세 포함)에 구입하였다.

(3) 과세사업과 면세사업의 공급가액비율

구 분	20×2년 제2기	20×3년 제1기
과세사업	70%	80%
면세사업	30%	20%

① 67,200,000원　② 67,400,000원　③ 70,100,000원
④ 70,200,000원　⑤ 70,400,000원

해답 ④

해설 (1) 4.1. ~ 6.30. 매입세액

$50,000,000+10,00,000+2,000,000\times70\%^{*}+10,000,000\times80\% = 69,400,000$

* 공통사용 비품을 당기에 매입하여 당기에 공급하는 경우 직전기 과세공급가액 비율로 안분한다.

(2) 트럭(과세전환 매입세액)

$$44,000,000\times\frac{10,000,000}{110,00,000}\times(1-25\%\times3)\times80\% = 800,000$$

$\therefore\ 69,400,000+800,000 = 70,200,000$

18 **일반과세자로 제조업을 영위하는 ㈜갑의 20×2년 제2기 매입거래이다. ㈜갑의 20×2년 제2기 매입세액공제액으로 옳은 것은?**
2020년 회계사

(1) 공급가액 9,000,000원의 원재료를 구입하고 착오로 공급가액 10,000,000원의 세금계산서를 수령하였으나 기타의 기재사항으로 보아 그 거래사실과 금액이 동일 과세기간에 확인되었다.
(2) 업무용소형승용차의 대여료를 지급하고 공급가액 2,000,000원의 세금계산서를 수령하였다.
(3) 종업원 식대를 지급하고 간이과세자로부터 공급대가 1,320,000원의 신용카드매출전표를 수령하였다.
* 해당 간이과세자는 직전 연도의 공급대가의 합계액이 4천8백만원 미만이다.
(4) 직원 사택의 수리비를 지급하고 공급가액 4,000,000원의 세금계산서를 수령하였다.
(5) 관세의 과세가격이 10,000,000원인 원재료를 수입하였는데, 이에 대한 관세는 800,000원이며 세관장이 발행한 수입세금계산서를 수령하였다. 관세와 부가가치세를 제외한 세금은 없다.

① 2,100,000원 ② 2,280,000원 ③ 2,300,000원
④ 2,380,000원 ⑤ 2,500,000원

해답 ④

해설 (1) 매입세액공제액

$$9,000,000 \times 10\% + 4,000,000 \times 10\% + (10,000,000 + 800,000) \times 10\% = 2,380,000$$

* 직전 연도의 공급대가의 합계액이 4,800만원 미만인 간이과세자의 경우 영수증 발급의무에 관한 규정이 적용되며 세금계산서 발급 의무 사업자에 해당하지 않으므로 해당 간이과세자로부터 수령한 신용카드매출전표는 신용카드매출전표 등 수령분 매입세액으로 공제받을 수 없다.

** 직원 사택의 수리비는 사업과 관련있는 지출에 대한 매입세액으로 매입세액공제가 가능하다. (비교: 출자임원의 사택유지비 등은 업무무관 지출로 매입세액불공제 대상이다.)

19 **돈가스제조업(과세사업)을 영위하는 ㈜A(중소기업)의 20×2년 제1기 예정신고기간(1.1.~3.31.)의 부가가치세 관련 자료이다. 20×2년 제1기 예정신고시 의제매입세액 공제액으로 옳은 것은? (단, 제시된 금액은 부가가치세를 포함하지 않은 금액이며, 모든 거래에 대한 세금계산서 및 계산서는 적법하게 발급받았다.)** 2021년 회계사

(1) 매입내역

구 분	취득가액	비 고
돼지고기	26,000,000원	-
밀가루	22,100,000원	수입산으로 관세의 과세가격은 20,800,000원, 관세는 1,300,000원임.
소 금	10,920,000원	운송사업자에게 지급한 매입운임 520,000원이 포함된 금액임.
치 즈	5,200,000원	-
김 치	3,900,000원	-

(2) 매입한 돼지고기 중 30%는 다른 사업자에게 그대로 판매하였으며, 60%는 돈가스제조에 사용하였고, 10%는 예정신고기간 종료일 현재 재고로 남아 있다.
(3) 매입한 밀가루, 소금 및 치즈는 모두 돈가스제조에 사용하였으며, 김치는 모두 종업원에게 사내식당 반찬으로 제공하였다.
(4) 중소기업의 의제매입세액 공제율은 4/104이며, 의제매입세액 공제한도는 고려하지 않는다.

① 1,800,000원 ② 1,900,000원 ③ 1,950,000원
④ 2,000,000원 ⑤ 2,100,000원

해답 ②

해설 (1) 의제매입세액 공제액

$$(26,000,000 \times 70\%^{*} + 20,800,000^{**} + 10,400,000^{***}) \times \frac{4}{104} = 1,900,000$$

* 의제매입세액의 공제시기는 구입일이 속하는 예정신고기간 또는 확정신고기간에 공제하므로 사용여부와 무관하게 구입일을 기준으로 공제하며, 제조·가공하지 않고 그대로 판매한 가액은 의제매입세액공제를 받을 수 없다.

** 밀가루의 공제대상 매입가액은 수입산이므로 관세의 과세가격만을 기준으로 계산한다.

*** 운송사업자에게 지급한 매입운임은 소금의 취득가액에 포함하지 않고(매입수수료) 매입세액 공제를 받을 수 있다.

20 **다음은 과세사업과 면세사업을 겸영하는 ㈜L의 20×2년 제1기 부가가치세 과세기간의 매입세액 및 관련 거래내역이다. 20×2년 제1기 부가가치세 매입세액공제액을 계산하면 얼마인가?**

2019년 회계사

(1) 매입세액 내역

구 분	과세사업분	면세사업분	공통분
원자재구입	60,000,000원	50,000,000원	40,000,000원
사무용 비품구입	30,000,000원	20,000,000원	10,000,000원

(2) 20×2년 6월 20일에 면세사업에 사용하던 기계를 과세사업으로 옮겨서 과세사업에만 사용하였다. 이 기계는 20×1년 7월 7일에 700,000,000원(매입세액 70,000,000원)에 구입하였다.

(3) 회사 공급가액의 비율

구 분	20×1년 제2기	20×2년 제1기
과세사업	60%	70%
면세사업	40%	30%

① 125,000,000원　② 140,500,000원　③ 156,500,000원
④ 161,750,000원　⑤ 177,500,000원

해답 ⑤

해설 (1) 매입세액 내역

$60,000,000 + 30,000,000 + (40,000,000 + 10,000,000) \times 70\% = 125,000,000$

(2) 과세전환매입세액

$70,000,000 \times (1 - 25\% \times 1) = 52,500,000$

(3) 매입세액공제액

$125,000,000 + 52,500,000 = 177,500,000$

21 **다음은 전자제품 제조업을 영위하는 일반과세자인 ㈜A가 20×2년 제2기 예정신고기간(7.1. ~9.30.) 중에 공급받은 재화 및 용역의 거래내역이다. ㈜A의 20×2년 제2기 예정신고기간의 매입세액공제액을 계산한 것으로 옳은 것은? (단, ㈜A는 신용카드매출전표등 수령명세서와 전자세금계산서 발급명세를 「부가가치세법」이 정한 원칙에 따라 제출·전송하였음)** 2013년 회계사

(1) 국내매입 분으로 세금계산서 수령내역은 다음과 같다.

일 자	내 역	공급가액	부가가치세
7월 4일	원재료 구입	21,000,000원	2,100,000원
7월 15일	업무와 관련없는 자산 구입	15,000,000원	1,500,000원
8월 17일	업무용 소형승용차 구입 (매입세액불공제분)	20,000,000원	2,000,000원
9월 5일	거래처 체육대회시 증정한 물품구입	5,000,000원	500,000원
9월 12일	케이블TV 회사광고비 지급	2,000,000원	200,000원
9월 27일	건물임차료 지급(간주임대료 미포함)	10,000,000원	1,000,000원
9월 30일	공장부지조성 관련 지출	7,000,000원	700,000원
계		80,000,000원	8,000,000원

(2) 신용카드매출전표 수령내역은 다음과 같다.

일 자	내 역	공급가액	부가가치세
9월 22일	종업원 명절선물(과세품목) 구입	25,000,000원	2,500,000원
9월 25일	원재료 운반용 트럭 관련 수선비 지출	1,100,000원	110,000원
9월 29일	업무용소형승용차 관련 수선비 지출 (매입세액불공제분)	1,200,000원	120,000원
계		27,300,000원	2,730,000원

(3) 위의 세금계산서와 신용카드매출전표는 모두 일반과세자로부터 「부가가치세법」이 정하는 원칙에 따라 발급되었다. 또한 ㈜A는 발급하거나 발급받은 세금계산서 또는 영수증을 「부가가치세법」에 따라 적법하게 보존하고 있다.

① 5,910,000원 ② 6,410,000원 ③ 6,910,000원
④ 7,910,000원 ⑤ 8,410,000원

해답 ①

해설

대상항목	매입가액	매입세액
세금계산서수령분	₩80,000,000	₩8,000,000
신용카드매출전표 수령분	27,300,000	2,730,000
소계	107,300,000	10,730,000
공제받지 못할 매입세액	(48,200,000)	(4,820,000)
업무와 관련없는 자산구입	15,000,000	1,500,000

업무용 소형승용차 구입	20,000,000	2,000,000
거래처 체육대회시 증정한 물품구입	5,000,000	500,000
공장부지조성 관련 지출	7,000,000	700,000
업무용 소형승용차 관련 수선비	1,200,000	120,000
매입세액공제액	₩59,100,000	₩5,910,000

22 **다음은 모든 재화를 과세사업과 면세사업에 공통으로 사용하는 ㈜백두에 대한 설명이다. ㈜백두는 재화를 매입하는 경우에는 정상적으로 세금계산서를 수취하고, 공급가액이나 공통매입세액을 안분계산하는 경우에는 공급가액을 기준으로 하고 있다. 틀린 설명은?**

① 재화를 공급하는 경우에는 직전 과세기간의 공급가액을 이용하여 부가가치세 과세표준을 안분계산하지만, 휴업 등으로 인하여 직전과세기간의 공급가액이 없는 경우에는 그 재화를 공급한 날에 가장 가까운 과세기간의 공급가액에 의하여 안분계산한다.

② 공통으로 사용하기 위하여 재화를 매입하는 경우에는 당해 과세기간의 공급가액을 이용하여 부가가치세 과세표준을 안분계산하며, 예정신고를 하는 때에는 예정신고기간의 총공급가액에 대한 면세공급가액의 비율에 의하여 안분계산하고, 확정신고를 하는 때에 정산한다.

③ 재화를 공급받은 과세기간 중에 당해 재화를 공급하는 경우에는 과세표준의 안분계산과 그 재화에 대한 매입세액의 안분계산 모두 당해 과세기간의 공급가액을 기준으로 한다.

④ 재화를 공급하는 날이 속하는 과세기간의 직전과세기간의 총공급가액이 50,000,000원이고 그 중 면세공급가액이 2,000,000원인 경우에는 당해 재화의 공급가액 전부를 과세표준으로 한다.

⑤ 재화를 공급받은 날이 속하는 과세기간의 총공급가액이 70,000,000원이고 그 중 면세공급가액이 3,000,000원인 경우에는 당해 재화의 매입세액 전부를 공제한다.

해답 ③

해설 ③ 재화를 공급받은 과세기간 중에 당해 재화를 공급하는 경우에는 과세표준의 안분계산과 그 재화에 대한 매입세액의 안분계산 모두 직전 과세기간의 공급가액을 기준으로 한다.

23 **과세사업과 면세사업을 겸업하고 있는 ㈜백두는 20×1년 10월 1일에 두 사업에 공통으로 사용하기 위하여 기계장치를 100,000,000원(부가가치세 제외)에 취득하였다. 취득일 이후 과세기간의 과세공급가액과 면세공급가액이 다음과 같을 때 20×2년 제2기 부가가치세 납부세액은 공통매입세액을 재계산하기 전에 비하여 얼마나 증가 또는 감소하는가?**

과세기간	과세공급가액	면세공급가액
20×1년 제2기	550,000,000원	450,000,000원
20×2년 제1기	708,000,000원	492,000,000원
20×2년 제2기	650,000,000원	650,000,000원

① 500,000원 증가 ② 500,000원 감소 ③ 250,000원 증가
④ 250,000원 감소 ⑤ 변동 없음

해답 ③

해설 (1) 20×2년 제1기
① 증감된 면세비율 : 41% − 45% = △4%
② 재계산 : 면세비율의 증감율이 5% 미만이므로 재계산 생략

(2) 20×2년 제2기
① 증감된 면세비율 : 50% − 45% = 5%
② 재계산 : 10,000,000 × (1 − 25% × 2) × 5% = 250,000(납부)

24 **과세사업을 영위하던 갑씨는 20×2년 4월 1일부터 과세사업과 면세사업을 병행하기로 하고 재화를 면세사업에도 사용하게 되었다. 갑씨의 20×2년 제1기 확정 신고시 면세전용과 관련된 부가가치세 과세표준은 얼마인가?**

⑴ 20×2년 4월 1일 현재 보유하고 있는 자산과 관련된 자료는 다음과 같다.

(단위 : 천원)

종류	취득일	취득원가	시가	재무상태표상 감가상각누계액	면세전용 여부
토지	20×0. 1.10	10,000	15,000	0	완전전용
건물	20×0. 4. 1	20,000	40,000	2,000	완전전용
기계장치	20×1.12.17	50,000	10,000	5,000	일부전용

위에서 완전전용이란 과세사업에 사용하던 재화를 면세사업에 전부 사용하는 것을 말하며, 일부전용이란 과세사업에 사용하던 재화를 과세사업과 면세사업에 공통으로 사용하는 것을 말한다.

⑵ 갑씨는 자산의 취득시 가능한 매입세액공제를 받았으며, 감가상각비를 사업소득금액 계산시 필요경비로 인정받았다.

⑶ 갑씨의 공급가액 관련 자료는 다음과 같다.

과세기간	과세사업 공급가액	면세사업 공급가액	합계
직전 과세기간(20×1년 제2기)	2억원	-	2억원
당해 과세기간(20×2년 제1기)	3억원	1억원	4억원

① 25,375,000원
② 34,750,000원
③ 40,375,000원
④ 47,500,000원
⑤ 48,150,000원

해답 ①

해설

종 류	과 세 표 준
토 지	적용 대상자산이 아니다
건 물	20,000,000×(1－5%×4)＝16,000,000
기계장치	50,000,000×(1－25%×1)×1억원/4억원＝9,375,000
합 계	25,375,000

* 일부전용의 경우 전용일이 속하는 과세기간의 총공급가액에 대한 면세공급가액 비율로 안분한다.

25 **다음 자료에 의하여 수산물도매업과 통조림제조업을 겸영하고 있는 ㈜서해산업(중소기업 아님)의 20×2년 제1기에 공제받을 의제매입세액을 계산하면 얼마인가?**

(1) 20×2년 제1기분 수산물의 매입 및 사용 명세

㈏ 수산물의 매입액 : 300,000,000원

※ 매입액 300,000,000원에는 운임 3,000,000원 및 매입수수료 1,200,000원이 포함되어 있다.

㈐ 수산물의 사용 명세

- 통조림 제조에 소비한 금액 120,000,000원
- 도매한 수산물의 원가상당액 160,000,000원
- 기말재고액 20,000,000원

※ 20×2년 제2기분으로부터 이월된 수산물의 기초재고액은 없으며, 매출은 전액 국내매출이다.

(2) 과세기간별 공급가액(부가가치세 제외) 명세

구 분	20×1년 제2기분	20×2년 제1기분
과세공급가액(통조림)	200,000,000원	400,000,000원
면세공급가액(수산물)	300,000,000원	100,000,000원
합 계	500,000,000원	500,000,000원

① 2,352,941원 ② 2,629,333원 ③ 2,320,000원
④ 2,562,352원 ⑤ 2,666,666원

해답 ②

해설

종 류	의제매입세액 공제액
통조림 제조에 소비한 금액	295,800,000×120,000,000/300,000,000×(2/102) =2,320,000
기말재고액	295,800,000×20,000,000/300,000,000×(2/102)×4/5 =309,333
합 계	2,629,333

* 의제매입세액 공제대상액 : 300,000,000 − 3,000,000 − 1,200,000 = 295,800,000

26 **다음은 부가가치세법상 납부세액의 계산에 관한 설명이다. 가장 틀린 것은?**

① 대손세액공제를 받은 대손금액의 전부 또는 일부를 회수한 경우에 회수한 대손금액에 관련된 대손세액에 대하여는 그 회수한 날이 속하는 과세기간의 매출세액에 가산한다.
② 재화의 공급시기 이후에 교부받은 세금계산서라도 당해 공급시기가 속하는 과세기간에 대한 확정신고기한까지 교부받았다면 매입세액의 공제가 가능하다.
③ 제조업을 영위하는 개인사업자는 면세농산물 등의 가액에 104분의 4를 곱하여 계산한 금액을 의제매입세액으로서 공제할 수 있다.
④ 수입되는 면세농산물에 대하여도 의제매입세액의 공제를 허용하고 있다.
⑤ 간이과세자가 일반과세자로 변경되는 경우에 재고품 및 감가상각 자산에 대한 재고매입세액은 그 승인을 얻은 과세기간의 매출세액을 한도로 하여 이를 공제한다.

해답 ⑤

해설 ⑤ 재고매입세액은 승인을 얻은 예정신고기간 또는 과세기간의 매출세액에서 공제하며, 매출세액을 초과하는 경우 이를 환급받을 수 있다.

27 **㈜독도는 20×1년 12월 15일에 기계장치(취득가액 60,000,000원, 부가가치세 불포함)를 취득하여 과세사업과 면세사업에 공통으로 사용하였다. 다음 자료에 의하여 20×2년 제2기분 부가가치세의 납부세액에 가산 또는 차감할 매입세액과 가산 또는 차감 여부를 바르게 나타낸 것은?**

구 분	과세공급가액	면세공급가액	합 계
20×1년 제1기	60,000,000원	40,000,000원	100,000,000원
제2기	70,000,000원	30,000,000원	100,000,000원
20×2년 제1기	67,000,000원	33,000,000원	100,000,000원
제2기	58,000,000원	42,000,000원	100,000,000원

① 360,000원(가산) ② 360,000원(차감) ③ 270,000원(가산)
④ 270,000원(차감) ⑤ 0원

해답 ①

해설 공통매입세액을 안분계산규정에 의하여 매입세액을 공제한 후 그 이후의 과세기간에 면세비율이 증가·감소되어 당초 공제한 매입세액이 과대·과소계상된 경우에는 동 금액만큼 납부세액 또는 환급세액을 정산하여야 한다. 따라서 다음의 금액만큼을 납부세액에 가산하여야 한다.

	20×1년 제2기	20×2년 제1기	20×2년 제2기
면세비율	30%	33%	42%

₩6,000,000×(1－25%×2)×(42%－30%)＝₩360,000(가산)

* 20×2년 제1기에는 면세비율이 3% 증가하였으므로 재계산을 생략하고 20×2년 제2기 재계산 시에는 20×1년 제2기 면세비율과 당해 과세기간의 면세비율의 차이를 이용해야 한다.

28 **사업자의 대손세액공제에 관한 설명으로 가장 틀린 것은?**

① 사업자가 과세재화를 공급하는 경우 공급받는 자가 파산하여 부가가치세가 포함된 매출채권을 회수할 수 없는 경우에는 대손세액을 그 대손확정이 된 날이 속하는 과세기간의 매출세액에서 뺄 수 있다.

② 대손세액공제의 범위는 사업자가 부가가치세가 과세되는 재화 또는 용역을 공급한 후 그 공급일로부터 10년이 지난 날이 속하는 과세기간에 대한 확정신고기한까지 확정되는 대손세액으로 한다.

③ 매출세액에서 대손세액을 차감한 사업자가 대손금액의 전부 또는 일부를 회수한 경우에는 회수한 대손세액에 관련된 대손금액을 회수한 날이 속하는 과세기간의 매입세액에 더한다.

④ 대손세액공제 대상이 되는 대손세액은 대손금액(부가가치세 포함)의 110분의 10으로 한다.

⑤ 공급자가 대손세액을 매출세액에서 뺀 경우 공급자의 관할세무서장은 대손세액 공제 사실을 공급받는 자의 관할세무서장에게 통지하여야 한다.

해답 ③

해설 매출세액에서 대손세액을 차감한 사업자가 대손금액의 전부 또는 일부를 회수한 경우에는 회수한 대손세액에 관련된 대손금액을 회수한 날이 속하는 과세기간의 매출세액에 가산한다.

29 **다음은 사업자인 ㈜서울의 20×2년 제1기 부가가치세 과세기간 중(1. 1~6. 30) 발생한 자료이다. 아래 자료를 이용하여 20×2년 제1기 부가가치세 신고시 ㈜서울이 공제받을 수 있는 매입세액을 구하면 얼마인가? (단, 트럭을 제외하고는 모두 과세사업과 관련됨.)**

(1) 원재료 관련 매입세액 : 20,000,000원
(2) 취득한 트럭의 매입세액 : 3,000,000원
(이 트럭은 면세와 과세사업에 공통으로 사용함)
(3) 기업업무추진비 지출 관련 매입세액 : 2,000,000원
(4) 비영업용 소형승용자동차의 구입과 관련된 매입세액 : 2,500,000원
(5) 외국에서 기계장치를 수입함. 이 기계장치의 관세의 과세가격은 50,000,000원이고 관세는 15,000,000원이며 특별소비세로 5,000,000원을 지급함
(6) 모든 거래와 관련하여 세금계산서를 적법하게 수취하였으며 자동차의 수입과 관련해서는 세관장으로부터 수입세금계산서를 교부받음
(7) 면세사업과 과세사업의 공급가액은 다음과 같다.

과세기간	과세공급가액	면세공급가액
20×1년 제2기	50,000,000원	50,000,000원
20×2년 제1기	40,000,000원	60,000,000원

① 28,200,000원　② 28,800,000원　③ 30,200,000원
④ 30,700,000원　⑤ 32,700,000원

해답 ①

해설 • 공제받을 수 있는 매입세액

- 원재료관련 매입세액 : 20,000,000
- 수입기계장치 매입세액 : (50,000,000 + 15,000,000 + 5,000,000) × 10% = 7,000,000
- 트럭의 공통매입세액 중 과세분

$$3,000,000 \times \frac{40,000,000}{40,000,000 + 60,000,000} = 1,200,000$$

∴ 20,000,000 + 700,000 + 1,200,000 = 28,200,000

30 **과세사업만을 영위하던 ㈜서울은 20×3년 10월 1일부터 과세사업과 면세사업을 병행하기로 하고 과세사업에 사용하던 재화를 면세사업에도 사용하였다. 다음 자료를 이용하여 ㈜서울의 20×3년 제2기 부가가치세 확정 신고시 면세전용과 관련된 부가가치세 과세표준을 구하면 얼마인가?**

(1) 20×3년 10월 1일 현재 보유하고 있는 자산과 관련된 자료는 다음과 같다.

종류	취득일	취득원가	시가	대차대조표상 감가상각누계액
기계장치	20×2. 5. 16.	40,000,000원	20,000,000원	12,000,000원
건　물	20×0. 10. 5.	80,000,000원	120,000,000원	24,000,000원

건물의 취득원가와 관련해서는 위 금액 이외에 현재가치할인차금 20,000,000원이 별도로 기록되어 있다.

(2) ㈜서울은 법인세 계산시 감가상각비를 손금으로 인정받았다.

(3) ㈜서울의 공급가액 관련 자료는 다음과 같다.

과세기간	과세사업 공급가액	면세사업 공급가액	합계
20×3년 제1기	4억원	-	4억원
20×3년 제2기	6억원	4억원	10억원

① 18,480,000원　② 26,400,000원　③ 30,800,000원
④ 32,000,000원　⑤ 35,600,000원

해답 ④

해설 • 기계장치

$$40,000,000 \times (1 - 25\% \times 3) \times \frac{4억원}{6억원 + 4억원} = 4,000,000$$

• 건물

$$(80,000,000 + 20,000,000) \times (1 - 5\% \times 6) \times \frac{4억원}{6억원 + 4억원} = 28,000,000$$

∴ 4,000,000 + 28,000,000 = 32,000,000

31 **다음은 일반과세자로 음식점을 운영하는 개인사업자인 진선미씨의 20×2. 7. 1.부터 20×2. 12. 31.까지 부가가치세 관련 자료이다. 진선미씨가 20×2년 제2기 부가가치세 확정신고시 전자신고를 하는 경우 납부할 세액은 얼마인가?**

(1) 신용카드매출전표 발행금액이 220,000,000원이고, 조세특례제한법 규정에 의한 현금영수증 발행금액이 110,000,000원이다.
(2) 현금으로 대가를 받고 조세특례제한법 규정에 의한 현금영수증을 발행하지 아니한 음식용역의 공급가액이 10,000,000원이다.
(3) 부가가치세 과세대상인 재화나 용역을 공급받고 교부받은 세금계산서 등의 매입세액이 10,000,000원인데 동 매입세액은 전액 공제대상이다.
(4) 원재료인 쌀, 채소 등 면세농산물의 구입금액이 60,750,000원이고, 모두 계산서나 신용카드매출전표를 적법하게 수취하였다.
(5) 20×2년 제2기 예정신고기간에 대한 예정고지세액이 5,000,000원이다.
(6) 20×2년 제1기 부가가치세 확정신고시 신용카드매출전표 등 발행세액으로 3,000,000원을 공제받았다.

① 12,990,000원　② 12,490,000원　③ 7,210,000원
④ 7,490,000원　⑤ 9,490,000원

해답 ③

해설

매출세액	$(220,000,000+110,000,000)\times\frac{100}{110}+10,000,000\times10\%$	=	31,000,000
매입세액		=	(10,000,000)
의제매입세액	$60,750,000\times\frac{8}{108}$	=	(4,500,000)
→ 한도 $310,000,000\times60\%\times\frac{8}{108}=13,777,777$			
신용카드발행세액공제	$(220,000,000+110,000,000)\times1.3\%$	=	(4,290,000)
→ 한도 $(10,000,000-3,000,000)=7,000,000$			
예정고지세액		=	(5,000,000)
납부세액			7,210,000

32 **㈜서울은 자기 소유의 사업용 건물에서 잡지사를 운영하면서 잡지사 사용부분을 제외한 나머지 건물부분은 임대하고 있다. 다음 자료에 의하여 20×2년 제1기 과세기간의 납부세액을 계산하시오.**

(1) 사업의 종류별·과세기간별 공급가액

(단위 : 원)

구 분	합계액	잡지판매	광 고	부동산임대
20×1. 2기	850,000,000	500,000,000	300,000,000	50,000,000
20×2. 1기	1,550,000,000	800,000,000	700,000,000	50,000,000

(2) 20×2. 4. 15. 잡지판매사업에 사용하던 화물자동차를 3,000,000원(부가가치세 별도)에 매각하였다.

(3) 20×2. 5. 10. 잡지인쇄에 사용하기 위하여 윤전기를 120,000,000원(부가가치세 별도)에 취득하였다.

(4) 20×2. 1. 1.부터 6. 30.까지 신문용지(종이)를 360,000,000원(부가가치세 별도)에 구입하여 잡지출판에 사용하였거나 사용할 예정이다.

(5) 20×2. 1. 1.부터 6. 30.까지 잡지출판과 부동산임대에 함께 사용한 전기요금이 15,500,000원(부가가치세 별도)이다.

(6) 윤전기·신문용지 및 전기요금 등에 대한 세금계산서는 적법하게 교부받았고, ㈜서울의 잡지는 「신문 등의 자유와 기능보장에 관한 법률」에 따른 정기간행물이며, 동 잡지에는 광고가 포함되어 있다.

① 51,136,694원 ② 51,962,500원 ③ 51,990,000원
④ 52,150,000원 ⑤ 52,390,500원

해답 ②

해설

매출세액$(700,000,000+50,000,000+3,000,000\times\frac{3}{8})\times 10\%$ = 75,112,500

매입세액$(120,000,000+360,000,000)\times 10\%\times\frac{700,000,000}{1,500,000,000}+15,500,000\times 10\%$
$\times\frac{750,000,000}{1,550,000,000}$ = 23,150,000

납부세액 51,962,500

33 **다음은 소시지 제조업과 돼지고기 도매업을 겸영하고 있는 사업자 ㈜A(중소기업 아님)의 부가가치세 관련 자료이다. 20×2년 제1기 과세기간(1.1.~6.30.)에 대한 부가가치세 납부세액(지방소비세 포함)을 계산한 것으로 옳은 것은? (단, 제시된 금액은 부가가치세를 포함하지 않은 금액이며, 세금계산서는 적법하게 발급 및 수취되었다.)** 2015년 회계사

(1) 과세기간별 공급가액

구 분	20×1년 제2기	20×2년 제1기
소시지제조업	70,000,000원	90,000,000원
돼지고기도매업	30,000,000원	70,000,000원

(2) 20×2년 제1기 중 소시지제조업에서 돼지고기와 관련하여 공급한 과세표준은 80,000,000원이다.

(3) 20×2년 제1기 돼지고기 매입 및 사용내역

구 분	금 액
돼지고기 기초재고액	0원
(+) 돼지고기 매입액	31,000,000원*1
(-) 소시지제조 사용액	18,600,000원
(-) 돼지고기도매 판매액	9,300,000원
= 돼지고기 기말재고액	3,100,000원*2

*1 운송업자의 운송비 400,000원(세금계산서 수취함)이 포함됨
*2 소시지제조업과 돼지고기도매업에 대한 실지귀속은 불분명

(4) 20×2년 제1기 소시지제조업의 매입·지출내역(돼지고기 매입 제외)

구 분	금 액
소시지 포장재료 매입액	8,000,000원
기업업무추진비 지출액	5,000,000원
광고비 지출액	10,000,000원

① 6,454,000원 ② 6,768,000원 ③ 6,804,000원
④ 7,196,000원 ⑤ 7,800,000원

해답 ②

해설 (1) 매출세액 : 90,000,000 × 10% = 9,000,000
(2) 매입세액 : 2,232,000
① 소시지제조업 매입·지출내역
(8,000,000 + 10,000,000 + 400,000*) × 10% = 1,840,000
* 운송업자로부터 수취한 세금계산서는 매입세액공제를 받는다. ㈜A는 겸영사업자이나 공통매입세액인 운송비 매입세액이 40,000원이므로 공통매입세액의 안분계산을 생략하고 전액을 매입세액 공제한다.

② 의제매입세액 : 392,000

$$18{,}600{,}000\times\frac{31{,}000{,}000-400{,}000}{31{,}000{,}000}\times\frac{2}{102}=360{,}000$$

$$3{,}100{,}000\times\frac{30{,}600{,}000}{31{,}000{,}000}\times\frac{80{,}000{,}000^{**}}{150{,}000{,}000}\times\frac{2}{102}=32{,}000$$

** 소시지제조업에서 돼지고기와 관련하여 공급한 과세표준 80,000,000원 비율로 계산한다.

한도 : $80{,}000{,}000\times 50\%\times\frac{2}{102}=784{,}313$

(3) 납부세액

$9{,}000{,}000-2{,}232{,}000=6{,}768{,}000$

34 **다음 자료에 의하여 제조업을 영위하는 ㈜ A의 20×2년 제1기분 부가가치세의 차가감납부세액은 얼마인가? (단, 세금계산서는 적법하게 수수되었으며, 당해 금액에는 부가가치세가 포함되어 있지 않다.)**

2009년 세무사

- 제품의 국외매출 : 30,000,000원
- 제품의 국내매출 : 60,000,000원(신용카드매출전표 발행분 10,000,000원 포함)
- 거래처 B에 대한 증정품(견본품이 아니며, 매입세액 공제받음) : 3,000,000원
- 직매장 반출액 : 5,000,000원
- 미가공농·수산물 매입액(전액 과세분으로 사용됨) : 10,812,000원

① 5,590,000원 ② 6,058,000원 ③ 6,188,000원
④ 6,458,000원 ⑤ 6,588,000원

해답 ⑤

해설 1. 매출세액

(60,000,000 + 5,000,000 + 3,000,000) × 10% = 6,800,000

2. 의제매입세액

$$10{,}812{,}000\times\frac{2}{102}=212{,}000$$

3. 차가감납부세액

6,800,000 − 212,000 = 6,588,000

* 법인은 신용카드발행세액공제를 적용하지 아니한다.

35 **일반과세자로 음식점을 운영하는 개인사업자 갑의 20×2년 제2기 부가가치세 관련 자료이다. 갑의 20×2년 제2기 확정신고시 납부세액과 차가감납부세액(지방소비세 차감 전)으로 옳은 것은?** 2020년 회계사

(1) 공급가액 : 450,000,000원
- 공급가액 중 350,000,000원에 대하여는 신용카드매출전표 385,000,000원(부가가치세 포함)을 발행함

(2) 세금계산서 수령 매입세액 : 10,000,000원(기업업무추진비 관련 매입세액 500,000원 포함)

(3) 거래처의 부도로 대손처리한 받을어음 내역*

대손금액 (부가가치세 포함)	부도발생일	공급일
2,200,000원	20×2년 6월 1일	20×1년 1월 1일

* 대손세액공제신고서와 대손사실을 증명하는 서류를 제출함

(4) 의제매입세액 : 2,000,000원(한도 내 금액)

(5) 20×2년 제1기 신용카드매출전표 발행세액공제액: 4,500,000원

(6) 중간예납고지액과 가산세없다.

	납부세액	차가감납부세액 (지방소비세 차감 전)
①	33,200,000원	27,790,000원
②	33,200,000원	27,800,000원
③	33,300,000원	27,790,000원
④	33,300,000원	28,295,000원
⑤	33,300,000원	28,740,000원

해답 ④

해설 (1) 납부세액

① 매출세액 : $450,000,000 \times 10\% - 2,200,000 \times \frac{10}{110} = 44,800,000$

② 매입세액 : $(10,000,000 - 500,000) + 2,000,000 = 11,500,000$

$\therefore 44,800,000 - 11,500,000 = 33,300,000$

(2) 신용카드 매출전표 등 발행세액공제

$385,000,000 \times 1.3\% = 5,005,000$

(3) 차가감납부세액

$33,300,000 - 5,005,000 = 28,295,000$

36 **다음 중 사업자가 부가가치세 매출세액에서 공제받을 수 있는 매입세액에 해당하는 것은? (단, 세금계산서는 적법하게 수취하였다.)** 2009년 세무사

① 사업과 직접 관련이 없는 지출에 대한 매입세액
② 세법에 규정된 기업업무추진비 및 이와 유사한 비용의 지출에 관련된 매입세액
③ 사업개시일이 속하는 과세기간 종료일로부터 25일이 되는 날에 구입한 상품의 매입세액
④ 공장부지의 조성과 관련된 매입세액
⑤ 당해 과세기간에 매입하였으나 과세기간 말 현재 사용하지 않은 원재료의 매입세액

해답 ⑤
해설 매입세액의 공제시점은 사용시점이 아닌 구입시점에 전액공제한다.

37 **과세사업과 면세사업을 겸영하고 있는 내국법인 ㈜A에 관한 자료이다. 20×2년 제2기 부가가치세의 예정신고 및 확정신고시 매입세액으로 공제할 수 있는 금액은 각각 얼마인가?** 2010년 세무사

(1) ㈜A는 다음의 재화를 취득하여 면세사업에만 이용하였다. 매입시에는 공급자로부터 적법한 세금계산서를 수취하였다.

구분	취득일	취득가액(부가가치세 포함)
기계장치	20×1.11.01.	22,000,000원
공장건물	20×0.6.5.	88,000,000원
원 재 료	20×1.10.10.	33,000,000원

(2) ㈜A의 수입금액 및 공급가액 내역은 다음과 같다.

기간		면세사업 수입금액	과세사업 공급가액	합계
20×2년 제1기	1.1.~3.31.	4억원	6억원	10억원
	4.1.~6.30.	3억	7억	10억
	합계	7억원	13억원	20억원
20×2년 제2기	7.1.~9.30.	5억원	5억원	10억원
	10.1.~12.31.	4억	6억	10억
	합계	9억원	11억원	20억원

(3) ㈜A는 면세사업에만 사용하던 위 재화를 20×2.7.1.부터 면세사업과 과세사업에 공통으로 사용하게 되었다.

	예정신고	확정신고
①	0원	3,850,000원
②	3,500,000원	350,000원
③	0원	4,550,000원
④	4,200,000원	350,000원
⑤	0원	0원

해답 ①

해설 기계장치 : $2{,}000{,}000 \times (1 - 25\% \times 2) \times \dfrac{11\text{억원}}{9\text{억원}+11\text{억원}} = 550{,}000$

공장건물 : $8{,}000{,}000 \times (1 - 5\% \times 5) \times \dfrac{11\text{억원}}{9\text{억원}+11\text{억원}} = 3{,}300{,}000$

따라서, 550,000 + 3,300,000 = 3,850,000

※ 확정신고시만 적용한다.

38 **의류제조업을 영위하는 내국법인인 ㈜A의 20×2.1.1.부터 20×2.3.31.까지의 다음 거래 중에서 20×2년 제1기 부가가치세 예정신고 시 매출세액에서 공제하지 아니하는 매입세액은 얼마인가? (단, 세금계산서는 적법한 것으로 가정한다.)** 2010년 세무사

(1) 과세사업자인 甲으로부터 건축물이 있는 토지를 취득하여 해당 건축물을 즉시 철거한 후 토지만을 야적장으로 사용하였다. 이 부동산을 취득하면서 세금계산서(공급가액 500,000,000원, 부가가치세액 50,000,000원)를 발급받았고, 건축물 철거비용에 대하여도 세금계산서(공급가액 10,000,000원, 부가가치세액 1,000,000원)를 발급받았다.
(2) 영업부 직원의 의류제품 판매활동을 지원하기 위하여 소형승용자동차를 구입하고 세금계산서(공급가액 10,000,000원, 부가가치세액 1,000,000원)를 발급받았다.
(3) 의류제조용 원재료를 20×2.2.1. 구입하여 인도 받았으나, 이에 대한 세금계산서(공급가액 20,000,000원, 부가가치세액 2,000,000원)는 공급시기 이후인 20×2.3.31. 발급받았다.
(4) 대표이사의 개인주택을 수리하고 수리비에 대해 세금계산서(공급가액 30,000,000원, 부가가치세액 3,000,000원)를 ㈜A가 발급받았다.

① 4,000,000원 ② 6,000,000원 ③ 54,000,000원
④ 55,000,000원 ⑤ 57,000,000원

해답 ④

해설 (1) 50,000,000 + (1) 1,000,000 + (2) 1,000,000 + (4) 3,000,000 = 55,000,000

39 **계속사업자인 ㈜A는 20×2년 제1기에 과세사업과 면세사업에 공통으로 사용할 건물을 취득하여 1억원의 공통매입세액이 발생하였다. 각 과세기간별 부가가치세 면세비율의 계산과 관련된 상황이 다음과 같을 때, 과세기간별 면세사업에 관련한 불공제매입세액의 계산에 적용할 비율로 옳은 것은?** 2011년 세무사

> (1) 20×2년 제1기 : 당해 과세기간에 면세사업의 공급가액이 없으나, 예정공급가액과 예정사용면적은 구분할 수 있음
> (2) 20×2년 제2기 : 과세사업과 면세사업의 공급가액을 모두 알 수 있으나, 과세사업과 면세사업의 사용면적이 확정되지 아니함
> (3) 20×3 제1기 : 과세사업과 면세사업의 공급가액을 모두 알 수 있고, 과세사업과 면세사업의 사용면적도 확정됨
> (4) 관련 비율은 다음과 같다.
> A = 면세공급가액/총공급가액
> B = 면세사업과 관련된 예정공급가액/총예정공급가액
> C = 면세사업과 관련된 예정사용면적/총예정사용면적
> D = 면세사업과 관련된 사용면적/총사용면적

	20×2년 제1기	20×2년 제2기	20×3년 제1기
①	B	A	A
②	B	B	A
③	C	A	A
④	C	A	D
⑤	C	C	D

해답 ⑤

해설 건물의 과세사업 사용면적과 면세사업 사용면적이 구분되는 경우에는 실지귀속이 분명한 경우에 해당하므로 실제사용면적에 따라 매입세액을 구분하여 계산하는 것이며 공급가액을 기준으로 공통매입세액을 안분하지 않는다. 다만 건물의 실제 사용면적이 구분되지 않는 경우에는 공급가액을 기준으로 안분한다.

40 **㈜A는 생선통조림 제조업(중소기업 아님)을 영위하고 있으며 20×2.4.15.에 관할 세무서에 사업자등록을 신청하여 20×2.4.18.에 사업자등록증을 교부받았다. 다음 자료를 이용하여 ㈜A가 20×2년 제1기 부가가치세 확정신고 시 공제받을 수 있는 매입세액을 계산하면 얼마인가? (단, 거래금액은 부가가치세가 포함되지 않은 것이며, 아래 사항 이외에 세금계산서 또는 계산서 관련 사항은 모두 적법하다.)** 2011년 세무사

매입일자	세금계산서 또는 계산서 작성 및 교부일	내 역	거 래 금 액
20×2.3.20.	20×2.3.20.	생산설비	20,000,000원
20×2.4.20.	20×2.4.20.	생 선	30,600,000원
20×2.6.21.	20×2.6.21.	비 품	10,000,000원
20×2.6.29.	20×2.7.3.	소 모 품	500,000원

① 600,000원 ② 1,050,000원 ③ 3,600,000원
④ 1,650,000원 ⑤ 3,650,000원

해답 ③ **2,000,000+30,600,000×2/102+1,000,000=3,600,000**
해설 - 소모품의 경우 공급시기와 세금계산서의 작성 및 교부일이 과세기간을 달리하므로 매입세액은 공제되지 않는다.

41 **과세사업자 甲과 乙간의 거래와 관련된 자료가 다음과 같을 때 옳은 것은?** 2011년 세무사

(1) 甲은 20×1.2.1. 부가가치세가 과세되는 재화를 乙에게 공급한 후 그 공급대가로 약속어음 55,000,000원을 받았으나, 지급기일인 20×1.10.1. 乙의 부도(금융기관의 부도확인일 20×1.9.20.)로 해당 매출채권을 회수하지 못하게 되었다. 甲은 이와 관련하여 乙의 재산에 대하여 저당권을 설정하고 있지 않다.
(2) 乙은 20×2.9.1. 위 약속어음 중 33,000,000원(부가가치세 포함)을 甲에게 변제하였다.
(3) 공급자와 공급받는 자의 대손세액 처리는 가장 빠른 시기에 적법하게 이루어진 것으로 가정한다.

① 甲은 20×1년 제2기 부가가치세 확정신고 시 5,000,000원의 대손세액공제를 받을 수 있다.
② 甲은 20×2년 제2기 부가가치세 확정신고 시 3,000,000원을 부가가치세 매출세액에 가산한다.
③ 乙은 20×1년 제2기 부가가치세 확정신고 시 5,000,000원을 부가가치세 매입세액에서 차감한다.
④ 乙은 20×2년 제2기 부가가치세 확정신고 시 3,000,000원을 부가가치세 매입세액에서 차감한다.
⑤ 乙은 20×2년 제2기 부가가치세 확정신고 시 3,000,000원을 부가가치세 매출세액에서 차감한다.

해답 ②

해설 대손 확정시 대손세액공제를 받은 채권에 대해 추후 회수시 공급하는 사업자는 매출세액에 가산하고 공급받는 사업자는 매입세액에 가산한다. 따라서 甲은 20×2년 제2기 부가가치세 확정신고 시 3,000,000원을 부가가치세 매출세액에 가산한다.

42 부가가치세 과세사업인 제조업 및 부동산임대업과 면세사업인 과일판매업을 겸영하는 ㈜A의 20×3년 제1기 예정신고기간(1.1.~3.31.)의 거래내용은 다음과 같다. 20×3년 제1기 예정신고기간의 부가가치세 납부세액은 얼마인가? (단, 부가가치세 부담 최소화를 가정함)

2012년 세무사

(1) 제조업과 과일판매업의 공급가액은 다음과 같다.

구분	20×2년 제2기 과세기간	20×3년 제1기 예정신고기간
제조업(국내 판매)	225,000,000원	105,000,000원
과일판매업	75,000,000원	45,000,000원
계	300,000,000원	150,000,000원

(2) 제조업과 과일판매업의 20×3년 제1기 예정신고기간에 발급받은 세금계산서상 매입세액은 다음과 같다(단, 공통매입세액은 실지 귀속이 불분명하며 면세관련 매입세액 외에는 모두 공제가능함).

제조업 매입세액	과일판매업 매입세액	공통매입세액	합 계
8,000,000원	3,500,000원	4,000,000원	15,500,000원

(3) 20×2.3.10. 제조업에서 공급한 재화 7,700,000원(부가가치세 포함)에 대한 받을어음이 20×2.9.10.에 부도가 발생하였다.

(4) ㈜A는 특수관계인이 아닌 乙에게 무상 임대하던 건물(부수토지 포함)을 20×3.1.5.에 ㈜B에게 1,701,000,000원(부가가치세 포함)에 양도하였는데 그 가액의 구분은 불분명하며, 공급계약일 현재 토지·건물에 관한 자료는 다음과 같다(단, 건물은 주택이 아니며 임대 외의 다른 용도로 사용되지 아니함).

구 분	토 지	건 물	합 계
장부가액	500,000,000원	200,000,000원	700,000,000원
기준시가	760,000,000원	340,000,000원	1,100,000,000원

① 46,950,000원　② 50,000,000원　③ 50,500,000원
④ 50,700,000원　⑤ 50,900,000원

해답 ④

해설 1. 매출세액 : (1)+(2)=61,500,000

(1) 제조업 : 105,000,000×10% = 10,500,000

(2) 부동산임대업 : 510,000,000[1)]×10% = 51,000,000

1) $1{,}701{,}000{,}000 \times \frac{340{,}000{,}000}{760{,}000{,}000 + 340{,}000{,}000 \times 1.1} = 510{,}000{,}000$

2. 매입세액 : (1) - (2) - (3) = 10,800,000

(1) 세금계산서 : 15,500,000

(2) 면세분 : (3,500,000)

(3) 공통매입분 : 4,000,000×30%(면세판매비율) = (1,200,000)

3.납부세액 : 61,500,000 - 10,800,000 = 50,700,000

43 음식점업을 하는 과세사업자(과세유흥장소의 경영자 아님) 甲(개인)의 20×2년 제2기 자료이다. 만일 甲이 20×2년 제2기부터 간이과세자라면 일반과세자인 경우에 비해 감소되는 20×2년 제2기 부가가치세 차가감납부세액(지방소비세 포함)은 얼마인가? (단, 甲은 「부가가치세법」에 따른 각종 의무와 요건을 충족하고, 신용카드세액공제 한도와 재고납부(매입)세액은 없는 것으로 가정함)

2012년 세무사

(1) 공급대가 44,000,000원(영수증 발급금액 22,550,000원, 신용카드매출전표 발급금액 21,450,000원으로 구성되어 있음)

(2) 매입액(공급대가 합계액) 매입세액 1,000,000원(세금계산서를 발급받아 매입처별세금계산서합계표를 제출한 금액으로 매입세액불공제분은 없음)

(3) 미가공농산물 구입액 1,635,000원(매입처별계산서합계표로 확인되는 매입가액이며, 다른 용도로 사용되지 아니함)

① 1,680,000원 ② 1,958,850원 ③ 1,600,000원
④ 1,635,000원 ⑤ 2,258,850원

해답 ③

해설 1. 간이과세인 경우

(1) 납부세액

[22,550,000(일반매출) + 21,450,000(신용매출)] × 30% × 10% = 1,320,000

(2) 세액공제

① 매입세금계산서공제 : 11,000,000×0.5% = 55,000

② 의제매입세액 : 적용하지 않음

③ 신용카드세액공제 : 21,450,000×1.3% = 278,850

(3) 차감납부세액

1,320,000 - 55,000 - 278,850 = 986,150

2. 일반과세인 경우
   (1) 매출세액 : 4,000,000
   (2) 매입세액 : (1,000,000)
   (3) 의제매입세액(9/109) : (135,000)
   (4) 신용카드세액공제 : 21,450,000×1.3% = (278,850)
   (5) 납부세액 : 2,586,150
3. 차이금액 : 2,586,150 − 986,150 = 1,600,000

44 **통조림판매(과세)와 과일판매(면세)를 겸영하고 있는 (주)세무는 20×0.10.1. 공통사용하는 사업용건물을 110,000,000원(부가가치세 포함)에 매입하였다. 각 과세기간의 수입금액이 다음과 같을 때 20×2년 제1기의 납부 및 환급세액 재계산으로 인하여 가산하거나 차감할 세액은? (단, 통조림판매부문과 과일판매부문의 건물사용면적은 구분되지 않음)** 2021년 세무사

과세기간	과일공급가액	통조림공급가액 (부가가치세 제외)	합 계
20×0년 제2기	40,000,000원	60,000,000원	100,000,000원
20×1년 제1기	50,000,000원	50,000,000원	100,000,000원
20×1년 제2기	54,000,000원	46,000,000원	100,000,000원
20×2년 제1기	47,000,000원	53,000,000원	100,000,000원

① 없음
② 340,000원 납부세액에서 가산
③ 595,000원 납부세액에서 가산
④ 630,000원 납부세액에서 차감
⑤ 700,000원 납부세액에서 차감

해답 ①

해설 (1) 과세기간별 면세 비율
① 20×0년 제2기 : 40%
② 20×1년 제1기 : 50%
③ 20×1년 제2기 : 54%
④ 20×2년 제1기 : 47%

(2) 재계산
20×1년 제2기에는 4%의 비율 변동이 있어 재계산을 생략하였으므로 20×1년 1기와 20×2년 1기를 비교하여야 한다. 다만, 20×1년 1기에 비하여 면세비율이 3% 감소하였으므로 재계산에 해당하지 않는다.

45 부가가치세 매입세액공제에 관한 설명으로 옳지 않은 것은? 2013년 세무사

① 면세재화를 제조·공급하는 사업자가 구입한 원재료관련 부가가치세는 매입세액으로 공제받을 수 없다.

② 건축물이 있는 토지를 구입하여 건축물을 철거하고 토지만을 사용하는 경우 철거비용관련 부가가치세는 매입세액으로 공제받을 수 없다.

③ 주무관청으로부터 허가·인가 또는 등록·신고하지 않은 학원의 경우 건물임차료에 대한 부가가치세는 매입세액으로 공제받을 수 없다.

④ 세무사사무소 직원이 업무용으로 사용하는 개별소비세 과세대상 소형승용자동차의 수리관련 부가가치세는 매입세액으로 공제받을 수 없다.

⑤ 골프장 토지 소유자가 골프코스를 조성하기 위해 지출한 정지비에 대한 부가가치세는 매입세액으로 공제받을 수 없다.

해답 ③

해설 주무관청으로부터 허가·인가 또는 등록·신고하지 않은 학원의 경우에는 과세사업자로 보아 건물임차료에 대한 부가가치세는 매입세액으로 공제받을 수 있다.

46 과세사업과 면세사업을 함께 영위하는 일반과세자 甲은 20×1. 12. 26. 감가상각자산인 기계장치를 200,000,000원(부가가치세를 포함하지 아니함)에 취득하여 면세사업에만 사용하였다. 甲이 20×2. 4. 20부터 그 기계장치를 과세사업에 공통으로 사용한 경우, 20×2년 제1기 과세기간에 매입세액으로 공제할 수 있는 금액은 얼마인가? (단, 기계장치의 취득시 매 입세액 공제 요건은 충족하였지만, 매입세액공제를 받지 못했으며, 주어진 자료 이외의 다른 사항은 고려하지 않음) 2014년 세무사

(1) 20×2년 제1기에 과세사업의 공급가액은 없음
(2) 20×2년 제1기 총매입가액은 2,000,000,000원이고 과세사업에 관련된 매입가액은 500,000,000원임
(3) 20×2년 제1기 총예정공급가액은 5,000,000,000원이고, 과세사업에 관련된 예정공급가액은 1,000,000,000원임
(4) 20×2년 제1기 총예정사용면적은 1,000m^{2}이고 그 중 과세사업에 관련된 예정사용면적은 400m^{2}임

① 2,500,000원 ② 3,000,000원 ③ 3,750,000원
④ 4,750,000원 ⑤ 7,600,000원

해답 ③

해설 20,000,000원×(1－25%×1)×500/2,000＝3,750,000원

사업자가 감가상각자산을 일부전용시 공제되는 매입세액
해당재화의 매입세액 × (1－상각률× 경과된 과세기간 수)× 일부전용한 과세기간의 과세공급가액 / 일부전용한 과세기간의 총공급가액 다만, 해당 과세사업에 의한 과세공급가액이 총공급가액의 5% 미만인 경우에는 공제세액이 없는 것으로 본다.
해당 과세기간 중 과세사업과 면세사업의 공급가액이 없거나 그 어느 한 사업의 공급가액이 없는 경우에는 다음의 순서에 따라 안분계산한다. (가) 총매입가액에 대한 과세사업에 관련된 매입가액 비율 (나) 총예정공급가액에 대한 과세사업의 예정공급가액의 비율 (다) 총예정사용면적에 대한 과세사업의 예정사용면적의 비율 다만, 취득시 면세사업과 관련하여 매입세액이 공제되지 아니한 건물의 과세사업과 면세사업에 제공할 예정사용면적을 구분할 수 있는 경우에는 예정사용면적비율을 매입가액비율이나 예정공급가액비율보다 우선 적용한다.

47 **일반과세자인 ㈜A는 과세사업만을 영위해오다가 20×2. 4. 1부터 사업을 확장하여 면세사업을 겸영하기로 함에 따라, 과세사업에만 사용해오던 다음의 재화를 과세사업과 면세사업에 함께 사용하게 되었다. ㈜A의 각 과세기간별 공급가액 명세가 다음과 같을 때, 면세사업에 일부 사용한 재화에 대한 부가가치세 과세표준을 계산하면 얼마인가? (단, 주어진 자료 이외의 다른 사항은 고려하지 않음)** 2014년 세무사

(1) 재화의 취득내역(단, 취득가액은 부가가치세가 포함되어 있지 아니한 금액이며 관련 매입세액은 공제받음)

구분	취득일	취득가액
공장 건물	20×0. 2. 20	300,000,000원
기계장치	20×1. 4. 30.	50,000,000원

(2) 과세기간별 공급가액 명세

구분	과세사업 공급가액	면세사업 공급가액	합계
20×1년 제2기	300,000,000원	-	300,000,000원
20×2년 제1기	350,000,000원	50,000,000원	400,000,000원

① 27,812,500원　② 31,250,000원　③ 33,125,000원
④ 35,000,000원　⑤ 37,250,000원

해답 ③

해설

구 분	과세표준	계산내역
공장건물	30,000,000	300,000,000×(1-5%×4)×50/400
기계장치	3,125,000	50,000,000×(1-25%×2)×50/400
계	33,125,000	

감가상각자산의 면세사업 일부전용의 경우 과세표준

$$\text{취득가액} \times (1-\text{상각률} \times \text{경과된 과세기간 수}) \times \frac{\text{일부전용한 과세기간의 면세공급가액}}{\text{일부전용한 과세기간의 총공급가액}}$$

다만, 총공급가액에 대한 면세공급가액의 비율이 5%미만이 경우에는 공급가액이 없는 것으로 본다.

48 **다음은 과세유흥장소가 아닌 음식점업을 경영하는 (주)A (사업개시일: 20×2.4.10.)의 20×2년 제1기 과세기간의 매입내역이다. 이를 근거로 제1기 부가가치세 확정신고시 공제받을 수 있는 의제매입세액공제액은 얼마인가? (단, 의제매입세액공제 한도는 고려하지 아니하고 의제매입세액을 공제받기 위한 모든 요건은 충족되었다고 가정함. 또한, 주어진 자료 이외에는 고려하지 아니하고, 원 단위 미만은 절사함)** 2016년 세무사

(1) 쌀과 활어를 각각 15,000,000원과 28,000,000원에 구입하였다.
(2) 미국에서 가공하지 않은 바닷가재를 직수입하였으며 그 가액은 12,000,000원으로 관세가 2,000,000원 포함되어 있다.
(3) 사업자인 영덕수산으로부터 가공하지 않은 대게를 인터넷으로 직접 구입하고 그 대금으로 21,000,000원을 신용카드로 결제하였다.
(4) 위 매입액 중 6월말 기준 재고액 37,100,000원을 제외하고는 모두 음식재료로 사용되었다.
(5) 의제매입세액 공제율은 6/106이다.

① 2,088,679원 ② 3,000,000원 ③ 4,188,679원
④ 4,301,886원 ⑤ 4,313,207원

해답 ③

해설

$$(15{,}000{,}000+28{,}000{,}000+12{,}000{,}000-2{,}000{,}000+21{,}000{,}000) \times \frac{6}{106} = 4{,}188{,}679$$

수입분의 매입가액은 관세의 과세가격으로 하되 관세는 불포함하며, 매입세액공제액을 구하는 것이므로 기말재고는 고려하지 않는다.

49 **다음 자료를 이용하여 제조업과 부동산 임대업을 같은 장소에서 경영하는 일반과세자인 개인사업자 甲의 20×2년 1기 과세기간 (1.1.~6.30.)의 부가가치세 과세표준을 계산하면 얼마인가? (단, 자료금액은 부가가치세가 포함되지 아니한 금액이며, 주어진 자료 이외에는 고려하지 아니함. 원 단위 미만은 절사하며, 1년은 365일로 함)** 2016년 세무사

(1) 甲은 보유상가를 20×2.4.1.부터 20×4.3.31.까지의 기간 동안 임대하기로 하는 계약을 임차인과 체결하였다. 이하는 그 관련 자료이다.
- ○ 20×2.4.1.에 임대보증금 100,000,000원을 수령하였다.
- ○ 월 임대료는 10,000,000원이며, 매월 초에 선불로 받기로 하였는바, 4.1.과 5.1.에는 각각 수령하였으나, 6.1.에 수령할 임대료는 6.30.이 경과할 때까지 수령하지 못하였다.
- ○ 계약기간 1년의 정기예금이자율은 1.2%이다.

(2) 甲은 20×2.5.30. 제조업에 사용하는 기계장치A(시가 10,000,000원, 감정가액 11,000,000원)를 거래처의 기계장치B(시가 8,000,000원, 감정가액 9,000,000원)와 교환하였다.

(3) 甲은 20×1년 제2기 과세기간(20×1.7.1.~12.31.)에 거래처 설 명절선물로 사용할 과세물품을 구입하였으나 매입세액공제를 받지 아니하였다. 20×2.3.1. 당해 물품 중 사용하고 남은 물품(구입액 2,000,000원, 시가 1,500,000원)을 종업원에게 선물로 증여하였다.

① 30,299,178원 ② 38,299,178원 ③ 40,299,178원
④ 41,299,178원 ⑤ 42,299,178원

해답 ③

해설
(1) $100,000,000 \times 1.2\% \times \frac{91}{365} + 30,000,000 = 30,299,178$

(2) 10,000,000
재화를 공급하고 금전 이외의 대가를 받는 경우 다음의 가액을 순차적으로 적용한다.
ⓐ 자기가 공급한 재화의 시가
ⓑ 공급받은 재화의 시가
ⓒ 법인세법 또는 소득세법상 부당행위계산의 부인시 적용가격

(3) 0

CHAPTER

06 납세절차

제1절 신고와 납부

01 부가가치세법상 설명 중 올바른 것으로만 묶인 것은? 2011년 회계사

(1) 부가가치세를 납부할 의무가 있는 사업자란 영리목적에 따라 사업상 독립적으로 부가가치세가 과세되는 재화 또는 용역을 공급(수입)하는 자이다.
(2) 법인간 흡수합병에 있어서 합병등기일 전 실제 합병한 경우 실제합병일로부터 합병등기일까지 피합병법인의 사업장에서 거래된 재화의 공급 및 매입분에 대하여는 피합병법인 명의로 세금계산서를 교부하거나 교부받고 부가가치세를 신고납부한다.
(3) 조기환급기간의 환급세액을 조기환급 받고자 하는 영세율 사업자는 조기환급기간 종료일부터 15일 이내에 영세율 등 조기환급신고를 해야 한다.
(4) 과세사업과 면세사업에 공통으로 사용되는 재화를 공급하는 날이 속하는 과세기간에 신규로 사업을 개시하여 직전과세기간이 없는 경우 해당 재화의 공급가액을 과세표준으로 한다.
(5) 20×1년도에 사업자단위과세를 적용받고 있는 사업자가 20×2년 1월 1일 부터 각 사업장별로 신고·납부하려는 경우에는 20×1년 12월 1일까지 사업자단위과세포기신고서를 관할세무서장에게 제출하여야 한다.

① (2), (5) ② (1), (3) ③ (3), (4)
④ (2), (4) ⑤ (2), (3)

해답 ④

해설 (1) 영리·비영리 관계없이
(3) 부가가치세 예정신고시 또는 확정신고시 제출한 경우 환급에 관하여 신고한 것으로 본다. 세무서장이 신고기한후 15일 이내에 환급
(5) 사업자단위과세를 적용받지 않는 과세기간이 시작하기 20일 전에 사업자단위과세 포기신고서를 사업자단위 과세적용사업장 관할 세무서장에게 제출하여야한다.

02 부가가치세의 납세절차에 관한 설명으로 옳지 않은 것은?

2012년 세무사

① 사업자는 각 과세기간에 대한 과세표준과 납부세액 또는 환급세액을 그 과세기간이 끝난 후 25일(폐업하는 경우에는 폐업일이 속한 달의 다음 달 25일) 이내에 각 사업장 관할 세무서장에게 신고·납부하여야 한다.

② 법인의 합병으로 인한 소멸법인의 최종과세기간분에 대한 확정신고는 합병후 존속하는 법인 또는 합병으로 인하여 설립된 법인이 소멸법인을 해당 과세기간의 납세의무자로 하여 소멸법인의 사업장 관할 세무서장에게 신고하여야 한다.

③ 부가가치세를 추계결정·경정할 때, 재해 기타 불가항력으로 인하여 교부받은 세금계산서가 소멸됨으로써 이를 제출하지 못하는 때에는 납부세액에서 공제하는 매입세액은 당해 사업자에게 공급한 거래상대자가 제출한 세금계산서에 의하여 확인되는 것으로 한다.

④ 사업장 관할 세무서장은 영세율 등 조기환급신고내용의 오류 또는 탈루의 사유로 부가가치세를 포탈할 우려가 있는 경우, 그 과세기간에 대한 부가가치세의 과세표준과 납부세액 또는 환급세액을 조사하여 결정 또는 경정한다.

⑤ 사업자가 거래상대방의 사업자등록증을 확인하고 거래에 따른 세금계산서를 발급하거나 발급받은 경우, 거래상대방이 관계기관의 조사로 인하여 명의위장사업자로 판정되는 경우에는 해당 사업자를 선의의 거래당사자로 볼 수 있는 때에도 경정 또는 「조세범 처벌법」에 따른 처벌 등 불이익한 처분을 받을 수 있다.

해답 ⑤

해설 해당 사업자를 **선의의 거래당사자**로 볼 수 있는 때에는 제외한다.

03 「부가가치세법」상 신고 및 납부에 관한 설명으로 옳은 것은?

2016년 세무사

① 예정신고를 한 사업자는 확정신고 및 납부시 예정신고한 과세표준과 납부한 납부세액 또는 환급받은 환급세액도 포함하여 신고하여야 한다.

② 일반과세자인 개인사업자가 사업 부진으로 인하여 예정신고기간의 공급가액이 직전 과세기간 공급가액의 3분의 1에 미달하여 예정신고납부를 한 경우에는 예정고지세액의 결정은 없었던 것으로 본다.

③ 사업자가 물품을 제조하기 위한 원재료를 수입하면서 부가가치세의 납부유예를 미리 신청하는 경우에는 관할세무서장은 해당 재화를 수입할 때 부가가치세의 납부를 유예할 수 있다.

④ 간이과세자는 사업부진으로 인하여 예정부과기간의 공급대가의 합계액이 직전 과세기간의 공급대가 합계액의 3분의 1에 미달하여도 예정부과기간의 과세표준과 납부세액을 예정부과 기한까지 사업장 관할 세무서장에 신고할 수 없다.

⑤ 대리납부의무자는 사업자이어야 한다.

해답 ②

해설 ① 예정신고 및 조기환급신고시 이미 신고한 내용은 확정신고대상에서 제외한다.
③ 납부유예를 적용받으려는 중소,중견사업자는 관할세무서장에게 "납부유예 요건 확인서"를 발급받은 후 세관장에게 제출하여야 한다. 신청을 받은 관할 세관장은 신청일로부터 1개월 이내에 납부유예의 승인여부를 결정하여 통지하여야 한다.
④ 휴업·사업부진 등으로 인하여 예정부과기간의 공급대가 또는 납부세액이 직전 과세기간의 공급대가 또는 납부세액의 3분의 1에 미달하는 간이과세자는 예정부과기간의 과세표준과 납부세액을 예정부과기한(7/25)까지 신고·납부할 수 있다. (부법 66조 2항)
⑤ 대리납부의무자는 면세사업자 또는 비사업자도 가능하다.

04 부가가치세법상 세액공제 및 신고·납부에 관한 설명으로 옳은 것은? 2018년 회계사 수정

① 영수증 발급사업자인 간이과세자가 신용카드매출전표 등 발급세액공제를 적용받고자 하는 경우 음식점업·숙박업과 그 외 업종간 공제율이 다르다.
② 일반과세자 중 사업장을 기준으로 직전 사업연도 공급가액 합계액이 10억원 이하인 영수증 발급대상 개인사업자가 부가가치세가 과세되는 재화·용역을 공급하고 신용카드매출전표를 발급한 경우에는 한도없이 그 발급금액의 일정률을 공제한다.
③ 국내사업장이 없는 외국법인으로부터 재화를 공급받은 면세사업자는 그 대가를 지급하는 때에 부가가치세를 징수하여야 한다.
④ ㈜A가 생산한 제품인 보온병을 직원에게 기념품으로 무상 지급하고 세금계산서를 발급하지 아니한 경우에는 세금계산서 불성실 가산세가 적용되지 아니한다.
⑤ 국내사업장이 없는 비거주자로부터 용역의 공급을 받는 자는 공급 받은 용역의 과세사업 사용여부에 관계없이 부가가치세를 징수하여 납부하여야 한다.

해답 ④

해설 ① 영수증 발급사업자인 간이과세자가 부가가치세가 과세되는 재화·용역을 공급하고 신용카드매출전표를 발급한 경우에는 업종에 구분없이 그 발급금액에 1.3%를 곱하여 계산한 금액을 공제한다.
② 연간 1,000만원 한도 내에서 발급금액의 일정률을 공제한다.
③ 국내사업장이 없는 외국법인으로부터 용역·권리를 공급받는 면세사업자는 그 대가를 지급하는 때 부가가치세를 징수하여야 한다. 재화를 공급받는 경우 대리납부규정이 적용되지 않는다.
⑤ 국내사업장이 없는 비거주자로부터 용역의 공급을 받는 자는 부가가치세가 과세되는 용역을 공급받은 경우에 한해서 부가가치세를 징수하여 납부하여야 한다.

05 **부가가치세법상 일반과세자의 납세절차에 관한 설명이다. 옳지 않은 것은?** 2015년 회계사

① 사업양도로 사업을 양수받는 자는 그 대가를 지급하는 때에 부가가치세를 징수하여, 그 대가를 지급하는 날이 속하는 과세기간의 말일까지 관할세무서장에게 납부할 수 있다.

② 「소득세법」상 국내사업장이 없는 비거주자로부터 권리를 공급받는 경우 공급받는 자의 국내 사업장 소재지 또는 주소지를 해당 권리의 공급장소로 본다.

③ 납세지 관할세무서장 등은 사업자가 예정신고를 한 내용에 오류가 있는 경우 해당 예정신고기간에 대한 부가가치세의 과세표준과 납부세액 또는 환급세액을 결정 또는 경정한다.

④ 납세지 관할세무서장 등은 결정한 과세표준과 납부세액에 오류가 있는 경우 즉시 다시 경정한다.

⑤ 재화의 수입에 대한 부가가치세는 세관장이 「관세법」에 따라 징수한다.

해답 ①

해설 사업의 포괄양도(이에 해당하는지 여부가 분명하지 아니한 경우를 포함)에 따라 그 사업을 양수받은 자는 그 대가를 지급하는 때에 그 대가를 받은 자로부터 부가가치세를 징수하여 그 대가를 지급하는 날이 속하는 달의 다음달 25일까지 사업장 관할세무서장에게 납부할 수 있다.

제2절 징수와 환급

01 부가가치세에 관한 설명이다. 옳지 않은 것은? 2012년 회계사

① 부가가치세법상 과세사업과 면세사업을 겸업하는 사업자는 부가가치세법에 따른 사업자등록을 하여야 하며, 이 경우 소득세법 및 법인세법에 따른 사업자등록을 별도로 하지 않는다.
② 상품권 등을 현금 또는 외상으로 판매하고 그 후 해당 상품권 등이 현물과 교환되는 경우에는 재화가 실제로 인도되는 때를 재화의 공급시기로 본다.
③ 광업 또는 부동산매매업을 영위하는 개인사업자의 경우에는 직전연도 공급대가의 합계액에 관계없이 간이과세를 적용받을 수 없다.
④ 국내사업장이 없는 비거주자 또는 외국법인으로부터 용역을 공급받고 그 대가를 지급하는 자가 해당 공급받은 용역을 과세사업에 제공하는 경우에는 대리납부의무를 지지 아니한다.
⑤ 사업장 관할세무서장이 개인사업자에 대하여 각 예정신고마다 직전 과세기간에 대한 납부세액의 2분의 1에 해당하는 금액을 결정하여 고지하고 징수할 때 징수하여야 할 금액이 30만원 미만인 경우에는 이를 징수하지 아니한다.

해답 ⑤

해설 ⑤ 사업장 관할세무서장이 개인사업자에 대하여 각 예정신고마다 직전 과세기간에 대한 납부세액의 2분의 1에 해당하는 금액을 결정하여 고지하고 징수할 때 징수하여야 할 금액이 50만원 미만인 경우에는 이를 징수하지 아니한다.

02 부가가치세법상 일반과세자의 부가가치세 신고와 환급에 관한 설명이다. 옳지 않은 것은? 2019년 회계사

① 20×2년 제1기 확정신고시에는 20×2년 1월 1일부터 20×2년 6월 30일까지의 과세기간에 대한 과세표준과 납부세액 중 예정신고 또는 조기환급신고시 이미 신고한 부분을 제외한 부분을 20×2년 7월 25일까지 신고하여야 한다.
② 20×2년 제1기 과세기간에 대한 환급세액을 20×2년 7월 15일에 신고한 경우, 조기환급이 아니면 20×2년 7월 25일이 지난 후 30일 이내에 환급하여야 한다.
③ 예정신고기간에 대한 환급세액은 조기환급의 경우를 제외하고는 바로 환급되지 않으며, 확정신고시 납부세액에서 차감한다.
④ 20×2년 1월에 사업용 기계를 취득하여 20×2년 2월 25일에 조기환급 신고를 한 경우, 20×2년 2월 25일이 지난 후 15일 이내에 환급하여야 한다.
⑤ 관할세무서장의 경정에 따라 20×2년 9월 9일 환급세액이 발생한 경우, 20×2년 9월 9일이 지난 후 30일 이내에 환급하여야 한다.

해답 ⑤

해설 관할세무서장의 경정에 따라 환급세액이 발생한 경우 지체없이 환급해야 한다.

03 **「부가가치세법」상 환급 및 조기환급에 관한 설명으로 옳지 않은 것은?** 2013년 회계사

① 사업장 관할세무서장은 각 과세기간별로 해당 과세기간에 대한 환급세액을 그 확정신고기한 경과 후 30일내(조기환급 제외)에 사업자에게 환급하여야 한다.
② 사업장 관할세무서장은 결정·경정에 의하여 추가로 발생한 환급세액을 지체없이 사업자에게 환급하여야 한다.
③ 사업장 관할세무서장은 사업자가 영세율을 적용하는 경우 또는 사업설비를 신설·취득·확장 또는 증축하는 경우에 환급세액을 사업자에게 조기환급할 수 있다.
④ 조기환급세액은 영세율이 적용되는 공급분에 관련된 매입세액, 시설투자에 관련된 매입세액 또는 국내공급분에 대한 매입세액을 구분하여 사업장별로 해당 매출세액에서 매입세액을 공제하여 계산한다.
⑤ 조기환급신고를 한 부분은 예정신고 및 확정신고의 대상에서 제외하며, 조기환급신고에 있어서 매출·매입처별세금계산서합계표를 제출한 것은 예정신고 또는 확정신고와 함께 이를 제출한 것으로 본다.

해답 ④

해설 조기환급세액은 영세율이 적용되는 공급분에 관련된 매입세액, 시설투자에 관련된 매입세액 또는 국내공급분에 대한 매입세액을 **구분하지 아니하고** 사업장별로 해당 매출세액에서 매입세액을 공제하여 계산한다.

04 **「부가가치세법」상 환급에 관한 설명으로 옳지 않은 것은?** 2019년 세무사

① 조기환급의 경우 환급세액은 조기환급 관련 신고기한이 지난 후 15일 이내에 환급하여야 한다.
② 일반과세자이든 간이과세자이든 환급규정이 적용된다.
③ 납세지 관할 세무서장은 사업자가 「부가가치세법」상 영세율을 적용받는 경우에 해 당하여 환급을 신고한 때에는 대통령령으로 정하는 바에 따라 사업자에게 환급세액을 조기환급할 수 있다.
④ 사업자가 사업 설비를 신설·취득·확장 또는 증축하는 경우 조기환급은 세법상 감가상각자산에 한해 받을 수 있다.
⑤ 조기환급이 아닌 경우의 환급세액은 확정신고한 사업자에게 확정신고기한이 지난 후 30일 이내에 환급하여야 한다.

해답 ②

해설 간이과세자는 납부세액 합계를 한도로 하여 공제세액을 공제하므로 초과하는 금액은 환급되지 않는다.

05 다음은 부가가치세의 결정·경정·징수와 환급에 대한 설명이다. 가장 틀린 것은?

① 부가가치세를 신고하지 아니하면 결정의 사유가 된다.
② 영세율이 적용되는 경우에는 조기환급을 받을 수 있다.
③ 조기환급이 아닌 일반환급의 경우에는 각 과세기간 단위로 환급세액을 확정신고기한 경과 후 30일 내에 환급한다.
④ 결정·경정은 원칙적으로 국세청장이 행한다.
⑤ 재화의 수입에 대한 부가가치세는 세관장이 관세징수의 예에 의하여 징수한다.

해답 ④
해설 결정·경정은 원칙적으로 사업장관할 세무서장이 행한다.

06 부가가치세의 환급에 관한 설명으로 옳지 않은 것은?

2009년 세무사

① 환급세액이 발생하는 경우에 과세기간별로 그 확정신고기한 경과 후 30일내에 사업자에게 환급하는 것이 원칙이다.
② 영세율 적용대상 사업자는 각 신고기간 단위별로 영세율의 적용대상이 되는 과세표준이 없는 경우에도 조기환급을 받을 수 있다.
③ 사업장 관할세무서장은 사업자가 영세율을 적용받는 경우에 발생하는 환급세액을 신고하는 경우 확정신고기한 경과 후 15일 이내, 예정신고기한 경과 후 15일 이내 또는 영세율 등 조기환급신고기한 경과 후 15일 이내에 사업자에게 환급하여야 한다.
④ 사업장 관할세무서장은 부가가치세의 결정·경정에 의하여 추가로 발생한 환급세액을 지체없이 사업자에게 환급하여야 한다.
⑤ 조기환급을 받고자 하는 영세율 적용대상 사업자가 부가가치세 예정신고 또는 확정신고와 함께 법령에 정한 서류를 제출한 경우에는 환급에 관하여 신고한 것으로 본다.

해답 ②
해설 영세율 적용대상 사업자는 각 신고기간 단위별로 영세율의 적용대상이 되는 과세표준이 없는 경우 관련 매입세액의 환급은 받을 수 있어도 조기환급은 받을 수 없다.

07 **과세표준과 세액의 신고 및 납부, 환급에 관한 설명으로 옳지 않은 것은?** 2014년 세무사

① 신규로 사업을 시작하는 자에 대한 최초의 예정신고기간은 사업 개시일(사업개시일 이전에 사업자등록을 신청한 경우 그 신청일)부터 그 날이 속하는 예정신고기간의 종료일까지로 한다.

② 재화를 수입하는 자가 재화의 수입에 대하여 「관세법」에 따라 관세를 세관장에게 신고·납부하는 경우 재화의 수입에 대한 부가가치세를 함께 신고·납부하여야 한다.

③ 주사업장 총괄 납부에 있어 주된 사업장은 법인의 본점(주사무소를 포함) 또는 개인의 주사무소로 하는 것이 원칙이지만, 법인의 경우에는 지점(분사무소를 포함)을 주된 사업장으로 할 수 있다.

④ 예정신고를 하는 사업자가 예정신고와 함께 매출·매입처별 세금계산서합계표를 제출하지 못하는 경우 해당 예정신고기간이 속하는 과세기간의 확정신고를 할 때 함께 제출할 수 있다.

⑤ 납세지 관할세무서장은 사업자가 감가상각자산인 사업설비를 취득하여 환급세액의 신고를 한 경우 체납된 국세와 강제징수비의 충당을 고려하지 않고 그 신고한 날로부터 환급세액을 20일 이내에 환급하여야 한다.

해답 ⑤

해설 조기환급의 경우 환급금을 체납된 국세와 강제징수비에 충당하여야한다. 충당하고도 환급할 금액이 있는 경우 조기환급 신고기한이 지난후 15일 내에 환급한다(국기법 제51조②, 부령 107조④).

08 부가가치세법상 과세사업자에 관한 설명이다. 옳은 것은? 2021년 회계사

① 일반과세자 중 모든 법인사업자는 예정신고기간이 끝난 후 25일 이내에 각 예정신고기간에 대한 과세표준과 납부세액 또는 환급세액을 납세지 관할 세무서장에게 신고하여야 한다.
② 모든 일반과세자는 세금계산서를 발급하여야 하며, 영수증을 발급할 수 없다.
③ 일반과세자만 영세율을 적용받을 수 있으며, 간이과세자는 영세율을 적용받을 수 없다.
④ 납세지 관할 세무서장은 일반과세자가 예정신고기간에 대한 환급세액을 예정신고기한까지 신고하면 조기환급 대상이 아닌 경우에도 예정신고기한이 지난 후 15일 이내에 부가가치세를 환급하여야 한다.
⑤ 일반과세자만 대손세액공제를 적용받을 수 있으며, 간이과세자는 대손세액공제를 적용받을 수 없다.

해답 ⑤

해설 ① 일반법인은 예정신고의무와 확정신고의무가 있으나, 영세법인사업자는 원칙상 예정신고 시 세무서장이 전기 납부세액의 50%를 결정하여 예정고지 징수한다. 다만 예정고지대상 사업자라도 다음에 해당하는 경우 예정신고를 할 수 있다.
ㄱ. 휴업 또는 사업부진 등으로 인하여 각 예정신고기간의 공급가액 또는 납부세액이 직전 과세기간의 공급가액 또는 납부세액의 3분의 1에 미달하는 자
ㄴ. 각 예정신고기간분에 대하여 조기환급을 받고자 하는 자
② 일반과세자라도 영수증 발급 사업자에 해당하는 경우 영수증을 발급할 수 있다.
③ 간이과세자도 영세율을 적용받을 수 있다.
④ 조기환급 대상이 아닌 경우 예정신고시 환급세액은 환급하지 아니하며 확정신고시 예정신고 미환급세액으로 차감한다.

제3절 대리납부

01 다음은 부가가치세법에 관한 설명이다. 가장 틀린 것은?

① 국내사업장이 없는 비거주자로부터 용역을 공급받은 과세사업자가 그 용역을 과세사업에 공하는 경우에는 그 대가를 지급하는 때에 부가가치세를 대리납부하여야 한다.
② 임야의 임대용역은 부가가치세의 과세대상이 아니다.
③ 겸용주택의 임대에 있어서 주택부분의 면적이 사업용 건물부분의 면적보다 큰 경우에는 사업용 건물부분의 임대에 대하여도 부가가치세를 면제한다.
④ 건축물이 있는 토지를 취득하여 그 건축물을 철거하고 토지만을 사용하는 경우에는 철거한 건축물의 취득 및 철거비용에 관련된 매입세액은 매출세액에서 공제하지 아니한다.
⑤ 전세버스·택시 또는 고속철도에 의한 여객운송용역에 대하여는 부가가치세가 과세된다.

해답 ①
해설 ① 대리납부의무는 면세사업자에게만 적용된다. 공급받는 자가 과세사업자라면 대리납부세액은 곧 용역을 공급받는 자의 매입세액이 되므로 두 금액이 상쇄되기 때문이다.

02 다음 중 부가가치세법상 대리납부에 대한 설명으로 가장 틀린 것은?

① 국내사업장이 없는 비거주자 또는 외국법인으로부터 용역의 공급을 받는 자가 공급받은 당해 용역을 면세사업에 공하는 경우에는 대리납부의무가 있다.
② 국내사업장이 있는 외국법인 또는 비거주자로부터 용역을 공급받는 경우에는 대리납부 의무가 없다.
③ 국내사업장이 없는 비거주자로부터 부가가치세 면세대상인 용역을 공급받는 경우에는 대리납부의무도 면제된다.
④ 대리납부 시기는 그 대가를 지급하는 때가 아니고 비거주자 또는 외국법인으로부터 용역의 제공이 완료되는 때이다.
⑤ 사업장 또는 주소지관할 세무서장은 대리납부 불이행시에는 납부하지 아니한 세액의 100분의 10에 상당하는 금액을 한도로 가산세로서 징수한다.

해답 ④
해설 대리납부 시기는 그 대가를 지급하는 때이다.

03 대리납부에 관한 설명으로 옳은 것은?

2010년 세무사

① 국내사업장이 없는 비거주자로부터 용역의 공급을 받는 자는 공급받는 용역을 과세사업에의 사용여부에 관계없이 부가가치세를 징수하여 납부하여야 한다.

② 국내사업장이 없는 외국법인으로부터 재화의 공급을 받는 자는 그 대가를 지급하는 때에 부가가치세를 징수하여야 한다.

③ 대리납부의무자는 사업자에 한한다.

④ 대리납부의무자가 부가가치세를 관할세무서장에게 납부하지 아니한 경우에는 관할세무서장은 그 납부하지 아니한 세액에 그 세액의 100분의 20에 해당하는 금액을 더하여 징수한다.

⑤ 국내사업장이 없는 비거주자로부터 부가가치세 면세대상 용역을 공급받는 자는 부가가치세 대리납부의무가 없다.

해답 ⑤

해설 ① 과세사업에 공하는 경우에는 대리납부의무를 지지 아니한다.
② 재화의 공급(×) → 용역의 공급(O)
③ 사업자 여부와는 무관하다. 비사업자도 대리납부의무를 진다.
④ 그 세액의 100분의 20(×) → 그 세액의 100분의 10(O)

04 외국법인 A로부터 용역을 공급받는 자인 B의 대리납부에 관한 설명으로 옳은 것을 모두 고른 것은? (단, 각 지문은 상호 독립적이며, 대리납부에 관한 특례 규정은 고려하지 않음)

2020년 세무사

ㄱ. 국내사업장이 없는 A로부터 용역의 공급을 받는 B는 공급받는 용역(매입 세액공제대상임)을 과세사업에 사용한 경우에는 대리납부의무가 있다.
ㄴ. 국내사업장이 없는 A로부터 부가가치세 과세대상 용역을 공급받는 면세사업을 영위하는 사업자 B는 대리납부의무가 있다.
ㄷ. 국내사업장이 없는 A로부터 부가가치세법상 매입세액이 공제되지 아니하는 용역을 공급받는 과세사업자 B는 대리납부의무가 있다.
ㄹ. 대리납부 적용 요건을 충족하는 용역을 공급받는 사업자 B는 용역의 공급 시기에 관계없이 그 대가를 지급하는 때에 부가가치세액을 징수한다.

① ㄱ, ㄴ　② ㄱ, ㄷ　③ ㄴ, ㄷ　④ ㄴ, ㄹ　⑤ ㄴ, ㄷ, ㄹ

해답 ⑤

해설 ㄱ. 대리납부의무자에는 국내사업장이 없는 비거주자 또는 외국법인과 국내사업장이 있는 비거주자 또는 외국법인으로부터 국내사업장과 관련 없이 용역 등을 국내에서 공급받고 그 대가를 지급하는 자이면 부가가치세법상 과세사업자를 제외한 모든 공급받는 자가 해당된다.

제4절 가산세

01 **과세사업자인 ㈜지연은 20×2년 제1기 부가가치세 예정신고를 20×2년 4월 23일에 하면서 국내매출로 인한 매출세액 2,000,000원과 매입세액 1,000,000원을 누락한 후 20×2년 제1기 부가가치세 확정신고를 20×2년 7월 22일에 하면서 누락한 매출세액과 매입세액을 모두 포함시켰다. 이 때 부과되는 가산세 총액은 얼마인가? (단, 세금계산서는 모두 적법하게 교부하거나 교부받았으며, 부당과소신고에 해당하지 않는다.)**

① 169,360원　② 86,400원　③ 163,200원
④ 226,400원　⑤ 73,200원

해답 ①

해설 (1) 납부세액 : 20,000,000×10% - 1,000,000 = 1,000,000
(2) 가 산 세 : 169,360
① 매출처별세금계산서합계표 제출불성실가산세 : 20,000,000×0.5% = 100,000
② 신고불성실가산세 : 1,000,000×10%×50% = 50,000
③ 납부지연가산세 : 1,000,000×0.022%×88* = 19,360
* 4. 26 ~ 7. 22 : 5+31+30+22 = 88

02 **다음의 자료에 따라 과세사업자인 ㈜A에 대한 부가가치세(지방소비세 포함) 부과고지세액을 계산한 것으로 옳은 것은?** 2010년 회계사

(1) ㈜A는 20×2년 제1기 부가가치세 확정신고시 신고·납부기한일인 20×2년 7월 25일에 다음과 같이 신고하고 납부할 세액을 납부하였다.

과세표준	500,000,000원
매출세액	50,000,000원
매입세액	28,000,000원 (전액 세금계산서를 교부받은 것임)
차가감하여 납부할 세액	22,000,000원

(2) 관할 세무서장의 세무조사 결과 다음의 사실들이 확인되었다. 단, 주어진 자료의 금액은 부가가치세가 포함되지 아니한 금액이다.

가. ㈜A는 20×2년 5월 1일에 ㈜갑에게 기계장치를 50,000,000원에 판매하고 세금계산서를 교부하지 않았고, 부당한 방법으로 과세표준에서 누락하였다.

나. 매입세액에는 20×2년 6월 1일에 지출한 기업업무추진비 10,000,000원에 관련된 매입세액도 포함되어 있고, ㈜A는 동 매입세액을 부당한 방법이 아니라 단순한 착오로 공제하였다.

(3) ㈜A에 대한 부과 고지세액의 납세고지일은 20×3년 6월 1일이다.

① 6,000,000원 ② 8,158,000원 ③ 8,658,000원
④ 9,100,000원 ⑤ 9,509,200원

해답 ⑤

해설 - 미납세액 : 50,000,000×10% + 10,000,000×10% = 6,000,000

- 가산세
  ① 과소신고가산세
    i) 일반과소신고 : 1,000,000×10% = 100,000
    ii) 부당과소신고 : 5,000,000×40% = 2,000,000
  ② 납부지연가산세 :

$$6{,}000{,}000 \times 310\text{일}(20\times2.7.26 \sim 20\times3.5.30) \times \frac{2.2}{10{,}000} = 409{,}200$$

  ③ 세금계산서미교부가산세 : 50,000,000×2% = 1,000,000
    - 부과고지세액 : 6,000,000 + 100,000 + 2,000,000 + 409,200 + 1,000,000 = 9,509,200원

☞ 세금계산서미교부가산세가 적용되는 경우 매출처별세금계산서합계표가산세는 적용하지 않는다.(중복적용배제)

03 **일반과세사업자인 ㈜오타의 20×2년도 제1기 부가가치세 확정신고 내용에 다음과 같은 오류가 있음이 발견되었으며, 이에 대해 20×2.10.10에 수정신고를 하고자 한다. 20×2년도 제1기 부가가치세 확정신고분에 대한 수정신고시 ㉮ 추가납부할 세액(가산세 제외), ㉯세금계산서 불성실 가산세, ㉰공급받는 사업자 관련 가산세로 옳은 것은?** 2012년 회계사

(1) 20×2.4.8에 인도된 제품 8,000,000원에 대한 세금계산서를 20×2.6.20에 발급·교부하였다.
(2) 20×2.5.1에 직매장으로 반출한 제품 3,000,000원(시가 5,000,000원)에 대하여 세금계산서를 발급하지 않았으며 신고도 누락하였다.
(3) 20×2.6.5에 그동안의 거래실적에 따라 거래처에 지급한 제품 2,000,000원(시가 3,000,000원)에 대하여 세금계산서를 발급하지 않았으며, 신고도 누락하였다.
(4) 20×2.4.20에 구입한 기계장치 12,800,000원을 매입처별세금계산서합계표에 기재하면서 21,800,000원으로 기재하였다.
(5) ㈜오타는 주사업장총괄납부 및 사업자단위과세제도를 적용받는 사업자가 아니며, 위의 모든 거래금액에는 부가가치세가 포함되어 있지 않다.

	㉮	㉯	㉰
①	1,200,000원	120,000원	45,000원
②	1,400,000원	220,000원	45,000원
③	1,400,000원	140,000원	90,000원
④	1,500,000원	140,000원	45,000원
⑤	1,500,000원	220,000원	45,000원

해답 ④

해설 ㉮ 추가납부할 세액(가산세 제외)
매출세액 (300,000+300,000=600,000)+매입세액조정 900,000=1,500,000
㉯ 세금계산서 불성실 가산세 : 8,000,000×1%+3,000,000×2%=140,000
㉰ 공급받는 사업자 관련 가산세
매입처별세금계산서 합계표불성실
(21,800,000−12,800,000)×0.5%=45,000

04 **다음 자료를 이용하여 20×2년 4월 1일에 과세사업을 개시한 일반과세자인 갑의 20×2년 제1기 확정신고시 부가가치세 납부세액과 가산세의 합계액(지방소비세 포함)을 계산한 것으로 옳은 것은?**

2014년 회계사

(1) 매출 및 매입의 내역은 다음과 같으며, 제시된 금액들은 부가가치세를 포함하지 아니한 것이다.

구분	4.1.~5.9.	5.10.~5.29.	5.30.~6.30.	합 계
매출	42,000,000원	30,000,000원	43,000,000원	115,000,000원
매입	20,000,000원	15,000,000원	30,000,000원	65,000,000원

(2) 사업자등록신청일은 20×2년 5월 30일이다.
(3) 매출액에 대해서는 영수증 또는 세금계산서를 적법하게 발급하였다.
(4) 매입액은 전액 사업과 관련된 것으로 적법하게 세금계산서를 수취하였으며, 매입세액공제를 받기 위한 절차를 적법하게 이행하였다.

① 5,000,000원 ② 5,360,000원 ③ 5,720,000원
④ 7,720,000원 ⑤ 8,150,000원

해답 ③

해설

구 분	금액	계산내역
매출세액	11,500,000	115,000,000×10%
(−)매입세액	6,500,000	65,000,000×10%
(+)가산세	720,000	미등록가산세 : 72,000,000×1%
납부세액+가산세	5,720,000	

※ 미등록가산세
(요 건) 사업개시일로부터 20일 이내에 사업자등록신청을 하지 아니한 경우
(가산세) 사업개시일부터 사업자등록신청일의 직전일까지의 공급가액의 1%

05 다음은 부가가치세법에 관한 설명이다. 가장 옳은 것은?

① 사업자가 재화를 인도하기 전에 대가를 받지 아니하고 미리 세금계산서를 교부한 경우에는 그 세금계산서의 교부시기가 재화의 공급시기가 된다.
② 영세율이 적용되는 면세사업자는 면세포기신고를 한 때에 과세사업자가 된다.
③ 사업자가 자기의 사업과 관련하여 생산하거나 취득한 재화를 자기의 고객이나 불특정 다수인에게 증여함으로써 공급으로 의제되는 경우에 그 재화의 공급에 대하여는 세금계산서를 교부할 의무가 없다.
④ 20×2. 3. 10. 사업을 개시한 사업자가 20×2. 3. 31. 사업자등록을 신청하였다면 20×2. 3. 10.~20×2. 6. 30. 사이의 공급가액에 대하여만 사업자미등록가산세를 적용한다.
⑤ 제조업을 영위하는 자가 탈세를 목적으로 사업자등록을 하지 아니하고 그에 따라 세금계산서도 교부하지 아니한 경우에는 사업자미등록가산세 및 세금계산서미교부가산세가 각각 적용된다.

해답 ③

해설 ① 사업자가 재화 또는 용역의 공급시기가 도래하기 전에 재화 또는 용역에 대한 대가의 전부 또는 일부를 받고, 이와 동시에 그 받은 대가에 대하여 세금계산서를 교부하는 경우에만 세금계산서의 교부시기가 거래의 공급시기가 된다.
② 면세포기효력은 사업자등록 이후분부터 적용되며, 사업자등록신청과 함께 면세포기신청한 경우는 사업개시일부터 적용된다.
④ 사업개시일부터 등록을 신청한 날의 직전일까지의 공급가액에 대하여 가산세가 부과된다. 따라서 20×2.3.10~20×2. 3. 30 사이의 공급가액에 대하여만 사업자미등록가산세를 적용한다.
⑤ 사업자미등록가산세가 적용되는 부분에 대하여는 세금계산서 및 매출처별세금계산서합계표와 관련된 가산세는 적용하지 않는다.

06 부가가치세법상 일반과세자의 가산세 계산으로 옳지 않은 것은?

2016년 회계사 수정

① 3월 25일에 사업을 개시하고 6월 24일에 사업자등록을 신청한 경우에는 3월 25일부터 6월 23일까지의 공급가액에 1%를 곱한 금액
② 3월 25일에 타인의 명의로 사업자등록을 하여 사업을 하다가 4월 25일에 그 사실이 확인된 경우에는 3월 25일부터 4월 24일까지의 공급가액에 2%를 곱한 금액
③ 재화를 공급하고 실제로 재화를 공급하는 자가 아닌 자의 명의로 세금계산서를 발급한 경우에는 그 공급가액에 2%를 곱한 금액
④ 재화를 공급받고 실제로 재화를 공급하는 자가 아닌 자의 명의로 세금계산서를 발급받은 경우에는 그 공급가액에 2%를 곱한 금액
⑤ 재화를 공급받지 아니하고 세금계산서를 발급받은 경우에는 그 세금계산서에 적힌 공급가액에 3%를 곱한 금액

해답 ②

해설 타인의 명의로 사업자등록을 하거나 그 타인 명의의 사업자등록을 이용하여 사업을 하는 것으로 확인되는 경우 타인명의의 사업개시일부터 실제 사업을 하는 것으로 확인되는 날의 직전일까지의 공급가액의 1%의 가산세를 부과한다.

07 **다음 중 부가가치세법상 일반과세사업자에게 공급가액의 100분의 1에 상당하는 금액을 가산세로 부과하는 경우가 아닌 것은?**

① 사업자가 타인의 명의로 사업자등록을 하고 실제 사업을 영위하는 것으로 확인되는 경우
② 사업자가 교부한 세금계산서의 필요적 기재사항의 전부 또는 일부가 착오 또는 과실로 기재되지 아니하거나 사실과 다른 때
③ 사업자가 자신의 다른 사업장 명의로 세금계산서를 발급한 경우
④ 사업자가 법정기한 이내에 사업자등록을 신청하지 않은 경우
⑤ 사업자가 재화를 공급하고 실제로 재화를 공급하는 자 외의 자의 명의로 세금계산서를 발행한 경우

해답 ⑤

해설 • 세금계산서의 발행과 관련하여 다음의 경우에는 공급가액에 2%의 가산세율을 적용한다.
- 미교부
- 가공발행 : 공급이 없이 발행
- 허위발행 : 실제 공급자 외의 자의 명의로 발행

08 **부가가치세 과세사업을 영위하는 ㈜ A는 20×2년 4월 1일부터 6월 30일까지의 거래분에 대해 20×2년 제1기 확정신고를 이행하지 아니하고 매출·매입처별 세금계산서합계표를 법정신고기한내에 제출하지 아니하였다. 그러나 20×2년 7월 31일자로 기한 후 신고와 동시에 세법상 의무를 이행할 예정이며, 이를 관할세무서장이 결정하는 것으로 가정할 경우 가산세에 관한 설명으로 옳지 않은 것은? (단, 부당한 방법으로 무신고하지 아니하였다.)**

• 20×2년 4월 1일부터 6월 30일까지 공급한 재화의 공급가액은 100,000,000원이며, 모두 적법한 세금계산서를 교부하였다.
• 20×2년 4월 1일부터 6월 30일까지 공급받은 재화의 공급가액은 60,000,000원이며, 모두 적법한 세금계산서를 수취하였고, 당해 거래분에 대한 매입세액은 전액 공제가능하다.

① 무신고가산세는 400,000원이다.
② 매출처별세금계산서합계표 미제출로 인한 가산세는 250,000원이다.
③ 매입처별세금계산서합계표 미제출로 인한 가산세는 0원이다.
④ 과소신고가산세는 1,000,000원이다.
⑤ 납부지연가산세를 산정하는 경우 적용되는 이자율은 1일 10만분의 25이다.

해답 ④

해설 무신고납부세액 : (100,000,000 - 60,000,000) × 10% = 4,000,000

1. 무신고가산세
   4,000,000 × 20% × 50% = 400,000
   → 신고기한 경과후 1월내 기한후신고시에는 무신고가산세의 50%를 감면함.
2. 매출처별세금계산서합계표 미제출 가산세
   100,000,000 × 0.5% × 50% = 250,000
   → 제출기한 경과후 1월내 제출시에는 50%를 감면함.
3. 과소신고가산세
   당초 무신고이므로 과소신고가산세는 없다.

09 사업자단위과세, 총괄납부 및 가산세에 관한 설명으로 옳은 것은? 2012년 세무사

① 사업자가 「부가가치세법」에 따른 납부기한까지 자신의 A사업장에 대한 부가가치세를 자신의 다른 B사업장에 대한 부가가치세에 더하여 신고·납부한 경우 A사업장의 과소납부한 금액에 대해 납부지연가산세가 부과된다.

② 사업자 단위 과세 사업자는 본점 또는 주사무소에서 부가가치세를 총괄하여 신고·납부할 수 있다.

③ 사업자단위과세를 적용받으려는 사업자는 본점 또는 주사무소 관할 세무서장의 승인을 받아야 한다.

④ 법인이 주된 사업장에서 부가가치세를 총괄하여 납부하려는 경우, 지점을 주된 사업장으로 할 수 없다.

⑤ 사업자가 주된 사업장에서 총괄하여 납부하려는 경우, 주된 사업장 외의 다른 사업장의 부가가치세의 과세표준과 납부세액의 신고·납부는 주된 사업장에서 하여야 한다.

해답 ②

해설 ① 사업자가 「부가가치세법」에 따른 납부기한까지 자신의 A사업장에 대한 부가가치세를 자신의 다른 B사업장에 대한 부가가치세에 더하여 신고·납부한 경우 A사업장의 과소납부한 금액에 대해 **납부지연가산세는 적용하지 않는다.**

③ **승인을 요하지 않는다.**

④ 법인이 주된 사업장에서 부가가치세를 총괄하여 납부하려는 경우, **지점을 주된 사업장으로 할 수 있다.**

⑤ 사업자가 주된 사업장에서 총괄하여 납부하려는 경우, 주된 사업장 외의 다른 사업장의 부가가치세의 과세표준과 납부세액의 **신고**는 주된 사업장에서 하여야 한다.

10 세금계산서상 공급가액의 100분의 2에 해당하는 금액을 납부세액에 더하거나 환급세액에서 빼는 경우에 해당하는 것을 모두 고른 것은?

2013년 세무사

ㄱ. 사업자가 재화 또는 용역을 공급받고 실제로 재화 또는 용역을 공급하는 자가 아닌 자의 명의로 세금계산서를 발급받은 경우
ㄴ. 사업자가 발급한 세금계산서의 필요적 기재사항의 전부 또는 일부가 착오 또는 과실로 적혀 있지 아니하거나 사실과 다른 경우
ㄷ. 재화 또는 용역을 공급받지 아니하고 세금계산서를 발급받은 경우
ㄹ. 세금계산서의 발급시기를 경과한 후 해당 재화 또는 용역의 공급시기가 속하는 과세기간 이내에 발급하는 경우

① ㄱ, ㄴ　② ㄱ, ㄷ　③ ㄴ, ㄷ
④ ㄴ, ㄹ　⑤ ㄷ, ㄹ

해답 ②
해설 타인명의세금계산서와 가공세금계산서는 2%, 그 밖의 세금계산서는 1%를 적용함

11 부가가치세법상 세금계산서 및 가산세에 관한 설명이다. 옳지 않은 것은?

2019년 회계사

① 관할세무서장은 개인사업자가 전자세금계산서 의무발급자에 해당하는 경우, 전자세금계산서를 발급하여야 하는 기간 1개월 전까지 그 사실을 해당 개인사업자에게 통지하여야 한다.
② 전자세금계산서 의무발급 사업자가 전자세금계산서를 발급하였을 때에는 전자세금계산서 발급일의 다음 날까지 전자세금계산서 발급명세를 국세청장에게 전송하여야 한다.
③ 전자세금계산서를 발급하고 전자세금계산서 발급명세를 해당 재화의 공급시기가 속하는 과세기간 마지막 날의 다음 달 11일까지 국세청장에게 전송한 경우에는 해당 확정신고 시 매출처별 세금계산서합계표를 제출하지 아니할 수 있다.
④ 전자세금계산서 의무발급 사업자가 세금계산서의 발급시기가 지난 후 해당 재화 또는 용역의 공급시기가 속하는 과세기간에 대한 확정신고 기한까지 세금계산서를 발급하지 아니한 경우에는 그 공급가액의 1%의 가산세가 적용된다.
⑤ 전자세금계산서를 발급한 사업자가 국세청장에게 전자세금계산서 발급명세를 전송한 경우에는 세금계산서를 5년간 보존해야 하는 의무가 면제된다.

해답 ④
해설 세금계산서 발급시기가 지난 후 공급시기가 속하는 과세기간에 대한 확정신고기한까지 발급하지 않는 경우 공급가액의 2% 가산세가 적용된다.

CHAPTER

07 간이과세

제1절 개 요

01 「부가가치세법」상의 간이과세제도에 관한 설명이다. 옳지 않은 것은? 2010년 회계사

① 간이과세자가 일반과세자에 관한 규정을 적용받으려는 경우에는 직전 연도의 재화와 용역의 공급대가에 관계없이 일반과세자에 관한 규정을 적용받을 수 있지만, 그 적용받으려는 달의 1일부터 3년이 되는 날이 속하는 과세기간까지는 일반과세자에 관한 규정을 적용받아야 한다.

② 간이과세자가 다른 사업자로부터 세금계산서를 발급받아 매입처별 세금계산서합계표를 사업장 관할 세무서장에게 제출하는 경우에는 해당 과세기간에 발급받은 세금계산서에 적힌 공급대가 합계액(매출세액에서 공제하지 않는 매입세액은 제외함)에 0.5%를 곱하여 계산한 금액을 납부세액에서 공제한다.

③ 음식점업을 운영하는 간이과세자가 면세농산물등을 원재료로 하여 제조·가공한 재화 또는 창출한 용역의 공급이 과세되는 경우에는 면세농산물등의 가액에 108분의 8을 곱하여 계산한 금액을 납부세액에서 공제할 수 없다.

④ 일반과세자에서 간이과세자로 변경된 사업자의 해당 과세기간에 대한 공급대가가 4,800만원 미만인 경우에는 재고매입세액을 포함한 해당 과세기간의 납부세액은 납부할 의무를 면제한다.

⑤ 직전 연도의 재화와 용역의 공급대가가 8,000만원에 미달하는 개인사업자는 간이과세자에 관한 규정을 적용한다. 다만, 간이과세가 적용되지 않는 다른 사업장(공동사업을 위한 사업장에 해당하지 않음)을 보유하고 있는 사업자나 특정 업종, 규모, 지역 등에 해당하는 사업자는 간이과세자에 관한 규정을 적용받을 수 없다.

해답 ④

해설 일반과세자에서 간이과세자로 변경된 사업자의 해당 과세기간(그 변경 이후 7.1 ~ 12.31)에 대한 공급대가가 4천8백만원 미만으로 납부의무가 면제되는 경우에도 재고납부세액은 납부해야한다.

02 「부가가치세법」상 간이과세에 관한 설명으로 옳지 않은 것은? 2013년 회계사

① 간이과세는 직전 연도의 재화와 용역의 공급대가(부가가치세 포함)가 8천만원에 미달하는 개인사업자를 대상으로 적용한다. 다만, 간이과세가 적용되지 아니하는 다른 사업장을 보유하고 있는 사업자 또는 업종, 규모, 지역 등을 고려하여 법령으로 정하는 사업자의 경우에는 간이과세자로 보지 아니한다.

② 간이과세자가 일반과세자에 관한 규정을 적용받으려는 경우에는 그 적용을 받으려는 달의 전달 마지막 날까지 사업장 관할세무서장에게 간이과세포기신고를 하여야 하며, 그 적용받으려는 달의 1일부터 3년이 되는 날이 속하는 과세기간까지는 일반과세자에 관한 규정을 적용 받아야 한다.

③ 간이과세자가 부가가치세가 과세되는 재화 또는 용역을 공급하고 신용카드매출전표, 현금영수증을 발급하거나 또는 전자적 결제수단에 의하여 대금을 결제받는 경우에는 그 발급금액·결제금액의 1.3%에 해당하는 금액(연간 1,000만원 한도)을 납부세액에서 공제한다.

④ 간이과세자는 과세기간의 과세표준과 납부세액을 그 과세기간이 끝난 후 25일(폐업하는 경우에는 폐업일이 속한 달의 다음달 25일) 이내에 사업장 관할세무서장에게 신고·납부하여야 하며, 매입처별 세금계산서합계표도 함께 제출하여야 한다.

⑤ 간이과세자가 다른 사업자로부터 세금계산서등을 발급받아 매입처별 세금계산서합계표 또는 신용카드매출전표등 수령명세서를 사업장 관할세무서장에게 제출하는 경우에는 해당 과세기간에 발급받은 세금계산서등에 적힌 공급대가 합계액(매출세액에서 공제하지 아니하는 매입세액을 포함)에 0.5%를 곱하여 계산한 금액을 과세기간에 대한 납부세액에서 공제한다.

해답 ⑤

해설 간이과세자가 다른 사업자로부터 세금계산서등을 발급받아 매입처별 세금계산서합계표 또는 신용카드매출전표등 수령명세서를 사업장 관할세무서장에게 제출하는 경우에는 해당 과세기간에 발급받은 세금계산서등에 적힌 공급대가 합계액(**매출세액에서 공제하지 아니하는 매입세액을 포함하지 아니한다**)에 0.5%를 곱하여 계산한 금액을 과세기간에 대한 납부세액에서 공제한다.

03 **부가가치세법상 간이과세에 관한 설명으로 옳지 않은 것은?** 2017년 회계사 수정

① 1월달에 음식점을 개업한 개인사업자 A(타사업장 없음)는 사업자등록을 하면서 간이과세 적용신고서를 제출하였다. A는 매출금액에 관계없이 해당 연도에는 간이과세자 규정을 적용받는다.

② 사업개시일부터 간이과세를 적용받고 있는 간이과세자 B는 제2기 과세기간에 대한 공급대가의 합계액이 4,800만원인 경우 제2기 부가가치세 납부세액의 납부의무를 면제받는다.

③ 제2기 납부의무가 면제되는 간이과세자 C는 제2기 부가가치세 23,000원을 납부하였다. 이 경우 관할 세무서장은 납부금액에 대한 환급의무를 지지 아니한다.

④ 과세사업만을 영위하는 간이과세자 D는 매입세액공제 대상 재화를 매입하면서 정상적인 세금계산서를 발급받아 당해 과세기간 신고를 하면서 매입처별 세금계산서합계표를 제출하였다. 이 경우 매입세금계산서 상 매입가액에 0.5%를 곱한 금액을 납부세액에서 공제한다.

⑤ 간이과세자 E의 제2기 부가가치세 신고 과세표준은 해당 과세기간(1.1.~12.31.)의 공급대가의 합계액으로 한다.

해답 ③

해설 납부의무를 면제받은 자가 자진납부한 경우에는 세무서장이 환급한다.

04 **부가가치세법상 간이과세의 포기에 관한 설명이다. 옳지 않은 것은?** 2016년 회계사

① 간이과세자가 간이과세를 포기하고 일반과세자에 관한 규정을 적용받으려는 경우 간이과세포기신고서를 납세지 관할 세무서장에게 제출하면 된다.

② 간이과세자가 간이과세포기신고서를 제출한 경우 제출일이 속하는 달의 다음달 1일부터 일반과세자에 관한 규정을 적용받게 된다.

③ 간이과세자는 간이과세를 포기하지 않으면 수출에 대하여 영세율을 적용받을 수 없다.

④ 간이과세포기신고서를 제출한 개인사업자는 일반과세자에 관한 규정을 적용받으려는 달의 1일부터 3년이 되는 날이 속하는 과세기간까지는 간이과세자에 관한 규정을 적용받지 못한다.

⑤ 간이과세포기신고서를 제출한 개인사업자가 3년이 지난 후 다시 간이과세를 적용받으려면 그 적용받으려는 과세기간 개시 10일 전까지 간이과세적용신고서를 관할 세무서장에게 제출하여야 한다.

해답 ③

해설 간이과세자도 간이과세를 포기하지 않아도 영세율을 적용받을 수 있다. 다만 매입세액 공제는 받지 못한다.

제2절 간이과세의 범위 및 적용시기와 과세유형 변경

01 **KH씨는 20×1년 3월 1일에 소매업을 신규사업으로 개시하였다. KH씨는 공급대가의 규모를 정확하게 예측할 수 없어서 일단 관할세무서에 간이과세자로 사업자등록을 적법하게 마쳤다. 다음은 각 과세기간별 자료이다.**

(단위 : 천원)

구분	20×1년 1/1~6/30	20×1년 7/1~12/31	20×2년 1/1~6/30	20×2년 7/1~12/31
공급대가(부가가치세 포함)	40,000	40,000	28,000	22,000
공급대가 중 신용카드매출전표 발행분	5,000	8,000	9,000	10,000
매입세금계산서상 매입세액	500	600	450	400

매입세금계산서상 매입세액은 모두 공제가능한 금액이며, 소매업의 업종별 부가가치율은 30%이다. 위의 자료에 기초하여 20×2년 7/1 ~ 12/31 기간에 대한 부가가치세 납부세액을 계산하면 얼마인가?

① 1,600,000원 ② 1,470,000원 ③ 440,000원
④ 540,000원 ⑤ 160,000원

해답 ②

해설 20×1년의 공급대가가 기준금액인 80,000,000원 이상이므로 20×2년 2기부터 일반과세자로 전환된다. 따라서 일반과세자로 보고 납부세액을 계산한다.

(1) 매출세액 : 22,000,000×10/110=2,000,000
(2) 매입세액 : 400,000
(3) 납부세액 : 1,600,000
(4) 신용카드매출전표 등 발행공제 : 10,000,000×1.3%=130,000
(5) 차가감납부세액 : 1,470,000

02 **소매업을 영위하는 갑씨는 부가가치세법상 간이과세자에 해당한다. 다음은 20×2년(1월 1일 ~12월 31일) 부가가치세 확정신고를 위한 자료이다.**

> (1) 공급대가 :
> 가. 과세분 : 20,000,000원 (이중 25%는 신용카드매출전표 발행분임)
> 나. 영세율 적용분 : 2,000,000원
> (2) 매입액(공급대가) : 20,000,000원 (전부 세금계산서 수취분임)
> (3) 소매업의 업종별 부가가치율 : 20%
> (4) 확정신고시 납부할 가산세 : 30,000원
> (5) 예정부과기간에 대한 납부세액은 20만원이다.

위의 자료에 의할 때, 20×2년 부가가치세 확정신고시 차감납부할세액(환급받을세액)은 얼마인가?

① 65,000원 ② 80,000원 ③ 100,000원
④ 160,000원 ⑤ △170,000원

해답 ⑤
해설 환급받을세액 : {0 − (20,000,000 × 0.5% + 20,000,000 × 25% × 1.3%)
= −165,000 → 0} + 30,000(가산세) − 200,000(예정납부세액) = △170,000

03 **부가가치세법상 간이과세에 대한 설명이다. 옳지 않은 것은?**

① 음식점업을 영위하는 간이과세자가 일반과세자에 관한 규정을 적용받는 도매업 사업장을 신규로 개설하는 경우에는 당해 사업개시일이 속하는 과세기간의 다음 과세기간부터 음식점업 사업장도 간이과세를 적용하지 아니한다.
② 간이과세자의 경우에는 의제매입세액공제를 적용하지 아니한다.
③ 간이과세자가 1월 31일에 간이과세포기신고를 하는 경우에는 2월 1일부터 일반과세자가 된다.
④ 간이과세자의 당해 과세기간에 대한 공급대가가 4,800만원 미만인 경우에는 납부세액에 대한 납부의무가 면제되지만, 과세유형의 전환으로 인한 재고납부세액의 납부의무는 면제되지 않는다.
⑤ 음식점업을 영위하는 일반과세자가 직전 1역년 공급대가가 8,000만원에 미달하여 간이과세자로 전환하게 되는 경우, 관할 세무서장으로부터 과세유형의 전환에 관한 통지를 받은 날이 속하는 과세기간까지는 일반과세를 적용한다.

해답 ⑤
해설 간이과세로 변경되는 경우에는 관할세무서장의 통지에 관계없이 간이과세를 적용한다.

04 부가가치세법상 과세유형의 전환에 관한 설명으로 틀린 것은?

① 계속사업자의 경우 과세유형전환시 간이과세가 적용되거나 적용되지 않게 되는 기간은 1역년의 공급대가의 합계액이 8,000만원의 금액에 미달하거나 그 이상이 되는 해의 다음 해의 7월 1일부터 그 다음 해의 6월 30일까지로 한다.

② 간이과세자가 간이과세 적용이 배제되는 사업을 신규로 겸영하는 경우에는 해당 사업의 개시일이 속하는 과세기간의 다음 과세기간부터 간이과세자에 관한 규정을 적용하지 아니한다.

③ 과세유형이 변경되는 경우에 해당 사업자의 관할세무서장은 그 변경되는 과세기간 개시 20일전까지 그 사실을 통지하여야 하며, 사업자등록증을 정정하여 과세기간 개시 당일까지 발급하여야 한다.

④ 소매업을 영위하는 사업자가 일반과세자에서 간이과세자로 변경될 경우 과세관청의 과세유형 전환 사실에 대한 통지가 없으면 간이과세자로 전환되지 않는다.

⑤ 간이과세자에서 일반과세자로 변경되어 간이과세가 적용되지 않게 되는 사업자에 대하여는 그 통지를 받은 날이 속하는 과세기간까지는 간이과세자에 관한 규정을 적용한다.

해답 ④

해설 과세유형이 변경되는 경우 당해 사업자의 관할세무서장은 변경되는 과세기간개시 20일 전까지 그 사실을 통지하여야 하며, 사업자등록증을 정정하여 과세기간개시 당일까지 교부하여야 한다.

- 통지가 없는 경우에는 다음과 같다.
  ① 일반과세자 ➡ 간이과세자 : 통지에 관계없이 해당시기에 간이과세자에 관한 규정을 적용한다. 다만, 부동산임대업을 영위하는 사업자의 경우에는 통지를 받은 날이 속하는 과세기간까지는 일반과세자에 관한 규정을 적용한다.
  ② 간이과세자 ➡ 일반과세자 : 통지를 받은 날이 속하는 과세기간까지는 간이과세자에 관한 규정을 적용한다.

05 **부가가치세법상 간이과세에 대한 설명으로 가장 옳지 않은 것은?**

① 간이과세가 적용되지 아니하는 다른 사업장을 보유하고 있는 사업자는 직전 1역년의 공급대가가 8천만원에 미달하는 경우에도 원칙적으로 간이과세를 적용받을 수 없다.
② 일반과세자가 직전 1역년의 공급대가가 8천만원에 미달하여 간이과세자로 변경되는 경우로서 간이과세자로 변경된 날이 속하는 과세기간에 대한 공급대가가 4천800만원에 미달하는 경우에는 당해 변경당시의 재고품 및 감가상각자산(매입세액을 공제받은 경우에 한함)에 대한 재고납부세액의 납부의무가 면제된다.
③ 직전년 또는 직전 과세기간에 신규로 사업을 개시한 개인사업자에 대하여는 그 사업개시일부터 그 과세기간종료일까지의 공급대가의 합계액을 12월로 환산한 금액을 기준으로 하여 간이과세 적용여부를 판단한다.
④ 확정신고의 내용에 오류가 있어 사업장 관할세무서장이 결정 또는 경정한 공급대가가 8천만원 이상인 개인사업자는 그 결정 또는 경정한 날이 속하는 과세기간까지 간이과세자로 본다.
⑤ 사업자등록을 하지 아니한 개인사업자로서 사업을 개시한 날이 속하는 1역년에 있어서 공급대가의 합계액이 8천만원에 미달하는 경우에는 최초의 과세기간에 있어서 간이과세자로 한다.

해답 ②
해설 일반과세자가 간이과세자로 변경되는 경우에 납부면제에 해당되어도 재고납부세액은 납부해야 한다.

06 **부가가치세법상 간이과세에 관한 설명으로 옳지 않은 것은?** 2009년 세무사

① 직전 1역년의 재화와 용역의 공급에 대한 공급대가가 8천만원에 미달한 개인 및 법인사업자는 간이과세의 적용을 받을 수 있다.
② 간이과세자의 납부세액을 계산하는 경우 적용되는 업종별 부가가치율은 직전 3년간 신고된 업종별 평균 부가가치율 등을 고려하여 정해진다.
③ 일반과세자가 간이과세자로 변경되는 경우에는 당해 변경당시의 재고품 및 감가상각자산(매입세액을 공제받은 경우에 한한다)에 대하여 법령이 정하는 바에 따라 계산한 금액을 납부세액에 가산하여야 한다.
④ 음식점업을 영위하는 간이과세자가 부가가치세의 면제를 받아 공급받은 농산물·축산물·수산물 또는 임산물을 원재료로 하여 제조·가공한 재화 또는 창출한 용역의 공급이 과세되는 경우에도 의제매입세액을 납부세액에서 공제할 수 없다.
⑤ 간이과세자가 일반과세자에 관한 규정을 적용받고자 하는 경우에는 그 적용을 받고자 하는 달의 전달 마지막 날까지 법령이 정하는 바에 따라 사업장 관할세무서장에게 신고하여야 한다.

해답 ①
해설 법인사업자는 간이과세자가 될 수 없다.

07 간이과세제도에 관한 설명으로 옳지 않은 것은? 2010년 세무사

① 과자점업만을 영위하는 개인사업자로서 직전연도의 공급대가의 합계액이 8,000만원에 미달하는 경우에는 간이과세를 적용받을 수 있다.
② 광업 또는 부동산매매업을 영위하는 개인사업자의 경우에는 직전연도의 공급대가의 합계액에 관계없이 간이과세를 적용받을 수 없다.
③ 간이과세를 포기하고자 하는 경우에는 일반과세자에 관한 규정을 적용받으려는 달의 전달 마지막 날까지 법령이 정하는 바에 따라 사업장 관할세무서장에게 간이과세 포기신고를 하여야 한다.
④ 간이과세자는 발급받은 세금계산서에 대한 매입처별세금계산서합계표를 해당 확정신고와 함께 제출하여야 한다.
⑤ 간이과세자의 해당 과세기간에 대한 공급대가가 4,800만원 미만인 경우에는 그 과세기간의 공급대가에 해당 업종의 부가가치율을 곱한 금액의 100분의 10에 상당하는 납부세액과 납부세액에 더하여야 할 재고매입세액의 납부의무를 면제한다.

해답 ⑤
해설 납부세액에 가산하는 재고매입세액(재고납부세액)은 납부해야 한다.

08 부가가치세법상 재고매입세액공제에 관한 설명으로 가장 옳지 않은 것은?

① 간이과세자가 일반과세자로 변경되는 경우에는 당해 변경당시의 재고품 및 감가상각자산에 대하여 법령이 정하는 바에 따라 계산한 금액을 매입세액으로서 공제할 수 있다.
② 감가상각자산 중 건물 및 구축물을 제외한 기타의 감가상각자산의 경우에는 취득 또는 제작 후 2년 이내의 것에 한하여 재고매입세액공제가 가능하다.
③ 재고품 및 감가상각자산의 금액은 장부 또는 세금계산서에 의하여 확인되는 당해 재고품 및 감가상각자산의 취득가액(부가가치세를 제외한다)으로 한다.
④ 재고품 및 감가상각자산의 신고를 받은 관할세무서장은 재고매입세액으로서 공제할 수 있는 재고금액을 조사·승인하고 법령에서 정한 기한경과 후 1월 이내에 당해 사업자에게 공제될 재고매입세액을 통지하여야 한다. 이 경우 그 기한 내에 통지하지 아니하는 때에는 당해 사업자가 신고한 재고금액을 승인한 것으로 본다.
⑤ 결정된 재고매입세액은 그 승인을 얻은 날이 속하는 예정신고기간 또는 과세기간의 매출세액에서 공제한다.

해답 ③
해설 취득가액(부가가치세를 제외한다)(X) → 취득가액(부가가치세를 포함한다)(O)

제3절 과세표준과 세액

01 **다음은 소매업을 영위하는 간이과세자 甲의 20×2년 제1기(1월 1일~12월 31일) 부가가치세 확정신고를 위한 자료이다. 차가감납부세액은 얼마인가? (단, 세금계산서 등의 증빙은 적법하게 수령하였다.)**

> (1) 공급대가 : 80,000,000원(전자화폐 결제분 5,000,000원 포함)
> (2) 매입처별계산서합계표에 의해 확인되는 면세농산물의 매입가액 : 3,244,500원
> (3) 매입처별세금계산서합계표에 의해 확인되는 매입액(공급대가) : 60,000,000원
> (4) 소매업의 업종별 부가가치율은 15%로 가정
> (5) 예정부과기간의 납부세액은 없으며, 서면으로 신고하였음

① 55,500원　② 85,500원　③ 115,500원
④ 140,500원　⑤ 835,000원

해답 ⑤

해설
- 납부세액 : 80,000,000×15%×10%=1,200,000
- 공제세액
  ① 세금계산서 등 수취 공제세액 : 60,000,000×0.5%=300,000
  ② 신용카드매출전표 등 세액공제 : 5,000,000×1.3%=65,000
- 차가감납부세액 : 1,200,000−(300,000+65,000)=835,000

※ 간이과세자는 의제매입세액공제를 적용하지 아니한다.

02 다음은 과세사업과 면세사업을 겸영하는 간이과세자인 갑의 20×2년 과세기간의 부가가치세 관련 자료이다. 20×2년 과세기간의 부가가치세 차가감납부세액(지방소비세 포함)을 계산한 것으로 옳은 것은? 2014년 회계사

(1) 공급내역

구 분	공급가액	부가가치세	합 계
과세사업	24,000,000원	2,400,000원	26,400,000원
면세사업	17,600,000원	-	17,600,000원

(2) 매입세금계산서에 적힌 매입액(공급대가)은 다음과 같으며, 갑은 매입처별 세금계산서합계표를 적법하게 제출하였다.

구 분	매입액(공급대가)	비 고
과세사업	40,000,000원	매입세액불공제 대상 없음
면세사업	2,000,000원	-
공통매입세액	28,000,000원	사업용자산 구입관련 매입세액임

(3) 20×2년 예정부과기간의 납부세액은 없다.

(4) 과세사업 업종의 부가가치율은 20%로 가정하며, 자료에 제시된 것 외의 공제세액은 고려하지 않는다.

① 0원 ② 228,000원 ③ 244,000원
④ 247,231원 ⑤ 328,000원

해답 ①

해설

구 분	금액	계산내역
납부세액	0	공급대가 합계액 4,800만원 미만 납부의무 면제
(-)공제세액	284,000	
① 세금계산서 수취세액공제	200,000	40,000,000 ×0.5%
② 공통매입세액	84,000	28,000,000×26,400,000/44,000,000 × 0.5%
차가감납부세액	0	

※ 과세사업과 면세사업을 겸영하는 사업자의 공통매입세액 공제액
〈원칙〉 실지귀속에 따라 구분한 과세사업의 매입액(공급대가)×0.5%
〈예외〉 실지귀속을 알 수 없는 경우
매입액(공급대가)×해당 과세기간의 과세공급대가/해당 과세기간의 총공급대가×0.5%

03 **사업자 甲이 20×8. 7. 1. 자로 일반과세자에서 간이과세자(부가가치율 20%)로 변경되었다. 다음 자료에 의하여 재고납부세액을 계산하면 얼마인가?**

구 분	취 득 가 액	취 득 일
상 품	100,000,000원	20×8. 2. 20
건 물	200,000,000원	20×4. 7. 10
기계장치	80,000,000원	20×7. 4. 5

※ 위 자산은 모두 매입세액공제를 받은 것이다.

① 1,890,000원 ② 3,200,000원 ③ 5,600,000원
④ 9,450,000원 ⑤ 22,680,000원

해답 ⑤

해설 (1) 상 품
100,000,000원×10%×(1－0.5%×110/10)＝9,450,000원
(2) 건 물
200,000,000원×10%×(1－5%×8과세기간)×(1－0.5%×110/10)＝11,340,000원
(3) 기계장치
80,000,000원×10%×(1－25%×3과세기간)×(1－0.5%×110/10)＝1,890,000원
(4) 재고납부세액 계
(1)＋(2)＋(3)＝22,680,000원

04 **소매업을 영위하는 개인사업자 甲은 20×6.1.1.부터 간이과세자에서 일반과세자로 과세유형이 전환되었다. 전환일 현재의 재고품 및 감가상각자산이 다음과 같으며 모두 매입세액공제대상일 경우 재고매입세액은 얼마인가? (단, 甲은 일반과세자 전환시 보유자산에 대한 '재고품 등 신고서'를 적법하게 신고한 것으로 가정하고 자산의 취득은 적격증명서류를 갖추고 있음)**

2018년 세무사

20×6.1.1. 현재 보유자산 현황(취득가액은 모두 부가가치세 포함)

구분	취득일자	취득가액	장부가액	시 가
건물	20×2.6.5.	220,000,000원	120,000,000원	230,000,000원
비품	20×4.4.25.	44,000,000원	18,000,000원	24,000,000원
상품	20×5.12.20.	22,000,000원	22,000,000원	26,000,000원

건물과 비품은 타인으로부터 매입한 자산이다.

① 7,200,000원 ② 13,230,000원 ③ 14,400,000원
④ 15,600,000원 ⑤ 16,200,000원

해답 ②

해설 (1) 건물 : $220,000,000\times(1-\frac{10}{100}\times4)\times\frac{10}{110}\times(1-0.5\%\times\frac{110}{10})=11,340,000$

(2) 비품 : $44,000,000\times(1-\frac{50}{100}\times2)\times\frac{10}{110}\times(1-0.5\%\times\frac{110}{10})=0$

(3) 상품 : $22,000,000\times\frac{10}{110}\times(1-0.5\%\times\frac{110}{10})=1,890,000$

05 다음 자료를 이용하여 20×3.1.1.부터 일반과세자에서 간이과세자로 전환된 사업자 甲이 간이과세자 부가가치세 확정신고시 20×3년 과세기간의 차감납부할 세액 또는 환급받을 세액(지방소비세 포함)을 계산하면 얼마인가? (단, 세법상 적법한 절차와 신고가 이루어졌다.)

2013년 세무사

(1) 제분업을 운영하고 있으며 공급대가 20,000,000원(공급대가 중 10,000,000원은 신용카드 결제분임)이다.

(2) 간이과세자로 변경되는 일 현재의 보유자산 현황은 다음과 같다.

	취득시기	취득가액	비고
재고품	20×2.11.3.	1,000,000원	
기 계	20×2.3.1.	20,000,000원	
건 물	20×0.8.1.	50,000,000원	토지가액 30,000,000원 포함

* 재고품, 기계, 건물은 취득시 매입세액공제를 받음

(3) 매입은 모두 세금계산서를 수령하였으며 동 세금계산서의 매입액(공급대가 합계액)은 520,000,000원(매입세액불공제분은 없음)이다.

(4) 해당 업종의 부가가치율은 20%로 가정한다.

① 차감납부할 세액 : 0원
② 차감납부할 세액 : 143,000원
③ 차감납부할 세액 : 273,000원
④ 환급받을 세액 : 143,000원
⑤ 환급받을 세액 : 273,000원

해답 ①

해설 (1) 납부세액 : 0 (4,800만원 미달 납부의무 면제)

(2) 재고납부세액 : 2,457,000

① 재고품 : 1,000,000원 × 10% × (1 - 0.5% × 110/10) = 94,500

② 기계 : 20,000,000원 × 10% × (1 - 25% × 2과세기간) × (1 - 0.5% × 110/10) = 945,000

③ 건물 : 20,000,000원 × 10% × (1 - 5% × 5과세기간) × (1 - 0.5% × 110/10) = 1,417,500

(3) 세금계산서수취세액공제액 : 520,000,000원 × 0.5% = △2,600,000원
(4) 신용카드매출전표발행세액공제액 : 10,000,000원 × 1.3% = **△130,000원**
(5) **차감납부세액 : 2,457,000-2,600,000-130,000** = △273,000원
*간이과세자가 환급세액이 발생하는 경우 이를 없는 것으로 한다.

06 **다음은 음식점업(과세유흥장소 아님)을 영위하는 간이과세자 甲의 부가가치세 관련 자료이다. 20×2년 과세기간에 대한 부가가치세 신고시 차감 납부세액(지방소비세 포함)은 얼마인가? (단, 매입거래는 20×2.7.1. 이후에 발생된 것이며 주어진 자료 이외에는 고려하지 않음)**

2018년 세무사

(1) 공급내역

기 간	업 종	공급대가
20×2.1.1.~ 6.30.	음식점업	42,000,000원
20×2.7.1.~ 12.31.	음식점업	43,000,000원
합 계		45,000,000원

(2) 공급대가 중 신용카드매출전표 발급금액은 20,000,000원이다.
(3) 농산물 구입은 계산서 수취분이며 농산물 가액은 1,090,000원이다.
(4) 대형마트를 통한 조미료 등의 구입은 세금계산서 수취분이며 매입세액은 6,000,000원이다.
(5) 음식점업의 업종 부가가치율은 10%이다. 20×2년 예정부과기간의 고지세액은 없다.
(6) 매입세액은 공제받기 위한 모든 요건을 충족하였고, 세액공제 등에 대해 적법하게 신고한 것으로 가정하며, 甲은 복식부기 의무자가 아니다.

① 0원 ② 52,000원 ③ 152,000원
④ 161,260원 ⑤ 260,000원

해답 ⑤

해설 (1) 납부세액 : 85,000,000×10%×10%(업종별부가율)=850,000
(2) 공제세액 : 20,000,000×1.3%+66,000,000×0.5%=590,000
(3) 차감납부세액 : (1)-(2)=260,000

07 **문구 소매업과 의류 제조업을 겸영하고 있는 간이과세자인 甲의 20×2년 과세기간(1.1~12.31.)의 거래내역이다. 신고서를 서면으로 제출할 경우 차가감납부세액(지방소비세 포함)은 얼마인가? (단, 모두 국내거래이며, 주어진 자료 이외에는 고려하지 않음)** 2019년 세무사

(1) 공급 내역
① 소매업분: 공급대가 20,000,000원
② 제조업분: 공급대가 30,000,000원
③ 비품: 공급대가 10,000,000원(업종별 실지귀속을 구분할 수 없음)
(2) 매입 내역
① 소매업분: 공급가액 15,000,000원, 매입세액 1,500,000원
② 제조업분: 공급가액 5,000,000원, 매입세액 500,000원
③ 업종별 실지 귀속을 구분할 수 없는 매입분: 공급가액 3,000,000원, 매입세액 300,000원
(3) 업종별 부가가치율
① 업종별로 5%, 10%, 20%, 30%를 적용함
② 소매업의 경우 10%, 제조업의 경우 20%임
(4) 세금계산서는 적법하게 수취하였다.

① 548,000원 ② 620,000원 ③ 695,000원
④ 833,500원 ⑤ 705,000원

해답 ④

해설 (1) 납부세액 : ①+②+③=960,000
① 소매업분 : 20,000,000×10%×10%=200,000
② 제조업분 : 30,000,000×20%×10%=600,000
③ 공통사용재화 처분 : 10,000,000×16%*×10%=160,000

$$* 10\% \times \frac{20,000,000}{50,000,000} + 20\% \times \frac{30,000,000}{50,000,000} = 16\%$$

(2) 공제세액 : 126,500
(15,000,000+5,000,000+3,000,000)×110/100×0.5%=126,500
(3) 차가감납부세액 : (1)-(2)=833,500

08 **다음은 제조업을 영위하고 있는 개인사업자 갑의 보유자산 자료이며 모두 매입세액 공제대상이다. 갑이 20×4년 1월 1일부터 간이과세자에서 일반과세자로 전환된 경우 20×4년 제1기 과세기간(1.1.~6.30.)에 대한 재고납부세액 또는 재고매입세액을 계산한 것으로 옳은 것은? (단, 갑은 일반과세자 전환시 보유자산에 대한 '재고품 등 신고서'를 적법하게 신고한 것으로 가정한다.)**

2015년 회계사 수정

(1) 20×4년 1월 1일 현재 보유자산 현황(부가가치세 포함)

구분	건물	제품	건설중인자산	기계장치
취득일	20×1.3.20.	20×2.7.6.	-	20×3.8.5.
시가	203,500,000원	33,000,000원	-	88,000,000원
장부가액	231,000,000원	확인안됨	165,000,000원	71,500,000원
취득가액	275,000,000원	확인안됨	-	73,700,000원

(2) 건설중인자산과 관련된 공제대상 매입세액은 12,000,000원이며, 20×3.7.1. 이전에 공급받은 것으로 가정한다.

① 재고매입세액 33,000,000원
② 재고매입세액 35,015,750원
③ 재고납부세액 34,225,000원
④ 재고매입세액 32,669,325원
⑤ 재고매입세액 31,043,250원

해답 ④

해설 (1) 재고매입세액

간이과세자에서 일반과세자로 전환되었으므로 재고매입세액을 계산한다.

① 건물 : $275{,}000{,}000 \times \frac{10}{110} \times (1-10\% \times 3) \times (1-0.5\% \times \frac{110}{10}) = 16{,}537{,}500$

② 제품 : 0

장부나 세금계산서로 확인되지 않는 경우 재고매입세액공제를 적용하지 않는다.

③ 건설중인자산 : $12{,}000{,}000 \times (1-0.5\% \times \frac{110}{10}) = 11{,}340{,}000$

④ 기계장치 : $73{,}700{,}000 \times \frac{10}{110} \times (1-50\% \times 1) \times (1-0.5\% \times \frac{110}{10}) = 3{,}165{,}750$

∴ 16,537,500 + 11,340,000 + 3,165,750 = 31,043,250

09 **다음 자료의 〈경우1〉과 〈경우2〉가 독립적이라고 가정할 때, 재고납부세액과 재고매입세액은 각각 얼마인가?**

2009년 회계사

개인사업자 을씨의 20×2년 7월 1일 현재 상품 명세는 다음과 같다. 단, 아래 금액은 모두 부가가치세가 포함되지 않은 금액이다.

취득일자	취득가액	장부가액	시가
20×1. 6. 25.	3,300,000원	2,200,000원	1,100,000원

〈경우1〉 을씨가 20×2년 7월 1일부터 간이과세자(부가가치율 : 20%)에서 일반과세자로 변경되었다. 단, 위 상품은 매입세액공제대상이다.

〈경우2〉 을씨가 20×2년 7월 1일부터 일반과세자에서 간이과세자(부가가치율 : 20%)로 변경되었다. 단, 위 상품은 매입세액을 공제받은 것이다.

	〈경우1〉	〈경우2〉
①	재고매입세액 283,500원	재고납부세액 283,500원
②	재고납부세액 283,500원	재고매입세액 298,350원
③	재고매입세액 283,500원	재고납부세액 298,350원
④	재고납부세액 298,350원	재고매입세액 298,350원
⑤	재고매입세액 311,850원	재고납부세액 283,500원

해답 ⑤

해설 1. 재고매입세액

$$3{,}300{,}000 \times \frac{10}{100} \times (1 - 0.5\% \times 110/10) = 311{,}850$$

2. 재고납부세액

$$3{,}300{,}000 \times \frac{10}{100} \times (1 - 0.5\% \times 110/10) = 283{,}500$$

10 **간이과세자인 거주자 갑씨는 사업규모가 증가함에 따라 20×2년 7월 1일부터 일반과세자로 변경될 예정이다. 변경일 현재의 관련 자료는 다음과 같다.**

(1) 변경일 현재 자산 관련 자료 :

구 분	취 득 일	취득가액	장부가액	시 가
상 품	20×1. 12. 16.	2,200,000원	2,200,000원	3,300,000원
기계장치	20×1. 10. 12.	11,000,000원	7,700,000원	4,400,000원
건 물	20×1. 1. 26.	66,000,000원	55,000,000원	88,000,000원

* 위의 금액은 부가가치세가 포함된 금액임

(2) 갑씨는 소매업을 영위하고 있다.

위의 자료에 의할 때 갑씨가 공제받을 재고매입세액을 계산하면 얼마인가?

① 6,066,450원 ② 6,819,500원 ③ 6,080,000원
④ 5,764,500원 ⑤ 5,360,000원

해답 ①

해설

상 품	₩2,200,000×10/110×(1－0.5%×110/10)＝	₩189,000
기계장치	₩11,000,000×10/110×(1－50%×1)×(1－0.5%×110/10)＝	472,500
건 물	₩66,000,000×10/110×(1－10%×1)×(1－0.5%×110/10)＝	5,103,000
합 계		₩5,764,500

11 **맞춤양복 제조업을 경영하는 간이과세자 갑의 20×2년 과세기간 부가가치세 관련 자료이다. 부가가치세 차가감납부세액(지방소비세 포함)은 얼마인가?** 2019년 회계사 수정

(1) 양복 매출액

내 역	공급대가	합 계
신용카드매출전표 발행분	12,000,000원	60,000,000원
세금계산서 발행분	10,000,000원	
금전등록기 계산서 발행분	38,000,000원	

(2) 일반과세자로부터 원자재 매입액

내 역	공급가액	매입세액
세금계산서 수취분	20,000,000원	2,000,000원
신용카드매출전표 수취분	10,000,000원	1,000,000원

(3) 양복 제조에 사용하던 재봉틀을 1,000,000원(부가가치세 포함)에 매각하고 금전등록기 계산서를 발급하였으며, 새 재봉틀을 2,200,000원(부가가치세 포함)에 구입하고 세금계산서를 수취하였다.

(4) 20×2년 예정부과기간의 납부세액은 없으며, 모든 매입거래에 대하여 매입처별세금계산서합계표 또는 신용카드매출전표등 수령명세서를 제출하였다.

(5) 제조업의 업종별 부가가치율은 20%이다.

(6) 갑은 세금계산서 발행의무가 있는 간이과세자이다.

① 274,000원 ② 294,000원 ③ 314,000원
④ 888,000원 ⑤ 904,000원

해답 ④

해설 (1) 납부세액

(60,000,000 + 1,000,000) × 20% × 10% = 1,220,000

(2) 세액공제

① 세금계산서 수취분 : (33,000,000 + 2,200,000) × 0.5% = 176,000

② 신용카드매출전표 등 발급세액공제

12,000,000 × 1.3% = 156,000

(3) 차가감납부세액

1,220,000 − 176,000 − 156,000 = 888,000

Part

02

법인세법

CHAPTER

01 총 칙

제1절 법인세 납세의무

01 법인세 납세의무자의 납세의무 범위에 관한 설명이다. 잘못된 것은?

① 영리내국법인은 소득의 발생 원천을 가리지 아니하고 모든 소득에 대하여 법인세 납세의무를 진다.
② 비영리내국법인은 수익사업에서 생긴 소득에 한하여 법인세 납세의무를 진다.
③ 외국에 본점을 둔 영리법인은 국내 원천 소득에 한하여 법인세 납세의무를 진다.
④ 비영리내국법인은 청산소득에 대한 법인세 납세의무가 있다.
⑤ 영리외국법인은 청산소득에 대한 법인세 납세의무가 없다.

해답 ④
해설 비영리내국법인은 청산소득에 대한 법인세 납세의무가 없다.

02 법인세법상 납세의무자에 관한 설명이다. 옳은 것은? 2015년 회계사 수정

① 「국세기본법」상 법인으로 보는 단체는 「법인세법」상 비영리내국법인으로 취급되며 토지 등 양도소득 법인세 납세의무는 없다.
② 신탁재산에 귀속되는 소득은 그 신탁의 이익을 받을 수익자가 그 신탁재산을 가진 것으로 보고 법인세법을 적용한다.
③ 「상법」상 합명회사는 법인세 납세의무자에 해당하며, 「조세특례제한법」상 동업기업 과세특례를 적용 신청한 경우에도 법인세를 부과할 수 있다.
④ 국내에 사업의 실질적 관리장소가 없고 외국에 본점 또는 주사무소를 둔 경우로서 구성원이 유한책임사원으로만 구성된 단체는 외국법인에 해당하지 아니한다.
⑤ 내국법인은 국세청장의 승인을 받아 발행주식의 80%를 보유하는 다른 내국법인과 합하여 하나의 과세단위로 법인세를 과세하는 방식을 적용받을 수 있다.

해답 ②
해설 ① 법인세법상 비영리내국법인도 토지 등 양도소득 법인세가 과세된다.
③ 조세특례제한법상 동업기업 과세특례를 적용 신청한 경우 동업기업에 대해서는 동업기업의 소득에 대한 소득세·법인세를 부과하지 않고 동업자에게 배분하며, 동업자는 배분 받은 소득에 대한 소득세·법인세 납세의무를 부담한다.

④ 법인세법상 외국법인이라 함은 외국에 본점 또는 주사무소를 둔 단체(국내에 사업의 실질적 관리 장소가 소재하지 않은 경우)로서 다음의 기준에 해당하는 법인을 말한다.
ㄱ. 설립지국의 법률에 따라 법인격이 부여된 단체
ㄴ. 구성원이 유한책임사원으로만 구성된 단체
ㄷ. 그 밖에 해당 외국단체와 동종 또는 유사한 국내의 단체가 「상법」등 국내의 법률에 따른 법인인 경우의 그 외국단체
⑤ 연결납세방식을 적용받기 위해선 내국법인(연결모법인)이 다른 내국법인(연결자법인)의 발행주식총수 전부를 보유하는 경우여야 한다.

03 **「법인세법」상 과세소득의 범위와 사업연도 및 납세지에 관한 설명으로 옳지 않은 것은?**

2016년 세무사

① 영리내국법인에 대하여는 각 사업연도의 소득, 청산소득, 법령에 따른 토지 등 양도소득에 대하여 법인세를 부과한다.
② 출자지분의 양도로 인하여 생기는 수입은 비영리내국법인의 각 사업연도의 소득에 포함되지 않는다.
③ 비영리외국법인의 각 사업연도의 소득은 국내원천소득 중 수익사업에서 생기는 소득만 해당한다.
④ 내국법인이 사업연도 중에 연결납세방식을 적용받는 경우에는 그 사업연도 개시일부터 연결사업연도 개시일의 전날까지의 기간을 1사업연도로 본다.
⑤ 납세지가 변경된 법인이 「부가가치세법」에 따라 그 변경된 사실을 신고한 경우에는 「법인세법」에 따른 납세지 변경신고를 한 것으로 본다.

해답 ②

해설 비영리내국법인의 각 사업연도의 법령·정관 등의 목적사업에 불구하고 다음의 사업 또는 수입에서 생기는 소득으로 한다.
① 제조업, 건설업, 도매업·소매업, 소비자용품수리업, 부동산 임대 및 사업서비스업 등 수익이 발생하는 사업으로서 한국표준사업분류에 의한 각 사업 중 수익이 발생하는 것
② 「소득세법」에 따른 이자소득
③ 「소득세법」에 따른 배당소득
④ 주식·신주인수권 또는 출자지분의 양도로 인하여 생기는 수입
⑤ 고정자산(처분일 현재 3년 이상 계속하여 고유목적사업에 직접 사용한 것은 제외)의 처분으로 인하여 생기는 수입
⑥ 「소득세법」에 따른 자산의 양도로 인하여 생기는 수입
⑦ ①부터 ⑥까지의 규정 외에 대가를 얻는 계속적 행위로 인하여 생기는 수입으로서 대통령령으로 정하는 것

04 법인세법상 납세의무에 관한 설명이다. 옳지 않은 것은? 2020년 회계사

① 사업의 실질적 관리장소가 국내에 있지 아니하면서 본점 또는 주사무소가 외국에 있고, 구성원이 유한책임사원으로만 구성된 단체는 외국법인으로 본다.

② 지방자치단체조합은 보유하고 있던 비사업용 토지를 양도하는 경우 토지 등 양도소득에 대한 법인세 납세의무가 없다.

③ 비영리내국법인의 각 사업연도 소득은 세법상 수익사업에서 생기는 소득으로 한정한다.

④ 비영리외국법인은 청산소득에 대한 법인세 납세의무가 없으나, 비영리내국법인은 청산소득에 대한 법인세 납세의무가 있다.

⑤ 연결가능모법인이 연결가능자법인을 포함하여 연결납세방식을 적용받기 위해서는 연결가능모법인의 납세지 관할 지방국세청장의 승인을 받아야 한다.

해답 ④

해설 비영리법인은 청산소득에 대한 법인세 납세의무가 없다.

05 「법인세법」의 총칙에 관한 설명으로 옳지 않은 것은? 2018년 세무사

① 내국법인 중 국가와 지방자치단체에 대하여는 법인세를 부과하지 아니한다.

② 자산이나 사업에서 생기는 수입이 법률상 귀속되는 법인과 사실상 귀속되는 법인이 서로 다른 경우에는 그 수입이 사실상 귀속되는 법인에 대하여 「법인세법」을 적용한다.

③ 신탁재산에 귀속되는 소득은 그 신탁의 이익을 받을 수익자가 특정된 경우 그 수익자가 그 신탁재산을 가진 것으로 보고 「법인세법」을 적용한다.

④ 둘 이상의 국내사업장이 있는 외국법인이 사업연도 중에 그 중 하나의 국내사업장을 가지지 아니하게 된 경우에는 그 사업연도 개시일부터 그 사업장을 가지지 아니하게 된 날까지의 기간을 그 법인의 1사업연도로 본다.

⑤ 법령에 따라 사업연도가 정하여지는 법인이 관련 법령의 개정에 따라 사업연도가 변경된 경우에는 사업연도의 변경 신고를 하지 아니한 경우에도 사업연도가 변경된 것으로 본다.

해답 ④

해설 국내사업장이 있는 외국법인이 사업연도 중에 그 국내사업장을 가지지 아니하게 된 경우에는 그 사업연도 개시일부터 그 사업장을 가지지 아니하게 된 날까지의 기간을 그 법인의 1사업연도로 본다. 다만, 국내에 다른 사업장을 계속하여 가지고 있는 경우에는 그러하지 아니하다.

06 법인세법상 과세소득의 범위에 관한 설명이다. 옳지 않은 것은? 2015년 회계사 수정

① 비영리내국법인은 청산소득에 대하여 법인세 납세의무가 있다.
② 외국법인은 비사업용 토지의 양도소득에 대하여 법인세 납세의무가 있다.
③ 영리내국법인이 해산(합병이나 분할에 의한 해산 제외)한 경우 그 청산소득 금액은 해산에 의한 잔여재산의 가액에서 해산등기일 현재의 자기자본의 총액을 공제한 금액으로 한다.
④ 비영리내국법인은 주식의 양도로 인하여 생기는 수입에 대하여 법인세 납세의무가 있다.
⑤ 비영리외국법인이 납세의무를 부담하는 국내원천소득의 범위는 국내원천소득 중 수익사업에서 생긴 소득에 한한다.

해답 ①

해설 청산소득에 대한 법인세의 적용대상 법인에서 비영리내국법인은 제외한다. 비영리법인은 학술, 종교, 자선, 기예, 사교 기타 영리 아닌 사업을 목적으로 설립된 법인으로 그 사업에서 생긴 이윤을 그 구성원에게 배당 또는 분배하지 않고 목적사업에 충당해야 하며 청산으로 발생한 소득의 경우 국가에 귀속된다.

07 법인세법상 법인과세 신탁재산에 관한 설명이다. 옳지 않은 것은? 2021년 회계사

① 법인과세 신탁재산의 법인세 납세지는 그 법인과세 수탁자의 납세지로 한다.
② 하나의 법인과세 신탁재산에 「신탁법」에 따라 둘 이상의 수탁자가 있는 경우에는 수탁자 중 신탁사무를 주로 처리하는 수탁자로 신고한 자가 법인과세 신탁재산에 귀속되는 소득에 대하여 법인세를 납부하여야 한다.
③ 수탁자의 변경에 따라 수탁자가 그 법인과세 신탁재산에 대한 자산과 부채를 변경되는 수탁자에게 이전하는 경우 수탁자 변경일 현재의 공정가액을 그 자산과 부채의 이전가액으로 보고 장부가액과의 차이를 이전에 따른 손익으로 과세한다.
④ 지급한 배당에 대하여 소득공제를 적용받는 법인과세 신탁재산으로부터 받은 수입배당금에 대하여는 내국법인 수입배당금액의 익금불산입 규정을 적용하지 않는다.
⑤ 법인과세 신탁재산은 설립일로부터 2개월 이내에 법인설립신고서를 납세지 관할 세무서장에게 신고하여야 한다.

해답 ③

해설 수탁자의 변경에 따라 법인과세 신탁재산의 수탁자가 그 법인과세 신탁재산에 대한 자산과 부채를 변경되는 수탁자에게 이전하는 경우 그 자산과 부채의 이전가액을 수탁자 변경일 현재의 장부가액으로 보아 이전에 따른 손익은 없는 것으로 한다.

제2절 법인의 사업연도 및 납세지

01 **법인세법상 사업연도에 관한 설명이다. 옳지 않은 것은?** 2012년 회계사

① 내국법인이 사업연도 중에 연결납세방식을 적용받는 경우에는 그 사업연도 개시일부터 연결사업연도 개시일의 전일까지의 기간을 1사업연도로 본다.

② 법령에 의하여 사업연도가 정해지는 법인이 아닌 ㈜A(사업연도 1.1~12.31)가 제12기 사업연도를 20×1.10.1~20×2.9.30로 변경하기 위하여 20×1.4.5에 사업연도 변경신고서를 납세지 관할세무서장에게 제출한 경우 변경 후 최초 사업연도는 20×2.1.1~20×2.9. 30이다.

③ 내국법인인 ㈜C(사업연도 1.1~12.31)가 분할에 따라 해산하여 20×2.5.1에 해산등기를 한 경우에는 20×2.1.1부터 20×2.5.1까지를 ㈜C의 1사업연도로 본다.

④ 국내사업장을 가지고 있으며 법령이나 정관 등에 사업연도에 관한 규정이 없는 외국법인 ㈜B가 사업연도 신고를 하지 않은 경우 ㈜B의 최초 사업연도는 국내사업장을 가지게 된 날부터 그 날이 속하는 해의 12.31까지로 한다.

⑤ 상법·기타 법령의 규정에 의하여 그 조직을 변경한 경우에도 조직변경 전의 법인해산등기 또는 조직변경 후의 법인 설립 등기에 관계없이 당해 법인의 사업연도는 조직변경 전 사업연도가 계속되는 것으로 한다.

해답 ③

해설 분할에 따라 해산한 경우 그 사업연도 개시일부터 분할등기일까지의 기간을 그 해산한 법인의 1사업연도로 본다.

02 **「법인세법」 납세의무와 사업연도에 관한 설명으로 옳지 않은 것은?** 2013년 회계사

① 법령이나 정관 등에 사업연도에 관한 규정이 없는 내국법인은 따로 사업연도를 정하여 「법인세법」상 법인설립신고 또는 사업자등록과 함께 납세지 관할세무서장에게 사업연도를 신고하여야 한다.

② 사업연도를 변경하려는 법인은 그 법인의 직전 사업연도 종료일부터 3개월 이내에 납세지 관할세무서장에게 신고하여야 한다.

③ 학술, 종교, 자선 등 영리 아닌 사업을 목적으로 설립된 비영리내국법인이라 하더라도 당해 법인의 수익사업에서 생기는 소득에 대해서는 각 사업연도의 소득에 대한 법인세 납세의무를 진다.

④ 외국에서 주된 영업을 하는 영리법인은 국내에 본점이나 주사무소 또는 사업의 실질적 관리장소를 두고 있다 하더라도 내국법인으로 분류될 수 없다.

⑤ 내국법인 중 국가와 지방자치단체(지방자치단체조합을 포함)에 대해서는 법인세를 부과하지 아니한다.

해답 ④

해설 외국에서 주된 영업을 하는 영리법인이 국내에 본점이나 주사무소 또는 사업의 실질적 관리장소를 두었다면 내국법인에 해당한다.

03 법인세법상 사업연도와 납세지에 관한 설명으로 옳지 않은 것은?

2017년 회계사

① 법령이나 정관 등에 사업연도에 관한 규정이 없는 내국법인은 따로 사업연도를 정하여 납세지 관할세무서장에게 신고하여야 한다.

② 법령에 따라 사업연도가 정하여지는 법인이 관련 법령의 개정에 따라 사업연도가 변경된 경우에는 사업연도의 변경 신고를 하지 아니한 경우에도 그 법령의 개정내용과 같이 사업연도가 변경된 것으로 본다.

③ 내국법인의 법인세 납세지는 그 법인의 등기부에 따른 본점이나 주사무소의 소재지로 한다. 다만, 법인으로 보는 단체의 경우에는 당해 단체가 신고하는 장소로 하고 신고가 없는 경우 관할세무서장이 정하는 장소로 한다.

④ 내국법인이 사업연도 중에 연결납세방식을 적용받는 경우 그 사업연도 개시일부터 연결사업연도 개시일의 전날까지의 기간을 1사업연도로 본다.

⑤ 관할지방국세청장이나 국세청장이 납세지를 지정하는 경우 그 법인의 당해 사업연도 종료일로부터 45일 이내에 지정통지를 하여야 한다.

해답 ③

해설 법인으로 보는 단체의 경우 내국법인의 법인세 납세지는 사업장이 있는 경우 사업장 소재지(사업장이 2 이상인 경우 주된 사업장 소재지)이며, 사업장이 없는 경우 정관 등에 기재된 주사무소의 소재지(없는 경우 대표자 또는 관리인의 주소지)로 한다.

04 **법인세법에 관한 다음 설명 중 옳은 것을 모두 묶은 것은?** 2009년 세무사

> ㄱ. 영리외국법인은 청산소득에 대한 법인세 납세의무가 없다.
> ㄴ. 외국의 정부·지방자치단체는 각 사업연도의 소득 및 청산소득에 대하여 납세의무를 지지 않는다.
> ㄷ. 외국법인이란 외국의 법률에 의하여 설립된 법인을 말한다.
> ㄹ. 청산 중에 있는 내국법인이 「상법」에 의하여 사업을 계속하는 경우에는 그 사업연도 개시일부터 종료일까지의 기간을 1사업연도로 본다.
> ㅁ. 납세지가 변경된 법인이 「법인세법」에 따라 납세지 변경신고를 한 경우에는 그 법인이 「부가가치세법」에 의한 사업자등록 정정신고를 한 것으로 본다.

① ㄱ ② ㄴ, ㄷ ③ ㄱ, ㄷ, ㅁ
④ ㄱ, ㄹ, ㅁ ⑤ ㄱ, ㄴ, ㄷ, ㄹ, ㅁ

해답 ①

해설 ㄴ. 외국의 정부·지방자치단체는 비영리외국법인이므로 국내원천 수익사업소득에 대해서는 납세의무를 진다.
ㄷ. 외국법인이 본점 소재지(또는 사업의 실질적 관리장소)를 기준으로 판정한다.
ㄹ. 청산 중에 있는 법인이 상법에 의하여 사업을 계속하는 경우에는 그 사업연도 개시일부터 계속 등기일, 계속 등기일 다음 날부터 사업연도 종료일까지를 각각 1사업연도로 본다.
ㅁ. 납세지가 변경된 법인이 부가가치세법에 의한 사업자등록 정정 신고를 한 경우에는 납세지 변경 신고를 한 것으로 본다.

05 **법인세법상 사업연도와 납세지에 관한 설명이다. 옳지 않은 것은?** 2019년 회계사

① 내국법인이 사업연도 중에 「상법」의 규정에 따라 조직변경을 한 경우에는 조직변경 전의 사업연도가 계속되는 것으로 본다.
② 내국법인이 사업연도 중에 연결납세방식을 적용받는 경우에는 그 사업연도 개시일부터 연결사업연도 개시일 전날까지의 기간을 1사업연도로 본다.
③ 사업연도를 변경하려는 법인은 그 법인의 직전 사업연도 종료일부터 3개월 이내에 사업연도 변경신고서를 납세지 관할세무서장에게 제출하여 이를 신고하여야 한다.
④ 둘 이상의 국내사업장이 있는 외국법인의 경우 주된 사업장의 소재지를 납세지로 한다.
⑤ 납세지 관할세무서장은 내국법인의 본점 소재지가 등기된 주소와 동일하지 아니한 경우 납세지를 지정할 수 있다.

해답 ⑤

해설 관할지방국세청장이나 국세청장은 납세지가 그 법인의 납세지로 적당하지 아니하다고 인정되는 경우로서 내국법인의 본점 소재지가 등기된 주소와 동일하지 아니한 경우 납세지를 지정할 수 있다.

06 내국법인의 사업연도에 관한 설명으로 옳지 않은 것은? 2009년 세무사

① 법령 또는 정관 등에 사업연도에 관한 규정이 없는 법인은 따로 사업연도를 정하여 법인 설립신고 또는 사업자등록과 함께 납세지 관할세무서장에게 신고하여야 한다.

② 내국법인(법인으로 보는 법인격 없는 단체에 해당하지 아니함)의 최초 사업연도 개시일은 설립등기일로 한다.

③ ㈜A(법령에 의하여 사업연도가 정하여지는 법인이 아님)가 현행 사업연도(20×1년 7월 1일~20×2년 6월 30일)를 새로운 사업연도(20×2년 12월 1일~20×3년 11월 30일)로 변경하고자 20×2년 11월 1일에 납세지 관할세무서장에게 변경신고를 한 경우에는 새로운 사업연도(20×2년 12월 1일~20×3년 11월 30일)로 변경되지 아니한 것으로 본다.

④ ㈜B(사업연도 : 1월 1일~12월 31일)가 합병(합병등기일 5월 4일)에 의하여 해산한 경우에는 1월 1일부터 5월 4일까지를 1사업연도로 본다.

⑤ ㈜C가 최초 사업연도의 개시일 전에 생긴 손익을 사실상 ㈜C에 귀속시킨 것이 있는 경우 조세 포탈의 우려가 없을 때에는 ㈜C에 귀속시킨 손익이 최초로 발생한 날을 사업연도의 개시일로 할 수 있다. 이때에는 예외적으로 사업연도의 기간이 1년을 초과할 수 있다.

해답 ⑤

해설 최초 사업연도 개시일 전 생긴 손익을 귀속시킨 경우 최초 사업연도가 1년을 초과하지 않는 범위 내에서 최초 사업연도 손익에 산입할 수 있다.

07 「법인세법」상 사업연도에 관한 설명으로 옳은 것은? 2013년 세무사

① 사업연도의 변경이 아닌 경우에 법인의 사업연도는 원칙적으로 1년을 넘지 못하나 정당한 사유가 있어 관할세무서장의 승인을 받으면 초과도 가능하다.

② 정관상 사업연도에 관한 규정이 있다 하더라도 내국법인은 법인설립신고 또는 사업자등록과 함께 납세지 관할세무서장에게 그 내용을 신고하여야 한다.

③ 사업연도를 변경하려면 직전 사업연도 종료일 이전 3개월 이내 관할세무서장에게 신고하여야 한다.

④ 국내사업장이 없는 외국법인이라도 국내에 소재한 건물양도에 따른 소득이 있을 경우 사업연도를 신고하여야 한다.

⑤ 법령에 따라 사업연도가 정하여지는 법인의 경우 사업연도를 정하고 있는 법령이 개정되어 사업연도가 변경되었을 때 신고를 하지 아니하면 종전의 사업연도가 적용된다.

해답 ④

해설 ① 사업연도의 변경이 아닌 경우에 법인의 사업연도는 어떠한 경우에도 1년을 초과할 수 없다.
② 정관상 사업연도에 관한 규정이 있는 경우에는 그 내용을 신고하지 않아도 된다.

③ 사업연도를 변경하려면 직전 사업연도 종료일부터 3개월 이내 관할세무서장에게 신고하여야 한다.
⑤ 법령에 따라 사업연도가 정하여지는 법인의 경우 사업연도를 정하고 있는 법령이 개정되어 사업연도가 변경되었을 때 변경신고를 하지 아니한 경우에도 해당 법령의 개정내용과 같이 사업연도가 변경된 것으로 본다.

08 **㈜A는 20×2년부터 사업연도를 변경하기로 하고 20×2. 4. 20에 사업연도 변경신고를 하였다. 「법인세법」상 사업연도의 구분으로 옳은 것은? [단, ㈜A는 법령에 따라 사업연도가 정하여지는 법인이 아님]** 2014년 세무사

(1) 변경 전 사업연도(제13기) : 20×1. 1. 1~12. 31.
(2) 변경하려는 사업연도 : 7. 1~다음 연도 6. 30.

① 제14기 : 20×2. 1. 1~20×2. 4. 20.
② 제14기 : 20×2. 1. 1~20×2. 6. 30.
③ 제14기 : 20×2. 1. 1~20×2. 12. 31.
④ 제15기 : 20×2. 4. 21~20×2. 12. 31.
⑤ 제15기 : 20×2. 7. 1~20×2. 6. 30.

해답 ③

해설

사업연도	변경신고일	
	20×2. 4. 20	20×2. 3. 31 이전
제13기	20×1. 1. 1~20×1. 12. 31.	20×1. 1. 1~20×1. 12. 31.
제14기	20×2. 1. 1~20×2. 12. 31.	20×2. 1. 1~20×2. 6. 30.
제15기	20×2. 1. 1~20×2. 6. 30.	20×2. 7. 1~20×2. 6. 30.
제16기	20×2. 7. 1~20×3. 6. 30.	20×2. 7. 1~20×3. 6. 30.

※ 사업연도의 변경
사업연도를 변경하려는 법인은 그 법인의 직전 사업연도 종료일부터 3개월 이내에 납세지 관할 세무서장에게 이를 신고하여야 한다(법법 제7조①). 법정기한 전에 사업연도 변경신고를 미리 한 경우에는 적법한 신고로 보므로 그 사업연도부터 사업연도가 변경된다. 반면에 법정기한 후에 사업연도 변경신고를 한 경우 그 사업연도에는 사업연도가 변경되지 않는다.

CHAPTER

02 각 사업연도 소득

제1절 세무조정

01 **영리내국법인 (주)A가 제21기(1.1.~12.31.)에 발생한 다음의 각 사항들에 대하여 「법인세법」상 적법한 세무조정을 하였을 경우, 다음에 제시된 제21기의 '자본금과 적립금 조정명세서(을)'의 (ㄱ)에 들어갈 금액으로 옳은 것은? (단, 전기 이전의 세무조정은 모두 적법하게 이루어졌으며, 주어진 자료 이외에는 고려하지 않음)** 2016년 세무사

(1) 당기에 사업용 토지를 취득하였으며 취득세 4,000,000원과 취득세에 대한 가산세 1,000,000원을 포함하여 재무상태표상 장부가액은 55,000,000원이다.

(2) 기초 재무상태표상 매출채권 3,000,000원 중에서 1,000,000원은 당기에 회수불가능하다고 판단하여 당기 말에 대손충당금과 상계처리하고 재무상태표에서 제거하였다. 상기의 기초 매출채권 3,000,000원은 회수 노력을 다 하였으나, 전기(제20기)에 법정 소멸시효가 완성되었다.

(3) (주)A는 전기말에 발생한 재고자산과 관련한 다음 사항에 대하여 당기에 회계상 아무런 수정분개를 하지 않았다.

전기(제20기)에 기말 상품에 대하여 평가방법 변경신고를 하지 않고 후입선출법으로 평가하여 회계처리하였으며, 당초 신고된 평가방법은 총평균법이다.
또한, 각 평가방법에 따른 전기말 상품 평가금액은 다음과 같다.

후입선출법	600,000원
총평균법	800,000원
선입선출법	1,000,000원

사업연도	1.1.~ 12.31.	자본금과 적립금조정명세서(을)		(단위: 원)
①과목 또는 사항	②기초잔액	당기중증감		⑤기말잔액
		③감소	④증가	
토지				
매출채권				
상품				
합계				(ㄱ)

① △1,000,00 ② △2,000,000 ③ △3,000,000
④ 1,000,000 ⑤ 4,000,000

해답 ③

해설

과목 또는 사항	기초잔액	당기중증감		기말잔액
		감소	증가	
토지			△1,000,00	△1,000,00
매출채권	△3,000,000	△1,000,000		△2,000,000
상품	400,000	400,000		
합계	△2,600,000	△600,000	△1,000,000	△3,000,000

(1) 가산세는 손금불산입 대상이므로 토지의 취득원가에서 제외한다.
(2) 전기에 이미 소멸시효가 완성된 채권이나 전기 장부에는 반영하지 않았으므로 △3,000,000으로 세무조정 후 당기에 장부에서 제거한 금액만큼 추인한다.
(3) 재고자산의 평가방법을 임의변경한 경우 당초 신고한 방법과 선입선출법 중 큰 금액으로 한다.

02 다음은 제조업을 영위하는 영리내국법인 ㈜A의 제21기 사업연도(1.1.~12.31.)의 세무조정 관련 사항이며, 제시된 자료 이외의 추가사항은 없다. 전기의 세무조정은 적정하게 이루어졌으며 법인세 부담 최소화를 가정할 경우, 소득금액 조정합계표와 자본금과 적립금 조정명세서(을)에 영향을 미치는 금액을 각각 순액으로 표시한 것으로 옳은 것은? 2017년 회계사 수정

가. 무상으로 받은 자산의 가액을 장부상 자산수증이익으로 처리한 금액: 4,500,000원(수증자산의 시가 5,500,000원)
나. 부가가치세 매출세액을 장부상 수익 처리한 금액: 500,000원
다. 잉여금처분 결의일이 속하는 당기 귀속 배당수입금액으로 당기말까지 해당 금액을 수령하지 못하여 장부상 회계처리하지 않은 금액: 2,000,000원(수입배당금 익금불산입 적용 조건을 만족하며 익금불산입률은 30%이고, 당기 지급이자는 없음)
라. 당기 이익처분으로 임원(5,000,000원)과 사용인(3,000,000원)에게 사전 서면약정에 의해 각각 지급한 성과배분 상여금액
마. 특례기부금 한도초과액: 1,000,000원
바. 전기에 업무용 토지에 대한 재산세를 납부하면서 자본적지출로 처리한 금액 중 당기에 환급되어 장부상 잡수익으로 처리한 금액: 300,000원

	소득금액조정합계표	자본금과 적립금 조정명세서(을)
①	(-)2,100,000원	(-)500,000원
②	(-)1,800,000원	800,000원
③	1,900,000원	2,500,000원
④	(-)1,100,000원	2,800,000원
⑤	800,000원	2,500,000원

해답 ③

해설 (1) 소득금액조정합계표 영향을 미치는 금액 : 1,900,000

가. 자산수증이익은 시가로 계상하여야 하나 장부가액으로 계상하였으므로 시가와 장부가액의 차이 1,000,000원을 익금산입(유보)처리한다.

나. 부가가치세 매출세액은 예수금으로 익금불산입항목이나 장부상 수익 처리하였으므로 500,000원을 익금불산입(△유보)처리한다.

다. 배당수입금액이 귀속시기가 도래하였으나 수익으로 계상하지 않았으므로 2,000,000원을 익금산입(유보)처리하고 이중과세 조정금액 600,000원을 익금불산입(기타)처리한다.

라. 이익처분으로 지급한 성과배분 상여금은 손금에 산입할 수 없다.

마. 특례기부금 한도초과액은 기타사외유출로 처리하나, 기부금 한도 시부인 세무조정 항목은 소득금액 조정합계표에 기재하지 않는다.

바. 전기에 납부한 토지에 대한 재산세는 자본적 지출액이 아니므로 전기에 손금산입(△유보)처리하였을 것이므로 당기 환급되어 장부상 수익으로 처리하였으면 세무조정은 불필요하다.

(2) 자본금과 적립금조정명세서(을)에 영향을 미치는 금액 : 가. 1,000,000 나. 500,000+다. 2,000,000 = 2,500,000

03 다음은 결산조정과 신고조정에 관련된 내용이다. 가장 잘못된 것은?

① 결산조정 항목을 손금으로 산입하기 위하여는 결산서상에 비용으로 계상하여야 한다.
② 소멸시효가 완성된 채권에 대한 대손금의 손금산입은 손금산입 시기의 선택이 가능하다.
③ 일시상각충당금은 신고조정이 허용된다.
④ 법인세 신고 후 신고조정항목 중에 강제조정 항목이 누락 된 것을 알게 되었다면 경정청구가 가능하다.
⑤ 무형자산 상각비는 결산조정 사항이다.

해답 ②

해설 소멸시효가 완성된 채권에 대한 대손금은 강제조정 사항이므로 손금산입 시기의 선택은 불가능하다.

04 법인세법상 법인의 세무상 자기자본 총액(순자산)을 알 수 있는 법정 서식은 어느 것인가?

① 법인세 과세표준 및 세액조정계산서[별지 제3호 서식]
② 표준대차대조표[별지 제3호의2 서식(1)]
③ 소득금액 조정합계표[별지 제15호 서식]
④ 자본금과 적립금조정명세서(갑)[별지 제50호 서식(갑)]
⑤ 자본금과 적립금조정명세서(을)[별지 제50호 서식(을)]

해답 ④

해설 세무상 자본을 계산하는 표는 자본금과 적립금조정명세서(갑)[별지 제50호 서식(갑)] 이다.

05 **「법인세법」상 장부에 계상하여야 세무조정의 효과가 발생하는 조정(이하'결산조정'이라 함)과 소득금액 조정합계표에 계상하여야 세무조정의 효과가 발생하는 조정(이하'신고조정'이라 함)에 관한 설명으로 옳은 것을 모두 고른 것은?**

2017년 세무사 수정

ㄱ. 익금항목은 모두 신고조정사항이다.
ㄴ. 일시상각충당금은 원칙적으로 결산조정 사항이지만, 예외적으로 신고조정을 허용한다.
ㄷ. 「채무자 회생 및 파산에 관한 법률」에 따른 회생계획 인가의 결정 또는 법원의 면책 결정에 따라 회수불능으로 20×2년도에 확정된 채권을 20×5년도에 손금에 계상한 경우 손금으로 인정되지 않는다.
ㄹ. 금융감독원장이 기획재정부장관과 협의하여 정한 대손 처리기준에 따라 금융회사 등이 금융감독원장으로부터 대손금으로 승인받은 것은 결산조정 사항이다.
ㅁ. 감가상각비의 손금산입은 모두 결산조정 사항이다.

① ㄱ ② ㄴ, ㄷ ③ ㄷ, ㄹ, ㅁ
④ ㄱ, ㄴ, ㄷ, ㄹ ⑤ ㄱ, ㄴ, ㄷ, ㄹ, ㅁ

해답 ④
해설 감가상각비의 손금산입은 원칙적으로 결산조정 사항이나 예외적으로 신고조정사항을 두고 있다.

06 **다음은 ㈜A의 제11기 사업연도(1.1.~12.31.)의 법인세 계산을 위한 세무조정 내역에 관한 설명이다. 옳지 않은 것은?**

2011년 회계사

① 전기 이전 납부한 법인세 중 당기에 환급된 금액 1,000,000원과 국세환급가산금 150,000원을 손익계산서상 잡이익으로 처리하고, 1,150,000원 전액을 익금불산입(기타)로 세무조정하였다.
② 수입배당금 3,000,000원(이 중 수입배당금 익금불산입규정에 따라 익금불산입되는 금액은 900,000원임)을 수령하면서 투자주식을 지분법에 따라 감액하고, 3,000,000원을 익금산입(유보)로, 900,000원은 익금불산입(기타)로 세무조정하였다.
③ 사업연도말 현재 건설공사가 진행 중인 건설본부에 근무하는 임원의 인건비 지급액 30,000,000원(이 중 세법상 손금불산입 해당액은 5,000,000원임)을 장부상 비용처리하고, 25,000,000원은 손금불산입(유보)로, 5,000,000원은 손금불산입(상여)로 세무조정하였다.
④ 채무면제이익 4,000,000원을 장부상 이익잉여금으로 회계처리하고, 동 금액을 익금산입(기타)로 세무조정하였다.
⑤ 자기주식을 2,000,000원에 취득하고 기업회계기준에 따라 장부상 자본에서 차감표시하고, 동 금액에 대하여 손금산입(기타)로 세무조정하였다.

해답 ⑤

해설 ② 세법은 지분법을 인정하지 않기 때문에 세무상 주식가액과 장부상 주식가액은 차이가 발생한다.
③ 건설본부에서 근무하는 자의 인건비는 해당 건물의 취득가액에 포함한다.
⑤ 세법상 자기주식도 자산처리하므로 동시 조정이 되어야 한다. 즉 손금산입 (기타)와 손금불산입 (유보)로 동시 조정한다.

07 법인세법상의 세무조정에 관한 설명으로 옳은 것은?

① 법인이 감가상각비를 세법상의 한도보다 과소계상한 경우 전년도에 상각 부인액이 있더라도 손금산입으로 세무조정할 수 없다.
② 부가가치세 납부지연 가산세 납부액을 잡손실로 회계처리한 경우에는 별도의 세무조정이 필요 없다.
③ 합병법인이 피합병법인의 토지를 평가하여 승계함으로써 발생한 합병평가차익을 과세이연하려면 압축기장충당금을 회계장부에 계상하여야 한다.
④ 주권상장법인의 주식 등으로서 그 발행법인이 부도가 발생한 경우 또는 회생계획 인가의 결정을 받았거나 기업구조조정 촉진법에 의한 부실징후기업이 된 경우 해당 주식의 평가차손은 결산조정으로서 손금에 산입할 수 있다.
⑤ 보험사업을 영위하는 내국법인이 책임준비금을 신고조정에 의하여 손금산입한 경우에는 당해 준비금설정액 상당액을 당해 사업연도의 이익처분에 있어서 적립금으로 적립하여야 한다.

해답 ④

해설 ① 법인이 감가상각비를 세법상의 한도보다 과소계상한 경우 전년도에 상각부인액이 있으면 이를 손금산입으로 세무조정할 수 있다.
② 부가가치세 납부지연가산세 납부액을 잡손실로 회계처리한 경우에는 손금불산입으로 세무조정하여야 한다.
③ 합병법인이 피합병법인의 토지를 평가하여 승계함으로써 발생한 합병평가차익을 과세이연하려면, 결산조정하는 경우 압축기장충당금을 회계장부에 계상하여야 하고, 신고조정하는 경우 동 충당금을 계상하지 아니한다.
④ 옳은 설명이다.
⑤ 보험사업을 영위하는 내국법인은 책임준비금은 결산조정 사항이다.

08 **다음은 제조업을 영위하는 영리내국법인 ㈜A의 제21기 사업연도 (1.1.~12.31.) 회계처리 내역이다. 제21기 각 사업연도의 소득금액 계산을 위하여 세무조정이 필요한 경우가 아닌 것은?**

2018년 회계사

① 환경미화의 목적으로 여러 사람이 볼 수 있는 복도에 항상 전시하기 위해 미술품 1점을 1천만원에 취득하고, 그 취득가액을 손익계산서상 복리후생비로 계상하였다.
② 채무 1억원을 출자전환함에 따라 주식(액면가액 5천만원, 시가 7천만원)을 발행하고, 발행가액과 액면가액의 차액인 5천만원을 주식발행초과금(자본)으로 회계처리하였다.
③ 당기 중 어업에 사용되는 어구를 1천만원에 취득하여 사업에 사용하고, 당해 자산의 취득가액을 손익계산서상 수선비로 계상하였다.
④ 해당 법인의 발행주식총수의 1%를 보유한 출자임원이 업무와 관련 없이 사용하고 있는 사택의 유지관리비 5백만원을 손익계산서상 수선비로 계상하였다.
⑤ 단기금융자산을 1억원 매입하고, 당해 자산의 취득과 직접 관련되는 거래원가 1천만원을 포함한 1억 1천만원을 장부상 취득가액으로 회계처리하였다.

해답 ③

해설 법인이 다음의 단기 사용자산 및 소모성자산 등을 그 사업에 사용한 날이 속하는 사업연도에 손금으로 계상한 경우에는 이를 손금에 산입한다.
① 어업에 사용되는 어구(어선 용구를 포함)
② 영화필름, 공구(가구, 전기기구, 가스기기, 가정용 기구 · 비품, 시계, 시험기기, 측정기기 및 간판)
③ 대여사업용 비디오테이프 및 음악용 콤팩트디스크로서 개별자산의 취득가액이 30만원 미만인 것
④ 전화기(휴대용 전화기를 포함) 및 개인용 컴퓨터(그 주변기기를 포함)

09 **제조업을 영위하는 영리내국법인 ㈜A의 제16기(1.1.~12.31.) 각사업연도소득에대한 법인세 세무조정에 관한 설명으로 옳지 않은 것은?**

2016년 회계사

① 이미 경과한 기간에 대한 원천징수대상 정기예금 미수이자 10만원을 이자수익으로 계상한 경우에는 이를 익금불산입한다.
② 이미 경과한 기간에 대한 미지급이자 20만원을 이자비용으로 계상한 경우에는 세무조정이 필요 없다.
③ 당기 중 파산한 B회사 주식(제 16기 말 현재 시가 0원)의 장부가액 100만원을 전액 감액손실로 계상한 경우에는 1,000원을 손금불산입한다.
④ 장기할부조건으로 제품을 판매하고 발생한 장기매출채권을 기업회계기준에 따라 현재가치로 평가하여 현재가치할인차금을 계상한 경우에는 세무조정이 필요 없다.
⑤ 건물을 제 16기 10월 1일부터 2년간 임대하고 2년치의 임대료 2,400만원을 임대만료일에 회수하기로 약정하여 당기 임대료수익을 계상하지 아니한 경우 세무조정이 필요 없다.

해답 ⑤

해설 임대료 지급기간이 1년을 초과하는 경우 이미 경과한 기간에 대응하는 임대료 상당액과 비용은 이를 각각 당해 사업연도의 익금과 손금으로 한다.

10 법인세법상 당해 과세기간의 세무조정 및 소득처분에 관한 설명으로 옳지 않은 것은? (단, 전기 이전 세무조정은 모두 정상적으로 이루어졌다.) 2017년 회계사

① 장부상 자기주식처분이익 500,000원을 손익계산서상 수익으로 회계처리한 경우 세무조정은 없다.

② 「보험업법」에 따른 고정자산의 평가로 재평가이익 3,000,000원을 장부상 자본항목으로 회계처리한 경우, 익금산입 3,000,000원(유보), 익금불산입 3,000,000원(기타)으로 처리하여야 한다.

③ 당기에 특수관계자인 개인으로부터 500,000원(취득당시 시가 800,000원)에 취득하고 지급액을 장부상 취득원가로 회계처리한 유가증권(FV-OCI)을 당기말 시가(400,000원)로 평가하면서 평가손실(100,000원)을 기타포괄손익으로 회계처리한 경우, 익금산입 300,000원(유보), 익금불산입 100,000원(기타)으로 처리하여야 한다.

④ 전기에 토지를 취득하면서 장부상 비용처리한 취득세 중 당기에 1,000,000원이 과오납금으로 환급되면서 환급금이자 25,000원을 함께 받고 모두 잡이익으로 회계처리한 경우, 익금불산입 1,000,000원(△유보), 익금불산입 25,000원(기타)으로 처리하여야 한다.

⑤ 회사의 비출자임원인 특수관계인으로부터 토지를 10,000,000원에 매입(시가 6,000,000원)하고 지급금액을 취득원가로 회계처리한 경우, 손금산입 4,000,000원(△유보), 손금불산입 4,000,000원(상여)으로 처리하여야 한다.

해답 ②

해설 보험업법이나 그 밖의 법률에 따른 고정자산의 평가는 그 평가를 인정하여 평가이익을 익금으로 인정하므로 재평가이익 3,000,000원을 장부상 자본항목으로 회계처리한 경우, 익금산입 3,000,000(기타)로 처리하여야 한다.

11 **세무조정에 관한 설명으로 옳지 않은 것은?** 2011년 세무사

① 부도 발생일로부터 6개월 이상이 경과한 3,000,000원의 상거래 어음채권에 대하여 회수불능 상태(채무자의 재산에 대하여 설정된 저당권은 없음)임을 확인하고 장부상 전액 대손처리한 경우에는 대손액에서 1,000원을 손금불산입(유보)으로 세무조정 한다.

② ㈜A로부터 건물(명목가액 4억원, 현재가치 3억원)을 장기할부 조건으로 매입하여 현재가치를 취득원가로 계상하고 명목가액과 현재가치의 차이를 현재가치할인차금으로 계상하였다면 별도의 세무조정이 필요 없다.

③ 세무조사 과정에서 현금매출 2,200,000원(부가가치세 포함)이 누락되어 회계처리도 이루어지지 않고 회사에 입금도 되지 않았다는 사실을 알게 되었다면 부가가치세를 제외한 2,000,000원을 익금산입(상여)으로 세무조정한다.

④ 대주주로부터 결손보전 목적으로 800,000,000원의 토지를 수증 받아 수익으로 계상하고 이 중 600,000,000원을 발생 연도로부터 15년이 경과한 세무상 이월결손금(합병·분할 시 승계 받은 결손금 아님)으로서 결손금 발생 후 각 사업연도 과세표준 계산 시 공제되지 아니한 금액의 보전에 충당하였다면 600,000,000원을 익금불산입(기타)으로 세무조정 한다.

⑤ 특수관계자가 아닌 ㈜B로부터 시가 100,000,000원인 토지를 200,000,000원에 매입하고 실제 매입가액을 취득가액으로 계상하였다면 토지가액 70,000,000원을 손금산입(△유보), 같은 금액을 손금불산입(기타사외유출)으로 세무조정 한다.

해답 ③

해설 ③ 세무조사 과정에서 현금매출 2,200,000원(부가가치세 포함)이 누락되어 회계처리도 이루어지지 않고 회사에 입금도 되지 않았다는 사실을 알게 되었다면 부가가치세를 포함한 2,200,000원을 익금산입(상여)으로 세무조정 한다.

12 **법인세법상 세무조정 및 소득처분에 관한 설명이다. 옳지 않은 것은?** 2021년 회계사

① 자기주식 소각에 따라 발생한 감자차익 300,000원을 손익계산서상 수익으로 회계처리한 경우, 익금불산입 300,000원(기타)으로 처리하여야 한다.

② 법률에 의하지 아니하고 유형자산을 재평가하여 발생한 재평가이익 1,000,000원을 기타포괄손익으로 회계처리한 경우, 익금산입 1,000,000원(기타), 익금불산입 1,000,000원(△유보)으로 처리하여야 한다.

③ 공정가치측정 금융자산의 평가이익 800,000원을 기타포괄손익으로 회계처리한 경우, 익금산입 800,000원(기타), 익금불산입 800,000원(△유보)으로 처리하여야 한다.

④ 이익잉여금의 자본전입에 따른 무상주 수령액 1,500,000원(이 중 수입배당금 익금불산입 금액은 450,000원임)을 장부상 회계처리 하지 않은 경우, 익금산입 1,500,000원(유보), 익금불산입 450,000원(기타)으로 처리하여야 한다.

⑤ 법인의 채무 6,000,000원을 출자전환하면서 교부한 주식(액면가액 3,500,000원, 시가 4,000,000원)에 대해 채무감소액과 액면가액의 차액 2,500,000원을 손익계산서상 채무조정이익으로 회계처리한 경우, 익금산입 500,000원(기타), 익금불산입 500,000원(△유보)으로 처리하여야 한다.

해답 ⑤

해설 법인의 채무 6,000,000원을 출자전환 하면서 교부한 주식이 액면가액 3,500,000원, 시가 4,000,000원인 경우 세무상 채무면제이익은 발행가액과 시가와의 차이 2,000,000원이다. 그러므로 손익계산서상 채무조정이익으로 2,500,000원을 계상한 경우 익금불산입 500,000원(기타)로 처리하여야 한다.

13 **영리내국법인 ㈜A의 제21기(1.1.~12.31.) 자료이다. 각 사업연도 소득금액으로 옳은 것은? 전기까지 회계처리 및 세무조정은 정확하게 이루어졌다.** 2021년 회계사

내 용	금 액
(1) 손익계산서상 당기순이익	1,500,000원
(2) 비용으로 처리된 업무무관자산 관리비	700,000원
(3) 비용으로 처리된 원재료 연지급 수입이자	400,000원
(4) 수익으로 처리된 법인세 환급액(전기 납부분)	500,000원
(5) 수익으로 처리된 법인세 환급액에 대한 환급금이자	10,000원
(6) 자산으로 처리된 특수관계인으로부터 고가 매입한 토지의 시가 초과 상당액	200,000원
(7) 기부금 한도초과 이월액 중 당기 손금산입액	100,000원
(8) 이월공제 가능 기간 이내의 이월결손금	300,000원

① 1,190,000원 ② 1,290,000원 ③ 1,390,000원
④ 1,590,000원 ⑤ 1,990,000원

해답 ④

해설 (1) 각 사업연도 소득금액 계산

① 비용으로 처리된 업무무관자산 관리비
〈손금불산입〉 700,000 (기타사외유출)

② 비용으로 처리된 원재료 연지급수입이자
연지급수입이자는 원칙상 자산의 취득원가로 계상하나 기업회계를 수용하여 지급이자로 계상하면 세법상으로 인정되므로 세무조정 사항은 없다.

③ 수익으로 처리된 법인세환급액
〈익금불산입〉 500,000 (기타)

④ 수익으로 처리된 법인세환급액에 대한 환급금이자
〈익금불산입〉 10,000 (기타)

⑤ 자산으로 처리된 특수관계인으로부터 고가매입한 토지의 시가초과액 상당액
〈손금산입〉 토지 200,000 (△유보)
〈익금산입〉 부당행위계산 부인 200,000 (귀속자에 따라 사외유출)

⑥ 기부금 한도초과이월액 중 당기 손금산입액
〈손금산입〉 100,000 (기타)

⑦ 이월공제가능 기간 이내 이월결손금
이월결손금은 각 사업연도 소득금액 계산 후 차감되므로 각 사업연도 소득금액 계산시 고려하면 안된다.

∴ $1{,}500{,}000 + 700{,}000 - 500{,}000 - 10{,}000 - 200{,}000 + 200{,}000 - 100{,}000 = 1{,}590{,}000$

14 제조업을 주업으로 하는 영리내국법인 ㈜A의 제12기 사업연도(1.1.~12.31.)의 세무조정으로 옳은 것은? (단, 각 세무조정은 상호 독립적이며, 소득처분은 고려하지 않음) 2012년 세무사

① ㈜A는 건물을 임대하고 임대보증금 2,000,000원을 수령하였다. ㈜A는 차입금 과다법인에 해당하며 적정하게 장부를 기장하고 있다.
〈익금산입〉 임대보증금의 간주익금 50,000원

② 제11기 사업연도에 납부하고 적정하게 손금에 산입했던 재산세 중 과오납 환급금 300,000원을 제12기 사업연도에 수령하고 이를 손익계산서에 잡이익으로 회계처리하였다.
〈익금불산입〉 재산세 환급금 300,000원

③ 제12기 사업연도에 사용인에게 상여금 5,000,000원을 지급하고 손익계산서에 인건비로 계상하였는데, 이사회의 결의에 따라 사전에 결정된 급여지급기준에 의한 상여금액은 4,000,000원이다.
〈손금불산입〉 인건비 1,000,000원

④ 제12기 사업연도 초에 이자수령 시 관련 법인세가 원천징수되는 3년 만기 정기예금에 가입하고 기간경과분 미수이자 500,000원을 제12기 사업연도 손익계산서에 이자수익으로 계상하였다.
〈익금불산입〉 이자수익 500,000원

⑤ 제12기 사업연도에 시가 5,000,000원인 토지를 정당한 사유 없이 특수관계인이 아닌 ㈜B로부터 현금 10,000,000원에 취득하고 재무상태표에 취득가액으로 계상하였다(정상가액과 취득가액의 차액은 실질적으로 증여한 것으로 인정됨).
〈손금산입〉 토지 5,000,000원

해답 ④

해설 ① ㈜A는 부동산임대업을 주업으로 하지 않으므로 간주임대료를 계산하지 않는다.
② 제11기 사업연도에 납부하고 적정하게 손금에 산입했던 재산세 중 과오납 환급금 300,000원을 제12기 사업연도에 수령하고 이를 손익계산서에 잡이익으로 회계처리하였으므로 세무조정은 없다.
③ 임원이 아니므로 상여금 한도초과에 대해 세무조정하지 않는다.
⑤ 〈손금산입〉 토지 3,500,000원
〈손금불산입〉 비일반기부금 3,500,000원

15 **다음은 제조업을 주업으로 하는 내국법인 (주)A(중소기업 아님)의 제21기 사업연도(1.1.~12.31.) 세무조정을 위한 자료이다. 제21기에 필요한 세무조정을 적정하게 하였을 경우, 이 같은 세무조정이 제21기 각 사업연도의 소득금액에 미친 순영향으로 옳은 것은? (단, 「법인세법」에서 정하는 익금과 손금의 요건을 모두 충족하고, 손금에 대한 법정한도금액은 초과하지 않으며, 주어진 자료 이외에는 고려하지 않음)**

2018년 세무사

(주)A의 제21기 결산서에 반영된 사항	비 고
배당금수익 1,000,000원 (해산한 법인 (주)B의 잔여재산 분배로 인한 의제 배당)	• (주)B의 해산등기일: 제21기 12.31. • (주)B의 잔여재산가액확정일: 제22기 1.31.
선급비용 1,000,000원 (지출 후 이연 처리한 기업업무추진비)	• 기업업무추진비 지출일: 제21기 12.31. • 결산상 손비계상일 : 제22기 1.31.
영업외비용 1,000,000원 (어음을 발행하여 지출한 기부금)	• 어음발행일: 제21기 12.31. • 어음결제일: 제22기 1.31.
영업외수익 1,000,000원 (유형자산 양도로 인한 처분이익)	• 매수자의 사용수익일: 제21기 12.31. • 대금청산일: 제22기 1.31.

① (-)2,000,000원 ② (-)1,000,000원 ③ 0원
④ (+)1,000,000원 ⑤ (+)2,000,000원

해답 ②

해설 (1) 세무조정 순영향: △1,000,000+△1,000,000+1,000,000+0=△1,000,000

(2) 계산내역

① 해산에 의한 의제배당의 수입시기는 잔여재산가액 확정일이므로 익금불산입 1,000,000원
② 기업업무추진비는 접대 행위가 이루어진 날을 귀속시기로 하므로 손금산입 1,000,000원
③ 기부금을 어음으로 결제한 경우 귀속시기는 어음결제일이므로 손금불산입 1,000,000원
④ 유형자산의 양도로 인한 처분이익의 귀속시기는 대금청산일, 소유권이전등기일, 사용수익일 중 빠른 날이므로 세무조정 없음

16 **제조업을 영위하는 영리내국법인 (주)A(중소기업 아님)의 제21기 사업연도(1.1.~ 12.31.) 지급이자에 대한 세무조정 결과, 「법인세법」상 『자본금과 적립금 조정명세서(乙)』의 기말잔액에 영향을 미친 금액은? (단, 당기의 모든 세무조정은 적절하게 이루어졌으며, 주어진 자료 이외에는 고려하지 않음)**

2021년 세무사

(1) 제21기 포괄손익계산서 상 지급이자

구 분	지급이자 금액	연이자율	비 고
지급이자A	3,000,000원	6%	채권자와의 금전거래사실 및 거래내용이 불분명한 차입금에서
지급이자B	?	?	사업용 유형자산 건설에만 전액 소요된 특정차입금에 대한 지급이자임
지급이자C	9,600,000원	12%	
지급이자D	?	?	지급이자D에 대한 차입금은 60,000,000원임
합 계	26,600,000원		

(2) 제21기 1.1.에 대표이사에게 업무와 관련 없이 70,000,000원을 대여하였고, 제21기말까지 상환되지 않았다. 또한 업무무관자산 등에 대한 지급이자 세무조정 결과, 포괄손익계산서 상 지급이자 중에서 동 가지급금과 관련하여 손금불산입된 금액은 9,300,000원이다.

(3) (주)A의 제21기 말 현재 차입금 총액 252,500,000원은 모두 전기 이전에 차입하였으며, 제21기 중 신규로 차입하거나 상환된 차입금은 없다.

① 4,000,000원　② 5,000,000원　③ 6,000,000원
④ 7,000,000원　⑤ 8,000,000원

해답 ②

해설 (1) 차입금

지급이자 A : 3,000,000 ÷ 6% = 50,000,000

지급이자 B : 252,500,000 - 50,000,000 - 80,000,000 - 60,000,000 = 62,500,000

지급이자 C : 9,600,000 ÷ 12% = 80,000,000

지급이자 D : 60,000,000 × ? = ?

(2) 지급이자 B 유보(특정차입금 건설자금 이자)

$$(26,600,000 - 3,000,000 - X) \times \frac{70,000,000}{252,500,0000 - 50,000,000 - 62,500,000}$$

= 9,300,000

X = 5,000,000

17 영리내국법인 ㈜A가 수행한 회계처리에 대한 세무조정 중 그 소득의 귀속자에게 추가적인 납세 의무가 발생하지 않는 것은? 2022년 회계사

① 퇴직한 임원에게 정관에 정해진 금액을 초과하여 퇴직금을 지급하고 손익계산서에 비용으로 계상하였다.

② 채권자의 주소 및 성명을 확인할 수 없는 차입금에 대한 이자를 지급하고(원천징수하지 않음) 손익계산서에 비용으로 계상하였다.

③ 임직원이 아닌 개인주주가 업무와 관련 없이 사용하고 있는 건물에 대한 임차료를 지출하고 손익계산서에 비용으로 계상하였다.

④ 추계로 과세표준을 결정할 때 대표자에 대한 상여로 처분하여 발생한 소득세를 대납하고 그 대납한 금액을 손익계산서에 비용으로 계상하였다.

⑤ 임원에게 「법인세법」상 손금한도를 초과하는 상여금을 지급하고 손익계산서에 비용으로 계상하였다.

해답 ④

해설 추계로 인하여 대표자 상여로 소득처분한 금액에 대한 소득세를 대납한 경우 기타사외유출로 처분하므로 추가적 납세의무가 발생하지 않는다.

제2절 소득처분

01 **법인세에 대한 소득처분의 내용과 관련하여 잘못된 것은?**

① 사외유출된 소득의 귀속자가 주주인 임원의 경우 상여로 처분한다.
② 세무조사 과정에서 현금매출 550,000원(부가가치세 포함)이 누락되어 회계처리도 이루어지지 않고 회사에 입금되지 않았다는 사실을 알게 되었다면 550,000원 전액을 익금산입하고 대표자 상여로 처분한다.
③ 사외유출된 금액의 귀속이 불분명하여 대표자 상여로 처분을 하였으나 이에 대한 소득세를 법인이 대신 납부하고 이를 법인의 손비로 계상한 경우 손금불산입하고 대표자상여로 처분한다.
④ 채권자가 불분명한 사채이자(동 이자에 대한 원천징수세액에 해당하는 금액 제외)는 대표자상여로 처분하고 이자에 대한 원천징수세액은 기타사외유출로 처분한다.
⑤ 추계조사에 의하여 결정된 과세표준과 법인의 대차대조표상의 당기순이익과의 차액(법인세 상당액을 공제하지 아니한 금액을 말함)은 대표자에 대한 이익처분에 의한 상여로 한다. 다만, 천재지변 등으로 추계하게 되었다면 기타사외유출로 한다.

해답 ③
해설 사외유출된 금액으로서 귀속이 불분명하여 대표자 상여로 처분한 금액에 대한 소득세를 법인이 대신 납부한 경우 기타사외유출로 처분한다. 다만, 대표자로의 귀속이 분명한 경우 대납한 소득세 또한 대표자 상여로 처분한다.

02 **법인세법상의 소득처분에 관한 설명이다. 잘못된 것은?**

① 익금산입액 중 법인의 세무 계산상의 자본을 증가시키는 금액이 사내유보이며, 법인의 세무 계산상의 자본에 영향을 미치지 않고 사외로 빠져나간 금액이 사외유출이다.
② 손금불산입한 미지급기부금은 사내유보로 처분한다.
③ 사내유보로 처분한 금액은 청산소득에 대한 법인세 과세표준의 산정과는 직접적인 관련이 없다.
④ 특수관계자로부터 토지를 고가에 매입하고 매입한 날이 속하는 사업연도에 그 대금의 전부를 지급하는 경우, 매입한 날이 속하는 사업연도에 시가 초과액을 손금에 산입하여 △유보로 처분하고, 당해 손금을 부인하여 그 귀속자에 따라 상여·배당·기타소득 또는 기타사외유출로 처분한다.
⑤ 익금에 산입한 금액이 사외로 유출된 것이 분명하지만 그 귀속자가 불분명한 경우에는 당해 법인의 대표자에 대한 상여로 처분한다.

해답 ③
해설 청산소득금액은 잔여재산가액(또는 합병대가·분할대가)에서 세무상 자기자본총액을 차감하여 계산하는 바, 유보 또는 △유보는 세무상 자기자본에 영향을 미치므로 직접적인 관련이 있다.

03 **당기말 재무상태표상 자기자본 총액(순자산)이 10,000,000원일 경우 다음 자료를 이용하여 ㈜A의 제10기 사업연도(1. 1~12. 31)의 세무상 자기자본총액(순자산)을 계산하면 얼마인가?**

2009년 회계사

(1) 전기말 자본금과적립금조정명세서(을)의 내역

정기예금 미수이자	1,000,000원(△유보)
퇴직급여충당금 한도초과액	3,000,000원(유보)

(2) 당기 세무조정 내용

가. 정기예금 미수이자 500,000원에 대한 만기가 도래하여 수령 하였다.
나. 퇴직급여충당금 한도초과액은 1,000,000원이다.
다. 대손충당금 한도초과액은 500,000원이다.
라. 감가상각 대상 자산의 시부인 계산 결과 시인 부족액 600,000원이 있다.
마. 기업업무추진비 한도초과액은 700,000원이다.
바. 단기매매 금융자산 평가이익 500,000원이 발생하여 결산에 반영하였다.

① 12,500,000원 ② 13,000,000원 ③ 13,500,000원
④ 14,000,000원 ⑤ 14,200,000원

해답 ③

해설 1. 유보 잔액 = 4,500,000
퇴직급여충당금 한도초과 : 3,000,000+1,000,000=4,000,000
대손충당금 한도초과 : 500,000
2. △유보 잔액 = △1,000,000
미수이자 : 1,000,000-500,000=500,000
단기매매 금융자산 평가이익 : 500,000
3. 세무상 자기자본
10,000,000+4,500,000-1,000,000=13,500,000

04 **다음은 내국법인 (주)A의 제17기 사업연도(1.1.~12.31.) 자료이다. 세무조정시 대표자에 대한 상여와 기타사외유출로 소득처분할 금액은 각각 얼마인가?** 2017년 세무사

(1) 현금매출 누락 100,000,000원(부가가치세 제외한 금액)
(2) 채권자가 불분명한 사채이자 15,000,000원(원천징수세액 4,125,000원 포함)
(3) 증빙불비 기업업무추진비 4,000,000원(귀속자 불분명)
(4) 업무와 관련하여 발생한 교통사고 벌과금 1,000,000원
(5) 사외유출된 금액의 귀속이 불분명하여 대표자에 대한 상여로 처분을 한 경우, (주)A가 그 처분에 따른 소득세를 대납하고 이를 손비로 계상한 금액 2,500,000원

	대표자에 대한 상여	기타사외유출
①	110,875,000원	11,625,000원
②	114,875,000원	7,625,000원
③	115,000,000원	7,500,000원
④	117,375,000원	5,125,000원
⑤	119,000,000원	3,500,000원

해답 ②

해설

	대표자에 대한 상여	기타사외유출
(1) 현금매출 누락	100,000,000	-
(2) 채권자불분명 사채이자	10,875,000	4,125,000
(3) 증빙불비 기업업무추진비	4,000,000	-
(4) 업무 관련 벌과금	-	1,000,000
(5) 소득세 대납액	-	2,500,000
계	114,875,000	7,625,000

05 **법인세법상 귀속자를 묻지 않고 반드시 기타사외유출로 처분하여야 하는 경우에 해당하지 않는 것은?**

① 외국법인의 국내사업장이 각 사업연도의 소득에 대한 법인세의 과세표준을 신고함에 있어서 익금에 산입한 금액이 동 외국법인의 본점에 귀속되는 소득
② 업무용승용차 관련 비용 중 업무 외 사용금액
③ 일반기부금 한도초과액
④ 사외유출된 금액의 귀속이 불분명하여 대표자에 대한 상여로 처분한 경우 당해 법인이 그 처분에 따른 소득세 등을 대납하고 이를 손비로 계상함에 따라 익금에 산입한 금액
⑤ 손금불산입한 채권자불분명 사채이자에 대한 원천징수세액 상당액과 비실명 채권 이자에 대한 원천징수세액 상당액

해답 ②
해설 상여로 소득처분 한다.

06 **다음은 ㈜A의 제9기 사업연도(1월 1일~12월 31일)에 발생한 거래에 대한 설명이다. 세무조정 결과, ㈜A의 당해 사업연도 '소득금액 조정합계표'에만 영향을 미치고, 차기 이후의 '소득금액 조정합계표' 또는 '㈜A 이외의 자의 소득'에는 영향을 미치지 않는 거래는 어느 것인가?**

① 출자임원인 甲이 개인적인 용도로 사용하는 건물에 대한 수선비를 지급하고 손익계산서에 비용으로 계상하였다.
② 토지를 취득하고, 취득세를 지출하면서 손익계산서에 비용으로 계상하였다.
③ 채권자의 주소 및 성명을 확인할 수 없는 차입금에 대한 이자를 지급하고 손익계산서에 비용으로 계상하였다.
④ 자기주식을 장부가액을 초과하여 처분하고, 그 차액을 재무상태표에 기타자본잉여금으로 계상하였다.
⑤ 건설자금의 일시예치로 인한 수입이자를 손익계산서에 수익으로 계상하였다.

해답 ④
해설 '기타'로 소득처분 되는 것을 찾는 문제이다.
① 손금불산입-'상여'
② 손금불산입-'유보'
③ 손금불산입-'대표자 상여'
④ 익금산입-'기타'
⑤ 익금불산입-'△유보'

07 법인세법상 소득처분에 관한 설명이다. 옳지 않은 것은? 2020년 회계사

① 익금에 산입한 금액 중 사외로 유출된 것이 분명하나 그 처분이 배당, 상여, 기타사외유출에 해당하지 않는 경우 기타소득으로 처분한다.
② 익금에 산입한 금액이 사외에 유출되지 아니한 경우 유보 또는 기타로 처분한다.
③ 익금에 산입한 금액 중 그 귀속이 불분명하여 대표자에게 상여로 처분한 경우 당해 법인이 그 처분에 따른 소득세 등을 대납하고 이를 손비로 계상함에 따라 익금에 산입한 금액은 기타사외유출로 처분한다.
④ 천재지변으로 장부나 그 밖의 증명서류가 멸실되어 법인세 과세표준을 추계결정하는 경우 그 추계에 의한 과세표준과 결산서상 당기순이익과의 차액(법인세 상당액을 공제하지 아니한 금액)을 기타사외유출로 처분한다.
⑤ 익금에 산입한 금액 중 사외로 유출되어 그 귀속자가 당해 법인의 주주이면서 임원인 경우 그 출자임원에 대한 배당으로 처분한다.

해답 ⑤

해설 사외로 유출된 금액의 귀속자가 당해 법인의 주주이면서 임원인 경우 그 출자임원에 대한 상여로 처분해야 한다.

08 ㈜C의 제12기 사업연도(1.1~12.31)의 법인세 세무조정 자료이다. 제12기 자본금과 적립금 조정명세서(을)상 기말잔액의 합계액으로 옳은 것은? 2012년 회계사

(1) 제11기 자본금과 적립금조정명세서(을) 기말잔액

과목 또는 사항	기말잔액	
미수수익	5,000,000원	△유보
감가상각비 한도초과액	500,000원	유보
퇴직급여충당금 한도초과액	600,000원	유보
무상주 의제배당	1,000,000원	유보
선급비용	2,000,000원	유보

(2) 제12기 세무조정 자료

익금산입 및 손금불산입		손금산입 및 익금불산입	
법인세비용	3,500,000원	국고보조금에 대한 일시상각충당금	1,500,000원
특례기부금 한도초과액	500,000원	일반기부금 한도초과 이월액의 손금산입액	900,000원
감가상각비 한도초과액	2,200,000원	전기오류수정손실*1)로 계상한 감가상각비	500,000원
대손충당금 한도초과액	800,000원	재고자산 평가증	200,000원
증빙 미수취 기업업무추진비	400,000원	전기 선급비용 중 당기 비용분	1,500,000원
건설자금이자 중 특정 차입금 이자의 비용 계상액	800,000원	국세의 과오납금의 환급금에 대한 이자	100,000원

*1) 전기이월이익잉여금을 수정함

① △800,000원 ② △300,000원 ③ 100,000원
④ 200,000원 ⑤ 1,200,000원

해답 ②

해설 (1) 기초유보금액 : △900,000원
(2) 당기 유보금액 : 감가상각비 한도초과액(2,200,000원) + 대손충당금 한도초과액(800,000원) + 건설자금이자(800,000원) = 3,800,000원
(3) 당기 △유보금액 : 일시상각충당금(1,500,000원) + 재고자산 평가증(200,000원) + 선급비용(1,500,000원) = △3,200,000
(4) 당기 유보 잔액 = (1) + (2) + (3) = △300,000원

09 **다음의 자료를 이용하여 영리내국법인 ㈜A의 제21기 사업연도 (1.1.~12.31.) 자본금과 적립금조정명세서(을)에 기재될 기말잔액의 합계 금액을 계산한 것으로 옳은 것은? (단, 전기까지 회계처리 및 세무조정은 정확하게 이루어졌다.)**

2020년 회계사

내용	금액
(1) 자본금과 적립금조정명세서(을) 기초잔액 합계 (단기 중 추인된 항목은 없음)	500,000원
(2) 손익계산서상 당기순이익	1,300,000원
(3) 비용으로 처리된 대주주가 부담해야 할 유류비	200,000원
(4) 비용으로 처리된 사업용 공장건물에 대한 재산세	200,000원
(5) 비용으로 처리된 공정가치측정 금융자산 평가손실	200,000원
(6) 비용으로 처리된 기업업무추진비 중 건당 3만원 초과 법정증명서류 미수취분	200,000원
(7) 사업연도 종료일 현재 회계처리가 누락된 외상매출금	200,000원
(8) 자본잉여금으로 처리된 자기주식처분이익	200,000원
(9) 기타포괄손익으로 처리된 공정가치측정 금융자산 평가이익	200,000원

① 500,000원 ② 700,000원 ③ 900,000원
④ 1,100,000원 ⑤ 1,300,000원

해답 ②

해설 (1) 유보(△유보)에 영향을 미치는 세무조정
① 비용으로 처리된 공정가치측정 금융자산 평가손실
〈손금불산입〉 공정가치측정 금융자산 200,000 (유보)
② 사업연도 종료일 현재 회계처리가 누락된 외상매출금
〈익금산입〉 외상매출금 200,000 (유보)
③ 기타포괄손익으로 처리된 공정가치측정 금융자산 평가이익
〈익금산입〉 기타포괄손익 200,000 (기타)
〈손금산입〉 공정가치측정 금융자산 200,000(△유보)
(2) 21기말 유보잔액
500,000 + 200,000 + 200,000 − 200,000 = 700,000

10 **법인세법상 특수관계인이 아니고 출자에 의해 공동사업을 영위하지 않는 ㈜갑과 ㈜을은 공동으로 사업개발비 100,000,000원을 부담하였고, 이에 대해 회계기준에 따라 적정하게 회계처리 하였다. ㈜갑과 ㈜을의 세무조정 및 소득처분으로 옳은 것은?** 2012년 회계사

	실제분담액	전기매출액	당기매출액	전기자본총액	약정분담비율
㈜갑	51,000,000원	100,000,000원	300,000,000원	50,000,000원	40%
㈜을	49,000,000원	400,000,000원	500,000,000원	50,000,000원	60%
합계	100,000,000원	500,000,000원	800,000,000원	100,000,000원	100%

	㈜갑	㈜을
①	손금불산입 1,000,000원(기타사외유출)	세무조정 없음
②	손금불산입 11,000,000원(기타사외유출)	세무조정 없음
③	손금불산입 13,500,000원(유보)	손금산입 13,500,000원(△유보)
④	손금불산입 31,000,000원(유보)	손금산입 31,000,000원(△유보)
⑤	세무조정 없음	세무조정 없음

해답 ②

해설 실제분담액을 손금산입하되, 손익 분담 비율 초과분은 손금불산입

	약정분담액	실제분담액	초과액	손금불산입액
㈜갑	40,000,000(40%)	51,000,000	11,000,000	11,000,000
㈜을	60,000,000(60%)	49,000,000	–	
	100,000,000			

11 **다음은 제조업을 주업으로 영위하는 영리내국법인 ㈜A의 제13기 사업연도(1.1.~12.31.)에 대한 결산자료이며, 제시된 다음 자료 이외의 세무조정과 관련한 다른 사항은 없다. 이를 근거로 한 제13기의 세무조정을 적정하게 반영했을 때, 「법인세법」상 각 사업연도의 소득금액에 미치는 영향으로 옳은 것은? (단, 법인세부담의 최소화를 가정하고, 제12기 이전의 모든 세무조정은 적정하게 이루어 졌음. 또한 ㈜A는 장부 및 증명 서류를 적정하게 작성·보관하고 있으며, 임원에 대한 급여지급기준은 없음)** 2013년 회계사

(1) ㈜A는 제12기에 당해 법인의 특수관계인인 개인주주 갑으로부터 시가 7,000,000원인 유가증권을 현금 5,000,000원에 매입하고 취득가액으로 재무상태표에 계상하였으며, 유가증권 평가에 대한 회계처리는 하지 않았다. 제13기에 동 유가증권을 모두 처분하고 현금 8,000,000원을 수령하였으며, 이를 다음과 같이 회계처리 하였다.

(차) 현　금	8,000,000	(대)	유가증권	5,000,000
			유가증권처분이익	3,000,000

(2) ㈜A 소유의 건물을 임대보증금 50,000,000원을 수령하고 제12기부터 임대하고 있으며, 동 건물의 취득가액은 100,000,000원(토지가액 60,000,000원 포함)이다. 제13기 중 임대보증금에서 100,000원의 수입이자가 발생하였으며, 기획재정부령이 정하는 정기예금이자율은 연 4%라고 가정한다.

(3) 기업업무추진비(전액 손금으로 인정되는 금액)를 지출하고 수령한 세금계산서상의 부가가치세 매입세액 500,000원을 포괄손익계산서의 세금과공과 계정에 비용으로 계상하였다.(단, 기업업무추진비 한도초과액은 없음)

(4) ㈜A는 성과산정지표를 정하여 목표이익을 초과하는 이익의 10%를 성과배분상여금으로 지급하는 것을 노사협약을 통해 서면으로 약정한 바 있다. 이에 따라 제13기 사업연도 종료일을 기준으로 성과배분상여금을 산정하여 임원에게 1,000,000원, 사용인에게 2,000,000원을 각각 지급하기로 하고 미처분 이익잉여금을 처분하여 3,000,000원을 손금에 산입하였다.

① 1,000,000원 증가　② 3,500,000원 감소　③ 1,200,000원 감소
④ 1,300,000원 증가　⑤ 1,800,000원 증가

해답 ①

해설 (1) 제13기에 관련된 유가증권을 모두 처분하였으므로, 관련 유보 잔액을 모두 추인함.
〈손금산입〉 유가증권 2,000,000 (△유보)

(2) 부동산임대업이 아닌 제조업을 주업으로 영위하는 영리내국법인이므로 간주임대료를 계산하지 않음.

(3) 포괄 손익계산서의 세금과 공과로 계상된 매입세액은 기업업무추진비 해당액에 포함하여 한도 계산함.

(4) 이익잉여금을 처분하여 성과급을 지급하는 경우 손금에 산입하지 않는다.
〈손금불산입〉 미처분이익잉여금 3,000,000 (기타)

(5) 각 사업연도의 소득금액에 미치는 영향 = (1) + (4) = ₩1,000,000 증가

12 **제조업을 영위하는 영리내국법인 ㈜A는 제13기 사업연도(1.1.~12.31.)에 대한 「법인세법」상 세무조정을 완료하고, 다음 자료와 같이 자본금과 적립금조정명세서(을)를 작성하였다. ㈜A가 작성한 다음의 제13기 자본금과 적립금조정명세서(을)상 과목들 중에서 유보소득의 기말잔액에 오류가 있는 과목을 모두 고른 것으로 옳은 것은? (단, 법인세부담의 최소화를 가정하며, 주어진 자료 이외의 다른 사항은 고려하지 않음. 또한 제12기 이전의 모든 세무조정은 적정하게 이루어졌음)**

2013년 회계사

⑴ 제13기 자본금과 적립금조정명세서(을)의 기초 및 기말잔액

과 목	기초잔액	기말잔액
매출채권	△3,000,000원	0원
기계장치 감가상각비	500,000원	0원
임차료	2,000,000원	2,000,000원

⑵ 제13기 자본금과 적립금조정명세서(을)에 대한 추가 자료

가. 매출채권 : 기초잔액 △3,000,000원은 제12기에 동 매출채권의 「상법」에 따른 소멸시효가 완성되었으나, 회계상 대손금 처리를 하지 않았기 때문에 제12기의 각 사업연도의 소득금액 계산시 손금산입으로 세무조정하고 △유보로 처분한 것이다. ㈜A는 제13기에 동 매출채권에 대하여 다음과 같이 회계처리하고, 포괄손익계산서에 손실로 반영하였다.

(차) 전기오류수정손실 3,000,000 (대) 매출채권 3,000,000

나. 기계장치 감가상각비 : 기초잔액 500,000원은 제12기 이전에 발생한 감가상각비 한도초과로 인해 손금불산입된 금액이며, 동 기계장치는 제13기에 모두 매각되었다.

다. 임차료 : 기초잔액 2,000,000원은 제12기초에 임차기간 2년에 대한 사무실 임차료를 일시에 납부하고, 이를 전액 회계상 비용으로 계상함에 따라 손금불산입된 금액이다. ㈜A는 제13기에 임차료에 대해서 아무런 회계처리를 하지 않았다.

① 매출채권
② 기계장치 감가상각비
③ 임차료
④ 매출채권과 임차료
⑤ 매출채권과 기계장치 감가상각비

해답 ③

해설 제13기 사업연도에 임차 기간이 종료되었으므로 유보 기초잔액 2,000,000원은 회사 회계처리 유무와 상관없이 소멸 되어야 하므로 임차료 관련 유보의 기말잔액은 0원이 되어야 한다.

13 **제조업을 주업으로 하는 내국법인 (주)A(중소기업 아님, 상시근로자 50인)가 다음 자료를 근거로 제21기 사업연도(1.1.~12.31.)의 세무조정을 적정히 하는 경우, 사내유보와 사외유출로 소득처분 해야 할 금액의 합계는 각각 얼마인가? (단, 전기 이전의 모든 세무조정은 적정하였으며, 주어진 자료 이외에는 고려하지 않음)** 2018년 세무사 수정

(1) 제21기의 자본금과 적립금 조정명세서 (을)상의 기초잔액 및 관련 자료

과목	기초잔액(원)	제21기 중 발생한 사항
토지	△8,400,000	토지의 절반을 현금 60,000,000원에 처분하고, 유형자산처분이익 10,000,000원을 결산서에 계상하였다.
건물	5,000,000	(주)A의 업무에 직접 사용하지 않으며, (주)A의 대주주인 (주)B가 사용하고 있다. (주)A는 당해 건물의 외부도장 비용 2,000,000원을 현금지출하고, 이를 수선비로 결산서에 반영하였다.
기계장치	-	제21기 초에 장기할부조건으로 취득하였고, 취득대금 3,000,000원은 3년에 걸쳐 매년 말 균등상환하며, 취득대금의 현재가치 2,500,000원을 반영하여 다음과 같이 회계처리하였다. (차) 기계장치 2,500,000 (대) 장기미지급금 3,000,000 현재가치할인차금 500,000

(2) 제20기 1.1.에 취득하여 업무에 사용하던 업무용승용차 1대(｢법인세법｣상 업무용승용차로서의 요건은 모두 충족하고 나머지 세무조정 사항은 제외함)를 제21기 12.31.에 처분하고, 이에 따른 처분손실 11,500,000원을 결산서에 반영하였다.

	사내유보	사외유출		사내유보	사외유출
①	3,500,000원	7,240,000원	②	4,200,000원	5,500,000원
③	5,000,000원	4,200,000원	④	7,700,000원	2,000,000원
⑤	9,200,000원	2,000,000원			

해답 ②

해설 (1) 토지 : 유보금액이 있는 경우 처분한 비율만큼 추인하므로 익금산입 4,200,000 (유보) 처리한다.
(2) 건물 : 업무무관 자산의 유지 및 관리비용은 부인하고 귀속자에게 처분하므로 손금불산입 2,000,000 (기타사외유출) 처리한다.
(3) 기계장치 : 장기할부 조건으로 취득한 자산을 회사가 현재가치로 평가한 경우의 현재가치할인차금은 취득가액에 포함하지 않으므로 세무조정이 없다.
(4) 업무용 승용차 : 업무용 승용차를 처분하여 발생하는 손실로서 업무용 승용차별로 800만원을 초과하는 금액은 이월하므로 손금불산입 3,500,000 (기타사외유출) 처리한다.

14 **다음은 제조업을 영위하는 영리내국법인(중소기업 아님)인 ㈜C의 제16기(1.1.~ 12.31.) 차입금 및 대여금 관련 자료이다. 법인세법상 손금불산입으로 세무조정 해야 하는 지급이자 중에서 기타사외유출로 소득처분 되어야 할 금액을 계산한 것으로 옳은 것은?** 2016년 회계사 수정

(1) 제16기 손익계산서상 이자비용의 내역은 다음과 같다.

구 분	이자율	이자비용
사채*	30%	2,000,000원
은행차입금	5%	3,000,000원

* 채권자불분명 사채이자이며, 동 이자와 관련하여 원천징수하여 납부한 세액은 836,000원임

(2) 제16기말 재무상태표상 대여금의 내역은 다음과 같다.

내 역	금 액	비 고
대표이사 가지급금	2,000,000원	귀속이 불분명하여 대표자상여로 처분한 금액에 대한 소득세를 법인이 납부한 금액
종업원 대여금	15,000,000원	직원의 자녀에 대한 학자금 대여액
	10,000,000원	직원에 대한 월정액급여액 범위 초과 대여액

(3) 당기 중 차입금 및 대여금의 변동은 없었다.

① 836,000원 ② 1,136,000원 ③ 1,336,000원
④ 2,186,000원 ⑤ 2,500,000원

해답 ③

해설 1. 지급이자 손금불산입 내역 중 기타사외유출인 것
(1) 채권자불분명 사채이자 중 원천징수 하여 납부한 세액 : 836,000원
(2) 업무무관자산에 대한 이자 :

$$3,000,000 \times \frac{10,000,000 \times 365}{21,900,000,000^*} = 500,000$$

* $(3,000,000 \div 5\%) \times 365$

∴ (1)+(2) = 1,336,000원

15 **다음은 제조업을 주업으로 하는 내국법인 (주)A(중소기업 아님)의 제21기 사업연도 (1.1.~12.31.)의 세무조정 및 신고·납부 관련 자료이다. 각 ( )에 들어갈 금액을 모두 합산하면 얼마인가? (단, 전기 이전의 모든 세무조정은 적정하였으며, 주어진 자료 이외에는 고려하지 않음)**

2018년 세무사

(1) (주)A가 제21기에 출자하여 설립한 외국자회사 (주)B로부터 수령한 수입배당금액 10,000,000원이 제21기 각사업연도소득금액에 포함되어 있으며, (주)A는 외국법인세액에 대하여 세액공제방법을 적용한다. (주)A는 동 배당금과 관련하여 ( )원을 간접외국납부세액으로 보아 익금산입하고, 법정금액을 공제한도로 하여 당해 외국법인세액을 제21기 사업연도 법인세액에서 공제하였다. (주)B에 대한 (주)A의 출자비율은 40%이며, (주)B의 당해 사업연도 소득금액과 법인세액은 각각 3억원과 1억원이다.
(2) 제21기 각 사업연도 소득금액에는 (주)A의 개인주주 甲에게 자금을 대여하고 수취한 이자수익 20,000,000원과 유가증권시장 주권상장법인으로부터 직접 받은 현금배당금 10,000,000원이 포함되어 있으며, 이를 모두 국내에서 지급받으면서 ( )원의 법인세 원천징수세액이 발생하였다.
(3) 가산세 3,000,000원을 포함한 자진납부할 세액이 18,000,000원으로 산출되어, 분납할 수 있는 최대금액인 ( )원은 분납하기로 결정하였다.

① 8,000,000 ② 10,400,000 ③ 12,200,000
④ 14,400,000 ⑤ 15,000,000

해답 ⑤

해설
(1) $100,000,000 \times \frac{1천만원}{3억 - 1억} = 5,000,000$
(2) 법인세 원천징수 대상은 이자소득과 투자신탁이익이다. 따라서 20,000,000(비영업대금이익) × 25% = 5,000,000
(3) 분납대상에는 가산세는 포함하지 아니한다. 따라서
분납 대상금액 : 18,000,000 - 3,000,000
분납 금액 : 15,000,000 - 10,000,000 = 5,000,000
(4) 합계 = 15,000,000

16 **다음의 자료를 이용하여 영리내국법인 ㈜A의 제21기 사업연도 (1.1.~12.31.) 소득금액 조정 합계표상 가산 조정금액과 차감 조정금액의 차이 금액을 계산하면 얼마인가? 전기까지 회계처리 및 세무조정은 적정하게 이루어졌다.** 2019년 회계사

내 용	금 액
(1) 손익계산서상 당기순이익	1,500,000원
(2) 비용으로 처리된 기업업무추진비 중 한도초과액	300,000원
(3) 비용으로 처리된 교통사고벌과금	400,000원
(4) 비용으로 처리된 기부금 중 한도초과액	500,000원
(5) 수익으로 처리된 재산세환급액(전기 납부분)	600,000원
(6) 수익으로 처리된 재산세환급액에 대한 환급금이자	50,000원
(7) 자본조정으로 처리된 자기주식처분이익	2,000,000원
(8) 기타포괄손익누계액으로 처리된 공정가치측정 금융자산 평가이익	1,800,000원
(9) 이월공제가능 기간 이내의 이월결손금	1,300,000원

① 2,650,000원 ② 3,150,000원 ③ 3,350,000원
④ 4,650,000원 ⑤ 6,450,000원

해답 ①

해설 (1) 가산조정금액 = 4,500,000
〈손금불산입〉 기업업무추진비 한도초과액 300,000 (기타사외유출)
〈손금불산입〉 교통사고 벌과금 400,000 (기타사외유출)
〈익금산입〉 자기주식처분이익 2,000,000(기타)
〈익금산입〉 기타포괄손익 1,800,000(기타)
* 기부금 한도초과액은 소득금액 조정합계표에 기재되지 아니하므로 고려하지 않는다.

(2) 차감조정금액 = 1,850,000
〈손금산입〉 재산세 환급액 환급금이자 50,000 (기타)
〈손금산입〉 금융자산 평가이익 1,800,000 (△유보)

(3) 차이금액
4,500,000-1,850,000 = 2,650,000

17 **다음은 제조업을 영위하는 영리내국법인 ㈜A의 제14기 사업연도 세무조정(모두 적법한 세무조정임) 내역이다. 다음 세무조정 중 「자본금과 적립금조정명세서(을)」에 적어서 관리하여야 하는 것이 아닌 것은?**

2014년 회계사

① 「보험업법」등 법률에 의하지 않은 고정자산의 평가차익을 수익으로 계상함에 따라 이를 익금불산입하였다.

② 채무의 출자전환으로 발생한 채무면제이익(수익으로 계상함)을 이월결손금(제10기 발생분)을 보전하는 데에 충당하고 익금불산입하였다.

③ 국고보조금을 지급받아 사업용 고정자산을 취득하는 데에 사용하였으며, 과세이연 요건을 충족함에 따라 일시상각충당금을 손금산입하였다.

④ 당기 말 현재 건설 중인 공장건물의 취득에 소요되는 특정 차입금에 대한 지급이자를 이자 비용으로 계상함에 따라 이를 손금불산입하였다.

⑤ 특수관계인으로부터 토지를 시가보다 높은 가액으로 매입함에 따라 그 시가 초과액을 손금산입하였다.

해답 ②

해설 「자본금과 적립금조정명세서(을)」은 "유보"로 소득처분 된 금액을 관리하는 서식이다.

② 채무의 출자전환으로 발생한 채무면제이익을 이월결손금(발생 연도의 제한이 없는 세무상 이월결손금) 보전에 충당한 경우 익금불산입하고 기타로 소득처분 한다.

18 **다음 자료를 이용하여 당기 말의 자본금과적립금조정명세서(을)에 기록되는 유보소득 기말잔액의 합계액을 계산하면 얼마인가? (단, △는 음수를 나타냄)**

(1) 전기말 자본금과적립금조정명세서(을)의 내역	
•건물 감가상각비 한도초과액	500,000원(유보)
•퇴직급여충당금 한도초과액	600,000원(유보)
• 재고자산평가증	200,000원(△유보)
(2) 당기의 세무조정과 관련된 자료는 다음과 같다.	
• 일반기부금 한도초과액	150,000원
• 전기 말 재무상태표상 퇴직급여충당금	2,000,000원
• 당기 중 퇴직급여충당금 감소액 (현실적인 퇴직으로 인하여 지급된 금액임)	1,800,000원
• 당기의 퇴직급여충당금 한도초과액은 없음	
• 당기의 건물 감가상각비 시인부족액	300,000원
• 전기말의 재고자산은 당기에 전부 판매됨	
• 당기 중 국고보조금에 대한 일시상각충당금설정액 (신고조정에 의함)	150,000원

① △150,000원　② 200,000원　③ 650,000원
④ 50,000원　⑤ 250,000원

해답 ⑤

해설

항 목	기초잔액	당기감소액	당기증가액	기말 잔액
건물감가상각비한도초과액	500,000	300,000		200,000
퇴직급여충당금한도초과액	600,000	400,000		200,000
재고자산평가증	△200,000	△200,000		0
국고보조금일시상각충당금			△150,000	△150,000
합 계				250,000

* 퇴직급여충당금 한도초과액 중 손금추인액 : 1,800,000 - (2,000,000 - 600,000) = 400,000
* 일반기부금 한도초과액은 기타사외유출로 소득처분하므로 자본금과 적립금 조정명세서(을)에서 관리하지 아니한다.

19 내국법인의 소득처분에 관한 설명으로 옳은 것은?

① 사외유출된 익금산입액의 귀속자가 사업소득이 있는 개인으로서 그자의 사업소득을 구성하는 경우에는 그 자에게 기타소득으로 처분한다.

② 사외유출된 익금산입액의 귀속자가 불분명하기 때문에 대표자에게 상여로 처분한 금액에 대한 소득세를 법인이 납부하고 손비로 계상하였다면 그 소득세액에 대하여는 기타사외유출로 처분한다.

③ 법인이 합병과 같은 자본거래로 인하여 특수관계자인 다른 주주에게 이익을 분여함으로써 그 이익이 익금에 산입되는 경우로서 이익을 분여받은 자에게 증여세가 과세되는 때에는 그 익금산입액에 대하여 배당으로 처분한다.

④ 업무무관자산에 대한 지급이자 및 건설자금이자 등과 같은 지급이자 손금불산입액은 모두 기타사외유출로 처분한다.

⑤ 익금산입액이 주식 소유 비율에 따라 각 주주에게 배분된 경우로서 그 이익을 분여받은 자가 그 법인의 주주이면서 동시에 임원에 해당한다면 그 자에 대한 배당으로 처분한다.

해답 ②

해설 ① 사외유출된 익금산입액의 귀속자가 사업소득이 있는 개인으로서 그자의 사업소득을 구성하는 경우에는 그 자에게 기타사외유출로 처분한다.

② 올바른 설명이다.

③ 법인이 합병과 같은 자본거래로 인하여 특수관계자인 다른 주주에게 이익을 분여함으로써 그 이익이 익금에 산입되는 경우로서 이익을 분여받은 자에게 증여세가 과세되는 때에는 그 익금산입액에 대하여 기타사외유출로 처분한다.

④ 업무무관자산 관련 지급이자의 경우는 기타사외유출로, 건설자금이자의 경우는 유보로 처분한다.

⑤ 익금산입액이 주식 소유 비율에 따라 각 주주에게 배분된 경우로서 그 이익을 분여받은 자가 그 법인의 주주이면서 동시에 임원에 해당한다면 그 자에 대한 상여로 처분한다.

20 **제조업을 영위하는 영리내국법인 ㈜A의 21기 사업연도(1.1.~12.31.) 세무조정 및 소득처분에 관한 내용이다. 옳지 않은 것은? 전기까지 세무조정은 적정하게 이루어졌다.** 2019년 회계사

① 상업적 실질이 없는 교환으로 취득한 자산(공정가치 700,000원)의 취득원가를 제공한 자산의 장부가액(500,000원)으로 회계처리한 부분에 대해 200,000원을 익금산입·유보로 조정하였다.

② 전기 초 2년분 임차료 500,000원을 지급하고 장부상 전액 비용으로 처리 후 당기 말 250,000원을 (차)임차료 비용과 (대)잡이익으로 회계처리한 부분에 대해 익금불산입·△유보로 조정하였다.

③ 직원에게 이익처분으로 지급한 상여금 1,500,000원을 손금산입·기타로 조정하였다.

④ 유형자산의 임의 평가이익 2,000,000원을 재무상태표상 자산과 기타포괄손익누계액의 증가로 회계처리한 부분에 대해 손금산입·△유보와 손금불산입·기타로 각각 조정하였다.

⑤ 비용으로 처리된 징벌적 목적의 손해배상금 중 실제발생이 분명한 손해액을 초과하여 지급한 금액 1,000,000원에 대하여 손금불산입·기타사외유출로 조정하였다.

해답 ③

해설 법인이 근로자에게 지급하는 상여금은 원칙적으로 손금에 산입하나, 임원 또는 사용인에게 이익처분에 따라 지급하는 상여금은 손금에 산입하지 아니한다.

CHAPTER

03 익금, 익금불산입

제1절 익금의 개념 및 범위

01 **「법인세법」상 익금의 계산에 관한 사항이다. 옳지 않은 것은?** 2010년 회계사

① 부가가치세의 매출세액은 내국법인의 각 사업연도의 소득금액 계산에 있어서 이를 익금에 산입하지 아니한다.

② 주식의 포괄적 교환차익은 내국법인의 각 사업연도의 소득금액 계산에 있어서 익금에 산입하지 아니한다.

③ 배당기준일 전 3월 이내에 취득한 주식을 보유함으로써 발생하는 수입배당금액에 대해서는 수입배당금액의 익금불산입 규정을 적용하지 않는다.

④ 전기에 손금으로 처리한 업무용 건물에 대한 재산세를 환급받아 전기오류수정이익(이익잉여금)으로 회계처리한 경우에는 익금으로 보지 않는다.

⑤ 자기주식의 양도금액은 익금항목이다.

해답 ④

해설 전기에 손금으로 처리한 업무용 건물에 대한 재산세를 환급받아 전기오류수정이익(이익잉여금)으로 회계처리한 경우는 다음과 같이 세무조정한다.

[1단계] 익금산입 xxx(기타)

[2단계] - 당기 익금이므로 세무조정 없음 -

02 **「법인세법」상 익금에 관한 설명으로 옳지 않은 것은?** 2017년 세무사

① 익금은 자본 또는 출자의 납입 및 「법인세법」에서 규정하는 것은 제외하고 해당 법인의 순자산을 증가시키는 거래로 인하여 발생하는 수익의 금액으로 한다.
② 이월결손금의 보전에 충당하지 않은 자산수증이익과 채무의 출자전환에 따른 채무면제이익은 해당 사업연도에 익금불산입하고 그 이후의 각 사업연도에 발생한 결손금의 보전에 충당할 수 있다.
③ 「법인세법」에 따른 특수관계인인 개인으로부터 유가증권을 시가보다 낮은 가액으로 매입하는 경우 당해 시가와 그 매입가액의 차액에 상당하는 금액은 익금으로 본다.
④ 국세 과오납금의 환급금에 대한 이자는 익금으로 보지 않는다.
⑤ 채무의 출자전환 시 시가가 액면가액에 미달하는 경우 익금에 산입되는 채무면제이익은 발행가액에서 액면가액을 차감하여 계산한다.

해답 ②
해설 이월결손금 보전에 충당하지 아니한 법 소정 법인의 금액은 당해 사업연도에 산입하지 아니하고, 그 이후의 각 사업연도에 발생하는 결손금의 보전에 충당할 수 있다.

03 **「법인세법」상 익금에 해당하는 것은?** 2018년 세무사

① 부가가치세의 매출세액
② 증자 시 주식발행액면초과액
③ 이월익금
④ 손금에 산입한 금액 중 환입된 금액
⑤ 무액면주식의 경우 발행가액 중 자본금으로 계상한 금액을 초과하는 금액

해답 ④
해설 ① 법인이 거래징수하여 납부한 매출세액은 결국 법인이 부담하는 비용 및 수익이 아니고 예수금의 성격이므로 법인의 익금에 산입하지 않는다.
②, ⑤ 액면금액 이상으로 주식을 발행한 경우 그 액면금액을 초과한 금액(무액면주식의 경우에는 발행가액 중 자본금으로 계상한 금액을 초과하는 금액을 말함)은 익금에 해당하지 않는다. 다만, 채무의 출자전환으로 주식 등을 발행하는 경우 그 주식 등의 시가를 초과하여 발행된 금액은 제외한다.
③ 각 사업연도의 소득으로 이미 과세된 소득(비과세, 면제소득 포함)을 다시 당해 사업연도의 익금에 산입한 금액을 말하며 동 금액에 대한 이중과세를 피하기 위하여 익금에 산입하지 않는 것이다.

04 **법인세법상 익금에 관한 설명이다. 가장 옳은 것은?** 2015년 회계사

① 영리내국법인이 특수관계인인 법인으로부터 유가증권을 시가보다 낮은 가액으로 매입하여 보유하는 경우 시가와 매입가액의 차액은 그 유가증권을 매입한 사업연도의 익금으로 본다.
② 내국법인이 외국자회사로부터 수입배당금액을 받은 경우 그 외국자회사의 소득에 대하여 부과된 외국법인세액 중 그 수입배당금액에 대응하는 금액이 세액공제 된 경우에는 이를 익금으로 간주한다.
③ 채무의 출자전환으로 주식을 발행함에 있어서 그 주식의 시가를 초과하여 발행된 금액은 법령상 이월결손금 보전에 충당하더라도 익금에 산입한다.
④ 영리내국법인이 이미 보유하던 주식에 대하여 받은 주식배당은 익금을 구성하지 아니한다.
⑤ 자본전입에 대한 의제배당에 대하여는 수입배당금액의 익금불산입 규정을 적용하지 아니한다.

해답 ②

해설 ① 영리내국법인이 특수관계인인 개인으로부터 유가증권을 시가보다 낮은 가액으로 매입하여 보유하는 경우에 시가와 매입가액의 차액은 그 유가증권을 매입한 사업연도의 익금으로 본다. 영리내국법인과 특수관계인인 법인 간에는 해당하지 않는다.
③ 채무의 출자전환으로 주식을 발행하여 그 주식의 시가를 초과하여 발행된 금액은 이월결손금 보전에 충당하였다면 익금에 산입하지 않는다.
④ 상법상 배당은 아니지만 주주 등이 실질적으로 이와 유사한 경제적 이익을 받게 될 때 세법상 이를 배당으로 보며, 현금배당과 주식배당도 포함한다.
⑤ 자본전입에 대한 의제배당 또한 수입배당금액의 익금불산입 규정을 적용한다. 다만, 자기주식을 보유한

05 **㈜A의 채무의 출자전환시 출자전환되는 채무의 가액은 7,500원, 발행된 주식의 시가는 6,000원 그리고 주식의 액면가액은 5,000원이라고 할 때, 법인세법상 주식발행액면초과액과 채무면제이익은 얼마인가?** 2009년 세무사

	주식발행액면초과액	채무면제이익
①	1,000원	1,500원
②	1,500원	1,000원
③	2,500원	1,500원
④	1,000원	2,500원
⑤	2,500원	0원

해답 ①

해설
• 일반적인 경우 주식발행액면초과액
발행가 - 액면가
• 채무의 출자전환의 경우
주식발행액면초과액 : 시가(6,000) - 액면가(5,000) = 1,000
채무면제이익 : 발행가(7,500) - 시가(6,000) = 1,500

06 **부동산 임대업을 주업으로 하며 법인세법상 차입금 과다법인에 해당하는 내국법인 ㈜A의 제7기 사업연도(1.1.~12.31.) 임대사업에 관한 자료는 다음과 같다. ㈜A가 장부를 기장하여 정상적으로 신고하는 경우와 추계결정하는 경우의 간주임대료를 계산하면 각각 얼마인가?**

2011년 세무사

> (1) 임대면적 : 주택부분 150m², 상가부분 600m²
> (2) 임대보증금 : 주택부분 60,000,000원, 상가부분 600,000,000원
> (3) 주택임대사업부문의 수입금액 : 이자수입 2,400,000원
> (4) 상가임대사업부문의 수입금액 : 이자수입 3,800,000원, 배당금수입 6,400,000원, 유가증권처분손실 2,000,000원
> (5) 제6기 8월 해당 부동산을 500,000,000원(토지가액 300,000,000원 포함)에 취득하였다.
> (6) 임대기간은 제7기 1.1.부터 3년간이고, 정기예금이자율은 연 5%로 가정한다.

	장부를 기장하는 경우	추계결정하는 경우
①	9,800,000원	33,000,000원
②	11,800,000원	20,400,000원
③	11,800,000원	33,000,000원
④	13,800,000원	30,000,000원
⑤	14,800,000원	30,000,000원

해답 ③

해설
(1) 장부기장 = $(6억 - 2억 \times \frac{600m^2}{750m^2}) \times 5\% - 10{,}200{,}000 = 11{,}800{,}000$

(2) 추계결정 = (6억 + 0.6억) × 5% = 33,000,000
(☞ 추계 시 주택에 대해서도 간주임대료를 계산함)

07 **다음은 제조업을 영위하는 영리내국법인 ㈜A의 제12기 사업연도(1.1~12.31.) 거래내용이다. 한국채택국제회계기준을 적용하고 있는 ㈜A가 제12기에 익금산입으로 세무조정할 금액은 얼마인가? (단, 「법인세법」상 수입배당금액의 익금불산입 규정은 고려하지 않으며, 주어진 자료 이외의 다른 사항은 고려하지 않음)** 2013년 세무사

(1) ㈜A는 지분비율이 20%인 관계기업 ㈜B로부터 주식발행초과금 10,000,000원(채무의 출자전환으로 「법인세법」 상 시가를 초과하여 발행된 금액 5,000,000원 포함)의 자본전입으로 무상주를 수령하였다.
(2) ㈜A는 「법인세법」 상 특수관계인인 ㈜C로부터 시가 5,000,000원인 ㈜D사 주식을 4,000,000원에 구입하였다.
(3) ㈜A는 제12기에 특수관계인이 아닌 개인甲으로부터 500,000원에 취득한 자기주식(시가 1,500,000원)을 2,500,000원에 처분하였다.

① 2,000,000원 ② 3,000,000원 ③ 4,000,000원
④ 5,000,000원 ⑤ 6,000,000원

해답 ②
해설 5,000,000원×20%+2,000,000원(자기주식처분이익)=3,000,000원

제2절 익금불산입

01 **다음 자료에 의하여 ㈜청운의 제3기 사업연도(1월 1일~12월 31일)에 대한 세무조정시 수입배당금 익금불산입액을 계산하면?**

〈자 료〉

(1) ㈜청운은 제3기 12월 31일 현재 지주회사(금융지주회사가 아님)로 동 일자 현재의 자본금은 500억원, 자산총액은 1,000억원이다.

(2) 자회사는 모두 영리내국법인(업종 : 제조업)이다.

(3) ㈜청운의 차입금에 대한 연간 지급이자는 15억원이다.(이 중에는 손금불산입대상인 지급이자 2억원이 포함되어 있다)

(4) 자회사가 다른 내국법인에 출자한 사실은 없고, 당해 사업연도 중 보유주식비율에는 변동이 없으며, 기타 수입배당금에 대한 익금불산입 요건은 충족되어 있다고 가정한다.

(5) 자회사 출자현황 및 수입배당금 내역(모두 전년도부터 출자하고 있음)

자회사	출자금액 (장부가액)	지주회사 보유지분율	수입배당금액
A(코스닥상장법인)	50억원	51%	4억원
B(주권상장법인)	500억원	35%	25억원
C(벤처기업/비상장법인)	150억원	25%	7억5천만원

(6) 수입배당금 익금불산입률

피출자법인에 대한 출자비율	익금불산입 비율
50% 이상	100%
20% 이상 50% 미만	80%
20% 미만	30%

① 2,509,000,000원 ② 1,657,500,000원 ③ 1,411,500,000원
④ 2,259,000,000원 ⑤ 1,644,500,000원

해답 ④

해설

<table>
<tr><th>구 분</th><th>수입
배당금</th><th>익금불산입액</th><th>익금불산입 배제액</th><th>익금불산입 배제액
차감 후 익금불산입액</th></tr>
<tr><td>A(코스닥상장 법인)</td><td>4억원</td><td>4억원×100%=4억원</td><td rowspan="4">(15억원-2억원)×{(50억원×100%)+500억원×80%+(150억원×80%)} /1,000억원=741,000,000</td><td rowspan="4">30억원-7.41억원=22.59억원</td></tr>
<tr><td>B(주권상장법인)</td><td>25억원</td><td>25억원×80%=20억원</td></tr>
<tr><td>C(벤처기업/비상장법인)</td><td>7.5억원</td><td>7.5억원×80%=6억원</td></tr>
<tr><td>합 계</td><td>36.5억원</td><td>30억원</td></tr>
</table>

02 **㈜A는 지주회사가 아닌 내국법인으로서 차입금을 전혀 보유하고 있지 않다. 다음 자료를 이용하여 ㈜A의 제6기 사업연도(1. 1～12. 31)의 수입배당금액에 대한 익금불산입액을 계산하면 얼마인가?** 2009년 회계사 수정

㈜A의 제6기에 귀속되는 배당금 등의 명세는 다음과 같다.

배당지급법인	㈜A의 지분율	㈜A가 받은 금액
B법인(주권상장)[주1)]	40%	12,000,000원
C법인(비상장)[주2)]	15%	20,000,000원
D법인(비상장)[주3)]	65%	10,000,000원

주1) B법인이 「자산재평가법」에 따른 재평가적립금을 자본에 전입함에 따라 받은 무상주의 액면가액이며, 이 중 10,000,000원은 3% 세율 적용분 재평가적립금을 자본에 전입한 금액이다.

주2) C법인이 이익준비금을 자본전입함에 따라 받은 무상주의 액면가액이며, 그 시가는 25,000,000원이다. 무상주 수령 후에도 ㈜A의 지분비율은 변하지 않았다.

주3) D법인의 발행주식 중 ㈜A는 제6기 3.10.에 50,000주를 취득하였으며, 배당과 관련된 일자는 다음과 같다. 배당기준일(제6기 4.30.), 배당결의일(제6기 6.30.), 배당금수령일(제6기 9.30.)

피출자법인에 대한 출자비율	익금불산입 비율
50% 이상	100%
20% 이상 50% 미만	80%
20% 미만	30%

① 0원 ② 7,600,000원 ③ 12,000,000원
④ 16,000,000원 ⑤ 17,000,000원

해답 ②

해설

			익금불산입 비율		
B법인 :	(12,000,000 - 10,000,000)	×	80%	=	1,600,000
C법인 :	20,000,000	×	30%	=	6,000,000

03 **「독점규제 및 공정거래에 관한 법률」에 의한 일반지주회사인 영리내국법인 ㈜D의 제12기 사업연도(1.1~12.31)에 관한 자료이다. 과세되는 수입배당금액으로 옳은 것은?** 2012년 회계사

(1) 제12기말 현재 직접 보유하고 있는 주식 및 이익배당금 내역

배당지급 내국법인	보유주식 장부가액(적수)	지분율	이익배당금	주식 취득일	배당 기준일
갑(상장법인 제조업)	3억원 (1,098억원)	55%	30,000,000원	제11기 3.1	제12기 5.26
을(비상장법인 제조업)	5억원 (1,281억원)	15%	50,000,000원	제12기 4.20	제12기 8.10
병(비상장법인 벤처기업)	2억원 (732억원)	25%	10,000,000원	제11기 9.1	제12기 9.10
합계	10억원		90,000,000원		

(2) 추가 정보

가. 제12기말 재무상태표상 자산총액은 50억원(적수는 18,300억원)이고, 당기 중에 매각한 주식은 없다.

나. 제12기 총차입금이자는 40,000,000원이고, 이는 업무무관자산 관련 지급이자 5,000,000원과 현재가치할인차금상각액 3,000,000원을 포함한 것이다.

다. 갑이 제12기 1.15에 감자차익(자기주식소각이익 제외)을 자본전입함으로써 ㈜D는 무상주 2,800주(액면가액 5,000원, 발행가액 6,000원)를 취득하였다. 무상주를 수령한 후에도 ㈜D의 지분율은 변동이 없다.

(3) 익금불산입율

피출자법인에 대한 출자비율	익금불산입 비율
50% 이상	100%
20% 이상 50% 미만	80%
20% 미만	30%

① 16,736,000원 ② 31,520,000원 ③ 40,616,000원
④ 40,955,000원 ⑤ 54,616,000원

해답 ③

해설 갑 : 30,000,000 − (30,000,000 × 100% − 32,000,000 × 100% × 1,098/18,300) = 1,920,000
을 : 50,000,000 − (50,000,000 × 30% − 32,000,000 × 30% × 1,281/18,300) = 35,672,000
병 : 10,000,000 − (10,000,000 × 80% − 32,000,000 × 80% × 732/18,300) = 3,024,000
따라서 40,616,000원

04 다음은 제조업을 영위하는 영리내국법인 ㈜A(지주회사가 아님)의 제14기 사업연도(1.1.~12.31.) 귀속 수입배당금액 관련 자료이다. 수입배당금액에 대한 익금불산입액을 계산한 것으로 옳은 것은?

2014년 회계사

(1) 제조업을 영위하는 비상장 내국법인으로부터 받은 수입배당금액의 내역은 다음과 같으며, 배당기준일은 모두 제13기 12월 31일이다.

배당지급법인	수입배당금액	보유주식 장부가액 적수	지분율	주식취득일
갑법인	10,000,000원	365억원	15%	제11기 2.15.
을법인	6,000,000원	438억원	40%	제13기 10.5.

(2) 사업연도 종료일 현재 재무상태표상의 자산총액은 10억원(적수는 3,650억원)이다.
(3) 제14기의 차입금이자는 30,000,000원으로서 해당 차입금의 적수는 100억원이다.
(4) ㈜A는 제14기말 현재 업무무관자산을 보유하고 있으며, 그 적수는 20억원이다.
(5) 비상장법인으로부터의 배당에 대한 익금불산입률
가. 지분율 20% 미만 : 30%
나. 지분율 20% 이상 50% 미만 : 80%

① 2,100,000원 ② 2,190,000원 ③ 2,280,000원
④ 3,570,000원 ⑤ 3,840,000원

해답 ③

해설 (수입배당금 - 지급이자 × 주식적수/자산총액적수) × 익금불산입률

구 분	익금불산입액
갑법인	{10,000,000 - (30,000,000 - 6,000,000) × 365억원/3,650억원} × 30% = 2,280,000 1) 업무무관 관련 이자 = 30,000,000 × 20억원/100억원 = 6,000,000
을법인	배당일기준일 전 3개월 이내 취득한 주식이므로 익금불산입 규정 적용 불가

05 **지주회사가 아닌 영리내국법인 ㈜A의 제21기 사업연도(1.1.~12.31.) 수입배당금 익금불산입액을 계산한 것으로 옳은 것은?**

2018년 회계사

(1) 회사는 비상장 영리내국법인 ㈜갑과 ㈜을로부터 수입배당금 11,000,000원을 수령하여 수익으로 계상하였다.

배당지급법인	현금 배당금	보유주식 취득가액*	지분율	주식 취득일
㈜갑	10,000,000원**	10억원 (적수는 3,650억원)	30%	제20기 9월 5일
㈜을	1,000,000원**	20억원 (적수는 7,300억원)	40%	제20기 6월 5일

*「법인세법」상 장부가액으로 제21기 중 보유주식변동은 없음

** 배당기준일 : 제20기 12월 31일, 배당결의일 : 제21기 1월 20일

(2) ㈜갑과 ㈜을은 지급배당에 대한 소득공제와 「조세특례제한법」상 감면 규정 및 동업기업 과세특례를 적용받지 않는다.

(3) ㈜A의 제21기 12월 31일 현재 재무상태표상의 자산총액은 100억원(적수는 36,500억원)이다.

(4) 제21기 손익계산서상 이자 비용의 구성 내역은 다음과 같다.

구분	이자비용	이자율
회사채 이자	12,000,000원	10%
연지급수입의 지급이자	5,000,000원	1%
은행차입금 이자***	20,000,000원	10%
합계	37,000,000원	

*** 제21기말 현재 건설 중인 본사 건물의 건설에 소요된 것이 분명한 특정차입금이자

(5) 익금불산입률

피출자법인에 대한 출자비율	익금불산입 비율
50% 이상	100%
20% 이상 50% 미만	80%
20% 미만	30%

① 7,040,000원 ② 7,150,000원 ③ 6,800,000원
④ 6,700,000원 ⑤ 6,150,000원

해답 ①

해설 (1) ㈜갑 수입배당금 이중과세조정 :

$$(10,000,000 - 12,000,000 \times \frac{3,650\text{억원}}{36,500\text{억원}}) \times 80\% = 7,040,000$$

(2) ㈜을 수입배당금 이중과세조정 :

$$(1{,}000{,}000 - 12{,}000{,}000 \times \frac{7{,}300억원}{36{,}500억원}) \times 80\% = \triangle 1{,}120{,}000 = 0$$

06 **다음의 자료를 이용하여 지주회사가 아닌 영리내국법인 ㈜A의 제21기 사업연도(1.1.~12.31.) 수입배당금 익금불산입액을 계산한 것으로 옳은 것은?** 2020년 회계사

(1) ㈜A는 제21기 3월 중 비상장 영리내국법인 ㈜B, ㈜C, ㈜D로부터 수입배당금 15,000,000원을 수령하여 수익으로 계상하였다.

배당지급법인	현금배당금*	「법인세법」상 장부가액**	지분율**	주식 취득일
㈜B	6,000,000원	300,000,000원	60%	19기 8월 1일
㈜C	6,000,000원	600,000,000원	60%	21기 11월 15일
㈜D	3,000,000원	600,000,000원	15%	20기 9월 15일

* 배당기준일 :제20기 12월 31일, 배당결의일 : 제21기 2월 20일

** 주식취득 이후 주식수, 장부가액, 지분율의 변동은 없음

(2) ㈜B, ㈜C, ㈜D는 지급배당에 대한 소득공제와 「조세특례제한법」상 감면규정 및 동업기업과세특례를 적용받지 않는다.

(3) ㈜A의 제21기 12월 31일 현재 재무상태표상 자산총액은 5,000,000,000원이다.

(4) ㈜A의 제21기 손익계산서상 이자비용은 30,000,000원이다. 해당 이자비용 중 15,000,000원은 채권자가 불분명한 사채의 이자비용이다.

(5) 비상장법인으로부터 수령한 수입배당금액의 익금불산입률은 다음과 같다.

피출자법인에 대한 출자비율	익금불산입 비율
50% 이상	100%
20% 이상 50% 미만	80%
20% 미만	30%

① 5,410,000원 ② 3,300,000원 ③ 3,120,000원
④ 5,460,000원 ⑤ 2,100,000원

해답 ④

해설 (1) ㈜B 수입배당금 이중과세 조정

$$(6{,}000{,}000 - 15{,}000{,}000 \times \frac{3억}{50억}) \times 100\% = 5{,}100{,}000$$

(2) ㈜C 수입배당금 이중과세 조정

배당기준일 전 3개월 이내에 취득한 주식을 보유함으로써 발생하는 수입배당금이므로 이중과세 조정을 하지 않는다.

(3) ㈜D 수입배당금 이중과세 조정

$$(3{,}000{,}000 - 15{,}000{,}000 \times \frac{6억}{50억}) \times 30\% = 360{,}000$$

(4) 수입배당금 익금불산입액

$$5{,}100{,}000 + 360{,}000 = 5{,}460{,}000$$

07 **다음은 제조업을 영위하는 내국법인 ㈜A가 보유하고 있는 유가증권에 관한 자료이다. ㈜A가 보유하고 있는 ㈜B의 주식처분과 관련한 ㈜A의 세무조정으로 옳은 것은?** 2011년 세무사

(1) 20×1년 11월 주권상장법인 ㈜B의 주식 100주를 주당 8,000원에 취득하고 다음과 같이 회계처리 하였다.

(차) 단기매매금융자산	800,000	(대) 현금	800,000

(2) 20×1년 12월 말 ㈜B 주식의 시가가 상승하여 다음과 같이 회계처리 하였다.

(차) 단기매매금융자산	200,000	(대) 단기매매금융자산평가이익	200,000

(3) 20×2년 4월 ㈜B가 주식배당으로 주주들에게 교부한 주식 중 20주(1주당 액면가액 5,000원, 1주당 발행금액 7,500원)를 수령하였으며, 이와 관련하여 ㈜A는 아무런 회계처리도 하지 않았다.

(4) 20×2년 6월 ㈜B가 감자차익을 자본전입하면서 주주들에게 교부한 주식 중 5주(1주당 액면가액 5,000원, 1주당 시가 8,000원)를 수령하였으며, 이와 관련하여 ㈜A는 아무런 회계처리도 하지 않았다.

(5) 20×2년 말 ㈜A는 보유하고 있는 ㈜B의 주식 중 50주를 처분하였다.

(6) ㈜A는 「한국채택국제회계기준」을 적용하지 않는 것으로 가정한다.

① 익금산입 10,000원(유보)
② 익금산입 15,000원(유보)
③ 익금산입 17,500원(유보)
④ 익금산입 20,000원(유보)
⑤ 익금산입 40,000원(유보)

해답 ④

해설 각 상황의 세무조정은 다음과 같다.

(1) 세무조정 없음
(2) 〈익금불산입〉 단기매매 금융자산평가이익 200,000 (△유보)
(3) 〈익금산입〉 주식배당 150,000 (유보)
(4) 세무조정 없음
(5) 〈익금산입〉 단기매매 금융자산처분이익 20,000* (유보)
* (△200,000 + 150,000) × 50주/100주+20주+5주 = 20,000

08 법인세법상 수입배당금액에 관한 설명으로 옳지 않은 것은?

① 고유목적사업준비금을 손금에 산입하는 비영리내국법인이 지분을 출자한 다른 내국법인으로부터 받은 수입배당금에 대해서는 일반법인에 대한 수입배당금액 익금불산입액의 50%를 익금불산입 한다.

② 「자본시장과 금융투자업에 관한 법률」에 따른 투자회사가 법령으로 정한 배당가능이익의 90% 이상을 배당하는 경우에 그 금액은 해당 사업연도의 소득금액에서 공제한다.

③ 내국법인 중 「독점규제 및 공정거래에 관한 법률」에 따른 지주회사가 주권상장법인인 자회사(소득공제·비과세·감면 등 적용법인 아님) 출자총액의 40%를 보유하여 수취한 배당금에 대하여 익금불산입을 적용받기 위해서는 그 주식을 배당기준일 현재 3개월 이상 계속하여 보유하고 있어야 한다.

④ 「자산유동화에 관한 법률」에 따른 유동화 전문회사가 법정요건을 갖춘 이익을 배당한 경우 그 금액을 해당 사업연도에 소득공제를 받기 위해서는 법령이 정하는 바에 따라 소득공제신청을 하여야 한다.

⑤ 「자산재평가법」을 위반하여 감가상각대상 고정자산의 재평가적립금(3% 세율 적용분)을 감액하여 지급받은 수입배당금액에 대하여는 수입배당금 익금불산입을 적용하지 않는다.

해답 ①

해설 ① 고유목적사업준비금을 손금에 산입하는 비영리내국법인이 지분을 출자한 다른 내국법인으로부터 받은 수입배당금에 대해서는 일반법인에 대한 수입배당금액 익금불산입액을 적용하지 않는다.

09 **영리내국법인 ㈜A는 제10기 사업연도에 특수관계인인 甲(개인)으로부터 당시 시가가 3,000,000원인 유가증권을 현금 1,000,000원에 취득하고, 이를 재무상태표에 취득가액으로 계상하였다. 이후 제12기 사업연도(1.1.~12.31.)에 당해 유가증권을 특수관계인인 ㈜B에게 시가인 4,000,000원의 현금을 받고 모두 처분하였으며, 처분이익 3,000,000원을 손익계산서에 영업외수익으로 계상하였다. 당해 유가증권 거래와 관련하여 ㈜A의 제12기 사업연도 세무조정에 관한 설명으로 옳은 것은? (단, 제11기 사업연도 이전의 세무조정은 모두 적정하였고, 주어진 자료 이외의 다른 세무조정 사항은 없는 것으로 가정함)** 2012년 세무사

① 당해 유가증권 처분에 대하여 ㈜A가 제12기 사업연도에 세무조정할 사항은 없다.
② 만일 ㈜B가 ㈜A의 특수관계인이 아니라면, 당해 유가증권 처분에 대하여 ㈜A가 제12기 사업연도에 세무조정할 사항은 없다.
③ 당해 유가증권 처분으로 인해 ㈜A의 제12기 사업연도의 자본금과적립금조정명세서(을)에 기재된 금액에 미치는 영향은 없다.
④ 제12기 사업연도의 세무조정이 적정하게 이루어진다면, 당해 유가증권 처분으로 인한 결산상 처분이익 3,000,000원 전액만큼 ㈜A의 제12기 각 사업연도 소득금액이 증가되지는 않는다.
⑤ 만일 당해 유가증권을 결산상 취득가액인 1,000,000원에 처분하여 결산상 처분이익이 발생되지 않았다면, 당해 유가증권 처분에 대하여 ㈜A가 제12기 사업연도에 세무조정해야 할 사항은 없다.

해답 ④

해설 법인이 특수관계자인 개인으로부터 유가증권을 저가로 매입 시 매입가액과 시가와의 차액을 익금에 산입한다.

- 10기 : 익금산입 2,000,000유보
- 12기 : 익금불산입 2,000,000(－)유보

유보항목이므로 자본금과 적립금조정명세서(을)에 영향을 미친다.

10 **「법인세법」상 익금으로 산입하지 않는 것에 관한 설명으로 옳지 않은 것은?** 2013년 세무사

① 각 사업연도의 소득으로 이미 과세된 것을 다시 당해연도의 소득으로 계상한 것은 익금으로 산입하지 않는다.
② 지방세 과오납금의 환급금에 대한 이자는 익금으로 산입하지 않는다.
③ 부가가치세의 매출세액은 익금으로 산입하지 않는다.
④ 「보험업법」에 따라 고정자산을 평가하여 장부가액을 증액한 경우 평가이익은 익금으로 산입하지 않는다.
⑤ 무상으로 받은 자산의 가액 중 세무상 공제되지 않은 이월결손금(합병·분할로 인한 결손금 아님)을 보전하는데 충당한 금액은 익금으로 산입하지 않는다.

해답 ④
해설 보험업법에 따라 고정자산을 평가하여 장부가액을 증액한 경우 평가이익은 익금에 산입한다.

11 **법인세법상 익금 및 익금불산입에 관한 설명이다. 옳지 않은 것은?** 2020년 회계사

① 법인세 과세표준을 추계결정하는 법인은 임대보증금에 대한 간주임대료를 익금에 산입하되, 주택임대보증금에 대한 간주임대료는 익금에 산입하지 않는다.
② 법인이 특수관계인인 개인으로부터 유가증권을 시가보다 낮은 가액을 매입하는 경우 시가와 그 매입가액의 차액을 익금에 산입한다.
③ 법인의 각 사업에서 생기는 사업수입금액은 익금에 산입하되, 기업회계기준에 의한 매출에누리금액 및 매출할인금액은 산입하지 아니한다.
④ 영리내국법인 ㈜A가 자기주식을 소각하여 생긴 이익을 소각일로부터 2년 이내에 자본에 전입함에 따라 ㈜A의 주주인 영리내국법인 ㈜B가 수령하는 무상주는 의제배당으로 익금에 산입한다.
⑤ 법인이 과오납한 법인세에 대한 환급금과 그 환급금에 대한 이자를 수령한 경우 그 금액은 익금에 산입하지 아니한다.

해답 ①
해설 법인세 과세표준을 추계결정하는 법인은 임대보증금에 대한 간주임대료를 익금에 산입하며, 주택 및 부수토지에 대해서도 간주임대료를 익금에 산입해야 한다.

제3절 의제배당

01 다음은 ㈜동양의 주식거래와 관련된 자료이다. 이 자료를 이용하여 제7기(1. 1~12. 31) 세무조정을 행할 경우 옳은 것은?

> (1) 일자별 거래내역
> 1) 제5기 7. 1 : ㈜한국 주식 6,000주를 100,000,000원에 취득
> 2) 제6기 3. 26 : ㈜한국으로부터 무상주(이익준비금을 자본에 전입한 것임) 5,000주를 교부 받음
> 3) 제7기 7. 1 : ㈜동양의 이사로 재직하고 있는 개인주주(지분비율 10%)인 갑에게 100,000,000원을 받고 11,000주 모두 양도
>
> (2) ㈜한국 주식의 1주당 액면가액은 10,000원임
> (3) 양도일 현재 ㈜한국 주식 11,000주의 시가총액은 200,000,000원이며, ㈜동양은 위 거래를 기업회계기준에 따라 회계처리 하였다.

① 손금산입 50,000,000원(△유보) 익금산입 100,000,000원(배당)
② 손금산입 50,000,000원(△유보) 익금산입 100,000,000원(상여)
③ 손금산입 - 익금산입 100,000,000원(상여)
④ 손금산입 - 익금산입 100,000,000원(배당)
⑤ 손금산입 50,000,000원(△유보) 익금산입 -

해답 ②

해설 (1) 제6기 3월 26일
㈜한국으로부터 무상주(이익준비금을 자본에 전입한 것임) 5,000주를 교부받은 것은 의제배당에 해당하므로 다음과 같이 세무조정을 하여야 한다.
〈익금산입〉 주식(의제배당) 50,000,000(유보)
(2) 제7기 7월 1일
특수관계자인 출자임원에게 저가로 양도하였으므로 다음과 같이 세무조정을 하여야 한다.
〈손금산입〉 주식(의제배당) 50,000,000(△유보)
〈익금산입〉 부당행위계산부인 100,000,000(상여)

02 **제8기(1.1~12.31) 2월 1일 A법인이 잉여금을 자본금에 전입함에 따라 이 회사의 주주인 B법인은 무상주를 교부받았다. 자본금 전입의 재원이 다음과 같을 때 교부받은 무상주의 가액이 B법인의 배당소득에 해당하지 않는 것은? (단, 무상주 수령 후에도 B법인의 지분율은 변동이 없다.)**

① 제3기 9월 1일에 자기주식을 처분하여 발생한 이익
② 제4기 5월 1일에 자기주식을 소각하여 발생한 이익(소각 당시 시가가 취득가액을 초과하였음)
③ 제5기 6월 1일에 채무의 출자전환으로 주식을 발행함에 있어서 당해 주식의 시가(액면가액을 초과함)를 초과하여 발행된 금액
④ 제5기 10월 1일에 자기주식을 소각하여 발생한 이익(소각 당시 시가가 취득가액을 초과하지 아니하였음)
⑤ 제6기 8월 1일에 발생한 자본감소 시 그 감소액이 주식소각, 주금의 반환에 소요된 금액과 결손보전에 충당된 금액을 초과하는 금액

해답 ⑤

해설 감자차익의 자본전입 시 의제배당 여부
i) 일반적인 감자차익 : 의제배당 ×
ii) 자기주식 소각이익 : 다음 요건 충족 시 의제배당 O
① 자기주식 소각 당시 시가가 취득가액을 초과하거나 소각일로부터 2년 이내 자본에 전입하는 경우 자기주식 소각이익
② 법인이 자기주식을 보유한 상태에서 자본전입을 함에 따라 그 법인 외의 주주등의 지분비율이 증가한 경우 증가한 지분비율에 상당하는 주식 등의 가액
따라서 ⑤는 일반적인 감자차익이므로 의제배당에 해당하지 아니한다.

03 **제조업을 영위하는 영리내국법인 (주)A는 제16기 사업연도(1.1.~12.31.)에 (주)B(제조업)로부터 잉여금 처분에 따른 금전배당금 5,000,000원((주)B의 잉여금 처분 결의는 제15기에 이루어진 것임)을 수령하였고, 이에 대한 (주)A의 회계처리는 다음과 같다.**

○ 제15기: 배당수익과 관련한 아무런 회계처리를 하지 않았음 ○ 제16기: 〈차변〉 현금 5,000,000 〈대변〉 배당금수익 5,000,000

제15기에 대하여 (주)A가 해야 할 모든 세무조정은 적법하게 이루어졌다고 가정할 때, (주)A가 제16기의 각 사업연도의 소득금액 계산시 해야 할 세무조정과 소득처분으로 옳은 것은? (단, 법인세법상 수입배당금액의 익금불산 입 규정 등 주어진 자료 이외 다른 사항은 고려하지 않음)

2016년 세무사

① 세무조정 없음
② 〈익금산입〉 배당금수익 5,000,000원(배당)
③ 〈익금불산입〉 배당금수익 5,000,000원(기타)
④ 〈익금산입〉 배당금수익 5,000,000원(유보)
⑤ 〈익금불산입〉 배당금수익 5,000,000원(△유보)

해답 ⑤

해설 법인이 수입하는 배당금은 「소득세법」에 따른 수입 시기에 해당하는 날이 속하는 사업연도의 익금에 산입한다. 「소득세법」상 잉여금의 처분에 의한 배당의 수입 시기는 "해당 법인의 잉여금처분결의일"이다. 따라서 금전배당금 5,000,000원은 제15기 귀속 사업연도의 익금이고, 제16기에는 그 금액을 추인한다.

04 **다음의 자료를 이용하여 영리내국법인 ㈜A의 제10기(1.1. ~ 12.31.) 의제배당금액을 계산한 것으로 옳은 것은?**

2015년 회계사

(1) ㈜A는 ㈜B의 주식 20,000주를 보유하고 있다.
(2) ㈜B의 발행주식총수는 100,000주(주당 액면가액 5,000원)이며, 자기주식수는 20,000주이다.
(3) 제10기 6월 25일에 ㈜A는 ㈜B의 잉여금 자본전입으로 인한 무상주 15,000주를 수령하였다.
(4) ㈜B의 무상주 재원은 다음과 같다.

주식발행초과금	20,000,000원
자기주식소각이익(소각일 : 제9기 3.5.)	10,000,000원
자기주식처분이익	40,000,000원
이익잉여금	230,000,000원
합 계	300,000,000원

① 70,000,000원 ② 71,000,000원 ③ 76,000,000원
④ 85,500,000원 ⑤ 90,495,000원

해답 ②

해설 자기주식을 보유한 상태에서 자본전입으로 다른 주주의 지분비율이 증가한 경우에 해당한다.

1차 배정분 : $(300,000,000 \div 5,000) \times 20\% \times \frac{280,000,000}{300,000,000} \times 5,000$주 $= 56,000,000$

2차 배정분 : $(15,000$주$ - 12,000$주$^{*}) \times 5,000 = 15,000,000$

* $300,000,000 \div 5,000 \times 20\%$

의제배당금액 = $56,000,000 + 15,000,000 = 71,000,000$

05 법인세법상 의제배당에 관한 설명으로 옳지 않은 것은?

2016년 회계사

① 잉여금의 자본전입으로 인한 의제배당은 주주총회 또는 이사회에서 이를 결의한 날이 속하는 사업연도에 귀속한다.

② 법인이 자기주식을 보유한 상태에서 익금불산입 항목인 자본잉여금을 자본금에 전입함에 따라 그 법인 외의 주주가 지분비율이 증가한 경우 증가한 지분비율에 상당하는 주식의 가액은 배당으로 본다.

③ 자기주식처분이익을 자본금에 전입하는 경우 주주가 받은 무상주는 자기주식 취득 시기에 따라 의제배당 여부가 결정된다.

④ 자기주식 소각 당시의 시가가 취득가액을 초과한 경우로서 자기주식을 소각하여 생긴 이익을 소각일부터 4년이 지난 후 자본에 전입하여 주주가 받은 주식가액은 의제배당에 해당한다.

⑤ 해산한 법인의 주주가 그 법인의 해산으로 분배받은 잔여재산가액이 해당 주식을 취득하기 위하여 소요된 금액을 초과하는 금액은 배당으로 본다.

해답 ③

해설 자기주식처분이익은 세법상 익금에 해당하므로 자기주식 취득 시기에 상관없이 자기주식처분이익을 자본금에 전입하는 경우 주주가 받은 무상주는 의제배당에 해당한다.

06 다음 자료를 이용하여 영리내국법인 ㈜A의 의제배당액을 계산한 것으로 옳은 것은?

2014년 회계사

(1) 영리내국법인 ㈜B는 제14기 4월 20일(자본전입 결의일)에 주식발행초과금 1억원을 자본에 전입하는 무상증자를 실시하고, 무상주 10,000주를 발행하여 주주들에게 교부하였다.

(2) ㈜B의 주주인 ㈜A(무상증자 직전 지분율은 20%임)는 ㈜B의 자기주식에 배정하지 아니한 주식을 포함하여 무상주 3,000주를 수령하였다.

(3) ㈜B의 발행주식 1주당 액면가액은 10,000원이다.

① 0원 ② 5,000,000원 ③ 10,000,000원

④ 20,000,000원 ⑤ 30,000,000원

해답 ③

해설 자기주식을 보유한 상태에서 익금불산입 항목인 자본잉여금을 자본 전입함에 따라 그 법인 외의 주주의 지분 비율이 증가한 경우 증가한 지분비율에 상당하는 주식가액을 의제배당액으로 한다.

(1) ㈜B가 자기주식을 보유함으로써 주주 ㈜A의 무상증자 주식 수 증가분
= 받은 주식 수 - 당초 지분비율의 무상증자 주식 수
3,000주 - 10,000 × 20% = 1,000주

(2) 의제배당 평가액 = 1,000주 × 10,000원 = 10,000,000원

구 분		평 가 액
의제배당인 주식	무상주	액면가액(무액면주식은 자본금 ÷ 주식수)
	주식배당	발행가액

07 **다음 자료를 이용하여 ㈜대한 은행의 제6기 사업연도 과세표준 계산 시 포함될 배당금수입금액(익금불산입액을 차감한 후의 금액)을 구하면 얼마인가?**

(1) ㈜대한은행이 제6기에 받은 금전배당자료 :

주식발행법인	주식 취득일	지분비율	배당금 수령액
A회사(주권상장법인)	제6기 9월 25일	28%	15,000,000원
B회사(코스닥상장법인)	제6기 10월 20일	38%	10,000,000원
C회사(비상장법인)	제6기 8월 7일	9%	20,000,000원
합 계			45,000,000원

(2) ㈜대한은행의 제6기 사업연도는 1. 1.~12. 31.이며, ㈜대한은행은 지주회사에 해당하지 않고 차입금도 없다.
(3) A회사, B회사 및 C회사의 배당기준일은 모두 매년 12월 31일이다.
(4) 익금불산입율은 30%로 가정한다.

① 4,500,000원 ② 22,500,000원 ③ 31,500,000원
④ 34,500,000원 ⑤ 19,500,000원

해답 ④

해설 (1) A회사 : 15,000,000 × (1 - 30%) = 10,500,000
(2) B회사 : 10,000,000 〈3개월 이내 취득이므로 익금불산입 적용배제함〉
(3) C회사 : 20,000,000 × (1 - 30%) = 14,000,000
따라서 10,500,000 + 10,000,000 + 14,000,000 = 34,500,000

08 **다음 자료에 의해 ㈜서울의 제13기 사업연도(1. 1.~12. 31.)의 소득금액 계산상 세무조정으로 익금불산입되는 금액은 얼마인가?**

(1) ㈜서울은 거주자 甲에 대한 채무 20,000,000원을 아래의 조건으로 출자전환함

- 주식의 발행가액 : 주당 20,000원(액면가액 10,000원)
- 발행당시의 시가 : 주당 15,000원
- 발행주식수 : 1,000주(채무액 20,000원당 1주 교부)

※ ㈜서울은 기업구조조정촉진법에 따라 상기 채무를 출자로 전환하는 내용이 포함된 경영정상화계획의 이행협약을 체결한 법인임

※ ㈜서울은 설립 이후 제13기 사업연도까지 각 사업연도에 세무상 결손금이 발생하지 아니함

(2) 제13기 7. 1. ㈜서울은 본사 건물의 일부를 ㈜부산에 1년간 임대하고, 임대기간 종료일(제14기 6. 30.)에 임대료 50,000,000원을 지급받기로 약정하였으며, 제13기 결산 확정시 미수 임대료 25,000,000원을 수익으로 계상함

(3) 원가법(선입선출법)에 의한 재고자산 평가액은 50,000,000원이나 ㈜서울은 시가법에 의해 80,000,000원으로 평가하여 계상함(재고자산 평가 방법은 납세지관할세무서장에게 신고한 바 없음)

(4) ㈜서울이 보유한 본사 사옥의 건물 정문 앞 도로가 확장됨에 따라 본사 사옥의 가치가 300,000,000원 상승함(재무제표에 미계상)

① 345,000,000원 ② 335,000,000원 ③ 45,000,000원
④ 40,000,000원 ⑤ 35,000,000원

해답 ⑤

해설 (1) (차) 차입금 20,000,000 (대) 자본금 1,000주×@10,000=10,000,000
주식발행초과금 1,000주×(@15,000－@10,000)=5,000,000
채무면제이익 1,000주×(@20,000－@15,000)=5,000,000
→ 익금불산입 5,000,000(△유보)

(2) 세무조정 없음

(3) 회사 계상액 : 80,000,000
세법상 계상액 : 50,000,000
세무조정 : 익금불산입 30,000,000(△유보)

(4) 세무조정 없음

09 다음 자료에 의하여 지주회사가 아닌 ㈜국세(영리내국법인)의 제10기 사업연도(1. 1.~12. 31) 수입배당금액에 대한 익금불산입액을 계산하시오.

(1) ㈜국세의 제10기에 귀속하는 배당금의 내역은 다음과 같다.

배당지급법인	㈜국세의 지분비율	㈜국세가 받은 배당금액
甲법인(상장법인)	15%	50,000,000원(금전배당)
乙법인(비상장법인)	60%	10,000,000원(금전배당)

(2) 甲법인의 발행주식총수는 1,000,000주, 乙법인의 발행주식총수는 500,000주이고, ㈜국세의 주식취득내역은 다음과 같다.

구분	취득일	취득주식수	지분율	비 고
甲법인	제9기 9. 10	100,000주	10%	배당기준일 : 제9기 12.30 배당결의일 : 제10기 3.10
	제9기 12. 20	50,000주	5%	
	계	150,000주	15%	
乙법인	제10기 1 .20	200,000주	15%	배당기준일 : 제10기 7.20. 배당결의일 : 제10기 9.1.
	제10기 5. 30	100,000주	45%	
	계	300,000주	60%	

(3) ㈜국세가 취득한 乙법인 주식의 개별 취득가액은 동일하며 전체 장부가액은 100,000,000원이다.

(4) 익금불산입율은 30%로 가정한다.

① 10,750,000원 ② 12,150,000원 ③ 12,300,000원
④ 12,450,000원 ⑤ 20,450,000원

해답 ①

해설

$$50,000,000 \times \frac{10\%}{15\%} \times 30\% = 10,000,000$$

$$10,000,000 \times \frac{15\%}{60\%} \times 30\% = 750,000$$

→ 익금불산입액 : 10,000,000 + 750,000 = 10,750,000

10 **지주회사가 아닌 영리내국법인 ㈜A의 제16기 (1.1.~12.31.) 수입배당금 익금불산입액을 계산한 것으로 옳은 것은?** 2016년 회계사

(1) 비상장내국법인 ㈜B로부터 수입배당금 39,000,000원(배당기준일 : 제15기 12.31., 배당결의일 : 제16기 2.20.)을 수령하여 수익계상하였다. ㈜B 주식에 대한 취득 및 처분내역은 다음과 같으며, ㈜B의 발행주식총수는 100,000주이다. ㈜B는 지급배당에 대한 소득공제와 「조세특례제한법」상 감면규정 및 동업기업과세특례를 적용받지 않는다. 제16기 중 보유주식변동은 없다.

일 자	거래유형(주식수)	금 액
제14기 12. 29.	매입(50,000주)	9억원
제15기 10. 13.	매입(20,000주)	2억원
제15기 12. 8.	처분(5,000주)	△1억원
제15기 12. 31.	총 보유주식수 65,000주	10억원

(2) ㈜A의 제16기말 현재 재무상태표상 자산총액은 250억원이며, 손익계산서상 지급이자는 2억원이다. 이 지급이자에는 현재가치할인차금 상각액 10,000,000원이 포함되어 있다.

(3) 수입배당금액의 익금불산입률은 다음과 같다.

피출자법인에 대한 출자비율	익금불산입 비율
50% 이상	100%
20% 이상 50% 미만	80%
20% 미만	30%

① 8,019,000원　② 13,080,000원　③ 16,675,200원
④ 16,650,000원　⑤ 16,650,000원

해답 ③

해설 (1) 수입배당금 익금불산입 세무조정 대상 주식

일자	주식 수	처분	처분 후 주식 수	수입배당금 이중과세 조정 대상
제14기 12.29.	50,000주	-5,000주	45,000주	0
제15기 10.13.	20,000주	-	20,000주	X

(2) 수입배당금 익금불산입 금액 계산

$$\left(39{,}000{,}000 \times \frac{45{,}000주}{65{,}000주} - 190{,}000{,}000 \times \frac{900{,}000{,}000 \times \frac{45{,}000주}{50{,}000주}}{25{,}000{,}000{,}000}\right) \times 80\%$$

$= 16{,}675{,}200$

11 **제조업을 영위하는 영리내국법인 ㈜A의 제21기(1.1.~12.31.) 자료이다. 의제배당 및 수입배당금 관련 세무조정이 각 사업연도 소득금액에 미치는 순영향으로 옳은 것은?** 2021년 회계사 수정

(1) ㈜A는 ㈜B가 잉여금 자본전입(결의일: 제21기 3.3.)으로 액면발행한 무상주 중 10%를 지분비율에 따라 수령하였으며 무상증자의 재원은 다음과 같다.

구 분	금 액
자기주식처분이익	2,200,000원
주식의 포괄적 교환차익	2,000,000원
재평가적립금*	1,500,000원

* 토지분(재평가세 1% 과세분) 4,000,000원과 건물분(재평가세 3% 과세분) 1,000,000원으로 구성되어 있으며, 이 중 30%를 자본전입함.

(2) ㈜B가 보유한 자기주식은 없다.

(3) ㈜A는 당기에 차입금과 지급이자가 없고, 수입배당금 익금불산입율은 30%이며 수입배당금 익금불산입 요건을 충족한다.

① 102,000원 ② 111,000원 ③ 175,000원
④ 238,000원 ⑤ 259,000원

해답 ④

해설 (1) 의제배당금액

$(2,200,000 + 1,500,000 \times 4/5) \times 10\% = 340,000$〈익금산입〉

(2) 수입배당금 이중과세조정

$340,000 \times 30\% = 102,000$〈손금산입〉

3% 재평가적립금의 자본전입은 수입배당금이 아니므로 이중과세조정 대상이 아니다.

(3) 각 사업연도 소득금액에 미치는 순영향

$340,000 - 102,000 = 238,000$

12 **내국법인인 ㈜A의 제20기 사업연도(1.1.~12.31.)에 관한 자료이다. 「법인세법」상 익금항목 합계액과 익금불산입항목 합계액의 차이는 얼마인가?** 2010년 세무사

(1) 부가가치세 신고 시 잘못 납부한 금액의 환급금에 대한 이자 1,000,000원을 관할세무서장으로부터 지급받았다.
(2) 감자차익 10,000,000원이 발생하였다.
(3) 대표이사인 甲으로부터 시가 70,000,000원인 유가증권을 40,000,000원에 매입하였다.
(4) 당기에 거래처로부터 발생한 채무면제이익 10,000,000원 중 8,000,000원은 제3기 1.1.~제3기 12.31.까지 발생한 「법인세법」상 결손금으로서 그 후의 적법하게 신고된 각 사업연도의 과세표준 계산 시 공제되지 아니한 이월결손금의 보전에 충당하였다.
(5) ㈜A는 최초 사업연도부터 제20기 사업연도까지 합병 또는 분할과 관련된 바 없으며, 관련 법률에 의한 회생계획인가의 결정 또는 경영정상화계획의 이행을 위한 약정이 체결된 법인에 해당하지 않는다.

① 13,000,000원 ② 19,000,000원 ③ 21,000,000원
④ 22,000,000원 ⑤ 29,000,000원

해답 ③

해설 (1) 익금합계 = 특수관계자 저가매입(₩30,000,000) + 채무면제이익(₩10,000,000)
= ₩40,000,000
(2) 익금불산입 합계 = 환급금이자(₩1,000,000) + 감자차익(₩10,000,000) +
채무면제이익(₩8,000,000) = ₩19,000,000
(3) 합계액 = ₩40,000,000 − ₩19,000,000 = ₩21,000,000

13 **다음 자료에 의하여 보통주의 소각으로 인한 ㈜A의 의제배당은 얼마인가? (단, ㈜A와 ㈜B는 비상장 영리내국법인이며, 주식 취득과 소각은 적법하였고, 수입배당금의 익금불산입은 고려하지 않음)**

2014년 세무사

(1) ㈜A는 제20기(1. 1. ~ 12. 31.) 초 현재 ㈜B의 보통주 300주(1주당 액면금액 2,000원)를 보유하고 있으며, 보통주 관련 거래는 다음과 같다.
ㄱ. 제18기 2. 1. ㈜B의 보통주 200주를 1주당 3,000원(시가)에 취득함
ㄴ. 제19기 3. 2. ㈜B가 주식발행액면초과액(시가와 액면금액의 차액)의 자본전입에 따라 보통주 100주를 무상 취득함
ㄷ. 제19기 5. 1. ㈜B가 자기주식처분이익의 자본전입에 따라 보통주 200주를 무상 취득함
ㄹ. 제19기 7. 15. 보통주 200주를 유상처분함
(2) ㈜B는 제20기 1. 30. 보통주를 1주당 3,500원에 소각하였으며, 이로 인해 ㈜A가 보유한 ㈜B의 보통주 200주가 소각되었다.

① 250,000원 ② 350,000원 ③ 450,000원
④ 550,000원 ⑤ 650,000원

해답 ②

해설 (1) 주식변동 내역

구분	취득	처분(주1)	처분후 주식수	소각
유상취득	200주	80주	120주	70주(주2)
무상주(주식발행초과금:의제배당×)	100주	40주	60주	60주(주3)
무상주(자기주식처분이익:의제배당○)	200주	80주	120주	70주
계	500주	200주	300주	200주

(주1) 처분 주식 200주는 유상취득분과 무상주분을 주식수의 비율로 균등하게 처분한 것으로 본다.

(주2) $(200주-60주) \times \frac{120주}{(300주-60주)} = 70주$

(주3) 단기소각주식 특례 : 소각일로부터 역산하여 2년 이내에 의제배당으로 과세되지 않은 무상주가 있으면 그 무상주가 먼저 소각된 것으로 보며, 그 무상주의 취득가액은 0(영)으로 본다.

(2) 의제배당

(200주×3,500원) - (60주×0원 + 140주×2,500원(주4)) = 350,000원

(주4) $1주당\ 장부가액 = \frac{(120주 \times 3,000원 + 120주 \times 2,000원)}{(120주 + 120주)}$

14 **제조업을 영위하는 내국법인 (주)C는 제35기 과세기간(1.1.~12.31.) 중 주식발행초과금 150,000,000원을 재원으로 하여 무상증자를 시행하였다. 무상증자 직전의 (주)C의 발행주식 총수는 300,000주(1주당 액면가액은 500원)이며 주주구성 및 보유주식현황은 다음 표와 같을 때 상황1과 상황2에서 (주)B의 의제배당 금액을 계산하면 각각 얼마인가?** 2017년 세무사

무상증자 직전의 주주구성 및 보유주식현황	
주주구성	보유주식수
(주)A	180,000주
(주)B	60,000주
(주)C	60,000주
합계	300,000주

〈상황1〉 무상증자시 자기주식에 배정할 무상주 60,000주에 대하여 (주)C를 제외한 기타주주의 지분비율에 따라 배정하여 무상증자후 총 발행주식수가 600,000주가 되었다고 가정

〈상황2〉 무상증자시 자기주식에 배정할 무상주 60,000주에 대하여 (주)C를 제외한 기타주주에게 배정하지 않아 무상증자 후 총 발행주식 수가 540,000주가 되었다고 가정

	상황1	상황2
①	6,500,000원	4,500,000원
②	6,500,000원	5,500,000원
③	7,500,000원	5,500,000원
④	7,500,000원	6,000,000원
⑤	8,000,000원	6,000,000원

해답 ④

해설 〈상황1〉 재배정하는 경우

주주구성	보유주식수 (지분율)	기존배당	의제배당	합계
(주)A	180,000주 (60%)	180,000주	45,000주	405,000주 (67.5%)
(주)B	60,000주 (20%)	60,000주	15,000주	135,000주 (22.5%)
(주)C	60,000주 (20%)	60,000주	(60,000)주	60,000주 (10%)
합계	300,000주 (100%)	300,000주	-	600,000주

의제배당금액: 15,000주×500원(액면가액)=7,500,000원

〈상황2〉 재배정하지 않는 경우 (실권)
실권시 의제배당: 재배정시 의제배당×(1-자기주식 지분율)
: 7,500,000원×(1-20%)=6,000,000원

15 **비상장 영리내국법인인 (주)A와 (주)B의 자료를 이용하여 보통주 소각으로 인한 (주)A의 의제배당금액을 계산하면 얼마인가? (단, 주식 취득과 소각은 적법하였고, (주)B는 과거 합병사실이 없다. 주어진 자료 이외에는 고려하지 않음)** 2019년 세무사

(1) (주)A는 제20기(1.1.~12.31.) 초 현재 (주)B의 보통주 600주(1주당 액면금액 1,000원)를 보유하고 있으며, 보통주 관련 거래는 다음과 같다.
- (주)A는 제18기 4.1. (주)B의 보통주 400주를 1주당 시가인 1,500원에 취득하였음
- (주)A는 제19기 5.2. (주)B가 주식발행초과금(출자전환으로 인한 채무면제이익이 아님)을 자본에 전입함에 따라 보통주 200주를 무상으로 취득하였음
- (주)A는 제19기 7.1. (주)B가 법인세가 이미 과세된 자기주식처분이익을 자본에 전입함에 따라 보통주 400주를 무상으로 취득하였음
- (주)A는 제19기 9.15. 보유 중인 (주)B의 보통주 400주를 유상으로 처분하였음

(2) (주)B는 제20기 3.31. 보통주를 1주당 1,500원에 소각하였으며, 이로 인해 (주)A가 보유한 (주)B의 보통주 400주가 소각되었다.

① 200,000원 ② 250,000원 ③ 400,000원
④ 450,000원 ⑤ 600,000원

해답 ②

해설 (1) 감자의 대가 : 400주×1,500주=600,000

(2) 해당 주식의 취득가액 : 120주×0+280주× $\frac{360,000+240,000}{240+240}$ =350,000

(3) 의제배당액 : (1)-(2)=250,000

제18기 4.1.	400주×1,500=600,000	240주×1,500=360,000
제19기 5.2.	200주×0=0	120주×0=0
제19기 7.1.	400주×1,000=400,000	240주×1,000=240,000
제19기 9.15.	400주 처분[주1)]	

주1) 감자하기 전에 주식의 일부를 처분한 경우에 주식의 평가는 평균법이 원칙이므로 모든 주식을 평균적으로 처분한 것으로 본다.

16 **다음 자료를 이용하여 영리내국법인 ㈜A의 제21기 사업연도 (1.1.~12.31.) ㈜B 주식에 대한 의제배당금액을 계산한 것으로 옳은 것은? (단, 수입배당금액의 익금불산입은 고려하지 않는다.)**

2018년 회계사

(1) 제18기 5월 1일에 ㈜A는 내국법인 ㈜B의 주식 11,000주(주당 액면가액:5,000원)를 시가인 주당 20,000원에 취득하였다.

(2) (주)A가 20기에 ㈜B의 잉여금 자본전입으로 인해 수령한 무상주 4,000주의 내역은 다음과 같다.

자본전입결의일	무상주	잉여금 자본전입의 재원
제20기 7월 1일	3,000주	감자차익
제20기 9월 1일	1,000주	자기주식처분이익

(3) 제21기 2월 1일(감자결의일)에 ㈜B가 유상감자를 실시함에 따라 ㈜A는 보유주식 2,000주를 반환하고, 주당 20,000원의 현금을 감자대가로 수령하였다.

(4) ㈜B가 보유한 자기주식은 없다.

① 40,000,000원 ② 35,000,000원 ③ 21,250,000원
④ 10,000,000원 ⑤ 2,500,000원

해답 ①

해설 (1) 감자대가

2,000주 × 20,000 = 40,000,000

(2) 주식 장부가액

2,000주 × 0 = 0

* 감자차익은 소각 전 2년 내 수령한 의제배당이 아닌 무상주이므로 해당 무상주가 먼저 감자된 것으로 보고 장부가액은 0으로 본다.

(3) 의제배당금액

40,000,000 − 0 = 40,000,000

CHAPTER

04 손금, 손금불산입

제1절 손 금

01 **「법인세법」상 손금에 관한 설명으로 옳은 것을 모두 고른 것은?** 2016년 세무사

> ㄱ. 「채무자 회생 및 파산에 관한 법률」에 따른 회생계획인가의 결정에 따라 회수불능으로 확정된 채권은 당해 채권을 손금으로 계상한 날이 속하는 사업연도의 손금으로 한다.
> ㄴ. 내국법인이 임원 및 사용인에게 지급하는 성과배분 상여금은 잉여금의 처분을 손비로 계상한 것이라도 각 사업연도의 소득금액을 계산할 때 손금에 산입한다.
> ㄷ. 회수할 수 없는 부가가치세 매출세액미수금으로서 「부가가치세법」에 따라 대손세액 공제를 받지 아니한 것은 손금에 해당한다.
> ㄹ. 내국법인이 해당 법인 이외의 자와 출자에 의하여 특정 사업을 공동으로 영위함에 따라 발생된 손비에 대한 분담금액은 출자총액 중 당해 법인이 출자한 금액의 비율에 우선하여 당해 공동사업자 사이의 약정에 따른 분담 비율을 기준으로 정한다.

① ㄷ ② ㄴ, ㄷ ③ ㄷ, ㄹ
④ ㄱ, ㄴ, ㄹ ⑤ ㄱ, ㄷ, ㄹ

해답 ①

해설 (ㄱ) 회생계획인가의 결정에 따라 회수불능으로 확정된 채권의 수입시기는 계상한 날이 속하는 사업연도가 아닌 해당 사유가 발생한 날이 속하는 사업연도이다. (신고조정사항)

(ㄴ) 법인이 근로자에게 지급하는 상여금은 원칙적으로 손금에 산입하나, 다음의 상여금은 손금에 산입하지 아니한다.

① 임원 또는 사용인에게 이익잉여금 처분에 따라 지급하는 상여금
② 임원에 대한 상여금 중 정관·주주총회·사원총회 또는 이사회의 결의에 따라 결정된 급여지급기준을 초과하여 지급한 경우 그 초과금액
③ 상여로 소득처분 금액
☞ 합명회사 또는 합자회사의 노무출자사원에게 지급하는 보수는 이익의 처분으로 의제되어 손금불산입 함.

(ㄹ) 출자에 의하여 특정사업을 공동으로 영위함에 따라 발생된 손비에 대한 분담금액은 출자비율을 우선으로 적용한다.

02 **「법인세법」상 손금에 관한 설명으로 옳지 않은 것은?** 2017년 세무사

① 「법인세법」은 손비의 범위에 관한 일반적 기준으로서 그 법인의 사업과 관련 하여 발생하거나 지출된 손실 또는 비용으로서 일반적으로 인정되는 통상적인 것이거나 수익과 직접 관련된 것으로 규정하고 있다.

② 합명회사나 합자회사의 노무출자사원에 대한 보수는 이익처분에 의한 상여로 의제하여 손금에 산입하지 아니한다.

③ 내국법인이 임직원과 성과산정지표 및 그 목표, 성과의 측정 및 배분방법 등에 대하여 사전에 서면으로 약정하고 이에 따라 그 임직원에게 지급하는 성과배분 상여금은 이익처분에 의해 지급하는 경우에도 이를 손금에 산입한다.

④ 「근로자퇴직급여 보장법」에 따른 퇴직급여 중간정산을 현실적 퇴직으로 보아 손금에 산입하는 경우는 중간 정산 시점부터 새로 근무연수를 기산하여 퇴직급여를 계산하는 경우에 한정한다.

⑤ 부동산임차인이 부담한 사실이 확인되는 전세금 및 임차보증금에 대한 매입세액은 임차인의 손금으로 산입할 수 있다.

해답 ③

해설 내국법인의 임직원에게 이익처분에 의하여 지급하는 상여금은 손금에 산입하지 아니한다.

03 **법인세법상 손금에 관한 설명이다. 옳지 않은 것은?** 2015년 회계사

① 잉여금의 처분으로 인한 배당금 지급액은 손금에 산입하지 아니한다.

② 특수관계인에 대한 업무무관가지급금의 처분손실은 손금에 산입하지 아니한다.

③ 감자차손은 손금에 산입하지 아니한다.

④ 내국법인이 보유하고 있는 채권이 「상법」상 소멸시효의 완성으로 인하여 소멸한 경우에는 해당 대손금은 그 사유가 발생하여 손금으로 계상한 날이 속하는 사업연도의 손금에 산입한다.

⑤ 결산을 확정함에 있어서 이미 경과한 기간에 대응하는 지급이자를 손금으로 계상한 경우에는 그 계상한 사업연도의 손금에 산입한다.

해답 ④

해설 내국법인이 보유하고 있는 채권이 상법상 소멸시효의 완성으로 인하여 소멸한 경우 해당 대손금은 강제 대손 사유에 해당하므로 대손금의 손급 산입 시기는 대손 사유가 발생한 날이 속하는 사업연도에 손금산입하여야 한다.

04 법인세법상 손금에 관한 설명으로 옳은 것은? 2018년 회계사

① 법인이 출자임원(지배주주와 특수관계에 있는 자)에게 지급한 여비 또는 교육훈련비는 업무와 관련된 지출이라 하더라도 전액 손금불산입한다.
② 회수할 수 없는 부가가치세 매출세액미수금은 「부가가치세법」에 따라 대손세액 공제를 받은 것에 한정하여 손금으로 인정한다.
③ 비출자 공동사업자가 지출한 공동 광고선전비는 비출자 공동사업자 사이의 약정에 따른 분담 비율과 매출액 비율 중 해당 법인이 선택한 기준에 따라 분담하며, 이를 초과하는 분담금액은 손금에 산입하지 아니한다.
④ 간이과세자로부터 부가가치세가 과세되는 재화를 공급받고 「부가가치세법」제36조 제1항의 규정에 의한 영수증을 교부받은 거래분에 포함된 매입세액으로서 매입세액공제대상이 아닌 금액은 손금으로 인정된다.
⑤ 업무와 관련하여 발생한 교통사고 벌과금은 손금으로 인정된다.

해답 ④

해설 ① 법인이 임원 또는 직원이 아닌 지배주주 등(특수관계에 있는 자를 포함)에게 지급한 여비 또는 교육훈련비는 당해 사업연도의 소득금액 계산에 있어서 이를 손금에 산입하지 아니한다.
② 회수할 수 없는 부가가치세 매출세액미수금으로써 「부가가치세법」에 따라 대손세액 공제를 받지 아니한 것은 손금에 산입한다.
③ 비출자 공동사업자 사이에 특수관계가 없는 경우 약정에 따른 분담 비율로 하며, 약정 비율이 없는 경우 비출자 공동사업자 사이에 특수관계가 있는 경우의 분담기준에 따른다.
⑤ 업무와 관련하여 발생한 교통사고 벌과금은 손금에 산입하지 않는다.

05 법인세법상 손금으로 인정되는 벌과금 등 항목만으로 묶인 것은?

〈자 료〉

(가) 산업재해보상보험법의 규정에 의하여 징수하는 산업재해보상보험료의 가산금
(나) 외국의 법률에 의하여 국외에서 납부한 벌금
(다) 국유지 사용료의 납부지연으로 인한 연체료
(라) 업무와 관련하여 발생한 교통사고 벌과금
(마) 전기요금의 납부지연으로 인한 연체가산금
(바) 국민건강보험법의 규정에 의하여 징수하는 가산금

① 다, 마 ② 다, 라, 마 ③ 나, 다, 마
④ 가, 마, 바 ⑤ 가, 나, 라, 바

해답 ①

해설 벌금 · 과료 · 과태료 및 강제징수비는 손금에 산입하지 않지만, 연체이자 · 연체금 · 연체료 및 연체가산금은 손금산입이 가능하다.

06 법인세법상 인건비의 손금산입에 관한 설명으로 옳은 것은?

2016년 회계사

① 법인이 임원에 대하여 퇴직 시까지 부담한 확정기여형 퇴직연금의 부담금은 전액 손금에 산입한다.

② 상근이 아닌 법인의 임원에게 지급하는 보수는 「법인세법」상 부당행위계산 부인에 해당하는 경우에도 손금에 산입한다.

③ 「파견근로자보호 등에 관한 법률」에 따른 파견근로자를 위하여 지출한 직장 연예비와 직장회식비는 기업업무추진비로 본다.

④ 임원이 아닌 종업원에게 주주총회의 결의에 의한 급여지급기준을 초과하여 지급한 상여금은 전액 손금에 산입한다.

⑤ 내국법인이 임원에게 이익처분에 의하여 지급하는 상여금으로 임원과 성과산정지표 및 그 목표, 성과의 측정 및 배분 방법 등에 대하여 사전에 서면으로 약정하고 이에 따라 그 임원에게 지급하는 성과배분 상여금은 손금에 산입한다.

해답 ④

해설 ① 임원에 대한 부담금 등은 법인이 퇴직 시까지 부담한 부담금 등의 합계액을 퇴직급여로 보아 임원의 퇴직급여 손금 한도 규정을 적용하되, 손금산입 한도초과 금액이 있는 경우에는 한도초과 금액 상당액을 손금에 산입하지 아니하고, 손금산입 한도초과 금액이 퇴직일이 속하는 사업연도의 부담금을 초과하는 경우 그 초과 금액은 퇴직일이 속하는 사업연도의 익금에 산입한다.

07 법인세법상 영리내국법인의 기업업무추진비, 기부금 및 지급이자에 관한 설명으로 옳은 것은?

2018년 회계사

① 기업업무추진비를 신용카드로 결제한 경우 실제로 접대 행위를 한 사업연도가 아니라 대금청구일이 속하는 사업연도를 손금의 귀속시기로 한다.

② 기부금 한도는 기업회계기준에 따라 계산한 매출액에 일정률을 곱해 산출하며, 기업업무추진비 한도는 해당 사업연도의 소득금액에 일정률을 곱해 산출한다.

③ 채권자가 불분명한 사채이자 1,000,000원(소득세 등으로 원천징수된 금액 418,000원 포함)을 비용으로 계상한 경우, 1,000,000원을 손금불산입하고 전액 대표자에 대한 상여로 소득처분 한다.

④ 지진으로 생긴 이재민을 위해 장부가액 3억원, 시가 5억원인 상품을 기부한 경우 해당 현물기부금의 가액은 3억원으로 한다.

⑤ 사용인에게 주택자금을 대여하고 적정 이자를 수령하였다면 업무무관자산으로 보지 않으므로 업무무관자산 등에 대한 지급이자의 손금불산입 규정이 적용되지 아니한다.

해답 ④

해설 ① 기업업무추진비의 손금 귀속시기는 발생주의에 따라 접대 행위가 이루어진 사업연도의 기업업무추진비로 보아야 한다.

② 기업업무추진비 한도는 기업회계기준에 따라 계산한 매출액에 일정률을 곱해 산출하며, 기부금 한도는 해당 사업연도의 소득금액에 일정률을 곱해 산출한다.

③ 채권자가 불분명한 사채이자 금액 중 소득세 등으로 원천징수된 금액이 포함되어 있는 경우 원천징수된 금액은 기타사외유출로 처리하므로 582,000원은 대표자 상여로, 418,000원은 기타사외유출로 처리한다.

⑤ 사용인에게 주택자금을 대여한 것은 업무무관가지급금에 해당하므로 업무무관자산 등에 대한 지급이자의 손금불산입 규정이 적용된다.

08 다음은 제조업을 영위하는 영리내국법인 ㈜A(한국채택국제회계기준을 적용하지 않으며, 중소기업 아님)의 제21기 사업연도(1.1.~12.31.) 업무용승용차(B)의 세무조정을 위한 자료이다. 제21기말 업무용승용차(B)와 관련된 유보잔액을 계산한 것으로 옳은 것은?

2018년 회계사

(1) 제21기 1월 1일에 임원 전용 업무용승용차(B)를 120,000,000원에 취득하여 사업에 사용하기 시작하였다.

* 「개별소비세법」상 승용자동차로 제 21기 전체 기간 동안 업무전용자동차보험에 가입함

(2) 제21기 손익계산서상 업무용승용차(B) 관련비용

구분	금액
감가상각비	20,000,000원
유류비, 보험료, 자동차세, 통행료	4,000,000원
합계	24,000,000원

(3) 회사는 운행기록 등을 작성·비치하였으며, 운행기록 등에 따라 확인되는 업무용 승용차(B)의 업무 사용 비율은 90%이다.

(4) 해당 사업연도의 상시근로자 수는 10명이다.

(5) 회사의 세무조정은 적정하게 이루어진 것으로 가정한다.

① (-)4,000,000원 ② 9,600,000원 ③ 10,000,000원
④ 12,400,000원 ⑤ 13,600,000원

해답 ②

해설 (1) 업무용 승용차 감가상각비 시부인

① 회사상각액 : 20,000,000

② 상각범위액 : $120,000,000 \times \frac{1}{5} = 24,000,000$

③ 시인부족액 : $20,000,000 - 24,000,000 = \triangle 4,000,000$

(2) 감가상각비 한도초과액

$24,000,000 \times 90\% - 8,000,000 = 13,600,000$

(3) 제21기말 업무용 승용차 유보 잔액

$13,600,000 - 4,000,000 = 9,600,000$

09 **영리내국법인 (주)A의 포괄손익계산서 세금과공과 계정에는 다음의 금액이 포함되어있다. 『소득금액조정합계표』작성 시 '익금산입 및 손금불산입'에 포함되어야 할 금액의 합계는?**

2021년 세무사

- 사계약상의 의무불이행으로 인하여 부담한 지체상금(구상권 행사 불가능): 1,000,000원
- 업무와 관련하여 발생한 교통사고 벌과금: 1,500,000원
- 전기요금의 납부지연으로 인한 연체가산금: 3,500,000원
- 「국민건강보험법」에 따라 징수하는 연체금: 4,000,000원
- 국유지 사용료의 납부지연으로 인한 연체료: 5,500,000원
- 외국의 법률에 따라 국외에서 납부한 벌금: 6,000,000원

① 7,500,000원 ② 9,000,000원 ③ 11,500,000원
④ 13,000,000원 ⑤ 15,500,000원

해답 ③

해설 1,500,000+4,000,000+6,000,000=11,500,000

*「국민건강보험법」에 따라 징수하는 연체금은 손금불산입한다.

10 **제조업을 영위하고 있는 ㈜OK의 제7기(1. 1~12. 31)의 자료에 의하여 기타사외유출로 처분되는 지급이자 손금불산입액을 계산하면 얼마인가?**

손익계산서상 지급이자의 내역

이자율	지급이자	차입금적수	비 고
연 15%	3,000,000원	7,300,000,000	채권자불분명 사채이자(주1)
연 13%	10,400,000원	29,200,000,000	건설자금이자
연 9%	6,300,000원	25,550,000,000	운영자금이자
연 7%	2,450,000원	12,775,000,000	운영자금이자

(주1) ㈜OK는 소득세 및 주민세 1,155,000원을 적법하게 원천징수하였다고 가정한다.

① 1,155,000원 ② 14,900,000원 ③ 1,500,000원
④ 2,792,000원 ⑤ 15,037,000원

해답 ①

해설 (1) 채권자불분명 사채이자
〈손금불산입〉 원천징수세액 1,155,000(기타사외유출)
〈손금불산입〉 채권자불분명 사채이자 1,845,000(상여)
(2) 건설자금이자
〈손금불산입〉 건설자금이자 10,400,000(유보)

11 **다음은 법인세법상 기부금 및 기업업무추진비와 관련한 내용이다. 가장 잘못된 것은?**

① 기부금은 그 지출한 날이 속하는 사업연도에 귀속한다. 법인이 기부금의 지출을 위하여 어음을 발행(배서를 포함한다)한 경우에는 그 어음이 실제로 결제된 날에 지출한 것으로 보며, 수표를 발행한 경우에는 수표를 교부한 날에 지출한 것으로 본다.
② 영업자가 조직한 단체로서 법인이거나 주무관청에 등록된 조합 또는 협회에 지급한 회비 중 일반회비는 전액 손금인정되나 특별회비는 비일반기부금으로 처리한다.
③ 임의단체인 조합 또는 협회에 지급한 일반회비는 손금으로 처리한다.
④ 사용인이 조직한 법인이 아닌 단체에 복리시설비를 지출한 경우에는 기업업무추진비로 처리한다.
⑤ 내국법인이 1회에 지출한 기업업무추진비 중 3만원(경조금의 경우 20만원)을 초과하는 기업업무추진비로서 법정증빙을 수취하지 않고 영수증을 받은 부분은 손금불산입하고 기타사외유출로 처분한다.

해답 ④

해설 사용인이 조직한 단체에 대한 복리시설비는 그 단체가 법인인 경우에는 기업업무추진비, 법인이 아닌 경우에는 회사 경리의 일부로 본다.

12 법인세법상의 익금과 손금에 관하여 기술한 내용이다. 잘못된 것은?

① 익금은 법인의 순자산을 증가시키는 거래로 인하여 발생하는 수익의 금액으로 한다. 다만, 순자산을 증가시키는 거래로 인하여 발생하는 수익의 금액이라 할지라도 자본 또는 출자의 납입과 익금불산입항목은 익금에 포함하지 아니한다.
② 법인이 특수관계에 있는 법인으로부터 유가증권을 시가보다 낮은 가액으로 양수했을 때, 그 시가와 실제 양수가액과의 차액은 익금이 아니다.
③ 당해 사업연도 전에 납부하였던 재산세를 과세처분의 취소 등을 이유로 환급받는 경우 그 금액은 익금이다.
④ 손금은 자본 또는 출자의 환급·잉여금의 처분 및 손금불산입항목을 제외하고 법인의 순자산을 감소시키는 거래로 인하여 발생하는 손비의 금액으로 한다.
⑤ 법인이 특수관계자로부터 토지를 시가보다 높은 가액으로 매입하여 양도한 경우, 양도당시의 장부가액(법인의 실제 매입가액을 말함) 전액이 손금이다.

해답 ⑤
해설 법인이 특수관계자로부터 토지를 시가보다 높은 가액으로 매입하여 양도한 경우, 양도 당시의 장부가액으로 손금인정이 되는 금액은 취득당시의 시가이다.

13 지급이자 손금불산입에 관한 내용이다. 잘못된 것은?

① 채권자가 불분명한 사채의 이자 중 원천징수세액에 상당하는 금액은 기타사외유출로 처분한다.
② 재고자산에 대하여 건설자금이자를 계상한 경우에는 건설자금이자 상당액을 손금산입하고 △유보로 처분한다.
③ 사용인에 대한 학자금의 대여액은 업무무관자산 등에 대한 지급이자 손금불산입의 대상이 아니다.
④ 지급이자 손금불산입의 순서는 업무무관자산 등에 대한 지급이자(1순위), 채권자가 불분명한 사채의 이자(2순위), 지급받은 자가 불분명한 채권·증권의 이자(3순위), 건설자금에 충당한 차입금의 이자(4순위) 순이다.
⑤ 건설자금이자를 과대계상한 경우에는 그 과대계상액을 손금산입(△유보)하고, 그 후 해당자산의 처분 혹은 감가상각시 손금불산입(유보)하는 것으로 처리한다.

해답 ④
해설 지급이자 손금불산입의 순서는 채권자가 불분명한 사채의 이자(1순위), 지급받은 자가 불분명한 채권·증권의 이자(2순위), 건설자금에 충당한 차입금의 이자(3순위), 업무무관자산 등에 대한 지급이자(4순위)순이다.

14 **다음은 ㈜E의 제9기 사업연도(1월 1일~12월 31일)의 법인세 계산을 위한 세무조정 내역이다. 설명 중 옳지 않은 것은?**

① 채무 8,000,000원의 출자전환으로 주식(액면가액 5,000,000원, 시가 6,000,000원)을 발행하면서 차변에 차입금 8,000,000원, 대변에 자본금 5,000,000원, 주식발행초과금 3,000,000원으로 회계처리하고 2,000,000원을 익금산입하고 기타로 소득처분하였다.

② 유가증권을 특수관계자인 개인으로부터 50,000원(시가 70,000원)에 매입하여 취득가액으로 회계처리하고, 시가와 구입가의 차이인 20,000원을 익금산입하고 유보로 소득처분하였다.

③ 장부가액이 2,000,000원인 유형자산에 대하여 시가하락으로 인한 회수가능가액을 1,500,000원으로 평가하여 그 차액 500,000원을 손익계산서상 감액손실로 회계처리하고 500,000원을 손금불산입하고 유보로 소득처분하였다.

④ 제3자로부터 취득한 자기주식(취득가액 50,000원)을 60,000원에 처분하고 그 차액 10,000원을 손익계산서상 자기주식처분이익으로 계상하고, 별도의 세무조정을 하지 않았다.

⑤ 전기분 재산세 100,000원이 당기에 환입되어 이를 손익계산서상 잡이익으로 계상하고, 100,000원을 익금불산입하고 기타로 소득처분하였다.

해답 ⑤

해설 재산세는 손금항목이므로 재산세의 환입액은 익금이다. 회사도 수익처리하였으므로 세무조정은 없다.

15 **법인세법상 영리내국법인의 익금과 손금에 대한 설명이다. 옳지 않은 것은?**

① 법인이 합병, 증자, 감자로 인하여 특수관계자로부터 이익을 분여받은 경우 그 이익은 익금이다.

② 법인이 특수관계 없는 개인으로부터 유가증권을 시가보다 낮은 가액으로 양수했을 때, 그 시가와 실제 양수가액과의 차액은 익금이 아니다.

③ 법인이 근로자(임원 제외)와의 서면약정에 의한 성과배분상여금을 잉여금의 처분에 의하여 지급한 것은 손금에 산입하지 않는다.

④ 법인의 개별소비세 과세대상 승용차의 자본적 지출에 해당하는 부가가치세 매입세액은 손금이 아니다.

⑤ 법인의 임원이 공무원에게 공여한 형법상 뇌물에 해당하는 금전은 손금이 아니다.

해답 ④

해설 ④ 비영업용승용차관련 매입세액은 부가가치세법상 매입세액불공제되나, 법인세법상 손금으로 인정된다.

16 **제조업을 영위하는 ㈜한국(중소기업임)의 제10기(1.1~12. 31)의 기부금과 관련된 자료는 다음과 같다. 당기 일반기부금 지출액에 대한 세무조정으로 옳은 것은?**

〈자 료〉

(1) 기부금 외의 모든 세무조정을 완료한 후의 소득금액 :	100,000,000원
(2) 기부금 내역(전액 현금지출)	
가. 국방헌금 :	10,000,000원
나. 사내근로복지기금 :	15,000,000원
다. 노인복지시설 기부금 :	20,000,000원
(3) 제8기에 발생한 세무상 이월결손금 :	30,000,000원
(4) 제9기에 발생한 일반기부금 한도초과액 이월잔액 :	5,000,000원

① 손금불산입 10,500,000원
② 손금불산입 15,500,000원
③ 손금불산입 24,500,000원
④ 손금불산입 25,500,000원
⑤ 손금산입 5,000,000원

해답 ③

해설
- 기부금의 구분
  i) 특례기부금 : 10,000,000(국방헌금)
  ii) 일반기부금 : 15,000,000(사내근로복지기금)+20,000,000(노인복지시설)
- 차가감소득금액 : 100,000,000
- 기준소득금액 : 100,000,000 + 10,000,000 + 15,000,000 + 20,000,000 = 145,000,000
- 특례기부금 시부인 계산
  한도: (145,000,000−30,000,000) × 50% = 57,500,000
  한도초과액: 10,000,000 − 57,500,000 = △47,500,000
- 일반기부금 시부인 계산
  한도: (145,000,000 − 30,000,000 − 10,000,000) × 10% = 10,500,000
  〈손금산입〉 전기일반기부금 한도초과이월액 5,000,000 (기타)
  한도초과액: 35,000,000 − (10,500,000 − 5,000,000) = 29,500,000
  〈손금불산입〉 일반기부금한도초과 29,500,000 (기타사외유출)

17 다음은 제조업을 영위하는 영리내국법인 ㈜A(사회적기업 아님)의 제 21기 사업연도(1.1.~12.31.) 기부금세무조정을 위한 자료이다. 제21기의 각 사업연도의 소득금액을 계산한 것으로 옳은 것은?

2017년 회계사 수정

(1) 제21기 손익계산서상 법인세비용차감전순이익: 100,000,000원

(2) 손익계산서상 기부금 내역

내역	금액
「고등교육법」에 의한 학교의 장이 추천하는 개인에게 지출한 장학금	5,000,000원
천재지변으로 생긴 이재민을 위한 구호물품*	6,000,000원
「사립학교법」에 따른 사립학교에 시설비로 지출한 기부금	2,000,000원

* 자사 제품을 기부한 것으로 동 제품의 장부가액은 6,000,000원, 시가는 20,000,000원임.

(3) 영업자가 조직한 법인인 단체에 지급한 일반회비 3,000,000원과 사회복지사업법에 의한 사회복지법인에 지출한 20,000,000원을 손익계산서상 세금과공과로 계상하였다.

(4) 제20기에 발생한 결손금으로서 그 후의 각 사업연도의 과세표준을 계산할 때 공제되지 아니한 금액: 90,000,000원

(5) 제20기 특례기부금 손금산입한도액 초과금액: 9,000,000원

(6) 위 자료 이외의 추가적인 세무조정은 없다.

(7) ㈜A는 과세표준 계산시 각 사업연도 소득금액의 80%까지 이월결손금 공제를 할 수 있는 법인이다.

① 100,350,000원　② 109,350,000원　③ 112,380,000원
④ 113,400,000원　⑤ 115,650,000원

해답 ④

해설 (1) 특례기부금 지출액 : 6,000,000 + 2,000,000 = 8,000,000

(2) 일반기부금 지출액 : 5,000,000 + 20,000,000 = 25,000,000

(3) 기준소득금액 : 100,000,000 + 8,000,000 + 25,000,000 − min(90,000,000, 133,000,000 × 80% = 90,000,000) = 43,000,000

(4) 특례기부금 시부인 계산

① 전기 특례기부금 손금산입한도액 초과금액 세무조정

<손금산입> 전기 특례기부금 한도초과이월액 9,000,000(기타)

② 한도 : 43,000,000 × 50% − 9,000,000 = 12,500,000

③ 8,000,000 − 12,500,000 = △4,500,000(세무조정 없음)

(5) 일반기부금 시부인 계산

① 한도 : (43,000,000 − 9,000,000 − 8,000,000) × 10% = 2,600,000

② 25,000,000 − 2,600,000 = 22,400,000

<손금불산입> 일반기부금 한도초과액 22,400,000 (기타사외유출)

(6) 각사업연도소득금액 계산

차가감소득금액(100,000,000)+기부금한도초과액(22,400,000)-기부금한도초과 이월손금산입액(9,000,000) = 113,400,000

18 **다음은 제조업을 영위하는 영리내국법인 ㈜A(사회적기업 아님)의 제21기 사업연도(1.1.~12.31.) 기부금 세무조정을 위한 자료이다. 제21기의 일반기부금 한도초과액을 계산한 것으로 옳은 것은?**

2018년 회계사 수정

(1) ㈜A의 제21기 손익계산서상 당기순이익과 법인세비용은 각각 100,000,000원과 10,000,000원이다.
(2) 제21기 손익계산서에 계상된 기부금의 내역은 다음과 같다.
가. 국방헌금 : 5,000,000원
나. 「사회복지사업법」에 의한 비영리 사회복지법인의 고유목적사업비로 지출한 기부금 : 12,000,000원
(3) 제21기 4월 1일에 지방자치단체(「법인세법」상 특수관계인에 해당하지 않음)로부터 시가 100,000,000원인 토지를 정당한 사유 없이 150,000,000원에 고가매입*하고, 장부에 매입가액을 토지의 취득가액으로 계상하였다.
* 「기부금품의 모집 및 사용에 관한 법률」의 적용을 받지 아니하며, 매입가액과 정상가액의 차액은 실질적으로 증여한 것으로 인정됨
(4) 제 19기 사업연도에 발생한 세무상 결손금으로서 그 후의 각 사업연도의 과세표준을 계산할 때 공제되지 아니한 금액 70,000,000원이 있다.
(5) 제 20기 사업연도의 특례기부금 손금산입한도액 초과금액 10,000,000원이 있다.
(6) ㈜A는 과세표준 계산시 각 사업연도 소득금액의 80%까지 이월결손금 공제를 할 수 있는 법인이다.

① 1,000,000원 ② 4,150,000원 ③ 6,200,000원
④ 8,200,000원 ⑤ 9,150,000원

해답 ⑤

해설 (1) 차가감소득금액 계산 :
100,000,000 + 10,000,000(법인세비용) − 20,000,000(의제기부금) = 90,000,000
(2) 기부금 지출액 계산 :
① 특례기부금 지출액 : 5,000,000(국방헌금) + 20,000,000(의제기부금) = 25,000,000
② 일반기부금 치출액 : 12,000,000(사회복지법인의 고유목적사업비)
(3) 기준금액 계산(기준소득금액-이월결손금) :
90,000,000 + 25,000,000 + 12,000,000
− min[70,000,000, 127,000,000 × 80% = 70,000,000] = 57,000,000
(4) 특례기부금 시부인 :
① 지출액 : 25,000,000
② 한도액 : 57,000,000 × 50%
− 10,000,000(20기 특례기부금 손금산입한도액 초과금액) = 18,500,000
③ 한도초과액 : 25,000,000 − 18,500,000 = 6,500,000
(5) 일반기부금 시부인 :
① 지출액 : 12,000,000
② 한도액 : (57,000,000 − 18,500,000 − 10,000,000) × 10% = 2,850,000
③ 한도초과액 : 12,000,000 − 2,850,000 = 9,150,000

19 **법인세법상 기업업무추진비에 대한 설명이다. 옳지 않은 것은?** 2009년 회계사

① 기업업무추진비란 기업업무추진비 및 교제비·사례금 기타 명목여하에 불구하고 이에 유사한 성질의 비용으로서 법인의 업무와 관련하여 지출한 금액을 말한다.

② 내국법인이 1회의 접대에 지출한 기업업무추진비가 3만원을 초과(경조금은 10만원 초과)한 경우에는 세법상 요구되는 증빙이 있어야만 손금으로 산입할 수 있다.

③ 주주 또는 출자자나 임원 또는 사용인이 부담하여야 할 성질의 기업업무추진비를 법인이 지출한 것은 이를 기업업무추진비로 보지 아니한다.

④ 법인이 그 사용인이 조직한 조합 또는 단체에 복리시설비를 지출한 경우 당해 조합이나 단체가 법인인 때에는 이를 기업업무추진비로 본다.

⑤ 법인이 기업업무추진비를 금전 외의 자산으로 제공한 경우 당해 자산의 가액은 이를 제공한 때의 시가(시가가 장부가액보다 낮은 경우에는 장부가액)에 의한다.

해답 ②

해설 내국법인이 1회의 접대에 지출한 기업업무추진비가 3만원을 초과(경조금은 20만원 초과)한 경우에는 세법상 요구되는 증빙이 있어야만 손금으로 산입할 수 있다.

20 **다음 자료를 이용하여 제조업을 영위하는 ㈜A의 제8기 사업연도(1. 1～12. 31)의 세무조정 시 지급이자에 대한 손금불산입액을 계산하면 얼마인가? (단, 원 단위 미만은 버린다.)**

2010년 회계사

(1) 손익계산서상 지급이자의 내역

이자율	지급이자	비고
연 10%	5,000원	비실명 채권이자[주1)]
연 5%	50,000원	사옥신축을 위한 차입금이자 40,000원과 장기건설 중인 재고자산에 대한 차입금이자 10,000원으로 구성
연 4%	30,000원	연지급수입이자 10,000원 포함

주1) ㈜A는 당해 채권이자에 대해 소득세 및 주민세 1,925원을 원천징수하여 납부하였다.

(2) ㈜A는 당해 법인의 대표이사에게 업무와 직접 관련 없는 대여금으로 50,000원(적수 : 18,250,000원)을 지급하였다.

① 45,217원　② 47,105원　③ 47,142원
④ 55,217원　⑤ 57,105원

해답 ③

해설 1. 비실명채권이자 지급이자 손금불산입액 : 5,000

2. 건설자금이자 지급이자 손금불산입액 : $50,000 \times \frac{40,000}{40,000+10,000} = 40,000$

3. 업무무관자산 등 지급이자 손금불산입액 :

$$(85,000-5,000-40,000-10,000) \times \frac{18,250,000}{\frac{10,000 \times 365일}{5\%} + \frac{20,000 \times 365일}{4\%}} = 2,142$$

따라서, 5,000+40,000+2,142=47,142

21 **다음은 내국법인 ㈜D(중소기업임)의 제10기 사업연도(1. 1.~12. 31.)의 기부금과 관련된 자료이다. 각 사업연도소득금액을 계산한 것으로 옳은 것은?** 2010년 회계사

(1) 차가감소득금액 50,000,000원
(2) 손익계산서에 계상된 기부금 내역
가. 「고등교육법」상 사립대학교의 시설 기부금 40,000,000원
나. 국군장병 위문금품 20,000,000원
다. 천재지변으로 인한 이재민 구호를 위한 기부금 30,000,000원
라. 대한적십자사 기부금 20,000,0000원
마. 사회복지법인에 고유목적사업비로 지출한 기부금 10,000,000원
(3) 제9기 사업연도에 발생한 이월결손금 30,000,000원

① 17,500,000원　② 27,500,000원　③ 66,500,000원
④ 67,500,000원　⑤ 93,000,000원

해답 ⑤

해설 (1) 기부금분류
① 특례기부금 : 40,000,000(사립대학교)+30,000,000(천재지변으로 인한 이재민 구호) +20,000,000(국군장병)=90,000,000
② 일반기부금 : 20,000,000(대한적십자사)+10,000,000(사회복지법인에 고유목적사업비) =30,000,000
(2) 기준소득금액
50,000,000+90,000,000+30,000,000=170,000,000원
(3) 한도초과액 계산
① 특례기부금 : 90,000,000 − (170,000,000 − 30,000,000) × 50% = 20,000,000
② 일반기부금 : 30,000,000 − (170,000,000 − 30,000,000 − 70,000,000) × 10% = 23,000,000
(4) 각 사업연도소득금액 : 50,000,000 + 20,000,000 + 23,000,000 = 93,000,000원

22 **제조업을 영위하는 내국법인 ㈜E의 차입금 관련 자료를 이용하여 제5기 사업연도(1. 1.~12. 31.)와 제6기 사업연도(1. 1.~12. 31.)의 건설자금이자에 관한 세무조정으로 옳은 것은?**

2010년 회계사

(1) 차입금 관련 명세서
가. 차입목적 : 사업용 본사건물 신축
나. 은행 차입금 금액 : 800,000,000원(이자율 : 연리 8%)
다. 차입기간 : 제5기 7. 1.~제6기 6. 30.
라. ㈜E는 이자비용을 월할 계산에 의하여 제5기와 제6기 손익계산서상 비용으로 계상하였다.
(2) 차입금 운용 명세서
가. 600,000,000원은 사업용 본사건물 신축에 사용하였다.
나. 200,000,000원의 사용용도는 불분명하다.
(3) 본사건물 신축 공사기간 : 제5기 9. 1.~제6기 2. 28.
(4) ㈜E는 본사건물에 대한 감가상각비를 계상하지 않았으며, 본사건물에 대한 제6기 감가상각범위액은 5,000,000원이다.

	제5기 사업연도	제6기 사업연도
①	손금불산입 18,000,000원(유보)	손금불산입 8,000,000원(유보)
②	손금불산입 16,000,000원(유보)	손금불산입 8,000,000원(유보)
③	손금불산입 16,000,000원(유보)	손금불산입 5,000,000원(유보)
④	손금불산입 16,000,000원(유보)	손금불산입 3,000,000원(유보)
⑤	손금불산입 18,000,000원(유보)	손금불산입 5,000,000원(유보)

해답 ④

해설 (1) 건설자금이자

① 제5기 : $600,000,000 \times 8\% \times \frac{4}{12} = 16,000,000$원

② 제6기 : $600,000,000 \times 8\% \times \frac{2}{12} = 8,000,000$원

(2) 제5기 세무조정 : 〈손금불산입〉 건설자금이자 16,000,000(유보)
(3) 제6기 세무조정
① 회사계상감가상각비 : 8,000,000(즉시상각의제)
② 상각범위액 : 5,000,000
③ 세무조정 : 〈손금불산입〉 감가상각비한도초과 3,000,000(유보)

23 **「법인세법」상 손금의 계산에 관한 사항이다. 옳지 않은 것은?** 2010년 회계사

① 현물로 접대 또는 기부한 경우 기업업무추진비는 시가로, 특례기부금은 장부가액으로, 일반·비일반기부금은 시가와 장부가액 중 큰 금액으로 평가한다.

② 내국법인이 임원을 제외한 근로자와 사전 서면 약정에 따른 성과배분상여금을 잉여금의 처분에 따라 지급한 금액은 손금에 산입하지 않는다.

③ 채권자가 불분명한 사채이자는 손금불산입하며 그 원천징수세액은 기타사외유출로 소득처분한다.

④ 채권·증권의 발행법인이 그 이자와 할인액을 직접 지급하는 경우에 그 지급사실이 객관적으로 인정되지 아니하는 때에는 지급이자와 할인액을 손금불산입하며 그 원천징수세액은 기타사외유출로 소득처분한다.

⑤ 업무무관자산 등에 대한 지급이자 손금불산입액을 계산하는 경우 자산을 장기할부조건으로 취득함에 따라 발생한 채무를 기업회계기준이 정하는 바에 따라 현재가치로 평가하여 계상하는 현재가치할인차금의 상각액은 지급이자에 포함하지 않는다.

해답 ①

해설 현물기업업무추진비는 시가와 장부가액 중 큰 금액으로 평가한다.

24 **제조업을 영위하는 ㈜C의 제8기 사업연도(1.1.~12.31.)의 기부금 세무조정에 대한 사항은 다음과 같다. 일반기부금 관련 세무조정으로 옳은 것은? (단, 자료에 주어진 것 외의 모든 세무조정을 완료한 후의 소득금액은 40,000,000원으로 가정한다.)** 2011년 회계사

(1) 손익계산서상 기부금 내역
가. 국방헌금 : 100,000,000원
나. 국민체육진흥기금으로 지출한 금액 : 40,000,000원
다. 대표이사 동창회기부금 : 5,000,000원(자사제품을 기부한 것으로 동 제품의 장부가액은 5,000,000원, 시가는 8,000,000원이며 대표이사가 부담하여야 할 금액임)
(2) 기타 기부금관련 내역
가. 전기말 사회복지법인에 어음을 발행하고 손익계산서상 기부금으로 회계처리한 금액이 당기에 결제된 금액 : 20,000,000원
나. 당기 중 서울특별시로부터 구입한 토지 : 정당한 사유 없이 140,000,000원(시가 100,000,000원)에 매입하고 매입가액을 자산으로 계상함.
(3) 전기의 세무조정은 모두 정상적으로 이루어졌으며 세무상 이월결손금은 없다.

① 손금산입 10,000,000원(△유보), 손금불산입 16,000,000원(기타사외유출)
② 손금불산입 17,000,000원(기타사외유출)
③ 손금산입 20,000,000원(△유보), 손금불산입 50,600,000원(기타사외유출)
④ 손금산입 10,000,000원(△유보), 손금불산입 17,000,000원(기타사외유출)
⑤ 손금산입 20,000,000원(△유보), 손금불산입 16,000,000원(기타사외유출)

해답 ③

해설 1. 의제기부금에 대한 세무조정
〈손금산입〉 토지 10,000,000(△유보)
* 140,000,000 - 100,000,000×130% = 10,000,000(특례기부금으로 의제)
2. 전기어음발행기부금에 대한 세무조정
〈손금산입〉 전기어음발행기부금 20,000,000(△유보)
* 기부금은 현금주의이므로 어음이 결제된 시기에 손금으로 한다. 전기에 유보된 일반기부금 20,000,000는 당기에 결제가 되었으므로 손금에 산입해서 유보를 추인한다.
3. 비일반기부금에 대한 세무조정
〈손금불산입〉 비일반기부금 8,000,000(상여)
4. 기부금 해당액
① 특례기부금 : 100,000,000+10,000,000=110,000,000
② 일반기부금 : 40,000,000+20,000,000=60,000,000
4. 일반기부금 한도초과에 대한 세무조정
〈손금불산입〉 일반기부금한도초과 50,600,000(기타사외유출)
① 기준소득금액 : 18,000,000* + 110,000,000 + 60,000,000 = 188,000,000
*40,000,000 - 10,000,000 - 20,000,000 + 8,000,000 = 18,000,000
② 일반기부금한도액 : (기준소득금액 - 특례기부금인정액) × 10%
= (188,000,000 - 94,000,000) × 10% = 9,400,000
③ 한도초과액 : (40,000,000 + 20,000,000) - 9,400,000 = 50,600,000

25 **영리내국법인 ㈜A(사회적기업 아님)의 제21기 사업연도(1.1.~12.31.) 세무조정 관련 자료이다. 기부금 관련 세무조정이 각사업연도소득금액에 미치는 영향은 얼마인가?** 2019년 회계사 수정

(1) 손익계산서상 법인세비용차감전순이익 : 20,000,000원
(2) 기부금 관련 세무조정사항을 제외한 기타의 모든 세무조정 내역은 다음과 같다.
① 익금산입·손금불산입 : 12,000,000원
② 손금산입·익금불산입 : 15,000,000원
(3) 손익계산서상 기부금 내역(전액 현금지급)

내 역	금 액
국립대학병원 연구비	5,000,000원
대표이사 대학동창회 기부금	2,000,000원

(4) 당기 중 국가로부터 정당한 사유없이 저가로 양도한 토지 : 양도가액 50,000,000원, 양도시 시가 70,000,000원
(5) 제17기에 발생한 결손금으로서 이후 과세표준을 계산할 때 공제되지 아니한 금액 : 20,000,000원
(6) ㈜A는 과세표준 계산시 각 사업연도 소득금액의 80%까지 이월결손금 공제를 할 수 있는 법인이다.

① (+)7,500,000원 ② (-)5,000,000원 ③ (-)1,000,000원
④ (+)2,000,000원 ⑤ (+)3,500,000원

해답 ①

해설 (1) 특례기부금 지출액

5,000,000 + 5,000,000(의제기부금)* = 10,000,000
* 70,000,000 − 50,000,000 × 130% = 5,000,000

(2) 이월결손금 차감 후 기준소득금액 계산

20,000,000 + 12,000,000 − 15,000,000 + 2,000,000 = 19,000,000
→ 19,000,000 + 10,000,000 − Min[20,000,000, 29,000,000 × 80%] = 9,000,000

(3) 특례기부금 시부인

① 지출액 : 5,000,000+5,000,000
② 한도액 : 9,000,000 × 50% = 4,500,000
③ 한도초과액 : 10,000,000 − 4,500,000 = 5,500,000

(4) 각사업연도소득금액에 미치는 영향

5,500,000 + 2,000,000 = (+)7,500,000

26 **〈법인세법〉 다음은 내국법인 (주)A의 제10기 사업연도(1.1.~ 12.31.) 세무조정 관련 자료이다. 제10기 각 사업연도 소득금액은 얼마인가? (사회적기업 아님)** 2017년 세무사 수정

(1) 세무조정 내역*

포괄손익계산서상 당기순이익	6,000,000원
익금산입·손금불산입	7,000,000원
손금산입·익금불산입	17,000,000원
계	△4,000,000원

*비일반기부금을 제외한 기부금 관련 세무조정은 포함되지 않음

(2) 포괄손익계산서상 기부금 내역

새마을금고에 지출한 기부금	3,000,000원
종교단체에 지출한 기부금	5,000,000원
천재지변으로 인한 이재민 구호금품	2,000,000원
대한적십자사에 기부한 기부금**	1,000,000원
계	11,000,000원

** 대한적십자사에 대한 기부금은 어음(결제일: 제11기 1.5.)을 발행한 것임

(3) (주)A의 세무상 이월결손금은 1,500,000원(제7기 발생분)이며, 당기 이전 기부금 한도 초과로 손금불산입된 금액은 다음과 같다.

특례기부금: 500,000원(제8기 지출분)

일반기부금: 800,000원(제7기 지출분)

① △250,000원 ② 1,000,000원 ③ 2,625,000원
④ 3,525,000원 ⑤ 3,775,000원

해답 ③

해설 (1) 세무조정

〈익금산입〉 미지급 기부금 1,000,000 (유보)

*비일반기부금 관련 세무조정은 반영되어 있음.

(2) 기부금 한도 시부인 대상액

① 특례기부금 : 2,000,000

② 일반기부금 : 5,000,000

(3) 기부금 한도 시부인

① 특례기부금

전기 이월 : 500,000

대상 : 2,000,000

한도 : [(△4,000,000 + 1,000,000 + 7,000,000) - 1,500,000] × 50% = 1,250,000

세무조정 : 〈손금산입〉 전기 특례기부금 500,000 (기타)

〈익금산입〉 특례기부금 1,250,000* (기타사외유출)

2,000,000-(1,250,000-500,000) = 1,250,000

② 일반기부금
전기 이월 : 800,000
대상 : 5,000,000
한도 : (2,500,000 - 500,000 + 750,000) × 10% = 125,000
세무조정 : 〈손금산입〉 전기 일반기부금 125,000 (기타)
〈손금불산입〉 일반기부금 한도초과 5,000,000 (기타사외유출)
(4) 각 사업연도 소득금액 = 2,625,000
△4,000,000 + 1,000,000 - 500,000 + 1,250,000 - 125,000 + 5,000,000

27 **다음은 제조업을 영위하는 영리내국법인 ㈜A(중소기업 아님)의 제13기 사업연도(1.1.~12.31.)의 기업업무추진비 세무조정을 위한 자료이다. 「법인세법」상 손금불산입으로 세무조정 해야 할 기업업무추진비 중에서 기타사외유출로 소득처분 되어야 할 금액으로 옳은 것은? (단, 주어진 자료 이외의 다른 사항은 고려하지 않음)** 2013년 회계사

(1) ㈜A의 제13기 수입금액은 300억원이며, 이 가운데 50억원은 「법인세법」상 특수관계인과의 거래에서 발생하였다. 또한 특수관계인이 아닌 자와의 거래에서 발생한 수입금액에는 다음의 금액이 포함되어 있다.
가. 제13기 사업연도 중에 중단된 사업부문의 매출액 : 10억원
나. 제품인도일(제13기 10월 1일)로부터 7개월 동안 매월 말 3억원씩 균등분할하여 회수하는 조건으로 할부판매한 제품매출액 : 9억원(단, ㈜A는 동 할부판매에 대하여 인도일 이후 실제 회수한 금액 9억원을 제13기의 매출액으로 회계처리하였으며, 명목금액과 현재가치의 차이는 중요하지 않음)
(2) ㈜A의 포괄손익계산서상 기업업무추진비는 90,000,000원이며, 이 중 5,000,000원은 지출증빙서류가 구비되어 있지 않다. 또한 기업업무추진비 지출액 중에 문화기업업무추진비는 없다.
(3) 기업업무추진비한도액 계산시 수입금액에 대한 적용률은 다음과 같다.

수입금액	적용률
100억원 이하	30/10,000
100억원 초과 500억원 이하	2천만원+100억원을 초과하는 금액의 20/10,000

① 8,800,000원　② 9,600,000원　③ 14,600,000원
④ 7,800,000원　⑤ 9,300,000원

해답 ②

해설 (1) 기업업무추진비 해당액 : ₩85,000,000
(2) 기업업무추진비 한도액 : ₩75,400,000
① 기업회계상 매출액
㉠ 일반매출액 : (300억-50억)+[3억×7개월-9억(기 인식액)]
㉡ 특수관계인 매출액 : 50억
☞ 중단사업부문 매출액은 수입금액에 이미 포함되어 있다.

② 기업업무추진비 한도액 = 75,400,000
₩12,000,000 + [100억 × 0.3% + (150억 + 12억) × 0.2%] + 50억 × 0.2% × 10%
(3) 세무조정 : 〈손금불산입〉 기업업무추진비 한도초과액 ₩9,600,000(기타 사외유출)

28 **제조업을 영위하는 영리내국법인 ㈜A(중소기업)의 제21기 사업연도(1.1.~12.31.) 기업업무추진비 관련 자료이다. 기업업무추진비 한도초과액을 계산하면 얼마인가? 기업업무추진비 해당액은 적격증명서류를 수취하였고, 전기까지 세무조정은 적정하게 이루어졌다.** 2019년 회계사 수정

(1) 장부상 매출액은 15,000,000,000원으로 이 중 특수관계인에 대한 매출액은 8,000,000,000원이며, 일반매출액은 7,000,000,000원이다.
매출액과 관련된 내용은 다음과 같다.
① 일반매출에 대한 매출할인 50,000,000원이 매출액에서 차감되어 있다.
② 일반매출에 「부가가치세법」상 간주공급에 해당하는 금액 300,000,000원이 포함되어 있다.
(2) 손익계산서상 판매비와관리비 중 기업업무추진비로 비용처리한 금액은 70,000,000원으로 다음의 금액이 포함되어 있다.
① 전기에 접대가 이루어졌으나 당기 지급시점에 비용처리한 금액 : 4,000,000원
② 문화기업업무추진비 : 10,000,000원
(3) 직원이 조직한 단체(법인)에 복리시설비를 지출하고 영업외비용으로 처리한 금액 : 6,000,000원
(4) 수입금액에 관한 적용률

수입금액	적용률
100억원 이하	1천분의 3
100억원 초과 500억원 이하	3천만원+100억원을 초과하는 금액의 1만분의 20

① 2,300,000원 ② 4,300,000원 ③ 3,970,000원
④ 14,300,000원 ⑤ 17,700,000원

해답 ③
해설 (1) 수입금액 조정
① 일반매출액 : 70억 - 3억 = 67억
② 특수관계인에 대한 매출액 : 80억
(2) 기업업무추진비 해당액
70,000,000 - 4,000,000* + 6,000,000** = 72,000,000
* 기업업무추진비 귀속시기는 지급의무가 확정된 사업연도의 손금이다. 전기에 접대가 이루어졌으므로 당기 기업업무추진비로 보지 않는다.
** 직원이 조직한 조합·단체에 대한 복리시설비는 기업업무추진비로 본다.

(3) 기업업무추진비 한도액

$36,000,000 + 67억 \times 0.3\% + (33억 \times 0.3\% + 47억 \times 0.2\%) \times 10\% = 58,030,000$

$+ Min[10,000,000, 58,030,000 \times 20\%] = 10,000,000 \quad = 10,000,000$

$\therefore 68,030,000$

(4) 기업업무추진비 한도초과액

$72,000,000 - 68,030,000 = 3,970,000$

29 **다음은 제조업을 영위하는 중소기업이 아닌 내국법인 (주)A의 제11기 사업연도(1.1.~12.31.) 기업업무추진비와 관련된 자료이다. 손금불산입되는 기업업무추진비의 총액은 얼마인가? (단, 아래의 자료에서 특별히 언급한 것 이외에는 모든 지출은 (주)A 명의의 신용카드로 사용하였고, 기업업무추진비로 계상된 금액은 업무관련성이 있으며 경조금은 없는 것으로 가정함)**

2017년 세무사

(1) 기업회계기준상 매출액: 9,000,000,000원(특수관계인 매출액 3,000,000,000원 포함)
(2) 당기 포괄손익계산서상 기업업무추진비 계정 금액은 60,000,000원으로 상세 내역은 다음과 같다.

구분	건당 3만원 이하	건당 3만원 초과
현금 사용금액 (영수증 수취)	6,000,000원	10,000,000원
(주)A 명의의 신용카드 사용금액	4,000,000원	40,000,000원
계	10,000,000원	50,000,000원

(3) 당기 복리시설비 계정에는 법인형태로 설립된 (주)A의 노동조합에 지출한 복리시설비 5,000,000원이 포함되어 있다.
(4) 당기 광고선전비 계정에는 (주)A의 우량 거래처 50곳에 개당 시가 100,000원(부가가치세 포함)의 광고선전물품을 구입하여 제공한 금액 5,000,000원이 포함되어 있다.
(5) 수입금액에 대한 기업업무추진비 한도율은 100억 이하의 경우 1천분의 3으로 한다.

① 35,100,000원 ② 39,400,000원 ③ 40,100,000원
④ 39,100,000원 ⑤ 51,100,000원

해답 ④

해설 (1) 증빙불비 기업업무추진비 부인액 : 10,000,000
(2) 기업업무추진비 해당액 : 60,000,000-10,000,000+5,000,000+5,000,000=60,000,000
(3) 한도 : ①+②=30,900,000
① 12,000,000(중소기업 외 법인의 기본한도)
② 6,000,000,000×0.3%+3,000,000,000×0.3%×10%=18,900,000
(4) 기업업무추진비 한도초과액 : 60,000,000-30,900,000=29,100,000

30 **다음은 제조업을 영위하는 영리내국법인(중소기업아님)인 제10기 (1.1. ~ 12.31.) 기업업무추진비 관련 자료이다. ㈜A의 기업업무추진비 관련 세무조정으로 인한 손금불산입 금액을 계산한 것으로 옳은 것은?**

2015년 회계사 수정

(1) 손익계산서상 매출액은 860,000,000원이며, 다음의 금액이 포함되어 있다.
① 매출할인 20,000,000원 및 매출환입 10,000,000원
② 제10기 12.20.에 대금을 선수령(제품인도 : 제11기 1.10.)하고 전자세금계산서를 발행한 공급가액 30,000,000원
(2) 기계장치 매각대금 140,000,000원이 영업외수익으로 계상되어 있다.
(3) 손익계산서상 기업업무추진비는 40,000,000원이며 다음의 금액이 포함되어 있다.
① 거래처에 제공한 법정문화공연 입장권 10,000,000원
② 거래처에 제공한 제품 10,000,000원*

* 제품의 시가는 11,000,000원이며, 부가가치세의 효과는 고려하지 않는다.

* 수입금액 계급구간별 적용률

수입금액	적용률
100억원 이하	0.3%
100억원 초과 500억원 이하	0.2%
500억원 초과	0.03%

① 12,840,000원 ② 15,080,000원 ③ 23,216,000원
④ 23,720,000원 ⑤ 26,180,000원

해답 ④

해설 (1) 수입금액 계산

$860,000,000 - 20,000,000 - 10,000,000 - 30,000,000 = 800,000,000$

*① 매출할인과 매출환입은 매출액 차감항목이나 손익계산서상 매출액에 포함되어 있으므로차감한다.
② 차기에 제품을 인도하기로 하고 대금을 선수령한 금액은 기업회계기준에 따라 당기 매출액이 아니므로 손익계산서상 매출액에서 차감한다.
③ 수입금액에는 매출액만 포함되어야 하므로 영업외수익인 기계장치 매각대금은 손익계산서상 매출액에 포함하지 아니한다.

(2) 기업업무추진비 금액 계산

$40,000,000 + 1,000,000 = 41,000,000$

* 거래처에 제공한 제품은 현물기업업무추진비로써 장부가액과 시가 중 큰 금액으로 평가해야 한다. 그러므로 장부가액과 시가 차액인 1,000,000원을 기업업무추진비로 보아 가산한다.

(3) 기업업무추진비 한도 계산 = ①+②

① $12,000,000 \times \frac{12}{12} + 800,000,000 \times 0.3\% = 14,400,000$

② 문화기업업무추진비 한도= min(ⓐ,ⓑ) = 2,880,000

ⓐ 10,000,000

ⓑ $14,400,000 \times 20\% = 2,880,000$

∴ $14,400,000 + 2,880,000 = 17,280,000$

∴ 기업업무추진비 한도초과액 = $41,000,000 - 17,280,000 = 23,720,000$

31 **다음의 자료를 이용하여 제조업을 영위하는 중소기업인 영리내국법인 ㈜A의 제21기 사업연도(1.1.~12.31.) 기업업무추진비 한도초과액을 계산한 것으로 옳은 것은? (단, 자료에 별도 언급이 없는 한 기업업무추진비 해당액은 적격증명서류를 수취하였고, 전기까지 세무조정은 정확하게 이루어졌다.)**

2020년 회계사

(1) 손익계산서상 매출액은 12,000,000,000원이며, 이 중 특수관계인에 대한 매출액은 4,000,000,000원이다.

(2) 손익계산서상 판매비와관리비 중 기업업무추진비로 비용처리한 금액은 54,000,000원이다.

(3) ㈜A가 거래처에 접대 목적으로 증정한 원가 5,000,000원, 시가 10,000,000원 상당의 제품에 대해 다음과 같이 회계처리하였다.

(차) 매출원가	6,000,000	(대)	제 품	5,000,000원
			부가가치세예수금	1,000,000원

(4) 손익계산서상 복리후생비에는 ㈜A의 직원들이 조직한 단체(법인 아님)에 지출한 복리시설비 4,000,000원이 포함되어 있다.

(5) 제21기 중 ㈜A가 지출한 경조사비와 문화기업업무추진비는 없다.

(6) 수입금액에 관한 적용률

수입금액	적용률
100억원 이하	1천분의 3
100억원 초과 500억원 이하	3천만원+100억원을 초과하는 금액의 1천분의 2

① 0원 ② 2,000,000원 ③ 4,000,000원
④ 8,000,000원 ⑤ 16,000,000원

해답 ③

해설 (1) 기업업무추진비 지출액

54,000,000 + 11,000,000* = 65,000,000

* 거래처에 접대 목적으로 증정한 제품은 현물기업업무추진비로 시가+부가가치세매출세액 금액을 기업업무추진비로 본다. 직원들이 조직한 단체는 법인이 아니므로 의제기업업무추진비로 보지 않는다.

(2) 기업업무추진비 한도액

36,000,000 + 80억 × 0.3% + (20억 × 0.3% + 20억 × 0.2%) × 0.1 = 61,000,000

(3) 기업업무추진비 한도초과액

65,000,000 − 61,000,000 = 4,000,000

32 **제조업을 영위하는 영리내국법인(중소기업) ㈜A의 제21기(1.1.~12.31.) 기업업무추진비 관련 자료는 다음과 같다. 전기까지세무조정은 적정하게 이루어졌다고 가정할 경우 기업업무추진비와 관련된 세무조정 과정에서 기타사외유출로 처분되는 합계액으로 옳은 것은? (단, 별도의 언급이 없는 한 모든 기업업무추진비는 건당 사용금액 30,000원을 초과하고 적격증명서류를 수취하였으며, 경조사비와 문화기업업무추진비는 없는 것으로 한다.)** 2017년 회계사 수정

(1) 장부상 매출액은 35,000,000,000원으로 이 중 특수관계인 매출분은 12,000,000,000원이다. 매출액과 관련된 내용은 다음과 같다.
가. 일반매출에 대한 매출할인 100,000,000원 및 매출에누리 40,000,000원을 영업외비용으로 회계처리 하였다.
나. 전기에 수탁자가 판매한 위탁매출액 500,000,000원(일반매출분)에 대하여 전기에 회계처리하지 않고 당기에 판매대금을 회수하면서 전액 손익계산서상 매출로 회계처리 하였다.
다. 일반매출과 관련하여 영업외수익에 계상된 부산물 매각대금은 140,000,000원이다.
(2) 손익계산서상 기업업무추진비계정으로 비용처리한 금액은 108,000,000원으로 다음의 금액이 포함되어 있다.
가. 업무와 관련하여 사용되었으나 증빙누락분: 2,000,000원
나. 업무와 관련하여 사용된 개인명의신용카드사용액: 4,000,000원
(3) 당해연도에 접대가 이루어졌으나 결제하지 못하고 장부에 계상하지 않은 금액 5,000,000원이 있다.
(4) 수입금액에 관한 적용률은 다음과 같다.(100억원 이하는 1만분의 30)

수입금액	적용률
100억원 초과 500억원 이하	3천만원+100억원을 초과하는 금액의 1만분의 20

① 13.600,000원 ② 16,300,000원 ③ 17,600,000원
④ 18,600,000원 ⑤ 20,600,000원

해답 ③
해설 (1) 수입금액 :
① 일반매출 : 350억원-1억4천만원(매출할인 및 매출에누리)-5억원(전기 매출액) +1억4천 만원(부산물 매각대금)-120억원 = 225억원
② 특수관계인 매출 : 120억원

(2) 기업업무추진비 해당액 :
108,000,000-2,000,000(증빙누락분)-4,000,000(적격증명서류 미수령액, 기타사외유출) +5,000,000(미지급기업업무추진비) = 107,000,000

(3) 기업업무추진비 한도액 :
$36,000,000 + 100억원 \times 0.3\% + 125억원 \times 0.2\% + 120억원 \times 0.2\% \times 10\% = 93,400,000$

(4) 기타사외유출 처분액
① 적격증명서류 미수령액 : 4,000,000
② 기업업무추진비 한도초과액 : 13,600,000
∴ 13,600,000+4,000,000 = 17,600,000

33 **제조업을 영위하는 영리내국법인 (주)한라(중소기업이 아님)의 제21기 사업연도(1.1. ~6.30.)의 기업회계기준에 따라 계산한 매출액은 150억원(세무상 수입금액: 160억원)이며, 매출액 중 「법인세법」상 특수관계인과의 거래에서 발생한 매출액 30억원(세무상 수입금액: 40억원)이 포함되어 있다. 제21기 손익계산서상 기업업무추진비는 판매비와 관리비에 40,000,000원이 계상되어 있으며 기업업무추진비 중 700,000원은 증거자료가 누락되어 있고, 300,000원은 영수증(현금영수증 등 법정 증거자료가 아님)을 수취하였다. 제21기 손익계산서상 판매비와 관리비 항목에서 다음과 같은 사항을 파악하였다.**

(1) 기업업무추진비 관련 부가가치세 매입세액 1,000,000원(공급가액 10,000,000원은 기업업무추진비에 포함되어 있음)이 제21기 손익계산서의 판매비와 관리비 항목의 세금과 공과 계정에 계상되어 있다.
(2) 판매비와 관리비 항목의 복리시설비에는 종업원이 조직한 법인인 단체에 지출한 금액 3,000,000원이 포함되어 있다.

기업업무추진비는 모두 국내에서 지출되었으며 문화기업업무추진비는 없고 주어진 자료 이외에는 고려하지 않는다고 가정한다면 (주)한라의 제21기 사업연도의 기업업무추진비 관련 세무조정으로 옳은 것은? 2020년 세무사

① 손금불산입 3,100,000원 (기타사외유출)
② 손금불산입 3,400,000원 (기타사외유출)
③ 손금불산입 1,000,000원 (대표자상여)
손금불산입 2,400,000원 (기타사외유출)
④ 손금불산입 700,000원 (대표자상여)
손금불산입 2,400,000원 (기타사외유출)
⑤ 손금불산입 700,000원 (대표자상여)
손금불산입 2,700,000원 (기타사외유출)

해답 ⑤
해설 (1) 직접 부인 기업업무추진비
① 손금불산입 기업업무추진비(증빙불비) 700,000 (대표자상여)
② 손금불산입 기업업무추진비(영수증수취) 300,000 (기타사외유출)

(2) 기업업무추진비 한도초과액 부인

1) 기업업무추진비 해당액 : 40,000,000-700,000(증빙불비)-300,000(영수증수취)+1,000,000 (기업업무추진비관련부가세)+3,000,000(복리시설비)=43,000,000

2) 기업업무추진비 한도 : ①+②=40,600,000

① 기본 : 12,000,000×6/12=6,000,000

② 수입금액 기준:
10,000,000,000×0.3%+2,000,000,000×0.2%+3,000,000,000×0.2%×10%
=34,600,000

*수입금액은 기업회계기준에 따라 계산한 매출을 말한다.

3) 기업업무추진비 한도초과 세무조정 : 손금불산입 기업업무추진비 2,400,000 (기타사외유출)

34 **다음은 제조업을 영위하는 영리내국법인 ㈜A의 제13기 사업연도(1.1.~12.31.)의 지급이자에 관한 자료이다. 「법인세법」상 업무무관자산 등에 대한 지급이자에 해당되어 손금불산입으로 세무조정 해야 하는 금액으로 옳은 것은? (단, 주어진 자료 이외의 다른 사항은 고려하지 않음)**

2013년 회계사

(1) 제13기 말 ㈜A의 모든 차입금은 연 이자율 5%로 제12기에 차입한 것이며, 제13기 중 차입금 금액의 변동은 없었다. 동 차입금에서 발생하여 제13기의 포괄손익계산서에 계상된 지급이자는 30,000,000원이며, 이 중 10,000,000원은 채권자가 불분명한 사채의 이자이다.

(2) 제13기 10월 20일에 당해 법인의 대표이사에게 업무와 관계없이 대여한 금액이 100,000,000원 있다.

① 740,000원 ② 850,000원 ③ 1,000,000원
④ 1,100,000원 ⑤ 1,250,000원

해답 ③

해설 업무무관자산 관련 지급이자 손금불산입액은 다음 산식에 의하여 계산한다.

$$\text{지급이자} \times \frac{\text{업무무관부동산·동산·가지급금적수}}{\text{차입금 적수}}$$

₩20,000,000×(1억원×73일)÷(₩20,000,000÷5%×365일)=₩1,000,000

35 **제조업을 영위하는 영리내국법인 ㈜A의 제21기(1.1.~12.31.) 차입금 및 업무무관자산 관련 자료이다. 법인세법상 손금불산입으로 세무조정하는 지급이자 중에서 기타사외유출로 소득처분되는 금액으로 옳은 것은?**

2020년 회계사 수정

(1) 포괄손익계산서상 지급이자의 내역

구 분	이자율	이자비용	차입금적수
사채이자*	20%	3,000,000원	5,490,000,000원
은행차입금	10%	10,000,000원	36,500,000,000원

* 채권자불분명사채이자로 동 이자와 관련하여 원천징수하여 납부한 세액은 1,260,000원이다.

(2) 재무상태표상 전기에 특수관계인으로부터 취득하여 보유하고 있는 업무무관자산(취득가액: 20,000,000원, 취득당시 시가: 12,000,000원)에 대한 전기세무조정은 정확하게 이루어졌고 취득 이후 변동내역은 없다.

(3) 재무상태표상 대여금 5,000,000원(적수: 1,825,000,000원)은 업무와 관련이 없는 특수관계인에 대한 것이다.

① 1,260,000원　② 2,500,000원　③ 2,960,000원
④ 3,760,000원　⑤ 5,500,000원

해답 ④

해설 (1) 기타사외유출로 소득처분되는 금액

① 채권자불분명사채이자 중 원천징수하여 납부한 세액 : 1,260,000

② 업무무관자산 지급이자 손금불산입액

$$10,000,000 \times \frac{20,000,000^{*} \times 365 + 1,825,000,000}{36,500,000,000} = 2,500,000$$

* 업무무관자산은 취득가액으로 평가한다.

∴ 1,260,000 + 2,500,000 = 3,760,000

36 **「법인세법」상 영리내국법인의 인건비, 기업업무추진비 및 지급이자에 관한 설명이다. 옳지 않은 것은?**

2014년 회계사

① 법인이 임원 또는 사용인에게 지급하는 상여금 중 이사회의 결의에 의하여 결정된 급여 지급기준을 초과하여 지급한 경우 그 초과금액은 이를 손금에 산입하지 아니한다.

② 비상근임원에게 지급하는 보수는 부당행위계산 부인에 해당하는 경우를 제외하고 이를 손금에 산입한다.

③ 법인이 그 사용인이 조직한 조합 또는 단체에 복리시설비를 지출한 경우 당해 조합이나 단체가 법인인 때에는 이를 기업업무추진비로 본다.

④ 건설자금에 충당한 차입금 이자 중 특정차입금에 대한 지급이자는 건설등이 준공된 날까지 이를 자본적 지출로 하여 그 원본에 가산한다.

⑤ 건설자금에 충당한 차입금 이자와 채권자가 불분명한 사채이자를 손금불산입하는 경우에는 채권자가 불분명한 사채이자를 먼저 손금불산입한다.

해답 ①

해설 법인이 사용인에게 지급하는 상여금은 손금에 산입한다. 그러나 임원에게 지급하는 상여금 중 정관·주주총회·사원총회·이사회에서 정한 급여 규정에 의한 한도액을 초과하는 금액은 이를 손금에 산입하지 아니한다. 즉, 사용인에 대해선 한도를 적용하지 않는다.

37 **다음은 영리내국법인 ㈜A(중소기업이 아님)의 제14기 사업연도(1.1.~12. 31.) 회계처리 내역이다. 제14기의 각 사업연도 소득금액 계산을 위하여 세무조정이 반드시 필요한 것은?**

2014년 회계사

① 장식 목적으로 복도에 항상 전시하기 위해 미술품을 4백만원에 취득하고 그 취득가액을 손익계산서상 비용으로 계상하였다.

② 은행차입금 이자의 지급기일까지 이자를 지급하지 못하여 연체이자를 납부하고 이를 손익계산서상 이자비용으로 계상하였다.

③ 토지의 취득과 함께 공채를 매입하고 기업회계기준에 따라 그 공채의 매입가액과 현재가치의 차액을 당해 토지의 취득가액으로 계상하였다.

④ 은행이 신용을 공여하는 기한부 신용장방식에 따라 원자재를 연지급수입하면서 연지급수입이자를 부담하고 이를 손익계산서상 이자비용으로 계상하였다.

⑤ 건설용역(계약기간 : 제14기 8.16.~제15기 3.31.)에 대하여 인도기준(완성기준)을 적용하고자 제14기에 공사수익과 공사원가를 계상하지 아니하였다. 단, 작업진행률은 40%로 확인이 된다.

해답 ⑤

해설 ① 장식·환경미화 등의 목적으로 사무실·복도 등 여러 사람이 볼 수 있는 공간에 항상 전시하는 미술품의 취득가액을 그 취득한 날이 속하는 사업연도의 손금으로 계상한 경우에는 그 취득가액(취득가액이 거래단위별로 1천만원 이하인 것으로 한정)을 손비로 한다(법령 제19조 17호).
② 차입금의 이자는 손비항목이다(법령 19조 7호).
③ 유형고정자산의 취득과 함께 국·공채를 매입하는 경우 기업회계기준에 따라 그 국·공채의 매입가액과 현재가치의 차액을 당해 유형고정자산의 취득가액으로 계상한 경우 그 금액을 자산의 취득가액에 포함하는 것으로 한다(법령 제72조 3항).
④ 수입물품을 연지급수입하면서 연지급이자를 부담할 경우 이를 수입물품의 취득가액으로 처리하는 것이 원칙이나, 결산상 이자비용으로 처리하면 이를 수용한다.
⑤ 중소기업이 아닌 기업의 용역매출은 경우 장·단기 구분없이 진행기준으로 손익을 인식한다. 따라서 진행률에 따라 계산한 공사수익을 익금에 산입하고 당기발생한 공사원가를 손금에 산입한다.

38 법인세법상 손금산입과 관련한 설명으로 옳지 않은 것은?

① 기업업무추진비, 일반기부금, 임원에 대한 퇴직금의 경우 세법에서 정한 일정한 한도를 초과하는 금액은 손금불산입된다.
② 영업자가 조직한 단체로서 법인이거나 주무관청에 등록된 조합 또는 협회에 지급한 회비는 손금이 아니다.
③ 자기주식소각손실은 그 본질이 감자차손에 해당하며 따라서 손금에 산입하지 않는다.
④ 감가상각비의 경우 특정연도의 세무상의 손금산입액이 회계상의 비용계상액을 초과하는 경우가 발생할 수 있다.
⑤ 민법상의 소멸시효가 완성된 선급금은 소멸시효가 완성된 날이 속하는 사업연도의 손금으로 한다.

해답 ②

해설 ② 영업자가 조직한 단체로서 법인이거나 주무관청에 등록된 조합 또는 협회에 지급한 회비로 일반회비는 전액 손금으로 인정한다.

39 **법인세법상 인건비의 손금산입에 관한 다음 설명 중 틀린 것은?**

① 법인이 지배주주인 임원에게 정당한 사유 없이 동일직위에 있는 다른 임원에게 지급하는 금액을 초과하여 보수를 지급한 경우 그 초과금액은 이를 손금에 산입하지 아니한다.
② 상근이 아닌 법인의 임원에게 지급하는 보수는 법인세법 제52조(부당행위 계산의 부인)에 해당하는 경우를 제외하고 이를 손금에 산입한다.
③ 법인이 임원에게 지급한 퇴직금 중 정관(정관에서 위임된 퇴직급여지급규정 포함)에 퇴직금(퇴직위로금 등을 포함한다)으로 지급할 금액이 정하여진 경우에는 정관에 정하여진 금액을 초과하는 금액은 이를 손금에 산입하지 아니한다.
④ 증권거래법의 규정에 의하여 취득한 자기주식을 성과급으로 임원에게 지급하는 것은 손금에 산입한다.
⑤ 합명회사 또는 합자회사의 노무출자사원에게 지급하는 보수는 이익처분에 의한 상여로 보아 손금에 산입하지 아니한다.

해답 ④
해설 자기주식을 성과급으로 지급하는 것은 직원에 한하여 손금으로 인정한다.

40 **제조업을 영위하는 ㈜수원산업은 제8기 12. 1. 상무이사인 김수인과 소비대차계약(이자율 연 3%)을 체결하고 김수인에게 7억 3천만원을 빌려 주었다. 회사는 약정에 의한 이자 1,860,000원을 수령하고 이자수익으로 계상하였다. 한편, ㈜수원산업은 제8기 중 특수관계자인 ㈜대전산업으로부터 20억원(차입금적수는 730억원임)을 차입기간 2년, 이자율 연 5%의 조건으로 차입하였으며, 이에 대한 이자비용 2천만원을 손금에 산입(「소득세법」상 이자소득의 수입시기에 해당함)하였다. ㈜수원산업은 위의 차입금 외에 다른 차입금은 없다. 이와 관련하여 ㈜수원산업이 제8기(1. 1.~12. 31.)에 행할 가산조정의 총액은 얼마인가? (단, 국세청장이 정하는 당좌대출이자율은 6%로 가정한다.)**

① 1,860,000원 ② 7,440,000 ③ 7,775,000
④ 8,060,000 ⑤ 9,300,000

해답 ④
해설 (1) 가지급금 인정이자
① 가지급금적수 : 7억 3천만원×31일＝226억 3천만원
② 인정이자 : 226억 3천만원×6%* × $\frac{1}{365}$ ＝3,720,000
* 차입금 전액을 특수관계자로부터 차입했으므로 당좌대출이자율을 적용한다.
③ 인정이자 익금산입액 : 3,720,000－1,860,000＝1,860,000

(2) 지급이자 손금불산입

$$20{,}000{,}000 \times \frac{226\text{억 }3\text{천만원}}{730\text{억원}} = 6{,}200{,}000$$

따라서 가산조정 합계액 : 1,860,000 + 6,200,000 = 8,060,000

41 **㈜태백(사업연도 1. 1 ~ 12. 31)은 중소기업으로서 제조업을 영위하고 있다. 다음 자료에 의한 기업업무추진비한도초과액은 얼마인가?**

> (1) 손익계산서상 매출액은 29억원으로 매출에누리 5억원을 차감한 금액이다. 당해 세무조정에 의해 외상매출누락 1억원은 익금에 가산한다.
> (2) 손익계산서상 기업업무추진비 계상액은 45,000,000원이며 계상된 기업업무추진비는 모두 법인명의의 신용카드로 결제되었다. 다음의 사항은 다른 계정에 계상된 것이다.
> 1. 거래처에 경조사비로 20만원을 지급하였다.
> 2. 특정고객에게 사업과 관련하여 사은품(부가가치세 면세재화) 100만원을 구입하여 제공하였다.
> 3. 사용인이 조직한 법인이 아닌 단체에 시설비 100만원을 지급하였다.
> (3) 회사는 당기 중 거래처에 접대한 100만원을 재무상태표에 선급비용으로 계상하였다.

① 1,500,000원 ② 1,900,000원 ③ 2,100,000원
④ 2,200,000원 ⑤ 8,200,000원

해답 ④

해설 (1) 기업업무추진비 지출액
45,000,000원 + 200,000원 + 1,000,000원 + 1,000,000원 = 47,200,000원
(2) 기업업무추진비 한도액

$$36{,}000{,}000\text{원} \times \frac{12}{12} + (2{,}900{,}000{,}000 + 100{,}000{,}000\text{원}) \times 0.3\% = 45{,}000{,}000$$

(3) 기업업무추진비 한도초과액
(1) − (2) = 2,200,000원

42 **㈜종로(사업연도 : 1. 1.~12. 31.)는 제조업을 영위하는 중소기업이다. 다음 자료에 의한 기업업무추진비 한도초과액은 얼마인가?**

(1) 손익계산서상 매출액은 25억원이다.
(2) 손익계산서상 기업업무추진비는 52,000,000원이다. 이 중 4,000,000원은 1회의 접대에 지출된 금액으로 지출증빙이 없다. 나머지 금액(아래 (4)의 기업업무추진비 제외)은 법인 명의의 신용카드에 의하여 결제하였다.
(3) 손익계산서상 기업업무추진비 중 1,500,000원은 판매촉진목적으로 추첨을 통해 불특정 고객 50명에게 ㈜종로가 구입한 화장품을 1인당 연간 50,000원씩 증정한 금액이다.
(4) ㈜종로는 자신이 제조한 제품(원가 2,000,000원, 시가 4,000,000원)을 접대용으로 거래처에 제공하고 손익계산서상 기업업무추진비로 2,000,000원을 계상하였다. (당해 제품의 제조에 관련된 매입세액은 정당하게 공제됨)
(5) 거래처에 경조사비로 20만원(1회)을 지급하였는데 기업업무추진비 이외의 항목으로 계상되었다.
(5) 기업업무추진비 수입금액 한도는 100억원 미만인 경우 1만분의 30을 적용한다.

① 7,700,000원 ② 5,600,000원 ③ 9,600,000원
④ 14,100,000원 ⑤ 20,100,000원

해답 ②

해설 (1) 기업업무추진비해당액
52,000,000 − 4,000,000 − 1,500,000 + 2,400,000 + 200,000 = 49,100,000
(2) 기업업무추진비한도액
$$36,000,000 + 2,500,000,000 \times \frac{30}{10,000} = 43,500,000$$
(3) 기업업무추진비한도초과액
49,100,000 − 43,500,000 = 5,600,000

43 **제조업을 영위하는 영리내국법인(중소기업 아님)인 ㈜A의 제16기(1.1.~12.31.) 기업업무추진비한도초과액을 계산한 것으로 옳은 것은?**

2016년 회계사 수정

(1) 기업회계기준에 따라 계산한 매출액은 600억원이며, 이 중 200억원은 「법인세법」상 특수관계인과의 거래에서 발생한 수입금액이다.
(2) 제16기에 지출한 기업업무추진비는 총 110,000,000원으로, 90,000,000원은 손익계산서상 매출원가에, 나머지 20,000,000원은 재무상태표상 재고자산에 포함되어 있다.
(3) 건당 3만원을 초과하는 기업업무추진비는 모두 신용카드(적격증명서류 수취분)로 결제되었으며, 문화기업업무추진비 해당액은 없다.
(4) 수입금액에 관한 적용률은 다음과 같다.

수입금액	적용률
100억원 이하	0.3%
100억원 초과 500억원 이하	0.2%
500억원 초과	0.03%

① 5,700,000원　② 16,700,000원　③ 24,700,000원
④ 25,000,000원　⑤ 36,700,000원

해답 ①

해설 (1) 기업업무추진비 한도액 계산

$12{,}000{,}000 + 100억 \times 0.3\% + 300억 \times 0.2\% + (100억 \times 0.2\% + 100억 \times 0.03\%) \times 0.1 = 104{,}300{,}000$

(2) 기업업무추진비한도초과액

$110{,}000{,}000 - 104{,}300{,}000 = 5{,}700{,}000$

44 **제조업을 영위하는 내국법인인 ㈜A가 제6기 사업연도(1.1.~12.31.)에 계상한 비용이다. 「법인세법」상 각 사업연도 소득금액 계산시 손금에 산입되지 아니하는 금액은 얼마인가?**

2010년 세무사

(1) 지배주주 甲에게 지급한 여비 3,000,000원(甲은 ㈜A의 임원 또는 사용인이 아님)
(2) 대표이사 乙에게 지급한 상여금 20,000,000원(주주총회에서 결의된 급여지급기준 내의 금액임)
(3) 제6기 사업연도에 납부할 지방소득세 소득분 10,000,000원
(4) 제5기 사업연도에 상법상 소멸시효가 완성된 외상매출금 15,000,000원
(5) 판매한 제품의 판매장려금으로서 사전약정 없이 지급한 금액 5,000,000원

① 13,000,000원　② 15,000,000원　③ 28,000,000원
④ 48,000,000원　⑤ 53,000,000원

해답 ③

해설 손금불산입 금액
지배주주 여비(₩ 3,000,000) + 지방소득세 소득분(₩10,000,000) + 전기 소멸시효완성 외상매출금(₩15,000,000) = ₩28,000,000

45 **내국법인인 ㈜A의 제11기 사업연도(1.1.~12.31.) 기업업무추진비 관련 자료이다. ㈜A가 제11기에 행하여야 할 세무조정으로 옳은 것은?** 2010년 세무사

(1) ㈜A는 해당 사업연도에 다음과 같이 기업업무추진비를 계상하였다.

판매비와관리비로 계상된 기업업무추진비	20,000,000원
건물로 계상된 기업업무추진비	12,000,000
계	32,000,000원

(2) 판매비와관리비로 계상된 기업업무추진비 중에는 당사의 상품(장부가액 5,000,000원, 시가 8,000,000원)을 거래처에 증정한 것이 포함되어 있으며, 이에 대해 ㈜A는 다음과 같이 회계처리하였다.

(차) 기업업무추진비	5,800,000	(대) 상 품	5,000,000
		부가가치세예수금	800,000

(3) 건당 3만원을 초과하는 기업업무추진비는 모두 신용카드로 결제되었으며, 문화기업업무추진비 해당액은 없다.
(4) 제11기 사업연도의 기업업무추진비 한도액은 11,000,000원으로 가정한다.
(5) ㈜A는 제11기 초에 처음으로 건물을 취득하였으며, 건물의 취득가액은 200,000,000원(기업업무추진비 해당액 12,000,000원 포함)이고 제11기에 20,000,000원의 감가상각비를 계상하였다. 건물의 신고내용연수는 10년이며 정액법을 사용한다.
(6) 현물로 제공한 상품의 시가와 장부가액과의 차액은 기업업무추진비 시부인계산시 고려하지만, 이에 대한 세무조정은 생략한다.

	익금산입 및 손금불산입	손금산입 및 익금불산입
①	기업업무추진비한도초과액 24,000,000원(기타사외유출) 건물감액분 감가상각비 400,000원(유보)	건물 4,000,000원(△유보)
②	기업업무추진비한도초과액 24,000,000원(기타사외유출) 건물감액분 감가상각비 100,000원(유보)	건물 1,000,000원(△유보)
③	기업업무추진비한도초과액 21,000,000원(기타사외유출) 건물감액분 감가상각비 100,000원(유보)	건물 1,000,000원(△유보)
④	기업업무추진비한도초과액 24,000,000원(기타사외유출)	건물 4,000,000원(△유보)
⑤	기업업무추진비한도초과액 21,000,000원(기타사외유출)	건물 1,000,000원(△유보)

해답 ②

해설 1. 기업업무추진비해당액
32,000,000 + 3,000,000 = 35,000,000
2. 기업업무추진비한도초과액
35,000,000 − 11,000,000 = 24,000,000
→ 손금불산입 24,000,000(기타사외유출)
3. 세무조정 : 〈손금산입〉 건물 1,000,000(△유보)
4. △유보 추인
$1,000,000 \times \frac{20,000,000}{200,000,000} = 100,000$
〈손금불산입〉 100,000(유보)

46 **제조업을 영위하는 영리내국법인 ㈜A(중소기업)의 제22기(1.1.~12.31.) 자료이다. 기업업무추진비 한도초과액으로 옳은 것은? (단, 기업업무추진비 해당액은 적격증명서류를 수취하였다.)**

2022년 회계사

(1) 장부상 매출액은 15,000,000,000원으로 이 중 특수관계인에 대한 매출액은 3,000,000,000원이다.
(2) 손익계산서상 판매비와관리비 중 기업업무추진비로 비용처리한 금액은 90,000,000원으로 다음의 금액이 포함되어 있다.
① 전기에 접대가 이루어졌으나 당기 지급시점에 비용처리한 금액: 5,000,000원
② 「국민체육진흥법」에 따른 체육활동의 관람을 위한 입장권 구입비: 20,000,000원
③ 직원이 조직한 단체(법인)에 복리시설비를 지출한 금액: 4,000,000원
④ 거래처에 접대 목적으로 증정한 제품(원가 8,000,000원, 시가 10,000,000원)에 대해 다음과 같이 회계처리하였다.

(차) 기업업무추진비	9,000,000	(대)	제 품	8,000,000
			부가가치세예수금	1,000,000

(3) 수입금액에 관한 적용률

수입금액	적용률
100억원 이하	수입금액×0.3%
100억원 초과 500억원 이하	3,000만원+(수입금액-100억원)×0.2%

① 2,280,000원 ② 6,280,000원 ③ 16,400,000원
④ 21,400,000원 ⑤ 84,720,000원

해답 ①

해설 1. 기업업무추진비해당액 = 87,000,000
90,000,000-5,000,000+(1,000,000+1,000,000)
2. 기업업무추진비한도액 = 84,720,000
① 기본한도 : 36,000,000
② 수입금액 한도 : 100억×0.3%+20억×0.2%+30억×0.2%×10%=34,600,000
③ 문화기업업무추진비 추가한도 : Min[70,600,000×20%, 20,000,000]=14,120,000
3. 기업업무추진비한도초과 : 〈익금산입〉 기업업무추진비 2,280,000 (기타사외유출)

47 법인세법상 기업업무추진비에 관한 설명으로 옳지 않은 것은? 2011년 세무사

① 현물기업업무추진비는 이를 제공한 때의 시가가 장부가액보다 낮은 경우에는 장부가액에 의하여 기업업무추진비를 계산한다.
② 법인이 그 사용인이 조직한 법인인 조합 또는 단체에 대하여 지출한 복리시설비는 기업업무추진비로 본다.
③ 내국법인이 국내에서 1회에 3만원(경조금 20만원)을 초과하여 지출한 기업업무추진비로서 신용카드매출전표, 계산서, 세금계산서 등의 적격증빙을 갖추지 못한 것은 손금에 산입하지 아니한다.
④ 특수관계자와의 거래에서 발생한 수입금액에 대해서는 수입금액을 기준으로 하는 기업업무추진비 한도액을 일반수입금액에 비해 낮게 정하고 있다.
⑤ 기업업무추진비에 해당하는 사업상 증여에 대하여 법인이 부담한 부가가치세 매출세액 상당액은 기업업무추진비로 보지 아니한다.

해답 ⑤

해설 ⑤ 기업업무추진비에 해당하는 사업상 증여에 대하여 법인이 부담한 부가가치세 매출세액 상당액은 기업업무추진비로 본다.

48 **다음은 제조업을 영위하는 영리내국법인(중소기업) ㈜A의 제15기 사업연도(1.1.~6.30.) 자료로서 기업업무추진비는 전액 적격증빙을 수취하였으며, 문화기업업무추진비로 지출한 금액은 없다. 제15기의 기업업무추진비에 대한 세무조정으로 옳은 것은? (단, 소득처분은 생략하며, 주어진 자료 이외의 다른 사항은 고려하지 않음)** 2013년 세무사

(1) 기업업무추진비의 내역
- 손익계산서상 판매비와관리비로 계상된 금액 : 5,000,000원
- 제15기말 현재 재무상태표상 건설중인 공장에 계상된 금액 : 6,000,000원
- 제15기말 현재 재무상태표상 토지에 계상된 금액 : 50,000,000원

(2) 기업회계기준에 따른 제15기 매출액은 100억원이며, 특수관계인과의 거래분은 없다.

① 손금산입 : 건설중인 공장 7,000,000원
손금불산입 : 기업업무추진비한도초과액 17,000,000원

② 손금산입 : 토지 7,000,000원
손금불산입 : 기업업무추진비한도초과액 17,000,000원

③ 손금산입 : 건설중인 공장 14,000,000원
토지 3,000,000원
손금불산입 : 기업업무추진비한도초과액 17,000,000원

④ 손금산입 : 건설중인 공장 6,000,000원
토지 2,000,000원
손금불산입 : 기업업무추진비한도초과액 13,000,000원

⑤ 손금산입 : 토지 16,000,000원
손금불산입 : 기업업무추진비한도초과액 26,000,000원

해답 ④

해설 (1) 기업업무추진비 해당액
61,000,000원(=5,000,000원+6,000,000원+50,000,000원)

(2) 기업업무추진비 한도액 : 36,000,000원 × $\frac{6}{12}$ + 100억 × 0.3% = 48,000,000원

(3) 세무조정
〈손금불산입〉 기업업무추진비 한도초과액 13,000,000(기타사외유출)
〈손금산입〉 건설중인 자산 6,000,000(△유보)
〈손금산입〉 토 지 2,000,000(△유보)

49 **「자본시장과 금융투자업에 관한 법률」에 따른 투자회사(사모투자전문회사 아님) ㈜A의 제5기 사업연도(1.1.~12.31.)의 결산 및 손익자료는 다음과 같다. 당해 투자회사가 40,000,000원을 배당할 경우 배당과 관련하여 해당 사업연도의 소득금액에서 공제할 금액은? (단, 주어진 자료 이외의 다른 사항은 고려하지 않음)** 2013년 세무사

> (1) 영업이익 : 100,000,000원
> (2) 법인세비용차감후 당기순이익 : 40,000,000원
> (3) 이월이익잉여금 : 20,000,000원
> (4) 상법상 적립한 이익준비금 : 10,000,000원
> (5) 회사는 설립이후 평가손익을 계상한 바 없음

① 0원 ② 10,000,000원 ③ 20,000,000원
④ 40,000,000원 ⑤ 45,000,000원

해답 ①

해설 자본시장과 금융투자업에 관한 법률에 따른 투자회사(Mutual Fund)가 배당가능이익의 90% 이상을 배당한 경우 해당 금액은 해당 사업연도의 소득금액에서 이를 공제한다. 여기서 배당가능이익이란 당기순이익에 이월이익잉여금을 가산하거나 이월결손금을 공제하고 상법의 규정에 따라 이익준비금을 차감한 금액을 말한다. 이 경우 당기순이익, 이월이익잉여금 및 이월결손금 중 유가증권평가에 다른 손익을 제외하되, 투자회사(Mutual Fund) 등의 집합투자재산의 평가손익에 대해서는 그러하지 아니하다. 그런데, 위의 사례에서 배당가능이익(40,000,000원+20,000,000원-10,000,000원=50,000,000원)의 90%는 45,000,000원이나 40,000,000원을 배당하였으므로 해당 사업연도의 소득금액에서 공제할 금액은 없다.

50 **제조업을 영위하는 비상장 영리내국법인 ㈜A의 제14기(1. 1~12. 31.) 자료이다. ㈜A의 제14기 일반기부금 한도초과액은 얼마인가?** 2014년 세무사

(1) 제14기 손익계산서상 당기순이익은 200,000,000원이고, 기부금을 제외한 세무조정 내역은 다음과 같다.
　ㄱ. 법인세비용 : 20,000,000원
　ㄴ. 감가상각비 한도초과 : 5,000,000원
　ㄷ. 수입배당금 익금불산입 : 3,000,000원
(2) 제14기 손익계산서에 계상된 기부금 내역은 다음과 같다.
　ㄱ. 국방헌금 : 10,000,000원(현금)
　ㄴ. 정부의 인가를 받은 문화예술단체[㈜A와 특수관계 없음]에 기부한 ㈜A의 제품 : 장부가액 30,000,000원으로 계상되었으며, 시가는 50,000,000원임
　ㄷ. 대표이사 종친회 기부금(대표이사가 부담해야할 금액) : 5,000,000원(현금)
　ㄹ. 「대한적십자 조직법」에 따른 대한적십자사에 기부금 2,000,000원을 어음(발행일 : 제14기 8. 1, 만기 : 제15기 1. 31)으로 교부함
(3) 제14기 말 현재 법인세 과세표준을 계산할 때 공제할 수 있는 이월결손금과 이월된 특례기부금 및 일반기부금의 한도초과액은 없다.

① 4,100,000원　② 4,300,000원　③ 22,100,000원
④ 27,100,000원　⑤ 27,200,000원

해답 ①

해설 (1) 소득금액조정합계표

익금산입 및 손금불산입			손금산입 및 익금불산입		
과목	금액	처분	과목	금액	처분
법인세비용	20,000,000	기타사외유출	수입배당금	3,000,000	기타
감가상각비	5,000,000	유보			
비일반기부금	5,000,000	상여			
미지급기부금(주1)	2,000,000	기타사외유출			
계	32,000,000		계	3,000,000	

(주1) 어음 기부금의 귀속시기는 결제일이므로 제15기 기부금으로 귀속됨

(2) 차가감소득금액 : 200,000,000 + 32,000,000 − 3,000,000 = 229,000,000
(3) 기부금 지출액
　① 특례기부금 : 10,000,000
　② 일반기부금 : 30,000,000(현물기부금은 장부가액으로 평가함)
(4) 기준소득금액 : 229,000,000 + 10,000,000 + 30,000,000 = 269,000,000
(5) 기부금 세무조정
　① 특례기부금
　　㉠ 한도액 : 269,000,000 × 50% = 134,500,000
　　㉡ 한도초과액 : 10,000,000 − 134,500,000 = △124,500,000
　　㉢ 세무조정 없음

② 일반기부금
㉠ 한도액 : (269,000,000 − 10,000,000) × 10% = 25,900,000
㉡ 한도초과액 : 30,000,000 − 25,900,000 = 4,100,000
㉢ 세무조정 : 〈손금불산입〉 일반기부금한도초과액 4,100,000원 (기타사외유출)

51 **(주)A는 제조업을 영위하는 영리내국법인이다. (주)A의 제22기 사업연도(20×2.1.1.~12.31.)의 임원전용 업무용승용차 관련 자료가 다음과 같을 경우 손금불산입금액은? (단, 주어진 자료 이외에는 고려하지 않음)** 2022년 세무사

(1) (주)A는 업무전용 자동차보험에 가입하였고 업무용승용차 운행기록부를 작성·비치하고 있으며, 제22기 사업연도의 상시근로자 수는 10인이다.
(2) (주)A는 리스회사인 (주)B에서 제22기 초에 운용리스(리스기간 3년)로 임원전용 업무용승용차를 임차하였다.
(3) 제22기 사업연도에 발생한 업무용승용차 관련비용은 다음과 같다.

구분	손익계산서에 계상한 비용
리스료	30,000,000원
(상기 리스료에 포함되어 있는 항목)	
- 자동차 보험료	3,000,000원
- 자동차세	2,000,000원
- 수선유지비	1,750,000원
기타 유지비	3,000,000원

(4) 제22기 사업연도 운행기록: 총주행거리 20,000km, 업무용 사용거리 15,000km

① 8,250,000원 ② 10,750,000원 ③ 17,687,500원
④ 18,750,000원 ⑤ 24,750,000원

해답 ③

해설 1. 업무사용 비율 = 15,000/20,000=75%
2. 업무 외 사용금액 = 〈익금산입〉 8,250,000 (상여)
33,000,000 ×(1−75%)
3. 감가상각비 상당액 8백만원 초과=〈익금산입〉 9,437,500 (기타사외유출)
[30,000,000−(3,000,000+2,000,000+1,750,000)]×75%−8,000,000
4. 손금불산입 합계 = 8,250,000+9,437,500 = 17,687,500

CHAPTER

05 감가상각비의 손금산입

01 **㈜파이팅의 기계와 관련된 거래내역과 회계처리는 다음과 같다. 기계의 기준내용연수는 5년이다. 제5기(1. 1~12. 31)에 감가상각비와 회계변경에 대하여 올바르게 세무조정 한다면 필요한 가산조정과 차감조정의 순차이는 얼마인가? (정률법 5년 상각률 : 0.451, 4년 상각률 : 0.528)**

(1) 제4기 1. 1에 기계를 100,000,000원에 취득하였다. 감가상각방법은 정률법으로 신고하였다.

차) 기계	100,000,000	대) 현금	100,000,000

(2) 제4기 12. 31 감가상각비를 계상하였다.

차) 감가상각비	45,100,000	대) 감가상각누계액	45,100,000

(3) 제5기 9. 5에 감가상각방법을 정액법으로 변경신청하여 승인을 얻었다.

차) 감가상각누계액	25,100,000	대) 회계변경누적효과 (이익잉여금)	25,100,000

(4) 제5기 12. 31 감가상각비를 계상하였다.

차) 감가상각비	20,000,000	대) 감가상각누계액	20,000,000

① 익금산입 4,000,000원 (유보)
② 익금산입 9,020,000원 (유보)
③ 익금산입 6,275,000원 (유보)
④ 손금산입 21,100,000원 (△유보)
⑤ 세무조정 없음

해답 ②

해설 (1) 회계변경누적효과

〈익금산입〉 이익잉여금 25,100,000(기타)
〈손금산입〉 감가상각누계 25,100,000(△유보)

(2) 감가상각비시부인

① 회사상각액 : 20,000,000
② 상각범위액 : (100,000,000 − 45,100,000) × 0.2 = 10,980,000
③ 상각부인액 : 9,020,000(손금불산입, 유보)

02 **㈜C는 제조업을 영위하는 법인이다. ㈜C의 제9기 사업연도(1월 1일~12월 31일)의 기계장치에 대한 감가상각자료는 다음과 같다. 기계장치의 감가상각에 대한 세무조정 및 소득처분으로 맞는 것은? (단, 계산시 소수점 이하 금액은 버릴 것)**

〈자 료〉

(1) 기계장치 취득가액 : 100,000,000원
(2) 기계장치 취득일 : 제7기 1월 10일
(3) 감가상각방법 및 상각률 : 정률법(상각률 : 0.451)
(4) 감가상각비 장부상 계상금액
제7기 : 50,000,000원
제8기 : 20,000,000원
제9기 : 13,000,000원

① 손금산입 140,100원(△유보)
② 손금불산입 140,100원(유보)
③ 손금산입 593,185원(△유보)
④ 손금불산입 593,185원(유보)
⑤ 세무조정없음

해답 ①

해설

연도	회사계상액	상각범위액	시부인	세무조정
제7기	50,000,000	1억 × 0.451 = 45,100,000	4,900,000	손금불산입 4,900,000(유보)
제8기	20,000,000	(1억－45,100,000)×0.451 = 24,759,900	△4,759,900	손금산입 4,759,900(△유보)
제9기	13,000,000	(1억－45,100,000－24,759,900)×0.451 = 13,593,185	△593,185	손금산입 140,100(△유보)

03 **다음은 제조업을 영위하는 영리내국법인 ㈜A(한국채택국제회계기준을 적용하지 않으며, 중소기업 아님)의 제21기 사업연도(1.1.~12.31.) 기계장치(B)의 감가상각비 관련 자료이다. 제21기말 기계장치(B)의 법인세법상 장부가액으로 옳은 것은?** 2018년 회계사

(1) 19기 1월 1일에 기계장치(B)를 시가인 300,000,000원에 취득하여 사업에 사용하기 시작하였으며, 동 금액을 장부상 취득가액으로 계상하였다.
(2) 21기 7월 1일에 자본적지출에 해당하는 수선비 2,000,000원을 기계장치(B)의 취득원가에 가산하였다.
(3) 20기 12월 31일 현재 재무상태표상 기계장치(B)의 감가상각비누계액은 280,000,000원이다.
(4) 기계장치(B)의 제21기 초 상각부인액누계는 5,600,000원이다.
(5) 기계장치(B)와 관련하여 제21기에 22,000,000원을 손익계산서상 감가상각비로 계상하였다.
(6) 회사는 기계장치의 감가상각방법을 신고하지 아니하였으며, 정액법 상각률은 0.5, 정률법 상각률은 0.7로 가정한다.
(7) 회사의 세무조정은 적정하게 이루어진 것으로 가정하고, 주어진 자료 이외의 다른 사항은 고려하지 않는다.

① 30,280,000원 ② 15,100,000원 ③ 4,080,000원
④ 2,680,000원 ⑤ 1,000원

해답 ⑤

해설 (1) 감가상각비 시부인 계산
① 회사상각액 : 22,000,000
② 상각범위액 : 19,320,000 + 8,279,000 = 27,599,000
(300,000,00 + 2,000,000 − 280,000,000 + 5,600,000) × 0.7 = 19,320,000
8,280,000 − 1,000 = 8,279,000*
*302,000,000 × 5% = 15,100,000 ≥ 미상각잔액 8,280,000(300,000,000 + 2,000,000 − 280,000,000 + 5,600,000 − 19,320,000)
③ 상각부인액 : 22,000,000 − 27,599,000 = △5,599,000
∴ 법인세법상 장부가액 :
302,000,000 − (280,000,000 + 22,000,000) + 1,000(유보잔액) = 1,000
정률법의 상각률을 계산하는 경우 취득가액의 5%를 잔존가액으로 하여 상각률을 계산한다. 그리고 잔존가액에 상당하는 금액은 해당 감가상각자산의 미상각잔액이 최초로 취득가액의 5% 이하가 되는 사업연도의 상각범위액에 가산하고,(법령 26 ⑥) 감가상각이 종료되는 감가상각자산에 대하여는 취득가액의 5%와 1,000원 중 적은 금액으로 하여 해당 감가상각 자산의 장부가액으로 한다.(법령 26 ⑦)

04 ㈜한국의 제10기(1. 1～12. 31) 기계장치와 관련한 감가상각비 자료는 아래와 같다. 감가상각비에 대한 세무조정과 소득처분으로 옳은 것은?

〈자 료〉

(1) 기계장치는 전기에 제작이 완료된 것으로 당기말 재무상태표상 취득원가는 500,000,000원, 감가상각누계액은 117,000,000원이다.
(2) 기계장치의 전기이월 감가상각부인액은 35,000,000원이며, 전기 세무조정은 적정하게 이루어졌다.
(3) 기계장치 제작 완료 후 전기와 당기에 발생한 기계장치에 대한 자본적 지출액은 각각 40,000,000원과 60,000,000원으로 회사는 이를 모두 영업외비용으로 계상하였다.
(4) 회사는 기계장치에 대한 감가상각방법을 정액법으로, 내용연수는 내용연수범위 안에서 법인세를 최소화하는 방향으로 기한 내에 신고하였다.
(5) 당기에 계상한 감가상각비는 56,000,000원이다.
(6) 기계장치의 기준내용연수는 5년이며 상각률은 다음과 같다.

내용연수	3년	4년	5년
정액법 상각률	0.333	0.250	0.200

① 손금산입 4,000,000원(△유보)
② 손금산입 19,000,000원(△유보)
③ 손금산입 24,000,000원(△유보)
④ 손금산입 34,000,000원(△유보)
⑤ 손금산입 35,000,000원(△유보)

해답 ④

해설 (1) 내용연수
(5년 - 5년×25%)～(5년+5년×25%) → ∴ 4년 적용
(2) 감가상각시부인
① 회사계상감가상각비 : 56,000,000 + 60,000,000 = 116,000,000
② 상각범위액 : (500,000,000 + 40,000,000 + 60,000,000) × 0.25 = 150,000,000
→ 시인부족액 34,000,000
(3) 세무조정 : 〈손금산입〉 34,000,000(△유보)

05 **㈜F보험사는 보유건물(취득가액 70,000,000원, 당기말 감가상각누계액 60,000,000원)을 기말에 보험업법에 따라 15,000,000원으로 평가하였다. 당기에 감가상각 시부인계산을 적정하게 한 후 건물의 상각부인액은 6,000,000원이다. 관련된 세무조정으로 옳은 것은?**

① 손금산입 5,000,000원(△유보)
② 손금산입 6,000,000원(△유보)
③ 손금산입 1,000,000원(△유보)
④ 손금불산입 5,000,000원(유보)
⑤ 손금불산입 6,000,000원(유보)

해답 ①
해설 평가증을 한도로 상각부인액을 손금추인한다.

06 **제조업을 영위하는 내국법인 ㈜F는 제7기 사업연도(1. 1.~12. 31.) 중 기계장치에 대한 자본적 지출액 12,000,000원을 회사장부상 수선비로 계상하였다. 제8기 사업연도(1. 1.~12. 31.)의 기계장치에 대한 감가상각범위액을 계산한 것으로 옳은 것은?** 2010년 회계사

(1) 기계장치 취득가액 : 50,000,000원
(2) 제7기 사업연도말 회사장부상 기계장치 감가상각누계액 : 30,000,000원
(3) 제6기 사업연도로부터 이월된 기계장치 상각부인액 : 10,000,000원
(4) 제7기 사업연도에 회사장부상 계상된 기계장치 감가상각비 : 8,000,000원
(5) 기계장치 신고내용연수 : 8년
(6) 기계장치 감가상각방법 : 정률법(상각율 : 0.313)

① 7,621,550원
② 9,390,000원
③ 10,751,550원
④ 14,350,000원
⑤ 15,650,000원

해답 ③
해설 (1) 제7기 세무조정
① 회사계상감가상각비 : 8,000,000 + 12,000,000(즉시상각의제) = 20,000,000원
② 상각범위액 : [50,000,000 − (30,000,000 − 8,000,000) + 10,000,000 + 12,000,000] × 0.313 = 15,650,000원
③ 세무조정 : 〈손금불산입〉 감가상각비한도초과 4,350,000(유보)
(2) 제8기 상각범위액
[50,000,000 − 30,000,000 + (10,000,000 + 4,350,000)] × 0.313 = 10,751,550원

07 **다음 중 ㈜K의 제7기 사업연도(1.1.~12.31.)의 기계장치 감가상각에 대한 세무조정으로 옳은 것은?**

2011년 회계사

(1) 전기말 재무상태표상 취득가액 : 100,000,000원 (2) 전기말 재무상태표상 감가상각누계액 : 60,000,000원 (3) 법인세법상 기계장치의 기준내용연수 : 5년 (4) 상각방법별 상각률 : 정액법 0.200, 정률법 0.451 (5) 당기 손익계산서상 감가상각비 : 15,000,000원 (6) 수선비로 회계처리한 비용 가. 9월 1일 기계장치의 용도를 변경하기 위한 개조비용 : 3,500,000원 나. 12월 1일 소모된 부속품 대체비용 : 6,000,000원 (7) 전기말 상각부인누계액 : 4,500,000원 (8) 감가상각방법과 내용연수를 신고하지 않았다. (9) 다른 감가상각 자산은 없고, 국제회계기준을 적용하지 않는다.

① 손금산입 5,069,500원(△유보)
② 손금산입 3,148,000원(△유보)
③ 손금산입 6,300,000원(△유보)
④ 손금산입 6,648,000원(△유보)
⑤ 세무조정 없음

해답 ②

해설 (1) 제7기 세무상 기계장치의 가액 :
100,000,000 - 60,000,000 + 4,500,000(유보잔액) + 3,500,000(즉시상각의제) = 48,000,000
(2) 세무상 감가상각비
15,000,000 + 3,500,000
(3) 감가상각비 한도액
48,000,000 × 0.451(감가상각방법 무신고시 정률법 적용) = 21,648,000
(4) 세무조정 : 18,500,000-21,648,000 = △3,148,000
〈손금산입〉 전기 감가상각비 한도초과액 3,148,000(△유보)

08 **한국채택국제회계기준을 적용하지 않는 비상장법인 ㈜G(사업연도 1.1~12.31)의 감가상각과 관련된 자료이다. 제12기말 유보(△유보)잔액으로 옳은 것은?** 2012년 회계사

(1) 건물과 기계장치의 최초 취득가액은 각각 5억원과 1억원이다.
(2) 재무상태표상 제11기말 건물과 기계장치의 감가상각누계액은 각각 455,000,000원과 50,000,000원이다.
(3) 손익계산서상 수선비로 계상한 자본적지출액

	건물	기계장치
제10기	10,000,000원	6,000,000원
제11기	6,000,000원	8,000,000원

* 위의 자본적지출액들은 각각 전기말 재무상태표상 미상각잔액의 5%를 초과하며, 주기적인 수선을 위한 지출이 아님

(4) 손익계산서상 건물의 제11기 감가상각비는 55,000,000원이고, 제12기 감가상각비는 45,000,000원이며, 기계장치의 제11기와 제12기의 감가상각비는 각각 20,000,000원이다.
(5) 제10기말 건물의 상각부인액 잔액은 0원이고, 제10기말 기계장치의 상각부인액 잔액은 10,000,000원이다.
(6) 건물과 기계장치의 감가상각방법은 신고하지 않았다(정액법 상각률은 0.1이고, 정률법 상각률은 0.2로 가정함).

① 19,120,000원 ② 25,720,000원 ③ 29,120,000원
④ 31,200,000원 ⑤ 31,920,000원

해답 ③

해설 〈건물〉

11기 회사계상액 : 55,000,000 + 6,000,000 = 61,000,000
범위액 : (500,000,000 + 10,000,000 + 6,000,000) × 0.1 = 51,600,000
상각부인액 9,400,000
12기 회사계상액 : 45,000,000
범위액 : (500,000,000 + 10,000,000 + 6,000,000) × 0.1 = 51,600,000
시인부족액 6,600,000
따라서 유보잔액 2,800,000

〈기계장치〉

11기 회사계상액 : 20,000,000 + 8,000,000 = 28,000,000
상각범위액 : (100,000,000 − 50,000,000 + 20,000,000 + 8,000,000 + 10,000,000) × 0.2 = 17,600,000
상각부인액 : 10,400,000
12기 회사계상액 : 20,000,000
상각범위액 : (100,000,000 − 50,000,000 − 20,000,000 + 20,000,000 + 8,000,000 + 10,000,000 + 10,400,000) × 0.2 = 14,080,000
상각부인액 : 5,920,000
유보잔액 : 2,800,000 + 10,000,000 + 10,400,000 + 5,920,000 = 29,120,000

09 **다음은 제조업을 영위하는 비상장 영리내국법인(한국채택국제회계기준을 적용하지 않음)인 ㈜A의 제20기(1.1.~12.31.)와 제21기(1.1.~12.31.) 감가상각비 관련 자료이다. ㈜A가 기계장치에 대해 신고한 감가상각방법이 정률법일 때 제21기말 유보 잔액을 계산한 것으로 옳은 것은?**

2016년 회계사

(1) 1월 1일에 신규 기계장치를 100,000,000원에 취득하여 사업에 사용하고 있다.
(2) 손익계산서상 기계장치의 수선비 중 자본적 지출에 해당하는 금액은 제15기에 10,000,000원, 제16기에 1,000,000원이다.
(3) 손익계산서상 기계장치의 감가상각비는 제15기에 20,000,000원, 제16기에 18,000,000원이다.
(4) 정률법 상각률은 0.2이며, 모든 세무조정은 적정하게 이루어진 것으로 가정한다.

① 6,400,000원 ② 8,000,000원 ③ 8,400,000원
④ 9,200,000원 ⑤ 10,000,000원

해답 ③

해설 (1) 제20기 감가상각비 시부인
① 회사상각액 : 20,000,000 + 10,000,000 = 30,000,000
② 상각범위액 : (100,000,000 + 10,000,000) × 0.2 = 22,000,000
③ 상각부인액 : 8,000,000 (손금불산입, 유보)

(2) 제21기 감가상각비 시부인
① 회사상각액 : 18,000,000
② 상각범위액 : (100,000,000 − 20,000,000 + 8,000,000) × 0.2 = 17,600,000
③ 상각부인액 : 400,000 (손금불산입, 유보)

(3) 제21기말 유보 잔액
8,000,000 + 400,000 = 8,400,000

10 **다음은 제조업을 영위하는 영리내국법인 ㈜A의 제13기 사업연도(1.1.~12.31.) 포괄손익계산서상 수선비 및 소모품비 계정의 내역이다.「법인세법」상 즉시상각의 의제규정에 따라 감가상각한 것으로 보아야 하는 금액으로 옳은 것은? (단, 제12기 이전의 모든 세무조정은 적정하게 이루어졌으며, 주어진 자료 이외의 다른 사항은 고려하지 않음)** 2013년 회계사

과 목	금 액	내 역
수선비	6,000,000원	㈜A 소유 본사건물(전기말 재무상태표상 장부가액 40,000,000원)에 대한 피난시설 설치비
	3,000,000원	기계장치(전기말 재무상태표상 장부가액 30,000,000원)에 대하여 2년마다 주기적으로 실시하는 수선을 위해 지출한 금액이며, 이로 인해 기계의 성능이 향상됨
소모품비	2,000,000원	㈜A의 사업확장을 위해 개인용 컴퓨터 1대를 구입하여 사용하고 그 취득가액을 소모품비로 계상한 것임

① 3,000,000원 ② 4,000,000원 ③ 5,000,000원
④ 6,000,000원 ⑤ 7,000,000원

해답 ④

해설 기계장치의 수선비 ₩3,000,000은 3년 미만의 기간마다 지출하는 주기적인 수선비에 해당하며, 개인용 컴퓨터의 경우 100만원 초과여부나 사업의 개시 또는 확장을 위하여 취득한 자산 여부에 관계없이 손금산입이 가능한 물품이다.

〈즉시상각의제의 예외〉

구 분	내 용
수선비 특 례	다음의 지출은 비록 자본적 지출에 해당하는 것이라 할 지라도 이를 수익적 지출로 할 수 있다(법령 31③) ① 개별 자산별 수선비로 지출한 금액이 600만원 미만인 경우 ② 개별 자산별 수선비로 지출한 금액이 직전 사업연도 종료일 현재 재무상태표상 자산가액(취득가액-감가상각누계액)의 5%에 미달하는 경우 ③ 3년 미만의 주기적인 수선을 위하여 지출하는 경우
소 액 자산의 경 우	취득가액이 거래단위별로 100만원 이하인 사업용 자산을 그 사업에 사용한 날이 속하는 사업연도의 손금으로 계상한 경우에는 이를 손금에 산입한다. 다만, 다음 자산은 제외한다. ① 그 고유업무의 성질상 대량으로 보유하는 자산 ② 그 사업의 개시 또는 확장을 위하여 취득한 자산
단 기 사 용 자산의 경 우	다음의 단기사용자산은 이를 그 사업에 사용한 날이 속하는 사업연도의 손금으로 계상한 것에 한하여 이를 손금에 산입한다. ① 영화필름, 공구, 가구, 전기기구, 가스기기, 가정용 기구·비품, 시계, 시험기기, 측정기기 및 간판 ② 대여사업용 비디오테이프 및 음악용 컴팩트디스크(CD)로서 개별자산의 취득가액이 30만원 미만인 것 ③ 어업에 사용되는 어구(어선용구 포함) ④ 전화기(휴대용 전화기 포함) 및 개인용 컴퓨터(그 주변기기 포함)

주) 자본적 지출액과 수익적 지출액을 합산한 금액을 말함

11 다음은 제조업을 영위하는 영리내국법인 ㈜A의 제14기 사업연도(1.1.~12.31.) 기계장치(B) 감가상각비 관련 자료이다. 제14기의 기계장치(B) 상각범위액을 계산한 것으로 옳은 것은?

2014년 회계사

(1) 제13기 사업연도(1.1.~12.31.)
가. 7월 10일에 기계장치(B)를 10,000,000원에 취득하여 사업에 사용하기 시작하였으며, 동 금액을 장부상 취득가액으로 계상하였다.
나. 기계장치(B)의 취득부대비용 2,000,000원을 손익계산서상 비용으로 계상하였다.
다. 장부에 계상된 기계장치(B)의 감가상각비는 1,340,000원이다.
(2) 제14기 사업연도(1.1.~12.31.)
가. 4월 20일에 기계장치(B)에 대한 자본적지출에 해당하는 수선비 4,000,000원을 손익계산서상 비용으로 계상하였다.
나. 7월 10일에 기계장치(B)에 대한 자본적지출에 해당하는 수선비 1,000,000원을 자산취득원가에 가산하였다.
(3) 기계장치(B)의 감가상각방법은 정률법이며, 상각률은 0.390으로 가정한다.

① 4,937,400원 ② 5,327,400원 ③ 5,497,400원
④ 4,157,400원 ⑤ 6,497,400원

해답 ④

해설 [13기 감가상각비 시부인]
(1) 회사계상액 = 2,000,000 + 1,340,000 =3,340,000
(2) 상각범위액 = (10,000,000 + 2,000,000) × 0.390 × 6/12 = 2,340,000
(3) 상각부인액 : 1,000,000(손금불산입, 유보)

[14기 감가상각 범위액 계산]
{당기말 결산상 취득가액(10,000,000) - 전기말 결산상 감가상각누계액(1,340,000) + 상각부인액(1,000,000) + 당기 즉시상각의제액(1,000,000)} × 0.390
= 4,157,400

12 **㈜백두는 각사업연도의 소득에 대하여 법인세가 감면되는 사업을 영위하는 법인으로서 매년 법인세를 감면받아 왔다. 다음은 ㈜백두가 제5기(1. 1~12. 31)에 보유하고 있는 기계장치와 관련된 자료이다.**

(1) 취득일 : 제3기 1월 1일
(2) 취득가액 : 100,000,000원
(3) ㈜백두는 기계장치에 대한 감가상각방법과 적용내용연수를 신고한 바 없으며, 매년 감가상각비의 장부계상액은 다음과 같다.
- 제3기(제3기 1. 1~12. 31) : 30,000,000원
- 제4기(제4기 1. 1~12. 31) : 0원
- 제5기(제5기 1. 1~12. 31) : 16,000,000원

제4기에는 자본적 지출액 5,000,000원을 수선비로 처리한 바 있다.
(4) 기준내용연수 : 10년
(5) 내용연수 10년의 감가상각률
- 정액법 : 0.1
- 정률법 : 0.259

(6) 제3기와 제4기의 세무조정은 적정하게 이루어졌다.

㈜백두의 제5기 감가상각비와 관련된 세무조정으로 적절한 것은?

① 세무조정 없음
② 손금불산입 819,208 (유보)
③ 손금불산입 2,114,200 (유보)
④ 손금불산입 1,778,803 (유보)
⑤ 손금불산입 5,000,000 (유보)

해답 ④

해설

연도별	회사계상액	한도액	세무조정	기말세법상 장부가액
제3기	30,000,000	25,900,000	손금불산입 4,100,000	74,100,000
제4기	0	19,191,900	손금산입 19,191,900	54,908,100
제5기	16,000,000	14,221,197	손금불산입 1,778,803	40,686,903

* 제3기 한도액 : 100,000,000 × 0.259 = 25,900,000
* 제4기 한도액 : 74,100,000 × 0.259 = 19,191,900
* 제5기 한도액 : 54,908,100 × 0.259 = 14,221,197

13 **다음 자료에 의한 ㈜태백(사업연도 1. 1.~12. 31)의 제8기의 감가상각비에 대한 세무조정으로 옳은 것은?**

(1) 기계장치에 대한 회사의 계상내역

구 분		제7기 1. 1~12. 31	제8기 1. 1~12. 31
사업연도말 현재 재무상태표상	취 득 가 액	20,000,000	20,000,000
	감가상각누계액	8,000,000	12,800,000
감가상각비 계상액		8,000,000	4,800,000

(2) 회사는 제8기 7. 1. 기계장치 부품교체비용(자본적 지출에 해당) 4,000,000원을 수선비로 계상하였다.

(3) 기계장치는 제7기 1. 1. 취득하여 회사는 전기(제7기) 및 당기(제8기)에 정률법(상각률 0.4)을 적용하여 감가상각하였으며, 전기(제7기)의 세무조정은 적정하게 되었다.

(4) 기계장치의 상각방법은 전기(제7기)부터 정률법, 신고내용연수는 8년(상각률은 편의상 0.3으로 가정)으로, 관할세무서장에게 적기에 신고되었다.

① 손금산입 600,000원　　② 손금산입 2,000,000원
③ 손금불산입 600,000원　　④ 손금불산입 3,400,000원
⑤ 손금불산입 4,600,000원

해답 ③

해설 (1) 제7기 상각부인액
8,000,000원 - 20,000,000원 × 0.3 = 2,000,000원
(2) 제8기 세무조정
1) 회사계상액 = 4,800,000원
2) 상각범위액 = (20,000,000원 - 8,000,000원 + 2,000,000원) × 0.3 = 4,200,000원
3) 상각부인액 = 600,000원
4) 세무조정
〈손금불산입〉 상각부인액　600,000(유보)

14 **영리내국법인 (주)A의 제21기 사업연도(1.1.~12.31.) 손익계산서에 기계장치A의 감가상각비로 계상된 금액은 얼마인가? (단, 주어진 자료 이외에는 고려하지 않음)** 2016년 세무사

(1) 기계장치A의 전기말 재무상태표상 취득원가와 감가상각누계액은 각각 300,000,000원과 50,000,000원이다.
(2) 제20기의 '자본금과 적립금 조정명세서(을)'의 당해 기계장치A 과목에 기록된 기말잔액은 15,000,000원이다.
(3) 제21기에 기계장치A에 대한 자본적 지출에 해당되는 금액을 수선비로 회계처리한 금액은 25,000,000원이다.
(4) (주)A는 당해 기계장치A에 대한 감가상각 방법을 신고하지 않았으며, 정액법 상각률은 0.125, 정률법 상각률은 0.300으로 가정한다.
(5) 제21기의 기계장치A 감가상각비에 대한 세무조정 결과 27,000,000원의 시인부족액이 발생하였다.

① 9,250,000원 ② 23,000,000원 ③ 30,500,000원
④ 34,250,000원 ⑤ 35,000,000원

해답 ⑤

해설 (1) 상각범위액: {(300,000,000−50,000,000)+25,000,000+15,000,000}×0.3=87,000,000
(2) 시인부족액: 87,000,000−(장부에 계상된 감가상각비+25,000,000)=27,000,000
(3) 장부에 계상된 감가상각비: 35,000,000
※ 기계장치 등 일반적인 유형자산의 상각방법을 신고하지 않은 경우 정률법을 사용한다.

15 **다음은 영리내국법인 (주)H의 제10기 사업연도(1.1.~ 12.31.)의 기계장치K의 감가상각비 세무조정과 관련된 자료이다. (주)H가 제10기 귀속 법인세 부담을 최소화하려고 한다면 제10기 기계장치K의 감가상각에 대한 세무조정으로 옳은 것은? (단, (주)H의 제9기 이전의 모든 세무조정은 적정하게 이루어졌고, 한국채택국제회계기준을 적용하지 않으며, 「조세특례제한법」은 고려하지 않음)**

2020년 세무사

(1) 제9기말 재무상태표상 기계장치K의 취득가액은 1억원이고, 감가상각누계액은 60,000,000원이며 제10기 손익계산서상 계상되어 있는 기계장치K의 감가상각비는 15,000,000원이다.
(2) 제10기 손익계산서상 판매비와 관리비 중 수선비 7,500,000원은 기계장치K의 용도를 변경하기 위한 개조비용으로서 자본적 지출에 해당한다.
(3) 제9기말 세무상 기계장치K의 상각부인누계액은 4,500,000원이다.
(4) (주)H는 감가상각방법과 내용연수를 신고하지 않았으며, 다른 감가상각자산은 없다. 「법인세법」상 기계장치K의 기준내용연수와 상각률은 다음과 같다.

「법인세법」상 기계장치K의 기준내용연수: 5년		
내용연수	정액법 상각률	정률법 상각률
4 년	0.250	0.528
5 년	0.200	0.451
6 년	0.166	0.394

① 손금산입 952,000원 (△유보)
② 손금산입 1,052,000원 (△유보)
③ 손금불산입 4,500,000원 (유보)
④ 손금산입 5,720,000원 (△유보)
⑤ 손금불산입 6,422,500원 (유보)

해답 ①

해설 (1) 감가상각비 계상액 : 15,000,000+7,500,000(즉시상각의제)=22,500,000
(2) 상각범위액 : (100,000,000−60,000,000+7,500,000+4,500,000)×0.451=23,452,000
(3) 시인부족액 : 23,452,000−22,500,000=952,000

16 **다음은 제조업을 영위하는 영리내국법인 ㈜A(한국채택국제회계기준 적용하지 않음, 중소기업 아님)의 제20기(1.1.~12.31.)와 제21기(1.1.~12.31.) 건물의 감가상각과 관련된 자료이다. 제21기말 유보잔액으로 옳은 것은?** 2017년 회계사

> (1) 본점용 건물을 제20기 4.2.에 시가인 1,000,000,000원에 매입하고 장부에 매입가액으로 계상하였다. 동 건물은 매입일부터 사업에 사용하였다.
> (2) 제20기에 동 건물의 취득세로 2,500,000원을 지출하고 손익계산서상 세금과공과로 계상하였다.
> (3) 제21기에 동 건물에 대한 자본적 지출액(주기적인 수선을 위한 지출 아님) 50,000,000원을 손익계산서상 수선비로 계상하였다.
> (4) 동 건물과 관련하여 제20기와 제21기에 각각 100,000,000원을 손익계산서상 감가상각비로 계상하였다.
> (5) 건물의 감가상각방법은 신고하지 않았다(정액법 상각률은 0.1, 정률법 상각률은 0.2로 가정함).
> (6) 법인세부담 최소화를 가정하고, 주어진 자료 이외의 다른 사항은 고려하지 않는다.

① 0원 ② 47,000,000원 ③ 70,000,000원
④ 72,062,500원 ⑤ 72,312,500원

해답 ④

해설 (1) 제20기 감가상각비 시부인

① 회사상각액 : 100,000,000 + 2,500,000(즉시상각의제) = 102,500,000

② 상각범위액 : $(1{,}000{,}000{,}000 + 2{,}500{,}000) \times 0.1 \times \frac{9}{12} = 75{,}187{,}500$

③ 상각부인액 : 102,500,000 − 75,187,500 = 27,312,500

(2) 제21기 감가상각비 시부인

① 회사상각액 : 100,000,000 + 50,000,000* = 150,000,000

* 50,000,000 〉 max[6,000,000, (1,000,000,000 − 100,000,000) × 5% = 45,000,000]

② 상각범위액 : (1,000,000,000 + 2,500,000 + 50,000,000) × 0.1 = 105,250,000

③ 상각부인액 : 150,000,000 − 105,250,000 = 44,750,000

(3) 제21기말 유보잔액

27,312,500 + 44,750,000 = 72,062,500

17 **제조업을 영위하는 영리내국법인 ㈜A(일반기업회계기준 적용기업)의 제21기(1.1.~ 12.31.) 감가상각 관련 자료이다. 감가상각과 관련하여 세무조정금액으로 옳은 것은?** 2020년 회계사

(1) 제21기의 감가상각비 조정을 위한 자료는 다음과 같다.

(단위 : 원)

구 분	취득원가*	기말감가 상각누계액*	기초상각 부인누계액	당기 감가상각비*
건물	900,000,000	435,000,000	4,000,000	30,000,000
기계장치	400,000,000	280,000,000	20,000,000	25,000,000

* 회계장부상 수치임

(2) 기준내용연수 및 상각률

구 분	기준내용연수	상각률	
		정액법	정률법
건물	20년	0.050	0.140
기계장치	10년	0.100	0.259

(3) ㈜A는 내용연수 및 감가상각방법을 신고하지 않았다.

(4) 당기 중 건물에 대한 자본적 지출 24,000,000원과 기계장치에 대한 자본적 지출 10,000,000원을 손익계산서상 수선비로 처리하였다.

	건 물	기계장치
①	손금불산입 19,000,000원	손금불산입 3,850,000원
②	손금산입 4,000,000원	손금산입 3,850,000원
③	손금산입 4,000,000원	손금불산입 10,325,000원
④	손금불산입 19,000,000원	손금산입 10,325,000원
⑤	손금산입 4,000,000원	손금산입 10,325,000원

해답 ⑤

해설 (1) 건물 감가상각비 시부인

① 회사상각액 : 30,000,000

* 자본적 지출 금액 중요성 판단

$24,000,000 < Max[6,000,000, (900,000,000-405,000,000)\times 5\% = 24,750,000]$

→ 즉시상각의제 ×

② 상각범위액 : $900,000,000\times 0.05 = 45,000,000$

③ 시인부족액 : $Min[\triangle 15,000,000, \triangle 4,000,000] = \triangle 4,000,000$

(2) 기계장치 감가상각비 시부인

① 회사상각액 : 25,000,000+10,000,000*

* 자본적 지출 금액 중요성 판단

$10,000,000 \geq Max[6,000,000, (400,000,000-255,000,000)\times5\% = 7,250,000]$
→ 즉시상각의제 ○

② 상각범위액 : $(400,000,000+10,000,000-255,000,000+20,000,000)\times0.259$
$=45,325,000$

③ 시인부족액 : $Min[\triangle20,000,000, \triangle10,325,000] = \triangle10,325,000$

18 법인세법상 감가상각에 관한 설명으로 옳은 것은? 2011년 세무사

① 취득 후에 사용하지 않고 보관중인 자산과 일시적 조업중단에 따른 유휴설비는 감가상각을 하지 아니한다.

② 감가상각대상 자산을 시가보다 고가로 매입한 것이 부당행위계산의 부인에 해당하는 경우 그 시가초과액은 해당 자산의 취득가액에 포함하지 아니한다.

③ 일반적인 유형고정자산의 감가상각은 결산조정사항이므로 감가상각비를 결산서에 반영한 경우에 한하여 손금으로 인정되지만, 무형고정자산의 감가상각비는 신고조정사항이므로 과소계상액은 세무조정시 손금산입하면 인정된다.

④ 개발비의 감가상각에 적용할 내용연수를 신고하지 아니한 경우에는 관련 제품을 판매 또는 사용하여 수익을 얻을 것으로 예상되는 기간 동안 균등안분액을 상각한다.

⑤ 신규로 취득한 자산이나 기중에 발생한 자본적 지출액은 취득 또는 발생시점부터 월할계산하여 상각범위액을 계산하는데 이 경우 1월 미만의 일수는 1월로 한다.

해답 ②

해설 ① 취득 후에 사용하지 않고 보관중인 자산은 감가상각하지 않지만, 일시적 조업중단에 따른 유휴설비는 감가상각을 한다.

③ 일반적인 유형고정자산의 감가상각과 무형고정자산의 감가상각비는 결산조정사항이므로 감가상각비를 결산서에 반영한 경우에 한하여 손금으로 인정된다.

④ 개발비의 감가상각에 적용할 내용연수를 신고하지 아니한 경우에는 5년동안 매년 균등액을 상각한다.

⑤ 신규로 취득한 자산이나 기중에 발생한 자본적 지출액은 그 발생시점을 고려하지 않고 모두 기초에 발생한 것으로 간주하여 상각범위액을 계산한다.

19 **「법인세법」상 감가상각방법을 신고하지 않은 경우 적용하는 상각방법으로 옳지 않은 것은?**

2018년 세무사

① 제조업의 기계장치: 정률법
② 광업용 유형고정자산: 정액법
③ 「해저광물자원 개발법」에 의한 채취권: 생산량비례법
④ 광업권: 생산량비례법
⑤ 개발비: 관련제품의 판매 또는 사용이 가능한 시점부터 5년동안 매년 균등액을 상각하는 방법

해답 ②
해설 광업용 유형고정자산의 상각방법을 무신고하는 경우 '생산량비례법'을 적용한다.

20 **제조업을 영위하는 영리내국법인 ㈜A(한국채택국제회계기준을 적용하지 않으며, 중소기업 아님)의 제21기 사업연도(1.1.~12.31.) 법인세법상 자산·부채의 평가 및 고정자산의 감가상각에 관한 설명으로 옳은 것은?**

2018년 회계사

① ㈜A가 21기 3월 1일에 파산한 ㈜C의 주식을 21기 12월 31일 현재 시가로 감액하고, 그 감액한 금액을 당해 사업연도의 손금으로 계상한 경우 ㈜A와 ㈜C가 「법인세법」상 특수관계가 아니어야 ㈜C 주식의 장부가액을 감액할 수 있다.
② 회사가 보유한 모든 외화자산·부채는 취득일 또는 발생일 현재의 매매기준율 등으로 평가하는 방법과 사업연도 종료일 현재의 매매기준율 등으로 평가하는 방법 중 납세지 관할세무서장에게 신고한 방법에 따라 평가해야 한다.
③ ㈜A에게 적용되는 기계장치의 기준내용연수가 5년일 때 기준내용연수의 100분의 50 이상이 경과된 기계장치를 다른 법인으로부터 취득한 경우 당해 중고자산의 내용연수는 2년과 5년 범위에서 선택하여 납세지 관할세무서장에게 신고한 연수로 할 수 있다.
④ 21기 7월 2일에 취득 즉시 사업에 사용한 기계장치에 대한 상각범위액은 7월 2일부터 12월 31일까지 월수에 따라 계산한다. 이 때 월수는 역에 따라 계산하되 1월 미만의 일수는 없는 것으로 한다.
⑤ 제21기부터 「법인세법」상 재고자산의 평가방법을 선입선출법(적법하게 신고)에서 총평균법으로 변경할 경우, 회사는 재고자산 등 평가방법변경신고서를 23기 3월 31일까지 납세지 관할세무서장에게 제출해야 한다.

해답 ③
해설 ① 주식 등을 발행한 법인이 파산한 경우의 당해 주식을 시가로 감액한 금액은 주식 발행 법인과 주식을 인수한 법인이 특수관계 여부 상관없이 그 감액한 금액을 손금으로 계상할 수 있다.
② 금융회사 등이 보유하는 화폐성 외화자산·부채는 사업연도 종료일 현재의 환율로 평가하고, 통화선도등은 계약체결일의 환율로 평가하는 방법 또는 사업연도 종료일 현재의 환율로 평가하는

방법 중 선택 적용하며, 금융회사등 외의 법인이 보유하는 화폐성 외화자산·부채, 외환위험회피용선도 등은 취득·발생일(계약체결일) 현재의 환율로 평가하는 방법 또는 사업연도 종료일 현재의 환율로 평가하는 방법 중 선택 적용할 수 있다.

④ 사업연도 중에 새로이 취득한 자산의 상각범위액은 신규로 취득한 자산의 사용일로부터 사업연도 종료일까지 월수를 12월로 나누어 계산한다. 이 경우 월수는 역에 따라 계산하되, 1월 미만의 일수는 1월로 한다.

⑤ 기한 내 신고를 한 법인으로서 그 평가방법을 변경하고자 하는 법인은 변경할 평가방법을 적용하고자 하는 사업연도의 종료일 이전 3월이 되는 날 재고자산 등 평가방법변경신고서를 납세지 관할세무서장에게 제출해야 한다.

21 영리내국법인 ㈜갑의 제21기 사업연도(1.1.~12.31.) 사용수익기부자산과 관련된 자료이다. 동 자산에 대한 세무조정이 제21기 각사업연도소득금액에 미치는 순영향은 얼마인가?

2019년 회계사

(1) ㈜갑은 건물(장부가 80,000,000원, 시가 100,000,000원)을 21기 7월 1일 준공하여 동일자로 지방자치단체에 기부하고 향후 10년간 무상 사용하기로 하였다. 이에 따른 회계처리는 다음과 같다.

(차) 사용수익기부자산	100,000,000원	(대) 건 물	80,000,000원
		유형자산처분이익	20,000,000원

(2) 제21기 사용수익기부자산에 대하여 10,000,000원의 감가상각비를 계상하였다.

(3) ㈜갑은 한국채택국제회계기준을 적용하지 않는다.

① (-)14,000,000원　② (+)14,000,000원　③ (-)16,000,000원
④ (+)16,000,000원　⑤ (-)18,000,000원

해답 ①

해설 (1) 사용수익기부자산 감액 조정
〈손금산입〉 사용수익기부자산 20,000,000 (△유보)

(2) 감가상각비 직부인과 시부인

1. 감가상각비 직부인

$$10,000,000 \times \frac{20,000,000}{100,000,000} = 2,000,000$$

2. 감가상각비 시부인

① 회사상각액 : 10,000,000-2,000,000 = 8,000,000

② 상각범위액 : $80,000,000 \times \frac{1}{10} \times \frac{6}{12} = 4,000,000$

③ 상각부인액 : $8,000,000 - 4,000,000 = 4,000,000$

(3) 각사업연도소득금액에 미치는 순영향

$\triangle 20,000,000 + 2,000,000 + 4,000,000 = \triangle 14,000,000$

22 **다음은 제조업을 영위하는 영리내국법인 ㈜A(중소기업이 아님)의 제12기 사업연도(1.1.~12.31.)에 대한 자료이다. 제12기 사업연도에 ㈜A가 결산서에 계상한 건물 감가상각비 중에서 손금불산입해야 하는 금액은 모두 얼마인가? (단, 주어진 자료 이외의 다른 세무조정 사항은 없는 것으로 가정함)**

2012년 세무사

(1) 결산서상 기업업무추진비 내역(적격증명서류를 수취하였으며, 문화기업업무추진비는 없음)
- 판매비와 관리비에 계상된 기업업무추진비: 7천만원(대표이사가 개인용도로 사용한 금액이 5백만원 포함되어 있음)
- 건물에 계상된 기업업무추진비: 7천만원

(2) 제12기 사업연도의 수입금액: 200억원(특수관계인과의 거래는 없음)

(3) 건물은 제12기 7.5.에 취득하여 즉시 업무에 직접 사용하고 있으며, ㈜A가 소유하는 유일한 건물이다. 결산서상 건물의 취득가액은 5억원이며, ㈜A는 건물에 대해 내용연수와 감가상각방법을 신고한 바가 없다. 당해 건물의 기준내용연수는 20년이며, 정률법에 의한 상각률은 0.140이다.

(4) 결산서에 계상된 제12기 사업연도의 건물 감가상각비는 3천만원이다.

(5) ㈜A는 한국채택국제회계기준을 적용하지 않는 것으로 가정한다.

(6) 기업업무추진비 수입금액 한도는 100억 이하 1천분의 3, 500억 이하 1천분의 2로 한다.

① 0원 ② 14,230,000원 ③ 17,700,000원
④ 19,180,000원 ⑤ 22,600,000원

해답 ③

해설 1. 기업업무추진비한도 : 12,000,000 + 100억 × 3/1,000 + 100억 × 2/1,000 = 62,000,000
2. 기업업무추진비계상액 : ① + ② = 135,000,000
① 70,000,000 - 5,000,000 = 65,000,000(판매관리비)
② 70,000,000(건물)
3. 한도초과액 : 135,000,000 - 62,000,000 = 73,000,000
4. 한도초과액구분 : 73,000,000
① 판매관리비 : 65,000,000(손금불산입)
② 건물 : 8,000,000(손금불산입)
5. 감가상각대상금액 : 500,000,000 - 8,000,000(기업업무추진비부인액) = 492,000,00
6. 감가상각한도 : 492,000,000 × 1/20 × 1/2 = 12,300,000
7. 한도초과액 : 30,000,000 - 12,300,000 = 17,700,000

23 **비상장 영리내국법인 ㈜A는 제14기(1. 1～12. 31.) 중 기계장치의 일부를 양도하였다. 다음 자료에 의하여 기계장치 감가상각비에 관한 세무조정으로 옳은 것은? (단, 소득처분과 일부 양도된 부분에 관한 세무조정은 생략함)** 2014년 세무사

> (1) 제14기 1. 1. 현재 기계장치의 현황
> ㄱ. 취득가액 10,000,000원(일부 양도된 부분 3,000,000원이 포함됨)
> ㄴ. 감가상각누계액 6,000,000원(일부 양도된 부분 1,800,000원이 포함됨)
> ㄷ. 상각부인액누계 1,000,000원(일부 양도된 부분 300,000원이 포함됨)
> (2) ㈜A는 기계장치의 일부 양도된 부분을 기업회계기준에 따라 회계처리하였으며, 신고한 감가상각방법은 정률법(신고내용연수 5년, 상각률 0.451)이다.
> (3) ㈜A는 제14기 12. 31. 현재 기계장치의 감가상각비로 1,000,000원을 계상하였는데 이 중에는 일부 양도된 부분에 관한 것 300,000원이 포함되어 있다.

① 손금산입 700,000원 ② 손금산입 878,500원 ③ 손금산입 1,578,500원
④ 손금불산입 700,000원 ⑤ 손금불산입 878,500원

해답 ①

해설 (1) 양도비율 : 3,000,000/10,000,000 = 30%
(2) 제13기말 기계장치의 유보잔액 : 1,000,000 - 300,000 = 700,000
(3) 제14기 세무조정
① 회사상각액 : 1,000,000 - 300,0000 = 700,000
② 상각범위액 : (10,000,000 - 6,000,000 + 1,000,000) × 70%(주1) × 0.451
= 1,578,500
③ 시인부족액 : △ 878,500 → 〈손금산입〉 700,000 (△유보)
(주1) 기계장치의 잔존비율 : 1 - 30% = 70%

24 **다음은 제조업을 영위하는 영리내국법인 ㈜A(한국채택국제회계기준 적용대상 아님)의 감가상각 관련 자료이다. ㈜A의 제9기(1.1.~ 12.31.) 감가상각과 관련하여 세무조정한 것으로 옳은 것은?**

2015년 회계사

(1) 제8기의 세무조정계산서상 감가상각비 조정내역은 다음과 같으며, 세무조정은 적정하게 이루어졌다고 가정한다.

(단위 : 원)

	취득원가	기초감가상각 누계액	기초상각부인액 누계	당기감가상각비	당기상각범위액
건 물	800,000,000	240,000,000	-	60,000,000	40,000,000
기계장치	200,000,000	120,000,000	10,000,000	14,000,000	16,000,000

(2) 건물 : 정액법(20년), 기계장치 : 정률법(8년, 상각률 0.313)

(3) 제9기 회계상 건물 감가상각비는 30,000,000원이고, 기계장치 감가상각비는 30,000,000원이며, 적절한 회계처리가 이루어졌다.

	건 물	기계장치
①	손금산입 8,000,000원	손금불산입 4,842,000원
②	손금산입 8,000,000원	손금불산입 6,242,000원
③	손금산입 8,000,000원	손금불산입 6,838,000원
④	손금산입 10,000,000원	손금불산입 6,242,000원
⑤	손금산입 10,000,000원	손금불산입 6,838,000원

해답 ⑤

해설 1. 건물 감가상각비 시부인

(1) 제8기 건물 감가상각비 시부인

① 회사상각액 : 60,000,000

② 상각범위액 : 40,000,000

③ 상각부인액 : 20,000,000 (손금불산입, 유보)

(2) 제9기 건물 감가상각비 시부인

① 회사상각액 : 30,000,000

② 상각범위액 : $800,000,000 \times \frac{1}{20} = 40,000,000$

③ 상각부인액 : △10,000,000 (손금산입, △유보)

2. 기계장치 감가상각비 시부인

(1) 제8기 기계장치 감가상각비 시부인

① 회사상각액 : 14,000,000

② 상각범위액 : 16,000,000

③ 상각부인액 : △2,000,000(손금산입, △유보)

(2) 제9기 기계장치 감가상각비 시부인

① 회사상각액 : 30,000,000

② 상각범위액 :

$(200,000,000 - 120,000,000 - 14,000,000 + 8,000,000) \times 0.313 = 23,162,000$

③ 상각부인액 : 6,838,000(손금불산입, 유보)

CHAPTER

06 준비금, 충당금의 손금산입

제1절 대손충당금의 손금산입

01 다음은 ㈜동양의 제7기(1. 1~12. 31) 세무조정과 관련된 자료이다. 이 자료를 이용하여 제7기 세무조정을 행할 경우 옳은 것은? 2006년 회계사

(1) 상법에 의하여 제7기 7월 1일자로 소멸시효가 완성된 외상매출금 10,000,000원이 있으나, 이를 제7기에 대손처리하지 않고 장부상 채권으로 남겨두었다.
(2) 제7기 2월 1일자로 부도가 발생한 어음상의 채권 20,000,000원이 있으나, 이를 제7기에 대손처리하지 않고 장부상 채권으로 남겨두었다(소멸시효가 완성되지 아니함).
(3) ㈜동양의 주주(지분비율 : 20%)인 갑에게 ㈜동양의 업무와 관련 없이 지급한 대여금 30,000,000원이 회수불가능하게 됨에 따라 제7기 6월 1일자로 대손처리하여 비용으로 계상하였다.

① 손금산입 10,000,000원 손금불산입 30,000,000원
② 손금산입 20,000,000원 손금불산입 30,000,000원
③ 손금산입 30,000,000원 손금불산입 30,000,000원
④ 손금산입 10,000,000원 손금불산입 -
⑤ 세무조정 사항 없음

해답 ①

해설 소멸시효 완성채권은 신고조정사항이므로 손금산입하여야 하며, 부도발생일로부터 6개월 이상 경과한 어음은 결산조정사항이므로 세무조정이 필요없다. 한편, 업무무관가지급금은 대손금으로 인정되지 아니하므로 손금불산입한다.

02 **제조업을 영위하는 ㈜F의 제9기 사업연도(1월 1일~12월 31일) 대손금 및 대손충당금에 대한 자료는 다음과 같다. 세무조정으로 맞는 것은?**

〈자 료〉

(1) 전기말 현재 대손충당금설정대상 채권은 20,000,000원, 당기말 현재 재무상태표상 매출채권의 장부가액은 30,000,000원(할인어음 5,000,000원 포함)이다.
(2) 대손충당금 기초잔액은 200,000원, 감소액은 50,000원, 당기증가액은 120,000원, 기말잔액은 270,000원이다.
(3) 대손충당금의 기초잔액 중 전기에 한도초과로 손금불산입된 금액은 30,000원이며, 당기감소액 중 10,000원은 세법상 대손사유를 충족하지 못한 매출채권을 대손충당금과 상계한 것이다.

	익금산입, 손금불산입	손금산입, 익금불산입
①	10,000원(유보)	30,000원(△유보)
②	29,900원(유보)	30,000원(△유보)
③	30,000원(유보)	29,900원(△유보)
④	30,000원(유보)	10,000원(△유보)
⑤	59,900원(유보)	10,000원(△유보)

해답 ②

해설
- 손금산입 30,000(△유보) - 전기대손충당금한도초과액의 자동 추인(총액법)
- 손금불산입 10,000(유보) - 대손사유를 충족하지 못한 매출채권의 대손처리액 부인
- 대손충당금 한도초과액
  - 한도액 : $(30{,}000{,}000 - 5{,}000{,}000 + 10{,}000) \times \mathrm{Max}[1\%, \frac{50{,}000 - 10{,}000}{20{,}000{,}000} = 0.2\%]$

    $= 250{,}100$
- 한도초과액 : 270,000 - 250,100 = 19,900 → 손금불산입 19,900(유보)

03 **다음 자료를 이용하여 제조업을 영위하는 중소기업이 아닌 ㈜한국 제9기(1. 1～12. 31)의 대손금 및 대손충당금과 관련한 세무조정의 결과 각 사업연도 소득금액에 미치는 순효과를 계산하면 얼마인가?**

〈자 료〉

(1) 당기 재무상태표상 대손충당금 계정의 내용은 다음과 같다.

대손충당금 (단위 : 원)

감 소	17,500,000	기 초	22,000,000
기 말	29,500,000	증 가	25,000,000
	47,000,000		47,000,000

(2) 기초잔액에 한도초과로 부인된 금액 10,000,000원이 포함되어 있다.

(3) 당기 감소액의 내역은 다음과 같으며 채무자의 재산에 대하여 저당권을 설정하고 있지 않다.

가. 제9기 5월 15일 부도발생한 ㈜A(중소기업 아님)에 대한 어음상의 채권(동 채권은 제9기 3월에 발생) : 10,000,000원

나. 제9기 10월 5일 ㈜B(중소기업)의 부도로 대손처리한 외상매출금(동 채권은 제9기 2월에 발생) : 7,500,000원

(4) 당기 대손실적률은 0.5%이다.

(5) 기말 현재 재무상태표상 채권잔액의 내역은 다음과 같다.

가. 일반 매출채권	1,500,000,000원
나. 채무보증으로 발생한 구상채권	300,000,000원
다. 고정자산 매각대금의 미수금	200,000,000원
계	2,000,000,000원

① 7,500,000원 증가 ② 7,501,000원 증가 ③ 9,925,990원 증가
④ 12,424,990원 증가 ⑤ 12,425,000원 증가

해답 ③

해설
- 손금산입 전기대손충당금한도초과액 10,000,000(△유보)
- 손금불산입 어음상채권 1,000(유보)
- 손금불산입 외상매출금 대손처리액 7,500,000(유보)
- 손금불산입 대손충당금한도초과액 12,424,990*(유보)

* 29,500,000 − (1,500,000,000 + 200,000,000 + 1,000 + 7,500,000) × Max[1%, 0.5%]

따라서 −10,000,000 + 1,000 + 7,500,000 + 12,424,990 = 9,925,990

04 **다음은 제조업을 영위하는 영리내국법인 ㈜A(중소기업 아님)의 제21기 사업연도(1.1.~12.31.)의 대손금 및 대손충당금 관련 자료이다. 대손금 및 대손충당금 관련 세무조정이 제21기 각 사업연도의 소득금액에 미친 순영향으로 옳은 것은?** 2018년 회계사

(1) 제21기말 재무상태표상 대손충당금 계정의 내역은 다음과 같다.

대손충당금 (단위: 원)

당기상계액	5,000,000*	기초잔액	2,000,000
기말잔액	?	당기설정액	?

(2) 당기상계액은 매출채권으로 계상되어 있던 어음 2매(각 거래처별 발행금액: 2,500,000원)가 부도발생일로부터 6개월 이상 경과하여 결산서상 대손충당금과 상계한 것이다.
(3) 제20기말 현재 대손부인액(전액 미수금임)은 3,000,000원이고 그 중 1,000,000원은 당기 중 「상법」에 의한 소멸시효가 완성되었다.
(4) 제21기말 재무상태표상 대손충당금 설정대상 채권은 매출채권 500,000,000원, 미수금 100,000,000원이다.
(5) 제21기말 세무상 대손충당금 한도초과액은 4,667,000원이다.
(6) 제21기의 대손실적률은 1%이며, 모든 세무조정은 적정하게 이루어졌고, 조세부담 최소화를 가정한다.

① 10,686,020원 ② 10,687,020원 ③ 10,688,020원
④ 11,688,020원 ⑤ 11,689,020원

해답 ②

해설 (1) 당기 대손금

△5,000,000
+2,000(어음 1매 당 비망가액 1,000원)
+△1,000,000(소멸시효 완성분) = △5,998,000

(2) 세무상 제21기말 채권가액

600,000,000 + (3,000,000 − 1,000,000 + 2,000)* = 602,002,000

* 전기 대손부인액 3,000,000원 중 소멸시효 완성분 1,000,000원은 당기에 손금산입(△유보)처리하며, 부도 어음은 어음 1매 당 1,000원을 비망가액으로 하여 사후관리해야 하므로 2,000원을 손금불산입(유보)처리 한다.

(3) 제21기 대손충당금 기말잔액 :

X^* − 602,002,000 × 1% = 4,667,000(제21기 대손충당금 한도초과액)
X^* = 10,687,020

*X = 재무상태표상 대손충당금 기말잔액

05 법인세법상 대손금에 대한 설명이다. 옳지 않은 것은?

① 채무자의 파산, 강제집행, 형의 집행, 사업의 폐지, 사망, 실종 또는 행방불명으로 회수할 수 없는 채권은 해당 사유가 발생하여 손금으로 계상한 날이 속하는 사업연도의 손금으로 한다.

② 수표법에 따른 소멸시효가 완성된 수표는 해당 사유가 발생한 날이 속하는 사업연도의 손금으로 한다.

③ 부도 발생일이 6개월 이상 경과 된 채권(해당 법인이 저당권을 설정한 경우는 제외)은 해당 사유가 발생한 날이 속하는 사업연도의 손금으로 한다.

④ 회수할 수 없는 부가가치세 매출세액 미수금(부가가치세법에 따라 대손세액공제를 받지 아니한 것임)은 대손금의 범위에 포함된다.

⑤ 법인세법에 따라 손금산입한 대손금 중 회수한 금액은 회수한 날이 속하는 사업연도의 소득금액 계산 시 익금으로 산입한다.

해답 ③

해설 부도발생일이 6개월 이상 경과된 채권(해당법인이 저당권을 설정한 경우는 제외)은 법인이 손금으로 계상한 사업연도의 손금으로 하는 결산조정사항이다.

06 「법인세법」상 손금으로 인정하는 대손금에는 해당 사유가 발생한 날이 속하는 사업연도의 손금으로 산입하는 것과 해당 사유가 발생하여 손비로 계상한 날이 속하는 사업연도의 손금으로 산입하는 것의 2가지로 분류된다. 이 분류를 적용할 경우 다음 중 성격이 다른 하나는? (단, 영리내국법인을 가정함)

2020년 세무사

① 「민사집행법」제102조에 따라 채무자의 재산에 대한 경매가 취소된 압류채권

② 「민사소송법」에 따른 화해에 따라 회수불능으로 확정된 채권

③ 중소기업의 외상매출금으로서 부도발생일부터 6개월 이상 지난 어음상의 채권(부도발 생일 이전의 것으로서 해당 법인이 채무자의 재산에 대하여 저당권을 설정하고 있지 않음)

④ 중소기업의 외상매출금으로서 회수기일이 2년 이상 지난 것(단, 특수관계인과의 거래 로 인하여 발생한 외상매출금은 제외함)

⑤ 회수기일이 6개월 이상 지난 채권 중 채권가액이 30만원 이하(채무자별 채권가액의 합계액을 기준으로 함)인 채권

해답 ①

해설 (1) 신고조정에 의하여 손금 산입할 수 있는 대손금

① 소멸시효가 완성된 채권

② 회생계획인가의 결정 또는 법원의 면책결정에 따라 회수불능으로 확정된 채권

③ 채무자의 재산에 대한 경매가 취소된 압류채권

④ 물품의 수출 또는 외국에서의 용역제공으로 발생한 채권으로서 기획재정부령으로 정하는 사유에 해당하여 법령에 따른 한국무역보험공사로부터 회수불능으로 확인된 채권

(2) 결산조정에 의하여 손금 산입할 수 있는 대손금
① 채무자의 파산, 강제집행, 형의 집행, 사업의 폐지, 사망, 실종 또는 행방불명으로 회수할 수 없는 채권
② 부도발생일부터 6개월 이상 지난 수표 또는 어음상의 채권 및 중소기업의 외상매출금으로서 부도발생일 이전의 것(저당권이 설정된 경우 제외)
③ 중소기업의 외상매출금 및 미수금으로서 거래일로부터 2년이 경과한 외상매출금 등 (특수관계인과의 거래로 인하여 발생한 외상매출금 등은 제외)
④ 회수기일이 6개월 이상 지난 채권 중 회수비용이 채권가액을 초과하여 회수 실익이 없다고 인정되는 30만원 이하인 채권
⑤ 중소기업창업투자회사의 창업자에 대한 채권으로서 일정 기준에 해당한다고 인정한 것
⑥ 「민사소송법」에 따른 화해 및 화해권고결정에 따라 회수불능으로 확정된 채권
⑦ 금융회사 등의 채권 중 금융감독원장으로부터 대손금으로 승인받은 것과 대손 처리기준에 해당한다고 인정하여 대손 처리를 요구한 채권으로 금융회사 등이 대손금으로 계상한 것

07 법인세법상 충당금의 손금산입에 관한 설명으로 옳은 것은? 2016년 회계사

① 법인이 기업회계기준에 따라 제품보증충당부채를 손금으로 계상한 때에는 일정한 한도 내에서 이를 손금에 산입한다.
② 동일인에 대하여 매출채권과 매입채무가 함께 있는 경우에는 당사자간 약정 유무와 관계없이 당해 매입채무를 상계하고 대손충당금을 계상한다.
③ 대손충당금을 손금에 산입한 내국법인이 합병한 경우 피합병법인의 대손충당금은 합병법인이 승계할 수 없다.
④ 내국법인이 건물의 화재로 인하여 보험금을 지급받아 그 지급받은 날이 속하는 사업연도에 토지의 취득에 사용한 경우, 토지의 취득에 사용된 보험차익에 상당하는 금액은 압축기장충당금 설정을 통해 손금산입이 가능하다.
⑤ 내국법인이 「보조금 관리에 관한 법률」에 따라 국고보조금을 지급받아 그 지급받은 날이 속하는 사업연도 종료일까지 사업용 기계장치의 취득에 사용한 경우, 일시상각충당금의 설정을 통한 손금산입이 가능하다.

해답 ⑤

해설 ① 원칙상 충당금은 미확정 채무로 손금으로 인정하지 않으나 예외로 세법에 열거된 것에 한해 결산서에 계상하면 손금으로 인정되며, 제품보증충당부채는 세법에 미열거되어 있으므로 손금불산입한다.
② 동일인에대한 채권·채무가 존재하는 경우 원칙상 상계하지 아니하며, 당사자간 상계약정이 있는 경우 해당 채권 범위 내에서 채무를 상계하고 대손충당금을 계상한다.
③ 대손충당금을 손금에 산입한 내국법인이 합병하거나 분할하는 경우 그 법인의 합병등기일 또는 분할등기일 현재의 해당 대손충당금 중 합병법인 등이 승계(해당 대손충당금에 대응하는 채권이 함께 승계되는 경우만 해당)받은 금액은 그 합병법인등이 합병등기일 또는 분할등기일에 가지고 있는 대손충당금으로본다.

④ 내국법인이 고정자산의 멸실이나 손괴로 인하여 보험금을 지급받아 그 지급받은 날이 속하는 사업연도의 종료일까지 그 멸실한 고정자산에 대체하여 동일한 종류의 고정자산을 취득하거나 손괴된 고정자산을 개량(그 취득한 고정자산의 개량을 포함한다)하는 경우 그 고정자산의 가액 중 그 고정자산을 취득하거나 개량하는 데에 사용된 보험차익에 상당하는 금액은 손금산입한다. 그러므로 건물의 화재로 인하여 보험금을 지급받아 그 지급받은 날이 속하는 사업연도에 동일 자산이 아닌 토지를 취득하였으므로 손금산입은 불가능하다.

08 **다음은 제조업을 영위하는 ㈜K의 제10기 사업연도(1.1.~12.31.)의 대손충당금 관련 자료이다. 대손충당금 한도초과액으로 옳은 것은?** 2011년 회계사

(1) 당기 대손충당금에 대한 내용은 다음과 같다.

대손충당금

(단위 : 원)

당기상계	10,000,000[2)]	전기이월	25,000,000[1)]
차기이월	20,000,000	당기설정	5,000,000
	30,000,000		30,000,000

1) 한도초과액 5,000,000원이 포함되어 있음.

2) 당기 상계액 중 3,000,000원은 법인세법상 대손요건을 불충족함.

(2) 재무상태표상 채권

(단위 : 원)

항 목	금 액	비 고
외상매출금	100,000,000	
대여금	50,000,000	특수관계자에 대한 업무무관가지급금 15,000,000원 포함
미수금	5,000,000	
기타채권	4,000,000	채무보증으로 인하여 발생한 구상채권임
총 액	159,000,000	

(3) 당기 대손실적률은 0.9%로 가정한다.

① 0원 ② 3,570,000원 ③ 3,713,000원
④ 18,530,000원 ⑤ 18,570,000원

해답 ⑤

해설 (1) 대손충당금 기말잔액 : 20,000,000

(2) 당기 대손충당금 설정 한도액 :

(159,000,000 − 15,000,000 − 4,000,000 + 3,000,000) × Max[1%, 0.9%] = 1,430,000

(3) 세무조정 : 〈손금불산입〉 대손충당금 한도초과액 18,570,000 (유보)

09 법인세법상 영리내국법인의 각사업연도소득금액에 관한 설명이다. 옳은 것은? 2012년 회계사

① 채무의 출자전환으로 주식을 발행함에 있어 시가가 액면가액에 미달하는 경우, 그 주식의 시가를 초과하여 발행된 금액 중에는 채무면제이익을 제외한 주식발행액면초과액만큼의 익금불산입항목이 존재한다.

② 법인세법상 특수관계인이 아닌 개인으로부터 유가증권을 시가보다 낮은 가액으로 매입하는 경우 시가와 그 매입가액의 차액에 상당하는 금액은 익금으로 본다.

③ 내국법인이 채무자의 부도발생일 이전부터 보유하고 있는 채권 중 채무자의 재산에 대한 저당권이 없이 채무자의 부도발생일부터 6개월 이상이 경과해 회수할 수 없는 중소기업의 외상매출금은 손금에 산입한다.

④ 부가가치세법상 비영업용 소형승용자동차의 유지에 관한 부가가치세 매입세액(자본적 지출은 제외)은 손금에 산입하지 않는다.

⑤ 내국법인이 근로자(임원 제외)와 성과의 측정 및 배분방법 등에 대하여 사전에 서면으로 약정을 하고 이에 따라 그 근로자에게 잉여금의 처분에 의해 지급하는 성과배분상여금은 손금에 산입한다.

해답 ③

해설 ① 채무의 출자전환으로 주식을 발행함에 있어 시가가 액면가액에 미달하는 경우, 채무면제이익은 발행가액과 액면가액의 차이로 계산이 되며 상법에 따른 주식발행액면초과액은 전부 채무면제이익으로 구성되고 그 결과 익금불산입항목인 주식발행초과금은 없게 된다.

② 법인세법상 특수관계 있는 개인으로부터 유가증권을 시가보다 낮은 가액으로 매입하는 경우 시가와 그 매입가액의 차액에 상당하는 금액은 익금으로 본다.

④ 부가가치세법상 비영업용 소형승용자동차의 유지에 관한 부가가치세 매입세액(자본적 지출은 제외)은 손금에 산입 한다.

⑤ 내국법인이 근로자(임원 제외)와 성과의 측정 및 배분방법 등에 대하여 사전에 서면으로 약정을 하고 이에 따라 그 근로자에게 잉여금의 처분에 의해 지급하는 성과배분상여금은 손금에 산입하지 않는다.

10 **다음은 제조업을 영위하는 영리내국법인 ㈜A(중소기업 아님)의 제13기 사업연도(1.1.~12.31.)의 대손충당금에 관한 자료이다. 제13기에 「법인세법」상 대손충당금 손금산입 한도액을 초과하여 손금불산입으로 세무조정 해야 하는 금액으로 옳은 것은? (단, 제12기 이전의 모든 세무조정은 적정하게 이루어졌으며, 주어진 자료 이외의 다른 사항은 고려하지 않음)**

2013년 회계사 수정

(1) 제13기의 회계상 대손충당금 계정 내역은 다음과 같다.

대손충당금 (단위 : 원)

당기상계액	80,000,000	기초잔액	130,000,000
기말잔액	90,000,000	당기설정액	40,000,000

(2) 당기상계액 80,000,000원은 회수가 불가능하다고 판단된 매출채권과 상계한 것이며, 그 내역은 다음과 같다.
가. 제11기에 파산하여 회수할 수 없는 채무자에 대한 채권 : 15,000,000원
나. 제13기 6월 30일에 부도가 발생한 외상매출금 : 55,000,000원
다. 제13기에 「상법」상 소멸시효가 완성된 채권 : 10,000,000원

(3) 제12기 말 「법인세법」상 대손충당금 설정대상 채권은 10억원이며, 동 금액 중 대손부인된 채권은 없다.

(4) 제13기 말 재무상태표의 채권 총액은 30억원이며, 그 내역은 다음과 같다.
가. 매출채권 20억원(「법인세법」상 특수관계인에게 시가로 판매한 제품 매출채권 2억원 포함)
나. 대여금 4억원(「법인세법」상 특수관계인에게 업무와 관련 없이 지급한 가지급금 1억원 포함)
다. 미수금 6억원

① 30,900,000원 ② 22,525,000원 ③ 18,625,000원
④ 16,125,000원 ⑤ 11,125,000원

해답 ④

해설 (1) 대손충당금 기말잔액 : 90,000,000
(2) 당기 대손충당금 설정 한도액 :
(3,000,000,000 − 100,000,000 + 55,000,000) × Max[1%, 2.5%*] = 73,875,000
*대손실적율 = (15,000,000 + 10,000,000) ÷ 10억원 = 2.5%
6월30일에 부도가 발생한 경우 부도 발생일로부터 6개월이상 지난 날이 속하는 날이 속하는 사업연도에 장부에 비용처리 시 손금에 산입할 수 있으므로, 다음연도 1월1일이 그 기준일에 해당한다.
(3) 세무조정 : 〈손금불산입〉 대손충당금 한도초과액 16,125,000 (유보)

11 **다음은 제조업을 영위하는 영리내국법인 ㈜A의 제14기 사업연도(1.1.~12. 31.) 대손충당금 관련 자료이다. 제14기의 대손충당금 손금한도액을 계산한 것으로 옳은 것은?** 2014년 회계사

(1) 당기의 재무상태표상 대손충당금 계정의 증감내역은 다음과 같다.

대손충당금 (단위: 원)

당기상계액	6,000,000	전기이월액	10,000,000
차기이월액	12,000,000	당기설정액	8,000,000

(2) 당기 상계액 중 4,000,000원은 대손요건을 충족하였으나, 매출채권 2,000,000원은 대손요건을 충족하지 못하여 손금불산입(유보)하였다.
(3) 전기말 대손부인액 50,000,000원 중 2,250,000원은 당기 중 대손요건이 충족되어 손금산입하였으며, 나머지는 당기 중 회수되었다.
(4) 재무상태표상 대손충당금 설정대상채권의 잔액
가. 제13기말 : 200,000,000원
나. 제14기말 : 300,000,000원
(5) 전기의 세무조정은 적법하게 이루어진 것으로 가정한다.

① 3,200,000원 ② 6,000,000원 ③ 6,040,000원
④ 7,500,000원 ⑤ 7,550,000원

해답 ⑤

해설 (1) 13기말 채권잔액 = 200,000,000 + 50,000,000 = 250,000,000
(2) 당기 대손금 = 6,000,000 - 2,000,000 + 2,250,000 = 6,250,000
(3) 설정률 = max[1%, 대손실적율*] = 2.5%
* 대손실적률 = 6,250,000 ÷ 250,000,000 = 2.5%
(4) 14기말 채권잔액 = 300,000,000+50,000,000+2,000,000-50,000,000
= 302,000,000
(5) 14기 대손충당금 설정한도액 = 302,000,000 × 2.5% = 7,550,000

12 **제조업을 영위하는 영리내국법인 ㈜A의 제21기(1.1.~12.31.) 대손금 및 대손충당금 관련 자료이다. ㈜A의 대손금 및 대손충당금 관련 세무조정이 제21기 각 사업연도 소득금액에 미치는 영향으로 옳은 것은?**

2020년 회계사

(1) 제21기 대손충당금 계정

대손충당금

당기상계액	5,000,000원*	기초잔액	15,000,000원
기말잔액	30,000,000원	당기설정액	20,000,000원

* 당기상계액 중 2,000,000원은 법령상 대손요건을 충족하지 못한 외상매출금임

(2) 전기말 자본금과 적립금조정명세서(을) 중 유보 잔액내역

과목 또는 사항	기말잔액
대손충당금 한도초과액	3,000,000원
외상매출금(대손부인액)*	7,000,000원
대여금(대손부인액)	10,000,000원

* 회수 노력에도 불구하고 회수하지 못하여 당기 중 「상법」상 소멸시효가 완성됨

(3) 제21기말 재무상태표상 채권내역

구 분	금 액	비 고
대여금	50,000,000원	특수관계인이 아닌 자에 대한 금전소비대차계약으로 인한 것임
미수금	300,000,000원	
매출채권	500,000,000원	
계	850,000,000원	

(4) 대손실적률은 1.5%로 가정한다.

① (-)10,000,000원 ② (-) 9,070,000원 ③ (+) 9,070,000원
④ (+)10,000,000원 ⑤ (+)19,070,000원

해답 ③

해설 (1) 대손금 및 전기 대손충당금 한도초과액 세무조정
〈손금불산입〉 외상매출금 2,000,000 (유보)
〈손금산입〉 전기외상매출금 7,000,000 (△유보)
〈손금산입〉 전기 대손충당금 3,000,000 (△유보)
(2) 당기 대손충당금 한도초과액
① 제21기말 매출채권 유보잔액
17,000,000－7,000,000*＋2,000,000** ＝ 12,000,000
* 당기 중 상법상 소멸시효가 완성되었으므로 △유보처리한다.
** 당기상계액 중 법령상 대손요건을 충족하지 못한 외상매출금은 유보처리한다.
② 대손충당금 한도초과액 계산
30,000,000－862,000,000*×1.5% ＝ 17,070,000
*850,000,000+12,000,000(매출채권 유보액) = 862,00,000
(3) 각 사업연도 소득금액에 미치는 영향
∴ 2,000,000＋△3,000,000＋△7,000,000＋17,070,000 ＝(＋) 9,070,000

13 **다음은 제조업을 영위하는 ㈜설악(중소기업임)의 외상매출금 관련 자료이다. 당기(1. 1~12. 31)의 세무조정으로 맞는 것은?**

(1) 전기 말 현재 재무상태표상 대손충당금 설정대상채권은 80,000,000원이다. 여기에는 2 전기 중에 상법상 소멸시효가 완성된 외상매출금 10,000,000원이 포함되어 있으며, 이 외상매출금은 당기 말 재무상태표상 외상매출금에 계속 포함되어 있다.

(2) 당기의 대손충당금계정은 다음과 같다.

당기상계액	1,400,000원	전기이월액	2,000,000원
차기이월액	3,600,000원	당기설정액	3,000,000원
	5,000,000원		5,000,000원

당기의 대손충당금 상계액은 당기말 현재 부도발생일로부터 8개월이 경과한 외상매출금에 대한 상계액이며, 당해 채권금액에서 1,000원을 공제한 금액이다. 대손충당금의 전기 이월액 중에는 한도초과로 부인된 금액(200,000원)이 포함되어 있다.

(3) 당기말 현재 재무상태표상 대손충당금 설정대상채권은 50,000,000원이며, 전기말의 세무조정은 적절하게 이루어졌다.

	익금산입·손금불산입	손금산입·익금불산입
①	2,600,000원(유보)	200,000원(△유보)
②	2,800,000원(유보)	200,000원(△유보)
③	2,900,000원(유보)	200,000원(△유보)
④	2,725,000원(유보) 1,400,000원(유보)	200,000원(△유보)
⑤	2,200,000원(유보)	-

해답 ②

해설 (1) 전기 대손충당금 부인액 손금추인 : 손금산입 200,000(△유보)
(2) 당기 대손충당금 설정대상 채권 : 50,000,000 − 10,000,000 = 40,000,000
* 전기 소멸시효 완성분은 전기의 대손금으로 처리하여야 한다.
(3) 대손율 : Max[1%, 대손실적률(1,400,000 ÷ 70,000,000)] = 2%
(4) 대손충당금 설정 한도액 : 40,000,000 × 0.02 = 800,000
(5) 대손충당금 한도초과액 : 3,600,000 − 800,000 = 2,800,000
(6) 대손충당금 한도초과액 세무조정 : 〈손금불산입〉 2,800,000 (유보)

14 **다음은 제조업을 영위하는 내국법인 ㈜A의 대손충당금에 관한 자료이다. 제10기(1.1.~12.31.)의 세무상 대손충당금 한도초과액은 얼마인가?** 2011년 세무사

(1) 제10기 대손충당금계정은 다음과 같다.

대손충당금

(단위 : 원)

당기상계액	2,000,000	전기이월액	4,000,000
차기이월액	7,000,000	당기설정액	5,000,000
	9,000,000		9,000,000

당기상계액 중 500,000원은 제9기에 소멸시효가 완성된 매출채권에 관한 것이며, 나머지 금액은 법인세법상 대손요건을 충족한다.

(2) 다음은 제9기 자본금과 적립금조정명세서(을)의 일부이다.

(단위 : 원)

과 목	금 액	비 고
① 매출채권	△500,000	제9기 소멸시효완성분 손금산입액
② 미수금(토지 매각 관련)	3,000,000	대손금부인액

대손금부인액 3,000,000원은 제10기 말까지 대손요건을 충족하지 못하였다.

(3) 제9기 말 재무상태표상 대손충당금 설정대상채권은 37,500,000원이고, 제10기 말 재무상태표상 대손충당금 설정가능채권은 60,000,000원(할인어음 2,000,000원 포함)이다.

(4) ㈜A는 「한국채택국제회계기준」을 적용하지 않는 것으로 가정한다.

① 4,560,000원 ② 4,637,500원 ③ 4,712,500원
④ 4,825,000원 ⑤ 6,390,000원

해답 ③

해설 (1) 대손충당금 기말잔액 : 7,000,000

(2) 대손율 = [1%, 대손실적률(2,000,000 - 500,000)÷(37,500,000 - 500,000 + 3,000,000)]
= 3.75%

(3) 대손충당금 한도액 = (60,000,000 - 2,000,000 + 3,000,000) × 3.75% = 2,287,500

(4) 한도초과액 = 7,000,000 - 2,287,500 = 4,712,500

15 **다음은 제조업을 영위하는 영리내국법인 ㈜A의 제5기(1.1. ~ 12.31.) 대손금 및 대손충당금 관련 자료이다. ㈜A의 대손금 및 대손충당금 관련 세무조정으로 인하여 제5기 각사업연도소득금액이 감소하는 금액을 계산한 것으로 옳은 것은?** 2015년 회계사

(1) 제5기 대손충당금 계정

대손충당금

당기상계액	5,000,000원*	기 초 잔 액	10,000,000원**
기 말 잔 액	35,000,000원	당기설정액	30,000,000원

* 당기상계액은 법령상 대손금 요건을 충족하였다.

** 기초잔액 중 전기 대손충당금 한도초과액 5,000,000원이 포함되어 있다.

(2) 제5기말 세무상 채권가액은 800,000,000원이고, 이 금액에는 특수관계인이 아닌 제3자에 대한 채무보증으로 인한 구상채권 200,000,000원이 포함되어 있다.

(3) 전기의 대손실적률은 0.6%이다.

(4) 제4기말 대손 부인된 매출채권 50,000,000원 중 20,000,000원이 「채무자의 회생 및 파산에 관한 법률」에 따른 법원의 면책결정에 따라 회수불능으로 확정되었다.

① 10,000,000원 ② 14,000,000원 ③ 20,000,000원
④ 22,000,000원 ⑤ 25,000,000원

해답 ③

해설 (1) 전기 세무상 채권가액 계산

$10{,}000{,}000 - X \times \max[0.6\%, 1\%] = 5{,}000{,}000$
$5{,}000{,}000 = X \times 1\%$
$X = 500{,}000{,}000$

(2) 대손금 관련 세무조정

① 〈손금산입〉 전기 대손충당금 한도초과액 5,000,000 (△유보)
② 〈손금산입〉 매출채권 20,000,000 (△유보)

(3) 대손충당금 한도초과액 계산

$$35{,}000{,}000 - (800{,}000{,}000 - 200{,}000{,}000) \times \max\left[1\%, \frac{25{,}000{,}000}{500{,}000{,}000} = 5\%\right] = 5{,}000{,}000$$

→ 〈손금불산입〉 대손충당금 한도초과액 5,000,000 (유보)

$\therefore\ 5{,}000{,}000 - 25{,}000{,}000 = \triangle 20{,}000{,}000$

16 **제조업을 영위하는 영리내국법인 ㈜A(중소기업 아님)의 제 16기(1.1.~ 12.31.) 대손충당금 손금산입 한도초과액을 계산한 것으로 옳은 것은?** 2016년 회계사

(1) ㈜A의 제15기(1.1.~12.31.)와 제16기의 재무상태표상 채권 및 대손충당금 금액은 다음과 같다.

과 목	기말잔액	
	제15기	제16기
매출채권 대손충당금	248,000,000원 (26,000,000원)	220,000,000원 (33,000,000원)

(2) 제16기 손익계산서상 대손상각비는 10,000,000원이다.
(3) 제15기 7월 20일에 채무자의 파산으로 회수가 불가능해 대손요건이 충족된 거래처 C에 대한 매출채권 3,000,000원을 결산서상 대손충당금과 상계하였다.
(4) 제15기 자본금과적립금조정명세서(을)의 기말 잔액은 다음과 같다.

과목 또는 사항	기말잔액
매출채권 대손부인액*	2,000,000원
대손충당금 한도초과액	10,000,000원

* 거래처 D에 대한 매출채권으로 당기 3월 23일에 「상법」에 따른 소멸시효가 완성됨

(5) 모든 세무조정은 적정하게 이루어졌다.

① 28,560,000원 ② 28,600,000원 ③ 30,780,000원
④ 30,800,000원 ⑤ 31,240,000원

해답 ②

해설 (1) 대손충당금 기말 잔액 : 33,000,000
(2) 당기 대손충당금 설정 한도액 :

$$220,000,000 \times \max\left(\frac{3,000,000+2,000,000}{248,000,000+2,000,000}* = 2\%, 1\%\right) = 4,400,000$$

* 거래처 D에 대한 매출채권은 상법에 따른 소멸시효가 당기에 완성되었으므로 강제 대손사유에 해당하여 당기 대손충당금 상계액에 가산한다.
* 전기 매출채권 대손부인액 유보액을 전기말 회계상 매출채권 잔액에 가산하여 세무상 매출채권 잔액은 250,000,000원이다.

(3) 당기 대손충당금 한도초과액 :

$$33,000,000 - 4,400,000 = 28,600,000$$

17 **다음은 제조업을 영위하는 영리내국법인 ㈜A(중소기업 아님)의 제21기 사업연도(1.1.~12.31.)의 대손금 및 대손충당금 관련 자료이다. 대손금 및 대손충당금 관련 세무조정이 제21기 각 사업연도의 소득금액에 미친 순영향으로 옳은 것은?** 2017년 회계사

(1) 제21기말 재무상태표상 채권 잔액: 1,000,000,000원(이 중에는 당기 5.30.「상법」에 따른 소멸시효가 완성된 회수 불가능한 외상매출금 50,000,000원이 포함되어 있음)

(2) 제21기 재무상태표상 대손충당금 내역

대손충당금 (단위: 원)

당기상계액	7,000,000*	기초잔액	10,000,000
		상각채권 추심	2,000,000**
기말잔액	20,000,000	당기설정액	15,000,000

* 부도발생일부터 6개월이 지난 외상매출금으로서 부도발생일 이전의 것.

** 제20기에 대손부인된 채권(미수금)이 당기 6.20.에 회수된 것임.

(3) 제20기 자본금과 적립금 조정명세서(을)의 기말 잔액

과목 또는 사항	기말잔액
미수금 대손부인액	2,000,000원***
대손충당금 한도초과액	1,500,000원

*** 당기 6.20.에 회수되었음.

(4) 제21기의 대손실적률은 0.8%이며, 모든 세무조정은 적정하게 이루어졌고, 법인세부담 최소화를 가정한다.

① (-)34,000,000원 ② (-)34,070,000원 ③ (-)36,000,000원
④ (-)36,070,000원 ⑤ (-)43,000,000원

해답 ④

해설 (1) 대손충당금 관련 세무조정

① 기초 대손충당금 추인 = 〈손금산입〉 전기 대손충당금 1,500,000 (△유보)

② 대손금 세무조정 = 〈손금산입〉 미수금 회수 2,000,000 (△유보)
〈손금산입〉 외상매출금 50,000,000 (△유보)
〈익금산입〉 외상매출금 7,000,000 (유보)

A는 중소기업이 아니므로, 외상매출금에 대한 부도는 결산조정 사유가 아니다.

③ 대손충당금 세무조정

㉠ 기말 채권관련 유보 = 2,000,000(기초유보) - 50,000,000(소멸시효 완성) - 2,000,000(회수)+7,000,000 = △43,000,000

㉡ 기말 세무상 채권 = 1,000,000,000-43,000,000(채권관련 유보)=957,000,000

㉢ 대손충당금 한도 = 957,000,000 ×Max[1%,0.8%] = 9,570,000

㉣ 한도초과 = 〈익금산입〉 대손충당금 10,430,000

(2) 각 사업연도 소득금액에 미친 순영향 = (-) 36,070,000
-1,500,000-2,000,000-50,000,000+7,000,000+10,430,000

제2절 퇴직급여충당금의 손금산입

01 **다음 자료를 이용하여 당해 사업연도(1.1~12.31) 퇴직급여충당금에 대한 세무조정을 할 경우 맞는 것은?**

〈자 료〉

(1) 퇴직급여충당금 계정

당기지급액	220,000,000	전기이월액	250,000,000
기말잔액	200,000,000주)	당기설정액	170,000,000
합 계	420,000,000	합 계	420,000,000

*주) 회사는 퇴직금지급규정에 의한 퇴직급여추계액의 100%를 퇴직급여충당금으로 설정하였음.

(2) 손익계산서상의 인건비 계정

구 분	1년 이상 근무	1년 미만 근무	합 계
임원	250,000,000	120,000,000	370,000,000
종업원	1,050,000,000	280,000,000	1,330,000,000
합 계	1,300,000,000	400,000,000	1,700,000,000

(3) 전기말 현재 자본금과적립금조정명세서(을)표상의 퇴직급여충당금 유보금액 : 150,000,000원

(4) 보험수리적기준 퇴직급여추계액은 170,000,000원이며, 퇴직금전환금계정의 기말잔액은 30,000,000원이다.

(5) 회사는 1년미만 근무자에게도 퇴직금을 지급하고 있으며 퇴직금 지급시 퇴직급여충당금과 상계하고 있다.

	손금산입	손금불산입
①	120,000,000원 (△유보)	140,000,000원 (유보)
②	150,000,000원 (△유보)	90,000,000원 (유보)
③	150,000,000원 (△유보)	45,000,000원 (유보)
④	120,000,000원 (△유보)	45,000,000원 (유보)
⑤	-	90,000,000원 (유보)

해답 ①

해설 (1) 초과상계
220,000,000-(250,000,000 - 150,000,000)=120,000,000 손금산입(△유보)

(2) 퇴직급여충당금 한도액 : Min(①,②)=30,000,000
① 1,700,000,000 × 5% = 85,000,000
② 2억원 × 0% - 0(퇴직급여충당금 이월잔액) + 30,000,000(퇴직금전환금 기말잔액) = 30,000,000
* 이월잔액 : 250,000,000-220,000,000-30,000,000=0

(3) 한도초과액(손금불산입액) : 170,000,000-30,000,000=140,000,000

02 **다음은 ㈜동양의 제7기(1. 1~12. 31) 퇴직급여충당금과 퇴직연금운용자산(확정급여형)과 관한 자료이다. 제7기 세무조정으로 옳은 것은?**

(1) 제7기 중 퇴직급여충당금 및 퇴직연금운용자산의 증감명세는 아래와 같다.

구 분	기 초	지급액(수령)	전입액(불입)	기 말
퇴직급여충당금	100,000,000	100,000,000	4,000,000	4,000,000
퇴직연금운용자산	40,000,000	40,000,000	-	-

(2) 제6기말 현재 퇴직급여충당금 부인누계액 : 60,000,000원
(3) 제6기말 현재 퇴직연금보험료 손금산입누계액(신고조정함) : 40,000,000원
(4) 제7기 퇴직급여충당금 한도초과액은 없다.

① 손금산입(퇴직급여충당금) 60,000,000원 익금산입(퇴직보험료) 40,000,000원
② 손금산입(퇴직급여충당금) 40,000,000원 익금산입(퇴직보험료) 40,000,000원
③ 손금산입(퇴직급여충당금) 60,000,000원 익금산입(퇴직보험료) -
④ 손금산입(퇴직급여충당금) 20,000,000원 익금산입(퇴직보험료) 40,000,000원
⑤ 세무조정 사항 없음

해답 ②

해설 (1) 회사의 회계처리

(차) 퇴직급여충당금 100,000,000 (대) 현 금 60,000,000
퇴직연금운용자산 40,000,000

(2) 상기 회계처리에 대한 세무조정

〈손금산입〉 퇴직급여충당금 과다상계 40,000,000(△유보)
〈익금산입〉 퇴직연금충당금 40,000,000(유보)

03 **다음은 ㈜한국의 제12기(1. 1~12. 31) 확정급여형 퇴직연금에 대한 자료이다. 법인세 부담 최소화를 가정할 때, 퇴직연금한도에 대한 세무조정과 소득처분으로 옳은 것은?**

〈자 료〉

(1) 재무상태표상 퇴직급여충당금기말잔액 : 200,000,000원
(당기말 세무조정 후 부인누계액 110,000,000원)

(2) 사업연도 종료일 현재 퇴직급여추계액(법인세법상 손금산입 대상임) :
일시퇴직기준액 : 200,000,000원, 보험수리적기준액 : 190,000,000원

(3) 당기의 퇴직연금운용자산계정의 변동내역

기초잔액	당기감소	당기증가	기말잔액
100,000,000원	20,000,000원	30,000,000원	110,000,000원

(4) 퇴직연금충당금은 신고조정으로 손금에 산입하고 있다. 당기 감소분은 당기 퇴직자의 퇴직연금일시금수령액이며, 증가액은 전액 퇴직연금부담금납입액이다.

(5) 퇴직연금운용자산 기초잔액의 △유보잔액은 100,000,000원이다.

① 손금산입 10,000,000원(△유보)
② 익금산입 10,000,000원(유보)
③ 손금산입 30,000,000원(△유보)
④ 익금산입 30,000,000원(유보)
⑤ 손금산입 30,000,000원(△유보), 익금산입 30,000,000원(유보)

해답 ③

해설
- [1단계] 초과상계 세무조정 : 없음
- [2단계] 연금수령 세무조정

회사

(차) 퇴직급여충당금	20,000,000	(대) 퇴직연금운용자산	20,000,000

세법

(차) 퇴직연금충당금	20,000,000	(대) 퇴직연금운용자산	20,000,000

∴ 손금산입 퇴직급여충당금증액 20,000,000(△유보)
익금산입 퇴직연금충당금감액 20,000,000(유보)

- [3단계] 퇴직급여충당금 한도초과 세무조정 : 자료상 생략
- [4단계] 퇴직연금충당금 세무조정
- 한도 : Min[①, ②] - ③ = 30,000,000
  ① 200,000,000 - (200,000,000 - 110,000,000) = 110,000,000
  ② 110,000,000
  ③ 100,000,000 - 20,000,000 = 80,000,000
  ∴ 손금산입 퇴직연금충당금 30,000,000(△유보)

04 **다음은 ㈜M의 제8기 사업연도(1. 1～12. 31) 퇴직급여충당금과 관련된 자료이다. 퇴직급여충당금에 대한 세무조정으로 옳은 것은?** 2009년 회계사

퇴직급여충당금

(단위 : 원)

당기지급	2,000,000	전기이월	5,000,000
차기이월	6,000,000	당기설정	3,000,000

(1) 전기이월액에는 전기퇴직급여충당금 부인액이 1,000,000원 포함되어 있다.
(2) 당해 법인의 임원, 사용인에게 지급한 총급여액은 60,000,000원이다.
(3) 총급여액 중 확정기여형 퇴직연금에 가입한 사용인에게 지급한 급여액은 10,000,000원이다.
(4) 총급여액 중 1년 미만 근무하고 있는 임원들에게 지급한 급여액은 10,000,000원이며, 1년 미만 근무한 임원, 사용인에 대해서는 당해 법인의 퇴직급여지급규정에 의하여 퇴직시 퇴직급여를 지급한다.
(5) 당해 사업연도말 퇴직급여추계액은 일시퇴직기준 80,000,000원, 보험수리적기준 75,000,000원이다(당기 퇴직급여지급액 중 퇴직급여한도초과액은 없다).

① 세무조정 없음
② 손금불산입 500,000원(유보)
③ 손금불산입 1,000,000원(유보)
④ 손금불산입 2,500,000원(유보)
⑤ 손금불산입 3,000,000원(유보)

해답 ⑤

해설 1. 퇴직급여충당금한도 : Min[①, ②] = 0
① 50,000,000×5% = 2,500,000
② 80,000,000×0% + 0 − (5,000,000 − 2,000,000 − 1,000,000) = △2,000,000 → ‘0’
2. 퇴직급여충당금한도초과액 : 3,000,000 − 0 = 3,000,000

05 **다음은 ㈜K의 제4기 사업연도(1.1.~12.31.)의 확정급여형 퇴직연금에 대한 자료이다. 확정급여형퇴직연금에 대한 세무조정으로 옳은 것은?** 2011년 회계사

(1) 급여 및 퇴직급여충당금 정보는 다음과 같다.
가. ㈜K의 퇴직급여지급규정상 퇴직급여 지급대상자의 총급여액 : 99,000,000원
나. 기말퇴직급여추계액
- 일시퇴직기준 : 49,000,000원
- 보험수리기준 : 53,000,000원
다. 기말퇴직급여충당금 잔액 : 35,000,000원(부인액 16,000,000원 포함)

(2) 당기 퇴직연금운용자산에 대한 내용은 다음과 같다.

퇴직연금운용자산 (단위 : 원)

전기이월액	28,000,000	당기지급액	11,000,000
당기증가액	15,000,000	차기이월액	32,000,000
	43,000,000		43,000,000

(3) 당기 퇴직연금충당금에 대한 내용은 다음과 같다.

퇴직연금충당금 (단위 : 원)

당기지급액	11,000,000	전기이월액	32,000,000[1]
차기이월액	34,000,000	당기설정액	13,000,000
	45,000,000		45,000,000

1) 한도초과액 5,000,000원이 포함되어 있음.

① 손금산입 1,000,000원(△유보) ② 손금불산입 2,000,000원(유보)
③ 손금산입 3,000,000원(△유보) ④ 손금불산입 8,000,000원(유보)
⑤ 손금불산입 10,000,000원(유보)

해답 ③

해설 추가로 3,000,000원 손금산입
손금산입범위액 : min [1,2] - 이미손금산입한 보험료*=16,000,000
1. 퇴직급여충당금미설정잔액 : 기말퇴직급여추계액(일시퇴직기준,보험수리기준 둘중 큰 것) - 기말세무상퇴충잔액
→ {53,000,000 - (35,000,000 - 16,000,000)}=34,000,000
2. 기말퇴직연금운용자산 : 기초퇴직연금운용자산 - 기중감소 + 기중납입액
→ {28,000,000 - 11,000,000 + 15,000,000}=32,000,000

* 이미 손금산입한 보험료
재무상태표상 전기이월 퇴직연금충당금 : 32,000,000
\+ 전기말까지 신고조정으로 손금산입된 부담금누계액 : 0
\- 퇴직연금충당금 손금부인누계액 : 5,000,000
\- 기중 퇴직연금충당금 감소액 : 11,000,000
= 이미 손금산입한 보험료 : 16,000,000

06 **영리내국법인 ㈜갑의 제21기 사업연도(1.1.~12.31.) 확정급여형 퇴직연금충당금과 관련된 자료이다. 제21기 세무조정 완료 후 세무상 기말 퇴직연금충당금 잔액은 얼마인가?** 2019년 회계사

(1) 장부상 퇴직급여충당금 계정은 다음과 같으며 기초 잔액에는 손금부인액 15,000,000원이 포함되어 있다.

퇴직급여충당금

당기감소	10,000,000원	기초잔액	30,000,000원
기말잔액	20,000,000원	당기증가	0원

(2) 장부상 퇴직연금운용자산 계정은 다음과 같다.

퇴직연금운용자산

기초잔액	100,000,000원	당기지급	10,000,000원
추가예치	20,000,000원	기말잔액	110,000,000원

(3) 당기중 직원의 현실적 퇴직으로 퇴직연금운용자산에서 10,000,000원을 지급하고, 퇴직연금운용자산과 퇴직급여충당금을 감소시켰다.

(4) ㈜갑은 신고조정에 의하여 퇴직연금충당금을 설정하고 있으며, 세무상 기초잔액은 99,000,000원(△유보)이다.

(5) 당기말 일시퇴직기준 추계액은 110,000,000원, 보험수리기준 추계액은 120,000,000원이다.

① 95,000,000원　② 105,000,000원　③ 109,000,000원
④ 110,000,000원　⑤ 120,000,000원

해답 ②

해설 세무상 기말 퇴직연금충당금 잔액 =105,000,000

퇴직연금충당금 한도 = Min[① , ②] = 16,000,000

① 추계액 기준

120,000,000 − 15,000,000* − (99,000,000 − 10,000,000)** = 16,000,000

* 세무상 퇴직급여충당금 기말잔액

30,000,000 − 15,000,000 = 15,000,000

퇴직연금운용자산과 퇴직연금충당금의 감소액이 같아야하므로 퇴직연금운용자산과 퇴직급여충당금을 감소시킨 것을 조정하면 퇴직급여충당금에서 감소할 금액은 없다. 또한 문제에서 퇴직금전환금 기말잔액이 없으므로 당기 증가 금액 또한 없다.

** 세법상 퇴직연금충당금 이월금액

② 납입액 기준

110,000,000 − (99,000,000 − 10,000,000) = 21,000,000

∴ 99,000,000 − 10,000,000 + 16,000,000 = 105,000,000

07 **다음은 영리내국법인 ㈜A의 제10기(1.1. ~ 12.31.) 퇴직급여충당금 관련 자료이다. ㈜A의 퇴직급여충당금의 손금산입 한도액을 계산한 것으로 옳은 것은?** 2015년 회계사 수정

> (1) 퇴직급여 지급대상이 되는 임직원에게 지급한 총급여액은 500,000,000원이다.
> (2) 제10기말 퇴직급여 추계액은 300,000,000원이다.
> (3) 퇴직급여충당금계정의 제10기말 잔액은 150,000,000원이며,
> (4) 제10기 설정액은 100,000,000원이다.
> (5) 제9기말 퇴직급여충당금부인 누계액은 20,000,000원이다.
> (6) 퇴직금전환금 계정의 제10기초 잔액은 24,000,000원이며,
> (7) 제10기말 잔액은 34,000,000원이다.
> (8) 위에서 제시한 자료 이외에는 고려하지 않는다.

① 1,000,000원　② 2,000,000원　③ 3,000,000원
④ 4,000,000원　⑤ 5,000,000원

해답 ④

해설 퇴직급여충당금 손금산입 한도액 = min(① , ②)
① $500,000,000 \times 5\% = 25,000,000$
② $300,000,000 \times 0\% - (150,000,000 - 100,000,000 - 20,000,000) + 34,000,000$
$= 4,000,000$

08 **법인세법상 퇴직급여충당금 등에 관한 설명이다. 옳지 않은 것은?** 2012년 회계사

① 퇴직급여충당금의 손금산입은 결산조정사항이나, 확정급여형 퇴직연금 부담금의 손금산입은 신고조정사항이다.
② 확정기여형 퇴직연금이 설정된 임원 또는 사용인에 대한 급여는 퇴직급여충당금 손금산입한도액 산정시 총급여액에 포함하지 않는다.
③ 퇴직급여충당금의 당기설정액이 세법상 한도액을 초과하는 경우 그 초과액은 손금불산입(유보)으로 처리하고, 그 이후 퇴직급여를 지급하는 경우 손금산입한 퇴직급여충당금과 상계하고 남은 금액에 대하여는 기 손금불산입된 금액을 손금으로 추인한다.
④ 법령에 따라 퇴직급여충당금을 손금에 산입한 내국법인이 합병한 경우 그 법인의 합병등기일 현재의 해당 퇴직급여충당금 중 합병법인에 인계한 금액은 그 합병법인이 합병등기일에 가지고 있는 퇴직급여충당금으로 본다.
⑤ 일시퇴직급여지급기준에 의한 퇴직급여추계액을 산정하는 경우 정관이나 기타 퇴직급여지급규정에 의해 계산한 금액과 「근로자퇴직급여보장법」에 따라 계산한 금액 중 큰 금액으로 한다.

해답 ⑤

해설 ⑤ 일시퇴직급여지급기준에 의한 퇴직급여추계액을 산정하는 경우 정관이나 기타 퇴직급여지급규정에 의해 계산한 금액을 말하되, 퇴직급여지급규정이 없는 경우 「근로자퇴직급여보장법」에 따라 계산한 금액으로 한다.

09 **다음은 내국법인 ㈜A의 제10기 사업연도(1.1.~12.31.)에 관한 자료이다. ㈜A의 제10기 사업연도에 대한 확정급여형퇴직연금 관련 세무조정으로 옳은 것은?** 2011년 세무사

(1) 당기 말 퇴직급여추계액은 일시퇴직기준으로 90,000,000원이고, 보험수리기준으로 80,000,000원이다.

(2) 당기 말 퇴직급여충당부채 잔액은 30,000,000원이고, 이 중 세무상 부인액은 12,000,000원이다.

(3) 당기 중에 종업원의 퇴직으로 인하여 보험회사가 15,000,000원을 지급하였으며, 다음과 같이 회계처리 하였다.

(차) 퇴직급여충당부채 15,000,000 (대) 퇴직연금운용자산 15,000,000

(4) 당기 말 퇴직연금운용자산 계정내역은 다음과 같다.

퇴직연금운용자산 (단위 : 원)

전기이월액	40,000,000	당기지급액	15,000,000
당기증가액	20,000,000	차기이월액	45,000,000
	60,000,000		60,000,000

(5) ㈜A는 확정급여형퇴직연금과 관련하여 신고조정으로 손금산입하고 있으며, 전기 말까지 신고조정으로 손금산입된 금액은 50,000,000원이다.

(6) ㈜A는 「한국채택국제회계기준」을 적용하지 않는 것으로 가정한다.

① 손금산입 10,000,000원(△유보)

② 손금불산입 15,000,000원(유보)
손금산입 10,000,000원(△유보)

③ 손금불산입 15,000,000원(유보)
손금산입 37,000,000원(△유보)

④ 손금산입 37,000,000원(△유보)

⑤ 손금불산입 15,000,000원(유보)

해답 ②

해설 당기 중에 종업원의 퇴직으로 인하여 보험회사가 15,000,000원을 지급하였으며, 다음과 같이 회계처리하였다.

(차) 퇴직급여충당부채 15,000,000 (대) 퇴직연금운용자산 15,000,000

➡ 세무조정 〈손금산입〉 퇴직급여충당부채 15,000,000(유보)

〈익금산입〉 퇴직연금충당금 15,000,000(유보)

퇴직급여충당부채 15,000,000이 아니라 퇴직연금충당금을 감소시켜야 하므로 손금산입되었던 15,000,000 의 퇴직연금충당금 손금불산입한다.

퇴직연금충당금 설정한도액 = MIN(가, 나) - 퇴직연금충당금 설정전 잔액 = 10,000,000

가 : MAX(90,000,000 , 80,000,000) - (30,000,000 - 12,000,000) = 72,000,000

나 : 퇴직연금운용자산잔액 = 45,000,000

* 퇴직연금충당금 설정전 잔액 = 50,000,000 - 15,000,000 = 35,000,000

또한 당기 퇴직연금운용자산에 대한 추가 납입액 10,000,000을 손금산입한다.

10 **제조업을 영위하는 영리내국법인 ㈜A의 제21기(1.1.~12.31.) 자료이다. 퇴직급여충당금 및 퇴직연금충당금 관련 세무조정이 제21기 각 사업연도 소득금액에 미치는 순영향으로 옳은 것은?**

2021년 회계사

(1) ㈜A는 금융회사에 확정급여형 퇴직연금을 위탁운용하고 있다. 퇴직연금운용자산의 당기말 계정잔액은 60,000,000원이고, 퇴직연금운용자산 당기 증가액 50,000,000원은 추가납입한 것이며 당기 감소액은 20,000,000원이다.

(2) 당기 퇴직급여충당금 계정의 증감내역은 다음과 같다.

퇴직급여충당금 (단위: 원)

당기감소	20,000,000	기초잔액	50,000,000
기말잔액	60,000,000	당기증가	30,000,000

(3) 퇴직급여충당금 기초잔액에는 48,000,000원의 손금부인액이 포함되어 있으며, 당기 증가액은 ㈜B와의 합병(합병등기일: 제21기 4.5.)으로 인하여 퇴직급여충당금(손금부인액 29,000,000원 포함)을 승계한 것이다.

(4) 당기 중 직원이 현실적으로 퇴직함에 따라 퇴직연금운용자산에서 20,000,000원을 지급하고, 퇴직급여충당금과 상계하였다.

(5) ㈜A는 신고조정에 의하여 퇴직연금충당금을 손금산입하고 있으며, 세무상 기초잔액은 30,000,000원(△유보)이다.

(6) 당기 말 퇴직급여추계액은 일시퇴직기준 66,000,000원, 보험수리적기준 60,000,000원이다.

① (-)11,000,000원 ② (-)21,000,000원 ③ (-)30,000,000원
④ (-)50,000,000원 ⑤ (-)61,000,000원

해답 ④

해설 (1) 퇴직급여충당금

① 세무상 기초금액 : $80,000,000^{*} - 77,000,000^{*} = 3,000,000$

* 합병법인이 퇴직급여충당금 잔액과 부인액을 승계하면 각각 기초 퇴직급여충당금과 기초 퇴직급여충당금 부인액에 가산한다.

② 감소액 : 〈손금산입〉 퇴직급여충당금 20,000,000 (△유보)

퇴직급여를 지급하고 퇴직연금운용자산과 상계하였으므로 세무상 퇴직급여충당금 감소액은 0이다.

③ 증가액 : 당기말 퇴직금전환금 잔액이 없으므로 한도액은 0이다. 장부상 증가액도 0이므로 세무조정 사항은 없다.(합병으로 인한 퇴급충 잔액과 부인액 승계액은 기초 금액에서 이미 고려하였으므로 장부상 증가액도 0이 된다.)

(2) 퇴직연금충당금

① 세무상 기초금액 : 30,000,000

② 감소액 : 〈손금불산입〉 퇴직연금충당금 20,000,000 (유보)

퇴직연금운용자산 감소액과 퇴직연금충당금 감소액이 같아야 하므로 퇴직연금충당금 감소액을 손금불산입한다.

③ 증가액 :

$$Min[(66,000,000^{**} - 3,000,000), 60,000,000] - (30,000,000 - 20,000,000)$$
$$= 50,000,000$$

** $Max[66,000,000, 60,000,000] = 66,000,000$

→ 〈손금산입〉 퇴직연금충당금 50,000,000 (△유보)

(3) 각 사업연도 소득금액에 미치는 순영향

$\triangle 20,000,000 + 20,000,000 + \triangle 50,000,000 = \triangle 50,000,000$

제3절 일시상각충당금 및 압축기장 충당금의 손금산입

01 **제조업을 영위하는 영리내국법인 ㈜A(중소기업이 아님)는 제12기 사업연도(1.1.~12.31.)에 「보조금 관리에 관한 법률」에 따른 국고보조금 6,000,000원을 현금으로 지급받아 손익계산서 상 영업외수익으로 계상하였다. ㈜A가 지급받은 국고보조금 전액을 즉시 사업용 토지 취득에 사용하였을 때, 제12기 사업연도의 법인세 부담 최소화를 위한 세무조정으로 옳은 것은? (단, 「법인세법」상 결손금, 이월결손금 및 향후 법인세율 변동은 없는 것으로 가정함)**

2012년 회계사

① 〈익금산입〉 국고보조금 6,000,000원 (유보)
② 〈손금산입〉 일시상각충당금 6,000,000원 (△유보)
③ 〈손금산입〉 압축기장충당금 6,000,000원 (△유보)
④ 〈익금산입〉 국고보조금 6,000,000원 (유보)
〈손금산입〉 일시상각충당금 6,000,000원 (△유보)
⑤ 〈익금산입〉 국고보조금 6,000,000원 (유보)
〈손금산입〉 압축기장충당금 6,000,000원 (△유보)

해답 ③

해설 〈손금산입〉 압축기장충당금 6,000,000원(△유보)
국고보조금이 수익으로 계상되어있으므로 이에 대한 세무조정은 없고, 토지를 취득하였으므로 법인세부담 최소화를 위해 압축기장충당금을 설정하여 과세이연한다.

02 **다음은 영리내국법인 ㈜A의 제5기(1.1. ~ 12.31.) 건설도급공사 자료이다. ㈜A의 건설도급공사 관련 세무조정으로 인하여 제5기 각사업연도소득금액이 증가하는 금액을 계산한 것으로 옳은 것은?** 2015년 회계사

(1) 교량공사(공사기간 : 제4기 4.1.~제6기 10.25.)의 총 도급금액은 300,000,000원이다.
(2) 제4기의 공사진행과 관련된 내역은 다음과 같다.
① 총공사예정원가는 125,000,000원이다.
② 비용으로 계상된 공사원가는 50,000,000원이다.
③ 세무조정은 적절히 이루어졌다.
(3) 제5기의 공사진행과 관련된 내역은 다음과 같다.
① 총공사예정원가는 160,000,000원으로 증액되어 있다.
② 당기에 수익으로 계상된 공사수익은 100,000,000원이다.
③ 당기에 비용으로 계상된 공사원가는 80,000,000원이며, 하자보수충당금 10,000,000원과 업무와 직접 관련 없는 제비용 2,000,000원이 각각 포함되어 있다.
④ 건설현장 근로자의 인건비 10,000,000원이 판매비와관리비로 계상되어 있다.

① 10,000,000원 ② 32,000,000원 ③ 18,000,000원
④ 22,000,000원 ⑤ 49,850,000원

해답 ⑤

해설 (1) 제4기 공사수익 계산

$$\text{공사수익} = 300,000,000 \times \frac{50,000,000}{125,000,000} = 120,000,000$$

(2) 제5기 공사수익 계산

당기 공사수익 =

$$\left(\frac{50,000,000 + 78,000,000 + 10,000,000}{160,000,000} - \frac{50,000,000}{125,000,000}\right) \times 3\text{억} = 138,750,000$$

(3) 세무조정
① 〈손금불산입〉 하자보수충당금* 10,000,000 (유보)
② 〈손금불산입〉 업무무관비용 2,000,000 (기타사외유출)
③ 〈익금산입〉 공사수익 38,750,000 (유보)
$\therefore 10,000,000 + 2,000,000 + 38,750,000 = 49,850,000$

* 하자보수충당금은 진행률 산정 시에는 포함하나 세법상 인정되지 않는 충당금이기 때문에 손금에 산입하지 않는다.

03 제조업을 영위하는 영리내국법인 ㈜A의 제21기(1.1.~12.31.) 자료이다. 국고보조금 및 일시상각충당금 관련 세무조정이 제21기 각 사업연도 소득금액에 미치는 순영향으로 옳은 것은?

2021년 회계사

(1) 제21기 1월 1일 「보조금 관리에 관한 법률」에 따른 국고보조금 50,000,000원을 수령하고 건물을 취득하여 사업에 사용하기 시작하였다. 이에 따른 회계처리는 다음과 같다.

(차) 현 금	50,000,000	(대) 영업외수익	50,000,000
(차) 건 물	100,000,000	(대) 현 금	100,000,000

(2) 제21기 4월 1일 「보조금 관리에 관한 법률」에 따른 국고보조금 20,000,000원을 수령하고 기계장치를 80,000,000원에 취득하여 사업에 사용하기 시작하였다. ㈜A는 국고보조금을 기계장치에서 차감하는 형식으로 회계처리하였다.

(3) 건물은 정액법(신고내용연수 10년, 잔존가치 없음)으로 상각하며, 기계장치도 정액법(신고내용연수 5년, 잔존가치 없음)으로 상각한다. ㈜A는 기계장치 관련 국고보조금을 감가상각비와 상계처리하고 있다(상각부인액 및 시인부족액 없음).

(4) ㈜A는 건물 및 기계장치와 관련하여 일시상각충당금을 신고조정에 의해 손금산입하였다.

① (-)5,000,000원 ② (-)15,000,000원 ③ (-)20,000,000원
④ (-)45,000,000원 ⑤ (-)65,000,000원

해답 ④

해설 (1) 기계장치 국고보조금 수령
〈익금산입〉 국고보조금 20,000,000 (유보)
건물 국고보조금은 수령 시 영업외수익으로 계상하였으므로 세무조정사항은 없다.

(2) 일시상각충당금 설정
① 건물 〈손금산입〉 일시상각충당금 50,000,000 (△유보)
② 기계장치 〈손금산입〉 일시상각충당금 20,000,000 (△유보)

(3) 기계장치 감가상각비 상계
20,000,000 ÷ 5년 × 9/12 = 3,000,000
〈손금산입〉 국고보조금 3,000,000 (△유보)

(4) 일시상각충당금 환입
① 건물 〈익금산입〉 일시상각충당금 5,000,000 (유보)

$$10,000,000 \times \frac{50,000,000}{100,000,000} = 5,000,000$$

② 기계장치 〈익금산입〉 일시상각충당금 3,000,000 (유보)

$$12,000,000 \times \frac{20,000,000}{80,000,000} = 3,000,000$$

* 일시상각충당금 환입 전 상각시부인 계산을 하여야 하나 문제에서 상각부인액 및 시인부족액이 없다고 가정하였으므로 상각시부인 계산은 생략하였다.

(5) 각 사업연도 소득금액에 미친 순영향

$$20,000,000 - 50,000,000 - 20,000,000 - 3,000,000 + 5,000,000 + 3,000,000$$
$$= (-)45,000,000$$

CHAPTER

07 손익의 귀속시기 등

제1절 손익의 귀속시기

01 ㈜할수있다는 다음과 같은 할부판매 거래를 하였고, 회사는 실제 대금회수액을 매출로, 매출의 80%를 매출원가로 계상해오고 있다. 모든 할부판매는 인도일이 속하는 달부터 매달 말일에 10,000,000원씩 회수하도록 계약되며, 매출원가는 매출의 80%이다. 제7기(1. 1~12. 31)에 매출과 매출원가에 대하여 올바르게 세무조정한다면 필요한 가산조정과 차감조정의 순차이는 얼마인가? 이전연도의 세무조정은 정확하게 했다.

구분	제품인도일	총판매대금	할부기간	제6기 대금회수액	제7기 대금회수액
거래1	제6기 7. 1	100,000,000	10개월	50,000,000	50,000,000
거래2	제6기 7. 1	200,000,000	20개월	70,000,000	110,000,000
거래3	제7기 7. 1	300,000,000	30개월	0	70,000,000

① 가산조정 2,000,000원
② 가산조정 10,000,000원
③ 차감조정 2,000,000원
④ 차감조정 10,000,000원
⑤ 차감조정 8,000,000원

해답 ④

해설 (1) 제7기 할부매출에 대한 세무조정금액

구 분	종 류	결산상 수익	세무상 익금	차 이
거래1	단기할부판매	50,000,000*	-	△ 50,000,000
거래2	장기할부판매	110,000,000	120,000,000	10,000,000
거래3	장기할부판매	70,000,000	60,000,000	△ 10,000,000
계		230,000,000	180,000,000	△ 50,000,000

* 거래1은 단기할부판매로서 제품을 제6기 인도하였으므로 매출손익은 제6기의 익금과 손금이 된다.

(2) 세무조정

〈익금불산입〉 할부매출 50,000,000(△유보)

〈손금불산입〉 할부매출원가 40,000,000(유보)

02 익금과 손금의 귀속사업연도에 관한 설명이다. 잘못된 것은?

① 자산을 타인에게 위탁하여 판매하는 경우에는 수탁자가 그 위탁자산을 판매한 날이 속하는 사업연도를 그 손익의 귀속사업연도로 한다.
② 작업진행률을 계산할 수 있는 장기건설공사(계약기간이 1년 이상인 것)의 경우에는 작업진행률을 기준으로 하여 계산한 수익과 비용을 각 사업연도의 익금과 손금에 산입한다.
③ 사채할인발행차금은 기업회계기준에 의한 사채할인발행차금의 상각방법에 따라 손금에 산입한다.
④ 자산을 장기할부조건으로 판매하는 경우에는 인도기준을 적용할 수 없고 장기할부조건에 따라 각 사업연도에 회수하였거나 회수할 금액과 이에 대응하는 비용을 각각 해당 사업연도의 익금과 손금에 산입한다.
⑤ 잉여금의 처분에 의한 배당소득의 귀속사업연도는 당해 법인의 잉여금처분결의일이 속하는 사업연도이다.

해답 ④
해설 자산의 장기할부조건 판매시 손익의 귀속시기는 명목가치 인도기준으로 하되, 장부상 현재가치 인도기준과 회수기일도래기준을 적용한 경우에는 이를 수용한다.

03 「법인세법」상 익금과 손금의 귀속시기에 관한 설명으로 옳지 않은 것은? 2019년 세무사

① 내국법인의 각 사업연도의 익금과 손금의 귀속사업연도는 그 익금과 손금이 확정된 날이 속하는 사업연도로 한다.
② 금융보험업을 영위하는 법인의 수입보험료(원천징수대상 아님)로서 해당 법인이 결산을 확정할 때 이미 경과한 기간에 대응하는 보험료상당액을 해당 사업연도에 수익으로 계상한 경우에는 그 계상한 사업연도의 익금으로 한다.
③ 제조업을 영위하는 법인이 원천징수대상인 이자에 대하여 결산상 미수이자를 계상한 경우에는 그 계상한 사업연도의 익금에 산입되지 않는다.
④ 중소기업이 아닌 법인이 장기할부조건으로 자산을 판매하고 인도기준으로 회계처리한 경우, 그 장기할부조건에 따라 각 사업연도에 회수하였거나 회수할 금액과 이에 대응하는 비용을 신고조정에 의하여 해당 사업연도의 익금과 손금에 산입할 수 있다.
⑤ 계약의 목적물을 인도하지 아니하고 목적물의 가액 변동에 따른 차액을 금전으로 정산하는 파생상품의 거래로 인한 손익은 그 거래에서 정하는 대금결제일이 속하는 사업연도의 익금과 손금으로 한다.

해답 ④
해설 법인이 장기할부조건으로 자산을 판매하거나 양도한 경우 손익의 귀속사업연도는 원칙적으로 상품 등의 인도일(상품 등외의 자산은 그 대금을 청산한 날 등)로 하나 예외적으로 결산에 반영하는 경우 회수기일도래기준 및 현재가치평가를 인정한다. 단 중소기업의 경우에는 회수기일도래기준으로 신고조정을 허용한다. 해당 지문은 중소기업이 아닌 법인이므로 틀린 문장이다.

04 **제조업을 영위하는 영리내국법인 ㈜A(중소기업 아님)의 제21기 (1.1.~12.31.) 손익의 귀속사업연도에 관한 설명으로 옳은 것은?** 2017년 회계사 수정

① 「자본시장과 금융투자업에 관한 법률」에 따른 증권시장에서 동법에 의한 증권시장업무규정에 따라 보통거래방식의 유가증권 매매로 인한 익금과 손금의 귀속사업연도는 매매계약을 체결한 날이 속하는 사업연도로 한다.

② 장기할부조건으로 자산을 판매하고 인도기준으로 회계처리한 경우, 그 장기할부조건에 따라 각 사업연도에 회수하였거나 회수할 금액과 이에 대응하는 비용을 신고조정에 의하여 해당 사업연도의 익금과 손금에 산입할 수 있다.

③ 약정에 의한 지급기일이 제20기 12.15.인 매출할인금액을 제21기 1.15.에 지급한 경우 그 매출할인금액은 제20기의 매출액에서 차감한다.

④ 이미 경과한 기간에 대응하는 이자 300,000원을 제21기의 비용으로 계상한 경우 그 이자는 「법인세법」에 따라 원천징수되는 이자에 해당하지 않는 경우에만 제21기의 손금으로 한다.

⑤ 임대료 12,000,000원(임대계약기간: 제20기 10.10.~제21기 9.30.)을 제20기 10.10. 선불로 받는 조건으로 임대계약을 체결하고, 그 임대료를 제21기의 수익으로 계상하지 않은 경우 제21기의 「법인세법」상 임대료수익은 3,000,000원이다.

해답 ①

해설 ② 법인이 장기할부조건에 따라 각 사업연도에 회수하였거나 회수할 금액과 이에 대응하는 비용을 신고조정에 의하여 해당 사업연도의 익금과 손금에 산입하려면 해당 법인이 중소기업에 해당하여야 한다.

③ 매출할인금액은 약정에 의한 지급기일이 해당하는 사업연도 매출액에서 차감한다.

④ 결산을 확정함에 있어서 이미 경과한 기간에 대응하는 이자(차입일부터 이자지급일이 1년을 초과하는 특수관계인과의 거래에 따른 이자 및 할인액은 제외) 등을 해당 사업연도의 손비로 계상한 경우에는 그 계상한 사업연도의 손금으로 한다. 즉, 미지급 이자는 법인세법에 따라 원천징수 여부 관계 없이 계상한 경우 손금으로 인정한다.

⑤ 임대료 지급기간이 1년을 초과하지 않으므로 단기 임대료에 해당하며, 이 경우 자산의 임대로 인한 익금과 손금의 귀속사업연도는 다음의 날이 속하는 사업연도로 한다.

ㄱ. 계약 등에 의하여임대료의 지급일이 정하여진 경우에는 그 지급일

ㄴ. 계약 등에 의하여 임대료의 지급일이 정하여지지 아니한 경우에는 그 지급을 받은 날

05 **㈜B는 제9기(1월 1일~12월 31일)초에 2년 동안 사무실을 임차하면서 임차료 20,000,000원을 지급하고 전액 비용으로 장부상 회계처리하였고, 이에 대해 적정하게 세무조정하였다. 한편 회사는 제10기말에 다음과 같은 수정회계처리를 하였다.**

(차) 임차료 10,000,000	(대) 전기오류수정이익 10,000,000

다음 중 ㈜B가 전기오류수정이익을 '영업외수익'으로 회계처리한 경우와 '이월이익잉여금의 증가'로 회계처리한 경우의 세무조정으로 올바르게 묶인 것은?

	영업외수익으로 회계처리한 경우	이월이익잉여금의 증가로 회계처리한 경우
①	세무조정 없음	세무조정 없음
②	〈익금불산입〉10,000,000, △유보	〈익금산입〉 10,000,000, 기타 〈익금불산입〉10,000,000, △유보
③	〈익금산입〉 10,000,000, 유보	〈익금불산입〉10,000,000, 기타 〈익금산입〉 10,000,000, 유보
④	〈익금불산입〉10,000,000, △유보	〈익금불산입〉10,000,000, 기타 〈익금산입〉 10,000,000, 유보
⑤	〈익금산입〉 10,000,000, 유보	〈익금산입〉 10,000,000, 기타 〈익금불산입〉10,000,000, △유보

해답 ②

해설
- 전기오류수정이익을 영업외수익으로 회계처리한 경우
  당기의 익금이 아니므로 익금불산입 10,000,000하고 △유보 처분한다.
- 전기오류수정이익을 이월이익잉여금의 증가로 회계처리한 경우
  〈1단계〉 익금산입 10,000,000(기타)
  〈2단계〉 익금불산입 10,000,000(△유보) – ∵ 전기 세무조정상 '유보' 처분했으므로

06 법인세법상의 손익의 귀속사업연도에 관한 설명이다. 옳지 않은 것은?

① 부동산매매업을 영위하는 법인의 부동산의 판매로 인하여 발생한 판매손익의 귀속사업연도는 그 부동산을 인도한 날이 속하는 사업연도이다. 단, 대금청산일이 인도일보다 빠름
② 계약기간이 1년 미만인 단기건설에 대하여도 법인세법상의 작업진행률에 따라 수익과 비용을 각 사업연도의 익금과 손금에 산입함을 원칙으로 한다.
③ 작업진행률을 계산할 수 있는 장기예약매출(계약기간이 1년 이상인 것)의 경우에는 작업진행률을 기준으로 하여 계산한 수익과 비용을 각 사업연도의 익금과 손금에 산입한다. 단, 작업진행률은 법인세법상의 기준에 따른 것임
④ 장기할부조건에 의하여 자산을 판매함으로써 발생한 채권에 대하여 기업회계기준이 정하는 바에 따라 계상한 현재가치할인차금은 그에 따라 환입하였거나 환입할 금액을 각 사업연도의 익금에 산입한다.
⑤ 사채할인발행차금은 기업회계기준에 의한 사채할인발행차금의 상각방법에 따라 손금에 산입한다.

해답 ①
해설 부동산매매업을 영위하는 법인의 부동산의 판매로 인하여 발생한 판매손익의 귀속사업연도는 대금청산일, 소유권이전등기·등록일, 인도일, 사용수익일중 빠른 날이 속하는 사업연도이다.

07 「법인세법」상 손익의 귀속사업연도에 관한 사항이다. 옳지 않은 것은?

2010년 회계사

① 잉여금의 처분에 따른 배당소득의 귀속사업연도는 잉여금을 처분한 법인의 결산확정일이 속하는 사업연도로 한다.
② 자산을 위탁매매하는 경우 수탁자가 그 위탁자산을 매매한 날을 귀속사업연도로 한다.
③ 영수증을 작성·교부할 수 있는 업종을 영위하는 법인이 금전등록기를 설치·사용하는 경우 그 수입하는 물품대금과 용역대가의 귀속사업연도는 그 금액이 실제로 수입된 사업연도로 할 수 있다.
④ 법인이 사채를 발행하는 경우에 상환할 사채금액의 합계액에서 사채발행가액(사채발행수수료와 사채발행을 위하여 직접 필수적으로 지출된 비용을 차감한 후 가액)의 합계액을 공제한 금액(사채할인발행차금)은 기업회계기준에 따른 상각방법에 따라 이를 손금에 산입한다.
⑤ 금융보험업을 영위하는 법인의 수입 보험료로서 당해 법인이 결산을 확정할 때 이미 경과한 기간에 대응하는 보험료상당액을 해당 사업연도에 수익으로 계상한 경우에는 그 계상한 사업연도의 익금으로 한다.

해답 ①
해설 잉여금의 처분에 따른 배당소득의 귀속사업연도는 처분결의일이 속하는 사업연도로 한다.

08 **다음은 영리내국법인 ㈜A(중소기업임)의 제14기 사업연도(1.1.~12.31.) 할부판매 관련 자료이다. 할부매출액에 대한 세무조정이 제14기 각 사업연도 소득금액에 미치는 영향으로 옳은 것은?**

2014년 회계사

(1) 모든 할부판매는 인도일이 속하는 달의 말일부터 매월 1,000,000원씩 할부기간에 걸쳐 대금을 회수하기로 약정하였으며, 거래별 내역은 다음과 같다.

구분	제품인도일	총판매대금	할부기간	제14기의 대금회수액
거래1	제14기 11.1.	10,000,000원	10개월	2,000,000원
거래2	제14기 3.1.	20,000,000원	20개월	10,000,000원

(2) 제14기 결산상 회계처리
가. 거래1에 대하여 대금회수액을 회수일에 각각 매출액으로 계상하였다.
나. 거래2에 대하여 인도일에 총판매대금을 매출액으로 계상하였다.
(3) 할부매출원가에 대한 세무조정은 고려하지 아니하며, 제14기 법인세 부담의 최소화를 가정하여 세무조정할 것.

① 영향 없음 ② 10,000,000원 증가 ③ 8,000,000원 증가
④ 10,000,000원 감소 ⑤ 2,000,000원 감소

해답 ⑤

해설

구 분	세무상 익금(A)	결산상 수익(B)	차 이(A－B)
거래1	10,000,000[1)]	2,000,000	8,000,000
거래2	10,000,000[2)]	20,000,000	△10,000,000
계	20,000,000	22,000,000	△2,000,000

1) 단기할부판매의 손익귀속시기 : 인도일
2) 장기할부판매의 손익귀속시기 : 회수기일기준 도래기준에 의하여 회계처리한 경우 이를 수용함

※ 회수기일 도래기준을 적용한 경우
① 인도일 전에 받은 할부금 : 인도일 귀속
② 인도일부터 폐업일까지 받기로 한 할부금 : 회수약정일 귀속(회수약정일 전에 받은 금액은 선수금)
③ 폐업일 이후에 회수약정일 도래분 : 폐업일 귀속

09 다음은 손익의 귀속사업연도에 대한 설명이다. 가장 틀린 것은?

① 임대료는 결산을 확정함에 있어서 이미 경과한 기간에 대응하는 임대료 상당액과 이에 대응하는 비용을 당해 사업연도의 수익과 손비로 계상한 경우 및 임대료 지급기간이 1년을 초과하는 경우 이미 경과한 기간에 대응하는 임대료 상당액과 비용은 이를 각각 당해 사업연도의 익금과 손금으로 한다.

② 세법에 의하여 금전등록기를 설치·사용하는 법인의 경우 그 수입하는 물품대금과 용역대가의 귀속사업연도는 그 금액이 실제로 수입된 사업연도로 하여야 한다.

③ 제조업을 영위하는 법인이 사채를 발행하는 경우에 상환할 사채금액의 합계액에서 사채발행가액(사채발행수수료와 사채발행을 위하여 직접 필수적으로 지출된 비용을 차감한 후의 가액을 말한다)의 합계액을 공제한 금액은 기업회계기준에 의한 사채할인발행차금의 상각방법에 따라 이를 손금에 산입한다.

④ 제조업을 영위하는 법인이 법인세법상 원천징수 규정에 의하여 원천징수되는 이자소득에 대한 결산상 미수이자를 계상한 경우에는 그 계상한 사업연도의 익금에 산입되지 않는다.

⑤ 제조업을 영위하는 법인이 결산을 확정함에 있어서 이미 경과한 기간에 대응하는 이자를 당해 사업연도의 손금으로 계상한 경우에는 그 계상한 사업연도의 손금으로 한다.

해답 ②

해설 영수증을 작성·교부할 수 있는 업종을 영위하는 법인이 금전등록기를 설치·사용하는 경우 그 수입하는 물품대금과 용역대가의 귀속사업연도는 그 금액이 실제로 수입된 사업연도로 할 수 있다.

10 법인세법상 손익귀속시기에 대한 설명이다. 옳지 않은 것은?

2020년 회계사

① 금융보험업 이외의 법인이 원천징수되는 이자로서 이미 경과한 기간에 대응하는 이자를 해당 사업연도의 수익으로 계상한 경우 그 계상한 사업연도의 익금으로 본다.

② 중소기업이 수행하는 계약기간 1년 미만인 건설용역의 제공으로 인한 수익은 그 목적물의 인도일이 속하는 사업연도에 익금에 산입할 수 있다.

③ 세법에 따라 영수증을 작성·교부할 수 있는 사업을 영위하는 법인이 금전등록기를 설치·사용하는 경우 그 수입하는 물품대금과 용역대가의 귀속사업연도는 그 금액이 실제로 수입된 사업연도로 할 수 있다.

④ 중소기업의 경우 장기할부매출에 대하여 결산상 회계처리에 관계없이 장기할부조건에 따라 각 사업연도에 회수하였거나 회수할 금액과 이에 대응하는 비용을 각각 해당 사업연도의 익금과 손금에 산입할 수 있다.

⑤ 결산을 확정함에 있어 이미 경과한 기간에 대응하는 임대료 상당액과 이에 대응하는 비용을 당해 사업연도의 수익과 손비로 계상한 경우 이를 각각 당해 사업연도의 익금과 손금으로 한다.

해답 ①

해설 결산 확정시 기간 경과분 미수이자를 수익으로 계상한 경우 그 계상한 사업연도의 익금에 산입할 수 있는 이자는 원천징수대상이 아닌 이자소득에 한한다.

11 **다음은 ㈜ A의 제6기 사업연도(1월 1일~12월 31일) 전기오류수정손익과 관련하여 손익계산서와 이익잉여금처분계산서에 표시된 자료이다.**

구 분	손익계산서	이익잉여금처분계산서
전기오류수정이익	2,000,000원주1) 2,500,000원주2)	4,800,000원주4)
전기오류수정손실	3,000,000원주3)	1,300,000원주5)

주1) 제5기에 납부한 법인세 과다납입액의 환급액이다.
주2) 제5기에 발생하였으나 제6기에 수령한 보통예금 이자수익 발생분의 누락분이다.
주3) 제5기에 인식하지 않은 감가상각비를 인식한 것이며, 추가로 ㈜ A는 손익계산서에 제6기분 감가상각비 5,000,000원을 계상하였다. 제6기의 상각범위액은 7,000,000원이다.
주4) 제5기에 잉여금처분결의가 있었으나 당기에 수령한 배당금의 계상 누락으로 발생한 것이다.
주5) 제5기에 발생하였으나 제6기에 지급한 이자비용이다.

위와 관련된 세무조정이 ㈜ A의 제6기 각 사업연도의 소득금액에 미치는 영향은 얼마인가? (단, 제5기까지의 세무조정은 적절하게 이루어졌다.)

① 2,300,000원 (감소)　② 3,300,000원 (감소)
③ 4,800,000원 (감소)　④ 5,000,000원 (감소)
⑤ 7,100,000원 (감소)

해답 ①

해설 1. 제5기에 납부한 법인세 과다납입액의 환급액이다.(영업외수익 처리)
→ 익금불산입 2,000,000(기타)
2. 제5기에 발생하였으나 제6기에 수령한 보통예금 이자수익 발생분의 누락분이다.(영업외수익 처리)
→ 세무조정 없음
3. 제5기에 인식하지 않은 감가상각비를 인식한 것이며, 추가로 ㈜ A는 손익계산서에 제6기분 감가상각비 5,000,000원을 계상하였다. 제6기의 상각범위액은 7,000,000원이다.(영업외비용 처리)
→ 손금불산입 1,000,000(유보)
4. 제5기에 잉여금처분결의가 있었으나 당기에 수령한 배당금의 계상 누락으로 발생한 것이다.(이익잉여금 증가처리)
→ [1단계] 익금산입 4,800,000(기타)
[2단계] 익금불산입 4,800,000(△유보)
5. 제5기에 발생하였으나 제6기에 지급한 이자비용이다.(이익잉여금 감소처리)
→ [1단계] 손금산입 1,300,000(기타)
[2단계] -
∴ 2,300,000(감소)

12 **내국법인의 손익의 귀속사업연도에 관한 설명으로 옳지 않은 것은?** 2010년 세무사

① 법인이 매출할인을 하는 경우 그 매출할인금액은 상대방과의 약정에 의한 지급기일(그 지급기일이 정하여 있지 아니한 경우에는 지급한 날)이 속하는 사업연도의 매출액에서 차감한다.

② 부동산매매업을 영위하는 법인이 재고자산인 부동산을 판매하는 경우에는 그 재고자산을 인도한 날이 속하는 사업연도로 한다.

③ 법인이 결산을 확정함에 있어서 이미 경과한 기간에 대응하는 이자 및 할인액을 당해 사업연도의 손금으로 계상한 경우에는 그 계상한 사업연도의 손금으로 한다.

④ 「부가가치세법」의 규정을 적용받는 업종을 영위하는 법인이 금전등록기를 설치·사용하는 경우 그 수입하는 물품대금과 용역대가의 귀속사업연도는 그 금액이 실제로 수입된 사업연도로 할 수 있다.

⑤ 법인이 장기금전대차거래에 대하여 장부가액과 현재가치와의 차액을 현재가치할인차금으로 계상하고, 이를 기업회계기준의 상각 또는 환입방법에 따라 손금 또는 익금으로 계상하는 경우에는 그 계상한 사업연도의 손금 또는 익금에 산입하지 아니한다.

해답 ②

해설 부동산판매의 손익의 귀속사업연도는 대금청산일, 소유권이전등기일, 인도일, 사용수익일 중 빠른 날이다.

CHAPTER

08 자산·부채의 평가

제1절 자산의 취득가액

01 법인세법상의 자산의 취득가액에 관한 설명이다. 옳지 않은 것은?

① 자산을 장기할부조건으로 취득함에 따라 발생한 채무를 기업회계기준이 정하는 바에 따라 현재가치로 평가하여 계상하는 현재가치할인차금은 취득가액에 포함한다.

② 적격합병의 요건을 충족하지 못한 합병에 따라 취득한 자산은 해당 자산의 시가를 취득가액으로 한다.

③ 특수관계인인 개인으로부터 유가증권을 시가보다 낮은 가액으로 매입하는 경우에 그 유가증권의 시가와 매입가액의 차액에 상당하는 금액은 취득가액에 포함한다.

④ 법인의 증자에 있어서 주주인 A법인이 신주를 시가보다 높은 가액으로 인수함으로써 부당행위계산의 부인 규정이 적용되는 경우, 그 시가초과액은 A법인이 취득한 주식의 취득가액에 포함하지 않는다.

⑤ 법률의 요건을 모두 갖추어 양도차익에 상당하는 금액을 손금에 산입하는 현물출자(적격현물출자)에 따라 출자법인이 취득한 주식은 현물출자한 순자산의 장부가액을 그 자산의 취득가액으로 한다.

해답 ①

해설 자산을 장기할부조건으로 취득함에 따라 발생한 채무를 기업회계기준이 정하는 바에 따라 현재가치로 평가하여 계상하는 현재가치할인차금은 취득가액에서 제외한다.

02 법인세법상 자산의 취득가액에 관한 설명으로 옳지 않은 것은? 2016년 회계사

① 적격물적분할에 따라 분할법인이 취득하는 주식의 세무상 취득가액은 물적분할한 순자산의 장부가액이다.

② 주식배당으로 A회사 주식 1,000주(1주당 발행가액 10,000원, 1주당 액면가액 5,000원)를 수령한 경우, 동 무상주의 세무상 취득가액은 1천만원이다.

③ 매입대금을 매월 1백만원씩 30회에 걸쳐 분할하여 지급하는 조건으로 기계장치를 취득하고 명목가액인 3천만원(현재가치 2천만원)을 장부상 취득원가로 계상한 경우, 동 기계장치의 세무상 취득가액은 3천만원이다.

④ 특수관계인인 개인으로부터 토지를 10억원(시가 12억원)에 매입하고 실제지급액인 10억원을 장부상 취득원가로 계상한 경우, 동 토지의 세무상 취득가액은 10억원이다.

⑤ 본사건물 신축을 위하여 10억원에 토지를 매입하고 동 토지의 취득을 위한 특정차입금이자 1천만원을 장부상 이자비용으로 계상한 경우, 동 토지의 세무상 취득가액은 10억 1천만원이다.

해답 ①

해설 적격물적분할에 따라 분할법인이 취득하는 주식의 세무상 취득가액은 물적분할한 순자산의 시가이다.

03 **다음은 제조업을 영위하는 영리내국법인 ㈜K가 제21기 사업연도 (1.1.~.12.31.)말 현재 보유하고있는 주식과 관련한 자료이다. 이들에 대하여 필요한 세무조정을 완료한 후, 이를 반영한 개별 주식의 법인세법상 주식가액을 계산한 것으로 옳은 것은? (단, 법인세 부담 최소화를 가정하고, 주어진 자료 이외의 다른 사항은 고려하지 않는다.)** 2017년 회계사

구 분	제17기말 재무상태표상 장부가액	장부가액에 대한 당기 세부내역
㈜A의 주식	25,000,000원	5.4. 시가 10,000,000원인 주식을 정당한 사유 없이 특수관계인 외의 자로부터 15,000,000원에 매입하였고, 12.31.의 시가인 25,000,000원으로 평가하였다.
㈜B의 주식	5,000,000원	2.5. 시가 5,000,000원에 주식을 매입하고, 장부에 매입가액으로 계상하였다. 10.25. ㈜B가 이익준비금의 일부를 자본전입함에 따라 무상주 200주(1주당 액면가액 5,000원, 발행가액 6,000원)를 수령한 후 기업회계기준에 따라 회계처리하였다.
㈜C의 주식	1,250,000원	5.4. 시가 1,250,000원에 주식을 매입하고, 장부에 매입가액으로 계상하였다. 7.5. ㈜C가 파산하였으며, 사업연도종료일 현재 ㈜C 주식의 시가는 500원이나 이에 대해서는 회계처리하지 않았다.

	㈜A의 주식	㈜B의 주식	㈜C의 주식
①	10,000,000원	6,000,000원	500원
②	10,000,000원	6,200,000원	1,000원
③	13,000,000원	6,000,000원	1,000원
④	13,000,000원	6,200,000원	1,250,000원
⑤	13,000,000원	6,000,000원	1,250,000원

해답 ⑤

해설 (1) ㈜A의 주식 가액 :

주식을 정당한 사유 없이 특수관계인 외의 자로부터 고가매입을 하였으므로 정상가액으로 주식가액을 평가해야 한다.

$10,000,000 \times 130\% = 13,000,000$

(2) ㈜B의 주식 가액 :

이익준비금의 일부를 자본전입함에 따라 무상주를 수령하였으므로 21기 2.5. 취득가액에 의제배당 유보금액을 가산하여야 한다.

5,000,000 + 200주 × 5,000 = 6,000,000

(3) ㈜C의 주식 가액 :

주식발행법인이 파산하였을 경우엔 결산조정사항으로 사업연도 종료일 현재 시가(보유 주식 총액을 시가로 평가하였을 때 1천원 이하인 경우에는 1천원)로 평가하나, 결산서에 반영하지 않았으므로 매입가액을 취득가액으로 한다.

04 **㈜백두와 ㈜한라는 제13기(1. 1～12. 31) 사업연도에 다음 자료와 같이 동종자산인 기계장치A와 기계장치B를 교환하였다.**

〈자 료〉

구 분	㈜백두의 기계장치A	㈜한라의 기계장치B
(1) 취득가액 (2) 감가상각누계액	5,000,000원 (1,300,000원)	6,000,000원 (1,800,000원)
(3) 시 가	4,500,000원	4,500,000원

㈜백두의 기계장치 교환과 관련된 세무조정과 소득처분으로 옳은 것은? (단, 장부상 회계처리는 기업회계기준에 따라 적절하게 이루어졌고, 교환자산과 관련된 유보사항은 없다.)

① 익금산입·손금불산입 800,000원(유보)
② 익금산입·손금불산입 500,000원(유보)
③ 익금불산입·손금산입 800,000원(△유보)
④ 익금불산입·손금산입 500,000원(△유보)
⑤ 세무조정 없음

해답 ①

해설 교환시 취득자산의 취득가액

기업회계기준 : 상업적 실질이 있는 경우 ⇒ 제공한 자산의 공정가액,
상업적 실질이 없는 경우 ⇒ 제공한 자산의 장부가액
세법 : 취득한 자산의 공정가액

회사

(차) 기계장치(B)	3,700,000	(대) 기계장치(A)	5,000,000
감가상각누계액	1,300,000		

세법

(차) 기계장치(B)	4,500,000	(대) 기계장치(A)	5,000,000
감가상각누계액	1,300,000	처분이익	800,000

따라서 익금산입 처분이익 800,000(유보)

05 **다음 자료는 제조업을 영위하는 영리내국법인 ㈜A가 제13기(1.1. ~12.31.)에 취득하여 당해 사업연도 말 현재 보유하고 있는 토지의 내역이다. 이들에 대하여 필요한 세무조정을 완료한 후 이를 반영한 「법인세법」상 각 토지가액을 모두 합계한 금액으로 옳은 것은? (단, 법인세부담의 최소화를 가정하고 주어진 자료 이외의 다른 사항은 고려하지 않음)** 2013년 회계사

구 분	제13기 말 재무 상태표상 장부가액	장부가액에 대한 세부내역
토지 A	54,000,000원	취득시 지불한 현금 50,000,000원(시가)과 취득세 3,000,000원, 취득세에 대한 가산세 1,000,000원을 장부가액으로 계상하였다.
토지 B	25,000,000원	시가 20,000,000원인 토지를 정당한 사유 없이 현금 25,000,000원을 지불하고 특수관계인이 아닌 자로부터 취득하였다.
토지 C	30,000,000원	취득일로부터 4년간 매년 말 10,000,000원씩 총 40,000,000원을 지불하는 장기할부조건으로 취득하였다. 이때 발생한 채무의 현재가치는 30,000,000원이며, 회계상 10,000,000원의 현재가치할인차금을 계상하였다.
토지 D	5,000,000원	취득당시 시가인 5,000,000원에 취득하였으나 천재지변으로 인해 멸실되어 고유목적에 정상적인 사용이 불가능하며, 당해 사업연도 종료일 현재 시가는 1,000,000원이다.

① 108,000,000원 ② 109,000,000원 ③ 113,000,000원
④ 119,000,000원 ⑤ 123,000,000원

해답 ③

해설 가산세는 손금불산입 항목이므로 토지A의 세법상가액은 ₩53,000,000이 된다.
토지D와 관련한 천재지변으로 인한 고정자산의 평가손실은 결산조정사항이므로 이에 대한 세무조정은 없다.

06 영리내국법인 ㈜A(중소기업이 아님)는 다음 자료를 이용하여 제12기 사업연도(1.1.~12.31.)의 할부판매에 대한 세무조정을 하고자 한다. 세무조정을 통해 감소될 수 있는 제12기 각 사업연도의 소득금액은 얼마인가? (단, 주어진 자료 이외의 다른 세무조정 사항은 없음)

2012년 세무사

(1) 제12기 사업연도 초에 원가 5,000,000원인 상품을 7,500,000원에 할부판매하고, 제12기 사업연도 말부터 매 사업연도 말에 1,500,000원씩 5년간 균등하게 회수하기로 하였다. 단, 제12기 사업연도에 실제 회수된 할부금은 없다.

(2) ㈜A는 당해 할부매출에 대하여 제12기 사업연도에 다음과 같이 기업회계기준에 따라 적정하게 회계처리 하였다.

〈상품인도시점〉

(차변)	장기매출채권	7,500,000	(대변)	할부매출	5,686,180
				현재가치할인차금	1,813,820
(차변)	할부매출원가	5,000,000	(대변)	상품	5,000,000

〈제12기 사업연도 말〉

(차변)	현재가치할인차금	568,618	(대변)	이자수익	568,618

① 0원 ② 137,236원 ③ 568,618원
④ 754,798원 ⑤ 1,003,838원

해답 ①

해설 회사에서 현재가치할인차금을 계상하는 경우 세법상 인정함

07 **영리내국법인 ㈜A는 제14기(1. 1～12. 31) 중에 유가증권을 전량 현금 1,000,000원에 처분하고 유가증권처분이익 400,000원을 손익계산서에 계상하였다. 이 유가증권은 제13기에 ㈜A의 임원 甲으로부터 취득한 것이며, 실지 매입가액으로 장부에 계상하였다. ㈜A가 유가증권 처분에 대한 세무조정으로 '익금불산입 200,000원(△유보)' 하였다면, 제13기 취득 당시의 유가증권의 시가는 얼마인가? (단, 처분 직전까지 유가증권은 실지 매입가액으로 장부상 계상하였고, 제13기 및 제14기의 세무조정은 적절함)** 2014년 세무사

① 200,000원 ② 400,000원 ③ 600,000원
④ 800,000원 ⑤ 1,000,000원

해답 ④

해설

제14기 : 유가증권 처분	
회계처리	(차) 현금 1,000,000 (대) 유가증권 600,000 유가증권처분이익 400,000 ※ 유가증권 실지 매입가액 : 600,000원
세무조정	〈익금불산입〉 유가증권 200,000원 (△유보)

제13기 : 유가증권 취득	
회계처리	(차) 유가증권 600,000 (대) 현금 600,000 ※ 유가증권 실지 매입가액 : 600,000원
세무조정	〈익금산입〉 유가증권 200,000원 (유보) 시가 − 600,000 = 200,000
유가증권의 시가	시가 − 매입가액 600,000원 = 200,000원 ∴ 시가 = 800,000원

※ 특수관계인인 개인으로부터의 유가증권 저가매입에 따른 이익
법인이 특수관계인인 개인으로부터 유가증권을 시가에 미달하는 가액으로 매입한 경우 시가와 매입가액의 차액은 익금으로 본다(법법 제15조② 1호).

제2절 자산·부채의 평가

01 **㈜경원산업의 제15기(1월 1일~12월 31일) 재고자산평가와 관련된 자료는 다음과 같다. 관련된 세무조정으로 맞는 것은?**

〈자 료〉

단위:원

구분	장부계상금액	선입선출법	후입선출법	총평균법
제품	8,000,000	8,000,000	4,000,000	5,500.000
재공품	4,300,000	5,000,000	3,500,000	4,300,000
원재료	3,800,000	4,800,000	3,700,000	4,200,000
저장품	900,000	1,200,000	900,000원	1,000,000

(1) 회사는 제14기까지 제품의 평가방법을 선입선출법으로 신고하여 평가하여 왔으나, 제15기부터 후입선출법으로 변경하기로 하고 15기 8월 17일에 재고자산 평가방법의 변경신고를 하였다.

(2) 회사는 제14기까지 재공품의 평가방법을 신고하지 아니하였으나 15기 9월 13일에 재공품의 평가방법을 총평균법으로 신고하였다.

(3) 회사는 원재료를 신고한 평가방법인 총평균법으로 평가하였으나 계산착오로 인하여 400,000원을 과소계상하였다.

(4) 회사는 저장품의 평가방법을 총평균법으로 신고하였으며 전기말 저장품은 당기 중 모두 비용처리되었다.

(5) 전기 자본금과적립금조정명세서(을)표에는 저장품과 관련된 재고자산평가감 150,000원(유보)이 있다.

	손금불산입/익금산입		손금산입/익금불산입	
①	원재료평가감	400,000원(유보)	전기저장품평가감	150,000원(△유보)
	저장품평가감	300,000원(유보)		
②	재공품평가감	700,000원(유보)	전기저장품평가감	150,000원(△유보)
	원재료평가감	400,000원(유보)		
	저장품평가감	100,000원(유보)		
③	재공품평가감	700,000원(유보)	전기저장품평가감	150,000원(△유보)
	원재료평가감	400,000원(유보)		
	저장품평가감	300,000원(유보)		
④	재공품평가감	700,000원(유보)		
	원재료평가감	400,000원(유보)		
	저장품평가감	100,000원(유보)		
⑤	재공품평가감	700,000원(유보)	전기저장품평가감	150,000원(△유보)
	원재료평가감	1,000,000원(유보)		
	저장품평가감	300,000원(유보)		

해답 ①

해설

구분	장부계상금액	세법상평가액	판 단	세무조정
제품	8,000,000원	8,000,000원	-	-
재공품	4,300,000원	4,300,000원	-	-
원재료	3,800,000원	4,200,000원	400,000원 평가감 됨	익금산입
저장품	900,000원	1,200,000원	300,000원 평가감 됨	익금산입

*제품의 평가방법 신고는 변경할 과세기간 종료 3개월 이전에 신고하였으므로 적법하나, 임의변경에 해당하므로 선입선출법과 신고한 평가방법중 큰 금액인 8백만원을 적용한다.

*재공품의 경우 변경할 평가 방법을 적용하고자 하는 사업연도의 종료일 이전 3개월이 되는 날 까지 적법하게 변경신고를 하였으므로 15기부터 총평균법을 적용한다.

02 **다음은 영리내국법인 (주)한국의 제3기 사업연도(1.1.~12.31.)의 기말 재고자산 평가와 관련한 자료이다. 제3기말 세무상 재고자산평가액은? (단, 주어진 자료 이외에는 고려하지 않음)**

2020년 세무사

구 분	장부상 평가액	후입선출법	총평균법	선입선출법
제 품	10,000,000원	7,000,000원	8,700,000원	10,000,000원
재공품	5,000,000원	4,500,000원	4,800,000원	5,000,000원
원재료	3,000,000원	2,700,000원	3,000,000원	3,500,000원
저장품	1,500,000원	1,000,000원	1,200,000원	1,400,000원

(1) 법인의 설립일이 속하는 사업연도의 법인세 과세표준 신고기한까지 관할 세무서장에게 제품, 재공품, 저장품에 대한 평가방법을 모두 총평균법으로 신고하였으나, 원재료에 대한 평가방법은 신고하지 않았다.
(2) 제2기 10월 5일에 제품 평가방법을 총평균법에서 선입선출법으로 변경 신고하였다.
(3) 저장품은 총평균법으로 평가하였으나 계산착오로 300,000원이 과대 계상되었다.

① 19,500,000원 ② 19,700,000원 ③ 19,900,000원
④ 20,000,000원 ⑤ 20,700,000원

해답 ②

해설

구분	세무상 재고자산평가액	비고
제품	10,000,000	신고기한이 경과한 후 변경하여 임의 변경에 해당한다. 그러므로 당초 신고방법과 선입선출법 중 큰 금액으로 평가한다.
재공품	5,000,000	당초 평가방법을 총평균법으로 신고하였으나 선입선출법으로 임의 변경하여 계상하였으므로 임의 변경에 해당하여 당초 신고방법과 선입선출법 중 큰 금액으로 평가한다.
원재료	3,500,000	평가방법을 신고하지 않았으므로 선입선출법으로 평가한다.
저장품	1,200,000	계산착오로 과대계상한 것이므로 임의 변경에 해당하지 않아 당초 신고한 평가 방법으로 평가한다.
합계	19,700,000	

03 **㈜연수의 당기(1. 1~12. 31) 자본금과적립금조정명세서(을)상의 기초잔액 내역 및 당기 세무조정사항은 다음과 같다. 기타사항은 당기의 세무조정에 고려되지 않은 사항을 정리한 것이다. 기타사항이 고려되지 않은 것을 제외하고는 세무조정이 적정하게 이루어졌다고 가정하고 다음 자료를 이용하여 당기말의 자본금과적립금조정명세서(을)에 기록되는 유보사항의 기말잔액 합계액을 계산하면 얼마인가?**

(1) 전기말 자본금과적립금조정명세서(을)의 내역

재고자산평가증	500,000원(△유보)
정기예금미수이자(주1)	800,000원(△유보)
대손충당금한도초과액	2,800,000원(유보)

(주1) 전기 5월 1일에 연 4.5%의 이자율로 가입한 정기예금으로 만기는 차기 4월 30일이다.

(2) 당기 세무조정내용

가. 손금불산입·익금산입

법인세비용	3,700,000원
전기재고자산평가증	500,000원
퇴직급여충당금한도초과액	170,000원

나. 손금산입·익금불산입

전기대손충당금한도초과액	2,800,000원

(3) 기타사항

가. 한도내 일반기부금 1,500,000원을 어음(만기 차기 1월 15일)으로 발행해 주고 당기 손익계산서에 영업외비용으로 계상함.

나. 당기 중에 추가로 발생한 정기예금미수이자 1,200,000원을 장부에 미수수익으로 반영함.

다. 당기의 감가상각대상자산의 시부인 결과 시인부족액 65,000원 있음.

① △330,000원 ② △395,000원 ③ △730,000원
④ △1,530,000원 ⑤ △1,830,000원

해답 ①

해설 (1) 소득금액조정합계표

익금산입 및 손금불산입			손금산입 및 익금불산입		
과 목	금 액	처 분	과 목	금 액	처 분
① 법 인 세 비 용	3,700,000	기타사외유출	① 전기대손충당금	2,800,000	유 보
② 전기재고자산평가증	500,000	유 보	② 미 수 이 자	1,200,000	유 보
③ 퇴직급여충당금	170,000	유 보			
④ 미지급기부금	1,500,000	유 보			
계	5,700,000		계	4,000,000	

(2) 기말유보금

기초유보금 + 당기증감액 = 1,500,000 + 2,170,000 − 4,000,000
= △330,000

04 **다음은 ㈜된다의 유가증권 관련 거래와 회계처리이다. 제5기(1. 1~12. 31)에 이 유가증권과 관련하여 올바르게 세무조정한다면 필요한 가산조정과 차감조정의 순차이는 얼마인가? ㈜된다는 유가증권 평가방법을 신고하지 않았으며, 차입금이 없고, 이전연도의 세무조정은 정확하게 했다.**

(1) 제4기 11. 25 ㈜된다는 주식이 거래소에 상장된 ㈜영(제조업)의 보통주 1만주(지분율 0.5%)를 200,000,000원에 구입하였다.

차) 단기매매금융자산	200,000,000	대) 현금	200,000,000

(2) 제4기 12. 31 ㈜영 주식의 기말 공정가액은 주당 22,000원 이었다.

차) 단기매매금융자산	20,000,000	대) 단기매매금융자산평가이익	20,000,000

(3) 제5기 3. 15 ㈜영으로부터 현금배당 10,000,000원, 주식배당 5,000,000원(1,000주), 무상주 1,000주(액면가액 5,000,000원)를 받았다. 무상주의 반은 자기주식처분이익의 자본금 전입으로, 나머지 반은 감자차익을 자본금에 전입한 것이다. 무상주와 배당의 기준일은 제4기 12. 31이다.

차) 현금	10,000,000	대) 배당금수익	10,000,000

(4) 제5기 5. 15 ㈜된다가 보유 중인 ㈜영의 주식 12,000주 중 6,000주를 130,000,000원에 매각하였다.

차) 현금	130,000,000	대) 단기매매금융자산	110,000,000
		단기매매금융자산평가이익	20,000,000

(5) 제5기 12. 31 보유 중인 ㈜영 주식의 공정가액은 주당 23,000원이다.

차) 단기매매금융자산	28,000,000	대) 단기매매금융자산평가이익	28,000,000

① 가산조정 5,750,000원
② 가산조정 7,500,000원
③ 차감조정 14,250,000원
④ 차감조정 15,225,000원
⑤ 차감조정 17,475,000원

해답 ③

해설 (1) 제4기 세무조정

구 분	결산상 회계처리	세 무 조 정
제4기 11. 15 주식취득	(차) 단기매매금융자산 200,000,000 (대) 현 금 200,000,000	–
제4기 12. 31 기말평가	(차) 단기매매금융자산 20,000,000 (대) 단기매매금융자산평가이익 20,000,000	〈익금불산입〉 단기매매금융자산평가이익 20,000,000(△유보)

(2) 제5기 세무조정

구 분	결산상 회계처리	세 무 조 정
제5기 3. 15 현금배당	(차) 현 금 10,000,000 (대) 배당금수익 10,000,000*1	–
제5기 3. 15 주식배당	–	〈익금산입〉 단기매매금융자산 5,000,000*1(유보)
제5기 3. 15 무상주	–	〈익금산입〉 단기매매금융자산 2,500,000*1(유보)
제5기 5. 15 주식처분	(차) 현 금 130,000,000 (대) 단기매매금융자산 110,000,000 단기매매금융자산처분이익 20,000,000	〈익금산입〉 단기매매금융자산 6,250,000*2(유보)
제5기 12. 31 기말평가	(차) 단기매매금융자산 28,000,000 (대) 단기매매금융자산평가이익 28,000,000	〈익금불산입〉 단기매매금융자산 28,000,000(△유보)

*1. 배당기준일로부터 3월 이내 취득분이므로 수입배당금액 익금불산입을 하지 아니한다.

*2. (△20,000,000 + 5,000,000 + 2,500,000) × 6,000/12,000 = △6,250,000

(3) 제5기의 가산조정과 차감조정의 순차이

5,000,000 + 2,500,000 + 6,250,000 − 28,000,000 = △14,250,000

05 **다음 자료는 ㈜동양의 제7기(1. 1~12. 31) 자본금과적립금조정명세서(을)표상의 기초 유보잔액과 제7기 세무조정 사항이다. 이 자료에 근거하여 유보사항의 제7기말 잔액을 계산하면 얼마인가?**

(1) 기초 유보잔액		
1) 감가상각비 한도초과액	40,000,000원	
2) 대손금 부인액	20,000,000원	
3) 대손충당금 한도초과액	30,000,000원	
4) 합계	90,000,000원	
(2) 제6기 세무조정 사항		
1) 손익계산서상의 당기순이익	100,000,000원	
2) 익금산입 및 손금불산입		
a) 법인세비용	20,000,000원	
b) 감가상각비 한도초과액	30,000,000원	
c) 대손충당금 한도초과액	40,000,000원	
d) 채권자불분명 사채이자	80,000,000원	
e) 벌금	10,000,000원	180,000,000원
3) 손금산입 및 익금불산입		
a) 전기 대손금 부인액	10,000,000원	
b) 전기 대손충당금 한도초과액	30,000,000원	
c) 전기 감가상각비 한도초과액	20,000,000원	60,000,000원
4) 소득금액		220,000,000원

① 70,000,000원 ② 80,000,000원 ③ 90,000,000원
④ 100,000,000원 ⑤ 110,000,000원

해답 ④

해설

기초 유보잔액	90,000,000원
(+) 감가상각비 한도초과액	30,000,000원
(+) 대손충당금 한도초과액	40,000,000원
(−) 전기 대손금 부인액	10,000,000원
(−) 전기 대손충당금 한도초과액	30,000,000원
(−) 전기 감가상각비 한도초과액	20,000,000원
기말 유보잔액	100,000,000원

06 법인세법상 재고자산의 평가에 대한 설명으로 옳지 않은 것은?

① 법인이 재고자산을 평가함에 있어 영업장별 또는 재고자산의 종류별로 각각 다른 방법에 의하여 평가할 수 있다.

② 신설하는 영리법인은 설립일이 속하는 사업연도의 법인세 과세표준신고기한까지 평가방법신고서를 납세지 관할세무서장에게 제출하여야 한다.

③ 재고자산의 평가방법을 임의변경한 경우에는 당초 신고한 평가방법에 의한 평가금액과 무신고시의 평가방법에 의한 평가금액 중 작은 금액으로 평가한다.

④ 재고자산의 평가방법을 변경하고자 하는 법인은 변경할 평가방법을 적용하고자 하는 사업연도의 종료일 이전 3월이 되는 날까지 신고하여야 한다.

⑤ 법인세법상 재고자산의 평가방법을 원가법으로 신고한 경우라도 재고자산의 파손으로 인하여 처분가능한 시가로 평가하여 평가손실을 계상한 경우 이를 손금으로 인정한다.

해답 ③

해설 재고자산의 평가방법을 임의변경한 경우에는 당초 신고한 평가방법에 의한 평가금액과 무신고시의 평가방법에 의한 평가금액 중 큰 금액으로 평가한다.

07 법인세법상 재고자산과 유가증권의 평가방법에 대한 설명이다. 옳지 않은 것은?

① 재고자산의 평가방법상 원가법에는 개별법·선입선출법·후입선출법·총평균법·이동평균법 및 매출가격환원법이 있고, 유가증권 평가방법상 원가법에는 개별법(채권의 경우에 한한다)·총평균법·이동평균법이 있다.

② 간접투자자산 운용업법에 의한 투자회사가 보유한 유가증권과 금융기관이 매매목적으로 보유하고 있는 유가증권은 재고자산에 해당하므로 법인이 기한내에 평가방법을 신고하지 아니한 경우에는 납세지 관할세무서장은 선입선출법에 의하여 평가한다.

③ 재고자산에 대한 평가방법으로 저가법을 신고하는 경우에는 시가와 비교되는 원가법을 함께 신고하여야 하고, 저가법 적용시 원가법과 비교하는 시가는 기업회계기준에 따라 평가한다.

④ 제조업을 영위하는 법인이 보유한 주식의 평가는 총평균법과 이동평균법 중 법인이 납세지 관할세무서장에게 신고한 방법에 의한다.

⑤ 신설법인이 최초 법인세 신고기한 경과 후 재고자산 또는 유가증권의 평가방법을 신고한 경우에는 그 신고일이 속하는 사업연도까지는 무신고시의 평가방법에 의하고, 그 후의 사업연도에 있어서는 법인이 신고한 평가방법에 의한다.

해답 ②

해설 간접투자자산 운용업법에 의한 투자회사가 보유한 유가증권과 금융기관이 매매목적으로 보유하고 있는 유가증권도 유가증권으로 보아 법인이 기한내에 평가방법을 신고하지 아니한 경우에는 납세지 관할세무서장은 총평균법에 의하여 평가한다.

08 **법인세법상 손익의 귀속시기와 자산 및 부채의 평가에 대한 설명이다. 옳은 것은** 2009년 회계사

① 법인이 장기할부조건으로 자산을 판매 또는 양도한 경우에 각 사업연도에 회수하였거나 회수할 금액과 이에 대응하는 비용을 각각 해당 사업연도의 익금과 손금에 산입한다.

② 법인이 매매목적용 부동산을 양도한 경우 그 손익은 인도일이 속하는 사업연도에 귀속된다.

③ 법인이 결산을 확정함에 있어 이미 경과한 기간에 대응하는 이자비용을 계상한 경우에는 세법상 이를 인정하지 않는다.

④ 건설·제조 기타 용역의 계약기간이 1년 미만인 경우에 법인이 당해 사업연도의 결산을 확정함에 있어서 작업진행률을 기준으로 손익을 계상한 경우 세법상 이를 인정한다.

⑤ 특수관계가 없는 법인으로부터 시가 1,000,000원의 유가증권을 1,500,000원에 취득한 경우에 세법상 취득가액은 1,500,000원이다.

해답 ④

해설 ① 법인이 장기할부조건으로 자산을 판매 또는 양도한 경우에는 원칙적으로 인도한 날이 손익귀속시기이다.

② 법인이 매매목적용 부동산을 양도한 경우는 원칙적으로 대금청산일이 손익귀속시기이다.

③ 법인이 결산을 확정함에 있어 이미 경과한 기간에 대응하는 이자비용을 계상한 경우에는 세법상 이를 인정한다. 다만, 차입일부터 이자지급일이 1년을 초과하는 특수관계인과의 거래에 따른 이자 및 할인액은 제외한다.

⑤ 특수관계가 없는 법인으로부터 시가 1,000,000원의 유가증권을 1,500,000원에 취득한 경우에는 기부금의제를 적용하여 시가의 130%인 1,300,000원이 세법상 취득가액이다.

09 **「법인세법」상 손익의 귀속시기와 자산·부채의 취득가액 및 평가에 관한 설명으로 옳은 것은?**

2016년 세무사

① 내국법인이 수행하는 계약기간 3년 미만인 건설 등의 제공으로 인한 익금과 손금은 그 목적물의 인도일이 속하는 사업연도의 익금과 손금에 산입하여야 한다.

② 상품 등 외의 자산의 양도로 인한 익금 및 손금의 귀속사업연도는 그 대금을 청산하기로 한 날이 속하는 사업연도로 한다.

③ 「자본시장과 금융투자에 관한 법률」에 따른 증권시장에서 증권시장업무규정에 따라 보통거래방식으로 한 유가증권의 매매로 인한 익금과 손금의 귀속사업연도 는 매매대금의 수수일이 속하는 사업연도로 한다.

④ 내국법인이 유형고정자산의 취득과 함께 국·공채를 매입하는 경우 기업회계 기준에 따라 그 국·공채의 매입가액과 현재가치의 차액을 당해 유형고정자산 의 취득가액으로 계상한 금액은 그 취득가액에 포함한다.

⑤ 재고자산을 평가할 때 해당 자산을 제품 및 상품, 재공품, 원재료로 구분할 수는 있으나, 종류별·영업장별로 각각 다른 방법에 의하여 평가할 수는 없다.

해답 ④

해설 ① 중소기업인 법인이 수행하는 계약기간이 1년 미만인 건설등의 경우에는 그 목적물의 인도일이 속하는 사업연도의 익금과 손금에 산입할 수 있다.

② 상품 등 외의 자산의 양도로 인한 익금 및 손금의 귀속사업연도는 그 대금을 청산한 날, 이전등기일(등록일 포함), 인도일 또는 사용수익일 중 빠른 날이다.

※ "사용수익일"이란 당사잔 간의 계약에 따라 사용수익을 하기로 약정한 날을 의미하나, 별도의 약정이 없는 경우에는 자산을 양도하는 법인의 사용승낙으로 인하여 매수인이 해당 자산을 실질적으로 사용할 수 있게 된 날을 말한다.

③ 증권시장업무규정에 따라 보통거래방식으로 한 유가증권의 매매로 인한 익금 및 손금의 귀속사업연도는 매매계약을 체결한 날로 한다.

⑤ 재고자산을 평가함에 있어서는 해당 자산을 '제품 및 상품', '반제품 및 재공품', '원재료', '저장품'으로 구분하여 종류별·영업장별로 각각 구분하여 기장하고, 종목별·영업장별로 제조원가보고서와 손익계산서를 작성하여야 한다.

10 법인세법상 자산·부채의 평가에 관한 설명으로 옳지 않은 것은? 2017년 회계사

① 기업회계에 따른 상업적 실질이 결여되어 있는 자산 간의 교환으로 취득한 자산의 취득원가는 교환으로 인하여 취득한 자산의 취득 당시의 시가로 한다.

② 유형고정자산의 취득과 함께 국·공채를 매입하는 경우 기업회계기준에 따라 그 국·공채의 매입가액과 현재가치의 차액을 당해 유형고정자산의 취득가액으로 계상한 금액은 유형고정자산의 취득가액에 포함한다.

③ 상품매매업을 영위하는 법인이 보유하는 화폐성 외화자산·부채에 대한 평가방법을 사업연도 종료일 현재의 매매기준율로 신고하면 이후에는 변경할 수 없으며 신고된 평가방법을 계속하여 적용하여야 한다.

④ 제조업을 영위하는 법인이 기한 내에 신고한 재고자산 평가방법 외의 방법으로 평가한 경우, 납세지 관할세무서장은 회사가 신고한 평가방법에 의하여 평가한 가액과 선입선출법에 의하여 평가한 가액 중 큰 금액으로 재고자산을 평가한다.

⑤ 자산을 장기할부조건 등으로 취득하는 경우 발생한 채무를 기업회계기준에서 정하는 바에 따라 현재가치로 평가하여 현재가치할인차금으로 계상한 경우 해당 현재가치할인차금을 취득가액에 포함하지 않는다.

해답 ③

해설 특정 금융회사 외의 일반법인의 경우 선택에 따라 신고한 평가방법을 적용한 사업연도를 포함하여 5개 사업연도가 지난 후에는 다른 방법으로 신고를 하여 변경된 평가방법을 적용할 수 있다.

11 **다음은 ㈜A의 제6기(1. 1~12. 31) 재고자산 평가와 관련된 자료이다. 관련된 세무조정으로 옳은 것은?**

2009년 회계사

구분	장부계상금액	선입선출법	후입선출법	총평균법
제품[주1)]	5,000,000원	6,000,000원	4,000,000원	5,000,000원
재공품[주2)]	4,500,000원	4,700,000원	4,500,000원	4,600,000원
원재료[주3)]	3,500,000원	3,300,000원	2,700,000원	3,000,000원
저장품[주4)]	800,000원	1,300,000원	800,000원	1,000,000원

주1) 회사는 제5기까지 제품의 평가방법을 총평균법으로 신고하여 평가하여 왔으나, 제6기부터 후입선출법으로 변경하기로 하고 제6기 8월 10일에 재고자산 평가방법의 변경신고를 하였다.

주2) 회사는 제5까지 재공품의 평가방법을 총평균법으로 신고하였으나, 평가방법 변경신고를 하지 않고 제6기에 재공품을 후입선출법으로 평가하였다.

주3) 회사는 원재료를 신고한 평가방법인 총평균법으로 평가하였으나, 계산착오로 인하여 500,000원을 과대계상 하였다.

주4) 회사는 저장품의 평가방법을 총평균법으로 신고하였다.

	손금불산입/익금산입	손금산입/익금불산입
①	700,000원(유보)	1,500,000원(△유보)
②	700,000원(유보)	1,200,000원(△유보)
③	1,400,000원(유보)	500,000원(△유보)
④	1,700,000원(유보)	200,000원(△유보)
⑤	1,700,000원(유보)	500,000원(△유보)

해답 ⑤

해설 1. 제품 : 임의변경
회사 - 5,000,000
세법 - Max[4,000,000, 6,000,000] = 6,000,000
→ 손금불산입 1,000,000(유보)

2. 재공품 : 임의변경
회사 - 4,500,000
세법 - Max[4,600,000, 4,700,000] = 4,700,000
→ 손금불산입 200,000(유보)

3. 원재료 : 계산착오
회사 - 3,500,000
세법 - 3,000,000
→ 손금산입 500,000(△유보)

4. 저장품 : 임의변경
회사 - 800,000
세법 - Max[1,000,000, 1,300,000] = 1,300,000
→ 손금불산입 500,000(유보)

12 **제조업을 영위하는 영리내국법인 ㈜A의 제21기(1.1.~12.31.) 자료이다. 재고자산 평가 관련 세무조정이 제21기 각 사업연도 소득금액에 미치는 순영향으로 옳은 것은?** 2021년 회계사

구 분	장부상 평가액	선입선출법	총평균법	후입선출법
제 품	3,000,000원	3,200,000원	3,000,000원	2,700,000원
재공품	3,600,000원	3,900,000원	3,700,000원	3,400,000원
원재료	4,250,000원	4,500,000원	4,250,000원	4,100,000원

(1) 회사는 제품 평가방법을 선입선출법으로 신고하였으나, 제품 평가방법의 변경신고를 하지 않고 총평균법으로 평가하였다.
(2) 재공품은 신고된 평가방법인 선입선출법으로 평가하였으나, 계산착오로 인하여 300,000원을 과소계상하였다.
(3) 원재료에 대한 평가방법은 신고하지 않았으며, 전기 말 「자본금과 적립금 조정명세서(을)」에 원재료 평가감 100,000원(유보)이 있다.

① (+)850,000원 ② (+)750,000원 ③ (+)650,000원
④ (-)650,000원 ⑤ (-)850,000원

해답 ③

해설 (1) 제품
① 장부상 평가액 : 3,000,000
② 세무상 평가액 : $Max[3,200,000, 3,200,000] = 3,200,000$
③ 세무조정 : 〈익금산입〉 제품 200,000 (유보)

(2) 재공품
① 세무조정 : 〈익금산입〉 재공품 300,000 (유보)

(3) 원재료
① 장부상 평가액 : 4,250,000
② 세무상 평가액 : 4,500,000
③ 세무조정 : 〈익금산입〉 원재료 250,000 (유보)
〈손금산입〉 원재료 100,000 (△유보)

(4) 각 사업연도 소득금액에 미치는 순영향
$200,000 + 300,000 + 250,000 - 100,000 = (+)650,000$

13 **다음 자료를 이용하여 주권상장법인인 ㈜K의 법인세법에 따른 제6기와 제7기의 세무조정으로 옳은 것은?**

2009년 회계사

> (1) 제조기업 ㈜K는 제6기 사업연도(1. 1~12. 31) 중 $200,000을 차입하였고, 차입시 환율은 $1 = 1,300원이다.
> (2) 제6기말의 환율은 $1 = 1,400원이다.
> (3) 제7기 사업연도에 차입금을 상환하였으며, 상환시 환율은 $1 = 1,500원이다.
> (4) 환전에 따른 수수료는 없다.
> (5) ㈜K(은행업을 영위하는 금융회사 아님)는 기업회계기준에 따라 회계처리를 하고 있으며 화폐성외화자산·부채와 환위험회피용통화선도등의 계약 내용 중 외화자산 및 부채를 사업연도 종료일 현재의 매매기준율등으로 평가하는 방법을 관할 세무서장에게 적법하게 신고하였다.

	제6기 세무조정	제7기 세무조정
①	손금불산입 20,000,000원(유보)	손금산입 20,000,000원(△유보)
②	세무조정 없음	손금산입 20,000,000원(△유보)
③	세무조정 없음	세무조정 없음
④	손금산입 20,000,000원(△유보)	손금산입 20,000,000원(△유보)
⑤	손금불산입 20,000,000원(유보)	손금산입 40,000,000원(△유보)

해답 ③

해설 6기의 경우 사업연도 종료일 현재의 환율을 적용하여 평가한 외화환산손익은 해당 사업연도의 익금 또는 손금에 산입하므로 세무조정은 없고 7기의 경우 기업회계기준에 따라 회계처리 하였으므로, 외환차손에 대한 세무조정 또한 없다.

14 **법인세법상 자산 및 부채의 평가에 대한 설명이다. 옳지 않은 것은?** 2011년 회계사

① 국제회계기준을 적용하는 법인이 단기매매항목으로 분류한 금융자산의 취득가액은 매입가액으로 하고 매입관련부대비용을 포함하지 않는다.

② ㈜A가 유형고정자산(장부가액 1,000원, 공정가치 1,200원)을 ㈜B의 유형고정자산(장부가액 800원, 공정가치 1,200원)과 교환하면서 제공받은 자산의 장부가액을 취득원가로 계상하였다면 ㈜A가 익금산입 또는 손금불산입 할 총금액은 400원이다.

③ ㈜C가 유형고정자산의 취득과 관련된 국공채의 매입가액과 현재가치의 차이를 당해 유형고정자산의 취득가액으로 계상하거나 국공채의 취득가액으로 계상함에 관계없이 이에 대한 세무조정을 할 필요가 없다.

④ 제조업을 영위하는 법인이 결산상 기업회계기준에 따라 화폐성 외화자산 및 부채를 평가하여 장부에 반영하였으나 법인세법상 외화자산 및 부채의 평가방법을 신고하지 않은 경우, 장부상 계상된 평가손익을 인정하지 않으므로 이에 대한 세무조정을 하여야 한다.

⑤ 특수관계없는 자로부터 유형고정자산을 취득하면서 정당한 사유없이 정상가액보다 높은 가격으로 매입하고 실제지급액을 장부상 취득원가로 계상한 경우, 동 유형고정자산의 세무상 취득가액은 시가이다.

해답 ⑤
해설 세법상 취득가액은 시가×130%인 정상가액이고 초과액은 기부금으로 본다.

15 **제조업을 영위하는 ㈜G의 제7기 사업연도(1.1.~12.31.)말 현재 보유하고 있는 유가증권과 관련된 자료는 다음과 같다. 제7기말 자본금과적립금조정명세서(을)상 동 유가증권과 관련된 잔액으로 옳은 것은?** 2011년 회계사

(1) 제6기 12월에 ㈜갑의 주식 1,000주를 특수관계자인 개인으로부터 7,000,000원(시가 8,000,000원)에 취득하고 단기매매금융자산으로 7,000,000원을 계상하였다.
(2) 제6기 결산일 현재 장부가액과 시가와의 차이 297,500원의 평가이익을 장부상 수익으로 처리하였다.
(3) 제7기 1월 ㈜갑으로부터 이익잉여금의 자본전입에 따른 주식배당 50주(주당 액면가 : 5,000원, 주당 발행가 : 6,600원)를 받고 장부상 회계처리하지 않았다.
(4) 제7기 상반기 중 ㈜갑의 주식 중 330주를 3,000,000원에 처분하고 처분이익 706,500원을 계상하였다.
(5) 제7기 결산일 현재 장부가액과 시가와의 차이는 장부에 반영하지 않았다.
(6) 전기 이전의 세무조정은 모두 적정하게 이루어졌다.

① 324,500원 ② 455,000원 ③ △702,500원
④ 708,000원 ⑤ 1,032,500원

해답 ④

해설 (1) 〈익금산입〉 1,000,000 (유보)
(2) 〈익금불산입〉 297,500 (△유보)
(3) 〈익금산입〉 330,000(6,600×50주) (유보)
(4) 〈익금불산입〉 324,500 (△유보)
(1,000,000-297,500+330,000) × 330주/1,000주+50주(주식배당) = 324,500
유가증권 관련 유보잔액은 (1)~(4)의 합계액으로 708,000이 된다.

16 법인세법상 손익의 귀속사업연도 및 자산 · 부채의 평가에 관한 설명이다. 옳지 않은 것은?

2012년 회계사

① 중소기업인 법인이 수행하는 계약기간이 1년 미만인 건설의 경우에는 그에 대한 수익과 비용을 각각 그 목적물의 인도일이 속하는 사업연도의 익금과 손금에 산입할 수 있다.
② 자재를 외국으로부터 연지급수입하면서 연지급수입에 따른 이자를 취득가액과 구분하여 결산서에 지급이자로 비용계상한 경우 동 비용계상한 금액은 당해 수입자재의 법인세법상 취득가액에 포함한다.
③ 영수증을 작성·교부할 수 있는 업종을 영위하는 법인이 금전등록기를 설치·사용하는 경우 그 수입하는 물품대금과 용역대가의 귀속사업연도는 그 금액이 실제로 수입된 사업연도로 할 수 있다.
④ 임대료 지급기간이 1년을 초과하는 경우 이미 경과한 기간에 대응하는 임대료 상당액과 비용은 이를 각각 당해 사업연도의 익금과 손금으로 한다.
⑤ 재고자산이 파손되어 정상가격으로 판매할 수 없게 된 경우에는 당해 재고자산의 장부가액을 파손사유가 발생한 사업연도에 당해 사업연도종료일 현재의 처분가능한 시가로 감액할 수 있다.

해답 ②

해설 ② 자재를 외국으로부터 연지급수입하면서 연지급수입에 따른 이자를 취득가액과 구분하여 결산서에 지급이자로 비용계상한 경우 동 비용계상한 금액은 당해 수입자재의 법인세법상 취득가액에 포함하지 않는다.

17 「법인세법」상 손익의 귀속사업연도와 자산 및 부채의 평가에 관한 설명으로 옳지 않은 것은?

2013년 회계사

① 업무에 사용하던 트럭의 양도손익은 그 대금을 청산하기 전에 소유권 이전에 관한 등록을 한 경우에는 그 등록일이 속하는 사업연도의 익금 및 손금으로 한다.

② 제조업을 영위하는 법인이 다른 법인(제조업)에게 지급하는 차입금 이자에 대하여 약정에 따른 이자지급일이 도래하지 않았지만 결산을 확정함에 있어서 이미 경과한 기간에 대응하는 이자를 당해 사업연도의 손금으로 계상한 경우에는 그 계상한 사업연도의 손금으로 한다.

③ 재고자산의 평가방법으로 저가법을 신고하는 경우에는 시가와 비교되는 원가법을 함께 신고해야 한다.

④ 제조업을 영위하는 법인이 보유하는 주식을 시가법으로 평가하고 회계상 평가이익을 계상한 경우에는 그 계상한 사업연도의 익금으로 한다.

⑤ 주식을 발행한 법인이 파산한 경우 당해 파산법인이 발행한 주식을 보유하는 내국법인은 그 장부가액을 파산한 사업연도 종료일 현재의 시가(시가로 평가한 가액이 1,000원 이하인 경우에는 1,000원으로 함)로 감액하고, 그 감액한 금액을 당해 사업연도의 손금으로 계상할 수 있다.

해답 ④

해설 세법은 유가증권 평가를 원가법으로 하므로 제조업을 영위하는 법인이 보유하는 주식을 시가법으로 평가하고 회계상 평가이익을 계상한 경우에는 그 계상한 사업연도의 익금으로 할 수 없다.

18 「법인세법」상 영리내국법인의 각 사업연도 소득금액 계산에 관한 설명이다. 옳은 것은?

2014년 회계사

① 유가증권 중 채권의 평가는 개별법, 총평균법 및 이동평균법 중 법인이 납세지 관할 세무서장에게 신고한 방법에 의한다.

② 해당 법인의 소액주주인 임원이 사용하고 있는 사택의 유지비·관리비·사용료와 이와 관련되는 지출금은 손금에 산입하지 아니한다.

③ 재고자산을 평가할 때 영업장별로 각각 다른 방법에 의하여 평가할 수 있으나, 동일한 영업장 내에서는 모든 재고자산을 같은 방법에 의하여 평가하여야 한다.

④ 리스회사가 대여하는 리스자산 중 금융리스 자산은 리스이용자의 감가상각자산에 포함하지 아니하고, 리스회사의 감가상각자산으로 한다.

⑤ 금융보험업을 영위하는 법인이 수입하는 이자 및 할인액은 약정에 따른 상환일(기일 전에 상환하는 때에는 그 상환일)이 속하는 사업연도를 익금의 귀속사업연도로 한다.

해답 ①

해설 ② 소액주주인 임원이 사용하고 있는 사택의 유지비·관리비·사용료와 이와 관련되는 지출금은 손금에 산입한다.
③ 동일한 영업장 내에서 재고자산 종류별(제품 및 상품, 반제품 및 재공품, 원재료, 저장품)별로 다른 방법으로 평가할 수 있다.
④ 시설대여하는 자(이하 이 항에서 "리스회사"라 한다)가 대여하는 해당 자산(리스자산) 중 기업회계기준에 따른 금융리스의 자산은 리스이용자의 감가상각자산으로, 금융리스외의 리스자산은 리스회사의 감가상각자산으로 한다(법령 제24조 2항).

19 법인세법상 자산의 취득가액 및 평가에 관한 설명으로 가장 틀린 것은?

① 특수관계가 없는 타인으로부터 자산을 저가로 매입하는 경우 그 매입가액에 부대비용을 더한 금액을 취득가액으로 한다.
② 자기가 제조·생산 또는 건설하거나 그 밖에 이에 준하는 방법으로 취득한 자산은 제작원가에 부대비용을 더한 금액을 취득가액으로 한다.
③ 법인이 보유하는 자산에 대하여 그 내용연수를 증가시키는 자본적 지출이 있는 경우에는 그 금액을 가산한 금액을 취득가액으로 한다.
④ 유형고정자산의 취득과 함께 국·공채를 매입하는 경우 그 국·공채의 매입가액과 현재가치의 차액을 기업회계기준에 따라 유형고정자산의 취득가액으로 계상한 금액은 취득원가에 포함한다.
⑤ 장기할부조건 등으로 취득하는 경우 발생한 채무를 기업회계기준이 정하는 바에 따라 현재가치로 평가하여 현재가치할인차금으로 계산한 경우 당해 현재가치할인차금은 취득원가에 포함한다.

해답 ⑤

해설 법인이 장기할부조건 등으로 자산을 취득하는 경우에 현재가치할인차금은 자산의 취득가액에 포함된다. 다만, 법인이 장부상 취득가액과 구분하여 현재가치할인차금을 계상한 경우에는 이를 인정하므로 취득가액에 포함되지 않는다.

20 **「법인세법」상 자산의 취득가액 및 평가에 관한 설명으로 옳은 것은?** 2012년 세무사

① 기업회계기준에 따라 단기매매항목으로 분류된 금융자산 및 파생상품의 취득가액은 매입가액에 부대비용을 가산한 금액으로 한다.
② 재고자산은 제품 및 상품, 반제품 및 재공품, 원재료 및 저장품으로 구분하여 평가할 수 있으나 영업장별로 다른 평가방법을 적용할 수는 없다.
③ 부패로 인해 정상가격으로 판매할 수 없는 재고자산에 대하여 장부가액을 사업연도 종료일 현재의 처분가능한 시가로 감액한 금액은 결산 내용에 관계없이 신고조정을 통해 손금산입이 가능하다.
④ 매매를 목적으로 소유하는 부동산의 평가방법을 법령에 따른 기한내에 신고하지 아니한 경우, 납세지 관할 세무서장이 개별법에 의하여 평가한다.
⑤ 제조업을 영위하는 내국법인의 비화폐성 외화자산의 평가손실은 손금에 해당한다.

해답 ④

해설 ① 기업회계기준에 따라 단기매매항목으로 분류된 금융자산 및 파생상품의 취득가액은 매입가액으로 한다.
② 재고자산은 제품 및 상품, 반제품 및 재공품, 원재료 및 저장품으로 구분하여 평가할 수 있으며 영업장별로 다른 평가방법을 적용할 수 있다.
③ 부패로 인해 정상가격으로 판매할 수 없는 재고자산에 대하여 장부가액을 사업연도 종료일 현재의 처분가능한 시가로 감액한 금액은 감액사유가 발생한 날이 속하는 사업연도에만 결산조정을 통해 손금산입이 가능하다.
⑤ 제조업을 영위하는 내국법인의 화폐성 외화자산의 평가손실은 손금에 해당한다.

21 **제조업을 영위하는 영리내국법인 ㈜A의 제10기 사업연도(1.1.~12.31.)에 발생한 거래로서 「법인세법」 상 처리로 옳은 것을 모두 고른 것은?** 2013년 세무사

ㄱ. 어음의 지급기일부터 6개월이 지난 부도어음(채무자의 재산에 대하여 저당권을 설정하고 있지 아니함) 1,000,000원을 전액 대손충당금과 상계하고 이에 대한 세무조정을 하지 아니하였다.
ㄴ. 파손·부패 등의 사유로 정상가격으로 판매할 수 없는 재고자산에 대한 평가손실 800,000원을 손익계산서에 계상하지 아니하고 소득금액조정합계표에서 손금에 산입하였다. (단, 재고자산평가방법은 저가법으로 신고함)
ㄷ. 부동산임대업자인 ㈜B로부터 임차한 건물의 전세금에 대해 부담한 부가가치세 매입세액 500,000원을 세금과공과로 비용처리하고 이에 대한 세무조정을 하지 아니하였다.
ㄹ. 제조업을 영위하는 내국법인 거래처 ㈜C의 매출채권에 대해 기업회계기준에 따른 채권의 재조정에 따라 매출채권의 장부가액과 현재가치의 차액 2,000,000원을 대손금으로 계상하였으나, 이에 대한 세무조정을 하지 아니하였다.

① ㄱ, ㄷ ② ㄴ, ㄹ ③ ㄷ, ㄹ
④ ㄱ, ㄴ, ㄷ ⑤ ㄱ, ㄴ, ㄹ

해답 ③

해설 부도발생일로부터 6개월 이상 지난 부도어음은 어음 1매당 1,000원을 제외한 금액을 대손으로 하며, 파손·부패 등으로 인한 재고자산평가손실은 결산조정사항이다.

22 「법인세법」 상 자산의 취득가액과 평가에 관한 설명으로 옳지 않은 것은? 2013년 세무사

① 유형고정자산의 취득과 함께 국·공채를 매입하는 경우 기업회계기준에 따라 그 국·공채의 매입가액과 현재가치의 차액을 당해 유형고정자산의 취득가액으로 계상한 금액은 취득가액에 포함한다.

② 적격물적분할에 따라 분할법인이 취득하는 주식 등의 취득가액은 물적분할한 순자산의 장부가액으로 한다.

③ 법인의 업무와 관련 없는 자산을 특수관계인으로부터 시가보다 높은 가액으로 매입한 경우 그 시가초과액은 취득가액에 포함한다.

④ 「자본시장과 금융투자업에 관한 법률」에 따른 종합금융회사가 보유하는 화폐성외화자산·부채를 평가함에 따라 발생하는 평가한 원화금액과 원화기장액의 차익 또는 차손은 해당 사업연도의 익금 또는 손금에 산입한다.

⑤ 재고자산의 평가방법을 신고한 법인으로서 그 평가방법을 변경하고자 하는 법인은 변경할 평가방법을 적용하고자 하는 사업연도의 종료일 이전 3월이 되는 날까지 납세지 관할 세무서장에게 신고하여야 한다.

해답 ③

해설 법인의 업무무관자산을 특수관계인으로부터 시가보다 높은 가액으로 매입한 경우 시가초과액은 취득가액에 포함되지 않는다.

23 **한국채택국제회계기준을 적용하고 있는 영리내국법인 ㈜A는 제11기 사업연도(1.1.~12.31.)에 재평가모형을 채택하여 제11기말 장부가액 10억원인 토지를 12억원으로 재평가하였다. 이에 따라 자산재평가차익 2억원을 기타포괄손익누계액으로 계상하였을 경우 토지재평가와 관련된 세무조정으로 옳은 것은?** 2013년 세무사

① 세무조정 없음

② 익금산입 : 재평가잉여금(기타) 200,000,000원
손금산입 : 토지(△유보) 200,000,000원

③ 익금산입 : 재평가잉여금(유보) 200,000,000원
손금산입 : 토지(△유보) 200,000,000원

④ 익금산입 : 토지(유보) 200,000,000원
손금산입 : 재평가잉여금(△유보) 200,000,000원

⑤ 익금산입 : 재평가잉여금(△유보) 200,000,000원
손금산입 : 토지(기타) 200,000,000원

해답 ②

해설 〈익금산입〉 기타포괄손익누계액 200,000,000(기타)
〈손금산입〉 토 지 200,000,000(△유보)

24 **비상장 영리내국법인 ㈜A는 다음 사항에 대하여 당기에 세무조정을 하지 않았는데, 세무조정이 필요한 경우를 모두 고른 것은?** 2014년 세무사

ㄱ. 감가상각자산인 기계장치의 물리적 손상(천재지변 등 법령이 정한 사유로 인한 손상이 아님)에 따라 시장가치가 급격히 하락하여 기업회계기준에 따라 손상차손을 장부상 손금으로 계상하였는데, 이 금액은 「법인세법」상 상각범위액을 초과한다.
ㄴ. 유가증권 중 당기에 부도가 발생한 주권상장법인 ㈜B의 주식을 사업연도종료일 현재의 시가(2,000원)로 감액하고 관련 손실을 장부상 손금으로 계상하였다.
ㄷ. 재고자산의 시가(기업회계기준에 따른 평가액)가 원가법에 따른 평가액보다 낮은 것을 확인하고 관련 재고자산평가손실을 장부상 손금으로 계상하였다. ㈜A는 재고자산의 평가방법으로 저가법을 적법하게 신고·평가하였다.
ㄹ. 전기 말 현재 차입금에 대한 미지급이자는 2,000,000원인데, 당기 말에 전기 말 미지급이자를 포함한 이자 4,000,000원을 지급하였다. ㈜A는 미지급이자를 기업회계기준에 따라 회계처리하였으며, 전기 말 미지급이자에 대한 세무조정을 하지 않았다.

① ㄱ ② ㄱ, ㄴ ③ ㄷ, ㄹ
④ ㄱ, ㄷ, ㄹ ⑤ ㄴ, ㄷ, ㄹ

해답 ①

해설 ㄱ. 감가상각자산이 진부화, 물리적 손상 등에 따라 시장가치가 급격히 하락하여 기업회계기준에 따라 손상차손을 계상한 경우에는 해당 금액을 감가상각비로 본다. 따라서 상각범위액을 초과하는 금액은 손금불산입한다.

세무조정 : 〈손금불산입〉 상각부인액 xxx (유보)

25 **영리내국법인의 자산·부채의 취득 및 평가와 손익의 귀속사업연도에 관한 설명으로 옳지 않은 것은?**

2014년 세무사

① 리스이용자가 리스로 인하여 수입하거나 지급하는 리스료(리스개설직접원가를 제외함)의 익금과 손금의 귀속사업연도는 기업회계기준으로 정하는 바에 따른다.

② 「은행법」에 의한 인가를 받아 설립된 은행이 보유하는 화폐성외화자산·부채는 취득일 또는 발생일 현재의 「외국환거래규정」에 따른 매매기준율 또는 재정된 매매기준율로 평가하여야 한다.

③ 장기할부조건에 의하여 자산을 판매하거나 양도함으로써 발생한 채권에 대하여 기업회계기준이 정하는 바에 따라 현재가치로 평가하여 현재가치할인차금을 계상한 경우 해당 현재가치할인차금 상당액은 해당 채권의 회수기간동안 기업회계기준이 정하는 바에 따라 환입하였거나 환입할 금액을 각 사업연도의 익금에 산입한다.

④ 사채를 발행하는 경우에 상환할 사채금액의 합계액에서 사채발행가액의 합계액(사채발행수수료와 사채발행을 위하여 직접 필수적으로 지출된 비용을 차감한 후의 가액)을 공제한 금액은 기업회계기준에 의한 사채할인발행차금의 상각방법에 따라 이를 손금에 산입한다.

⑤ 유형고정자산의 취득과 함께 국·공채를 매입하는 경우 기업회계기준에 따라 그 국·공채의 매입가액과 현재가치의 차액을 당해 유형고정자산의 취득가액으로 계상한 금액은 그 취득가액에 포함한다.

해답 ②

해설 「은행법」에 의한 인가를 받아 설립된 은행이 보유하는 화폐성 외화자산·부채는 해당 사업연도 종료일 현재 매매기준율 또는 재정된 매매기준율로 평가하여야 한다(법령 제76조①)

26 **주권상장 내국법인 ㈜A의 제5기(1. 1～12. 31.)의 자료이다. 각 거래에 대해 제5기의 세무조정에서 발생한 유보 합계와 △유보 합계는 각각 얼마인가? [단, ㈜A는 각 거래에 대해 한국채택국제회계기준(K-IFRS)에 따라 회계처리함]** 2014년 세무사

(1) ㈜A는 제5기 초 28,000,000원에 취득하여 FV-OCI 금융자산으로 분류한 ㈜B의 주식을 제5기 말의 공정가치인 20,000,000원으로 평가하고 다음과 같이 회계처리하였다.
(차변) FV-OCI 평가손실 8,000,000 (대변) FV-OCI 8,000,000

(2) ㈜A는 제5기 10. 1. 만기보유목적으로 7,000,000원에 취득한 ㈜C의 회사채(액면 10,000,000원)를 제5기 말에 다음과 같이 회계처리하였다.
(차변) AC금융자산 2,000,000 (대변) 이자수익 2,000,000

(3) ㈜A는 제5기 초 ㈜D의 의결권 있는 주식 30%를 60,000,000원에 취득하였다. 주식 취득일 현재 ㈜D의 재무상태표상 순자산가액은 200,000,000원이고 순자산가액은 공정가치와 일치하였다. ㈜A는 제5기 3. 5. ㈜D로부터 현금배당 3,000,000원을 받았으며, 제5기 말 ㈜D가 당기순이익을 보고함에 따라 다음과 같이 회계처리하였다.
〈제5기 3. 5.〉
(차변) 현금 3,000,000 (대변) 관계기업투자주식 3,000,000
〈제5기 12. 31.〉
(차변) 관계기업투자주식 5,000,000 (대변) 지분법이익 5,000,000

① 유보 합계 : 3,000,000원, △유보 합계 : 2,000,000원
② 유보 합계 : 8,000,000원, △유보 합계 : 2,000,000원
③ 유보 합계 : 8,000,000원, △유보 합계 : 5,000,000원
④ 유보 합계 : 11,000,000원, △유보 합계 : 5,000,000원
⑤ 유보 합계 : 11,000,000원, △유보 합계 : 7,000,000원

해답 ⑤

해설 (1) 소득금액조정합계표

번호	익금산입 및 손금불산입			손금산입 및 익금불산입		
	과목	금액	처분	과목	금액	처분
(1)	FV-OCI	8,000,000	유보	FV-OCI산평가손실	8,000,000	기타
(2)				AC금융자산	2,000,000	△유보
(3)	관계기업 투자주식	3,000,000	유보	관계기업 투자주식	5,000,000	△유보

(2) 유보 합계
① 유보 합계 : 11,000,000원
② △유보 합계 : 7,000,000원

CHAPTER

09 합병 및 분할 등에 관한 특례

제1절 합 병

01 **제5기 8월 1일에 ㈜A는 ㈜B를 흡수합병 하였으며, 합병시 과세이연요건을 충족하지 못하였다. 다음 자료를 이용하여 세무상 과세될 피합병법인의 양도손익, 피합병법인 주주에 대한 의제배당, 합병법인에 대한 합병매수차익(차손)을 계산하면 각각 얼마인가?** 2009년 회계사

(1) 합병 직전 ㈜B의 재무상태표는 아래와 같다.

㈜B의 재무상태표

(단위: 원)

자산	240,000	부채	48,000
		자본금	120,000
		이익잉여금	72,000

(2) ㈜B의 자산의 시가는 360,000원이며, ㈜B의 주주들은 주식 전부를 액면가액으로 취득하였다.

(3) 합병시 ㈜B의 부채 공정가액은 장부가액과 일치하였으며, 자본금은 240,000원으로 승계하였다.

(4) ㈜B의 주주가 교부받은 합병신주의 시가총액은 312,000원이다.

	양도손익	의제배당	합병매수차익(차손)
①	48,000원	192,000원	72,000원
②	120,000원	192,000원	72,000원
③	192,000원	120,000원	72,000원
④	192,000원	120,000원	0원
⑤	120,000원	192,000원	0원

해답 ⑤

해설

양도손익	의제배당	합병매수차익
312,000	312,000	360,000(−)48,000
(−)120,000+72,000	(−)120,000	(−)312,000
120,000	192,000	0

02 **(주)A는 (주)B를 흡수합병하고 제19기 3.10. 합병등기를 하였다. 두 법인은 모두 영리내국법인으로 사업연도는 제19기(1.1.~12.31.)이다. 다음의 자료를 이용하여 ㉠ 비적격합병이라 가정할 때의 (주)B의 양도손익에서 ㉡ 적격합병이라 가정할 때의 (주)B의 양도손익을 차감하면 얼마인가? (단, 전기 이전의 세무조정은 적정하였으며, 주어진 자료 이외에는 고려하지 않음)**

2019년 세무사

(1) 합병등기일 현재 (주)B의 재무상태표는 다음과 같다.

재무상태표

건물	150,000원	부채	100,000원
		자본금	30,000원
		자본잉여금	15,000원
		이익잉여금	5,000원
	150,000원		150,000원

(2) 합병등기일 현재 (주)B의 건물의 시가는 250,000원이었고, (주)A는 (주)B의 구주주에게 현금 15,000원과 주식(액면가액 75,000원, 시가 135,000원)을 교부하고, 다음과 같이 회계처리하였다.

(차)건물	250,000원	(대) 부채	100,000원
		자본금	75,000원
		주식발행초과금	60,000원
		현금	15,000원

① 0원
② 50,000원
③ 100,000원
④ 150,000원
⑤ 200,000원

해답 ③

해설 (1) 적격합병시 양도손익 = '0'
(2) 비적격 합병시 양도손익 = 100,000
합병대가 : 15,000 + 135,000 = 150,000
순자산 장부가 : 150,000 − 100,000 = 50,000

03 **「법인세법」상 영리내국법인의 합병 및 분할 등에 관한 설명으로 옳지 않은 것은? (단, 「조세특례제한법」은 고려하지 않음)** 2020년 세무사

① 적격합병의 경우 피합병법인이 합병법인으로부터 받은 양도가액을 피합병법인의 합병등기일 현재의 순자산 장부가액으로 보아 양도손익이 없는 것으로 할 수 있다.

② 적격합병의 경우 합병법인이 승계한 피합병법인의 결손금은 피합병법인으로부터 승계받은 사업에서 발생한 소득금액의 범위에서 합병법인의 각 사업연도의 과세표준을 계산할 때 공제한다.

③ 적격합병의 경우 합병법인은 피합병법인의 자산을 장부가액으로 양도받은 것으로 한다. 이 경우 장부가액과 시가와의 차액을 법령으로 정하는 바에 따라 자산별로 계상하여야 한다.

④ 합병 시 피합병법인의 대손충당금 관련 세무조정사항의 승계는 적격합병의 요건을 갖추고, 대손충당금에 대응하는 채권이 합병법인에게 함께 승계되는 경우에만 가능하다.

⑤ 합병법인이 합병등기일이 속하는 사업연도의 종료일까지 피합병법인으로부터 승계받은 사업을 계속 영위하는 것도 적격합병의 요건 중 하나이다.

해답 ④
해설 대손충당금과 퇴직급여충당금에 관련된 세무조정 사항은 적격합병 여부에 관계없이 승계된다.

04 **법인세법상 합병 및 분할 등 특례 규정에 관한 설명으로 옳은 것은?** 2017년 회계사

① 「법인세법」상 요건을 모두 갖춘 적격합병에 해당하여 피합병법인이 합병으로 인한 양도손익이 없는 것으로 한 경우 합병법인은 피합병법인의 자산을 합병등기일 현재의 시가로 양도받은 것으로 한다.

② 내국법인이 발행주식총수 또는 출자총액을 소유하고 있는 다른 법인을 합병하거나 그 다른 법인에 합병되는 경우에는 합병에 따른 양도손익이 없는 것으로 할 수 있다.

③ 「법인세법」상 요건을 모두 갖춘 적격합병의 경우에는 합병법인의 합병등기일 현재 이월결손금은 합병법인의 각 사업연도의 과세표준을 계산할 때 피합병법인으로부터 승계받은 사업에서 발생한 소득금액의 범위에서 공제할 수 있다.

④ 「법인세법」상 요건을 모두 갖춘 적격합병의 경우에만 합병법인이 피합병법인의 대손충당금 관련 세무조정사항을 승계할 수 있다.

⑤ 적격합병에 해당하기 위해서는 합병법인이 합병등기일이 속하는 사업연도의 다음 사업연도 개시일부터 5년이 되는 날까지 피합병법인으로부터 승계받은 사업을 계속해야 한다.

해답 ②

해설 ① 적격합병을 한 합병법인은 피합병법인의 자산을 장부가액으로 양도받은 것으로 하여 합병매수차익 또는 합병매수차손을 인식하지 않을 수 있다. 이 경우에는 장부가액과 시가와의 차액을 자산조정계정으로 계상하고 자산별로 계상하여야 한다.

③ 합병법인의 합병등기일 현재 이월결손금은 피합병법인으로부터 승계받은 사업에서 발생한 소득금액(중소기업 간 또는 동일사업을 하는 법인 간에 합병하는 경우에 해당되어 회계를 구분하여 기록하지 아니한 경우에는 그 소득금액을 합병등기일 현재 합병법인과 피합병법인의 사업용 고정자산가액 비율로 안분계산한 금액으로 한다)의 범위에서는 공제하지 아니한다.

④ 적격합병과 비적격합병 모두 대손충당금 관련 세무조정사항을 승계할 수 있다.

⑤ 적격합병에 해당하기 위해서는 합병법인이 합병등기일이 속하는 사업연도의 종료일까지 피합병법인으로부터 승계받은 사업을 계속할 것을 요한다.

05 법인세법령상 합병 및 분할 등에 관한 특례의 내용으로 옳지 않은 것? 2022년 세무사

① 적격합병이 아닌 경우 합병법인이 합병으로 피합병법인의 자산을 승계한 경우에는 그 자산을 피합병법인으로부터 합병등기일 현재의 시가로 양도받은 것으로 본다.

② 적격합병이 아닌 경우 합병법인이 피합병법인에게 지급한 양도가액과 피합병법인의 합병등기일 현재의 순자산 시가가 서로 일치하지 않으면, 그 차액은 합병매수차익 또는 합병매수차손으로 한다.

③ 적격분할이 아닌 경우 분할신설법인등이 분할로 분할법인등의 자산을 승계한 경우에는 그 자산을 분할법인등으로부터 분할등기일 현재의 시가로 양도받은 것으로 본다.

④ 적격합병을 한 합병법인은 피합병법인의 자산을 시가로 양도받은 것으로 하고, 양도받은 자산 및 부채의 가액을 합병등기일 현재의 장부가액으로 계상하되 시가에서 피합병법인의 장부상 장부가액을 뺀 금액은 자산조정계정으로 계상해야 한다.

⑤ 중소기업 간 적격합병인 경우 합병법인이 승계한 피합병법인의 결손금에 대한 공제는 피합병법인으로부터 승계받은 사업에서 발생한 소득금액의 100%를 한도로 한다.

해답 ④

해설 적격합병을 한 합병법인은 피합병법인의 자산을 장부가액으로 양도받은 것으로 하고, 양도받은 자산 및 부채의 가액을 합병등기일 현재의 장부가액으로 계상하되 시가에서 피합병법인의 장부상 장부가액을 뺀 금액은 자산조정계정으로 계상해야 한다.

제2절 분 할

01 다음은 합병 및 분할에 대한 설명이다. 가장 잘못된 설명은?

① 합병법인이 일정한 요건을 갖추면 피합병법인으로부터 이월결손금을 승계받을 수 있으며, 승계받은 이월결손금은 승계받은 사업에서 발생한 소득금액의 범위 내에서만 공제할 수 있다.

② 일정 요건을 갖춘 합병의 경우, 토지 및 건축물의 합병평가차익에 상당하는 금액을 합병등기일이 속하는 사업연도에 손금으로 산입할 수 있다. 이 경우 합병평가차익은 토지 및 건축물의 시가를 초과하는 가액을 제외한 금액으로 한다.

③ 손익의 귀속사업연도가 도래되지 아니하여 피합병법인의 익금 또는 손금에 산입되지 아니한 금액은 그 귀속사업연도에 따라 합병법인에 승계되는 것으로 한다.

④ 내국법인이 분할하고 분할신설법인의 주식을 분할되는 법인이 받는 경우, 분할신설법인으로부터 받는 분할대가에서 분할로 인하여 감소한 분할법인의 자기자본을 차감한 금액을 분할로 인하여 발생한 소득금액으로 과세한다.

⑤ 내국법인이 분할하고 분할신설법인의 주식을 분할되는 법인의 주주가 받는 경우, 일정 요건을 갖추면 토지 및 건축물에 대한 분할평가차익에 상당하는 금액을 분할등기일이 속하는 사업연도에 손금으로 산입할 수 있다. 이 경우 분할평가차익은 토지 및 건축물의 시가를 초과하는 가액을 제외한 금액으로 한다.

해답 ④

해설 ④는 분할법인이 분할신설법인으로부터 주식을 받았으므로 물적분할에 해당한다. 물적분할의 경우에는 양도차익을 익금으로 보므로 분할대가에서 자기자본을 차감한 금액을 소득금액으로 하는 것은 아니다. 분할대가에서 자기자본을 차감하는 것은 인적분할에 대한 내용이므로 ④의 내용은 옳지 않다.

02 합병 및 분할 등에 관한 특례에 대한 설명이다. 옳지 않은 것은? 2011년 회계사

① 적격합병의 경우에는 피합병법인이 합병법인으로부터 받은 양도가액을 피합병법인의 합병등기일 현재의 순자산 장부가액으로 보아 양도손익이 없는 것으로 할 수 있다.

② 적격합병에 따라 양도손익이 없는 것으로 한 경우 합병법인은 피합병법인의 자산을 장부가액으로 양도받은 것으로 한다. 이 경우 장부가액과 시가와의 차액을 자산별로 계상하여야 한다.

③ 합병법인은 피합병법인의 자산을 장부가액으로 양도받은 경우 피합병법인이 각 사업연도의 소득금액 및 과세표준을 계산할 때 익금 또는 손금에 산입하거나 산입하지 아니한 금액을 승계한다.

④ 분할법인이 물적분할에 의하여 분할신설법인의 주식을 취득한 경우로서 적격분할의 요건을 갖춘 경우 그 주식의 가액 중 물적분할로 인하여 발생한 자산의 양도차익에 상당하는 금액은 분할등기일이 속하는 사업연도의 소득금액을 계산할 때 손금에 산입할 수 있다.

⑤ 적격합병에 따라 피합병법인의 자산을 장부가액으로 양도받은 합병법인은 3년 이내의 기간에 피합병법인으로부터 승계받은 사업을 폐지하는 경우에는 그 사유가 발생하는 날이 속하는 사업연도의 소득금액을 계산할 때 양도받은 자산의 장부가액과 시가와의 차액을 손금에 산입한다.

해답 ⑤

해설 손금이 아닌 익금에 해당하며 이때의 추징금액은 다음과 같다.

1. 양도받은 자산의 시가 - 장부가액(시가가 장부가액보다 큰 경우에만 행당)
2. 승계받은 결손금중 공제한 금액

03 합병 또는 분할이 발생할 경우 적용해야 할 세무상 규정에 관한 설명이다. 옳은 것은?

2012년 회계사

① 20×2.3.1에 비적격합병에 의한 합병등기를 한 합병법인(사업연도 1.1~12.31)이 피합병법인의 상호·거래관계, 그 밖의 영업상의 비밀 등에 대하여 사업상 가치가 있다고 보아 대가를 지급함으로써 발생된 합병매수차손은 20×2년부터 20×7년까지 손금산입한다.

② 합병법인은 합병으로 소멸한 피합병법인이 납부하지 않은 각 사업연도의 소득에 대한 법인세를 납부할 책임이 없다.

③ 분할등기일 직전 1년 전 부터 사업을 계속하던 법인이 분할하는 경우에 분할신설법인은 분할법인의 모든 세무조정사항을 승계한다.

④ 적격합병을 한 합병법인은 피합병법인으로부터 양도받은 자산을 합병등기일로부터 7년 후에 처분하여 처분손실이 발생할 경우 해당 사업연도의 각사업연도소득금액 계산시 손금에 산입할 수 있다.

⑤ 외국법인이며 기업인수목적회사가 아닌 피합병법인은 합병으로 발생하는 양도손익을 계산할 때 양도가액을 합병등기일 현재 순자산 장부가액으로 보아 양도손익이 없는 것으로 할 수 있다.

해답 ①

해설
- 합병법인은 합병으로 소멸한 피합병법인이 납부하지 않은 각 사업연도의 소득에 대한 법인세를 납부할 책임을 진다.
- 분할등기일 현재 5년 이상 사업을 계속하던 법인이 분할하는 경우에 분할신설법인은 분할법인의 모든 세무조정사항을 승계한다
- 적격합병을 한 합병법인은 피합병법인으로부터 양도받은 자산을 합병등기일로부터 5년 이내에 끝나는 사업연도에 발생한 피합병법인으로부터 양도받은 자산을 처분하여 처분손실이 발생할 경우 해당 사업연도의 각사업연도소득금액 계산시 손금에 산입할 수 있다.
- 적격합병인 경우 피합병법인은 합병으로 발생하는 양도손익을 계산할 때 양도가액을 합병등기일 현재 순자산 장부가액으로 보아 양도손익이 없는 것으로 할 수 있다.

04 **다음 자료를 이용하여 갑법인의 합병매수차익, 을법인의 양도차익, 병법인의 의제배당금액을 각각 계산한 것으로 옳은 것은? (단, 갑법인, 을법인 및 병법인은 모두 영리내국법인이다.)**

2014년 회계사

(1) 갑법인은 을법인을 제5기 1월 1일에 흡수합병하였으며, 동 합병은 비적격합병에 해당한다.

(2) 합병 직전 을법인의 재무상태는 다음과 같다.

구 분	장부가액	시 가
자 산	100,000원	120,000원
부 채	30,000원	30,000원
자 본 금	40,000원	
자본잉여금	20,000원	
이익잉여금	10,000원	

(3) 갑법인은 을법인의 주주인 병법인에게 합병대가로 갑법인 주식 100주(1주당 액면가액 500원, 1주당 시가 800원)를 교부하고 다음과 같이 회계처리하였다(단위: 원).

(차)	자 산	120,000	(대)	부 채	30,000
				자 본 금	50,000
				주식발행초과금	30,000
				미지급법인세	2,500 주1)
				염가매수차익	7,500

주1) 을법인의 합병에 따른 양도차익에 대한 법인세를 갑법인이 대신 납부하는 금액임.

(4) 병법인은 두 법인의 합병 전에 을법인의 주식을 100% 소유하고 있었으며, 합병 직전 주식의 장부가액(취득가액과 동일)은 70,000원이었다.

	합병매수차익	양도차익	의제배당금액
①	7,500원	12,500원	10,000원
②	10,000원	20,000원	10,000원
③	7,500원	12,500원	0원
④	7,500원	10,000원	10,000원
⑤	10,000원	20,000원	0원

해답 ①

해설 (1) 갑법인의 합병매수차익 = 90,000[1] - (80,000[2] + 2,500[3]) = 7,500

1) 순자산의 시가 = 120,000 - 30,000 = 90,000
2) 100주 × 800원 = 80,000
3) 법인세비용 대납액 : 2,500

※ 합병법인의 합병매수차익 : 양도받은 순자산의 시가 - 지급한 대가

(2) 피합병법인의 양도차익 = (80,000[1] + 2,500[2]) - 70,000[3] = 12,500

1) 합병대가 : 합병교부주식의 가액 및 금전이나 그 밖의 재산가액의 합계액(시가 평가)
   100주 × 800원 = 80,000
2) 법인세 비용 대납액 : 2,500
3) 순자산의 장부가액 : 100,000 - 30,000 = 70,000

※ 피합병법인의 양도차익 : 양도가액 - 순자산의 장부가액
① 양도가액 = 합병대가 + 법인세비용 대납액
② 순자산의 장부가액 = 자산의 장부가액 - 부채의 장부가액 + 법인세 환급액

(3) 피합병법인 주주 의제배당액 = 80,000[1] - 70,000[2] = 10,000

1) 합병대가 : 100주 × 800원 = 80,000(시가 평가)
2) 종전주식의 장부가액 : 70,000

※ 피합병법인 주주의 의제배당 = 합병대가(시가로 평가) - 종전 주식의 장부가액

CHAPTER

10 부당행위계산의 부인

01 **㈜백두는 보유 중이던 비상장법인 ㈜한라의 주식을 개인대주주인 "갑"에게 양도했다. 다음 자료를 이용하여 ㈜백두의 부당행위계산부인을 할 경우 이에 대한 세무조정으로 맞는 것은?**

〈자 료〉

(1) ㈜한라의 자본금은 200,000,000원이며 총발행주식수는 40,000주(액면가 5,000원)이다.
(2) 양도주식수는 10,000주이며, 양도가액은 주당 6,000원이다.
(3) 감정평가법인 "태백"이 최근에 평가한 양도일 현재 ㈜한라의 주당가치는 8,000원이다.
(4) 2년 전에 특수관계가 없는 제3자 사이에 ㈜한라의 주식 10주가 주당 4,500원에 거래된 사실이 있다.
(5) 회계법인 "설악"이 최근에 ㈜한라의 주식을 상속세및증여세법에 따라 평가한 양도일 현재의 가액은 주당 7,500원이다.

① 부당행위계산 부인액이 없다.
② 손금산입 5,000,000원
③ 익금산입 10,000,000원
④ 익금산입 15,000,000원
⑤ 익금산입 20,000,000원

해답 ④

해설 부당행위 계산 부인액 : (7,500 - 6,000) × 10,000 = 15,000,000

* 주식의 시가는 감정평가법인의 감정가액의 적용을 배제하고 상속세및증여세법에 따라 평가한 가액으로 한다.

02 **㈜KY는 제16기(1. 1~12. 31)에 특수관계자인 홍길동씨로부터 다음과 같은 자산을 양도받았다.**

	법인세법상 시가	매매가
토지A(100평)	250,000,000원	230,000,000원
유가증권B(2,000주)	570,000,000원	510,000,000원

㈜KY는 제17기 중에 토지A(100평)는 300,000,000원, 유가증권B 중 500주를 162,500,000원에 처분하였다.
㈜KY가 양수당시 토지A와 유가증권B에 대하여 매매가로 장부에 계상하였고 유가증권B의 기말평가는 원가법에 의하여 행해졌으며 이후 처분의 거래도 회사가 정상적으로 회계처리하였다고 가정한다면 이에 대한 제16기와 제17기에 행해야할 세무조정은?

	제16기	제17기
①	익금산입 80,000,000원(유보)	손금산입 35,000,000원(△유보)
②	익금산입 80,000,000원(유보)	손금산입 80,000,000원(△유보)
③	익금산입 60,000,000원(유보)	손금산입 15,000,000원(△유보)
④	익금산입 60,000,000원(유보)	손금산입 60,000,000원(△유보)
⑤	익금산입 20,000,000원(유보)	손금산입 20,000,000원(△유보)

해답 ③

해설 (1) 제16기 : 〈익금산입〉 유가증권 60,000,000(유보)
특수관계자 개인으로부터 유가증권을 저가로 매입하였으므로 시가미달매입액을 익금산입하여 유보로 처분한다. 토지는 저가로 매입해도 저가매입액을 익금으로 보지 아니한다.
(2) 제17기 : 〈손금산입〉 유가증권 15,000,000(△유보)
유가증권 2,000주 중에서 500주를 처분하였으므로 처분한 주식에 대한 유보를 손금산입하여 △유보로 처분한다.

03 법인세법상의 부당행위계산 부인에 관한 설명이다. 옳지 않은 것은?

① 특수관계에 해당하는지의 여부는 행위당시를 기준으로 하여 판단한다.
② 비영리내국법인에 대하여도 부당행위계산의 부인 규정을 적용할 수 있다.
③ 법인이 주주가 아닌 임원에게 사택을 무상으로 제공하는 경우에는 부당행위계산의 부인 규정을 적용할 수 없다.
④ 법인이 특수관계에 있는 자로부터 자산을 고가에 매입한 경우, 시가초과액을 손금에 산입하여 △유보로 처분하고 당해 손금을 부인하여 그 귀속자에 따라 상여 등으로 처분한다.
⑤ 법인이 특수관계에 있는 다른 법인으로부터 제품을 저가에 매입한 경우, 그 제품의 취득가액은 시가이다.

해답 ⑤
해설 법인이 특수관계에 있는 다른 법인으로부터 제품을 저가에 매입한 경우는 부당행위계산부인과 무관하므로 저가매입액을 그대로 취득가액으로 한다.

04 법인세법상 부당행위계산의 부인에 관한 설명으로 옳은 것은?

2017년 회계사

① 주권상장법인이 발행주식총수의 100분의 10의 범위에서 「상법」에 따라 부여한 주식매수선택권의 행사로 주식을 시가보다 낮은 가액으로 양도한 경우에는 조세의 부담을 부당하게 감소시킨 것으로 보지 아니한다.
② 사용인에게 주택자금을 무상으로 대여한 경우에는 부당행위계산의 부인 규정이 적용되지 아니한다.
③ 토지의 시가가 불분명한 경우로 「부동산가격공시 및 감정평가에 관한 법률」에 의한 감정평가법인이 감정한 가액이 2 이상인 경우에는 그 중 가장 큰 금액으로 평가한다.
④ 금전, 그 밖의 자산 또는 용역을 무상 또는 시가보다 낮은 이율·요율이나 임대료로 대부하거나 제공한 경우에는 시가와 거래가액의 차액에 관계없이 부당행위계산의 부인 규정을 적용한다.
⑤ 특수관계인에 대한 금전 대여의 경우 대여기간이 5년을 초과하는 대여금이 있으면 해당 대여금에 한정하여 가중평균차입이자율을 시가로 한다.

해답 ①
해설 ② 금전, 그 밖의 자산 또는 용역을 무상 또는 시가보다 낮은 이율·요율이나 임대료로 대부하거나 제공한 경우에 해당하므로 부당행위계산의 부인 규정이 적용된다.
③ 감정평가법인이 감정한 가액이있는 경우 그 가액으로 하나 감정한 가액이 2 이상인 경우에는 그 감정한 가액의 평균액으로 한다.
④ 금전, 그 밖의 자산 또는 용역을 무상 또는 시가보다 낮은 이율·요율이나 임대료로 대부하거나 제공한 경우에는 시가와 거래가액의 차액이 3억원 이상이거나 시가의 5%에 상당하는 금액 이상인 경우에 한하여 부당행위계산 부인규정을 적용한다.
⑤ 특수관계인에 대한 금전 대여의 경우 대여기간이 5년을 초과하는 대여금이 있으면 해당 대여금에 한정하여 당좌대출이자율을 시가로 한다.

05 **다음의 자료를 이용하여 ㈜D가 부당행위계산부인에 따라 익금산입 할 금액을 계산하면 얼마인가?**

(1) 비상장법인인 ㈜C는 신주발행을 결의하고 주주 지분비율에 따라 1,000주를 증자하였다. 그러나 주주들 중 일부가 인수를 포기하여 다음과 같이 신주를 추가 배정하였다.

주주	증자 전	신주 배정	추가 배정	증자 후
㈜D	800	포기	-	800
㈜E	400	200	300	900
㈜F	400	포기	-	400
개인 갑	400	200	300	900
합계	2,000주	400주	600주	3,000주

(2) ㈜D와 ㈜E는 특수관계자이다.

(3) ㈜C의 증자 전 1주당 평가액은 15,000원이며, 증자시 1주당 발행가액은 6,000원이다.

① 900,000원 ② 1,800,000원 ③ 1,600,000원
④ 2,400,000원 ⑤ 1,200,000원

해답 ⑤

해설 $\left(\frac{2{,}000주 \times 15{,}000 + 1{,}000주 \times 6{,}000}{3{,}000주} - 6{,}000\right) \times 400주 \times \frac{300주}{600주} = 1{,}200{,}000$

06 ㈜A는 제11기 사업연도(1.1.~12.31.)에 특수관계에 있는 ㈜B를 흡수합병하였는데, 그 자료는 다음과 같다. ㈜C의 세무조정과 소득처분으로 옳은 것은? 2011년 회계사

(1) ㈜A와 ㈜B는 모두 비상장법인인 내국법인에 해당하며, 합병 직전 각 회사의 발행주식 현황은 다음과 같다.

구분	㈜A	㈜B
1주당 평가액	17,500원	10,000원
발행주식총수	30,000주	20,000주

(2) ㈜A와 ㈜B의 합병 직전 주주구성은 다음과 같고, 이 중 ㈜C와 ㈜F는 특수관계자에 해당한다.

법인	주주(괄호 안은 지분비율)
㈜A	㈜C(60%), D(40%, 개인주주)
㈜B	E(60%, 개인주주), ㈜F(40%)

(3) ㈜A는 ㈜B의 주주들에게 ㈜B의 주식 1주당 ㈜A의 주식 1주를 교부했으며, 합병교부금은 지급하지 않았다.
(4) ㈜A와 ㈜B의 합병은 적격합병의 요건을 만족한다.

① 세무조정 없음
② 익금산입 21,600,000원(기타사외유출)
③ 익금산입 21,600,000원(유보)
④ 익금산입 36,000,000원(기타사외유출)
⑤ 익금산입 36,000,000원(유보)

해답 ②

해설 ㈜C의 경우는 부당행위계산부인에 해당하는데, 요건은 다음과 같다.
1. 특수관계 있는 법인 간의 흡수합병
2. ㈜C와 ㈜F는 특수관계자에 해당
3. 현저한 이익

흡수합병 후의 주가 $\frac{525,000,000 + 200,000,000}{30,000주 + 20,000주}$ =14,500원

14.500 - 10,000(1주당 1주 교부)=4,500

$\frac{4,500}{14,500} \geq 30\%$ 이므로 현저한 이익요건을 충족

㈜C가 분여한 이익은 (17,500-14,500)×18,000주×40%(F의 지분비율)=21,600,000

07 **다음은 제조업을 영위하는 영리내국법인 ㈜A(중소기업 아님)의 제21기 사업연도(1.1.~12.31.) 사택 제공 관련 자료이다. 법인세법상 부당행위계산부인과 관련한 세무조정이 제21기 각 사업연도의 소득금액에 미친 순영향으로 옳은 것은?** 2018년 회계사

(1) ㈜A는 출자임원(소액주주 아님) B씨에게 제20기부터 사택을 제공하고 있다. 사택의 시가는 200,000,000원이며 B씨로부터 보증금 40,000,000원을 수령하였고, 임대료로 매월말 200,000원을 수령하고 동 임대료를 임대료수익으로 계상하였다.
(2) ㈜A는 출자임원(소액주주 아님) C씨에게 제19기부터 사택을 제공하고 있다. 사택의 시가는 120,000,000원이며 C씨로부터 임대료로 매월말 240,000원을 수령하고 동 임대료를 임대료수익으로 계상하였다.
(3) 사택의 제공에 대한 임대료의 시가는 불분명하며, 감정평가법인이 감정한 가액 및 「상속세 및 증여세법」에 의한 보충적 평가방법에 의한 임대료를 적용할 수 없다.
(4) 기획재정부령으로 정하는 1년 만기 정기예금이자율은 5%이며, 주어진 자료 이외의 다른 사항은 고려하지 않는다.

① (+)600,000원 ② (+)720,000원 ③ (+)800,000원
④ (+)820,000원 ⑤ (+)900,000원

해답 ①

해설 (1) 중요성 판단(B에게 사택 제공)
① 실제임대료 : $200,000 \times 12 = 2,400,000$
② 시가인 임대료 : $(200,000,000 \times 50\% - 40,000,000) \times 5\% = 3,000,000$
③ 중요성 판단(비율기준)

$$\frac{3,000,000 - 2,400,000}{3,000,000} = 20\% \geq 5\% \rightarrow \text{부당행위 ○}$$

(2) 중요성판단 (C에게 사택 제공)
① 실제임대료 : $240,000 \times 12 = 2,880,000$
② 시가인 임대료 : $120,000,000 \times 50\% \times 5\% = 3,000,000$
③ 중요성 판단(비율기준)

$$\frac{3,000,000 - 2,880,000}{3,000,000} = 4\% < 5\% \rightarrow \text{부당행위} \times$$

(3) 각 사업연도 소득금액에 미친 순영향
〈익금산입〉 저가 임대료 600,000(상여)

08 ㈜성지는 제10기 사업연도(1.1~12.31)에 대주주인 대표이사로부터 토지를 105,000,000원에 매입하고, 매입대금을 지급하였다. 동 토지의 시가는 불분명하며, 개별공시지가는 95,000,000원이고, 감정평가법인이 감정한 가액은 100,000,000원이다. 동 토지는 제11기에 150,000,000원에 매각하였으며 이에 대하여 회계기준에 따라 적정하게 회계처리하였다. 제10기와 제11기의 세무조정 및 소득처분으로 옳은 것은? 2012년 회계사

	제10기	제11기
①	손금산입 5,000,000원(△유보) 익금산입 5,000,000원(상여)	익금산입 5,000,000원(유보)
②	손금산입 10,000,000원(△유보) 익금산입 10,000,000원(상여)	익금산입 10,000,000원(유보)
③	익금산입 10,000,000원(배당)	손금산입 10,000,000원(△유보)
④	익금산입 5,000,000원(배당)	익금산입 5,000,000원(유보)
⑤	세무조정 없음	세무조정 없음

해답 ①

해설 10기의 경우 대표이사로부터 시가초과인수했으므로 부당행위계산부인에 의해 자산을 감액하고 상여처분한다.
〈손금산입〉 5,000,000원(△유보)
〈익금산입〉 5,000,000원(상여)
11기의 경우 자산이 처분되었으므로 유보사후관리에 의해 익금산입 5,000,000원(유보) 처리한다.

09 **「법인세법」상 부당행위계산의 부인에 관한 설명으로 옳지 않은 것은?** 2013년 회계사

① 특수관계인에게 자산을 무상 또는 시가보다 낮은 가액으로 양도하는 경우에는 시가와 거래가액의 차액에 관계없이 부당행위계산의 부인규정을 적용한다.
② 특수관계인에게 주식을 시가보다 낮은 가액으로 양도한 것에 대하여 부당행위계산의 부인규정을 적용하기 위한 시가를 정할 때, 그 시가가 불분명한 경우라도 감정평가법인이 감정한 가액은 적용하지 않는다.
③ 임원의 임면권 행사, 사업방침의 결정 등 법인의 경영에 대하여 사실상 영향력을 행사하고 있다고 인정되는 자는 당해 법인의 특수관계인에 해당된다.
④ 현실적으로 퇴직하지 않은 임원 또는 사용인에게 지급한 퇴직급여는 그 임원 또는 사용인이 현실적으로 퇴직할 때까지 업무와 관련 없이 지급한 가지급금으로 본다.
⑤ 특수관계인과의 금전의 대여 또는 차용에 대해서 부당행위계산의 부인규정을 적용하기 위한 시가를 정할 때, 특수관계인이 아닌 자로부터 차입한 금액이 없어 가중평균차입이자율의 적용이 불가능한 경우에는 해당 사업연도에 한정하여 당좌대출이자율을 시가로 한다.

해답 ①
해설 특수관계인에게 자산을 무상 또는 시가보다 낮은 가액으로 양도하는 경우에는 시가와 거래가액의 차이금액이 시가의 5% 이상 또는 3억원 이상일 경우에 한하여 부당행위계산의 부인규정을 적용한다.

10 **「법인세법」상 부당행위계산의 부인에 관한 설명으로 옳지 않은 것은? (다툼이 있으면 판례에 따름)** 2017년 세무사

① 법인과 특수관계인 간의 거래는 반드시 직접적인 거래관계에 국한하지 않고 특수관계인 외의 자를 통하여 이루어진 거래도 포함한다.
② 비상장주식에 대하여 특수관계인이 아닌 제3자 간에 일반적으로 거래된 가격이 없으면 「상속세 및 증여세법」에 따른 보충적 평가방법을 준용하여 평가한 금액을 기준으로 부당행위계산부인 규정을 적용한다.
③ 법령으로 정하는 파생상품에 근거한 권리를 행사하지 아니하거나 그 행사기간을 조정하는 방법으로 이익을 분여하는 경우는 '조세의 부담을 부당하게 감소시킨 것으로 인정되는 경우'에 해당한다.
④ 부당행위계산부인 규정은 세법상 과세소득계산상의 범위 내에서만 변동을 초래할 뿐 당사자 간에 약정한 사법상 법률행위의 효과와는 무관하다.
⑤ 부당행위계산에 해당하는 경우 시가와의 차액 등을 익금에 산입하여 당해 법인의 각 사업연도의 소득금액을 계산하고 귀속자에게 증여세를 과세하는 것을 원칙으로 한다.

해답 ⑤

해설 「상속세 및 증여세법」에 의하여 증여세가 과세되는 거래에 대하여 법인세법상 부당행위계산의 부인 규정이 동시에 적용되는 경우로서 동 규정에 의한 익금산입 금액의 소득처분에 따라 소득세가 과세되는 경우에는 증여세를 부과하지 아니한다.

11 **법인세법상 가지급금 인정이자에 관한 설명으로 옳지 않은 것은?** 2018년 회계사

① 사용인에 대한 월정급여액의 범위 안에서 일시적인 급료의 가불금은 가지급금 인정이자 계산대상 가지급금으로 보지 아니한다.

② 특수관계인이 아닌 자로부터 차입한 금액이 없는 경우에는 기획재정부령으로 정하는 당좌대출이자율을 적용하여 가지급금 인정이자를 계산한다.

③ 익금산입액의 귀속이 불분명하여 대표자에게 상여처분한 금액에 대한 소득세를 법인이 납부하고 이를 가지급금으로 계상한 금액(특수관계가 소멸될 때까지의 기간에 상당하는 금액에 한함)은 가지급금 인정이자 계산대상 가지급금으로 보지 아니한다.

④ 법인이 과세표준 신고와 함께 기획재정부령으로 정하는 바에 따라 당좌대출이자율을 시가로 선택하는 경우 선택한 사업연도에 한해 기획재정부령으로 정하는 당좌대출이자율을 시가로 하여 가지급금 인정이자를 계산한다.

⑤ 국외에 자본을 투자한 내국법인이 해당 국외투자법인 종사자의 여비를 대신하여 부담하고 이를 가지급금으로 계상한 금액(그 금액을 실지로 환부받을 때까지의 기간에 상당하는 금액에 한함)은 가지급금 인정이자 계산대상 가지급금으로 보지 아니한다.

해답 ④

해설 법인이 과세표준의 신고와 함께 당좌대출이자율을 시가로 선택하는 경우 당좌대출이자율을 시가로 하여 선택한 사업연도와 이후 2개 사업연도는 당좌대출이자율을 시가로 한다.

12 **제조업을 영위하는 영리내국법인 ㈜A의 제21기(1.1.~12.31.) 자료이다. 토지 및 가지급금 관련 세무조정(지급이자 손금불산입은 제외)이 제21기 각 사업연도 소득금액에 미치는 순영향으로 옳은 것은? (단, 전기의 세무조정은 정확하게 이루어졌다.)** 2021년 회계사

(1) ㈜A는 공장을 증축하기 위하여 특수관계인 갑이 소유한 토지를 제20기 5월 6일에 30,000,000원(시가 20,000,000원)에 취득하고 다음과 같이 회계처리하였다.

(차) 토 지	30,000,000	(대) 현 금	15,000,000
		미 지 급 금	15,000,000

㈜A는 당기에 토지 취득 미지급금을 전액 지급하고, 미지급금 감소로 회계처리하였다.

(2) ㈜A는 특수관계인 을에게 전기 9월에 20,000,000원을 업무와 무관하게 대여(이자율 약정 없음)하였고, 당기 말 현재 회수하지 아니하였으며, 이자수익으로 계상한 금액은 없다.

(3) ㈜A의 당기 말 현재 차입금과 지급이자의 내역은 다음과 같다. 차입금은 모두 은행(특수관계인 아님)으로부터 차입하였다.

차입일	연 이자율	지급이자	차입금
전기 8.1.	5%	10,000,000원	200,000,000원
전기 6.1.	10%	30,000,000원	300,000,000원

(4) ㈜A는 금전대차거래의 시가를 신고하지 아니하였고, 당좌대출이자율은 연 9%로 가정한다.

① (+)1,800,000원 ② (+)1,600,000원 ③ (+)400,000원
④ (-)8,200,000원 ⑤ (-)8,400,000원

해답 ②

해설 (1) 제20기 고가매입 세무조정
〈손금산입〉 토지 10,000,000 (△유보)
〈익금산입〉 미지급금 10,000,000 (유보)
매입가액의 일부를 지급한 경우 시가부분을 먼저 지급한 것으로 본다. 현금지급액 30,000,000원 중 시가 부분 20,000,000원을 20기에 먼저 지급한 것으로 보아 차액인 10,000,000원을 미지급금으로 계상한다.

(2) 제21기 고가매입 세무조정
〈손금산입〉 미지급금 10,000,000 (△유보)
〈익금산입〉 부당행위계산부인 10,000,000 (기타사외유출)
고가매입으로 인한 부당행위계산부인의 귀속시기는 현급지금지급시점이므로 당기에 미지급금을 추인함과 동시에 부당행위계산부인 세무조정을 행한다.

(3) 인정이자 세무조정
① 가중평균차입이자율 : $\frac{200,000,000 \times 5\% + 300,000,000 \times 10\%}{200,000,000 + 300,000,000} = 8\%$
② 인정이자 : $20,000,000 \times 8\%$ = 〈익금산입〉 인정이자 1,600,000(기타사외유출)

(4) 각 사업연도 소득금액에 미치는 순영향
$\triangle 10,000,000 + 10,000,000 + 1,600,000 = (+)1,600,000$

13 **「법인세법」상 부당행위계산 부인에 관한 설명이다. 옳은 것은?** 2014년 회계사

① 내국법인이 주주가 아닌 임원 또는 사용인에게 사택을 무상으로 제공한 경우 부당행위계산 부인 규정을 적용한다.

② 내국법인(중소기업 아님)이 종업원에게 주택구입자금을 무이자로 대여한 경우 부당행위계산 부인 규정을 적용하지 아니한다.

③ 비상장주식의 양도 또는 매입에 있어서 시가가 불분명한 경우에는 감정평가법인 및 감정평가사가 감정한 가액을 시가로 한다.

④ 특수관계인으로부터 용역을 시가보다 높은 요율로 제공받은 경우에는 시가와 거래가액의 차액이 3억원 이상이거나 시가의 5%에 상당하는 금액 이상인 경우에 한하여 부당행위계산 부인 규정을 적용한다.

⑤ 부동산을 임대하거나 임차함에 있어서 시가가 불분명한 경우에는 당해 자산시가의 100분의 50에 상당하는 금액에 정기예금이자율을 곱하여 산출한 금액을 시가로 한다.

해답 ④

해설 ① 주주 등이나 출연자가 아닌 임원(소액주주 등인 임원을 포함한다) 및 사용인에게 사택을 제공하는 경우 부당행위계산 부인 규정을 적용하지 않는다.

② 특수관계인에게 금전, 그 밖의 자산 또는 용역을 무상 또는 시가보다 낮은 이율·요율이나 임대료로 대부하거나 제공한 경우 부당행위계산 부인 규정을 적용한다.
종업원은 특수관계인 범위에 포함되며 금전을 무상 또는 시가보다 낮은 이율 대부한 경우에 해당한다. 다만, 중소기업에 근무하는 직원(지배주주등인 직원은 제외)에 대한 주택구입·전세자금 대여금은 제외한다.

③ 비상장법인이 발행한 주식의 시가가 불분명한 경우 상속세 및 증여세법상 평가한 가액을 시가로 한다.

⑤ 유형 또는 무형의 자산을 제공하거나 제공받는 경우에 있어서 시가가 불분명한 경우에는 당해 자산시가의 50%에 상당하는 금액에서 그 자산의 제공과 관련하여 받은 전세금 또는 보증금을 차감한 금액에 정기예금이자율을 곱하여 산출한 금액을 시가로 한다(법령 제89조 4항).

14 법인세법상 부당행위계산의 부인에 관한 설명으로 옳은 것은?

① 주권상장법인이 아닌 내국법인이 소액주주(그 법인의 지배주주와 특수관계에 있는 자를 제외한다)로부터 토지를 고가로 매입한 경우에는 부당행위계산부인 규정을 적용하지 아니한다.

② 내국법인과 특수관계에 있는 자에 해당 하는지의 여부는 그 법인의 법인세 납세의무의 성립당시를 기준으로 하여 판단한다.

③ 특수관계자에 대한 가지급금 인정이자를 계산 시 적용할 이자율은 원칙적으로 당좌대출이자율을 사용하며, 당좌대출이자율의 적용이 곤란한 경우에는 가중평균차입이자율을 사용한다.

④ 주식의 시가가 불분명한 때에는 그 감정가액을 시가로 보되, 감정가액이 없는 때에는 상속세및증여세법 제63조의 규정을 준용하여 평가한 가액을 시가로 본다.

⑤ 법인이 소액주주(그 법인의 지배주주와 특수관계에 있는 자를 제외한다)인 임원에게 사택을 무상으로 임대하였다면 부당행위계산부인 규정이 적용된다.

해답 ①

해설 ① 올바른 설명이다.

② 내국법인과 특수관계에 있는 자에 해당하는지의 여부는 거래당시를 기준으로 하여 판단한다.

③ 원칙적으로 가중평균차입이자율을 사용하며, 그 적용이 불가능한 일정한 경우에 한하여 당좌대출이자율을 사용한다.

④ 주식의 시가가 불분명한 때에는 상속세및증여세법상의 보충적 평가방법에 관한 규정을 준용하여 평가한 가액을 시가로 본다.

⑤ 법인이 소액주주(그 법인의 지배주주와 특수관계에 있는 자를 제외)인 임원에게 사택을 무상으로 임대하였다면 부당행위계산부인 규정이 적용되지 아니한다.

15 법인세법상 부당행위계산부인에 관한 설명으로 가장 옳지 않은 것은?

① 특수관계인에게 자산을 시가보다 낮은 가액으로 양도한 경우로서, 그 시가와 거래가액의 차액이 3억원에 미달하고 시가의 100분의 5에 상당하는 금액 미만인 때에는 부당행위계산부인 규정을 적용하지 아니한다.

② 부당행위계산부인 규정의 적용은 시가를 기준으로 하며, 그 시가가 불분명한 경우에는 감정평가법인 및 감정평가사의 감정가액(주식 등은 제외)과 「상속세 및 증여세법」상 평가액을 순차로 적용하여 계산한 금액에 의한다.

③ 부당행위계산부인 규정은 그 행위 당시를 기준으로 특수관계자간 거래에 대하여 적용하며, 불균등 합병으로 인한 주주간 이익분여 거래에 있어서 특수관계자인 법인의 판정은 합병등기일을 기준으로 한다.

④ 특수관계자에게 금전을 대여한 경우에는 가중평균차입이자율을 시가로 보아 부당행위계산부인 규정을 적용하는 것이 원칙이다.

⑤ 특수관계자인 법인간의 합병에 있어서 주식 등을 시가보다 높거나 낮게 평가하여 불공정한 비율로 합병한 경우에도 부당행위계산의 유형에 해당한다.

해답 ③

해설 불균등합병으로 인한 주주간 이익분여 거래에 있어서 특수관계자인 법인의 판정은 합병등기일이 속하는 사업연도의 직전사업연도 개시일부터 합병등기일까지의 기간을 기준으로 판정한다.

16 **법인세법상 특수관계인 간 부당행위계산의 부인과 관련된 설명이다. 옳지 않은 것은?**

2020년 회계사

① 주식을 제외한 자산의 시가가 불분명한 경우 감정평가법인의 감정가액이 있으면 그 가액을 적용하며, 감정한 가액이 2 이상인 경우에는 감정가액의 평균액을 적용한다.
② 금전의 대여 또는 차용의 경우 해당 법인이 법인세 과세표준신고와 함께 기획재정부령이 정하는 당좌대출이자율을 선택한 경우 선택한 사업연도와 이후 2개 사업연도는 당좌대출이자율을 시가로 한다.
③ 기계를 임대하고 임대료를 계산할 때 당해 자산의 시가에서 그 자산의 제공과 관련하여 받은 보증금을 차감한 금액에 정기예금이자율을 곱하여 산출한 금액을 시가로 한다.
④ 출연금을 대신 부담한 경우 부당행위계산 부인의 규정은 그 행위 당시를 기준으로 하여 당해 법인과 특수관계인 간의 거래에 대하여 적용한다.
⑤ 건물을 시가보다 높은 가격으로 매입하는 경우 시가와 거래가액의 차액이 3억원 이상이거나 시가의 100분의 5에 상당하는 금액 이상인 경우에 한하여 부당행위계산 부인의 규정을 적용한다.

해답 ③

해설 금전을 제외한 유형 또는 무형의 자산을 제공하거나 제공받는 경우 일반적인 거래의 시가를 적용할 수 없는 경우에는 다음 산식에 의한 금액을 시가로 한다.
(당해 자산의 시가×50% - 전세금·보증금 등)×정기예금이자율×제공일수/365(윤년366)

17 **법인세법상의 부당행위계산부인에 관한 설명으로 옳지 않은 것은?** 2009년 세무사

① 거래행위(불공정합병의 경우에 해당하지 아니함) 당시에 내국법인과 특수관계가 없는 자의 거래에 대하여는 부당행위계산부인규정을 적용하지 아니한다.
② 비출자임원(소액주주임원 포함) 및 사용인에게 사택을 무상으로 제공하는 경우에는 부당행위계산부인규정을 적용하지 아니한다.
③ 법인이 시가 10억원인 토지를 개인 대주주에게 1억원에 매각한 거래에 대해 부당행위계산부인규정을 적용받게 된 경우 법인과 대주주간 거래의 사법상 법률효과에는 영향을 미치지 아니한다.
④ 부당행위계산부인규정을 적용함에 있어서 주식의 시가가 불분명한 경우에는 감정평가법인 및 감정평가사의 감정가액을 시가로 한다.
⑤ 불량자산을 차환한 경우에는 조세의 부담을 부당히 감소시킨 것으로 인정된다.

해답 ④

해설 부당행위계산부인규정을 적용함에 있어서 주식의 시가가 불분명한 경우에는 감정평가법인 및 감정평가사의 감정가액을 배제하고 상속세 및 증여세법상의 보충적 평가방법에 의한 가액을 시가로 한다.

18 내국법인인 ㈜A의 제12기 세무조정사항으로 옳은 것은?

2010년 세무사

> (1) 제12기 사업연도(1.1.~12.31.) 초 대표이사로부터 비품(시가 35,000,000원)을 구입하면서 현금 지급액 50,000,000원을 장부에 계상하였다.
> (2) 비품에 대해 상각범위액 상당액(신고내용연수 5년, 정액법)을 감가상각비로 계상하였다.

	익금산입 및 손금불산입		손금산입 및 익금불산입	
①	부당행위계산부인	15,000,000원(상여)	비품	15,000,000원(△유보)
	감가상각비부인액	3,000,000원(유보)		
②	부당행위계산부인	15,000,000원(상여)	감가상각비	3,000,000원(△유보)
	비품	15,000,000원(유보)	추인액	
③	비일반기부금	4,500,000원(상여)	비품	4,500,000원(△유보)
	감가상각비부인액	900,000원(유보)		
④	비일반기부금	4,500,000원(기타사외유출)	비품	4,500,000원(△유보)
⑤	부당행위계산부인	15,000,000원(상여)	비품	15,000,000원(△유보)

해답 ①

해설 1.

회사

(차) 비품	50,000,000	(대) 현금	50,000,000

세법

(차) 비품	35,000,000	(대) 현금	50,000,000
부당행위계산부인	15,000,000		

→ 손금산입 자산감액 15,000,000(△유보)
익금산입 부당행위계산부인 15,000,000(상여)

2. △유보 추인

$15,000,000 \times \frac{1}{5} = 3,000,000$

→ 손금불산입 3,000,000(유보)

19 **내국법인 ㈜A는 제10기(1.1.~.12.31.)에 소액주주가 아닌 출자임원에 대해 다음과 같이 사택을 제공하고 있다. ㈜A의 사택 제공과 관련된 세무조정 시 익금에 산입할 금액은 얼마인가?**

2011년 세무사

(1) 사택 제공 내역(제10기 1.1.~12.31.)

구분	임대보증금	월 임대료	사택의 시가
사택 1	100,000,000원	200,000원	300,000,000원
사택 2	150,000,000원	300,000원	500,000,000원

(2) ㈜A는 당기 임대료수입을 손익계산서상 영업외수익으로 계상하였다.
(3) 사택의 적정 임대료는 확인되지 않으며, 국세청장이 고시한 1년 만기 정기예금이자율은 연 5%로 가정한다.

① 1,400,000원 ② 1,500,000원 ③ 5,000,000원
④ 7,500,000원 ⑤ 12,500,000원

해답 ①

해설 (2.5억 - 1.5억) × 5% - 300,000 × 12 = 1,400,000
[주의] 사택 1의 경우 시가의 5% 이상에 해당되지 않으므로 부당행위계산부인에 해당되지 않는다.

20 **「법인세법」에 따른 부당행위계산의 부인에 관한 설명으로 옳은 것을 모두 고른 것은?**

2012년 세무사

ㄱ. 부당행위계산의 부인은 원칙적으로 당해 사업연도 말을 기준으로 하여 당해 법인과 특수관계인 간의 거래에 대하여 적용한다.
ㄴ. 특수관계인으로부터 무수익 자산을 1억원에 매입한 경우에는 부당행위계산의 부인을 적용한다.
ㄷ. 부당행위계산의 부인을 적용하기 위한 시가가 불분명한 경우에는 감정평가법인 및 감정평가사가 감정한 가액과 「상속세 및 증여세법」에 따른 평가방법을 준용한 가액 중 높은 금액을 시가로 한다.
ㄹ. 특수관계인으로부터 금전을 시가보다 낮은 이율로 차용한 경우로서 시가와 거래가액의 차액이 시가의 100분의 5에 상당하는 금액 이상인 경우에는 부당행위계산의 부인을 적용한다.

① ㄴ ② ㄹ ③ ㄱ, ㄴ
④ ㄴ, ㄹ ⑤ ㄷ, ㄹ

해답 ①

해설 ㄱ. 부당행위계산의 부인은 원칙적으로 그 행위당시를 기준으로 하여 당해 법인과 특수관계인 간의 거래에 대하여 적용한다.

ㄷ. 부당행위계산의 부인을 적용하기 위한 시가가 불분명한 경우에는 감정평가법인등이 감정한 가액과 「상속세 및 증여세법」에 따른 평가방법을 준용한 가액을 차례로 적용하여 계산한 금액을 시가로 한다.

ㄹ. 특수관계인으로부터 금전을 시가보다 낮은 이율로 차용한 경우로서 시가와 거래가액의 차액이 시가의 100분의 5에 상당하는 금액 이상이거나 3억원이상인 경우에만 부당행위계산의 부인을 적용한다.

21

㈜A는 ㈜B를 당기 2. 1. 흡수합병하였다. ㈜P는 ㈜A의 주주(지분율 40%)이며, ㈜Q는 ㈜B의 주주(지분율 30%)이다. 다음 자료에서 합병과 관련하여 ㈜Q가 분여받은 이익에 대한 세무조정으로 옳은 것은? (단, 의제배당 관련 세무조정은 고려하지 않음) 2014년 세무사

(1) 합병 직전 ㈜A의 발행주식총수는 50,000주(1주당 시가 2,000원), ㈜B의 발행주식총수는 50,000주(1주당 시가 1,000원)이다.
(2) ㈜A는 ㈜B의 주주에게 ㈜B의 주식 1주당 ㈜A의 주식 1주를 교부하였다.
(3) ㈜A와 ㈜B는 특수관계인이다.
(4) ㈜P와 ㈜Q는 특수관계인이며, 그 외에 특수관계인인 주주는 없다.
(5) ㈜A, ㈜B, ㈜P 및 ㈜Q는 모두 비상장 영리내국법인이다.

① 익금산입 3,000,000원(기타사외유출)
② 익금산입 4,000,000원(기타사외유출)
③ 익금산입 3,000,000원(유보)
④ 익금산입 4,000,000원(유보)
⑤ 세무조정 필요 없음

해답 ③

해설

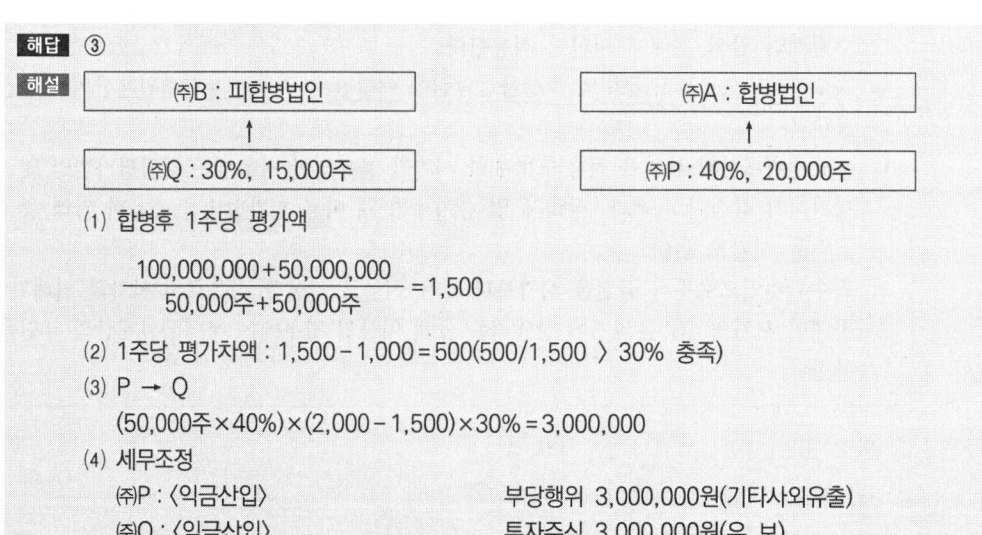

㈜B : 피합병법인	㈜A : 합병법인
↑	↑
㈜Q : 30%, 15,000주	㈜P : 40%, 20,000주

(1) 합병후 1주당 평가액

$$\frac{100,000,000+50,000,000}{50,000주+50,000주}=1,500$$

(2) 1주당 평가차액 : 1,500 − 1,000 = 500(500/1,500 〉 30% 충족)

(3) P → Q

(50,000주 × 40%) × (2,000 − 1,500) × 30% = 3,000,000

(4) 세무조정

㈜P : 〈익금산입〉 부당행위 3,000,000원(기타사외유출)

㈜Q : 〈익금산입〉 투자주식 3,000,000원(유 보)

22 **다음의 자료를 이용하여 법인주주 갑과 법인주주 을이 행할 세무조정 및 소득처분으로 옳은 것은?**

2015년 회계사

(1) 비상장 영리내국법인 ㈜A는 특수관계에 있는 비상장 영리내국법인 ㈜B를 적격 흡수합병하였다.

(2) 합병직전 ㈜A와 ㈜B의 발행주식 현황은 다음과 같다.

	1주당 평가액	발행주식총수
㈜A	40,000원	40,000주
㈜B	10,000원	20,000주

(3) ㈜A는 ㈜B의 주주에게 ㈜B의 주식 2주당 ㈜A의 주식 1주를 교부하였다.

(4) 합병직전 ㈜A의 법인주주 갑(지분율 40%)과 ㈜B의 법인주주 을(지분율 20%)은 특수관계인에 해당한다.

	법인주주 갑	법인주주 을
①	익금산입 6,400,000원 (유 보)	익금산입 6,400,000원 (기타사외유출)
②	익금산입 12,800,000원 (기타사외유출)	익금산입 12,800,000원 (유 보)
③	익금산입 12,800,000원 (유 보)	익금산입 12,800,000원 (기타사외유출)
④	익금산입 25,600,000원 (기타사외유출)	익금산입 25,600,000원 (유 보)
⑤	익금산입 25,600,000원 (유 보)	익금산입 25,600,000원 (기타사외유출)

해답 ②

해설 (1) 거래유형: 불공정합병

(2) 요건 검토

① 특수관계 있는 법인간의 흡수합병

② ㈜A와 ㈜B는 특수관계자에 해당

③ 현저한 이익

(a) 합병 후 1주당 평가액 : $\frac{40,000\times40,000+20,000\times10,000}{40,000+20,000\times0.5}=36,000$

(b) 현저한 차이 여부 : $\frac{36,000-10,000\times2}{36,000}\fallingdotseq 44\% \geq 30\% \rightarrow$ 요건 충족

(3) 을이 자본거래로 얻은 이익

합병 후 주식평가액 - 합병 전 주식 평가액

= 20,000주×20%×0.5×36,000-20,000주×20%×10,000

= 32,000,000

(4) 갑으로부터 을이 분여받은 이익

을이 분여받은 이익×갑의 지분비율= 32,000,000×40%

= 12,800,000

(5) 세무조정
갑 : 〈익금산입〉 부당행위 12,800,000(기타사외유출)
을 : 〈익금산입〉 부당행위 12,800,000(유보)
「별해 1」 ① 1주당 평가 차액
② 갑→을 : (16,000×2000주)×40% = 12,800,000
* 을의 주식수 : 20,000주×20×0.5(합병교부비율 2:1) = 2,000주
「별해 2」 갑의 총손실×을의 지분 비율
=「(40,000-36,000)×16,000주」×20% = 12,800,000
* 갑의 주식수 : 4000주×40% = 16,000주

23 **영리내국법인 ㈜A(중소기업 아님)의 제14기(1. 1~12. 31) 거래이다. 부당행위계산의 부인과 관련하여 제14기에 세무조정이 필요하지 않은 경우는? [단, 甲, 乙, 丙, 丁은 모두 거주자이며, ㈜A의 가중평균차입이자율은 5%임]**

2014년 세무사

① 제14기 2. 1. ㈜A의 경리부장 甲으로부터 시가 2억원인 ㈜B의 주식을 3억원에 매입한 경우
② 제14기 1. 1. ㈜A의 출자임원(지분율 1 %) 乙에게 3년간 주택매입자금 3억원을 무상으로 대여해준 경우
③ ㈜A의 임원에 대한 임면권을 사실상 행사하는 창업주 명예회장 丙이 법인 설립 시부터 사용하는 사택(무수익자산임)의 연간 유지비 1억원을 ㈜A가 제14기 말 현재까지 전액 부담하고 있는 경우
④ 제14기 3. 5. ㈜A의 주주 丁(지분율 2 %)에게 시가 30억원인 토지를 29억원에 매각한 경우
⑤ ㈜A의 발행주식의 30 %를 출자하고 있는 내국법인 ㈜C에게 제14기 4. 1. 운영자금 10억원을 3년간 무상으로 대여해준 경우

해답 ④

해설 1. 부당행위계산의 부인의 중요성 기준으로 판단 → 부당행위계산의 부인규정이 적용되지 않음
① 금액 기준 : 30억-29억원=1억원 〈 3억원
② 비율 기준 : 1억원/30억원=3.33% 〈 5%
2. ①, ②, ③, ⑤ : 부당행위계산의 부인규정이 적용되어 세무조정이 필요함
① 특수관계인으로부터 자산을 시가보다 높은 가액으로 매입한 경우
② 특수관계인에게 금전을 무상으로 대부하거나 제공한 경우
③ 특수관계인에게 무수익자산에 대한 비용을 부담한 경우
⑤ 특수관계인에게 금전을 무상으로 대부하거나 제공한 경우

CHAPTER

11 영리내국법인의 과세표준과 세액계산

제1절 과세표준

01 법인세법상 이월결손금의 공제시한에 대한 설명이다. 옳지 않은 것은?

① 내국법인의 각 사업연도 소득에 대한 과세표준 계산상 공제가능한 이월결손금은 각 사업연도의 개시일 전 10년(2020. 1. 1. 이후 개시하는 사업연도에 발생하는 결손금은 15년) 이내에 개시한 사업연도에서 발생한 이월결손금에 한한다.

② 무상으로 받은 자산의 가액으로 충당하여 보전할 수 있는 이월결손금은 발생시점에 제한이 없다.

③ 내국법인의 해산에 의한 청산소득의 금액을 계산함에 있어서 자기자본총액과 상계하는 이월결손금은 발생시점에 제한이 없다.

④ 채무의 면제로 인한 부채의 감소액으로 충당하여 보전할 수 있는 이월결손금은 발생시점에 제한이 없다.

⑤ 특례기부금의 손금산입한도액을 계산함에 있어 공제하는 이월결손금은 발생시점에 제한이 없다.

해답 ⑤

해설 특례기부금의 손금산입한도액을 계산함에 있어 공제하는 이월결손금은 각 사업연도 개시일 전 10년 이내에 개시한 사업연도에서 발생한 세무상 결손금으로 그 후의 각 사업연도의 과세표준계산에 있어서 공제되지 않은 금액이다.

02 영리내국법인 (주)A(중소기업에 해당됨)는 제21기 사업연도(1.1.~ 12.31.)에 발생한 법령에 따른 결손금 100,000,000원 전액에 대하여 「법인세법」상 결손금소급공제에 의한 법인세액의 환급을 신청하는 경우, (주)A가 환급받을 수 있는 금액은 얼마인가? (단, 결손금 소급공제에 필요한 모든 요건은 충족하며, 주어진 자료 이외에는 고려하지 않음) 2016년 세무사

〈제20기 법인세 과세표준 등 신고 내역〉

과세표준	300,000,000원
산출세액	37,000,000원
공제·감면세액	(21,000,000원)
가산세액	3,000,000원
기납부세액	(10,000,000원)
차감납부세액	9,000,000원

※ 제20기 법인세율: 과세표준 2억원 이하는 9%,
2억원 초과 200억원이하는 2천만원 + (2억원 초과금액의 19%)

① 16,000,000원 ② 19,000,000원 ③ 21,000,000원
④ 22,000,000원 ⑤ 25,000,000원

해답 ①
해설 환급받을 수 있는 금액: min(①,②)=16,000,000
① 37,000,000-21,000,000=16,000,000
② 37,000,000-(300,000,000-100,000,000)×전기세율=19,000,000

03 조세특례제한법상의 중소기업인 ㈜A의 제21기(1.1.~12.31.) 각사업연도소득에 대한 법인세 과세표준과 세액 계산에 관한 설명으로 옳지 않은 것은? 2016년 회계사 수정

① 이월결손금 공제는 각 사업연도 소득의 80%까지만 할 수 있다.
② 당기에 발생한 결손금에 대하여 소급공제를 신청한 경우, 환급가능액은 직전 사업연도의 소득에 대하여 과세된 법인세액(토지 등 양도소득에 대한 법인세액 제외)을 한도로 한다.
③ 천재지변으로 자산총액의 20% 이상을 상실하여 납세가 곤란하다고 인정되는 경우에는 재해손실세액공제를 적용 받을 수 있다.
④ 과세표준에 국외원천소득이 포함되어 있는 경우에는 국외원천소득에 대한 외국법인세액을 일정 한도로 세액공제할 수 있다.
⑤ 사실과 다른 회계처리에 기인한 경정을 받은 경우에는 과다 납부한 세액을 환급하지 아니하고 그 경정일이 속하는 사업연도부터 각 사업연도의 법인세액에서 과다 납부한 세액을 공제하며, 이 경우 각 사업연도별로 공제하는 금액은 과다 납부한 세액의 100분의 20을 한도로 한다.

해답 ①

해설 중소기업의 경우 공제가능한 이월결손금 전액을 공제받을 수 있다.

04 **법인세법상 과세표준의 계산에 관한 설명이다. 옳은 것은?** 2019년 회계사

① 각 사업연도 소득금액에서 비과세소득, 소득공제, 이월결손금의 순서로 차감하여 과세표준을 계산한다.

② 천재지변 등으로 장부나 그 밖의 증명서류가 멸실되어 과세표준과 세액을 추계결정하는 경우 결손금 이월공제가 적용된다.

③ 법인은 합병 시 승계한 이월결손금을 자산수증이익 및 채무면제이익으로 보전할 수 있다.

④ 중소기업이 전기 사업연도에 대한 법인세 과세표준과 세액을 신고기한 내에 신고하고, 당기 사업연도에 대한 법인세 과세표준과 세액은 기한 후 신고한 경우 결손금소급공제를 받을 수 있다.

⑤ 결손금소급공제 한도인 직전 사업연도 법인세액에는 가산세를 포함하며 토지 등 양도소득에 대한 법인세는 제외한다.

해답 ②

해설 ① 각사업연도소득금액에서 이월결손금, 비과세소득, 소득공제 순으로 차감하여 과세표준을 계산한다.

③ 합병·분할시 승계한 이월결손금은 과세표준 계산시 공제하는 이월결손금에는 포함되지만 자산수증이익 및 채무면제이익으로 보전에 충당할 수 있는 이월결손금에는 포함되지 않는다.

④ 중소기업이 결손금소급공제를 받으려면 법인세 신고기한 내에 당기와 전기의 법인세를 각각 신고하여야 한다.

⑤ 결손금소급공제 한도인 직전 사업연도 법인세액에는 가산세를 포함하지 않는다.

05 **다음은 ㈜A의 제13기(1. 1～12. 31) 사업연도 법인세 신고를 위한 자료이다.**

1. 당기 손익계산서

(단위 : 원)

과 목	금 액
매 출 액	2,556,000
매 출 원 가	(1,757,000)
매 출 총 이 익	799,000
판 매 비 와 관 리 비	(570,000)
영 업 이 익	229,000
영 업 외 수 익	71,000
영 업 외 비 용	(90,000)
법 인 세 차 감 전 순 이 익	210,000

2. 결산관련 추가자료
   (1) 당기말에 외상판매한 매출액 240,000원과 매출원가 180,000원이 누락되어 있다.
   (2) 판매비와관리비 중 손금귀속시기가 도래하지 아니한 선급비용 해당액 48,000원이 포함되어 있다.
   (3) 판매비와관리비 중 기업업무추진비는 52,000원이나 세무상 한도액은 40,000원이다.
   (4) 세무상 당기에 귀속되는 이자비용 40,000원이 선급비용으로 계상되어 있다.
   (5) 당기에 압축기장충당금 26,000원을 설정할 수 있으나 장부에는 반영하지 아니하였다.

위 자료에 의하여 각 사업연도 소득금액을 계산하면 얼마인가? (단, ㈜A는 법인세 부담을 최소화하려고 한다.)

① 290,000원　② 264,000원　③ 255,000원
④ 252,000원　⑤ 204,000원

해답 ②

해설 (1) 법인세비용차감전순이익 : 210,000
(2) 익금산입 : 매출누락액(240,000) + 선급비용(48,000) + 기업업무추진비한도초과액(12,000) = 300,000
(3) 손금산입 : 매출원가누락액(180,000) + 이자비용(40,000) + 압축기장충당금(26,000) = 246,000
(4) 각사업연도소득금액 : 210,000 + 300,000 − 246,000 = 264,000

06 **다음은 영리내국법인 (주)백두의 제21기 사업연도(1.1.~ 12.31.) 세무조정 관련 자료이다. 세부담 최소화를 가정할 경우 제21기의 법인세 과세표준금액은? (단, (주)백두는 「조세특례제한법」상 중소기업이 아니며 회생계획을 이행 중인 기업 등 대통령령으로 정하는 법인에 해당하지 않고 주어진 자료 이외에는 고려하지 않음)**

2020년 세무사

(1) 세무조정 내역(주1)

손익계산서상 당기순이익	10,000,000원
익금산입·손금불산입	17,000,000원
손금산입·익금불산입	(-)12,000,000원
계	15,000,000원

(주1) 매입채무에 대한 채무면제이익 10,000,000원이 영업외수익으로 당기순이익에 포함되어 있으며, 이와 관련된 세무조정은 포함되지 않음.

(2) 과거 사업연도에 공제되지 않은 세무상 이월결손금 내역

제8기 사업연도	5,000,000원
제19기 사업연도	5,000,000원
제20기 사업연도	5,000,000원
계	15,000,000원

① 0원 ② 1,000,000원 ③ 2,000,000원
④ 5,000,000원 ⑤ 10,000,000원

해답 ②

해설 15,000,000-10,000,000(채무면제이익의 이월결손금 충당)-4,000,000*=1,000,000

* 각 사업연도의 개시일 전 10년 이내(2020.1.1. 이후 개시하는 사업연도에 발생하는 결손금은 15년 이내)에 개시한 사업연도에서 발생한 결손금은 과세표준 계산시 각 사업연도의 소득의 범위에서 공제한다. 다만, 「조세특례제한법」상 중소기업과 회생계획을 이행 중인 기업 등 일정 법인을 제외한 내국법인의 경우 이월결손금 공제의 한도는 각 사업연도 소득의 80%로 한다.

07 **㈜대한은 제조업을 영위하는 중소기업이다. 제8기(1. 1～12. 31) 사업연도의 법인세과세표준은 300,000,000원, 산출세액은 37,000,000원, 공제·감면세액은 18,000,000원이었다. 제9기(1. 1～12. 31) 사업연도에 결손금 150,000,000원이 발생하여 최대한 소급공제할 수 있는 한도까지 소급공제를 신청하고 이에 대한 법인세를 환급받았다. 이후 제9기 사업연도에 대한 법인세의 과세표준과 세액을 경정함으로써 당초의 결손금이 67,500,000원으로 감소하였다면 추가로 징수하여야 할 법인세액(이자상당액은 무시)은 얼마인가?(전기의 세율은 과세표준 2억원 이하 9%, 2억원 초과 19%로 한다)**

① 6,200,000원 ② 6,900,000원 ③ 6,175,000원
④ 8,800,000원 ⑤ 11,400,000원

해답 ③

해설 (1) 한도까지 소급공제하는 경우 산출세액 : 18,000,000(공제 · 감면세액)
(2) 소급공제 결손금 : 당기 과세표준 - 한도까지 소급공제 경우의 과세표준 =100,000,000
1) 당기 과세표준 = 300,000,000
2) 한도까지 소급공제 경우 과세표준 = 18,000,000 ÷ 전기세율 = 200,000,000

(3) 환급취소세액 = 당초 환급세액 × $\frac{\text{감소된 결손금} - \text{소급공제 받지 않은 결손금}}{\text{소급공제 결손금}}$

$(37{,}000{,}000 - 18{,}000{,}000) \times \frac{(150{,}000{,}000 - 67{,}500{,}000) - 50{,}000{,}000^{*}}{100{,}000{,}000} = 6{,}175{,}000$

*소급공제 받지 않은 결손금 = 150,000,000(당초 결손금) - 100,000,000(당초 공제 결손금)

08 **비상장 영리내국법인(중소기업)인 ㈜A의 세무조정 자료를 이용하여 제9기(1.1. ~ 12.31.) 법인세 산출세액을 계산한 것으로 옳은 것은?** 2015년 회계사

(1) 제9기 각사업연도소득금액은 300,000,000원이고, 비과세소득은 20,000,000원이다.
(2) 제8기 결손금 200,000,000원이 발생하였으며, 제8기 법인세
(2) 신고시 결손금 소급공제를 최대한 적용받았다.
(3) 제7기 사업연도까지 발생한 결손금은 없었다.
(4) 제7기 법인세 과세표준은 320,000,000원이고, 공제감면세액은 18,000,000원이다.
(5) 법인세율 자료

과세표준	세율
2억원 이하	9%
2억원 초과 200억원 이하	19%
200억원 초과	21%

(6) 위에서 제시한 자료 이외에는 고려하지 않는다.

① 18,000,000원 ② 24,000,000원 ③ 28,000,000원
④ 32,000,000원 ⑤ 36,000,000원

해답 ①

해설 (1) 제7기 산출세액

$200,000,000 \times 9\% + 120,000,000 \times 19\% = 40,800,000$

(2) 제8기 환급세액

① $40,800,000 - (320,000,000 - X) \times t$

② $22,800,000$

* X = 소급공제결손금, t = 전기 세율

조건에서 제8기 법인세 신고시 결손금 소급공제를 최대한 적용받았다고 하였으므로 ①과 ②의 금액이 같아야 한다.

→ $40,800,000 - (320,000,000 - X) \times t = 22,800,000$

$18,000,000 = (320,000,000 - X) \times 9\%$

$200,000,000 = 320,000,000 - X$

$\therefore X = 120,000,000$

(3) 제9기 법인세 산출세액

과세표준 = $300,000,000 - 20,000,000 - 80,000,000 = 200,000,000$

∴ 산출세액 = $200,000,000 \times 9\% = 18,000,000$

09

영리내국법인 ㈜A(중소기업 아님)의 제16기(1.1.~12.31.) 투자·상생협력 촉진을 위한 과세특례를 적용하여 계산한 법인세액을 계산한 것으로 옳은 것은? (단, ㈜A는 제15기에 투자포함방법으로 적정하게 신고하였다.) 2016년 회계사 수정

> (1) 제14기부터 제16기까지 각 사업연도 종료일 현재 재무상태표상 자기자본은 각각 500억원을 초과하며, 제15기에는 미환류소득 전액인 50억원을 차기환류적립금으로 적립하였다.
> (2) 제16기 미환류소득을 산정하기 위한 기업소득과 환류액 자료는 다음과 같다.
> ① 기업소득 자료 : 각사업연도소득금액 1,000억원, 기업소득 600억원(투자포함방법으로 산정된 금액)
> ② 환류액 자료 : 투자합계액 180억원, 임금증가액 100억원(청년상시근로자에 대한 임금증가액 없음), 중소기업 협력 출연금 50억원(「대·중소기업 상생협력 촉진에 관한 법률」에 따른 협력중소기업에 대한 보증·대출지원 목적의 기술신용보증기금에 출연한 기금)
> (3) 제16기에는 차기환류적립금을 적립하지 않았다.

① 0원 ② 4억원 ③ 6억원
④ 8억원 ⑤ 12억원

해답 ④

해설 (1) 투자포함방법 적용 시

600억원 × 70% − (180억원 + 100억원 + 50억원 × 3) = △10억원

(2) 투자·상생협력 촉진을 위한 과세틀레를 적용하여 계산한 법인세액

(50억원 − 10억원) × 20% = 8억원

10 **제조업을 영위하는 영리내국법인 ㈜A(2009.1.1.부터 중소기업 아님)의 제21기 사업연도(1.1.~12.31.)의 법인세 신고 관련 자료이다. ㈜A의 제21기 차감납부할 법인세액을 계산한 것으로 옳은 것은?**

2017년 회계사 수정

(1) 각 사업연도의 소득금액: 100,000,000원

(2) 이월결손금의 내역

발생사업연도	발생액
제19기 (1.1.~.12.31.)	90,000,000원*

* 이 중 5,000,000원이 전기 5.20. 채무면제이익으로 충당됨.

(3) 연구·인력개발비에 대한 세액공제액: 100,000원

(4) 외국납부세액공제액: 200,000원

(5) 중간예납세액: 50,000원

(6) 토지 등 양도소득에 대한 법인세액, 미환류소득에 대한 법인세액, 가산세, 추징세액은 없다.

(7) 중소기업이 아닌 내국법인의 과세표준 100억원 이하 부분에 적용되는 최저한세율: 10%

(8) ㈜A는 유동화거래를 목적으로 설립된 법인이 아니며, 회생계획, 기업개선계획, 경영정상화계획을 이행 중에 있지 않다.

(9) 법인세부담 최소화를 가정하며, 주어진 자료 이외의 다른 사항은 고려하지 않는다.

① 750,000원 ② 1,150,000원 ③ 1,250,000원
④ 1,750,000원 ⑤ 3,750,000원

해답 ④

해설 (1) 감면 후 세액 = 산출세액-최저한세 적용대상 공제감면세액

$100,000,000 - Min[85,000,000, 100,000,000 \times 80\%] = 20,000,000$
$\rightarrow 1,800,000(20,000,000 \times 9\%) - 100,000 = 1,700,000$

(2) 최저한세 = 감면전과세표준×최저한세율

$20,000,000 \times 10\% = 2,000,000$

(3) 차감납부할 세액

$Max[(1), (2)]$ - 최저한세 적용대상 아닌 공제감면세액-중간예납세액

$2,000,000 - 200,000 - 50,000 = 1,750,000$

11 법인세 과세표준과 세액 계산에 대한 설명이다. 옳은 것은?

2009년 회계사

① 법인세 감면에 관한 규정과 세액공제에 관한 규정이 동시에 적용되는 경우에는 사실과 다른 회계처리에 기인한 경정에 따른 세액공제를 가장 나중에 적용한다.

② 법인세액을 환급한 후 결손금이 발생한 사업연도에 대한 법인세의 과세표준과 세액을 경정함으로써 결손금이 감소된 경우에는 환급취소세액에 이자상당액을 가산한 금액을 그 경정한 날이 속하는 사업연도의 법인세로서 징수한다.

③ 법인세의 과세표준을 추계결정·경정하는 경우에는 외국납부세액공제 또는 외국납부세액의 손금산입규정을 적용한다.

④ 간접외국납부세액공제는 조세조약에서 간접외국납부 세액공제제도를 채택하고 있지 않거나 조세조약 미체결국인 경우에는 적용되지 않는다.

⑤ 최저한세를 적용함에 있어 조세감면의 법정 배제순서는 준비금의 손금산입, 특별감가상각비의 손금산입, 손금산입 및 익금불산입, 세액감면, 세액공제, 소득공제 및 비과세 순이다.

해답 ①

해설 ② 법인세액을 환급한 후 결손금이 발생한 사업연도에 대한 법인세의 과세표준과 세액을 경정함으로써 결손금이 감소된 경우에는 환급취소세액에 이자상당액을 가산한 금액을 해당결손금이 발생한 사업연도의 법인세로서 징수한다.

③ 법인세의 과세표준을 추계결정·경정하는 경우에는 외국납부세액공제 또는 외국납부세액의 손금산입규정을 적용하지 않는다.

④ 간접외국납부세액공제는 조세조약에서 간접외국납부세액공제제도를 채택하고 있지 않거나 조세조약 미체결국인 경우에도 적용된다.

⑤ 최저한세를 적용함에 있어 조세감면의 법정배제순서는 특별감가상각비의 손금산입, 준비금의 손금산입, 손금산입 및 익금불산입, 세액공제, 세액감면, 소득공제 및 비과세 순이다.

12 법인세법상 영리내국법인의 각 사업연도의 소득에 대한 법인세 과세표준 및 세액의 계산과 신고 및 납부에 관한 설명으로 옳지 않은 것은?

2017년 회계사

① 「조세특례제한법」상 중소기업의 경우 납부할 세액이 1천만원을 초과하면 납부기한이 지난 날부터 2개월 이내에 분납할 수 있다.

② 외국정부에 납부하였거나 납부할 외국법인세액이 공제한도를 초과하는 경우 그 초과하는 금액은 다음 사업연도로 이월하여 공제받을 수 없다.

③ 「조세특례제한법」상 중소기업은 각 사업연도 종료일 현재 자기자본이 500억원을 초과하더라도 미환류소득에 대한 법인세 과세대상에 해당하지 아니한다.

④ 법인세의 과세표준과 세액을 납세지 관할 세무서장에게 신고할 때 기업회계기준을 준용하여 작성한 개별 내국법인의 재무상태표·포괄손익계산서 및 이익잉여금처분계산서(또는 결손금처리계산서)를 신고서에 첨부하지 아니하면 「법인세법」에 따른 신고로 보지 아니한다.

⑤ 「조세특례제한법」상 중소기업이 아닌 내국법인은 결손금 소급공제에 따른 환급을 적용받을 수 없다.

해답 ②

해설 외국정부에 납부하였거나 납부할 외국법인세액이 공제한도를 초과하는 경우 그 초과하는 금액은 해당 사업연도의 다음 사업연도 개시일부터 10년 이내에 끝나는 각 사업연도에 이월하여 그 이월된 사업연도의 공제한도 범위에서 공제받을 수 있다. 다만, 외국정부에 납부하였거나 납부할 외국법인세액을 이월공제기간 내에 공제받지 못한 경우 그 공제받지 못한 외국법인세액은 이월공제기간의 종료일 다음 날이 속하는 사업연도의 소득금액을 계산할 때 손금에 산입할 수 있다.

13 **「법인세법」상 내국법인의 과세표준 및 세액의 계산에 관한 설명으로 옳지 않은 것은? (단, 중소기업의 경우 법령상 요건을 모두 갖추고 있는 것으로 가정함)** 2017년 세무사

① 중소기업은 결손금 소급공제시 직전 사업연도의 소득에 대하여 과세된 법인세액을 한도로 한다. 여기에서 과세된 법인세액이란 법령에 따른 토지 등 양도소득에 대한 법인세를 제외하고 직전 사업연도의 소득에 대한 법인세로서 공제 또는 감면된 법인세액을 차감한 금액을 말한다.

② 중소기업은 결손금이 발생한 사업연도와 직전 사업연도의 소득에 대한 법인세 과세표준 및 세액을 각각의 과세표준신고기한 내에 적법하게 신고하고 환급신청을 한 경우에만 결손금 소급공제를 적용할 수 있으나 발생한 결손금의 일부만을 소급공제 신청할 수는 없다.

③ 결손금 공제 중 이월공제는 신청을 요건으로 하지 않는다.

④ 각 사업연도 소득에 대한 법인세의 과세표준은 각 사업연도 소득의 범위에서 법정 이월결손금, 비과세소득, 소득공제액을 차례로 공제한 금액으로 한다. 다만, 중소기업과 회생계획을 이행 중인 기업 등 법령으로 정하는 법인을 제외한 내국법인의 경우 법정 이월결손금액에 대한 공제의 범위는 각 사업연도 소득의 80%로 한다.

⑤ 법인세의 과세표준과 세액을 추계하는 경우에는 이월결손금 공제규정을 적용하지 아니한다. 다만, 천재지변 등으로 장부나 그 밖의 증명서류가 멸실되어 법령으로 정하는 바에 따라 추계하는 경우에는 그러하지 아니하다.

해답 ②

해설 중소기업은 각 사업연도 결손금이 발생한 경우 그 결손금에 대하여, 직전 사업연도의 소득에 대하여 과세된 법인세액을 한도로 법으로 정하는 바에 따라 계산한 금액을 환급 신청할 수 있다. 즉, 결손금이 발생한 직전 사업연도의 소득에 대해서만 소급공제를 적용할 수 있다.

14 **「법인세법」상 각 사업연도의 소득에 대한 법인세 과세표준 및 세액의 계산과 신고 및 납부에 관한 설명으로 옳지 않은 것은?** 2013년 회계사

① 무상으로 받은 자산의 가액으로 충당된 이월결손금은 각 사업연도의 과세표준 계산에 있어서 공제된 것으로 본다.

② 외국납부세액공제 적용시 외국정부에 납부하였거나 납부할 외국법인세액이 공제한도를 초과하는 경우 그 초과하는 금액은 해당 사업연도의 다음 사업연도 개시일부터 10년 이내에 끝나는 각 사업연도에 이월하여 그 이월된 사업연도의 공제한도 범위에서 공제받을 수 있다.

③ 내국법인은 「법인세법」에 따른 납부할 세액이 10,000,000원을 초과하는 경우에 납부할 세액의 일부를 분납할 수 있으나, 가산세와 감면분추가납부세액은 분납대상세액에 포함하지 아니한다.

④ 납세의무가 있는 내국법인의 「법인세법」에 따른 각 사업연도의 소득에 대한 법인세 과세표준과 세액의 신고기한은 각 사업연도의 소득금액이 없거나 결손금이 있는 내국법인의 경우에도 적용된다.

⑤ 납세의무자가 신고한 법인세액이 최저한세액에 미달하여 법인세를 경정하는 경우에는 법정순서에 따라 감면을 배제하여 세액을 계산해야 하지만, 중소기업에 적용되는 「조세특례제한법」상 모든 세액감면은 이같은 순서의 적용을 받지 아니한다.

해답 ⑤

해설 납세의무자가 신고한 법인세액이 최저한세액에 미달하여 법인세를 경정하는 경우에는 납세의무자의 선택에 따른 배제순서를 적용하는 것이 원칙이며, 특정 세액감면 등이 배제순서의 적용을 받지 아니할 수 없다.

15 **제조업을 영위하는 영리내국법인 ㈜A는 제1기 10월 19일에 법인설립등기를 하였으며, 정관에 따른 사업연도는 매년 1월 1일부터 12월 31일까지이다. 다음 자료를 이용하여 제1기 사업연도의 「법인세법」상 차감납부할세액을 계산한 금액으로 옳은 것은? (단, 실제 사업을 개시한 날은 제1기 11월 5일이며, ㈜A는 합병이나 분할에 의해 설립된 법인이 아님. 또한 최저한세액 등 주어진 자료 이외의 다른 사항은 고려하지 않음)** 2013년 회계사

> (1) ㈜A의 제1기 사업연도의 과세표준은 120,000,000원이다.
> (2) 제1기 각 사업연도의 소득금액에는 다음의 금액(원천징수세액을 차감하기 전 금액)이 포함되어 있는데, 이는 모두 국내에서 지급받은 것이며 「법인세법」에 따라 적법하게 원천징수가 이루어졌다.
> 가. 은행으로부터 수령한 예금이자 : 5,000,000원
> 나. 특수관계인이 아닌 다른 내국법인(제조업)에게 자금을 일시적으로 대여하고 수령한 이자 : 10,000,000원

① 14,600,000원 ② 15,800,000원 ③ 17,400,000원
④ 18,300,000원 ⑤ 19,000,000원

해답 ①

해설
(1) 환산* 후 과세표준 : $120,000,000 \times \frac{12}{3} = 480,000,000$

* ㈜A는 제1기 10월 19일에 법인설립등기를 하였으므로 과세표준을 12개월로 환산한다.

(2) 차감납부세액의 계산
① 산출세액 : [18,000,000 + (480,000,000 − 200,000,000) × 19%] × 3/12
= 17,800,000
② 기납부세액 : 5,000,000 × 원천징수세율(14%) + 10,000,000 × 원천징수세율(25%)
= 3,200,000
③ 차감납부세액 : 17,800,000 − 3,200,000 = 14,600,000

16 **다음 자료는 제조업을 영위하는 영리내국법인 ㈜A의 제13기 사업연도(1.1.~12.31.) 결산과정에서 발생한 상호독립적인 사항들이다. 만일 이러한 사항들 중에서 적정한 세무조정을 하지 않는다면 제13기의 「법인세법」상 각 사업연도의 소득금액에 오류를 발생시키는 사항은 모두 몇 개인가? (단, 제12기 이전의 모든 세무조정은 적정하게 이루어졌으며, 주어진 자료 이외의 다른 사항은 고려하지 않음)** 2013년 회계사

(1) 제13기에 보통주 유상증자를 실시하고 발행주식의 액면가액을 초과하는 금액까지 포함하여 주주로부터 현금으로 받은 모든 금액을 회계상 자본금으로 계상하였다.

(2) 제12기에 외상매출하였으나 그 회계처리가 누락되었던 매출채권 1,000,000원을 제13기에 회수하고 다음과 같이 회계처리 하였다.

(차) 현 금 1,000,000 (대) 매출액(수익) 1,000,000

(3) 제12기에 납부하고 손금(세금과공과)으로 계상했던 본점건물에 대한 재산세 중 2,000,000원이 제13기에 환급되었다. ㈜A는 동 환급금을 이미 납부하여 세금과공과로 계상한 제13기에 대한 재산세(손금으로 인정되는 금액임)와 상계하기 위해 제13기에 다음과 같이 회계처리하였다.

(차) 현 금 2,000,000 (대) 세금과공과(재산세) 2,000,000

(4) 당해 법인과 특수관계인이 아닌 ㈜B 소유건물의 보수를 위해 업무와 관련 없이 3,000,000원을 지출하고, 이를 ㈜B에 대한 대여금으로 회계처리 하였다.

(5) 무상으로 받은 토지의 시가 5,000,000원을 회계상 잡이익으로 계상하였으며, ㈜A의 세무상 이월결손금은 없다.

① 없음 ② 1개 ③ 2개
④ 3개 ⑤ 4개

해답 ②

해설 제12기 외상매출에 대한 매출채권 ₩1,000,000을 제13기에 회수하면서 수익계상한 것은 이월익금에 해당하므로 익금불산입의 세무조정을 수행하여야 한다.

17 **다음은 법인세법에 관한 설명이다. 가장 옳은 것은?**

① 법인이 개발비를 무형고정자산으로 계상하지 아니하고 그 지급이 확정된 사업연도의 손비로 계상한 경우에는 개발비를 즉시상각한 것으로 보아 상각범위액을 계산하되, 그 상각범위액을 초과하는 금액은 손금불산입한다.

② 고유목적사업준비금은 회계감사대상 법인만 신고조정할 수 있으나 비상위험준비금은 회계감사대상이 아닌 모든 법인이 신고조정할 수 있다.

③ 법인이 허위증빙을 수취한 경우라도 허위임을 모르고 수취한 경우에는 과소신고가산세의 적용에 있어 이를 부당과소신고로 보지 아니한다.

④ 사실과 다른 회계처리에 기인한 경정에 따른 법인세의 환급세액에 대하여는 국세환급가산금을 지급하지 아니한다.

⑤ 법인이 결산을 확정함에 있어서 당해 사업연도 중 경과한 기간에 대응 하지만 소득세법 시행령에 의한 수입시기에 해당하는 날이 도래하지 않은 이자비용을 손비로 계상하였다면 그 이자비용은 손금에 산입하지 아니한다.

해답 ③

해설 ① 법인이 개발비를 무형고정자산으로 계상하지 아니한 금액은 그 지급이 확정된 사업연도의 손금에 산입한다. (법인세법 기본통칙 23-26……9)

② 비상위험준비금은 원칙적으로 결산조정사항이나, 국제회계기준을 적용하는 법인에 한하여 임의 신고조정을 허용한다.

④ 사실과 다른 회계처리에 기인한 경정에 따른 법인세의 환급세액에 대하여도 국세환급가산금을 지급한다.

⑤ 이자비용에 대하여 발생주의를 적용하여 결산에 미지급비용을 계상하였다면 당해 이자비용은 손금으로 인정된다. 다만, 차입일부터 이자지급일이 1년을 초과하는 특수관계인과의 거래에 따른 이자 및 할인액은 제외한다.

18 **중소기업으로서 제조업을 영위하는 내국법인 ㈜A가 제12기에 환급받은 법인세와 제12기 결손금 감소로 인하여 환급이 취소되는 세액(이자상당액은 무시함)은 각각 얼마인가?**

2010년 세무사

(1) 제11기(1.1.~12.31.)의 각 사업연도의 소득에 대한 법인세 과세표준은 250,000,000원, 산출세액은 39,500,000원(토지 등 양도소득에 대한 법인세 12,000,000원 포함), 공제·감면된 법인세액은 9,500,000원이었다.
(2) 제12기(1.1.~12.31.)에 결손금 120,000,000원이 발생하여 이 중 100,000,000원을 소급공제 신청하고 이에 대한 법인세를 환급받았다. 이후 제12기에 대한 법인세의 과세표준과 세액이 경정됨으로써 당초의 결손금이 70,000,000원으로 감소하였다.
(3) ㈜A는 법인세 과세표준 신고기한 내에 제11기와 제12기의 각 사업연도 소득에 대한 법인세 과세표준 및 세액을 각각 신고하였다.
(4) 세율은 과세표준 2억원 이하인 경우 9%로 한다.

	환급받은 법인세	환급취소세액
①	14,000,000원	4,200,000원
②	22,000,000원	11,000,000원
③	29,000,000원	8,700,000원
④	34,000,000원	10,200,000원
⑤	34,000,000원	17,000,000원

해답 ①

해설 1. 환급받은 법인세
(39,500,000 - 12,000,000) - (250,000,000 - 100,000,000) × 9% = 14,000,000
[한도] 39,500,000 - 12,000,000-9,500,000 = 18,000,000

2. 환급취소세액

$$14,000,000 \times \frac{(120,000,000-70,000,000)-20,000,000}{100,000,000} = 4,200,000$$

19 **제조업을 영위하는 영리내국법인 ㈜A(중소기업)의 제21기(1.1.~12.31.) 각 사업연도 소득에 대한 법인세 환급과 관련된 자료이다. 법인세 환급 후 결손금 경정으로 징수되는 법인세액(이자 상당액은 고려하지 말 것)으로 옳은 것은?** 2020년 회계사

(1) 제20기 법인세 관련 내역

법인세 과세표준	산출세액	공제·감면세액	가산세액
350,000,000원	46,500,000원	30,000,000원	3,000,000원

(2) 당기에 결손금 100,000,000원이 발생하여 이중 80,000,000원을 소급공제신청하고 이에 대한 법인세를 환급받았다.

(3) 법인세 환급 이후 제21기에 대한 법인세 과세표준과 세액의 경정으로 인해 당초의 결손금 100,000,000원이 70,000,000원으로 감소하였다.

(4) 제19기 사업연도까지 발생한 결손금은 없었다.

(5) ㈜A는 결손금소급공제에 필요한 모든 조건을 충족하고 있다.

(6) 각 사업연도 소득에 대한 법인세율은 다음과 같다.

과세표준	세 율
2억원 이하	과세표준의 100분의 9
2억원 초과 200억원 이하	2천만원 + 2억원을 초과하는 금액의 100분의 19

① 1,900,000원 ② 5,000,000원 ③ 6,000,000원
④ 10,000,000원 ⑤ 15,000,000원

해답 ①

해설 (1) 법인세 환급세액 계산 Min[①, ②] = 15,200,000

① $46,500,000-(350,000,000-80,000,000)\times t = 15,200,000$

② $46,500,000-30,000,000 = 16,500,000$

(2) 환급 후 결손금 경정으로 징수되는 법인세액

$$15,200,000\times\frac{10,000,000^{*}}{80,000,000} = 1,900,000$$

* 결손금 감소액 30,000,000 중 소급공제 받지 않은 금액 20,000,000원이 먼저 감소된 것으로 보며, 30,000,000-20,000,000 = 10,000,000원을 소급공제 받은 금액으로 보아 환급취소세액을 계산한다.

20 **제조업을 영위하는 영리내국법인 (주)A(중소기업 아님)의 제21기 사업연도(1.1.~ 12.31.) 법인세 차감납부세액 계산과 관련하여 다음 ㉠, ㉡, ㉢의 합계액은? (단, 다음에 제시되는 각 상황은 상호 독립적이라고 가정하고, 주어진 자료 이외에는 고려하지 않는다. 또한 (주)A의 소득 중에 법인세가 부과되지 아니하거나 비과세 또는 면제되는 소득은 없음)** 2021년 세무사

> (주)A는 제21기 중 「법인세법」상 토지 등 양도소득에 대한 법인세 과세대상에 해당하는 조합원입주권을 특수관계가 없는 자에게 양도하고, 150,000,000원의 양도소득이 발생하였다. 이로 인해 (주)A의 제21기 법인세 차감납부세액이 ___㉠___원 증가되었다.
> (주)A는 「법인세법」에 따른 장부의 비치·기장의무를 이행하지 않았기 때문에 장부의 기록·보관 불성실가산세 ___㉡___원을 제21기 사업연도 법인 세액에 더하여 납부하였다. (주)A의 제21기 산출세액은 30,000,000원, 수입금액은 100억원이다.
> (주)A의 제21기 각 사업연도 소득금액에는 (주)B(제조업)에게 일시적으로 자금을 대여하고 국내에서 수취한 이자수익 5,000,000원이 포함되어 있다. 동 이자수익에 대한 법인세 원천징수가 적법하게 이행된 경우, (주)A의 차감납부세액 계산 시 기납부세액으로 공제될 수 있는 금액은 ___㉢___원이다.

① 22,750,000원　② 23,250,000원　③ 32,250,000원
④ 37,750,000원　⑤ 38,250,000원

해답 ⑤

해설 (1) 조합원입주권의 양도 : 150,000,000×20%=30,000,000
(2) 무기장가산세 : max(30,000,000×20%, 10,000,000,000×7/10,000)=7,000,000
(3) 비영업대금이익의 원천징수세율 : 5,000,000×25%=1,250,000

21 **다음은 영리내국법인 ㈜A(제조업을 영위하는 중소기업임)의 제14기 사업연도(1.1.~12.31.) 법인세 과세표준 및 세액계산 관련 자료이다. 제14기의 각 사업연도 소득에 대한 차감납부할세액을 계산한 것으로 옳은 것은? (단, 법인세부담의 최소화를 가정할 것.)** 2014년 회계사

(1) 각 사업연도 소득금액은 250,000,000원이다. 그 중에는 국외원천소득금액 50,000,000원이 포함되어 있으며, 국외원천소득에 대하여 외국에서 직접 납부한 법인세액은 7,000,000원이다.
(2) 이월결손금, 비과세소득 및 소득공제액은 없다.
(3) 각 사업연도 소득에 대한 법인세 산출세액은 27,500,000원이다.
(4) 연구·인력개발비에 대한 세액공제액은 15,000,000원이다.
(5) 통합투자세액공제액은 2,000,000원이다.
(6) 중간예납세액 및 수시부과세액은 없으며, 원천납부세액은 500,000원이다.
(7) 중소기업의 최저한세율은 7%이다.

① 3,500,000원 ② 4,500,000원 ③ 7,000,000원
④ 10,000,000원 ⑤ 11,000,000원

해답 ②

해설 (1) 외국납부세액공제액 = min[①, ②] = 5,500,000
① 외국납부세액 = 7,000,000
② 한도 = 27,500,000 × 50,000,000 ÷ 250,000,000 = 5,500,000
(2) 감면후 세액 = 산출세액 – 최저한세 적용대상 공제감면세액
27,500,000 – 2,000,000 = 25,500,000
(3) 최저한세 = 감면전 과세표준 × 최저한세율
250,000,000 × 7% = 17,500,000
※ 감면후세액 ≥ 최저한세 ⇒ 감면배제 없음

구 분	금 액	비 고
① Max[감면후세액, 최저한세]	25,500,000	
② 최저한세적용제외공제감면세액	20,500,000	외국납부세액공제, 중소기업의 연구·인력개발비세액공제
③ 총부담세액(① – ②)	5,000,000	
④ 기납부세액	500,000	
⑤ 차감납부할세액(③ – ④)	4,500,000	

제2절 세액공제

01 **다음은 미국과 일본에 지점을 두고 있는 내국법인인 ㈜A의 제15기 사업연도(1.1.~12. 31.)의 법인세 신고와 관련된 자료이다. ㈜A의 외국납부세액 공제한도 계산시 국가별로 구분하여 계산하는 방법(국가별한도제)과 국가별로 구분하지 않고 일괄하여 계산하는 방법(일괄한도제) 중에서 법인세 부담액을 최소화하는 방법의 법인세 차감납부할세액을 계산한 것으로 옳은 것은?**

2010년 회계사

(1) 각국의 소득금액 및 외국법인세의 명세는 아래와 같다.

구분	국내	미국지점	일본지점	합계
소득금액	250,000,000원	100,000,000원	50,000,000원	400,000,000원
외국납부세액	-	12,000,000원	10,000,000원	22,000,000원

단, 외국납부세액은 소득금액을 계산할 때 손금불산입된 것이다.

(2) 제12기 사업연도에 발생한 이월결손금 50,000,000원이 있으며, 동 이월결손금은 국외에서 발생했는지 여부가 불분명하다.

(3) 제시된 자료 이외의 고려사항은 없다.(단, 과세표준 2억 초과분에 적용되는 세율은 19%로 가정한다.)

차감납부할세액

① 29,750,000원
② 33,125,000원
③ 34,375,000원
④ 31,250,000원
⑤ 29,062,500원

해답 ⑤

해설 – 과세표준 : 400,000,000 – 50,000,000 = 350,000,000원
– 산출세액 : 200,000,000 × 9% + 150,000,000 × 19% = 46,500,000원

1. 일괄한도

구분	소득금액	결손금	과세표준	외국납부세액	공제한도액	공제액
국내	250,000,000	△31,250,000*1	218,750,000	-	-	-
국외	150,000,000	△18,750,000*2	131,250,000	22,000,000	$46,500,000 \times \frac{131,250,000}{350,000,000}$ = 17,437,500	17,437,500
계	400,000,000	△50,000,000	350,000,000	22,000,000	17,437,500	17,437,500

*1. $50,000,000 \times \frac{250,000,000}{400,000,000} = 31,250,000$

*2. $50,000,000 \times \frac{150,000,000}{400,000,000} = 18,750,000$

2. 국별한도

구분	소득금액	결손금	과세표준	외국납부세액	공제한도액	공제액
국내	250,000,000	△31,250,000*1	218,750,000	-	-	-
미국	100,000,000	△12,500,000*2	87,500,000	12,000,000	$46,500,000 \times \frac{87,500,000}{350,000,000}$ = 11,625,000	11,625,000
일본	50,000,000	△6,250,000*3	43,750,000	10,000,000	$46,500,000 \times \frac{43,750,000}{350,000,000}$ = 5,812,500	5,812,500
계	400,000,000	△50,000,000	350,000,000	22,000,000	17,437,500	17,437,500

*1. $50,000,000 \times \frac{250,000,000}{400,000,000} = 31,250,000$

*2. $50,000,000 \times \frac{100,000,000}{400,000,000} = 12,500,000$

*3. $50,000,000 \times \frac{50,000,000}{400,000,000} = 6,250,000$

- 차감납부할 세액 : 46,500,000 - 17,437,500 = 29,062,500원

02 **다음은 A, B, C 세 국가에 지사를 두고 있는 ㈜한국의 제10기 사업연도(1. 1~12. 31)에 대한 자료이다.**

국 가	소득금액	외국에서 납부한 세액
국 내	100,000,000원	-
A 국가	△20,000,000원	-
B 국가	80,000,000원	12,000,000원
C 국가	40,000,000원	8,000,000원
합 계	200,000,000원	20,000,000원

A국가에 대해서는 제7기에 한도초과로 공제되지 못한 외국납부세액 3,000,000원이 있다. ㈜한국의 산출세액은 38,000,000원이며, ㈜한국은 외국납부세액의 공제한도액을 계산할 때 국가별로 구분하지 아니하고 일괄하여 계산하는 방법을 적용하고 있다.
㈜한국이 외국납부세액과 관련하여 세액공제방법을 선택할 경우 제10기 법인세 산출세액에서 공제할 외국납부세액공제액은 얼마인가?

① 23,000,000원 ② 21,000,000원 ③ 20,000,000원
④ 19,000,000원 ⑤ 18,800,000원

해답 ④

해설 ① 한도액 : 법인세 산출세액 × (국외원천소득 ÷ 당해 사업연도의 과세표준)
= 38,000,000 × (100,000,000 ÷ 200,000,000) = 19,000,000
② 외국에서 납부한 법인세액
3,000,000 + 12,000,000 + 8,000,000 = 23,000,000

03 **영리내국법인 (주)A(제조업)의 제21기 사업연도(1.1.~ 12.31.)에 대한 「법인세법」상 재해손실에 대한 세액공제액은 얼마인가? (단, 주어진 자료 이외에는 고려하지 않음** 2016년 세무사

(1) 제21기 3.20. 에 발생한 화재로 인한 (주)A 사업용 자산 가액의 변동

	화재발생 직전 장부가액	화재발생 후 장부가액
토지	100,000,000원	90,000,000원
건물	200,000,000원	60,000,000원
기타 자산	100,000,000원	30,000,000원

한편, 상기 사업용 자산과는 별개로 (주)A가 보관하던 타인소유 자산 60,000,000원이 당해 화재로 상실되었으며, (주)A는 이에 대한 변상책임을 부담하지 않는다.

(2) 당해 화재로 인해 보험회사로부터 보험금 90,000,000원을 수령하였다.

(3) 제21기 각 사업연도의 소득에 대한 법인세 산출세액은 280,000,000원이며, 재해발생일 현재 부과되지 아니한 법인세와 부과된 법인세로서 미납된 세액은 없다. 또한 국세기본법에 따른 원천징수납부 등 불성실가산세가 40,000,000원 있으며, 당해 재해손실에 대한 세액공제 이외에 다른 공제 및 감면세액은 없다.

① 128,000,000원 ② 160,000,000원 ③ 192,000,000원
④ 210,000,000원 ⑤ 224,000,000원

해답 ④

해설 (1) 상실된 자산가액:
(200,000,000+100,000,000)−(60,000,000+30,000,000)=210,000,000
상실된 자산가액을 구할 때 토지가액은 제외하고 타인자산 변제액을 포함하며 보험금 수령 전 금액으로 한다.
(2) 재해상실비율: 210,000,000÷300,000,000=70%
(3) 재해손실세액공제=min(①,②)
① (280,000,000+40,000,000)×70%=224,000,000
② 한도(상실된 자산가액): 210,000,000

04 「법인세법」상 과세표준 및 세액의 계산에 관한 설명으로 옳은 것은?

2018년 세무사

① 중소기업은 각 사업연도에 결손금이 발생한 경우, 직전 및 직전 전 사업연도의 소득에 대하여 과세된 법인세액을 한도로 그 결손금의 환급을 신청할 수 있다.
② 재해손실세액공제는 천재지변 등 재해로 상실 전 자산총액의 100분의 15 이상을 상실하여 납세자가 곤란하다고 인정되는 경우 적용된다.
③ 외국납부세액공제는 해당 법인의 국내 법인세 산출세액을 한도로 하며, 이를 초과하는 금액은 5년간 이월공제 가능하다.
④ 천재지변 등으로 장부나 그 밖의 증명서류가 멸실되어 법인세를 추계하여 결정하는 경우에는 이월결손금 공제와 외국납부세액공제 모두 적용가능하다.
⑤ 결손금의 이월공제는 각 사업연도의 소득의 범위에서 각 사업연도의 개시일 전 5년 이내에 개시한 사업연도에서 발생한 결손금에 한하여 이월하여 공제한다.

해답 ④

해설 ① 중소기업은 각 사업연도에 결손금이 발생한 경우 그 결손금에 대하여, 직전 사업연도의 소득에 대하여 과세된 법인세액을 한도로 법으로 정하는 바에 따라 계산한 금액을 환급 신청할 수 있다.
② 재해손실세액공제는 천재지변 등 재해로 상실 전 자산총액의 20% 이상을 상실하여 납세자가 곤란하다고 인정되는 경우 적용된다.
③ 외국납부세액공제는 해당 법인의 국내 법인세 산출세액을 한도로 하며, 이를 초과하는 금액은 10년간 이월공제 가능하다.
⑤ 결손금의 이월공제는 각 사업연도의 소득의 범위에서 각 사업연도의 개시일 전 15년이내에 개시한 사업연도에서 발생한 결손금에 한하여 이월하여 공제한다.

05 법인세법상 세액공제에 관한 설명으로 옳은 것은?

2018년 회계사 수정

① 과세표준신고기한이 경과되지 아니한 법인세에서 재해손실세액공제를 받고자 하는 내국법인은 그 신고기한 내에 세액공제신청을 하여야 한다. 다만, 재해발생일부터 신고기한까지의 기간이 3개월 미만인 경우에는 재해발생일부터 3개월 내에 신청하여야 한다.
② 재해손실세액공제 대상이 되는 법인세에는 재해발생일이 속하는 사업연도의 소득에 대한 법인세와 재해발생일 현재 부과된 법인세로서 미납된 법인세가 포함되며, 재해발생일 현재 부과되지 아니한 법인세는 공제대상에 포함되지 않는다.
③ 국외사업장이 2개 이상의 국가에 있는 경우에도 외국납부세액공제의 한도액은 국가별로 구분하지 않고 계산한다.
④ 외국정부에 납부하였거나 납부할 외국법인세액이 외국납부세액 공제한도를 초과하는 경우 그 초과하는 금액은 해당 사업연도의 다음 사업연도 개시일부터 5년 이내에 끝나는 각 사업연도에 이월하여 그 이월된 사업연도의 공제한도 범위에서 공제받을 수 있다.
⑤ 내국법인이 사실과 다른 회계처리로 인하여 경정을 받음으로써 각 사업연도의 법인세에서 과다 납부한 세액을 공제하는 경우 그 공제하는 금액은 과다 납부한 세액의 100분의 50을 한도로 하며, 공제 후 남아 있는 과다 납부한 세액은 이후 사업연도에 이월하여 공제한다.

해답 ①

해설 ② 재해손실세액공제 대상이 되는 법인세에는 재해발생일 현재 부과되지 아니한 법인세와 부과된 법인세로서 미납된 법인세, 그리고 재해 발생일이 속하는 사업연도의 소득에 대한 법인세이다.
③ 외국납부세액공제 한도를 계산함에 있어서 국외사업장이 2 이상의 국가에 있는 경우에는 국가별로 구분하여 이를 계산한다.
④ 외국정부에 납부하였거나 납부할 외국법인세액이 공제한도를 초과하는 경우 그 초과하는 금액은 해당 사업연도의 다음 사업연도 개시일부터 10년 이내에 끝나는 각 사업연도에 이월하여 그 이월된 사업연도의 공제한도 범위에서 공제받을 수 있다.
⑤ 내국법인이 사실과 다른 회계처리에 기인한 경정을 받은 경우에는 과다 납부한 세액을 환급하지 아니하고 그 경정일이 속하는 사업연도부터 각 사업연도의 법인세액에서 과다 납부한 세액을 공제한다. 이 경우 각 사업연도별로 공제하는 금액은 과다 납부한 세액의 100분의 20을 한도로 하고, 공제 후 남아 있는 과다 납부한 세액은 이후 사업연도에 이월하여 공제한다.

06 **영리내국법인 ㈜갑의 제21기 사업연도(1.1.~12.31.) 외국납부세액 관련 자료이다. ㈜갑이 외국납부세액공제 방법을 선택할 경우 제21기 법인세 산출세액에서 공제할 외국납부세액공제액은 얼마인가?**

2019년 회계사

(1) 외국자회사 : A법인 (외국에서 사업을 영위함)
(2) 투자지분 : 의결권 있는 주식의 40% (19기 1.1. 취득 후 지분율 변동 없음)
(3) A법인으로부터의 배당금은 1,000,000원(원천징수세액 100,000원 포함)이며 다음과 같이 회계처리하였다.

(차) 현금	900,000원	(대) 영업외수익	900,000원

(4) A법인의 해당 사업연도 소득금액 : 3,000,000원
(5) A법인의 해당 사업연도 법인세 : 500,000원
(6) ㈜갑의 법인세비용차감전순이익은 100,000,000원이며, 이월결손금은 없다.

① 100,000원 ② 108,000원 ③ 200,000원
④ 266,666원 ⑤ 300,000원

해답 ②

해설 (1) 산출세액 계산
① 국내 과세표준
$100,000,000 - 900,000 = 99,100,000$
② 국외 과세표준
$900,000 + 100,000^{*} + 200,000^{**} = 1,200,000$
* 직접외국납부세액
** 간접외국납부세액 : $1,000,000 \times \frac{500,000}{2,500,000} = 200,000$
③ 산출세액
$99,100,000 + 1,200,000 = 100,300,000$
→ $100,300,000 \times 9\% = 9,027,000$

(2) 외국납부세액공제액 Min[① , ②]
① 외국납부세액 : 300,000
② 한도 : $9,027,000 \times \dfrac{1,200,000}{100,300,000} = 108,000$

07 **영리내국법인 ㈜갑(중소기업)의 제21기 사업연도(1.1.~12.31.) 법인세 관련 자료이다. 최저한세 적용 후 제21기 산출세액에서 차감되는 「조세특례제한법」상 세액공제액은 모두 얼마인가?**

2019년 회계사

(1) 각사업연도소득금액 : 198,000,000원
(2) 위 금액에는 「조세특례제한법」상 손금산입 항목 5,000,000원이 신고조정으로 손금에 포함되어 있다.
(3) 연구·인력개발비에 대한 세액공제 : 2,000,000원
(4) 근로소득을 증대시킨 기업에 대한 세액공제(최저한세 대상) : 8,540,000원
(5) 외국납부세액공제 : 1,000,000원
(6) 최저한세 적용시 조세특례의 배제는 경정시 배제순서를 따른다.

① 6,360,000원 ② 7,390,000원 ③ 7,800,000원
④ 9,130,000원 ⑤ 9,800,000원

해답 ①

해설 (1) 감면 후 세액과 최저한세 비교
① 감면 후 세액 : $198,000,000 \times 9\% - 8,540,000 = 9,280,000$
② 최저한세 : $198,000,000 + 5,000,000 = 203,000,000$
$\rightarrow 203,000,000 \times 7\% = 14,210,000$

(2) 감면 배제액 계산 = 4,930,000

세액	세율	금액
180,000	9%	2,000,000
4,750,000	19%	25,000,000
4,930,000	-	Min[27,000,000 , 5,000,000]= 5,000,000

(3) 세액공제 배제액
$4,930,000 - 750,000^{*} = 4,180,000$
$^{*}3,000,000 \times 19\% + 2,000,000 \times 9\%$
익금불산입 배제액으로 인하여 산출세액이 증가하는데, 과세표준이 198,000,000원이므로 2,000,000원은 9%의 세율을, 3,000,000원은 19%의 세율이 적용된다.

(4) 조세특례제한법상 세액공제액
$4,360,000^{**} + 2,000,000 = 6,360,000$
** 근소로득을 증대시킨 기업에 대한 세액공제액
$8,540,000 - 4,180,000 = 4,360,000$

08 **제조업을 영위하는 영리내국법인 ㈜A(중소기업)의 제21기(1.1.~12.31.) 자료이다. 차감납부할 법인세액으로 옳은 것은? (단, ㈜A는 외국납부세액에 대하여 세액공제방법을 적용한다.)**

2021년 회계사

(1) 제21기 과세표준은 260,000,000원(국내 및 국외원천소득 포함)이며, 최저한세 대상인 「조세특례제한법」상 손금산입액 20,000,000원이 반영된 금액이다.
(2) 제21기에 외국 자회사B로부터 배당금 2,000,000원(원천징수세액 262,500원이 차감된 금액임)을 받아 배당금수익으로 회계처리 하였다. 익금산입된 자회사B에 대한 간접외국납부세액은 500,000원이며, 외국납부세액공제 요건을 충족하는 것으로 가정한다.
(3) 세무상 이월결손금 및 중간예납세액은 없다.
(4) 각 사업연도 소득에 대한 법인세율은 다음과 같으며, 중소기업의 최저한세율은 7%이다.

과세표준	세 율
2억원 이하	과세표준의 9%
2억원 초과 200억원 이하	1천8백만원 + 2억원을 초과하는 금액의 19%

① 8,560,000원 ② 19,260,000원 ③ 24,375,000원
④ 28,300,000원 ⑤ 29,087,625원

해답 ⑤

해설 (1) 감면 후 세액

$260,000,000 \times t = 29,400,000$

* 최저한세 : $280,000,000 \times 7\% = 19,600,000$이므로 감면 후 세액 29,400,000을 기준으로 계산한다.

** 문제에서 제21기 과세표준(국내 및 국외원천소득 포함) 금액을 제시하였으므로 외국납부세액 관련 세무조정은 할 필요 없다.

(2) 외국납부세액공제

① 국외원천소득 : $2,000,000 + 262,500 + 500,000 = 2,762,500$

② 외국납부세액공제 min(ⓐ , ⓑ) = 312,375

ⓐ 262,500+500,000 = 762,500

ⓑ $29,400,000 \times \dfrac{2,762,500}{260,000,000} = 312,375$

(3) 차감납부할 법인세액

$29,400,000 - 312,375 = 29,087,625$

09 **제조업을 영위하는 영리내국법인 ㈜A의 제21기(1.1.~12.31.)에 발생한 화재와 관련된 자료이다. 재해손실세액공제액으로 옳은 것은?** 2020년 회계사

(1) 사업용 자산의 화재내역

구 분	화재 전 장부가액	재해상실가액	화재 후 장부가액
건물	250,000,000원	250,000,000원	-
토지	500,000,000원	-	500,000,000원
기계장치	150,000,000원	50,000,000원	100,000,000원
계	900,000,000원	300,000,000원	600,000,000원

(2) 건물은 화재보험에 가입되어 있어 보험금 250,000,000원을 수령하였다.
(3) 재해발생일 현재 미납법인세액은 200,000,000원이다.
(4) 당기 사업연도의 법인세 관련 자료는 다음과 같다.

법인세 산출세액	공제·감면세액	가산세액
150,000,000원	25,000,000원*	5,000,000원**

* 「조세특례제한법」상 투자세액공제액임
** 무신고가산세 해당액임

① 93,750,000원 ② 150,000,000원 ③ 232,500,000원
④ 243,750,000원 ⑤ 247,500,000원

해답 ⑤

해설 (1) 상실비율 계산

$$\frac{250,000,000+50,000,000}{250,000,000+150,000,000}=75\%$$

* 토지는 제외하며, 상실된 자산가액에서 보험금 수령액은 차감하지 않는다.

(2) 재해손실세액공제액 min(①, ②) = 247,500,000
① ⓐ+ⓑ = 247,500,000
ⓐ $200,000,000 \times 75\% = 150,000,000$
ⓑ $(150,000,000-25,000,000+5,000,000)\times 75\% = 97,500,000$
② 300,000,000

10 **제조업을 주업으로 하는 내국법인 (주)A(중소기업 아님)의 제21기 사업연도(1.1.~ 12.31.) 세무조정과 관련된 다음 자료의 각 (   )에 들어갈 금액으로 옳은 것은? (단, 전기 이전 및 당기의 모든 세무조정은 적 정하였으며, 주어진 자료 이외에는 고려하지 않음)** 2018년 세무사

(1) 지급이자

제21기 결산상 지급이자는 40,000,000원이며, 채권자가 불분명한 사채의 이자 20,000,000원이 포함되어 있다. 제21기 중 차입금의 금액 변동은 없었고 차입금의 이자율은 연 5%이다. 제21기 3.15.에 (주)A의 대표이사에게 업무와 관계없이 대여하여 기말까지 회수하지 못한 가지급금은 (ㄱ)원이며, 지급이자에 대한 제21기 세무조정 결과 업무무관자산 등에 대한 지급이자로 손금불산입한 금액은 4,000,000원이다.

(2) 재고자산

상품 평가방법에 대하여 법인설립시 후입선출법으로 적법하게 신고하고 계속 적용해왔으나, 제21기 10.31.에 총평균법으로 평가방법 변경신고를 하였다. 이에 따라 제21기 결산시부터 기말 상품에 대하여 총평균법으로 평가하고 이를 결산서에 반영하였다. 기말 상품에 대하여 후입선출법, 총평균법, 선입선출법을 적용한 평가액은 각각 250,000원, (ㄴ)원, 500,000원이며, 기말 상품에 대한 제21기 세무조정 결과 100,000원을 손금불산입하였다.

(3) 임대료

제21기 5.1.부터 특수관계자인 출자임원에게 사택을 제공하고 있는데, 수령한 임대보증금은 123,200,000원이고 매월 (ㄷ)원의 임대료를 수취하여 결산상 수익으로 반영하였다. 당해 사택의 시가는 480,000,000원이며, 1년 만기 정기예금이자율은 5%이다. 시가에 해당하는 당해 사택의 적정한 임대료는 확인되지 않았고, 당해 사택 임대료와 관련된 제18기 세무조정 결과 2,320,000원을 익금산입하였다.

	ㄱ	ㄴ	ㄷ
①	100,000,000	400,000	200,000
②	100,000,000	400,000	300,000
③	100,000,000	600,000	200,000
④	120,000,000	400,000	200,000
⑤	120,000,000	600,000	300,000

해답 ①

해설

(1) ㉠×292일(3.15~12.31)× $\frac{1}{365}$ ×5%=4,000,000

∴ ㉠=100,000,000

(2) 재고자산 평가방법을 늦게 신고하여 임의변경 상태이고, 임의변경시 당초 신고한 평가방법과 선입선출법 중 큰 금액으로 평가하여야 한다. 세법상 평가금액은 500,000원인데 세무조정결과 손금불산입 100,000원이 나왔으므로 ㉡은 400,000원이다.

(3) ① 세법상 연간 임대료 : (480,000,000×50%-123,200,000)×5%× $\frac{245}{365}$ =3,920,000

② 3,920,000-㉢×8(5.1~12.31)=2,320,000　　∴ ㉢=200,000

CHAPTER

12 신고, 납부

제1절 중간예납, 원천징수, 수시부과

01 법인세 중간예납에 관한 설명이다. 옳지 않은 것은? 2014년 회계사

① 각 사업연도의 기간이 6개월 이하인 법인은 중간예납세액의 납부의무를 지지 않는다.
② 합병이나 분할에 의하지 아니하고 새로 설립된 법인의 경우 설립 후 최초의 사업연도에는 중간예납세액의 납부의무를 지지 않는다.
③ 중간예납세액은 그 중간예납기간이 지난 날부터 2개월 이내에 납부하여야 한다.
④ 「고등교육법」에 따른 사립학교를 경영하는 학교법인과 「산업교육진흥 및 산학연협력촉진에 관한 법률」에 따른 산학협력단은 중간예납세액의 납부의무를 지지 않는다.
⑤ 중간예납세액에 대해서는 분납이 허용되지 않는다.

해답 ⑤
해설 법인이 중간예납에 따라 납부할 세액이 1천만원을 초과하는 경우에는 이를 분납할 수 있다(법법 제63조 7항).

02 다음 중 법인세의 중간예납에 관한 설명으로 가장 틀린 것은?

① 중간예납세액은 중간예납기간이 경과한 날로부터 2월 이내에 납부하여야 한다.
② 중간예납세액을 직전 사업연도에 확정된 법인세에 의하여 계산하는 경우 직전 연도의 산출세액 계산에서는 가산세와 토지 등 양도소득에 대한 법인세를 제외한다.
③ 사업연도가 6월 이내인 법인은 중간예납의무가 없으며, 합병 또는 분할에 의하지 아니하고 새로 설립된 법인의 최초사업연도에도 중간예납을 하지 않는다.
④ 납세지 관할세무서장은 중간예납기간 중 휴업 등의 사유로 사업수입금액이 없는 법인에 대하여 그 사실이 확인된 경우에는 당해 중간예납기간에 대한 법인세를 징수하지 아니한다.
⑤ 중간예납에 대하여는 국세기본법에 의한 수정신고나 경정청구가 인정되지 않는다.

해답 ②
해설 중간예납세액을 직전 사업연도에 확정된 법인세에 의하여 계산하는 경우 직전 연도의 산출세액 계산에서는 가산세는 포함하나 토지 등 양도소득에 대한 법인세는 제외한다.

03 **법인세법상 중간예납에 관한 설명이다. 옳은 것은?** 2019년 회계사

① 해당 중간예납기간의 법인세액을 기준으로 중간예납세액을 계산할 경우 중간예납기간의 수시부과세액은 차감하지 않는다.

② 내국법인이 납부하여야 할 중간예납세액의 일부를 납부하지 아니한 경우 납부지연가산세는 적용되지 않는다.

③ 직전 사업연도의 중소기업으로서 직전 사업연도의 산출세액을 기준으로 하는 방법에 따라 계산한 중간예납세액이 50만원 미만인 내국법인은 중간예납세액을 납부할 의무가 없다.

④ 합병이나 분할에 의한 신설 내국법인은 최초사업연도의 기간이 6개월을 초과하더라도 최초사업연도에 대한 중간예납의무가 없다.

⑤ 중간예납의무자는 중간예납기간이 지난 날부터 3개월 이내에 중간예납세액을 신고·납부하여야 한다.

해답 ③

해설 ① 해당 중간예납기간의 법인세액을 기준으로 중간예납세액을 계산할 경우 중간예납기간중의 수시부과세액도 차감하여야 한다.

② 내국법인이 납부하여야 할 중간예납세액의 일부를 납부하지 아니한 경우 납부지연가산세를 적용한다.

④ 합병 또는 분할에 의하지 아니하고 새로 설립된 법인인 경우에는 설립 후 최초의 사업연도에 대한 중간예납의무는 없다.

⑤ 중간예납세액의 신고·납부는 중간예납기간이 경과한 날로부터 2개월 이내에 하여야 한다.

04 **법인세법상 영리내국법인의 각 사업연도 소득에 대한 법인세 과세표준 및 세액의 계산과 신고 및 납부에 대한 설명이다. 옳지 않은 것은?** 2020년 회계사

① 성실신고확인대상 내국법인이 성실신고확인서를 제출하는 경우 사업연도 종료일이 속하는 달의 말일부터 4개월 이내에 법인세 과세표준과 세액을 신고하여야 한다.

② 납부할 중간예납세액이 1,500만원인 경우 750만원을 납부기한이 지난 날부터 1개월 이내에 분납할 수 있다.

③ 외부조정대상법인이 외부조정계산서를 첨부하지 아니하는 경우 신고를 하지 않은 것으로 보고 무신고가산세를 적용한다.

④ 신고를 하지 아니하고 본점을 이전하여 법인세를 포탈할 우려가 있다고 인정되는 경우에는 납세지 관할 세무서장이 수시로 그 법인에 대한 법인세를 부과할 수 있다.

⑤ 천재지변으로 장부나 그 밖의 증명서류가 멸실되어 법인세 과세표준과 세액을 추계하는 경우에도 외국납부세액공제를 받을 수 있다.

해답 ②

해설 납부할 중간예납세액이 1천 만원을 초과하는 경우 1개월 이내에 분납할 수 있으며, 이 경우 납부할 세액이 2천만 원 이하인 경우에는 1천만 원을 초과하는 금액을 분납해야 한다. 그러므로 1,500만원에서 1,000만원을 차감한 500만원을 납부기한이 지난 날부터 1개월 내에 분납해야 한다.

제2절 과세표준 신고와 자진납부

01 법인세 신고 및 납부에 관한 내용이다. 잘못된 것은?

① 법인세는 신고납세제도를 채택하고 있기 때문에 과세표준신고에 의하여 법인세 납세의무가 구체적으로 확정된다.
② 각 사업연도의 소득금액이 없거나 결손금이 있는 법인은 법인세의 과세표준과 세액을 신고할 의무가 없다.
③ 납세의무 있는 내국법인은 각 사업연도의 종료일이 속하는 달의 말일부터 3월 이내에 과세표준과 세액을 신고하여야 한다.
④ 내국법인은 천재·지변이 있는 경우 납세지 관할세무서장의 승인을 얻어 그 신고기한을 연장할 수 있다.
⑤ 납부할 세액이 2천만을 초과하는 때에는 그 세액의 50% 이하의 금액을 분납할 수 있다.

해답 ②
해설 각 사업연도의 소득금액이 없거나 결손금이 있는 법인도 법인세의 과세표준과 세액을 신고할 의무가 있다.

02 법인세법상 영리내국법인의 신고 및 납부에 대한 설명이다. 옳지 않은 것은?

① 자진납부할세액이 있고 사업연도가 10월 20일로 종료하는 법인은 다음연도 1월 31일까지 법인세를 납부하여야 한다.
② 자진납부할세액이 1천만원을 초과하는 중소기업의 경우 납부기한이 경과한 날로부터 2개월 이내에 분납할 수 있다.
③ 각 사업연도의 소득금액이 없거나 결손금이 있는 법인도 법인세과세표준신고를 하여야 한다.
④ 중간예납세액의 신고·납부는 중간예납기간이 경과한 날로부터 45일 이내에 하여야 한다.
⑤ 법인세과세표준을 신고하면서 재무상태표를 첨부하지 않으면 무신고로 본다.

해답 ④
해설 45일내(×) → 2월내(O)

03 **「법인세법」 상의 각 사업연도의 소득에 대한 법인세의 과세표준과 세액의 계산 납세절차에 관한 설명이다. 옳지 않은 것은?** 2010년 회계사

① 중소기업은 각 사업연도에 결손금이 발생한 경우 그 결손금에 대하여 직전 사업연도의 소득에 대하여 과세된 법인세액을 한도로 환급신청할 수 있다.

② 내국법인이 사실과 다른 회계처리에 기인한 경정에 의하여 환급할 세액이 발생하는 경우에는 당해 환급세액을 다른 세목에 충당하거나 충당 후 잔액(국세환급가산금 포함)을 국세환급금의 결정일로부터 30일 내에 환급하여야 한다.

③ 내국법인이 납부할 세액이 1천만원을 초과하는 경우에는 납부할 세액의 일부를 납부기한이 경과한 날부터 1개월(중소기업의 경우에는 2개월) 이내에 분납할 수 있다.

④ 법인세의 과세표준과 세액을 추계하는 경우에는 이월결손금 공제 및 외국납부세액공제를 적용하지 아니한다. 다만, 천재·지변 등으로 장부 기타 증빙서류가 멸실되어 추계하는 경우에는 그러하지 아니하다.

⑤ 「자산유동화에 관한 법률」에 따른 유동화전문회사가 배당가능이익의 100분의 90 이상을 배당한 경우 그 금액은 당해 사업연도의 과세표준 계산시 소득금액에서 공제한다.

해답 ②

해설 내국법인이 사실과 다른 회계처리에 기인한 경정에 의하여 환급할 세액이 발생하는 경우에는 감액경정일로부터 30일내에 환급치 아니하고 경정일이 속하는 사업연도 개시일부터 과다납부세액의 20%를 한도로 순차적으로 공제한다.

04 **「법인세법」상 신고 및 납부에 관한 설명으로 옳은 것은?** 2016년 세무사

① 내국법인이 각 사업연도의 소득에 대한 법인세의 과세표준과 세액을 신고하는 경우, 「주식회사의 외부감사에 관한 법률」에 따라 감사인에 의한 감사를 받아야 하는 내국법인이 해당 사업연도의 감사가 종결되지 아니하여 결산이 확정되지 아니하였다는 사유로 법령으로 정하는 바에 따라 신고기한의 연장을 신청한 경우에는 그 신고기한을 1개월의 범위에서 연장할 수 있다.

② 내국법인의 납부할 세액이 2천만원을 초과하는 경우에는 납부할 세액에서 1천만 원을 초과하는 금액을 납부기한이 지난 날부터 1개월 이내에 분납할 수 있다.

③ 내국법인이 직전 사업연도의 법인세로서 확정된 산출세액을 직전 사업연도의 월 수로 나눈 금액에 6을 곱하여 중간예납세액을 계산하는 경우, 당해 직전 사업연도의 산출세액에는 미환류소득에 대한 법인세를 포함하며 가산세는 제외한다.

④ 내국법인은 각 사업연도의 소득에 대한 법인세 산출세액에 해당사업연도에 원천징수 된 세액을 합산한 금액을 각 사업연도의 소득에 대한 법인세로서 납부하여야 한다.

⑤ 법인세가 수시부과된 사업연도에 대해서는 당해 수시부과로써 그 신고의무가 완료된 것이므로 해당 각 사업연도의 소득에 대한 별도의 법인세 과세표준 등의 신고 의무는 없다.

해답 ①

해설 ② 내국법인이 납부할 세액이 1천만원을 초과하는 경우에는 다음 금액을 납부기한이 지난날부터 1개월(중소기업의 경우 2개월) 이내에 분납할 수 있다.
① 납부할 세액이 2천만원 이하인 경우 : 1천만원을 초과하는 금액
② 납부할 세액이 2천만원 초과한 경우 : 그 세액의 50% 이하의 금액
③ 내국법인이 직전 사업연도 산출세액기준으로 중간예납세액을 계산하는 경우 토지 등 양도소득에 대한 법인세와 미환류소득에 대한 법인세는 제외하되, 전기 가산세는 포함하며 전기 감면분추가 납부세액과 중간예납세액은 반영하지 않는다.
④ 내국법인은 각 사업연도의 소득에 대한 법인세 산출세액에서 다음의 법인세액을 공제한 금액을 각 사업연도의 소득에 대한 법인세로서 신고기한까지 납세지 관할세무서 등에 납부하여야 한다.
① 해당 사업연도의 감면세액·세액공제액
② 해당 사업연도의 중간예납세액
③ 해당 사업연도의 수시부과세액
④ 해당 사업연도에 원천징수된 세액
⑤ 수시부과제도는 예납적 조세제도에 불과하므로 수시부과기간 후의 소득금액이 없다 하더라도 각 사업연도 소득에 대한 정기분 과세표준 신고는 하여야 한다.

05 법인세의 납세절차에 관한 설명이다. 옳은 것은?

2012년 회계사

① 「주식회사의 외부감사에 관한 법률」에 따라 감사인에 의한 감사를 받아야 하는 내국법인이 해당 사업연도의 감사가 종결되지 아니하여 결산이 확정되지 아니하였다는 사유로 법인세 과세표준과 세액의 신고기한을 연장하고자 하는 경우에는, 법정신고기한의 종료일 이전 2주가 되는 날까지 신고기한 연장신청서를 납세지 관할세무서장에게 제출하여야 한다.
② 새로 설립된 모든 내국법인의 경우 설립 후 최초의 사업연도에는 중간예납을 하지 않는다.
③ 내국법인이 법인세 과세표준의 신고기한까지 자진납부할 세액이 1천만원을 초과하는 경우에는 해당 세액의 50% 이하의 금액을 분납할 수 있다.
④ 내국법인 A(제조업)가 당해 법인의 주주인 내국법인 B(제조업)에게 배당금을 지급하는 경우에는 그 배당금에 대한 법인세의 원천징수를 하여야 한다.
⑤ 납세지 관할세무서장은 내국법인이 각 사업연도의 소득에 대한 법인세로서 납부하여야 할 세액의 전부 또는 일부를 납부하지 아니하면 그 미납된 법인세액을 납부기한이 지난 날부터 3개월 이내에 징수하여야 한다.

해답 ①

해설 ② 새로 설립된 내국법인의 경우 설립 후 최초의 사업연도에는 중간예납을 하지 않는다. 다만 합병이나 분할에 의한 신설법인은 최초 사업연도에 중간예납의무를 진다.
③ 내국법인이 법인세 과세표준의 신고기한까지 자진납부할 세액이 1천만원을 초과하는 경우에는 1천만원을 초과하는 금액을 분납할 수 있다.

④ 내국법인 A(제조업)가 당해 법인의 주주인 내국법인 B(제조업)에게 배당금을 지급하는 경우에는 그 배당금에 대한 법인세의 원천징수를 하지 않는다.

⑤ 납세지 관할세무서장은 내국법인이 각 사업연도의 소득에 대한 법인세로서 납부하여야 할 세액의 전부 또는 일부를 납부하지 아니하면 그 미납된 법인세액을 납부기한이 지난 날부터 2개월 이내에 징수하여야 한다.

06 법인세법상 법인세 신고와 납부에 관한 설명이다. 옳은 것은? 2015년 회계사

① 중간예납의무가 있는 모든 법인은 직전 사업연도의 실적을 기준으로 중간예납세액을 계산하여 납부하여야 한다.

② 납세지 관할세무서장은 법인이 과세표준 신고를 하지 않은 때에는 해당법인의 각사업연도의 소득에 대한 법인세의 과세표준과 세액을 과세표준 신고기한으로부터 6개월 이내에 결정하여야 한다.

③ 법인이 휴업 또는 폐업상태에 있는 경우 법인세를 부과할 수 없다.

④ 신고한 과세표준에 이미 산입된 미지급소득은 원천징수대상 소득에서 제외된다.

⑤ 납세의무가 있는 법인은 각사업연도 종료일이 속하는 달의 말일부터 3개월 이내에 해당 소득에 대한 과세표준과 세액을 납세지 관할세무서장에게 신고하여야 하나 각사업연도의 소득이 없는 법인은 예외이다.

해답 ④

해설 ① 중간예납의무가 있는 법인은 직전 사업연도의 실적을 기준으로 하는 방법과, 해당 사업연도 중간예납기간의 실적을 기준으로 하는 방법 중 하나를 택하여 계산해야 한다. 다만, 다음에 해당하는 법인은 반드시 중간예납기간의 가결산된 실적을 기준으로 중간예납세액을 계산하여야 한다.

ⓐ 직전 사업연도의 법인세로서 확정된 산출세액이 없는 법인(단, 유동화전문회사 등 법인세법상 소득공제 대상 법인 제외)

ⓑ 결손 등으로 인하여 직전 사업연도의 법인세 산출세액이 없이 가산세로서 확정도니 세액이 있는 법인

ⓒ 해당 중간예납기간 만료일까지 직전 사업연도의 법인세액이 확정되지 아니한 법인

ⓓ 분할신설법인 및 분할합병의 상대방법인의 분할 후 최초의 사업연도

② 관할관청은 법인세 과세표준 및 세액의 결정을 신고기한으로부터 1년 내에 완료하여야 한다.

③ 법인이 휴업 또는 폐업상태에 있는 경우에도 법인세를 부과할 수 있다.

⑤ 납세의무가 있는 법인은 각 사업연도의 종료일이 속하는 달의 말일부터 3개월 이내에 그 사업연도의 소득에 대한 법인세의 과세표준과 세액을 납세지 관할세무서장에게 신고하여야 한다. 이는 각 사업연도의 소득금액이 없거나 결손금이 있는 법인에도 적용한다.

제3절 과세표준의 결정 및 경정, 징수와 환급, 가산세

01 법인세법상 신고 및 납부, 결정, 징수에 대한 설명이다. 옳지 않은 것은? 2009년 회계사

① 납세지 관할세무서장은 중간예납기간 중 휴업 등의 사유로 사업수입금액이 없는 법인에 대하여 그 사실이 확인된 경우에는 당해 중간예납기간에 대한 법인세를 징수하지 아니한다.

② 납세지 관할세무서장 또는 관할지방국세청장은 납세의무가 있는 내국법인이 각 사업연도 종료일이 속하는 달의 말일부터 3개월 이내에 과세표준과 세액을 관할세무서장에게 신고하지 않은 때에는 당해 법인의 각 사업연도 소득에 대한 법인세의 과세표준과 세액을 결정한다.

③ 납세지 관할세무서장 또는 관할지방국세청장은 내국법인이 그 사업연도 중에 신고를 하지 않고 본점을 이전함으로 인하여 법인세포탈의 우려가 있다고 인정되는 경우에는 수시로 그 법인에 대한 법인세를 부과할 수 있다.

④ 중간예납의무자는 내국법인(사립학교법인 제외)으로서 각 사업연도의 기간이 1년을 초과하는 법인이며, 해당 사업연도 개시일로부터 6월간을 중간예납기간으로 하여 중간예납세액을 납부하여야 한다.

⑤ 납세지 관할세무서장은 내국법인이 각 사업연도의 소득에 대한 법인세로서 납부하여야 할 세액의 전부 또는 일부를 납부하지 아니한 때에는 그 미납세액을 납부기한이 경과한 날부터 2월 이내에 징수하여야 한다.

해답 ④

해설 중간예납의무자는 내국법인(사립학교법인 제외)으로서 각 사업연도의 기간이 6월을 초과하는 법인이며, 해당 사업연도 개시일로부터 6월간을 중간예납기간으로 하여 중간예납세액을 납부하여야 한다.

02 「법인세법」상 과세표준 및 세액의 신고 및 결정·경정에 관한 설명으로 옳지 않은 것은?

2018년 세무사

① 내국법인으로서 각 사업연도의 소득금액이 없는 법인도 그 사업연도의 소득에 대한 법인세의 과세표준과 세액을 납세지 관할 세무서장에게 신고하여야 한다.
② 납세지 관할 세무서장은 제출된 신고서에 오류가 있을 때에는 보정할 것을 요구할 수 있다.
③ 납세지 관할 세무서 장은 법 인세 과세표준과 세액을 신고한 내국법인의 신고 내용에 누락이 있는 경우에는 그 법인의 각 사업연도의 소득에 대한 법인세의 과세표준과 세액을 경정한다.
④ 「주식회사의 외부감사에 관한 법률」에 따라 감사인에 의한 감사를 받아야 하는 내국법인이 해당 사업연도의 감사가 종결되지 아니하여 결산이 확정되지 아니하였다는 사유로 신고기한의 연장을 신청한 경우에는 그 신고기한을 1개월의 범위에서 연장할 수 있다.
⑤ 납세지 관할 세무서장은 법인세의 과세표준과 세액을 결정한 후 그 결정에 오류가 있는 것을 발견한 경우에는 1개월 이내에 이를 경정한다.

해답 ⑤

해설 납세지 관할 세무서장은 법인세의 과세표준과 세액을 결정한 후 그 결정에 오류가 있는 것을 발견한 경우에는 즉시 이를 다시 경정한다.

CHAPTER

13 연결납세제도

01 **법인세법상 연결납세제도에 대한 설명이다. 옳지 않은 것은?** 2011년 회계사

① 연결납세방식을 적용하는 경우 연결자법인이 둘 이상일 때에는 해당 법인 모두 연결납세방식을 적용하여야 한다.

② 추계조사결정 사유로 장부나 그 밖의 증명서류에 의하여 연결법인의 소득금액을 계산할 수 없는 경우 국세청장은 연결납세방식의 적용승인을 취소할 수 있다.

③ 연결납세방식을 최초로 적용받은 연결사업연도와 그 다음 연결사업연도의 개시일부터 5년 이내에 끝나는 연결사업연도까지는 연결납세방식의 적용을 포기할 수 없다.

④ 연결모법인은 연결자법인 추가에 따라 연결자법인이 변경된 경우에는 변경일 이후 중간예납기간 종료일과 사업연도 종료일 중 먼저 도래하는 날부터 1개월 이내에 대통령령으로 정하는 바에 따라 납세지 관할지방국세청장에게 신고하여야 한다.

⑤ 연결모법인은 각 연결사업연도의 종료일이 속하는 달의 말일부터 4개월 이내에 연결사업연도의 소득에 대한 법인세과세표준 및 세액신고서를 납세지관할세무서장에게 신고하여야 한다.

해답 ③

해설 연결사업연도의 개시일부터 4년 이내이다.

02 **연결납세제도에 관한 설명으로 옳지 않은 것은?** 2010년 세무사

① 연결법인에 법령에 따른 수시부과사유가 있는 경우에 국세청장은 연결납세방식의 적용승인을 취소할 수 있다.

② 연결납세방식을 적용받는 각 연결법인의 사업연도는 연결사업연도와 일치하여야 하나, 본래의 사업연도가 법령 등에 규정되어 연결사업연도와 일치시킬 수 없는 연결자법인으로서 법령에서 정한 요건을 갖춘 내국법인의 경우에는 연결사업연도를 해당 내국법인의 사업연도로 보아 연결납세방식을 적용할 수 있다.

③ 연결모법인의 연결지배를 받지 아니하게 되거나 해산한 연결자법인은 해당 사유가 발생한 날이 속하는 연결사업연도의 개시일부터 연결납세방식을 적용하지 아니한다.

④ 내국법인과 해당 내국법인의 연결자법인은 법령이 정하는 바에 따라 국세청장의 승인을 받아 연결납세방식을 적용하여야 하며, 이 경우 연결자법인이 2 이상인 때에는 그 중 일부를 선택하여 연결납세방식을 적용할 수 있다.

⑤ 법인의 설립등기일부터 연결모법인이 연결지배하는 내국법인은 설립등기일이 속하는 사업연도부터 연결납세방식을 적용하여야 한다.

해답 ④
해설 연결자법인이 2 이상인 때에는 해당 내국법인 모두가 연결납세방식을 적용하여야 한다.

03 **「법인세법」상 연결납세제도에 관한 설명으로 옳지 않은 것을 모두 고른 것은?** 2019년 세무사

ㄱ. 내국법인인 연결가능모법인과 그 다른 내국법인인 연결가능자법인은 연결가능모법인의 납세지 관할지방국세청장의 승인을 받아 연결납세방식을 적용할 수 있다.
ㄴ. 연결납세방식을 적용받으려는 내국법인과 해당 내국법인의 연결자법인은 최초의 사업연도 개시일부터 20일 이내에 연결납세방식 적용신청서를 해당 내국법인의 납세지 관할세무서장을 경유하여 관할지방국세청장에게 제출하여야 한다.
ㄷ. 같은 사업연도에 2 이상의 연결법인에서 발생한 결손금이 있는 경우에는 연결법인 간 균등하게 배분하여 결손금 공제를 할 수 있다.
ㄹ. 연결납세방식의 적용 승인이 취소된 연결법인은 취소된 납이 속하는 사업연도와 그 다음 사업연도의 개시일부터 4년 이내에 끝나는 사업연도까지는 연결납세방식의 적용 당시와 동일한 법인을 연결모법인으로 하여 연결납세 방식을 적용받을 수 없다.
ㅁ. 각 연결사업연도의 기간이 6개월을 초과하는 연결모법인은 해당 연결사업 연도 개시일부터 6개월간을 중간예납기간으로 하여 연결중간예납세액을 중간예납기간이 지난 날부터 2개월 이내에 납세지 관할 세무서등에 납부하여야 한다.

① ㄱ, ㄴ ② ㄴ, ㄷ ③ ㄹ, ㅁ
④ ㄴ, ㄷ, ㄹ ⑤ ㄷ, ㄹ, ㅁ

해답 ②
해설 ㄴ : 연결납세방식을 적용받으려는 내국법인과 해당 내국법인의 연결자법인은 최초의 연결사업연도 개시일부터 10일 이내에 기획재정부령으로 정하는 연결납세방식 적용 신청서를 해당 내국법인의 납세지 관할세무서장을 경유하여 관할지방국세청장에게 제출하여야 한다.
ㄷ : 각 연결법인의 과세표준 개별귀속액을 계산할 때 2 이상의 연결법인의 연결소득개별귀속액에서 다른 연결법인의 결손금을 공제하는 경우에는 각 연결소득개별귀속액(해당 법인에서 발생한 결손금을 뺀 금액을 말한다)의 크기에 비례하여 공제한다.

04 법인세법상 각 연결사업연도의 소득에 대한 법인세에 관한 설명이다. 옳은 것은? 2015년 회계사

① 둘 이상의 연결법인에서 발생한 결손금은 연결법인간 균등배분하여 결손금 공제를 할 수 있다.

② 연결모법인은 각 연결사업연도의 개시일이 속하는 달의 말일부터 4개월 이내에 해당 연결사업연도의 소득에 대한 법인세의 과세표준과 세액을 납세지 관할세무서장에게 신고하여야 한다.

③ 각 연결사업연도의 기간이 6개월을 초과하는 연결모법인은 해당사업연도 개시일부터 6개월간을 중간예납기간으로 하여 연결중간예납세액을 중간예납기간이 지난 날부터 3개월 이내에 납세지 관할세무서에 납부하여야 한다.

④ 연결납세방식의 적용을 포기한 연결법인은 연결납세방식이 적용되지 않는 최초 사업연도와 그 다음 사업연도의 개시일부터 4년 이내에 끝나는 사업연도까지는 연결납세방식의 적용당시와 동일한 법인을 연결모법인으로 하여 연결납세방식을 적용받을 수 없다.

⑤ 연결모법인이 연결자법인으로부터 지급받은 연결법인세액 할당 상당액은 익금에 산입하지 않으나, 연결자법인이 지급한 연결법인세액 할당 상당액은 연결자법인의 손금으로 산입할 수 있다.

해답 ④

해설 ① 동일한 사업연도에 2이상의 연결법인에서 발생한 결손금이 있는 경우 연결사업연도의 과세표준을 계산할 때 다음의 순위에 따라 결손금을 공제한다.

[1순위] 해당 연결법인에서 발생한 결손금부터 연결소득개별귀속액을 한도로 먼저 공제한다.

[2순위] 해당 연결법인에서 발생하지 아니한 2 이상의 다른 연결법인의 결손금은 해당 결손금의 크기에 비례하여 각각 공제된 것으로 본다.

② 연결모법인은 각 연결사업연도의 종료일이 속하는 달의 말일부터 4개월 이내에 해당 연결사업연도의 소득에 대한 법인세의 과세표준과 세액을 납세지 관할세무서장에게 신고하여야 한다.

③ 각 연결사업연도의 기간이 6개월을 초과하는 연결모법인은 해당 사업연도 개시일부터 그 6개월간을 중간예납기간으로 하여 중간예납기간이 지난 날부터 2개월 이내에 납세지 관할 세무서등에 납부하여야 한다.

⑤ 연결자법인이 연결모법인에 지급하였거나 지급할 법인세액 등은 손금에 산입하지 않는다.

CHAPTER

14 영리내국법인의 청산소득에 대한 법인세

01 **다음 중 가장 올바르게 설명된 것은?**

① 법인세 납세의무가 있는 내국법인은 당해 사업연도 소득금액이 없거나 결손금이 발생한 경우에는 법인세 신고의무가 없다.

② 신설법인의 최초 사업연도가 6개월을 초과하는 경우에는 중간예납 신고의무가 있다.

③ 내국법인에게 이자소득이나 배당소득을 지급하는 자는 원천징수의무가 있다.

④ 내국법인에게 신고불성실가산세와 무기장가산세가 동시에 적용되는 경우에는 그 중 적은 금액에 해당하는 가산세를 적용한다.

⑤ 내국법인이 주식회사에서 유한회사로 상법상의 조직변경을 하는 경우에는 청산소득에 대한 법인세를 과세하지 않는다.

해답 ⑤

해설 ① 법인세 납세의무가 있는 내국법인은 당해 사업연도 소득금액이 없거나 결손금이 발생한 경우에도 법인세 신고의무가 있다.

② 신설법인의 경우 최초 사업연도가 6개월을 초과하는 경우에도 중간예납의무가 없다. 다만, 합병 또는 분할에 의하여 신설된 법인은 최초사업연도에도 중간예납의무를 진다.

③ 내국법인에게 이자소득 또는 투자신탁의 이익을 지급하는 자는 원천징수의무가 있다.

④ 내국법인에게 신고불성실가산세와 무기장가산세가 동시에 적용되는 경우에는 그 중 큰 금액에 해당하는 가산세를 적용한다.

⑤ 내국법인이 주식회사에서 유한회사로 상법상의 조직변경을 하는 경우에는 청산소득에 대한 법인세를 과세하지 않는다는 지문은 올바른 설명이다.

02 내국법인의 청산소득금액의 계산에 관한 설명이다. 옳지 않은 것은?

① 내국법인의 해산(합병·분할에 의한 해산은 제외)에 의한 청산소득의 금액은 그 법인의 해산에 의한 잔여재산의 가액에서 해산등기일 현재의 자기자본의 총액을 공제한 금액으로 한다.

② 해산에 의한 청산소득의 금액을 계산함에 있어서 그 청산기간 중에 국세기본법에 의하여 환급되는 법인세액이 있는 경우 이에 상당하는 금액은 자기자본의 총액에 가산한다.

③ 청산소득의 금액을 계산함에 있어서 그 청산기간 중에 생기는 각 사업연도의 소득금액이 있는 경우에는 이를 그 법인의 해당 각 사업연도의 소득금액에 산입한다.

④ 내국법인의 해산에 의한 청산소득 금액을 계산할 때 해산등기일 현재 그 내국법인에 이월결손금이 있는 경우에는 그 이월결손금은 그날 현재의 그 법인의 자기자본의 총액에서 그에 상당하는 금액과 전액 상계한다.

⑤ 해산으로 인하여 청산 중인 내국법인이 그 해산에 의한 잔여재산의 일부를 주주 등에게 분배한 후 상법에 따라 사업을 계속하는 경우에는 그 해산등기일부터 계속등기일까지의 사이에 분배한 잔여재산의 분배액의 총합계액에서 해산등기일 현재의 자기자본의 총액을 공제한 금액을 그 법인의 해산에 의한 청산소득의 금액으로 한다.

해답 ④

해설 상계하는 이월결손금의 금액은 "자기자본의 총액 중 잉여금의 금액을 초과하지 못하며", 초과하는 이월결손금이 있는 경우에는 그 이월결손금은 없는 것으로 본다.

03 내국법인 ㈜A의 청산소득금액은 얼마인가?

2010년 세무사

(1) ㈜A는 제16기 사업연도(1.1.~12.31.) 말에 해산하기로 결의하고 청산절차에 착수하였다. 해산등기일(12.31.)의 재무상태표는 다음과 같다.

재무상태표

(단위 : 원)

토 지	20,000,000	부 채	30,000,000
건 물	80,000,000	자 본 금	50,000,000
		이익 잉여금	20,000,000
계	100,000,000	계	100,000,000

(2) 제16기 말 현재 세무상 이월결손금 내역은 다음과 같다.
   1) 5,000,000원(제4기 발생분으로 이 중 4,000,000원은 제5기 과세표준 계산시 공제받았음)
   2) 3,000,000원(제13기 발생분)

(3) 제16기 말 현재 ㈜A의 세무조정 관련 자료는 다음과 같다.
   1) 토지의 취득세와 관련하여 '손금불산입 1,000,000원(유보)'로 처분한 세무조정사항이 있다.
   2) 건물의 감가상각비와 관련하여 제14기에 시인부족액 800,000원이 발생하였고, 제16기 초 전기이월된 상각부인누계액은 1,500,000원이다.

(4) 청산기간 중 「국세기본법」에 따라 1,400,000원의 법인세를 환급받았다.

(5) 토지와 건물은 각각 40,000,000원과 100,000,000원으로 환가되었으며, 부채는 30,000,000원으로 상환하였다.

(6) ㈜A는 최초 사업연도부터 제16기 사업연도까지 합병 또는 분할과 관련된 바 없으며, 관련 법률에 의한 회생계획인가의 결정 또는 경영정상화계획의 이행을 위한 약정이 체결된 법인에 해당하지 않는다.

① 36,100,000원 ② 38,700,000원 ③ 39,300,000원
④ 40,100,000원 ⑤ 60,000,000원

해답 ④

해설 (1) 잔여재산가액
(40,000,000 + 100,000,000) - 30,000,000 = 110,000,000

(2) 자기자본총액
50,000,000 + (20,000,000 + 1,000,000 + 1,500,000) - (1,000,000 + 3,000,000) + 1,400,000 = 69,900,000

(3) 청산소득금액
110,000,000 - 69,900,000 = 40,100,000

04 **다음 자료를 이용하여 제21기 사업연도(1.1.~12.31.)말에 해산을 결의하고 청산절차에 착수한 영리내국법인 (주)A의 「법인세법」상 청산소득금액을 계산하면 얼마인가? (단, 주어진 자료 이외에 다른 사항은 고려하지 않음)** 2016년 세무사

(1) 해산등기일 현재 재무상태표상 자본의 내역

자본금	80,000,000원
자본잉여금	30,000,000원
이익잉여금	10,000,000원

(2) 해산등기일 현재 법령으로 정하는 이월결손금은 50,000,000원이며, 이 금액 중 자기자본의 총액에서 이미 상계되었거나 상계된 것으로 보는 금액은 없다.
(3) 해산에 의한 잔여재산의 가액은 1억원으로 확정되었다.
(4) 해산등기일 전 2년 이내에 자본금에 전입한 잉여금은 없다.

① 10,000,000원 ② 20,000,000원 ③ 30,000,000원
④ 40,000,000원 ⑤ 50,000,000원

해답 ②

해설 (1) 해산등기일 현재 자기자본 총액:
80,000,000-(30,000,000+10,000,000-40,000,000)=80,000,000
☞ 상계하는 이월결손금의 금액은 자기자본의 총액 중 잉여금(자본잉여금+이익잉여금)의 금액을 초과하지 못하며, 초과하는 이월결손금이 있는 경우에는 그 이월결손금은 없는 것으로 본다.
(2) 청산소득금액: 100,000,000-80,000,000=20,000,000

05 **다음은 제조업을 영위하는 영리내국법인 ㈜A가 제21기(1.1. ~12.31.)말에 해산하기로 결의한 후의 해산등기일 현재 재무상태 등에 관한 자료이다. ㈜A의 청산소득금액을 계산한 것으로 옳은 것은?**

2016년 회계사

(1) 제21기 해산등기일(12.31.) 현재 재무상태표는 다음과 같다.

재무상태표 (단위: 원)

토 지	35,000,000*	차 입 금	35,000,000
건 물	66,000,000*	자 본 금	50,000,000
기계장치	12,000,000*	자본잉여금	10,000,000
		이익잉여금	18,000,000
합 계	113,000,000	합 계	113,000,000

* 청산과정 중 토지는 40,000,000원, 건물은 70,000,000원, 기계장치는 15,000,000원으로 환가하여 차입금 상환 등에 사용되었다.

(2) 제21기말 현재 세무상 이월결손금은 37,000,000원이다.

(3) 합병이나 분할에 의한 해산이 아니며, ㈜A는 「채무자의 회생 및 파산에 관한 법률」에 따른 회생계획인가 결정 또는 「기업구조조정촉진법」에 따른 경영정상화계획의 이행에 대한 약정을 체결한 법인이 아니다.

① 40,000,000원 ② 41,800,000원 ③ 42,200,000원
④ 53,800,000원 ⑤ 55,200,000원

해답 ①

해설 (1) 잔여재산가액 :

(40,000,000 + 70,000,000 + 15,000,000) − 35,000,000 = 90,000,000

(2) 자기자본 :

50,000,000 + 10,000,000 + 18,000,000 − min(37,000,000, 28,000,000) = 50,000,000

(3) 청산소득금액 :

90,000,000 − 50,000,000 = 40,000,000

CHAPTER

15 비영리법인의 법인세 납세의무

01 **「법인세법」상 비영리내국법인의 법인세 납세의무에 관한 설명으로 옳지 않은 것은?**

2013년 회계사

① 「국세기본법」에 따라 법인으로 보는 단체로서 국내에 주사무소를 둔 단체는 「법인세법」상 비영리내국법인에 해당한다.
② 이자소득만 있는 비영리내국법인이 고유목적사업준비금을 손금으로 계상한 경우에는 이자소득의 금액에 50%를 곱한 금액의 범위 내에서 고유목적사업준비금을 손금에 산입한다.
③ 비영리내국법인은 주식 또는 신주인수권의 양도로 인하여 생기는 수입에 대하여 각 사업연도의 소득에 대한 법인세 납세의무를 진다.
④ 비영리내국법인은 「소득세법」에 따른 이자소득(비영업대금의 이익은 제외하고 투자신탁의 이익은 포함)으로서 「법인세법」에 따라 원천징수된 이자소득에 대하여는 과세표준 신고를 하지 아니할 수 있다.
⑤ 「소득세법」에 따른 이자소득만이 있는 비영리내국법인은 복식부기 방식으로 장부를 기장할 의무가 없다.

해답 ②

해설 이자소득만 있는 비영리내국법인이 고유목적사업준비금을 손금으로 계상한 경우에는 이자소득의 금액에 100%를 곱한 금액의 범위 내에서 고유목적사업준비금을 손금에 산입한다.

02 **비영리내국법인의 법인세 납세의무 및 과세소득의 범위에 관한 설명으로 가장 옳지 않은 것은?**

① 비영리내국법인의 각 사업연도 소득은 수익사업에서 생기는 소득으로 한다.
② 비영리내국법인에 대하여는 청산소득에 대한 법인세가 부과되지 아니한다.
③ 고유목적사업에 3년 이상 계속하여 직접 사용한 고정자산의 처분으로 인한 수입은 수익사업 소득에서 제외되나, 관람료 등 부수수익이 있는 경우에는 이를 고유목적사업에 직접 사용한 것으로 보지 아니한다.
④ 특별법에 의하여 설립된 법인으로서 민법 제32조에 규정된 목적과 유사한 목적을 가진 법인(법령에서 정하는 조합법인 등 외에 출자자에게 이익을 배당할 수 있는 법인은 제외)은 비영리내국법인에 해당한다.
⑤ 비영리내국법인은 수익사업에서 생긴 소득에 대한 법인세와 토지 등 양도소득에 대한 과세특례규정에 의한 법인세를 납부할 의무가 있다.

해답 ③

해설 고유목적사업에 3년 이상 계속하여 직접 사용한 고정자산의 처분으로 인한 수입은 수익사업 소득에서 제외한다. 이 경우 고정자산의 유지 또는 관리 등을 위한 관람료·입장료수입 등의 부수수익이 있는 경우에도 이를 고유목적사업에 직접 사용하는 고정자산으로 본다.

03 **「법인세법」상 비영리내국법인에 관한 설명으로 옳은 것은?** 2017년 세무사

① 비영리내국법인이 수익사업을 영위하는 경우 구분경리하지 않는 것을 원칙으로 한다.
② 비영리내국법인의 청산소득에 대하여는 법인세가 과세된다.
③ 비영리내국법인은 「소득세법」에 따른 비영업대금의 이익에 대해서 반드시 법인세 과세표준신고를 하여야 한다.
④ 비영리내국법인은 고유목적사업준비금을 손금에 산입한 날이 속하는 사업연도 종료일 이후 3년이 되는 날까지 고유목적사업에 사용하여야 한다.
⑤ 축산업을 영위하는 비영리내국법인은 지상권의 양도로 인하여 발생하는 소득이 있는 경우 법인세 과세표준신고를 하여야 한다.

해답 ③

해설 ① 비영리법인이 수익사업을 영위하는 경우에는 자산·부채 및 손익을 수익사업에 속하는 것과 비수익사업에 속하는 것을 각각 구분경리하여야 한다.
② 비영리법인은 청산소득에 대하여 법인세를 부과하지 아니한다. 이는 비영리법인이 해산함에 있어 그 잔여재산은 정관으로 지정한 자에게 귀속시켜야 하며, 정관에 지정한 자가 없거나 그 지정방법을 정하지 아니한 때에는 당해 법인과 유사한 목적을 가진 비영리법인에게 인도하거나 국가에 귀속시켜야한다는 민법 규정(민법80조)에 따라 비영리법인의 해산에 따른 잔여재산을 당배법인의 구성원에게 분배하지 않기 때문이다.
④ 비영리내국법인은 고유목적사업준비금을 손금에 산입한 날이 속하는 사업연도 종료일 이후 5년이 되는 날까지 고유목적사업에 사용하여야 한다.
⑤ 축산업은 수익사업에서 제외하는 사업이므로 지상권의 양도로 인하여 발생하는 소득은 법인세 과세표준신고에 포함하지 아니한다.

04 비영리내국법인의 법인세 납세의무와 과세소득에 관한 설명으로 옳지 않은 것은? 2016년 회계사

① 출자지분의 양도로 인하여 생기는 수입과 정기예금에서 발생한 이자소득은 수익사업에서 생기는 소득에 포함된다.

② 고유목적사업준비금을 손금으로 계상한 사업연도의 종료일 이후 5년이 되는 날까지 고유목적사업등에 사용하지 아니한 때에는 그 잔액을 익금에 산입한다.

③ 손금에 산입한 고유목적사업준비금의 잔액이 있는 해당 법인이 고유목적사업을 전부 폐지한 경우 그 잔액을 해당 사유가 발생한 날이 속하는 사업연도의 소득금액을 계산할 때 익금에 산입한다.

④ 해당 법인의 고유목적사업 또는 특례기부금에 지출하기 위하여 고유목적사업준비금을 손금으로 계상한 경우에는 법정한도까지 이를 손금에 산입한다.

⑤ 토지·건물의 양도소득만 있는 경우 법인세 과세표준 신고를 하지 않고 「소득세법」을 준용하여 계산한 금액을 법인세로 납부할 수 있다.

해답 ④

해설 비영리내국법인이 각 사업연도에 그 법인의 고유목적사업이나 일반기부금에 지출하기 위하여 고유목적사업준비금을 손금으로 계상한 경우여야 한다.

05 **다음은 비영리내국법인 A(「사회복지사업법」에 따른 사회복지법인임)의 21기 사업연도 (1.1.~12.31.) 고유목적사업과 수익사업에 관련된 자료이다. 고유목적사업준비금의 최대 손금산입 범위액으로 옳은 것은?**

2018년 회계사

(1) 제21기 A의 고유목적사업에서 발생한 소득은 300,000,000원이다.

(2) 제21기 A의 고유목적사업 이외의 수익사업소득(고유목적사업준비금 및 특례기부금을 손금에 산입하기 전의 소득금액)내역은 다음과 같다.

구분	금액
이자소득*	80,000,000원
배당소득**	20,000,000원
사업소득***	90,000,000원

* 이자소득은 정기예금이자이다.

** 배당소득은 내국법인 ㈜B로부터 받은 배당으로 「상속세 및 증여세법」제16조 또는 동법 제48조에 따라 상속세 과세가액 또는 증여세 과세가액에 산입되거나 증여세가 부과되는 주식으로부터 발생한 것이 아니다.

*** 사업소득은 부동산임대업에서 발생하였다.

(3) 제19기에 발생한 세무상 결손금으로서 그 후의 각 사업연도의 과세표준을 계산할 때 공제되지 아니한 금액 10,000,000원이 있다.

(4) 조세부담 최소화를 가정한다.

① 124,000,000원 ② 140,000,000원 ③ 164,000,000원
④ 180,000,000원 ⑤ 196,000,000원

해답 ④

해설 (1) 손금산입한도액 = ①+② = 180,000,000원
① (80,000,000 + 20,000,000) × 100%
② (90,000,000 − 10,000,000) × 100%*
* 사회복지사업법에 따른 사회복지법인은 그 밖의 수익사업소득금액 설정률을 100%로 적용한다.

CHAPTER

16 외국법인의 법인세 납세의무

01 **다음은 외국법인의 소득(부동산소득, 양도소득은 제외)에 대한 과세체계를 그림으로 나타낸 것이다. 해당 질문을 가장 적절하게 나열한 것은?**

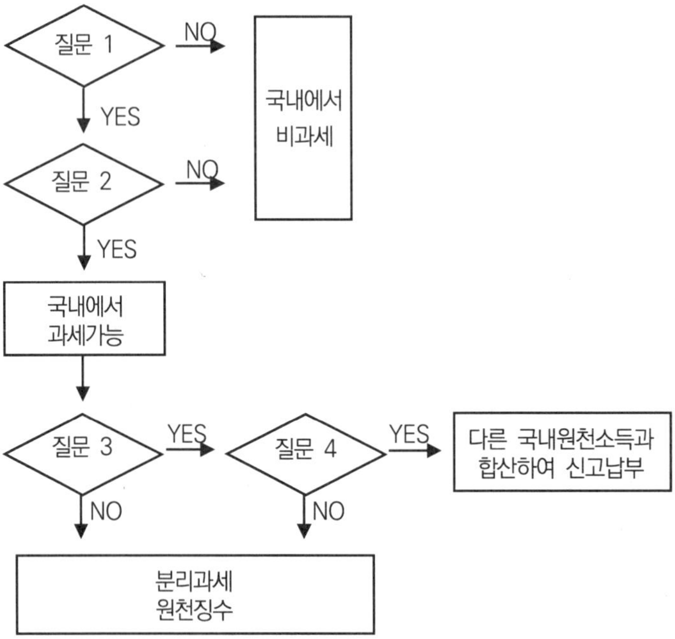

〈질문〉

㈎ 국내사업장이 있는가?

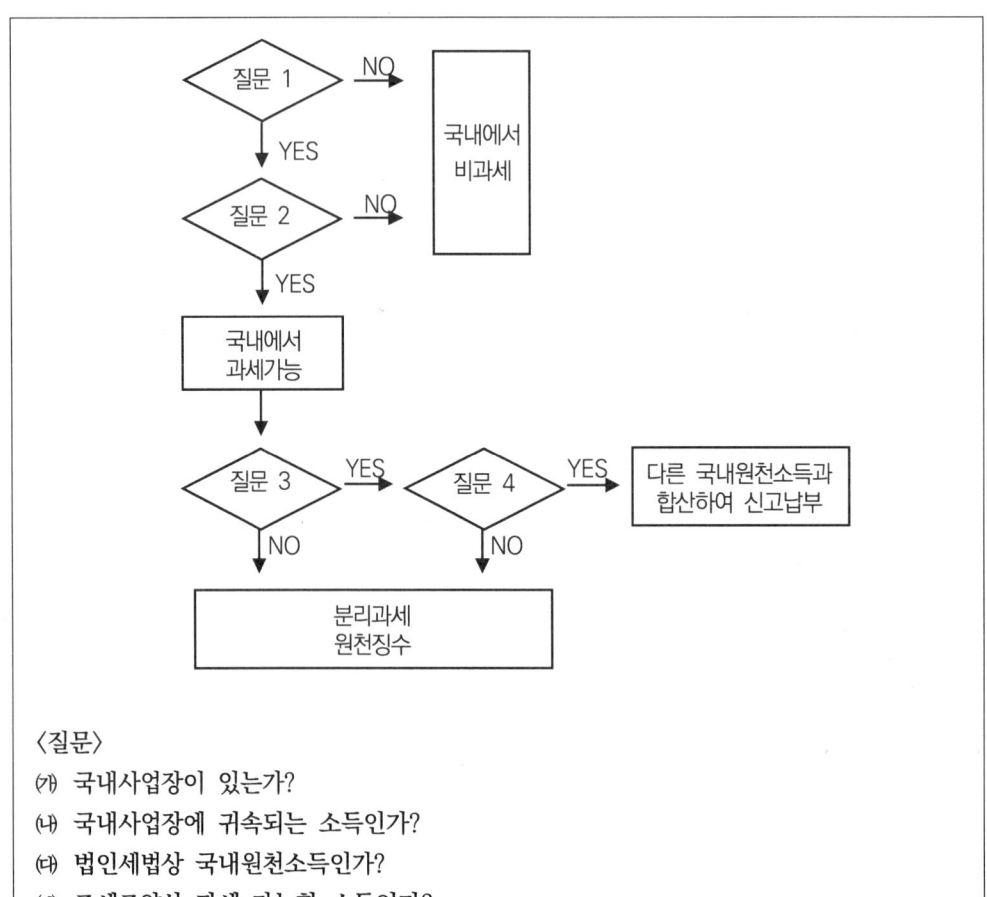

㈏ 국내사업장에 귀속되는 소득인가?

㈐ 법인세법상 국내원천소득인가?

㈑ 조세조약상 과세 가능한 소득인가?

	질문 1	질문 2	질문 3	질문 4
①	㈎	㈏	㈐	㈑
②	㈏	㈎	㈑	㈐
③	㈐	㈏	㈎	㈑
④	㈑	㈎	㈏	㈐
⑤	㈐	㈑	㈎	㈏

해답 ⑤

해설 판단 순서에 있어, [법인세법상 국내원천소득인가?]를 먼저 판단하고, [조세조약상 과세 가능한 소득인가?]를 판단한 후, [국내사업장이 있는가?] 및 [국내사업장에 귀속되는 소득인가?]의 순서로 판단한다.

02 외국법인의 법인세 납세의무에 대한 설명이다. 옳지 않은 것은?

2011년 회계사

① 외국법인은 청산소득에 대한 법인세 납세의무를 부담하지 않는다.

② 외국법인이 국내에 사업의 전부 또는 일부를 수행하는 고정된 장소를 가지고 있지 아니한 경우에도 국내에 그 외국법인을 위하여 계약을 체결할 권한을 가지고 그 권한을 반복적으로 행사하는 자를 두고 사업을 경영하는 경우에는 그 자의 사업장 소재지에 국내사업장을 둔 것으로 본다.

③ 국내사업장을 가진 외국법인의 경우에는 외국법인의 국내원천소득의 구분에 따른 각 국내원천소득의 금액을 그 법인의 각 사업연도의 소득에 대한 법인세의 과세표준으로 한다.

④ 외국법인의 국내사업장에는 지점, 사무소 또는 영업소를 포함하는 것으로 한다.

⑤ 각 사업연도의 소득에 대한 법인세의 과세표준을 신고하여야 할 외국법인으로서 본점 등의 결산이 확정되지 아니하거나 기타 부득이한 사유로 그 신고기한까지 신고서를 제출할 수 없는 경우에는 납세지 관할 세무서장 또는 관할지방국세청장의 승인을 받아 그 신고기한을 연장할 수 있다.

해답 ③

해설 국내사업장과 실질적으로 관련되지 아니하거나 그 국내사업장에 귀속되지 아니하는 소득금액은 분리과세한다.

03 **법인세법상 외국법인에 대한 원천징수에 관한 설명으로 옳은 것은?**

① 국내사업장이 없는 외국법인에게 지급하는 국가, 지방자치단체 및 내국법인이 발행하는 채권에서 발생하는 이자소득에 대한 원천징수세율은 25%이다.

② 외국법인에게 채권의 이자를 지급하는 자는 지급이자 전액에 대하여 원천징수하지 아니하고, 지급이자 중 당해 외국법인의 보유기간이자상당액에 법인세법·조세특례제한법 또는 조세조약에 의한 세율을 적용하여 원천징수한다.

③ 국내원천이자소득에 대해 원천징수를 당한 외국법인은 원천징수세액의 납부기한 경과 후 3년 이내에 관할세무서장에게 경정을 청구할 수 있다.

④ 국내원천소득(사업소득, 인적용역소득 제외)에 대하여 조세조약에 따라 비과세 또는 면제를 받고자 하는 외국법인은 납세지관할세무서장에게 신청을 하여야 한다.

⑤ 기획재정부장관이 고시하는 국가 또는 지역에 소재하는 외국법인의 국내원천소득 중 이자소득, 배당소득, 사업소득에 대하여 원천징수하는 경우 국세청장의 사전승인을 받지 않고는 조세조약을 적용할 수 없다.

해답 ④

해설 ① 국내사업장이 없는 외국법인에게 지급하는 국가, 지방자치단체 및 내국법인이 발행하는 채권에서 발생하는 이자소득에 대한 원천징수세율은 14%이다.

② 외국법인에게 채권의 이자를 지급하는 자는 지급이자 중 보유기간이자상당액을 차감한 금액에 대해서는 14%, 지급이자 중 당해 외국법인의 보유기간이자상당액에 법인세법·조세특례제한법 또는 조세조약에 의한 세율을 적용하여 원천징수한다.

③ 국내원천이자소득에 대해 원천징수를 당한 외국법인은 원천징수된 날이 속하는 달의 말일부터 3년 이내에 관할세무서장에게 경정을 청구할 수 있다.

⑤ 기획재정부장관이 고시하는 국가 또는 지역에 소재하는 외국법인의 국내원천소득 중 이자소득, 배당소득, 지적재산등에 대한 사용료 및 유가증권 양도소득에 대하여 원천징수하는 경우 국세청장의 사전승인을 받지 않고는 조세조약을 적용할 수 없다.

Part

03

소득세법

제1장 총칙
제2장 거주자의 종합소득에 대한 납세의무
제3장 소득금액 계산특례
제4장 종합소득 과세표준과 세액의 계산
제5장 신고, 납부
제6장 퇴직소득세
제7장 양도소득세
제8장 비거주자의 납세의무

CHAPTER

01 총칙

01 거주자 또는 비거주자가 되는 시기에 관한 설명으로 옳지 않은 것은? 2010년 세무사

① 비거주자는 국내에 주소를 둔 날에 거주자로 된다.
② 비거주자는 국내에 거소를 둔 기간이 183일이 되는 날에 거주자로 된다.
③ 거주자는 주소 또는 거소의 국외 이전을 위하여 출국하는 날에 비거주자로 된다.
④ 계속하여 183일 이상 국내에 거주할 것을 통상 필요로 하는 직업을 가진 때에 거주자로 된다.
⑤ 주한외교관과 그 외교관의 세대에 속하는 가족(대한민국 국민은 제외)은 국내에 주소가 있는지 여부 및 국내 거주기간에 불구하고 그 신분에 따라 비거주자로 본다.

해답 ③
해설 거주자는 주소 또는 거소의 국외 이전을 위하여 출국하는 날의 다음 날에 비거주자로 된다.

02 「소득세법」상 거주자 및 비거주자의 납세의무에 관한 설명으로 옳은 것은? 2017년 세무사

① 국내에 거소를 둔 기간이 183일 이상인 경우에는 거주자로 본다.
② 거주자는 거소의 국외 이전을 위하여 출국하는 날부터 비거주자가 된다.
③ 내국법인이 발행주식총수의 100분의 80을 직접 출자한 해외현지법인에 파견된 직원은 거주자로 본다.
④ 비거주자는 국내에 주소를 둔 기간이 183일이 되는 날부터 거주자가 된다.
⑤ 「소득세법」에 따른 거소는 국내에 생계를 같이 하는 가족 및 국내에 소재하는 자산의 유무 등 생활관계의 객관적 사실에 따라 판정한다.

해답 ①
해설 ② 거주자가 비거주자로 되는 시기는, 거주자가 주소 또는 거소의 국외이전을 위하여 출국하는 날의 다음날이다.
③ 내국법인이 발행주식총수의 100%를 직접 또는 간접 출자한 해외현지법인에 파견된 직원은 거주자로 본다.
④ 비거주자는 국내에 거소를 둔 기간이 183일이 되는 날부터 거주자가 된다.
⑤ 「소득세법」에 따른 주소는 국내에 생계를 같이 하는 가족 및 국내에 소재하는 자산의 유무 등 생활관계의 객관적 사실에 따라 판정한다.

03 **「소득세법」상 납세의무자 및 과세소득의 범위에 관한 설명으로 옳지 않은 것은?** 2019년 세무사

① 과세기간 종료일 10년 전부터 국내에 주소나 거소를 둔 기간의 합계가 5년 이하인 외국인 거주자에게는 과세대상 소득 중 국외에서 발생한 소득의 경우 국내에서 지급되거나 국내로 송금된 소득에 대해서만 과세한다.
② 「소득세법」상 거주자란 국내에 주소를 두거나 183일 이상의 거소를 둔 개인을 말한다.
③ 「국세기본법」에 따른 법인 아닌 단체 중 법인으로 보는 단체 외의 법인 아닌 단체가 구성원 간 이익의 분배방법이나 분배비율이 정하여져 있지 않거나 확인되지 않는 경우에는 해당 단체를 1거주자 또는 1비거주자로 보아 과세한다.
④ 내국법인이 발행주식총수 100%를 간접출자한 해외현지법인에 파견된 당해 내국법인의 직원이, 생계를 같이 하는 가족이나 자산상태로 보아 파견기간 종료 후 재입국할 것으로 인정되는 경우라면, 외국의 국적 취득과는 관계없이 거주자로 본다.
⑤ 국내에 거소를 둔 기간은 입국하는 날부터 출국하는 날까지로 한다.

해답 ⑤
해설 국내에 거소를 둔 기간은 입국하는 날의 다음날부터 출국하는 날까지로 한다.

04 **「소득세법」상 납세지에 관한 설명으로 옳지 않은 것은?** 2018년 세무사

① 주소지가 2 이상인 때에는 생활관계가 보다 밀접한 곳을 납세지로 한다.
② 비거주자 甲이 국내에 두 곳의 사업장을 둔 경우, 주된 사업장을 판단하기가 곤란한 때에는 둘 중 하나를 선택하여 신고한 장소를 납세지로 한다.
③ 해외근무 등으로 국내에 주소가 없는 공무원 乙의 소득세 납세지는 그 가족의 생활근거지 또는 소속기관의 소재지로 한다.
④ 납세지의 변경신고를 하고자 하는 자는 납세지변경신고서를 그 변경 후의 납세 지 관할 세무서장에게 제출하여야 한다.
⑤ 납세지의 지정이 취소된 경우에도 그 취소 전에 한 소득세에 관한 신고, 신청, 청구, 납부, 그 밖의 행위의 효력에는 영향을 미치지 아니한다.

해답 ①
해설 주소지가 2 이상인 때에는 「주민등록법」에 의하여 등록된 곳으로 한다.

05 **소득세법상 납세의무와 납세지에 관한 설명이다. 옳지 않은 것은?** 2015년 회계사

① 거주자 또는 비거주자로 보는 법인 아닌 단체 중에서 구성원 간 이익의 분배방법이나 분배비율이 정하여져 있거나 사실상 이익이 분배되는 것으로 확인되는 경우에는 해당 구성원이 공동으로 사업을 영위하는 것으로 보아 구성원별로 소득세를 과세한다.

② 거주자는 납세지가 변경된 경우 변경된 날부터 15일 이내에 그 변경 후의 납세지 관할세무서장에게 신고하여야 하나, 주소지 변경으로 사업자등록 정정을 한 경우에는 그 변경 전의 납세지 관할세무서장에게 신고하여야 한다.

③ 국외에서 근무하는 공무원 또는 거주자나 내국법인의 국외사업장에 파견된 임원 또는 직원은 거주자로 본다.

④ 국내사업장이 있는 비거주자가 납세관리인을 둔 경우 그 비거주자의 소득세 납세지는 그 국내사업장의 소재지 또는 그 납세관리인의 주소지나 거소지 중 납세관리인이 그 관할세무서장에게 납세지로서 신고하는 장소로 한다.

⑤ 국외에 근무하는 자가 외국법령에 의하여 그 외국의 영주권을 얻은 자로서 국내에 생계를 같이하는 가족이 없고 그 직업 및 자산상태에 비추어 다시 입국하여 주로 국내에 거주하리라고 인정되지 아니하는 때에는 국내에 주소가 없는 것으로 본다.

해답 ②

해설 납세지가 변경된 경우 납세지변경신고서를 그 변경 후의 납세지관할세무서장에게 납세지가 변경된 날부터 15일 이내 신고해야하나, 주소지 변경으로 부가가치세법에 따라 사업자등록 정정을 한 경우에는 납세지의 변경신고를 한 것으로 보므로 소득세법상의 변경신고는 불필요하다.

06 **소득세상 납세의무에 관한 설명으로 옳지 않은 것은?** 2016년 회계사

① 한국국적인 갑은 외교부 공무원으로 영국에서 국외근무하고 있으며, 영국에 거소를 둔 기간은 1년을 넘고 있다. 이 경우 갑은 국내·외 원천소득에 대하여 납세의무를 진다.

② 한국국적인 을은 외국법인 L.A Ltd.에서 외국을 항행하는 선박 승무원으로 근무하며, 생계를 같이하는 가족과 함께 인천에 살고 있다. 이 경우 을은 국내·외 원천소득에 대하여 납세의무를 진다.

③ 미국국적인 A는 내국법인 ㈜한국IT에 네트워크 관련 기술자로 근무하고 있으며, 해당 과세기간 종료일 10년 전부터 서울에 주소나 거소를 둔 기간의 합계는 3년이다. 이 경우 A는 국내·외 원천소득에 대하여 납세의무를 진다.

④ 영국국적인 B가 20×1년 5월 3일에 영국국적을 포기하고 한국국적을 취득하여 거주자로 된 경우에는 20×1년 5월 2일까지는 국내원천소득에 대해서만 납세의무를 지고, 20×1년 5월 3일부터는 국내·외 원천소득에 대하여 납세의무를 진다.

⑤ 미국국적인 C는 주한 미국대사관에 외교관으로 근무하고 있으며, 생계를 같이하는 가족(대한민국 국민이 아님)과 함께 서울에 살고 있다. 이 경우 C는 국내 원천소득에 대해서만 납세의무를 진다.

해답 ③

해설 외국인 거주자 중 해당 과세기간 종료일 10년 전부터 국내에 주소나 거소를 둔 기간의 합계가 5년 이하인 경우는 과세대상 소득 중 국외에서 발생한 소득의 경우 국내에서 지급되거나 국내로 송금된 소득에 대하여만 과세한다.

07 소득세법상 거주자 및 납세지에 관한 설명이다. 옳지 않은 것은? 2019년 회계사

① 거주자가 주소를 국외로 이전하여 비거주자가 되는 경우의 과세기간은 1월 1일부터 출국한 날까지로 한다.

② 국내에 거주하는 개인이 계속하여 183일 이상 국내에 거주할 것을 통상 필요로 하는 직업을 가진 경우에는 국내에 주소를 가진 것으로 본다.

③ 내국법인이 발행주식총수의 100분의 50 이상을 직접 출자한 해외현지법인에 파견된 직원은 거주자로 본다.

④ 비거주자의 소득세 납세지는 국내사업장이 둘 이상 있는 경우 주된 국내사업장의 소재지로 하고, 국내사업장이 없는 경우에는 국내원천소득이 발생하는 장소로 한다.

⑤ 거주자는 납세지가 변경된 경우 변경된 날부터 15일 이내에 그 변경 후의 납세지 관할세무서장에게 신고하여야 한다.

해답 ③

해설 거주자나 내국법인의 국외사업장 또는 해외 현지법인(내국법인이 발행주식총수 또는 출자지분의 100%를 직접 또는 간접 출자한 경우에 한정) 등에 파견된 임원 또는 직원이나 국외에서 근무하는 공무원은 183일 이상 국외에 거주할 것을 통상 필요로 하는 직업을 가진 경우에도 불구하고 거주자로 본다.

08 소득세법상 납세의무에 관한 설명이다. 옳지 않은 것은? 2020년 회계사

① 비거주자는 원천징수한 소득세를 납부할 의무를 진다.

② 「국세기본법」상 법인으로 보는 단체 외의 법인 아닌 단체가 국내에 주사무소를 둔 경우 구성원 간 이익의 분배비율이 정하여져 있지 않고 사실상 구성원별로 이익이 분배되지 않는 것으로 확인되면 1거주자로 본다.

③ 거주자가 특수관계인에게 자산을 증여한 후 그 자산을 증여받은 자가 그 증여일부터 5년 이내에 다시 타인에게 양도하여 증여자가 그 자산을 직접 양도한 것으로 보는 경우 그 양도소득에 대해서는 증여자가 납세의무를 지며 증여받은 자는 납세의무를 지지 아니한다.

④ 신탁재산에 귀속되는 소득은 그 신탁의 수익자가 정해진 경우 그 수익자에게 귀속되는 것으로 본다.

⑤ 공동으로 소유한 자산에 대한 양도소득금액을 계산하는 경우 해당 자산을 공동으로 소유하는 각 거주자가 납세의무를 진다.

해답 ③

해설 거주자가 특수관계인(이월과세를 적용받는 배우자 및 직계존비속의 경우는 제외)에게 자산을 증여한 후 그 자산을 증여받은 자가 그 증여일부터 10년 이내에 다시 타인에게 양도한 경우로서 ①에 따른 세액이 ②에 따른 세액보다 적은 경우에는 증여자가 그 자산을 직접 양도한 것으로 본다. 다만, 양도소득이 해당 수증자에게 실질적으로 귀속된 경우에는 그러하지 아니한다.

① 증여받은 자의 증여세(「상속세 및 증여세법」에 따른 산출세액에서 공제·감면세액을 뺀 세액을 말한다)와 양도소득세(이 법에 따른 산출세액에서 공제·감면세액을 뺀 결정세액을 말한다)를 합한 세액

② 증여자가 직접 양도하는 경우로 보아 계산한 양도소득세

본 규정에 의해 증여자에게 과세하는 양도소득세에 대하여는 그 증여자와 수증자가 연대하여 납세의무를 진다.

09 **소득세법상 거주자와 비거주자에 관한 설명이다. 옳지 않은 것은?** 2020년 회계사

① 비거주자로서 국내원천소득이 있는 개인은 소득세를 납부할 의무를 진다.
② 거주자가 국내 주소의 국외 이전을 위하여 출국하는 경우 출국하는 날의 다음 날에 비거주자로 된다.
③ 내국법인의 국외사업장에 파견된 직원은 거주자로 본다.
④ 비거주자의 국내원천 퇴직소득이란 비거주자가 국내에서 제공하는 근로의 대가로 받는 퇴직소득을 말한다.
⑤ 비거주자에 대하여 종합과세하는 경우 종합소득공제는 본인 및 배우자에 대한 인적공제만 적용되고 특별소득공제는 적용되지 않는다.

해답 ⑤

해설 비거주자의 소득에 대한 소득세의 과세표준과 세액의 계산에 관하여는 거주자에 대한 소득세의 과세표준과 세액의 계산에 관한 규정을 준용한다. 다만, 인적공제 중 비거주자 본인 외의 자에 대한 공제와 특별소득공제, 자녀세액공제 및 특별세액공제는 하지 아니한다.

10 **소득세의 납세의무자 및 납세지에 대한 소득세법상의 규정이다. 옳은 것은?** 2011년 회계사

① 내국법인이 발행주식총수 또는 출자지분의 90% 이상을 출자한 해외현지법인에 파견된 임원 또는 직원은 '계속하여 183일 이상 국외에 거주할 것을 통상 필요로 하는 직업을 가진 경우' 임에도 불구하고 거주자로 본다.

② 외국을 항행하는 선박 또는 항공기의 승무원의 경우 그 승무원과 생계를 같이 하는 가족이 거주하는 장소 또는 그 승무원이 근무기간 외의 기간 중 통상 체제하는 장소가 국내에 있는 때에는 당해 승무원의 주소는 국내에 있는 것으로 본다.

③ 비거주자는 국내에 주소를 둔 기간이 183일이 되는 날에 거주자로 된다.

④ 비거주자의 소득세 납세지는 국내사업장(국내사업장이 둘 이상 있는 경우에는 주된 국내사업장)의 소재지로 하되, 국내사업장이 없는 경우에는 그 비거주자의 거류지 또는 체류지로 한다.

⑤ 원천징수하는 자가 비거주자인 경우 원천징수하는 소득세의 납세지는 그 비거주자의 주된 국내사업장 소재지로 하되, 주된 국내사업장 외의 국내사업장에서 원천징수를 하는 경우에는 그 국내사업장의 소재지로 하며, 국내사업장이 없는 경우에는 국세청장 또는 관할지방국세청장이 지정하는 장소로 한다.

해답 ②

해설 ① 90% → 100%

③ '거주자'란 국내에 주소를 두거나 183일 이상의 거소를 둔 개인을 말한다.

④ 비거주자의 국내사업장이 없는 경우에는 국내원천소득이 발생하는 장소로 한다.

⑤ 원천징수하는 비거주자의 국내사업장이 없는 경우에는 그 비거주자의 거류지 또는 체류지를 납세지로 한다.

11 **「소득세법」에 관한 설명으로 옳지 않은 것은?** 2012년 세무사

① 해당 과세기간 종료일 10년 전부터 국내에 주소나 거소를 둔 기간의 합계가 5년 이하인 외국인 거주자에게는 과세대상 소득 중 국외에서 발생한 소득의 경우 국내에서 지급되거나 국내로 송금된 소득에 대해서만 과세한다.

② 피상속인의 소득금액에 대해서 소득세를 과세하는 경우에는 그 상속인이 납세의무를 진다.

③ 선의의 제3자가 수익자로 정해진 신탁재산에 귀속되는 소득은 그 신탁의 위탁자에게 귀속되는 것으로 본다.

④ 사업소득이 있는 거주자가 사업장 소재지를 소득세의 납세지로 신청한 경우에 국세청장 또는 관할 지방국세청장은 해당 사업장 소재지를 납세지로 지정할 수 있다.

⑤ 거주자가 사망한 경우의 과세기간은 1월 1일부터 사망한 날까지로 한다.

해답 ③

해설 선의의 제3자가 수익자로 정해진 신탁재산에 귀속되는 소득은 그 신탁의 **수익자(수익자가 특별히 정해지지 않거나 존재하지 않는 경우에는 신탁의 위탁자 또는 그 상속인)에게 귀속되는 것으로 본다.**

12 **소득세법상 개인과 법인세법상 법인의 소득에 대한 다음의 설명 중에서 틀린 것은?**

① 개인의 과세소득은 순자산증가설을 근간으로 하여 소득의 범위를 정하고 있는데 비하여, 법인의 과세소득은 소득원천설을 근간으로 하여 소득의 범위를 정하고 있다.
② 개인은 퇴직급여충당금 설정대상에 사업주가 포함되지 않는데 비하여, 법인은 퇴직급여충당금 설정대상에 대표자가 포함된다.
③ 개인의 경우 사업주에 대한 급여는 필요경비에 산입되지 않는데 비하여, 법인의 대표자에 대한 급여는 손금에 산입된다.
④ 개인은 사업소득을 계산할 경우 수입이자를 총수입금액에 산입하지 않는데 비하여, 법인은 각 사업연도소득을 계산할 경우 수입이자를 익금에 산입한다.
⑤ 개인의 경우 사업주의 자금인출에 대하여 인정이자를 계산하지 않지만, 법인은 대표이사 등의 가지급금에 대하여 인정이자를 계산한다.

해답 ①
해설 개인의 과세소득은 소득원천설을 근간으로 순자산증가설을 일부 가미하여 소득의 범위를 정하고 있는데 비하여, 법인의 과세소득은 순자산증가설을 근간으로 하여 소득의 범위를 정하고 있다.

13 **소득세법상 납세지에 관한 설명이다. 옳지 않은 것은?** 2012년 회계사

① 국내사업장이 있는 비거주자가 주된 국내사업장 외의 국내사업장에서 소득세를 원천징수한 경우에는 그 국내사업장의 소재지가 납세지가 된다.
② 소득세 납세의무가 있는 거주자의 납세지가 불분명한 경우로서 주소지나 거소지가 2 이상인 때에는 생활관계가 보다 밀접한 곳을 납세지로 한다.
③ 소득세 납세의무가 있는 거주자가 취학, 질병의 요양, 근무상 또는 사업상의 형편으로 본래의 주소 또는 거소를 일시 퇴거한 경우에는 본래의 주소지 또는 거소지를 납세지로 본다.
④ 공무원으로서 국내에 주소가 없는 사람의 소득세 납세지는 그 가족의 생활근거지 또는 소속기관의 소재지로 한다.
⑤ 사업소득이 있는 거주자가 사업장 소재지를 납세지로 지정신청 하고자 할 경우 해당 과세기간의 10.1부터 12.31까지 소득세법령에 따라 납세지 지정신청서를 사업장 관할세무서장에게 제출(국세정보통신망에 의한 제출을 포함)하여야 한다.

해답 ②
해설 소득세 납세의무가 있는 거주자의 납세지가 불분명한 경우로서 주소지가 둘 이상인 때에는 주민등록법에 의하여 등록된 곳을 납세지로 하고 거소지가 둘 이상인 때에는 생활관계가 보다 밀접한 곳을 납세지로 한다.

CHAPTER
02 거주자의 종합소득에 대한 납세의무

제1절 금융소득(이자소득 및 배당소득)

01 **다음은 거주자 갑과 관련된 20×2년도 소득내역이다. 소득세(원천징수소득세 포함)가 과세되지 않는 항목은?**

① 신탁법에 따른 공익신탁의 이익 100만원
② 계약의 위약으로 인한 손해배상금 수령액 500만원
③ 아파트 건설현장에서 일용근로자로 일하고 받은 일당 20만원
④ 복권당첨소득 2,000만원
⑤ 출자공동사업자의 배당 300만원

해답 ①
해설 「신탁법」에 따른 공익신탁의 이익은 소득세법상 비과세소득으로 열거된 소득 중 하나이다.

02 **「소득세법」 상 총수입금액의 수입시기로 옳지 않은 것은?** 2013년 세무사

① 채권 또는 증권의 환매조건부 매매차익 : 약정에 의한 당해 채권 또는 증권의 환매수일 또는 환매도일. 다만, 기일전에 환매수 또는 환매도하는 경우에는 그 환매수일 또는 환매도일
② 「법인세법」에 의하여 처분된 배당 : 해당 법인의 해당 사업연도의 결산확정일
③ 한국표준산업분류 상의 금융보험업에서 발생하는 이자 및 할인액 : 약정에 따른 이자지급 개시일
④ 잉여금처분에 의한 상여 : 해당 법인의 잉여금처분결의일
⑤ 출자공동사업자의 배당 : 과세기간 종료일

해답 ③
해설 한국표준산업분류 상의 금융보험업에서 발생하는 이자 및 할인액 : 실제로 수입된 날

03 다음 중 소득세법상 배당소득의 수입시기로서 틀린 것은?

① 무기명주식의 이익이나 배당 - 그 지급을 받는 날
② 보통예금의 이자 - 실제로 이자를 지급받는 날
③ 법인의 합병으로 인한 의제배당 - 합병등기를 한 날
④ 집합투자기구로 부터의 이익 - 수익계산기간의 만료일
⑤ 잉여금의 처분에 의한 배당 - 당해 법인의 잉여금처분결의일

해답 ④
해설 집합투자기구로 부터의 이익은 이익을 지급받은 날을 원칙으로 하며, 원본에 전입하는 뜻의 특약이 있는 경우, 원본전입일을 수입시기로 한다.

04 「소득세법」에서 규정하는 직장공제회 초과반환금에 관한 설명으로 옳지 않은 것은?

2021년 세무사

① 소득세법령이 정하는 직장공제회 초과반환금은 이자소득에 해당한다.
② 과세대상이 되는 초과반환금에는 반환금에서 납입공제료를 뺀 금액인 "납입금 초과이익" 만이 아니라 반환금 분할지급 시 발생하는 "반환금 추가이익"도 포함된다.
③ 직장공제회 초과반환금은 종합소득 과세표준에 합산하지 않는다.
④ "납입금 초과이익"에 대한 산출세액은 「소득세법」에서 규정하는 방식(연분연승방식)에 따른다.
⑤ "반환금 추가이익"에 대한 산출세액은 해당 추가이익에 금융소득에 대한 원천징수세율인 14%의 세율을 적용하여 계산한다.

해답 ⑤
해설 분할하여 지급받을 때마다의 반환금 추가이익에 대한 산출세액은 ①의 금액에 ②의 비율을 곱한 금액으로 한다.
① 분할하여 지급받을 때마다 그 기간 동안 발생하는 반환금 추가이익
② 납입금 초과이익 산출세액을 납입금 초과이익으로 나눈 비율

05 **「소득세법」상 배당소득에 관한 설명으로 옳은 것은?** 2017년 세무사

① 법인으로 보는 단체로부터 받는 분배금은 배당소득에 해당하지 않는다.
② 외국법인으로부터 받는 이익이나 잉여금의 배당은 배당소득에 해당하지 않는다.
③ 합병으로 소멸한 법인의 주주가 합병 후 존속하는 법인으로부터 그 합병으로 취득한 주식의 가액과 금전의 합계액이 그 합병으로 소멸한 법인의 주식을 취득하기 위하여 사용한 금액을 초과하는 금액은 배당소득에 해당하지 않는다.
④ 거주자가 일정기간 후에 같은 종류로서 같은 양의 주식을 반환받는 조건으로 주식을 대여하고 해당 주식의 차입자로부터 지급받는 해당 주식에서 발생하는 배당에 상당하는 금액은 배당소득에 해당하지 않는다.
⑤ 국외에서 설정된 집합투자기구로부터의 이익은 해당 집합투자기구의 설정일부터 매년 1회 이상 결산·분배할 것이라는 요건을 갖추지 않아도 배당소득에 해당한다.

해답 ⑤

해설 ① 법인으로 보는 단체로부터 받는 배당금 또는 분배금은 배당소득에 해당한다.
② 외국법인으로부터 받는 이익이나 잉여금의 배당 또는 분배금은 배당소득에 해당한다.
③ 합병으로 소멸한 법인의 주주가 합병 후 존속하는 법인으로부터 그 합병으로 취득한 주식의 가액과 금전의 합계액이 그 합병으로 소멸한 법인의 주식을 취득하기 위하여 사용한 금액을 초과하는 금액은 배당소득에 해당한다.
④ 거주자가 일정기간 후에 같은 종류로서 같은 양의 주식을 반환 받는 조건으로 주식을 대여하고 해당 주식의 차입자로부터 지급받는 해당 주식에서 발생하는 배당에 상당하는 금액은 배당소득에 해당한다.
⑤ 국외에서 설정된 집합투자기구로부터의 이익은 해당 요건을 갖추지 않아도 배당소득으로 보지 않는다.

06 **다음은 20×2년도에 거주자 갑이 제조업을 영위하는 내국법인으로부터 지급받은 배당소득과 관련된 자료이다. 배당소득의 총수입금액을 계산한 것으로 옳은 것은? (단, 소득은 소득세를 원천징수하기 전 금액이며, 갑은 해당 법인의 지배주주 및 특수관계자에 해당되지 않는다.)**

2010년 회계사

(1) 주권상장법인 A사 주식의 주식배당 2,000,000원
(2) 주권상장법인 B사 주식의 현금배당 2,000,000원
(3) 주권상장법인 C사 주식의 이익준비금 자본전입에 의한 무상주 액면총액 40,000,000원
(4) 비상장법인 D사 주식의 「법인세법」 상 갑에게 배당으로 소득처분된 금액 2,000,000원과 주식발행액면초과액(채무의 출자전환으로 발생한 것이 아님) 자본전입에 의한 무상주 액면총액 4,000,000원

① 48,000,000원 ② 46,000,000원 ③ 48,860,000원
④ 50,600,000원 ⑤ 40,000,000원

해답 ②

해설 (1)+(2)+(3)+[(4)의 배당소득처분액] = 2,000,000+2,000,000+40,000,000+2,000,000= 46,000,000

주식발행액면초과액 자본전입에 의한 무상주 액면총액 4,000,000원 배당소득이 아니다.

총수입금액은 배당가산액을 반영하기 전 금액을 말한다.

07 **거주자 甲의 20×2년 소득자료가 다음과 같을 때, 이자소득과 배당소득으로 소득세가 과세되는 금액의 합계액은 얼마인가? (단, 주어진 자료 이외에는 고려하지 않으며 다툼이 있으면 판례에 따름)** 2016년 세무사

(1) 법령으로 정한 직장공제회 초과반환금 13,000,000원(국내에서 받았으며, 원천징수는 적법하게 이루어짐)
(2) 법원의 판결에 의한 손해배상금 30,000,000원(법정이자 5,000,000원 포함)
(3) 20×2년 초에 대여한 비영업대금의 원금 30,000,000원과 그에 대하여 발생한 이자 3,000,000원 중 채무자의 파산으로 인하여 20×2. 12. 1. 32,000,000원만 회수하고 나머지 채권은 과세표준확정신고 전에 회수불능사유가 발생하여 회수할 수 없는 것으로 확정됨
(4) 내국법인이 발행한 채권을 만기 전에 중도 매도함에 따른 매매차익 40,000,000원(채권 매입은 20×1. 1. 1.이고 채권 매도는 20×2. 1. 1. 이며, 보유기간의 이자상당액 15,000,000원 포함)

① 17,000,000원 ② 30,000,000원 ③ 35,000,000원
④ 36,000,000원 ⑤ 55,000,000원

해답 ②

해설 13,000,000+2,000,000+15,000,000=30,000,000

(1) 직장공제회 초과반환금은 무조건 분리과세로서 종합소득금액에 합산하여 과세하지는 않으나 문제에서는 소득세 과세대상을 묻고 있으므로 답에 포함한다.
(2) 법원의 판결 및 화해에 의하여 지급받는 손해배상금에 대한 법정이자는 이자소득으로 보지 않는다.
(3) 해당 과세기간에 발생한 비영업대금의 이익에 대하여 과세표준확정신고전에 채무자의 파산 등으로 원금 및 이자를 회수할 수 없는 경우에는 원금부터 회수한 것으로 보아 3천만원을 초과하는 2백만원에 대하여 이자소득으로 과세한다.
(4) 채권을 중도 매매한 경우 보유기간 이자 상당액의 수입시기는 채권 매도일 또는 이자지급일로 본다.

08 **다음은 20×1년도 거주자 甲의 금융소득에 관한 자료이다. 종합과세할 배당소득금액은? (단, 원천징수는 적법하게 이루어졌으며 제시된 금액은 원천징수 전의 금액이다. 주어진 자료 외의 사항은 고려하지 않음)** 2021년 세무사

- 내국법인A가 이익잉여금을 자본전입함에 따라 지급받은 무상주의 액면가액 5,000,000원
- 내국법인B가 주식발행초과금을 자본전입함에 따라 지급받은 무상주의 액면가액 6,000,000원(자기주식에 배정되지 못하여 재배정함에 따라 지분율이 증가된 금액 2,000,000원 포함)
- 「소득세법 시행령」에 의한 집합투자기구(사모집합투자기구가 아님)로부터 받은 이익금 5,000,000원(증권시장에 상장된 제조업 영위 내국법인 주식의 매매차익 2,000,000원 포함)
- 국내은행으로부터 받은 이자 12,000,000원

① 8,200,000원 ② 10,200,000원 ③ 10,500,000원
④ 12,200,000원 ⑤ 22,200,000원

해답 ②

해설 (1) 이자소득 : 12,000,000
(2) 배당소득 : 5,000,000*+2,000,000+(5,000,000-2,000,000)=10,000,000
* Gross-up 대상
(3) 배당소득금액 : 10,000,000+min(2,000,000, 5,000,000)×10%=10,200,000

09 **사업자가 아닌 거주자 갑의 20×2년 금융소득에 대한 자료가 다음과 같을 때, 이자소득금액과 배당소득금액으로 종합소득금액에 합산되는 총 금액으로 옳은 것은? (단, 자료에 언급된 것 이외에는 모두 적법하게 원천징수되었다.)** 2017년 회계사

(1) 거주자 갑이 비상장 내국법인으로부터 수취한 무상주에 대한 설명은 다음과 같다.
  가. 자기주식처분이익(자기주식처분일 20×0.9.30.)을 자본전입(자본전입일 20×2.10.25.)함에 따른 무상주 10,000주(주당 액면가 500원)를 ㈜A로부터 수취하였다.
  나. 주식발행초과금의 자본전입(자본전입일 20×2.3.31.)에 따른 무상주 20,000주(주당 액면가 500원)를 ㈜B로부터 수취하였다.
  다. 자기주식소각이익(주식소각일 20×0.8.30., 소각당시 시가 : 주당 800원, 취득가액 : 주당 850원)의 자본전입(자본전입일 20×2.6.10.)에 따른 무상주 5,000주(주당 액면가 500원)를 ㈜C로부터 수취하였다.
(2) 주권상장 내국법인 ㈜D로부터 8,000,000원의 현금배당을 수취하였다.
(3) 장기채권에 투자하여 이자 3,000,000원을 지급받았다(2013.1.1.에 발행한 채권으로 약정기간은 20년이며, 동 채권으로부터 지급받은 당해연도의 이자에 대해서 거주자 갑이 따로 분리과세를 신청하지 않았다).
(4) 20×2년 초에 지인에게 자금을 대여해 주고 이자 6,000,000원을 지급받았다(동 이자에 대해서는 원천징수가 되지 않았다).

① 15,950,000원　② 21,665,000원　③ 22,200,000원
④ 24,500,000원　⑤ 24,950,000원

해답 ⑤

해설 (1) 이자소득
① 무조건 종합과세 : 6,000,000(비영업대금익)
② 조건부 종합과세 : 3,000,000(장기채권)
(2) 배당소득
① 조건부 종합과세 : 가.Ⓖ+다.+(주)D 현금배당Ⓖ = 15,500,000
(3) 금융소득금액
$20,000,000 + 4,500,000 + \min[13,000,000, 4,500,000] \times 10\% = 24,950,000$

10 **거주가 갑의 20×2년 국내발생 소득에 대한 자료가 다음과 같을 때 갑의 이자소득금액을 계산한 것으로 옳은 것은? (단, 원천징수는 모두 적법하게 이루어졌다.)** 2018년 회계사

(1) 20×2년 5월 31일에 지급받은 저축성보험의 만기보험금: 100,000,000원(3년 전 납입하기 시작하였으며, 총 납입보험료는 88,000,000원임)
(2) 계약의 해약으로 받은 배상금(계약금이 배상금으로 대체됨): 25,000,000원
(3) 내국법인이 20×1년 3월 1일에 발행한 채권을 발행일에 취득한 후 만기 전인 20×2년 2월 1일에 중도 매도함에 따른 매매차익: 40,000,000원(보유기간의 이자상당액 10,000,000원 포함)
(4) 20×2년초에 대여한 비영업대금의 원금 40,000,000원과 그에 대하여 발생한 이자 4,000,000원 중 채무자의 파산으로 인하여 20×2년 11월 1일에 42,000,000원만 회수하고, 나머지 채권은 과세표준확정신고 전에 회수 불능사유가 발생하여 회수할 수 없는 것으로 확정됨

① 24,000,000원 ② 29,000,000원 ③ 32,000,000원
④ 34,000,000원 ⑤ 64,000,000원

해답 ①

해설 (1) 이자소득금액

$(100,000,000-88,000,000)+10,000,000+(42,000,000-40,000,000)=24,000,000$

* 채권 등의 매매차익은 원칙은 과세하지 않으나, 채권·증권의 이자는 이자소득으로 과세된다.

** 비영업대금 이익에 과세표준 확정신고 전에 해당 비영업대금이 회수할 수 없는 채권에 해당하여 채무자 또는 제3자로부터 원금 및 이자의 전부·일부를 회수할 수 없는 경우에는 회수한 금액에서 원금을 먼저 차감하여 계산한다.

11 **거주자·내국법인이 다른 내국법인에 출자 또는 자금을 대여하는 경우 현행법상 법인과세와 투자자과세에 관한 다음 설명 중 틀린 것은?**

① 이자를 지급하는 법인은 법령상 별도의 손금불산입 규정에 해당하지 않는 한 지급이자를 손금산입할 수 있고, 배당을 지급하는 법인은 법령상 별도의 소득공제 규정에 해당하지 않는 한 지급배당금을 각 사업연도의 소득이나 과세표준 계산시 공제할 수 없다.
② 배당소득을 받는 거주자에게는 배당세액공제를 인정하고, 배당소득을 받는 내국법인에게는 수입배당금액의 전부 또는 일부를 익금불산입한다.
③ 법인세 과세표준이 2억원을 넘는 법인에서 배당금을 현금으로 받은 주주가 배당세액공제를 받는 경우 현행법상 총수입금액이 되는 배당소득의 금액은 실제로 배당받은 금액에 배당소득에 대한 법인세 실제부담액을 가산(gross - up)한 금액보다는 크다.
④ 이자소득과 배당소득의 합계금액이 2천만원 이하로 분리과세대상인 개인에 대하여는 배당세액공제를 인정하지 않는다.
⑤ 개인의 종합과세되는 배당소득 중 기본세율이 아닌 원천징수세율 적용받는 부분에 대해서는 gross - up을 적용하지 않는다.

해답 ③

해설 gross - up 비율인 10%는 법인단계에서 9% 법인세율을 적용받았다는 간주 하에 도출된 것이므로, 법인세 과세표준이 2억원을 넘는 법인에서 배당금을 현금으로 받은 주주가 배당세액공제를 받는(gross - up)한 금액보다는 작다.

12 **다음은 거주자 갑의 20×2년 귀속 이자 및 배당소득 관련 자료이다. 거주자 갑의 20×2년도 ㉮ 종합소득금액에 합산될 금융소득금액(이자 및 배당소득금액의 합계액)과 ㉯ 종합소득결정세액에서 기납부세액으로 차감될 원천징수세액을 각각 계산한 것으로 옳은 것은? (단, 원천징수 대상이 되는 소득에 대한 원천징수는 적법하게 이루어졌으며, 모든 금액은 원천징수세액을 차감하기 전 금액이다.)** 2014년 회계사

(1) 국내은행 정기예금이자 :	5,000,000원
(2) 원천징수된 비영업대금의 이익 :	8,000,000원
(3) 「민사집행법」에 따라 법원에 납부한 보증금 및 경락대금에서 발생한 이자소득 :	1,000,000원
(4) 「신탁법」에 따른 공익신탁의 이익 :	4,000,000원
(5) 외국법인으로부터 받은 현금배당 : (국내에서 원천징수되지 않음)	6,000,000원
(6) 비상장 내국법인으로부터 받은 현금배당 : (이중과세조정 대상 배당소득임)	5,000,000원

	㉮ 금융소득금액	㉯ 원천징수세액
①	24,000,000원	3,360,000원
②	24,400,000원	3,400,000원
③	24,400,000원	3,540,000원
④	25,500,000원	3,400,000원
⑤	25,500,000원	3,540,000원

해답 ②

해설 무조건종합과세 : (5) = 6,000,000
조건부종합과세 : (1) + (2) + (6)Ⓖ = 18,000,000
Gross - up : MIN(5,000,000, (24,000,000 - 20,000,000)) × 10% = 400,000
<u>종합소득금액에 합산될 금융소득금액 : 6,000,000 + 18,000,000 + 400,000 = 24,400,000</u>
원천징수세액 : 3,400,000
14% : (1) + (6) = 1,400,000, 25% : (2) = 2,000,000

13 **거주자 A씨가 지급받은 소득은 다음과 같다. A씨의 20×2년 귀속 종합과세 금융소득금액을 계산하면?**

> ⑴ 비상장 내국법인의 주주로서 받은 현금배당
> A사 : 10,000,000원(배당결의일 20×1. 12. 30, 지급일 20×2. 1. 15.)
> B사 : 20,000,000원(배당결의일 20×2. 3. 15, 지급일 20×2. 3. 20.)
> ⑵ 주권상장법인 C사로부터 받은 현금배당 : 30,000,000원
> (배당결의일 20×2. 3. 30, 지급일 20×2. 4. 10.)
> ⑶ 비상장 내국법인인 A사로부터 이익잉여금을 자본전입하여 배정받은 무상주 : 10,000주
> (액면가 500원) (자본전입 결정일 20×2. 6. 30.)
> ⑷ 국내 은행으로부터 받은 정기예금이자 : 10,000,000원
> ⑸ 내국법인으로부터 받은 비영업대금이익 : 5,000,000원

단, 위 A, B, C사는 건설업만을 영위하는 영리내국법인이다.

① 65,000,000원 ② 70,000,000원 ③ 76,050,000원
④ 73,600,000원 ⑤ 75,000,000원

해답 ⑤

해설 금융소득금액 : 75,000,000
(1)의 B사Ⓖ + (2)Ⓖ + (3)Ⓖ + (4) + (5) = 70,000,000
Gross - up : min[55,000,000, (70,000,000 - 20,000,000)] × 10% = 5,000,000

14 **20×2년도에 거주자 갑에게 귀속되는 이자 및 배당소득과 관련된 자료이다. 이 자료를 이용하여 거주자 갑의 20×2년도에 종합과세되는 이자 및 배당소득금액으로 옳은 것은?**

2012년 회계사

(1) 이자 및 배당소득과 관련된 내역은 다음과 같다.
 가. 비상장내국법인 ㈜A로부터 받은 현금배당금 : 10,000,000원
 나. 비상장내국법인 ㈜B가 이익잉여금을 자본전입함에 따라 지급받은 무상주 : 10,000주(액면가 500원/주, 지급당시 시가 600원/주)
 다. 국내은행이 취급하는 엔화예금과 엔화선물환계약의 결합 파생금융상품의 이익(소득세법령이 정하는 바에 따라 결합됨) : 15,000,000원
 라. 소득세법령이 정하는 채권의 환매조건부 매매차익 : 3,000,000원
 마. 외국법인인 K사로부터 받은 현금배당금(국외에서 지급되었으며 원천징수되지 않았음) : 5,000,000원
 바. 발행일로부터 원금전액 상환약정일까지의 기간이 12년인 장기채권의 이자(이자 지급자에게 분리과세를 신청하였음) : 8,000,000원
 사. 소득세법령이 정하는 집합투자기구인 투자신탁으로부터 지급받은 투자이익금 : 11,000,000원(동 이익은 한국거래소 상장주식 매매차익 6,000,000원과 배당소득 5,000,000원으로 구성되며 수수료는 차감된 후의 금액임)

(2) 위 소득들에 대해서는 세법상 적법하게 원천징수가 이루어졌으며, 위의 모든 금액들은 원천징수세액을 차감하기 전의 금액이다.

① 5,000,000원 ② 13,000,000원 ③ 39,100,000원
④ 43,300,000원 ⑤ 44,500,000원

해답 ⑤

해설 무조건 종합과세 : 마 = 5,000,000
조건부 종합과세 : 가Ⓖ + 나Ⓖ + 다 + 라 + 사 =
10,000,000 + 5,000,000 + 15,000,000 + 3,000,000 + 5,000,000 = 38,000,000
Gross - up = min(43,000,000 - 20,000,000, 15,000,000) × 10% = 1,500,000
종합과세 금융소득금액 : 43,000,000 + 1,500,000 = 44,500,000

15 **다음 자료를 참고로 하여 거주자 갑의 20×2년도 귀속 종합과세 금융소득금액을 계산하면 얼마인가?**

> 1. 갑은 주권상장법인 ㈜대한의 주식을 20×0. 4. 1에 4억원(액면가액 2억원)에 취득하여 20×2. 12. 31까지 계속 보유하고 있다. 갑은 20×2. 3. 22에 ㈜대한으로부터 현금배당금 10,000,000원(배당결의일은 20×2. 3. 12)을 받았다.
> 2. 비상장법인 ㈜서울의 세무조사과정에서 드러난 다음 금액이 갑에게 배당으로 처분되었다.
>   (1) 20×0. 1. 1~20×0. 12. 31 기간 중 7,000,000원(결산확정일은 20×1. 3. 22)
>   (2) 20×1. 1. 1~20×1. 12. 31 기간 중 8,000,000원(결산확정일은 20×2. 3. 22)
>   (3) 20×2. 1. 1~20×2. 12. 31 기간 중 5,000,000원(결산확정일은 20×3. 3. 22)
> 3. 갑은 법령에서 정하는 장기채권(17년도 이전에 발행됨)의 이자 10,000,000원을 20×2. 7. 21에 받았는데, 이자수령시 갑은 원천징수의무자에게 분리과세를 신청하였다.
> 4. 은행예금이자로 10,000,000원을, 비영업대금의 이익으로 20,000,000원을 20×2. 9. 11에 수령하였다.
> 5. 명예훼손을 원인으로 한 손해배상금의 법정이자로 10,000,000원을 20×2. 11. 21에 수령하였다.
> 6. 보험기간이 12년인 저축성보험(보험료 합계액 2억원, 2013.2.15. 이전에 가입하였음)의 보험차익으로 5,000,000원을, 환매조건부채권의 매매차익으로 15,000,000원을 20×2. 10. 19에 수령하였다.
> 7. 집합투자기구로 부터의 이익으로 9,000,000원을 20×2. 11. 5에 수령하였다.

① 71,800,000원 ② 73,800,000원 ③ 76,800,000원
④ 81,800,000원 ⑤ 84,500,000원

해답 ②

해설 금융소득금액 : 72,000,000 + 1,800,000 = 73,800,000
조건부종합 : 1번ⓖ + 2번(2)ⓖ + 4번 + 6번 + 7번 = 72,000,000
Gross - up : min[18,000,000, (72,000,000 - 20,000,000)] × 10% = 1,800,000

16 다음은 거주자 甲의 금융소득자료이다. 甲의 20×2년 귀속 금융소득의 합계액은 얼마인가?

2011년 세무사

> (1) 반제기한이 20×1.12.31.인 대여금에 대하여 20×2년 1월부터 20×2년 4월까지 추가로 지급받은 지연이자 4,000,000원
> (2) 이자지급 약정일은 20×1.9.25.인데 20×2.3.2.에 실제로 수령한 비영업대금의 이익 5,000,000원
> (3) 이자지급 약정일이 20×1.9.25.인데 20×2.3.2.에 실제로 수령한 기명식 회사채이자 7,000,000원
> (4) 비상장법인인 ㈜A가 20×1.1.1.부터 20×1.12.31.까지의 기간 중 甲에게 배당으로 처분한 8,000,000원(결산확정일은 20×2.3.23.임)

① 8,000,000　② 9,000,000　③ 12,000,000
④ 16,000,000　⑤ 17,000,000

해답 ③
해설 (1)+(4)=4,000,000+8,000,000=12,000,000 *(2),(3) : 20×1년 귀속(약정일)

17 거주자 甲의 20×2년 국내에서 발생한 이자소득 및 배당소득과 관련한 자료는 다음과 같다. 甲의 20×2년의 종합소득 과세표준을 계산할 때 합산되는 금액은 얼마인가? (단, 자료에 언급된 것 이외에는 모두 적법하게 원천징수되었고, 모든 금액은 원천징수세액을 차감하기 전의 금액이다. 주어진 자료 이외에는 고려하지 않음)

2019년 세무사

> (1) 乙에게서 받은 비영업대금의 이익: 13,000,000원(원천징수되지 아니함)
> (2) 주권상장법인 (주)A로부터 받은 현금배당금: 5,000,000원
> (3) 비상장내국법인 (주)B가 자기주식소각이익을 20×2.5.1. 자본전입 결의하고, 그에 따라 20×2.7.1. 甲에게 무상주를 교부하였음. 세법상 수입시기 현재 甲이 교부받은 무상주의 액면가액은 3,000,000원이고, 시가는 6,000,000원임. 주식 소각일은 20×0.1.5.이며, 소각 당시 자기주식의 시가는 취득가액을 초과함.

① 18,000,000원　② 21,100,000원　③ 21,500,000원
④ 21,800,000원　⑤ 24,000,000원

해답 ②
해설 13,000,000+5,000,000+3,000,000+min(①,②)×10%=21,100,000
① 5,000,000(Gross-up 대상 배당소득)
② 21,000,000(금융소득 총액)-20,000,000=1,000,000

18 **거주자 갑의 20×2년 이자 및 배당소득에 대한 자료이다. 거주자 갑의 20×2년 원천징수세액과 종합소득금액 중 금융소득금액은 각각 얼마인가? 조건부 종합과세대상 금융소득에 대한 원천징수는 적법하게 이루어졌으며, 모든 금액은 원천징수세액을 차감하기 전의 금액이다.**

2019년 회계사

구 분		조건부 종합과세	무조건 종합과세
이자소득		15,000,000원 비영업대금의 이익 5,000,000원이 포함되었으며, 나머지는 정기예금이자임.	5,000,000원 비영업대금의 이익으로 원천징수되지 않음.
배당소득	Gross-up 대상	7,000,000원 내국법인으로부터 받은 배당소득임.	
	Gross-up 비대상	3,000,000원 집합투자기구로부터의 이익으로 비상장주식 매매차익으로 구성됨.	6,000,000원 외국법인으로부터의 배당으로 국내에서 원천징수되지 않음.

	원천징수세액	종합소득금액 중 금융소득금액
①	4,050,000원	31,700,000원
②	3,500,000원	31,700,000원
③	4,050,000원	36,700,000원
④	3,500,000원	36,700,000원
⑤	4,820,000원	36,700,000원

해답 ③

해설 1. 금융소득금액

(1) 이자소득

① 무조건 종합과세 : 5,000,000(비)

② 조건부 종합과세 : 5,000,000(비)+10,000,000

(2) 배당소득

① 무조건 종합과세 : 6,000,000

② 조건부 종합과세 : 7,000,000⑥+3,000,000 =10,000,000

(3) 금융소득금액 :

$20,000,000 + 16,000,000 + \min[16,000,000, 7,000,000] \times 10\% = 36,700,000$

2. 원천징수세액

$5,000,000 \times 25\% + (36,000,000 - 5,000,000 - 11,000,000) \times 14\% = 4,050,000$

19 **공동사업에 대한 거주자의 소득세 납세의무(동업기업에 대한 조세특례 포함)에 관한 설명으로 옳지 않은 것은?** 2012년 세무사

① 출자공동사업자의 배당소득에 대한 원천징수세율은 100분의 25이다.
② 공동사업장에서 발생한 소득금액에 대하여 원천징수된 세액은 각 공동사업자의 손익분배비율에 따라 배분한다.
③ 공동사업에 관한 소득금액이 주된 공동사업자에게 합산과세되는 경우 그 합산과세되는 소득금액에 대해서는 주된 공동사업자의 특수관계인은 손익분배비율에 해당하는 그의 소득금액을 한도로 주된 공동사업자와 연대하여 납세의무를 진다.
④ 출자공동사업자에 대한 배당소득의 총수입금액이 2천만원을 초과하는 경우, 배당소득금액은 총수입금액에 그 배당소득의 100분의 10에 해당하는 금액을 더한 금액으로 한다.
⑤ 수동적동업자의 경우에는 동업기업으로부터 배분받은 소득금액을 배당소득으로 본다.

해답 ④
해설 출자공동사업자에 대한 배당소득은 무조건 종합과세대상이며, Gross-up 대상이 아니다.

20 **다음은 거주자 甲이 국내에서 지급받은 20×2년 귀속 금융소득 관련 자료이다. 「소득세법」상 20×2년 귀속 금융소득에 대하여 원천징수되는 소득세액은? (단, 甲은 출자공동사업자가 아니며 금융소득은 소득세법령에 따른 실지명의가 확인된 것이고 이자소득 또는 배당소득 원천징수시기에 대한 특례, 원천징수의 배제, 집합투자기구 및 특정금전신탁 등의 원천징수 특례는 고려하지 않음)** 2020년 세무사

구 분	금 액	비 고
공익신탁의 이익	5,000,000원	「공익신탁법」에 따른 공익신탁임
회사채의 이자	10,000,000원	내국법인이 20×2년에 발행한 회사채(만기 10년)임
보증금 및 경락대금에서 발생한 이자소득	10,000,000원	「민사집행법」제113조 및 같은 법 제142조에 따라 법원에 납부한 보증금 및 경락대금임
정기예금의 이자	10,000,000원	국내은행으로부터 지급받음
비영업대금의 이익	5,000,000원	개인 간 금전대차거래로서 차입자로부터 직접 지급받은 이자임
내국법인으로부터 받은 현금배당	10,000,000원	
합 계	50,000,000원	

① 6,300,000원 ② 6,850,000원 ③ 7,000,000원
④ 7,200,000원 ⑤ 8,600,000원

해답 ②

해설

구 분	금 액	원천징수세액
공익신탁의 이익	5,000,000원	비과세
회사채의 이자	10,000,000원	10,000,000×14%=1,400,000
보증금 및 경락대금에서 발생한 이자소득	10,000,000원	10,000,000×14%=1,400,000
정기예금의 이자	10,000,000원	10,000,000×14%=1,400,000
비영업대금의 이익	5,000,000원	5,000,000×25%=1,250,000
내국법인으로부터 받은 현금배당	10,000,000원	10,000,000×14%=1,400,000
합 계	50,000,000원	6,850,000

21 **거주자 갑의 20×2년 귀속 금융소득에 대한 자료이다. 갑의 종합소득금액에 합산되는 배당소득금액으로 옳은 것은? (단, 소득에 대한 원천징수는 적법하게 이루어졌으며, 모든 금액은 국내에서 지급받았고 원천징수세액을 차감하기 전의 금액이다.)** 2020년 회계사

(1) A증권사로부터 「상법」에 따른 파생결합사채의 이익 10,000,000원을 지급받았다.
(2) B은행으로부터 「조세특례제한법」상 요건을 충족하는 개인종합자산관리계좌에서 발생하는 배당소득 5,000,000원을 지급받았다.
(3) ㈜C(비상장 내국법인)로부터 자기주식처분이익의 자본전입에 따른 무상주 20,000주(주당 액면가액 1,000원)를 지급받았다.
(4) ㈜D(코넥스시장 상장법인)로부터 현금배당 3,000,000원을 지급받았다.

① 33,000,000원 ② 34,300,000원 ③ 35,400,000원
④ 38,000,000원 ⑤ 42,180,000원

해답 ②

해설 (1) 배당소득
① Gross-up 배당 : $20,000 \times 1,000 + 3,000,000 = 23,000,000$
② Gross-up 제외 배당 : 10,000,000
* 개인종합자산관리계좌에서 발생하는 배당소득은 분리과세대상 소득이다.

(2) 배당소득금액
$20,000,000 + 13,000,000 + \min[13,000,000,\ 23,000,000] \times 10\% = 34,300,000$

22 **거주자 갑의 20×2년 귀속 금융소득 관련 자료이다. 갑의 종합소득금액에 합산될 금융소득금액으로 옳은 것은? 금융소득에 대한 원천징수는 적법하게 이루어졌으며, 모든 금액은 원천징수세액을 차감하기 전의 금액이다.** 2021년 회계사

(1) 직장공제회 탈퇴로 받은 반환금: 20,000,000원(납입공제료 10,000,000원)
(2) 세금우대종합저축을 통하여 받은 이자소득: 3,000,000원
(3) 출자공동사업자 배당: 5,000,000원
(4) 국내은행 정기예금이자: 10,000,000원
(5) 외국법인으로부터 받은 현금배당(국내에서 원천징수되지 않음): 15,000,000원
(6) 주권상장법인으로부터 받은 현금배당: 20,000,000원

① 47,000,000원 ② 50,000,000원 ③ 52,000,000원
④ 55,000,000원 ⑤ 62,000,000원

해답 ③

해설 1. 금융소득금액
(1) 이자소득
① 조건부 종합과세 : 10,000,000
(2) 배당소득
① 무조건 종합과세 : 15,000,000
② 조건부 종합과세 : 20,000,000
③ 출자공동사업자 배당 : 5,000,000
(3) 금융소득금액
$10,000,000 + 35,000,000 + \min[25,000,000, 20,000,000] \times 10\% + 5,000,000 = 52,000,000$

* 세금우대종합저축으로 받은 이자소득은 9%의 세율로 분리과세한다.(조특법89)

제2절 사업소득

01 부동산임대업 소득에 관한 설명으로서 틀린 것은?

① 부동산 또는 부동산상의 권리의 대여로 인하여 발생하는 소득은 사업소득이며, 여기의 부동산상의 권리에는 지역권·지상권을 포함한다.
② 공장재단 또는 광업재단의 대여로 인하여 발생하는 소득도 사업소득이다.
③ 부동산임대업의 소득금액은 당해연도의 총수입금액에서 이에 소요된 필요경비를 공제한 금액으로 한다.
④ 광업권자 등이 자본적 지출이나 수익적 지출의 일부 또는 전부를 제공하는 것을 조건으로 광업권·조광권 또는 채굴에 관한 권리를 대여하고 덕대로부터 받는 분철료도 부동산임대업 소득에 해당한다.
⑤ 부동산임대업 소득에서 부동산 또는 부동산상의 권리의 대여라 함은 전세권 기타 권리를 설정하고 그 대가를 받는 것과 임대차계약 기타 방법에 의하여 물건 또는 권리를 사용 또는 수익하게 하고 그 대가를 받는 것을 말한다.

해답 ④
해설 광업권자 등이 자본적 지출이나 수익적 지출의 일부 또는 전부를 제공하는 것을 조건으로 광업권·조광권 또는 채굴에 관한 권리를 대여하고 덕대로부터 받는 분철료는 부동산임대업 소득이 아닌 그 외 일반적인 사업소득에 해당한다.

02 사업소득에 관한 설명으로 옳지 않은 것은? 2014년 세무사

① 연예인이 사업활동과 관련하여 받는 전속계약금은 사업소득이다.
② 부동산 임대업에서 발생하는 소득은 사업소득이지만, 부동산 임대업(주거용 건물 임대업 제외)에서 발생한 결손금은 종합소득 과세표준계산시에 공제하지 아니한다.
③ 총수입금액을 계산할 때 금전 이외의 것은 그 거래 당시의 가액에 의하여 수입금액을 계산한다.
④ 작물재배업(농업) 중 곡물재배업에서 발생하는 소득은 사업소득으로 과세된다.
⑤ 거주자의 각 과세기간 총수입금액의 귀속연도는 총수입금액이 확정된 날이 속하는 과세기간으로 한다.

해답 ④
해설 작물재배업 중 곡물 및 기타 식량작물 재배업은 사업소득에서 제외한다.

03 소득세법상 소득세가 비과세되는 주택임대소득에 관한 설명으로 옳지 않은 것은?

① 1개의 국내에 소재하는 주택을 소유하는 자의 주택임대소득(고가주택의 임대소득을 제외한다)은 비과세되지만, 국외에 소재하는 주택의 임대소득은 주택 수에 관계없이 과세한다.
② 주택 수의 계산에 있어서 다가구주택은 1개의 주택으로 보되, 구분등기된 경우에는 각각을 1개의 주택으로 계산한다.
③ 주택 수의 계산에 있어서 본인과 배우자가 각각 주택을 소유하는 경우에는 이를 합산한다.
④ 주택 수의 계산에 있어서 임차 또는 전세받은 주택을 전대하거나 전전세하는 경우에는 당해 임차 또는 전세받은 주택을 임차인 또는 전세받은 자의 주택으로 계산한다.
⑤ 주택임대소득이 과세되는 고가주택이라 함은 과세기간종료일 또는 해당 주택의 양도일 현재 실지거래가액이 9억원을 초과하는 주택을 말한다.

해답 ⑤
해설 주택임대소득이 과세되는 고가주택이라 함은 과세기간종료일 또는 해당 주택의 양도일 현재 기준시가 12억원을 초과하는 주택을 말한다.

04 사업소득금액을 계산할 때 총수입금액에 산입되는 것은?

① 사업과 무관한 채무면제이익
② 가사용으로 사용한 재고자산의 가액
③ 소득세 환급액
④ 사업자가 생산한 제품을 다른 제품의 원재료로 사용한 금액
⑤ 매출할인

해답 ②
해설 가사용으로 사용한 재고자산의 가액의 시가상당액을 총수입금액에 산입한다.

05 다음 중 사업소득금액 계산과 가장 관련이 없는 것은?

① 위약 또는 해약을 원인으로 법원의 판결에 의하여 받는 손해배상금에 대한 법정이자
② 외상매출금 회수지연에 따라 받는 연체이자
③ 외상매입금이나 미지급금을 약정기일 전에 지급함으로써 받는 할인액
④ 물품을 매입할 때 대금의 결제방법에 따라 에누리되는 금액
⑤ 거래 상대방으로부터 받는 장려금

해답 ①
해설 계약의 위약 또는 해약으로 받는 손해배상금에 대한 법정이자는 기타소득으로 본다.

06 거주자 A는 수년간 계속하여 가수활동 및 TV 광고출연을 하고 있는 유명 연예인으로서, 20×2. 1. 10. 연예인 자격으로 내국법인 ㈜고려와 5년간 TV 광고출연에 대한 일신전속계약을 체결함과 동시에 전속계약금으로 5억원을 일시에 현금으로 수령하였다. A는 TV 광고출연과 관련하여 실제로 소요된 필요경비가 없을 때 소득세법상 A의 당해 전속계약에 관한 설명으로 옳은 것은? (다만, 전속계약기간은 20×2. 1. 10.부터 5년이다.)

① A의 전속계약금은 기타소득으로서 20×2년에 귀속되는 총수입금액은 5억원이다.
② A의 전속계약금은 기타소득으로서 20×2년에 귀속되는 총수입금액은 1억원이다.
③ A의 전속계약금은 사업소득으로서 20×2년에 귀속되는 총수입금액은 5억원이다.
④ A의 전속계약금은 사업소득으로서 20×2년에 귀속되는 총수입금액은 1억원이다.
⑤ A의 전속계약금은 기타소득으로서 수령한 금액의 60%는 필요경비로 인정된다.

해답 ④
해설 연예인 및 직업운동선수 등이 계약기간 1년을 초과하는 일신전속계약에 대한 대가를 일시에 받는 경우에는 사업소득에 해당하며, 계약기간에 따라 해당 대가를 균등하게 안분한 금액을 각 과세기간 종료일에 수입한 것으로 한다.(초월산입 말월불산입)

07 **총수입금액 혹은 소득금액의 계산에 관한 설명으로 옳지 않은 것은?** 2014년 세무사

① 거주자의 각 소득에 대한 총수입금액(총급여액과 총연금액 포함)은 해당 과세기간에 수입하였거나 수입할 금액의 합계액이다.
② 거주자의 사업소득금액을 계산할 때 이전 과세기간으로부터 이월된 소득금액은 해당 과세기간의 소득금액을 계산할 때 총수입금액에 산입하지 않는다.
③ 부가가치세의 매출세액은 해당 과세기간의 소득금액을 계산할 때 총수입금액에 산입하지 않는다.
④ 사업소득금액을 계산할 때, 해당 과세기간 전의 총수입금액에 대응하는 비용으로서 그 과세기간에 확정된 것에 대해서는 그 과세기간 전에 필요경비로 계상하지 아니한 것만 그 과세기간의 필요경비로 본다.
⑤ 업무와 관련하여 중대한 과실로 타인의 권리를 침해한 경우에 지급되는 손해배상금은 사업소득금액을 계산할 때 확정되는 과세기간의 필요경비에 산입한다.

해답 ⑤
해설 업무와 관련하여 고의 또는 중대한 과실로 타인의 권리를 침해한 경우에 지급되는 손해배상금은 사업소득금액을 계산할 때 필요경비에 산입하지 아니한다.

08 **총수입금액 및 필요경비의 귀속연도 등에 관한 설명으로 옳지 않은 것은?** 2010년 세무사

① 거주자의 각 과세기간 총수입금액 및 필요경비의 귀속연도는 총수입금액과 필요경비가 확정된 날이 속하는 과세기간으로 한다.
② 거주자가 보유하는 사업용고정자산을 회계기준에 따른 평가를 통해 장부가액을 증액한 경우 그 평가일이 속하는 과세기간 및 그 후의 과세기간의 소득금액을 계산할 때 해당 자산의 장부가액은 평가한 후의 가액으로 한다.
③ 거주자가 각 과세기간의 소득금액을 계산할 때 총수입금액 및 필요경비의 귀속연도와 자산·부채의 취득 및 평가에 대하여 일반적으로 공정·타당하다고 인정되는 기업회계의 기준을 적용하거나 관행을 계속 적용하여 온 경우에는 「소득세법」 및 「조세특례제한법」에서 달리 규정하고 있는 경우 외에는 그 기업회계의 기준 또는 관행에 따른다.
④ 거주자가 매입·제작 등으로 취득한 자산의 취득가액은 그 자산의 매입가액이나 제작원가에 부대비용을 더한 금액으로 한다.
⑤ 천재지변으로 파손 또는 멸실된 고정자산은 법령으로 정하는 방법에 따라 그 장부가액을 감액할 수 있다.

해답 ②
해설 사업용고정자산을 임의로 평가(공신력 있는 감정기관의 평가를 포함)하여 그 평가차익을 장부에 계상한 경우에는 이를 총수입금액에 산입하지 아니한다.

09 소득세상 사업소득의 필요경비에 관한 설명이다. 옳지 않은 것은? 2015년 회계사

① 사업소득금액 계산시 필요경비에 산입할 금액은 해당 과세기간의 총수입금액에 대응하는 비용으로서 일반적으로 용인되는 통상적인 것의 합계액으로 한다.

② 도소매업을 영위하는 거주자의 사업소득 총수입금액에 대응하는 필요경비에는 상품 또는 제품 판매와 관련하여 사전약정 없이 지급하는 판매장려금 및 판매수당도 포함된다.

③ 거주자가 해당 과세기간에 납부한 소득세와 개인지방소득세는 사업소득금액 계산시 필요경비에 산입되지 아니한다.

④ 거주자의 필요경비 귀속연도는 그 필요경비가 발생된 날이 속하는 과세기간으로 한다.

⑤ 거주자가 사업소득금액 계산시 해당 과세기간에 납부한 법령상 직장가입자로서 부담하는 자신의 건강보험료는 필요경비에 산입되는 반면, 법령상 부담하는 자신의 연금보험료는 필요경비에 산입되지 아니한다.

해답 ④

해설 거주자의 필요경비 귀속연도는 법인세법상 손익귀속시기와 동일하며, 법인세법상 손익귀속시기와 다른 필요경비의 귀속연도는 다음과 같다.

거래형태	귀속시기
(1) 장기할부조건에 의한 상품 등의 판매	① 원칙 : 그 상품 등을 인도한 날 ② 예외 : 회수기일도래기준에 의한 회계처리 및 현재가치 평가에 의한 회계처리도 인정
(2) 건설·제조 기타 용역의 제공	① 장기건설 등(계약기간 1년 이상) : 작업진행율 기준. 단, 건설 등의 필요경비 총 누적액을 확인할 수 없는 경우에는 용역제공을 완료한 날 또는 목적을 인도한 날 ② 단기건설 등(계약기간 1년 미만) : 용역제공을 완료한 날 또는 목적물을 인도한 날. 단, 사업자가 작업진행률 기준에 의하여 회계처리를 한 경우에는 작업진행율 기준으로 처리 가능
(3) 자산의 임대로 인하여 발생하는 소득	지급일이 정하여진 것은 그 정하여진 날, 지급일이 정하여지지 않은 것은 그 지급을 받은 날
(4) 인적용역의 제공	용역대가를 지급하기로 한 날 또는 용역의 제공을 완료한 날 중 빠른 날
(5) 무인판매기에 의한 판매	사업자가 무인판매기에서 현금을 인출하는 때
(6) 어음의 할인	그 어음의 만기일. 단, 만기 전에 어음을 양도하는 때에는 양도일
(7) 금융보험업에서 발생하는 이자 및 할인액	실제로 수입되는 날

10 **소득세법상 필요경비에 관한 설명이다. 옳지 않은 것은?** 2021년 회계사

① 사업자가 유형자산의 멸실로 인하여 보험금을 지급받아 그 멸실한 유형자산을 대체하여 같은 종류의 자산을 취득한 경우 해당 자산의 가액 중 그 자산의 취득에 사용된 보험차익 상당액을 보험금을 받은 날이 속하는 과세기간의 소득금액을 계산할 때 필요경비에 산입할 수 있다.

② 지급일 현재 주민등록표등본에 의하여 그 거주사실이 확인된 채권자가 차입금을 변제받은 후 소재불명이 된 경우 그 차입금의 이자는 사업소득금액을 계산할 때 필요경비에 산입하지 아니한다.

③ 반출하였으나 판매하지 아니한 제품에 대한 개별소비세 미납액(제품가액에 그 세액 상당액을 더하지 않음)은 사업소득금액을 계산할 때 필요경비에 산입하지 아니한다.

④ 기타소득으로 과세되는 골동품의 양도로 거주자가 받은 금액이 1억원 이하인 경우 받은 금액의 100분의 90을 필요경비로 하며, 실제 소요된 필요경비가 이를 초과하면 그 초과하는 금액도 필요경비에 산입한다.

⑤ 「한국마사회법」에 따른 승마투표권의 구매자가 받는 환급금에 대하여는 그 구매자가 구입한 적중된 투표권의 단위투표금액을 필요경비로 한다.

해답 ②

해설 거주사실이 확인된 채권자가 차입금을 변제 받은 후 소재불명이 된 경우라도 그 차입금의 이자는 사업소득금액 계산 시 필요경비에 산입할 수 있다.

11 **「소득세법」상 비과세소득에 해당하는 것을 모두 고른 것은? (단, 거주자의 20×1년 귀속 소득이며, 조림기간, 전통주 및 민박은 소득세법령에 정한 해당 요건을 충족하고 각 내용은 상호 독립적임)** 2020년 세무사

ㄱ. 밭을 작물 생산에 이용하게 함으로써 발생한 소득금액 5천 5백만원
ㄴ. 한국표준산업분류에 따른 연근해어업에서 발생한 소득금액 5천만원
ㄷ. 조림기간 5년 이상인 임지의 임목의 양도로 발생한 소득금액 5백만원
ㄹ. 「수도권정비계획법」제2조 제1호에 따른 수도권 지역에서 전통주를 제조함으로써 발생한 소득금액 1천 3백만원
ㅁ. 농민이 부업으로 민박을 운영하면서 발생한 소득금액 2천만원

① ㄱ,ㄷ,ㅁ　② ㄴ,ㄷ,ㄹ　③ ㄱ,ㄴ,ㄷ,ㅁ
④ ㄱ,ㄴ,ㄹ,ㅁ　⑤ ㄴ,ㄷ,ㄹ,ㅁ

해답 ③

해설 「수도권정비계획법」제2조 제1호에 따른 수도권 지역에서 전통주를 제조함으로써 발생한 소득금액으로써 연간 1,200만원인 경우 비과세한다.

12 사업자인 甲의 다음 자료를 이용하여 계산한 초과인출금의 지급이자 필요경비불산입액은? (단, 계산결과는 원 단위 미만에서 절사하고 주어진 자료 이외의 사항은 고려하지 않음)

2021년 세무사

1. 월차 결산에 따른 자산과 부채의 현황은 다음과 같다.

구 분	사업용 자산	사업용 부채	세법상 충당금 (부채에 포함됨)
6월	150,000,000원	200,000,000원	20,000,000원
7월	140,000,000원	160,000,000원	20,000,000원

2. 지급이자와 관련된 자료는 다음과 같다.

이자율	지급이자	차입금 적수
연 20%	400,000원*	730,000,000원
연 12%	1,200,000원	3,650,000,000원

* 이 금액 중 50%는 채권자불분명사채의 이자이다.

① 313,823원 ② 328,767원 ③ 375,890원
④ 776,986원 ⑤ 856,986원

해답 ③

해설 (1) 초과인출금 적수

{(200,000,000−20,000,000)−150,000,000}×30+{(160,000,000−20,000,000)−140,000,000}×31
=900,000,000

(2) 초과인출금 지급이자

$$(400{,}000-200{,}000)+1{,}200{,}000\times\frac{900{,}000{,}000-730{,}000{,}000\times 50\%}{3{,}650{,}000{,}000}=375{,}890$$

13 **다음 자료를 이용하여 부동산임대사업자인 거주자 갑의 20×2년도 사업소득 총수입금액을 계산한 것으로 옳은 것은?** 2014년 회계사

(1) 갑은 국내에 주택 3채(각각의 기준시가는 모두 3억원을 초과함)를 소유하고, 그 중 하나의 주택(「소득세법」에 따른 간주임대료 계산대상임)을 임대하고 있다.
(2) 20×1년 10월 16일에 임대주택의 임대보증금 500,000,000원과 1년분 임대료 12,000,000원을 수령하였다.
(3) 임대기간은 20×1년 10월 16일부터 1년간이며, 20×2년도 임대일수는 288일이다.
(4) 임대보증금 운용수익은 20×2년에 발생한 수입이자 1,000,000원이 있다.
(5) 기획재정부령으로 정하는 정기예금이자율은 연 3.65%로 가정한다.
(6) 갑은 적법하게 장부를 비치·기록하고 있으며, 장부에 의하여 사업소득금액을 신고하는 것으로 한다.

① 3,456,000원 ② 9,000,000원 ③ 11,456,000원
④ 12,456,000원 ⑤ 14,456,000원

해답 ③
해설 임대료수익 : 12,000,000 × 9/12(초월산입·말월불산입) = 9,000,000
간주임대료 : (5억원 - 3억원) × 288일 × 60% × 3.65% × 1/365 - 1,000,000 = 2,456,000
합계 : 9,000,000 + 2,456,000 = 11,456,000

14 **거주자 甲의 20×1년도 종합소득에 관한 자료가 다음과 같을 경우 분리 과세 주택임대소득에 대한 사업소득금액은?** 2021년 세무사

1. 甲이 임대하고 있는 주택은 「소득세법 시행령」에 의한 등록임대주택이 아니다.
2. 甲의 주택임대와 관련된 자료는 다음과 같다.

구분	A주택	B주택
임대료 수입	10,000,000원	-
간주임대료	4,000,000원	4,000,000원
합계	14,000,000원	4,000,000원

3. 甲의 종합소득금액은 상기의 주택임대소득을 제외하고 2천만원을 넘지 않는다.

① 3,200,000원 ② 5,000,000원 ③ 5,200,000원
④ 7,000,000원 ⑤ 9,000,000원

해답 ④
해설 (14,000,000+4,000,000)×(1-50%)-2,000,000=7,000,000

15 **다음 자료를 이용하여 개인사업자인 거주자 갑의 20×2년도 사업소득금액을 계산한 것으로 옳은 것은?**

2014년 회계사

(1) 손익계산서(20×2.1.1.~20×2.12.31.)

매　　출	300,000,000원
매출원가	△100,000,000원
급　　여(갑의 급여 50,000,000원 포함)	△100,000,000원
판 매 비	△30,000,000원
이자수익	10,000,000원
토지처분이익	20,000,000원
이자비용(차입거래 1건에 대한 이자비용)	△8,000,000원
당기순이익	92,000,000원

(2) 추가자료

가. 20×2년 중 부채의 합계액이 사업용 자산의 합계액을 초과하는 금액의 적수는 25억원이며, 20×2년 총차입금 적수는 500억원이다.

나. 20×1년 중 재고자산(취득원가 1,000,000원, 시가 2,000,000원)을 가사용으로 소비하였으며, 아무런 회계처리를 하지 않았다.

① 93,400,000원　② 112,000,000원　③ 113,400,000원
④ 123,400,000원　⑤ 142,000,000원

해답 ③

해설 당기순이익+대표자급여+초과인출금이자+가사용소비매출-이자수익-토지처분이익-가사용소비원가
= 92,000,000+50,000,000+400,000+2,000,000-10,000,000-20,000,000-1,000,000
= 113,400,000

* 초과인출금에 대한 지급이자 : 지급이자×초과인출금적수/차입금적수
= 8,000,000×25억/500억

16 **제조업을 영위하는 개인사업자(간편장부대상자) 갑의 20×2년도 사업소득금액을 계산한 것으로 옳은 것은?**

2016년 회계사

(1) 손익계산서상 당기순이익 : 50,000,000원
(2) 손익계산서에 포함된 수익항목
가. 거래상대방으로부터 받은 장려금 : 2,000,000원
나. 사업과 관련이 없는 채무면제이익 : 1,000,000원
다. 예금이자 수입 : 1,500,000원
(3) 손익계산서에 포함된 비용항목
가. 소득세비용 : 2,500,000원
나. 업무와 관련하여 지급한 손해배상금 : 3,000,000원(경과실로 타인의 권리를 침해한 경우에 해당함)
다. 갑의 배우자(경리부서에 근무)에 대한 급여 : 2,000,000원
라. 사무용 비품 처분손실 : 1,000,000원
(4) 가사용으로 소비하고 회계처리하지 않은 재고자산 : 취득원가 2,000,000원, 시가 3,500,000원

① 51,000,000원 ② 52,500,000원 ③ 53,500,000원
④ 54,500,000원 ⑤ 55,500,000원

해답 ②

해설 (1) 사업소득금액

$50,000,000 - 1,000,000 - 1,500,000 + 2,500,000 + 1,000,000 + 3,500,000 - 2,000,000 = 52,500,000$

(2) 손익계산서에 포함된 수익항목 분석
나. 사업과 관련 없는 채무면제이익은 증여세가 과세되므로 총수입금액불산입한다.
다. 예금이자 수입은 이자소득이므로 사업소득 총수입금액에서 불산입하고 동 금액을 다른 금융소득과 합산한다.

(3) 손익계산서에 포함된 비용항목 분석
다. 사업자 가족에 대한 인건비의 경우 사업에 종사하면 필요경비산입한다. 손익계산서에 이미 비용으로 포함되었으므로 조정할 금액은 없다.
라. 간편장부대상자의 경우 유형자산 처분손실은 필요경비불산입한다.

(4) 가사용 소비 재고자산
가사용 소비된 재고자산은 매출한 것으로 보아 시가를 총수입금액에 산입하고, 원가를 필요경비산입한다.

17 **다음은 국내에서 제조업을 영위하는 거주자 甲의 20×2년 귀속 사업소득에 대한 자료이다. 甲의 20×2년 귀속 사업소득금액은 얼마인가? (단, 주어진 자료 이외에는 고려하지 않음)**

2016년 세무사

(1) 20×2년 손익계산서 (단위:원)

Ⅰ. 매출액		800,000,000
Ⅱ. 매출원가		590,000,000
Ⅲ. 매출총이익		210,000,000
Ⅳ. 판매비및관리비		
1. 급 여	22,000,000	
2. 기업업무추진비	30,000,000	
3. 보험료	3,000,000	55,000,000
Ⅴ. 영업이익		155,000,000
Ⅵ. 영업외수익		
1. 이자수익	7,000,000	7,000,000
Ⅶ. 영업외비용		0
Ⅷ. 소득세차감전순이익		162,000,000
Ⅸ. 소득세비용		40,000,000
Ⅹ. 당기순이익		122,000,000

(2) 추가자료

○ 급여는 대표자인 甲에 대한 급여 10,000,000원과 같은 사업장의 경리로 근무하는 乙(甲의 배우자)에 대한 급여 12,000,000원으로 구성되어 있다.

○ 기업업무추진비는 모두 업무용 사용분으로 법적 증빙요건을 충족하며, 소득세법상 기업업무추진비 한도액은 25,000,000원이다.

○ 보험료는 전액 甲에 대한 국민건강보험료이다.

○ 이자수익은 사업자금을 은행에 예탁하여 받은 이자이다.

○ 소득세비용은 소득세와 개인지방소득세의 합계액이며 이월결손금은 없다.

① 122,000,000원 ② 137,000,000원 ③ 155,000,000원
④ 170,000,000원 ⑤ 173,000,000원

해답 ④

해설 122,000,000+10,000,000(대표자 甲의 급여)+5,000,000(기업업무추진비 한도초과)−7,000,000(이자수익은 이자소득금액으로 과세)+40,000,000(소득세 및 개인지방소득세는 필요경비불산입)=170,000,000

18 **다음에 주어진 자료에 의하여 판매업을 영위하는 개인인 최향단 씨의 사업소득의 총수입금액을 계산하면?**

- 과세기간 : 20×2. 1. 1. ~ 20×2. 12. 31.
- 총매출액 : 20,000,000원
- 매출에누리 : 1,000,000원
- 매출환입 : 1,000,000원
- 매출할인 : 2,000,000원
- 매입할인 : 2,000,000원
- 지급받은 장려금 : 1,000,000원
- 재고자산 중 사용인에게 지급한 것 : 시가 1,200,000원 (원가 : 1,000,000원)
- 예금이자 수입 : 1,000,000원
- 상장주식의 처분이익(소액주주에 해당함) : 2,000,000원
- 사업용고정자산인 토지의 처분이익 : 5,000,000원
- 외상매출금에 대한 약정지급일은 당해 과세기간 내임.

① 17,200,000원　② 18,200,000원　③ 20,000,000원
④ 22,200,000원　⑤ 26,200,000원

해답 ②

해설 매출액 – 매출에누리 – 매출환입 – 매출할인 + 장려금 + 사용인 지급 재고자산
= 20,000,000 – 1,000,000 – 1,000,000 – 2,000,000 + 1,000,000 + 1,200,000
= 18,200,000
매입할인은 판매비와 관리비에 해당한다.

19 **다음 자료를 이용하여 도매업을 영위하는 거주자 갑(복식부기의무자가 아님)의 20×2년 사업소득금액을 계산하면 얼마인가?** 2019년 회계사

(1) 손익계산서상 소득세비용차감전순이익 : 51,000,000원
(2) 손익계산서에 계상된 주요 수익항목
 ① 20×2년 8월 17일 발송한 위탁상품 매출액 2,000,000원(원가 1,200,000원) : 발송 시 원가에 대한 회계처리는 하지 않았으며, 수탁자는 동 상품을 20×3년 1월 10일에 판매함.
 ② 20×2년 11월 21일 판매장건물 처분으로 인한 유형자산처분이익 5,000,000원
(3) 손익계산서에 계상된 주요 비용항목
 ① 20×2년 11월 21일 처분된 판매장건물의 감가상각비 1,000,000원 : 세무상 상각범위액은 800,000원이며, 전기말 상각부인액은 500,000원임.
 ② 20×2년 12월 14일 시설개체를 위한 생산설비 일부인 기계장치A의 폐기처분으로 인한 유형자산처분손실 2,000,000원이며, 기계장치A의 감가상각비는 600,000원이고, 세무상 상각범위액은 400,000원이며, 전기말 상각부인액은 300,000원임.

① 44,900,000원 ② 44,700,000원 ③ 44,400,000원
④ 44,100,000원 ⑤ 43,900,000원

해답 ⑤

해설 (1) 수익항목
 ① 위탁상품 : (−)2,000,000
 위탁상품의 수입시기는 수탁자가 판매한 시기이므로 수익항목에서 차감한다.
 ② 건물처분이익 : (−)5,000,000
 건물의 처분은 양도소득이므로 처분이익을 수익항목에서 차감한다.

(2) 비용항목
 ① 건물 감가상각비 : (+)200,000
 양도자산의 감가상각비 시부인을 통하여 200,000원 필요경비를 불산입한다.
 ② 기계장치 폐기처분손실 : 시설개체로 인해 폐기처분한 경우 폐기손실을 필요경비산입한다.
 ③ 기계장치 전기말 상각부인액 : (−)300,000
 폐기처분손실을 필요경비산입할 때 세무상 금액을 산입하므로 전기말 상각부인액을 필요경비 산입한다. 다만, 처분손실을 필요경비에 산입하지 않는 경우 처분 시 곧바로 추인하면 안되고, 감가상각 시부인 후 추인하는 세무조정을 하여야 한다.

(3) 사업소득금액
51,000,000 − 2,000,000 − 5,000,000 + 200,000 − 300,000 = 43,900,000

20 **다음은 거주자 갑의 20×2년도 부동산 임대자료이다. 다른 사업소득이 없다고 가정할 때 거주자 갑의 20×2년 사업소득금액을 계산한 것으로 옳은 것은? (단, 갑은 사업소득에 대하여 장부를 비치·기장하고 있으며, 정기예금이자율은 연 3%로 가정한다.)** 2017년 회계사

> (1) 임대대상 자산: 상가건물
> (2) 임대기간: 20×1.8.1.~20×3.7.31.
> (3) 취득가액: 200,000,000원(토지가액 100,000,000원 포함)
> (4) 임대보증금: 300,000,000원
> (5) 월임대료: 1,000,000원(매달 말일에 받기로 약정하였음)
> (6) 관리비수입: 6,000,000원(20×2년 지급받은 총액이며, 이 중 전기요금과 수도요금을 징수대행하는 명목으로 지급받은 2,000,000원이 포함되어 있음)
> (7) 상가건물의 부속토지를 임대기간 동안 상가건물 임차인의 영업에 사용하게 하는 대가로 임대기간 시작일인 20×1.8.1.에 5,000,000원을 전액 수령하였다.
> (8) 임대보증금 운용수익: 정기예금이자 2,000,000원, 수입배당금 1,000,000원, 유가증권 처분이익 500,000원

① 18,500,000원 ② 20,500,000원 ③ 21,000,000원
④ 21,500,000원 ⑤ 24,000,000원

해답 ④

해설 (1) 월임대료

$$1{,}000{,}000\times 12+(6{,}000{,}000-2{,}000{,}000)^{*}+5{,}000{,}000\times\frac{12}{24}^{**}=18{,}500{,}000$$

* 전기료·수도료 등 공공요금은 납입대행에 불과하므로 총수입금액에 산입하지 않는다.
** 부동산을 임대하고 받은 선세금은 총 임대계약기간 월수 중 해당연도 임대기간 월수에 해당하는 금액을 총수입금액에 산입한다.

(2) 간주임대료

$$(300{,}000{,}000-100{,}000{,}000)\times 3\%-(2{,}000{,}000+1{,}000{,}000)=3{,}000{,}000$$

(3) 사업소득금액

$$18{,}500{,}000+3{,}000{,}000=21{,}500{,}000$$

21 **제조업을 영위하는 거주자 甲의 20×2년 귀속 사업소득금액을 계산함에 있어서 당해 과세기간 중 당해 제조업과 관련하여 발생한 다음 자료에 의하여 필요경비에 해당하는 것의 금액을 합산하면 얼마인가?**

> (1) 국민건강보험법 및 노인장기요양보험법에 의하여 사용자로서 부담하는 보험료는 8,000,000원, 직장가입자로서 부담하는 甲 본인의 보험료는 2,000,000원임
> (2) 사업용 기계의 매입에 대한 부가가치세법상 공제대상인 매입세액으로서 매출세액에서 공제받은 금액은 800,000원임
> (3) 20×2. 1. 1. 사업용으로 사용하기 위하여 $10,000를 차입함(차입당시 원화기장액은 9,000,000원, 20×2. 12. 31. 현재 매매기준율로 평가한 금액은 9,800,000원임, 평가방법은 관할 세무서장에게 신고하지 않음.)
> (4) 20×2. 1. 1. 사업용으로 사용하기 위하여 ¥1,000,000을 차입하여 20×2. 12. 31. 상환함(차입당시 원화기장액은 7,000,000원, 상환하는 원화금액은 8,000,000원임)

① 1,800,000원 ② 3,000,000원 ③ 9,000,000원
④ 11,000,000원 ⑤ 11,800,000원

해답 ④

해설 8,000,000 + 2,000,000 + (8,000,000 − 7,000,000) = 11,000,000
* 직장가입자로서 부담하는 사용자 본인의 건강보험료 및 노인장기요양보험료에 대해서 필요경비로 인정한다. 사업소득자는 특별소득공제를 적용받지 못하기 때문이다.
* 외환차손은 필요경비로 인정되나, 외화환산손실은 필요경비로 인정되지 아니한다.

22 **다음은 거주자 A씨의 20×2년도 부동산 임대 자료이다. 이 자료를 이용하여 거주자 A씨의 20×2년도 사업소득금액을 계산하면 얼마인가? (단, 국세청장이 고시한 이자율은 연 9%라고 가정하며, 거주자 A씨는 아래의 아파트 이외의 주택은 보유하고 있지 않다.)**

구분		상가	아파트
임대기간		20×1. 7. 1~20×3. 6. 30	20×1. 1. 1~20×2. 12. 31
취득가액(토지가액 제외)		100,000,000원	150,000,000원
임대보증금		300,000,000원	300,000,000원
월 임대료(매월말 징수)		1,000,000원	-
월 관리비(매월말 징수)		300,000원	-
임대보증금 운용수익	정기예금이자	2,000,000원	5,000,000원
	유가증권처분이익	4,000,000원	3,000,000원
연간 필요경비 발생액		6,000,000원	-

① 15,600,000원 ② 21,600,000원 ③ 25,600,000원
④ 27,100,000원 ⑤ 34,100,000원

해답 ③

해설 (1) 총수입금액의 계산
 i 임대료 : (1,000,000원+300,000원) × 12 = 15,600,000원
 ii 간주임대료 : (300,000,000원 – 100,000,000원) × (365/365) × 9% – 2,000,000원
 = 16,000,000원
 * 아파트(주택)에 대해서는 요건 미충족으로 간주임대료 계산하지 아니함
 iii 총수입금액 : i + ii = 31,600,000원
(2) 소득금액의 계산 : 31,600,000원 – 6,000,000원 = 25,600,000원

23 **거주자 갑의 20×2년 상가부동산 임대업에 대한 자료이다. 갑의 20×2년 사업소득 총수입금액으로 옳은 것은? (단, 갑은 상가부동산임대업만을 영위하고 있으며, 임대업 사업소득에 대하여 장부를 기장하여 비치하고 있다.)** 2020년 회계사

> (1) 임대기간 : 20×1년 5월 1일 ~ 20×3년 4월 30일
> (2) 월임대료 : 2,000,000원
> (3) 임대보증금 : 500,000,000원
> (4) 상가부동산 취득가액 : 토지 100,000,000원, 건물 300,000,000원
> (5) 월관리비수입 : 500,000원
> (6) 20×2년 임대보증금 운용수익 : 수입배당금 500,000원, 수입이자 300,000원,
> 신주인수권처분이익 200,000원
> (7) 금융회사 등의 정기예금이자율을 고려하여 기획재정부령이 정하는 이자율 : 연 2% 가정

① 33,000,000원 ② 33,200,000원 ③ 35,600,000원
④ 39,200,000원 ⑤ 41,600,000원

해답 ②

해설 (1) 임대료 및 관리비 수입
$2,000,000 \times 12 + 500,000 \times 12 = 30,000,000$
(2) 간주임대료
$(500,000,000 - 300,000,000) \times 2\% - (500,000 + 300,000) = 3,200,000$
(3) 사업소득 총수입금액
$30,000,000 + 3,200,000 = 33,200,000$

24 **다음은 제조업을 영위하는 개인사업자 갑의 20×2년도 사업과 관련된 자료이다. 갑의 20×2년도 사업소득금액으로 옳은 것은?**

(1) 손익계산서상 당기순이익은 60,000,000원이다.
(2) 손익계산서상 주요 수익항목은 다음과 같다.
　가. 사업과 관련이 없는 자산수증이익 : 4,000,000원
　나. 예금이자 수익 : 3,000,000원
　다. 사업과 관련하여 해당 사업용자산의 손실로 인한 보험차익 : 1,000,000원
　라. 사업에 사용하는 토지의 처분이익 : 9,000,000원
　마. 상장법인 배당금 : 3,500,000원
(3) 손익계산서상 주요 비용항목은 다음과 같다.
　가. 소득세비용 : 6,000,000원
　나. 상장주식 처분손실 : 3,400,000원
　다. 갑의 장남(경리부에 근무)에 대한 급여 : 10,000,000원
　라. 대손상각비 : 1,000,000원 (외상매출금 100,000,000원에 대하여 1%에 해당하는 금액을 설정한 것이며 대손실적률은 0.8%이다.)
(4) 재고자산(취득원가 3,000,000원, 시가 5,000,000원)을 가사용으로 소비하고 이에 대하여 아무런 회계처리를 하지 아니하였다.

① 50,100,000원　② 51,900,000원　③ 52,100,000원
④ 54,900,000원　⑤ 60,900,000원

해답 ②

해설 당기순이익-사업과 관련이 없는 자산수증이익-예금이자 수익
-사업에 사용하는 토지의 처분이익-상장법인 배당금-소득세비용-상장주식 처분손실
+(가사용소비시가상당액-가사용소비취득원가) = 사업소득금액
60,000,000 - 4,000,000 - 3,000,000 - 9,000,000 - 3,500,000 + 6,000,000 + 3,400,000 + 2,000,000 = 51,900,000

25 **다음은 제조업(중소기업)을 영위 하는 개인사업자 대표자 甲(거주자)의 제21기(1.1. ~ 12.31.) 사업소득금액 계산을 위한 자료이다. 제21기 귀속 사업소득금액은 얼마인가? (단, 주어진 자료 이외에는 고려하지 않음)**

2018년 세무사

(1) 손익계산서 내역
① 당기순이익은 100,000,000원이다.
② 인건비에는 대표자 甲의 급여 48,000,000원이 포함되어 있다.
③ 영업외손익에는 다음의 항목이 포함되어 있다.
- 예금이자 수익: 300,000원
- 업무용화물차 처분이익: 100,000원
- 사업관련 공장의 화재로 인한 보험차익: 5,000,000원
- 현금배당수익 (배당기준일의 1개월 전에 취득한 비상장주식의 현금배당임) : 3,000,000원
- 유가증권처분이익(채권매매차익임): 1,000,000원

(2) 대표자 甲이 개인적으로 사용한 제품 5,000,000원은 잡비로 계상되어 있으며, 동 제품의 판매가격 및 시가는 8,000,000원이다.
(3) 甲은 복식부기의무자이다.

① 104,700,000원 ② 147,700,000원 ③ 150,700,000원
④ 151,700,000원 ⑤ 152,700,000원

해답 ④

해설 100,000,000 + 48,000,000 - 300,000(금융소득으로 과세) - 3,000,000(금융소득으로 과세) - 1,000,000(금융소득으로 과세) + 8,000,000(개인적으로 사용한 제품의 판매가격) = 151,700,000

26 **창호제조업을 영위하는 거주자인 사업자 甲의 제6기(1.1.~12. 31.)의 손익계산서에 반영되어 있는 수익항목에 관한 자료이다. 제6기 사업소득의 총수입금액은 얼마인가?** 2010년 세무사

(1) 총매출액	120,000,000원
(2) 거래상대방인 ㈜A로부터 받은 판매장려금	5,000,000원
(3) 이자수익	7,500,000원
(4) ㈜B로부터 받은 배당금수익	1,500,000원
(5) 창호제조 공장건물의 화재로 인한 보험차익	1,400,000원
(6) 사업과 관련 없이 기증받은 컴퓨터(시가)	2,000,000원

① 125,000,000원 ② 126,400,000원 ③ 130,400,000원
④ 135,400,000원 ⑤ 142,400,000원

해답 ②
해설 총매출액 + 판매장려금 + 보험차익 = 120,000,000 + 5,000,000 + 1,400,000 = 126,400,000

27 **다음 자료를 이용하여 개인사업자인 거주자 갑의 20×2년 사업소득 총수입금액을 계산한 것으로 옳은 것은?** 2015년 회계사

(1) 20×2년 과세기간의 손익계산서상 총매출액 : 25,000,000원(매출에누리와환입 700,000원과 매출할인 800,000원이 차감되어 있지 않음)
(2) 위의 총매출액에 포함되지 않은 기타 매출거래는 다음과 같음
가. 계약금 수령
- 20×3년 4월 21일에 제품을 인도하는 조건으로 20×2년 4월 4일에 거래처로부터 1,500,000원의 계약금을 수령함. 20×2년말 현재 해당 제품의 판매가는 3,000,000원(원가 2,000,000원)임

나. 시용판매
- 20×2년 7월 4일에 거래처로부터 제품 500,000원(원가400,000원)에 대한 구입의 사표시를 받았지만 20×2년 말까지 대금결제를 받지 못함

다. 무인판매기에 의한 판매
- 20×2년 과세기간의 무인판매기에 의한 매출액은 1,200,000원(원가 800,000원)이며 20×3년 1월 3일에 동 금액을 무인판매기에서 현금으로 인출함

라. 위탁판매
- 20×2년 11월 7일에 수탁자에게 제품(판매가 1,600,000원, 원가 1,300,000원)을 발송하여 수탁자는 이중의 절반을 20×2년 12월 29일에 판매하고, 나머지는 20×3년 1월 7일에 판매함

① 23,500,000원 ② 24,800,000원 ③ 25,000,000원
④ 26,000,000원 ⑤ 26,500,000원

해답 ②

해설 (1) 손익계산서상 총매출액

25,000,000 − 700,000 − 800,000 = 23,500,000

(2) 기타 매출거래 : 500,000 + 800,000 = 1,300,000

가. 20×3년 4월 21일 제품을 인도하는 조건으로서 20×3년 사업소득이므로 포함하지 않는다.

나. 시용판매금액은 구입의사표시를 받은 날이 속하는 사업연도에 귀속되므로 500,000원을 총수입금액에 가산한다.

다. 무인판매기에 의한 매출액은 사업자가 무인판매기에서 현금을 인출하는 때이므로 20×3년 소득이다.

라. 위탁판매는 수탁자가 판매한 날이 속하는 사업연도에 귀속된다. 절반을 판매하였으므로 판매가의 절반인 800,000원을 총수입금액에 가산한다.

(3) 사업소득 총수입금액

23,500,000+1,300,000 = 24,800,000

28 **소득세법상 사업소득과 관련된 다음 설명 중 옳지 않은 것은?**

① 사업소득금액 계산시 대표자 본인에 대한 급여 및 가사관련경비는 필요경비로 인정되지 않는다.

② 간편장부대상자가 사업용 고정자산을 양도함으로써 발생하는 차익은 사업소득금액 계산시 총수입금액에 산입하지 않는다.

③ 사업자금을 은행에 예금함으로써 발생된 이자는 사업소득금액 계산시 총수입금액에 산입하지 않는다.

④ 부동산임대업(주거용 건물 임대업 제외) 사업소득의 이월결손금과는 달리 이 외 사업소득의 이월결손금은 해당 과세연도의 다른 종합소득에서 공제될 수 있다.

⑤ 사업소득 중에서 원천징수대상이 되는 소득은 없다.

해답 ⑤

해설 사업소득 중 다음에 대해서는 예외적으로 원천징수의 대상이 된다.

: 부가가치세법상 면세대상인 의료보건용역·법소정 인적용역, 봉사료수입금액

29 **다음은 제조업을 영위하는 갑공업사의 제3기(20×2. 1. 1 ~ 12. 31)의 손익계산서에 반영되어 있는 수익항목과 비용항목에 관한 자료이다. 갑공업사가 개인일 경우 사업소득의 총수입금액불산입액, 필요경비불산입액과, 갑공업사가 법인일 경우 익금불산입액, 손금불산입액을 계산하면 얼마인가?**

1) 이자수익	30,000,000원
2) 고정자산(토지) 처분이익	10,000,000원
3) 자산수증이익	9,000,000원
* 이월결손금 보전에 충당된 자산수증이익 3,000,000원이 포함되고, 나머지는 업무와 관련된 자산수증이익임	
4) 대표자 급여	90,000,000원
* 동사의 기획실장으로 근무하는 대표자 장남의 급여 40,000,000원이 포함	
5) 상장유가증권처분손실	5,000,000원
6) 기업업무추진비	20,000,000원
* 1회 기업업무추진비지출액이 30,000원을 초과하면서 간이과세자로부터 영수증을 수령한 기업업무추진비 10,000,000원 포함	
* 기업업무추진비 한도초과액은 없음	

	총수입금액 불산입액	필요경비불산입액	익금불산입액	손금불산입액
①	13,000,000원	55,000,000원	3,000,000원	10,000,000원
②	43,000,000원	65,000,000원	3,000,000원	10,000,000원
③	43,000,000원	75,000,000원	10,000,000원	10,000,000원
④	49,000,000원	105,000,000원	30,000,000원	20,000,000원
⑤	49,000,000원	115,000,000원	49,000,000원	115,000,000원

해답 ②

해설

항목	사업소득		법인	
	총수입금액 불산입	필요경비불산입	익금불산입	손금불산입
이자수익	30,000,000 (이자소득)			
고정자산처분이익	10,000,000 (양도소득)			
자산수증이익	3,000,000		3,000,000	
대표자급여		50,000,000		
유가증권처분손실		5,000,000 (사업무관)		
기업업무추진비		10,000,000		10,000,000
합계	43,000,000	65,000,000	3,000,000	10,000,000

30 **다음은 제조업을 영위하는 백두기업의 제2기(1월 1일~12월 31일) 손익계산서상 주요 자료이다.**

(1) 당기순이익	80,000,000원
(2) 손익계산서상 수익 및 비용항목	
• 대표자급여	35,000,000원
• 이자수익	3,500,000원
• 생산설비폐기손실 (폐기전 장부가액은 1,000,000원이었으며 기말 현재 보관중임)	2,000,000원
• 사업과 관련된 자산수증이익	1,000,000원
• 배우자의 급여(당해 사업에 종사하고 있음)	30,000,000원
• 대손상각비 대손상각비는 외상매출금 30,000,000원과 대여금 50,000,000원에 대하여 1%를 설정한 것이다. 백두기업의 실제 대손율은 0.5%이다.	800,000원
(3) 법인세비용(또는 소득세비용)과 이월결손금은 없다.	

위의 자료를 이용하여 백두기업이 법인인 경우의 각 사업연도의 소득금액과 개인인 경우의 사업소득금액의 차이를 계산하면 얼마인가?

① 33,499,000원 ② 34,499,000원 ③ 63,499,000원
④ 64,499,000원 ⑤ 33,999,000원

해답 ⑤

해설

구분	각사업연도소득금액	사업소득금액	차이
당기순이익	80,000,000	80,000,000	
대표자급여	-	35,000,000	35,000,000
이자수익	-	△3,500,000	△3,500,000
생산설비 폐기손실	1,000	2,000,000	1,999,000
대손상각비	-	500,000	500,000
합 계	80,001,000	114,000,000	33,999,000

31 **다음은 식기류 도매업을 영위하고 있는 계속사업자인 A의 자료이다. A가 ㉠개인(복식부기의무자임)일 경우의 기부금의 필요경비불산입액과, ㉡법인(사업연도는 역년과 같고, 사회적기업이 아님)일 경우의 기부금의 손금불산입액을 계산하면 각각 얼마인가? (단, A에 게는 다른 소득은 없으며 기부는 A가 직접하였고 모든 증빙을 갖추었다고 가정한다. 주어진 자료 이외에는 고려하지 않음)** 2019년 세무사

(1) 기준소득금액(이월결손금 차감 전이며, 기부금을 필요경비 또는 손금으로 산입하기 전의 금액): 170,000,000원 (2) 종교단체기부금: 5,000,000원 (3) 실비로 이용가능한 「아동복지법」제52조 제1항에 따른 아동복지시설(특수관계인 아님)에 대한 금전 외 자산 기부금: 장부가액 20,000,000원, 시가 35,000,000원 (4) 장애인유료복지시설에 대한 기부금: 30,000,000원 (5) 직전 과세기간에 발생한 세무상 이월결손금: 20,000,000원

① ㉠ 25,000,000원 ㉡ 30,000,000원
② ㉠ 25,000,000원 ㉡ 40,000,000원
③ ㉠ 25,000,000원 ㉡ 55,000,000원
④ ㉠ 30,000,000원 ㉡ 40,000,000원
⑤ ㉠ 30,000,000원 ㉡ 55,000,000원

해답 ④

해설 (1) 개인일 경우
1) 기부금 구분
① 일반기부금 : 5,000,000+35,000,000*=40,000,000
② 비일반기부금 : 30,000,000
* 개인사업자의 현물기부의 금액은 장부가액과 시가 중 큰 금액으로 한다.
2) 기부금 한도 : (170,000,000−20,000,000)×10%+min(①,②)=45,000,000
① (170,000,000−20,000,000)×20%=30,000,000
② 35,000,000
3) 기부금한도초과액 : 없음
∴필요경비불산입액 : 30,000,000

(2) 법인일 경우
1) 기부금 구분
① 일반기부금 : 5,000,000+20,000,000=25,000,000
② 비일반기부금 : 30,000,000
2) 기부금한도 : (170,000,000−20,000,000)×10%=15,000,000
3) 기부금한도초과액 : 25,000,000−15,000,000=10,000,000
∴손금불산입액 : 30,000,000+10,000,000=40,000,000

32 **다음은 국내에서 20×0년에 사업을 개시한 거주자 갑의 20×2년 귀속 사업소득에 대한 자료이다. 갑의 20×2년 사업소득금액을 계산한 것으로 옳은 것은?** 2018년 회계사 수정

(1) 20×2년 손익계산서

매　　출	600,000,000원
매출원가	△380,000,000원
급　　여	△42,000,000원
기업업무추진비	△40,000,000원
보험료	△ 4,500,000원
배당금수익	6,000,000원
소득세비용	△15,000,000원
당기순이익	124,500,000원

(2) 추가자료
- 제조업(중소기업)을 영위하고 있으며, 사업장은 1개이다.
- 대통령령으로 정하는 특수관계인과의 거래에서 발생한 매출액은 없다.
- 급여는 대표자인 갑의 급여 20,000,000원, 같은 사업장의 경리로 근무하는 을(갑의 아들)의 급여 15,000,000원, 일용근로자의 급여 7,000,000원으로 구성되어 있다.
- 기업업무추진비는 모두 업무용 사용분으로 적격증명서류를 수취한 것이다.
- 보험료는 갑에 대한 국민건강보험료 2,000,000원과 을에 대한 국민건강보험료 및 고용보험료의 사용자 부담분 2,500,000원의 합계이다.
- 배당금수익은 대표자 갑이 국내기업으로부터 받은 현금배당금이다.
- 소득세비용은 소득세와 개인지방소득세의 합계액이며 이월결손금은 없다.
- 기업업무추진비 한도를 계산하기 위한 수입금액에 관한 적용률은 다음과 같다.

수입금액	적용률
100억원 이하	1만분의 30

① 143,800,000원　② 155,700,000원　③ 168,300,000원
④ 174,300,000원　⑤ 188,500,000원

해답 ②

해설 (1) 세무조정사항

① 소득세비용 : (+)15,000,000

② 기업업무추진비한도초과액 : (+)2,200,000*

③ 배당금수익 : (-)6,000,000

④ 대표자급여 : (+)20,000,000

* 기업업무추진비 : 40,000,000

한도액 : 36,000,000+600,000,000×0.3% = 37,800,000

한도초과액 : 2,200,000

(2) 사업소득금액

$124,500,000 + 15,000,000 + 2,200,000 - 6,000,000 + 20,000,000 = 155,700,000$

33 소득세법과 법인세법상 과세소득의 범위 및 계산에 관한 설명으로 옳지 않은 것은?

2011년 세무사

① 소득세법은 직계존비속에게 주택을 무상으로 사용하게 하고 직계존비속이 그 주택에 실제 거주하는 경우 부당행위계산부인대상에서 제외하지만, 법인세법은 소액주주가 아닌 출자임원에게 사택을 무상으로 제공하는 경우 부당행위계산부인대상이 된다.

② 소득세법은 일시상각충당금의 신고조정을 허용하지만, 법인세법은 일시상각충당금의 신고조정을 허용하지 않는다.

③ 소득세법은 개인기업체의 사업주에 대한 급여를 필요경비에 산입하지 않으나, 법인세법은 법인의 대표자에 대한 급여를 원칙적으로 손금에 산입한다.

④ 소득세법은 개인의 사업소득금액 계산에서 유가증권처분손익을 총수입금액 또는 필요경비에 산입하지 않지만, 법인세법은 유가증권처분손익을 법인의 각사업연도소득금액 계산에서 익금 또는 손금에 산입한다.

⑤ 소득세법은 개인의 과세대상 소득의 범위를 원칙적으로 소득원천설에 따라 정하지만, 법인세법은 영리법인의 과세대상 소득의 범위를 순자산증가설에 따라 정하고 있다.

해답 ②

해설 법인세법은 일시상각충당금의 신고조정을 허용하지만, 소득세법은 일시상각충당금의 신고조정을 허용하지 않는다.

34 **내국 중소기업인 성공실업(제조업)의 제2기(사업연도 1.1~12.31) 소득관련 자료이다. 성공실업이 개인사업자일 경우의 제2기 사업소득금액에서 성공실업이 법인사업자일 경우의 제2기 각사업연도소득금액을 차감한 금액으로 옳은 것은?** 2012년 회계사

(1) 제2기 손익계산서상 당기순이익은 500,000,000원이다.
(2) 제2기 손익계산서상 인건비에는 대표자인 거주자 병씨의 급여 50,000,000원과 경리과장으로 근무중인 병씨의 배우자의 급여 40,000,000원이 포함되어 있다.
(3) 제2기 손익계산서상 영업외손익에는 다음의 항목이 포함되어 있다.

가. 사업 관련 공장의 화재로 인한 보험차익	10,000,000원
나. 현금배당수익*	5,000,000원
* 배당기준일의 1개월 전에 취득한 비상장주식의 현금배당임	
다. 토지 처분손실	3,000,000원
라. 유가증권처분이익(채권매매차익임)	1,000,000원

(4) 제2기 말 재무상태표상 외상매출금은 200,000,000원이고, 금전대차거래에 의한 대여금은 100,000,000원이며, 이들에 대한 대손충당금 잔액은 3,000,000원이다. 전기 대손충당금 관련 유보사항은 없으며, 제2기 중 대손은 발생하지 않았다.
(5) 위 내용 이외의 세무조정 관련 사항은 없다.

① △50,000,000원 ② △3,000,000원 ③ 2,000,000원
④ 5,000,000원 ⑤ 48,000,000원

해답 ⑤

해설

	개인사업자	법인사업자
당기순이익	500,000,000	500,000,000
대표자급여	50,000,000	-
배우자급여	-	-
사업관련 보험차익	-	-
현금배당수익	△5,000,000	-
토지 처분손실	3,000,000	-
채권매매차익	△1,000,000	-
대손충당금	1,000,000	-
	548,000,000	500,000,000

35 **거주자 병은 본인이 주식의 100%를 소유하고 있는 A법인의 대표이사이다. 다음 자료는 제2기 사업연도(1월 1일~12월 31일) A법인의 손익계산서상 주요 자료이다. 거주자 병이 법인이 아닌 개인사업자의 형태로 사업을 운영한다고 가정할 경우 소득세법상 제2기 사업소득금액과, 현재의 법인 상태에서 법인세법에 의한 제2기의 각사업연도소득금액을 계산하면 각각 얼마인가?**

(1) 손익계산서상 당기순이익 : 40,000,000원
(2) 손익계산서에 반영되어 있는 금액
가. 법인세비용[*1] : 10,000,000원
나. 영업외비용으로 계상된 사립대학에 대한 시설비 기부액 : 30,000,000원
다. 영업외수익으로 계상된 은행예금이자 : 5,000,000원
라. 판매비와 관리비로 계상된 대표이사 급여 : 3,000,000원
(3) 제1기에 발생된 이월결손금 : 30,000,000원
*1 소득세법상의 사업소득금액 계산시에는 소득세비용으로 간주함
(4) 거주자 병은 중소기업이며 사회적기업이 아니다.

	소득세법상 사업소득금액	법인세법상 각사업연도소득금액
①	49,000,000원	50,000,000원
②	54,000,000원	50,000,000원
③	49,000,000원	53,000,000원
④	54,000,000원	55,000,000원
⑤	49,000,000원	55,000,000원

해답 ⑤

해설

구분	사업소득금액	각사업연도소득금액
당기순이익	40,000,000	40,000,000
법인세비용(소득세비용)	10,000,000	10,000,000
은행예금이자	△5,000,000	-
대표이사급여	3,000,000	-
차가감소득금액	49,000,000	50,000,000
기부금한도초과	-	30,000,000 - 25,000,000 = 5,000,000
합계	49,000,000	55,000,000

* 개인사업자 특례기부금 한도 :
49,000,000 + 30,000,000(특례기부금) - 30,000,000(이월결손금) = 49,000,000
* 법인사업자 특례기부금 한도 :
(50,000,000 + 30,000,000(특례기부금) - 30,000,000(이월결손금)) × 50% = 25,000,000

제3절 근로소득

01 **소득의 종류에 관한 설명으로 옳지 않은 것은?** 2010년 세무사

① 중소기업 외의 기업에서 종업원이 주택(주택에 부수된 토지 포함)의 구입에 소요되는 자금을 사용자로부터 무상으로 대여받음으로써 얻는 이익은 기타소득이다.
② 연예인 및 직업운동선수 등이 사업활동과 관련하여 받는 전속계약금은 사업소득으로 한다.
③ 건설업에서 발생하는 소득은 사업소득이다.
④ 계약의 위약 또는 해약으로 인하여 받는 위약금과 배상금은 기타소득이다.
⑤ 퇴직 전에 부여받은 주식매수선택권을 퇴직 후에 행사함으로써 얻는 이익은 기타소득이다.

해답 ①
해설 중소기업 외의 종업원이 주택(주택에 부수된 토지 포함)의 구입에 소요되는 자금을 사용자로부터 무상으로 대여받음으로써 얻는 이익은 근로소득이다.

02 **다음 중 근로소득에 포함되는 것은?**

① 사용자가 부담한 종업원의 퇴직보험료
② 만기환급금이 없는 단체상해보험으로 종업원 1인당 500,000원을 사용자가 종업원을 위하여 납입하는 경우의 보험료
③ 단체환급부보장성 보험료의 회사 대납액 연 70만원
④ 임직원의 업무상 과실(고의나 중과실 제외)로 인한 손해배상청구를 지급사유로 하는 손해배상보험료를 사용자가 부담하는 경우
⑤ 만기에 종업원에게 귀속되는 단체환급부보장성보험의 환급금

해답 ⑤
해설 단체환급부보장성 보험료의 회사 대납액에 대해서 연 70만원 이하 금액까지 근로소득으로 보지 아니한다. 다만, 계약기간 만료 전 또는 만기에 종업원에게 귀속되는 단체환급부보장성보험의 환급금은 근로소득에 해당한다.

03 **근로소득에 관한 설명으로 옳지 않은 것은?** 2021년 세무사

① 대기업의 종업원이 주택의 구입에 소요되는 자금을 무상으로 대여 받음으로써 얻는 이익은 근로소득에 포함된다.
② 공무원이 공무수행과 관련하여 국가로부터 받는 상금과 사기업체 종업원이 법에 따라 받는 직무발명보상금은 연 700만원까지 비과세한다.
③ 일용근로자가 아닌 근로자의 경우 총급여액에서 공제하는 근로소득공제는 연간 2,000만원을 한도로 한다.
④ 법인세법에 따라 처분된 인정상여의 귀속시기는 그 법인의 결산확정일이 아닌 근로자가 해당 사업연도 중 근로를 제공한 날로 한다.
⑤ 근로를 제공하고 받은 대가라 하더라도 독립된 지위에서 근로를 제공하였다면 그 대가는 근로소득으로 보지 않는다.

해답 ②
해설 공무원이 국가 또는 지방자치단체로부터 공무 수행과 관련하여 받는 상금과 부상은 연 240만원 이내의 금액을 비과세한다.

04 **국내 상장법인(중소기업아님)의 직원으로 근무하는 거주자 갑의 「소득세법」상 20×2년도 근로소득의 총급여액을 계산한 것으로 옳은 것은?** 2016년 회계사

(1) 급여 : 24,000,000원(비과세소득 제외)
(2) 「법인세법」에 의해 상여로 처분된 금액 : 6,000,000원
  - 근로제공 사업연도는 20×2년이며, 결산확정일은 20×3년 2월 3일임
(3) 자가운전보조금(월 300,000원×12개월) : 3,600,000원
  - 갑의 소유차량을 업무수행에 이용하고 실제여비를 받는 대신에 지급기준에 따라 받은 금액임
(4) 자녀학비보조금 : 2,000,000원
(5) 배우자의 출산수당(월 300,000원×1개월) : 300,000원
(6) 식사대(월 100,000원×12개월) : 1,200,000원
  - 현물식사를 별도로 제공받았음
(7) 주택구입자금을 무상대여 받음으로써 얻은 이익 : 5,000,000원

① 33,500,000원 ② 34,500,000원 ③ 37,500,000원
④ 39,500,000원 ⑤ 39,700,000원

해답 ④

해설 (1) 총급여액

$$24,000,000+6,000,000+1,200,000+2,000,000+100,000+1,200,000+5,000,000 =39,500,000$$

* 인정상여의 수입시기는 근로를 제공한 날이다. 식사대의 경우 현물식사를 별도로 제공받았으므로 전액 과세한다. 주택구입자금을 무상대여 받음으로써 얻은 이익은 중소기업 종업원인 경우에만 비과세하며, 그 외의 경우 과세한다. 자가운전보조금의 경우 월 200,000원 금액만 비과세되며 배우자의 출산수당은 월 200,000원 금액만 비과세된다.

05 다음은 국내 상장법인의 인사과 대리로 근무하고 있는 거주자 갑의 20×2년도 연간 급여와 관련된 명세내역이다. 근로소득 총급여액으로 옳은 것은?

2017년 회계사

(1) 기본급: 48,000,000원(비과세소득 제외)
(2) 식사대: 3,000,000원(월250,000원×12개월)
- 현물식사를 별도로 제공받지 않음
(3) 자가운전보조금: 3,600,000원(월300,000원×12개월)
- 갑의 소유차량을 업무수행에 이용하고 실제 여비를 받는 대신에 회사의 지급기준에 따라 수령한 금액임
(4) 이익잉여금처분에 의한 성과배분상여금의 내역:

대상 사업연도	잉여금처분 결의일	지급일	금액
20×1.1.1.~20×1.12.31.	20×2.2.25.	20×2.3.22.	5,000,000원
20×2.1.1.~20×2.12.31.	20×3.2.19.	20×3.2.24.	9,000,000원

(5) 6세 이하 자녀의 보육수당: 3,600,000원(월300,000원×12개월)
(6) 「근로기준법」에 따른 연장근로와 야간근로로 인하여 받은 수당: 3,000,000원
(7) 회사가 보유하고 있는 사택을 무상으로 제공받음으로 인해 얻은 이익: 6,000,000원

① 56,600,000원 ② 58,400,000원 ③ 59,000,000원
④ 60,200,000원 ⑤ 63,000,000원

해답 ③

해설 (1) 총급여액

$$48,000,000+(250,000-200,000)\times 12+(300,000-200,000)\times 12 +5,000,000^{*}+(300,000-200,000)\times 12+3,000,000^{***}=59,000,000$$

* 잉여금 처분에 의한 상여의 수입시기는 근로제공일이 아닌 잉여금처분결의일이므로 5,000,000원만 총급여액에 포함한다.

** 임원이 아닌 종업원이 사택을 제공받음으로써 얻는 이익은 복리후생적 성질의 급여로 비과세한다.

*** 연장근로와 야간근로로 인하여 받은 수당은 생산직근로자 등이나 선원의 생산수당인 경우에만 연 240만원 한도(광산·일용근로자 등은 전액 비과세)에서 비과세하며, 그 외의 경우 전액 과세한다.

06 다음은 20×1년 1월 1일에 ㈜A에 입사한 생산직근로자(공장에서 금속 용접 업무 담당)인 거주자 갑의 20×2년 급여 내역이다. 갑의 20×2년 귀속 총급여액을 계산한 것으로 옳은 것은? (단, 갑의 직전 과세기간(20×1년)의 총급여액은 28,000,000원이다.) 2018년 회계사 수정

(1) 급여: 12,000,000원(월 1,000,000원×12개월)
(2) 상여금: 4,000,000원(부정기적인 수령임)
(3) 자가운전보조금: 3,000,000원(월 250,000원×12개월)
- 갑 소유의 차량을 업무수행에 이용하고 시내출장 등에 소요된 실제여비를 지급받는 대신에 그 소요경비를 회사의 사규에 의한 지급기준에 따라 받은 금액임
(4) 작업복: 150,000원
- 작업에 필요하여 지급받은 작업복의 금액임
(5) 식사대: 1,200,000원(월 100,000원×12개월)
- 회사는 무상으로 중식을 제공하며 이와 별도로 지급된 식사대임
(6) 자녀보육수당: 4,800,000원(월 400,000원×12개월)
- 5세인 자녀 보육과 관련된 수당임
(7) 연장근로수당: 1,500,000원
-「근로기준법」에 따른 연장근로로 인해 통상임금에 더한 지급액임

① 19,000,000원 ② 20,200,000원 ③ 20,500,000원
④ 21,400,000원 ⑤ 21,850,000원

해답 ②

해설 총급여액

12,000,000 + 4,000,000 + 600,000 + 1,200,000 + 2,400,000 = 20,200,000

* 자가운전보조금 : (250,000 − 200,000) × 12 = 600,000

** 식사대 : 현물식사를 제공받으므로 별도로 지급된 식사대는 전액 과세한다.

*** 자녀보육수당 : (400,000 − 200,000) × 12 = 2,400,000

**** 연장근로수당

① 월정액급여 : 1,000,000 + 50,000 + 100,000 + 300,000 = 1,450,000

월정액급여가 210만원 이하이고 직전 과세기간의 총급여액은 3,000만원 이하인 생산직근로자가 받은 연장근로수당이므로 연 240만원 한도 내에서 비과세한다.

07 **벤처기업이 아닌 중소기업 ㈜A에 종업원(일용근로자 아님)으로 근무하는 거주자 갑의 20×2년 근로소득 관련 자료이다. 갑의 20×2년 근로소득 총급여액으로 옳은 것은?** 2020년 회계사

(1) 급여 : 24,000,000원
(2) 상여금 : 10,000,000원
(3) 식사대 : 3,000,000원(월 250,000원×12개월)
- 갑은 식사대 이외에 별도로 식사를 제공받지 않음
(4) 자녀보육수당(6세) : 1,200,000원(월 200,000원×12개월)
(5) ㈜A가 납부한 단체환급부보장성보험의 보험료 : 1,200,000원(월 100,000원×12개월)
- 갑의 배우자가 보험의 수익자임
(6) ㈜A의 사택을 무상제공 받음으로써 얻는 이익 : 5,000,000원
(7) ㈜A로부터 부여받은 주식매수선택권 행사이익(행사일 20×2년 10월 5일) : 20,000,000원

① 43,200,000원 ② 55,100,000원 ③ 56,300,000원
④ 57,100,000원 ⑤ 59,100,000원

해답 ②

해설 (1) 근로소득 총급여액

24,000,000 + 10,000,000 + (250,000 − 200,000) × 12 + (1,200,000 − 700,000)*
+ 20,000,000** = 55,100,000

* 종업원이 계약자이거나 종업원 또는 그 배우자 및 그 밖의 가족을 수익자로 하는 보험 관련하여 사용자가 부담하는 단체순수보장성보험과 단체환급부보장성 보험료 중 연 70만원 이하의 금액은 비과세 되므로 초과금액인 500,000원은 근로소득으로 과세된다.

** 주식매수선택원의 행사이익 비과세 특례는 벤처기업에서 근무하면서 부여받은 주식매수선택권이어야 한다. 문제에서 벤처기업이 아닌 중소기업이라고 하였으므로 전액 과세된다.

08 **㈜A(중소기업)에 근무하는 영업사원인 거주자 갑(일용근로자 아님)의 20×2년 귀속 근로소득 내역이다. 비과세 합계액과 총급여액으로 옳은 것은?** 2021년 회계사

> (1) 급여: 40,000,000원
> (2) 식사를 제공받고 별도로 받은 식대: 1,200,000원(월 100,000원씩 수령)
> (3) 「발명진흥법」에 따라 사용자로부터 받은 직무발명보상금: 12,000,000원
> (4) 주택 취득에 소요되는 자금을 무상제공 받음으로써 얻은 이익: 5,000,000원
> (5) ㈜A가 갑을 수익자로 하는 단체순수보장성보험의 보험료로 지급한 금액: 1,000,000원
> (6) 갑이 자기차량을 업무수행에 이용하고 실제여비 대신 회사의 규정에 따라 지급받은 자가운전보조금: 2,000,000원(10개월간 월 200,000원씩 수령)
> (7) 시간외 근무수당: 2,000,000원

	비과세 합계액	총급여액
①	14,700,000원	48,500,000원
②	14,700,000원	43,000,000원
③	13,900,000원	47,300,000원
④	18,000,000원	48,500,000원
⑤	18,000,000원	43,000,000원

해답 ①

해설 (1) 총급여액

$40,000,000+1,200,000+(12,000,000-7,000,000)+(1,000,000-700,000)$
$+2,000,000=48,500,000$

* 현물식사를 제공받고 있으므로 별도로 받은 식사대는 전액 과세한다.
* 직무발명보상금은 연 700만원 한도 내에서 비과세하며, 초과금액은 근로소득으로 과세한다.
* 단체순수보장성보험의 보험료는 연 70만원 한도 내에서 비과세하며, 초과금액은 근로소득으로 과세한다.
* 갑은 생산직 근로자 등이 아니므로 시간외 근무수당에 대하여 비과세를 받을 수 없으며, 전액 과세한다.

(2) 비과세 합계액

$7,000,000+5,000,000+2,000,000+700,000=14,700,000$

* 주택 자금 무상제공이익을 중소기업 종업원이 받은 경우 복리후생적 성질 급여로서 비과세한다.

09 **자동차제조회사의 생산직근로자인 거주자 갑의 20×2년 급여내역은 다음 자료와 같다. 이를 기초로 근로소득금액을 계산하면? (단 갑의 20×1년 총급여액은 20,000,000원 이었다.)**

가. 급여내역

본봉	9,600,000원
상여금	4,000,000원
연장시간근로수당	2,000,000원
자가운전보조금	2,880,000원
식사대	2,640,000원

나. 추가사항

1) 본봉은 매월 800,000원씩 지급되었다.
2) 상여금은 연4회 지급 되었다.
3) 자가운전보조금은 매월 240,000원에 해당하는 금액으로서 갑이 직접 차량을 소유하여 업무수행에 이용하고 이에 해당하는 여비를 받지 않고 있다.
4) 식사대는 매월 220,000원씩 지급받고, 대신 식사는 제공받지 않고 있다.

근로소득공제액은 다음과 같다.

1) 공제액

총급여	공제액
500만원 이하	총급여액 × 70%
500만원 초과 1,500만원 이하	3,500,000+(총급여액 - 5,000,000) × 40%
1,500만원 초과 4,500만원 이하	7,500,000+(총급여액 - 15,000,000) × 15%
4,500만원 초과 1억원 이하	12,000,000+(총급여액 - 45,000,000) × 5%
1억원 초과	14,750,000+(총급여액 - 100,000,000) × 2%

2) 한도: 2,000만원

① 3,480,000원 ② 9,930,000원 ③ 4,790,000원
④ 7,092,000원 ⑤ 7,578,000원

해답 ④

해설 월정액급여 : 본봉(800,000)+식사대(220,000)+자가운전보조금 중 월 20만원 초과분(40,000) = 1,060,000 *월정액급여 210만원 이하 요건 충족
직전 과세기간 총급여액 = 20,000,000 *직전 과세기간 총급여액 3,000만원 이하 요건 충족
∴ 연장시간근로수당에 대하여 비과세를 적용 (한도 : 연 240만원)
총급여액
= 본봉(9,600,000) + 상여금(4,000,000) + 자가운전보조금(480,000)+식사대(240,000)
= 14,320,000
* 자가운전보조금은 월200,000원, 식사대는 월200,000원을 비과세 한도로 한다.
근로소득공제 = 3,500,000 + (14,320,000 - 5,000,000) × 40% = 7,228,000
근로소득금액 = 14,320,000 - 7,228,000 = 7,092,000

10 **다음은 소상공인 경영지원업을 영위하는 회사에 근무하는 거주자 갑의 20×2년 귀속 소득자료이다. 거주자 갑의 20×2년 근로소득금액과 기타소득금액을 각각 계산한 것으로 옳은 것은? (단, 원천징수는 적법하게 이루어졌으며, 모든 금액은 원천징수세액을 차감하기 전 금액이다.)**

2015년 회계사

(1) 급여 등의 소득명세는 다음과 같다.
가. 급여 : 35,000,000원(비과세소득 제외)
나. 상여금 : 6,500,000원(20×2년 2월 18일의 주주총회에서 20×1년도 이익잉여금처분결의에 의해 지급받은 금액 2,500,000원 포함)
다. 사택을 제공받음으로써 얻은 이익 : 5,000,000원
라. 자녀학자금 지원 수령액 : 2,400,000원
마. 고용보험료의 근로자 부담분을 회사가 대납한 금액 : 500,000원
바. 월 150,000원의 급식비 수령액 : 1,800,000원(현물식사를 별도로 제공받음)

(2) 근로소득공제액 자료

총급여액	공제액
500만원 초과 1,500만원 이하	350만원+(총급여액-500만원)×40%
1,500만원 초과 4,500만원 이하	750만원+(총급여액-1,500만원)×15%
4,500만원 초과 1억원 이하	1,200만원+(총급여액-4,500만원)× 5%

(3) 급여 등 이외에 일시적·우발적으로 발생한 소득은 다음과 같다.
가. A대학교에서 소상공인 컨설팅 관련 특강을 하고 받은 금액 : 500,000원
나. 분양 받은 아파트의 입주가 지연됨에 따라 받은 지체상금 : 1,200,000원
다. 토지양도 계약상 매수자가 매매계약을 위반함으로써 보상받은 손해배상금 : 700,000원(신고납부 분리과세를 선택하지 않았음)
라. 상표권을 대여하고 받은 금액 : 3,000,000원(적격증명서류로 확인된 필요경비 2,500,000원 있음)
마. 보유 중인 골동품(500년 전의 도자기)을 국립박물관에 양도하여 받은 금액 : 3,000,000원

	근로소득금액	기타소득금액
①	32,490,000원	1,540,000원
②	34,140,000원	1,540,000원
③	34,140,000원	1,640,000원
④	38,890,000원	1,590,000원
⑤	38,890,000원	1,640,000원

해답 ③

해설 (1) 근로소득금액

① 총급여액

$35,000,000 + 6,500,000 + 2,400,000 + 500,000 + 1,800,000 = 46,200,000$

나. 잉여금처분상여의 수입시기는 잉여금처분결의일이므로 총급여액에 포함한다.

다. 주택을 제공받음으로써 얻는 이익은 근로소득에 포함되나 임원이 아닌 종업원이 사택제공이익을 얻은 경우에는 종업원에 대한 복리후생측면에서 과세대상에서 제외한다.

바. 식사대와 현물 식사를 같이 제공받는 경우 식사대는 비과세에서 제외되며, 전액 과세대상이다.

② 근로소득공제액

$12,000,000 + (46,200,000 - 45,000,000) \times 5\% = 12,060,000$

③ 근로소득금액

$46,200,000 - 12,060,000 = 34,140,000$

(2) 기타소득금액

$200,000 + 24,000 + 700,000 + 500,000 = 1,640,000$

가. 특강은 일시적인 인적용역으로 60% 의제필요경비가 적용된다.

$500,000 \times (1 - 60\%) = 200,000$

나. 주택입주 지체상금은 80% 의제필요경비가 적용된다.

$1,200,000 \times (1 - 80\%) = 240,000$

다. 계약의 위약 또는 해약으로 인하여 받는 위약금, 배상금등은 의제필요경비가 적용되지 않으므로 700,000원 전액을 가산한다.

라. 무체재산권 등의 양도 및 대여료는 60% 의제필요경비가 적용되나, 실제 소요된 필요경비가 60%에 상당하는 금액을 초과하므로 실제 소요된 비용을 필요경비로 차감한다.

$3,000,000 - \max[3,000,000 \times 60\%, 2,500,000] = 500,000$

11 **거주자 갑의 20×2년 근로소득 관련 자료이다. 거주자 갑은 ㈜A에 회계담당자로 근무하던 중 20×2년 7월 1일에 ㈜B로 이직하였다. 20×2년 거주자 갑의 근로소득금액은 얼마인가?**

2019년 회계사

(1) ㈜A로부터 수령한 금액(20×2.1.1.~20×2.6.30.)
- 급여 : 12,000,000원
- 상여금 : 2,000,000원
- 잉여금처분에 의한 성과배분상여금 : 5,000,000원(잉여금처분결의일 20×1.12.20.)
- 식대 : 1,200,000원(월 200,000원×6개월, 식사는 제공받지 않음)
- 숙직비 : 200,000원(1일당 실비상당액 20,000원×10일)

(2) ㈜B로부터 수령한 금액(20×2.7.1.~20×2.12.31.)
- 급여 : 15,000,000원
- 식대 : 900,000원(월 150,000원×6개월, 식사를 제공받음)
- 회사규정에 따른 자가운전보조금 : 1,200,000원(월 200,000원×6개월, 자가차량을 업무수행에 이용하나 여비를 수령하지 않음)
- 건강검진보조금 : 500,000원
- 추석명절격려금 : 3,000,000원
- 자녀학비보조금 : 3,000,000원

(3) 근로소득공제액

총급여액	근로소득공제액
500만원 이하	총급여액×70%
500만원 초과 1,500만원 이하	350만원+(총급여액-500만원)×40%
1,500만원 초과 4,500만원 이하	750만원+(총급여액-1,500만원)×15%

① 20,650,000원　② 22,715,000원　③ 25,265,000원
④ 25,690,000원　⑤ 25,860,000원

해답 ④

해설 (1) ㈜A에서 근무할 때 근로소득
12,000,000 + 2,000,000 = 14,000,000
* 잉여금처분에 의한 성과배분상여금은 잉여금처분결의일이 수입시기이다.

(2) ㈜B에서 근무할 때 근로소득
15,000,000 + 900,000 + 500,000 + 3,000,000 + 3,000,000 = 22,400,000

(3) 근로소득공제액
① 총급여액 : 14,000,000 + 22,400,000 = 36,400,000
② 근로소득공제액 : 7,500,000 + (36,400,000 − 15,000,000) × 15% = 10,710,000

(4) 근로소득금액
36,400,000 − 10,710,000 = 25,690,000

12 소득세법상의 각종 소득별 총수입금액의 수입시기에 대한 다음의 설명 중에서 옳은 것은?

① 내국법인이 발행한 기명식 채권의 이자와 할인액은 실제지급일이다.
② 법인세법에 의한 인정배당은 배당하는 법인의 사업연도 종료일이다.
③ 법인의 해산으로 인한 의제배당은 해산결의일이다.
④ 법인세법에 의한 인정상여는 당해 법인의 결산확정일이다.
⑤ 임원의 퇴직급여 중 퇴직소득세법상 한도초과액은 지급받거나 받기로 한 날이다.

해답 ⑤
해설 ① 내국법인이 발행한 기명식 채권의 이자와 할인액은 약정에 의한 지급일이다.
② 법인세법에 의한 인정배당은 배당하는 법인의 결산확정일이다.
③ 법인의 해산으로 인한 의제배당은 잔여재산가액 확정일이다.
④ 법인세법에 의한 인정상여는 근로를 제공한 날이다.

13 내국법인 ㈜A에 근무하는 거주자의 소득세법령상 근로소득에 관한 설명으로 옳지 않은 것은?

2020년 세무사 수정

① 거주자 甲(일용근로자 아님)의 근로소득금액을 계산할 때 총급여액에서 공제되는 근 로 소득공제액의 한도는 2천만원이다.
② 「법인세법」에 따라 상여로 처분된 금액은 근로소득으로 한다.
③ 일용근로자 조의 근로소득은 종합소득과세표준을 계산할 때 합산하지 아니한다.
④ 「고용보험법」에 따라 받는 육아휴직급여는 비과세소득이지만 사립학교 직원이 사립학교 정관 등에 의하여 지급받는 육아휴직수당은 전액 과세대상이다.
⑤ 퇴직함으로써 받는 소득으로서 퇴직소득에 속하지 아니하는 소득은 근로소득으로 한다.

해답 ④
해설 「고용보험법」에 따라 받는 실업급여, 육아휴직 급여, 육아기 근로시간 단축 급여, 출산전후휴가 급여등, 「제대군인 지원에 관한 법률」에 따라 받는 전직지원금, 「국가공무원법」·「지방공무원법」에 따른 공무원 또는 「사립학교교직원 연금법」·「별정우체국법」을 적용받는 사람이 관련 법령에 따라 받는 육아휴직수당은 비과세소득이다. 또한 사립학교 직원이 사립학교 정관 등에 의하여 지급받는 육아휴직수당은 월 150만원까지 비과세 대상이다.

14 **거주자 甲은 ㈜태백에서 경리부장으로 근무하다가 20×2. 8. 31. 퇴직하였다. 다음 자료를 참고하여 거주자 甲의 근로소득금액을 계산하면?**

(1) 급여명세(20×2. 1. 1~8. 31)

구분	금 액	비 고
급여	30,000,000	월 3,750,000원
자녀학자금	2,000,000	
가족수당	4,000,000	
야근수당	4,000,000	
휴가비	100,000	
중식식사대	1,800,000	월 225,000원(별도 식사 제공 없음)
차량보조비	2,400,000	월 300,000원(본인의 차량을 업무에 사용하고, 별도 여비를 지급하지 아니하였음)

(2) 현실적인 퇴직으로 인하여 퇴직급여지급규정에 의한 퇴직급여 200,000,000원과 퇴직위로금 5,000,000원을 받았다.

(3) 甲은 근무기간 중 받은 주식매수선택권을 20×2. 10. 20 행사하여 10,000,000원의 이익을 얻었다.

근로소득공제

1) 공제액

총급여	공제액
500만원 이하	총급여액 × 70%
500만원 초과 1,500만원 이하	3,500,000+(총급여액 - 5,000,000) × 40%
1,500만원 초과 4,500만원 이하	7,500,000+(총급여액 - 15,000,000) × 15%
4,500만원 초과 1억원 이하	12,000,000+(총급여액 - 45,000,000) × 5%
1억원 초과	14,750,000+(총급여액 - 100,000,000) × 2%

2) 한도: 2,000만원

① 28,835,000원 ② 29,685,000원 ③ 26,285,000원
④ 30,110,000원 ⑤ 41,100,000원

해답 ②

해설 총급여액 :
30,000,000+2,000,000+4,000,000+4,000,000+100,000+(25,000 × 8)+(100,000 × 8)
= 41,100,000
* 요건 충족시, 식대는 월 200,000원 차량유지비는 월 200,000원을 한도로 비과세
* 요건을 충족한 생산직근로자에 한하여 야근수당 비과세
* 퇴직 후 행사한 주식매수선택권의 이익은 기타소득으로 과세
근로소득공제 : 7,500,000+(41,100,000-15,000,000) × 15%=11,415,000
근로소득금액 : 41,100,000-11,415,000=29,685,000

15 **20×2.2.1.에 생애 최초로 입사한 거주자 甲(생산직근로자임)의 다음의 자료를 이용한 2월분 급여 중 비과세 근로소득의 합계는 얼마인가? (단, 상여금 및 연장근무수당 이외에는 매월 동액이 지급되며, 주어진 자료 이외에는 고려하지 않음)** 2016년 세무사

〈甲의 2월 급여내역〉

항 목	금 액	비 고
(1) 급 여	1,100,000원	
(2) 상여금	500,000원	부정기적인 상여임
(3) 자가운전보조금	250,000원	甲 소유의 차량을 업무수행에 이용하고 사내출장 등에 소요된 실제여비를 받는 대신에 그 소요경비를 사규에 의한 지급기준에 따라 받는 금액임
(4) 식사대	100,000원	회사는 무상으로 중식을 제공하며 이와 별도로 지급된 식사대임
(5) 자녀보육수당	300,000원	甲의 3세 및 5세인 자녀 보육과 관련된 수당임
(6) 연장근무수당	250,000원	「근로기준법」에 따른 연장근무로 인한 통상임금에 더한 지급액이며 당월 외에는 연장·야간·휴일근무수당은 없음
계	2,400,000원	

① 300,000원　② 650,000원　③ 400,000원
④ 450,000원　⑤ 750,000원

해답 ②

해설 200,000(자가운전보조금)+200,000(자녀보육수당)+250,000(연장근무수당)=650,000

○ 회사에서 현물식대를 제공하는 경우 식대는 과세대상
○ 자녀보육수당은 월 20만원까지 비과세(인당 20만원이 아님)
○ 월정액급여 210만원 이하로서 직전 과세기간의 총급여액이 3천만원 이하인 생산직 근로자가 받는 초과근로수당(연장시간근로, 야간근로, 휴일근로로 받는 급여)에 대하여 연 240만원까지 비과세를 적용한다.

월정액급여: 1,100,000+250,000+100,000+300,000=1,750,000

16 **다음은 내국법인 (주)A에서 영업사원으로 근무하던 거주자 甲의 근로소득 관련 자료이다. 甲의 20×2년 귀속 근로소득금액은 얼마인가? (단, 주어진 자료 이외에는 고려하지 않음)**

2018년 세무사

(1) 근무기간: 20×2.1.1.부터 20×2.10.31.(퇴직일)까지 계속 근무하였음

(2) 급여내역

구 분	금 액	비 고
기본 급여 총액	50,000,000원	기본급으로 월 5,000,000원 지급 받음
휴가비	5,000,000원	(주)A로부터 보조받은 휴가비임
강연수당	4,000,000원	(주)A의 사내연수 강연수당임
인정상여	2,000,000원	(주)A의 20×1년도 귀속 법인세무조정시 발생한 것임
식사대	2,200,000원	월 220,000원(회사는 현물식사를 별도 제공하지 않음)
자가운전보조금	3,000,000원	월 300,000원(시내출장 등이 있을 시 甲 소유 차량을 업무에 이용하였고, 이에 소요된 실제 여비는 자가운전보조금을 받았음에도 불구하고 출장 여비 규정에 의해 별도로 지급받았음)

(3) 근로소득공제액

총급여액	근로소득공제액
1,500만원 초과 4,500만원 이하	750만원+1,500만원을 초과하는 금액의 100분의 15
4,500만원 초과 1억원 이하	1,200만원+4,500만원을 초과하는 금액의 100분의 5

① 44,590,000원 ② 44,840,000원 ③ 48,290,000원
④ 49,340,000원 ⑤ 50,090,000원

해답 ④

해설 (1) 총급여액 :
50,000,000+5,000,000+4,000,000+(220,000-200,000)×10+3,000,000=62,200,000
(2) 근로소득공제액 : 12,000,000+(62,200,000-45,000,000)×5%=12,860,000
(3) 근로소득금액 : (1)-(2)=49,340,000

17 **다음은 거주자 甲이 20×2년에 (주)A에 근무하면서 지급받은 급여 등에 관련된 자료이다. 거주자 甲의 20×2년 총급여액은? (단, 주어진 자료 이외에는 고려하지 않음)** 2019년 세무사

> (1) 연간 급여 합계액(30,000,000원)
> (2) 연간 상여 합계액(10,000,000원)
> (3) 상여 소득처분금액(2,000,000원): (주)A는 20×2.3.20.에 20×1.1.1.~ 12.31. 기간의 법인세를 신고하면서 익금산입한 금액 중 2,000,000원을 甲을 귀속자로 하는 상여로 소득처분하였다.
> (4) 연간 급여 및 상여 외의 甲의 주식매수선택권 행사로 인한 이익(10,000,000원): 주식매수선택권은 (주)A의 100% 모회사인 (주)B 발행주식을 대상으로 한 것으로서, 20×2.5.5.행사하였다. (주)A 및 (주)B는 모두 벤처기업이 아니다.
> (5) 연간 급여 외의 식대(3,600,000원): (주)A는 구내식당을 운영하고 있지 아니하여 식대를 월 300,000원씩 금전으로 지급하고 있다.

① 41,200,000원 ② 48,800,000원 ③ 51,200,000원
④ 53,200,000원 ⑤ 54,400,000원

해답 ③

해설 30,000,000+10,000,000+10,000,000+(300,000-200,000)×12=51,200,000
* 인정상여의 귀속시기는 근로제공일이므로 2,000,000원은 20×1년도 귀속 소득이다.

18 **다음은 거주자의 소득내역이다. 소득세가 과세되는 것은?**

① 국내에 1주택(고가주택 아님)을 소유한 거주자가 그 중 하나의 주택을 임대하고 받은 임대료 2천만원
② 근로자가 제공받은 월 8만원의 식대(식사 및 기타 음식물은 제공받지 않음)
③ 주권비상장법인의 소액주주인 임원이 사택을 제공받음으로써 얻은 이익 3천만원
④ 회사로부터 지원받은 근로자 본인의 대학등록금 7백만원
⑤ 국민연금법에 의하여 지급받은 유족연금 2천만원

해답 ④

해설 회사로부터 지원받은 근로자 본인의 대학등록금 7백만원은 과세대상에 포함된다.
비과세 학자금은 다음과 같다.

> 「초·중등교육법」 및 「고등교육법」에 따른 학교(외국에 있는 이와 유사한 교육기관을 포함한다)와 「근로자직업능력 개발법」에 따른 직업능력개발훈련시설의 입학금·수업료·수강료, 그 밖의 공납금 중 다음 각 호의 요건을 갖춘 학자금(해당 과세기간에 납입할 금액을 한도로 한다)에 대해서는 소득세를 과세하지 아니한다.
> 1. 당해 근로자가 종사하는 사업체의 업무와 관련 있는 교육·훈련을 위하여 받는 것일 것
> 2. 당해 근로자가 종사하는 사업체의 규칙등에 의하여 정하여진 지급기준에 따라 받는 것일 것
> 3. 교육·훈련기간이 6월이상인 경우 교육·훈련 후 당해교육기간을 초과하여 근무하지 아니하는 때에는 지급받은 금액을 반납할 것을 조건으로 하여 받는 것일 것

제4절 연금소득

01 연금소득에 관한 설명으로 옳지 않은 것은? 2016년 세무사 수정

① 연금소득이 있는 거주자의 해당 과세기간에 받은 총연금액(분리과세연금소득은 제외함)에서 공제하는 연금소득공제액이 900만원을 초과하는 경우에는 900만원을 공제한다.
② 공적연금소득을 받는 사람이 해당 과세기간 중에 사망한 경우 공적연금소득에 대한 원천징수의무자는 그 사망일이 속하는 달의 다음다음 달 말일까지 그 사망자의 공적연금소득에 대한 연말정산을 하여야 한다.
③ 연금계좌세액공제를 받은 연금계좌 납입액과 연금계좌의 운용실적에 따라 증가된 금액을 그 소득의 성격에 불구하고 연금계좌에서 연금수령하면 연금소득으로 연금외수령하면 퇴직소득으로 과세한다.
④ 연금계좌에서 인출된 금액이 연금수령한도를 초과하는 경우에는 연금수령분이 먼저 인출되고 그 다음으로 연금외수령분이 인출되는 것으로 본다.
⑤ 연금소득의 합계액이 연 1천500만원 이하인 경우 종합소득과세표준을 계산할 때 합산하지 아니할 수 있다.

해답 ③
해설 연금계좌세액공제를 받은 연금계좌 납입액과 연금계좌의 운용실적에 따라 증가된 운용수익 중 연금외수령하는 금액은 기타소득으로 과세한다.

02 소득세상 연금소득에 관한 설명이다. 옳지 않은 것은? 2015년 회계사

① 공적연금소득은 2002년 1월 1일 이후에 납입된 연금 기여금 및 사용자 부담금을 기초로 하거나 2002년 1월 1일 이후 근로 제공을 기초로 하여 받는 연금소득으로 한다.
② 연금계좌의 운용실적에 따라 증가된 금액을 그 소득의 성격에도 불구하고 연금저축계좌 또는 퇴직연금계좌에서 법령상 정하는 연금형태로 인출하는 경우의 그 연금은 연금소득에 해당한다.
③ 연금소득이 있는 거주자가 주택담보노후연금 이자비용공제를 신청한 경우 법령상 요건에 해당하는 주택담보노후연금 수령액에서 해당 과세기간에 발생한 이자비용 상당액을 200만원 한도 내에서 공제한다.
④ 연금소득이 있는 거주자에 대해서는 해당 과세기간에 받은 총연금액(분리과세연금소득 제외)에서 법령상의 금액을 900만원 한도 내에서 공제한다.
⑤ 공적연금소득을 지급하는 자가 연금소득의 일부 또는 전부를 지연하여 지급하면서 지연지급에 따른 이자를 함께 지급하는 경우 해당 이자는 기타소득으로 본다.

해답 ⑤
해설 공적연금소득을 지급하는 자가 연금소득의 일부 또는 전부를 지연하여 지급하면서 지연지급에 따른 이자를 함께 지급하는 경우 해당 이자는 공적연금소득으로 본다.

03 **거주자 A씨는(68세 남성, 단독가구) 국민연금법에 의한 연금 20,000,000원과 연금계좌에서 연금수령요건을 충족한 40,000,000원(분리과세대상 없음)을 인출 하였다. A씨의 종합과세대상 연금소득금액은? (단, 의료목적이나 부득이한 사유로 인출하는 것은 아니며, 세부담 최소화를 가정한다.)**

(1) 2002년 1월 1일 이후 국민연금불입기간 동안의 환산소득 누계액 : 40,000,000원
(2) 국민연금 총불입기간 동안의 환산소득 누계액 : 100,000,000원
(3) 국민연금 불입액 및 연금계좌 불입액은 전액 공제 적용을 받았으며, 연금계좌 내 이연퇴직소득은 없다.
(4) 연금소득공제와 관련된 자료는 다음과 같다.

총연금액	연금소득공제
350만원 이하	총연금액
350만원~700만원 이하	350만원+초과액의 40%
700만원~1,400만원 이하	490만원+초과액의 20%
1,400만원 초과	630만원+초과액의 10%

① 29,300,000원　② 31,000,000원　③ 32,000,000원
④ 38,300,000원　⑤ 39,000,000원

해답 ⑤

해설 총연금액 : 20,000,000 × (40,000,000/100,000,000) + 40,000,000 = 48,000,000
연금소득공제 : MIN(9,700,000, 9,000,000) = 9,000,000
* 연금소득공제는 9,000,000원을 한도로 한다.
연금소득금액 : 48,000,000 − 9,000,000 = 39,000,000
* 세액계산특례적용 여부
min[①, ②]
① 종합소득 결정세액 : (39,000,000 − 1,500,000) × t = 4,365,000
② ㉠(사적연금 중 분리과세 외 연금소득 × 15%)+ ㉡(㉠ 외 종합소득 결정세액)
㉠ 40,000,000 × 15% = 6,000,000
㉡ [(8,000,000 − 5,100,000) − 1,500,000(기본공제)] × t(6%) = 84,000
*위 ①을 적용하는 경우가 세부담 최소화이므로 세액계산 특례를 적용하지 않음

04 **다음은 거주자 甲(62세)이 20×2년도에 수령한 국민연금과 연금계좌에 대한 자료이다. 「소득세법」상 甲의 20×2년도 종합과세되는 총연금액은 얼마인가? (단, 甲이 종합과세와 분리과세 중 선택할 수 있는 경우에는 종합과세를 선택한 것으로 가정한다)** 2017년 세무사

(1) 20×2년도 국민연금 수령액은 30,000,000원이고, 국민연금 환산소득누계액과 국민연금보험료 누계액 자료는 다음과 같음
① 2002.1.1. 이후 국민연금 납입기간의 환산소득 누계액: 450,000,000원
② 2001.12.31. 이전 국민연금 납입기간의 환산소득 누계액: 900,000,000원
③ 2002.1.1. 이후 납입한 국민연금보험료 누계액: 60,000,000원(소득공제 받지 않은 금액 3,000,000원)

(2) 20×2년도 연금계좌(가입일: 2007.2.10. 수령시작일: 20×1.3.10.)에서 연금으로 수령한 금액은 25,000,000원이고, 연금수령개시 신청일인 20×2.3.10. 현재 연금계좌평가액 50,000,000원의 내역은 다음과 같음
① 甲이 납입한 연금보험료 합계액: 33,000,000원(소득공제 또는 세액공제 받지 않은 금액 2,000,000원)
② 연금계좌 운용수익: 10,000,000원
③ 이연퇴직소득: 7,000,000원

① 7,000,000원 ② 10,000,000원 ③ 11,000,000원
④ 12,000,000원 ⑤ 13,000,000원

해답 ②

해설

(1) 공적연금소득 : $30,000,000 \times \frac{450,000,000}{450,000,000 + 900,000,000} - 3,000,000 = 7,000,000$

(2) 사적연금소득 : 3,000,000

구분	구성내역	연금수령	연금외수령
비과세	2,000,000	2,000,000	-
이연퇴직소득	7,000,000	7,000,000	-
공제분 및 운용수익	41,000,000	3,000,000	13,000,000
합계	50,000,000	12,000,000*	13,000,000

* 연금수령한도= $\frac{50,000,000}{11-6} \times 120\% = 12,000,000$

(3) 총연금액 : 7,000,000+3,000,000=10,000,000

05 **다음은 거주자 갑의 국민연금과 관련된 자료이다. 이를 이용하여 거주자 갑의 20×1년 과세대상 총 연금액을 계산한 것으로 옳은 것은?** 2017년 회계사

(1) 거주자 갑(나이 60세)은 20×1년에 「국민연금법」에 의한 연금으로 18,000,000원을 수령하였다.
(2) 거주자 갑이 국민연금에 납입한 연금보험료 누계액과 환산소득의 누계액은 다음과 같다.

구 분	납입한 연금보험료 누계액	환산소득의 누계액
2001.12.31. 까지	45,000,000원	600,000,000원
2002.1.1. 이후	75,000,000원	900,000,000원

(3) 과세기준일인 2002.1.1. 이후 납입한 연금보험료 누계액 75,000,000원 중 납입한 과세기간에 연금보험료 소득공제를 받은 금액의 누계액은 70,000,000원*이다.
* 관할세무서장으로부터 연금보험료 소득공제확인서를 발급받고 원천징수의무자에게 제출하여 확인받음.

① 0원 ② 1,750,000원 ③ 2,200,000원
④ 5,800,000원 ⑤ 6,250,000원

해답 ④
해설 (1) 과세대상 총 연금액

$$18,000,000 \times \frac{900,000,000}{900,000,000 + 600,000,000} - (75,000,000 - 70,000,000) = 5,800,000$$

06 거주자 갑의 20×5년 연금소득 관련 자료이다. 연금소득금액으로 옳은 것은? 2022년 회계사

(1) 갑은 20×5년에 「국민연금법」에 따라 연금 45,000,000원(원천징수세액을 차감하기 전 금액임)을 수령하였다.

(2) 국민연금보험료 납입 내역

구 분	연금보험료 납입 누계액	환산소득 누계액	연금보험료 납입월수
2001.12.31. 이전 납입기간	80,000,000원	100,000,000원	50개월
2002.1.1. 이후 납입기간	240,000,000원*	380,000,000원	200개월

* 전액 연금보험료 소득공제를 받음

(3) 연금소득공제

총연금액	연금소득공제
1,400만원 초과	630만원+(총연금액-1,400만원)×10%

① 25,475,000원 ② 27,162,500원 ③ 27,500,000원
④ 33,750,000원 ⑤ 35,625,000원

해답 ②

해설 총연금액 : 45,000,000 × 380/480 = 35,625,000
연금소득공제 : Min[9,000,000, 630만원+(35,625,000-1,400만원)× 10%] =8,462,500
연금소득금액 : 35,625,000-8,462,500 = 27,162,500

제5절 기타소득

01 비과세소득에 관한 설명으로 옳은 것을 모두 고른 것은? 2014년 세무사

ㄱ. 「국민건강보험법」에 따라 사용자가 부담하는 보험료는 근로소득으로 비과세 소득이다.
ㄴ. 1개의 국내주택(과세기간 종료일 현재 기준시가 9억원인 아파트)을 소유하는 거주자의 국내주택임대소득은 사업소득으로 비과세소득이다.
ㄷ. 사내급식 등의 방법으로 식사 기타 음식물을 제공받는 근로자가 받는 월 20만원 이하의 식사대는 근로소득으로 비과세소득이다.
ㄹ. 서화를 미술관에 양도함으로써 발생하는 소득은 기타소득으로 비과세소득이다.
ㅁ. 병역의무 수행을 위해 복무중인 현역병인 병장이 받는 급여는 근로소득으로 비과세소득이다.

① ㄱ, ㄷ ② ㄴ, ㅁ ③ ㄷ, ㄹ
④ ㄱ, ㄴ, ㅁ ⑤ ㄱ, ㄹ, ㅁ

해답 ⑤

해설 ㄴ. 고가주택과 국외 소재 주택은 주택 수에 관계없이 임대소득을 과세한다.
사업소득이 비과세되는 고가주택이란 과세기간 종료일(과세기간 중에 주택을 양도한 경우에는 양도일) 현재의 기준시가가 12억원을 초과하는 주택을 말한다.
ㄷ. 식사와 식사대를 동시에 제공받는 경우에는 식사대는 전액 과세한다.

02 「소득세법」상 과세되는 기타소득을 모두 고른 것은? (다툼이 있으면 판례에 따름) 2016년 세무사

ㄱ. 근로계약을 체결한 근로자가 퇴직시 퇴직금지급채무의 이행지체로 인해 수령하는 지연손해금
ㄴ. 교통재해를 직접적인 원인으로 신체상의 상해를 입었음을 이유로 보험회사로부터 수령한 보험금
ㄷ. 퇴직 전에 부여받은 주식매수선택권을 퇴직 후에 행사함으로써 얻은 이익
ㄹ. 사업용 고정자산과 함께 양도하는 영업권
ㅁ. 서화·골동품을 박물관에 양도함으로써 발생하는 소득

① ㄱ, ㄷ ② ㄴ, ㄷ ③ ㄱ, ㄴ, ㄷ
④ ㄱ, ㄷ, ㅁ ⑤ ㄴ, ㄹ, ㅁ

해답 ①

해설 (ㄴ) 신체상 상해를 입었음을 이유로 수령한 보험금은 비과세이다.
(ㄹ) 사업용 고정자산과 함께 양도하는 영업권 사업소득으로 과세한다.
(ㅁ) 서화·골동품을 박물관 또는 미술관에 양도함으로써 발생하는 소득은 비과세이다.

03 다음의 각 소득에 대한 소득세법상의 소득구분이 옳은 것은?

① 공익사업과 관련한 지역권을 설정 또는 대여하고 받는 금품 : 기타소득
② 식량작물재배업으로부터 발생하는 소득 : 사업소득
③ 직장공제회 초과반환금 : 근로소득
④ 사업용고정자산과 함께 양도하는 영업권 : 기타소득
⑤ 연금저축에 가입하고 연금형태로 지급받는 소득 : 이자소득

해답 ①

해설 ② 식량작물재배업으로부터 발생하는 소득 : 비과세소득
③ 직장공제회 초과반환금 : 이자소득
④ 사업용고정자산과 함께 양도하는 영업권 : 양도소득
⑤ 연금저축에 가입하고 연금형태로 지급받는 소득 : 연금소득

04 다음 중 기타소득으로 과세되는 것이 아닌 것은?

2018년 회계사

① 저작자가 저작권의 양도 또는 사용의 대가로 받는 금품.
② 노동조합의 전임자가 「노동조합 및 노동관계조정법」을 위반하여 사용자로부터 지급받은 급여
③ 퇴직 전에 부여받은 주식매수선택권을 퇴직 후에 행사하거나 고용관계 없이 주식매수선택권을 부여받아 이를 행사함으로써 얻는 이익
④ 「발명진흥법」에 따라 종업원 또는 대학의 교직원이 퇴직한 후에 지급받는 직무발명보상금으로서 비과세 한도를 초과하는 소득
⑤ 유실물의 습득 또는 매장물의 발견으로 인하여 보상금을 받거나 새로 소유권을 취득하는 경우 그 보상금 또는 자산

해답 ①

해설 저작자 본인이 받는 저작권 또는 저작인접권의 양도 또는 사용대가는 사업성이 있으면 사업소득으로 과세한다.

05 **위법소득의 과세에 관한 설명으로 옳지 않은 것은? (다툼이 있으면 판례에 따름)** 2017년 세무사

① 회사의 부사장이 회사소유 부동산을 매각하여 그 처분대금을 횡령한 경우 경제 적 측면에서 보아 현실로 이득을 지배관리하면서 이를 향수하고 있어 담세력이 있는 것으로 판단되므로 과세소득에 해당한다.

② 매매가 위법한 것이어서 무효임에도 당사자 사이에서 그 매매계약이 유효한 것으로 취급되어 매도인이 매매대금을 수수하여 그대로 보유하고 있는 경우 양도 소득세 과세대상이 된다.

③ 법인의 피용자의 지위에 있는 자가 법인의 자금을 횡령하여 법인이 그자에 대한 손해배상채권을 취득하는 경우에는 그 금원 상당액이 곧바로 사외유출된 것으로 볼 수는 없어 소득처분에 의한 근로소득으로 과세될 수 없다.

④ 법인과 이사 사이에 이익이 상반되는 금전소비대차라 하더라도 그 소비대차에서 발생한 이자소득은 과세대상이 된다.

⑤ 위법소득에 대한 납세의무가 성립한 후에는 「형법」에 따른 몰수가 이루어진 경우라 하더라도 「국세기본법」상 후발적 경정청구의 대상이 되지 않는다.

해답 ⑤

해설 위법소득의 지배·관리라는 과세요건이 충족됨으로써 일단 납세의무가 성립하였다고 하더라도 그 후 몰수나 추징과 같은 위법소득에 내재되어 있던 경제적 이익의 상실가능성이 현실화되는 후발적 사유가 발생하여 소득이 실현되지 아니하는 것으로 확정됨으로써 당초 성립하였던 납세의무가 그전제를 잃게 되었다면, 특별한 사정이 없는 한 납세자는 구 국세기본법 제45조의2 제2항 등이 규정한 후발적 경정청구를 하여 그 납세의무의 부담에서 벗어날 수 있다고 보아야 한다(대법원 2015. 7. 16. 선고 2014두5514 전원합의체 판결)

06 **소득세법상 다음의 기타소득 중 최소한 총수입금액의 80%를 필요경비로 인정하는 것은?**

① 계약의 위약 또는 해약으로 인하여 받는 위약금과 배상금 중 주택입주 지체상금

② 뇌물

③ 재산권에 관한 알선수수료

④ 유실물 습득으로 인하여 받은 보상금

⑤ 복권에 의하여 받는 당첨금품

해답 ①

해설 최소한 총수입금액의 80%를 필요경비로 인정하는 것은 상금 및 부상과 주택입주 지체상금이다.

07 **거주자 甲의 기타소득 내역 중 필요경비가 최소한 100분의 80에 해당하는 항목들의 합계액은 얼마인가?**

2010년 세무사

(1) 「상훈법」에 따른 훈장과 관련하여 받은 상금 3,000,000원
(2) 공익사업과 관련한 지역권을 설정하고 받는 금품 5,000,000원
(3) 산업재산권을 양도하고 받은 금품 20,000,000원
(4) 「공익법인의 설립·운영에 관한 법률」의 적용을 받는 공익법인이 주무관청의 승인을 받아 시상하는 상금 6,000,000원
(5) 사례금 7,000,000원

① 20,000,000원 ② 6,000,000원 ③ 11,000,000원
④ 26,000,000원 ⑤ 31,000,000원

해답 ②
해설 공익법인이 주무관청의 승인을 받아 시상하는 상금
=6,000,000

08 **다음은 거주자 甲의 20×2년도 기타소득내역이다. 종합소득에 합산되는 기타소득 중 원천징수세액을 계산하면 얼마인가? (단, 광업권 대여의 필요경비 5,000,000원을 제외하고 필요경비는 확인되지 않으며, 거주자는 분리과세와 종합과세 중 선택가능한 기타소득금액에 대하여 종합과세를 선택한다고 가정한다.)**

(1) 신문 및 잡지에 글을 기고하고 받은 원고료	2,500,000원
(2) 광업권의 대여	6,000,000원
(3) 복권당첨금	8,000,000원
(4) 계약관계로 인한 손해배상금(계약금이 위약금으로 대체되었음)	2,000,000원
(5) 고용관계 없이 받은 강연료	120,000원
(6) 분실물 습득 보상금	5,000,000원

① 1,400,000원 ② 1,408,000원 ③ 1,600,000원
④ 1,608,000원 ⑤ 1,900,000원

해답 ①
해설 (1) 신문 및 잡지에 글을 기고하고 받은 원고료 : {2,500,000 − 2,500,000 × 0.6} × 20%
=200,000
(2) 광업권의 대여 : {6,000,000 − max(6,000,000 × 0.6, 5,000,000)} × 20% = 200,000
(3) 복권당첨금 : 분리과세

(4) 계약관계로 인한 손해배상금(계약금이 위약금으로 대체) : 원천징수 없음, 선택적 분리과세
(5) 고용관계 없이 받은 강연료 : 120,000 - 120,000 × 0.6 = 48,000 과세최저한(50,000원)이하 금액
(6) 분실물 습득 보상금 : 5,000,000 × 20% = 1,000,000
합계 : 200,000 + 200,000 + 1,000,000 = 1,400,000

09 **다음은 (주)A에 근무하는 거주자 甲의 20×2년도 소득자료이다. 甲의 기타소득으로 원천징수 될 소득세액은 얼마인가? (단, 다음 소득은 일시·우발적으로 발생하였으며, 소득과 관련된 필요경비는 확인되지 않음)** 2017년 세무사

(1) 상가입주 지체상금 : 1,500,000원
(2) 상표권 대여료 : 1,000,000원
(3) 공익사업과 관련된 지상권 설정대가 : 2,000,000원
(4) 서화를 미술관에 양도하고 받은 대가 : 5,000,000원
(5) (주)B의 입사시험 출제수당 : 250,000원
(6) 복권당첨금(필요경비 1천원) : 3,001,000원
(7) 배임수재로 받은 금품 : 10,000,000원

① 300,000원 ② 460,000원 ③ 1,160,000원
④ 1,180,000원 ⑤ 2,700,000원

해답 ③

해설 (1) 상가입주 지체상금 : 1,500,000×20%=300,000(주택입주지체상금이 아님)
(2) 상표권 대여료 : 1,000,000×(1-60%)×20%=80,000
(3) 지상권 설정대가 : 2,000,000×(1-60%)×20%=160,000
(4) 서화를 미술관에 양도하고 받은 대가 : 비과세 기타소득에 해당함.
(5) (주)B의 입사시험 출제수당 : 250,000×(1-60%)×20%=20,000
(6) 복권당첨금 : 3,000,000×20%=600,000
(7) 배임수재로 받은 금품 : 원천징수하지 않음.

10 **내국법인 (주)A(벤처기업 아님)는 정관에서 주식매수선택권 부여에 필요한 사항을 모두 정하고 이를 등기한 후에 20×1.3.20. 주주총회 특별 결의를 거쳐 주식매수선택권(부여주식 수: 30,000주, 행사가격: 10,000원, 행사시기: 20×5.3.20.부터 20×9.3.20.까지)을 부여하는 계약을 임원인 甲(거주자)과 체결하였다. 주식매수선택권 부여 계약에는 행사를 제한하는 어떠한 특약도 없었고, 행사가격은 주식매수선택권 부여 당시의 주식의 시가보다 높은 것이었으며, 미공개정보로 인하여 단기간 내에 주가가 상승할 것이라고 예상되는 특별한 사정도 없었다. 다음 중 옳은 것은?** 2018년 세무사

① 甲이 (주)A에 재직하면서 20×5.3.20.부터 20×9.3.20.까지 사이에 주식매수선택권을 행사하여 얻은 이익은 기타소득에 해당한다.

② 甲이 20×7.10.20. 퇴직한 후 다음 해에 주식매수선택권을 행사하여 얻은 이익은 기타소득에 해당한다.

③ 甲이 20×3.6.20. 사망하고 20×5.3.20.부터 20×9.3.20.까지 사이에 그 상속인이 주식매수선택권을 행사하여 얻은 이익은 근로소득에 해당한다.

④ 甲의 주식매수선택권 행사이익은 그 주식매수선택권 부여 당시 (주)A주식의 시가에서 실제 매수가격을 뺀 금액이다.

⑤ 甲이 주식매수선택권을 행사하여 취득한 주식을 양도하는 때, 당해 주식이 양도소득세 과세대상이 되는 경우에는 그 주식매수선택권의 행사가격을 취득가액으로 하여 양도소득을 계산한다.

해답 ②

해설 ① 甲이 (주)A에 재직하면서 20×5.3.20.부터 20×9.3.20.까지 사이에 주식매수선택권을 행사하여 얻은 이익은 근로소득에 해당한다.

③ 甲이 20×3.6.20. 사망하고 20×5.3.20.부터 20×9.3.20.까지 사이에 그 상속인이 주식매수선택권을 행사하여 얻은 이익은 기타소득에 해당한다.

④ 甲의 주식매수선택권 행사이익은 그 주식매수선택권 행사 당시 (주)A 주식의 시가에서 실제 매수가격을 뺀 금액이다.

⑤ 甲이 주식매수선택권을 행사하여 취득한 주식을 양도하는 때, 당해 주식이 양도소득세 과세대상이 되는 경우에는 그 주식매수선택권의 시가를 취득가액으로 하여 양도소득을 계산한다.

11 **소득세법상 소득구분에 대한 설명이다. 옳지 않은 것은?** 2012년 회계사

① 식량작물 재배업으로부터의 소득은 사업소득에 해당하지 않는다.
② 퇴직 전에 부여받은 주식매수선택권을 퇴직 후에 행사함으로써 얻는 이익은 근로소득에 해당한다.
③ 거주자가 일정기간 후에 같은 종류로서 같은 양의 주식을 반환받는 조건으로 주식을 대여하고 해당 주식의 차입자로부터 지급받는 해당 주식에서 발생하는 배당에 상당하는 금액은 배당소득에 포함된다.
④ 광업권을 대여하고 그 대가로 받는 금품은 기타소득에 해당한다.
⑤ 지상권을 양도함으로 인하여 얻는 소득은 양도소득에 해당한다.

해답 ②
해설 퇴직 전에 부여받은 주식매수선택권을 퇴직 후에 행사함으로써 얻는 이익은 기타소득에 해당한다.

12 **「소득세법」상 거주자의 소득구분에 관한 설명으로 옳지 않은 것은?** 2013년 회계사

① 직장공제회 초과반환금(2003년 직장공제회에 최초로 가입하고 수령)은 이자소득으로 과세한다.
② 공익사업과 관련한 지역권과 지상권(지하 또는 공중에 설정된 권리를 포함)을 대여함으로써 발생하는 소득은 사업소득으로 과세하지 않는다.
③ 고용관계 없이 주식매수선택권을 부여받아 이를 행사함으로써 얻는 이익은 기타소득으로 과세한다.
④ 퇴직함으로써 받는 소득으로서 퇴직소득에 속하지 아니하는 소득은 근로소득으로 과세한다.
⑤ 연금계좌의 운용실적에 따라 증가된 금액을 연금계좌에서 연금외수령하는 경우에는 그 소득의 성격에 따라 이자소득, 배당소득 또는 기타소득으로 과세한다.

해답 ⑤
해설 연금계좌의 운용실적에 따라 증가된 금액을 연금계좌에서 연금외수령하는 경우에는 기타소득으로 과세한다.

13 소득세 과세에 관한 설명이다. 옳은 것은? 2010년 회계사

① 전세권과 지상권의 대여로 인하여 발생하는 소득은 기타소득으로 과세된다.
② 국가로부터 근로소득을 지급받는 공무원이 국가 소유 사택을 무상으로 제공받음으로써 얻는 이익은 근로소득으로 과세된다.
③ 명예훼손으로 인한 정신적 고통에 대한 손해배상금에 대해서는 소득세를 과세하지 않는다.
④ 종업원의 수학중인 자녀가 사용자로부터 받는 학자금에 대해서는 소득세를 과세하지 않는다.
⑤ 체육진흥투표권의 구매자가 받는 환급금으로서 건별로 권면에 표시된 금액의 합계액이 100만원 이하이고 단위투표금액당 환급금이 단위투표금액의 10배 이하면서 적중한 개별 환급금이 200만원 이하인 경우에는 소득세를 과세하지 않는다.

해답 ③
해설 ① 전세권의 대여로 인하여 발생하는 소득은 사업소득으로 과세된다.
② 근로소득으로 보지 않는다.
④ 종업원의 수학중인 자녀가 사용자로부터 받는 학자금에 대해서는 근로소득으로 과세한다.
⑤ 100만원→10만원, 10배→100배

14 소득세법에 관한 설명으로 가장 옳은 것은?

① 공적연금 관련법에 따라 받는 일시금을 지급하는 자가 퇴직소득의 일부 또는 전부를 지연하여 지급하면서 지연지급에 대한 이자를 함께 지급하는 경우 해당 이자는 이자소득으로 본다.
② 현상금, 뇌물은 기타소득으로 본다.
③ 공익사업과 관련한 지역권, 지상권을 설정 또는 대여하고 받는 금품은 사업소득으로 본다.
④ 토사석의 채취허가에 따른 권리의 양도로 인하여 발생한 소득은 양도소득으로 본다.
⑤ 저작권법에 의한 저작권자로부터 저작권을 양도받은 자가 그 저작권을 타인에게 사용하게 하고 받은 대가는 사업소득으로 본다.

해답 ②
해설 ① 퇴직소득 ③ 기타소득 ④ 기타소득 ⑤ 기타소득

15 소득세법상 기타소득에 관한 설명이다. 옳지 않은 것은?

2021년 회계사

① 공무원이 국가 또는 지방자치단체로부터 공무 수행과 관련하여 받는 상금과 부상은 비과세 기타소득이다.
② 「공익사업을 위한 토지 등의 취득 및 보상에 관한 법률」에 따른 공익사업 관련 지역권의 설정 대가는 기타소득이다.
③ 법령에 따른 위원회의 보수를 받지 아니하는 위원이 받는 수당은 비과세 기타소득이다.
④ 뇌물, 알선수재 및 배임수재에 의하여 받는 금품은 기타소득이다.
⑤ 퇴직 전에 부여받은 주식매수선택권을 퇴직 후에 행사함으로써 얻는 이익은 기타소득이다.

해답 ①

해설 「상훈법」에 따른 훈장과 관련하여 받는 부상이나 그 밖에 국가·지방자치단체로부터 받는 상금과 부상 등 대통령령이 정하는 사금과 부상은 비과세 기타소득이나 공무원이 국가 또는 지방자치단체로부터 공무 수행과 관련하여 받는 상금과 부상은 제외한다. 이는 근로소득으로 과세하나 연간 240만원 이내의 금액은 복리후생비로 비과세하기 때문이다.

16 다음 자료에 의하여 거주자 甲의 20×2년 귀속 종합소득에 합산되는 기타소득금액을 계산하면 얼마인가?

2013년 세무사

(1) 甲의 20×2년 귀속 소득내역은 다음과 같다.
- 고용관계 없이 다수인에게 강연을 하고 받은 강연료 : 120,000원
- 신문에 원고를 기고하고 받은 원고료 : 1,500,000원
- 복권에 당첨되어 받은 금품 : 2,000,000원
- 공익사업과 관련한 지역권을 대여하고 받은 대가 : 5,000,000원
- 사업용 고정자산과 함께 영업권을 양도하고 받은 대가 : 20,000,000원
- 산업재산권을 양도하고 받은 대가 : 5,000,000원(확인된 필요경비 4,500,000원)

(2) 甲의 소득은 모두 국내에서 일시적으로 발생한 것이며, 소득에 대한 필요경비는 자료에서 별도로 명시한 것을 제외하고는 확인되지 않는다.
(3) 甲의 소득에 대한 원천징수는 적법하게 이루어졌고, 위에 제시된 금액들은 원천징수세액을 차감하기 전의 금액이며, 甲은 기타소득에 대하여 종합과세를 선택한다고 가정한다.

① 2,600,000원 ② 3,100,000원 ③ 3,150,000원
④ 3,600,000원 ⑤ 4,500,000원

해답 ②

해설 원고료(1,500,000 × 40% = 600,000) + 지역권대여소득(5,000,000 × 40% = 2,000,000) + 산업재산권양도소득(5,000,000 − 4,500,000 = 500,000) = 3,100,000

17 **다음은 거주자 甲의 20×2년 귀속 소득 관련 자료이다. 「소득세법」상 종합소득에 합산되는 소득금액에 대하여 원천징수되는 소득세액은? (단, 모두 국내에서 지급받은 것으로 일시적·우발적으로 발생하였으며, 필요경비는 확인되지 않고 주어진 자료 외의 사항은 고려하지 않음)**

2020년 세무사

(1) 계약의 위약으로 인하여 받은 위약금 중 주택입주 지체상금(계약금이 위약금으로 대체되지 않음): 10,000,000원
(2) 영업권을 기계장치와 함께 양도함에 따라 받은 대가: 5,000,000원
(3) 「공익사업을 위한 토지 등의 취득 및 보상에 관한 법률」 제4조에 따른 공익사업과 관련하여 지상권을 설정함으로써 발생하는 소득: 3,000,000원
(4) 부동산매매계약의 해약으로 계약금이 위약금으로 대체된 금액: 12,000,000원

① 640,000원 ② 1,040,000원 ③ 1,440,000원
④ 2,640,000원 ⑤ 3,202,000원

해답 ②

해설 (1) 주택입주 지체상금 : (10,000,000-10,000,000×80%)×20%=400,000
(2) 기계장치와 함께 양도한 대가 : (5,000,000-5,000,000×60%)×20%=400,000
(3) 지상권 설정 소득 : (3,000,000-3,000,000×60%)×20%=240,000
(4) 부동산 매매계약의 해약으로 계약금이 위약금으로 대체되는 경우에는 원천징수를 하지 않는다.

18 **㈜A에 근무하는 거주자 갑((주)A와 특수관계 아님)의 20×2년 소득내역의 일부이다. 거주자 갑의 종합소득금액 중 기타소득금액은 얼마인가? 기타소득을 제외한 거주자 갑의 종합소득에 대한 한계세율은 15%이다.** 2019년 회계사

구 분	금 액	실제 필요경비
(1) 공익사업과 관련하여 지역권을 설정하고 받은 대가	2,000,000원	1,000,000원
(2) 대학에 한 학기(4개월) 출강하고 받은 시간강사료	2,500,000원	-
(3) B신문에 기고하고 받은 원고료	500,000원	-
(4) 산업재산권의 양도로 인해 수령한 대가	3,500,000원	1,500,000원
(5) 퇴직한 전 회사로부터 수령한 직무발명보상금	4,000,000원	-
(6) 공익법인이 주최하는 발명경진대회에서 입상하여 받은 상금	3,000,000원	-
(7) 「법인세법」에 의해 기타소득으로 처분된 금액	1,000,000원	-

① 0원　② 2,600,000원　③ 4,200,000원
④ 4,000,000원　⑤ 5,100,000원

해답 ④

해설 (1) $2,000,000 - \max[2,000,000 \times 60\%, 1,000,000] = 800,000$
(2) 대학에 3개월 이상 출강하고 받은 시간강사료는 근로소득으로 과세한다.
(3) $500,000 - 500,000 \times 60\% = 200,000$
(4) $3,500,000 - \max[3,500,000 \times 60\%, 1,500,000] = 1,400,000$
(5) 직무발명보상금은 7,000,000원까지 비과세되므로 과세될 금액은 없다.
(6) $3,000,000 - 3,000,000 \times 80\% = 600,000$
(7) 1,000,000
$\therefore$ $800,000 + 200,000 + 1,400,000 + 600,000 + 1,000,000 = 4,000,000$

CHAPTER

03 소득금액 계산특례

제1절 부당행위계산의 부인

01 **아래에 제시한 것은 사업소득이 있는 거주자 B씨가 20×2년도에 특수관계자와 거래한 내용이다. 소득세법상 부당행위계산 부인대상이 되는 거래가 아닌 경우는? 아래의 거래는 모두 기장되어 관련 소득금액을 계산할 때 포함되었다고 가정할 것.**

① B씨는 자신의 회사 생산품을 시가의 50% 가격으로 아들에게 양도하였다.

② B씨는 모친에게 자신이 임대용으로 보유하고 있는 고가주택이 아닌 국내주택을 무상으로 사용하게 하였고, 모친은 현재 이 주택에 거주하고 있다.

③ B씨는 부친이 소유하고 있던 요트를 시가로 매입하였는데, 이는 회사의 사업과 무관하며, 매입 후 요트 수리비를 지출하였다.

④ B씨는 사채업을 운영하고 있는 삼촌으로부터 회사운영자금을 시중 금리보다 40% 높은 이율로 차입하였다.

⑤ B씨는 운영자금을 마련하기 위하여 매매목적 상가건물의 일부를 시세의 절반가격으로 사촌 동생에게 매각하였다.

해답 ②

해설 직계존비속에게 주택을 무상으로 사용하게 하고 직계존비속이 그 주택에 실제 거주하는 경우는 부당행위계산부인 대상에서 제외한다.

02 소득세법상 소득금액계산의 특례에 관한 다음의 설명으로 옳은 것을 모두 묶은 것은?

2017년 회계사

ㄱ. 출자공동사업자의 배당소득, 사업소득, 기타소득, 양도소득은 부당행위계산 부인의 대상이 된다.
ㄴ. 사업소득금액을 계산할 때 해당 과세기간에 결손금이 발생하고 이월결손금이 있는 경우에는 이월결손금을 먼저 소득금액에서 공제한다.
ㄷ. 공동사업자가 과세표준확정신고를 할 때에는 과세표준확정신고서와 함께 당해 공동사업장에서 발생한 소득과 그 외의 소득을 구분한 계산서를 제출하여야 한다.
ㄹ. 공동사업합산과세 규정에 따라 특수관계인의 소득금액이 주된 공동사업자에게 합산과세되는 경우, 주된 공동사업자의 특수관계인은 그 합산과세되는 소득금액 전체에 대하여 주된 공동사업자와 연대하여 납세의무를 진다.

① ㄱ, ㄴ ② ㄴ, ㄷ ③ ㄱ, ㄷ
④ ㄱ, ㄴ, ㄷ ⑤ ㄱ, ㄷ, ㄹ

해답 ③

해설 ㄴ. 사업소득금액을 계산할 때 해당 과세기간에 결손금이 발생하고 이월결손금이 있는 경우 결손금 → 이월결손금 순서대로 소득금액에서 공제한다.
ㄹ. 공동사업합산과세 규정에 따라 특수관계인의 소득금액이 주된 공동사업자에게 합산과세되는 경우, 그 합산 과세되는 소득금액에 대해서는 주된 공동사업자의 특수관계자는 손익분배비율에 해당하는 그의 소득금액을 한도로 주된 공동사업자와 연대하여 납세의무를 진다.

03 소득세법상 소득금액계산의 특례에 관한 설명으로 옳은 것은?

2018년 회계사

① 거주자 1인과 특수관계인이 공동사업자에 포함되어 있는 경우로서 손익분배비율을 거짓으로 정하는 등의 사유가 있는 경우에는 손익분배비율에 따른 소득분배규정에 따라 소득금액을 산정한다.
② 대통령령으로 정하는 중소기업을 영위하는 거주자는 사업소득에서 결손금이 발생되는 경우 종합소득금액이 있더라도 여기에서 이를 공제하는 대신 직전 과세기간으로 소급공제하여 직전 과세기간의 사업소득에 부과된 소득세액을 한도로 환급신청할 수 있다.
③ 거주자가 채권을 내국법인에게 매도하는 경우에는 채권을 매도하는 거주자가 자신의 보유기간 이자 등 상당액을 이자소득으로 보아 소득세를 원천징수한다.
④ 사업소득에서 발생한 결손금은 그 과세기간의 종합소득과세표준을 계산할 때 이자소득금액, 배당소득금액, 근로소득금액, 연금소득금액, 기타소득금액에서 순서대로 공제한다.
⑤ 공동사업합산과세 규정에 따라 특수관계인의 소득금액이 주된 공동사업자에게 합산과세되는 경우, 그 합산과세되는 소득금액에 대하여 주된 공동사업자의 특수관계인은 자신의 손익분배비율에 해당하는 그의 소득금액을 한도로 주된 공동사업자와 연대하여 납세의무를 진다.

해답 ⑤

해설 ① 거주자 1인과 그와 특수관계인이 공동사업제가 포함되어 있는 경우로서 손익분배비율을 거짓으로 정하는 등 일정한 사유가 있는 경우에는 공동사업에 대한 소득금액 계산의 특례규정에도 불구하고 그 특수관계인의 소득금액은 그 손익분배비율이 큰 공동사업자의 소득금액으로 본다.
② 중소기업의 사업소득에서 발생한 결손금을 다른 종합소득금액에서 공제하고 남은 잔액이 있는 경우 직전 과세기간의 사업소득에 부과된 종합소득 결정세액 한도 내에서 소급공제를 받을 수 있다.
③ 거주자나 비거주자가 채권을 내국법인에게 매도하는 경우 해당 채권 등의 발행법인 등을 원천징수의무자로 하여 원천징수 규정을 적용한다.
④ 사업소득에서 발생한 결손금은 그 과세기간의 종합소득과세표준을 계산할 때 부동산임대업 사업소득, 근로소득금액, 연금소득금액, 기타소득금액, 이자소득금액, 배당소득금액 순으로 공제한다.

04 소득세법상 소득금액 및 세액의 계산과 관련된 설명이다. 옳지 않은 것은? 2019년 회계사

① 공동사업자가 과세표준확정신고를 할 때에는 과세표준확정신고서와 함께 당해 공동사업장에서 발생한 소득과 그 외의 소득을 구분한 계산서를 제출하여야 한다.
② 공동사업장에서 발생한 소득금액에 대하여 원천징수된 세액은 각 공동사업자의 손익분배비율에 따라 배분한다.
③ 직계존비속에게 주택을 무상으로 사용하게 하고 직계존비속이 해당 주택에 실제 거주하는 경우, 부당행위계산부인 규정을 적용하여 임대료의 시가에 해당하는 금액에 대하여 소득세를 과세한다.
④ 결손금소급공제 환급요건을 갖춘 자가 환급을 받으려면 과세표준확정신고기한까지 납세지 관할세무서장에게 환급을 신청하여야 하며, 환급신청을 받은 납세지 관할세무서장은 지체없이 환급세액을 결정하여 「국세기본법」에 따라 환급하여야 한다.
⑤ 이월결손금을 공제할 때 종합과세되는 금융소득 중 원천징수세율을 적용받는 부분은 이월결손금의 공제대상에서 제외하며, 그 금융소득 중 기본세율을 적용받는 부분에 대해서는 사업자가 그 소득금액의 범위에서 공제 여부 및 공제금액을 결정할 수 있다.

해답 ③

해설 특수관계인에게 금전이나 그 밖의 자산 또는 용역을 무상 또는 낮은 이율 등으로 대부하거나 제공한 경우 부당행위계산부인 규정을 적용하나 직계존비속에게 주택을 무상으로 사용하게 하고 직계존비속이 그 주택에 실제 거주하는 경우에는 제외한다.

05 **소득세법상 공동사업장 및 출자공동사업자에 관한 설명이다. 옳은 것은?** 2020년 회계사

① 공동사업자간 특수관계가 없는 경우 공동사업에서 발생한 소득금액은 공동사업을 경영하는 각 거주자 간에 손익분배비율에 의하여 분배되었거나 분배될 소득금액에 따라 각 공동사업자별로 분배한다.

② 공동사업에서 발생한 채무에 대하여 무한책임을 부담하기로 약정한 자는 출자공동사업자에 해당한다.

③ 공동사업장의 해당 공동사업을 경영하는 각 거주자는 자신의 주소지 관할 세무서장에게 사업자등록을 해야 한다.

④ 출자공동사업자의 배당소득 수입시기는 그 배당을 지급받는 날이다.

⑤ 출자공동사업자의 배당소득 원천징수세율은 14%이다.

해답 ①

해설 ② 공동사업에서 발생한 채무에 대하여 무한책임을 부담하기로 약정한 자는 출자공동사업자에 해당하지 않는다.

③ 공동사업자가 그 공동사업장에 관한 사업자등록을 할 때에는 공동사업자(출자공동사업자 해당여부에 관한 사항을 포함), 약정한 손익분배비율, 대표공동사업자, 지분·출자명세 등을 사업장 소재지 관할세무서장에게 신고해야 한다.

④ 출자공동사업자의 배당소득 수입시기는 과세기간 종료일이다.

⑤ 출자공동사업자의 배당소득 원천징수세율은 25%이다.

제2절 공동사업에 대한 소득금액 계산의 특례

01 **소득세법이 정하는 공동사업장에 대한 소득금액계산특례의 설명으로 잘못된 것은?**

① 소득세법은 당해 소득이 발생한 공동사업장별로 소득금액을 계산하는 경우로는 사업소득이 있는 경우로 한정하고 있다.

② 증명서류불비가산세 등 소득세법이 정하는 일정한 가산세로서 공동사업장에 관련되는 세액은 해당 공동사업을 경영하는 각 거주자의 지분 또는 손익분배의 비율에 의하여 배분한다.

③ 사업자등록과 고유번호의 부여에 관한 소득세법상의 규정은 해당 공동사업자를 모두 동등한 사업주체로 보고 있으므로 사업장 관할 세무서장은 사업자등록증의 성명란에 이들 모두의 성명을 기재하여 교부한다.

④ 공동사업자가 거래사실의 객관적 파악을 위하여 복식부기에 의하여 기록·관리하는 장부에 관한 규정은 당해 공동사업장을 1사업자로 보아 적용한다.

⑤ 공동사업에서 발생하는 소득금액의 결정 또는 경정은 대표공동사업자의 주소지 관할세무서장이 한다. 다만, 국세청장이 특히 중요하다고 인정하는 것에 대하여는 사업장 관할세무서장 또는 주소지 관할 지방국세청장이 한다.

해답 ③

해설 2인 이상이 공동대표로 구성되어 있는 공동사업자의 경우에도 사업자등록증의 성명란에는 사실상의 대표공동사업자 1인을 기재하여야 한다.

02 **「소득세법」 상 공동사업의 과세에 관한 설명으로 옳지 않은 것은?** 2013년 세무사

① 사업소득이 발생하는 사업을 공동으로 경영하고 그 손익을 분배하는 공동사업의 경우에는 공동사업장을 1거주자로 보아 공동사업장별로 그 소득금액을 계산한다.

② 공동사업에서 발생한 소득금액은 해당 공동사업을 경영하는 각 공동사업자 간에 약정된 손익분배비율(약정된 손익분배비율이 없는 경우에는 지분비율)에 의하여 분배되었거나 분배될 소득금액에 따라 각 공동사업자별로 분배한다.

③ 공동사업에 성명 또는 상호를 사용하게 한 자로서 당해 공동사업의 경영에 참여하지 아니하고 출자만 하는 자는 출자공동사업자에 해당한다.

④ 공동사업자에 출자공동사업자가 포함되어 있는 경우 공동사업에서 발생한 소득금액 중 출자공동사업자의 손익분배비율에 해당하는 금액은 배당소득이다.

⑤ 거주자 1인과 그와 생계를 같이 하는 특수관계인이 공동사업자에 포함되어 있는 경우로서 조세를 회피하기 위하여 공동으로 사업을 경영하는 것이 확인되는 경우에는 그 특수관계인의 소득금액은 주된 공동사업자의 소득금액으로 본다.

해답 ③

해설 공동사업에 성명 또는 상호를 사용하게 한 자 또는 공동사업에서 발생한 채무에 대하여 무한책임을 부담하기로 약정한 자는 출자공동사업자에 해당되지 않는다.

03 **소득세법상 공동사업에 대한 소득금액계산의 특례에 관한 설명으로 옳지 않은 것은?**

① 사업소득이 발생하는 사업을 공동으로 경영하고 그 손익을 분배하는 공동사업(법령이 정하는 출자공동사업자가 있는 공동사업 포함)의 경우에는 공동사업장을 1거주자로 보아 공동사업장별로 그 소득금액을 계산한다.

② 공동사업에서 발생한 소득금액은 공동사업자간(특수관계자 아님)에 약정된 손익분배비율(약정된 손익분배비율이 없는 경우에는 지분비율)에 의하여 분배되었거나 분배될 소득금액에 따라 각 공동사업자별로 분배한다.

③ 거주자 1인과 특수관계인이 공동사업자에 포함되어 있는 경우로서 손익분배비율을 허위로 정하는 등 법령이 정하는 사유가 있는 때에는 당해 특수관계자의 소득금액은 주된 공동사업자의 소득금액으로 본다.

④ 공동사업자의 소득금액을 계산하는 경우 기업업무추진비 한도액, 일반기부금 한도액은 공동사업에 출자한 공동사업자별로 각각 계산한다.

⑤ 공동사업장에서 발생한 사업소득의 결손금은 각 공동사업자별로 분배된 금액의 범위내에서 각 공동사업자의 다른 사업장의 동일 소득 또는 다른 종합소득과 통산한다.

해답 ④

해설 공동사업자의 소득금액을 계산하는 경우 기업업무추진비 한도액, 일반기부금 한도액은 공동사업장별로 계산한다.

04 **거주자 甲, 乙, 丙, 丁 4인은 공동출자하여 음식점을 경영하고 있다. 甲, 乙, 丙 3인은 생계를 같이 하는 친족 간이고, 20×2년에 동 음식점업에서 발생한 총수입금액은 5억원, 필요경비는 1억원이다. 한편 20×2년에 甲은 ㈜A의 이사로 등재되어 있어 3,000만원의 근로소득금액이 있고, 丁은 국내 소재 B은행에 돈을 맡겨 받은 이자소득 500만원(원천징수 됨)이 있으며 그 이외의 소득은 없다. 甲, 乙, 丙, 丁의 당초 손익분배비율은 각각 70% : 10% : 10% : 10%인데, 이를 40% : 30% : 20% : 10%로 허위신고 하였음이 밝혀졌다면, 甲과 丁에게 20×2년 귀속분으로 종합과세되는 소득금액은 각각 얼마인가?** 2011년 세무사

	甲	丁
①	310,000,000원	40,000,000원
②	310,000,000원	45,000,000원
③	360,000,000원	40,000,000원
④	390,000,000원	40,000,000원
⑤	390,000,000원	45,000,000원

해답 ④

해설 甲 : (1) + (2) = 390,000,000

(1) 사업소득금액 : (500,000,000 − 100,000,000) × (70%(甲) + 10%(乙) + 10%(丙))
= 360,000,000

(2)근로소득금액 : 30,000,000

丁 : 사업소득금액 = (500,000,000 − 100,000,000) × 10% = 40,000,000

05 **거주자 갑은 생계를 같이 하고 있는 다음의 동거가족 및 친구와 음식점을 공동으로 경영하고 그 손익을 분배하고 있는 바, 조세회피 목적으로 공동사업을 경영하는 것으로 확인되었다. 20×2년도의 사업소득과 관련된 다음의 자료를 이용하여 갑에게 귀속되는 사업소득금액을 계산한 것으로 옳은 것은? (단, 추가 자료는 전액 손익계산서에 수익과 비용으로 계상된 것이다.)**

2010년 회계사

(1) 손익계산서의 당기순이익 20,000,000원
(2) 공동사업자간 약정된 손익분배비율은 갑 50%, 갑의 배우자 20%, 갑의 삼촌 10%, 갑의 조카 10%, 갑의 친구 10%이다.
(3) 추가 자료
가. 이자수익(은행예금이자임) 1,500,000원
나. 토지 처분이익 1,000,000원
다. 공동사업의 대표자(갑) 급여 6,000,000원
라. 비영업대금에 대한 대손금 500,000원
마. 벌금 500,000원
바. 감가상각비 1,000,000원(세무상 감가상각범위액 1,500,000원)
사. 지급수선비 5,000,000원(갑과 특수관계에 있는 거래처와의 거래로서 정상적인 거래가격은 3,000,000원임)
아. 소득세 2,000,000원

① 29,500,000원 ② 28,500,000원 ③ 25,650,000원
④ 24,550,000원 ⑤ 14,250,000원

해답 ③

해설 공동사업장사업소득금액
당기순이익 − 이자수익 − 토지처분이익 + 대표자급여 + 비영업대금 대손금 + 벌금 + 부당행위계산부인 + 소득세
20,000,000 − 1,500,000 − 1,000,000 + 6,000,000 + 500,000 + 500,000 + 2,000,000 + 2,000,000 = 28,500,000
공동사업합산과세액 : 28,500,000 × (50%(본인) + 20%(배우자) + 10%(삼촌) + 10%(조카)) = 25,650,000원

06 **다음은 소득세법상 소득금액계산의 특례에 대한 설명이다. 가장 틀린 것은?**

① 부당행위계산의 부인규정에서 당해 거주자의 종업원 또는 그 종업원과 생계를 같이하는 친족도 특수관계인에 해당된다.

② 사업소득(주거용 건물임대업이 아닌 부동산임대업 제외)에서 발생한 결손금은 해당 과세기간의 종합소득과세표준의 계산에 있어서 근로소득금액·연금소득금액·기타소득금액·이자소득금액·배당소득금액에서 순차로 공제한다.

③ 부동산임대업(주거용 건물임대업 제외)에서 발생한 이월결손금은 당해 부동산임대업 소득금액에서만 공제한다.

④ 위탁자가 신탁재산을 실질적으로 통제하는 등 요건을 충족하는 신탁의 경우에는 그 신탁재산에 귀속되는 소득은 위탁자에게 귀속되는 것으로 본다.

⑤ 사업자가 공동으로 사업을 경영하는 경우에는 그 지분 비율에 의하여 분배되었거나 분배될 소득금액에 따라 각 공동사업자별로 그 소득금액을 계산한다.

해답 ⑤

해설 공동사업에서 발생한 소득금액을 해당 공동사업을 경영하는 각 거주자(출자공동사업자를 포함) 간에 약정된 손익분배비율(약정된 손익분배비율이 없는 경우에는 지분비율)에 따라 각 공동사업자별로 분배한다.

제3절 결손금 및 이월결손금의 공제

01 **「소득세법」상 결손금 및 이월결손금 공제에 관한 설명으로 옳지 않은 것은?** 2016년 세무사

① 사업자(주거용 건물 임대업이 아닌 부동산임대업은 제외)가 비치·기록한 장부에 의하여 해당 과세기간의 사업소득금액을 계산할 때 발생한 결손금은 그 과세기간의 종합소득과세표준을 계산할 때 근로소득금액·연금소득금액·기타소득금액·이자소득금액·배당소득금액에서 순서대로 공제한다.

② 부동산임대업에서 발생한 결손금은 종합소득 과세표준을 계산할 때 그 과세기간의 다른 종합소득금액에서 공제하지 아니하나 주거용 건물 임대업의 경우에는 그러하지 아니하다.

③ 중소기업을 경영하는 비거주자가 그 사업소득금액을 계산할 때 해당 과세기간의 이월결손금(주거용 건물 임대업이 아닌 부동산임대업에서 발생한 이월결손금은 제외)이 발생한 경우에는 결손금 소급공제세액을 환급신청할 수 있다.

④ 「국세기본법」에 따른 국세부과의 제척기간이 지난 후에 그 제척기간 이전 과세기간의 이월결손금이 확인된 경우 그 이월결손금은 공제하지 아니한다.

⑤ 해당 과세기간의 소득금액에 대해서 추계신고를 하거나 추계조사결정하는 경우 (천재지변이나 그 밖의 불가항력으로 장부나 그 밖의 증명서류가 멸실된 경우 는 제외)에는 이월결손금을 공제하지 않는다.

해답 ③
해설 결손금 소급공제는 중소기업을 영위하는 거주자에 한하여 신청할 수 있다.

02 **종합소득세 계산에 적용되는 규정에 관한 설명이다. 옳은 것은?** 2012년 회계사

① 총연금액이 연 1,200만원인 경우 납세의무자의 선택에 따라 그 연금소득금액을 종합소득과세표준에 무조건 합산할 수 있다.

② 거주자가 받은 뇌물 또는 알선수재 및 배임수재에 따라 받은 금품은 종합소득세 과세대상 소득에서 제외된다.

③ 사업소득의 결손금은 그 과세기간의 종합소득과세표준을 계산할 때 근로소득금액·기타소득금액·연금소득금액·이자소득금액·배당소득금액 순으로 공제한다.

④ 근로소득이 없는 사업자는 종합소득과세표준 계산시 종합소득공제 중 특별공제로서 의료비, 교육비, 국민주택규모 이하 주택임차자금 차입금의 원리금 상환액에 대한 공제를 적용받을 수 없으나, 성실사업자는 이들 공제의 적용이 가능하다.

⑤ 사업소득금액 계산시 추계신고를 하는 경우에는 이월결손금 공제를 적용하지 아니하나, 천재지변이나 그 밖의 불가항력으로 장부가 멸실되어 추계신고를 하는 경우에는 이월결손금 공제를 허용한다.

해답 ⑤

해설 ① 무조건 분리과세대상 이외의 사적연금소득이 연 1,500만원 이하인 경우 납세의무자의 선택에 따라 그 연금소득금액을 종합소득과세표준에 합산하지 아니하고 분리과세를 신청할 수 있다.
② 거주자가 받은 뇌물 또는 알선수재 및 배임수재에 따라 받은 금품은 종합소득세 과세대상 소득에 포함한다.
③ 사업소득의 결손금은 그 과세기간의 종합소득과세표준을 계산할 때 근로소득금액·연금소득금액·기타소득금액·이자소득금액·배당소득금액 순으로 공제한다.
④ 국민주택규모 이하 주택임차자금 차입금의 원리금 상환액에 대한 공제는 근로소득이 있는 자에 한하여 적용한다.

03 **「소득세법」상 거주자의 소득금액계산의 특례와 납세의무의 범위에 관한 설명으로 옳지 않은 것은? (단, 출자공동사업자, 연금외수령, 사업자, 주된 공동사업자 및 손익분배비율은 소득세법령의 요건을 충족하며, 비거주자 등과의 거래에 대한 소득금액 계산의 특례는 고려하지 않음)**

2020년 세무사

① 부당행위계산의 부인규정이 적용되는 종합소득은 출자공동사업자의 손익분배비율에 해당하는 배당소득, 사업소득 또는 기타소득이 해당된다.
② 사업소득이 발생하는 사업을 공동으로 경영하고 그 손익을 분배하는 공동사업(경영에 참여하지 아니하고 출자만 하는 출자공동사업자가 있는 공동사업을 포함)의 경우에는 해당 사업을 경영하는 장소인 공동사업장을 1거주자로 보아 공동사업장별로 그 소득금액을 계산한다.
③ 연금계좌의 가입자가 사망하였으나 그 배우자가 연금외수령 없이 해당 연금계좌를 상속으로 승계하는 경우에는 해당 연금계좌에 있는 피상속인의 소득금액은 상속인의 소득금액으로 보아 소득세를 계산한다.
④ 사업자가 비치·기록한 장부에 의하여 해당 과세기간의 사업소득금액을 계산할 때 발생한 결손금(주거용 건물 임대업 외의 부동산임대업에서 발생한 금액 제외)은 그 과세기간의 종합소득과세표준을 계산할 때 근로소득금액·연금소득금액·이자소득금액·기타소득금액·배당소득금액에서 순서대로 공제한다.
⑤ 주된 공동사업자에게 합산과세되는 경우 그 합산과세되는 소득금액에 대해서는 주된 공동사업자의 특수관계인은 손익분배비율에 해당하는 그의 소득금액을 한도로 주된 공동사업자와 연대하여 납세의무를 진다.

해답 ④

해설 사업자가 비치·기록한 장부에 의하여 해당 과세기간의 사업소득금액을 계산할 때 발생한 결손금(주거용 건물 임대업 외의 부동산임대업에서 발생한 금액 제외)은 그 과세기간의 종합소득과세표준을 계산할 때 근로소득금액·연금소득금액·기타소득금액·이자소득금액·배당소득금액에서 순서대로 공제한다.

04 **다음은 소득세에 대한 설명이다. 가장 잘못된 것은?**

① 부당행위계산은 특수관계자간의 거래에 있어서 조세의 부담을 부당하게 감소시킨 것으로 인정되는 사업소득, 기타소득, 양도소득, 출자공동사업자의 배당소득이 있는 거주자의 행위 또는 계산에 적용된다.

② 거주자가 특수관계자에게 자산을 증여한 후 그 자산을 증여 받은 자가 5년 이내에 제3자에게 당해 자산을 다시 양도하여 양도소득세 부당행위계산에 해당하는 경우, 이 양도소득에 대하여는 증여자와 증여받은 자가 연대하여 납세의무를 진다.

③ 세법이 정하는 요건을 충족하는 중소기업을 영위하는 거주자는 당해 중소기업의 사업소득금액을 계산함에 있어서 이월결손금이 발생하는 경우 직전과세기간의 당해 중소기업 사업소득에 부과된 소득세액을 한도로 결손금소급공제세액을 환급신청할 수 있다.

④ 특수관계가 아닌 자로서 공동사업을 경영하는 경우, 공동사업장을 1거주자로 보아 산정한 소득금액을 그 지분 또는 손익분배의 비율에 의하여 분배되었거나 분배될 소득금액에 따라 각 거주자별로 소득금액을 계산하고 이를 각자의 다른 소득금액과 합산하여 소득세를 산출한다.

⑤ 사업소득(부동산임대사업소득 포함)에서 발생한 이월결손금은 사업소득, 근로소득, 연금소득, 기타소득, 이자소득, 배당소득금액에서 순차로 공제한다.

해답 ⑤

해설 부동산임대업(주거용 건물임대업 제외)에서 발생한 이월결손금은 부동산임대업의 소득금액에서만 공제한다.

05 **소득세법상 특례규정에 관한 다음의 설명 중 틀린 것은?**

① 공동사업에서 발생한 소득금액은 해당 공동사업을 경영하는 각 거주자(출자공동사업자를 포함한다. 이하 "공동사업자"라 한다) 간에 약정된 손익분배비율(약정된 손익분배비율이 없는 경우에는 지분비율을 말한다. 이하 "손익분배비율"이라 한다)에 의하여 분배되었거나 분배될 소득금액에 따라 각 공동사업자별로 분배한다.

② 사업소득이 있는 거주자가 비치·기장한 장부에 의하여 당해연도의 사업소득금액을 계산함에 있어서 발생하는 결손금은 당해연도의 종합소득 과세표준계산에 있어서 종합과세되는 금융소득에서는 공제되지 아니한다.

③ 피상속인의 소득금액에 대한 소득세로서 상속인에게 과세할 것과 상속인의 소득금액에 대한 소득세는 구분하여 계산하여야 한다.

④ 신탁업을 영위하는 자는 각 연도의 소득금액계산에 있어서 신탁재산에 귀속되는 소득과 기타의 소득을 구분하여 경리하여야 한다.

⑤ 거주자가 재고자산 또는 임목을 가사용으로 소비하거나 종업원 또는 타인에게 지급한 경우에도 이를 소비하거나 지급하였을 때의 가액에 해당하는 금액은 그 소비하거나 지급한 날이 속하는 과세기간의 사업소득금액 또는 기타소득금액을 계산할 때 총수입금액에 산입한다.

해답 ②

해설 결손금 및 이월결손금을 공제할 때, 종합과세되는 금융소득이 있으면 그 금융소득 중 원천징수세율을 적용받는 부분은 결손금 또는 이월결손금의 공제대상에서 제외하며, 그 금융소득 중 기본세율을 적용받는 부분에 대해서는 사업자가 그 소득금액의 범위에서 공제 여부 및 공제금액을 결정할 수 있다.

06 「소득세법」상 거주자의 소득금액계산 특례에 관한 설명으로 옳지 않은 것은? 2013년 세무사

① 근로소득과 연금소득에 대하여는 부당행위계산부인을 적용하지 아니한다.

② 피상속인의 소득금액에 대한 소득세로서 상속인에게 과세할 것과 상속인의 소득금액에 대한 소득세는 구분하여 계산하여야 한다.

③ 연금계좌의 가입자가 사망하였으나 그 배우자가 연금외수령 없이 해당 연금계좌를 상속으로 승계하는 경우에는 해당 연금계좌에 있는 피상속인의 소득금액은 상속인의 소득금액으로 보아 소득세를 계산한다.

④ 종합소득과세표준 확정신고 후 예금 또는 신탁계약의 중도 해지로 이미 지난 과세기간에 속하는 이자소득금액이 감액된 경우, 이와 관련하여 과세표준 및 세액의 경정을 청구하지 않았다면 그 중도 해지일이 속하는 과세기간의 종합소득금액에 포함된 이자소득금액에서 그 감액된 이자소득금액을 뺄 수 있다.

⑤ 국세부과의 제척기간이 지난 후에 그 제척기간 이전 과세기간의 이월결손금이 확인된 경우 그 이월결손금은 경정청구를 통하여 공제받을 수 있다.

해답 ⑤

해설 「국세기본법」에 따른 국세부과의 제척기간이 지난 후에 그 제척기간 이전 과세기간의 이월결손금이 확인된 경우 그 이월결손금은 공제하지 아니한다.

07 **소득세법상 소득금액 계산의 특례와 관련된 설명이다. 옳지 않은 것은?** 2011년 회계사

① 사업소득, 기타소득, 출자공동사업자의 배당소득 그리고 양도소득은 부당행위계산 부인의 대상이 된다.

② 사업소득이 발생하는 사업을 공동으로 경영하고 그 손익을 분배하는 공동사업(출자공동사업자가 있는 공동사업을 포함함)의 경우에는 공동사업장을 1거주자로 보아 공동사업장별로 그 소득금액을 계산한다.

③ 주된 공동사업자의 특수관계인의 소득금액이 주된 공동사업자에게 합산과세되는 경우 그 합산과세되는 소득금액에 대해서는 주된 공동사업자의 특수관계자는 그의 손익분배비율에 해당하는 그의 소득금액을 한도로 주된 공동사업자와 연대하여 납세의무를 진다.

④ 결손금 및 이월결손금을 공제할 때 '이자소득 등에 대한 종합과세시 세액계산의 특례'에 따라 세액계산을 하는 경우 종합과세되는 배당소득 또는 이자소득 중 기본세율을 적용받는 부분은 결손금 또는 이월결손금의 공제대상에서 제외한다.

⑤ 중소기업을 경영하는 거주자가 그 중소기업의 사업소득금액을 계산할 때 해당 과세기간의 이월결손금이 발생한 경우에는 직전 과세기간의 그 중소기업의 사업소득에 부과된 소득세액을 한도로 하여 결손금소급공제세액을 환급신청할 수 있다. 다만 주거용 건물 임대업을 제외한 부동산임대업에서 발생한 이월결손금의 경우에는 그러하지 아니하다.

해답 ④

해설 결손금 및 이월결손금을 공제할 때 '이자소득 등에 대한 종합과세시 세액계산의 특례'에 따라 세액계산을 하는 경우 종합과세되는 배당소득 또는 이자소득 중 기본세율을 적용받는 부분은 결손금 또는 이월결손금의 공제여부 및 금액을 납세자가 선택할 수 있다.

08 **「소득세법」상 소득금액 계산의 특례에 관한 설명으로 옳지 않은 것 은?** 2018년 세무사

① 종합소득과세표준 확정신고 후 예금 또는 신탁계약의 중도 해지로 이미 지난 과세기간에 속하는 이자소득금액이 감액된 때에는, 경정청구를 하지 아니한 경우라면 그 중도해지일이 속하는 과세기간의 종합소득금액에 포함된 이자소득금액에서 그 감액된 이자소득금액을 뺄 수 있다.

② 우리나라가 조세조약의 상대국과 그 조세조약의 상호 합의 규정에 따라 거주자 가 국외에 있는 비거주자와 거래한 그 금액에 대하여 권한 있는 당국 간에 합의를 하는 경우에는 그 합의에 따라 납세지 관할 세무서장은 그 거주자의 각 과세 기간의 소득금액을 조정하여 계산할 수 있다.

③ 사업소득이 발생하는 사업을 공동으로 경영하고 그 손익을 분배하는 공동사업의 경우에는 각 공동사업자별로 소득금액을 계산한다.

④ 연금계좌의 가입자가 사망하였으나 그 배우자가 연금외수령 없이 해당 연금계좌를 상속으로 승계하는 경우에는 그 연금계좌에 있는 피상속인의 소득금액은 상 속인의 소득금액으로 보아 소득세를 계산한다.

⑤ 결손금 및 이월결손금을 공제할 때 해당 과세기간에 결손금이 발생하고 이월결손금이 있는 경우에는 그 과세기간의 결손금을 먼저 소득금액에서 공제한다.

해답 ③

해설 사업소득이 발생하는 사업을 공동으로 경영하고 그 손익을 분배하는 공동사업의 경우 공동사업장을 1거주자로 보아 공동사업장별로 소득금액을 계산한 후, 공동사업자 간의 손익분배비율에 의하여 분배되었거나 분배될 소득금액에 따라 각 공동사업자별로 분배한다.

09 **「소득세법」상 소득금액계산의 특례에 관한 설명이다. 옳지 않은 것은?** 2010년 회계사

① 거주자가 내국법인이 발행한 채권에서 발생하는 이자를 지급받거나 해당 채권을 매도하는 경우에는 그 보유기간별로 거주자에게 귀속되는 이자 상당액을 해당 거주자의 이자소득으로 보아 소득금액을 계산한다.

② 피상속인의 소득금액에 대한 소득세로서 상속인에게 과세할 것과 상속인의 소득금액에 대한 소득세는 구분하여 계산하여야 한다.

③ 거주자 1인과 그와 특수관계인이 공동사업자에 포함되어 있고 손익분배비율을 거짓으로 정하는 경우에는 그 특수관계인의 소득금액은 주된 공동사업자의 소득금액으로 본다.

④ 사업소득을 계산할 때 발생한 결손금은 그 과세기간의 종합소득과세표준을 계산할 때 근로소득금액, 연금소득금액, 이자소득금액, 배당소득금액, 기타소득금액에서 순서대로 공제한다.

⑤ 종합소득과세표준 확정신고 후 예금의 중도해지로 이미 지난 과세기간에 속하는 이자소득금액이 감액된 경우 그 중도해지일이 속하는 과세기간의 종합소득금액에 포함된 이자소득금액에서 그 감액된 이자소득금액을 뺄 수 있다.

해답 ④

해설 사업자가 비치·기록한 장부에 의하여 해당 과세기간의 사업소득금액을 계산할 때 발생한 결손금은 그 과세기간의 종합소득과세표준을 계산할 때 근로소득금액·연금소득금액·기타소득금액·이자소득금액·배당소득금액에서 순서대로 공제한다.

10 **소득세법상 결손금 또는 이월결손금의 공제에 관한 설명으로 옳지 않은 것은?** 2009년 세무사

① 결손금이란 사업소득 또는 부동산임대소득이 있는 거주자가 비치·기장한 장부에 의하여 당해 소득금액을 계산함에 있어서 당해연도에 속하는 필요경비가 당해연도에 속하는 총수입금액을 초과하는 경우에 그 초과하는 금액을 말한다.

② 부동산임대업 소득의 결손금은 당해연도의 근로소득금액에서 공제할 수 있다.

③ 사업소득의 이월결손금은 발생한 연도의 종료일부터 15년 이내에 종료하는 과세기간의 소득금액을 계산함에 있어서 먼저 발생한 연도의 이월결손금부터 순차로 당해 소득별로 이를 공제한다.

④ 사업소득(주거용 건물임대업이 아닌 부동산임대업 제외)의 결손금은 당해연도의 종합소득과세표준의 계산에 있어서 부동산임대업 소득금액·근로소득금액·연금소득금액·기타소득금액·이자소득금액·배당소득금액에서 순차로 공제한다.

⑤ 법령이 정하는 중소기업을 영위하는 거주자가 당해 중소기업의 사업소득금액을 계산함에 있어서 당해 과세기간의 이월결손금이 발생한 경우에는 직전과세기간의 당해 중소기업의 사업소득에 부과된 소득세액을 한도로 하여 결손금소급공제세액을 환급신청할 수 있다.

해답 ②

해설 부동산임대업(주거용 건물 임대업 제외) 소득의 결손금은 당해연도의 근로소득금액 등 다른소득에서 공제할 수 없으며, 다음연도로 이월한다.

11 **거주자 甲이 비치·기록한 장부에 의하여 당해 과세기간의 종합소득금액을 계산할 때 공제할 수 없는 결손금 또는 이월결손금으로 옳은 것을 모두 고른 것은? (단, 거주자 甲은 당해 과세기간에 근로소득과 아래의 사업에서 발생한 결손금 또는 이월결손금만 있으며, 다른 사업은 영위하고 있지 않는 것으로 가정한다.)** 2011년 세무사

ㄱ. 공장재단을 대여하는 사업에서 발생한 결손금
ㄴ. 주거용 건물을 임대하는 사업에서 발생한 결손금
ㄷ. 채굴에 관한 권리를 대여하는 사업으로서 광업권자가 자본적 지출이나 수익적 지출의 일부 또는 전부를 제공한다는 조건 없이 채굴시설과 함께 광산을 대여하는 사업에서 발생한 결손금
ㄹ. 「국세기본법」의 규정에 따른 국세부과의 제척기간이 지난 후에 확인된 그 제척기간 이전 과세기간의 이월결손금

① ㄱ, ㄴ ② ㄱ, ㄷ ③ ㄴ, ㄹ
④ ㄱ, ㄷ, ㄹ ⑤ ㄴ, ㄷ, ㄹ

해답 ④

해설 다음의 어느 하나에 해당하는 사업에서 발생한 결손금은 종합소득 과세표준을 계산할 때 공제하지 아니한다. 다만, 주거용 건물 임대업의 경우에는 그러하지 아니하다.

1. 부동산 또는 부동산상의 권리를 대여하는 사업. 다만 지역권 등 대통령령으로 정하는 권리를 대여하는 사업은 제외한다.
2. 공장재단 또는 광업재단을 대여하는 사업
3. 채굴에 관한 권리를 대여하는 사업으로서 대통령령으로 정하는 사업

「국세기본법」에 따른 국세부과의 제척기간이 지난 후에 그 제척기간 이전 과세기간의 이월결손금이 확인된 경우 그 이월결손금은 공제하지 아니한다.

12 소득세법상 결손금 및 이월결손금 공제에 대한 다음 설명 중 잘못된 것은?

① 세법에서 정하는 중소기업을 영위하는 거주자는 사업소득에서 결손금이 발생되는 경우 이를 타소득에서 공제하는 대신 직전 과세기간으로 소급공제하여, 직전 과세기간의 사업소득에 부과된 소득세액을 한도로 환급신청할 수 있다.

② 공장재단임대업의 결손금은 다른 소득금액에서 공제하지 않고 다음 연도로 이월시켜 향후 발생하는 부동산임대업 소득금액에서 공제한다.

③ 사업소득(주거용 건물임대업이 아닌 부동산임대업 제외)의 결손금은 당해연도의 종합소득과세표준의 계산에 있어서 근로소득금액, 연금소득금액, 기타소득금액, 이자소득금액, 배당소득금액에서 순차로 공제하며, 공제 후 남은 결손금은 다음 연도로 이월시킨다.

④ 당해연도의 소득금액을 추계신고.추계결정.경정하는 경우(천재·지변 기타 불가항력으로 장부, 기타 증빙서류가 멸실되어 추계신고.추계결정.경정하는 경우는 제외)에는 이월결손금 공제규정을 적용하지 않는다.

⑤ 서비스업에서 발생한 이월결손금(자산수증익 또는 채무면제익으로 충당된 이월결손금 제외)은 사업소득금액, 근로소득금액, 연금소득금액, 기타소득금액, 이자소득금액, 배당소득금액에서 순차로 공제한다.

해답 ①

해설 중소기업을 영위하는 거주자는 사업소득에서 결손금이 발생되는 경우 이를 종합소득에서 먼저 공제하고 잔액이 존재하는 경우, 그 잔액을 직전 과세기간의 사업소득에 부과된 소득세액을 한도로 환급신청할 수 있다.

13 다음 자료에 의하여 거주자 甲의 20×2년 귀속 배당소득금액을 계산하면 얼마인가?

2013년 세무사

(1) 甲의 20×2년 귀속 소득금액 내역은 다음과 같다.(△는 결손금을 의미함)

가. 이자소득금액	20,300,000원
나. 배당소득금액(외국법인으로부터 받은 배당)	55,700,000원
다. 부동산임대업의 사업소득금액(상가건물 임대)	7,000,000원
라. 부동산임대업 이외의 사업소득금액	△25,000,000원
마. 근로소득금액	8,000,000원
바. 연금소득금액	3,000,000원
사. 기타소득금액	5,000,000원

(2) 甲의 20×2년 귀속 소득은 모두 종합과세대상이다. 그리고 기본세율을 적용받는 이자소득금액과 배당소득금액에서도 결손금과 이월결손금을 제한 없이 공제하는 것으로 한다.

(3) 甲의 20×1년 귀속 결손금은 주거용 건물 임대업이 아닌 부동산임대업으로부터 발생한 금액 9,000,000원과 부동산임대업 이외의 사업으로부터 발생한 13,000,000원이 있다. 이들은 모두 20×2년으로 이월되었으며 이들 중에서 자산수증이익 등으로 충당된 것은 없다.

① 32,000,000원 ② 41,000,000원 ③ 49,000,000원
④ 54,000,000원 ⑤ 55,700,000원

해답 ②

해설

소득구분	20×1년 이월결손금	20×2년 귀속	20×2년 결손금 공제	20×1년 이월결손금 공제	20×2년 결손금공제후 소득금액
부동산임대업 외 사업소득금액	△13,000,000	△25,000000	25,000,000	13,000,000	-
부동산임대업 사업소득금액	△9,000,000	7,000,000	△7,000,000	-	-
근로소득금액	-	8,000,000	△8,000,000	-	-
연금소득금액		3,000,000	△3,000,000	-	-
기타소득금액	-	5,000,000	△5,000,000	-	-
이자소득금액		20,300,000	△300,000		20,000,000
배당소득금액		55,700,000	△1,700,000	△13,000,000	41,000,000

제4절 채권 등에 대한 소득금액의 계산 특례

01 다음은 소득세법상 소득금액 계산의 특례에 대한 설명이다. 틀린 것은?

① 종합소득금액 중 출자공동사업자의 배당소득, 사업소득, 기타소득에 대하여 부당행위계산부인 규정 적용된다.

② 거주자가 생계를 같이 하는 그의 고모부 및 이모부와 사업을 공동으로 경영하는 경우, 손익분배비율을 허위로 정한 경우가 아니라면 각 공동사업자의 손익분배비율에 따라 공동사업에서 발생한 소득금액을 분배한다.

③ 사업소득(주거용 건물 임대업이 아닌 부동산임대업 제외)에서 발생한 이월결손금은 사업소득금액, 근로소득금액, 연금소득금액, 기타소득금액, 이자소득금액, 배당소득금액에서 순차로 공제한다.

④ 거주자가 발행법인으로부터 채권의 이자를 지급받기 전에 법인에게 매도를 하는 경우 세액의 원천징수의무자는 당해 거주자가 된다.

⑤ 피상속인의 소득금액에 대한 소득세를 상속인에게 과세할 경우 이를 상속인의 소득금액에 대한 소득세와 구분하여 계산하여야 한다.

해답 ④

해설 거주자가 발행법인으로부터 채권의 이자를 지급받기 전에 법인에게 매도를 하는 경우 세액의 원천징수의무자는 매수한 법인이 된다.

제5절 기타 소득금액 계산 특례

01 소득세법상 소득금액계산의 특례에 대한 다음 설명 중 옳지 않은 것은?

① 조세특례제한법상 중소기업을 영위하는 거주자는 당해 중소기업의 사업소득을 계산함에 있어 해당 과세기간의 이월결손금이 발생한 경우 당해 중소기업의 직전과세기간 사업소득에 부과된 소득세액을 한도로 하여 결손금소급공제세액을 환급신청할 수 있다.

② 피상속인의 소득금액에 대한 소득세를 상속인에게 과세할 경우 피상속인의 소득금액과 상속인의 소득금액을 합산하여 계산한다.

③ 종합과세되는 배당소득 또는 이자소득 중 원천징수세율을 적용받는 부분은 결손금 또는 이월결손금의 공제대상에서 제외된다.

④ 사업소득이 있는 거주자의 행위 또는 계산이 그 거주자와 특수관계인과의 거래로 인하여 당해 소득에 대한 조세의 부담을 부당하게 감소시킨 것으로 인정되는 때에는 그 거주자의 행위 또는 계산에 관계없이 해당 연도의 소득금액을 계산할 수 있다.

⑤ 거주자가 내국법인이 발행한 채권의 이자를 받기 전에 다른 내국법인에게 이를 매도하는 경우 채권을 매수하는 법인이 거주자의 보유기간 이자상당액에 대하여 소득세를 원천징수한다.

해답 ②

해설 피상속인의 소득금액에 대한 소득세를 상속인에게 과세할 경우 피상속인의 소득금액과 상속인의 소득금액은 구분하여 계산한다.

02 「소득세법」상 소득금액계산의 특례에 관한 설명이다. 옳지 않은 것은? 2022년 회계사

① 직계존비속에게 주택을 무상으로 사용하게 하고 직계존비속이 그 주택에 실제 거주하는 경우는 부당행위계산부인 대상이 아니다.

② 거주자가 채권을 내국법인에게 매도하는 경우에는 당해 거주자가 자신의 보유기간 이자등 상당액을 이자소득으로 보아 소득세를 원천징수하여야 한다.

③ 피상속인의 소득금액에 대한 소득세로서 상속인에게 과세할 것과 상속인의 소득금액에 대한 소득세는 구분하여 계산하여야 한다.

④ 부동산임대업(주거용 건물 임대업은 제외)에서 발생하는 결손금은 종합소득 과세표준을 계산할 때 다른 소득금액에서 공제하지 않는다.

⑤ 종합소득 과세표준 확정신고 후 예금 또는 신탁계약의 중도 해지로 이미 지난 과세기간에 속하는 이자소득금액이 감액된 경우, 그 중도 해지일이 속하는 과세기간의 종합소득금액에 포함된 이자소득금액에서 그 감액된 이자소득금액을 뺄 수 있다.

해답 ②

해설 해당 채권 등의 발행법인 등을 원천징수의무자로 하여 원천징수 규정을 적용한다.

CHAPTER

04 종합소득 과세표준과 세액의 계산

제1절 종합소득공제

01 소득세법상 종합소득공제 중 인적공제에 관한 설명으로서 틀린 것은?

① 소득세의 납세의무자 중 1거주자로 보는 법인 아닌 단체에 대하여는 인적공제를 적용하지 아니한다.

② 거주자가 부녀자공제 및 한부모소득공제가 중복될 경우, 한부모소득공제를 적용한다.

③ 해당 과세기간의 중도에 사망한 거주자의 공제대상가족이 그 상속인의 공제대상가족에도 해당하는 때에는 과세표준확정신고서에 기재된 바에 따라 피상속인 또는 그 상속인 중 1인의 공제대상가족으로 한다.

④ 거주자의 배우자(연간소득금액이 없다)로서 연령이 76세인 자가 1월 10일에 사망하였다면 그 사망일이 속하는 연도에 있어서 그 배우자에 대하여는 부양기간에 관계없이 기본공제 및 추가공제(경로우대) 100만원을 공제한다.

⑤ 거주자와 생계를 같이 하는 부양가족 중에 연령이 33세로서 장애인 아들(연간소득금액이 없다) 1인이 포함되어 있다면 그 아들에 대하여는 기본공제와 추가공제(장애인) 200만원을 공제한다.

해답 ③

해설 해당 과세기간의 중도에 사망하였거나 외국에서 영주하기 위하여 출국한 거주자의 공제대상가족으로서 상속인등 다른 거주자의 공제대상가족에 해당하는 사람에 대해서는 피상속인 또는 출국한 거주자의 공제대상가족으로 한다.

02 **소득세법상 종합소득공제에 대한 설명이다. 옳지 않은 것은?**

① 경로우대자공제를 받기 위한 최소한의 연령은 70세이다.
② 종합소득이 있는 거주자와 생계를 같이 하면서 소득이 없는 장애인 아들은 연령에 관계 없이 그 거주자의 기본공제대상자가 된다.
③ 기본공제대상자가 아닌 자는 추가공제대상자가 될 수 없다.
④ 둘 이상의 거주자가 공제대상가족을 서로 자기의 공제대상가족으로 하여 신고서에 적은 경우 또는 누구의 공제대상가족으로 할 것인가를 알 수 없는 경우에는 거주자의 공제대상 배우자가 다른 거주자의 공제대상부양가족에 해당하는 때에는 공제대상배우자로 한다.
⑤ 거주자 갑의 배우자가 양도소득금액만 8백만원이 있는 경우 종합소득금액이 2천만원인 갑은 배우자공제를 받을 수 있다.

해답 ⑤
해설 종합소득금액, 양도소득금액, 퇴직소득금액 합계액을 기준으로 연간 100만원을 초과하는 경우 기본공제대상이 되지 못한다.

03 **소득세법에 의한 다음 공제항목 중 근로소득이 있는 거주자(일용근로자 제외)만이 공제받을 수 있는 것은?**

① 거주자의 형제자매로서 연간 소득금액 요건을 충족한 20세 이하인 자에 대한 기본공제
② 기본공제 대상이 되는 자가 연간 소득금액 요건을 충족하면서 70세 이상인 경우의 추가공제
③ 배우자가 있는 여성으로 종합소득금액이 3천만원 이하인 경우의 추가공제
④ 국민건강보험료. 고용보험료. 노인장기요양보험료 부담액에 따른 보험료공제
⑤ 공적연금 관련법에 따른 기여금 또는 개인부담금을 납입한 경우 적용받는 연금보험료공제

해답 ④
해설 근로소득이 있는 거주자(일용근로자는 제외)가 해당 과세기간에 「국민건강보험법」, 「고용보험법」 또는 「노인장기요양보험법」에 따라 근로자가 부담하는 보험료를 지급한 경우 그 금액을 해당 과세기간의 근로소득금액에서 공제한다

04 **다음 자료는 국내 시중은행에 근무하는 거주자 갑의 20×2년도 소득내역이다. 거주자 갑이 20×3년 5월말까지 신고해야 할 종합소득금액은 얼마인가? (단, 거주자 갑은 특정 소득에 대하여 종합과세와 분리과세 중 하나의 방법을 선택할 수 있는 경우에는 분리과세를 선택한다.)**

(1) 1년간 급여 40,000,000원
(2) 은행으로부터 보조받은 휴가비 7,000,000원
(급여에는 포함되어 있지 않음)
(3) 대학에 한 학기 출강하고 받은 강사료 3,000,000원
(근로계약에 의한 3월 1일부터 6월 30일까지의 강사료임)
(4) 신문 및 잡지에 글을 기고하고 받은 원고료 5,000,000원
(5) 보험차익 1,000,000원
(2007년 1월 1일 가입, 계약기간 10년 이상인 저축성보험임)
(6) 상가임대료 20,000,000원
(간주임대료는 없으며, 필요경비는 10,000,000원임)
(7) 원천징수대상이 되는 소득에 대해서는 세법에 따라 적법하게 원천징수 되었다.

근로소득공제

총급여	공제액
500만원 이하	총급여액 × 70%
500만원 초과 1,500만원 이하	3,500,000+(총급여액 - 5,000,000) × 40%
1,500만원 초과 4,500만원 이하	7,500,000+(총급여액 - 15,000,000) × 15%
4,500만원 초과 1억원 이하	12,000,000+(총급여액 - 45,000,000) × 5%
1억원 초과	14,750,000+(총급여액 - 100,000,000) × 2%

① 37,750,000원 ② 44,150,000원 ③ 45,750,000원
④ 47,750,000원 ⑤ 48,750,000원

해답 ④

해설 총급여액(근로소득) : 40,000,000 + 7,000,000 + 3,000,000*1 = 50,000,000
근로소득공제 : 12,250,000
근로소득금액 : 37,750,000
*1 학교 등과의 근로계약에 의하여 정기적으로 일정한 과목을 담당하고 강의를 한 시간 또는 날에 따라 강사료를 지급받는 경우에는 동일한 학교에서 3월 이상 계속하여 강사료를 지급받는 경우에 한하여 일반급여자의 근로소득으로 본다.
기타소득금액 : 5,000,000 - (5,000,000 × 60%) = 2,000,000 (3백만원이하 분리과세 가능)
이자소득금액 : 없음
사업소득금액 : 20,000,000 - 10,000,000 = 10,000,000
종합소득금액 : 근로소득금액(37,750,000) + 사업소득금액(10,000,000) = 47,750,000

05 다음 자료에 의하여 거주자 甲의 20×2년 귀속 종합소득금액을 계산하면 얼마인가?

2013년 세무사

(1) 甲의 20×2년 귀속 소득내역은 다음과 같다.
- 직장공제회 초과반환금 : 6,000,000원
- 비영업대금의 이익(원천징수되지 않음) : 5,000,000원
- 출자공동사업자의 배당소득 : 50,000,000원
- 종업원으로 근무하던 직장을 퇴직함으로써 지급받은 퇴직소득 : 25,000,000원
- 퇴직 전에 부여받은 주식매수선택권을 퇴직 후에 행사함으로써 얻은 이익 : 10,000,000원
- 보유기간이 15년인 서화를 양도하고 받은 대가 : 20,000,000원

총급여	공제액
500만원 이하	총급여액 × 70%
500만원 초과 1,500만원 이하	3,500,000 + (총급여액 - 5,000,000) × 40%

(2) 甲의 소득은 모두 국내에서 지급받았으며 소득에 대한 필요경비는 확인되지 않는다.
(3) 甲의 소득에 대한 원천징수는 별도로 명시한 것을 제외하고는 적법하게 이루어졌으며, 위에 제시된 금액은 모두 원천징수세액을 차감하기 전의 금액이다.

① 46,000,000원 ② 57,000,000원 ③ 65,000,000원
④ 67,000,000원 ⑤ 69,000,000원

해답 ③

해설 종합소득금액 : 55,000,000 + 10,000,000 = 65,000,000
* 직장공제회 초과반환금 : 분리과세.
① 비영업대금의 이익(원천징수되지 않음)과 출자공동사업자의 배당소득 : 무조건 종합과세
② 종업원으로 근무하던 직장을 퇴직함으로써 지급받은 퇴직소득(25,000,000) : 분류과세
③ 퇴직 전에 부여받은 주식매수선택권을 퇴직 후 행사함으로써 얻은 이익(10,000,000) : 기타소득
④ 서화양도 : 6천만원 미만이므로 과세제외

06 **다음 자료를 이용하여 거주자 甲의 20×2년 귀속 종합소득금액을 계산하면 얼마인가? (단, 주어진 자료 이외에는 고려하지 않음)** 2018년 세무사

(1) 甲의 20×2년 귀속 근로소득 등 관련 자료
① 연 급여: 83,400,000원 [식사대 3,600,000원(월 300,000원×12개월) 포함, 회사는 현물식사를 별도 제공하지 않음]
② 「발명진흥법」에 따른 직무발명보상금: 5,000,000원
③ 법령에 의한 건강보험료 회사부담금: 2,400,000원
④ 법령으로 정한 직장공제회 초과반환금: 6,000,000원(국내에서 받았으며 원천징수는 적법하게 이루어짐)
⑤ 근로소득공제액

총급여 액	근로소득공제액
4,500만원 초과 1억원 이하	1,200만원+4,500만원을 초과하는 금액의 100분의 5
1억원 초과	1,475만원+1억원을 초과하는 금액의 100분의 2

(2) 甲은 상가건물을 20×1년 12월 초부터 20×2년 12월 말까지 매월 임대료 2,000,000원(부가가치세 별도)을 받기로 약정하고 임대사업을 하고 있다. 당해 임대사업은 세무대리인을 통해 장부 기장에 의한 신고를 하였으며, 20×2년 필요경비는 10,000,000원이다. (임차인과는 특수관계가 아니며 임차기간 중 임차인 변동은 없고, 사업기간 중 휴업 사실 없음)
(3) 甲이 「문화재보호법」에 따라 국가지정문화재로 지정된 서화를 양도하고 발생한 양도소득은 10,000,000원이다.
(4) 甲은 직장동료 乙에게 20×2.4.1.에 1억원을 빌려주고 원금과 이자(연 5%)는 1년 후 받기로 하였다. (甲은 금전 대여를 사업적으로 하지 않음)

① 89,560,000원 ② 81,200,000원 ③ 99,560,000원
④ 103,360,000원 ⑤ 123,100,000원

해답 ②

해설 (1) 근로소득금액 : 67,200,000
① 총급여 : 83,400,000-2,400,000=81,000,000
② 근로소득공제액 : 12,000,000+(81,000,000-45,000,000)×5%=13,800,000
③ 근로소득금액 : ①-②=67,200,000
*「발명진흥법」에 따른 직무발명보상금으로서 연 700만원 이하의 금액은 비과세한다.
*해당 과세기간에 「국민건강보험법」, 「고용보험법」 또는 「노인장기요양보험법」에 따라 근로자가 부담하는 보험료를 지급한 경우 그 금액을 해당 과세기간의 근로소득금액에서 공제한다.
(2) 임대소득금액 : 2,000,000×12-10,000,000=14,000,000
(3) 「문화재보호법」에 따라 국가지정문화재로 지정된 서화를 양도하고 발생한 소득은 비과세대상이다.
(4) $100,000,000 \times 5\% \times \frac{275}{365}$=3,767,123원은 비영업대금의 이익이며 이자소득 과세대상이나 2천만원 이하이므로 분리과세이다.
(5) 종합과세대상금액 = 67,200,000 + 14,000,000 = 81,200,000

07 **다음은 거주자 갑의 20×2년도 종합소득세 신고와 관련된 자료이다. 거주자 갑의 20×2년도 종합소득 과세표준으로 옳은 것은? (단, 특별히 언급되지 않는 한 원천징수는 적절히 이루어졌으며, 제시된 금액들은 원천징수세액을 차감하기 전의 금액이다. 기타소득에 대하여 분리과세가 가능할 경우, 분리과세를 선택하는 것으로 가정한다.** 2011년 회계사

(1) 소득내역은 다음과 같다.
가. 비영업대금의 이익 : 10,000,000원
나. 국내은행 예금이자 : 13,000,000원
다. 국외에서 지급받은 이자(국내에서 원천징수 되지 아니함) : 14,060,000원
라. 비상장내국법인으로부터의 현금배당(법인세가 과세된 소득을 재원으로 함) : 6,000,000원
마. 비실명배당소득 : 5,000,000원
바. 분리과세를 신청하지 아니한 상환기간 12년의 장기채권이자 : 7,000,000원
사. 복권당첨금 : 9,000,000원
아. 고용관계 없이 다수인에게 일시적으로 강연을 하고 받은 강연료 : 20,000,000원(실제 사용된 필요경비는 10,000,000원임)
(2) 종합소득공제는 3,000,000원이다.

① 51,000,000원 ② 55,660,000원 ③ 52,210,000원
④ 57,210,000원 ⑤ 57,660,000원

해답 ②

해설 종합금융소득금액 : 50,660,000
* 무조건종합과세 : 다 = 14,060,000
* 조건부종합과세 : 가 + 나 + 라Ⓖ + 바 = 36,000,000
* Gross - up : min(6,000,000, 50,000,000-20,000,000) × 10% = 600,000
기타소득금액 : (아) 20,000,000 - MAX (10,000,000, 20,000,000 × 60%) = 8,000,000
* 기타소득금액이 300만원을 초과 하므로, 종합과세)
* 비실명배당소득 및 복권당첨금은 분리과세대상
종합소득과세표준 : (50,660,000 + 8,000,000) - 3,000,000 = 55,660,000

08 ㈜성공의 생산직 직원으로 재직중인 거주자 을의 20×2년도 소득관련 자료이다. 조세부담을 최소화하고자 할 때 을의 20×2년도 종합소득금액으로 옳은 것은? 2012년 회계사 수정

(1) 연간 급여 관련 자료

기본급(월 600,000원)	7,200,000원
상여금	1,500,000원
직책수당(월 100,000원)	1,200,000원
식대보조금 (월 225,000원, 별도 식사나 음식물 제공 없음)	2,700,000원
연장근로수당	2,500,000원

(2) 20×2.3.1에 을은 ㈜성공으로부터 부여받은 주식매수선택권을 행사하였으며 행사로 인한 이익(주식매수선택권 행사 당시의 시가와 실제 매수가액과의 차액)은 2,000,000원이다.

(3) 을은 위 (1)과 (2) 외에 다음과 같은 소득이 있다.

가. 문예잡지에 수필을 쓰고 받은 대가(실제필요경비 확인 안됨) 3,500,000원

나. 산업재산권을 대여하고 받은 대가(실제 필요경비 확인 안됨) 4,000,000원

다. 복권당첨금(복권구입비는 1,000원임) 50,000,000원

(4) 20×1년도에 을이 받은 총급여액은 18,000,000원이었으며, 20×2년도 종합소득공제액은 2,500,000원으로 가정한다.

(5) 근로소득공제에 대한 일부내역은 다음과 같다.

총급여	공제액
500만원 이하	총급여액 × 70%
500만원 초과 1,500만원 이하	3,500,000+(총급여액 - 5,000,000) × 40%

① 12,300,000원 ② 729,000원 ③ 5,880,000원
④ 8,880,000원 ⑤ 11,280,000원

해답 ④

해설 기본금+상여+직책수당+식대보조금+연장근로수당+주식매수선택권-근로소득공제
= 근로소득금액
7,200,000+1,500,000+1,200,000+300,000+100,000+2,000,000-6,420,000
= 5,880,000
* 별도 식사 등의 제공이 없는 경우, 월 200,000원까지 비과세
* 생산직근로자로서 월정액급여 210만원 이하이고 전기 총급여액 3,000만원 이하인 자는 연 240만원을 한도로 시간외근무수당 비과세
월정액급여 = 600,000+100,000+125,000 = 825,000
일시적문예창작+산업재산권=기타소득금액 : 1,400,000+1,600,000=3,000,000
종합소득금액 : 5,880,000+3,000,000 =8,880,000
* 기타소득금액에 대하여 분리과세(20%)를 적용하는 것 보다 종합과세(6%)를 적용하는 것이 유리함

09 **㈜A에 근무하는 거주자 甲의 20×2년 과세기간의 소득 및 공제자료가 다음과 같은 경우 甲의 동 과세기간의 종합소득금액은 얼마인가? [단, 종합소득세 부담의 최소화를 가정하고, 총급여액이 4,500만원을 초과하는 경우의 근로소득공제액은 (1,200만원+4,500만원을 초과하는 총급여액의 5%)임]**

2012년 세무사

(1) 소득자료의 일부는 다음과 같고, 甲은 해당 소득들과 관련하여 장부를 비치·기장하지 않고 있다(아래 소득은 모두 사업소득이 아니며, 적법하게 원천징수됨).

명세	금액
(1) ㈜A의 사내연수 강연수당	3,000,000원
(2) 대학생을 대상으로 한 특별강연료	2,500,000원
(3) 발명진흥법에 따른 직무발명으로 받은 보상금	6,000,000원
(4) 복권당첨금액(해당 복권의 구입금액은 1,000원)	21,000,000원
(5) 본인이 보유하고 있던 산업재산권의 양도금액	5,000,000원

(2) 위 소득 외에 甲이 ㈜A로부터 지급받은 급여와 상여의 합계는 62,000,000원이고 제시된 자료 외의 다른 소득은 없다.

① 50,250,000원 ② 52,000,000원 ③ 52,250,000원
④ 53,250,000원 ⑤ 54,250,000원

해답 ②

해설 총급여 : (1)3,000,000+62,000,000=65,000,000
근로소득공제 : 12,000,000+(65,000,000−45,000,000) × 0.05=13,000,000
근로소득금액 : 52,000,000
기타소득금액 : (2)+(5)=2,500,000 × (1−0.6)+5,000,000(1−0.6)=3,000,000
* 기타소득금액의 원천징수세율(20%)이 종합소득세율(24%)보다 낮으므로, 기타소득금액(3,000,000원 이하)에 대해서는 분리과세 선택
* 직무발명보상금(연 700만원 이하의 금액)은 비과세이며, 복권당첨금액은 분리과세대상이다.

10 **다음 자료를 이용하여 거주자 갑(남성이며 52세임)의 20×2년도 종합소득과세표준 계산시 공제되는 인적공제액을 계산한 것으로 옳은 것은?** 2014년 회계사

구 분	나 이	비 고
배우자	45세	소득 없음
부 친	80세	20×2년 5월 20일 사망함
모 친	72세	소득 없음
장 인	68세	주거형편상 별거하고 있으며, 소득 없음
장 남	23세	장애인이며, 사업소득금액 3,000,000원 있음
장 녀	18세	소득 없음

① 9,500,000원 ② 11,000,000원 ③ 12,500,000원
④ 13,000,000원 ⑤ 14,500,000원

해답 ②

해설 기본공제 : 1,500,000 × 6명(본인, 배우자, 부친, 모친, 장인, 장녀) = 9,000,000
 * 장남 : 사업소득금액이 1,000,000원 초과하므로 소득금액 요건을 충족하지 못함
추가공제 : 2,000,000
- 경로우대자 공제 : 1,000,000(경로우대자공제(70세이상)) × 2명(부친, 모친) = 2,000,000
인적공제 = 9,000,000 + 2,000,000 = 11,000,000

11 **다음 자료를 이용하여 거주자 甲의 20×2년도 종합소득공제액을 계산 하면 얼마인가? (단, 소득공제의 종합한도나 「조세특례제한법」상의 소득공제는 고려하지 아니하고, 주어진 자료 이외에 종합소득공제의 배제 사유는 없음)** 2019년 세무사

(1) 본인 및 가족현황(소득현황란에 기재된 소득 이외의 소득은 없음)

구분	연령	소득현황	비고
본인	51세	총급여액 60,000,000원	무수택자이고 부녀자 아님
배우자	47세	총급여액 4,000,000원의 근로소득	별거중임
부친	80세	사업소득금액 10,000,000원	
모친	75세	작물재배업에서 발생하는 소득 15,000,000원	20×2.2.8. 사망
장녀	21세	소득금액 합계액 2,000,000원	장애인
장남	18세	소득 없음	장애인
※ 가족들은 모두 甲과 생계를 같이 한다.			

(2) 기타 甲이 지출하였거나 甲이 근무하고 있는 회사가 부담한 사항은 다음과 같다.

가. 「국민건강보험법」에 따른 국민건강보험료 3,600,000원 (본인 부담분 1,800,000원, 회사 부담분 1,800,000원)

나. 「고용보험법」에 따른 고용보험료 1,000,000원 (본인 부담분 500,000원, 회사 부담분 500,000원)

다. 생명보험 보험료 1,000,000원

① 11,300,000원 ② 12,300,000원 ③ 12,348,000원
④ 13,600,000원 ⑤ 14,800,000원

해답 ①

해설 (1) 인적공제 : 1,500,000×4+1,000,000(경로우대자 모친)+2,000,000(장애인)=9,000,000
(2) 특별소득공제 : 1,800,000+500,000=2,300,000
(3) 소득공제 합계 : (1)+(2)=11,300,000

12 **다음은 거주자 갑의 20×2년 귀속 소득관련 자료이다. 거주자 갑의 20×2년도 종합소득금액을 계산한 것으로 옳은 것은? (단, 원천징수 대상이 되는 소득에 대한 원천징수는 적법하게 이루어졌으며, 기타소득 창출을 위해 실제 소요된 필요경비는 확인되지 않는다.)** 2014년 회계사

(1) 주택임대소득(갑은 국내에 1채의 주택만을 소유하고 있으며, 과세기간 종료일 현재 동 주택의 기준시가는 5억원임) : 12,000,000원
(2) 고용관계 없이 다른 회사 임원들을 상대로 2회(회당 1,500,000원) 특강을 하고 받은 강연료 : 3,000,000원
(3) 일간지에 글을 1회 기고하고 받은 원고료 : 2,000,000원
(4) 산업재산권을 대여하고 받은 대가(기타소득임) : 15,000,000원
(5) 영업부장으로 근무하고 있는 ㈜A로부터 받은 소득
 가. 급여 및 상여 : 50,000,000원
 나. 사택을 제공받음으로써 얻은 이익 : 6,000,000원
 다. 식사대(월 400,000원 × 12월) : 4,800,000원
  (현물식사는 별도로 제공받지 않음)
 라. 자녀학자금 지원액 : 8,000,000원
(6) 근로소득공제 자료

총급여액	공제액
1,500만원 초과 4,500만원 이하	750만원+(총급여액 - 1,500만원) × 15%
4,500만원 초과 1억원 이하	1,200만원+(총급여액 - 4,500만원) × 5%

① 55,630,000원 ② 59,630,000원 ③ 60,400,000원
④ 67,630,000원 ⑤ 80,400,000원

해답 ①

해설 총급여액 - 근로소득공제 = 근로소득금액
급여및상여 + 식사대 월 200,000원 초과분 + 자녀학자금 = 총급여액
50,000,000 + 2,400,000 + 8,000,000 = 60,400,000
근로소득공제 = 12,000,000 + (60,400,000 - 45,000,000) × 5% = 12,770,000

강연료+원고료+산업재산권 대여=기타소득금액
{3,000,000 × (1 - 60%)}+{2,000,000 × (1 - 60%)}+{15,000,000 × (1 - 60%)} = 8,000,000
종합소득금액 = 47,630,000 + 8,000,000 = 55,630,000

13 **내국법인의 사무직 근로자(일용근로자가 아님)로 근무하는 거주자 갑은 소득이 없는 다섯 명의 부양가족과 생계를 같이 하고 있는 남성 세대주이다. 20×2년도 가족 현황과 갑의 소득 및 지출액 내역이 다음의 자료와 같을 때, 인적공제와 특별소득공제의 합계를 계산한 것으로 옳은 것은?**

2010년 회계사

(1) 본인 및 부양가족 현황(부양가족의 소득금액은 없으며, 장애인 없음)
가. 본인(35세)　　나. 아버지(71세, 20×2년 8월 사망)
다. 배우자(34세)　　라. 동생(19세)　　마. 자녀(9세 및 5세)

(2) 소득 및 보험료, 의료비, 교육비 지출액 내역
가. 총급여액 50,000,000원
나. 보험료 지출액
- 「국민건강보험법」 상 건강보험료 본인부담분 납부액 600,000원
- 「고용보험법」 상 고용보험료 본인부담분 납부액 300,000원
- 국민연금 납입액 2,000,000원
- 갑을 피보험자로 하는 자동차보험료 1,100,000원

다. 의료비 지출액
- 본인 질병치료비 1,000,000원
- 배우자 종합건강진단비 1,500,000원
- 아들 병원치료비 300,000원
- 아버지 시력보정용 안경 구입비 1,000,000원

라. 교육비 지출액
- 동생 대학교 교육비 10,000,000원
- 배우자 영어학원비 1,000,000원
- 9세 자녀의 초등학교 교육비 3,000,000원
- 5세 자녀의 유치원 교육비 5,000,000원

① 10,000,000원　② 12,900,000원　③ 10,400,000원
④ 23,700,000원　⑤ 30,700,000원

해답 ②

해설 (1) 인적공제 : 10,000,000
i 기본공제 : 6명 × 1,500,000 = 9,000,000
ii 추가공제 : 경로우대자공제 = 1명 × 1,000,000 = 1,000,000
(2) 연금보험료공제 : 2,000,000
(3) 보험료소득공제 : 600,000 + 300,000 = 900,000
∴10,000,000 + 2,000,000 + 900,000 = 12,900,000 *보장성보험 및 의료비, 교육비는 세액공제

14 **남성 거주자 C는 20×2년도에 70,000,000원의 사업소득금액이 있다. 다음 자료를 이용하여 거주자 C의 20×2년도 종합소득과세표준을 계산하면 얼마인가? (단, 거주자 C는 성실사업자에 해당하지 않고 사업소득 외에 다른 소득은 없다고 가정한다.)**

1. 부양가족 현황

부양가족	연령	소득 내역
배우자	45	연간 부동산 임대소득 10,000,000원 있음
아들	24	소득 없음
딸	18	소득 없음
장모	78	소득 없음

2. 연간 소득지출 자료

구분	내용	
보험료	- 본인 생명보험료 - 배우자 소유차량에 대한 자동차 보험료	600,000원 700,000원
교육비	- 아들 대학등록금 - 딸 고등학교 수업료	6,000,000원 2,000,000원
국민연금보험료	- 국민연금보험료 불입액	3,000,000원

① 50,900,000원 ② 53,200,000원 ③ 52,900,000원
④ 60,900,000원 ⑤ 61,500,000원

해답 ⑤

해설 소득공제 :

(1) 인적공제 : ⅰ + ⅱ = 5,500,000

ⅰ 기본공제 : 3인(본인 + 딸 + 장모) × 1,500,000 = 4,500,000

ⅱ 추가공제 : 경로우대자공제 = 1,000,000

(2) 연금보험료공제 : 3,000,000

종합소득과세표준 = 70,000,000 − 5,500,000 − 3,000,000 = 61,500,000

15 **다음 자료를 이용하여 20×2년귀속 종합소득공제중 인적공제의 합계액을 구하면 얼마인가?**

가족	연령	소득현황	비고
본인	52세	근로소득 50,000,000원	-
배우자	49세	근로소득 5,000,000원 이자소득 2,000,000원	장애인
딸	24세	-	-
아들	18세	배당소득 3,000,000원	장애인
모친	75세	-	20×2년 12월 26일 사망

위의 가족은 모두 당해 과세연도 종료일 현재(모친은 사망일 현재) 주거형편상 별거를 하고 있다. 연령은 당해 과세연도 종료일 현재(모친은 사망일 현재)의 상황에 의한다.
금융소득은 모두 조건부 종합 금융소득이다.

① 1,500,000원 ② 3,000,000원 ③ 5,500,000원
④ 7,500,000원 ⑤ 11,000,000원

해답 ④

해설 (1) 기본공제 : 3명(본인, 아들, 모친) × 1,500,000 = 4,500,000
* 배우자의 근로소득금액이 1,000,000원을 초과하므로[5,000,000 × (1 − 0.7) = 1,500,000] 기본공제대상이 되지 못한다.
(2) 추가공제 : i + ii = 3,000,000
i 경로우대공제 : 1명(모친) × 1,000,000 = 1,000,000
ii 장애인공제 : 1명(아들) × 2,000,000 = 2,000,000

16 **근로소득이 있는 거주자 갑(여성)의 다음 자료를 바탕으로 20×2년 종합소득공제 중 인적공제액을 계산한 것으로 옳은 것은?**

2018년 회계사

(1) 본인 및 부양가족 현황

관계	연령	소득	비고
본인	40세	근로소득금액 28,000,000원	
부친	72세	없음	20×2년 10월 31일 사망
모친	70세	기타소득금액 4,000,000원	
남편	44세	총급여액 4,500,000원	
아들	6세	없음	
동생	38세	없음	장애인

(2) 본인과 부양가족은 주민등록표의 동거가족으로서 해당 과세기간 동안 동일한 주소에서 생계를 같이 하고 있다.
(3) 조세부담 최소화를 가정한다.

① 9,000,000원 ② 9,500,000원 ③ 10,500,000원
④ 11,000,000원 ⑤ 12,500,000원

해답 ④

해설 (1) 기본공제
본인, 부친, 남편, 아들, 동생 = 5×1,500,000 = 7,500,000
* 모친은 소득금액이 100만원을 초과하므로 기본공제대상자에 해당하지 않는다.

(2) 추가공제
① 경로우대자 : 부친 = 1,000,000
② 장애인 : 동생 = 2,000,000
③ 부녀자 : o = 500,000
④ 한부모 : ×
* 장애인은 나이요건은 무관하며, 소득금액 요건만 충족하면 된다.
** 본인이 배우자가 있는 여성이며 당기 종합소득금액이 3,000만원 이하인 거주자인 경우 부녀자 공제를 적용받을 수 있다.

(3) 인적공제
7,500,000＋3,500,000 = 11,000,000

17 거주자 갑의 20×2년 자료이다. 갑의 종합소득공제액은 얼마인가?

2019년 회계사

(1) 본인 및 부양가족 현황은 다음과 같다.

관 계	연령	소 득
본 인(여성)	38세	총급여액 60,000,000원
배우자	40세	「고용보험법」에 따라 수령한 육아휴직 급여 6,000,000원
부 친	72세	일시적 강연으로 수령한 금액 8,000,000원
모 친	67세	수도권 밖의 읍·면 지역에서 전통주를 제조함으로써 발생한 소득금액 8,000,000원
장 남	16세	소득 없음
장 녀(장애인)	5세	소득 없음

(2) 국민건강보험료 및 노인장기요양보험료 본인부담분 600,000원과 국민연금보험료 본인부담분 1,500,000원을 납부하였다.

(3) 부친과 모친은 주거형편상 별거하고 있으며, 장남은 기숙사 생활로 별거하고 있다.

① 7,500,000원 ② 8,100,000원 ③ 10,100,000원
④ 11,600,000원 ⑤ 13,100,000원

해답 ④

해설 1. 인적공제

(1) 기본공제 : 본인, 배우자, 모친, 장남, 장녀 = $5 \times 1,500,000 = 7,500,000$

(2) 추가공제

① 장애인 : 2,000,000

* 부녀자공제 요건은 당기 종합소득금액 3,000만원 이하인 거주자로 한정하며, 총 급여액 60,000,000원인 경우 종합소득금액 3,000만원을 초과하므로 부녀자공제를 받을 수 없다.

** 거주자의 직계존속이 주거형편에 따라 별거하는 경우, 직계비속 등은 동거여부와 무관하게 공제대상이 된다.

*** 부친은 기타소득금액이 $8,000,000 \times (1-60\%) = 3,200,000$이므로 소득금액요건을 충족하지 못하여 기본공제대상자가 되지 못한다.

2. 그 외 공제

국민건강보험료 및 노인장기요양보험료 600,000+ 국민연금보험료 1,500,000

3. 종합소득공제액

$7,500,000 + 2,000,000 + 600,000 + 1,500,000 = 11,600,000$

18 **거주자 갑의 20×2년 종합소득공제 관련 자료이다. 갑의 종합소득공제 중 인적공제액으로 옳은 것은?**

2021년 회계사

(1) 본인 및 부양가족 현황

구 분	나 이	소 득
본인(남성)	41세	총급여액 50,000,000원
부 친	83세	공무원연금 수령액 30,000,000원
모 친	78세	소득없음
아 들	10세	소득없음

(2) 배우자(41세, 소득없음)와 20×2년 7월 1일 법적으로 이혼하였다.
(3) 부친은 연금보험료 소득공제를 받지 않았다.
(4) 모친은 항시 치료를 요하는 중증환자인 장애인이다.

① 8,500,000원 ② 9,500,000원 ③ 10,000,000원
④ 11,000,000원 ⑤ 12,500,000원

해답 ④

해설 (1) 기본공제 : 본인, 부친, 모친, 아들 = 4×1,500,000 = 6,000,000

* 배우자와 이혼한 경우 과세기간종료일 현재 배우자가 없으므로 기본공제대상자에 해당하지 않는다. (대신 배우자가 없으므로 한부모 공제를 적용받을 수 있다.)
* 부친은 연금보험료 소득공제를 받지 아니하였으므로 과세제외기여금에 해당되어 수령시 과세되지 않으므로 소득금액요건을 충족한다.

(2) 추가공제
① 경로우대자 : 부친, 모친 = 2,000,000
② 장애인 : 모친 = 2,000,000
④ 한부모 : 본인 = 1,000,000

(3) 인적공제액
6,000,000+2,000,000+2,000,000+1,000,000 = 11,000,000

제2절 조세특례제한법상 소득공제

01 **당해 과세기간 총급여액이 2,400만원인 거주자 甲의 20×2년 종합소득과세표준을 계산하기 위한 종합소득공제에 대한 설명으로 옳지 않은 것은?**

① 기본공제, 추가공제, 연금보험료공제는 甲이 근로소득자가 아니더라도 적용받을 수 있다.
② 신용카드사용금액에 대한 소득공제는 당해연도 1월 1일부터 당해연도 12월 31일까지의 사용금액이 해당 과세연도의 총급여액의 100분의 25 초과하는 금액에 대하여 적용받을 수 있다.
③ 甲이 소득이 없고 생계를 같이하는 배우자 乙을 배우자공제로 신청하고 대기업 이사인 장인이 乙을 부양가족으로 동시에 신고한 경우, 배우자공제만을 적용하고 부양가족공제를 적용하지 않는다.
④ 신용카드사용금액에 대한 소득공제는 당해연도 1월 1일부터 당해연도 12월 31일까지의 사용금액을 공제대상으로 하며, 소득이 없는 甲의 아들(30세)이 사용한 금액도 공제대상이 된다.
⑤ 신용카드사용금액에 대한 소득공제는 당해연도 1월 1일부터 당해연도 12월 31일까지의 사용금액을 공제대상으로 하며, 소득이 없는 甲의 동생(18세)이 사용한 금액도 공제대상이 된다.

해답 ⑤

해설 신용카드 등 사용금액에 대한 소득공제는 형제자매를 제외한 기본공제대상자(나이 제한을 받지 않음)의 신용카드 등 사용금액을 포함한다.

02 **다음 자료는 근로소득이 있는 거주자 갑과 그 동거가족의 20×2 신용카드 등 사용내역이다. 갑의 근로소득에 대한 연말정산시 적용받게 될 신용카드 등 사용금액에 대한 소득공제액은 얼마인가?**

(1) 갑의 총급여 : 40,000,000원
(2) 동거가족 현황
배우자 : 20,000,000원의 사업소득금액 있음
장 남 : 19세이며, 소득 없음
부 친 : 55세이며, 소득 없음
(3) 신용카드 등 사용내역(전통시장 및 대중교통 사용액은 없음)

사용자	사용내역 및 금액	
본 인	국내에서 물품구입에 사용한 금액	14,800,000원
	해외에서 물품구입에 사용한 금액	5,000,000원
배우자	국내에서 물품구입에 사용한 금액	10,000,000원
장 남	대학등록금 납부액	5,000,000원
부 친	병원입원비(의료비공제대상임)지출액	6,000,000원
	중고차구입비	2,000,000원

(4) 갑은 20×2년 신용카드등 사용액이 20×1년 신용카드등 사용액보다 많지 않다.

① 1,650,000원 ② 3,000,000원 ③ 3,120,000원
④ 3,240,000원 ⑤ 5,000,000원

해답 ①

해설 공제대상 사용액 : 본인(14,800,000) + 부친(6,200,000) = 21,000,000
* 소득금액 100만원을 초과하는 배우자의 사용액 및 해외 사용액, 대학등록금은 공제대상에서 제외 중고차를 신용카드, 직불카드, 직불전자지급수단, 기명식선불카드, 기명식선불전자지급수단, 기명식전자화폐 또는 현금영수증으로 구입하는 경우 구입액의 10% 인정

{21,000,000 − 총급여25%(10,000,000)} × 15% = 1,650,000
한도비교 : MIN(1,650,000, 3,000,000) = 1,650,000

제3절 세액의 계산

01 다음 자료를 이용하여 거주자 갑의 종합소득 산출세액을 계산하면 얼마인가?

(1) 1년 만기 정기예금 이자소득 : 30,000,000원
(2) 비상장법인인 A내국법인으로부터 받은 현금배당금 : 20,000,000원
(3) 비상장법인인 B내국법인이 주식발행초과금을 자본전입함에 따라 당해 법인의 주주로서 교부받은 무상주 : 20,000,000원
(4) 사업소득금액 : 40,200,000원
(5) 종합소득공제 : 4,600,000원
(6) 원천징수대상이 되는 소득에 대해서는 세법에 따라 적법하게 원천징수되었다.

기본세율의 일부

종합소득 과세표준	기 본 세 율
1,400만원 초과 5,000만원 이하	84만원+1,400만원을 초과하는 과세표준의 15%
5,000만원 초과 8,800만원 이하	624만원+5,000만원을 초과하는 과세표준의 24%
8,800만원 초과 1억5천만원 이하	1,536만원+8,800만원을 초과하는 과세표준의 35%

① 13,264,000원 ② 11,230,000원 ③ 12,290,000원
④ 20,940,000원 ⑤ 23,600,000원

해답 ①

해설 금융소득금액 : 52,000,000
50,000,000 + Min(20,000,000, (50,000,000−20,000,000)) × 10% = 52,000,000
사업소득금액 : 40,200,000
종합소득과세표준 : 92,200,000 − 4,600,000 = 87,600,000
종합소득산출세액 : Max (i , ii) = 13,264,000
 i (87,600,000 − 20,000,000) × 기본세율 + 20,000,000 × 14% = 13,264,000
 ii (87,600,000 − 52,200,000) × 기본세율 + 50,000,000 × 14% = 11,050,000

02 다음 중 개인(거주자)과 법인 모두에게 적용되는 세액공제로만 묶인 것은?

① 외국납부세액공제, 재해손실세액공제
② 배당세액공제, 기장세액공제
③ 재해손실세액공제, 기장세액공제
④ 연금계좌세액공제, 재해손실세액공제
⑤ 근로소득세액공제, 외국납부세액공제

해답 ①

해설 소득세법상 세액공제 중 외국납부세액공제, 재해손실세액공제는 법인세법에도 존재한다.

03 **「소득세법」상 세액공제 등에 관한 설명으로 옳은 것은?** 2018년 세무사

① 기장세액공제를 받은 간편장부대상자는 이와 관련된 장부 및 증명서류를 해당 과세표준확정신고기간 종료일부터 10년간 보관하여야 한다.

② 거주자가 외국소득세액을 종합소득산출세액에서 공제하는 경우 그 외국소득세액이 「소득세법」에서 정하는 공제한도를 초과하는 때에는 초과하는 금액은 이를 이월하여 공제받을 수 없다.

③ 거주자의 사업소득금액에 국외원천소득이 합산되어 있는 경우 그 국외원천소득에 대하여 외국에서 외국소득세액을 납부하였거나 납부할 것이 있을 때에는 그 외국소득세액을 해당 과세기간의 종합소득산출세액에서 공제할 수 있다.

④ 특별세액공제 규정을 적용할 때 과세기간 종료일 이전에 이혼하여 기본공제대상자에 해당되지 아니하게 되는 종전의 배우자를 위하여 과세기간 중 이미 지급한 금액에 대한 세액공제액은 해당 과세기간의 종합소득산출세액에서 공제할 수 없다.

⑤ 이월공제가 인정되는 세액공제로서 해당 과세기간 중에 발생한 세액공제액과 이전 과세기간에서 이월된 미공제액이 함께 있을 때에는 해당 과세기간 중에 발생한 세액공제액을 먼저 공제한다.

해답 ③

해설 ① 기장세액공제와 관련된 장부 및 증명서류를 해당 과세표준확정신고기간 종료일부터 5년간 보관하지 아니한 경우. 다만, 천재지변 등 대통령령으로 정하는 부득이한 사유에 해당하는 경우에는 그러하지 아니하다.

② 거주자가 외국소득세액을 종합소득산출세액에서 공제하는 경우 그 외국소득세액이 「소득세법」에서 정하는 공제한도금액을 초과하는 경우 그 초과하는 금액은 해당 과세기간의 다음 과세기간 개시일부터 10년 이내에 끝나는 과세기간으로 이월하여 그 이월된 과세기간의 공제한도금액 내에서 공제받을 수 있다.

④ 특별세액공제 규정을 적용할 때 과세기간 종료일 이전에 이혼하여 기본공제대상자에 해당되지 아니하게 되는 종전의 배우자를 위하여 과세기간 중 이미 지급한 금액에 대한 세액공제액은 해당 과세기간의 종합소득산출세액에서 공제할 수 있다.

⑤ 이월공제가 인정되는 세액공제로서 해당 과세기간 중에 발생한 세액공제액과 이전 과세기간에서 이월된 미공제액이 함께 있을 때에는 이전 과세시간에서 이월된 미공제액을 먼저 공제한다.

04 **소득세법상 세액공제에 관한 설명이다. 옳지 않은 것은?** 2021년 회계사

① 비치·기록한 장부에 의하여 신고하여야 할 소득금액의 20% 이상을 누락하여 신고한 경우 기장세액공제를 적용하지 않는다.
② 외국납부세액공제의 한도를 초과하는 외국소득세액은 해당 과세기간의 다음 과세기간 개시일부터 10년 이내에 끝나는 과세기간에 이월하여 공제받을 수 있으며, 이월공제기간 내에 공제받지 못한 외국소득세액은 소멸한다.
③ 외국납부세액공제의 대상이 되는 외국소득세액에는 외국정부에 의하여 과세된 개인 소득세 및 이와 유사한 세목으로 수입금액을 과세표준으로 하여 과세된 세액이 포함된다.
④ 사업자가 해당 과세기간에 재해로 인한 자산상실비율이 20% 이상에 해당하여 납세가 곤란하다고 인정되는 경우 재해손실세액공제를 적용할 수 있다.
⑤ 재해손실세액공제를 적용할 때 장부가 소실 또는 분실되어 장부가액을 알 수 없는 경우 재해발생의 비율은 납세지 관할 세무서장이 조사확인한 재해발생일 현재의 가액에 의하여 계산한다.

해답 ②
해설 이월공제기간 내에 공제받지 못한 외국소득세액은 소멸하는 것이 아니라 이월공제기간의 종료일 다음 날이 속하는 과세기간에 필요경비산입한다.

05 **㈜A에서 회계과장으로 근무중인 거주자 甲의 20×2년 귀속 근로소득 연말정산 관련 자료이다. 근로소득 산출세액에서 공제되는 세액의 합계액은 얼마인가?** 2014년 세무사

(1) 20×2년 귀속 근로소득금액은 30,000,000원이며, 근로소득 산출세액은 3,000,000원임
(2) 20×2년 중에 甲을 피보험자로 하는 생명보험의 보험료(보험료세액공제 대상임) 지급액은 2,000,000원임
(3) 20×2년 중에 기본공제대상자인 자녀의 대학등록금(교육비세액공제 대상임) 지출액은 8,000,000원임
(4) 기본공제대상자인 자녀(8세 이상)는 4명임
(5) 근로소득세액공제액은 660,000원임

① 660,000원 ② 2,680,000원 ③ 2,930,000원
④ 2,940,000원 ⑤ 2,960,000원

해답 ③

해설 근로소득세액공제 : 660,000
자녀세액공제 : 350,000 + 2명 × 300,000 = 950,000
특별세액공제 : (1) + (2) = 1,320,000
(1) 보험료세액공제 : 일반보장성보험 MIN(한도 : 1,000,000, 지급액 : 2,000,000) × 12%
= 120,000
(2) 교육비세액공제 : 대학교 MIN(한도 : 9,000,000, 지급액 : 8,000,000) × 15% = 1,200,000
합계 : 660,000 + 950,000 + 1,320,000 = 2,930,000

06 근로소득만 있는 거주자 갑(일용근로자 아님)이 20×2년 중 지출한 교육비 관련 자료이다. 갑의 교육비 세액공제액으로 옳은 것은?

2021년 회계사

(1) 본인(50세)의 대학원 등록금 4,000,000원을 납부하였다.
(2) 아들(22세, 소득없음)의 대학 등록금 10,000,000원을 납부하였으며, 회사로부터 아들의 대학 등록금에 대하여 학자금 2,000,000원을 지급받았다.
(3) 딸(16세, 소득없음)의 중학교 교과서 대금 100,000원과 교복구입비 300,000원을 지출하였다.
(4) 모친(75세, 소득없음)의 평생교육기관 교육비로 500,000원을 지출하였다.
(5) 아들, 딸, 모친은 갑과 생계를 같이하고 있다.

① 1,710,000원 ② 1,860,000원 ③ 2,010,000원
④ 2,085,000원 ⑤ 2,160,000원

해답 ③

해설 (1) 교육비세액공제액

$$(4{,}000{,}000 + \min[10{,}000{,}000, 9{,}000{,}000] + 400{,}000) \times 15\% = 2{,}010{,}000$$

* 교육비세액공제 적용 시 기본공제대상자는 나이의 제한을 받지 않으므로 아들 또한 교육비세액공제를 받을 수 있다.

** 회사로부터 지급받은 아들의 학자금은 근로소득이 과세되므로 1,000만원에서 차감하지 않고 900만원 한도 내에서 교육비세액공제를 적용한다.

*** 직계존속은 교육비세액공제 대상이 아니므로 모친의 평생교육기관 교육비는 세액공제를 받을 수 없다.

07 종합소득공제에 대한 다음 설명 중 잘못된 것은?

① 사업소득만 있는 거주자(조세특례제한법상 성실사업자 제외)는 거주자 본인 및 부양가족에 대한 교육비세액공제를 적용받지 못한다.
② 연간 사업소득금액이 1억원인 부친(50세)을 위해 지출한 의료비도 의료비세액 공제대상이 된다.
③ 거주자의 기본공제 대상자인 배우자가 지출한 기부금에 대해서 거주자가 기부금세액공제를 받을 수 없다.
④ 당해 과세기간 중에 만 20세가 되는 자녀도 기본공제 대상이 된다.
⑤ 주택자금공제는 근로소득이 있는 거주자(일용근로자는 제외)가 일정한 요건에 해당하는 경우에만 적용된다.

해답 ③

해설 거주자의 기본공제 대상자인 배우자가 지출한 기부금에 대해서 거주자가 기부금세액공제를 받을 수 있다.

08 다음 자료에 의하여 거주자인 근로자 甲의 의료비세액공제액 계산하면 얼마인가?

(1) 총급여액 : 30,000,000원
(2) 기본공제 대상자인 부양가족이 의료법에 의한 의료기관에서 질병치료를 위하여 지급한 진료비 : 6,300,000원
단, 이 중에는 경로우대자인 부친에 대한 진료비 300,000원과 장애인인 모친에 대한 진료비 200,000원이 포함되어 있다.
(3) 모친을 위한 장애인보장구(의족) 구입비 : 500,000원

① 5,900,000원 ② 885,000원 ③ 708,000원
④ 6,800,000원 ⑤ 1,020,000원

해답 ②

해설 (1) 일반의료비 : 6,300,000 − 300,000 − 200,000 = 5,800,000
(2) 특정의료비 : 300,000 + 200,000 + 500,000 = 1,000,000
(3) 의료비공제액 : MIN[5,800,000 − 30,000,000 × 3%, 7,000,000] + 1,000,000
= 5,900,000
5,900,000 × 15% = 885,000

09 **거주자 갑의 20×2년 자료이다. 갑의 의료비 세액공제액은 얼마인가?** 2019년 회계사 수정

(1) 갑의 총급여액 : 70,000,000원
(2) 갑이 본인과 부양가족을 위하여 지출한 의료비는 다음과 같다.
① 본인(40세) : 본인 시력보정용 안경구입비 900,000원
② 배우자(36세) : 보조생식술에 소요된 난임시술비 4,000,000원
및 산후조리원에 지급하는 비용 3,000,000원
③ 부친(69세, 장애인) : 장애인 보장구 구입비 1,500,000원
④ 모친(64세) : 질병치료 목적으로 구입한 한약비 1,000,000원
④ 아들(0세) : 질병예방을 위해 의료기관에 지급한 비용 1,000,000원
(3) 모친은 국내은행으로부터 수령한 이자소득금액 3,000,000원이 있으며, 그 외 부양가족은 소득이 없다.

① 1,750,000원 ② 1,825,000원 ③ 1,785,000원
④ 2,085,000원 ⑤ 2,100,000원

해답 ③

해설 (1) 의료비세액공제액
① 일반의료비 : 모친 한약비 1,000,000+산후조리비용(한도 200만원) 2,000,000
② 특정의료비 : 본인 안경구입비 500,000+부친 장애인 보장구 구입비 1,500,000 + 아들 질병예방 비용 1,000,000
③ 난임시술비 : 4,000,000
④ 의료비세액공제액 :
$(500,000+1,500,000+1,000,000+900,000^*)\times 15\%+4,000,000\times 30\% = 1,785,000$
$^*\ \min[3,000,000-70,000,000\times 3\%, 7,000,000] = 900,000$

10 **근로소득만 있는 거주자 갑(40세)의 20×2년 종합소득세 세액공제 관련 자료이다. 갑의 20×2년 자녀세액공제액과 연금계좌세액공제액의 합계액으로 옳은 것은?** 2020년 회계사

(1) 갑의 근로소득 총급여액 : 30,000,000원
(2) 갑의 기본공제대상자에 해당하는 자녀 나이 : 6세, 8세, 10세
- 갑은 「조세특례제한법」상 자녀장려금 적용대상자가 아니며, 20×2년에 입양 신고한 자녀는 없음
(3) 갑의 연금계좌 신규납입액
① 연금저축계좌 : 3,000,000원
② 퇴직연금계좌 : 2,000,000원
(4) 갑의 연금계좌 신규납입액 중 소득세가 원천징수되지 않은 퇴직소득 등 과세가 이연된 소득이나 다른 연금계좌로 계약을 이전함으로써 납입한 금액은 없다.

① 600,000원 ② 750,000원 ③ 1,050,000원
④ 1,100,000원 ⑤ 1,150,000원

해답 ④

해설 (1) 자녀세액공제액
공제대상자녀로서 8세 이상인 자녀는 2명이므로 연 35만원의 세액공제를 적용받는다.
(2) 연금계좌세액공제액
min[①,②]×15% = 750,000
① min[3,000,000 , 6,000,000]+2,000,000
② 9,000,000
(3) 세액공제 합계액
350,000+750,000 = 1,100,000

11 **「소득세법」상 거주자의 소득세 과세에 관한 설명으로 옳은 것은?** 2013년 회계사

① 사업소득 결손금 또는 이월결손금을 다른 종합소득금액에서 공제할 때 이자소득금액과 배당소득금액에서는 공제할 수 없다.

② 거주자가 일정기간 후에 같은 종류로서 같은 양의 주식을 반환받는 조건으로 주식을 대여하고 해당 주식의 차입자로부터 지급받는 해당 주식에서 발생하는 배당에 상당하는 금액은 이자소득에 포함된다.

③ 연예인이 계약기간 1년을 초과하는 일신전속계약에 대한 대가를 일시에 받는 경우에는 용역대가를 지급받기로 한 날 또는 용역의 제공을 완료한 날 중 빠른 날을 수입시기로 한다.

④ 연금계좌의 가입자가 사망하였으나 그 배우자가 연금외수령 없이 해당 연금계좌를 상속으로 승계하는 경우에는 해당 연금계좌에 있는 피상속인의 소득금액은 상속인의 소득금액과 구분하여 소득세를 계산하여야 한다.

⑤ 거주자의 사업소득금액에 국외원천소득이 합산되어 있는 경우에 그 국외원천소득에 대하여 납부하였거나 납부할 외국소득세액을 해당 과세기간의 종합소득 산출세액에서 일정금액을 한도로 공제하거나 사업소득금액 계산상 필요경비에 산입할 수 있다.

해답 ⑤

해설 ① 사업소득 결손금 또는 이월결손금을 다른 종합소득금액에서 공제할 때 금융소득금액에서는 기본세율을 적용받는 부분에 대하여는 납세의무자의 선택에 따라 공제할 수 있다.

② 배당소득에 포함된다.

③ 연예인이 계약기간 1년을 초과하는 일신전속계약에 대한 대가를 일시에 받는 경우에는 계약기간에 따라 해당대가를 균등하게 안분한 금액을 과세기간 종료일에 수입한 것으로 간주한다.

④ 상속인의 소득금액으로 보아 소득세를 계산한다

12 **다음은 부동산임대업을 영위하는 거주자인 갑의 20×2년도 사업소득과 관련된 자료이다. 이 자료를 이용하여 갑의 20×2년도 기장세액공제액을 계산한 것으로 옳은 것은?** 2013년 회계사

(1) 갑은 국내에 3주택(각 주택의 기준시가는 모두 3억원을 초과함)을 소유하고 있으며, 그 중 2주택(모두 「소득세법」에 따른 간주임대료 계산대상임)을 다음과 같이 전세로 임대하고 있다.

구 분	임대기간	임대보증금	임대보증금의 적수	연간 임대료
주택A	20×1. 5.1.~20×3. 4.30.	1억원	365억원	3천만원
주택B	20×2.11.1.~20×4.10.31.	5억원	305억원	-

(2) 해당 과세기간의 해당 임대사업부분에서 발생한 수입이자와 할인료 및 배당금은 없으며, 기획재정부령으로 정하는 정기예금이자율은 연 7.3%로 가정한다.

(3) 위의 보증금 외 부동산임대업에서 발생한 총수입금액은 10,000,000원이며, 필요경비는 20,000,000원이다.

(4) 갑의 20×2년도 종합소득금액은 80,000,000원, 종합소득 과세표준은 64,000,000원이다.

(5) 갑의 20×2년도 종합소득 산출세액은 10,000,000원으로 가정한다.

(6) 갑은 간편장부대상자로서 종합소득 과세표준확정신고를 할 때 복식부기에 따라 비치·기록한 장부에 의하여 적법하게 소득금액을 신고하였으며, 법령에서 정한 서류를 적법하게 제출하였다.

① 646,100원 ② 554,900원 ③ 591,500원
④ 443,920원 ⑤ 516,880원

해답 ②

해설 사업소득금액 : (40,000,000 －20,000,000)＋2,196,000*＝22,196,000

* 주택 간주임대료＝(5억 －2억) × 주택B의 적수(61일) × 1/365 × 60% × 7.3%＝2,196,000

* 3억원에 대하여 임대보증금의 적수가 큰 주택부터 차감함

기장세액공제 : MIN [10,000,000 × (22,196,000/80,000,000) × 20%, 1,000,000]
＝554,900

13 **다음은 거주자 갑의 20×2년도 종합소득세 납부세액 계산과 관련된 자료이다. 갑의 20×2년도 종합소득 결정세액으로 옳은 것은?** 2011년 회계사

(1) 종합과세되는 이자소득총수입금액은 4,000,000원이며, 이는 비영업대금의 이익이다.
(2) 종합과세되는 배당소득총수입금액은 54,000,000원이고, 이에 대한 배당소득금액은 56,000,000원으로 간주한다.
(3) 종합과세되는 근로소득금액은 10,000,000원이다.
(4) 종합과세되는 기타소득금액은 30,000,000원이다.
(5) 종합소득공제는 10,000,000원으로 가정하며, 세액공제는 배당세액공제와 근로소득세액공제만을 반영한다.
(6) 근로소득세액공제액의 산출식은 다음과 같다.(한도는 740,000원으로 가정)

근로소득산출세액	세액공제액
130만원 이하	근로소득산출세액 × 55%
130만원 초과	715,000원+(근로소득산출세액 - 130만원) × 30%

(7) 종합소득산출세액을 계산하기 위한 기본세율은 다음과 같다.

종합소득과세표준	기본세율
1,400만원 이하	과세표준의 6%
1,400만원 초과 5,000만원 이하	84만원+(1,400만원을 초과하는 금액의 15%)
5,000만원 초과 8,800만원 이하	624만원+(5,000만원을 초과하는 금액의 24%)

① 9,883,600원 ② 11,083,600원 ③ 11,095,600원
④ 11,480,000원 ⑤ 11,100,000원

해답 ⑤

해설 금융소득금액 : 4,000,000 + 56,000,000 = 60,000,000
근로소득금액 : 10,000,000
기타소득금액 : 30,000,000
종합소득금액 : 60,000,000 + 10,000,000 + 30,000,000 = 100,000,000
종합소득 과세표준 : 100,000,000 - 10,000,000 = 90,000,000
종합소득 산출세액 : Max (i , ii) = 13,840,000
i (90,000,000 - 20,000,000) × 기본세율 + 20,000,000 × 14% = 13,840,000
ii (90,000,000 - 60,000,000) × 기본세율 + 4,000,000 × 25% + 54,000,000 × 14% = 11,800,000
배당세액공제 : Min (i , ii) = 2,000,000
i 2,000,000, ii 13,840,000 - 11,800,000 = 2,040,000
근로소득세액공제 : 715,000 + (1,384,000 - 1,300,000) × 30% = 740,200(한도 740,000)
* 13,840,000 × (10,000,000/100,000,000) = 1,384,000
종합소득결정세액 : 13,840,000 - 2,000,000 - 740,000 = 11,100,000

14 **다음은 거주자인 갑(만 40세인 남성임)의 20×2년도 종합소득과 관련된 자료이다. 이 자료를 이용하여 갑의 20×2년도 종합소득 결정세액을 계산한 것으로 옳은 것은? (단, 「조세특례제한법」상 소득세 소득공제 등의 종합한도는 고려하지 아니하며, 주어진 자료 이외의 다른 사항은 고려하지 않음)**

2013년 회계사

(1) 갑은 음식점업을 영위하는 「소득세법」상 성실사업자이다.
(「조세특례제한법」상 성실사업자의 요건을 모두 충족함)
(2) 갑의 20×2년도 종합소득금액(전액 사업소득금액임)은 50,000,000원(사업소득금액 계산시 필요경비에 산입한 기부금은 없음)이며, 사업소득 이월결손금은 없다.
(3) 갑의 인적공제는 5,000,000원이며, 갑이 20×2년도에 지급한 보험료 등의 내역은 다음과 같다.
가. 본인을 피보험자로 하는 생명보험료 3,000,000원과 공적연금 관련법에 따른 연금보험료 2,000,000원
나. 본인의 질병치료를 위하여 의료기관(병원)에 지급한 비용 5,000,000원
다. 본인의 대학원 석사과정 수업료 5,000,000원
라. 본인 명의로 기부한 일반기부금 15,000,000원
(종교단체에 기부한 금액 10,000,000원 포함)
(4) 갑은 종합소득 과세표준확정신고시 특별공제 및 의료비등 공제대상임을 증명하는 서류를 갖추어 적법하게 제출하였다.
(5) 기부금은 필요경비에 산입한다.

종합소득과세표준	기본세율
1,400만원 이하	과세표준의 6%
1,400만원 초과 5,000만원 이하	84만원+(1,400만원을 초과하는 금액의 15%)
5,000만원 초과 8,800만원 이하	624만원+(5,000만원을 초과하는 금액의 24%)

① 2,370,000원 ② 2,814,000원 ③ 3,870,000원
④ 2,430,000원 ⑤ 3,820,000원

해답 ①

해설 사업소득금액 : 50,000,000 − 10,000,000(기부금) = 40,000,000
* 기부금 필요경비 한도 : 50,000,000 × 10%
+ MIN(종교단체외 일반기부금(5,000,000, 50,000,000 × 20%) = 10,000,000
종합소득공제 : (1) + (2) = 7,000,000
(1) 인적공제 : 5,000,000, (2) 연금보험료공제 : 2,000,000
종합소득과세표준 : 40,000,000 − 7,000,000 = 33,000,000
종합소득산출세액 : 840,000 + (33,000,000 − 14,000,000) × 15% = 3,690,000
세액공제 : (1) + (2) = 1,320,000
(1) 의료비세액공제 : {5,000,000 − (40,000,000 × 3%)} × 15% = 570,000
(2) 교육비세액공제 : 5,000,000 × 15% = 750,000
종합소득결정세액 : 2,370,000

15 **다음은 중소기업을 운영하는 거주자 甲의 20×2년도 소득자료이다. 甲의 종합소득산출세액에서 공제될 배당세액공제액을 계산하면 얼마인가?** 2017년 세무사

(1) 금융소득 자료
① 내국법인 A의 현금배당 70,000,000원
② 외국법인 B의 현금배당 10,650,000원
③ 국내은행 정기예금이자 5,000,000원
(2) 금융소득 외에 20×2년도 사업소득금액은 28,500,000원이며, 종합소득공제액은 20,000,000원임
(3) 기본세율

종합소득과세표준	기본세율
1,400만원 이하	과세표준의 6%
1,400만원 초과 5,000만원 이하	84만원+(1,400만원을 초과하는 금액의 15%)
5,000만원 초과 8,800만원 이하	624만원+(5,000만원을 초과하는 금액의 24%)

① 3,869,000원 ② 3,830,000원 ③ 5,609,000원
④ 7,150,000원 ⑤ 7,700,000원

해답 ②

해설 (1) 금융소득금액 : 70,000,000+10,000,000+5,000,000+min(①,②)×10%=91,500,000
① 70,000,000 (Gross-up 대상 배당소득)
② 85,000,000-20,000,000=65,000,000
(2) 종합소득금액 : 91,500,000+28,500,000=120,000,000
(3) 과세표준 : 120,000,000-20,000,000(종합소득공제)=100,000,000
(4) 산출세액 : max(①,②)=16,240,000
① 20,000,000×14%+(100,000,000-20,000,000)×기본세율=16,240,000원
② 85,000,000×14%+(100,000,000-91,500,000)×기본세율=12,410,000원
(5) 배당세액공제 : min(①,②)=3,830,000
① 귀속법인세 : 65,000,000×10%=6,500,000
② 한도 : 16,240,000-12,410,000=3,830,000

16 **다음은 근로자(일용근로자 아님)인 거주자 갑의 20×2년 의료비 세액공제액을 산출하기 위한 자료이다. 근로자 갑의 20×2년 의료비 세액공제액을 두 가지 상황별로 계산한 것으로 옳은 것은? (단, 각 상황은 상호 독립적이다.)** 2015년 회계사

(1) 근로자 갑(41세)의 20×2년 총급여액 : 50,000,000원(다른 소득 없음)
(2) 부양가족은 부친(71세, 소득없음), 배우자(40세, 소득없음)이며 모두 생계를 같이 하고 장애인은 없음
(3) 20×2년 중 의료비 지급명세

구 분	내 역
지출1	병원치료비 8,000,000원, 건강증진 영양제 구입비 1,500,000원
지출2	건강진단비 4,000,000원, 치료의약품 구입비 6,200,000원
지출3	시력보정용 안경구입비 800,000원, 해외여행시 지출한 현지 의료비 1,500,000원

(4) 상황 구분
상황1 : 지출1은 근로자 갑을 위한 지출이고, 지출2는 부친을위한 지출이며, 지출3은 배우자를 위한 지출인 경우
상황2 : 지출1은 부친을 위한 지출이며, 지출2와 지출3은 배우자를 위한 지출인 경우

	상황1	상황2
①	2,730,000원	2,580,000원
②	2,730,000원	2,280,000원
③	2,730,000원	2,250,000원
④	2,580,000원	2,580,000원
⑤	2,580,000원	2,250,000원

해답 ⑤

해설 1. 상황 1
(1) 일반의료비 : 500,000
(2) 특정의료비 : 8,000,000+4,000,000+6,200,000 = 18,200,000
(3) 의료비공제액 : 18,200,000-1,000,000* = 17,200,000
* 500,000-MIN[50,000,000 × 3%, 7,000,000] = △1,000,000
17,200,000 × 15% = 2,580,000

2. 상황 2
(1) 일반의료비 : 4,000,000 + 6,200,000 + 500,000 = 10,700,000
(2) 특정의료비 : 8,000,000
(3) 의료비공제액 : MIN[10,700,000 − 50,000,000 × 3%, 7,000,000] +8,000,000 = 15,000,000
15,000,000 × 15% = 2,250,000

17 **다음은 거주자 갑의 20×2년 종합소득세를 계산하기 위한 자료이다. 거주자 갑의 20×2년 종합소득결정세액을 계산한 것으로 옳은 것은? (단, 원천징수는 적법하게 이루어졌으며, 모든 금액은 원천징수세액을 차감하기 전 금액이다.)** 2015년 회계사 수정

(1) 소득명세
가. 상장내국법인으로부터 받은 현금배당(법인세가 과세된 잉여금이 재원임) : 20,000,000원
나. 저축성보험 만기(보험계약기간 8년, 월 적립식)로 인한 보험차익 : 10,000,000원
다. 국내은행의 정기예금으로부터 받은 이자 : 25,000,000원
라. 채권·증권의 이자 : 750,000원
마. 비영업대금으로 인한 이익 : 5,000,000원
바. 사업소득금액 : 15,000,000원
(2) 종합소득공제는 2,500,000원이고, 특별세액공제는 200,000원이며, 이외 세액공제는 적용하지 않는다.
(3) 기본세율

종합소득과세표준	기본세율
1,400만원 이하	과세표준의 6%
1,400만원 초과 5,000만원 이하	84만원+(1,400만원을 초과하는 금액의 15%)
5,000만원 초과 8,800만원 이하	624만원+(5,000만원을 초과하는 금액의 24%)

① 8,145,000원 ② 8,225,000원 ③ 8,345,000원
④ 10,100,000원 ⑤ 10,888,000원

해답 ④

해설 (1) 이자소득
① 무조건종합과세 : 0
② 조건부 과세 : 나.+다.+라.+마.(비영업) = 40,750,000

(2) 배당소득
① 무조건종합과세 : 0
② 조건부 과세 : 가.Ⓖ = 20,000,000

(3) 과세표준

$$20,000,000+40,750,000+\min[40,750,000,\ 20,000,000]\times 10\% = 62,750,000$$
$$+15,000,000$$
$$-\ 2,500,000$$
$$=75,250,000$$

(4) 산출세액 = Max[①, ②] = 10,300,000
① $20,000,000\times 14\%+55,250,000\times t = 10,300,000$
② $5,000,000\times 25\%+55,750,000\times 14\%+12,500,000\times t = 9,805,000$

(5) 종합소득결정세액
$10,300,000-200,000 = 10,100,000$

18 다음 자료에 의하여 거주자 갑의 20×2년도 종합소득공제액을 계산한 것으로 옳은 것은?

2016년 회계사

(1) 본인 및 가족현황

가족	연령	소득현황	비고
본인	42세	총급여액 50,000,000원	-
배우자	39세	총급여액 4,000,000원	-
부친	72세	정기예금이자 20,000,000원	20×2년 6월 10일 사망함
모친	68세	식량작물재배업소득 5,000,000원	-
장남	10세	소득없음	장애인
장녀	7세	소득없음	-

(2) 국민건강보험료 및 노인장기요양보험료 본인부담분 500,000원, 국민연금보험료 본인부담분 2,000,000원을 납부하였음.

(3) 부모는 주거형편상 본인과 별거하고 있음.

① 11,500,000원 ② 12,500,000원 ③ 13,000,000원
④ 14,500,000원 ⑤ 16,000,000원

해답 ④

해설 1. 인적공제

(1) 기본공제

본인, 배우자, 부친, 모친, 장남, 장녀 : $6 \times 1,500,000 = 9,000,000$

* 모친의 식량작물재배업소득은 비과세소득으로 소득금액요건에서 제외되는 소득이다. 부친은 기본공제대상자이며 70세 이상이므로 기본공제와 함께 경로우대자공제를 받을 수 있다. 또한 12.31. 전에 사망한 자는 사망일 전일 기준으로 나이요건과 소득금액요건을 판정하므로 부친은 사망일 전일 나이요건과 소득금액요건을 충족한다.

(2) 추가공제

① 경로우대자 : 부친

② 장애인 : 장남

$1,000,000 + 2,000,000 = 3,000,000$

(3) 연금보험료공제

2,000,000

(4) 특별소득공제-보험료공제

500,000

(5) 종합소득공제액

$12,000,000 + 2,000,000 + 500,000 = 14,500,000$

19 **다음은 거주자 갑의 20×2년도 보험료 및 의료비 지급내역이다. 거주자 갑의 보험료 및 의료비 관련 세액공제액을 두 가지 상황별로 각각 계산한 것으로 옳은 것은? (단, 각 상황은 상호 독립적이다.)**

2016년 회계사

(1) 부양가족은 배우자(35세, 소득없음), 부친(63세, 소득없음), 자녀(5세, 장애인, 소득없음)이며 모두 생계를 같이 하고 있다.

(2) 보험료 지급내역

대상	내역	지출액
본인	자동차보험료	400,000원
부친	상해보험료	600,000원
자녀	장애인전용상해보험료	1,000,000원

(3) 의료비 지급내역(의료비는 모두 국내지급분임)

대상	내역	지출액
본인	질병치료비	1,000,000원
배우자	난임시술비	2,500,000원
부친	건강진단비	1,000,000원

(4) 상황 구분

상황1 : 갑은 근로소득(총급여액 50,000,000원, 일용근로자 아님)만 있으며, 항목별 특별세액공제를 적용받는 경우

상황2 : 갑은 사업소득(사업소득금액 50,000,000원)만 있으며, 「조세특례제한법」상 성실사업자로서 의료비 등 공제를 적용받는 경우

	상황1	상황2
①	720,000원	120,000원
②	720,000원	450,000원
③	845,000원	575,000원
④	845,000원	120,000원
⑤	795,000원	525,000원

해답 ③

해설 상황1

(1) 보험료세액공제

$(400,000+600,000)\times 12\%+1,000,000\times 15\% = 270,000$

(2) 의료비세액공제

① 일반의료비 : 0

② 특정의료비 : $1,000,000+1,000,000 = 2,000,000$

③ 난임시술비 : 2,500,000

④ 의료비공제액 : $(2,000,000-1,500,000^{*})\times 15\%+2,500,000\times 30\% = 825,000$

* $0-\min[50,000,000\times 3\%, 7,000,000] = \triangle 1,500,000$

(3) 세액공제액 합계

$270,000 + 575,000 = 1,095,000$

상황2

(1) 보험료세액공제

조세특례제한법상 성실사업자는 보험료세액공제를 받을 수 없다.

(2) 의료비세액공제

근로소득자와 동일하게 계산하여 세액공제를 적용받는다.

(3) 세액공제액 합계

1,095,000

20 **사업자인 거주자 갑의 20×2년도 종합소득금액을 계산한 것으로 옳은 것은?** 2016년 회계사

(1) 금융소득의 내역(원천징수 전의 금액)
가. 정기예금이자 : 10,000,000원
나. 비상장법인으로부터 받은 주식배당 : 20,000,000원
다. 외국법인으로부터 받은 현금배당 : 3,000,000원(국내에서 원천징수되지 않았음)
(2) 사업소득의 총수입금액 100,000,000원, 필요경비 70,000,000원
(3) 기타소득인 특강료 20,000,000원(원천징수 전의 금액)

① 63,000,000원 ② 64,430,000원 ③ 67,000,000원
④ 68,430,000원 ⑤ 72,300,000원

해답 ⑤

해설 1. 금융소득금액

(1) 이자소득

① 조건부 종합과세 : 가, = 10,000,000

(2) 배당소득

① 무조건 종합과세 : 다. = 3,000,000

② 조건부 종합과세 : 나.Ⓖ = 20,000,000

(3) 금융소득금액

$20,000,000 + 13,000,000 + \min[13,000,000, 20,000,000] \times 10\% = 34,300,000$

2. 사업소득금액

$100,000,000 - 70,000,000 = 30,000,000$

3. 기타소득금액

$20,000,000 \times (1 - 60\%) = 8,000,000$

4. 종합소득금액

$34,300,000 + 30,000,000 + 8,000,000 = 72,300,000$

21 **다음은 근로자(일용근로자 아님)인 거주자 갑의 20×2년 교육비와 관련된 자료이다. 거주자 갑의 교육비 세액공제액으로 옳은 것은? (단, 갑을 제외한 다른 사람의 소득은 없으며, 세부담 최소화를 가정한다.)**

2017년 회계사

지출 대상	연령	교육비 명세	금액	비 고
본인(갑)	46세	대학 등록금	4,000,000원	총급여액 80,000,000원 (다른 종합소득 없음)
배우자	42세	대학원 등록금	8,200,000원	
장 녀	14세	중학교에서 구입한 교과서대금	200,000원	
		방과후 학교 수업료 및 특별활동비	1,900,000원	
		교복구입비용	650,000원	
		사설 영어학원 수강료	1,400,000원	
장 남	5세	유치원 교육비	2,500,000원	
		관련법률에 의한 체육시설 수강료	1,200,000원	주당 2회 실시하는 과정

① 1,290,000원 ② 1,440,000원 ③ 1,545,000원
④ 1,890,000원 ⑤ 2,790,000원

해답 ②

해설 (1) 교육비세액공제액

① 본인 : 4,000,000

② 배우자 : 0. 대학원 교육비는 본인 외에는 교육비세액공제를 받을 수 없다.

③ 장녀 : 200,000+1,900,000+min[500,000 , 650,000] = 2,600,000

④ 장남 : min[3,000,000, 2,500,000+1,200,000] = 3,000,000

→ (4,000,000+2,600,000+3,000,000)×15% = 1,440,000

22 소득세 관련 세액감면 및 세액공제에 관한 설명이다. 옳지 않은 것은?

① 거주자의 종합소득금액에 국외원천사업소득이 합산되어 있는 경우 그 국외원천사업소득에 대하여 국외에서 외국소득세액을 납부하였거나 납부할 것이 있을 때에는 외국납부세액공제와 외국납부세액의 필요경비 산입 중 하나를 선택하여 적용받을 수 있다.
② 사업소득만 있는 거주자(연말정산대상 사업소득만 있는 자 제외)는 기부금세액공제를 적용받을 수 없다.
③ 종합소득이 있는 거주자의 기본공제대상자에 해당하는 자녀(입양자 및 위탁아동을 포함하며, 8세 이상인 사람)가 2명인 경우 연 35만원을 종합소득산출세액에서 공제한다.
④ 세액감면을 적용받는 사업자가 해당 과세기간에 산출세액이 없어 감면을 받지 못하는 경우 그 감면세액 상당액을 해당 과세기간의 다음 과세기간부터 5년 이내에 끝나는 과세기간으로 이월하여 그 이월된 과세기간의 산출세액 범위에서 공제받을 수 있다.
⑤ 정부 간의 협약에 따라 우리나라에 파견된 외국인이 그 양쪽 또는 한쪽 당사국의 정부로부터 받는 급여에 대해서는 소득세를 면제한다.

해답 ④
해설 세액감면을 적용받는 사업자가 해당 과세기간에 산출세액이 없어 감면을 받지 못하는 경우 이월하여 공제받을 수 없다.

23 거주자 甲(개인사업자가 아님)의 20×2년 과세기간의 금융소득 명세가 다음과 같고, 甲은 동 과세기간에 제시된 금융소득 외에 60,470,000원의 근로소득금액이 있으며, 甲의 동 과세기간의 종합소득공제액이 8,000,000원인 경우, 甲의 당해 과세기간의 종합소득산출세액은 얼마인가? [단, 외국법인 배당 외의 금융소득은 모두 적법하게 소득세가 원천징수되었고, 종합소득과세표준이 5,000만원 초과 8,800만원 이하인 경우의 종합소득산출세액은 (624만원+5,000만원을 초과하는 과세표준의 24%)임]

2012년 세무사

명 세	금 액
(1) 발행일부터 원금 전부의 일시상환 약정일까지의 기간이 12년인 채권의 이자(甲은 지급자에게 분리과세를 신청했고, 해당 채권은 주식으로의 전환·교환 또는 중도상환을 할 수 없음)	12,000,000원
(2) 거주자 乙에게 자금을 대여하고 받은 이자	11,000,000원
(3) 저축성보험(계약유지기간 12년,보험료 1천만원)의 보험차익	4,000,000원
(4) 비과세종합저축에서 발생한 이자소득	2,000,000원
(5) 외국법인으로부터 지급받은 금전배당(원천징수되지 아니함)	12,000,000원
(6) 주권상장법인 ㈜A로부터 지급받은 금전배당	24,000,000원

① 14,780,000원 ② 14,905,200원 ③ 14,980,000원
④ 15,105,200원 ⑤ 16,688,800원

해답 ⑤

해설 무조건 종합과세 : (5)12,000,000

조건부 종합과세 : (2)11,000,000(비)+(6)24,000,000ⓖ = 35,000,000

Gross-up : min(24,000,000, (47,000,000-20,000,000))×10%=2,400,000

* (1)은 분리과세, (3),(4)는 과세제외 및 비과세

금융소득금액 : 12,000,000+35,000,000+2,400,000=49,400,000

종합소득금액 : 49,640,000 + 60,470,000 = 109,870,000

종합소득과세표준 : 109,870,000 - 8,000,000 = 101,870,000

산출세액 : max (i , ii) = 16,688,800

i (101,870,000 - 20,000,000) × 기본세율 + 20,000,000 × 14% = 16,688,800

ii (101,870,000 - 49,400,000) × 기본세율 + 36,000,000 × 14% + 11,000,000 × 25% = 14,622,800

24 다음은 거주자 을의 20×2년도 소득세 계산을 위한 자료이다. 을의 20×2년도 소득에 대한 종합소득산출세액을 구하면 얼마인가?

(1) 비영업대금의 이익 : 20,000,000원
(2) 정기예금이자 : 5,000,000원
(3) 을이 대주주(보유기간 : 기말현재 11개월)로 있는 비상장·비등록 내국법인으로부터 받은 현금배당금 : 30,000,000원
(4) 을이 소액주주(보유기간 : 기말현재 11개월)로 있는 주권상장법인의 재평가적립금(토지의 재평가로 발생하였으며 1%의 재평가세가 과세됨)의 자본전입으로 받은 무상주 가액 : 6,000,000원
(5) 사업소득금액 : 15,300,000원
(6) 종합소득공제 : 12,000,000원
(7) 원천징수대상이 되는 소득은 세법에 따라 적절하게 원천징수됨
(8) 기본세율

종합소득과세표준	기본세율
1,400만원 이하	과세표준의 6%
1,400만원 초과 5,000만원 이하	84만원+(1,400만원을 초과하는 금액의 15%)
5,000만원 초과 8,800만원 이하	624만원+(5,000만원을 초과하는 금액의 24%)

① 1,170,000원 ② 10,140,000원 ③ 10,932,000원
④ 10,938,000원 ⑤ 8,932,000원

해답 ④

해설 조건부종합과세 : (1) + (2) + (3)ⓑ + (4) = 61,000,000
Gross - up : min(30,000,000, (61,000,000 - 20,000,000)) × 10% = 3,000,000
금융소득금액 = 61,000,000 + 3,000,000 = 64,000,000
종합소득금액 = 64,000,000 + 15,300,000 = 79,300,000
종합소득과세표준 = 79,300,000 - 12,000,000 = 67,300,000
종합소득산출세액 = max (i , ii) = 10,938,000
i (67,300,000 - 20,000,000) × 기본세율 + 20,000,000 × 14% = 8,635,000
ii (67,300,000 - 64,000,000) × 기본세율 + 20,000,000 × 25% + 41,000,000 × 14%
= 10,938,000

25 **40세 남성인 거주자 정씨의 20×2년도의 가족현황과 소득 및 지출액의 내역이다. 종합소득 신고시 관련 증빙을 갖추어 특별공제 신청을 했을 경우 정씨의 20×2년도 종합소득공제와 세액공제 합계로 옳은 것은?** 2012년 회계사

(1) 정씨는 ㈜화성에서 사무직근로자(일용근로자 아님)로 재직중이고 근로소득금액은 37,000,000원(총급여액은 50,000,000원임)이며 국내은행 정기예금 이자수익은 40,000,000원이다(이 소득들은 세법상 적법하게 원천징수가 이루어졌으며, 이 금액들은 원천징수세액을 차감하기 전의 금액이다).
(2) 가족으로는 아버지(64세), 어머니, 처(40세), 장남(16세, 장애인), 장녀(15세), 차녀(9세)가 있다. 아버지는 현재 주거형편상 별도로 거주하고 있으며 어머니는 20×2년 4월 1일에 62세로 사망하였다. 정씨의 아버지는 20×2년 2월에 대학에서 일시적 강연을 하고 1,500,000원의 강연료를 받은 것을 제외하고는 다른 소득이 없다. 나머지 가족들은 소득이 없다.
(3) 사용자부담분이 아닌 본인 부담분으로 건강보험료 800,000원, 고용보험료 700,000원, 국민연금보험료 2,000,000원을 부담하고, 처를 피보험자로 하고 만기환급금이 없는 보장성 생명보험료 1,200,000원을 납부하였다.
(4) 본인의 질병치료비 200,000원, 장녀의 미용목적 성형수술비 600,000원과 차녀의 질병치료비 2,000,000원을 지출하였다.
(5) 세액공제는 전액 공제 가능하고 근로소득세액공제액은 660,000원으로 가정한다.

① 17,635,000원 ② 17,364,000원 ③ 17,345,000원
④ 16,000,000원 ⑤ 17,409,000원

해답 ①

해설 1. 종합소득공제 : (1) + (2) + (3) = 16,000,000
(1) 인적공제 : i + ii = 12,500,000
i 기본공제 : 7명(본인 + 아버지 + 어머니 + 처 + 장남 + 장녀 + 차녀) × 1,500,000 = 10,500,000
ii 추가공제 : 장애인공제 = 1명(장남) × 2,000,000 = 2,000,000

(2) 연금보험료공제 : 2,000,000
(3) 보험료공제 : 800,000 + 700,000 = 1,500,000

2. 세액공제 : (1) + (2) + (3) + (4) = 1,635,000
(1) 자녀세액공제 : 350,000 + 1명 × 300,000 = 750,000
(2) 보험료세액공제 : MIN(1,200,000, 1,000,000) × 12% = 120,000
(3) 의료비세액공제 : 700,000* × 15% = 105,000
* 대상액 : [MAX[0, {MIN(일반의료비 - 총급여3%),7,000,000} + 특정의료비]]
= {MIN(2,000,000 - 50,000,000 × 3%),7,000,000} + 200,000 = 700,000
(4) 근로소득세액공제 : 660,000

26 **다음은 거주자 갑의 20×2년 종합소득에 대한 자료이다. 갑의 20×2년 종합소득 산출세액을 계산한 것으로 옳은 것은? (단, 원천징수는 모두 적법하게 이루어졌으며, 모든 금액은 원천징수 세액을 차감하기 전 금액이다.)** 2018년 회계사

(1) 과세대상 소득명세
가. 상장 내국법인으로부터 받은 현금배당* 15,000,000원
* 법인단계에서 법인세가 과세된 이익을 재원으로 이루어진 배당임
나. 국내은행의 정기예금으로부터 받은 이자 15,000,000원
다. 비영업대금으로 인한 이익 10,000,000원
라. 사업소득금액 20,150,000원
(2) 종합소득공제 5,000,000원
(3) 세율

종합소득과세표준	기본세율
1,400만원 이하	과세표준의 6%
1,400만원 초과 5,000만원 이하	84만원+(1,400만원을 초과하는 금액의 15%)
5,000만원 초과 8,800만원 이하	624만원+(5,000만원을 초과하는 금액의 24%)

① 8,620,000원 ② 7,870,000원 ③ 7,712,500원
④ 5,635,000원 ⑤ 4,720,000원

해답 ③
해설 (1) 금융소득금액
① 이자소득 : 나.+다.(비) = 25,000,000
② 배당소득 : 가.Ⓖ = 15,000,000
③ 금융소득금액 :
$25,000,000 + 15,000,000 + \min[15,000,000, 20,000,000] \times 10\% = 41,500,000$

(2) 과세표준

41,500,000 + 20,150,000 − 5,000,000 = 56,650,000

(3) 산출세액 max[①, ②] = 7,712,500

① 20,000,000 × 14% + 36,650,000 × t = 7,037,500

② 10,000,000(비) × 25% + 30,000,000 × 14% + (56,650,000 − 41,500,000) × t = 7,712,500

27 다음은 소득세 계산에 있어서의 종합소득공제 및 종합소득세액공제에 대한 설명이다. 가장 잘못 설명된 것은?

① 종합소득이 있는 거주자가 공적연금 관련법에 따른 기여금 또는 개인부담금(이하 "연금보험료"라 한다)을 납입한 경우에는 해당 과세기간의 종합소득금액에서 그 과세기간에 납입한 연금보험료를 공제한다.

② 종합소득이 있는 거주자가 일정한 연금저축계좌 납입액과 퇴직연금계좌납입액의 100분의 12에 해당하는 금액을 해당 과세기간의 종합소득산출세액에서 공제한다. 다만, 연금저축계좌 납입액이 연 600만원을 초과하는 경우에는 그 초과하는 금액은 없는 것으로 하며, 한도내 연금저축계좌납입액과 퇴직연금계좌납입액의 합계가 연 900만원을 초과하는 경우에는 그 초과하는 금액은 없는 것으로 한다.

③ 특수관계자의 소득금액이 주된 공동사업자의 소득금액에 합산되는 경우라 할지라도 특수관계자가 지출하는 연금보험료는 주된 공동사업자의 합산과세되는 종합소득금액 계산에서 소득공제를 받을 수 없다.

④ 거주자의 배우자 또는 거주자와 생계를 같이하는 직계존비속으로서 연간 소득금액이 100만원 이하인 자의 신용카드 등 사용금액은 거주자의 신용카드 등 사용금액에 대한 소득공제에 포함시킬 수 있다.

⑤ 신용카드등 사용금액에 대한 소득공제에서, '신용카드등 사용금액'이란, 여신전문금융업법에 따른 신용카드를 사용한 금액과 현금영수증에 기재된 금액, 직불카드 또는 선불카드 등을 사용하여 그 대가로 지급하는 금액을 말한다.

해답 ③

해설 연금보험료공제, 조세특례제한법상 소득공제, 연금계좌세액공제 적용시, 소득금액이 주된 공동사업자의 소득금액에 합산과세되는 특수관계인이 지출·납입·투자·출자 등을 한 금액이 있으면 주된 공동사업자의 소득에 합산과세되는 소득금액의 한도에서 주된 공동사업자가 지출·납입·투자·출자 등을 한 금액으로 보아 주된 공동사업자의 합산과세되는 종합소득금액 또는 종합소득산출세액을 계산할 때에 소득공제 또는 세액공제를 받을 수 있다.

28 다음은 거주자 A의 20×2년도 소득내역 및 종합소득공제에 관한 자료이다. 거주자 A가 부담하는 소득세 총액은 얼마인가? (단, 세액감면, 세액공제 및 가산세는 없다고 가정한다.)

(1) 소득 내역
1) 1년 만기 정기예금 이자 : 20,000,000원
2) 공익신탁의 이익 : 10,000,000원
3) 연금소득금액 : 20,000,000원
4) 사업소득금액 : 70,000,000원
(2) 종합소득공제 : 5,600,000원

종합소득과세표준	기본세율
1,400만원 이하	과세표준의 6%
1,400만원 초과 5,000만원 이하	84만원+(1,400만원을 초과하는 금액의 15%)
5,000만원 초과 8,800만원 이하	624만원+(5,000만원을 초과하는 금액의 24%)
8,800만원 초과 1억5,000만원 이하	1,536만원+(8,800만원을 초과하는 금액의 35%)

① 10,236,000원
② 25,140,000원
③ 15,036,000원
④ 17,296,000원
⑤ 18,936,000원

해답 ④

해설 종합소득금액 : 20,000,000(연금소득금액) + 70,000,000(사업소득금액) = 90,000,000
* 공익신탁의 이익 : 비과세 이자소득이며, 조건부 종합과세대상인 1년만기 정기예금 이자의 금액이 2천만원을 초과하지 않으므로 분리과세로 납세의무가 종결된다.
(1) 분리과세 원천징수 세액 : 20,000,000 × 14% = 2,800,000
(2) 종합소득 산출세액 : (90,000,000 − 5,600,000) × 기본세율 = 14,496,000
(3) 합계 = 2,800,000 + 14,496,000 = 17,296,000

29 **다음은 거주자 갑씨의 20×2년 귀속 소득관련 자료이다. 다음 자료를 이용하여 배당세액공제 후의 종합소득결정세액을 계산하면 얼마인가? (단, 배당세액공제 이외의 다른 세액공제는 없으며, 종합과세를 선택할 수 있는 경우 종합과세를 선택한다)**

(1) 회사채 이자소득 25,000,000원
(2) 법인세법에 의하여 배당으로 처분된 금액 20,000,000원
(3) 기타소득금액(계약의 위약으로 받은 위약금) 12,250,000원
(4) 종합소득공제 3,750,000원
(5) 원천징수대상이 되는 소득에 대해서는 적법하게 원천징수 되었다.
(6) 기본세율

종합소득과세표준	기본세율
1,400만원 이하	과세표준의 6%
1,400만원 초과 5,000만원 이하	84만원+(1,400만원을 초과하는 금액의 15%)
5,000만원 초과 8,800만원 이하	624만원+(5,000만원을 초과하는 금액의 24%)
8,800만원 초과 1억5,000만원 이하	1,536만원+(8,800만원을 초과하는 금액의 35%)

① 8,100,000원 ② 5,900,000원 ③ 6,213,000원
④ 6,810,000원 ⑤ 4,598,000원

해답 ④

해설 조건부금융소득 : 25,000,000 + 20,000,000Ⓖ = 45,000,000
Gross - up : min(20,000,000, 45,000,000 - 20,000,000) × 10% = 2,000,000
종합소득금액 : 47,000,000 + 12,250,000 = 59,250,000
종합소득과세표준 : 59,250,000 - 3,750,000 = 55,500,000
종합소득산출세액 : max(i , ii) = 6,865,000
i (55,500,000 - 20,000,000) × 기본세율 + 20,000,000 × 14% = 6,865,000
ii (55,500,000 - 47,000,000) × 기본세율 + 45,000,000 × 14% = 6,810,000
배당세액공제 : min [2,000,000, (6,865,000 - 6,810,000)] = 55,000
배당세액공제후의 종합소득결정세액 : 6,865,000 - 55,000 = 6,810,000

30 **다음은 제조업을 영위하는 거주자 갑의 20×2년도 종합소득과 관련된 자료이다. 종합소득 결정세액을 계산한 것으로 옳은 것은? (단, 자료의 금융소득은 소득세를 원천징수하기 전 금액이다.)**

2010년 회계사

(1) 금융소득 자료
  가. 비상장법인인 내국법인의 현금배당(법인세가 과세된 잉여금을 재원으로 함) 20,000,000원
  나. 주권상장법인인 내국법인의 자기주식소각이익 자본전입으로 지급받은 무상주 액면총액(의제배당에 해당함) 10,000,000원
  다. 외국법인의 현금배당(국내에서 원천징수되지 않음) 5,000,000원
  라. 국내은행 예금이자 10,000,000원
  마. 공익신탁이익 10,000,000원
(2) 기타의 자료
  가. 사업소득금액 10,200,000원
  나. 종합소득공제 4,000,000원
(3) 배당세액공제 이외의 추가적인 세액공제 및 세액감면은 적용하지 아니하며, 제시된 자료 이외의 고려사항은 없다.

종합소득과세표준	기본세율
1,400만원 이하	과세표준의 6%
1,400만원 초과 5,000만원 이하	84만원+(1,400만원을 초과하는 금액의 15%)
5,000만원 초과 8,800만원 이하	624만원+(5,000만원을 초과하는 금액의 24%)
8,800만원 초과 1억5,000만원 이하	1,536만원+(8,800만원을 초과하는 금액의 35%)

① 6,700,000원 ② 6,672,000원 ③ 6,296,000원
④ 7,760,000원 ⑤ 4,460,000원

해답 ②

해설 금융소득금액=47,200,000
무조건종합과세 : (다)5,000,000
조건부종합과세 : (가)20,000,000ⓖ+(나)10,000,000+(라)10,000,000=40,000,000
Gross-up : min(20,000,000, 45,000,000-20,000,000) × 10%=2,000,000
* 공익신탁이익은 비과세
종합소득금액=47,000,000+10,200,000=57,200,000
종합소득과세표준=57,200,000-4,000,000 =53,200,000
종합소득산출세액=max(ⅰ, ⅱ)=6,672,000
ⅰ (53,200,000-20,000,000) × 기본세율+20,000,000 × 14%=6,520,000
ⅱ (53,200,000-47,000,000) × 기본세율+45,000,000 × 14%=6,672,000
배당세액공제=Min(2,000,000, 6,672,000-6,672,000)=0
종합소득결정세액=6,672,000

31 **다음은 「소득세법」상 근로소득이 있는 거주자 甲이 지출한 20×2년 교육비 자료이다. 이 자료에 의해 계산한 교육비세액공제액은? (단, 甲은 일용근로자가 아니며, 가족 모두 기본공제대상자이고 학자금 대출을 받지 아니함)** 2020년 세무사

> (1) 甲의 20×2년 귀속 총급여액: 100,000,000원임
> (2) 본인: 대학원(4학기 교육과정) 수업료 10,000,000원을 지출하였으며, 이 중 회사에서 3,000,000원의 학자금(소득세 비과세)을 지원받음
> (3) 배우자: 대학원(4학기 교육과정)수업료 7,000,000원을 지출함
> (4) 아들(15세 중학생):「초·중등교육법」제2조에 따른 학교에서 실시하는 방과 후 학교 수업료 1,500,000원 및 교복구입비용 700,000원을 지출함
> (5) 딸(5세):「유아교육법」제2조 제2호에 따른 유치원 수업료 2,200,000원 및 특별활동비 1,800,000원을 지출함

① 1,630,000원　② 1,750,000원　③ 1,800,000원
④ 1,950,000원　⑤ 2,105,000원

해답 ③

해설 (1) 교육비 세액공제 대상 금액 : ①+②+③+④=12,000,000
① 본인 : 10,000,000-3,000,000=7,000,000
② 배우자 : 대학원 수업료에 대한 교육비 세액공제는 본인에 한하여 가능하다.
③ 아들 : 1,500,000+500,000=2,000,000
④ 딸 : 2,200,000+1,800,000=4,000,000 → 3,000,000 한도
(2) 교육비 세액공제액 : 12,000,000×15%=1,800,000

32 사업소득이 있는 거주자의 종합소득금액에 국외원천소득이 합산되어 있는 경우 소득세법상 외국납부세액공제 등에 관한 내용으로 가장 틀린 것은?

① 과세표준에 포함된 국외원천소득에 대하여 외국에서 납부한 외국소득세액이 있는 거주자는 공제한도범위 안에서 외국소득세액을 당해 연도의 종합소득산출세액에서 공제하는 방법을 적용할 수 있다.

② 공제한도를 계산함에 있어서 국외사업장이 2 이상의 국가에 있는 경우에는 거주자가 국가별로 구분하여 이를 계산하는 방법을 적용한다.

③ 외국정부에 납부하였거나 납부할 외국소득세액이 공제한도를 초과하는 경우 그 초과금액은 당해 과세기간의 다음 과세기간 개시일부터 10년 이내에 종료하는 과세기간에 이월하여 그 이월된 과세기간의 공제한도 범위 안에서 공제받을 수 있다.

④ 국외원천소득이 있는 거주자가 조세조약의 상대국에서 당해 국외원천소득에 대하여 소득세를 감면받은 세액의 상당액은 당해 조세조약에 정함이 있다 하더라도 외국납부세액공제 대상이 되는 외국소득세액으로 보지 아니한다.

⑤ 외국납부세액공제의 대상이 되는 외국소득세액에는 외국정부에 의하여 과세된 수입금액 또는 기타 이에 준하는 것을 과세표준으로 하여 과세된 세액이 포함된다.

해답 ④

해설 국외원천소득이 있는 거주자가 조세조약의 상대국에서 그 국외원천소득에 대하여 소득세를 감면받은 세액의 상당액은 그 조세조약에서 정하는 범위에서 세액공제 대상이 되는 외국소득세액으로 본다.

33 소득세법상 기장세액공제에 관한 설명으로 잘못된 것은?

① 비치·기장한 장부에 의하여 신고하여야 할 소득금액의 100분의 20이상을 누락하여 신고한 경우에는 기장세액공제를 허용하지 아니한다.

② 기장세액공제와 관련된 장부 및 증빙서류를 당해 과세표준 확정신고기간 종료일로부터 5년간 보관하지 못한 사유가 화재를 입거나 도난을 당한 경우에 해당하면 기장세액공제를 허용한다.

③ 기장세액공제를 받고자 하는 자는 과세표준확정신고서에 기장세액공제신청서를 첨부하여 납세지 관할세무서장에게 신청하여야 한다.

④ 소득세법상 기장세액공제가 인정되는 경우는 소규모사업자가 종합소득에 대한 과세표준확정신고를 하는 경우로 한정하고 있다.

⑤ 기장세액공제의 공제세액은 100만원을 초과하지 못한다.

해답 ④

해설 소득세법상 기장세액공제가 인정되는 경우는 간편장부대상자가 종합소득에 대한 과세표준확정신고를 하는 경우이다.

34 **다음 자료에 의하여 거주자 甲이 20×2년 귀속 종합소득 결정세액은 얼마인가?** 2011년 회계사

1. 甲의 20×2년 종합소득에 관한 자료는 다음과 같다.
   • 근로소득금액 : 56,750,000원 (총급여 70,000,000원)
   • 사업소득금액 : 30,000,000원
   • 종합소득공제 : 5,000,000원
   • 특별세액공제 : 500,000원
2. 甲은 법인 A의 경리부장으로 근무하고 있다. 甲의 소득은 모두 국내원천소득이며, 甲은 간편장부대상자로서 과세표준확정신고를 함에 있어 사업소득금액 전액을 복식부기에 따라 비치·기장한 장부에 의하여 계산하여 신고한다.
3. 근로소득세액공제 한도액은 총급여 7,000만원인 경우 74만원 이다.
4. 세액공제액 계산액 중 1,000원 미만 금액은 절사한다.

종합소득과세표준	기본세율
1,400만원 이하	과세표준의 6%
1,400만원 초과 5,000만원 이하	84만원+(1,400만원을 초과하는 금액의 15%)
5,000만원 초과 8,800만원 이하	624만원+(5,000만원을 초과하는 금액의 24%)
8,800만원 초과 1억5,000만원 이하	1,536만원+(8,800만원을 초과하는 금액의 35%)

근로소득에 대한 종합소득산출세액	근로소득세액공제
130만원 이하	산출세액 × 55%
130만원 초과	715,000+(산출세액 - 1,300,000) × 30%

① 9,321,500원 ② 11,642,000원 ③ 12,270,000원
④ 13,900,000원 ⑤ 13,300,000원

해답 ②

해설 종합소득과세표준 : 86,750,000-5,000,000=81,750,000
종합소득산출세액 : 13,860,000
근로소득 부분 산출세액 : 13,860,000 × (56,750,000/86,750,000) = 9,066,916
특별세액공제 : 500,000
근로소득세액공제 : min{714,000 + (9,066,916 - 1,300,000) × 30%, 740,000} = 740,000
기장세액공제 : min{13,860,000 × (30,000,000/86,750,000) × 20%, 1,000,000}
≒958,000
종합소득결정세액 : 13,840,000 - 500,000 - 740,000 - 958,000 = 11,642,000

35 **소득세법상 세액공제에 관한 설명이다. 옳은 것은?** 2012년 회계사

① 간편장부대상자가 비치·기록한 장부에 의하여 신고하여야 할 소득금액의 20%를 누락하여 신고한 경우 기장세액공제를 적용하지 않는다.

② 종합소득세와 퇴직소득세 계산시 외국납부세액이 공제한도를 초과하는 경우 해당 과세기간의 다음 과세기간 개시일부터 5년 이내에 이월공제가 가능하다.

③ 사업자가 해당 과세기간에 천재지변이나 그 밖의 재해로 자산총액의 15%에 상당하는 자산을 상실한 경우 재해손실세액공제를 적용한다.

④ 일용근로자의 근로소득에 대한 소득세 계산시 근로소득세액공제를 적용하지 않는다.

⑤ 사업소득과 기타소득에 대한 외국납부세액은 외국납부세액공제방법에 따라 공제할 수 있다.

해답 ①

해설 ② 종합소득세 계산시 외국납부세액이 공제한도를 초과하는 경우 해당 과세기간의 다음 과세기간 개시일부터 10년 이내에 이월공제가 가능하다.
③ 사업자가 해당 과세기간에 천재지변이나 그 밖의 재해로 자산총액의 20%에 상당하는 자산을 상실한 경우 재해손실세액공제를 적용한다.
④ 일용근로자의 근로소득에 대한 소득세 계산시 55%의 근로소득세액공제를 적용한다.
⑤ 사업소득, 퇴직소득 및 양도소득에 대한 외국납부세액은 외국납부세액공제방법에 따라 공제할 수 있다.

36 **다음 중 의료비세액공제 대상 의료비가 아닌 것은?**

① 조산원에 진료용으로 지급하는 비용

② 정밀건강진단비로 지출한 비용

③ 뇌졸중 환자의 휠체어를 구입하기 위한 비용

④ 암치료를 위하여 외국대학병원에 지급하는 비용

⑤ 보청기 구입을 위하여 지출한 비용

해답 ④

해설 외국대학병원은 의료법 제3조의 의료기관이 아니므로 공제대상이 아니다.

37 **다음은 거주자 甲(20×2년도 중 계속 근로자임)이 기본공제대상자를 위하여 20×2년에 지출한 의료비 내역이다. 20×2년 귀속 의료비 세액공제액은 얼마인가? (단, 주어진 자료 이외에는 고려하지 않음)**

2018년 세무사

(1) 연 급여: 100,000,000원(비과세급여 3,000,000원 포함)
(2) 본인(34세)을 위한 시력보정용 안경 구입비: 800,000원
본인의 국외 치료비: 4,000,000원
(3) 배우자(32세)를 위한 치료목적 한약비: 1,000,000원
배우자를 위한 난임시술비(「모자보건법」에 따른 보조생식술에 소요된 비용): 3,000,000원
(4) 부친(67세)에 대한 질병 치료비: 700,000원
(5) 모친(장애인, 62세)을 위한 장애인 보장구 구입비: 600,000원
(6) 아들(15세)를 위한 선천성이상 질환을 치료하기 위해 지급한 의료비 : 500,000원
(6) 부양가족은 모두 생계를 같이 하고 있으며 소득은 없다.
(7) 부양가족은 다른 근로자의 기본공제대상이 아니고, 본인 국외 치료비를 제외한 다른 의료비는 모두 국내 의료기관 등에 지출한 금액이며, 의료비 세액공제액 외 다른 세액공제 및 표준세액공제는 적용하지 않는다.

① 726,000원 ② 831,000원 ③ 960,000원
④ 1,431,000원 ⑤ 1,476,000

해답 ③

해설 (1) 의료비 구분
① 일반의료비 : 1,000,000
② 특정의료비 : 500,000+700,000+600,000=1,800,000
③ 미숙아 및 선천성이상아를 위해 지출한 의료비 : 500,000
④ 난임시술비 : 3,000,000
* 국외 의료기관에 지급한 치료비는 공제대상이 아니다.
** 시력보정용 안경 또는 콘택트렌즈 구입비는 1명당 50만원을 한도로 한다.
(2) 의료비세액공제액 : 300,000 × 20% + 3,000,000 ×30% = 960,000
① 일반의료비 : 1,000,000
② 특정의료비 : 1,800,000
③ 미숙아 및 선천성이상아를 위해 지출한 의료비 : 500,000
합계 3,300,000 - 100,000,000 × 3%= 300,000
④ 난임시술비 : 3,000,000
합계 : 3,300,000

38 소득세법상 특별소득공제 및 특별세액공제에 관한 설명으로 옳지 않은 것은?

① 미용·성형수술을 위한 비용 및 건강증진을 위한 의약품 구입비용은 의료비 세액공제대상에서 제외된다.

② 세액공제대상 교육비에는 「초·중등교육법」에 따른 학교에서 실시하는 방과후 학교 수업료 및 도서구입비가 포함되지 않는다.

③ 보험료 세액공제 적용시, 장애인전용보장성보험의 보험계약에 의하여 보험자에게 지급하는 보험료의 합계액이 연 100만원을 초과하는 경우에는 그 초과하는 금액은 이를 없는 것으로 본다.

④ 기본공제대상인 직계존속(장애인)을 위한 법령에 정한 장애인특수교육비는 그 연령 또는 소득금액에 관계없이 교육비 세액공제의 공제대상이 된다.

⑤ 주택자금공제에 있어서 차입금의 상환기간이 15년 이상이고, 장기주택저당차입금의 이자를 고정금리방식으로 지급하거나 차입금의 원금 또는 원리금을 비거치식 분할상환방식으로 지급하는 경우 공제한도액은 1,800만원이다.

해답 ②

해설 세액공제대상 교육비에는 「초·중등교육법」에 따른 학교에서 실시하는 방과후 학교 수업료 및 도서구입비가 포함된다.

39 거주자의 종합소득공제 및 세액공제에 관한 설명으로 옳지 않은 것은? 2012년 세무사

① 거주자의 기본공제대상자에 해당하는 자녀(8세 이상)가 3명인 경우, 65만원의 자녀세액공제를 받을 수 있다.

② 성실신고확인대상사업자로서 성실신고확인서를 제출한 자는 교육비공제를 받을 수 있다.

③ 분리과세연금소득과 분리과세기타소득만이 있는 자에 대해서는 인적공제 및 특별공제를 적용하지 아니한다.

④ 건강증진을 위한 의약품 구입비용은 의료비세액공제의 대상에 포함하지 아니한다.

⑤ 의료비세액공제의 대상인 의료비 지출액은 신용카드 등 사용금액에 대한 소득공제의 대상에 포함하지 아니한다.

해답 ⑤

해설 의료비세액공제대상 의료비 지출액은 신용카드 등 사용금액에 대한 소득공제 대상에 포함한다.

40 **다음은 기부금과 관련된 설명이다. 틀린 것은?**

① 해당 과세기간에 이자소득과 배당소득(모두 종합과세대상)만이 있는 거주자가 당해 연도에 지급한 일반기부금은 원천징수세율을 적용받는 이자소득과 배당소득을 제외한 금융소득부분의 산출세액에서 일정한 한도액까지 세액공제를 받을 수 있다.
② 법인이 정당에 기부한 정치자금은 특례기부금에 해당 되나, 사업소득만 있는 거주자가 정당에 기부한 정치자금은 10만원까지는 100/110 상당액을 정치자금기부금 세액공제로 적용하며, 10만원 초과분에 대해서는 이월결손금을 차감한 후 소득금액의 범위에서 필요경비에 산입한다.
③ 법인의 각사업연도소득금액 계산시 일반기부금의 손금산입한도초과액이 있는 경우, 그 금액을 다음 사업연도 개시일부터 10년 이내에 종료하는 각 사업연도에 이월하여 손금에 산입한다.
④ 기부금 세액공제는 근로소득 없는 자도 공제 가능하다. (연말정산대상 사업소득을 제외한 기타 사업소득만 있는 자 제외)
⑤ 공제대상 기부금 중 1천만원 이내의 금액은 해당금액의 15%를 세액공제액으로 하며, 1천만원 초과 금액에 대해서는 해당 금액의 30%를 세액공제액으로 한다. 또한 2024.1.1.부터 2024.12.31.까지 3천만원 초과 금액에 대해서는 10%에 해당하는 금액을 추가로 공제한다.

해답 ②
해설 법인이 정당에 기부한 정치자금은 비일반기부금에 해당한다.

41 **근로자인 거주자 甲(근로소득 외의 다른 소득은 없음)의 20×2년 과세기간의 종합소득금액이 7천만원이고, 甲·乙(甲의 배우자)·丙(甲의 어머니) 명의의 기부금 지출내역은 다음과 같으며, 丁(甲의 아들)이 특별재난지역에서 90시간의 자원봉사를 한 경우, 동 과세기간의 甲의 기부금 세액공제액은 얼마인가? (단, 乙·丙·丁은 甲의 기본공제대상자이며, 종합소득산출세액은 9,000,000원으로 가정한다.)**

2012년 세무사

명 세	금액
• 甲 명의 정치자금 기부금(甲이 당원인 정당에 기부함)	1,000,000원
• 甲 명의 종교단체 기부금(해당 종교단체는 「민법」에 따라 지방자치단체의 장의 허가를 받아 설립한 비영리법인이다.)	1,000,000원
• 乙 명의 「평생교육법」에 따른 평생교육시설 장학금 기부금	6,640,000원
• 丙 명의 장학단체(정부의 인·허가를 받음) 기부금	4,000,000원

① 1,785,000원　② 1,935,000원　③ 2,085,000원
④ 2,370,000원　⑤ 2,550,000원

해답 ⑤

해설 특례기부금
= 정치기부금(1,000,000 - 100,000)+평생교육시설기부금(6,640,000)+특별재난지역자원봉사(12일×8만원 = 960,000) = 8,500,000
특례기부금한도 : 70,000,000 (특례기부금 한도초과액 : 0)
일반기부금 = 1,000,000(종교단체)+4,000,000(종교단체외) = 5,000,000
일반기부금한도 : (70,000,000 - 8,500,000) × 10% + min[(70,000,000 - 8,500,000) × 20%, 4,000,000] = 10,150,000 (일반기부금 한도초과액 : 0)
기부금세액공제 : MIN[10,000,000 × 15%+(8,500,000 + 5,000,000-10,000,000) × 30% =2,550,000, 9,000,000] = 2,550,000

42 **다음은 ㈜ABC의 경리부장으로 근무하는 거주자 갑(남성)의 20×2년 귀속 종합소득과세표준 신고와 관련한 자료이다. 이 자료를 이용하여 거주자 갑의 20×2년 의료비세액공제액을 계산하면 얼마인가? (단, 의료비세액공제는 전액 근로소득금액에서 공제 가능한 것으로 가정한다.)**

2009년 회계사

(1) 근로소득 관련 자료
가. 기본급 및 상여금 : 42,000,000원
나. 잉여금처분에 의한 상여금 : 7,000,000원 (20×1년의 성과에 대한 상여금으로서, 이에 대한 잉여금처분 결의일은 20×2년 2월 20일이다.)
다. 사택을 무상으로 제공받음으로 인하여 얻는 이익 : 4,000,000원
라. 국민건강보험법 및 국민연금법에 따른 건강보험료와 연금보험료 중 사용자 부담분 : 3,000,000원
마. 20×2년 5월 2일에 사내 신입사원 교육을 하고 받은 강사료 : 1,000,000원

(2) 거주자 갑 본인과 생계를 같이 하는 부양가족 내역 및 이들의 의료비 지출액은 다음과 같다. 그리고 의료비 지출액은 모두 의료비공제의 대상에 해당된다.

구분	연령	의료비 지출액	비고
본인	54세	500,000원	
배우자	50세	1,000,000원	양도소득금액 3,000,000원이 있음
장남	23세	2,000,000원	
차남	18세	4,000,000원	장애인임
부친	75세	2,500,000원	20×2년 9월 10일 사망함

① 1,275,000원 ② 225,000원 ③ 1,050,000원
④ 8,500,000원 ⑤ 1,020,000원

해답 ①

해설 • 총급여 : 42,000,000 + 7,000,000 + 1,000,000 = 50,000,000

구분	연령	의료비 지출액	비고
본인	54세	500,000원	특정의료비
배우자	50세	1,000,000원	일반의료비
장남	23세	2,000,000원	일반의료비
차남	18세	4,000,000원	특정의료비
부친	75세	2,500,000원	특정의료비

• 일반 의료비 : 3,000,000 − 50,000,000 × 3% = 1,500,000(한도 : 7,000,000)
• 특정 의료비 : 7,000,000
• 의료비 세액공제 : (1,500,000 + 7,000,000) × 15% = 1,275,000

43 소득세법상 거주자의 외국납부세액공제에 관한 설명으로 옳지 않은 것은?

① 거주자의 종합소득금액에 국외원천소득이 합산되어 있는 경우에는 그 국외원천소득에 대하여 외국에서 외국정부에 의하여 과세된 외국소득세액을 납부하였거나 납부할 것이 있는 때에는 외국납부세액공제를 받을 수 있다.
② 사업소득이 있는 거주자는 외국납부세액에 대하여 세액공제방법을 적용할 수 있다.
③ 종합소득금액을 계산함에 있어서 외국정부에 납부하였거나 납부할 외국소득세액이 공제한도를 초과하는 경우 그 초과하는 금액은 당해 과세기간의 다음 과세기간 개시일부터 10년 이내에 종료하는 과세기간에 이월하여 그 이월된 과세기간의 공제한도 범위 안에서 공제받을 수 있다.
④ 국외원천소득이 있는 거주자가 조세조약의 상대국에서 당해 국외원천소득에 대하여 소득세를 감면받은 세액의 상당액은 당해 조세조약이 정하는 범위 안에서 외국납부세액공제의 대상이 되는 외국소득세액으로 본다.
⑤ 거주자의 퇴직소득금액에 국외원천소득이 합산되어 있는 경우에는 외국납부세액공제 규정을 적용받을 수 없다.

해답 ⑤

해설 거주자의 퇴직소득금액에 국외원천소득이 합산되어 있는 경우에도 외국납부세액공제 규정을 적용받을 수 있다.

CHAPTER

05 신고, 납부

제 1 절 과세기간 중 신고, 납부, 결정, 징수

01 **「소득세법」상 신고·납부절차에 관한 설명으로 옳지 않은 것은?** 2016년 세무사

① 과세기간의 개시일 현재 사업자가 아닌 자로서 그 과세기간 중 신규로 사업을 시작한 거주자는 그 과세기간의 사업소득에 대하여 중간예납 의무가 없다.

② 중간예납세액이 50만원 미만인 경우에는 해당 세액을 징수하지 않는다.

③ 복식부기 의무자가 아닌 농·축·수산물 판매업을 영위하는 거주자는 납세조합을 조직할 수 있다.

④ 금융업을 경영하는 사업자가 직전 과세기간의 상시 고용인원의 평균 인원수가 20인 이하인 원천징수의무자로서 관할세무서장으로부터 승인을 얻은 경우에는 원천징수한 소득세를 그 징수일이 속하는 반기의 마지막 달의 다음 달 10일까지 납부할 수 있다.

⑤ 분리과세이자소득, 분리과세배당소득, 분리과세연금소득 및 분리과세기타소득만 있는 거주자는 과세표준확정신고를 하지 아니할 수 있다.

해답 ④

해설 반기별 납부 승인대상자란 다음의 어느 하나에 해당하는 원천징수의무자로서 원천징수 관할세무서장으로부터 원천징수세액을 매 반기별로 납부할 수 있도록 승인을 받거나 국세청장이 정하는 바에 따라 지정을 받은 자이다.

① 직전 과세기간(신규 사업을 개시한 사업자의 경우 신청일이 속하는 반기를 말함)의 상시고용인원이 이하인 원천징수의무자(금융 및 보험업을 경영하는 자는 제외)

② 종교단체

02 **소득세법과 법인세법의 중간예납제도를 비교한 다음의 내용 중 가장 옳지 않은 것은?**

① 중간예납기간은 소득세법의 경우 1월 1일부터 6월 30일까지이고, 법인세법의 경우 법인의 사업연도 개시일로부터 6개월이다.

② 소득세법의 경우 중간예납세액이 50만원 미만일 때는 징수하지 않으나 법인세법에서는 소액부징수의 규정이 없다.

③ 소득세법에서는 중간예납세액을 11월 중에 납부하여야 하나 법인세법에서는 중간예납종료일로부터 2개월 이내에 납부하여야 한다.

④ 소득세법에서는 중간예납기준액에 의할 경우 납세자에게 중간예납고지를 하지만 법인세법에서는 고지하지 않는다.

⑤ 모든 개인과 법인은 직전연도 실적기준과 중간예납기간의 실적기준 중에서 선택할 수 있다.

해답 ⑤

해설 ② 소득세법은 별도의 소액부징수 규정을 두고있지만 법인세법의 경우 직전사업연도의 중소기업으로서 중간예납세액이 50만원 미만인 내국법인은 중간예납세액을 납부할 의무가 없다고 규정하고 있으므로 납부의무 면제 규정인 것이지 소액부징수 규정이라고 볼 수 없다.

⑤ 법인은 직전연도 실적기준과 중간예납기간의 실적기준 중 선택이 가능하나, 소득세의 중간예납세액의 계산방법은 전년도의 납부실적을 기준으로 원칙으로 한다.

03 **법인의 대표자(등기임원)인 대주주가 법인이 보유하던 자산을 횡령하면서 그 사실을 감추기 위하여 매출을 일부 누락시켰으나, 이후 과세관청이 그 관련 법인세 등 부과처분을 한 사안과 관련하여 옳지 않은 것은?** 2019년 세무사

① 해당 사안과 관련하여 법인에게 소득금액변동통지서를 통지한 경우 통지하였다는 사실을 대표자에게 알려야 하며, 당해 내용에는 소득금액 변동내용이 포함되어 있어야 한다.

② 해당 사안의 경우 대표자에 대한 상여로 소득처분하는 것이 일반적이다.

③ 법인 소재지가 분명하고, 송달할 수 있는 경우라면, 소득처분되는 배당·상여 및 기타소득은 법인소득금액의 결정 또는 경정일로부터 15일 내에 소득금액변동통지서에 의하여 당해 법인에게 통지하여야 한다.

④ 「소득세법」은 횡령에 의하여 취득하는 금품을 기타소득으로 명시하여 규정하고 있지 않다.

⑤ 해당 사안의 경우 법인은 소득금액변동통지서를 받은 날 소득을 지급한 것으로 보아, 소득세를 원천징수하여야 한다.

해답 ①

해설 세무서장 또는 지방국세청장이 해당 법인에게 소득금액변동통지서를 통지한 경우 통지하였다는 사실(소득금액 변동내용은 포함하지 아니한다)을 해당 주주 및 해당 상여나 기타소득의 처분을 받은 거주자에게 알려야 한다.

04 소득세법상 원천징수와 관련한 설명이다. 옳은 것은?

2009년 회계사

① 배당소득은 일반적으로 원천징수의 대상이 되나, 투자신탁의 이익에 대하여는 원천징수를 하지 아니한다.

② 보험모집인의 사업소득과 국민연금법에 의하여 지급받는 연금소득에 대하여는 간이세액표를 적용하여 원천징수를 하되 추가로 연말정산을 실시한다.

③ 근로소득에 대한 원천징수의무자가 12월분의 급여액을 다음 연도 1월 말일까지 지급하지 아니한 때에는 그 급여액은 1월 말일에 지급한 것으로 본다.

④ 직전연도(신규 사업 개시자는 신청일이 속하는 반기)의 상시고용인원이 20명 이하인 금융·보험업자로서 원천징수관할세무서장으로부터 승인을 얻은 자는 원천징수한 소득세를 그 징수일이 속하는 반기의 마지막 달의 다음달 10일까지 납부할 수 있다.

⑤ 원천징수대상인 근로소득으로서 그 발생된 소득이 지급되지 아니함으로써 소득세가 원천징수되지 아니한 당해 소득이 종합소득에 합산되어 과세된 경우에 당해 소득을 지급하는 때에는 소득세를 원천징수하지 아니한다.

해답 ⑤

해설 ① 투자신탁의 이익에 대하여도 원천징수를 한다.

② 보험모집인의 사업소득은 수입금액의 3%를 원천징수한다.

③ 근로소득에 대한 원천징수의무자가 12월분의 급여액을 다음 연도 2월 말일까지 지급하지 아니한 때에는 그 급여액은 2월 말일에 지급한 것으로 본다.

④ 직전연도(신규 사업 개시자는 신청일이 속하는 반기)의 상시고용인원이 20명 이하인 원천징수의무자(금융·보험업자는 제외)로서 원천징수관할세무서장으로부터 승인을 얻은 자는 원천징수한 소득세를 그 징수일이 속하는 반기의 마지막 달의 다음달 10일까지 납부할 수 있다.

05 소득세법상 원천징수에 대한 설명이다. 옳지 않은 것은?

① 국민연금을 지급하는 자는 연금소득을 지급하는 때에 지급금액의 3%~5%를 원천징수하고 다음연도 1월분 연금소득을 지급하는 때에 연말정산을 하여야 한다.

② 직전과세기간(신규 사업 개시자는 신청일이 속하는 반기)의 상시고용인원이 20인 이하인 원천징수의무자(금융 및 보험업을 영위하는 자 제외)로서 원천징수관할세무서장으로부터 승인을 얻거나 국세청장이 정하는 바에 따라 지정을 받은 자는 원천징수한 소득세를 그 징수일이 속하는 반기의 마지막 달의 다음달 10일까지 납부할 수 있다.

③ 공동사업장에서 발생한 소득금액에 대하여 원천징수된 세액은 각 공동사업자의 손익분배비율에 따라 배분한다.

④ 법인이 이익 또는 잉여금의 처분에 따른 배당 또는 분배금을 그 처분을 결정한 날부터 3개월이 되는 날까지 지급하지 아니한 경우에는 그 3개월이 되는 날에 그 배당소득을 지급한 것으로 보아 소득세를 원천징수한다. 다만, 11월 1일부터 12월 31일까지의 사이에 결정된 처분에 따라 다음 연도 2월 말일까지 배당소득을 지급하지 아니한 경우에는 그 처분을 결정한 날이 속하는 과세기간의 다음 연도 2월 말일에 그 배당소득을 지급한 것으로 보아 소득세를 원천징수한다.

⑤ 뇌물, 알선수재 및 배임수재에 의하여 받은 금품은 원천징수대상소득이 아니므로 전액 종합소득과세표준에 합산하여야 한다.

해답 ①

해설 원천징수의무자가 공적연금소득을 지급할 때에는 연금소득 간이세액표에 따라 소득세를 원천징수한다.

06 다음 중 원천징수 되는 소득세가 가장 적은 것은?

① 대학생이 재학 중인 대학교의 대학신문에 글을 기고하고 원고료 300,000원을 받았다.

② 대학교수가 TV토론방송에 출연하고 500,000원을 받았다.

③ 공익사업과 관련한 지상권을 대여하고 1,000,000원을 받았다.

④ 복권을 한 장을 1,000원에 구입하여 300,000원에 당첨되었다.

⑤ 슬롯머신에 500원을 투입하여 당첨금으로 1,500,000원을 받았다.

해답 ⑤

해설 ① (300,000 − 300,000 × 0.6) × 20% = 24,000

② (500,000 − 500,000 × 0.6) × 20% = 40,000

③ (1,000,000 − 1,000,000 × 0.6) × 20% = 80,000

④ (300,000 − 1,000) × 20% = 89,800

⑤ 슬롯머신 당첨금이 건별 200만원 미만인 경우, 과세최저한에 해당되어 과세되지 않음

07 **다음은 거주자 갑에게 귀속되는 20×2년도 종합소득과 관련된 자료이다. 이 자료를 이용하여 소득세 원천징수세액을 계산한 것으로 옳은 것은? (단, 지방소득세는 고려하지 아니함)**

2013년 회계사

(1) 20×2년도의 종합소득과 관련된 내역은 다음과 같으며, 비과세되는 소득은 없다.
가. 영리내국법인으로부터 받은 비영업대금의 이익 10,000,000원
나. 재산권에 관한 계약의 위약을 원인으로 법원의 판결에 의하여 영리내국법인으로부터 지급받은 손해배상금(주택입주지체상금이 아니며, 계약금이 위약금으로 대체된 것도 아님) 6,000,000원과 손해배상금에 대한 법정이자 500,000원
다. 비상장영리내국법인 ㈜A로부터 받은 현금배당금 5,000,000원
라. 골동품(갑의 보유기간은 20년임) 1개를 영리내국법인에 양도하고 받은 대가(기타소득임) 100,000,000원
마. 저술가인 갑이 직업상 제공하는 인적용역(부가가치세가 면세됨)을 공급하고 내국법인으로부터 받은 대가(사업소득임) 50,000,000원
(2) 위 소득들에 대하여 실제로 소요된 필요경비는 확인되지 아니한다.
(3) 위 소득들에 대해서는 「소득세법」에 따라 적법하게 원천징수가 이루어졌으며, 위의 모든 금액들은 원천징수세액을 차감하기 전의 금액이다.

① 6,500,000원 ② 7,000,000원 ③ 8,000,000원
④ 9,000,000원 ⑤ 10,000,000원

해답 ③

해설 가. 비영업대금의 이익 : 10,000,000 × 25% = 2,500,000
나. 계약의 위약을 원인으로 받은 손해배상금과 법정이자 : 6,500,000 × 20% = 1,300,000
다. 현금배당 : 5,000,000 × 14% = 700,000
라. 골동품(필요경비90%) 양도대가 : 100,000,000 × (1 − 90%) × 20% = 2,000,000
* 받은금액이 1억원 이하인 경우 총수입금액의 90%를 필요경비로 인정
마. 저술가인 갑의 인적용역(부가가치세 면세)대가 : 50,000,0000 × 3% = 1,500,000

08 원천징수에 관한 설명으로 옳은 것은?

2014년 세무사

① 비영업대금의 이익에 대한 원천징수세율은 100분의 14를 적용한다.
② 국내에서 거주자에게 이자소득을 지급하는 자가 사업자가 아닌 경우에는 원천징수의무가 없다.
③ 12월 31일에 법인이 이익처분에 따른 배당을 결정하고 다음연도 3월 말일까지 배당소득을 지급하지 아니하는 경우 그 3월 말일에 배당소득을 지급한 것으로 보아 소득세를 원천징수한다.
④ 법인세 과세표준을 신고하는 경우에 「법인세법」에 따라 처분되는 상여는 법인이 소득금액변동통지서를 받는 날에 지급한 것으로 보아 소득세를 원천징수한다.
⑤ 매월분의 근로소득(일용근로자 제외)에 대한 원천징수세율을 적용할 때에는 법령으로 정한 근로소득 간이세액표를 적용하여 원천징수한다.

해답 ⑤

해설 ① 비영업대금의 이익에 대한 원천징수세율은 100분의 25를 적용한다
② 국내에서 거주에게 이자소득을 지급하는 자가 사업자가 아닌 경우에는 법률에 따른 납세지로 원천징수 의무가 있다.
③ 3월말 → 2월말
④ 법인세 과세표준을 신고하는 경우에 「법인세법」에 따라 처분되는 상여는 그 신고일 또는 수정신고일에 지급한 것으로 보아 소득세를 원천징수한다.

09 「소득세법」 상 소득별 원천징수세율이다. 옳은 것은?

2010년 회계사

① 「복권 및 복권기금법」상 복권 당첨금의 소득금액이 3억원을 초과하는 경우 그 초과하는 분에 대해서는 100분의 30
② 일용근로자의 근로소득에 대해서는 100분의 5
③ 원천징수대상 사업소득에 대해서는 100분의 8
④ 「근로자퇴직급여보장법」에 따라 지급받는 연금소득에 대해서는 100분의 3
⑤ 출자공동사업자의 배당소득에 대해서는 100분의 20

해답 ①

해설 ② 일용근로자의 근로소득에 대해서는 100분의 6
③ 원천징수대상 사업소득에 대해서는 100분의 3(특정 봉사료 등에 대해서는 100분의 5)
④ 「근로자퇴직급여보장법」에 따라 지급받는 연금소득에 대해서는 사유에 따라 100분의 3에서 100분의 5
⑤ 출자공동사업자의 배당소득에 대해서는 100분의 25

10 **국내에서 원천징수대상 사업소득을 지급할 때 소득세의 원천징수의무가 있는 자로 옳은 것을 모두 고른 것은?**

2011년 세무사

ㄱ. 사업자
ㄴ. 법인세의 납세의무자
ㄷ. 국가·지방자치단체 또는 지방자치단체조합
ㄹ. 「민법」기타 법률에 의하여 설립된 법인
ㅁ. 「국세기본법」의 규정에 의하여 법인으로 보는 단체

① ㄱ, ㄴ, ㄷ ② ㄴ, ㄹ, ㅁ ③ ㄱ, ㄴ, ㄹ, ㅁ
④ ㄴ, ㄷ, ㄹ, ㅁ ⑤ ㄱ, ㄴ, ㄷ, ㄹ, ㅁ

해답 ⑤

해설 소득세를 원천징수하여야 할 자는 다음의 어느 하나에 해당하는 자로 한다.
1.사업자
2.법인세의 납세의무자
3.국가나 지방자치단체 또는 지방자치단체조합
4. 「민법」 기타 법률에 의하여 설립된 법인
5. 「국세기본법」 제13조제4항의 규정에 의하여 법인으로 보는 단체

11 **「소득세법」상 거주자의 주택임대소득의 과세에 관한 설명으로 옳지 않은 것은? (단, 소득세법령에 정한 해당 요건을 모두 충족하며, 공동소유 및 공동사업자인 경우는 고려하지 않음)**

2020년 세무사

① 해당 과세기간에 주거용 건물 임대업에서 발생한 총수입금액의 합계액이 2천만원 이하인 자의 주택임대소득은 주택임대소득에 대한 세액계산의 특례가 적용된다.
② 1개의 주택을 소유하는 자(부부 합산 제외)의 주택임대소득은 소득세를 과세하지 아니하지만, 과세기간 종료일 또는 해당 주택의 양도일 현재 기준시가가 12억원을 초과하는 주택 및 국외에 소재하는 주택의 임대소득은 제외한다.
③ 주택을 대여하고 보증금 등을 받은 경우에는 3주택(법령에 정한 요건을 충족한 주택 제외) 이상을 소유하고 해당 주택의 보증금 등의 합계액이 3억원을 초과하는 경우에는 총수입금액 계산의 특례가 적용된다.
④ 임차 또는 전세받은 주택을 전대하거나 전전세하는 경우에는 당해 임차 또는 전세받은 주택을 임차인 또는 전세받은 자의 주택으로 계산한다.
⑤ 등록임대주택의 임대사업에서 발생한 사업소득금액은 총수입금액에서 필요경비(총수입금액의 100분의 50)를 차감한 금액으로 하되, 분리과세 주택임대소득을 제외한 해당 과세기간의 종합소득금액이 2천만원 이하인 경우에는 추가로 200만원을 차감한 금액으로 한다.

해답 ⑤

해설 등록임대주택의 임대사업에서 발생한 사업소득금액은 총수입금액에서 필요경비(총수입금액의 100분의 60)를 차감한 금액으로 하되, 분리과세 주택임대소득을 제외한 해당 과세기간의 종합소득금액이 2천만원 이하인 경우에는 추가로 400만원을 차감한 금액으로 한다.

12 **사업자가 아닌 거주자 갑의 20×2년도 소득과 관련된 자료를 이용하여 소득세 원천징수세액을 계산한 것으로 옳은 것은? (단, 지방소득세는 고려하지 않는다.)** 2016년 회계사 수정

> (1) 20×2년도의 소득과 관련된 내역은 다음과 같으며, 비과세되는 소득은 없다.
> 가. 2012년 3월 31일에 발행된 장기채권(상환기간 12년)의 이자와 할인액(분리과세를 신청함) : 2,000,000원
> 나. 비실명 금융소득(금융실명제 대상 아님) : 4,000,000원
> 다. 산업재산권을 양도하고 받은 대가 : 10,000,000원
> (2) 위 소득의 실제 필요경비는 확인되지 아니하였다.
> (3) 위의 모든 금액들은 원천징수세액을 차감하기 전의 금액이다.

① 1,360,000원 ② 1,680,000원 ③ 2,000,000원
④ 2,280,000원 ⑤ 3,200,000원

해답 ⑤

해설 (1) 소득세원천징수세액

$$2{,}000{,}000 \times 30\% + 4{,}000{,}000 \times 45\% + 10{,}000{,}000 \times (1-60\%) \times 20\% = 3{,}200{,}000$$

가. 2012.12.31. 까지 발행된 10년 이상의 장기채권의 이자·할인액은 보유기간과 무관하게 분리과세 신청 시 분리과세하며, 30% 원천징수세율을 적용한다.

나. 비실명 금융소득은 금융실명제 대상이 아닌 경우 45% 원천징수세율을 적용한다.

다. 산업재산권을 양도하고 받은 대가는 무체재산권의 양도·대여 대가로서 60% 의제필요경비가 적용되며, 기타소득금액의 20%로 원천징수한다.

13 소득세상 원천징수에 관한 설명으로 옳지 않은 것은? 2016년 회계사

① 거주자가 내국법인이 발행한 채권의 이자를 지급받기 전에 발행법인에게 매도하는 경우 그 보유기간 이자상당액에 대하여는 원천징수의무자가 해당 발행법인이다.

② 반기별 납부를 승인받지 않은 원천징수의무자는 20×1년 2월 26일에 원천징수한 소득세를 20×1년 3월 10일까지 원천징수 관할 세무서 등에 납부하여야 한다.

③ 반기별 납부를 승인받은 원천징수의무자는 근로소득, 「법인세법」상 소득처분된 배당 및 기타소득에 대한 원천징수세액을 그 징수일이 속하는 반기의 마지막 달의 다음 달 10일까지 납부할 수 있다.

④ 잉여금의 처분에 따른 배당을 12월 1일에 결정하였고 다음연도 2월 말일까지 배당소득을 지급하지 아니한 경우, 다음연도 2월 말일에 그 배당소득을 지급한 것으로 보아 소득세를 원천징수한다.

⑤ 매월분의 공적연금소득에 대한 원천징수세율을 적용할 때에는 법령으로 정한 연금소득 간이세액표를 적용하여 원천징수한다.

해답 ③

해설 반기별 납부를 승인받은 원천징수의무자는 다음 중 원천징수세액 외의 원천징수세액을 그 징수일이 속하는 반기의 마지막 달의 다음 달 10일까지 납부할 수 있다.

① 법인세법에 따라 처분된 상여·배당 및 기타소득에 대한 원천징수세액
② 국제조세조정에 관한 법률에 따라 처분된 배당소득에 대한 원천징수세액
③ 비거주연예인 등과 관련된 원천징수세액

14 종합소득의 신고, 납부 및 징수에 관한 설명으로 옳지 않은 것은? 2018년 회계사

① 「부가가치세법」상 면세사업만을 영위하는 사업자는 사업장 현황 신고를 하여야 한다.

② 과세표준확정신고를 하여야 할 거주자가 출국하는 경우에는 출국일이 속하는 과세기간의 과세표준을 출국일 전날까지 신고하여야 한다.

③ 종합소득의 납부할 세액이 1천만원을 초과하는 경우에는 납부기한이 지난 후 2개월 이내에 분할납부할 수 있다.

④ 해당과세기간의 상시고용인원이 20명 이하인 원천징수의무자(금융·보험업자는 제외)로서 원천징수 관할세무서장의 승인을 받거나 국세청장의 지정을 받은 자는 원천징수세액을 그 징수일이 속하는 분기의 마지막 달의 다음 달 10일까지 납부할 수 있다.

⑤ 부동산매매업자는 토지 또는 건물의 매매차익과 그 세액을 매매일이 속하는 달의 말일부터 2개월이 되는 날까지 납세지 관할세무서장에게 신고하여야 한다.

해답 ④

해설 해당과세기간의 상시고용인원이 20명 이하인 원천징수의무자로서 원천징수 관할세무서장의 승인을 받거나 국세청장의 지정을 받은 자는 원천징수세액을 그 징수일이 속하는 반기의 마지막 달의 다음 달 10일까지 납부할 수 있다

15 **소득세법상 거주자의 종합소득 및 퇴직소득에 대한 신고, 납부 및 징수에 관한 설명이다. 옳지 않은 것은?** 2019년 회계사

① 국내에서 거주자에게 퇴직소득을 지급하는 내국법인은 그 거주자에 대한 소득세를 원천징수하여 그 징수일이 속하는 달의 다음 달 10일까지 납부하여야 한다.

② 근로소득 및 퇴직소득만 있는 거주자는 해당 소득에 대하여 과세표준확정신고를 하지 아니할 수 있다.

③ 원천징수대상 소득으로서 발생 후 지급되지 아니함으로써 원천징수되지 아니한 소득이 종합소득에 합산되어 종합소득에 대한 소득세가 과세된 경우에는 그 소득을 지급할 때 소득세를 원천징수하고 이미 납부된 소득세는 환급하여야 한다.

④ 복식부기의무자가 재무상태표, 손익계산서, 합계잔액시산표 및 조정계산서를 제출하지 않은 경우에는 종합소득 과세표준확정신고를 하지 않은 것으로 본다.

⑤ 종합소득 과세표준확정신고를 하여야 할 자가 그 신고를 하지 않은 경우에는 납세지 관할세무서장 또는 지방국세청장이 해당 거주자의 과세표준과 세액을 결정한다.

해답 ③

해설 원천징수대상 소득으로서 발생 후 지급되지 아니함으로써 원천징수되지 아니한 소득이 종합소득에 합산되어 종합소득에 대한 소득세가 과세된 경우에는 그 소득을 지급할 때에는 소득세를 원천징수하지 아니한다.

16 **소득세법상 원천징수에 관한 설명이다. 옳지 않은 것은?** 2021년 회계사

① 외국법인이 발행한 채권에서 발생하는 이자소득을 거주자에게 지급하는 경우 국내에서 그 지급을 대리하거나 그 지급 권한을 위임 또는 위탁받은 자가 그 소득에 대한 소득세를 원천징수하여야 한다.

② 주식의 소각으로 인한 의제배당에 대해서는 주식의 소각을 결정한 날에 그 소득을 지급한 것으로 보아 소득세를 원천징수한다.

③ 근로소득을 지급하여야 할 원천징수의무자가 1월부터 11월까지의 근로소득을 해당 과세기간의 12월 31일까지 지급하지 아니한 경우 그 근로소득을 12월 31일에 지급한 것으로 보아 소득세를 원천징수한다.

④ 발생 후 지급되지 아니함으로써 소득세가 원천징수되지 아니한 근로소득이 종합소득에 합산되어 종합소득에 대한 소득세가 과세된 경우 그 근로소득을 지급할 때에는 소득세를 원천징수하지 아니한다.

⑤ 계약의 위약으로 인하여 계약금이 위약금으로 대체되는 경우 대체되는 시점에 소득세를 원천징수하여야 한다.

해답 ⑤

해설 계약의 위약으로 인하여 계약금이 위약금으로 대체되는 경우 소득세를 원천징수하지 않는다.

제2절 확정신고납부등

01 다음은 거주자별 20×2년도 소득내역이다. 과세표준확정신고를 하지 않아도 되는 거주자는? (단, 원천징수 대상이 되는 소득에 대해서는 적법하게 원천징수되었으며, 연말정산 대상이 되는 소득에 대해서는 세법에 따라 연말정산이 이루어졌고, 그에 따른 소득세 또한 납부되었다고 가정한다.)

	거주자	소득 내용	
①	보험모집인 A (간편장부대상자)	보험회사로부터 받은 모집수당(연말정산)	20,000,000원
		복권당첨소득	10,000,000원
②	대학교수 B	대학으로부터 받은 총급여(연말정산)	70,000,000원
		상표권 양도소득에 따른 기타소득금액	10,000,000원
③	연예인 C	주택입주지체상금	50,000,000원
		정기예금이자	20,000,000원
④	은행원 D	은행으로부터 받은 총급여(연말정산)	60,000,000원
		신문 및 잡지에 글을 기고하고 받은 원고료	20,000,000원
⑤	은퇴자 E	국민연금 수령액	12,000,000원
		국외에서 지급받은 배당소득	50,000,000원

해답 ①

해설 ① 연말정산대상 사업소득과 무조건 분리과세 기타소득만 있으므로 확정신고를 할 필요가 없다.
② 연말정산 대상 근로소득과 3백만원 초과인 기타소득금액이 있으므로 확정신고를 하여야 한다.
③ 기타소득금액이 3백만원을 초과하므로 확정신고를 하여야 한다.
④ 기타소득금액이 3백만원을 초과하므로 확정신고를 하여야 한다.
⑤ 공적연금소득과 종합과세되는 배당소득이 있으므로 확정신고를 하여야 한다.

02 **다음 중 종합소득과세표준 확정신고를 하여야 하는 자로만 묶인 것은? (단, 원천징수 및 연말정산 대상 소득에 대해서는 적법하게 원천징수와 연말정산이 이루어졌으며, 모든 금액은 원천징수세액을 차감하기 전 금액이다. 또한 아래 금액 중 과세제외 되거나 비과세되는 소득은 없다.)**

2014년 회계사

가. 내국법인으로부터 받은 총급여 70,000,000원과 내국법인으로부터 받은 현금배당 15,000,000원이 있는 자
나. 내국법인으로부터 받은 퇴직급여 50,000,000원과 공적연금 수령액 15,000,000원이 있는 자
다. 내국법인으로부터 받은 총급여 20,000,000원과 공적연금 수령액 30,000,000원이 있는 자
라. 공적연금 수령액 10,000,000원과 외국법인으로부터 받은 현금배당(국내에서 원천징수되지 않음) 10,000,000원이 있는 자
마. 공적연금 수령액 40,000,000원과 상가임대료 수입 10,000,000원이 있는 자
바. 국내은행 정기예금이자 15,000,000원과 고용관계 없이 다수인에게 강연하고 받은 강연료(기타소득에 해당) 5,000,000원이 있는 자

① 나 - 라 - 마　② 나 - 마 - 바　③ 가 - 다 - 바
④ 다 - 라 - 마　⑤ 라 - 마 - 바

해답 ④

해설 다음의 경우 과세표준확정신고를 하지 아니할 수 있다.
1. 근로소득만 있는 자　2. 퇴직소득만 있는 자　3. 공적연금소득만 있는 자
4. 연말정산되는 사업소득만 있는 자
5. (2)+(1) 소득만 있는 자　6. (2)+(3) 소득만 있는 자　7. (2)+(4) 소득만 있는 자
8. 분리과세이자소득, 분리과세배당소득, 분리과세연금소득 및 분리과세기타소득만 있는 자
9. (1)에서 (7)까지의 소득 중 하나와 (8)소득이 있는 자
10. 원천징수 제외대상인 근로소득 또는 원천징수 제외대상인 퇴직소득이 있는 자로서 납세조합에 가입한 자
11. 수시부과 후 추가로 발생한 소득이 없는 자

03 **사업장 현황신고 및 성실신고확인에 관한 설명으로 옳지 않은 것은?** 2014년 세무사

① 「부가가치세법」에 따라 적법하게 신고한 일반과세자는 해당 과세기간의 다음 연도 2월 10일까지 사업장 현황을 관할 세무서장에게 신고할 의무가 있다.

② 주로 소비자에게 용역을 제공하는 「의료법」에 따른 의료업을 행하는 사업자가 해당 과세기간의 다음 연도 2월 10일까지 사업장 현황신고를 하지 아니한 경우 사업장현황신고불성실가산세 적용대상이 된다.

③ 성실신고확인대상사업자가 그 과세기간의 다음 연도 6월 30일까지 성실신고확인서를 제출하지 아니한 경우 성실신고확인서 미제출 가산세 적용대상이 된다.

④ 성실신고확인대상사업자가 성실신고확인서를 제출하는 경우 종합소득과세표준확정신고를 그 과세기간의 다음 연도 5월 1일부터 6월 30일까지 하여야 한다.

⑤ 제조업을 영위하는 거주자인 사업자의 해당 과세기간의 수입금액의 합계액이 10억원 이상인 경우 성실신고확인대상사업자에 해당한다.

해답 ①

해설 사업자(해당 과세기간 중 사업을 폐업 또는 휴업한 사업자를 포함)는 해당 사업장의 현황을 해당 과세기간의 다음 연도 2월 10일까지 사업장 소재지 관할 세무서장에게 신고하여야 한다.
다만, 다음의 어느 하나에 해당하는 경우에는 그러하지 아니하다.
1. 사업자가 사망하거나 출국함에 따라 과세표준확정신고 특례가 적용되는 경우
2. 「부가가치세법」 따른 사업자가 「부가가치세법」에 따라 부가가치세를 신고한 경우

04 **소득세 성실신고확인제도에 관한 설명이다. 옳지 않은 것은?** 2020년 회계사

① 성실신고확인대상사업자로서 성실신고 확인서를 제출한 자가 법령상 의료비를 지출한 경우 의료비 세액공제를 적용받을 수 있다.

② 성실신고확인대상사업자가 성실신고 확인서를 제출하는 경우에는 종합소득과세표준 확정신고를 그 과세기간의 다음 연도 5월 1일부터 6월 30일까지 하여야 한다.

③ 세무사가 성실신고확인대상사업자에 해당하는 경우에는 자신의 사업소득금액의 적정성에 대하여 해당 세무사가 성실신고 확인서를 작성·제출해서는 아니된다.

④ 납세지 관할 세무서장은 성실신고 확인서에 미비한 사항이 있을 때에는 그 보정을 요구할 수 있다.

⑤ 제조업을 영위하는 사업자의 해당 과세기간의 수입금액의 합계액이 5억원인 경우 성실신고확인대상사업자에 해당한다.

해답 ⑤

해설 제조업을 영위하는 사업자의 해당 과세기간의 수입금액의 합계액이 7억5천만원 이상인 경우 성실신고확인대상사업자에 해당한다.

05 **종합소득세의 납세절차에 관한 설명으로 옳은 것은?** 2013년 세무사

① 중간예납의무자는 중간예납세액을 중간예납기간 종료일부터 2개월 이내에 자진납부하여야 한다.

② 근로소득 및 공적연금소득만이 있는 자는 과세표준 확정신고를 하지 아니하여도 된다.

③ 부가가치세가 면제되는 재화 또는 용역을 공급하는 개인사업자에 대하여는 사업장현황 신고의무가 면제된다.

④ 성실신고확인대상사업자가 성실신고 확인서를 제출하는 경우에는 종합소득과세표준 확정신고를 그 과세기간의 다음 연도 5월 1일부터 6월 30일까지 하여야 한다.

⑤ 이자소득에 대한 원천징수세액이 1,000원 미만인 때에는 해당 소득세를 징수하지 않는다.

해답 ④

해설 ① 중간예납의무자는 중간예납세액을 11월 30일까지 자진납부하여야 한다.
② 근로소득 및 공적연금소득만이 있는 자는 과세표준 확정신고를 하여야 한다.
③ 부가가치세가 면제되는 재화 또는 용역을 공급하는 개인사업자에 대하여는 사업장현황 신고의무가 있다.
⑤ 이자소득과을 제외한 원천징수세액이 1,000원 미만인 때에는 해당 소득세를 징수하지 않는다.

06 **다음은 소득세에 관한 설명이다. 틀린 것은?** 2001년 회계사

① 원천징수의무가 없는 외국기관 등으로부터 근로소득을 지급받는 자가 납세조합을 조직한 경우, 10%의 납세조합공제를 받을 수 있다.

② 세무서장이 법인소득금액을 결정 또는 경정함에 있어서 처분되는 배당·상여 및 기타소득은 소득금액변동통지서를 받은 날에 지급하거나 회수한 것으로 본다.

③ 해당 과세기간의 종합소득금액이 있는 거주자는 그 종합소득과세표준을 해당 과세기간의 다음 연도 5월 1일부터 5월 31일까지 신고(과세표준확정신고)하여야 하지만, 해당 과세기간의 과세표준이 없거나 결손금액이 있는 때에는 소득세법상 신고의무가 없다.

④ 지급명세서를 그 기한까지 제출하지 아니한 경우, 제출하지 아니한 분의 지급금액의 100분의 1(제출기한이 지난 후 3개월 이내에 제출하는 경우에는 지급금액의 1,000분의 5) 상당액의 가산세를 부담한다.

⑤ 소득세법상 "양도"란 자산에 대한 등기 또는 등록과 관계없이 매도, 교환, 법인에 대한 현물출자 등으로 인하여 그 자산이 유상으로 사실상 이전되는 것을 말한다. 이 경우 부담부증여(「상속세 및 증여세법」 상 채무액이 수증자에게 인수되지 아니한 것으로 추정되는 경우 제외)에 있어서 증여자의 채무를 수증자가 인수하는 경우에는 증여가액 중 그 채무액에 상당하는 부분은 그 자산이 유상으로 사실상 이전되는 것으로 본다.

해답 ③

해설 당해 연도의 과세표준이 없거나 결손금액이 있는 경우에도 소득세법상 신고의무가 있다.

07 **소득세의 과세방법에 대한 소득세법상 규정이다. 옳지 않은 것은?** 2011년 회계사

① 피상속인의 소득금액에 대한 소득세로서 상속인에게 과세할 것과 상속인의 소득금액에 대한 소득세는 구분하여 계산하여야 한다.
② 국세기본법에 따라 법인으로 보는 단체 외의 법인이 아닌 단체로서 대표자 또는 관리인이 선임되어 있으나 이익의 분배방법이나 분배비율이 정하여져 있지 아니한 단체는 1거주자 또는 1비거주자로 보아 소득세법을 적용한다.
③ 수시부과 후 추가로 발생한 소득이 없을 경우에도 과세표준확정신고를 하여야 한다.
④ 분리과세이자소득, 분리과세배당소득, 분리과세연금소득과 분리과세기타소득만이 있는 자에 대해서는 종합소득공제를 적용하지 아니한다.
⑤ 비거주자에 대해서도 중간예납 규정이 적용될 수 있다.

해답 ③
해설 수시부과 후 추가로 발생한 소득이 없을 경우 과세표준확정신고 의무가 없다.

08 **「소득세법」상 거주자의 신고·납부 및 징수와 관련된 규정에 관한 설명으로 옳지 않은 것은?** 2013년 회계사

① 중간예납기준액이 없는 거주자가 해당 과세기간의 중간예납기간 중 사업소득(중간예납의무가 있음)이 있는 경우에는 11월 1일부터 11월 30일까지의 기간에 중간예납추계액을 중간예납세액으로 하여 납세지 관할세무서장에게 신고하여야 한다.
② 20×2년 4월 20일에 비상장주식을 양도한 거주자는 20×2년 8월 31일까지 양도소득과세표준 예정신고를 하여야 한다.
③ 내국법인이 법인세 과세표준을 신고하는 때 「법인세법」에 따라 처분되는 배당에 대하여는 그 신고일에 그 배당소득을 지급한 것으로 보아 소득세를 원천징수한다.
④ 「부가가치세법」에 따른 간이과세자가 각 과세기간의 부가가치세 과세표준과 납부세액을 신고한 경우에는 해당 사업장의 현황을 해당 과세기간의 다음 연도 2월 10일까지 사업장 소재지 관할세무서장에게 신고하여야 한다.
⑤ 근로소득(일용근로소득은 제외)이 있는 자에 대하여 원천징수의무를 부담하는 자가 소득세를 원천징수하지 아니한 때에는 그 근로소득이 있는 자가 과세표준 확정신고를 하여야 한다.

해답 ④
해설 사업자(해당 과세기간 중 사업을 폐업 또는 휴업한 사업자를 포함)는 해당 사업장의 현황을 해당 과세기간의 다음 연도 2월 10일까지 사업장 소재지 관할 세무서장에게 신고하여야 한다.
다만, 다음의 어느 하나에 해당하는 경우에는 그러하지 아니하다.
1. 사업자가 사망하거나 출국함에 따라 과세표준확정신고의 특례가 적용되는 경우
2. 「부가가치세법」에 따른 사업자가 부가가치세법에 따라 신고한 경우

제3절 결정과 경정

01 **과세표준의 확정신고와 납부 및 결정에 관한 설명으로 옳지 않은 것은?** 2011년 세무사

① 소득금액을 추계조사결정하는 경우 사업장현황신고불성실가산세의 적용대상자인 의료업을 영위하는 사업자는 직전 과세기간의 수입금액이 업종별로 법령에 정한 금액에 미달하더라도 기준경비율 적용 대상자에 해당한다.

② 종합소득·퇴직소득에 대한 소득세의 물납은 인정되지 않지만, 양도소득세에 대하여는 법령에서 정하는 요건을 충족하는 경우 물납이 가능한 경우가 있다.

③ 해당 과세기간에 신규로 세무사업을 개시한 사업자의 소득금액을 추계조사결정하는 경우에는 단순경비율을 적용한다.

④ 과세표준확정신고를 하여야 할 거주자가 국외이주를 위하여 출국하는 경우에는 출국일이 속하는 과세기간의 과세표준을 출국일 전날까지 신고하여야 한다.

⑤ 종합소득 과세표준확정신고기한이 지난 후에 세무서장이 법인세 과세표준을 경정하여 익금에 산입한 금액이 배당 등으로 처분됨으로써 소득금액에 변동이 발생함에 따라 종합소득 과세표준확정신고 의무가 없었던 자가 소득세를 추가 납부하여야 하는 경우, 해당 법인 등이 소득금액변동통지서를 받은 날이 속하는 달의 다음다음 달 말일까지 추가신고납부한 때에는 확정신고기한까지 신고납부한 것으로 본다.

해답 ③

해설 의사, 약사, 변호사, 공인회계사, 세무사 등 전문직 사업자 등은 단순경비율 적용대상자에 해당되지 않는다.

02 **다음은 가구제조업을 영위하는 거주자 갑의 20×2년도 사업소득과 관련된 자료이다. 이 자료를 이용하여 갑의 추계조사결정에 의한 20×2년도 사업소득금액을 계산한 것으로 옳은 것은? (단, 조세부담의 최소화를 가정함)** 2013년 회계사

> (1) 제조업 매출액은 90,000,000원이며, 매출액과는 별도로 당해 사업과 관련하여 지방자치단체로부터 지급받은 보조금 10,000,000원이 있다.
> (2) 당해 사업과 관련된 필요경비로서 증명서류에 의하여 지출한 것이 확인되는 것은 다음과 같다.
> 가. 재화 매입비용 10,000,000원
> (사업용 고정자산 매입비용 5,000,000원 포함)
> 나. 사업용 고정자산(기계설비)에 대한 임차료 3,000,000원
> 다. 종업원의 급여 10,000,000원과 퇴직급여 2,000,000원
> (3) 기획재정부령으로 정하는 배율은 2배로 가정하며, 배율을 적용하여 소득금액을 계산하는 것으로 한다.
> (4) 복식부기의무자인 갑은 단순경비율 적용대상자가 아니며, 기준경비율과 단순경비율은 각각 20%와 60%로 가정한다.
> (5) 천재·지변 기타 불가항력으로 장부 기타 증명서류가 멸실되어 추계조사결정하는 것은 아니며, 「부가가치세법」상 신용카드 등의 사용에 따른 세액공제규정에 따라 공제받은 부가가치세액은 없다.

① 52,000,000원 ② 60,000,000원 ③ 61,000,000원
④ 70,000,000원 ⑤ 80,000,000원

해답 ④

해설 MIN((1),(2)) = 70,000,000

(1) 기준경비율법 : 수입금액 × (1 − 기준경비율의 50%) − 주요경비
= 100,000,000 × (1 − 10%) − 20,000,000 = 70,000,000

*ⅰ 수입금액 : 90,000,000 + 10,000,000 = 100,000,000

*ⅱ 주요경비 : 매입비용(5,000,000) + 임차료(3,000,000) + 인건비(10,000,000 + 2,000,000)
= 20,000,000

(2) 단순경비율법 : 100,000,000 × (1 − 60%) × 2배 = 80,000,000

03 **다음은 제조업을 영위하는 개인사업자인 거주자 갑의 20×2년 소득자료이다. 추계조사결정에 의하여 거주자 갑의 20×2년 귀속 사업소득금액을 계산한 것으로 옳은 것은? (단, 거주자 갑은 복식부기의무자이며 기준경비율 적용대상자이다.)** 2015년 회계사 수정

(1) 20×2년 귀속 수입금액 : 100,000,000원
(2) 세법에서 정한 증명서류로 확인되는 주요경비의 지급명세
 가. 원재료의 매입비용 : 5,000,000원
 나. 사업용 고정자산의 매입비용 : 4,000,000원
 다. 사업용 고정자산의 임차료 : 5,000,000원
 라. 급여(거주자 갑의 급여와 퇴직급여 10,000,000원 포함) : 25,000,000원
(3) 거주자 갑의 해당 업종의 기준경비율은 20%이고 단순경비율은 60%이며, 기획재정부령이 정하는 배율은 복식부기의무자의 경우 3.2배이고 간편장부대상자인 경우 2.6배로 가정한다.
(4) 천재·지변 기타 불가항력으로 장부 기타 증명서류가 멸실됨에 따라 추계조사결정하는 것은 아니다.

① 65,000,000원 ② 80,880,000원 ③ 91,300,000원
④ 102,000,000원 ⑤ 120,000,000원

해답 ①

해설 (1) 기준경비율 적용
min(①, ②) = 65,000,000

① $100,000,000 - (5,000,000 + 5,000,000 + 15,000,000) - (100,000,000 \times 20\% \times \frac{1}{2})$
$= 65,000,000$

② $100,000,000 - (100,000,000 \times 60\%) \times 3.2 = 128,000,000$

04 **종합소득세 과세표준과 세액의 결정 및 경정에 관한 설명으로 옳지 않은 것은?** 2014년 세무사

① 영업권(점포임차권 제외)의 대여 또는 양도로 인한 수입금액(기타소득에 해당)을 장부 등에 의하여 계산할 수 없는 경우, 그 수입금액은 「상속세 및 증여세법」에 의하여 장래의 경제적 이익 등을 고려하여 평가한 금액에 의한다.
② 소득금액을 추계조사결정하는 경우, 추계로 산정된 소득금액에서 기본공제, 추가공제 및 특별소득공제를 하여 과세표준을 계산한다.
③ 사업자의 수입금액을 장부 기타 증빙서류에 의하여 계산할 수 없는 경우, 국세청장이 정한 사업의 종류별·지역별로 정한 일정기간동안의 매출액과 부가가치액의 비율을 정한 부가가치율에 의하여 수입금액을 계산할 수 있다.
④ 납세지 관할 세무서장은 해당 과세기간의 과세표준과 세액을 결정하는 경우, 기장의 내용이 원자재사용량·전력사용량 기타 조업상황에 비추어 허위임이 명백하여 장부나 그 밖의 증명서류에 의하여 소득금액을 계산할 수 없는 때에는 소득금액을 추계조사결정할 수 있다.
⑤ 「소득세법」에 따라 총수입금액에 산입할 충당금이 있는 자에 대한 소득금액을 추계결정하는 때에는 추계결정에 따라 계산한 소득금액에 해당 과세기간의 총수입금액에 산입할 충당금을 가산하지 않는다.

해답 ⑤

해설 소득세법 또는 다른 법률에 따라 총수입금액에 산입할 충당금·준비금등이 있는 자에 대한 소득금액을 「소득세법」에 따라 추계결정 또는 경정하는 때에는 추계결정 또는 경정에 따라 계산한 소득금액에 해당 과세기간의 총수입금액에 산입할 충당금·준비금등을 가산한다.

제4절 세액의 징수와 환급

01 **거주자 갑(남성)의 20×2년도 귀속 근로소득의 연말정산에 관한 자료이다. 연말정산시 갑의 소득세 징수세액 또는 환급세액은 얼마인가?**

1) 급여 2,000,000원, 자가운전보조금 350,000원(지급기준이 없고, 별도로 시내출장여비를 받음) 및 식사대 150,000원(별도로 식사를 제공받음)을 매월 지급받았다.
2) 상여금은 급여의 500%인 10,000,000원을 받았으며, 또한 갑에게 20×2년 사업연도 귀속분으로서 인정상여 처분된 10,000,000원이 있다.
3) 회사는 갑에게 근로소득 간이세액표에 따라 20×2년 소득세 4,000,000원을 원천징수하였다.
4) 갑은 회사에게 연말정산시 본인의 대학원등록금 4,500,000원에 대한 증빙서류를 제출하였다.
5) 배우자의 연간 근로소득금액의 합계액은 2,000,000원이고, 배우자 외 생계를 같이하는 부양가족은 없음.

* 연금보험료공제와 보험료소득공제 대상금액은 편의상 없는 것으로 간주한다.

1) 근로소득공제 : 총급여액 4,500만원초과 → 12,000,000원+4,500만원 초과액 × 5%
2) 종합소득세율 : 과세표준 1,400만원 초과 5,000만원이하 → 840,000원+1,400만원 초과액 × 15%
3) 근로소득세액공제 : 산출세액 130만원 초과 → 715,000원+130만원 초과액 × 30%, (공제한도 : 총급여액 5,500만원 이하인 경우, 66만원)

① 100,000원 징수　② 100,000원 환급　③ 413,000원 징수
④ 997,500원 환급　⑤ 1,157,500원 환급

해답 ⑤

해설 총급여액 : 급여(2,000,000원 × 12)+보조금(350,000원 × 12)+식대(150,000원 × 12) +상여금(10,000,000)+인정상여(10,000,000) = 50,000,000
근로소득공제액 : 12,000,000+(50,000,000−45,000,000) × 5% = 12,250,000
종합소득공제액 : 기본공제 : 1,500,000 *배우자는 소득금액요건(연 100만원 이하) 미충족
종합소득과세표준 : 37,750,000−1,500,000 = 36,250,000
종합소득산출세액 : 840,000원+(36,250,000−14,000,000) × 15% = 4,177,500
근로소득세액공제액 : Min (715,000+(4,177,500−1,300,000) × 30%, 660,000) = 660,000
특별세액공제 : 교육비세액공제=4,500,000 × 15% = 675,000
결정세액 : 4,177,500−660,000−675,000 = 2,842,500
환급세액 : 2,842,500−4,000,000 = △1,157,500

02 **다음은 ㈜S의 관리직에 근무하는 거주자 병의 20×2년도 근로소득에 대한 연말정산과 관련된 자료이다. 연말정산에 의한 소득세 환급세액을 계산하면 얼마인가?**

(1) 근로소득금액 : 33,950,000원
(2) 종합소득공제액 : 24,770,000원
(3) 병에 대하여 근로소득원천징수세액으로 1,650,000원(지방소득세 150,000원 포함)을 정상적으로 징수하였다.
(4) 종합소득 산출세액

종합소득과세표준	기본세율
1,400만원 이하	과세표준의 6%
1,400만원 초과 5,000만원 이하	84만원+(1,400만원을 초과하는 금액의 15%)
5,000만원 초과 8,800만원 이하	624만원+(5,000만원을 초과하는 금액의 24%)
8,800만원 초과 1억5,000만원 이하	1,536만원+(8,800만원을 초과하는 금액의 35%)

(5) 근로소득세액공제
가. 130만원 이하 : 산출세액의 100분의 55
나. 130만원 초과 : 71만5천원+(130만원 초과금액의 100분의 30)

* 근로소득세액공제한도는 고려하지 않으며, 기타세액공제는 반영하지 않는다.

① 550,800원 ② 915,600원 ③ 1,252,140원
④ 1,260,920원 ⑤ 1,261,000원

해답 ③

해설 산출세액 : 9,180,000 × 6% = 550,800
근로소득세액공제 : 550,800 ×55%=302,940
결정세액 : 550,800 - 302,940 = 247,860
소득세환급액 : 247,860-1,500,000 = △1,252,140

03 **다음 자료는 거주자 E의 20×2년도 종합소득세 신고에 필요한 자료이다. 20×3년 5월에 거주자 E가 종합소득세 신고를 하는 경우 추가로 납부할 세액은 얼마인가? (단, 거주자 E는 간편장부대상자로서 과세표준확정신고를 함에 있어 복식부기에 따라 기장한 장부에 의하여 소득금액을 계산하였으며, 재무상태표, 손익계산서, 합계잔액시산표, 조정계산서를 제출하였다.)**

(1) 사업소득금액(국내사업소득임)	30,000,000원
(2) 기타소득금액	30,000,000원
(3) 종합소득공제	4,600,000원
(4) 사업소득금액에 대한 중간예납세액	1,200,000원

종합소득과세표준	기본세율
1,400만원 이하	과세표준의 6%
1,400만원 초과 5,000만원 이하	84만원+(1,400만원을 초과하는 금액의 15%)
5,000만원 초과 8,800만원 이하	624만원+(5,000만원을 초과하는 금액의 24%)
8,800만원 초과 1억5,000만원 이하	1,536만원+(8,800만원을 초과하는 금액의 35%)

① 2,730,000원 ② 1,530,000원 ③ 7,268,400원
④ 5,582,400원 ⑤ 8,076,000원

해답 ④

해설 (1) 종합소득 과세표준 : 30,000,000원+30,000,000원−4,600,000원=55,400,000원
(2) 종합소득 산출세액 : 55,400,000 × 기본세율=7,536,000
(3) 기장세액공제 : 7,536,000원 × (30,000,000/60,000,000) × 20%(100만원 한도)
=753,600원
(4) 결정세액 : (2)−(3)=6,782,400원
(5) 자진납부세액 : 6,782,400원−1,200,000원=5,582,400원

제5절 기타 신고 및 의무 등

01 **소득세법에 대한 다음의 설명 중 옳은 것은?**

① 토지소유자가 토지의 불법점유자를 상대로 한 부당이득금반환청구소송에서 승소하여 그 불법점유자로부터 받은 금액은 사업소득에 해당한다.
② 법인으로 보는 법인격없는 사단 외의 사단으로서 그 사단의 대표자가 선임되어 있고, 이익의 분배방법이나 분배비율이 정하여져 있는 경우에는 그 사단을 1거주자로 보아 소득세법을 적용한다.
③ 공동사업장에서 발생한 결손금은 그 공동사업장에서 발생한 소득금액에서만 이월공제가 허용된다.
④ 당해 연도에 신규로 사업을 개시한 사업자는 당해 연도의 수입금액의 크기에 관계없이 간편장부대상자에 해당한다.
⑤ 사업자 및 그와 생계를 같이하는 부양가족(배우자 포함)이 당해 사업자의 사업에 종사하는 경우에도 사업자 및 그와 생계를 같이하는 부양가족에 대한 급여는 필요경비에 산입하지 않는다.

해답 ④

해설 ① 사업소득에 해당하지 아니한다.
② 분배비율이 정해져 있는 경우 → 분배비율이 정해져 있지 않은 경우
③ 공동사업장에서 발생한 결손금은 거주자별로 배분되므로 거주자의 다른 소득과 통산 및 이월하여 다른 소득과 통산도 가능하다.
⑤ 사업자와 생계를 같이하는 부양가족(배우자 포함)이 당해 사업자의 사업에 종사하고 있다면 사업자와 생계를 같이하는 부양가족에 대한 급여는 필요경비에 산입한다.

02 **다음 중 소득세법상 지급명세서 제출대상 소득이 아닌 것은?**

① 양도소득 ② 배당소득 ③ 이자소득
④ 근로소득 ⑤ 퇴직소득

해답 ①

해설 소득세 납세의무가 있는 개인에게 다음의 어느 하나에 해당하는 소득을 국내에서 지급하는 자는 지급명세서를 원천징수 관할 세무서장, 지방국세청장 또는 국세청장에게 제출하여야 한다.
1. 이자소득 2. 배당소득 3. 원천징수대상 사업소득 4. 근로소득 또는 퇴직소득
5. 연금소득 6. 기타소득(제7호에 따른 봉사료는 제외한다)
7. 대통령령으로 정하는 봉사료 8. 대통령령으로 정하는 장기저축성보험의 보험차익

제6절 가산세

01 소득세 신고납부절차에 대한 다음 설명 중 잘못된 것은?

① 소득세 중간예납은 사업소득과 부동산임대소득이 있는 거주자에게만 적용되며, 고지납부를 원칙으로 한다.

② 연말정산대상 근로소득과 분리과세대상인 2,000만원 이하의 이자소득만 있는 거주자는 연말정산과 원천징수에 의해 납세의무가 종결되므로 종합소득세 확정신고를 할 필요가 없다.

③ 양도소득세 과세대상이 되는 부동산을 양도한 거주자가 양도일이 속하는 달의 말일부터 2월 이내에 양도소득과세표준 예정신고를 하지 않더라도 확정신고를 하는 경우, 가산세 부담은 없다.

④ 근로소득(일용근로소득은 제외)만 있는 자라 하더라도 그 원천징수의무자가 연말정산에 의하여 소득세를 납부하지 않은 경우에는 확정신고의무가 면제되지 않는다.

⑤ 부동산매매업자는 토지와 건물의 매매차익과 세액을 매매일이 속하는 달의 말일로부터 2월이 되는 날까지 신고하여야 하며, 매매차익이 없거나 매매차손이 발생한 경우에도 신고하여야 한다.

해답 ③

해설 양도소득세 과세대상이 되는 부동산을 양도한 거주자가 양도일이 속하는 달의 말일부터 2월 이내에 양도소득과세표준 예정신고를 하지 않으면, 신고관련 가산세 및 납부지연 가산세를 부담하게 된다.

02 소득세법상 가산세에 대한 다음 설명 중 옳지 않은 것은?

① 복식부기의무자가 사업소득에 대한 확정신고를 하지 않은 경우 부정행위에 해당하지 않는 경우, 총수입금액의 0.07%와 무신고가산세 대상금액의 20% 중 큰 금액을 무신고가산세로 부담한다.

② 지급명세서를 그 기한까지 제출하지 아니한 경우, 제출하지 아니한 분의 지급금액의 100분의 1(제출기한이 지난 후 3개월 이내에 제출하는 경우에는 지급금액의 1,000분의 5로 한다)의 가산세를 부담한다. 다만, 「조세특례제한법」에 따라 가산세가 부과되는 분에 대하여는 그러하지 아니하다.

③ 간편장부대상자는 장부를 비치·기장하지 않더라도 무기장가산세를 부담하지 않는다.

④ 부동산을 양도한 거주자가 양도소득과세표준예정신고를 하지 않아도 가산세는 부담하지 않는다.

⑤ 거주자가 확정신고시 납부할 소득세를 납부하지 않거나 납부하여야 할 세액에 미달하게 납부한 경우 납부지연가산세를 부담한다.

해답 ③

해설 간편장부대상자 → 소규모사업자

CHAPTER

06 퇴직소득세

01 **「소득세법」상 거주자의 퇴직소득에 관한 설명이다. 옳지 않은 것은?** 2014년 회계사

① 퇴직소득의 수입시기는 퇴직한 날로 한다.

② 원천징수의무자가 12월에 퇴직한 사람의 퇴직소득을 12월 31일까지 지급하지 아니한 경우에는 그 퇴직소득을 12월 31일에 지급한 것으로 보아 소득세를 원천징수한다.

③ 종업원이 임원이 되었으나 퇴직급여를 실제로 받지 아니한 경우에는 퇴직으로 보지 아니할 수 있다.

④ 거주자의 퇴직소득이 퇴직일 현재 연금계좌에 있거나 연금계좌로 지급되는 경우에는 해당 퇴직소득에 대한 소득세를 연금외수령하기 전까지 원천징수하지 아니한다.

⑤ 근로자퇴직급여보장법에 따라 퇴직연금제도가 폐지되는 사유로 인하여 퇴직급여를 미리 지급받은 경우 그 지급받은 날에 퇴직한 것으로 본다.

해답 ②

해설 원천징수의무자가 12월에 퇴직한 사람의 퇴직소득을 다음 연도 2월 말일까지 지급하지 아니한 경우에는 그 퇴직소득을 다음 연도 2월 말일에 지급한 것으로 보아 소득세를 원천징수한다.

02 다음 자료에 의한 거주자 갑의 퇴직소득 산출세액으로 옳은 것은?

2012년 회계사

갑은 ㈜경신에 20×1.7.1에 입사하여 20×5.12.31에 총무부장으로 퇴직하였다.
갑은 「근로자퇴직급여보장법」 및 퇴직급여지급규정에 따른 퇴직금 100,000,000원과 퇴직위로금 70,000,000원(퇴직급여지급규정에 근거하여 지급)을 퇴직일에 수령하였다.

기본세율

종합소득과세표준	기본세율
1,400만원 이하	과세표준의 6%
1,400만원 초과 5,000만원 이하	84만원+(1,400만원을 초과하는 금액의 15%)
5,000만원 초과 8,800만원 이하	624만원+(5,000만원을 초과하는 금액의 24%)
8,800만원 초과 1억5,000만원 이하	1,536만원+(8,800만원을 초과하는 금액의 35%)
1억5천만원 초과 3억원 이하	3,706만원+(1억5천만원을 초과하는 금액의 38%)

근속연수공제

근속연수	공제액
5년 이하	1,000,000 × 근속연수
5년 초과 10년 이하	5,000,000+2,000,000 × (근속연수 - 5년)
10년 초과 20년 이하	15,000,000+2,500,000 × (근속연수 - 10년)
20년 초과	40,000,000+3,000,000 × (근속연수 - 20년)

환산급여공제는 1억5,170만원 + 3억원 초과분의 35%로 한다.

① 1,035,500원 ② 1,575,500원 ③ 11,795,250원
④ 16,035,050원 ⑤ 25,052,500원

해답 ⑤

해설 퇴직소득금액 : 100,000,000 + 70,000,000 = 170,000,00
근속연수공제 : 5,000,000
환산급여 : 165,000,000 × 1/5 × 12 = 396,000,000
환산급여공제 : 185,300,000
퇴직소득과세표준 : 210,700,000
산출세액 : 210,700,000 × 기본세율 × 1/12 × 5 = 25,052,500
* 총근속연수 : 5년

03 **다음 자료를 이용하여 내국법인인 (주)A에서 경리과장으로 근무하던 거주자 甲의 20×5년 퇴직소득산출세액을 계산하면 얼마인가? (단, 주어진 자료 이외에는 고려하지 않음)** 2016년 세무사

(1) 퇴직소득금액: 150,000,000원
(2) 근무기간: 20×0.1.1. ~ 20×5.3.31. (퇴직일)
(근무기간 중 근로기간으로 보지 않는 기간은 없음)
(3) 기본세율

종합소득과세표준	기본세율
1,400만원 이하	과세표준의 6%
1,400만원 초과 5,000만원 이하	84만원+(1,400만원을 초과하는 금액의 15%)
5,000만원 초과 8,800만원 이하	624만원+(5,000만원을 초과하는 금액의 24%)
8,800만원 초과 1억5,000만원 이하	1,536만원+(8,800만원을 초과하는 금액의 35%)
1억5천만원 초과 3억원 이하	3,706만원+(1억5천만원을 초과하는 금액의 38%)

(4) 근속연수에 따른 공제액

근속연수	근속연수에 따른 공제액
5년 초과 10년 이하	500만원 + 200만원 × (근속연수 - 5년)

(5) 환산급여공제액

환산급여	환산급여공제액
7천만원 초과 1억원 이하	4천520만원 + (7천만원 초과분의 55퍼센트)
1억원 초과 3억원 이하	6천170만원 + (1억원 초과분의 45퍼센트)

① 8,874,000원 ② 16,885,000원 ③ 11,111,400원
④ 14,467,500원 ⑤ 21,701,250원

해답 ②

해설
(1) 환산급여: (150,000,000-7,000,000)× $\frac{12}{6}$=286,000,000
(2) 퇴직소득과세표준: 286,000,000-145,400,00=140,600,000
(3) 퇴직소득산출세액: 140,600,000×기본세율× $\frac{6}{12}$=16,885,000

04 **근로자인 거주자 갑(임원 아님)은 제조업을 영위하는 내국법인 ㈜A에서 근무하던 중 퇴사하면서 ㈜A의 정관규정에 따라 퇴직금을 지급받았으며, 이와 관련된 자료는 다음과 같다. 근로자 갑의 20×9년 퇴직소득산출세액을 계산한 것으로 옳은 것은?** 2015년 회계사 수정

(1) 퇴직소득금액 : 125,000,000원(비과세소득 제외)
(2) 근로자 갑의 입사일 및 퇴사일
가. 입사일 : 20×0년 2월 1일
나. 퇴사일 : 20×9년 3월 31일
(3) ㈜A의 정관에 의한 퇴직급여지급규정을 준수하고 있으며, 근속연수기간 중 근로기간으로 보지 아니한 기간은 없음

① 5,065,700원 ② 5,665,000원 ③ 6,121,000원
④ 6,380,000원 ⑤ 9,117,000원

해답 ④

해설 (1) 근속연수공제
20×0.2.1.~20×9.3.31.까지 9년을 초과하므로 근속연수 10년이다.
→ 500만원+200만원×(10-5년)=15,000,000

(2) 환산급여
$125,000,000 - 15,000,000 = 110,000,000$
→ $110,000,000 \times \frac{1}{10} \times 12 = 132,000,000$

(3) 환산급여공제액
$61,700,000 + 32,000,000 \times 45\% = 76,100,000$

(4) 산출세액
$132,000,000 - 76,100,000 = 55,900,000$
→ $55,900,000 \times t \times \frac{1}{12} \times 10 = 6,380,000$

05 퇴직소득과 관련된 설명이다. 옳지 않은 것은?

① 종업원이 임원으로 취임하면서 노사합의에 의하여 퇴직금을 받는 경우, 동 퇴직금은 퇴직소득에 해당하지 아니한다.
② 법인의 상근임원이 비상근임원이 되면서 퇴직금을 받는 경우, 동 퇴직금은 퇴직소득에 해당한다.
③ 합병·분할 등 조직변경, 사업양도 또는 직·간접으로 출자관계에 있는 법인으로의 전출이 이루어 지면서 퇴직금을 받지 않는 경우, 해당 사유에 대하여 퇴직으로 보지 아니할 수 있다.
④ 원천징수의무자가 12월에 퇴직한 사람의 퇴직소득을 다음 연도 2월 말일까지 지급하지 아니한 경우에는 그 퇴직소득을 다음 연도 2월 말일에 지급한 것으로 보아 소득세를 원천징수한다.
⑤ 퇴직소득을 지급하여야 할 원천징수의무자가 1월부터 11월까지의 사이에 퇴직한 사람의 퇴직소득을 해당 과세기간의 12월 31일까지 지급하지 아니한 경우에는 그 퇴직소득을 12월 31일에 지급한 것으로 보아 소득세를 원천징수한다.

해답 ①
해설 종업원이 임원으로 취임하면서 노사합의에 의하여 퇴직금을 받는 경우, 동 퇴직금은 퇴직소득에 해당한다.

06 퇴직소득에 대한 설명으로 옳은 것은?

① 종업원이 임원으로 취임할 경우 퇴직급여를 실제 지급여부를 불문하고 퇴직으로 본다.
② 퇴직소득세 계산시 당해 연도에 2회 이상 퇴직함으로 인하여 2 이상의 근무지로부터 받는 퇴직급여를 합산하여 퇴직소득에 대한 소득세를 계산하는 경우의 근속연수는 퇴직한 근무지의 근속연수를 합계한 월수에 의하여 계산한다.
③ 사용자 부담금을 기초로 하여 현실적인 퇴직을 원인으로 지급받는 소득은 그 명칭에 관계없이 퇴직소득으로 구분한다.
④ 퇴직소득에 대한 총수입금액의 수입시기는 퇴직금을 예외 없이 실지로 지급한 날로 한다.
⑤ 퇴직소득이 있는 거주자에 대해서는 해당 과세기간의 퇴직소득금액에서 환산급여에 따른 금액을 공제하고, 그 금액에서 근속연수에 따른 금액을 공제한다.

해답 ③

해설 ① 종업원이 임원으로 취임하는,사유가 발생하였으나 퇴직급여를 실제로 받지 아니한 경우는 퇴직으로 보지 아니할 수 있다.

② 퇴직소득세 계산시 당해 연도에 2회 이상 퇴직함으로 인하여 2 이상의 근무지로부터 받는 퇴직급여를 합산하여 퇴직소득에 대한 소득세를 계산하는 경우의 근속연수는 퇴직한 근무지의 근속연수를 합계한 월수에서 중복되는 기간의 월수를 공제하여 계산한다.

④ 퇴직소득의 수입시기는 퇴직한 날로 한다. 다만, 「국민연금법」에 따른 일시금과 퇴직공제금의 경우에는 소득을 지급받는 날로 한다.

⑤ 퇴직소득이 있는 거주자에 대해서는 해당 과세기간의 퇴직소득금액에서 근속연수에 따른 금액을 공제하고, 그 금액을 근속연수(1년 미만의 기간이 있는 경우에는 이를 1년으로 보며, 제22조제1항제1호의 경우에는 대통령령으로 정하는 방법에 따라 계산한 연수를 말한다. 이하 같다)로 나누고 12를 곱한 후의 금액(이하 이 항에서 "환산급여"라 한다)에서 환산급여에 따른 금액을 공제한다.

07 소득세법상 수입시기에 관한 설명으로 가장 틀린 것은?

① 법인세법에 의하여 처분된 배당의 수입시기는 당해 법인의 당해 사업연도의 결산확정일이다.

② 무기명주식의 이익이나 배당의 경우 수입시기는 그 지급을 받은 날로 한다.

③ 근로소득 중 잉여금처분에 의한 상여의 수입시기는 당해 법인의 잉여금처분결의일이다.

④ 무체재산권의 양도의 경우 수입시기는 그 대금을 청산한 날, 자산을 인도한 날 또는 사용·수익일 중 빠른 날로 한다.

⑤ 국민연급법에 따른 일시금에 해당하는 퇴직소득의 수입시기는 퇴직을 한 날로 한다.

해답 ⑤

해설 퇴직소득의 수입시기는 퇴직한 날로 한다. 다만, 「국민연금법」에 따른 일시금은 소득을 지급받는 날로 한다.

08 소득세상 퇴직소득 과세에 관한 설명으로 옳지 않은 것은? 2016년 회계사

① 법인의 상근임원이 비상근임원이 되었지만 퇴직급여를 받지 아니한 경우 퇴직으로 보지 않을 수 있다.
② 임원의 2012년 1월 1일 이후 근무기간에 대한 퇴직소득금액(공적연금 관련법에 따라 받는 일시금 제외)이 퇴직소득 한도액을 초과하는 금액은 근로소득으로 본다.
③ 거주자가 국외원천의 퇴직소득금액이 있고 그 소득에 대하여 국외에 외국소득세액을 납부한 경우에는 법정한도 내에서 외국납부세액공제를 받을 수 있다.
④ 퇴직소득에 대하여 외국정부에 납부하였던 외국소득세액에 의한 외국납부세액공제의 한도초과액은 10년간 이월공제를 적용받을 수 있다.
⑤ 퇴직소득금액이 퇴직소득공제금액에 미달하는 경우에는 그 퇴직소득금액을 공제액으로 한다.

해답 ④
해설 외국납부세액공제는 종합소득에서 외국납부세액공제 한도초과액만 10년 이월공제가 가능하며, 퇴직소득의 외국납부세액공제액은 이월공제되지 않는다.

09 연금소득 및 퇴직소득에 관한 설명으로 옳지 않은 것은? 2018년 회계사

① 공적연금 관련법에 따라 받는 일시금은 퇴직소득으로 과세된다.
② 종업원이 임원이 된 경우 퇴직급여를 실제로 받지 아니한 경우는 퇴직으로 보지 않을 수 있다.
③ 퇴직소득이 퇴직일 현재 연금계좌에 있거나 연금계좌로 지급되는 경우 또는 퇴직하여 지급받은 날부터 60일 이내에 연금계좌에 입금되는 경우에 해당 퇴직소득으로 인한 소득세는 연금외수령시 비과세가 적용된다.
④ 연금계좌세액공제를 받은 연금계좌 납입액과 연금계좌의 운용실적에 따라 증가된 금액을 그 소득의 성격에 불구하고 연금외수령하면 기타소득으로 과세된다.
⑤ 국내에서 거주자나 비거주자에게 연금소득을 지급하는 자는 그 거주자나 비거주자에 대한 소득세를 원천징수하여 그 징수일이 속하는 달의 다음 달 10일까지 납부하여야 한다.

해답 ③
해설 퇴직소득이 퇴직일 현재 연금계좌에 있거나 연금계좌로 지급되는 경우 또는 퇴직하여 지급받은 날부터 60일 이내에 연금계좌에 입금되는 경우에 해당 퇴직소득으로 인한 소득세는 연금외수령시 비과세가 적용되지 아니한다.

10 **다음의 자료를 이용하여 내국법인 ㈜A에서 경리부장으로 20×1년 7월 1일부터 20×5년 9월 30일까지 근무하고 퇴직한 거주자 갑의 퇴직소득산출세액을 계산한 것으로 옳은 것은?**

2020년 회계사

(1) 갑은 ㈜A에서 퇴직하면서 퇴직급여 30,000,000원을 수령하였으며, 퇴직공로금으로 5,000,000원을 별도 수령하였다.
(2) 근속연수공제 : 근속연수가 5년 이하인 경우 100만원×근속연수
(3) 환산급여공제

환산급여	공제액
800만원 초과 7,000만원 이하	800만원 + 800만원 초과분의 60%
7,000만원 초과 1억원 이하	4,520만원 + 7,000만원 초과분의 55%

(4) 기본세율

종합소득과세표준	기본세율
1,400만원 이하	과세표준의 6%
1,400만원 초과 5,000만원 이하	84만원+(1,400만원을 초과하는 금액의 15%)
5,000만원 초과 8,800만원 이하	624만원+(5,000만원을 초과하는 금액의 24%)

① 612,000원 ② 1,060,000원 ③ 1,249,000원
④ 1,081,250원 ⑤ 1,586,500원

해답 ④

해설 (1) 퇴직소득금액 : $30,000,000+5,000,000=35,000,000$

(2) 근속연수공제 : $1,000,000\times 5=5,000,000$
갑의 근속연수가 4년 3개월이나 근속연수 계산 시 1년 미만의 기간은 1년으로 보므로 근속연수는 5년이다.

(3) 환산급여 : $(35,000,000-5,000,000)\times\frac{1}{5}\times 12=72,000,000$

(4) 환산급여공제 : $45,200,000+(72,000,000-70,000,000)\times 55\%=46,300,000$

(5) 퇴직소득산출세액 :
$(72,000,000-46,300,000)\times t\times\frac{1}{12}\times 5=1,081,250$

CHAPTER

07 양도소득세

제1절 통 칙

01 **「소득세법」상 양도소득세의 과세대상이 될 수 있는 경우에 해당하지 않는 것은?** 2013년 세무사

① 건물을 처남에게 부담부증여한 경우
② 공동사업을 경영할 것을 약정하는 계약에 따라 건물을 해당 공동사업체에 현물출자하는 경우
③ 부동산매매계약을 체결한 자가 계약금만 지급한 상태에서 권리를 양도한 경우
④ 손해배상에 있어서 당사자간의 합의에 의하여 일정액의 위자료를 지급하기로 하고 동 위자료 지급에 갈음하여 당사자 일방이 소유하고 있던 부동산으로 대물변제한 경우
⑤ 소유자산을 경매·공매로 인하여 자기가 재취득하는 경우

해답 ⑤
해설 소유자산을 경매·공매로 인하여 자기가 재취득하는 경우는 양도로 보지 아니한다.

02 **다음 중 양도소득세의 과세대상이 아닌 것은?**

① 한국토지공사가 발행하는 토지상환채권을 양도하는 경우
② 이혼 위자료로 부동산을 배우자에게 양도하는 경우
③ 토지를 현물출자하는 경우
④ 법원의 확정판결에 의하여 신탁해지를 원인으로 소유권이전등기를 하는 경우
⑤ 공유토지의 지분권을 양도한 경우

해답 ④
해설 법원의 확정판결에 의하여 신탁해지를 원인으로 소유권이전등기를 하는 경우에는 양도로 보지 아니한다.

03 다음 중 양도소득세 과세대상인 양도로 볼 수 있는 것은?

① 채무를 변제하지 못하여 소유재산을 경매당하는 경우
② 법정요건을 만족하는 양도담보(단, 계약서의 사본을 과세표준확정신고서에 첨부하여 신고하는 경우)
③ 도시개발법에 의한 환지처분으로 지번이 변경된 경우
④ 공동소유의 토지를 소유지분별로 분할하는 경우
⑤ 명의신탁

해답 ①

해설 양도담보, 공동소유의 소유지분별 분할, 명의신탁, 「도시개발법」이나 그 밖의 법률에 따른 환지처분으로 지목 또는 지번이 변경되거나 보류지(保留地)로 충당되는 경우에는 양도로 보지 아니한다.

04 「소득세법」상 거주자의 양도소득에 대한 납세의무와 관련하여 양도에 관한 설명으로 옳지 않은 것은?

2019년 세무사

① 법원의 파산선고에 의한 부동산의 처분은 양도로 보지 아니한다.
② 이혼으로 인하여 혼인 중에 형성된 부부공동재산을 「민법」에 따라 재산분할하는 경우에는 양도로 보지 아니한다.
③ 공동사업을 경영할 것을 약정하는 계약에 따라 토지나 건물을 해당 공동사업체에 현물출자하는 경우 그 공동사업체에 유상으로 양도된 것으로 본다.
④ 「도시개발법」에 따른 환지처분으로 지번이 변경되는 경우는 양도로 보지 아니한다.
⑤ 양도담보계약에 따라 소유권을 이전하는 경우라 하더라도 법정요건을 갖춘 경우에는 양도로 보지 아니하나, 채무불이행으로 인하여 담보 자산을 변제에 충당한 때에는 양도한 것으로 본다.

해답 ①

해설 법원의 파산선고에 의한 부동산의 처분은 채무의 면제 등 자산을 이전하고 보상을 받은 것이므로 자산이 유상으로 이전되는 경우에 해당하여 양도로 본다. 다만 파산선고에 의한 처분으로 발생하는 소득은 양도소득세 비과세대상에 해당한다.

제2절 양도소득의 범위

01 다음은 소득세법상 양도소득세에 관한 설명이다. 가장 틀린 것은?

① 장기보유특별공제는 미등기양도자산을 제외한 토지 또는 건물로서 보유기간이 3년 이상인 것과 부동산을 취득할 수 있는 권리 중 조합원입주권(조합원으로부터 취득한 것은 제외)에 한하여 적용한다.
② 사업용 고정자산(토지·건물 및 부동산에 관한 권리)과 함께 양도하는 영업권의 양도로 발생하는 소득에 대하여는 양도소득세가 과세된다.
③ 파산선고에 의한 처분으로 인하여 발생하는 소득에 대하여는 양도소득세가 과세되지 아니한다.
④ 대주주가 양도하는 상장주식의 양도차익에 대하여는 양도소득세가 과세되지 아니한다.
⑤ 국외자산 양도소득세의 납세의무자는 당해 자산의 양도일까지 계속 5년 이상 국내에 주소 또는 거소를 둔 거주자에 한한다.

해답 ④
해설 다음의 주식거래에 대하여 양도소득세가 과세된다.
1.비상장법인의 주식　2.상장법인의 주식 중 장외거래분과 대주주의 장내거래분

02 다음 자산의 양도로 인하여 발생하는 소득 중 양도소득세의 과세대상이 아닌 것은?

① 토지
② 전세권
③ 등기되지 아니한 부동산임차권
④ 주권상장법인의 주식으로서 법령이 정하는 대주주가 양도하는 것
⑤ 특정시설물을 배타적으로 이용할 수 있도록 약정한 단체의 일원이 된 자에게 부여되는 시설물이용권

해답 ③
해설 부동산임차권은 등기된 것에 한하여 양도소득세 과세대상에 포함된다.

03 「소득세법」상 양도소득세가 과세되는 것은? 2018년 세무사

① 거주자 甲은 이혼하면서 법원의 판결에 따른 재산분할에 의하여 배우자에게 혼인 중에 형성된 부부공동재산인 토지의 소유권을 이전하였다.
② 사업자인 거주자 乙은 사업용으로 사용하던 기계장치를 처분하였다.
③ 거주자 丙은 본인 소유의 토지를 동생에게 증여하면서, 동생이 그 토지에 의하여 담보된 丙의 은행대출 채무를 인수하였다.
④ 건설업을 영위하는 사업자인 거주자 丁은 아파트를 신축하여 판매하였다.
⑤ 거주자 戊는 자기소유의 토지를 경매로 인하여 자기가 재취득하였다.

해답 ③

해설 ① 법원의 판결에 따른 재산분할은 양도소득세가 과세되지 않는다. 다만, 위자료를 양도소득세 과세대상 부동산으로 지급한 경우 양도소득세가 과세된다.
② 기계장치는 양도소득세 과세 범위가 아니다.
④ 건설업을 영위하는 사업자인 거주자 丁이 아파트를 신축하여 판매하는 경우 사업소득으로 과세된다.
⑤ 소유자산을 경매 또는 공매로 인하여 자기가 재취득하는 경우 양도소득세가 과세되지 않는다.

04 다음 중에서 양도소득세가 과세되는 것은?

① 특허권 양도로 인하여 발생한 소득
② 영업권 양도(사업용 고정자산과 함께)로 인하여 발생한 소득
③ 유가증권시장을 통한 상장주식의 양도로 인하여 발생한 소득(대주주 아님)
④ 제작 후 100년이 넘는 개당 양도가액 6천만원 이상인 골동품 양도로 인하여 발생한 소득
⑤ 사업용 기계장치 양도로 인하여 발생한 소득

해답 ②

해설 ①, ④ : 기타소득, ③, ⑤ : 과세대상이 아님

05 다음 중 소득세법에 따라 양도소득세가 과세되는 경우는? 2017년 회계사

① 거주자 A는 이혼위자료로 배우자에게 본인 명의의 비상장주식을 이전하였다.
② 거주자 B(사업자)는 사업용으로 사용하던 기계장치를 처분하였다.
③ 거주자 C는 골프회원권을 채권자에게 양도담보로 제공하였다.
④ 거주자 D는 건설업을 영위하고 있으며, 주택을 신축하여 판매하였다.
⑤ 거주자 E는 자녀에게 본인 소유의 토지를 무상으로 이전하였다.

해답 ①

해설 ② 사업자가 사업용 유형자산을 사업적으로 양도하는 경우 사업소득으로 과세한다.
③ 채무자가 채무의 변제를 담보하기 위하여 자산을 양도하는 계약을 체결하고 해당 자산을 담보로 제공한 경우 담보의 제공일 뿐이므로 양도소득세를 과세하지 않는다.
④ 건설업을 영위하는 경우 신축한 주택은 재고재산에 해당한다. 그러므로 주택을 신축하여 판매하는 경우 사업소득으로 과세된다.
⑤ 양도는 자산을 유상으로 사실상 이전하는 것을 말하며, 토지를 무상으로 이전하는 경우 증여세가 과세된다.

제3절 양도소득 비과세등

01 다음 중 양도소득세에 대한 설명으로 옳지 않은 것은?

① 1세대 1주택의 판정에 있어 다가구주택은 한 가구가 독립하여 거주할 수 있도록 구획된 부분을 각각 하나의 주택으로 보나, 당해 다가구주택을 하나의 매매단위로 1인에게 양도하거나 1인으로부터 취득하는 경우 단독주택으로 본다.

② 지상권, 전세권, 등기된 부동산임차권에 대하여는 보유기간에 관계없이 장기보유특별공제를 적용하지 않는다.

③ 과세대상 자산을 양도한 경우에는 그 양도일이 속하는 달의 말일부터 2월 내(과세대상 주식 등 2그룹 자산은 양도일이 속하는 분기의 말일부터 2월 내)에 납세지관할세무서장에게 신고하여야 한다.

④ 거주자가 고가주택이 아닌 1세대 1주택을 취득 후 6개월간 거주하고 1년 이상의 치료나 요양을 필요로 하는 질병의 치료 또는 요양을 위하여 세대전원이 다른 시·군으로 이전하면서 당해 주택을 양도하는 경우 비과세된다.

⑤ 농지대토에 의해 감면받을 양도소득세액의 합계액이 1억원을 초과하는 경우 그 초과하는 부분에 상당하는 금액은 이를 감면하지 아니한다.

해답 ④
해설 6개월 → 1년

02 소득세법상 양도소득에 대한 과세를 설명한 것이다. 옳은 것은? 2009년 회계사

① 보유기간이 3년 미만인 토지 및 건물에 대하여는 장기보유특별공제와 양도소득기본공제가 배제된다.

② 취득시기 및 양도시기는 당해 자산의 대금을 청산한 날로 함을 원칙으로 하되, 대금을 청산한 날이 불분명한 경우에는 인도일 또는 사용수익일 중 빠른 날로 한다.

③ 유가증권시장에 상장된 법인의 주식(지분율 : 3.5%)을 2년간 계속 보유해 온 주주가 당해 주식 전부를 유가증권시장에서 양도하는 경우 당해 주식은 양도소득세의 과세대상이 아니다.

④ 1세대 1주택 여부를 판정함에 있어서 다가구주택의 경우에는 한 가구가 독립하여 거주할 수 있도록 구획된 부분을 각각 하나의 주택으로 본다. 다만, 당해 다가구주택을 가구별로 분양하지 아니하고 하나의 매매단위로 하여 양도하는 경우에는 이를 단독주택으로 본다.

⑤ 양도소득세 과세대상인 주식 또는 출자지분을 양도한 경우에는 그 양도일이 속하는 달의 말일부터 2월 이내에 양도소득과세표준을 납세지 관할세무서장에게 예정신고 하여야 한다.

해답 ④

해설 ① 보유기간이 3년 미만인 토지 및 건물에 대하여도 양도소득기본공제는 적용 가능하다.
② 취득시기 및 양도시기는 당해 자산의 대금을 청산한 날로 함을 원칙으로 하되, 대금을 청산한 날이 불분명한 경우에는 등기접수일(명의개서일)로 한다.
③ 대주주(지분율 1% 이상 또는 주식시가 10억원 이상)가 유가증권시장에 상장된 법인의 주식 전부를 유가증권시장에서 양도하는 경우 당해 주식은 양도소득세의 과세대상에 속한다.
⑤ 양도소득세 과세대상인 주식 또는 출자지분을 양도한 경우에는 그 양도일이 속하는 반기의 말일부터 2월 이내에 양도소득과세표준을 납세지 관할세무서장에게 예정신고 한다.

03 양도소득세에 관한 설명으로서 옳은 것은?

① 국내에 주소 또는 1년 이상 거소를 둔 거주자는 국내에 있는 부동산을 양도함으로써 발생하는 소득은 물론이고 국외에 있는 부동산을 양도함으로써 발생하는 소득에 대하여도 양도소득세의 납세의무를 진다.
② 보유기간이 3년 이상인 토지·건물 및 조합원입주권과 부동산에 관한 권리의 양도에 한하여 장기보유특별공제를 적용한다.(미등기양도자산은 제외한다)
③ 동일한 과세기간에 주식과 토지를 양도함으로써 주식에서 양도차손이 발생하고 토지에서 양도차익이 발생하였다면 주식의 양도차손과 토지의 양도차익을 통산하여 양도소득금액을 계산한다.
④ 미등기양도자산에 있어서 취득당시의 실지거래가액은 확인되나 양도당시의 실지거래가액·매매사례가액 또는 감정가액 중의 어느 것도 알 수 없는 때에는 양도가액은 환산가액에 의하고, 취득가액은 실지거래가액에 의하여 양도차익을 추계결정한다.
⑤ 주택의 면적이 주택 외의 다른 건물의 면적보다 큰 겸용주택이 고가주택에 해당하는지의 여부는 주택 외의 다른 건물 면적(이에 부수되는 토지를 포함한다)의 실지거래가액까지 포함하여 이를 판단한다.

해답 ⑤

해설 ① 거주자 중 해당 자산의 양도일까지 계속 5년 이상 국내에 주소 또는 거소를 둔 자에 한하여 해당 과세기간에 국외에 있는 자산을 양도함으로써 발생하는 양도소득에 대하여 과세한다.
② 부동산에 관한 권리는 장기보유특별공제 대상이 아니다.
③ 주식과 토지는 속한 그룹이 다르므로, 양도차익을 통산하여 양도소득금액을 계산할 수 없다.
④ 양도가액은 기준시가에 의하고, 취득가액도 기준시가에 의하여 양도차익을 추계결정한다.

04 **다음 중 양도소득세와 관련한 설명으로 옳지 않은 것은?** 2009년 세무사

① 법원의 확정판결에 의하여 신탁해지를 원인으로 소유권이전등기를 하는 경우에는 양도로 보지 아니한다.

② 상속받은 주택과 그 밖의 주택을 국내에 각각 1개씩 소유한 1세대가 상속받은 주택을 양도하는 경우에는 국내에 1개의 주택을 소유하는 것으로 보아 1세대 1주택 비과세 규정을 적용한다.

③ 양도소득의 부당행위계산은 거주자의 행위 또는 계산이 그 거주자와 특수관계에 있는 자와의 거래로 인하여 당해 소득에 대한 조세의 부담을 부당하게 감소시킨 것으로 인정되는 경우로서 시가와 거래가액의 차액이 3억원 이상이거나 시가의 100분의 5에 상당하는 금액 이상인 경우에 한하여 적용된다.

④ 과세대상인 주권상장법인 주식의 양도차손은 과세대상인 토지의 양도소득금액과 통산하지 아니한다.

⑤ 거주자로서 예정신고 또는 확정신고에 의해 납부할 양도소득세액이 2천만원을 초과하는 경우에는 그 납부할 세액의 100분의 50 이하의 금액을 납부기한 경과 후 2개월 이내에 분납할 수 있다.

해답 ②

해설 상속받은 주택과 그 밖의 주택을 국내에 각각 1개씩 소유한 1세대가 그 밖의 주택을 양도하는 경우에는 국내에 1개의 주택을 소유하는 것으로 보아 1세대 1주택 비과세 규정을 적용한다.

05 **소득세법상 1세대 1주택과 관련된 설명이다. 옳지 않은 것은?**

① 지정문화재에 해당하는 주택과 그 밖의 주택을 국내에 각각 1개씩 소유하고 있는 1세대가 그 밖의 주택을 양도하는 경우에는 국내에 1개의 주택을 소유하고 있는 것으로 본다.

② 1세대를 구성하려면 배우자가 있어야 하는 것이 원칙이지만 당해 거주자의 연령이 30세 이상이면 배우자가 없어도 1세대 구성이 가능하다.

③ 1주택을 보유하고 1세대를 구성하는 자가 1주택을 보유하고 있는 60세의 부친을 동거봉양하기 위하여 세대를 합침으로써 1세대가 2주택을 보유하게 되는 경우 합친 날부터 10년 이내에 먼저 양도하는 주택은 이를 1세대 1주택으로 본다.

④ 1주택을 보유한 자가 1주택을 보유한 자와 혼인함으로써 1세대가 2주택을 보유하게 되는 경우 그 혼인을 한 날부터 5년 이내에 먼저 양도한 주택은 이를 1세대 1주택으로 본다.

⑤ 상속받은 주택과 그 밖의 주택을 국내에 각각 1개씩 소유하고 있는 1세대가 상속받은 주택을 양도하는 경우에는 국내에 1개의 주택을 소유하고 있는 것으로 본다.

해답 ⑤

해설 상속받은 주택과 그 밖의 주택을 국내에 각각 1개씩 소유하고 있는 1세대가 일반주택을 양도하는 경우에는 국내에 1개의 주택을 소유하고 있는 것으로 본다.

06 **1세대 1주택 양도소득세 비과세에 관한 설명으로 옳은 것은? (단, 당해 주택은 등기된 것으로 고가주택이 아니다.)**

2011년 세무사

① 상속받은 주택으로서 상속인과 피상속인이 상속개시 당시 동일세대인 경우에는 상속개시 전에 피상속인이 보유한 기간과 동일세대로서 상속인과 함께 보유한 기간을 통산하여 1세대 1주택 비과세 규정을 적용한다.

② 1세대 1주택 비과세 규정을 적용함에 있어서 2개 이상의 주택을 같은 날에 양도하는 경우에는 양도 주택 중 실지거래가액이 가장 큰 주택을 먼저 양도한 것으로 본다.

③ 1주택을 보유하고 1세대를 구성하는 자가 70세의 아버지를 동거봉양하기 위하여 세대를 합침으로써 1세대가 2주택을 보유하게 되는 경우, 세대를 합친 날로부터 10년 이내에 양도하는 종전 아버지 소유였던 주택에 한하여 이를 1세대 1주택으로 보아 비과세 규정을 적용한다.

④ 하나의 건물이 주택과 주택 외의 부분으로 복합되어 있는 겸용주택의 경우 주택의 연면적이 주택 외의 부분의 연면적보다 클 때에는 그 전부를 주택으로 본다.

⑤ 법령이 정하는 다가구주택을 가구별로 분양하지 아니하고 그 다가구주택을 하나의 매매단위로 하여 1인에게 양도하는 경우에는 이를 각각 하나의 주택으로 보아 비과세 여부를 적용한다.

해답 ④

해설 ① 상속받은 주택으로서 상속인과 피상속인이 상속개시 당시 동일세대인 경우에는 상속개시 전에 상속인이 단독으로 보유한 기간과 동일세대로서 상속인과 함께 보유한 기간을 통산하여 1세대 1주택 비과세 규정을 적용한다.

② 1세대 1주택 비과세 규정을 적용함에 있어서 2개 이상의 주택을 같은 날에 양도하는 경우에는 선택하는 순서에 따라 먼저 양도한 것으로 본다.

③ 1주택을 보유하고 1세대를 구성하는 자가 70세의 아버지를 동거봉양하기 위하여 세대를 합침으로써 1세대가 2주택을 보유하게 되는 경우, 세대를 합친 날로부터 10년 이내에 먼저 양도하는 주택에 대하여 이를 1세대 1주택으로 보아 비과세 규정을 적용한다.

⑤ 법령이 정하는 다가구주택을 가구별로 분양하지 아니하고 그 다가구주택을 하나의 매매단위로 하여 1인에게 양도하는 경우에는 이를 하나의 주택으로 본다.

07 **양도소득세에 관한 설명이다. 옳지 않은 것은?** 2012년 회계사

① 국외에 있는 토지에 대한 양도소득세는 해당 토지의 양도일까지 계속 5년 이상 국내에 주소 또는 거소를 둔 거주자에 한하여 납세의무를 진다.

② 법원의 확정판결에 의하여 신탁해지를 원인으로 소유권이전등기를 하는 경우에는 양도로 보지 않는다.

③ 토지를 매매하는 거래당사자가 매매계약서의 거래가액을 실지거래가액과 다르게 적은 경우에는 해당 자산에 대하여, 소득세법에 따른 양도소득세의 비과세에 관한 규정을 적용할 때 비과세 받을 세액에서 비과세에 관한 규정을 적용하지 않았을 경우의 양도소득 산출세액과 매매계약서의 거래가액과 실지거래가액과의 차액 중 큰 금액을 뺀다.

④ 건물을 양도한 거주자는 양도일이 속하는 달의 말일부터 2개월 이내에 양도소득 과세표준 예정신고를 하여야 하며, 양도차익이 없거나 양도차손이 발생한 경우에도 예정신고를 하여야 한다.

⑤ 양도소득 과세표준 계산시 장기보유특별공제는 3년 이상 보유한 토지와 건물을 대상으로 하며, 미등기양도자산은 그 대상에서 제외된다.

해답 ③

해설 토지를 매매하는 거래당사자가 매매계약서의 거래가액을 실지거래가액과 다르게 적은 경우에는 해당 자산에 대하여, 소득세법에 따른 양도소득세의 비과세에 관한 규정을 적용할 때 비과세 받을 세액에서 비과세에 관한 규정을 적용하지 않았을 경우의 양도소득 산출세액과 매매계약서의 거래가액과 실지거래가액과의 차액 중 작은 금액을 뺀다.

제4절 양도소득 금액의 계산

01 거주자의 양도자산에 대한 양도차익을 실지거래가액에 의하여 계산하는 경우 필요경비에 산입되는 취득가액에 관한 설명으로 옳지 않은 것은? 2011년 세무사

① 부동산임대업을 영위하는 甲은 특수관계 없는 제3자로부터 건물을 취득하고 다음과 같이 회계처리 하였다.

(차) 건　　물	100,000,000	(대) 장기미지급금	110,000,000
현재가치할인차금	10,000,000		

위 건물과 관련하여 20,000,000원의 감가상각비와 2,000,000원의 현재가치할인차금 상각액을 각 과세기간의 사업소득금액 계산 시 필요경비로 인정받았다면, 甲의 건물양도에 따른 양도차익 계산 시 취득가액은 88,000,000원이다.

② 乙은 비상장법인인 ㈜A의 주식을 양도하고자 한다. 취득당시 실지거래가액의 확인을 위한 필요 증빙서류가 없어 취득가액의 확인은 불가능하다. 다만, 취득일 2개월 전에 ㈜A의 주식은 주당 15,000원에 특수관계 없는 제3자와 거래된 적이 있으며, 취득일 1개월 전 2 이상의 감정평가법인이 평가하여 신빙성이 있는 것으로 인정되는 감정가액의 평균액은 주당 17,000원이다. 이 경우 乙의 ㈜A의 주식양도로 인한 양도차익 계산 시 취득가액은 주당 15,000원이다.

③ 丙은 회사로부터 100주의 주식매수선택권(행사가격 10,000원)을 부여받아 1주당 시가가 12,000원일 때 주식매수선택권을 행사하여 100주를 취득하였다. 丙이 주식매수선택권 행사로 취득한 주식을 모두 양도하는 경우 취득가액은 1,000,000원이다.

④ 丁은 취득당시 실지거래가액이 80,000,000원인 건물(증여일 현재 「상속세 및 증여세법」에 따른 평가액은 500,000,000원이고, 금융기관으로부터의 차입금 100,000,000원에 대한 저당권이 설정되어 있음) 1채를 특수관계 없는 戊에게 부담부 증여하였다. 이 경우 丁의 양도차익 계산 시 건물의 취득가액은 16,000,000원이 된다.

⑤ 己는 400,000,000원에 취득한 토지를 배우자에게 600,000,000원(증여일 현재 「상속세 및 증여세법」에 따라 평가한 금액)에 증여하였으며 증여받은 후 9년이 되는 날 배우자가 당해 토지를 제3자에게 900,000,000원에 양도하였다면, 배우자의 양도차익 계산 시 취득가액은 400,000,000원이 된다. (단, 양도당시 혼인관계는 소멸되지 않았다고 가정한다.)

해답 ③
해설 취득가액은 주식매수선택권 행사당시 시가인 1,200,000원이다.

02 「소득세법」상 거주자의 양도소득세 과세에 관한 설명으로 옳은 것은? 2013년 회계사

① 거주자가 비사업용 토지를 양도한 경우 장기보유특별공제액은 양도차익에서 공제할 수 있으며 양도소득 기본공제액은 양도소득금액에서 공제할 수 있다.

② 거주자가 토지를 내국법인에 현물출자하고 그 대가로 내국법인의 주식을 받는 경우에는 이를 양도로 보지 아니한다.

③ 양도소득세가 비과세되는 1세대 1주택이란 1세대가 양도일 현재 국내에 1주택을 보유하고 있는 경우로서 해당 주택의 보유기간이 3년 이상인 것을 말한다.

④ 토지의 양도차익을 계산할 때 대금을 청산한 날이 분명하지 아니한 경우에는 사용수익일을 토지의 양도시기로 한다.

⑤ 토지의 취득 당시의 실지거래가액을 확인할 수 없는 경우에는 매매사례가액, 환산가액, 감정가액을 순차로 적용하여 산정한 가액을 취득가액으로 한다.

해답 ①

해설 ② 거주자가 토지를 내국법인에 현물출자하고 그 대가로 내국법인의 주식을 받는 경우에는 이를 양도로 본다.

③ 양도소득세가 비과세되는 1세대 1주택이란 1세대가 양도일 현재 국내에 1주택을 보유하고 있는 경우로서 해당 주택의 보유기간이 2년 이상인 것을 말한다.(단, 비거주자가 그 주택에서 거주한 상태로 거주자로 전환된 경우에는 보유기간 3년)

④ 토지의 양도차익을 계산할 때 대금을 청산한 날이 분명하지 아니한 경우에는 등기접수일 또는 명의개서일을 토지의 양도시기로 한다.

⑤ 토지의 취득 당시의 실지거래가액을 확인할 수 없는 경우에는 매매사례가액, 감정가액, 환산가액을 순차로 적용하여 산정한 가액을 취득가액으로 한다.

03 「소득세법」상 양도소득금액의 계산에서 양도가액과 취득가액에 관한 설명으로 옳지 않은 것은? (다툼이 있으면 판례에 따름) 2017년 세무사

① 양도소득세 과세대상이 되는 거래가 단순한 교환인 경우는 실지거래가액을 확인할 수 없는 경우에 해당한다.

② 「법인세법」에 따른 특수관계인에 해당하는 법인 외의 자에게 부동산을 시가보다 높은 가격으로 양도하는 경우로서 「상속세 및 증여세법」에 따라 해당 거주자의 증여재산가액으로 하는 금액이 있는 경우 그 부동산의 시가를 실지양도가액으로 본다.

③ 취득일로부터 3년이 지난 후에 취득 당시로 소급하여 한 감정에 의하여 평가한 가액은 취득 당시의 실지거래가액을 대체할 수 있는 감정가액에 해당하지 않는다.

④ 「법인세법」에 따른 특수관계인으로부터 부동산을 취득한 경우 거주자의 상여로 처분된 금액이 있으면 그 상여로 처분된 금액을 취득가액에 더한다.

⑤ 양도차익 계산시 양도가액을 매매사례가액으로 하는 경우 취득가액을 실지거래가액에 따를 수 있다.

해답 ②

해설 「법인세법」에 따른 특수관계인에 해당하는 법인 외의 자에게 부동산을 시가보다 높은 가격으로 양도하는 경우로서 「상속세 및 증여세법」에 따라 해당 거주자의 증여재산가액으로 하는 금액이 있는 경우에는 그 양도가액에서 증여재산가액을 뺀 금액을 실지양도가액으로 본다.

04 **거주자 갑의 양도소득세 계산에 관한 설명이다. 옳지 않은 것은? 각 지문은 독립적인 상황이다.**

2019년 회계사

	토지 X	토지 Y
거래가액	15억원	6억원
시　　가	8억원	10억원

① 거주자 갑이 임원으로 근무하는 영리내국법인 ㈜A에 토지 X를 처분하고 ㈜A는 부당행위계산부인 규정에 따라 7억원을 거주자 갑에게 상여 처분하였다면, 해당 토지의 양도소득 계산시 적용할 양도가액은 15억원이다.

② 거주자 갑이 특수관계가 없는 개인인 거주자 을에게 토지 X를 처분하고 거주자 갑에게 증여재산가액 4억원에 대한 증여세가 과세되었다면, 해당 토지의 양도소득 계산시 적용할 양도가액은 11억원이다.

③ 거주자 갑이 임원으로 근무하는 영리내국법인 ㈜B로부터 토지 Y를 취득하고 취득 당시 ㈜B가 부당행위계산부인 규정에 따라 4억원을 거주자 갑에게 상여 처분하였다면, 이후 해당 토지의 양도소득 계산시 적용할 취득가액은 10억원이다.

④ 거주자 갑이 특수관계가 없는 개인인 거주자 을로부터 토지 Y를 취득하고 취득 당시 거주자 갑에게 증여재산가액 1억원에 대한 증여세가 과세되었다면, 이후 해당 토지의 양도소득 계산시 적용할 취득가액은 7억원이다.

⑤ 거주자 갑이 4촌인 거주자 병에게 토지 Y를 양도한 경우, 양도소득 계산시 적용할 양도가액은 10억원이다.

해답 ①

해설 특수관계법인에게 자산을 고가양도한 경우 부당행위계산 부인규정에 따라 해당 거주자에게 상여나 배당으로 처분된 금액이 있는 경우 양도가액에서 처분된 금액을 차감한 금액을 실지양도가액으로 본다.

실지양도가 = 양도가액(15억) − 배당·상여 등으로 처분된 금액(7억)
= 8억

05 **다음의 자료를 이용하여 거주자 갑의 20×6년 양도소득세 양도차익을 계산한 것으로 옳은 것은?**

2020년 회계사

(1) 갑은 20×6년 9월 15일 보유하고 있던 주택을 1,500,000,000원에 특수관계인이 아닌 자에게 양도하였다.
(2) 갑은 해당 주택을 20×1년 6월 15일에 특수관계인이 아닌 자로부터 660,000,000원에 취득하였다.
(3) 갑은 해당 주택에 대한 자본적 지출로 40,000,000원, 부동산 중개수수료로 5,000,000원을 지출하였으며, 지출 사실은 금융거래 증명서류에 의하여 확인된다.
(4) 갑은 해당 주택의 양도 시 1세대 1주택 비과세 요건을 충족하였다.

① 120,000,000원 ② 159,000,000원 ③ 133,750,000원
④ 495,000,000원 ⑤ 535,000,000원

해답 ②

해설 (1) 양도차익

$$1{,}500{,}000{,}000 - 660{,}000{,}000 - (40{,}000{,}000 + 5{,}000{,}000) = 795{,}000{,}000$$

$$\rightarrow 795{,}000{,}000 \times \frac{1{,}500{,}000{,}000 - 1{,}200{,}000{,}000}{1{,}500{,}000{,}000} = 159{,}000{,}000$$

06 **다음 자료를 이용한 거주자 갑의 20×6년도 양도소득세 계산과정에서 양도차익을 계산한 것으로 옳은 것은?**

2016년 회계사

(1) 20×2년 7월 1일에 특수관계인이 아닌 자로부터 토지(비과세 아님)를 750,000,000원(취득 당시 개별공시지가 500,000,000원)에 취득하면서 동시에 등기하고 당해 토지를 담보로 은행으로부터 300,000,000원을 대출받았다.
(2) 갑의 자녀인 거주자 을은 20×6년 8월 16일에 위의 차입금 300,000,000원을 인수하는 조건으로 갑으로부터 당해 토지(증여 당시의 시가는 산정하기 어려우며 개별공시지가는 600,000,000원임)를 증여받았다. 이 차입금액 및 인수사실이 관련 증빙에 의하여 객관적으로 입증되며 을은 당해 차입금 및 이자를 상환할 능력이 있는 것으로 판단된다.
(3) 취득가액 이외의 필요경비 개산공제율 : 토지 3%
(4) 갑과 을은 양도소득세를 부당하게 감소시킬 의도가 없으며, 위의 토지 외의 다른 양도소득세 과세대상은 없다.

① 42,500,000원 ② 48,250,000원 ③ 50,000,000원
④ 55,250,000원 ⑤ 55,500,000원

해답 ①

해설 수증자인 을이 증여자인 갑의 채무 300,000,000원을 부담하는 조건을 증여를 받았으므로 부담부 증여에 해당하며, 이 경우 을이 부담하는 채무액을 유상양도로 보아 양도차익을 계산한다.

(1) 양도가액

$$600,000,000 \times \frac{300,000,000}{600,000,000} = 300,000,000$$

(2) 취득가액

$$500,000,000 \times \frac{300,000,000}{600,00,000}* + 500,000,000 \times 3\% \times \frac{300,00,000}{600,000,000} = 257,500,000$$

* 양도가액 계산 시 기준시가로 계산하였으므로 취득가액도 기준시가로 계산한다.

(3) 양도차익

$$300,000,000 - 257,500,000 = 42,500,000$$

07 **다음은 거주자 갑이 양도한 1세대 1주택에 해당하는 주택에 관한 자료이다. 거주자 갑이 양도한 주택의 양도소득금액으로 옳은 것은? (단, 세부담을 최소화하는 방향으로 필요경비를 선택한다.)**

2017년 회계사 수정

(1) 확인되는 취득 및 양도에 관한 자료

구 분	일 자	실지거래가액(시가)	기준시가
취 득	20×1.6.5.	미확인	650,000,000원
양 도	20×6.9.8.	1,500,000,000원	1,300,000,000원

(2) 20×3.11.9.에 위 주택에 대해 자본적 지출 40,000,000원을 지급하였다.

(3) 양도당시 계약서 작성, 부동산 중개수수료 등으로 10,000,000원을 지출하였다.

(4) 갑은 20×1년 6월 5일부터 양도 시까지 양도한 주택에서 거주하였다.

(4) 1세대 1주택의 장기보유특별공제율은 3년 이상 보유한 주택의 보유기간에 대하여 연간 4%(40%한도)와 2년 이상 거주한 주택의 거주기간에 대하여 연간 4%(40% 한도)이다.

(5) 위의 주택은 등기된 자산이며, 해당 과세기간에 동 주택 외의 다른 양도소득세 과세거래는 없었다.

① 70,500,000원 ② 85,320,000원 ③ 86,500,000원
④ 84,600,000원 ⑤ 87,660,000원

해답 ⑤

해설 (1) 양도가액 : 1,500,000,000

(2) 취득가액* :

$$Max\left[\left(1,500,000,000 \times \frac{650,000,000}{1,300,000,000} + 650,000,000 \times 3\%\right), (40,000,000 + 10,000,000)\right]$$
$$= 769,500,000$$

* 취득가액의 실지거래가액, 매매사례가액, 감정가액이 확인되지 않으므로 환산취득가액을 적용한다.

(3) 양도차익 :

$$(1,500,000,000-769,500,000)\times\frac{1,500,000,000-1,200,000,000}{1,500,000,000}=146,100,000$$

(4) 장기보유특별공제

갑은 20×1.6.5.부터20×6.9.8.까지 보유,거주하였으므로 20%+20% = 40% 공제율을 적용한다.

(5) 양도소득금액

$146,100,000-146,100,000\times40\%=87,660,000$

08 **거주자 갑은 20×1년 6월 5일에 국내 토지를 시가 800,000,000원에 취득하고 즉시 등기를 하였다. 이후 갑은 A은행에서 해당 토지를 담보로 300,000,000원을 차입하였다. 20×4년 9월 8일에 거주자을(갑과 특수관계 없음)은 A은행 차입금 300,000,000원을 인수하는 조건으로 갑으로부터 해당 토지를 증여받았다. 다음의 추가적인 자료를 바탕으로 갑의 20×4년 양도소득금액을 계산한 것으로 옳은 것은?** 2018년 회계사

(1) 갑의 증여당시 토지의 시가 : 1,500,000,000원
(2) 토지와 관련한 자본적지출액 : 24,000,000원(적격 증명서류 수취·보관함)
(3) 장기보유특별공제율 : 10%
(4) 20×4년 갑의 양도소득 과세거래는 상기 토지 외에는 없었다.
(5) 을의 차입금 인수사실은 객관적으로 입증되고 을이 차입금 및 이자를 상환할 능력이 있다고 가정한다.

① 42,500,000원 ② 114,500,000원 ③ 116,500,000원
④ 119,180,000원 ⑤ 121,680,000원

해답 ⑤

해설 (1) 양도가액

$$1,500,000,000\times\frac{300,000,000}{1,500,000,000}=300,000,000$$

(2) 취득가액 및 자본적지출액

$$(800,000,000+24,000,000)\times\frac{300,000,000}{1,500,000,000}=164,800,000$$

(3) 양도차익

$300,000,000-164,800,000=135,200,000$

(4) 장기보유특별공제액

$135,200,000\times10\%=13,520,000$

(5) 양도소득금액

$135,200,000-13,520,000=121,680,000$

09 **거주자 甲은 20×5.6.30. 국내에 보유하고 있는 건물과 토지를, 건물은 300,000천원, 토지는 200,000천원으로 하여 특수관계인이 아닌 乙에게 일괄 양도하였다. 이 경우 건물의 양도차익은 얼마인가?** 2019년 세무사

1. 실지거래금액 및 감정평가가액(아래 기제된 가액 이외의 매매사례가액, 감정평가가액 등은 없다고 가정함)

(단위: 천원)

구분	건물	토지	비고
계약서상 양도금액	300,000	200,000	
취득시 취득가액	120,000	180,000	20×2.1.1. 취득
양도시 감정평가가액	150,000	250,000	

2. 건물은 정액법(내용연수 10년, 잔존가치 없음)으로 월할 상각하여 사업소득 금액 계산시 필요경비에 산입하였다.
3. 甲은 취득시 건물과 토지 모두를 자신의 명의로 등기하였으며, 기준시가는 다음과 같다.

(단위: 천원)

구분	건물	토지	비고
양도시점	120,000	200,000	
취득시점	80,000	120,000	

4. 양도시 양도계약서 작성비용: 4,000천원
5. 건물 취득일에 완료한 외벽의 도색 비용: 5,000천원

① 104,750천원 ② 105,500천원 ③ 108,000천원
④ 164,250천원 ⑤ 220,500천원

해답 ③

해설
(1) 양도가액 : (300,000천원+200,000천원)× $\frac{150,000천원}{150,000천원+250,000천원}$ =187,500천원

(2) 취득가액 : 120,000천원-120,000천원× $\frac{3.5}{10}$ (20×2.1.1.~20×5.6.30.)=78,000천원

(3) 필요경비 : 4,000천원× $\frac{150,000천원}{150,000천원+250,000천원}$ =1,500천원

(4) 양도차익 : (1)-(2)-(3)=108,000천원

* 토지와 건물을 함께 양도하여 전체 실지거래가액은 확인되나 자산별로 구분이 불분명한 경우에는 양도당시 시가(감정평가액, 기준시가, 장부가액, 취득가액)를 순차적으로 적용한 가액으로 안분계산한다. 이때 토지와 건물 등을 함께 양도한 경우로서 구분 기장한 가액이 안분계산한 가액과 30%이상 차이가 있는 경우에는 토지와 건물 등의 가액을 구분이 불분명한 때로 본다. 다만, 다른 법령에서 정하는 바에 따라 가액을 구분한 다음의 사유에 해당하는 경우는 제외한다.

㉠ 다른 법령에서 정한 토지 또는 건물의 양도가액을 따른 경우
㉡ 건물이 있는 토지를 취득하여 건물을 철거하고 토지만 사용하는 경우

** $\frac{300,000천원-187,500천원}{300,000천원}$ =37.5% 즉, 30% 이상 차이가 나므로 구분이 불분명한 때로 본다.

10 **20×2년 6월 1일 거주자 甲은 국내소재 주택(1세대 1주택으로 등기자산임)을 20억원에 양도하였다. 양도시점에 양도비용은 10,000,000원이 발생하였다. 해당 주택의 취득당시 기준시가는 6억원이며 양도당시 기준시가는 15억원이다. 취득당시 실지거래가액, 매매사례가액과 감정가액은 확인되지 않는다. 甲이 해당 주택의 취득당시 소유권 확보를 위하여 직접 소요된 소송비용 등은 20,000,000원이고 자본적 지출액은 10,000,000원이며, 모두 소득세법령이 정한 필요경비의 요건을 충족한다. 甲의 해당 주택의 보유 및 거주기간은 11년 1개월인 경우 해당 주택의 양도소득금액은? (단, 장기보유 특별공제액의 적용요건을 충족하고, 양도소득의 필요경비 계산특례 및 부당행위계산의 대상이 아니며, 주어진 자료 외의 사 항은 고려하지 않음)**

2020년 세무사 수정

① 94,560,000원 ② 20,790,000원 ③ 54,648,000원
④ 100,850,000원 ⑤ 118,800,000원

해답 ①

해설 (1) 양도가액 : 2,000,000,000

(2) 취득가액 : $2{,}000{,}000{,}000 \times \frac{600{,}000{,}000}{1{,}500{,}000{,}000}$ =800,000,000

(3) 필요경비 개산공제 : 600,000,000×3%=18,000,000

(4) 고가주택 양도차익 : (2,000,000,000-818,000,000)× $\frac{2{,}000{,}000{,}000 - 1{,}200{,}000{,}000}{2{,}000{,}000{,}000}$

=472,800,000

(5) 장기보유특별공제 : 472,800,000×80%=378,240,000

(6) 양도소득금액 : (4)-(5)=94,560,000

11 **거주자 갑이 양도한 주택 관련 자료이다. 갑의 양도소득금액으로 옳은 것은?** 2021년 회계사

(1) 거래 증명서류로 확인되는 취득 및 양도에 관한 자료

구 분	계약금(계약일자)	잔금(잔금일자)	취득 및 양도가액
취 득	50,000,000원 (20×1.2.2.)	450,000,000원 (20×1.5.5.)	500,000,000원
양 도	180,000,000원 (20×8.3.3.)	1,620,000,000원 (20×8.4.4.)	1,800,000,000원

(2) 거래 증명서류로 확인되는 추가 지출 자료

내 역	금 액
취득시 부동산중개수수료	2,000,000원
취득세	5,000,000원
보유 중 납부한 재산세	1,000,000원
양도시 부동산중개수수료	3,000,000원

(3) 갑은 20×3년 6월 6일부터 양도 시까지 양도한 주택에서 거주하였다.

(4) 갑과 세대원은 양도한 주택의 취득 시부터 양도 시까지 다른 주택을 보유하지 않았으며, 1세대 1주택 비과세 요건을 충족한다.

(5) 1세대 1주택의 장기보유특별공제율은 3년 이상 보유한 주택의 보유기간에 대하여 연간 4%(40% 한도)와 2년 이상 거주한 주택의 거주기간에 대하여 연간 4%(40% 한도)이다.

① 254,800,000원 ② 293,400,000원 ③ 258,000,000원
④ 295,200,000원 ⑤ 298,200,000원

해답 ③

해설 (1) 양도차익

① 양도가액 : 1,800,000,000

② 취득가액 : $500,000,000+2,000,000+5,000,000 = 507,000,000$

③ 필요경비 : 3,000,000

④ 양도차익 :

$$(1,800,000,000-507,000,000-3,000,000)\times\frac{1,800,000,000-1,200,000,000}{1,800,000,000}$$

$= 430,000,000$

* 부동산을 거래할 때 취득 시 지급한 부동산중개수수료는 취득가액이며, 양도 시 지출한 것은 양도비용에 해당한다.

(2) 장기보유특별공제

① 보유기간 공제율 : 6년×4% = 24%

② 거주기간 공제율 : 4년×4% = 16% ∴ 40%

* 양도소득세의 취득시기·양도시기는 원칙 대금청산일이므로 대금청산일 기준으로 기산한다.

(3) 양도소득금액

$430,000,000\times(1-40\%) = 258,000,000$

12 **甲은 20×2. 3. 1. 특수관계 없는 乙에게 세입자의 전세보증금을 인수하는 조건으로 국내에 소재하는 단독주택 1채를 증여하였다. 다음 자료에 의하여 당해 주택의 양도와 관련한 양도차익을 계산하면 얼마인가? (다만, 양도가액에서 공제할 기타필요경비는 0원으로 한다.)**

> (1) 위 단독주택의 증여가액은 100,000,000원(「상속세 및 증여세법」상 평가액으로서 증여당시 개별주택가격에 해당함)
> (2) 위 단독주택의 취득당시 실지거래가액은 80,000,000원, 취득당시 개별주택가격은 40,000,000원
> (3) 甲, 乙은 소득세법상 거주자에 해당하며, 증여당시 세입자의 전세보증금은 50,000,000원

① 10,000,000원 ② 25,000,000원 ③ 30,000,000원
④ 34,000,000원 ⑤ 60,000,000원

해답 ③

해설

양도가액 : $100,000,000 \times \dfrac{50,000,000}{100,000,000} = 50,000,000$

취득가액 : $40,000,000 \times \dfrac{50,000,000}{100,000,000} = 20,000,000$

양도차익 : 30,000,000

13 **거주자인 갑은 20×1년 8월 토지를 취득함과 동시에 등기하고 당해 토지를 담보로 은행으로부터 200,000,000원을 차입하였다. 갑의 조카인 을은 20×4년 9월 200,000,000원의 차입금을 인수하는 조건으로 갑으로부터 당해 토지를 증여받았다. 다음 자료를 기초로 당해 증여로 인하여 갑에게 과세되는 양도소득세를 계산함에 있어서 양도차익은 얼마인가? (단, 갑의 취득당시 실거래가액은 알 수 없으며, 당해 차입금의 인수사실이 객관적으로 입증되고 을이 당해 차입금 및 이자를 상환할 능력이 있다고 가정한다.)**

> (1) 취득당시 당해 토지의 개별공시지가 : 450,000,000원
> (2) 증여당시 당해 토지의 개별공시지가 : 600,000,000원
> (3) 증여당시 당해 토지의 시가 : 800,000,000원
> (4) 취득가액 이외의 필요경비의 개산공제율 : 3%
> (5) 장기보유특별공제율 : 6%

① 0원 ② 34,125,000원 ③ 46,625,000원
④ 30,712,500원 ⑤ 41,962,500원

해답 ③

해설 양도가액 : 800,000,000 × (200,000,000 / 800,000,000) = 200,000,000
취득가액 : {800,000,000 × (450,000,000 / 600,000,000)} × (200,000,000 / 800,000,000)
= 150,000,000
필요경비개산공제 : 450,000,000 × (200,000,000 / 800,000,000) × 3% = 3,375,000
양도차익 : 200,000,000 − 150,000,000 − 3,375,000 = 46,625,000

14 **거주자인 갑은 20×8년에 토지A(등기된 토지로서 비사업용 토지가 아님)를 양도하였다. 다음의 자료를 이용하여 갑의 토지양도와 관련한 양도차익을 계산한 것으로 옳은 것은?**

2013년 회계사

(1) 갑은 20×1년 10월 15일에 부친으로부터 시가 400,000,000원인 토지A를 200,000,000원에 양수하였다. 갑은 토지A의 저가양수와 관련하여 「상속세 및 증여세법」의 규정에 따라 증여세를 과세받았으며, 증여재산가액은 80,000,000원이다.
(2) 갑은 20×8년 8월 10일에 특수관계인이 아닌 을(개인)에게 부친으로부터 양수한 토지A를 500,000,000원(시가 600,000,000원)에 양도하였다.
(3) 토지A에 대한 자본적 지출액과 토지A를 양도하기 위하여 직접 지출한 비용으로서 증명서류에 의하여 확인되는 금액은 10,000,000원이다.

① 130,000,000원 ② 290,000,000원 ③ 90,000,000원
④ 310,000,000원 ⑤ 210,000,000원

해답 ⑤

해설 양도가액 : 500,000,000
취득가액 : 200,000,000 + 80,000,000 = 280,000,000
기타필요경비 : 10,000,000
양도차익 : 500,000,000 − 280,000,000 − 10,000,000 = 210,000,000

15 거주자가 다음과 같이 주택을 양도한 경우 양도소득금액을 계산할 때 옳은 것은?

(1) 양도일 : 20×2. 2. 7.　　　취득일 : 15년 전 5. 7.
(2) 양도당시 실지거래가액 : 1,500,000,000원
취득당시 실지거래가액 : 800,000,000원
기타 양도비, 자본적지출액 : 30,000,000원
(3) 주거전용면적 50평인 아파트로, 실제 거주한 1세대 1주택임

① 92,500,000원　② 26,800,000원　③ 37,000,000원
④ 74,000,000원　⑤ 259,000,000원

해답 ②

해설 (1)양도차익 : $(1,500,000,000-800,000,000-30,000,000) \times \frac{15억-12억}{15억} = 134,000,000$

(2) 양도소득금액의 계산
134,000,000 - 134,000,000 × 80% = 26,800,000

16 「소득세법」상 양도소득세 과세대상 주식의 양도시 기준시가에 관한 설명이다. 옳은 것은?

2010년 회계사

① 주권상장법인의 주식 양도의 경우 기준시가는 양도일 또는 취득일 이전 3개월 동안 공표된 매일의 한국거래소 최종 시세가액의 평균액으로 한다.
② 부동산과다보유법인이면서 주권상장법인이 아닌 법인의 주식 양도의 경우 기준시가는 1주당 순손익가치와 1주당 순자산가치를 각각 3과 2의 비율로 가중평균한 가액으로 한다.
③ 1주당 순손익가치는 최근 3년간 1주당 순손익액의 가중평균액을 순손익가치환원률로 나누어 평가한 가액으로 한다.
④ 1주당 순자산가치는 양도일 또는 취득일이 속하는 사업연도의 직전 사업연도 종료일 현재 해당 법인의 장부가액(토지와 건물의 경우 기준시가)을 발행주식총수로 나누어 평가한 가액으로 한다.
⑤ 주권상장법인이 아닌 법인의 주식 양도의 경우 해당 법인이 양도일 또는 취득일이 속하는 사업연도 전 3년 이내의 사업연도부터 계속하여 결손금이 있으면 기준시가는 1주당 순자산가치에 의한다.

해답 ⑤

해설 ① 주권상장법인의 주식 양도의 경우 기준시가는 **양도일 또는 취득일 이전 1개월** 동안 공표된 매일의 한국거래소 최종 시세가액의 평균액으로 한다.
② 부동산과다보유법인이면서 주권상장법인이 아닌 법인의 주식 양도의 경우 기준시가는 1주당 순손익가치와 1주당 순자산가치를 각각 **2와 3의 비율**로 가중평균한 가액으로 한다.

③ 1주당 순손익가치는 **양도일 또는 취득일이 속하는 사업연도의 직전사업연도의 1주당 순손익액을 고시이자율로 나누어 평가한 가액**으로 한다.
④ 1주당 순자산가치는 양도일 또는 취득일이 속하는 사업연도의 직전 사업연도 종료일 현재 해당 법인의 장부가액(**토지의 경우 기준시가**)을 발행주식총수로 나누어 평가한 가액으로 한다.

17 「소득세법」상 거주자의 양도소득세에 관한 설명이다. 옳지 않은 것은? 2014년 회계사

① 사업용 고정자산인 토지와 함께 영업권을 양도함으로써 발생하는 소득은 양도소득에 해당한다.
② 파산선고에 의한 처분으로 발생하는 소득에 대해서는 양도소득세를 과세하지 아니한다.
③ 거주자가 양도일로부터 소급하여 1년 전에 그의 아버지로부터 증여받은 토지를 양도함에 따라 그 양도차익을 계산할 때, 취득가액은 그 아버지의 취득 당시를 기준으로 계산한다.
④ 토지의 양도로 발생한 양도차손은 지상권의 양도로 발생한 양도소득금액에서 공제될 수 없다.
⑤ 양도담보 계약을 체결한 후 채무불이행으로 인하여 양도담보 자산을 변제에 충당한 때에는 그 때에 이를 양도한 것으로 본다.

해답 ④
해설 토지의 양도와 지상권의 양도는 동일그룹 내 양도이므로, 토지의 양도차손을 지상권의 양도소득금액에서 공제할 수 있다.

18 소득세법상 양도소득세의 과세에 대한 설명이다. 옳은 것은? 2011년 회계사

① 양도소득금액을 계산할 때 양도차손이 발생한 자산이 있는 경우에는 각 호별로 해당자산 외의 다른 자산에서 발생한 양도소득금액에서 그 양도차손을 공제하되, 이때 양도차손이 발생한 자산과 같은 세율을 적용받는 자산의 양도소득금액에서 먼저 공제한다.
② 1세대 1주택에 해당하는 주택과 조합원입주권을 보유한 상태에서 그 주택을 양도한 경우에는 양도소득세가 비과세됨이 원칙이다.
③ 장기할부조건의 매매인 경우 당해 자산의 취득시기 또는 양도시기는 장기할부조건에 따라 대가의 각 부분을 받기로 한 날로 한다.
④ 당해 과세기간 중에 부동산에 관한 권리와 토지를 양도한 경우에는 부동산에 관한 권리의 양도소득금액과 토지의 양도소득금액 각각에 대하여 연 250만원의 양도소득기본공제를 적용받을 수 있다.
⑤ 도시개발법에 따른 환지처분으로 지목 또는 지번이 변경되거나 체비지로 충당되는 경우 양도소득세의 과세대상이 되는 양도에 해당한다.

해답 ①

해설 ② 1세대 1주택에 해당하는 주택과 조합원입주권을 보유한 상태에서 그 주택을 양도한 경우에는 양도소득세가 비과세를 적용하지 않는다.

③ 장기할부조건의 매매인 경우 당해 자산의 취득시기 또는 양도시기는 소유권 이전등기일(등록·명의개서 포함) 접수일·인도일·사용수익일 중 빠른날로 한다.

④ 부동산에 관한 권리의 양도와 토지를 양도는 동일 그룹에 속하는 자산이므로 각각에 대하여 연 250만원의 양도소득기본공제를 적용받을 수 없다.

⑤ 도시개발법에 따른 환지처분으로 지목 또는 지번이 변경되거나 체비지로 충당되는 경우 양도소득세의 과세대상이 되는 양도에 해당하지 않는다.

19 **김양도는 14년 전 2. 10. 취득한 토지 900평방미터를 미등기상태로 20×2. 8. 10. 타인에게 양도하였다. 토지의 양도당시의 실지거래가액은 10억원이고 취득당시의 실지거래가액은 확인할 수 없다. 당해 토지의 취득당시의 매매사례가액 및 감정가액은 없다. 그리고 토지의 취득당시의 개별공시지가는 1억원이고 양도당시의 개별공시지가는 5억원이다. 김양도는 토지의 택지조성비(자본적 지출액)로 2억원, 양도시의 소개비로 2천만원을 지출하였다. 세부담 최소화를 가정할 경우, 위의 토지의 양도차익은 얼마인가? (미등기양도자산의 필요경비개산공제액은 0.3% 이다.)**

① 799,400,000원　② 780,000,000원　③ 579,400,000원
④ 179,400,000원　⑤ 399,400,000원

해답 ②

해설 min(㉠,㉡)=780,000,000

양도가액	1,000,000,000	1,000,000,000
환산취득가액 ₩1,000,000,000 × ₩100,000,000/₩500,000,000 =	(200,000,000)	
필요경비개산공제 ₩200,000,000 × 0.3% =	(600,000)	
자본적지출 및 양도비용		220,000,000
양도차익	㉠799,400,000	㉡780,000,000

20 **甲은 20×4.1.15.에 15억원에 취득한 후 丙에게 임차하던 국내소재 건물(주택이 아님)을 20×6.2.1.에 배우자 乙에게 증여했고(증여 당시 해당 건물의 시가는 25억원이고, 해당 건물에 대한 8억원의 임차보증금은 乙이 승계함), 乙은 해당 건물을 20×9.5.1.에 丁에게 시가인 30억원에 양도하였다(해당 건물에 대한 8억원의 임차보증금은 丁이 승계함). 乙의 해당 건물 양도에 대한 양도소득세의 납세의무자, 장기보유특별공제액 계산시 적용하는 보유기간(1년 미만은 절사함) 및 20×6.2.1.자 증여에 대하여 부담한 증여세의 처리방법을 순서대로 나열한 것으로 옳은 것은? (단, 甲·乙·丙·丁은 거주자이고 甲과 乙을 제외하면 이들은 상호간에 특수관계인에 해당하지 않음)** 2012년 세무사

① 甲, 5년, 양도차익 계산시 필요경비 산입
② 乙, 5년, 수증자에게 환급
③ 乙, 5년, 양도차익 계산시 필요경비 산입
④ 乙, 3년, 양도차익 계산시 필요경비 산입
⑤ 甲, 3년, 수증자에게 환급

해답 ③

해설 배우자간 이월과세의 경우 **양도소득세 납세의무자**는 **증여받아 양도한 배우자 乙에게 있으며**, 취득시기는 최초증여자 甲의 취득일을 기산일로 한다. **기납부 증여세는 양도차익계산시 필요경비로 산입**된다.

21 **거주자 甲은 배우자인 거주자 乙이 20×0.3.1.에 300,000,000원에 취득한 토지를 20×6.4.1.에 乙로부터 증여(증여 당시 시가 700,000,000원)받아 소유권이전등기를 마쳤다. 이후 甲은 20×9.6.1.에 토지를 甲 또는 乙과 특수관계없는 거주자 丙에게 1,000,000,000원에 양도하였다. 甲 또는 乙의 양도소득 납세의무에 관한 설명으로 옳은 것은? (단, 양도소득은 실질적으로 甲에게 귀속되지 아니하고, 토지는 법령상 협의매수 또는 수용된 적이 없으며, 양도 당시 甲과 乙은 혼인관계를 유지하고 있음)** 2017년 세무사

① 토지의 양도차익 계산시 양도가액에서 공제할 취득가액은 700,000,000원이다.
② 토지의 양도차익 계산시 취득시기는 20×0.3.1.이다.
③ 토지의 양도차익 계산시 甲의 증여세 산출세액은 양도가액에서 공제할 수 없다.
④ 甲과 乙은 연대하여 토지의 양도소득세 납세의무를 진다.
⑤ 토지의 양도소득세 납세의무자는 乙이다.

해답 ②

해설 ① 양도가액에서 공제할 취득가액은 300,000,000원이다.
③ 거주자가 증여받은 자산에 대하여 증여세 산출세액은 양도가액에서 공제할 수 있다.
④ 甲과 乙은 연대납세의무가 없다.
⑤ 토지의 양도소득세 납세의무자는 甲이다.

22 **거주자 홍길동은 20×1. 3. 1. 자신의 토지 중 2분의 1지분을 배우자인 김빛나에게 증여하였다. 김빛나는 20×6. 2. 5. 홍길동으로부터 증여받은 소유지분 전부를 김갑동에게 양도하였다. 이 경우 양도소득세 등 과세표준 및 세액계산에 대한 설명으로 가장 옳은 것은?**

① 김빛나가 홍길동으로부터 증여받은 토지를 양도함에 따라 세부담이 부당히 감소된 경우에 한하여 홍길동이 그 자산을 김갑동에게 직접 양도한 것으로 본다.

② "①"의 경우에는 김빛나가 증여받은 토지에 대하여는 증여세를 부과하지 아니한다.

③ "①"의 경우에는 당해 양도소득세에 대하여 홍길동과 김빛나가 연대하여 납세의무를 진다.

④ 김빛나가 김갑동에게 양도한 것으로 보아 양도소득세를 계산하되 양도차익을 계산함에 있어서 취득가액은 김빛나가 홍길동으로부터 증여로 취득한 당시를 기준으로 계산한다.

⑤ 김빛나가 김갑동에게 양도한 것으로 보아 양도소득세를 계산하되 김빛나가 증여받은 토지에 대하여 납부하였거나 납부할 증여세상당액이 있는 경우에는 법령에 의하여 계산한 금액을 양도차익계산상 필요경비에 산입한다.

해답 ⑤

해설 ① 김빛나가 홍길동으로부터 증여받은 토지를 양도함에 따라 세부담이 부당한 감소여부를 불문하고 적용한다.

② "①"의 경우에는 김빛나가 증여받은 토지에 대하여는 증여세를 부과하며, 해당 증여세는 양도소득금액 계산시 필요경비로 차감한다.

③ "①"의 경우에는 당해 양도소득세에 대하여 홍길동과 김빛나가 연대하여 납세의무를 부담하지 않는다.

④ 김빛나가 김갑동에게 양도한 것으로 보아 양도소득세를 계산하되 양도차익을 계산함에 있어서 취득가액은 홍길동이 취득한 당시를 기준으로 계산한다.

23 **양도소득세를 부당하게 감소시키기 위하여 20×2. 1. 1. 甲은 그의 동생 乙에게 시가 10억원(취득가액 5억원)의 자산A를 증여하고, 20×2. 12. 31. 乙은 특수관계 없는 丙에게 당해 자산A를 15억원에 양도한 경우 소득세법상 설명으로 옳지 않은 것은? (다만, 자산A는 양도소득세 과세대상 자산에 해당한다.)**

① 자산A가 건물에 해당하는 경우 甲이 丙에게 15억원에 양도한 것으로 보고 양도소득세를 과세한다.

② 자산A가 토지에 해당하는 경우 乙이 증여받은 자산A에 대하여 납부한 증여세상당액을 필요경비에 산입한다.

③ 자산A가 주식에 해당하는 경우 乙은 甲과 함께 양도소득세 연대납세의무를 진다.

④ 자산A가 건물에 해당하고 5억원에 자산A를 취득한 것으로 보고 乙에게 양도소득세를 과세한다.

⑤ 자산A가 골프장회원권에 해당하고 乙이 甲의 배우자인 경우 乙이 증여받은 자산A에 대하여 납부한 증여세상당액은 乙의 양도소득세 계산시 필요경비에 산입한다.

해답 ②

해설 양도소득의 부당행위계산에 해당되어 증여자에게 양도소득세가 과세되는 경우에는 당초 증여받은 자산에 대해서는 「상속세 및 증여세법」의 규정에도 불구하고 증여세를 부과하지 아니한다.

24 **거주자 甲은 20×1.3.10.에 (주)A의 총발행주식 10,000주 중 6,000주를 취득한 이후 계속 보유하고 있다가 20×8.6.15.에 (주)A의 주식 5,200주를 특수관계 없는 거주자 乙에게 양도하였다. 20×8.6.15. 현재 (주)A의 재무상태표가 다음과 같을 경우, 甲의 (주)A의 주식 양도로 발생하는 「소득세법」상 양도소득세 납세의무에 관한 설명으로 옳은 것은? (단, (주)A는 제조업을 영위 하는 중소기업이 아닌 비상장 내국법인이며, 재무상태표상 토지 및 건물의 장부가액은 기준시가와 일치한다고 가정함)** 2017년 세무사

(주)A의 재무상태표

(단위: 원)

현 금	20,000,000	부 채	50,000,000
토 지	200,000,000	자 본 금	200,000,000
건 물	150,000,000	이익잉여금	250,000,000
기계장치	130,000,000		
계	500,000,000	계	500,000,000

① 甲은 20×8.8.31.까지 양도소득 과세표준을 예정신고해야 한다.
② 甲은 양도차익에서 장기보유특별공제액을 차감할 수 있다.
③ 甲은 양도소득 과세표준에 20%의 세율을 적용하여 계산한 금액을 양도소득 산출세액으로 한다.
④ 甲은 (주)A의 주식 양도 이외에 다른 양도소득이 없더라도 양도소득기본공제를 받을 수 없다.
⑤ 甲이 (주)A의 주식을 양도할 때 명의개서하지 않으면 양도로 보지 아니한다.

해답 ①

해설 ② 장기보유특별공제는 보유기간이 3년 이상인 토지, 건물 및 조합원입주권(조합원으로부터 취득한 것은 제외)에 대하여 법에서 정한 보유기간별 공제율을 곱하여 적용한다. 즉 주식은 장기보유특별공제액을 차감할 수 없다.
③ 甲이 소유한 (주)A의 주식은 기타자산에 해당하는 과점주주가 소유한 부동산 과다보유법인주식에 해당하므로 기본세율을 적용한다.
④ 주식 양도 이외에 다른 양도소득이 없는 경우 양도소득기본공제(2,500,000원)를 받을 수 있다.
⑤ 양도란 자산에 대한 등기 또는 등록과 관계없이 그 자산을 유상으로 사실상 이전하는 것을 말한다. 즉 주식 명의개서의 여부에 관계없이 양도로 본다.

25 **다음 자료에 의하여 양도소득세의 납세의무자와 그가 부담하여야 할 양도소득세액으로 각각 옳은 것은?**

2014년 세무사

(1) 乙은 甲으로부터 토지 A를 20×1. 4. 10. 증여받아 취득 등기함 (2) 토지 A의 증여에 대한 법정신고납부기한내 乙의 증여세 신고납부세액은 5,000,000원임 (3) 乙은 토지 A를 특수관계 없는 丙에게 20×4. 4. 25. 양도함(양도소득은 실질적으로 乙에게 귀속되지 아니함) (4) 토지 A의 양도에 대한 법정신고납부기한내 乙의 양도소득세 신고납부세액은 10,000,000원임 (5) 토지 A를 甲이 丙에게 직접 양도하였다면, 법정신고납부기한내 甲이 신고납부하여야 할 양도소득세액은 20,000,000원임 (6) 甲과 乙은 모두 거주자이며 형제임

① 甲, 20,000,000원　② 甲, 25,000,000원　③ 乙, 10,000,000원
④ 乙, 15,000,000원　⑤ 乙, 20,000,000원

해답 ①

해설 우회양도에 대한 부당행위계산 부인 : MAX(i, ii) = 20,000,000
　i 증여세(甲 → 乙) + 양도소득세(乙 → 丙) = 5,000,000 + 10,000,000 = 15,000,000
　ii 양도소득세(甲 → 丙) = 20,000,000

제5절 과세표준 및 세액의 계산(중과세 포함)

01 **거주자 甲이 소유하고 있는 다음의 국내 소재 토지를 양도한 경우 甲의 양도소득과세표준은 얼마인가?**

2010년 세무사

(1) 토지의 양도가액 300,000,000원(실지거래가액), 취득가액 200,000,000원(실지거래가액)
(2) 양도일자 20×2.2.20., 취득일자 15년 전 1.5.
(3) 토지를 양도하기 위하여 직접 지출한 소개비 및 공증비용(세금계산서 수령) 2,000,000원, 甲의 취득세·등록세 납부액(납부영수증은 분실하였고, 「지방세법」 등에 의하여 감면된 세액은 없음) 10,000,000원
(4) 등기된 것으로서 비사업용토지에 해당하지 않으며, 당해 토지 이외에 20×2년도에 양도한 자산은 없다.

① 59,100,000원 ② 66,100,000원 ③ 85,500,000원
④ 95,500,000원 ⑤ 98,000,000원

해답 ①

해설

양도가액		300,000,000
취득가액		△200,000,000
기타필요경비	2,000,000 + 10,000,000 =	△12,000,000
양도차익		88,000,000
장기보유특별공제		△26,400,000
양도소득금액		61,600,000
양도소득기본공제		△2,500,000
양도소득과세표준		59,100,000

02 **거주자 김양도씨는 사업용으로 사용하던 토지 및 건물을 양도하였다. 양도한 토지 및 건물에 대한 관련자료가 다음과 같을 때 토지 및 건물 각각에 대한 양도소득과세표준을 구하면 얼마인가? (단, 토지와 건물 모두 등기가 되어 있다.)**

구 분	토 지	건 물
취득일 양도일	16년 전 10. 18 20×2. 10. 1	20×1. 5. 1. 20×2. 8. 7.
실제 취득가액 실제 양도가액 자본적 지출액 양도경비	300,000,000원 500,000,000원 20,000,000원 5,000,000원	100,000,000원 250,000,000원 10,000,000원 3,000,000원
사업소득금액 계산시 필요경비로 산입하였거나 산입할 금액	없 음	12,000,000원

	토지	건물
①	120,000,000원	149,000,000원
②	122,500,000원	146,500,000원
③	120,000,000원	161,000,000원
④	122,500,000원	161,000,000원
⑤	120,000,000원	146,500,000원

해답 ②

해설

구분	토지	건물
실제 양도가액	500,000,000	250,000,000
실제 취득가액	△300,000,000	△(100,000,000 - 12,000,000)
자본적 지출액	△20,000,000	△10,000,000
양도비용	△5,000,000	△3,000,000
양도차익	175,000,000	149,000,000
장기보유특별공제	△52,500,000	-
양도소득금액	122,500,000	149,000,000
양도소득기본공제	-	△2,500,000
양도소득과세표준	122,500,000	146,500,000

03 **거주자 甲은 비상장법인(중소기업)인 ㈜서울이 발행한 주식 5,000주를 그와 특수관계가 없는 乙에게 양도하였다. 다음 자료에 의하여 당해 주식의 양도와 관련한 양도소득과세표준을 계산하면 얼마인가?**

(1) 甲의 주식취득 및 양도 현황

구분	일자	수량	실지거래가액
취득	20×1. 5. 1.	10,000주	100,000,000원 (주당 10,000원에 취득)
양도	20×4. 5. 30.	5,000주	500,000,000원 (주당 100,000원에 양도)

(2) 주식취득 및 양도와 관련하여 소요된 필요경비는 없음
(3) 甲이 보유한 주식은 모두 소득세법상 특수관계자 외의 자로부터 취득하였으며, 이 때 「상속세 및 증여세법」상 평가액은 주당 10,000원임
(4) 甲이 양도한 주식은 소득세법상 기타자산에 해당하는 주식이 아님
(5) 甲은 20×4. 4월 토지에 대한 양도소득과세표준예정신고시 양도소득기본공제 2,500,000원을 공제받음
(6) 甲이 乙에게 양도한 위 주식의 「상속세 및 증여세법」상 시가는 주당 20,000원이며, 같은 법에 따라 고가양도에 의한 증여규정이 적용되어 100,000,000원을 증여재산가액으로 하여 甲에게 증여세가 과세됨

① 47,500,000원 ② 50,000,000원 ③ 347,500,000원
④ 447,500,000원 ⑤ 450,000,000원

해답 ③

해설

양도가액	400,000,000	: 500,000,000 − 100,000,000(증여재산가액)
취득가액	△50,000,000	: 100,000,000 × 50%
기타필요경비	−	
양도차익	350,000,000	
장기보유특별공제	−	
양도소득금액	350,000,000	
기본공제	△2,500,000	
과세표준	347,500,000	

04 다음 자료를 이용하여 거주자 갑이 소유하고 있는 토지를 특수관계인 을(갑의 동생임)에게 양도한 경우 갑의 양도소득과세표준을 계산한 것으로 옳은 것은? 2014년 회계사

(1) 갑은 토지를 20년 전 1월 10일에 갑이 대주주로 있는 법인으로부터 현금 100,000,000원에 취득하였으며, 이와 관련하여 갑에게 배당으로 소득처분된 금액이 10,000,000원 있다.
(2) 토지 취득시 취득세 3,000,000원(지방세법 등에 의해 감면된 세액은 없음)을 납부하였다.
(3) 토지의 양도일은 20×2년 2월 20일이고 양도가액은 200,000,000원이며, 양도당시의 시가는 210,000,000원이다.
(4) 동 토지는 국내에 소재한 등기된 토지로서 비사업용토지에 해당한다.

① 60,900,000원 ② 65,400,000원 ③ 58,400,000원
④ 87,000,000원 ⑤ 94,500,000원

해답 ③

해설

양도가액	200,000,000	
취득가액	△110,000,000	: 법인세법상 배당으로 소득처분된 금액 가산
기타필요경비	△3,000,000	
양도차익	87,000,000	
장기보유특별공제	△26,100,000	
양도소득금액	60,900,000	
기본공제	△2,500,000	: 등기된 자산이므로 기본공제 적용O
과세표준	58,400,000	

05 **다음 자료를 이용하여 거주자 甲이 양도한 A토지의 양도소득세 과세표준을 계산하면 얼마인가? (단, 주어진 자료 이외에는 고려하지 않음)** 2016년 세무사

(1) 양도자산의 자료

양도자산	A토지(甲소유로 등기된 토지임)
비사업용 토지 여부	비사업용 토지에 해당되지 않음
면 적	$90m^2$
양도일자	20×2.4.25.
취득일자	19×4.5.20.

(2) A토지의 양도 당시 실거래가액은 100,000,000원이며, 취득 당시 실거래가액은 60,000,000원이다. 매매사례가액 및 감정가액은 없다.

(3) 개별공시지가에 대한 자료는 다음과 같다.

고시일	19×3.5.30.	19×4.5.30.	20×1.5.30.	20×2.5.29.
m^2당 개별공시지가	500,000원	600,000원	950,000원	1,000,000원

(4) A토지의 소유권을 확보하기 위하여 직접 소요된 소송비용(그 지출한 연도의 각 소득금액의 계산에 있어서 필요경비에 산입하지 않았음)으로 10,000,000원을 지출하였으며, A토지 양도를 위해 직접 지출한 소개비 2,000,000원이 있다. 이상의 경비는 모두 법정증빙을 수취하였다.

(5) 20×2년에 A토지 이외에 다른 양도는 없고, 장기보유 특별공제는 30%를 적용한다.

① 17,100,000원 ② 21,300,000원 ③ 25,500,000원
④ 27,600,000원 ⑤ 31,555,000원

해답 ①

해설 (1) 양도가액 : 100,000,000
(2) 취득가액 : 60,000,000+10,000,000=70,000,000
(3) 필요경비 : 2,000,000
(4) 양도차익 : 100,000,000-70,000,000-2,000,000=28,000,000
(5) 양도소득금액 : 28,000,000×(1-30%)=19,600,000
토지의 장기보유특별공제는 연간 2%씩 15년을 한도로 한다.
(6) 과세표준 : 19,600,000-2,500,000(기본공제)=17,100,000

06 **거주자 甲은 자기 소유로 등기된 국내소재 아파트를 양도할 예정이다. 다음 자료에 의하여 양도소득세 산출세액이 영("0")이 되는 양도가액의 최대금액은 얼마인가? (단, 원단위 미만은 절사함)**

2014년 세무사

(1) 취득가액 : 500,000,000원
(2) 취득일자 : 19년 전 4. 25.
(3) 양도예정일자 : 20×2. 4. 26.
(4) 비과세 및 감면규정의 적용대상은 아니며, 양도 당시에 3주택을 보유하고, 해당 과세기간에 다른 양도소득세 과세대상 자산을 양도하지 않는다는 것을 전제함
(5) 양도가액과 취득가액은 실지거래가액이며, 취득가액 외의 필요경비는 고려하지 않음

① 502,500,000원 ② 502,777,777원 ③ 503,571,428원
④ 512,500,000원 ⑤ 525,000,000원

해답 ③

해설

양도가액	X	
취득가액	△500,000,000	
기타필요경비	-	
양도차익	X - 500,000,000	
장기보유특별공제	(X - 500,000,000) × 30%	
양도소득금액	(X - 500,000,000) × 70%	
기본공제	△2,500,000	
과세표준	0	(X - 500,000,000) × 70% - 2,500,000 = 0 ∴ X = 503,571,428

07 **甲은 배우자인 乙로부터 증여받은 사업용 토지(등기분)를 양도하였다. 다음 자료를 참고로 하여 양도소득 산출세액을 계산하면 얼마인가? (단, 취득세·등록세 및 관련 부가세는 고려하지 않는다.)**

1. 20×0. 5. 2. 乙은 토지를 600,000,000원에 취득하였다.
2. 20×4. 8. 2. 乙은 배우자인 甲에게 토지를 증여하였으며, 증여 당시 시가 평가액은 1,000,000,000원이었다. 甲은 증여세 산출세액 100,000,000원에서 신고세액공제 10,000,000원을 차감하여 적법하게 신고·납부하였다. 甲은 토지에 대한 자본적 지출 30,000,000원을 지출하였다. 증여 당시 乙은 양도소득세를 부당히 감소시킬 목적은 없었다.
3. 20×8. 4. 2. 甲은 수증받은 토지의 1/2을 600,000,000원에 양도하였으며, 양도비용으로 15,000,000원을 지출하였다.
4. 장기보유특별공제액

보유기간	공제율
3년 이상 4년 미만	6%
4년 이상 5년 미만	8%
5년 이상 6년 미만	10%
6년 이상 7년 미만	12%
7년 이상 8년 미만	14%
8년 이상 9년 미만	16%
9년 이상 10년 미만	18%
10년 이상 11년 미만	20%

5. 당해 양도거래는 해당 1건 뿐이다.

기본세율

종합소득과세표준	기본세율
1,400만원 이하	과세표준의 6%
1,400만원 초과 5,000만원 이하	84만원+(1,400만원을 초과하는 금액의 15%)
5,000만원 초과 8,800만원 이하	624만원+(5,000만원을 초과하는 금액의 24%)
8,800만원 초과 1억5,000만원 이하	1,536만원+(8,800만원을 초과하는 금액의 35%)
1억5천만원 초과 3억원 이하	3,706만원+(1억5천만원을 초과하는 금액의 38%)

① 34,800,000원 ② 34,830,000원 ③ 51,006,000원
④ 46,644,000원 ⑤ 58,680,000원

해답 ③

해설

양도가액	600,000,000	
취득가액	△300,000,000	: 600,000,000 × 50%
기타필요경비	△80,000,000	: 자본적지출(30,000,000×50%) +증여세(100,000,000×50%)+양도비용(15,000,000)
양도차익	220,000,000	
장기보유특별공제	△30,800,000	: 220,000,000 × 14%
양도소득금액	189,200,000	
기본공제	△2,500,000	
과세표준	186,700,000	
세율	기본세율	
산출세액	51,006,000	

08 **다음은 거주자 김대한씨가 20×2년도에 양도한 자산에 대한 자료이다. 양도소득 산출세액을 계산하면 얼마인가?**

구 분	토 지	건물 A	건물 B	비상장주식
양도차익(△차손)	56,000,000원	△42,000,000원	28,000,000원	14,000,000원
보유기간	3년 6개월	2년 6개월	2년 8개월	6개월
등기 여부	미등기	등기	등기	-

양도순서 : 토지, 건물 A, 건물 B, 비상장주식이며, 비상장주식은 중소기업의 주식임

① 30,750,000원 ② 30,550,000원 ③ 28,880,000원
④ 26,630,000원 ⑤ 26,825,000원

해답 ②

해설

	1그룹			2그룹
양도자산	토지	건물A	건물B	비상장주식
적용세율	70%	기본세율	기본세율	10%
양도차익	56,000,000	△42,000,000	28,000,000	14,000,000
장기보유특별공제	–	–	–	–
양도소득금액	56,000,000	△42,000,000	28,000,000	14,000,000
양도차손공제	2순위 : △14,000,000	42,000,000	1순위 : △28,000,000	–
공제후 양도소득금액	42,000,000	–	–	14,000,000
양도소득기본공제	–	–	–	2,500,000
양도소득과세표준	42,000,000	–	–	11,500,000
세율	70%	기본세율	기본세율	10%
양도소득산출세액	29,400,000	–	–	1,150,000

* 양도차손 공제는 그룹별로 공제하며, 다른 그룹의 소득금액에서 공제할 수 없음
* 양도차손이 발생한 자산과 같은 세율을 적용 받는 자산의 양도소득금액에서 먼저 공제한 후, 잔여 차손에 대하여 다른 세율을 적용 받는 자산의 양도소득금액에서 공제
* 미등기자산은 장기보유특별공제 및 양도소득기본공제를 적용하지 아니함

09 다음은 거주자 甲의 20×2년 주식양도 관련 자료이다. 甲의 양도소득세 산출세액은?

2022년 세무사

(1) 甲의 주식양도 및 취득현황

	실지양도가액	실지취득가액	양도일자	취득일자
주식a	500,000,000	100,000,000	20×7.12.5	20×2.5.7
주식b	100,000,000	148,000,000	20×7.10.3	20×3.8.2

(2) 주식a는 제조업을 영위하는 중소기업인 국내 주권비상장법인 (주)A가 발행한 주식이며, 甲은 (주)A의 발행주식총수의 10%를 취득한 후 양도전까지 계속 보유하였다.

(3) 주식b는 중소기업이 아닌 미국법인 (주)B가 발행하여 뉴욕증권거래소에 상장되어 있는 주식이다.

(4) 주식a를 양도하기 위해 증권거래세 2,150,000원과 양도소득과세표준 신고서 작성비용 3,350,000원, 주식b를 양도하기 위해 증권회사 위탁매매수수료 3,000,000원을 직접 지출하였다(법정 증명서류를 수취·보관하거나 실제 지출사실이 금융거래 증명서류에 의해 확인됨).

(5) 甲은 주식a와 주식b를 특수관계 없는 제3자에게 양도하였고 (주)A와 (주)B는 부동산을 보유하고 있지 않다.

(6) 위에 주어진 자료 외의 다른 사항은 고려하지 않는다.

① 68,200,000원 ② 70,250,000원 ③ 83,000,000원
④ 85,250,000원 ⑤ 98,000,000원

해답 ②

해설

양도자산	주식a	주식b
양도가액	500,000,000	100,000,000
취득가액	100,000,000	148,000,000
필요경비	2,150,000+3,350,000	3,000,000
양도차익	394,500,000	(51,000,000)
양도차손공제	(51,000,000)	51,000,000
양도소득금액	343,500,000	–
양도소득기본공제	(2,500,000)	–
양도소득과세표준	341,000,000	–
세율	20%(3억초과분25%)	–
양도소득산출세액	70,250,000	–

제6절 신고, 납부

01 양도소득세와 관련된 다음 설명 중 잘못된 것은?

① 고가주택의 경우에는 1세대 1주택이라 하더라도 양도소득세가 과세된다.
② 미등기자산의 양도에 대해서는 장기보유특별공제 및 양도소득기본공제를 배제한다.
③ 거주자가 양도일로부터 소급하여 10년(등기부상 소유기간에 의함) 이내에 그 배우자로부터 증여받은 건물의 양도차익을 계산함에 있어서 취득가액은 당해 자산을 증여한 배우자의 취득당시를 기준으로 계산한다.
④ 양도소득세에 대하여는 물납이 허용된다.
⑤ 부동산임차권에 대하여는 등기된 것에 한하여 양도소득세가 과세된다.

해답 ④
해설 양도소득세에 대하여는 물납이 허용되지 아니한다.

02 소득세상 양도소득세에 관한 설명이다. 옳은 것은?

2015년 회계사

① 확정신고에 따라 납부할 양도소득세액이 2천만원을 초과하는 거주자는 그 초과세액의 100분의 50 이하의 금액을 납부기한이 지난 후 2개월 이내에 분할납부할 수 있다.

② 양도소득금액 계산시 양도차손이 발생한 자산이 있는 경우에는 다른 자산에서 발생한 양도소득금액에서 그 양도차손을 공제하되, 이때 양도차손이 발생한 자산과 다른 세율을 적용받는 자산의 양도소득금액에서 우선 공제한다.

③ 국외에 있는 토지의 양도일까지 계속 5년 이상 국내에 주소를 둔 거주자가 해당 토지의 양도로 발생한 소득은 양도소득이다.

④ 시설물을 배타적으로 이용할 수 있도록 약정한 단체의 구성원이 된 자에게 부여되는 시설물 이용권의 양도로 발생하는 소득은 양도소득에 해당하지 아니한다.

⑤ 양도란 자산에 대한 등기 또는 등록과 관계없이 매도, 교환, 법인에 대한 현물출자 등으로 인하여 그 자산이 유상 또는 무상으로 사실상 이전되는 것을 말한다.

해답 ③

해설 ① 거주자로서 양도소득세 예정 또는 확정 신고에 따라 납부할 세액이 각각 1천만원을 초과하는 자는 다음과 같이 그 납부할 세액의 일부를 납부기한이 지난 후 2개월 이내에 분할납부할 수 있다.

납부할 세액	분납세액	분납기한
1,000만원 초과 2,000만원 이하	납부할 세액 − 1,000만원	납부기한 경과 후 2개월 이내
2,000만원 초과	납부할 세액×50%	상동

② 양도소득금액을 계산할 때 양도차손이 발생한 자산이 있는 경우에는 해당 자산 외의 다른 자산에서 발생한 양도소득금액에서 그 양도차손을 공제한다. 이 경우 공제방법은 양도소득금액의 세율 등을 고려하여 다음과 같이 정한다.

ㄱ. 양도차손이 발생한 자산과 같은 그룹의 같은 세율을 적용받는 자산의 양도소득금액

ㄴ. 양도차손이 발생한 자산과 다른 세율을 적용받는 자산의 양도소득금액. 이 경우 다른세율을 적용받는 자산의 양도소득금액이 2 이상인 경우에는 각 세율별 양도소득금액의 합계액에서 당해 양도소득금액이 차지하는 비율로 안분하여 공제한다.

④ 시설물을 배타적으로 이용하거나 일반이용자보다 유리한 조건으로 이용할 수 있도록 양정한 단체의 구성원이 된 자에게 부여되는 시설물 이용권(법인의 주식 등을 소유하는 것만으로 시설물을 배타적으로 이용하거나 일반이용자보다 유리한 조건으로 시설물 이용권을 부여받게 되는 경우 그 주식 등을 포함)

⑤ 양도란 자산에 대한 등기 또는 등록과 관계없이 매도, 교환, 법인에 대한 현물출자 등을 통하여 그 자산을 유상으로 사실상 이전하는 것을 말한다.

제7절 국외자산 양도에 따른 양도소득세

01 거주자의 국외자산의 양도에 관한 설명으로 옳지 않은 것은? (단, 거주자는 국외자산의 양도일까지 계속 5년 이상 국내에 주소 또는 거소를 둔 자이다.)

2010년 세무사

① 국외자산중 토지 또는 건물의 양도소득에 대한 소득세는 기본세율을 적용하여 계산한다.
② 국외자산 양도차익의 외화환산은 양도가액 및 필요경비를 수령하거나 지출한 날 현재 「외국환거래법」에 의한 기준환율 또는 재정환율을 적용한다.
③ 국외자산의 양도에 대한 양도소득금액을 계산하는 때에는 장기보유특별공제액을 공제하지 아니한다.
④ 국외자산의 양도소득에 대하여 해당 외국에서 과세를 하는 경우 그 양도소득에 대하여 법령으로 정하는 국외자산 양도소득세액을 납부하였을 때에는 외국납부세액의 공제를 적용받을 수 있다.
⑤ 거주자의 국외에 있는 지상권과 전세권의 양도로 인하여 발생하는 소득은 국외자산의 양도소득 범위에 속하지 아니한다.

해답 ⑤
해설 거주자의 국외에 있는 지상권과 전세권의 양도로 인하여 발생하는 소득은 국외자산의 양도소득 범위에 속한다.

02 양도소득세에 대한 설명이다. 옳은 것은?

① 거주자 을이 양도소득세 과세대상인 국내 토지와 주식, 국외 토지와 주식을 당해 과세기간 중에 처분하였으며, 동 자산 모두가 양도소득기본공제의 적용요건을 충족하는 경우 양도소득기본공제는 최대 750만원까지 가능하다.
② 양도소득세의 세율 중 최고세율은 80%이다.
③ 장기할부조건으로 매입한 자산을 현재가치로 평가하여 보유기간 중 현재가치할인차금상각액을 부동산임대소득금액 계산시 필요경비에 산입한 경우, 동 자산의 양도시 필요경비에 산입되는 취득가액에는 현재가치할인차금상각액이 포함된다.
④ 장기보유특별공제를 적용받기 위한 최소한의 보유기간요건은 5년이다.
⑤ 양도소득금액은 양도차익에서 장기보유특별공제 및 양도소득기본공제를 차감하여 산출한다.

해답 ①
해설 ② 양도소득세의 세율 중 최고세율은 70%이다.
③ 장기할부조건으로 매입한 자산을 현재가치로 평가하여 보유기간 중 현재가치할인차금상각액을 부동산임대소득금액 계산시 필요경비에 산입한 경우, 동 자산의 양도시 필요경비에 산입되는 취득가액에는 현재가치할인차금이 제외된다.

④ 장기보유특별공제를 적용받기 위한 최소한의 보유기간요건은 3년이다.
⑤ 양도소득금액은 양도차익에서 장기보유특별공제를 차감하여 산출한다.

03 **거주자 홍길동은 외국에 소재하는 시가 5억원 상당의 주택 1채를 보유하였다가 타인에게 양도하였다. 다음의 설명 중 가장 틀린 것은?**

① 미등기주택인 경우 국내에 소재하는 미등기 양도자산에 대한 중과세율이 적용된다.
② 주택의 양도가액 및 취득가액은 원칙적으로 당해 자산의 양도 또는 취득 당시의 실지거래가액에 의하여 계산한다.
③ 주택의 보유기간 관계없이 누진세율을 적용한다.
④ 양도차익을 계산함에 있어서는 양도가액 및 필요경비를 수령하거나 지출한 날 현재 외국환거래법에 의한 기준환율 또는 재정환율에 의하여 계산한다.
⑤ 홍길동이 당해 주택의 양도일까지 계속 5년 이상 국내에 주소 또는 거소를 둔 경우 양도소득세의 납세의무자가 된다.

해답 ①
해설 국외자산의 양도에 대한 양도소득세에 대해서는 중과세율이 없다.

04 **거주자 甲이 외국에 소재하는 시가 7억원 상당의 주택 1채를 20×1.4.1.에 취득하여 보유하고 있다가 20×5.4.23. 양도한 경우의 양도소득세에 관한 설명으로 옳지 않은 것은?** 2011년 세무사

① 甲이 주택의 양도일까지 계속 5년 이상 국내에 주소 또는 거소를 둔 거주자인 경우 양도소득세 납세의무자에 해당한다.
② 양도소득세 계산에 있어서 양도가액 및 취득가액은 원칙적으로 해당 자산의 양도 또는 취득 당시의 실지거래가액에 의하여 계산한다.
③ 장기보유특별공제의 적용은 배제되지만 양도소득기본공제는 적용받을 수 있다.
④ 당해 주택이 양도당시 甲의 유일한 소유주택이라 하더라도 1세대 1주택 비과세 규정을 적용받을 수 없다.
⑤ 양도일 현재 「외국환거래법」에 의한 기준환율 또는 재정환율에 의하여 양도차익을 원화로 환산한다.

해답 ⑤
해설 양도가액 및 필요경비를 수령하거나 지출한 날의 기준환율 또는 재정환율에 의하여 양도차익을 원화로 환산한다.

CHAPTER

08 비거주자의 납세의무

제1절 비거주자에 대한 과세방법

01 소득세의 신고 · 납부 · 결정 및 징수에 대한 설명이다. 옳지 않은 것은? 2009년 회계사

① 사업자가 장부를 비치·기장하지 아니하였거나 비치·기장한 장부에 의한 소득금액이 기장하여야 할 금액에 미달한 때에는 가산세를 부담함이 원칙이나, 해당 과세기간에 신규로 사업을 개시한 사업자의 경우에는 그렇지 않다.

② 이자소득 이외의 소득에 대한 원천징수세액이 1,000원 미만인 때에는 당해 소득세를 징수하지 아니한다.

③ 비거주자의 중간예납에 관하여는 거주자의 신고와 납부에 관한 규정을 준용하지 아니한다.

④ 수시부과 후 추가로 발생한 소득이 없을 경우에는 과세표준확정신고를 하지 아니할 수 있다.

⑤ 확정신고 자진납부할 세액이 2천만원을 초과하는 때에는 그 세액의 50% 이하의 금액을 납부기한 경과 후 2개월 이내에 분납할 수 있다.

해답 ③

해설 비거주자의 중간예납에 관하여는 거주자의 신고와 납부에 관한 규정을 준용한다.

02 **소득세법상의 비거주자에 대한 설명이다. 옳지 않은 것은?**

① 국외에서 근무하는 공무원 또는 거주자나 내국법인의 국외사업장 또는 해외현지법인(내국법인이 발행주식총수 또는 출자지분의 100분의 100을 직접 또는 간접 출자한 경우에 한정한다)등에 파견된 임원 또는 직원은 거주자로 본다.
② 비거주자에 대하여 과세하는 소득세는 해당 국내원천소득을 종합하여 과세하는 경우와 분류하여 과세하는 경우 및 그 국내원천소득을 분리하여 과세하는 경우로 구분하여 계산한다.
③ 비거주자에 대하여 종합과세하는 경우 본인외의 자에 대한 인적공제는 적용하지 않고 특별소득공제를 적용한다.
④ 비거주자의 국내원천 퇴직소득은 분류과세한다.
⑤ 세법이 정하는 인적용역소득이 있는 비거주자가 분리과세규정에 불구하고 종합소득세과세표준확정신고를 하는 경우 국내원천소득에 대하여 종합과세 할 수 있다.

해답 ③
해설 비거주자에 대하여 종합과세하는 경우, 인적공제 중 비거주자 본인 외의 자에 대한 공제와 특별소득공제, 자녀세액공제 및 특별세액공제는 하지 아니한다.

03 **비거주자의 국내원천소득 과세에 관한 설명으로 옳지 않은 것은?** 2014년 세무사

① 비거주자가 국내에 사업의 일부 수행을 위하여 8개월간 계속 존속하는 건축 장소를 가지고 있는 경우에는 국내사업장이 있는 것으로 한다.
② 비거주자에 대하여 과세하는 소득세는 해당 국내원천소득을 종합하여 과세하는 경우와 분류하여 과세하는 2가지 과세방법이 있으며, 국내원천소득을 분리하여 과세하는 방법은 채택하지 않고 있다.
③ 국내에서 제공하는 근로의 대가로 받는 퇴직소득이 있는 비거주자에 대해서는 거주자와 같은 방법으로 분류하여 과세한다.
④ 조세조약에 따라 국내사업장이 없다는 이유로 과세되지 않는 외국법인에게 비거주자인 직업운동가가 국내에서 제공한 인적용역과 관련하여 보수 또는 대가를 지급하는 자는 조세조약에도 불구하고 지급하는 금액의 100분의 20의 금액을 원천징수하여야 한다.
⑤ 비거주자가 자기의 자산을 타인으로 하여금 가공만 하게 하기 위하여 사용하는 일정한 장소는 국내사업장에 포함되지 아니한다.

해답 ②
해설 비거주자에 대하여 과세하는 소득세는 해당 국내원천소득을 종합하여 과세하는 경우와 분류하여 과세하는 경우 및 그 국내원천소득을 분리하여 과세하는 경우로 구분하여 계산한다.

04 비거주자와 관련된 다음 설명중 가장 잘못된 것은?

① 인적공제 중 본인 이외의 자에 대한 공제와 특별소득공제 및 자녀세액공제와 특별세액공제는 적용되지 않는다.

② 비거주자의 국내원천소득을 종합하여 과세하는 경우에 이에 관한 신고와 납부(중간예납을 포함)에 관하여는 거주자의 신고와 납부에 관한 규정을 준용한다.

③ 비거주자에 대하여 과세하는 소득세는 당해 국내원천소득을 종합하여 과세하는 경우, 분류하여 과세하는 경우, 분리하여 과세하는 경우로 구분하여 계산한다.

④ 비거주자의 이자소득과 배당소득 등에 대해서는 원칙적으로 지급금액의 14%(지방소득세 제외)를 원천징수한다.

⑤ 비거주자가 자기의 자산을 타인으로 하여금 가공하게 하기 위하여만 사용하는 일정한 장소는 국내사업장에 해당하지 않는다.

해답 ④

해설 분리과세시 비거주자의 이자소득과 배당소득 등에 대해서는 원칙적으로 지급금액의 20%를 원천징수한다.

05 원천징수에 관한 설명으로 옳지 않은 것은?

2009년 세무사

① 내국법인이 법령이 정한 채권 등(법인세 비과세, 면제, 그 밖의 법령에 정하는 채권 등 제외)에서 발생하는 이자 등의 계산기간 중에 당해 채권 등을 타인에게 매도하는 경우 채권 등의 보유기간에 따른 이자 등은 당해 법인이 원천징수의무자를 대리하여 원천징수하여야 한다.

② 근로소득만 있는 자가 원천징수와 연말정산에 의하여 당해연도의 소득에 대한 소득세를 납부한 경우에는 과세표준확정신고를 하지 아니할 수 있다.

③ 원천징수대상으로 규정하지 아니한 소득에 대하여 원천징수된 법인세액은 법인세 산출세액에서 공제하는 원천징수된 세액에 해당하지 아니한다.

④ 원천징수하는 소득세는 소득금액 또는 수입금액을 지급하는 때에 납세의무가 성립함과 동시에 확정된다.

⑤ 원천징수의무자가 기획재정부장관이 고시하는 국가에 소재하는 비거주자의 국내원천소득 중 내국법인이 발행한 주식의 양도소득에 대하여 소득세로서 원천징수하는 경우에는 국세청장의 사전승인 여부에 관계없이 조세조약상의 제한세율을 적용하여 원천징수하여야 한다.

해답 ⑤

해설 원천징수의무자는 기획재정부장관이 고시하는 국가 또는 지역에 소재하는 비거주자의 국내원천소득 중 이자소득 등 법정 소득에 대하여 소득세로서 원천징수하는 경우에는 소득세법에 따른 세율을 우선 적용하여 원천징수하여야 한다. 다만, 대통령령으로 정하는 바에 따라 조세조약에 따른 비과세·면제 또는 제한세율에 관한 규정을 적용받을 수 있음을 국세청장이 사전 승인하는 경우에는 그러하지 아니하다.

Part

04

상속세 및 증여세법

CHAPTER

01 상속세

제1절 상속 및 상속세의 기초개념

01 상속세에 관한 설명이다. 옳은 것은? 2012년 회계사

① 상속세는 상속재산의 소재지를 관할하는 세무서장이 과세한다.

② 민법에 따라 적법하게 상속을 포기한 자도 그 상속재산 중 받았거나 받을 재산의 비율에 따라 상속세의 납부의무를 진다.

③ 비거주자의 사망으로 상속세를 납부하는 경우 이중과세를 방지하기 위한 외국납부세액공제는 상속재산의 소재지에 상관없이 적용받을 수 있다.

④ 비거주자가 사망한 경우에는 국내외에 있는 비거주자의 모든 상속재산이 과세대상이다.

⑤ 법인이 유증 또는 사인증여를 받은 경우 비영리법인은 상속세의 납부의무가 면제되고 영리법인만이 상속세의 납부의무를 진다.

해답 ②

해설 ① 상속세는 피상속인의 주소지(주소지가 없거나 분명하지 아니한 경우에는 거소지)를 관할하는 세무서장(국세청장이 특히 중요하다고 인정하는 것에 대해서는 관할 지방국세청장)이 과세한다.

③ 외국납부세액공제는 거주자의 사망으로 상속세를 부과하는 경우에 외국에 있는 상속재산에 대하여 외국의 법령에 따라 상속세를 부과받은 경우에 적용한다.

④ 비거주자가 사망한 경우에는 국내에 있는 비거주자의 모든 상속재산이 과세대상이다.

⑤ 법인이 유증 또는 사인증여를 받은 경우 영리법인은 상속세의 납부의무가 면제되고 비영리법인만이 상속세의 납부의무를 진다.

제2절 총 칙

01 **「상속세 및 증여세법」상 부의 무상이전에 대한 과세에 관한 설명이다. 옳지 않은 것은?**

2010년 회계사

① 비영리법인의 고유목적사업과 관련한 자산수증이익은 법인세를 과세하지 않고 상속세나 증여세로 과세한다.

② 비거주자가 사망한 경우 상속인·수유자 또는 특별연고자는 국내에 있는 비거주자의 모든 상속재산에 대하여 납세의무를 진다.

③ 유증은 상속세 과세대상이 됨에 반하여 사인증여는 증여세 과세대상이 된다.

④ 공동상속의 경우 상속인 각자가 받은 상속재산을 초과하여 대신 납부한 상속세액에 대하여는 다른 상속인에게 증여한 것으로 보아 증여세가 과세된다.

⑤ 증여재산에 대해 「소득세법」에 의한 소득세가 수증자에게 부과되는 때에는 증여세를 부과하지 아니한다. 이 경우 「소득세법」 또는 다른 법률에 의해 소득세가 비과세 또는 감면되는 경우에도 마찬가지이다.

해답 ③

해설 사인증여는 상속세 과세대상이 된다.

02 **「상속세 및 증여세법」에 관한 설명으로 옳은 것은?**

2018년 회계사

① 상속개시일 전 10년 이내에 피상속인이 상속인에게 증여한 재산가액은 상속세 과세가액에 가산하며 상속개시일 현재의 가액으로 평가한다.

② 국가나 지방자치단체에 유증한 재산에 대해서는 상속세를 부과하지 아니한다.

③ 「정당법」에 따른 정당에 유증을 한 재산에 대해서는 상속세를 부과한다.

④ 수증자가 비거주자인 경우 또는 수증자의 주소 및 거소가 분명하지 아니한 경우에도 수증자의 주소지를 관할하는 세무서장이 증여세를 과세한다.

⑤ 증여재산을 증여세 과세표준 신고기한이 지난 후 5개월 이내에 증여자에게 반환하거나 증여자에게 다시 증여하는 경우에는 그 반환 하거나 다시 증여하는 것에 대해서는 증여세를 부과하지 아니한다.

해답 ②

해설 ① 상속개시일 전 10년 이내에 피상속인이 상속인에게 증여한 재산가액은 상속세 과세가액에 가산하며 증여개일 현재의 시가의 가액으로 평가한다.

③ 「정당법」에 따른 정당에 유증을 한 재산에 대해서는 상속세를 부과하지 않는다.

④ 수증자가 비거주자인 경우 또는 수증자의 주소 및 거소가 분명하지 아니한 경우에는 증여자의 주소지를 관할하는 세무서장이 증여세를 과세한다.

⑤ 증여재산을 증여세 과세표준 신고기한이 지난 후 3개월 이내에 증여자에게 반환하거나 증여자에게 다시 증여하는 경우에는 그 반환 하거나 다시 증여하는 것에 대해서는 증여세를 부과하지 아니한다.

제3절 상속세 과세가액의 계산

01 **「상속세 및 증여세법」상 상속세 비과세 항목이다. 옳지 않은 것은?** 2010년 회계사

① 「정당법」에 따른 정당에 사인증여한 재산
② 종중에 속한 금양임야로서 3억원 이내의 상속재산
③ 지방자치단체에 사인증여한 재산
④ 족보와 제구
⑤ 사변 또는 이에 준하는 비상사태로 인하여 토벌 또는 경비 등 작전업무의 수행 중 입은 부상 또는 질병으로 인한 사망으로 상속이 개시되는 경우의 상속재산

해답 ②

해설 제사를 주재하는 상속인을 기준으로 다음에 해당하는 재산에 대해서 비과세 한다. 다만, ① 및 ②의 재산가액의 합계액이 2억원을 초과하는 경우에는 2억원을 한도로 하고, ③의 재산가액의 합계액이 1천만원을 초과하는 경우에는 1천만원을 한도로 한다.
① 피상속인이 제사를 주재하고 있던 선조의 분묘에 속한 9,900제곱미터이내의 금양임야
② 분묘에 속한 1,980제곱미터이내의 묘토인 농지
③ 족보와 제구

02 **다음 자료를 이용하여 상속세과세가액을 계산한 것으로 옳은 것은? (단, 상속세 부담의 최소화를 가정할 것.)** 2014년 회계사

(1) 거주자 갑은 20×2년 1월 30일에 사망하였다.
(2) 상속개시 당시 상속재산가액 : 1,500,000,000원
(3) 갑이 상속개시 6개월 전 차입한 은행차입금 : 100,000,000원(은행차입금 전액은 사용용도가 불분명하며, 상속인인 아들의 부담이 확정된 채무임)
(4) 갑이 상속개시 5년 전 상속인인 아들에게 증여한 재산의 상속개시 당시 시가 : 300,000,000원(증여 당시 시가는 200,000,000원임)
(5) 다음의 장례비용은 증빙에 의해 모두 확인가능하다.
가. 봉안시설의 사용비용 : 8,000,000원
나. 기타의 장례비용 : 4,000,000원

① 1,488,000,000원 ② 1,490,000,000원 ③ 1,588,000,000원
④ 1,590,000,000원 ⑤ 1,690,000,000원

해답 ④

해설 총상속재산가액 : 1,500,000,000
* 은행차입금은 2년 이내 2억원 미만 이므로 추정상속재산가액에 포함하지 아니함
과세가액공제액 : i + ii =110,000,000
i 채무 : 100,000,000
ii 장례비용 : 10,000,000
* 장례비용 = 일반[min{max(4백만원, 5백만원), 1천만원}]+봉안시설[min(8백만원, 5백만원)]
= 10,000,000
증여재산가액 : 200,000,000
상속세 과세가액 : 총상속재산가액-과세가액공제액+증여재산가액 = 1,590,000,000

03 「상속세 및 증여세법」상 상속세 과세가액의 계산에 관한 설명으로 옳지 않은 것은?

2013년 회계사

① 상속개시일 전 10년 이내에 피상속인이 상속인에게 진 증여채무는 상속재산의 가액에서 빼지 아니한다.
② 상속재산 중 상속인이 상속세 과세표준신고기한 이내에 국가, 지방자치단체 또는 공공단체에 증여한 재산에 대해서는 상속세를 부과하지 아니한다.
③ 상속세 과세가액 계산시 상속재산의 가액에서 빼는 장례비용은 15,000,000원을 초과할 수 없다.
④ 상속재산의 가액에 가산하는 증여재산가액은 상속개시 당시가 아닌 증여일 현재의 시가에 따른다.
⑤ 피상속인에게 지급될 퇴직금이 피상속인의 사망으로 인하여 지급되는 경우 그 금액은 상속재산으로 보지 아니한다.

해답 ⑤

해설 피상속인에게 지급될 퇴직금, 퇴직수당, 공로금, 연금 또는 이와 유사한 것으로 피상속인의 사망으로 인하여 지급되는 경우 그 금액은 상속재산으로 본다.

04 **다음은 20×2년 2월 중 사망한 거주자 갑의 상속세 관련 자료이다. 갑의 상속세 과세가액으로 옳은 것은?**

2011년 회계사

> (1) 상속개시당시의 재산가액 : 600,000,000원
> (공공단체에 사인증여한 재산 100,000,000원 포함금액임)
> (2) 상속개시 전 증여재산 가액 현황
> 가. 사망 8년 전 상속인에게 증여한 재산 : 300,000,000원
> (증여당시 시가는 250,000,000원임)
> 나. 사망 6년 전 상속인이외의 자에게 증여한 재산 : 50,000,000원
> (증여당시 시가는 80,000,000원임)
> (3) 상속개시일 1년 6개월 전 차입한 금융기관채무 : 400,000,000원
> (상속개시당시 피상속인의 채무로서 상속인이 실제로 부담하는 사실이 증명된 것으로 이 중 사용용도가 불분명 한 것은 230,000,000원임)
> (4) 장례비용 : 증빙은 모두 확인가능하다.
> 가. 봉안시설의 사용비용 : 7,000,000원
> 나. 기타의 장례비용 : 12,000,000원
> (5) 생명보험금 총액 : 120,000,000원
> (피상속인이 보험계약자로서 총보험료 불입액 50,000,000원 중 피상속인 불입액은 60%임)
> (6) 사망일 현재 유족은 자녀 2인(모두 성년임)이 있다.

① 407,000,000원 ② 437,000,000원 ③ 557,000,000원
④ 583,000,000원 ⑤ 807,000,000원

해답 ①

해설 ⅰ 상속재산 : 600,000,000
ⅱ 의제상속재산가액 : 120,000,000×60%=72,000,000
ⅲ 추정상속재산가액 : 없음 (∵차입금 2년 이내 5억원 이상 ×)
총상속재산가액 : ⅰ+ⅱ+ⅲ=672,000,000
비과세재산가액 : 100,000,000 (공익단체에 사인증여)
과세가액공제액 : ⓐ+ⓑ=415,000,000
ⓐ 채무 : 400,000,000 ⓑ 장례비용 : 15,000,000
* 장례비용 = 일반[min{max(1천2백만원, 5백만원), 1천만원}]+봉안시설[min(7백만원, 5백만원)]
= 15,000,000
사전증여재산가액 : ㉠+㉡=250,000,000
㉠ 상속인 = 250,000,000
㉡ 상속인 이외의 자 : 없음 (∵5년이내 증여 ×)
상속세과세가액: 총상속재산가액-비과세재산가액-과세가액공제액+증여재산가액=407,000,000

05 **다음은 20×9년 3월 1일에 사망한 거주자 갑의 상속세 과세표준 계산과 관련된 자료이다. 상속세 과세가액을 계산하면 얼마인가?** 2009 회계사

(1) 갑의 상속개시 당시 재산가액은 1,000,000,000원이다.
(2) 갑이 상속개시 전 처분한 재산내역은 다음과 같다.

구분	처분일	처분금액	용도확인액
유가증권	20×8. 6. 30.	300,000,000원	150,000,000원
토지	20×7. 10. 1.	600,000,000원	400,000,000원

(3) 갑이 상속개시 전 증여한 재산의 현황은 다음과 같다.

수증자	증여일	증여당시가액	상속개시당시가액
배우자	20×2. 8. 30.	100,000,000원	300,000,000원
친구	20×4. 6. 15.	50,000,000원	100,000,000원

(4) 갑의 장례에 직접 소요된 비용은 9,000,000원[봉안시설(납골시설) 사용비 6,000,000원 포함]으로서 증빙에 의해 확인된다.

① 1,309,000,000원 ② 1,310,000,000원 ③ 1,311,000,000원
④ 1,312,000,000원 ⑤ 1,313,000,000원

해답 ②

해설 ⅰ 상속재산 : 1,000,000,000
ⅱ 추정상속재산가액 : ⓐ+ⓑ=170,000,000
ⓐ (300,000,000 - 150,000,000) - Min[300,000,000 × 20%, 200,000,000] = 90,000,000
ⓑ (600,000,000 - 400,000,000) - Min[600,000,000 × 20%, 200,000,000] = 80,000,000
총상속재산가액 : ⅰ + ⅱ =1,170,000,000
과세가액공제액 : 10,000,000
* 장례비용 = 일반[min{max(3백만원, 5백만원), 1천만원}]+봉안시설[min(6백만원, 5백만원)]
= 10,000,000
상속세과세가액 : 총상속재산가액+증여재산가액-과세가액공제액=1,310,000,000

06 **다음은 20×7년 10월 1일에 사망한 거주자 김한국씨의 상속세 과세표준 계산과 관련된 자료이다. 상속세 과세가액은 얼마인가?** 2005년 회계사

(1) 상속재산
- 토지와 건물 : 2,000,000,000원
- 보험금 : 100,000,000원(김한국씨가 계약자로 되어 있는 생명보험금으로서 김한국씨의 아들이 보험료 전액을 불입하였음)

(2) 채무
- 은행차입금 : 150,000,000원(20×5년 11월 1일 차입. 용도불분명)
- 증여채무 : 80,000,000원(20×2년 5월 10일에 김한국씨의 친구에게 증여약속)

(3) 증여 : 김한국씨는 20×1년 6월 1일에 배우자에게 토지를 증여하였으며, 증여 당시 토지의 시가는 500,000,000원이고 상속개시일의 시가는 800,000,000원이다. 김한국씨의 배우자는 토지에 대한 증여세 과세표준을 200,000,000원으로 하여 신고기한 내에 증여세를 신고하였다.

(4) 장례비용 : 7,000,000원(납골시설을 사용하지 않았으며 모두 증빙을 갖추었다.)

(5) 상속재산 평가를 위한 감정평가수수료 : 6,000,000원

① 2,343,000,000원 ② 2,338,000,000원 ③ 2,443,000,000원
④ 2,263,000,000원 ⑤ 2,258,000,000원

해답 ①

해설 상속재산가액 : 2,000,000,000(토지와 건물)
과세가액공제액 : ⅰ+ⅱ=157,000,000
ⅰ 채무 : 150,000,000(은행차입금)
ⅱ 장례비용 : 7,000,000
* 장례비용 = 일반[min{max(7백만원, 5백만원), 1천만원}]+봉안시설[min(0원, 5백만원)]
= 7,000,000
사전증여재산가액 : 500,000,000(토지)
상속재산가액 : 2,000,000,000−157,000,000+500,000,000 = 2,343,000,000

07 **다음 중 상속세 과세가액 계산시 포함되지 않는 것은?** 2004년 회계사

① 피상속인이 상속개시일 6개월 전에 처분한 토지의 처분가액 3억원의 용도가 객관적으로 명백하지 아니한 경우
② 피상속인이 상속개시일 1년 8개월 전에 부담한 채무 4억원의 용도가 객관적으로 명백하지 아니한 경우
③ 피상속인의 사망으로 인하여 지급받는 생명보험의 보험금 1억원(보험계약자가 피상속인 외의 자이지만 피상속인이 실질적으로 보험료를 지불한 것으로 확인됨)
④ 상속개시일 4년 전에 피상속인이 상속인에게 증여한 토지가액 4억원
⑤ 피상속인에게 지급될 퇴직금 3억원이 피상속인의 사망으로 인하여 지급된 경우

해답 ②

해설 피상속인이 재산을 처분하였거나 채무를 부담한 경우로서 다음 어느 하나에 해당하는 경우에는 이를 상속받은 것으로 추정하여 제13조에 따른 상속세 과세가액에 산입한다.

1. 피상속인이 재산을 처분하여 받은 금액이나 피상속인의 재산에서 인출한 금액이 상속개시일 전 1년 이내에 재산 종류별로 계산하여 2억원 이상인 경우와 상속개시일 전 2년 이내에 재산 종류별로 계산하여 5억원 이상인 경우로서 용도가 객관적으로 명백하지 아니한 경우
2. 피상속인이 부담한 채무를 합친 금액이 상속개시일 전 1년 이내에 2억원 이상인 경우와 상속개시일 전 2년 이내에 5억원 이상인 경우로서 용도가 객관적으로 명백하지 아니한 경우

08 **다음 자료를 기초로 상속세 과세가액을 계산하면 얼마인가?** 2000년 회계사

(1) 피상속인의 상속개시당시 재산가액 : 10억원
(2) 장례비용 : 1,000,000원
(3) 상속개시 8개월 전에 피상속인이 은행으로부터 4억원을 차입하였고 상속개시당시까지 미상환 중이며 당해 차입자금의 용도는 객관적으로 명백하지 아니하다.
(4) 상속개시 2년 전에 피상속인은 당시 시가 3억원의 토지(상속 개시당시의 시가 7억원)를 상속인에게 증여한 바 있다.
(5) 상속공제의 합계 : 5억원

① 815,000,000원 ② 1,115,000,000원 ③ 1,215,000,000원
④ 1,615,000,000원 ⑤ 2,015,000,000원

해답 ③

해설 ⅰ 상속재산 : 1,000,000,000
ⅱ 추정상속재산가액 : 400,000,000−min(400,000,000×20%, 2억원)=320,000,000
총상속재산가액 : ⅰ+ⅱ=1,320,000,000
과세가액공제액 : 405,000,000
ⅰ 장례비용(5,000,000) *장례비용은 최소 500만원 공제
ⅱ 채무 : 400,000,000
증여재산가액 : 300,000,000
상속세과세가액 : 총상속재산가액+증여재산가액−과세가액공제액=1,215,000,000

09 **「상속세 및 증여세법」에 관한 설명이다. 옳지 않은 것은?** 2019년 회계사

① 거주자의 사망으로 외국에 있는 상속재산에 대하여 부과된 외국납부세액에 상당하는 금액은 상속세 산출세액에서 공제된다.
② 납세지 관할세무서장은 상속세 납부세액이 2천만원을 초과하는 때에는 납세의무자의 신청을 받아 연부연납을 허가할 수 있다.
③ 거주자의 사망으로 상속이 개시되어 배우자가 상속인에 포함되는 경우 배우자상속공제액은 최소 5억원과 최대 30억원의 범위 내에서 결정된다.
④ 거주자의 사망으로 인하여 배우자 단독으로 상속받는 경우로서 기초공제와 그 밖의 인적공제에 따른 공제액을 합친 금액이 5억원 미만이면 일괄공제 5억원을 공제받을 수 있다.
⑤ 상속개시일 전 1년 이내에 피상속인이 부담한 채무금액이 2억원 이상인 경우로서 용도가 객관적으로 명백하지 아니한 경우에는 이를 상속받은 것으로 추정한다.

해답 ④
해설 배우자가 단독으로 상속받는 경우 일괄공제를 적용할 수 없다.

10 **「상속세 및 증여세법」상 상속공제에 관한 설명이다. 옳은 것은?** 2020년 회계사

① 비거주자의 사망으로 상속이 개시되는 경우에는 기초공제를 적용하지 아니한다.
② 상속이 개시되는 법인세 사업연도의 직전 3개 사업연도 매출액의 평균금액이 3천억원 이상인 기업은 가업상속공제 대상에서 제외한다.
③ 거주자의 사망으로 그 배우자가 실제 상속받은 금액이 없는 경우 배우자상속공제를 적용하지 아니한다.
④ 피상속인의 배우자가 단독으로 상속받는 경우 기초공제와 그 밖의 인적공제에 따른 공제액을 합친 금액과 5억원 중 큰 금액으로 공제받을 수 있다.
⑤ 거주자의 사망으로 상속이 개시되는 경우로서 상속개시일 현재 상속재산가액 중 순금융재산의 가액이 1억원을 초과하면 1억원을 공제한다.

해답 ②
해설 ① 비거주자의 사망으로 상속이 개시되는 경우에는 기초공제 2억원을 적용한다.
③ 거주자의 사망으로 그 배우자가 실제 상속받은 금액이 없는 경우 배우자상속공제 5억원을 적용한다.
④ 피상속인의 배우자가 단독으로 상속받는 경우 일괄공제는 적용할 수 없다.
⑤ 거주자의 사망으로 상속이 개시되는 경우로서 상속개시일 현재 상속재산가액 중 순금융재산의 가액이 2억원을 초과하면 2억원을 공제한다.

제4절 상속세 과세표준 계산

01 상속세에 대한 설명이다. 옳지 않은 것은? 2011년 회계사

① 비거주자의 사망으로 상속이 개시되는 경우 상속재산가액에서 장례비용은 공제하지 않는다.
② 거주자의 사망으로 상속이 개시된 경우 피상속인의 동거자녀가 미성년자이면서 장애인인 경우 자녀공제, 미성년자공제 및 장애인공제를 모두 적용받을 수 있다.
③ 거주자의 사망으로 상속이 개시되는 경우 상속재산가액 중 상속세법상 최대주주가 보유하고 있는 주식은 금융재산상속공제대상에 포함되지 않는다.
④ 동거주택상속공제의 최대금액은 6억원을 초과할 수 없다.
⑤ 가업상속공제의 최대금액은 200억원을 초과할 수 없다.

해답 ⑤
해설 가업상속공제 : 가업상속 재산가액에 상당하는 금액. 다만, 피상속인이 30년 이상 계속하여 경영한 경우에는 600억원이며 이를 초과하는 경우에는 600억원을 한도로 하되, 피상속인이 20년 이상 계속하여 경영한 경우에는 400억원, 피상속인이 10년 이상 계속하여 경영한 경우에는 300억원을 한도로 한다.

02 상속세에 대한 설명이다. 옳지 않은 것은? 2008년 회계사

① 거주자 또는 비거주자의 사망으로 상속이 개시되어 상속세 연부연납의 허가를 받은 경우에는 분납할 수 없다.
② 거주자의 사망으로 상속이 개시되는 경우 상속세과세가액 계산시 총상속재산가액에서 차감하는 장례비용은 봉안시설의 사용에 소요된 금액을 포함하여 최대 1천5백만원이다.
③ 거주자의 사망으로 상속이 개시되어 상속세과세가액이 상속공제 금액을 초과할 경우 기타인적공제대상자인 미성년 자녀 1인에 대한 기타인적공제금액은 최소 3천5백만원이다.
④ 거주자 또는 비거주자의 사망으로 상속이 개시되는 경우 최대 2억원의 금융재산상속공제를 적용한다.
⑤ 거주자의 사망으로 상속이 개시되는 경우에 상속인이나 수유자는 기초공제액과 기타 인적공제액을 합친 금액과 5억원 중 큰 금액으로 공제받을 수 있다.

해답 ④
해설 비거주자의 사망으로 상속이 개시되는 경우 기초공제만을 적용한다.

03 **다음은 상속세 과세표준에 관한 설명이다. 옳지 않은 것은?** 2007년 회계사

① 상속인이 받은 생명보험 또는 손해보험의 보험금으로서 피상속인이 보험계약자이거나 보험료를 불입한 보험계약에 의한 것은 상속재산에 포함한다.
② 상속세 과세표준이 50만원 미만인 때에는 상속세를 부과하지 아니한다.
③ 피상속인이 국가·지방자치단체 및 금융기관이 아닌 자에 대하여 부담한 채무로서 상속인이 실제로 부담한 사실이 확인되지 아니한 것은 이를 상속재산가액에서 차감하지 아니한다.
④ 상속재산가액에 가산하는 증여재산의 가액은 증여일 현재의 시가에 의한다.
⑤ 상속공제액의 종합한도는 상속세 과세가액(증여재산 포함)에서 상속인이 아닌 자에게 유증한 재산의 가액을 차감한 잔액을 한도로 한다.

해답 ⑤

해설 상속공제액은 상속세 과세가액에서 다음 어느 하나에 해당하는 가액을 뺀 금액을 한도로 한다.
1. 상속인이 아닌 자에게 유증등을 한 재산의 가액
2. 상속인의 상속 포기로 그 다음 순위의 상속인이 상속받은 재산의 가액
3. 상속세 과세가액에 가산한 증여재산가액

04 **다음 중 상속세 과세표준의 계산에 관한 설명으로 타당하지 않은 것은?** 2006년 회계사

① 피상속인이 신탁한 재산은 신탁의 이익을 받을 권리를 타인이 소유하고 있는 경우 그 이익상당액을 제외하고는 상속재산으로 간주된다.
② 피상속인이 국가·지방자치단체 및 금융기관이 아닌 자에 대하여 부담한 채무로서 상속인이 실제로 부담하는 사실이 확인되지 아니하는 것은 이를 상속세과세가액에 산입한다.
③ 상속개시 전 10년 내에 상속인이 수증한 재산은 상속개시일 현재의 시가로 상속세과세가액에 포함하여 상속세를 과세하여야 하고, 이때 이미 증여세가 과세되었는지 과세되지 아니하였거나 면제받았는지 여부는 불문한다.
④ 상속재산 중 상속인이 과세표준신고기한 이내에 국가·지방자치단체 또는 공공단체에 증여한 재산에 대하여는 상속세를 과세하지 아니한다.
⑤ 상속재산 중 피상속인 또는 상속인이 공익신탁을 통하여 과세표준신고기한 이내에 공익법인 등에 출연한 재산의 가액은 상속세과세가액에 산입하지 아니한다.

해답 ③

해설 상속개시일 전 10년 이내에 피상속인이 상속인에게 증여한 재산가액은 증여일 현재의 시가에 따른다.

05 다음은 상속공제에 대한 설명이다. 올바른 것은?

2001년 회계사

① 상속인(배우자는 제외) 및 동거가족 중 60세 이상인 자에 대해 5,000만원을 공제한다.
② 자녀 1인당 3,000만원을 공제하되 2인을 한도로 한다.
③ 거주자의 사망(비거주자의 사망 제외)으로 상속이 개시되는 경우에 2억원을 기초공제한다.
④ 상속인(배우자는 제외) 및 동거가족 중 장애인에 대하여 '500만원 ×기대여명의 연수'의 금액을 공제한다.
⑤ 영농상속에 해당하는 경우에는 영농상속재산가액을 상속공제로 적용하되 15억원을 한도로 한다.

해답 ⑤

해설 ① 상속인(배우자는 제외) 및 동거가족 중 65세 이상인 자에 대해 5,000만원을 공제한다.
② 자녀 1인당 5,000만원을 공제한다. (인원수 제한은 없다.)
③ 거주자의 사망(비거주자의 사망 포함)으로 상속이 개시되는 경우에 2억원을 기초공제한다.
④ 상속인(배우자도 포함) 및 동거가족 중 장애인에 대하여 '1,000만원 ×기대여명의 연수'의 금액을 공제한다.

06 「상속세 및 증여세법」상 상속세에 관한 설명으로 옳지 않은 것은?

2017년 회계사

① 상속개시일 현재 피상속인이 거주자인 경우 모든 상속재산에 대하여 상속세를 부과한다.
② 피상속인의 상속인이 그 배우자 단독인 경우 일괄공제를 적용받을 수 있다.
③ 피상속인이 신탁으로 인하여 타인으로부터 신탁의 이익을 받을권리를 소유하고 있는 경우에는 그 이익에 상당하는 가액을 상속재산에 포함한다.
④ 납세지 관할세무서장은 상속세 납부세액이 2천만원을 초과하는 경우 납세의무자의 신청을 받아 연부연납을 허가할 수 있다.
⑤ 전쟁이나 이에 준하는 공무의 수행 중 입은 부상 또는 질병으로 인한 사망으로 상속이 개시되는 경우에는 상속세를 부과하지 아니한다.

해답 ②

해설 피상속인의 상속인이 그 배우자 단독인 경우 일괄공제를 적용받을 수 없다.

07 **제조회사에 근무하던 병이 20×2년 2월 16일에 산업재해로 사망하여 상속이 개시되었다. 다음 자료를 이용하여 상속인에게 가장 유리한 상속세 과세표준을 계산하면 얼마인가?**

2002년 회계사

1) 병의 상속재산평가내역
   - 부동산 : 700,000,000원
   - 사망보험금 : 200,000,000원
   - 퇴직금 : 180,000,000원
   - 산업재해보상보험에 의한 유족보상일시금 : 60,000,000원
2) 병은 선친으로부터 물려받은 임야를 다음과 같이 500,000,000원에 양도하였는데, 양도자금의 객관적인 용도는 확인되지 않고 있다.

	수령일시	수 령 액
• 계약금	20×1. 12. 10	100,000,000원
• 중도금	20×2. 01. 10	150,000,000원
• 잔 금	20×2. 02. 10	250,000,000원

3) 장례비용
   - 납골묘지 구입비 : 8,000,000원
   - 기타 장례비 : 15,000,000원
4) 가족사항은 장남(27세), 장녀(20세)가 있으며, 모두 동거하고 있다.

① 775,000,000원 ② 815,000,000원 ③ 925,000,000원
④ 1,025,000,000원 ⑤ 1,125,000,000원

해답 ③

해설 ⅰ 상속재산가액 : 700,000,000
ⅱ 의제상속재산가액 : 200,000,000+180,000,000 = 380,000,000
ⅲ 추정상속재산가액 : 500,000,000 − MIN(200,000,000, 500,000,000×20%)
= 400,000,000
총상속재산가액 : ⅰ+ⅱ+ⅲ=1,480,000,000

과세가액공제액 : 15,000,000
* 장례비용 = 일반[min{max(1천5백만원,5백만원),1천만원}]+봉안시설[min(8백만원,5백만원)]
= 15,000,000

상속세과세가액 : 1,480,000,000−15,000,000=1,465,000,000

상속공제 : ㉠+㉡=540,000,000
㉠ 일괄공제 : 500,000,00
㉡ 금융재산상속공제 : MIN(max(20,000,000, 200,000,000×20%), 200,000,000)
= 40,000,000

과세표준 : 1,480,000,000−15,000,000−540,000,000 = 925,000,000

08 **거주자 갑은 20×2년 4월에 교통사고로 사망하였다. 다음 자료를 이용하여 상속세 부담을 가장 낮출 수 있는 경우의 과세표준을 계산한 것으로 옳은 것은?** 2018년 회계사

(1) 상속재산의 평가내역은 다음과 같다.

구 분	상속개시일 현재의 시가
주 택*	2,000,000,000원

* 「상속세 및 증여세법」상 동거주택상속공제의 요건을 충족한다.

(2) 갑의 동거가족은 다음과 같다(배우자는 없음).

대 상	연 령	비 고
모 친	70세	기대여명 20년, 장애인임
장 남	21세	
장 녀	9세	

(3) 갑의 사망일로부터 장례일까지 장례비 5,000,000원이 발생하였다 (봉안시설이용료 및 자연장지사용관련 비용은 발생하지 않았음).
(4) 주어진 자료 이외에는 고려하지 않는다.

① 400,000,000원 ② 545,000,000원 ③ 745,000,000원
④ 995,000,000원 ⑤ 1,000,000,000원

해답 ③

해설 (1) 상속재산가액 : 2,000,000,000
(2) 동거주택 상속공제 : min(2,000,000,000, 600,000,000)=600,000,000
(3) 인적공제 : max(①,②)=650,000,000
① 200,000,000(기초)+2×50,000,000(자녀)+50,000,000(연로자)+20×10,000,000(장애인)+10×10,000,000(미성년자)=650,000,000
② 일괄공제 : 500,000,000
(4) 과세표준 : (1)-(2)-(3)-5,000,000(장례비)=745,000,000

09 **갑은 20×2년 3월 1일 질병으로 사망하였다. 다음 자료를 이용하여 상속세 부담을 최소화하는 경우에 상속세 과세표준을 계산하면 얼마인가?** 2003년 회계사

(1) 갑의 상속재산 :
- 주택 : 1,050,000,000원
- 생명보험금 : 200,000,000원

(2) 20×0년 2월 14일 갑이 여동생에게 증여한 건물(증여당시의 시가 : 50,000,000원, 20×2년 3월 1일의 시가 : 100,000,000원)이 있다. 증여당시 증여세 과세표준은 45,000,000원, 증여세 산출세액은 4,500,000원이었다.

(3) 장례비용 :
- 납골시설의 사용에 소요된 금액 : 8,000,000원
- 납골시설 사용금액을 제외한 장례비용 : 3,000,000원

(4) 갑의 동거가족으로는 부인(63세), 아들(28세), 딸(18세)이 있다. 상속세 신고시 상속재산의 분할신고는 하지 않는다.

(5) 상속재산 중 주택에 대하여는 동거주택 상속공제 요건을 충족하지 못했다.

① 249,000,000원 ② 250,000,000원 ③ 252,000,000원
④ 290,000,000원 ⑤ 300,000,000원

해답 ②

해설 총상속재산가액 : 1,050,000,000 + 200,000,000 = 1,250,000,000

과세가액공제액 : 10,000,000
* 장례비용 = 일반[min{max(3백만원, 5백만원), 1천만원}]+봉안시설[min(8백만원, 5백만원)]
= 10,000,000

증여재산가액 : 50,000,000

상속세과세가액 : 1,250,000,000-10,000,000+50,000,000 = 1,290,000,000

상속공제 : ⅰ+ⅱ+ⅲ=1,040,000,000
ⅰ 일괄공제 : 500,000,000
ⅱ 배우자상속공제 : 500,000,000
ⅲ 금융재산상속공제 : MIN(max(20,000,000, 200,000,000×20%), 200,000,000)
= 40,000,000

과세표준 : 1,290,000,000-1,040,000,000 = 250,000,000

10 다음의 자료를 이용하여 거주자 갑의 상속세 과세가액을 계산한 것으로 옳은 것은?

2016년 회계사

(1) 거주자 갑은 20×8년 5월 1일에 사망하였다.
(2) 상속개시 당시 상속재산가액 : 1,000,000,000원
(3) 갑이 20×7년 8월 1일에 상속인 외의 자에게 토지를 매각하고 받은 금액 : 500,000,000원(이 중 300,000,000원은 사용용도가 불분명함)
(4) 갑이 20×3년 7월 1일에 상속인 외의 자인 친구 을에게 증여한 재산의 상속개시 당시 시가 : 300,000,000원(증여 당시 시가는 200,000,000원)
(5) 증빙에 의해 확인되는 장례비용 : 30,000,000원(봉안시설의 사용비용 5,000,000원 포함)

① 1,385,000,000원 ② 1,470,000,000원 ③ 1,485,000,000원
④ 1,585,000,000원 ⑤ 1,615,000,000원

해답 ①

해설 1,000,000,000+300,000,000−min(500,000,000×20%, 200,000,000)+200,000,000−15,000,000 = 1,385,000,000

CHAPTER

02 총칙

제1절 증여세

01 **「상속세 및 증여세법」상 증여세 과세에 관한 설명으로 옳지 않은 것은?** 2013년 회계사

① 증여를 받은 후 그 증여받은 재산(금전 제외)을 당사자 간의 합의에 따라 증여세 과세표준신고기한 이내에 반환하는 경우에는 처음부터 증여가 없었던 것으로 본다. 다만, 반환하기 전에 「상속세 및 증여세법」에 따라 과세표준과 세액을 결정받은 경우에는 그러하지 아니하다.

② 증여재산에는 수증자에게 귀속되는 재산으로서 금전으로 환산할 수 있는 모든 경제적 이익을 포함한다.

③ 수증자가 증여일 현재 비거주자인 경우에는 국내에 있는 수증재산에 대해서만 증여세를 납부할 의무를 진다.

④ 수증자가 증여받은 토지를 증여세 과세표준신고기한이 지난 후 3개월 이내에 증여자에게 반환하거나 증여자에게 다시 증여하는 경우에는 그 반환하거나 다시 증여하는 것에 대하여 증여세를 부과하지 아니한다.

⑤ 수증자가 증여일 현재 비거주자인 경우에는 증여자가 수증자와 연대하여 해당 증여세를 납부할 의무를 진다.

해답 ③

해설 수증자가 비거주자(본점이나 주된 사무소의 소재지가 국내에 없는 비영리법인을 포함)인 경우, 비거주자가 증여받은 재산 중 국내에 있는 모든 재산과 거주자로부터 증여받은 국외 예금이나 국외 적금 등 대통령령으로 정하는 재산을 증여세 과세대상으로 한다.

02 **「상속세 및 증여세법」상 증여세에 관한 설명으로 옳지 않은 것은?** 2017년 회계사

① 증여세의 과세대상이 되는 증여재산에 대하여 수증자에게 소득세가 부과되는 경우 증여세와 소득세 중 큰 금액을 부과한다.

② 수증자가 증여재산을 당사자 간의 합의에 따라 증여세과세표준 신고기한으로부터 6개월이 지난 후 증여자에게 반환하는 경우 당초의 증여 및 반환 모두에 대하여 증여세가 부과된다.

③ 친구로부터 받은 증여재산에 담보된 채무로서 수증자가 인수한 금액은 증여재산가액에서 차감한다.

④ 토지를 증여받아 증여세 납부의무가 있는 자는 증여받은 날이 속하는 달의 말일부터 3개월 이내에 증여세과세가액 및 과세표준을 납세지 관할세무서장에게 신고하여야 한다.

⑤ 미성년자가 직계존속으로부터 생애 처음 증여를 받는 경우 증여세 과세가액에서 공제하는 증여재산공제액은 최대 2천만원이다.

해답 ①

해설 증여재산에 대하여 수증자에게 「소득세법」에 따른 소득세 부과되는 경우에는 증여세를 부과하지 아니한다. 소득세가 「소득세법」또는 다른 법률에 따라 비과세되거나 감면되는 경우에도 또한 같다.

제2절 증여재산가액

01 **비상장법인인 B는 다음 자료와 같이 증자를 하였다. 乙이 받은 증여재산가액은 얼마인가?**

2007년 회계사

〈자료〉

(1) 증자전 주주별 보유주식수는 다음과 같다.

주주명	증자전 보유주식수	지분율	관계
甲	4,000주	40%	-
乙	2,000주	20%	甲의 장녀
丙	4,000주	40%	甲의 친구

(2) 증자전의 주식평가액은 1주당 28,000원이다.

(3) 증자로 인한 신주 5,000주를 주당 19,000원에 주주의 지분비율에 따라 배정하였다. 丙은 배정된 주식 전부를 실권하였으며 당해 주식은 乙에게 배정되어 납입 완료되었다.

① 18,000,000원 ② 12,000,000원 ③ 9,000,000원
④ 6,000,000원 ⑤ 0원

해답 ②

해설

증자후의 1주당 평가가액 : $\frac{@28,000 \times 10,000주 + @19,000 \times 5,000주}{10,000주 + 5,000주} = @25,000$

증여재산가액 : (25,000 − 19,000)×5,000주×40% = 12,000,000

02 **다음 중 상속세및증여세법에 따른 증여세를 부담하는 경우는?** 2005년 회계사

① 특수관계자의 부동산을 무상으로 사용함에 따라 얻은 이익이 6천만원인 경우
② 특수관계에 있는 자로부터 5천만원의 금전을 무상으로 대부받은 경우
③ 소득이 없는 미성년자가 특수관계가 없는 제3자로부터 토지를 취득하고, 토지 취득일로부터 4년이 경과한 시점에서 재산가치증가사유로 인하여 당해 토지의 가치가 3억원 상승한 경우
④ 비상장기업 주주의 특수관계인이 당해 주주로부터 그 비상장기업의 주식을 유상취득하고, 그로부터 6년이 경과한 시점에서 상장됨에 따라 그 주식의 가액이 1억원 증가한 경우
⑤ 특수관계 없는 자로부터 정당한 사유 없이 시가 2억원의 토지를 1억원에 양수하는 경우

해답 ③

해설 ① 특수관계자의 부동산을 무상으로 사용함에 따라 얻은 이익이 1억원 이상인 경우 증여세를 부담한다.

② 특수관계에 있는 자로부터 1억원 이상의 금전을 무상 또는 적정이자율보다 낮은 이자율로 대부받은 경우 증여세를 부담한다.

④ 비상장기업 주주의 특수관계인이 당해 주주로부터 그 비상장기업의 주식을 유상취득하고, 그로부터 5년이 경과한 시점에서 상장됨에 따라 그 주식의 가액이 1억원 증가한 경우 증여세를 부담한다.

⑤ 특수관계 없는 자로부터 정당한 사유 없이 시가 2억원의 토지를 1억원에 양수하는 경우, 차액이 3억원에 미달하므로, 증여세를 부담하지 않는다.

03 **상속세 및 증여세법상 증여재산의 범위에 대한 설명이다. 옳지 않은 것은?** 2009년 회계사

① 상속개시 후 상속재산에 대하여 민법에 따른 채권자대위권의 행사에 의하여 공동상속인들의 법정상속분대로 등기된 상속재산을 상속인 사이의 협의분할에 따라 재분할하는 경우, 특정상속인이 당초 상속분을 초과하여 취득하는 재산가액은 당해 분할에 의하여 상속분이 감소된 상속인으로부터 증여받은 재산가액에 포함한다.

② 상속개시 후 상속재산에 대하여 등기에 의하여 각 상속인의 상속분이 확정되어 등기된 후 상속세 과세표준 신고기한 이내에 재분할에 의하여 특정상속인이 당초 상속분을 초과하여 취득하는 재산가액은, 당해 분할에 의하여 상속분이 감소된 상속인으로부터 증여받은 재산가액에 포함하지 아니한다.

③ 수증자가 증여받은 토지를 증여세 과세표준 신고기한 경과 후 3월 이내에 증여자에게 다시 증여하는 경우, 당초증여에는 증여세가 부과되지만 재차증여에 대하여는 증여세를 부과하지 아니한다.

④ 수증자가 증여받은 현금을 당사자 사이의 합의에 따라 증여세 과세표준 신고기한 이내에 증여자에게 반환하는 경우, 당초증여와 반환에 대하여 모두 증여세가 과세된다.

⑤ 수증자가 증여받은 토지를 당사자 사이의 합의에 따라 증여세 과세표준 신고기한 이내에 증여자에게 반환하는 경우, 반환하기 전에 증여세 과세표준과 세액의 결정을 받은 경우를 제외하고는 처음부터 증여가 없었던 것으로 본다.

해답 ①

해설 민법에 따른 채권자대위권의 행사에 의하여 공동상속인들의 법정상속분대로 등기된 상속재산을 상속인 사이의 협의분할에 따라 재분할하는 경우는 증여받은 재산에 포함하지 않는다.

04 **비상장법인인 ㈜갑이 법인세법상 특수관계에 있는 ㈜을을 다음 자료와 같이 합병하는 경우 합병등기일 현재 ㈜을의 주주 B의 증여재산가액으로 옳은 것은?** 2012년 회계사

(1) 합병직전 각 법인의 주식평가내역은 다음과 같다.

	발행주식 총수	1주당 평가액
㈜갑	40,000주	30,000원
㈜을	20,000주	10,000원

(2) 합병직전 ㈜을의 주주현황은 다음과 같다.

주주명	보유주식수	지분율
A(개인)	10,000주	50%
B(개인)	6,000주	30%
C(개인)	2,000주	10%
D(개인)	2,000주	10%

(3) ㈜을의 주식 1주당 ㈜갑의 주식 0.8주를 지급한다.
(4) ㈜갑과 ㈜을의 주식 1주당 액면가액은 각각 5,000원이다.

① 주주B의 증여재산가액은 60,000,000원이다.
② 주주B의 증여재산가액은 75,000,000원이다.
③ 주주B의 증여재산가액은 0원이다.
④ 주주B의 증여재산가액은 120,000,000원이다.
⑤ 합병에 따른 이익의 증여 규정 적용대상이 아니다.

해답 ①

해설 주주부의 변동사항

	합병전			합병후		
	주식수	평가액	부	주식수	평가액	부
A	10,000	10,000	1억	8,000	25,000	2억
B	6,000	10,000	6천만	4,800	25,000	1억2천
C	2,000	10,000	2천만	1,600	25,000	4천만
D	2,000	10,000	2천만	1,600	25,000	4천만

* 합병 후 주가 : (40,000주×30,000+20,000주×10,000)/(40,000+20,000×0.8)=@25,000

∴ 주주B의 증여재산가액 : 120,000,000-60,000,000=60,000,000

05 **거주자 갑의 20×2년 증여 관련 다음 자료를 이용하여 대출금 및 토지의 증여세 과세가액을 계산하면 각각 얼마인가? 거주자 갑은 성년이다.** 2019년 회계사

(1) 거주자 갑은 20×2년 1월 1일 어머니로부터 450,000,000원을 20개월 후 상환하기로 하고 대출받았다. 1년간 대출이자(이자율 연 1%)를 어머니에게 지급하였으며, 법정이자율은 연 4.6%이다.
(2) 거주자 갑은 20×2년 8월 1일 할머니로부터 5필지의 토지(시가 250,000,000원)를 대가 없이 증여받았다가 이 중 1필지의 토지(시가 50,000,000원)를 20×2년 9월 15일 할머니에게 반환하였고, 1필지의 토지(시가 40,000,000원)를 20×2년 10월 28일, 그리고 다른 1필지의 토지(시가 25,000,000원)를 20×2년 12월 20일 할머니에게 반환하였다.
(3) 20×2년 8월 1일부터 토지의 시가 변동은 없는 것으로 가정한다.

	대출금에 대한 증여세 과세가액	토지에 대한 증여세 과세가액
①	20,700,000원	250,000,000원
②	20,700,000원	200,000,000원
③	20,700,000원	160,000,000원
④	16,200,000원	200,000,000원
⑤	16,200,000원	160,000,000원

해답 ⑤

해설 (1) 대출금에 대한 증여세 과세가액(증여가액이 1천만이 넘는 경우)
450,000,000×(4.6%−1%)=16,200,000
(2) 토지에 대한 증여세 과세가액
250,000,000−50,000,000−40,000,000=160,000,000

06 「상속세 및 증여세법」상 증여세 과세에 관한 설명이다. 옳은 것은? 2014년 회계사

① 주식을 취득한 후 취득자의 명의로 명의개서 하지 않은 경우 증여의제시기는 소유권취득일이 속하는 날로 한다.

② 법인이 자본을 감소시키기 위하여 주식을 소각할 때 주주 갑의 주식을 소각함으로써 다른 주주 을이 이익을 얻은 경우에는 을이 갑의 특수관계인에 해당하지 않더라도 그 이익에 상당하는 금액을 주주 을의 증여재산가액으로 한다.

③ 특수관계인에게 양도한 재산을 그 특수관계인이 양수일부터 3년 이내에 당초 양도자의 배우자에게 다시 양도한 경우에는 그 특수관계인이 그 재산을 양수한 당시의 재산가액을 배우자가 증여받은 것으로 추정하여 이를 배우자의 증여재산가액으로 한다.

④ 직업, 연령, 소득 및 재산상태 등으로 볼 때 재산을 자력으로 취득하였다고 인정하기 어려운 경우에는 그 재산을 취득한 때에 그 재산의 취득자금을 그 재산의 취득자가 증여받은 것으로 의제한다.

⑤ 명의신탁재산의 증여 의제 규정에 따라 재산을 증여한 것으로 보는 경우(명의자가 영리법인인 경우를 포함)에는 실제소유자가 해당 재산에 대하여 증여세를 납부할 의무가 있다.

해답 ⑤

해설 ① 주식을 취득한 후 취득자의 명의로 명의개서 하지 않은 경우 증여의제시기는 소유권취득일이 속하는 연도의 다음 연도 말일의 다음날로 한다.

② 법인이 자본을 감소시키기 위하여 주식을 소각할 때 특수관계인에 해당하는 대주주가 이익을 얻은 경우에는 그 이익에 상당하는 금액을 그 대주주의 증여재산가액으로 한다.

③ 특수관계인에게 양도한 재산을 그 특수관계인(양수자)이 양수일부터 3년 이내에 당초 양도자의 배우자등에게 다시 양도한 경우에는 양수자가 그 재산을 양도한 당시의 재산가액을 그 배우자등이 증여받은 것으로 추정하여 이를 배우자등의 증여재산가액으로 한다.

④ 직업, 연령, 소득 및 재산 상태 등으로 볼 때 재산을 자력(自力)으로 취득하였다고 인정하기 어려운 경우에는 그 재산을 취득한 때에 그 재산의 취득자금을 그 재산의 취득자가 증여받은 것으로 추정하여 이를 그 재산취득자의 증여재산가액으로 한다.

07 상속세 및 증여세법에 대한 설명이다. 옳지 않은 것은?

2009년 회계사 수정

① 증여자의 사망으로 인하여 효력이 발생하는 사인증여에는 상속세가 과세된다.
② 민법규정에 의한 특별연고자에 대한 상속재산의 분여에 대하여는 상속세가 과세된다.
③ 상속세 및 증여세법에서 증여라 함은 그 행위 또는 거래의 명칭·형식·목적 등에 불구하고 경제적 가치를 계산할 수 있는 유형·무형의 재산을 타인에게 직접 또는 간접적인 방법에 의하여 무상으로 이전(현저히 저렴한 대가로 이전하는 경우를 포함)하는 것 또는 기여에 의하여 타인의 재산가치를 증가시키는 것을 말한다.
④ 타인의 명의로 재산의 등기등을 한 경우 및 실제소유자 명의로 명의개서를 하지 아니한 경우에는 조세 회피 목적이 있는 것으로 의제한다.
⑤ 특수관계자로부터 1억원 이상의 금전을 무상으로 대부받은 경우에는 대부금액에 적정이자율을 적용하여 계산한 금액을 당해 금전을 대부받은 자의 증여재산가액으로 한다.

해답 ④
해설 타인의 명의로 재산의 등기등을 한 경우 및 실제소유자 명의로 명의개서를 하지 아니한 경우에는 조세 회피 목적이 있는 것으로 추정한다.

08 상속세및증여세법상 증여추정과 관련된 다음의 내용 중 틀린 것은?

2002년 회계사

① 모친 소유의 상장 주식을 증권시장의 시간외 대량매매를 통하여 딸이 취득하는 경우 증여로 추정하지 않는다.
② 부친 소유의 부동산을 법원의 경매를 통하여 아들이 취득하는 경우 증여로 추정하지 않는다.
③ 입증되지 아니하는 금액이 취득재산의 가액 또는 채무의 상환금액의 100분의 20에 상당하는 금액과 2억원중 적은 금액에 미달하는 경우 증여추정규정을 적용하지 않는다.
④ 직업, 연령 등을 감안하여 취득자금출처에 대한 충분한 소명이 있는 경우에는 증여추정을 적용하지 않는다.
⑤ 「금융실명거래 및 비밀보장에 관한 법률」 제3조에 따라 실명이 확인된 계좌 또는 외국의 관계 법령에 따라 이와 유사한 방법으로 실명이 확인된 계좌에 보유하고 있는 재산은 명의자가 그 재산을 취득한 것으로 추정하여 재산 취득자금 등의 추정 규정을 적용한다.

해답 ①
해설 모친 소유의 상장 주식을 증권시장의 시간외 대량매매를 통하여 딸이 취득하는 경우 증여로 추정된다.

09 **거주자 갑의 증여세과세가액 산정에 관한 다음 설명 중 틀린 것은?** 2006년 회계사

① 갑이 특수관계 없는 을로부터 채무인수를 조건으로 증여받은 경우 그 인수한 채무액은 증여재산가액에서 공제한다.

② 갑의 주택이 법원의 결정으로 경매절차에 의하여 아들에게 처분된 경우 증여로 추정되어 그 가액은 갑의 아들의 증여재산가액으로 한다.

③ 갑이 조부로부터 주택과 상가를 무상으로 증여받은 후, 그 중 주택을 수증일로부터 2개월이 되는 시점에 다시 반환한 경우 갑은 상가부분에 대하여만 증여세 납세의무를 진다.

④ 갑이 부친의 사망 후 상속재산의 등기 전에 다른 공동상속인과 상속재산을 협의 분할하여 법정지분을 초과해 취득한 재산가액은 증여재산에 포함시키지 아니한다.

⑤ 갑이 국가 또는 지방자치단체로부터 증여받은 재산가액에 대해서는 증여세가 과세되지 아니한다.

해답 ②

해설 법원의 결정으로 경매절차에 의하여 아들에게 처분된 경우 증여에 해당하지 않는다.

제3절 증여세 과세가액 계산

01 **갑씨는 2월 20일에 토지를 증여받았다. 다음 중 잘못된 설명은?** 2004년 회계사

① 해당 증여일 1년 전에 동일인(증여자가 직계존속이 아님)으로부터 증여받은 건물의 합계액이 8,000,000원인 경우, 그 가액을 증여세 과세가액에 가산한다.

② 갑씨의 주소 또는 거소가 분명하지 아니한 경우로서 조세채권의 확보가 곤란한 경우에 증여자는 갑씨가 납부할 증여세에 대하여 연대납세의무를 진다.

③ 갑씨가 증여받은 토지를 증여세 과세표준과 세액의 결정을 받지 않은 시점인 5월 15일에 당사자간의 합의에 따라 당초 증여자에게 반환한다면, 처음부터 증여가 없었던 것으로 본다.

④ 갑씨가 증여받은 토지를 6월 2일에 당초 증여자에게 반환한다면, 당초 증여에 대해서는 증여세가 부과되지만 그 반환에 대하여는 증여세를 부과하지 아니한다.

⑤ 증여받은 토지의 가액이 6억원이고 증여자가 배우자인 경우에 부과할 증여세는 0원이 된다. 단, 당해 증여일 전 10년 이내에 배우자로부터 증여받은 재산이 없다.

해답 ①

해설 해당 증여일 전 10년 이내에 동일인(증여자가 직계존속인 경우에는 그 직계존속의 배우자를 포함한다)으로부터 받은 증여재산가액을 합친 금액이 1천만원 이상인 경우에는 그 가액을 증여세 과세가액에 가산한다. 다만, 합산배제증여재산의 경우에는 그러하지 아니하다.

02 **거주자 갑의 20×2년 비상장주식 양수 및 양도 관련 자료이다. 갑의 20×2년 증여세 증여재산가액의 합계액으로 옳은 것은?** 2020년 회계사

(1) 20×2년 2월 12일 어머니로부터 시가 500,000,000원의 주식을 300,000,000원에 양수하였다.
(2) 20×2년 3월 23일 친구(갑의 특수관계인 아님)로부터 시가 700,000,000원의 주식을 거래의 관행상 정당한 사유 없이 500,000,000원에 양수하였다.
(3) 20×2년 5월 15일 할아버지에게 시가 200,000,000원의 주식을 400,000,000원에 양도하였다.
(4) 비상장주식의 시가는 「상속세 및 증여세법」에 따라 평가한 금액이며, 양수대가를 지급하고 양도대가를 지급받은 사실이 명백히 입증된다.

① 130,000,000원 ② 160,000,000원 ③ 190,000,000원
④ 250,000,000원 ⑤ 280,000,000원

해답 ③

해설 (1) (500,000,000-300,000,000)-min(500,000,000×30%, 300,000,000)=50,000,000
(2) 거래가액의 차이가 시가의 30%를 넘지 않으므로 증여세 과세대상이 아니다.
(3) (400,000,000-200,000,000)-min(200,000,000×30%, 300,000,000)=140,000,000

03 **「상속세 및 증여세법」상 증여세 비과세 및 과세가액불산입에 관한 설명이다. 옳지 않은 것은?**

2021년 회계사

① 국가나 지방자치단체로부터 증여받은 재산의 가액에 대해서는 증여세를 부과하지 아니한다.
② 항시 치료를 요하는 중증환자인 장애인을 수익자로 하는 보험의 보험금은 전액 비과세한다.
③ 국가 또는 지방자치단체가 증여받은 재산의 가액에 대해서는 증여세를 부과하지 아니한다.
④ 설립근거 법령의 변경으로 비영리법인이 해산되어 해당 법인의 재산과 권리·의무를 다른 비영리법인이 승계받은 경우 승계받은 해당 재산의 가액에 대해서는 증여세를 부과하지 아니한다.
⑤ 「공익신탁법」에 따른 공익신탁으로서 종교·자선·학술 또는 그 밖의 공익을 목적으로 하는 신탁을 통하여 공익법인에 출연하는 재산의 가액은 증여세 과세가액에 산입하지 아니한다.

해답 ②

해설 항시 치료를 요하는 중증환자인 장애인을 수익자로 하는 보험의 보험금은 연간 4천만원을 한도로 증여세를 부과하지 않는다.

제4절 과세표준 및 납부세액의 계산

01 다음은 증여세 납세의무 및 과세표준계산에 관한 설명이다. 옳은 것은? 2007년 회계사 수정

① 증여세는 수증자가 납세의무를 지며 수증자가 증여세를 납부하지 못할 경우 증여자는 항상 연대납세의무를 진다.
② 영리법인도 증여세를 납부할 의무가 있다.
③ 상속재산에 대한 공동상속인 사이의 최초 등기에 의하여 법정상속재산을 초과하여 재산을 취득하는 경우 그 초과분을 증여로 본다.
④ 거주자가 직계존속으로부터 혼인일(「가족관계의 등록 등에 관한 법률」 제15조제1항제3호에 따른 혼인관계증명서상 신고일을 말한다) 전후 2년 이내에 증여를 받는 경우에는 증여재산공제와 별개로 1억원을 증여세 과세가액에서 공제한다.
⑤ 수증자가 증여받은 재산을 증여세 과세표준신고기한 경과 후 3월 이내에 증여자에게 반환하는 경우 처음부터 증여가 없었던 것으로 본다.

해답 ④

해설 ① 증여자는 채무면제 등에 따른 이익의 증여 등 특정 사유에 해당하는 경우에는 연대납세의무를 지지 않는다.
② 영리법인은 증여세가 면제되며, 자산수증이익으로 보아 법인세가 과세된다.
③ 최초 협의분할은 증여로 보지 않으므로, 상속재산에 대한 공동상속인 사이의 최초 등기에 의하여 법정상속재산을 초과하여 재산을 취득하는 경우 그 초과분에 대해서도 증여세를 과세하지 아니한다.
⑤ 수증자가 증여받은 재산을 증여세 과세표준신고기한 경과 후 3월 이내에 증여자에게 반환하는 경우 당초 증여분은 과세하고, 반환거래분은 과세하지 않는다.

02 다음 자료를 이용하여 성년 거주자 갑의 증여세산출세액을 계산하면 모두 얼마인가? (단, 갑은 과거 10년 이내에 증여받은 사실이 없다.) 2008년 회계사

가. 20×2년 1월 10일 : 할아버지가 손자 갑에게 현금 1억원 증여
나. 20×2년 1월 10일 : 아버지가 아들 갑에게 현금 1억원 증여
다. 증여세율

과세표준	세 율
1억원 이하	과세표준의 100분의 10
1억원 초과 5억원 이하	1천만원+1억원을 초과하는 금액의 100분의 20

① 27,600,000원 ② 24,000,000원 ③ 17,250,000원
④ 15,000,000원 ⑤ 16,500,000원

해답 ③

해설 조부 증여분 산출세액 : $[100,000,000-50,000,000\times\frac{1억}{2억}]\times10\%\times130\% = 9,750,000$

부친 증여분 산출세액 : $[100,000,000-50,000,000\times\frac{1억}{2억}]\times10\% = 7,500,000$

산출세액 : 9,750,000+7,500,000 = 17,250,000

03 다음 자료를 이용하여 거주자 갑의 20×2년도 귀속 증여재산가액을 계산한 것으로 옳은 것은?

2015년 회계사

(1) 갑은 20×2년 1월 1일 아버지로부터 500,000,000원을 대출받은 후 1년간 대출이자(연 이자율 3%)를 아버지에게 지급하였다. 대출기간은 20×2년 1월 1일부터 20×3년 9월 30일까지이며, 법령상 적정이자율은 연 8%로 가정한다.
(2) 갑은 20×2년 7월 5일 할머니로부터 시가 200,000,000원인 부동산을 증여받았으나, 20×2년 10월 3일 할머니에게 반환하였다. 단, 반환 전에 증여세 과세표준과 세액을 결정받지 않았다.
(3) 갑은 20×2년 3월 30일 어머니로부터 시가 800,000,000원인 비상장주식을 200,000,000원에 양수하였다.

① 325,000,000원 ② 375,000,000원 ③ 385,000,000원
④ 400,000,000원 ⑤ 585,000,000원

해답 ③

해설 (1) 500,000,000×(8%-3%)=25,000,000
(2) 0
(3) (800,000,000-200,000,000)-min(800,000,000×30%, 300,000,000)=360,000,000

04 **다음 자료를 이용하여 거주자 갑(미성년자 아님)의 20×2년도 귀속 증여세 산출세액을 계산한 것으로 옳은 것은?**

2017년 회계사

(1) 20×1.11.9. 친형(을)으로부터 받은 증여재산: 10,000,000원
(2) 20×2.2.9. 어머니로부터 받은 증여재산: 60,000,000원
(3) 20×2.2.9. 친조부로부터 받은 증여재산: 90,000,000원
(4) 20×2.2.9. 친형(을)으로부터 받은 증여재산: 25,000,000원
(5) 증여재산은 모두 현금이며 상기 자료 이외 거주자 갑이 증여받은 사실이 없음
(6) 증여세율

과세표준	기본세율
1억원 이하	과세표준의 100분의 10
1억원 초과 5억원 이하	1천만원+1억원 초과하는 금액의 100분의 20

① 8,700,000원
② 12,500,000원
③ 14,300,000원
④ 15,000,000원
⑤ 16,800,000원

해답 ③

해설 (1) 형 : {(10,000,000+25,000,000)−10,000,000}×10%=2,500,000

(2) 어머니 : $(60{,}000{,}000-50{,}000{,}000\times\frac{60{,}000{,}000}{60{,}000{,}000+90{,}000{,}000})\times 10\%=4{,}000{,}000$

(3) 친조부 : ①+②=7,800,000

① $(90{,}000{,}000-50{,}000{,}000\times\frac{90{,}000{,}000}{60{,}000{,}000+90{,}000{,}000})\times 10\%=6{,}000{,}000$

② 세대생략가산액 : 6,000,000×30%=1,800,000

05 증여세에 대한 설명이다. 옳지 않은 것은? 2011년 회계사

① 거주자가 직계존속으로부터 자녀의 출생일(「가족관계의 등록 등에 관한 법률」에 따른 출생신고서상 출생일을 말한다) 또는 입양일(「가족관계의 등록 등에 관한 법률」에 따른 입양신고일을 말한다)부터 2년 이내에 증여를 받는 경우에는 혼인으로 인한 증여재산공제 및 증여재산공제와 별개로 1억원을 증여세 과세가액에서 공제한다. 이 경우 그 증여세 과세가액에서 공제받을 금액과 수증자가 이미 전단에 따라 공제받은 금액을 합한 금액이 1억원을 초과하는 경우에는 그 초과하는 부분은 공제하지 아니한다.

② 성년인 거주자 갑이 직계존속인 할아버지와 아버지로부터 각각 현금 5천만원을 동시에 증여받은 경우 각각의 증여세 과세표준의 총합계액은 5천만원이다.(갑은 생애 처음으로 증여를 받았음)

③ 연부연납의 허가를 받은 경우에는 분할납부할 수 없다.

④ 최대주주의 주식을 증여한 경우 일반적 평가액에 지분율에 관계없이 30%를 할증하여 평가한다.

⑤ 특수관계자에게 시가 5억원인 유형고정자산을 정당한 사유없이 9억원에 양도한 경우 양도자의 증여재산가액은 2억5천만원이다.

해답 ④

해설 최대주주 또는 최대출자자 및 그의 대통령령으로 정하는 특수관계인에 해당하는 주주 또는 출자자의 주식 등에 대해서는 평가한 가액 또는 인정되는 가액에 그 가액의 100분의 20(대통령령으로 정하는 중소기업의 경우에는 100분의 10)을 가산하되, 최대주주등이 해당 법인의 발행주식총수등의 100분의 50을 초과하여 보유하는 경우에는 100분의 30(대통령령으로 정하는 중소기업의 경우에는 100분의 20)을 가산한다.

CHAPTER

03 신고납부 및 경정결정

01 **상속세와 증여세에 대한 다음 설명 중 가장 잘못된 것은?** 2003년 회계사 수정

① 피상속인과 상속인이 국내에 주소를 두고 있으며, 20×2년 3월 5일에 상속이 개시되는 경우에 상속세 납부의무가 있는 상속인은 20×2년 9월 30일까지 상속세의 과세가액 및 과세표준을 신고하여야 한다.

② 연부연납을 허가받은 경우를 제외하고는, 납부할 증여세가 18,000,000원인 경우에는 10,000,000원을 납부하고 나머지 8,000,000원은 납부기한 경과 후 2개월 이내에 분납할 수 있다.

③ 상속세 납부세액 또는 증여세 납부세액이 20,000,000원을 초과하는 경우에는 담보를 제공하고 연부연납을 할 수 있다.

④ 증여세의 연부연납 기간은 연부연납 허가를 받은 날부터 5년 이내이며, 증여세의 연부연납 기간은 연장되는 경우가 없다.

⑤ 증여받은 재산 중 부동산과 유가증권의 가액이 당해 재산가액의 60%에 해당하고, 증여세 납부세액이 25,000,000원인 경우에는 물납을 신청할 수 있다.

해답 ④

해설 조세특례제한법에 따른 가업의 승계에 대한 증여세 과세특례를 적용받는 경우 연부연납 허가일부터 15년의 기간을 적용한다.

02 **「상속세 및 증여세법」상 연부연납과 물납에 관한 설명이다. 옳지 않은 것은?** 2015년 회계사

① 상속세 과세표준과 세액의 결정통지를 받은 자가 연부연납을 신청하고자 할 경우 해당 납세고지서의 납부기한까지 연부연납신청서를 제출할 수 있다.

② 납세지 관할세무서장은 물납허가일부터 30일 이내의 범위에서 물납재산의 수납일을 지정하여야 한다.

③ 납세지 관할세무서장은 물납신청을 받은 재산에 저당권이 설정되어 관리·처분상 부적당하다고 인정하는 경우에는 물납허가를 하지 않을 수 있다.

④ 납세지 관할세무서장이 상속세의 연부연납을 허가하는 경우 납세의무자는 담보를 제공하여야 한다.

⑤ 납세지 관할세무서장은 상속재산 중 법령에 따른 부동산과 유가증권의 가액이 해당 재산가액의 1/2을 초과하고 상속세 납부세액이 1천만원을 초과할 경우 물납을 허가할 수 있다.

해답 ⑤

해설 납세지 관할세무서장은 상속재산 중 법령에 따른 부동산과 유가증권의 가액이 해당 재산가액의 1/2을 초과하고 상속세 납부세액이 2천만원을 초과할 경우 물납을 허가할 수 있다.

CHAPTER
04 상속, 증여재산의 평가

제1절 보충적 평가방법

01 **다음 자료에 의하여 거주자 갑의 상속재산에 포함될 「상속세 및 증여세법」상 비상장주식의 평가액을 계산한 것으로 옳은 것은? (계산과정에서 발생하는 소수점 이하는 반올림하며, 주어진 자료 이외의 다른 사항은 고려하지 않음)** 2013년 회계사

⑴ 갑은 20×5년 9월 20일에 사망한 부친으로부터 ㈜A(중소기업 아님)가 발행한 비상장주식 2,500주를 상속받았다.
⑵ 상속개시 전 최근 3년간 ㈜A의 1주당 순손익액은 각각 다음과 같고 비정상적인 손익변동은 없었다.

20×2년	20×3년	20×4년
3,200원	3,500원	3,100원

⑶ 상속개시 당시 ㈜A의 순자산가액은 260억원이다.
⑷ ㈜A의 사업연도는 1월 1일부터 12월 31일까지이며, ㈜A는 부동산과다보유법인이 아니다. 또한 총발행주식수는 20×1년 이후 1,000,000주로 변동이 없다.
⑸ 1주당 순손익가치를 계산하는 경우 할인율(순손익가치환원율)은 10%로 가정한다.
⑹ 갑은 ㈜A의 최대주주가 아니며 주식의 할증평가 대상이 아니다.

① 74,750,000원 ② 75,250,000원 ③ 75,000,000원
④ 71,500,000원 ⑤ 73,125,000원

해답 ①

해설 1주당 순손익가치 : $\frac{(3,200 \times 1 + 3,500 \times 2 + 3,100 \times 3)}{6} \div 10\% = 32,500$

1주당 순자산가치 : 260억원÷1,000,000 = 26,000

1주당 평가액 : $\frac{(32,500 \times 3 + 26,000 \times 2)}{5} = 29,900$

상속재산가액 : 32,500×2,500주 = 74,750,000

02 **상속세 및 증여세법상 재산의 평가에 관한 설명이다. 옳지 않은 것은?** 2012년 회계사

① 따로 평가방법을 규정하지 않은 기타 유형재산의 시가를 산정하기 어려운 경우에는 재취득가액에서 취득일부터 평가기준일까지의 감가상각비 상당액을 공제한 가액을 평가액으로 한다.

② 전세권이 등기된 재산(임대보증금을 받고 임대한 재산 포함)은 평가기준일 당시의 시가(또는 보충적 평가방법에 따른 평가액)와 등기된 전세금(임대보증금을 받고 임대한 경우에는 임대보증금) 중 큰 금액으로 평가한다.

③ 국외재산에 대하여 시가에 의한 평가방법 또는 보충적 평가방법을 적용하는 것이 부적당한 경우에는 해당 재산이 소재하는 국가에서 양도소득세, 상속세 또는 증여세 등의 부과목적으로 평가한 가액을 평가액으로 한다.

④ 소유권의 대상이 되는 동물에 대하여 시가를 산정하기 어려운 경우에는 그것을 처분할 때 취득할 수 있다고 예상되는 가액(그 가액이 확인되지 아니하는 경우에는 장부가액)을 평가액으로 한다.

⑤ 외화자산 및 부채는 평가기준일 현재 외국환거래법에 의한 기준환율 또는 재정환율에 의하여 환산한 가액으로 평가한다.

해답 ①

해설 따로 평가방법을 규정하지 않은 기타 유형재산의 시가를 산정하기 어려운 경우에는 재취득가액으로 하되, 재취득가액이 확인되지 않으면 장부가액으로 한다.

03 **「상속세 및 증여세법」상 재산의 평가에 관한 설명이다. 옳지 않은 것은?** 2010년 회계사

① 무체재산권(무체재산권)의 가액은 재산의 취득 가액에서 취득한 날부터 평가기준일까지의 「법인세법」상의 감가상각비를 뺀 금액과 장래의 경제적 이익 등을 고려하여 대통령령으로 정하는 방법으로 평가한 금액 중 큰 금액으로 한다.

② 존속기간이 불확정한 권리의 가액은 평가기준일 현재의 권리의 성질, 목적물의 내용연수 기타 제반사항을 감안한 적정한 가액에 의한다.

③ 단독주택(부수토지 포함)은 개별주택가격으로 평가한다.

④ 무기정기금을 받을 권리는 각 연도에 받을 정기금액을 현재가치로 환산한 가액의 합계액으로 평가한다.

⑤ 소송 중의 권리는 평가기준일 현재의 분쟁관계의 진상을 조사하고 소송진행의 상황을 감안한 적정가액으로 평가한다.

해답 ④

해설 무기정기금을 받을 권리는 1년분 정기금의 20배로 평가한다.

04 **상속세 또는 증여세가 부과되는 재산의 평가원칙에 대한 설명이다. 옳은 것은?** 2008년 회계사

① 상속세가 부과되는 재산의 가액은 상속세과세표준신고일 현재의 시가에 의한다.
② 한국거래소에서 평가기준일 이전 2월의 기간 중 거래실적이 있는 국채는 평가기준일 전 2월간 공표된 매일의 최종시세가액의 평균액으로 평가한다.
③ 한국거래소에서 거래되는 주식은 평가기준일 이전 2월간에 공표된 매일의 한국거래소의 최종시세가액의 평균액으로 평가한다.
④ 비상장 부동산과다보유법인의 주식은 1주당 순손익가치와 1주당 순자산가치를 각각 3과 2의 비율로 가중평균한 가액으로 평가한다.
⑤ 상속재산의 가액에 가산하는 증여재산의 가액은 증여일 현재의 시가에 의한다.

해답 ⑤
해설 ① 상속세가 부과되는 재산의 가액은 상속 개시일 현재의 시가에 의한다.
② 한국증권거래소에서 평가기준일 이전 2월의 기간 중 거래실적이 있는 국채는 평가기준일 전 2월간 공표된 매일의 최종시세가액의 평균액과 평가기준일 전 최근일의 최종시세가액 중 큰 금액으로 평가한다.
③ 한국거래소에서 거래되는 주식은 평가기준일 전후 각 2월간에 공표된 매일의 한국거래소의 최종시세가액의 평균액으로 평가한다.
④ 비상장 부동산과다보유법인의 주식은 1주당 순손익가치와 1주당 순자산가치를 각각 2와 3의 비율로 가중평균한 가액으로 평가한다.

05 **다음은 상속세 및 증여세가 부과되는 재산에 대해 시가를 산정하기 어려운 경우의 평가방법에 관한 설명이다. 옳지 않은 것은?** 2007년 회계사

① 주택은 「부동산가격공시및감정평가에관한법률」에 의한 개별주택가격 및 공동주택가격. 다만, 공동주택가격의 경우에는 국세청장이 결정 고시한 공동주택가격이 있는 때에는 그 가격에 의한다.
② 지정지역 안의 오피스텔 및 상업용 건물은 건물의 종류·규모·거래상황·위치 등을 참작하여 매년 1회 이상 국세청장이 토지와 건물에 대하여 일괄하여 산정·고시한 가액에 의한다.
③ 예금은 평가기준일 현재 예입총액과 같은 날 현재 이미 경과한 미수이자 합계액에서 원천징수세액을 차감한 가액으로 한다.
④ 토지는 개별공시지가를 원칙으로 하며, 지가가 급등하는 지역으로 세법이 정하는 지역의 토지에 대하여는 개별공시지가에 법정배율을 곱하여 계산한 금액에 의하여 평가한다.
⑤ 부동산과다보유 비상장법인의 주식은 1주당 순자산가치에 의하여 평가한다.

해답 ⑤
해설 부동산과다보유 비상장법인의 주식은 1주당 순손익가치와 1주당 순자산가치를 각각 2와 3의 비율로 가중평균한 가액으로 평가한다.

06 **다음 자료에 근거하여 거주자 진종식씨가 20×5년 1월 5일에 보유주식을 딸에게 증여할 경우 증여세과세가액을 계산하기 위한 1주당 평가액을 계산하면 얼마인가?**

> (1) 진종식씨는 비상장법인 ㈜실로암(중소기업 아님)의 총발행주식 110,000주 중 6%를 보유하고 있으며, 진종식씨와 특수관계에 있는 최대주주 박철오씨는 ㈜실로암의 총발행주식의 55%를 보유하고 있다.
> (2) ㈜실로암은 20×5년 1월 5일 현재 자산총액 중 부동산과 부동산상의 권리의 합계액이 60% 이상을 차지하고 있으며, 세무상 자산합계액은 50억원, 세무상 부채합계액은 28억원이다.
> (3) ㈜실로암의 최근 3년간의 주당순손익은 각각 550원(20×4년), △320원(20×3년), 400원(20×2년)이며, 국세청장이 고시한 이자율은 10%라고 가정한다.

① 16,000원　② 16,822원　③ 16,058원
④ 12,940원　⑤ 12,233원

해답 ②

해설

1주당 순손익가치 : {(550원×3+△320원×2+400원×1)× $\frac{1}{6}$ }÷10%=2,350원

1주당 순자산가치 : (50억원－28억원)÷110,000주=20,000원

1주당 평가액 : (2,350원×2+20,000원×3)× $\frac{1}{5}$ =12,940원

최대주주 할증평가액 : 12,940원×130%=16,822원

07 **상속 또는 증여재산의 시가를 산정하기 어려울 경우 상속세 및 증여세법에서 규정하고 있는 보충적 평가방법에 대한 다음의 설명 중 가장 옳은 것은?** 2005년 회계사

① 코스닥시장에 상장된 주식은 평가기준일 이전 및 이후 각 3개월간의 공표된 매일의 코스닥시장 최종 시세가액의 평균액으로 한다.
② 비상장된 부동산과다보유법인의 주식은 1주당 순자산가치와 순손익가치를 각각 3과 2의 비율로 가중평균한 가액으로 한다.
③ 아파트 분양 당첨권은 분양가액으로 한다.
④ 판매용이 아닌 골동품은 감정평가심의회에서 감정한 감정가액으로 한다.
⑤ 차량은 처분할 경우 다시 취득할 수 있다고 예상되는 가액과 장부가액 중 큰 가액으로 한다.

해답 ②

해설 ① 코스닥시장에 상장된 주식은 평가기준일 이전 및 이후 각 2개월간의 공표된 매일의 코스닥시장 최종 시세가액의 평균액으로 한다.
③ 아파트당첨권은 평가기준일까지 불입한 금액에 평가기준일 현재 프리미엄을 가산하여 평가한다.
④ 판매용이 아닌 골동품은 2인 이상의 전문가가 감정한 가액의 평균액과 감정평가심의회에서 감정한 감정가액 중 큰 금액으로 한다.
⑤ 차량은 그것을 처분할 때에 취득할 수 있다고 예상되는 가액으로 하되, 그 가액이 확인되지 아니하는 경우에는 장부가액, 시가표준액에 의한 가액을 순차로 적용한 가액으로 평가한다.

08 「상속세 및 증여세법」상 주식의 평가에 관한 설명이다. 옳은 것은? 2016년 회계사

① 유가증권시장에서 거래되는 주식은 평가기준일 현재의 최종시세가액에 의한다.
② 사업개시 후 3년 미만인 비상장법인 주식의 시가를 산정하기 어려워 「상속세 및 증여세법」에서 규정하고 있는 보충적평가방법을 적용하는 경우 그 주식의 가액은 순자산가치만으로 평가한다.
③ 비상장주식의 1주당 순자산가치를 산정함에 있어서 해당 법인의 자산가액은 시가와 장부가액 중 적은 금액으로 한다.
④ 비상장주식의 1주당 순손익가치를 산정함에 있어서 최근 3년간의 순손익액의 가중평균액은 과거 순손익액과 장래의 추정이익 중 적은 금액을 기준으로 계산한다.
⑤ 최대주주의 주식에 대하여 할증평가를 하는 경우 할증비율은 최대주주의 지분율에 관계없이 30%가 적용된다.

해답 ②

해설 ① 유가증권시장에서 거래되는 주식은 평가기준일 이전·이후 각 2개월 동안 공표된 매일의 거래소 최종 시세가액의 평균액으로 한다. 다만, 합병으로 인한 이익을 계산할 때 합병으로 소멸하거나 흡수되는 법인 또는 신설되거나 존속하는 법인이 보유한 상장주식의 시가는 평가기준일 현재의 거래소 최종 시세가액으로 한다.
③ 비상장주식의 1주당 순자산가치를 산정함에 있어서 해당 법인의 자산가액은 장부가액으로 한다.
④ 최근 3년간의 순손익의 가액은 다음과 같이 계산한다.

$$1주당\ 최근\ 3년간\ 순손익액의\ 가중평균액 = \frac{A \times 3 + B \times 2 + C \times 1}{6}$$

A : 평가기준일이전 1년이 되는 사업연도의 1주당 순손익액
B : 평가기준일이전 2년이 되는 사업연도의 1주당 순손익액
C : 평가기준일이전 3년이 되는 사업연도의 1주당 순손익액

⑤ 최대주주의 주식에 대하여 할증평가를 하는 경우 할증비율은 최대주주의 지분율에 관계없이 20%가 적용된다. (중소기업 제외)

09 **다음은 거주자 갑씨가 상속받은 주식과 관련된 자료이다. 다음 자료를 이용하는 경우에 갑씨가 상속받은 ㈜설악의 주식은 갑씨의 상속세 과세가액 계산시 얼마로 평가되는가?** 2004년 회계사

(1) 상속받은 주식은 비상장·비등록법인인 ㈜설악의 주식 5,000주(주당 액면가액 5,000원)이며 상속개시일은 20×2년 3월 2일이다. 갑씨는 ㈜설악의 최대주주가 아니다.
(2) 상속 개시일 당시 ㈜설악의 세무상 자산(영업권 평가액을 포함함)은 30억원이고, 세무상 부채는 20억원이다. ㈜설악의 총발행주식수는 설립 이후 계속 100,000주로 유지되고 있고, ㈜설악은 부동산과다보유법인이 아니다.
(3) 상속개시전 ㈜설악의 최근 3년간의 주당순이익은 다음과 같다.

평가기준일 3년 전	평가기준일 2년 전	평가기준일 1년 전
900원	1,200원	1,500원

1주당 순손익가치 계산시 적용되는 국세청장 고시이자율은 10%이다.

① 23,900,000원 ② 50,000,000원 ③ 53,000,000원
④ 56,000,000원 ⑤ 59,000,000원

해답 ⑤

해설 1주당 순손익가치 : (900×1+1,200×2+1,500×3)/6÷0.1=13,000
1주당 순자산가치 : (30억원−20억원)÷100,000=10,000
1주당 평가액 : (13,000×3+10,000×2)/5=11,800
상속재산가액 : 11,800×5,000=59,000,000

Part

05

국세기본법

제1장 총칙
제2장 조세이론
제3장 조세법률관계의 변동
제4장 조세채권의 보전
제5장 납세자권리
제6장 심사와 심판(조세불복제도)

CHAPTER

01 총칙

제1절 국세기본법 통칙

01 **다음은 국세기본법에서 사용하는 용어의 정의이다. 가장 틀린 것은?** 2007년 세무사

① "세법"이라 함은 국세의 종목과 세율을 정하고 있는 법률과 국세징수법, 조세특례제한법, 국제조세조정에 관한 법률, 조세범처벌법 및 조세범처벌절차법을 말한다.
② "강제징수비"(滯納處分費)란 「국세징수법」 중 강제징수에 관한 규정에 따른 재산의 압류, 보관, 운반과 매각에 든 비용매각을 대행시키는 경우 그 수수료를 포함한다)을 말한다.
③ "공과금"이라 함은 국세징수법에 규정하는 강제징수의 예에 의하여 징수할 수 있는 채권 중 국세·관세·임시수입부가세 및 지방세와 이에 관계되는 강제징수비를 말한다.
④ "과세표준"이라 함은 세법에 의하여 직접적으로 세액산출의 기초가 되는 과세물건의 수량 또는 가액을 말한다.
⑤ "법정신고기한"이라 함은 세법에 의하여 과세표준신고서를 제출할 기한을 말한다.

해답 ③
해설 "공과금"(公課金)이란 「국세징수법」에서 규정하는 강제징수의 예에 따라 징수할 수 있는 채권 중 국세, 관세, 임시수입부가세, 지방세와 이에 관계되는 강제징수비를 **제외**한 것을 말한다.

02 **「국세기본법」상 용어의 정의에 관한 설명으로 옳지 않은 것은?** 2016년 세무사

① '세무공무원'에는 국세청장, 지방국세청장, 세무서장 또는 그 소속 공무원뿐만 아니라 세법에 따라 국세에 관한 사무를 세관장이 관장하는 경우의 그 소속 공무원도 포함한다.
② '가산세'란 국세기본법 및 세법에서 규정하는 의무의 성실한 이행을 확보하기 위하여 세법에 따라 산출한 세액에 가산하여 징수하는 금액을 말한다.
③ '제2차 납세의무자'란 납세자가 납세의무를 이행할 수 없는 경우에 납세자를 갈음하여 납세의무를 지는 자를 말한다.
④ '납세의무자'는 연대납세의무자, 제2차 납세의무자, 보증인, 원천징수의무자를 포함한다.
⑤ '과세표준'이란 세법에 따라 직접적으로 세액산출의 기초가 되는 과세대상의 수량 또는 가액을 말한다.

해답 ④

해설 납세의무자는 연대납세의무자, 제2차 납세의무자, 보증인을 포함하며 원천징수의무자는 납세의무자는 아니나 납세자에는 해당한다.

03 「국세기본법」과 세법의 관계와 관련하여 세법의 규정보다 「국세기본법」의 규정이 예외 없이 우선 적용되는 경우들로만 짝지어 놓은 것으로 옳은 것은? 2010년 세무사

ㄱ. 연대납세의무	ㄴ. 납세의무의 승계
ㄷ. 납세의무의 소멸	ㄹ. 국세의 우선권
ㅁ. 제2차 납세의무	ㅂ. 물적납세의무
ㅅ. 가산세의 부과와 감면	ㅇ. 납세의무의 확정
ㅈ. 소급입법과세금지의 원칙	ㅊ. 경정청구
ㅋ. 실질과세원칙	ㅍ. 신의성실원칙

① ㄱ, ㄷ, ㅁ, ㅅ　② ㄴ, ㅁ, ㅈ, ㅋ　③ ㄹ, ㅂ, ㅇ, ㅈ
④ ㄷ, ㅇ, ㅊ, ㅍ　⑤ ㅂ, ㅅ, ㅊ, ㅋ

해답 ③

해설 국세기본법이 세법에 우선하여 적용되지만 다음의 사항에 대해서는 개별세법이 특례규정을 두고 있는 경우, 개별세법이 국세기본법에 우선한다.
㉠ 연대납세의무자에 대한 서류의 송달
㉡ 국세부과의 원칙(실질과세의 원칙·신의성실의 원칙·근거과세의 원칙·조세감면의 사후관리)
㉢ 납세의무의 승계　㉣ 연대납세의무　㉤ 납부의무의 소멸　㉥ 납세담보
㉦ 제2차 납세의무　㉧ 관할관청　㉨ 경정 등의 청구　㉩ 기한후 신고
㉪ 가산세의 부과와 감면　㉫ 국세환급금 및 국세환급가산금　㉬ 불복　㉭ 보칙

04 「국세기본법」은 세법에 우선하여 적용한다. 다만, 세법에서 특례 규정을 두고 있는 경우에는 그 세법에서 정하는 바에 따르는데, 다음 중 「국세기본법」규정이 세법 규정에 항상 우선하는 것은? 2019년 세무사

① 기한 후 신고　② 납세의무의 성립과 확정
③ 물적납세의무　④ 연대납세의무
⑤ 고지금액의 최저한도

해답 ②

05 **국세기본법은 세법에 우선하여 적용하는 것이 원칙이나 일부 규정에 대한 특례규정을 세법에서 두고 있는 경우에는 그 세법에서 정하는 바에 따른다. 이에 해당하지 않는 것은?** 2017년 회계사

① 국세환급금의 충당과 환급
② 국세부과의 제척기간
③ 국세부과의 원칙
④ 경정 등의 청구
⑤ 연대납세의무

해답 ②
해설 국세부과의 제척기간은 해당하지 않는다.

06 **국세기본법상 납세의무자에 관한 설명이다. 옳지 않은 것은?** 2020년 회계사

① 납세의무자란 세법에 따라 국세를 납부할 의무가 있는 자를 말하며 국세를 징수하여 납부할 의무가 있는 자도 포함한다.
② 제2차 납세의무자란 납세자가 납세의무를 이행할 수 없는 경우에 납세자를 갈음하여 납세의무를 지는 자를 말한다.
③ 납세의 고지에 관한 서류는 연대납세의무자 모두에게 각각 송달하여야 한다.
④ 세무공무원이 국세의 과세표준을 조사·결정할 때에는 해당 납세의무자가 계속하여 적용하고 있는 기업회계의 기준 또는 관행으로서 일반적으로 공정·타당하다고 인정되는 것은 존중하여야 하나 세법에 특별한 규정이 있는 것은 그러하지 아니하다.
⑤ 제2차 납세의무자로서 납부통지서를 받은 자가 세법에 따른 처분으로 인하여 권리나 이익을 침해당하게 될 이해관계인에 해당하는 경우 위법 또는 부당한 처분을 받은 자의 처분에 대하여 불복청구를 할 수 있다.

해답 ①
해설 납세의무자란 세법에 따라 국세를 납부할 의무가 있는 자를 말하며, 이 경우 국세를 징수하여 납부할 의무가 있는 자는 제외한다. 국세를 징수하여 납부할 의무가 있는 자는 납세자에 해당한다.

제2절 기간과 기한

01 국세기본법상 기간과 기한에 관한 내용으로 틀린 것은? 2006년 세무사

① 신고서 등을 국세정보통신망을 이용하여 제출하는 경우에는 해당 신고서 등이 국세청장에게 전송된 다음날에 신고되거나 청구된 것으로 본다.
② 국세기본법 및 세법에 규정하는 기간의 계산은 국세기본법 또는 세법에 특별한 규정이 있는 것을 제외하고는 민법에 의한다.
③ 국세기본법 또는 세법에 규정하는 징수에 관한 기한이 공휴일 및 대체휴일에 해당하는 때에는 그 공휴일의 다음날을 기한으로 한다.
④ 국세기본법 또는 세법에 의한 국세의 납부에 관한 기한이 근로자의 날 제정에 관한 법률에 의한 근로자의 날에 해당하는 때에는 그 다음날을 기한으로 한다.
⑤ 국세기본법 또는 세법에 규정하는 신고기한일에 국세정보통신망이 정전 등 부득이한 사유로 가동이 정지되어 전자신고를 할 수 없는 경우에는 그 장애가 복구되어 신고할 수 있게 된 날의 다음날을 기한으로 한다.

해답 ①
해설 신고서 등을 국세정보통신망을 이용하여 제출하는 경우에는 해당 신고서 등이 국세청장에게 전송된 때에 신고되거나 청구된 것으로 본다.

02 국세기본법에서 규정하고 있는 기한의 연장에 대한 설명이다. 옳지 않은 것은? 2008년 세무사

① 납세자 동거가족의 사망으로 상중이어서 세법에 규정하는 신고·납부를 정하여진 기한까지 할 수 없다고 인정되는 경우에는 관할세무서장은 신고·납부기한을 연장할 수 있다.
② 기한연장은 3개월 이내로 하되, 해당 기한연장의 사유가 소멸되지 않는 경우 관할 세무서장은 9개월의 범위에서 그 기한을 다시 연장할 수 있다
③ 홍수로 피해를 입어 세법에 규정하는 신고·납부를 정하여진 기한까지 할 수 없다고 인정되는 경우에는 납세자의 신청이 없어도 관할세무서장은 신고·납부기한을 연장할 수 있다.
④ 납세자가 도난을 당하여 세법에 규정하는 신고·납부를 정하여진 기한까지 할 수 없다고 인정되는 경우에는 관할세무서장은 신고·납부기한을 연장할 수 있다.
⑤ 권한 있는 기관에 장부·서류가 압수되어 세법에 규정하는 신고·납부를 정하여진 기한까지 할 수 없다고 인정되는 경우에는 관할세무서장은 신고·납부기한을 연장할 수 있다.

해답 ②
해설 기한연장은 3개월 이내로 하되, 해당 기한연장의 사유가 소멸되지 않는 경우 관할 세무서장은 1개월의 범위에서 그 기한을 다시 연장할 수 있다

03 **납부기한 연장에 관한 설명으로 옳지 않은 것은?** 2011년 세무사

① 정전, 프로그램의 오류, 그 밖의 부득이한 사유로 한국은행(그 대리점을 포함) 및 체신관서의 정보통신망의 정상적인 가동이 불가능한 경우 관할 세무서장은 신고기한을 연장할 수 있다.

② 납부기한 만료일 10일 전에 납세자가 한 납부기한 연장신청에 대하여 세무서장이 신청일로부터 10일 이내에 승인 여부를 통지하지 아니하면 그 10일이 되는 날에 납부기한의 연장을 승인한 것으로 본다.

③ 관할 세무서장은 최장 6개월을 넘지 않는 범위에서 신고와 관련된 기한연장을 할 수 있다.

④ 국세징수법 상 납기전 징수에 따른 고지의 경우 국세의 납세고지서가 도달한 날에 이미 납부기한이 경과한 때에는 그 도달한 날이 해당 국세의 납부기한이 된다.

⑤ 독촉장을 송달한 경우에 도달한 날부터 14일 이내에 납부기한이 되는 경우 해당 국세등의 독촉 납부기한은 독촉장이 도달한 날부터 14일이 지난 날로 한다.

해답 ③

해설 관할 세무서장은 최장 9개월을 넘지 않는 범위에서 신고와 관련된 기한연장을 할 수 있다.

04 **국세기본법에서 정하는 기한과 기간의 설명으로 옳은 것은?** 2001년 세무사

① 국세의 신고에 관한 기한이 근로자의 날 제정에 관한 법률에 의한 근로자의 날에 해당하는 때에는 근로자의 날을 기한으로 한다.

② 법에서 규정하는 신고기한일이나 납부기한일에 국세정보통신망이 대통령령으로 정하는 장애로 가동이 정지되어 전자신고나 전자납부(이 법 또는 세법에 따라 납부할 국세를 정보통신망을 이용하여 납부하는 것을 말한다)를 할 수 없는 경우에는 그 장애가 복구되어 신고 또는 납부할 수 있게 된 날의 다음날을 기한으로 한다.

③ 과세표준신고서를 정보처리장치에 의하여 제출하는 경우에는 국세청장이 지정하는 정보처리장치에 입력하고 입력여부를 통지받은 때에 신고한 것으로 본다.

④ 송달지연으로 인한 납부기한 연장의 특례규정은 납세고지서·납부통지서를 송달하는 경우에 한하여 적용된다.

⑤ 기한의 연장을 받고자 하는 자는 일정한 경우에는 기한의 연장을 신청할 수 있는 데, 이를 할 수 있는 경우로는 납부 또는 징수의 기한을 연장하는 경우에 한하며, 이 경우에는 반드시 담보를 제공하여야 한다.

해답 ②

해설 ① 법에서 규정하는 신고, 신청, 청구, 그 밖에 서류의 제출, 통지, 납부 또는 징수에 관한 기한이 공휴일, 토요일이거나 「근로자의 날 제정에 관한 법률」에 따른 근로자의 날일 때에는 공휴일 및 대체휴일, 토요일 또는 근로자의 날의 다음날을 기한으로 한다.
③ 신고서 등을 국세정보통신망을 이용하여 제출하는 경우에는 국세정보통신망에 입력된 때에 신고된 것으로 본다.
④ 송달지연으로 인한 납부기한 연장의 특례규정은 납세고지서·납부통지서 및 독촉장과 납부최고서를 송달하는 경우에 적용된다.
⑤ 기한의 연장을 받고자 하는 자는 일정한 경우에는 기한의 연장을 신청할 수 있는 데, 이를 할 수 있는 경우로는 납부 또는 징수는 물론 신고·신청·청구 기타 서류의 제출·통지의 경우도 가능하다.

제3절 서류의 송달

01 **서류의 송달에 관한 설명으로서 틀린 것은?** 2003년 세무사

① 납세의 고지·독촉·강제징수 또는 정부의 명령에 관계되는 서류를 우편에 의하여 송달하고자 할 경우에는 등기우편에 의하여야 한다. 다만, 소득세법에 따른 중간예납세액의 납세고지서 및 부가가치세법에 따른 납세고지서로서 50만원 미만인 것은 일반우편도 가능하다.
② 서류를 송달할 장소에서 송달을 받을 자가 정당한 사유 없이 그 수령을 거부하는 때에는 유치송달 또는 공시송달의 방법에 의하여 서류를 송달하여야 한다.
③ 송달할 장소에서 서류의 송달을 받아야 할 자를 만나지 못하였을 경우, 그 사용인이나 그 밖의 종업원 또는 동거인으로서 사리를 판별할 수 있는 자에게 서류를 교부하더라도 적법한 송달에 해당한다.
④ 전자송달의 경우에는 송달 받을 자가 지정한 전자우편주소에 입력된 때에 송달의 효력이 발생한다.
⑤ 서류의 송달을 받아야 할 자가 송달 받기를 거부하지 아니한다면 송달을 받을 장소 이외의 다른 장소에서 서류를 교부하더라도 적법한 서류의 송달에 해당한다.

해답 ②

해설 유치송달사유 : 서류를 송달할 장소에서 송달을 받을 자가 정당한 사유 없이 그 수령을 거부하는 경우 즉, 공시송달 사유에는 해당하지 않는다.

02 **다음 중 적법한 서류의 송달에 해당하지 않는 것은?** 2007년 회계사

① 강제징수에 관계되는 서류를 일반우편으로 송달하는 경우
② 50만원에 해당하는 소득세 중간예납세액의 납세고지서를 일반우편으로 송달하는 경우
③ 부가가치세법에 의한 예정고지세액을 징수하기 위한 납세고지서를 교부송달하는 경우
④ 주민등록표, 법인등기부등본 등에 의하여도 주소 또는 영업소를 확인할 수 없어 납세고지서의 요지를 공시송달하는 경우
⑤ 납세고지서를 송달받아야 할 자가 송달받아야 할 장소에서 정당한 사유 없이 수령을 거부하여 세무공무원이 거부하는 사람 앞에 서류를 놓고 나오는 경우

해답 ①
해설 납세의 고지·독촉·강제징수 또는 세법에 따른 정부의 명령에 관계되는 서류의 송달을 우편으로 할 때에는 등기우편으로 하는 것이 원칙이다.

03 **「국세기본법」상 서류의 송달에 관한 설명으로 옳은 것은? (다툼이 있으면 판례에 따름)**
2021년 세무사

① 세무공무원이 납세자를 방문해 서류를 교부하려고 하였으나 수취인이 부재중인 것으로 확인되어 납부기한까지 송달이 곤란하다고 인정되는 경우에는 공시송달을 할 수 있다.
② 납세의무자, 그 종업원 또는 동거인으로서 사리를 판별할 수 있는 사람이 부재하는 경우에는 송달할 장소에 서류를 둘 수 있다.
③ 집배원이 아파트경비원에게 서류를 교부하는 방식의 송달은 적법한 송달이라고 볼 수 없다.
④ 납부고지서의 우편송달은 등기우편으로만 하여야 한다.
⑤ 「국세기본법」은 서류를 등기우편으로 송달하였으나 수취인이 부재중인 것으로 확인되어 반송됨으로써 납부기한 내에 송달이 곤란하다고 인정되는 경우에는 공시송달을 할 수 있다고 규정하고 있다.

해답 ⑤
해설 ① 세무공무원이 2회 이상 납세자를 방문하여 서류를 교부하려고 하였으나 수취인이 부재중인 것으로 확인되어 납부기한 내에 송달이 곤란하다고 인정되는 경우에 한하여 공시송달이 가능하나 '수취인의 부재'란 납세의무자가 송달장소를 장기간 이탈하여 과세권행사에 장애가 있는 경우를 말하며 단순한 출장이나 외출등은 제외된다.
② 유치송달은 적극적 거부표시나 거부의사가 있는 경우에 한하여 가능하다.
③ 일반우편물이나 등기우편물 등 특수우편물이 배달되는 경우 관례적으로 아파트 경비원이 이를 수령하여 거주자에게 전달하여 왔고, 주민들이 평소 특수우편물 배달방법에 관하여 아무런 이의제기가 없었다면 수령권한을 아파트 경비원에게 묵시적으로 위임한 것이다. (행법2009구합29288)
④ 납부고지서는 서류의 송달을 우편으로 할 경우에는 등기우편으로 하여야 한다. 다만 소득세 중간예납, 부가가치세 예정고지세액이 50만원 미만인 납세고지서는 일반우편이 가능하다.

제4절 인 격

01 국세기본법상 규정된 법인격 없는 단체에 대한 설명이다. 옳지 않은 것은? 2009년 회계사

① 법인격 없는 단체 중 공익을 목적으로 출연된 기본재산이 있는 재단으로서 등기되지 않고 수익을 구성원에게 분배하지 않는 것은 법인으로 본다.

② 법인으로 보는 법인격 없는 단체의 국세에 관한 의무는 그 대표자 또는 관리인이 이행하여야 한다.

③ 법인으로 보는 법인격 없는 단체는 법인세법과 상속세 및 증여세법에 따른 비영리법인으로 본다.

④ 법인으로 보지 않는 법인격 없는 단체 중 대표자 또는 관리인이 선임되어 있으나 이익의 분배방법이나 분배비율이 정해져 있지 않은 단체는 소득세법상 1거주자로 본다.

⑤ 법인격 없는 단체 중 단체의 조직과 운영에 관한 규정을 가지고 대표자 또는 관리인을 선임하고 있는 것은 법인으로 본다.

해답 ⑤

해설 **당연의제법인 요건**

ⅰ 주무관청의 허가 또는 인가를 받아 설립되거나 법령에 따라 주무관청에 등록한 사단, 재단, 그 밖의 단체로서 등기되지 아니한 것 또는 공익을 목적으로 출연된 기본재산이 있는 재단으로서 등기되지 아니한 것

ⅱ 사단, 재단, 그 밖의 단체의 수익을 구성원에게 분배하지 아니할 것

승인의제법인 요건

ⅰ 사단, 재단, 그 밖의 단체의 조직과 운영에 관한 규정을 가지고 대표자나 관리인을 선임하고 있을 것

ⅱ 사단, 재단, 그 밖의 단체 자신의 계산과 명의로 수익과 재산을 독립적으로 소유·관리할 것

ⅲ 사단, 재단, 그 밖의 단체의 수익을 구성원에게 분배하지 아니할 것

02 **다음은 국세기본법상 법인격 없는 단체에 대한 설명이다. 내용이 잘못된 것은?** 2004년 회계사

① 수익을 구성원에게 분배하지 아니하며, 공익을 목적으로 출연된 기본재산이 있는 재단으로서 등기되지 아니한 것은 법인으로 본다.

② 법인으로 보지 않는 법인격 없는 단체 중 그 단체의 대표자 또는 관리인이 선임되어 있으나 이익의 분배방법 및 비율이 정하여져 있지 아니한 경우에는 그 단체를 1거주자(또는 1비거주자)로 본다. 이 경우 소득세법에 따라 1거주자(또는 1비거주자)로 보는 단체의 소득은 그 단체의 대표자 또는 관리인의 다른 소득과 합산하여 과세한다.

③ 법인으로 보는 법인격 없는 단체의 국세에 관한 의무는 그 대표자 또는 관리인이 이행하여야 한다.

④ 당연히 법인으로 보는 단체 외의 법인격 없는 단체는 단체의 조직과 운영에 관한 규정을 가지고 대표자 또는 관리인을 선임하고 있으며, 단체 자신의 계산과 명의로 수익과 재산을 독립적으로 소유·관리하고, 단체의 수익을 구성원에게 분배하지 않는 요건을 모두 갖춘 상태에서 대표자 또는 관리인이 관할세무서장에게 신청하여 승인을 얻은 경우에는 이를 법인으로 본다.

⑤ 수익을 구성원에게 분배하지 아니하며, 주무관청의 허가 또는 인가를 받아 설립되거나 법령에 의하여 주무관청에 등록한 사단, 재단, 기타 단체로서 등기되지 아니한 것은 대표자 또는 관리인이 관할세무서장에게 신청하여 승인을 얻지 않아도 법인으로 본다.

해답 ②

해설 1거주자(또는 1비거주자)로 보는 단체의 소득은 그 단체의 대표자 또는 관리인의 다른 소득과 합산하여 과세하지 않는다.

03 **「국세기본법」상 관할 세무서장에게 신청 후 승인을 받은 '법인으로 보는 단체'에 관한 설명으로 옳은 것을 모두 고른 것은?**

2020년 세무사

ㄱ. 공익을 목적으로 출연된 기본재산이 있는 재단으로서 등기되지 아니할것을 요건으로 한다.
ㄴ. 주무관청의 허가를 받아 설립된 단체로서 등기되지 아니할 것을 요건으로 한다.
ㄷ. 단체의 수익을 구성원에게 분배할 것을 요건으로 한다.
ㄹ. 단체 자신의 계산과 명의로 수익과 재산을 독립적으로 소유·관리할 것을 요건으로 한다.
ㅁ. 관할 세무서장의 승인을 받은 날이 속하는 과세기간과 그 과세기간이 끝난 날부터 3년이 되는 날이 속하는 과세기간까지는 원칙적으로 「소득세법」에 따른 거주자 또는 비거주자로 변경할 수 없다.
ㅂ. 단체의 조직과 운영에 관한 규정을 가지고 대표자나 관리인을 선임하고 있을 것을 요건으로 한다.

① ㄱ, ㄷ, ㅁ
② ㄹ, ㅁ, ㅂ
③ ㄱ, ㄴ, ㄷ, ㅂ
④ ㄱ, ㄴ, ㄹ, ㅂ
⑤ ㄴ, ㄷ, ㄹ, ㅁ

해답 ②

해설 ㄱ, ㄴ 해당 보기는 법인으로 보는 단체 중 '당연 법인'에 대한 설명이다.
ㄷ, 신청 후 승인을 받은 법인으로 보는 단체는 단체의 수익을 구성원에게 분배하지 않을 것을 요건으로 한다.

CHAPTER

02 조세이론

제1절 헌법에 보장된 내용

01 **다음의 조세제도 중 나머지 4개와 그 추구하는 목적이 가장 다른 것은?** 2001년 회계사

① 누진세율
② 종합과세제도
③ 간이과세제도
④ 최저한세
⑤ 증여의제

해답 ③

해설 ①, ②, ④, ⑤는 공평과세를 실현하기 위한 제도이며 ③은 영세한 개인사업자의 편의를 도모한 제도이다.

02 **다음 중 조세법률주의에 대한 설명으로 옳지 않은 것은?**

① 과세요건 법정주의란 과세요건과 조세의 부과 징수절차를 모두 법률로 규정해야 한다는 원칙으로써 국가의 과세권 남용으로부터 국민의 재산권을 보호하는데 그 의의가 있다.
② 과잉금지원칙은 목적의 정당성, 방법의 적절성, 피해의 최소성, 법의 균형성, 조세수입의 확보성을 내용으로 한다.
③ 진정소급은 소급과세 금지원칙에 위배되지만, 납세자에게 유리한 소급과세는 소급과세 금지원칙에 위배되지 않는다고 본다.
④ 세법의 해석은 문리적 해석에 의하고 논리적 해석은 문리해석만으로 그 의미를 확정할 수 없는 경우에 한하여 보충적으로 적용하되 유추해석과 확대해석은 적용하지 않는다.
⑤ 과세요건 명확주의란 과세요건을 법률로 정하되 그 규정은 일의적이고 명확하여 상세하게 규정할 것을 요구하는 입법상 기술원칙이다.

해답 ②

해설 조세수입의 확보성은 과잉금지원칙의 내용이 아니다.

제2절 국세기본법에 규정된 내용

01 **국세 부과와 세법 적용에 관한 설명으로 옳은 것은?** 2014년 세무사

① 기획재정부장관, 국세청장(지방국세청장 포함) 및 세무서장은 세법의 해석과 관련된 질의에 대하여 「국세기본법」에 따른 세법해석의 기준에 따라 해석하여 회신하여야 한다.

② 기획재정부장관이 수립한 중장기 조세정책운용계획은 「국가재정법」상의 국가재정운용계획과 연계되어야 하며, 관계 중앙행정기관의 장과의 협의를 거쳐 국무회의의 심의를 통해 확정된다.

③ 세법 외의 법률 중 국세의 부과·징수·감면 또는 그 절차에 관하여 규정하고 있는 조항은 세법의 해석·적용에 있어서는 이를 세법으로 본다.

④ 국세를 납부할 의무가 확정된 소득, 수익, 재산, 행위 또는 거래에 대해서는 그 확정 후의 새로운 세법에 따라 소급하여 과세하지 아니한다.

⑤ 세무공무원은 국세의 과세표준을 결정·경정할 때에는 세법에 특별한 규정이 있는 경우에도 납세의무자가 계속하여 적용하고 있는 기업회계의 기준 또는 관행을 존중하여야 한다.

해답 ③

해설 ① 기획재정부장관 및 국세청장은 세법의 해석과 관련된 질의에 대하여 세법해석의 기준에 따라 해석하여 회신하여야 한다.

② 국무회의의 심의를 통해 확정되는 것은 아니다.

④ 국세를 납부할 의무가 성립한 소득, 수익, 재산, 행위 또는 거래에 대해서는 그 성립 후의 새로운 세법에 따라 소급하여 과세하지 아니한다.

⑤ 세법에 특별한 규정이 있는 것은 그러하지 아니하다.

02 **국세기본법 제18조 제3항에서 "세법의 해석 또는 국세행정의 관행이 일반적으로 납세자에게 받아들여진 후에는 그 해석 또는 관행에 의한 행위 또는 계산은 정당한 것으로 보며, 새로운 해석 또는 관행에 의하여 소급하여 과세되지 아니한다."고 규정하고 있다. 당해 조항에 관한 설명 중 가장 타당한 것은?** 2001년 세무사

① 소급입법에 의한 진정소급과세금지의 원칙을 선언하고 있는 규정이다.
② 신의성실의 원칙을 구체화한 규정이다.
③ 조세법률주의에 있어서의 합법성의 원칙을 명시한 규정이다.
④ 조세법의 법원(法源)으로서의 관습법 및 판례법의 성립을 인정하는 근거규정이 되고 있다.
⑤ 과잉금지의 원칙을 확인하고 있는 규정이다.

해답 ②
해설 행정상의 소급과세금지원칙을 선언하고 있는 것으로, 이는 신의성실의 원칙을 구체화한 것이라 할 수 있다.

03 **소급과세에 관한 설명으로 옳지 않은 것은?** 2012년 세무사

① 「국세기본법」은 입법에 의한 소급과세 이외에 해석에 의한 소급과세에 대해서도 규정하고 있다.
② 「국세기본법」은 새로운 입법에 의한 과세가 소급과세인지 여부를 판단하는 기준시점을 납세의무의 확정시점으로 규정하고 있다.
③ 부진정소급입법은 납세자에게 불리하더라도 통상의 경우에는 허용되지만, 납세자의 구법(舊法)에 대한 신뢰가 보호할 가치가 있다고 할 특단의 사정이 있는 경우에는 허용되지 않을 수 있다.
④ 개별 납세자에게 유리한 소급입법이라고 하더라도 그것이 전체적으로 조세공평을 침해할 수 있는 경우에는 허용되지 않을 수 있다.
⑤ 국민의 기득권을 침해하지 않고 당사자의 법적 안정성 또는 신뢰보호에 위배되지 않는 일정한 경우에는 소급과세금지원칙의 예외가 인정될 수 있다.

해답 ②
해설 새로운 입법에 의한 소급과세 여부 판단 기준시점을 납세의무 성립시점으로 규정하고 있다.

04 **「국세기본법」상 국세부과의 원칙에 관한 설명으로 옳지 않은 것은?** 2013년 회계사

① 과세의 대상이 되는 소득, 수익, 재산, 행위 또는 거래의 귀속이 명의일 뿐이고 사실상 귀속되는 자가 따로 있을 때에는 사실상 귀속되는 자를 납세의무자로 하여 세법을 적용한다.

② 납세의무자가 세법에 따라 장부를 갖추어 기록하고 있는 경우에는 해당 국세 과세표준의 조사와 결정은 그 장부와 이에 관계되는 증거자료에 의하여야 한다.

③ 국세를 조사·결정할 때 장부의 기록 내용이 사실과 다르거나 장부의 기록에 누락된 것이 있을 때에는 그 부분에 대해서만 정부가 조사한 사실에 따라 결정할 수 있다. 이때는 정부가 조사한 사실과 결정의 근거를 결정서에 적어야 한다.

④ 행정기관의 장은 해당 납세의무자 또는 그 대리인이 요구하면 결정서를 열람 또는 복사하게 하거나 그 등본 또는 초본이 원본과 일치함을 확인하여야 한다.

⑤ 「국세기본법」에서 규정하고 있는 실질과세의 원칙에 반하는 규정을 다른 세법에서 규정하고 있는 경우 「국세기본법」에서 규정하고 있는 실질과세의 원칙을 우선하여 적용한다.

해답 ⑤

해설 국세기본법은 개별세법에 우선하는 것이 원칙이지만, 실질과세의 원칙 등 특정 사항에 대해서는 특례규정을 두어 개별세법이 국세기본법에 우선한다

05 **국세기본법 제15조의"신의성실의 원칙"은 납세자와 과세관청에게 모두 적용되는 개념이다. 그러나 현실적으로는 납세자의 과세관청에 대한 신뢰이익의 보호가 중요하다고 할 수 있는데 이러한 측면에서 학설과 판례에 따른 신의성실의 원칙의 적용 요건 중 잘못된 것은?**

2004년 회계사

① 과세관청이 납세자에게 신뢰의 대상이 되는 공적인 견해표시를 하여야 한다.

② 납세자가 과세관청의 견해표시가 정당하다고 신뢰하고 그 신뢰에 납세자의 귀책사유가 없어야 한다.

③ 납세자가 과세관청의 견해표시를 신뢰하고 이에 따라 세무상 처리 등의 행위를 하여야 하며, 이러한 신뢰와 행위사이에는 상당한 인과관계가 존재하여야 한다.

④ 과세관청이 당초 견해표시에 반하는 처분을 하여야 하며, 이러한 처분의 적법 또는 위법 여부를 따지지 않는다.

⑤ 과세관청의 처분이 납세자의 이익을 침해하지 않는다면 신의성실 원칙의 적용은 불필요해진다.

해답 ④

해설 과세관청의 당초 견해표시에 반하는 처분은 적법하여야 한다.

06 「국세기본법」상 신의성실의 원칙에 관한 설명으로 옳지 않은 것은? (다툼이 있으면 판례에 따름) 2017년 세무사

① 조세실체법에 대한 신의성실의 원칙 적용은 합법성을 희생하여서라도 구체적 신뢰보호의 필요성이 인정되는 경우에 한하여 허용된다.
② 세무서 직원들이 명시적으로 부가가치세 면제대상으로 세무지도를 하여 납세자가 이를 믿고 부가가치세를 거래징수하지 않았으나 그 이후에 과세관청이 한 부가가치세 과세처분은 신의성실의 원칙에 위반된다.
③ 신의성실의 원칙은 과세관청이 과거의 언동에 반하여 소급 처분하는 것을 금지 하는 것으로 과세관청이 과거의 언동을 시정하여 장래에 향하여 처분하는 것은 허용된다.
④ 납세의무자가 인터넷 국세종합상담센터의 답변에 따라 세액을 과소신고·납부한 경우 그 답변은 과세관청의 공식적인 견해표명에 해당하지 않는다.
⑤ 납세의무자가 자산을 과대계상하는 방법으로 분식결산을 하고 이에 따라 법인세를 과다신고·납부한 후 그 과다납부한 세액에 대한 감액을 주장하는 경우 납세의무자에게 신의성실의 원칙이 적용된다.

해답 ⑤

해설 신의성실의 원칙 적용은 합법성을 희생하여서라도 구체적 신뢰보호의 필요성이 인정되는 경우에 한하여 허용된다고 할 것이고, 과세관청은 실지조사권을 가지고 있을 뿐만 아니라 경우에 따라서 그 실질을 조사하여 과세하여야 할 의무가 있으며, 과세처분의 적법성에 대한 증명책임도 부담하고 있는 점 등에 비추어 보면, 납세의무자가 자산을 과대계상하여 분식결산을 하고 이에 따라 과다하게 법인세를 신고, 납부하였다가 그 과다납부한 세액에 대하여 취소소송을 제기하여 다툰다는 사정만으로 신의성실의 원칙에 위반될 정도로 심한 배신행위를 하였다고 볼 수는 없는 것이므로, 위 납세의무자에게 신의성실의 원칙을 적용할 수 없다. (대법원 2006. 1. 26, 선고 2005두6300 판결)

07 다음 중 국세기본법상 근거과세의 원칙에 해당하지 않는 것은? 2007년 회계사

① 납세의무자가 세법에 의하여 장부를 비치·기장하고 있는 때에는 당해 국세의 과세표준의 조사와 결정은 그 비치·기장한 장부와 이에 관계되는 증빙자료에 의하여야 한다.
② 국세를 조사·결정함에 있어서 기장의 내용이 사실과 다르거나 기장에 누락된 것이 있는 때에는 그 부분에 한하여 정부가 조사한 사실에 따라 결정할 수 있다.
③ 정부는 기장의 내용과 상이한 사실이나 기장에 누락된 것을 조사하여 결정한 때에는 정부가 조사한 사실과 결정의 근거를 결정서에 부기하여야 한다.
④ 행정기관의 장은 당해 납세의무자 또는 그 대리인의 요구가 있는 때에는 결정서를 열람 또는 등초하게 하거나 그 등본 또는 초본이 원본과 상위 없음을 확인하여야 한다.
⑤ 세무공무원이 그 직무를 수행함에 있어서는 신의를 좇아 성실히 하여야 한다.

해답 ⑤

해설 ⑤는 국세기본법상 신의성실의원칙에 대한 설명이다.

08 국세부과와 세법적용의 원칙에 관한 설명으로 옳지 않은 것은? 2011년 세무사

① 둘 이상의 거래를 거치는 방법으로 세법의 혜택을 부당하게 받기 위한 것으로 인정되는 경우에는 연속된 하나의 거래를 한 것으로 보아 세법을 적용한다.
② 신의·성실의 원칙은 세무공무원뿐만 아니라 납세자에게도 적용되는 원칙이다.
③ 국세를 조사·결정할 때 납세의무자가 세법에 따라 장부를 갖추어 기록하고 있는 경우 장부의 기록내용이 사실과 다르거나 누락된 것이 있을 때에는 그 부분에 대해서만 정부가 조사한 사실에 따라 결정할 수 있다.
④ 근거과세의 원칙에 의하면 납세자가 세법에 따른 장부를 비치·기장하고 있지 아니하여 그에 의하여 수입금액 혹은 소득금액을 계산할 수 없는 경우에도 수입금액 혹은 소득금액을 추정하여 과세할 수 없다.
⑤ 국세를 납부할 의무 혹은 징수하여 납부할 의무가 성립한 소득에 대해서는 그 성립한 후의 새로운 세법에 따라 소급하여 과세하지 아니한다.

해답 ④

해설 납세자가 세법에 따른 장부를 비치·기장하고 있지 아니하여 그에 의하여 수입금액 혹은 소득금액을 계산할 수 없는 경우에는 정부가 조사한 사실에 따라 결정할 수 있다.

09 국세기본법상 국세부과 및 세법적용의 원칙에 관한 설명이다. 옳지 않은 것은? 2019년 회계사

① 둘 이상의 행위 또는 거래를 거치는 방법으로 세법의 혜택을 부당하게 받기 위한 것으로 인정되는 경우에는 각각의 행위 또는 거래를 기준으로 세법을 적용하여 과세한다.
② 세무공무원이 국세의 과세표준을 조사·결정할 때에는 세법에 특별한 규정이 없으면 납세의무자가 계속하여 적용하고 있는 기업회계의 기준 또는 관행으로서 일반적으로 공정·타당하다고 인정되는 것은 존중하여야 한다.
③ 세법을 해석·적용할 때에는 과세의 형평과 해당 조항의 합목적성에 비추어 납세자의 재산권이 부당하게 침해되지 않도록 하여야 한다.
④ 납세의무자가 세법에 따라 장부를 갖추어 기록하고 있는 경우에는 해당 국세 과세표준의 조사와 결정은 그 장부와 이에 관계되는 증거자료에 의하여야 한다.
⑤ 세무공무원이 재량으로 직무를 수행할 때에는 과세의 형평과 해당 세법의 목적에 비추어 일반적으로 적당하다고 인정되는 한계를 엄수하여야 한다.

해답 ①

해설 제3자를 통한 간접적인 방법이나 둘 이상의 행위 또는 거래를 거치는 방법으로 이 법 또는 세법의 혜택을 부당하게 받기 위한 것으로 인정되는 경우에는 그 경제적 실질 내용에 따라 당사자가 직접 거래를 한 것으로 보거나 연속된 하나의 행위 또는 거래를 한 것으로 보아 이 법 또는 세법을 적용한다.

CHAPTER

03 조세법률관계의 변동

제1절 납세의무의 성립

01 다음 각 항목은 납세의무의 성립시기에 대하여 설명한 것이다. 올바르게 설명한 항목은 몇 개인가? 2007년 세무사

(1) 부가가치세 : 재화 또는 용역을 공급하는 때
(2) 소득세 : 소득을 지급받는 때
(3) 종합부동산세 : 과세기준일
(4) 원천징수하는 소득세 또는 법인세 : 소득금액 또는 수입금액을 지급하는 때
(5) 인지세 : 인지를 첩부할 때
(6) 수시부과에 의하여 징수하는 국세 : 수시부과 납부일

① 2개 ② 3개 ③ 4개 ④ 5개 ⑤ 6개

해답 ①

해설 (1) 부가가치세 : 과세기간이 종료하는 때
(2) 소득세 : 과세기간이 종료하는 때
(5) 인지세 : 과세문서를 작성하는 때
(6) 수시부과에 의하여 징수하는 국세 : 수시부과 사유가 발생하는 때

02 「국세기본법」상 납세의무 성립시기에 관한 내용으로 옳은 것을 모두 고른 것은? 2019년 세무사

ㄱ. 원천징수하는 소득세·법인세: 과세기간이 끝나는 때
ㄴ. 증권거래세: 해당 매매거래가 확정되는 때
ㄷ. 수입재화에 대한 부가가치세: 세관장에게 수입신고를 하는 때
ㄹ. 수시부과하여 징수하는 국세: 수시부과 납부일

① ㄱ, ㄴ ② ㄱ, ㄷ ③ ㄴ, ㄷ ④ ㄴ, ㄹ ⑤ ㄷ, ㄹ

해답 ③

해설 각 보기에 대한 성립시기는 아래와 같다.

ㄱ. 원천지수하는 소득세·법인세: 소득금액 또는 수입금액을 지급하는 때

ㄹ. 수시부과하여 징수하는 국세: 수시부과할 사유가 발생한 때

03 다음 중 국세를 납부할 의무의 성립시기를 잘못 설명한 것은?

2002년 세무사

① 원천징수하는 소득세 또는 법인세 : 소득금액 또는 수입금액을 지급하는 때

② 수시부과에 의하여 징수하는 국세 : 수시부과할 때

③ 중간예납하는 소득세, 법인세 또는 예정신고기간·예정부과기간에 대한 부가가치세 : 중간예납기간 또는 예정신고기간·예정부과기간이 종료하는 때

④ 납세조합이 징수하는 소득세 또는 예정신고·납부하는 소득세 : 그 과세표준이 되는 금액이 발생한 달의 말일

⑤ 수입재화에 대한 부가가치세 : 세관장에게 수입신고하는 때

해답 ②

해설 수시부과에 의하여 징수하는 국세의 성립시기는 수시부과할 사유가 발생한 때이다.

04 국세기본법상 납세의무의 성립시기에 관한 설명이다. 옳지 않은 것은?

2021년 회계사

① 납세조합이 징수하는 소득세: 과세기간이 끝나는 때

② 수입물품에 대한 개별소비세: 세관장에게 수입신고하는 때

③ 청산소득에 대한 법인세: 그 법인이 해산하는 때

④ 법정신고기한까지 소득세의 과세표준 신고를 하지 아니한 경우의 무신고가산세: 법정신고기한이 경과하는 때

⑤ 수시부과하여 징수하는 국세: 수시부과할 사유가 발생한 때

해답 ①

해설 납세조합이 징수하는 소득세의 성립시기는 과세표준이 되는 금액이 발생한 달의 말일이다.

05 **「국세기본법」상 납세의무의 성립시기로 옳지 않은 것은?** 2018년 세무사

① 인지세: 과세문서를 작성한 때
② 수시부과하여 징수하는 국세: 수시부과할 사유가 발생한 때
③ 상속세: 상속이 개시되는 때
④ 종합부동산세: 과세기준일
⑤ 가산세: 가산할 국세의 납세의무가 확정되는 때

해답 ⑤
해설 가산세는 이를 가산할 국세의 납세의무가 성립하는 때에 납세의무가 성립한다.

06 **국세기본법에 관한 설명으로 옳은 것은?** 2018년 회계사

① 가산세의 납세의무 성립시기는 가산할 국세의 납세의무가 확정되는 때이다.
② 원천징수하는 소득세·법인세는 소득금액 또는 수입금액을 지급하는 달의 말일에 납세의무의 성립과 확정이 이루어진다.
③ 10억원의 국세에 대한 징수권은 이를 행사할 수 있는 때부터 5년 동안 행사하지 않으면 소멸시효가 완성된다.
④ 사기로 법인세를 포탈한 경우 그 법인세의 납세의무가 성립한 날부터 15년의 기간이 끝난 날 이후에는 부과할 수 없다.
⑤ 세법에 따라 당초 확정된 세액을 증가시키는 경정은 당초 확정된 세액에 관한 국세기본법 또는 세법에서 규정하는 권리·의무관계에 영향을 미치지 아니한다.

해답 ⑤
해설 ① 가산세의 납세의무 성립시기는 다음의 구분에 따른다. 다만, ㄴ과 ㄷ의 경우 출자자의 제2차 납세의무 규정을 적용할 때에는 이 법 및 세법에 따른 납부기한(이하"법정납부기한"이라 한다)이 경과하는 때로 한다.
ㄱ. 무신고가산세 및 과소신고·초과환급신고가산세 : 법정신고기한이 경과하는 때
ㄴ. 납부지연가산세 및 원천징수납부 등 납부지연가산세 :법정납부기한 경과 후 1일마다 그 날이 경과하는 때
ㄷ. 납부지연가산세 3%분 : 납세고지서에 따른 납부기한이 경과하는 때
ㄹ. 원천징수납부 등 납부지연가산세 3%분 : 법정납부기한이 경과하는 때
ㅁ. 그 밖의 가산세 : 가산할 국세의 납세의무가 성립하는 때
② 원천징수하는 소득세·법인세는 소득금액 또는 수입금액을 지급하는 때 납세의무의 성립과 확정이 이루어진다.
③ 5억원 이상의 국세는 10년의 소멸시효 기간을 가지므로 10억원 국세에 대한 징수권은 이를 행사할 수 있는 때부터 10년동안 행사하지 않으면 소멸시효가 완성된다.
④ 납세자가 사기나 그 밖의 부정한 행위로 국세를 포탈하거나 환급·공제를 받은 경우 그 국세를 부과할 수 있는 날부터 10년의 장기제척기간이 적용된다.

07 **다음의 거주자 甲의 납세의무 성립시기가 빠른 순서대로 나열한 것은?** 2017년 세무사

ㄱ. 부친이 20×7.4.1.에 사망하여 甲에게 부과된 상속세에 대한 가산세 ㄴ. 甲이 20×7.2.1.에 취득한 부동산에 대한 종합부동산세 ㄷ. 은행이 20×7.5.1.에 甲에게 지급한 이자소득에 대하여 원천징수한 소득세 ㄹ. 甲이 20×7년에 중간예납한 소득세 ㅁ. 甲이 금융업자로서 그 수익금액에 대하여 20×7년에 부과받은 교육세

① ㄱ-ㄷ-ㄴ-ㄹ-ㅁ ② ㄴ-ㄱ-ㄷ-ㅁ-ㄹ ③ ㄷ-ㄱ-ㄴ-ㅁ-ㄹ
④ ㄹ-ㄷ-ㄱ-ㄴ-ㅁ ⑤ ㅁ-ㄱ-ㄴ-ㄷ-ㄹ

해답 ①

해설 각 보기에 대한 성립시기는 아래와 같다.

ㄱ. 20×7.04.01. (상속세에 부과되는 가산세: 상속이 개시되는 때)
ㄴ. 20×7.06.01. (과세기준일, 매년 6월 1일)
ㄷ. 20×7.05.01. (원천징수하는 소득세: 수입금액을 지급하는 때)
ㄹ. 20×7.08.31. (중간예납하는 소득세: 중간예납기간이 끝나는 때)
ㅁ. 20×7.12.31. (소득에 부과되는 교육세: 과세기간이 끝나는 때)

제2절 납세의무의 확정

01 **국세기본법상 납세의무자가 납부할 세액이 과세관청의 처분에 의하여 확정되는 세목끼리만 연결된 것은?** 2000년 회계사

㈎ 상속세	㈏ 교육세	㈐ 증여세
㈑ 증권거래세	㈒ 법인세	㈓ 주세
㈔ 종합부동산세	㈕ 교통·에너지·환경세	㈖ 개별소비세

① ㈎, ㈏, ㈐ ② ㈎, ㈐, ㈔ ③ ㈏, ㈑, ㈕
④ ㈏, ㈑, ㈕ ⑤ ㈒, ㈓, ㈔

해답 ②

해설 해당 보기 중 상속세, 증여세, 종합부동산세는 정부부과제도를 채택하고 있는 세목이고, 나머지 세목은 신고납세제도를 채택한 세목이다.
종합부동산세는 납세자 선택에 따라 신고납부를 허용하며, 이 경우 납세의무 확정절차는 신고납세제도를 따른다.

02 **국세기본법상 납세의무의 성립과 확정에 관한 설명이다. 옳은 것은?** 2012년 회계사

① 청산소득에 대한 법인세의 납세의무는 그 법인이 해산 또는 합병을 하는 때에 성립하고 과세표준과 세액을 정부가 결정하는 때에 확정된다.
② 중간예납하는 법인세를 정부가 조사·결정하는 경우 납세의무는 중간예납기간이 끝나는 때에 성립하고 특별한 절차 없이 그 세액이 확정된다.
③ 수시부과하여 징수하는 법인세의 납세의무는 수시부과할 사유가 발생한 때에 성립하고 특별한 절차 없이 그 세액이 확정된다.
④ 금융보험업자의 수익금액에 부과되는 교육세의 납세의무는 해당 매매거래가 확정되는 때에 성립하고 과세표준과 세액을 정부에 신고하는 때에 확정된다.
⑤ 수입주류에 대한 주세를 세법에 따라 기한후 신고하는 경우에는 세관장에게 수입신고를 하는 때에 당해 주세의 납세의무가 성립하고 과세표준과 세액을 정부가 결정하는 때에 확정된다.

해답 ⑤

해설 ① 청산소득에 대한 법인세의 납세의무는 그 법인이 해산 또는 합병을 하는 때에 성립하고 과세표준과 세액을 납세의무자가 신고하는 때에 확정된다.
② 중간예납하는 법인세를 정부가 조사·결정하는 경우 납세의무는 그 결정하는 때에 확정된다.
③ 수시부과하여 징수하는 법인세의 납세의무는 수시부과할 사유가 발생한 때에 성립하고 과세표준과 세액을 정부에 신고하는 때에 확정된다.
④ 금융보험업자의 수익금액에 부과되는 교육세의 납세의무는 과세기간이 끝나는 때에 성립하고 과세표준과 세액을 정부에 신고하는 때에 확정된다.

03 **국세의 납세의무 확정에 관한 설명으로 옳지 않은 것은?** 2010년 세무사

① 원천징수하는 소득세 또는 법인세는 납세의무가 성립하는 때에 특별한 절차 없이 그 세액이 확정된다.

② 중간예납하는 법인세(세법에 따라 정부가 조사·결정하는 경우는 제외)는 납세의무가 성립하는 때에 특별한 절차 없이 그 세액이 확정된다.

③ 개별소비세, 주세, 증권거래세, 교육세 또는 교통·에너지·환경세의 과세표준과 세액을 정부가 결정하는 경우에는 그 결정하는 때에 세액이 확정된다.

④ 납세의무자가 「종합부동산세법」의 과세표준과 세액을 신고하는 경우에도 정부가 「종합부동산세법」의 과세표준과 세액을 결정하는 때에 그 세액이 확정된다.

⑤ 납세조합이 징수하는 소득세는 납세의무가 성립하는 때에 특별한 절차 없이 그 세액이 확정된다.

해답 ④

해설 종합부동산세의 세액이 확정되는 때는 정부가 종합부동산세의 과세표준과 세액을 결정하는 때가 원칙이나. 납세의무자가 종합부동산세의 과세표준과 세액을 정부에 신고하는 경우에는 그 신고하는 때에 확정된다.

04 **㈜ A는 제12기(20×2년 1월 1일~12월 31일) 귀속분 법인세 과세표준 및 세액을 신고하지 않았다(신고기한 : 20×3년 3월 31일). 이에 관할세무서장은 과세표준과 세액을 결정하여 납세고지서를 발송하였다(고지서 발송일 : 20×3년 5월 2일, 고지서 받은 날 : 20×3년 5월 4일, 고지서상 납부기한 : 20×3년 5월 31일). ㈜ A의 제12기 귀속분 법인세 납세의무에 대한 설명으로 옳지 않은 것은? (단, 기한연장사유로서의 요일은 고려하지 아니한다.)** 2009년 세무사

① 법인세 납세의무는 제12기 과세기간이 종료하는 때에 성립한다.

② 법인세 납세의무는 20×3년 3월 31일에 확정된다.

③ 법인세 부과제척기간의 기산일은 20×3년 4월 1일이다.

④ 법인세 징수권의 소멸시효 기산일은 20×3년 6월 1일이다.

⑤ 이의신청을 거치지 아니하고 심판청구를 하고자 할 때에는 20×3년 5월 4일로부터 90일 이내에 제기하여야 한다.

해답 ②

해설 법인세 납세의무가 확정되는 때 : 해당 국세의 과세표준과 세액을 정부에 신고하는 때.
다만, 해당하는 국세의 과세표준과 세액을 정부가 결정하는 경우는 그 결정하는 때.

05 **납세의무의 성립과 확정에 관한 다음 설명 중 옳지 않은 것은?** 2009년 세무사

① 증권거래세의 납세의무는 당해 매매거래가 확정되는 때 성립한다.
② 납세의무자가 부가가치세의 과세표준과 세액을 법정신고기한내에 신고하지 아니한 경우 당해 부가가치세는 확정되지 아니하고, 과세권자가 국세부과권에 의하여 과세표준과 세액을 확정한다.
③ 금융·보험업자의 수익금액에 부과되는 교육세는 과세기간이 종료하는 때에 납세의무가 성립한다.
④ 중간예납하는 소득세는 납세의무가 성립하는 때에 특별한 절차 없이 그 세액이 확정된다.
⑤ 부과과세방식 조세의 수정신고는 조세채무를 수정 확정하는 효력이 없으나, 신고납세방식 조세의 수정신고는 조세채무를 수정 확정하는 효력이 있다.

해답 ④
해설 다음의 국세는 납세의무가 성립하는 때에 특별한 절차 없이 그 세액이 확정된다.
1. 인지세
2. 원천징수하는 소득세 또는 법인세
3. 납세조합이 징수하는 소득세
4. 중간예납하는 법인세(세법에 따라 정부가 조사·결정하는 경우는 제외한다)

06 **납세의무의 성립과 확정에 관한 설명으로서 틀린 것은?** 2003년 세무사

① 납세의무의 성립이란 세법이 정하는 과세요건이 충족되어 구체적 납세의무가 발생된 상태를 말한다.
② 기간과세되는 세목은 원칙적으로 그 과세기간이 종료하는 때에 납세의무가 성립한다.
③ 국세에 부과되는 교육세는 당해 국세의 납세의무가 성립하는 때에 납세의무가 성립한다.
④ 원천징수하는 소득세 또는 법인세는 납세의무가 성립하는 때에 특별한 절차 없이 그 세액이 확정된다.
⑤ 소득세와 법인세는 원칙적으로 당해 국세의 과세표준과 세액을 정부에 신고하는 때에 그 납세의무가 확정된다.

해답 ①
해설 납세의무의 성립이란 추상적 납세의무가 발생된 상태를 말한다.

제3절 확정된 납세의무의 변경

01 다음은 국세기본법상 결정 또는 경정의 청구에 관한 설명이다. 가장 옳은 것은? 2005년 세무사

① 법정신고기한 내에 소득세 과세표준신고서를 제출하지 아니하여 과세표준과 세액을 결정을 받은 자는 후발적 사유에 의한 경정청구를 할 수 없다.

② 원천징수의무자가 근로소득세를 과다하게 원천징수하여 납부하였다 하더라도 근로소득자는 그 과다하게 납부한 근로소득세에 대하여 경정청구권이 없다.

③ 정부부과제도(부과과세제도)를 택하고 있는 세목에 대하여는 결정의 청구를 허용하지 않고 있다.

④ 부가가치세를 과다신고한 납세의무자가 그 과다신고한 세액에 대하여 경정청구를 하더라도 그 경정청구만으로 직접 감액경정의 효력이 발생하지는 않는다.

⑤ 결손금이 발생한 경우 중소기업인 법인이 법인세 과세표준 신고기한 내에 소급공제 법인세액 환급신청을 하지 아니하고 경정청구기한 내에 경정청구에 의하여 결손금 소급공제에 의한 환급이 가능하다.

해답 ④

해설 ①, ③ 과세관청의 결정·경정이 있은 후 후발적 사유가 발생한 경우에는 그 결정·경정에 대하여 경정청구를 할 수 있다.

② 퇴직소득만 있거나 근로소득과 같은 연말정산대상소득만 있음으로써 과세표준확정신고의무를 면제받은 근로소득자 등에 대하여 원천징수의무자가 연말정산에 의하여 소득세를 과다하게 납부하거나 퇴직소득에 대하여 원천징수한 소득세를 납부하고 지급조서를 제출기한 안에 제출한 경우에는 원천징수의무자 및 근로소득자 등은 경정청구권이 있다.

⑤ 과세표준 신고기한 내에 소급공제법인세액환급신청을 하지 아니한 경우에는 결손금소급공제를 할 수 없다.

02 국세기본법 상 경정 등 청구에 관한 설명이다. 옳은 것은? 2015년 회계사 수정

① 최초의 신고·결정 또는 경정을 할 때 과세표준 및 세액의 계산근거가 된 거래 또는 행위 등의 효력과 관계되는 계약이 그 계약의 성립 후 발생한 부득이한 사유로 취소된 경우 후발적 사유에 해당한다.

② 국세의 과세표준 및 세액의 결정을 받은 자는 과세표준신고서를 법정신고기한까지 제출하지 않은 경우 감액경정청구를 제기할 수 없다.

③ 국세의 과세표준 및 세액의 결정을 받은 자는 후발적 사유에 의한 경정청구를 제기하지 못한다.

④ 개별세법에서는 후발적 사유를 이유로 한 경정청구의 특례를 규정하고 있지 아니하다.

⑤ 과세표준신고서를 법정신고기한까지 제출한 자가 증액결정 또는 경정을 받지 아니하고 제기하는 감액경정청구기한은 법정신고기한이 지난 후 3년이다.

해답 ①

해설 ② 국세의 과세표준 및 세액의 결정을 받은 자는 과세표준신고서를 법정신고기한까지 제출하지 않았더라도 기한후과세표준신고서를 제출한 경우 감액경정청구를 제기할 수 있다.
③ 국세의 과세표준 및 세액의 결정을 받은 자도 후발적 사유가 발생하였을 경우 후발적 사유에 의한 경정청구를 제기할 수 있다.
④ 개별세법에서는 후발적 사유를 이유로 한 경정청구의 특례를 규정하고 있다.
⑤ 과세표준신고서를 법정신고기한까지제출한 자가 당초 과대신고한 경우 감액경정청구기한은 법정신고기한이 지난 후 5년이다.

03 경정 등의 청구에 관한 설명으로 옳은 것은?

2016년 세무사

① 과세표준신고서를 법정신고기한까지 제출한 자는 과세관청의 결정 또는 경정으로 인하여 증가된 과세표준 및 세액에 대하여는 법정신고기한이 지난 후 5년이 경과 하였더라도 해당 처분이 있음을 안 날부터 90일 이내에 경정을 청구할 수 있다.
② 과세표준신고서를 법정신고기한까지 제출한 자라도 상속세 또는 증여세에 관하 여는 결정 또는 경정을 청구할 수 없다.
③ 과세표준신고서를 법정신고기한까지 제출한 자는 과세표준신고서에 기재된 과세 표준 및 세액이 세법에 따라 신고하여야 할 과세표준 및 세액에 미치지 못할 때에는 경정을 청구할 수 있다.
④ 원천징수대상자에게 근로소득만 있어서 원천징수의무자가 연말정산에 의하여 그에 관한 소득세를 납부하고 지급명세서를 제출기한까지 제출한 경우, 원천징수영수증에 기재된 과세표준 및 세액이 세법에 따라 신고하여야 할 과세표준 및 세액을 초 과할 때에는 원천징수의무자 뿐만 아니라 원천징수대상자도 경정을 청구할 수 있다.
⑤ 국세의 과세표준 및 세액의 결정을 받은 자는 해당 처분이 있음을 안 날부터 90일이 지난 경우라도 최초의 결정을 할 때 과세표준 및 세액의 계산 근거가 된 행위의 효력과 관계되는 계약이 해제권의 행사에 의하여 해제된 것을 안 날부터 1년 이내에 경정을 청구할 수 있다.

해답 ④

해설 ① 결정 또는 경정으로 인하여 증가된 과세표준 및 세액에 대하여는 해당 처분이 있음을 안 날(처분의 통지를 받은 때에는 그 받은 날)부터 90일 이내(법정신고기한이 지난 후 5년 이내로 한정한다)에 경정을 청구할 수 있다.
② 상속세 또는 증여세에 관하여도 결정 또는 경정을 청구할 수 있다.
③ 과세표준신고서 또는 기한후과세표준신고서에 기재된 과세표준 및 세액이 세법에 따라 신고하여야 할 과세표준 및 세액에 미치지 못할 때에는 수정신고할 수 있다.
⑤ 최초의 결정을 할 때 과세표준 및 세액의 계산 근거가 된 행위의 효력과 관계되는 계약이 해제권의 행사에 의하여 해제된 것을 안 날부터 3개월 이내에 경정을 청구할 수 있다.

04 다음 사례 중 가장 잘못된 것은?

2007년 세무사

① 당초 법정신고기한 내에 법인세 과세표준 및 세액신고서(납부세액 300,000원)를 제출하였으나, 법정신고기한 경과 두 달 후 정확한 납부세액이 1,000,000원인 것을 알게 되어 수정신고를 하였다. 단, 관할세무서장으로부터 법인세에 대한 과세표준과 세액은 아직 경정통지를 받지 않았다.

② 당초 법정신고기한 내에 법인세 과세표준 및 세액신고서(납부세액 900,000원)를 제출하였으나, 법정신고기한 경과 2년 11개월이 되는 날에 정확한 납부세액이 400,000원인 것을 알게 되어 경정청구를 하였다.

③ 당초 법정신고기한 내에 법인세 과세표준 및 세액신고서(납부세액 1,200,000원)를 제출하였으나, 법정신고기한 경과 2년 11개월이 되는 날에 관련된 소송사건에 대한 법원의 판결로 정확한 납부세액이 500,000원인 것으로 밝혀져 법원의 판결을 안 날부터 90일이 되는 날에 관할세무서장에게 경정청구를 하였다.

④ 당초 법정신고기한 내에 법인세 과세표준 및 세액신고서를 제출하지 않았으나, 법정신고기한 경과 3월이 되는 날에 정확한 납부세액이 600,000원인 것을 알게 되어 기한후과세표준신고서를 제출하고 관련세액과 가산세를 납부하였다. 단, 관할세무서장으로부터 아직 당해 법인세의 과세표준과 세액을 결정통지 받지 않았다.

⑤ 법인세 과세표준 및 세액신고서를 법정신고기한내에 제출하고 세액을 납부하지 못하였으나, 세무서장이 고지하기 전에 당해 세액과 가산세를 자진 납부하였다.

해답 ③

해설 후발적 사유에 대한 경정 등의 청구는 해당 후발적 사유가 발생한 것을 안 날로부터 3개월 이내에 이루어져야 한다.

05 다음 상황에 따른 증액경정에 관한 설명으로 옳지 않은 것은? 2013년 세무사

• ㈜A는 20×2년 귀속분 법인세를 법정신고기한까지 미신고 하였음 • 20×4.2.15. 관할 과세관청은 20×2년 귀속분 법인세로 2억원을 결정·고지하고 이후 이 세액은 ㈜A의 불복청구 없이 확정되었음 • 20×4.7.20. 관할 과세관청은 증액경정에 의해 20×2년 귀속분 법인세로 5천만원을 추가 고지하고, 20×4.7.22. ㈜A는 이를 수령함

① 당초처분에 따라 확정된 세액 2억원에 대한 과세관청의 강제징수절차는 경정처분에 따라 영향을 받지 않는다.
② 당초처분을 근거로 하여 행한 징수 등 후속처분은 경정처분에 의해 영향을 받지 않는다.
③ 경정처분에 따라 증액된 5천만원의 법인세에 대하여 당초처분과 별개로 불복 청구의 대상으로 할 수 있다.
④ 증액경정에 대한 경정청구를 받은 세무서장은 그 청구를 받은 날부터 2개월 이내에 과세표준 및 세액을 결정 또는 경정하거나 결정 또는 경정하여야 할 이유가 없다는 뜻을 그 청구자에게 통지하여야 한다.
⑤ 경정으로 증가된 세액 5천만원에 대하여 20×4년 11월 15일 경정청구를 한 경우에 해당 경정청구는 유효하다.

해답 ⑤
해설 결정 또는 경정으로 인하여 증가된 과세표준 및 세액에 대하여는 해당 처분이 있는 것을 안 날(해당 처분의 통지를 받은 때에는 그 통지를 받은 날)로부터 90일 이내에 하여야 한다.

06 다음 중 세법상 납세의무의 확정과 관련된 사항에 대한 설명으로 틀린 것은? 2006년 회계사

① 상속이 개시된 경우 일단 성립된 피상속인의 납세의무는 확정 여부에 상관없이 법률상 당연히 승계된다.
② 납세조합이 징수하는 소득세는 그 납세의무가 성립하는 때에 특별한 절차 없이 확정된다.
③ 당초 확정된 세액을 증가시키는 경정은 당초 확정된 세액에 관한 국세기본법 및 세법에서 규정하는 권리·의무관계에 아무런 영향을 미치지 아니한다.
④ 법정신고기한 경과후 5년 이내에 한 납세자의 경정청구는 최초 신고한 과세표준과 세액을 감액확정하는 효력을 갖는다.
⑤ 사업을 포괄양수한 자가 부담하는 제2차납세의무는 양수일 이전에 이미 확정된 국세 등에 한한다.

해답 ④
해설 경정청구는 감액확정력은 없으나, 과세당국으로 하여금 2월 이내에 결정·경정을 하여야 할 법률상 의무를 지우며, 과세당국의 결정·경정의 내용에 따라 확정의 효력을 갖는다.

07 국세기본법 상 납세의무의 성립과 확정 등에 관한 설명이다. 옳지 않은 것은? 2016년 회계사

① 「소득세법」에서 과세대상으로 정하는 소득이 있으면 해당 과세기간이 끝나는 때에 소득세 납세의무가 성립한다.

② 「상속세 및 증여세법」에서 과세대상으로 정하는 증여가 있으면 그 증여에 의하여 재산을 취득하는 때에 증여세 납세의무가 성립한다.

③ 소득세의 납세의무자가 과세표준 및 세액을 신고하지 아니한 경우에는 정부가 이를 결정하는 때에 납세의무가 확정된다.

④ 소득세는 납세의무자가 과세표준 및 세액을 정부에 신고하는 때에 그 납세의무가 확정되지만, 신고의 내용에 잘못이 있는 경우에는 정부가 새로이 확정시킬 수 있으나 정부가 스스로 확정한 세액을 다시 고칠 수 없다.

⑤ 납세의무자가 적법한 소득세 신고를 하였으나 현금이 없다는 이유로 이를 납부하지 아니한 경우, 납세지 관할 세무서장은 「국세징수법」에 따라 해당 세금을 징수한다.

해답 ④

해설 소득세는 신고납세제도를 채택하고 있으므로 납세의무자가 과세표준 및 세액을 정부에 신고하는 때에 그 납세의무가 확정되나, 신고 내용이 세법이 정하는 바에 맞지 아니한 경우에는 정부가 과세표준과 세액을 결정하거나 경정하여 확정된다. 이 경우 확정내용에 오류·탈루 등을 발견한 경우 정부는 제척기간이 만료하기 전까지 결정·경정·재경정이 가능하다.

08 **국세기본법상 과세표준신고서를 법정신고기한까지 제출한 자 또는 국세의 과세표준과 세액을 결정 받은 자가 후발적 사유의 발생을 이유로 경정청구를 할 수 있는 경우이다. 옳지 않은 것은?**

2012년 회계사

① 최초의 신고·결정 또는 경정에서 과세표준 및 세액의 계산 근거가 된 거래 또는 행위 등이 그에 관한 소송에 대한 판결에 의하여 다른 것으로 확정되었을 때

② 최초의 신고·결정 또는 경정을 할 때 과세표준 및 세액의 계산 근거가 된 거래 또는 행위 등의 효력과 관계되는 계약이 합의해제 되거나 해당 계약의 효력발생 후 발생한 부득이 한 사유로 취소된 경우

③ 최초의 신고·결정 또는 경정을 할 때 과세표준 및 세액의 계산 근거가 된 거래 또는 행위 등의 효력과 관계되는 관청의 허가나 그 밖의 처분이 해당 국세의 법정신고기한이 지난 후에 취소된 경우

④ 최초의 신고·결정 또는 경정을 할 때 장부 및 증거서류의 압수, 그 밖의 부득이한 사유로 과세표준 및 세액을 계산할 수 없었으나 그 후 해당 사유가 해당 국세의 법정신고기한이 지난 후 소멸한 경우

⑤ 결정 또는 경정으로 인하여 그 결정 또는 경정의 대상이 되는 과세기간 외의 과세기간에 대하여 최초에 신고한 국세의 과세표준 및 세액이 세법에 따라 신고하여야 할 과세표준 및 세액을 초과할 때

해답 ②

해설 합의해제(X) → 해제권의 행사에 의하여 해제(O)

제4절 기한후 신고·납부제도와 추가자진 납부제도

01 **「국세기본법」상 기한 후 신고와 추가자진납부에 관한 설명으로 옳지 않은 것은?** 2013년 회계사

① 법정신고기한까지 과세표준신고서를 제출하지 아니한 자는 관할세무서장이 세법에 따라 해당 국세의 과세표준과 세액(가산세 포함)을 결정하여 통지하기 전까지 기한후과세표준신고서를 제출할 수 있다.

② 법정신고기한까지 과세표준신고서를 제출하지 아니한 자로서 기한후과세표준신고서를 제출할 수 있는 자는 납부할 세액이 있는 자만을 의미한다.

③ 기한 후 신고 규정에 따라 기한후과세표준신고서를 제출한 자로서 세법에 따라 납부하여야 할 세액(가산세 포함)이 있는 자는 반드시 기한후과세표준신고서 제출과 동시에 그 세액을 납부하여야 하는 것은 아니다.

④ 법정신고기한이 지난 후 1개월 이내에 기한 후 신고를 한 경우 무신고가산세의 50%를 감면한다.

⑤ 과세표준신고서를 법정신고기한까지 제출하였으나 과세표준신고액에 상당하는 세액의 전부 또는 일부를 납부하지 아니한 자는 그 세액과 「국세기본법」 또는 세법에서 정하는 가산세를 세무서장이 고지하기 전에 납부할 수 있다.

해답 ②

해설 기한 후 신고제도란 법정신고기한까지 과세표준신고서를 제출하지 아니한 자가 관할세무서장이 해당 국세의 과세표준과 세액(국세기본법 및 세법에 따른 가산세를 포함)을 결정하여 통지하기 전까지 기한후 과세표준신고서를 제출할 수 있는 제도를 말하므로, 납부할 세액이 없거나 환급받을 세액이 있는 경우에도 기한후과세표준신고서를 제출할 수 있는 자에 해당한다.

제5절 가산세

01 **국세기본법상 수정신고와 경정 등의 청구 및 가산세의 부과와 감면에 대한 설명이다. 옳지 않은 것은?**
2011년 회계사

① 과세표준신고서를 법정신고기한까지 제출한 자는 과세표준신고서에 기재된 결손금액 또는 환급세액이 세법에 따라 신고하여야 할 결손금액이나 환급세액을 초과할 때에는 관할 세무서장이 각 세법에 따라 해당 국세의 과세표준과 세액을 결정 또는 경정하여 통지하기 전까지 과세표준수정신고서를 제출할 수 있다.
② 정부는 국세기본법 또는 세법에 따라 가산세를 부과하는 경우 납세자가 의무를 이행하지 아니한 데 대한 정당한 사유가 있는 때에는 해당 가산세를 부과하지 아니한다.
③ 과세표준신고서를 법정신고기한까지 제출한 자는 최초의 신고·결정 또는 경정에서 과세표준 및 세액의 계산 근거가 된 거래 또는 행위 등이 그에 관한 소송에 대한 판결에 의하여 다른 것으로 확정되었을 때에는 그 사유가 발생한 것을 안 날부터 2개월 이내에 결정 또는 경정을 청구할 수 있다.
④ 정부는 과세전적부심사 결정·통지기간에 그 결과를 통지하지 아니한 경우에는 해당 가산세액을 전액 감면한다.
⑤ 가산세는 해당 의무가 규정된 세법의 해당 국세의 세목으로 한다. 다만, 해당 국세를 감면하는 경우에는 가산세는 그 감면대상에 포함시키지 아니하는 것으로 한다.

해답 ④
해설 정부는 과세전적부심사 결정·통지기간에 그 결과를 통지하지 아니한 경우에는 해당 가산세액을 50% 감면한다.

02 **다음 중 세법상 가산세에 관한 설명으로 옳은 것은?**
2006년 회계사

① 가산세는 세법의 규정에 의한 의무를 위반한 자에 대한 행정제재수단이다.
② 가산세의 부과처분은 본세와 독립하여 불복대상이 된다.
③ 가산세는 법인세법상 각 사업연도 소득금액의 계산에 있어서 손금에 산입한다.
④ 가산세는 해당 의무가 규정된 세법의 해당 국세와 별도의 세목으로 한다.
⑤ 해당 국세를 감면하는 경우에는 가산세는 그 감면대상에 포함시킨다.

해답 ②
해설 가산세는 행정제재수단으로 국세에 포함되며, 본세와 독립하여 불복대상이 된다.

03 가산세에 관한 설명으로 옳지 않은 것은?

2014년 세무사

① 정부는 「국세기본법」 또는 세법에서 규정한 의무를 위반한 자에게 가산세를 부과할 수 있다.

② 가산세는 해당 의무가 규정된 세법의 해당 국세의 세목으로 한다. 다만, 해당 국세를 감면하는 경우에도 가산세는 감면되지 않는다.

③ 가산세는 세법상 의무이행의 해태나 위반을 이유로 납세자에 대해 가해지는 제재로서의 성격을 가지므로 가산세는 관할 세무서장의 직권에 의하여만 감면된다.

④ 환급불성실가산세는 납세의무자가 환급받은 세액이 정당한 환급세액을 초과하는 경우에 부과하는 가산세이다.

⑤ 「국세기본법」또는 세법에 따라 가산세를 부과하는 경우 납세자가 의무를 이행하지 아니한 데 대한 정당한 사유가 있는 때에는 해당 가산세를 부과하지 아니한다.

해답 ③

해설 가산세 감면 등을 받으려는 자는 대통령령으로 정하는 바에 따라 감면 등을 신청할 수 있다

04 국세기본법상 가산세에 관한 설명이다. 옳지 않은 것은?

2015년 회계사

① 가산세란 세법에서 규정하는 의무의 성실한 이행을 확보하기 위하여 세법에 따라 산출한 세액에 가산하여 징수하는 금액을 말한다.

② 가산세는 해당 의무가 규정된 세법의 해당 국세의 세목으로 한다.

③ 본세가 감면되면 가산세도 감면된다.

④ 납세자가 의무를 이행하지 아니한 데 대한 정당한 사유가 있는 때에는 해당 가산세를 부과하지 아니한다.

⑤ 세법에서 규정하는 의무를 고의적으로 위반한 경우에는 가산세 한도규정을 적용하지 아니한다.

해답 ③

해설 본세인 국세가 감면되면 가산세는 그 감면 대상에 포함시키지 아니한다.

05 **국세기본법상 가산세에 관한 설명이다. 옳은 것은?** 2020년 회계사

① 가산세는 해당 의무가 규정된 세법의 해당 국세의 세목으로 하며, 해당 국세를 감면하는 경우에는 가산세도 그 감면대상에 포함한다.

② 납세의무자가 법정신고기한까지 「종합부동산세법」에 따른 과세표준 신고를 하지 아니한 경우 무신고가산세를 부과한다.

③ 신고 당시 소유권에 대한 소송으로 상속재산으로 확정되지 아니하여 상속세 과세표준을 과소신고한 경우 과소신고가산세를 부과한다.

④ 「부가가치세법」에 따른 사업자가 아닌 자가 부가가치세액을 환급받은 경우는 납부지연가산세의 적용대상에 해당하지 아니한다.

⑤ 법령에 따른 세법해석에 관한 질의·회신 등에 따라 신고·납부하였으나 이후 다른 과세처분을 하는 경우 가산세를 부과하지 아니한다.

해답 ⑤

해설 ① 가산세는 해당 의무가 규정된 셉버의 해당 국세의 세목으로 하며, 해당 국세를 감면하는 경우에는 가산세는 그 감면대상에 포함하지 아니한다.

② 납세의무자가 법정신고기한까지 세법에 따른 국세의 과세표준 신고를 하지 아니한 경우에는 무신고가산세를 부과하나, 종합부동산세법에 따른 신고는 제외한다.

③ 납세의무자가 법정신고기한까지 세법에 따른 국세의 과세표준 신고를 한 경우로서 납부할 세액을 신고하여야 할 세액보다 적게 신고하거나 환급받을 세액을 신고하여야 할 금액보다 많이 신고한 경우 과소신고·초과환급신고가산세를 부과한다. 다만 신고 당시 소유권에 대한 소송 등의 사유로 상속재산 또는 증여재산으로 확정되지 않았던 사유로 상속세·증여세 과세표준을 과소신고한 경우 과소신고하거나 초과신고한 부분에 대해서는 과소신고·초과환급신고가산세를 적용하지 아니한다.

④ 납부지연가산세는 부가가치세법에 따른 사업자가 아닌 부가가치세액을 환급받은 경우에도 납부지연가산세 적용대상에 해당한다.

06 **국세기본법상 가산세의 감면사유에 해당하지 않는 것은?** 2008년 세무사

① 가산세 부과의 원인이 되는 사유가 납세자의 동거가족이 사망하여 상중인 때
② 납세자가 화재, 전화(전화), 그 밖의 재해를 입거나 도난을 당한 경우
③ 과세전적부심사 결정·통지기간 이내에 그 결과를 통지하지 아니한 경우
④ 법정신고기한 경과 후 1개월 이내에 기한 후 신고를 한 경우
⑤ 납세의무자가 세법을 숙지하지 못하여 세법에 위반된 신고를 하고 과세관청도 이를 그대로 받아들이면서 시정지시 등을 하지 않은 경우

해답 ⑤

해설 가산세 면제 사유 : 가산세 부과의 원인이 되는 사유가 국세기본법에 따른 기한연장 사유(천재지변 등)에 해당하거나 납세자가 의무를 이행하지 아니한 데 대한 정당한 사유인 경우
가산세 가면 사유 :
㉠ 법정신고기한이 지난 후 2년 이내 수정신고한 경우
㉡ 법정신고기한이 지난 후 6개월 이내 기한 후 신고를 한 경우
㉢ 과세전적부심사 결정·통지기간에 그 결과를 통지하지 아니한 경우
㉣ 세법에 따른 제출, 신고, 가입, 등록, 개설의 기한이 지난 후 1개월 이내에 해당 세법에 따른 제출 등의 의무를 이행하는 경우

07 **「국세기본법」상 가산세 감면에 관한 설명으로 옳지 않은 것은?** 2018년 세무사

① 가산세를 부과하는 경우 납세자가 의무를 이행하지 아니한 데 대한 정당한 사유가 있는 때에는 해당 가산세를 부과하지 아니한다.
② 법정신고기한이 지난 후 1개월 이내에 기한 후 신고를 한 경우 무신고 가산세액의 100분의 90에 상당하는 금액을 감면한다.
③ 법정신고기한이 지난 후 1년 이내에 수정신고한 경우 과소신고 가산세액의 100분의 50에 상당하는 금액을 감면한다.
④ 과세전적부심사 결정·통지기간에 그 결과를 통지하지 아니한 경우 결정·통지가 지연됨으로써 해당 기간에 부과되는 납부지연 가산세액의 100분의 50에 상당하는 금액을 감면한다.
⑤ 세법에 따른 제출의 기한이 지난 후 1개월 이내에 해당 세법에 따른 제출 의무를 이행하는 경우 제출 의무 위반 관련 가산세액의 100분의 50에 상당하는 금액을 감면한다.

해답 ③

해설 법정신고기한이 지난 후 6개월 초과 1년 이내에 수정신고한 경우 해당 가산세액의 100분의 30에 상당하는 금액을 감면한다.

08 「국세기본법」상 가산세에 관한 설명으로 옳지 않은 것은? 2017년 세무사

① 가산세는 해당 의무가 규정된 세법의 해당 국세의 세목으로 하나 해당 국세를 감면하는 경우 가산세는 감면대상에 포함되지 아니한다.
② 납세의무자가 국제거래에서 발생한 부정행위로 법정신고기한까지 법인세 과세표 준 신고를 하지 아니한 경우에는 그 신고로 납부하여야할 세액에 100분의 60을 곱한 금액을 가산세로 한다.
③ 납세의무자가 법정신고기한까지 법인세의 과세표준 신고를 한 경우로서 착오에 의하여 과소신고를 한 때에는 과소신고납부세액의 100분의 10에 상당하는 금액을 가산세로 한다.
④ 납부지연 가산세를 부과함에 있어 납세의무자가 법인세를 부정행위로 과소신고하면서 과세기간을 잘못 적용한 경우 실제 신고납부한 날에 실제 신고납부한 금액의 범위에서 신고납부하였어야 할 과세기간에 대한 법인세를 자진납부한 것으로 본다.
⑤ 정부는 납세자가 의무를 이행하지 아니한 데 대한 정당한 사유가 있는 때에는 해당 가산세를 부과하지 아니한다.

해답 ④

해설 국세(법인세, 소득세, 부가가치세)를 과세기간을 잘못 적용하여 신고납부한 경우에는 납부지연 가산세 등을 적용할 때 실제 신고납부한 날에 실제 신고납부한 금액의 범위에서 당초 신고·납부하였어야 할 과세기간에 대한 국세를 자진납부한 것으로 본다. 다만, 해당 국세의 신고가 부정행위 무신고 또는 부정행위 과소신고에 해당하는 경우는 제외한다.

제6절 납세의무의 소멸

01 국세기본법 상 납부의무의 소멸에 관한 설명 중 옳은 것을 모두 묶은 것은? 2016년 회계사

ㄱ. 납세의무자의 납세의무는 해당 납세의무자는 물론 연대납세의무자, 제2차 납세의무자, 납세보증인, 물적 납세의무자의 납부에 의하여 소멸하지만, 그 밖에 이해관계가 있는 제3자가 해당 납세의무자의 명의로 납부한 경우에는 소멸하지 아니한다.
ㄴ. 납세의무자가 자신의 물건이나 권리의 소유권을 국가에 이전하고 납세의무에서 벗어날 수 있게 하는 물납은 세법에서 정함이 없는 경우에도 인정된다.
ㄷ. 납세의무자 갑이 100만원의 증여세 납세고지서를 받았고 소득세 100만원을 돌려받을 권리가 있는 경우, 갑이 이러한 권리를 납세고지서상의 세금에 충당할 것을 청구하면 그 청구한 날에 해당 세금을 납부한 것으로 본다.
ㄹ. 납세의무자 을이 200만원의 부가가치세를 체납하였고 소득세 200만원을 돌려받을 권리가 있는 경우, 국가가 을에게 소득세 200만원을 돌려주지 아니하고 이를 을의 체납된 부가가치세 200만원에 충당하려면 을의 동의를 받아야 한다.

① ㄷ ② ㄹ ③ ㄱ, ㄴ
④ ㄱ, ㄷ ⑤ ㄷ, ㄹ

해답 ①

해설 ㄱ. 납부로 인해 조세채권이 실현되어 소멸하는 경우 해당 납세의무자는 물론 연대납세의무자, 제2차 납세의무자, 납세보증인, 물적 납세의무자 및 기타 이해관계가 있는 제 3자가 해당 납세의무자의 명의로 납부한 경우도 인정된다.
ㄴ. 금전납부가 원칙이나, 상속세에서 예외로 물납제도를 인정하고 있다. 그러므로 물납은 세법에서 정함이 없는 경우 인정되지 아니한다.
ㄹ. 직권에 의한 충당에 해당하는 경우로서, 체납된 국세·강제징수비가 있는 경우 국세환급금으로 결정한 금액을 체납된 국세·강제징수비와 직권으로 충당이 가능하다.

02 **다음 중 수정신고, 기한 후 신고 또는 경정청구 등의 효력이 없는 것은?** 2009년 세무사

① ㈜A는 법인세 과세표준신고서를 법정신고기한내에 제출하였으나 과세표준신고서에 기재된 결손금액이 세법에 의하여 신고하여야 할 결손금액을 초과하였으므로 관할세무서장이 법인세의 과세표준과 세액을 경정하여 통지하기 전에 과세표준수정신고서를 제출하였다.

② ㈜B는 법인세 과세표준신고서를 법정신고기한내에 제출하였으나 국고보조금에 상당하는 금액을 익금과 손금에 동시에 산입하지 아니하였으므로 관할세무서장이 법인세의 과세표준과 세액을 경정하여 통지하기 전에 과세표준수정신고서를 제출하였다.

③ ㈜C는 법인세 과세표준신고서를 법정신고기한내에 제출하였으나 과세표준과 세액의 계산근거가 된 거래가 판결에 의하여 다른 것으로 확정된 후 50일이 되는 날에 과세표준과 세액을 감액하는 경정을 청구하였다.

④ ㈜D는 법인세 과세표준신고서를 법정신고기한내에 제출하였으나 신고 후 30개월이 지난 후에 신고한 법인세의 과세표준과 세액을 증액하는 경정이 관할세무서장에 의해 이루어졌다. 이에 대하여 경정결정의 통지를 받은 날부터 5개월 후에 관할세무서장에게 경정을 청구하였다.

⑤ ㈜E는 법정신고기한내에 법인세 과세표준신고서를 제출하지 아니하였으나 관할세무서장이 과세표준과 세액을 결정하여 통지하기 전에 기한 후 과세표준신고서를 제출하였다.

해답 ④

해설 증액의 경정에 대해서는 90일 이내 불복청구 또는 경정청구를 할 수 있다.

03 **국세기본법 상 수정신고 및 경정청구 등에 관한 설명이다. 옳지 않은 것은?** 2016년 회계사

① 납세의무자 갑이 100만원의 소득세를 법에서 정한 기한까지 신고하였는데, 그 후 300만원으로 수정신고한 경우 세액이 300만원으로 확정된다.

② 납세의무자 을이 300만원의 소득세를 법에서 정한 기한이 지난 후 6개월 내에 신고한 경우 세액이 300만원으로 확정된다.

③ 납세의무자 병이 200만원의 소득세를 법에서 정한 기한까지 신고하였는데, 그 후 100만원으로 감액경정을 청구한 경우 그 청구만으로는 세액이 100만원으로 확정되지 아니한다.

④ 원래 신고하였어야 할 세액보다 더 많은 세액을 신고하여 감액경정을 청구하려면 법에서 정한 기한 내에 과세표준신고서를 제출한 자이어야 한다.

⑤ 납세의무자 정이 20×1년 한 해 동안의 소득에 대하여 20×2년 5월 20일에 500만원의 소득세를 신고·납부한 후 신고 내용에 계산 오류가 있어 감액경정을 청구하는 경우, 이 경정청구는 20×7년 5월 31일까지 할 수 있다.

해답 ②

해설 법정신고기한이 지난 후 신고한 경우 기한 후 신고에 해당하므로 신고에 따른 납세의무의 확정력이 없다.

04 「국세기본법」상 납세의무에 관한 설명이다. 옳지 않은 것은? 2014년 회계사

① 원천징수하는 소득세·법인세는 소득금액 또는 수입금액을 지급하는 때에 납세의무가 성립한다.

② 세법에 따라 당초 확정된 세액을 증가시키는 경정은 당초 확정된 세액에 관한 「국세기본법」 또는 세법에서 규정하는 권리·의무관계에 영향을 미치지 아니한다.

③ 법인이 합병한 경우 합병 후 존속하는 법인 또는 합병으로 설립된 법인은 합병으로 소멸된 법인에 부과되거나 그 법인이 납부할 국세·강제징수비를 납부할 의무를 진다.

④ 교부청구시 국세징수권의 소멸시효는 중단된다.

⑤ 부담부증여에 따라 수증자에게 증여세가 과세되고, 증여자에게 양도소득세가 과세되는 경우 증여세와 양도소득세의 제척기간은 달리 적용된다.

해답 ⑤

해설 부담부증여에 따라 증여세와 함께 양도소득세가 과세되는 경우 양도소득세의 제척기간은 증여세에 대하여 정한 기간이다.

05 국세기본법에 관한 설명으로 옳지 않은 것은? 2017년 회계사

① 국외에 있는 상속재산을 상속인이 취득하면서 사기나 그 밖의 부정한 행위로 상속세를 포탈한 경우, 상속인이 사망하였더라도 해당 재산의 상속이 있음을 안 날부터 1년 이내에 상속세를 부과할 수 있다.

② 종합부동산세는 부과과세제도가 원칙이지만, 납세의무자가 신고하는 경우 그 신고하는 때 납세의무가 확정된다.

③ 부담부증여에 따라 증여세와 함께 과세되는 양도소득세에 대해서는 조세조약에 따라 상호합의절차가 진행중인 경우가 아니라면 증여세와 동일한 제척기간을 적용한다.

④ 세법에 따라 당초 확정된 세액을 감소시키는 경정은 그 경정으로 감소되는 세액 외의 세액에 관한 「국세기본법」 또는 세법에서 규정하는 권리·의무관계에 영향을 미치지 아니한다.

⑤ 5억원 이상의 국세에 대한 징수권은 이를 행사할 수 있는 때부터 10년 동안 행사하지 아니하면 소멸시효가 완성된다.

해답 ①

해설 납세자가 국외에 있는 상속재산을 취득하면서 부정행위로 상속세를 포탈한 경우 해당 상속이 있음을 안 날부터 1년 이내에 상속세를 부과할 수 있으나 상속인이 사망하였다면 생애제척기간 특례를 적용하지 않는다.

06 **「국세기본법」상 국세부과의 제척기간과 국세징수권의 소멸시효에 관한 설명으로 옳지 않은 것은?**

2013년 회계사 수정

① 국세징수권은 이를 행사할 수 있는 때부터 5년(5억원 이상의 국세는 10년) 동안 행사하지 아니하면 소멸시효가 완성된다. 소멸시효에 관하여는 「국세기본법」 또는 세법에 특별한 규정이 있는 것을 제외하고는 「민법」에 따른다.

② 과세표준과 세액을 신고하는 국세(「종합부동산세법」 규정에 의해 신고하는 종합부동산세는 제외함)의 경우 해당 국세의 과세표준신고기한의 다음날을 국세부과 제척기간의 기산일로 한다. 이 경우 중간예납·예정신고기한과 수정신고기한은 과세표준신고기한에 포함되지 아니한다.

③ 소멸시효는 납부고지, 독촉, 교부청구, 압류(압류금지재산을 압류한 경우 포함)의 사유로 중단된다.

④ 소멸시효는 세무공무원이 「국세징수법」에 따른 사해행위 취소소송을 제기하여 그 소송이 진행중인 기간에는 진행되지 아니한다. 다만, 이러한 사해행위 취소소송의 제기로 인한 시효정지의 효력은 소송이 각하·기각 또는 취하된 경우에는 효력이 없다.

⑤ 원천징수의무자 또는 납세조합으로부터 징수하는 국세의 경우 납세고지한 원천징수세액 또는 납세조합징수세액에 대하여는 그 고지에 따른 납부기한의 다음날을 소멸시효의 기산일로 한다.

해답 ③

해설 소멸시효의 중단사유 및 정지사유는 다음과 같다.

ⅰ 소멸시효의 중단사유 : 납세고지, 독촉 또는 납부최고, 교부청구, 압류(국세징수법에 따른 압류금지재산을 압류한 경우와 제3자의 재산을 압류한 경우는 제외)

ⅱ 소멸시효의 정지사유 : 연부연납기간, 징수유예기간, 강제징수유예기간, 연부연납기간, 사해행위 취소소송이나 채권자대위소송이 진행중인 기간

07 **「국세기본법」상 국세징수권의 소멸시효에 관한 설명이다. 옳은 것은?** 2010년 회계사

① 과세표준과 세액의 신고에 의하여 납세의무가 확정되는 국세에 있어서 신고한 당해 세액에 대하여는 납세의무가 확정된 날의 다음날부터 소멸시효가 진행한다.

② 과세표준과 세액을 정부가 수시부과결정하는 경우에 고지한 당해 세액에 대하여는 그 납세고지에 의한 납부기한의 다음날부터 소멸시효가 진행한다.

③ 소멸시효가 완성된 납세의무는 과세당국이 결손처분을 함으로써 장래에 향하여 소멸한다.

④ 채권자대위소송 진행기간 중에는 징수권 소멸시효의 진행이 정지하고, 채권자대위소송이 취하되는 경우에도 시효정지의 효력은 유지된다.

⑤ 주된 납세의무자의 국세가 소멸시효의 완성으로 인해 소멸하더라도 제2차 납세의무자로 지정된 자에게는 그 효력이 미치지 아니한다.

해답 ②

해설 ① 과세표준과 세액의 신고에 의하여 납세의무가 확정되는 국세에 있어서 신고한 당해 세액에 대하여는 법정신고기한의 다음날부터 소멸시효가 진행한다.
③ 소멸시효가 완성된 납세의무는 기산일로 소급하여 납세의무가 소멸한다.
④ 채권자대위소송 진행기간 중에는 징수권 소멸시효의 진행이 정지된다. 다만, 채권자대위소송이 각하, 기각, 취하되는 경우에는 시효정지의 효력이 없다.
⑤ 주된 납세의무자의 국세가 소멸시효의 완성으로 인해 소멸하면 제2차 납세의무자로 지정된 자에게도 그 효력이 미치게 된다.(부종성)

08 **「국세기본법」상 국세부과의 제척기간에 대한 설명이다. 옳지 않은 것은?** 2009년 회계사

① 국세기본법에 따른 이의신청·심사청구·심판청구에 대한 결정이 있는 경우에는 원칙적인 제척기간에도 불구하고 그 결정이 확정된 날부터 1년이 지나기 전까지는 해당 결정에 따라 경정결정을 할 수 있다.

② 소득공제를 받은 금액에 상당하는 세액을 의무불이행으로 인하여 징수하는 경우, 당해 세액에 대한 국세부과 제척기간의 기산일은 당해 세액을 징수할 수 있는 사유가 발생한 날로 한다.

③ 종합부동산세의 납세의무자가 과세표준과 세액을 신고한 경우 당해 종합부동산세에 대한 국세부과 제척기간의 기산일은 납세의무 성립일로 한다.

④ 후발적 사유로 인한 경정청구가 있는 경우에는 원칙적인 제척기간에도 불구하고 경정청구일부터 2월이 지나기 전까지는 해당 경정청구에 따라 경정결정이나 그 밖에 필요한 처분을 할 수 있다.

⑤ 납세자가 사기 기타 부정한 행위로 상속세를 포탈한 경우로서 국외에 소재하는 상속재산을 상속인이 취득한 경우에는 당해 재산의 상속이 있은 날부터 15년 이내에 상속세를 부과할 수 있다.

해답 ⑤

해설 납세자가 부정행위로 상속세·증여세를 포탈하는 경우로서 정해진 사유 해당하는 경우에는 해당 재산의 상속 또는 증여가 있음을 안 날부터 1년 이내에 상속세 및 증여세를 부과할 수 있다. 다만, 상속인이나 증여자 및 수증자가 사망한 경우와 포탈세액 산출의 기준이 되는 해당 재산가액을 합친 금액이 50억원 이하인 경우에는 그러하지 아니하다.

09 국세기본법 상 부과권의 제척기간에 관한 설명이다. 옳은 것은? 2015년 회계사

① 부담부 증여에 따라 증여세와 함께 양도소득세가 과세되는 경우 증여세의 제척기간과 양도소득세의 제척기간은 다르다.

② 「행정소송법」에 따른 소송에 대한 판결이 있는 경우 그 판결이 확정된 날부터 3년이 지나기 전까지는 해당 판결에 따라 경정결정이나 그 밖에 필요한 처분을 할 수 있다.

③ 「행정소송법」에 따른 소송에 대한 판결에서 명의대여 사실이 확인된 경우 실제로 사업을 경영한 자에게 경정결정이나 그 밖에 필요한 처분을 할 수 없다.

④ 과세표준과 세액을 신고하는 국세(종합부동산세 제외)의 제척기간 기산일은 과세표준신고기한의 다음 날이며, 이 경우 중간예납·예정신고기한과 수정신고기한도 과세표준신고기한에 포함한다.

⑤ 「국세기본법」상 후발적 사유에 의한 경정청구가 있는 경우 경정청구일부터 2개월이 지나기 전까지는 해당 경정청구에 따라 경정결정이나 그 밖에 필요한 처분을 할 수 있다.

해답 ⑤

해설
① 부담부증여에 따라 증여세와 함께 양도소득세과 과세되는 경우 증여세의 제척기간과 양도소득세의 제척기간은 같다.
② 행정소송법에 따른 소송에 대한 판결이 있는 경우 그 판결이 확정된 날부터 1년이 지나기 전까지는 해당 판결에 따라 경정결정이나 그 밖에 필요한 처분을 할 수 있다.
③ 행정소송법에 따른 소송에 대한 판결에서 명의대여 사실이 확인된 경우 당초의 부과처분을 취소하고 그 판결이 확정된 날부터 1년 이내에 실제로 사업을 경영한 자에게 경정이나 그 밖에 필요한 처분을 할 수 있다.
④ 과세표준과 세액을 신고하는 국세(종합부동산세 제외)의 제척기간 기산일은 과세표준신고 기한의 다음 날이며, 이때 신고기한은 신고하는 국세의 과세표준과 세액에 대한 정기분 확정신고기한을 의미하므로 중간예납·예정신고·수정신고기한의 다음 날은 포함하지 아니한다.

10 **「국세기본법」상 국세부과의 제척기간에 관한 설명으로 옳은 것은?** 2020년 세무사

① 원칙적인 부과제척기간이 지났더라도 「행정소송법」에 따른 소송에 대한 판결이 확정된 경우 지방국세청장 또는 세무서장은 그 확정된 날부터 1년이 지나기 전까지 경정이나 그 밖에 필요한 처분을 할 수 있다.

② 과세표준과 세액을 신고하는 국세(신고하는 종합부동산세는 제외)의 제척기간 기산일은 해당 국세의 과세표준신고기한(예정신고기한 포함)의 다음 날로 한다.

③ 조세쟁송에 대한 결정 또는 판결에서 명의대여 사실이 확인되는 경우 그 결정 또는 판결이 확정된 날부터 2년이 지나기 전까지는 명의자에 대한 부과처분을 취소하고 실제로 사업을 경영한 자에게 경정이나 그 밖에 필요한 처분을 할 수 있다.

④ 원칙적인 부과제척기간이 끝난 날이 속하는 과세기간 이후의 과세기간에 「법인세 법」에 따라 이월결손금을 공제하는 경우 그 결손금이 발생한 과세기간의 법인세의 부과제척기간은 이월결손금을 공제한 과세기간의 법정신고기한으로부터 2년으로 한다.

⑤ 부담부증여에 따라 증여세와 함께 양도소득세가 과세되는 때에 납세자가 법정신고기한까지 소득세 과세표준신고서를 제출하지 아니한 경우 그 양도소득세의 부과제척기간은 7년으로 한다.

해답 ①

해설 ② 과세표준과 세액을 신고하는 국세(신고하는 종합부동산세는 제외)의 제척기간 기산일은 해당 국세의 과세표준신고기한의 다음 날로 하되 중간예납·예정신고기한과 수정신고기한은 제외한다.

③ 조세쟁송에 대한 결정 또는 판결에서 명의대여 사실이 확인되는 경우 그 결정 또는 판결이 확정된 날부터 1년이 지나기 전까지는 명의자에 대한 부과처분을 취소하고 실제로 사업을 경영한 자에게 경정이나 그 밖에 필요한 처분을 할 수 있다.

④ 원칙적인 부과제척기간이 끝난 날이 속하는 과세기간 이후의 과세기간에 「법인세법」에 따라 이월결손금을 공제하는 경우 그 결손금이 발생한 과세기간의 법인세의 부과제척기간은 이월결손금을 공제한 과세기간의 법정신고기한으로부터 1년으로 한다.

⑤ 부담부증여에 따라 증여세와 함께 양도소득세가 과세되는 때에 납세자가 법정신고기한까지 소득세 과세표준신고서를 제출하지 아니한 경우 그 양도소득세의 부과제척기간은 증여세 부과제척기간을 적용한다. (일반적인 경우 10년)

11 **국세기본법상 납세의무의 성립·확정 및 소멸에 관한 설명이다. 옳지 않은 것은?** 2019년 회계사

① 원천징수하는 소득세 또는 법인세는 소득금액 또는 수입금액을 지급하는 때에 납세의무가 성립하며, 동시에 특별한 절차 없이 납세의무가 확정된다.
② 세법에 따라 확정된 세액을 증가시키는 경정은 당초 확정된 세액에 관한 「국세기본법」 또는 세법에서 규정하는 권리·의무관계에 영향을 미치지 아니한다.
③ 역외거래 중 국외 제공 용역거래에서 발생한 부정행위로 법인세를 포탈하거나 환급·공제받은 경우, 그 법인세를 부과할 수 있는 날부터 10년이 지나면 부과할 수 없다.
④ 5억원 이상인 국세의 징수를 목적으로 하는 국가의 권리는 10년 동안 행사하지 않으면 소멸시효가 완성된다.
⑤ 국세징수권의 소멸시효는 납부고지, 독촉, 교부청구 및 압류의 사유로 중단된다.

해답 ③

해설 납세자가 대통령령으로 정하는 사기나 그 밖의 부정한 행위로 국세를 포탈(逋脫)하거나 환급 · 공제를 받은 경우 그 국세를 부과할 수 있는 날부터 10년(역외거래에서 발생한 부정행위로 국세를 포탈하거나 환급 · 공제받은 경우에는 15년)의 제척기간을 적용한다.

12 **(주)A는 제3기 사업연도(2016.1.1.~ 12.31.)의 매출기록을 조작하는 방식으로 매출을 일부 누락하여 법인세를 신고·납부하였다. 그 사실을 알게 된 과세관청은 2023.2.2. (주)A에게 법인세 부과처분을 함과 동시에 익금에 산입한 금액의 사외유출 귀속처가 불분명하다고 보아 대표이사인 甲에게 상여로 소득처분함을 내용으로 하는 소득금액변동통지를 하였다. 이에 관한 설명으로 옳지 않은 것은? (다툼이 있으면 판례에 따름)** 2021년 세무사

① 소득처분 관련 甲의 소득세 납세의무의 성립시기는 2016년이 끝나는 때이다.
② 甲이 사외유출된 금액이 자신에게 귀속되지 아니하였다는 점만을 입증하였다면 소득세 납세의무를 면할 수 없다.
③ (주)A에 대한 소득금액변동통지는 행정소송의 대상이 될 수 있는 "처분"에 해당한다.
④ 甲이 스스로 부정행위를 하지 아니하였고 2016년 과세기간 귀속 소득의 소득세 신고를 법정신고기한까지 한 경우라면, 甲에 대한 소득세 부과제척기간의 만료일은 2022.5.31. 이다.
⑤ 甲에 대한 소득세 부과제척기간이 도과하였다면 (주)A에 대한 소득금액변동통지는 위법하다.

해답 ④

해설 ① 해당 소득처분은 인정 상여에 해당하고, 근로제공일을 귀속시기로 하므로, 납세의무의 성립시기는 2016년이 끝나는 때이다.
② 甲은 대표자로서 사외유출된 금액이 자신에게 귀속되지 아니하였다는 점 뿐만 아니라, 누구에게 귀속되었는지 입증을 하였다면, 소득세 납세의무를 면할 수 있다. 따라서 옳은 문장이다.
③ 원천징수의무자인 법인에 대한 소득금액변동통지는 원천징수의무자인 법인의 납세의무에 직접 영향을 미치는 조세행정처분이다.(대법원 2021. 4. 29. 선고 2020두52689 판결)

④ 납세자가 대통령령으로 정하는 사기나 그 밖의 부정한 행위로 국세를 포탈(逋脫)하거나 환급·공제를 받은 경우 그 국세를 부과할 수 있는 날부터 10년(역외거래에서 발생한 부정행위로 국세를 포탈하거나 환급·공제받은 경우에는 15년). 이 경우 부정행위로 포탈하거나 환급·공제받은 국세가 법인세이면 이와 관련하여 「법인세법」에 따라 소득처분된 금액에 대한 소득세 또는 법인세에 대해서도 또한 같다. 따라서 납세자인 법인의 부정행위로 인한 소득처분에 대해선 법인과 동일하게 10년의 제척기간을 적용하므로 甲에 대한 소득세 부과제척기간 만료일은 2027.5.31. 이다.
⑤ 옳은 문장이다.

13 국세기본법상 국세환급금과 국세환급가산금에 대한 설명이다. 옳지 않은 것은? 2009년 회계사

① 세무서장은 국세환급금(국세환급가산금 포함)을 충당하고, 잔여금이 있는 때에는 이를 해당연도의 소관세입금 중에서 납세자에게 지급하도록 한국은행에 통지하여야 한다.
② 납세자의 국세환급금과 국세환급가산금에 관한 권리는 이를 행사할 수 있는 때로부터 5년간 행사하지 않으면 소멸시효가 완성한다.
③ 세무서장은 납세자의 국세환급금으로 결정한 금액을 당해 납세자의 체납된 국세·강제징수비에 충당하여야 한다.
④ 납세자가 법인세를 물납한 후 부과를 취소하거나 환급하는 경우에는 해당 물납재산과 국세환급가산금을 환급하여야 한다.
⑤ 납세자는 국세환급금에 대한 권리를 타인에게 양도할 수 있다.

해답 ④
해설 물납재산으로 환급하는 경우에는 국세환급가산금 규정을 적용하지 아니한다.

14 「국세기본법」상 과세와 환급에 관한 설명이다. 옳은 것은? 2014년 회계사

① 기한후과세표준신고서를 제출한 자로서 세법에 따라 납부하여야 할 세액이 있는 자는 기한후과세표준신고서 제출과 동시에 그 세액을 납부하여야 한다.
② 과세표준신고서를 법정신고기한까지 제출한 자는 과세표준신고서에 기재된 과세표준 및 세액이 세법에 따라 신고하여야 할 과세표준 및 세액에 미치지 못할 때에는 법정신고기한이 지난 후 6개월 이내에 수정신고를 하여야 한다.
③ 가산세는 해당 의무가 규정된 세법의 해당 국세의 세목으로 한다. 따라서 해당 국세를 감면하는 경우에는 가산세도 감면대상에 포함한다.
④ 납세자가 상속세를 물납한 후 해당 물납재산으로 환급받는 경우에는 국세환급가산금 규정이 적용되지 아니한다.
⑤ 납세자의 국세환급금과 국세환급가산금에 관한 권리는 행사할 수 있는 때부터 10년간 행사하지 아니하면 소멸시효가 완성된다.

해답 ④

해설 ① 기한후과세표준신고서를 제출한 자로서 세법에 따라 납부하여야 할 세액이 있는 자는 반드시 기한후과세표준신고서 제출과 동시에 그 세액을 납부하여야 하는 것은 아니다.
② 과세표준신고서를 법정신고기한까지 제출한 자는 관할 세무서장이 각 세법에 따라 해당 국세의 과세표준과 세액을 결정 또는 경정하여 통지하기 전으로서 국세부과 제척기간이 끝나기 전까지 과세표준수정신고서를 제출할 수 있다.
③ 가산세는 그 감면대상에 포함시키지 아니하는 것으로 한다.
⑤ 납세자의 국세환급금과 국세환급가산금에 관한 권리는 행사할 수 있는 때부터 5년간 행사하지 아니하면 소멸시효가 완성된다.

15 다음 중 국세기본법상 국세의 환급에 관한 내용 중 가장 잘못된 것은?

2005년 회계사

① 납세자가 상속·증여세, 소득세 또는 법인세를 물납한 후 그 부과의 전부 또는 일부를 취소하거나 감액하는 경정결정에 의하여 환급하는 경우에는 당해 물납재산으로 환급하여야 한다. 그러나 당해 물납재산이 임대중에 있는 경우에는 물납재산으로 환급하지 않고 일반적인 금전납부에 관한 환급규정을 적용한다.

② 물납재산의 환급에 있어 국가가 물납재산을 유지 또는 관리하기 위하여 지출한 비용은 국가의 부담으로 한다. 다만, 국가가 물납재산에 대하여 자본적 지출을 한 경우에는 이를 납세자의 부담으로 한다.

③ 납세자의 국세환급금에 관한 권리는 이를 행사할 수 있는 때로부터 5년간 행사하지 아니하면 소멸시효가 완성한다.

④ 국세환급금의 충당에 있어서 납세고지에 의하여 납부하는 국세(국세징수법의 규정에 의한 납기전 징수사유에 해당하는 경우를 제외한다) 및 세법에 의하여 자진납부하는 국세에의 충당은 납세자가 그 충당에 동의하는 경우에 한한다.

⑤ 국세환급금에 관한 권리를 타인에게 양도하고자 하는 납세자의 경우 권리가 확정된 후에는 언제라도 일정한 사항을 기재한 문서로 소관세무서장에게 요구하면 된다.

해답 ⑤

해설 국세환급금에 관한 권리를 타인에게 양도하고자 하는 납세자의 경우 국세환급금 송금통지서를 발송하기 전에 한하여, 일정한 사항을 기재한 문서로 소관세무서장에게 요구하여야 한다.

16 국세환급금과 국세환급가산금에 관한 설명으로 옳은 것은? 2013년 세무사

① 세무서장이 국세환급금의 결정이 취소됨에 따라 이미 지급된 금액의 반환을 청구하는 경우에는 「국세징수법」의 고지방법에 따른다.

② 세무서장이 국세환급금으로 결정한 금액을 체납된 국세·강제징수비에 충당한 경우 체납된 국세·강제징수비와 국세환급금은 체납된 국세의 법정납부기한과 국세환급금 발생일 중 이른 때로 하여 대등액에 관하여 소멸한 것으로 본다.

③ 납세자가 국세를 납부한 후 세무서장이 그 납부의 기초가 된 부과를 취소하는 경우 국세환급금에 관한 권리는 국세납부일부터 5년간 행사하지 아니하면 소멸시효가 완성된다.

④ 납세자가 상속세를 물납한 후 그 부과의 전부를 취소하는 경정 결정에 따라 환급하는 경우에는 해당 물납재산과 국세환급가산금을 가산하여 환급한다.

⑤ 납세자의 국세환급금에 관한 권리는 타인에게 양도할 수 없다.

해답 ①

해설 ② 체납된 국세의 법정납부기한과 국세환급금 발생일 중 늦은 때로 하여 대등액에 관하여 소멸한 것으로 본다.

③ 납세자가 국세를 납부한 후 세무서장이 그 납부의 기초가 된 부과를 취소하는 경우 국세환급금에 관한 권리는 권리를 행사할 수 있는 때로부터 5년간 행사하지 아니하면 소멸시효가 완성된다.

④ 납세자가 상속세를 물납한 후 그 부과의 전부를 취소하는 경정 결정에 따라 환급하는 경우에는 국세환급가산금 규정을 적용하지 아니한다.

⑤ 납세자의 국세환급금에 관한 권리는 타인에게 양도할 수 있다.

17 국세기본법상 국세환급금에 관한 설명이다. 옳지 않은 것은? 2019년 회계사

① 국세환급금을 충당할 경우에는 체납된 국세·강제징수비에 우선 충당하여야 하나, 납세자가 세법에 따라 자진납부하는 국세에 충당하는 것을 동의한 경우에는 해당 국세에 우선 충당하여야 한다.

② 국세환급금 중 국세·강제징수비에 충당한 후 남은 금액이 10만원 이하이고, 지급결정을 한 날부터 1년 이내에 환급이 이루어지지 아니하는 경우에는 납세고지에 의하여 납부하는 국세에 충당할 수 있다.

③ 체납된 국세·강제징수비에 국세환급금의 충당이 있는 경우, 체납된 국세·강제징수비와 국세환급금은 체납된 국세의 법정납부기한과 국세환급금 발생일 중 늦은 때로 소급하여 대등액에 관하여 소멸한 것으로 본다.

④ 국세환급금 중 국세·강제징수비에 충당한 후 남은 금액은 국세환급금의 결정을 한 날부터 30일 내에 납세자에게 지급하여야 한다.

⑤ 납세자가 상속세를 물납한 후 그 부과의 전부 또는 일부를 취소하거나 감액하는 경정결정에 따라 환급하는 경우에 해당 물납재산의 성질상 분할하여 환급하는 것이 곤란한 경우 금전으로 환급하여야 한다.

해답 ①

해설 충당의 우선 순서에 따라 국세환급금을 충당할 경우에는 체납된 국세와 강제징수비에 우선 충당하여야 한다.

18 국세기본법상 국세환급금에 관한 설명이다. 옳지 않은 것은?

2021년 회계사

① 세무서장이 납세자의 환급청구를 촉구하기 위하여 납세자에게 환급청구의 안내·통지를 하면 국세환급금에 관한 권리의 소멸시효는 중단된다.

② 명의대여자에 대한 과세를 취소하고 실질귀속자를 납세의무자로하여 과세하는 경우 명의대여자 대신 실질귀속자가 납부한 것으로 확인된 금액은 실질귀속자의 기납부세액으로 먼저 공제하고 남은 금액이 있으면 실질귀속자에게 환급한다.

③ 납세자가 「상속세 및 증여세법」에 따라 상속세를 물납한 후 그 부과의 전부를 취소하는 경정 결정에 따라 환급하는 경우 해당 물납재산이 임대 중인 때에는 금전으로 환급하여야 한다.

④ 세무서장은 국세환급금에 관한 권리의 양도 요구가 있는 경우 양도인 또는 양수인이 납부할 국세 및 강제징수비가 있으면 그 국세 및 강제징수비에 충당하고 남은 금액에 대해서는 양도의 요구에 지체 없이 따라야 한다.

⑤ 국세환급금으로 결정한 금액을 국세 및 강제징수비에 충당하는 경우 체납된 국세 및 강제징수비에 우선 충당하나, 납세자가 납부고지에 의하여 납부하는 국세에 충당하는 것을 동의한 때에는 납부고지에 의하여 납부하는 국세에 우선 충당한다.

해답 ①

해설 국세환급금의 소멸시효는 세무서장이 납세자의 환급청구를 촉구하기 위하여 납세자에게 하는 환급청구의 안내·통지 등으로 인하여 중단되지 아니한다.

19 **국세 · 강제징수비의 납부의무 소멸에 관한 설명으로 옳은 것을 모두 고른 것은?** 2011년 세무사

ㄱ. 결손처분은 납세의무의 소멸사유가 아니다.
ㄴ. 납세자가 단순히 법정신고기한까지 과세표준신고서를 제출하지 아니한 경우 국세부과의 제척기간은 5년간이다.
ㄷ. 국세 불복청구 시 납세자가 제척기간의 만료를 주장하지 않더라도 제척기간이 만료된 후의 부과처분은 당연히 무효이다.
ㄹ. 납세자가 납부할 세액이 있음에도 불구하고 20×2년 귀속 소득세 신고를 하지 않았다고 가정하면 그 납세자에 대한 국세징수권의 소멸시효는 당연히 20×3.6.1.부터 기산된다.
ㅁ. 국세징수권의 소멸시효가 완성되면 국세의 납부의무는 소멸하지만, 강제징수비는 최우선적으로 변제되어야 하기 때문에 강제징수비에는 국세징수권의 소멸시효 완성의 효력이 미치지 아니한다.

① ㄱ, ㄴ ② ㄱ, ㄷ ③ ㄴ, ㄹ
④ ㄱ, ㄷ, ㄹ ⑤ ㄴ, ㄷ, ㅁ

해답 ②

해설 ㄴ. 납세자가 단순히 법정신고기한까지 과세표준신고서를 제출하지 아니한 경우 국세부과의 제척기간은 7년간이다.
ㄹ. 납세자가 납부할 세액이 있음에도 불구하고 20×2년 귀속 소득세 신고를 하지 않았다고 가정하면 그 납세자에 대한 국세징수권의 소멸시효는 납세고지에 의한 납부기한의 다음날부터 기산된다.
ㅁ. 국세징수권의 소멸시효가 완성되면 국세 및 강제징수비 모두에 소멸시효 완성의 효력이 미친다.

20 **국세부과의 제척기간과 국세징수권의 소멸시효에 관한 설명으로 옳지 않은 것은?** 2010년 세무사

① 납세고지한 인지세액에 대해서는 그 고지에 따른 납부기한의 다음 날이 국세징수권 소멸시효의 기산일이다.
② 국세의 소멸시효가 완성되는 경우 국세의 강제징수비 및 이자상당액에도 그 효력이 미친다.
③ 사해행위 취소소송의 제기로 인한 시효정지의 효력은 소송이 각하·기각 또는 취하된 경우에는 효력이 없다.
④ 세무서장은 국세징수권의 소멸시효가 완성된 경우 및 국세부과의 제척기간이 만료된 경우 결손처분을 하여야 한다.
⑤ 「행정소송법」에 따른 소송에 대한 판결에서 명의대여 사실이 확인된 경우에는 그 판결이 확정된 날부터 1년 이내에 명의대여자에 대한 부과처분을 취소하고 실제로 사업을 경영한 자에게 경정결정이나 그 밖에 필요한 처분을 할 수 있다.

해답 ④

해설 제척기간의 만료는 결손처분이 필요없다.

21 **납세의무의 확정과 소멸에 관한 설명으로 옳지 않은 것은?** 2008년 세무사

① 소멸시효는 압류가 진행중인 기간 동안에는 진행하지 아니하며, 압류해제 후 잔여기간이 경과하면 시효가 완성된다.

② 원천징수하는 소득세 또는 법인세는 납세의무가 성립하는 때에 특별한 절차없이 그 세액이 확정된다.

③ 소득세, 법인세에 있어서는 당해 국세의 과세표준과 세액을 정부에 신고하는 때에 그 납세의무가 확정된다.

④ 종합부동산세는 정부가 과세표준과 세액을 결정하는 때에 그 세액이 확정된다. 다만, 납세의무자가 법정기한내에 과세표준과 세액을 정부에 신고하는 경우에는 그 신고하는 때로 한다.

⑤ 세무공무원이 국세징수법의 규정에 따른 사해행위취소의 소를 제기하여 그 소송이 진행중인 기간 동안에는 소멸시효가 진행하지 아니하나, 당해 소송이 각하·기각 또는 취하된 경우에는 시효정지의 효력이 없다.

해답 ①

해설 압류는 소멸시효의 중단사유 중 하나이며, 중단된 소멸시효는 해당 기간이 지난 때부터 새로 진행한다. 국세징수권 소멸시효의 중단사유는 다음과 같다. : 납세고지, 독촉 또는 납부최고, 교부청구, 압류

22 **국세기본법상 경정청구와 부과제척기간에 대한 설명으로 가장 옳지 않은 것은?** 2008년 세무사

① 과세표준신고서를 법정신고기한 내에 제출한 자로서 과세표준 및 세액을 과다하게 신고한 자는 법정신고기한 후 5년 이내에 경정을 청구할 수 있다.

② 과세물건의 귀속을 제3자에게로 변경시키는 결정이 있는 경우에는 과세표준신고서를 법정신고기한 내에 제출한 자는 그 사유가 발생한 것을 안 날부터 2월 이내에 경정을 청구할 수 있다.

③ 이의신청에 대한 결정으로 명의대여사실이 확인된 경우에는 그 결정이 확정된 날부터 2월 이내에 명의대여자에 대한 부과처분을 취소하고 실제로 사업을 경영한 자에게 필요한 처분을 할 수 있다.

④ 법정신고기한 후 최초 신고한 과세표준 및 세액의 계산근거가 된 거래의 효력에 관계되는 관청의 허가처분이 취소된 때에는 그 사유가 발생한 것을 안 날부터 2월 이내에 경정을 청구할 수 있다.

⑤ 과세표준신고서를 법정신고기한 내에 제출한 자가 최초의 과세표준 및 세액에 대하여 수정신고를 한 경우에도 경정청구기한 내에는 수정신고한 내용에 대하여 경정청구를 할 수 있다.

해답 ③

해설 이의신청에 대한 결정으로 명의대여사실이 확인된 경우에는 그 결정이 확정된 날부터 1년 이내에 명의대여자에 대한 부과처분을 취소하고 실제로 사업을 경영한 자에게 필요한 처분을 할 수 있다.

23 **다음은 국세부과권의 제척기간 및 국세징수권의 소멸시효에 관하여 설명한 것이다. 가장 타당하지 않은 것은?** 2001년 세무사

① 상속세에 있어서는 과세표준신고서를 제출하지 않은 경우 15년간의 제척기간을 적용한다.
② 과세표준과 세액을 신고하는 국세(종합부동산세 제외)의 제척기간 기산일은 과세표준신고기한의 다음날이다.
③ 국세부과권의 제척기간이 만료된 후에 과세처분을 행하였다면 당해 과세처분은 무효이다.
④ 국세징수권의 소멸시효가 완성되면 납세자의 원용(援用)이 없더라도 그 국세징수권은 당연히 소멸한다.
⑤ 납세자는 본인의 의사에 의하여 국세징수권의 소멸시효의 이익을 포기할 수 있다.

해답 ⑤
해설 납세자는 본인의 의사에 의하여 국세징수권의 소멸시효의 이익을 포기할 수 없다.

24 **국세부과의 제척기간과 국세징수권의 소멸시효에 관한 설명으로 옳지 않은 것은?** 2002년 세무사

① 국세부과의 제척기간은 권리관계를 조속히 확정시키려는 것이므로 국세징수권 소멸시효와는 달리 진행기간의 중단이나 정지가 없다.
② 국세징수권의 소멸시효가 완성한 때에는 그 국세 및 이자상당세액에는 그 효력이 미치나, 강제징수비의 경우는 그 직접경비적 성격으로 인하여 당해 시효완성의 효력이 미치지 아니한다.
③ 납세자가 법정신고기한 내에 과세표준신고서를 제출하지 아니한 경우에는 당해 국세(상속세 및 증여세 제외)를 부과할 수 있는 날부터 7년간을 국세부과의 제척기간으로 한다.
④ 국세징수권의 소멸시효는 세법에 의한 분납기간, 징수유예기간, 강제징수유예기간 또는 연부연납기간 중에는 진행하지 아니한다.
⑤ 조세조약에 부합하지 아니하는 과세의 원인이 되는 조치가 있는 경우 그 조치가 있음을 안 날부터 3년 이내(조세조약에서 따로 규정하는 경우에는 그에 따른다)에 그 조세조약의 규정에 따른 상호합의가 신청된 것으로서 그에 대하여 상호합의가 이루어진 경우, 상호합의가 종결된 날부터 1년이 지나기 전까지는 해당 상호합의에 따라 경정결정이나 그 밖의 필요한 처분을 할 수 있다.

해답 ②
해설 국세징수권의 소멸시효가 완성한 때에는 그 국세의 이자상당세액 및 강제징수비에도 그 효력이 미친다.

25 국세기본법상 국세환급금에 관한 설명으로 가장 틀린 것은? 2006년 세무사

① 국세·강제징수비로서 납부한 금액 중 과오납부한 금액이 있는 납세의무자는 환급을 청구할 수 있다.

② 세무서장은 국세환급금으로 결정한 금액을 납세고지에 의하여 납부하는 국세 및 세법에 의하여 자진납부하는 국세에 충당하여야 한다.

③ 세무서장이(적법하게 납부된 후) 법률의 개정으로 인하여 국세환급금을 지급하는 때에는 그 법률시행일의 다음날부터 지급결정을 하는 날까지의 기간과 금융기관의 예금이자율 등을 참작하여 법령이 정하는 이율에 따라 계산한 금액을 국세환급금에 가산하여야 한다.

④ 납세자는 국세환급금에 관한 권리를 법령이 정하는 바에 의하여 이를 타인에게 양도할 수 있다.

⑤ 납세자의 국세환급금과 국세환급가산금에 관한 권리는 이를 행사할 수 있는 때로부터 5년간 행사하지 아니하면 소멸시효가 완성한다.

해답 ②

해설 세무서장은 국세환급금으로 결정한 금액을 납세고지에 의하여 납부하는 국세(납기전 징수사유에 해당하는 경우는 제외) 및 세법에 의하여 자진납부하는 국세는 납세자의 동의가 있는 경우에 한하여 충당할 수 있다.

26 국세환급금에 관한 설명으로 옳지 않은 것은? (다툼이 있으면 판례에 따름) 2016년 세무사

① 납세자의 국세환급금과 국세환급가산금에 관한 권리는 행사할 수 있는 때부터 5년간 행사하지 아니하면 소멸시효가 완성된다.

② 국세환급금의 발생원인으로서 '잘못 납부한 금액(오납금)'이라 함은 납부 또는 징수의 기초가 된 신고(신고납세의 경우) 또는 부과처분(부과과세의 경우)이 부 존재하거나 당연무효임에도 불구하고 납부 또는 징수된 세액을 말한다.

③ 국세환급금의 발생원인으로서 '초과하여 납부한 금액(과납금)'은 신고납세방식에 있어서 신고로 또는 부과과세방식에 있어서 부과결정으로 각 확정된다.

④ 국세환급금의 발생원인으로서 '환급세액'이라 함은 세법에 따라 적법하게 납부 또는 징수되었으나 그 후 국가가 보유할 정당한 이유가 없게 되어 각 개별세법에서 환급하기로 정한 세액을 말한다.

⑤ 원천징수의무자가 원천징수하여 납부한 세액에서 환급받을 환급세액이 있는 경우, 그 원천징수의무자가 그 환급액을 즉시 환급해 줄 것을 요구하는 경우 나 원천징수하여 납부하여야 할 세액이 없는 경우에는 즉시 환급한다.

해답 ③

해설 신고 또는 부과결정으로 각 확정되는 것이 아니라 납세지 관할세무서장은 과오납금이나 환급세액이 있을 때에는 즉시 국세환급금으로 결정하여야 한다.

27 **국세기본법상 과세와 환급에 관한 설명으로 옳지 않은 것은?** 2018년 회계사

① 과세표준신고서는 신고(전자신고 제외) 당시 해당 국세의 납세지를 관할하는 세무서장에게 제출하여야 하나, 관할세무서장 외의 세무서장에게 제출된 경우에도 그 신고의 효력에는 영향이 없다.

② 세무서장이 국세환급금으로 결정한 금액을 세법에 따라 자진납부하는 국세에 충당시 납세자가 그 충당에 동의하는 경우에 한하여 충당할 수 있다.

③ 결정 또는 경정의 청구를 받은 세무서장은 그 청구를 받은 날부터 2개월 이내에 과세표준 및 세액을 결정 또는 경정하거나 결정 또는 경정하여야 할 이유가 없다는 뜻을 그 청구를 한 자에게 통지하여야 한다.

④ 납세자가 상속세를 물납한 후 그 부과의 일부를 감액하는 경정 결정에 따라 환급하는 경우에는 해당 물납재산으로 환급하여야 하며, 이 경우 국세환급가산금을 포함하여 지급한다.

⑤ 납세자의 국세환급금과 국세환급가산금에 관한 권리는 행사할 수 있는 때부터 5년간 행사하지 아니하면 소멸시효가 완성된다.

해답 ④

해설 납세자가 상속세 및 증여세법에 따라 상속세를 물납한 후 그 부과의 전부 또는 일부를 취소하거나 감액하는 경정 결정에 따라 환급하는 경우에는 해당 물납재산으로 환급하여야 한다. 이 경우 국세환급가산금은 지급하지 아니한다.

CHAPTER

04 조세채권의 보전

제1절 납세의무의 확장관련 제도

01 국세기본법상 연대납세의무에 관한 설명이다. 옳은 것은? 2012년 회계사

① 연대납세의무에 관한 국세기본법의 규정은 개별세법의 규정에 불구하고 항상 개별세법에 우선하여 적용한다.

② 연대납세의무자 중 1인의 변제에 의하여 모든 연대납세의무자가 납세의무를 면하게 된 경우 그 1인은 다른 연대납세의무자 각자에게 전체 세액에 대하여 구상권을 행사할 수 있다.

③ 법인이 분할 또는 분할합병으로 해산하는 경우 해산하는 법인에 부과되거나 납세의무가 성립한 국세·강제징수비는 분할신설법인, 존속하는 분할합병의 상대방 법인이 연대하여 납부할 의무를 진다.

④ 법인이 「채무자 회생 및 파산에 관한 법률」에 따라 신회사를 설립하는 경우 기존의 법인에 부과되거나 납세의무가 성립한 국세·강제징수비는 신회사가 연대하여 납부할 의무를 진다.

⑤ 공동사업에 속하는 재산에 관계되는 국세·강제징수비는 약정된 손익분배비율에 해당하는 소득금액을 한도로 각 공동사업자가 연대하여 납부할 의무를 진다.

해답 ④

해설 ① 연대납세의무에 관한 국세기본법의 규정은 개별세법에 특례를 둘 수 있다.
② 연대납세의무자 중 1인의 변제에 의하여 모든 연대납세의무자가 납세의무를 면하게 된 경우 그 1인은 다른 연대납세의무자의 부담부분에 대하여 구상권을 행사할 수 있다.
③ 분할신설법인, 존속하는 분할합병의 상대방 법인이 연대하여 납부할 의무를 진다.
⑤ 약정된 손익분배비율에 해당하는 소득금액을 한도로 하지는 않는다.

02 **국세기본법에서 규정하고 있는 국세부과와 세법적용 및 연대납세의무에 대한 설명이다. 옳지 않은 것은?** 2008년 회계사

① 공부상 등기가 타인의 명의로 되어 있더라도 사실상 당해 사업자가 취득하여 사업에 사용하였음이 확인되는 경우에는 이를 그 사실상 사업자의 사업용자산으로 본다.
② 제3자를 통한 간접적인 방법으로 세법의 혜택을 부당하게 받기 위한 것으로 인정되는 경우에는 그 경제적 실질내용에 따라 당사자가 직접 거래를 한 것으로 보아 세법을 적용한다.
③ 세법의 해석이 일반적으로 납세자에게 받아들여진 후에는 그 해석에 의한 계산은 정당한 것으로 보며, 새로운 해석에 의하여 소급하여 과세되지 아니한다.
④ 거주자 갑이 PC방을 운영하면서 동생 을의 명의를 빌려 사업자등록을 하고 부가가치세 신고를 하였다면, 갑과 을은 PC방 사업장의 부가가치세에 대하여 연대납세의무를 진다.
⑤ 법인이 분할합병되는 경우 분할되는 법인에 대하여 분할합병일 이전에 부과되거나 납세의무가 성립한 국세 및 강제징수비는 분할되는 법인, 분할합병으로 인하여 설립되는 법인 및 존속하는 분할합병의 상대방법인이 연대하여 납부할 책임을 진다.

해답 ④
해설 실질과세원칙에 의해 명의자가 아닌 실질사업자인 갑이 납세의무를 지며, 연대납세의무는 존재하지 않는다.

03 **공동사업에 따른 연대납세의무에 관한 설명으로 옳지 않은 것은?** 2012년 세무사

① 연대납세의무자 1인에게 조세채무 전액에 대해 부과처분을 할 수 있다.
② 납세고지서는 연대납세의무자 모두에게 각각 송달하여야 한다.
③ 연대납세의무자 1인이 조세채무 전액을 납부한 경우 다른 연대납세의무자에게 그 부담부분에 대하여 구상권을 가지게 된다.
④ 공동사업에 따른 납세의무라 하더라도 세목에 따라 연대납세의무의 성립여부 등에 차이가 있을 수 있다.
⑤ 연대납세의무자 1인에 대한 부과처분의 무효 또는 취소의 사유는 다른 연대납세의무자에게 그 효력이 미친다.

해답 ⑤
해설 어느 연대채무자에 대한 법률행위의 무효나 취소의 원인은 다른 연대채무자의 채무에 영향을 미치지 아니한다.(민법 제415조)

04 다음 중 연대납세의무에 대한 설명으로 옳지 않은 것은?

2002년 세무사

① 증여자는 수증자가 증여세를 납부할 능력이 없다고 인정되는 경우로서 강제징수를 하여도 조세채권의 확보가 곤란한 경우에는 납부할 증여세에 대하여 연대하여 납부할 의무가 있다.

② 해산하는 법인에 부과되거나 그 법인이 납부할 국세, 강제징수비에 대하여 분할신설법인과 존속하는 분할합병의 상대방 법인은 연대하여 납부할 의무가 있다.

③ 인지세법상 과세문서를 2인 이상이 공동으로 작성하는 경우에 그 작성자는 작성한 과세문서의 인지세에 대한 연대납세의무를 진다.

④ 소득세법상 거주자가 공동으로 사업을 경영하는 경우에 각 거주자는 연대납세의무를 진다.

⑤ 상속인 또는 수유자는 상속세에 대해 상속받았거나 받을 재산을 한도로 연대납세의무를 진다.

해답 ④

해설 소득세법상 거주자가 공동으로 사업을 경영하는 경우에 각 거주자는 지분비율에 따라 각 거주자별로 소득금액을 계산하고 각 거주자별로 납세의무를 진다.

05 연대납세의무에 관한 설명으로 옳지 않은 것은?

2016년 세무사

① 공동사업에 관한 부가가치세는 공동사업자가 연대하여 납부할 의무를 진다.

② 법인이 분할되는 경우 분할되는 법인에 대하여 분할일 이전에 부과되거나 납세 의무가 성립한 국세 및 강제징수비는 분할되는 법인과 분할로 설립되는 법인이 연대하여 납부할 의무를 진다.

③ 납세의 고지와 독촉에 관한 서류는 연대납세의무자 모두에게 각각 송달하여야 한다.

④ 법인이 해산한 경우에 원천징수를 하여야 할 소득세를 징수하지 아니하였거나 징수한 소득세를 납부하지 아니하고 잔여재산을 분배하였을 때에는 청산인은 그 분배액을 한도로 하여 그 법인과 연대하여 납부할 의무를 진다.

⑤ 어느 연대납세의무자에 대하여 소멸시효가 완성한 때에는 그 부담부분에 한하여 다른 연대납세의무자도 그 납부의무를 면한다.

해답 ④

해설 법인이 해산한 경우에 그 법인에 부과되거나 납부할 국세 또는 강제징수비를 납부하지 아니하고 청산 후 잔여재산을 분배하거나 인도하였을 때에 그 법인에 대하여 강제징수를 집행하여도 징수부족액이 발생한 경우에는 청산인 또는 잔여재산을 분배받거나 인도받은 자는 그 부족분에 대하여 제 2차 납세의무를 진다.

06 국세 납세의무에 관한 설명으로 옳지 않은 것은?

2018년 회계사

① 법인이 합병한 경우 합병 후 존속하는 법인은 합병으로 소멸된 법인에 보과되거나 그 법인이 납부할 국세·강제징수비를 납부할 의무를 진다.
② 피상속인에게 한 처분 또는 절차는 상속으로 인한 납세의무를 승계하는 상속인이나 상속재산관리인에 대해서도 효력이 있다.
③ 사업소득이 발생하는 「소득세법」에 따른 공동사업의 소득금액에 대해서는 공동사업자가 연대하여 소득세 납세의무를 진다.
④ 납세담보로서 금전을 제공한 자는 그 금전으로 담보한 국세·강제징수비를 납부할 수 있다.
⑤ 사업양수인은 사업양도일 이전에 양도인의 납세의무가 성립되었으나 사업양도일까지 확정되지 않은 국세·강제징수비에 대하여 제2차 납세의무를 지지 아니한다.

해답 ③

해설 공동사업에서 발생한 소득금액은 해당 공동사업을 경영하는 공동사업자간에 약정된 손익분배비율에 의하여 분배되었거나 분배될 소득금액에 따라 각 공동사업자별로 분배한다. 그리고 이에 따라 공동사업에 관한 소득금액을 계산하는 경우에는 해당 거주자별로 납세의무를 진다. 그러므로 개별세법에서 규정한 연대납세의무가 국세기본법에서 규정한 공동사업등에 관한 연대납세의무보다 우선하여 적용된다.

07 납세의무의 승계에 대한 설명으로 틀린 것은?

2004년 세무사

① 상속으로 인한 납세의무의 승계는 법정요건이 충족되더라도 납세의무의 승계의사를 표시한 경우에 한하여 승계된다.
② 법인이 합병한 때에 합병 후 존속하는 법인은 합병으로 인하여 소멸된 법인에게 부과되거나 그 법인이 납부할 국세·강제징수비를 납부할 의무를 진다.
③ 상속이 개시된 때에 그 상속인 또는 상속재산관리인은 피상속인에게 부과되거나 그 피상속인이 납부할 국세·강제징수비를 납부할 의무를 진다.
④ 법인의 합병으로 인한 납세의무의 승계 시에는 승계될 납세의무의 한도가 없으나, 상속으로 인한 납세의무의 승계 시에는 상속으로 인하여 얻은 재산을 한도로 하여 납부할 의무를 진다.
⑤ 상속으로 인한 납세의무의 승계 시 피상속인에 대하여 행한 처분 또는 절차는 상속인 또는 상속재산관리인에 대하여도 효력이 있다.

해답 ①

해설 상속으로 인한 납세의무의 승계는 법정요건이 충족되면 납세의무의 승계의사와 상관없이 승계된다.

08 **「국세기본법」상 납세의무의 승계 및 연대납세의무에 관한 설명이다. 옳지 않은 것은?**

2022년 회계사

① 상속이 개시된 때에 그 상속인은 피상속인에게 부과되거나 그 피상속인이 납부할 국세 및 강제징수비를 상속으로 받은 재산의 한도에서 납부할 의무를 진다.
② 법인이 합병한 경우 합병 후 존속하는 법인은 합병으로 소멸된 법인에 부과되거나 그 법인이 납부할 국세 및 강제징수비를 합병으로 승계된 재산가액을 한도로 납부할 의무를 진다.
③ 법인이 분할 또는 분할합병한 후 소멸하는 경우 분할신설법인과 분할합병의 상대방 법인은 분할법인에 부과되거나 분할법인이 납부하여야 할 국세 및 강제징수비에 대하여 분할로 승계된 재산가액을 한도로 연대하여 납부할 의무가 있다.
④ 공유물, 공동사업 또는 그 공동사업에 속하는 재산과 관계되는 국세 및 강제징수비는 공유자 또는 공동사업자가 연대하여 납부할 의무를 진다.
⑤ 법인이 「채무자 회생 및 파산에 관한 법률」에 따라 신회사를 설립하는 경우 기존의 법인에 부과되거나 납세의무가 성립한 국세 및 강제징수비는 신회사가 연대하여 납부할 의무를 진다.

해답 ②

해설 법인이 합병한 경우 합병 후 존속하는 법인 또는 합병으로 설립된 법인은 합병으로 소멸된 법인에 부과되거나 그 법인이 납부할 국세·강제징수비를 납부할 의무를 진다. 즉, 승계된 재산가액을 한도로 납부할 의무를 지지 않는다.

09 **「국세기본법」상 납세의무의 승계에 관한 설명이다. 옳지 않은 것은?**

2010년 회계사

① 태아에게 상속이 된 경우에는 상속이 개시된 시점에 상속으로 인한 납세의무가 승계된다.
② 법인의 합병시 합병후 존속하는 법인 또는 합병으로 설립된 법인은 합병으로 소멸된 법인에게 부과되거나 그 법인이 납부할 국세·강제징수비를 납부할 의무를 진다.
③ 피상속인에게 한 처분 또는 절차는 상속이 개시된 때에 납세의무를 승계한 상속인에 대하여도 동일한 효력이 있다.
④ 납세의무의 확정 여부에 관계없이 성립된 국세는 모두 승계될 수 있다.
⑤ 상속이 개시된 때에 피상속인의 납세의무는 과세당국의 지정 없이도 상속으로 받은 재산을 한도로 수유자를 포함한 상속인 또는 상속재산관리인에게 승계된다.

해답 ①

해설 태아에게 상속이 된 경우에는 그 태아가 출생한 때에 상속으로 인한 납세의무가 승계된다.

10 **「국세기본법」상 제2차 납세의무에 관한 설명으로 옳은 것은?** 2020년 세무사

① 청산인의 제2차 납세의무의 한도는 그가 받은 보수의 총액이며, 잔여재산을 분배받은 자의 제2차 납세의무의 한도는 그가 받은 재산의 가액으로 한다.

② 사업이 양도·양수된 경우에 양도일 이전에 양도인의 납세의무가 확정된 그 사업에 관한 국세 및 강제징수비를 양도인의 재산으로 충당하여도 부족할 때에는 사업의 양수인은 그 부족한 금액에 대하여 제2차 납세의무를 진다. 이때 사업의 양수인은 양도인과 특수관계인인 자에 한한다.

③ 법인의 재산으로 그 법인에 부과되거나 그 법인이 납부할 국세 및 강제징수비에 충당하여도 부족한 경우에는 그 국세의 납세의무 확정일 현재 무한책임사원 또는 과점주주는 그 부족한 금액에 대하여 제2차 납세의무를 진다.

④ 법인의 주주 1인과 그의 자녀가 그 법인의 주주명부상 발행주식 총수의 100분의 50을 초과하는 경우 그들은 출자자의 제2차 납세의무를 부담하는 과점주주에 해당한다.

⑤ 정부가 국세의 납부기간 만료일 현재 법인의 과점주주인 출자자의 소유주식을 재공매하거나 수의계약으로 매각하려 하여도 매수희망자가 없는 경우 그 법인은 그 출자자가 납부할 국세 및 강제징수비에 대한 제2차 납세의무를 부담하지 아니한다.

해답 ⑤

해설 ① 청산인은 분배하거나 인도한 재산가액, 분배 또는 인도받은 자는 각자가 분배 또는 인도받은 가액을 한도로 제2차 납세의무를 진다.

② 사업양수인의 제2차 납세의무자는 양도인과 특수관계인 또는 양도인의 조세회피를 목적으로 사업을 양수한 자에 한한다.

③ 그 국세의 납세의무 확정일 현재 무한책임사원 또는 과점주주는 법인의 순자산가액에 출자자의 지분비율을 곱한 금액을 한도로 제2차 납세의무를 진다.

④ 법인의 주주 1인과 그의 자녀가 그 법인의 주주명부상 발행주식 총수의 100분의 50을 초과하면서 그 권리를 실질적으로 행사하는 자들은 출자자의 제2차 납세의무를 부담하는 과점주주에 해당한다.

11 **다음 자료를 이용하여 갑, 을, 병이 「국세기본법」상 제2차 납세의무자로서 납부할 세액(가산세는 제외)을 계산한 것으로 옳은 것은?** 2014년 회계사

(1) 비상장법인 ㈜A는 20×2년 제13기 부가가치세 4,500,000원과 제13기 사업연도(20×2.1.1.~20×2.12.31.) 법인세 9,000,000원을 체납하였다.
(2) 관할 세무서장이 ㈜A의 재산을 조사한 결과 20×3년 10월 25일 현재 압류가능 재산은 없는 것으로 판명되었다.
(3) ㈜A의 20×2년 주식변동내역은 다음과 같다.

주주	20×2.1.1. 현재 보유주식수	20×2.10.5. 주식변동상황	20×2.12.31. 현재 보유주식수
갑	600주	-300주(양도)	300주
을	200주		200주
병	200주	+300주(양수)	500주
발행주식총수	1,000주		1,000주

(4) 을은 갑의 배우자이며, 병은 갑과 을의 특수관계인이 아니다.
(5) ㈜A의 발행주식총수 1,000주 중 100주는 의결권이 없는 주식으로 갑이 계속 보유중이다.
(6) 갑, 을, 병은 소유주식에 관한 권리를 실질적으로 행사하고 있다.

	갑	을	병
①	2,500,000원	1,000,000원	5,000,000원
②	2,700,000원	900,000원	4,500,000원
③	2,700,000원	900,000원	5,000,000원
④	7,500,000원	1,000,000원	0원
⑤	0원	0원	7,500,000원

해답 ①

해설 **부가가치세**(납세의무 성립일 : 20×2.06.30) 과점주주
갑 (500/900) = 4,500,000 × 500/900 = 2,500,000
을 (200/900) = 4,500,000 × 200/900 = 1,000,000
법인세(납세의무 성립일 : 20×2.12.31.)
과점주주 : 병 (500/900) = 9.000.000 × 500/900 = 5,000,000

12 「국세기본법」상 제2차 납세의무에 관한 설명으로 옳지 않은 것은? 2013년 회계사

① 과점주주 또는 무한책임사원에 대한 법인의 제2차 납세의무 한도를 계산하는 경우 법인의 자산총액과 부채총액의 평가는 해당 법인의 사업연도 종료일 현재의 시가에 의한다.
② 법인의 재산으로 그 법인에 부과되거나 그 법인이 납부할 국세·강제징수비에 충당하여도 부족한 경우에는 그 국세의 납세의무 성립일 현재 과점주주 또는 무한책임사원은 제2차 납세의무를 진다.
③ 무한책임사원이 제2차 납세의무를 지는 경우 무한책임사원은 징수부족한 국세· 강제징수비 전액에 대하여 한도 없이 제2차 납세의무를 진다.
④ 청산인이 제2차 납세의무를 지는 경우 청산인은 분배하거나 인도한 재산의 가액을 한도로 제2차 납세의무를 진다.
⑤ 사업양수인이 제2차 납세의무를 지는 경우 사업양수인은 양수한 재산의 가액을 한도로 제2차 납세의무를 진다.

해답 ①

해설 과점주주 또는 무한책임사원에 대한 법인의 제2차 납세의무 한도를 계산하는 경우 법인의 자산총액과 부채총액의 평가는 해당 국세(해당 국세가 둘 이상이면 납부기한이 뒤에 도래하는 국세)의 납부기간 종료일 현재의 시가로 한다.

13 국세기본법상 제2차 납세의무에 대한 설명이다. 옳지 않은 것은? 2009년 회계사

① 법인의 재산으로 당해 법인이 납부할 국세에 충당하여도 부족할 경우 당해 법인의 무한책임사원은 제2차 납세의무를 진다.
② 출자자의 제2차 납세의무에서 '과점주주'라 함은, 주주 또는 유한책임사원 1명과 그의 특수관계인 중 대통령령으로 정하는 자로서 그들의 소유주식 합계 또는 출자액 합계가 해당 법인의 발행주식 총수 또는 출자총액의 100분의 50을 초과하면서 그에 관한 권리를 실질적으로 행사하는 자들을 말한다.
③ 무한책임사원 및 과점주주가 출자자의 제2차 납세의무를 지는 경우에는 징수 부족한 국세·강제징수비 전액에 대하여 납세의무를 진다.
④ 당해 법인의 발행주식총수 또는 출자총액의 50%를 초과하는 주식 또는 출자지분에 관한 권리를 실질적으로 행사하는 자는 제2차 납세의무를 지는 과점주주의 범위에 포함된다.
⑤ 해산법인이 납부할 국세 등에 대하여 미납 또는 부족분이 발생할 경우 청산인은 분배 또는 인도한 재산가액을 한도로 제2차 납세의무를 진다.

해답 ③

해설 과점주주의 경우에는 그 부족한 금액을 그 법인의 발행주식 총수(의결권이 없는 주식은 제외) 또는 출자총액으로 나눈 금액에 해당 과점주주가 실질적으로 권리를 행사하는 주식 수(의결권이 없는 주식은 제외) 또는 출자액을 곱하여 산출한 금액을 한도로 한다.

14 **국세기본법 상 제2차 납세의무에 관한 설명이다. 옳지 않은 것은?** 2016년 회계사

① 사업이 일체로서 동일성을 유지한 채 양도되는 경우 양수인이 부담하는 제2차 납세의무는 양수인이 양수한 재산의 가액을 한도로 한다.

② 회사의 재산으로 회사의 세금을 충당하여도 부족한 경우 무한책임사원은 그 부족한 세금에 대하여 한도 없이 납세의무를 진다.

③ 과점주주가 회사의 조세채무에 관하여 자신의 고유재산으로 책임을 져야 하는 경우, 그 책임의 한도는 해당 과점주주가 실질적으로 권리를 행사하는 주식수를 발행주식 총수로 나눈 비율(의결권 없는 주식 제외)에 비례한다.

④ 법인이 무한책임사원의 조세채무에 대하여 부담하는 제2차 납세의무는 당해 법인의 순자산가액에 무한책임사원의 출자지분비율을 곱하여 산출한 금액을 한도로 한다.

⑤ 법인이 해산한 경우 그 법인에 부과된 세금을 다 내지 아니하고 잔여재산을 분배하였을 때에 해당 법인의 납세의무를 2차적으로 부담하는 자는 잔여재산의 분배업무를 처리한 청산인이 아니라 그 잔여재산을 가져간 출자자이다.

해답 ⑤

해설 법인이 해산한 경우 그 법인이 납부할 국세 및 강제징수비를 납부하지 아니하고 해산에 의한 잔여재산을 분배하거나 인도하였을 때에 그 법인에 대하여 강제징수를 집행하여도 징수할 금액에 미치지 못하는 경우 제2차 납세의무자는 해산 당시 그 잔여재산을 분배한 청산인과 잔여재산을 분배, 인도받은 자이다.

15 **다음 자료는 비상장법인인 ㈜지성의 20×2년 주식이동상황 및 국세 등의 체납에 관한 내용이다.**

(1) 주식이동상황

주주성명 (관계)	20×2. 1. 1	20×2. 9. 15 매매거래		20×2. 12. 31
	보유주식수	매도주식수	매수주식수	보유주식수
김한라(본인)	400,000주	20,000주	-	380,000주
이백두(배우자)	200,000주	70,000주	-	130,000주
박설악(타인)	250,000주	-	70,000주	320,000주
조한강(타인)	150,000주	-	20,000주	170,000주

(2) ㈜지성의 발행주식총수 1,000,000주에는 의결권 없는 주식은 없으며 김한라씨는 설립시부터 계속하여 ㈜지성의 대표이사로 재직중이다.

(3) ㈜지성은 20×2년 제1기 부가가치세 50,000,000원과 20×2사업연도(1. 1~12. 31)의 법인세 130,000,000원을 체납한 상태이며 국세에 충당할 수 있는 ㈜지성의 재산은 없다고 가정한다.

위의 자료에 의하여 ㈜지성의 과점주주가 제2차 납세의무자로서 납부해야할 금액을 계산하면 얼마인가?

① 30,000,000원　② 66,300,000원　③ 91,800,000원
④ 108,000,000원　⑤ 96,300,000원

해답 ⑤

해설 (1) 20×2년 제1기 부가가치세의 성립일 : 20×2년 6월 30일
20×2년 6월 30일 현재 과점주주 : 김한라(40%), 이백두(20%)
제2차 납세의무 : 50,000,000 x 60% = 30,000,000

(2) 20×2년 법인세 성립일 : 20×2년 12월 31일
20×2년 12월 31일 현재 과점주주 : 김한라(38%), 이백두(13%)
제2차 납세의무 : 130,000,000 x 51% = 66,300,000

(3) 제2차 납세의무 총액 : 30,000,000+66,300,000=96,300,000

16 **사업양수인의 제2차 납세의무에 관한 설명으로 옳지 않은 것은?** 2012년 세무사

① 사업양수인이 제2차 납세의무를 지게 되는 사업양도인의 납세의무는 사업양도일 이전에 납세의무가 확정된 그 사업에 관한 국세·강제징수비를 말한다.
② 사업의 양도·양수계약이 그 사업장 내의 시설물, 비품 등 대상목적에 따라 부분별, 시차별로 별도로 이루어졌다 하더라도 결과적으로 사회통념상 사업전부에 관하여 행하여진 것이라면 사업양수인의 제2차 납세의무 발생요건이 되는 사업의 양도·양수에 해당한다.
③ 사업양수인의 제2차 납세의무의 대상이 되는 '그 사업에 관한 국세'에는 사업의 양도·양수에 따른 사업용 부동산의 양도로 인하여 납부하여야 할 양도소득세는 포함하지 않는다.
④ 제2차 납세의무를 부담하는 사업양수인은 사업장별로 그 사업에 관한 모든 권리(미수금에 관한 것은 제외)와 의무(미지급금에 관한 것은 제외)를 포괄적으로 승계한 자를 말한다.
⑤ 사업양수인의 제2차 납세의무의 한도를 의미하는 '양수한 재산의 가액'은, 거래금액과 시가(時價)의 차액의 규모와 관계없이, 사업양수인이 양도인에게 지급하였거나 지급하여야 할 금액으로 한다.

해답 ⑤

해설 사업양수인의 제2차 납세의무의 한도를 의미하는 '양수한 재산의 가액'이란 다음의 가액을 말한다.
ⅰ. 사업의 양수인이 양도인에게 지급하였거나 지급하여야 할 금액이 있는 경우에는 그 금액
ⅱ. 위의 ⅰ에 따른 금액이 없거나 불분명한 경우에는 양수한 자산 및 부채를 「상속세 및 증여세법」에 따라 평가한 후 그 자산총액에서 부채총액을 뺀 가액
다만, ⅰ에 따른 금액과 시가와의 차액이 3억원 이상이거나 시가의 30%에 상당하는 금액 이상인 경우에는 ⅰ과 ⅱ 중 큰 금액으로 한다.

17 **국세기본법상 사업양수인의 제2차 납세의무에 관한 설명이다. 옳지 않은 것은?** 2015년 회계사

① 사업이 양도·양수된 경우에 양도일 이전에 양도인의 납세의무가 확정된 당해 사업에 관한 국세·강제징수비를 양도인의 재산으로 충당하여도 부족한 경우 사업의 양수인이 제2차 납세의무를 진다.
② 사업의 양도인이 사업용 부동산을 양도함으로써 납부하여야 할 양도소득세에 대하여는 그 양수인이 제2차 납세의무를 진다.
③ 사업양수인의 제2차 납세의무는 양수한 재산의 가액을 한도로 한다.
④ 사업의 양수인이란 사업장별로 그 사업에 관한 모든 권리(미수금에 관한 것 제외)와 모든 의무(미지급금에 관한 것 제외)를 포괄적으로 승계한 자를 말한다.
⑤ 둘 이상의 사업장 중 하나의 사업장을 양수한 자의 제2차 납세의무는 양수한 사업장과 관계되는 국세와 강제징수비에 대해서만 진다.

해답 ②

해설 양도일 이전에 양도인의 납세의무가 확정된 그 사업에 관한 국세·강제징수비 금액에 대하여 제2차 납세의무를 진다. "당해 사업에 관한 국세"에는 사업용 부동산을 양도함으로 인하여 발생한 양도소득세 및 토지 등 양도차익법인세를 포함하지 아니한다.

18 국세기본법상 납세의무에 대한 다음 설명 중 잘못된 것은?

① 법인이 해산한 경우에 그 법인에 부과되거나 그 법인이 납부할 국세·강제징수비를 납부하지 아니하고 청산 후 남은 재산을 분배하거나 인도하였을 때에 그 법인에 대하여 강제징수를 집행하여도 징수할 금액에 미치지 못하는 경우에는 청산인 또는 청산 후 남은 재산을 분배받거나 인도받은 자는 그 부족한 금액에 대하여 제2차 납세의무를 진다.

② 법인의 재산으로 그 법인에 부과되거나 그 법인이 납부할 국세·강제징수비에 충당하여도 부족한 경우에는 그 국세의 납세의무 성립일 현재 무한책임사원 및 과점주주에 해당하는 자는 그 부족한 금액에 대하여 제2차 납세의무를 진다. 다만, 과점주주의 경우에는 그 부족한 금액을 그 법인의 발행주식 총수(의결권이 없는 주식은 제외) 또는 출자총액으로 나눈 금액에 해당 과점주주가 실질적으로 권리를 행사하는 주식 수(의결권이 없는 주식은 제외) 또는 출자액을 곱하여 산출한 금액을 한도로 한다.

③ 국세(둘 이상의 국세의 경우에는 납부기한이 뒤에 오는 국세)의 납세의무 성립일 현재 법인의 무한책임사원 또는 과점주주(이하 "출자자"라 한다)의 재산(그 법인의 발행주식 또는 출자지분은 제외한다)으로 그 출자자가 납부할 국세·강제징수비에 충당하여도 부족한 경우에는 제2차 납세의무를 진다.

④ 사업의 양도·양수가 있는 경우에 양수인은 양도인의 납세의무 확정여부와 관계없이 양도인에게 부과되거나 양도인이 납부할 국세·강제징수비를 양수한 재산의 가액을 한도로 제2차 납세의무를 진다.

⑤ 납세자가 국세·강제징수비를 체납한 경우에 그 납세자에게 양도담보재산이 있을 때에는 그 납세자의 다른 재산에 대하여 강제징수를 집행하여도 징수할 금액에 미치지 못하는 경우에만 「국세징수법」에서 정하는 바에 따라 그 양도담보재산으로써 납세자의 국세·강제징수비를 징수할 수 있다. 다만, 그 국세의 법정기일 전에 담보의 목적이 된 양도담보재산에 대해서는 그러하지 아니하다.

해답 ④

해설 사업이 양도·양수된 경우에 양도일 이전에 양도인의 납세의무가 확정된 그 사업에 관한 국세·강제징수비를 양도인의 재산으로 충당하여도 부족할 때에는 대통령령으로 정하는 사업의 양수인은 그 부족한 금액에 대하여 양수한 재산의 가액을 한도로 제2차 납세의무를 진다.

19 **국세기본법상 제2차 납세의무에 관한 설명으로서 옳은 것은?**

① 주된 납세의무자에 대하여 현실적으로 강제징수를 집행한 결과 징수부족액이 발생한 경우가 아니면 제2차 납세의무를 지울 수 없다.
② 주된 납세의무자에 대한 납세의무가 확정되지 않은 경우에도 제2차 납세의무자에게 제2차 납세의무를 지울 수 있다.
③ 주된 납세의무자에 대한 과세처분이 위법하여 취소되더라도 제2차 납세의무의 효력에는 영향이 없다.
④ 법인의 무한책임사원 또는 법인의 발행주식총수의 50% 초과의 주식에 관한 권리를 실질적으로 행사하는 과점주주는 그 법인에게 부과되거나 그 법인이 납부할 국세 등의 징수부족액 전액에 대하여 제2차 납세의무를 진다.
⑤ 사업의 포괄양도로 인하여 사업용 자산인 공장건물 및 그 부속토지의 소유권이 이전됨에 따라 사업양도인에게 부과된 양도소득세에 대하여는 사업양수인에게 제2차 납세의무를 지울 수 없다.

해답 ⑤

해설 ① 주된 납세의무자에 대하여 현실적으로 강제징수를 집행하지 않더라도 주된 납세의무자에게 귀속되는 재산가액이 징수할 국세 등에 미달함이 명백한 경우라면, 제2차 납세의무를 지울 수 있다.
② 주된 납세의무자에 대한 납세의무가 확정되어야만 제2차 납세의무자에게 제2차 납세의무를 지울 수 있다.
③ 주된 납세의무자에 대한 과세처분이 위법하여 취소되면 제2차 납세의무의 효력에도 영향을 미친다.(부종성)
④ 법인의 무한책임사원 또는 법인의 발행주식총수의 50% 초과의 주식에 관한 권리를 실질적으로 행사하는 과점주주는 그 법인에게 부과되거나 그 법인이 납부할 국세 등의 징수부족액에 지분율을 곱한 금액을 한도로 제2차 납세의무를 진다.

20 **다음 중 출자자의 제2차납세의무에 관한 설명으로 가장 틀린 것은?**

① 법인의 무한책임사원 또는 과점주주에 대하여 인정된다.

② 무한책임사원은 징수부족액 전액에 대하여, 과점주주는 부족액 중 과점주주의 지분비율에 해당하는 금액을 한도로 하여 제2차납세의무를 진다.

③ 국세의 납세의무성립일 현재 법인의 경영을 사실상 지배하는 甲, 甲의 사실혼 배우자 乙, 甲과 생계를 같이 하는 직계비속 丙의 소유주식수가 각각 총발행주식수의 40%, 15%, 16%인 경우, 甲·乙·丙 전원을 과점주주로 본다.

④ 주주명부에 등재된 甲이 주금을 납입한 사실이 없고 회사경영에 전혀 참여하지 않은 사실 등을 입증한 경우 甲은 제2차납세의무가 없다.

⑤ 甲과 乙 사이, 또 乙과 丙 사이에 특수관계가 있고 甲, 乙, 丙을 합하여 50%를 초과하더라도 甲과 丙 사이에 특수관계가 없다면 丙은 과점주주로서의 제2차납세의무가 없다.

해답 ⑤

해설 어느 특정 주주와 특수관계에 있는 모든 주주들의 주식을 합하여 발행주식총수의 50%를 초과하면, 비록 어느 주주들 사이에는 특수관계가 없다 하더라도 당사자 개개인을 모두 과점주주로 본다.

제2절 납세의무확장 외 조세채권보전제도

01 국세기본법상 국세와 다른 채권의 관계에 관한 설명이다. 옳은 것은? 2020년 회계사

① 경매절차에 따라 재산을 매각할 때 그 매각금액 중에서 국세를 징수하는 경우 국세는 경매절차에 든 비용에 우선하여 징수한다.

② 납세조합으로부터 징수하는 소득세를 납세의무의 확정일 전에 저당권이 설정된 재산을 매각하여 그 매각금액에서 징수하는 경우 그 소득세는 저당권에 의하여 담보된 채권에 우선하여 징수한다.

③ 국세 강제징수에 따라 납세자의 재산을 압류한 경우 다른 국세 및 강제징수비 또는 지방세의 교부청구가 있으면 압류와 관계되는 국세 및 강제징수비는 교부청구된 다른 국세 및 강제징수비 또는 지방세보다 우선하여 징수한다.

④ 강제집행절차에 의하여 경락된 재산을 양수한 자는 양도일 이전에 양도인의 납세의무가 확정된 국세 및 강제징수비를 양도인의 재산으로 충당하여도 부족할 경우 제2차 납세의무를 진다.

⑤ 납세자가 국세 및 강제징수비를 체납한 경우에 그 국세의 법정기일 전에 담보의 목적이 된 그 납세자의 양도담보재산으로써 국세 및 강제징수비를 징수할 수 있다.

해답 ③

해설 ① 강제집행·경매 또는 파산 절차에 따라 재산을 매각할 때 그 매각금액 중에서 국세 및 강제징수비를 징수하는 경우의 그 강제집행, 경매 또는 파산 절차에 든 비용은 국세·강제징수비보다 우선하여 변제한다.

② 소득세 납세의무의 확정일 전에 저당권이 설정된 재산을 매각하여 그 매각금액에서 징수하는 경우 법정기일보다 저당권 설정일이 우선하므로 그 소득세는 저당권에 의하여 담보된 채권보다 후순위로 징수한다.

④ 사업양수인의 제2차 납세의무는 사업의 포괄적 양도·양수에 해당해야 하며, 사업양수인으로서 다음 어느 하나에 해당하는 자여야 한다. 단순히 강제집행절차에 의하여 경락된 재산을 양수한 경우는 사업의 포괄적 양도·양수에 해당한다고 볼 수 없고, 재산을 양수한 자가 사업양수인으로 다음 어느 하나에 해당하는 자로 볼 수 없다.

ㄱ. 양도인과 특수관계인인 자

ㄴ. 양도인의 조세회피를 목적으로 사업을 양수한 자

⑤ 양도담보권자의 물적납세의무는 국세의 법정기일 이후 양도담보된 재산이어야 한다.

02 **다음 중 국세·강제징수비보다 우선하여 징수하거나 변제하는 공과금이나 채권이 아닌 것은?**

2011년 회계사

① 사용자의 재산을 추심할 때 그 추심금액 중에서 국세를 징수하는 경우에 근로기준법 또는 근로자퇴직급여 보장법에 따라 국세에 우선하여 변제되는 임금, 퇴직금, 재해보상금, 그 밖에 근로관계로 인한 채권
② 지방세나 공과금의 강제징수를 할 때 그 강제징수금액 중에서 국세 또는 강제징수비를 징수하는 경우의 그 지방세나 공과금의 강제징수비
③ 파산절차에 따라 재산을 매각할 때 그 매각금액 중에서 국세 또는 강제징수비를 징수하는 경우의 그 파산절차에 든 비용
④ 주택임대차보호법 제8조가 적용되는 임대차관계에 있는 주택을 매각할 때 그 매각금액 중에서 국세를 징수하는 경우 임대차에 관한 보증금 중 일정 금액으로서 같은 조에 따라 임차인이 우선하여 변제받을 수 있는 금액에 관한 채권
⑤ 국세의 법정기일 후에 전세권, 질권 또는 저당권 설정을 등기하거나 등록한 사실이 증명되는 재산을 매각할 때 그 매각금액 중에서 국세를 징수하는 경우의 그 전세권, 질권 또는 저당권에 의하여 담보된 채권

해답 ⑤
해설 법정기일 후 설정된 담보권에 의한 피담보채권은 국세보다 우선하지 못한다.

03 **국세기본법 상 국세의 우선에 관한 설명이다. 옳지 않은 것은?**

2015년 회계사

① 지방세나 공과금의 강제징수를 할 때 그 강제징수금액 중에서 국세·강제징수비를 징수하는 경우 그 지방세나 공과금의 강제징수비는 국세·강제징수비보다 우선하여 징수한다.
② 강제집행·경매 또는 파산 절차에 따라 재산을 매각할 때 그 매각금액 중에서 국세·강제징수비를 징수하는 경우 그 강제집행, 경매 또는 파산 절차에 든 비용은 국세·강제징수비보다 우선하여 징수한다.
③ 과세표준과 세액을 정부가 결정·경정 또는 수시부과 결정을 하는 경우 고지한 해당 세액에 대한 법정기일은 그 납세고지서의 발송일이다.
④ 저당권이 설정된 토지에 대하여 부과된 종합부동산세는 그 설정일이 종합부동산세의 법정기일 후인 경우에는 그 저당권에 의하여 담보된 채권에 우선하지 못한다.
⑤ 「주택임대차보호법」이 적용되는 임대차관계에 있는 주택을 매각할 때 그 매각금액 중에서 국세를 징수하는 경우 임대차에 관한 보증금 중 임차인이 우선하여 변제받을 수 있는 금액에 관한 채권은 국세(해당 재산에 대하여 부과된 종합부동산세 제외)·강제징수비보다 우선하여 징수한다.

해답 ④
해설 해당 재산에 대하여 부과된 상속세, 증여세 및 종합부동산세는 법정기일과 담보설정일 순서에 관계없이 담보채권보다 항상 우선한다.

04 국세기본법상 국세의 우선에 관한 설명이다. 옳지 않은 것은?

2021년 회계사

① 파산 절차에 따라 재산을 매각할 때 그 매각금액 중에서 국세 및 강제징수비를 징수하는 경우 그 파산 절차에 든 비용은 국세 및 강제징수비에 우선한다.

② 법정기일 전에 전세권이 설정된 재산을 매각하여 그 매각금액에서 국세를 징수하는 경우 그 전세금은 국세 및 강제징수비에 우선한다.

③ 세무서장은 납세자가 제3자와 짜고 거짓으로 재산에 저당권 설정 계약 및 등기를 하여 그 재산의 매각금액으로 국세를 징수하기 곤란하다고 인정할 때에는 그 행위의 취소를 법원에 청구할 수 있다.

④ 대항요건과 확정일자를 갖춘 임차권에 의하여 담보된 임대차보증금반환채권 또는 주거용 건물에 설정된 임대차보증금반환채권 등은 해당 임차권 또는 전세권이 설정된 재산이 국세의 강제징수 또는 경매 절차를 통하여 매각되어 그 매각금액에서 국세를 징수하는 경우 그 확정일자 또는 설정일보다 법정기일이 늦은 해당 재산에 대하여 부과된 상속세, 증여세 및 종합부동산세의 우선 징수 순서에 대신하여 변제될 수 있다. 이 경우 대신 변제되는 금액은 우선 징수할 수 있었던 해당 재산에 대하여 부과된 상속세, 증여세 및 종합부동산세의 징수액에 한정하며, 임대차보증금반환채권등보다 우선 변제되는 저당권 등의 변제액과 해당 재산에 대하여 부과된 상속세, 증여세 및 종합부동산세를 우선 징수하는 경우에 배분받을 수 있었던 임대차보증금반환채권등의 변제액에는 영향을 미치지 아니한다.

⑤ 국세의 납세담보물을 매각한 경우 그 납세담보물을 지방세 강제징수에 의하여 압류한 경우에도 그 국세 및 강제징수비는 매각대금 중에서 지방세에 우선하여 징수한다.

해답 ④

해설 해당 재산에 대하여 부과된 상속세, 증여세 및 종합부동산세는 법정기일 전에 설정된 권리에 의하여 담보된 채권 또는 임대차보증금반환채권보다 우선한다. 그러므로 법정기일 전에 저당권이 설정되어 그 저당권에 의하여 담보된 채권이 존재하더라도 종합부동산세 및 강제징수비에 우선하지 않는다.

05 「국세기본법」상 국세의 우선권에 관한 설명으로 옳지 않은 것은?

2018년 세무사

① 국세상호간의 우선관계는 압류에 관한 국세, 교부청구한 국세, 납세담보 있는 국세 순이다.

② 세무서장은 대물변제의 예약에 의하여 권리 이전 청구권의 보전을 위해 가등기 된 재산을 압류할 때에는 그 사실을 가등기권리자에게 지체없이 통지하여야 한다.

③ 과세표준과 세액을 정부가 결정하여 납세고지한 경우 법정기일은 그 납세고지서의 발송일이다.

④ 당해세는 피담보채권에 우선한다.

⑤ 공과금의 강제징수를 할 때 그 강제징수 금액 중에서 국세를 징수하는 경우 그 공과금의 강제징수비는 국세에 우선한다.

해답 ①

해설 국세상호간의 우선관계는 납세담보를 받은 국세, 압류에 관계된 국세, 교부청구된 국세 순이다.

06 「국세기본법」상 국세의 우선에 관한 설명으로 옳은 것은? (다툼이 있으면 판례에 따름)

2021년 세무사

① 납세의무자의 재산양도일이 국세채권의 법정기일 이후인 경우 양수인은 물적납세의무를 부담한다.

② 「국세징수법」에 따라 양도담보권자에게 납부고지가 있은 후 납세자가 양도에 의하여 실질적으로 담보된 채무를 불이행하여 해당 재산이 양도담보권자에게 확정적으로 귀속되고 양도담보권이 소멸하는 경우에는 납부고지 당시의 양도담보재산이 계속하여 양도담보재산으로서 존속하는 것으로 본다(납부지연가산세는 감안하지 아니함).

③ 현행법은 「주택임대차보호법」에 따라 대항요건과 확정일자를 갖춘 임차권 관련 보증금채권(소액임대차보증금 아님)에 대한 특칙을 두고 있지 아니하므로 국세채권이 위 보증금채권에 우선한다.

④ 납세의무자를 채무자로 하는 임금채권, 국세채권(법정기일 20×6.3.), 근저당권부채권(설정일 20×6.2.)이 있는 경우 국세채권은 임금채권에 우선한다.

⑤ 납세의무자를 채무자로 하는 국세채권(법정기일 20×6.1., 압류 20×6.5.) 100원, 근저당권부채권(근저당권설정일 20×6.2.) 100원, 지방세채권(법정기일 20×6.3., 압류 20×6.3.) 100원이 있는 경우 압류재산 매각대금 150원의 배분은 국세채권 100원, 근저당권부채권 50원의 순으로 하여야 한다.

해답 ②

해설 ① 양도담보권자가 납부통지서 도달전에 이미 그 재산을 제3자에게 양도한 경우에는 물적납세의무를 지울 수 없다. 또한 납부통지서가 송달되더라도 압류하기 전에 제3자에게 양도하면 물적납세의무는 소멸한다. 이 경우 그 양도행위가 국세징수법상의 사해행위 취소대상이 되는지의 판단이 필요하며, 사해행위취소요건을 충족하는 때에는 사해행위 취소대상이 될 수 있을 것이다.

③ 법정기일 전에 「주택임대차보호법」에 따라 대항요건과 확정일자를 갖춘 사실이 증명되는 재산을 매각할 때 그 매각금액 중에서 국세를 징수하는 경우의 그 확정일자를 갖춘 임대차계약증서 또는 임대차계약서상의 보증금은 국세보다 우선하여 징수한다.

④ 임금채권과 국세의 법정기일 전 존재하는 근저당권부채권은 국세채권에 우선하여 징수한다.

⑤ 조세채권 상호간의 우선순위에서는 압류선착주의 원칙을 적용하고, 법정기일 전 담보된 채권이 존재하는 때에는 담보된 채권을 국세보다 우선하여 징수하므로 보기와 같은 경우 지방세채권 100원, 근저당권부채권 50원 순으로 하여야 한다.

07 **「국세기본법」상 국세우선과 관련한 법정기일로 옳지 않은 것은?** 2019년 세무사

① 중간예납하는 법인세, 예정신고납부하는 부가가치세 및 양도소득과세표준을 예정신고하는 소득세의 경우 신고한 해당 세액에 대해서는 그 신고일
② 양도담보재산에서 국세를 징수하는 경우에는 법령에 따른 납부통지서의 발송일
③ 원천징수의무자나 납세조합으로부터 징수하는 국세와 인지세의 경우에는 그 납세의무의 확정일
④ 「국세징수법」상 납기전징수 규정에 따라 납세자의 재산을 압류한 경우에 그 압류와 관련하여 확정된 세액에 대해서는 그 납세의무의 확정일
⑤ 「부가가치세법」에 따른 신탁 관련 수탁자의 물적납세의무 규정에 따라 신탁재산에서 부가가치세등을 징수하는 경우에는 법령에 따른 납부통지서의 발송일

해답 ④
해설 ④ 「국세징수법」상 납기전징수 규정에 따라 납세자의 재산을 압류한 경우 압류등기일이다.

08 **납세자의 재산을 강제매각절차에 의하여 매각할 때 국세의 우선징수권에 관한 설명 중 옳은 것을 모두 묶은 것은? (단, 소액임차보증금채권 및 임금 관련 채권은 고려하지 아니한다.)**

2016년 회계사

> ㄱ. 공과금의 강제징수를 할 때 그 강제징수금액 중에서 국세를 징수하는 경우 공과금의 강제징수비는 국세에 우선한다.
> ㄴ. 국가의 조세채권은 공과금보다 우선한다.
> ㄷ. 국가의 조세채권은 담보물권이 설정되어 있지 아니한 민사채권보다 그 민사채권의 발생시기에 관계없이 우선한다.
> ㄹ. 국가의 결정에 의하여 납세의무가 확정되는 조세채권의 납세고지서가 저당권이 설정되어 있는 민사채권의 그 설정 등기일보다 먼저 발송된 경우 조세채권이 민사채권보다 우선한다.

① ㄴ ② ㄱ, ㄴ ③ ㄱ, ㄴ, ㄷ
④ ㄱ, ㄴ, ㄹ ⑤ ㄱ, ㄴ, ㄷ, ㄹ

해답 ⑤
해설 ㄱ. 선집행 지방세·공과금의 강제징수비는 국세에 우선한다.
ㄴ. 국가의 조세채권은 공과금보다 우선한다.
ㄷ. 조세채권은 법정기일 전에 설정한 담보채권이 아닌 민사채권에 대하여 발생시기에 관계없이 우선한다.
ㄹ. 과세표준과 세액을 정부가 결정·경정·수시부과 결정을 하는 경우 고지한 해당 세액의 법정기일은 그 납세고지서의 발송일이므로 법정기일이 저당권 설정 등기일보다 먼저인 경우 조세채권이 민사채권보다 우선한다

09 **㈜A는 장기적인 영업부진으로 인하여 부도가 발생하였고, 매출채권을 가진 거래업체 X가 채권 회수를 위하여 ㈜A 소유 토지의 공매를 신청하였다. 공매에 대하여 배당을 청구한 채권이 다음과 같을 때 두 비교 항목의 배당 우선순서가 옳지 않은 것은?**

a. 거래처 X의 매출채권
b. 종업원의 최종 3년간 퇴직금
c. 종업원의 최종 3년 이전의 퇴직금
d. Y은행 대출금 (토지에 근저당권 설정 등기일 20×4. 9. 4)
e. 공매 토지에 대한 20×4년 종합부동산세 (신고일 20×3. 12. 14)
f. Z상호저축은행 대출금(토지에 근저당권 설정 등기일 20×4. 12. 14)
g. 제10기(20×3. 1. 1~20×3. 12. 31) 법인세 (신고일 20×5. 3. 31)

① b는 e보다 우선한다.
② c는 g보다 우선한다.
③ d는 e보다 우선한다.
④ f는 c보다 우선한다.
⑤ g는 a보다 우선한다.

해답 ③

해설 1순위 : b 종업원의 최종 3년간 퇴직금
2순위 : e 종합부동산세(당해세)
3순위 : d 법정기일전 피담보채권(Y은행 대출금 : 20×4. 9. 4)
4순위 : f 법정기일전 피담보채권(Z상호저축은행 대출금 : 20×4. 12. 14)
5순위 : c 일반임금채권(종업원의 최종 3년 이전의 퇴직금)
6순위 : g 국세 등(법인세 : 20×5. 3. 31)
7순위 : a 일반채권(매출채권)

10 **관할세무서는 사업자인 거주자 甲의 체납 소득세를 징수하기 위하여 甲의 소유 토지를 압류하여 공매하였다. 다음 자료에 따라 관할세무서가 토지 매각대금 중 소득세로 징수할 수 있는 금액은 얼마인가?** 2013년 세무사

> (1) 토지 매각대금 : 150,000,000원
> (2) 토지 공매비용 : 5,000,000원
> (3) 소득세 등(신고일 : 20×1.5.10.)
> - 소득세 : 70,000,000원
> - 강제징수비 : 5,000,000원
>
> (4) 당해 토지에 설정된 가등기(설정일 : 20×1.4.20.)에 의해 담보된 채권 : 40,000,000원
> (5) 당해 토지에 부과된 20×0년분 종합부동산세 체납액 : 20,000,000원
> (6) 甲의 사업체에 종사하는 근로자들의 임금채권
> - 최종 3월분 임금과 퇴직금 : 30,000,000원
> - 기타의 임금채권 : 10,000,000원
>
> (7) 공과금 채권 : 20,000,000원

① 30,000,000원 ② 40,000,000원 ③ 45,000,000원
④ 50,000,000원 ⑤ 55,000,000원

해답 ②

해설

순위	채권액	분배액
강제징수비와 공매비용	10,000,000원	10,000,000원
소액임차보증금·소액임금채권	30,000,000원	30,000,000원
종합부동산세	20,000,000원	20,000,000원
피담보채권	40,000,000원	40,000,000원
일반임금채권	10,000,000원	10,000,000원
소득세	70,000,000원	40,000,000원
공과금 채권	20,000,000원	-

11 **거주자 갑이 체납한 소득세를 징수하기 위하여 관할세무서는 갑이 소유한 주택을 압류하여 매각하였다. 다음 자료에 의해 관할세무서가 주택의 매각대금 중 징수할 수 있는 소득세는 얼마인가?**

2009년 세무사

○ 소득세 체납액 : 40,000,000원 (소득세 신고일 : 20×1년 5월 31일, 주택압류일 : 20×2년 4월 1일)
○ 압류주택의 매각대금 : 80,000,000원 (강제징수비 3,000,000원)
○ 주택임대보증금 : 60,000,000원 (우선변제 받을 소액임차보증금 20,000,000원이 포함됨. 전세권등기나 확정일자는 없음)
○ 압류주택에 설정된 피담보채권 : 20,000,000원 (저당권 설정일 : 20×1년 6월 10일)
○ 건강보험료 미납액 : 3,000,000원

① 0원　② 34,000,000원　③ 37,000,000원
④ 40,000,000원　⑤ 57,000,000원

해답 ④

해설

순위	채권액	분배액
강제징수비	3,000,000	3,000,000
소액임차보증금	20,000,000	20,000,000
소득세	40,000,000	40,000,000
담보채권	20,000,000	17,000,000
공과금 및 일반채권	43,000,000	

12 **甲이 보유하고 있는 아파트에 대해 甲의 채권자 乙은 20×2. 1. 1. 甲에 대한 채권 4억원을 담보하는 저당권을 설정하였다. 甲은 20×2. 3. 1. 丙으로부터 귀금속을 증여받아 증여세 1억원의 조세채무가 발생하였지만 납부하지 않고 있다가 해당 귀금속을 분실하였다. 甲은 20×2. 12. 31. 사망하였다. 甲의 아들 丁은 유일한 상속인으로서 甲의 아파트를 상속받았으며 이 때 조세채무까지 승계하였다. 상속당시 甲의 아파트의 시가는 10억원이었으며 丁은 1억원의 상속세를 부과받았다. 다음의 설명 중 가장 옳지 않은 것은? (다만, 공매비용 등 제반 비용은 발생하지 않은 것으로 한다.)**

① 상속받은 아파트에 대해 부과된 상속세는 상속개시 전 피상속인에게 부과된 증여세에 우선한다.

② 상속받은 아파트에 대해 부과된 상속세는 乙의 채권에 우선한다.

③ 乙이 저당권을 설정한 아파트가 시가대로 강제환가가 이루어진다면 乙은 채권 전액을 변제받을 수 있다.

④ 丁이 상속세와 증여세를 납부하지 않아 관할세무서가 상속재산인 아파트를 압류하고 10억원에 공매하였다면 丁은 乙의 채권 4억원 및 상속세 1억원과 증여세 1억원을 공제한 후의 금액인 4억원을 배당받을 수 있다.

⑤ 상속이 개시된 때에 피상속인에게 부과된 국세와 강제징수비는 납세의무의 별도의 지정절차 없이 상속으로 인하여 얻은 재산을 한도로 상속인에게 당연히 승계된다.

해답 ②

해설 상속받은 아파트에 대해 부과된 상속세는 당해세로서 乙의 채권에 우선하지만, 저당권이 설정된 후 채무자의 사망으로 개시된 상속에 대한 상속세는 저당권이 설정된 채권에 우선하지 못한다.

13 국세기본법에 대한 다음 설명 중 옳지 않은 것은?

① 강제집행, 경매 또는 파산절차에 의한 재산의 매각에 있어서 그 강제집행 또는 경매, 파산절차에 소요된 비용은 국세에 우선한다.

② 국세 상호간의 우선관계는 납세담보 있는 국세, 압류에 관계되는 국세, 교부청구한 국세 순이다.

③ 주택임대차보호법 및 상가건물임대차보호법 규정에 따라 임차인이 우선하여 변제받을 수 있는 금액(소액임대차보증금)은 국세에 우선한다.

④ 국세의 법정기일 전에 전세권(상가용 건물), 질권, 저당권에 의해 담보가 설정된 피담보채권은 국세에 우선 하지만, 상속세, 증여세, 종합부동산세에 대해서는 그러하지 아니하다.

⑤ 지방세 또는 공과금의 강제징수에 있어서 그 강제징수금액 중에서 국세 또는 강제징수비를 징수하는 경우에 그 지방세 또는 공과금과 지방세 또는 공과금의 강제징수비는 국세에 우선한다.

해답 ⑤

해설 지방세 또는 공과금의 강제징수에 있어서 그 강제징수금액 중에서 국세·강제징수비를 징수하는 경우에 그 지방세 또는 공과금의 '강제징수비'는 국세에 우선한다.

14 국세우선의 원칙을 설명한 것으로 잘못된 것은?

① 국세기본법상 국세우선의 원칙에 관한 규정은 납세의무자가 회사정리법의 적용을 받는 경우에도 원칙적으로 적용한다.

② 국세기본법상 국세우선의 원칙에 관한 규정은 채권상호간 효력의 예외를 인정한 창설적 성격의 규정이다.

③ 법정기일 전에 설정된 담보물권의 피담보채권은 당해 담보물에 부과된 국세에는 우선하지 못한다고 규정하고 있는데, 이에 해당하는 국세는 상속세, 증여세와 종합부동산세이다.

④ 주택임대차보호법 및 상가건물임대차보호법상 소액보증 중 일정액과 최종 3개월분 임금채권 및 최종 3년분 퇴직금과 재해보상금은 예외적으로 국세에 우선한다.

⑤ 조세상호간에는 압류선착주의가 원칙적으로 적용되나, 조세와 부담금 간에는 관련법에서 별도의 규정을 두고 있지 아니하면 조세가 우선한다.

해답 ①

해설 회사정리법, 파산법, 관세법의 경우 국세기본법이 아닌 각 법의 자체규정에 따라 채권의 우선순위를 결정한다.

CHAPTER

05 납세자권리

제1절 납세자 권리보호에 관한 사항

01 「국세기본법」상 납세자의 권리에 관한 설명이다. 옳은 것은? 2014년 회계사

① 세무공무원은 세무조사 기간을 연장하는 경우에는 그 사유와 기간을 납세자에게 문서 또는 구두로 통지하여야 한다.

② 세무공무원은 세무조사를 시작할 때 조사원증을 납세자 또는 관련인에게 제시한 후 납세자권리헌장을 교부하고 그 요지를 직접 낭독해 주어야 한다.

③ 세무조사 결과 통지 및 과세예고 통지를 하는 날부터 국세부과 제척기간의 만료일까지 2개월이 남은 경우에는 과세전적부심사를 청구할 수 있다.

④ 세무공무원은 납세자가 자료의 제출을 지연하여 세무조사를 진행하기 어려운 경우에는 세무조사를 중지할 수 있으며, 이 경우 그 중지기간은 세무조사 기간에 산입한다.

⑤ 세무공무원은 세무조사의 목적으로 납세자의 장부 또는 서류 등을 납세자의 동의 유무에 관계없이 세무관서에 보관할 수 없다.

해답 ②

해설 ① 세무공무원은 세무조사 기간을 연장하는 경우에는 그 사유와 기간을 납세자에게 문서로 통지하여야 한다.

③ 세무조사 결과 통지 및 과세예고 통지를 하는 날부터 국세부과 제척기간의 만료일까지의 기간이 3개월 이하인 경우 과세전적부심사를 청구할 수 없다.

④ 이 경우 그 중지기간은 세무조사 기간 및 세무조사 연장기간에 산입하지 않는다.

⑤ 세무공무원은 세무조사의 목적으로 납세자의 장부 또는 서류 등을 세무관서에 임의로 보관할 수 없다. 다만, 납세자의 동의가 있는 경우에는 목적에 필요한 최소한의 범위에서 세무조사 기간 동안 일시 보관할 수 있다.

02 **국세기본법상 세무공무원이 같은 세목 및 같은 과세기간에 대하여 재조사를 실시할 수 있는 경우가 아닌 것은?**

2012년 회계사

① 이의신청, 심사청구, 심판청구가 이유 있다고 인정될 때 그 청구의 대상이 된 필요한 처분의 결정을 위한 조사를 하는 경우
② 거래상대방에 대한 조사가 필요한 경우
③ 2개 이상의 사업연도와 관련하여 잘못이 있는 경우
④ 조세탈루의 혐의를 인정할 만한 명백한 자료가 있는 경우
⑤ 각종 과세자료의 처리를 위한 재조사나 국세환급금의 결정을 위한 확인조사 등을 하는 경우

해답 ①

해설 세무공무원은 다음의 어느 하나에 해당하는 경우가 아니면 같은 세목 및 같은 과세기간에 대하여 재조사를 할 수 없다.

1. 조세탈루의 혐의를 인정할 만한 명백한 자료가 있는 경우
2. 거래상대방에 대한 조사가 필요한 경우
3. 2개 이상의 과세기간과 관련하여 잘못이 있는 경우
4. 불복청구에 이유가 있다고 인정되어 필요한 처분의 결정 또는 과세전적부심사청구에 대한 결정통지 내용의 적법성에 관하여 재조사하여 그 결과에 따라 당초 통지 내용을 수정하거나 유지하는 등의 통지를 하도록 하는 재조사 결정에 따라 조사를 하는 경우
5. 부동산투기, 매점매석, 무자료거래 등 경제질서 교란 등을 통한 탈세혐의가 있는 자에 대하여 일제조사를 하는 경우
6. 각종 과세자료의 처리를 위한 재조사나 국세환급금의 결정을 위한 확인조사 등을 하는 경우
7. 「조세범 처벌절차법」에 따른 조세범칙행위의 혐의를 인정할 만한 명백한 자료가 있는 경우. 다만, 처음의 세무조사에서 해당 자료에 대하여 조세범칙행위의 혐의가 없다고 의결한 경우 제외

03 **「국세기본법」상 재조사 금지에 관한 설명으로 옳은 것은? (다툼이 있으면 판례에 따름)**

2020년 세무사

① 2개 이상의 과세기간과 관련하여 잘못이 있는 경우 같은 세목 및 같은 과세기간에 대하여 재조사를 할 수 없다.
② 국세환급금의 결정을 위한 확인조사를 하는 경우 같은 세목 및 같은 과세기간에 대하여 재조사를 할 수 없다.
③ 세무공무원의 조사행위가 국세청의 사무처리규정에 따라 실시한 사업장 현지확인이더라도 재조사가 금지되는 세무조사에 해당할 수 있다.
④ 재조사의 허용사유인 '조세탈루의 혐의를 인정할 만한 명백한 자료가 있는 경우'란 조세의 탈루사실이 확인될 상당한 정도의 개연성이 있는 경우를 말하며 객관성과 합리성이 뒷받침되는 자료는 필요하지 않다.
⑤ 서울지방국세청이 실시한 세무조사에서 작성하거나 취득한 과세자료의 처리를 위해 종로세무서는 같은 세목 및 같은 과세기간에 대하여 재조사를 할 수 있다.

해답 ③

해설 세무공무원은 다음 중 어느 하나에 해당하는 경우가 아니면 같은 세목 및 같은 과세시간에 대하여 재조사를 할 수 없다.

(ㄱ) 2개 이상의 과세기관과 관련하여 잘못이 있는 경우

(ㄴ) 국세환급금의 결정을 위한 확인조사를 하는 경우

(ㄷ) 조세탈루의 혐의를 인정할 만한 명백한 자료가 있는 경우

☞ 조세의 탈루사실이 확인될 상당한 정도의 개연성이 객관성과 합리성이 뒷받침되는 자료에 의하여 인정되는 경우로 한정한다. (대법원 2008두1046)

(ㄹ) 과세관청 외의 기관이 직무상 목적을 위하여 작성 등을 하여 과세관청에 제공한 자료의 처리를 위해 조사하는 경우

☞ '과세관청에 제공한 자료'란 세무조사권을 남용하거나 자의적으로 행사할 우려가 없는 과세관청 외의 기관이 그 직무상 목적을 위하여 작성하거나 취득하여 과세관청에 제공한 자료로서 국세의 부과·징수와 납세의 관리에 필요한 자료를 의미하고, 이러한 자료에는 과세관청이 종전 세무조사에서 작성하거나 취득한 과세자료는 포함되지 아니한다고 해석함이 타당하다. (대법원 2014두43257)

04 국세기본법 상 납세자의 권리에 관한 설명으로 옳지 않은 것은? 2017년 회계사

① 세무조사 결과통지 및 과세예고통지를 하는 날부터 국세부과 제척기간의 만료일까지의 기간이 6개월이 남은 경우에는 과세전적부심사를 청구할 수 없다.

② 거래상대방에 대한 조사가 필요한 경우 세무공무원은 같은 세목 및 같은 과세기간에 대하여 재조사를 실시할 수 있다.

③ 세무조사는 특정한 세목만을 조사할 필요가 있는 등 대통령령으로 정하는 경우를 제외하고는 납세자의 사업과 관련하여 세법에 따라 신고·납부의무가 있는 세목을 통합하여 실시하는 것을 원칙으로 한다.

④ 세무공무원은 법에 따라 세무조사의 범위를 확대하는 경우 그 사유와 범위를 납세자에게 문서로 통지하여야 한다.

⑤ 세무공무원은 사업자등록증을 발급하는 경우 납세자권리헌장의 내용이 수록된 문서를 납세자에게 내주어야 한다.

해답 ①

해설 세무조사 결과통지 및 과세예고 통지를 하는 날부터 국세부과 제척기간의 만료일까지의 기간이 3개월 이하인 경우 과세전적부심사를 청구할 수 없다. 그러므로 6개월이 남은 경우 과세전적부심사를 청구할 수 있다.

05 **「국세기본법」상 세무공무원이 비밀유지의무에도 불구하고 납세자의 과세정보를 그 사용목적에 맞는 범위에서 제공할 수 있는 경우로서 옳지 않은 것은?** 2010년 회계사

① 지방자치단체가 법률에서 정하는 조세의 부과·징수 등을 위하여 사용할 목적으로 요구하는 경우
② 국가기관이 조세쟁송이나 조세범의 소추를 위하여 요구하는 경우
③ 세무공무원간에 질문·검사에 필요한 과세정보를 요구하는 경우
④ 국회 소관 상임위원회가 의결로 국정감사 기타 의정활동의 필요에서 요구하는 경우
⑤ 법원의 제출명령 또는 법관이 발부한 영장에 의하여 과세정보를 요구하는 경우

해답 ④

해설 다음 중 어느 하나에 해당하는 경우에는 그 사용 목적에 맞는 범위에서 납세자의 과세정보를 제공할 수 있다.

1. 지방자치단체 등이 법률에서 정하는 조세의 부과·징수 등을 위하여 사용할 목적으로 과세정보를 요구하는 경우
2. 국가기관이 조세쟁송이나 조세범 소추를 위하여 과세정보를 요구하는 경우
3. 법원의 제출명령 또는 법관이 발부한 영장에 의하여 과세정보를 요구하는 경우
4. 세무공무원 간에 국세의 부과·징수 또는 질문·검사에 필요한 과세정보를 요구하는 경우
5. 통계청장이 국가통계작성 목적으로 과세정보를 요구하는 경우
6. 사회보험의 운영을 목적으로 설립된 기관이 관계 법률에 따른 소관 업무를 수행하기 위하여 과세정보를 요구하는 경우
7. 국가행정기관, 지방자치단체 또는 공공기관이 급부·지원 등을 위한 자격의 조사·심사 등에 필요한 과세정보를 당사자의 동의를 받아 요구하는 경우
8. 다른 법률의 규정에 따라 과세정보를 요구하는 경우

06 **다음에서 설명하는 납세자의 권리와 관련된 사항 중 가장 잘못된 것은?**

① 세무공무원은 조세범처벌절차법의 규정에 의한 범칙사건에 대한 조사를 하는 경우는 물론 사업자등록증을 교부하는 경우에도 납세자권리헌장의 내용이 수록된 문서를 교부하여야 한다.

② 세무공무원은 세무조사의 경우 납세자가 무작위추출방식에 의하여 표본조사대상으로 선정된 경우에는 신고내용의 정확성 검증 등을 위하여 필요한 최소한의 범위내에서 세무조사를 할 수 있다.

③ 세무조사에 있어서의 결과통지와 관련하여 세무공무원은 납세자가 폐업한 경우나 납세관리인을 정하지 아니하고 국내에 주소 또는 거소를 두지 아니한 경우에는 세무조사의 결과통지를 하지 않아도 된다.

④ 세무공무원 상호간에 국세의 부과·징수 또는 질문·검사상의 필요에 의하여 과세정보를 요구하는 경우 과세정보의 제공을 요구하는 자는 문서에 의하여 해당 세무관서의 장에게 이를 요구하여야 한다.

⑤ 세무조사의 사전통지를 받은 납세자가 납세자의 장기출장 등으로 세무조사를 받기가 곤란하다고 판단될 때는 조사를 연기하여 줄 것을 문서로 관할세무관서의 장에게 신청할 수 있다.

해답 ④

해설 법원의 제출명령 또는 법관이 발부한 영장에 의하여 과세정보를 요구하는 경우와 세무공무원 간에 국세의 부과·징수 또는 질문·검사에 필요한 과세정보를 요구하는 경우를 제외한 나머지의 경우, 문서로 해당 세무관서의 장에게 정보제공을 요구하여야 한다.

07 국세기본법상 납세자의 권리와 관련된 설명이다. 옳지 않은 것은?

① 세무공무원이 부동산투기를 통한 탈세혐의가 있는 자에 대하여 일제조사를 하는 경우에는 같은 세목 및 같은 과세기간에 대하여 재조사를 할 수 있다.

② 세무공무원은 적정하고 공평한 과세의 실현을 위하여 필요한 최소한의 범위 안에서 세무조사를 행하여야 하며, 다른 목적 등을 위하여 조사권을 남용하여서는 아니 된다.

③ 세무공무원은 세무조사를 함에 있어 거래처 조사, 거래처 현지 확인 및 금융거래 현지 확인이 필요한 경우 세무조사기간을 연장할 수 있다.

④ 세무공무원은 납세자가 납세자의 권리의 행사에 필요한 정보를 요구하는 경우 이를 신속하게 제공하여야 한다.

⑤ 납세자의 권리보호를 위해 납세자가 폐업한 경우라도 세무공무원은 세무조사결과를 서면으로 납세자에게 통지하여야 한다.

해답 ⑤

해설 세무공무원은 세무조사를 마쳤을 때에는 그 조사 결과를 서면으로 납세자에게 통지하여야 한다.
다만, 다음의 경우에는 그러하지 아니하다
1.폐업한 경우 2.납세관리인을 정하지 아니하고 국내에 주소 또는 거소를 두지 아니한 경우

08 세무조사에 관한 설명으로 옳지 않은 것은?

2012년 세무사

① 정기선정방식에 의한 세무조사를 실시함에 있어서 세무공무원은 객관적 기준에 따라 공정하게 그 대상을 선정하여야 한다.

② 성실신고확인서를 제출하면 세무조사를 면제해 준다.

③ 세무조사의 사전통지를 받은 납세자가 화재로 사업상 심각한 어려움에 처해 있어 조사를 받기 곤란한 경우에는 법령에 따라 세무조사의 연기신청을 할 수 있다.

④ 조사대상 과세기간 중 연간 수입금액이 가장 큰 과세기간의 연간 수입금액이 100억원 미만인 납세자에 대해 명의위장의 방법으로 세금을 탈루한 혐의가 있어 세무조사를 하는 경우에는 법령에 따른 세무조사 연장기간의 제한을 받지 아니한다.

⑤ 세무공무원은 구체적인 세금탈루혐의가 당해 과세기간 이외의 다른 과세기간에도 있어 그 다른 과세기간에 대한 조사가 필요한 경우에는 이미 진행 중인 세무조사의 범위를 확대할 수 있다.

해답 ②

해설 성실신고확인서를 제출이 세무조사의 면제사유는 아니다.
만약 성실신고확인서 제출 대상자가 해당 확인서를 제출하지 아니한 경우, 세무공무원은 정기선정에 의한 조사 외에 세무조사를 할 수 있다

09 국세기본법상 세무조사에 관한 설명이다. 옳지 않은 것은?

2020년 회계사

① 세무공무원은 적정하고 공평한 과세를 실현하기 위하여 필요한 최소한의 범위에서 세무조사를 하여야 하며, 세무조사는 「조세범 처벌절차법」에 따른 조세범칙조사를 포함한다.

② 국세환급금의 결정을 위한 확인조사를 하는 경우에는 같은 세목 및 같은 과세기간에 대하여 재조사를 할 수 있다.

③ 세무공무원은 세무조사의 중지기간 중에는 납세자에 대하여 국세의 과세표준과 세액을 결정 또는 경정하기 위한 질문을 하거나 장부 등의 검사·조사 또는 그 제출을 요구할 수 없다.

④ 세무조사는 납세자의 사업과 관련하여 세법에 따라 신고·납부의무가 있는 세목을 통합하여 실시하는 것을 원칙으로 한다.

⑤ 세무공무원은 납세자가 납세관리인을 정하지 아니하고 국내에 주소 또는 거소를 두지 아니한 경우에도 세무조사결과를 통지하여야 한다.

해답 ⑤

해설 세무공무원은 세무조사를 마쳤을 때에는 그 조사를 마친 날부터 20일(공시송달 사유에 해당하는 경우에는 40일)이내에 조사결과를 납세자에게 설명하고, 이를 서면으로 통지함이 원칙이다. 다만, 납세관리인을 정하지 아니하고 국내에 주소 또는 거소를 두지 아니한 경우, 재조사 결정에 의한 조사를 마친 경우, 세무조사결과통지서 수령을 거부하거나 회피하는 경우에는 그러하지 아니하다.

10 「국세기본법」상 세무조사에 관한 설명으로 옳은 것은? (다툼이 있으면 판례에 따름)

2017년 세무사

① 납세자가 세무공무원에게 직무와 관련하여 금품제공을 알선한 경우에는 정기선정에 의한 조사 외에 세무조사를 할 수 있다.

② 세무공무원이 납세의무자의 20×5년도분 소득세에 대한 임대료수입금액 누락에 대하여 세무조사를 마친 후 다시 20×5년도분 소득세에 대한 음식점수입금액 누락에 대하여 세무조사를 하는 경우에는 세무조사의 내용이 중첩되지 않으므로 원칙적으로 「국세기본법」에서 금지하는 재조사에 해당하지 않는다.

③ 세무공무원은 세무조사 과정에서 「조세범 처벌절차법」에 따른 조세범칙조사로 전환하는 경우에는 납세자에게 별도의 통지 없이 세무조사의 범위를 확대할 수 있다.

④ 세무공무원은 국외자료의 수집에 따라 외국 과세기관과의 협의가 필요하여 세무조사를 진행하기 어려운 경우에는 세무조사를 중지할 수 있고 이 중지기간은 세무조사기간에 산입된다.

⑤ 세무조사의 적법요건으로 객관적 필요성, 최소성, 권한남용의 금지 등을 규정하고 있는 「국세기본법」 제81조의4 제1항은 그 자체로서는 구체적인 법규적 효력이 없다.

해답 ①

해설 ② 세무공무원은 원칙적으로 같은 세목 및 같은 과세기간에 대하여 재조사를 할 수 없다.
③ 조사공무원이 조세범칙조사에 시작할 때에는 범칙혐의자 또는 참고인에게 신분증, 조사원증, 세무공무원 지명서를 제시하고 조세범칙조사에 시작한다는 사실을 알려주어야 한다.
④ 이 중지기간은 세무조사 기간 및 세무조사 연장기간에 산입하지 아니하며, 세무조사 중지기간 중에는 세무공무원은 국세의 과세표준과 세액을 결정 또는 경정하기 위한 질문을 하거나 장부등의 검사·조사 또는 그 제출을 요구할 수 없다.
⑤ 국세기본법은 제81조의4 제1항에서 "세무공무원은 적정하고 공평한 과세를 실현하기 위하여 필요한 최소한의 범위에서 세무조사를 하여야 하며, 다른 목적 등을 위하여 조사권을 남용해서는 아니 된다."라고 규정하고 있다(이하 '이 사건 조항'이라고 한다). 이 사건 조항은 세무조사의 적법 요건으로 객관적 필요성, 최소성, 권한 남용의 금지 등을 규정하고 있는데, 이는 법치국가 원리를 조세절차법의 영역에서도 관철하기 위한 것으로서 그 자체로서 구체적인 법규적 효력을 가진다.

11 **국세기본법상 같은 세목 및 같은 과세기간에 대하여 세무조사를 다시 할 수 있는 사유가 아닌 것은?**

2021년 회계사

① 조세탈루의 혐의를 인정할 만한 명백한 자료가 있는 경우
② 국세환급금의 결정을 위한 확인조사를 하는 경우
③ 2개 이상의 과세기간과 관련하여 잘못이 있는 경우
④ 과세관청 외의 기관이 직무상 목적을 위해 작성하거나 취득해 과세관청에 제공한 자료의 처리를 위해 조사하는 경우
⑤ 성실도를 분석한 결과 불성실 혐의가 있는 경우

해답 ⑤

해설 성실도를분석한 결과 불성실 혐의가 있는 경우는 중복조사 금지 원칙의 예외사유에 해당하지 않는다.

12 납세자의 권리에 관한 설명으로 옳지 않은 것은?

2016년 세무사

① 세무공무원이 부동산투기를 통한 세금탈루 혐의가 있는 자에 대하여 일제조사를 하는 경우에는 같은 세목 및 같은 과세기간에 대하여도 재조사를 할 수 있다.

② 세무공무원은 세무조사를 마쳤을 때에는 납세자가 납세관리인을 정하지 아니하고 국내에 주소 또는 거소를 두지 아니한 경우에도 그 조사 결과를 서면으로 납세자에게 통지하여야 한다.

③ 세무공무원은 세무조사를 함에 있어 거래처 조사, 거래처 현지확인 또는 금융 거래 현지확인이 필요한 경우에는 세무조사기간을 연장할 수 있다.

④ 납세자 본인의 권리 행사에 필요한 정보를 납세자가 요구하는 경우 세무공무원은 신속하게 정보를 제공하여야 한다.

⑤ 세무공무원은 적정하고 공평한 과세의 실현을 위하여 필요한 최소한의 범위 안에서 세무조사를 하여야 하며, 다른 목적 등을 위하여 조사권을 남용해서는 아니된다.

해답 ②

해설 세무공무원은 세무조사를 마쳤을 때에는 그 조사를 마친 날부터 20일 이내에 조사결과를 납세자에게 설명하고, 이를 서면으로 통지하여야 한다. 다만, 납세관리인을 정하지 아니하고 국내에 주소 또는 거소를 두지 아니한 경우 등에는 그러하지 아니하다.

13 「국세기본법」상 납세자의 권리 중 '장부등의 보관 금지'에 관한 설명으로 옳은 것은?

2019년 세무사

① 세무공무원은 「조세범 처벌절차법」에 따른 조세범칙조사를 제외하고는 세무조사의 목적으로 납세자의 장부등을 세무관서에 임의로 보관할 수 없다.

② 세무공무원은 납세자에 대한 구체적인 탈세 제보가 있는 경우에는 조사 목적에 필요한 최소한의 범위에서 납세자, 소지자 또는 보관자 등 정당한 권한이 있는 자가 임의로 제출한 장부등을 납세자의 동의 없이 세무관서에 일시 보관할 수 있다.

③ 납세자등은 조사목적이나 조사범위와 관련이 없는 등의 사유로 일시 보관에 동의하지 아니하는 장부등에 대해서는 세무공무원에게 일시 보관할 장부등에서 제외할 것을 요청할 수 있다. 이 경우 세무공무원은 어떠한 사유로도 해당 장부등을 일시 보관할 수 없다.

④ 세무공무원은 법령에 따라 일시 보관하고 있는 장부등에 대하여 납세자가 반환을 요청한 날부터 14일 이내에 반환하여야 하나, 조사목적 달성을 위해 필요한 경우에는 납세자보호위원회의 심의를 거쳐 한 차례만 14일 이내의 범위에서 보관 기간을 연장할 수 있다.

⑤ 세무공무원은 법령에 따라 일시 보관하고 있는 장부등의 반환을 납세자가 요청한 경우로서 세무조사에 지장이 없다고 판단될 때에는 요청한 장부등을 7일 이내에 반환하여야 한다.

해답 ④

해설 ①, ② 세무공무원은 원칙적으로 세무조사(「조세범 처벌절차법」에 따른 조세범칙조사 포함)의 목적으로 납세자의 장부등을 세무관서에 임의로 보관할 수 없다. 단, 다음의 경우 조사목적에 필요한 최소한의 범위에서 납세자의 동의를 얻어 실시 보관할 수 있다.

(ㄱ) 납세자가 세법에서 정하는 납세협력의무를 이행하지 아니한 경우
(ㄴ) 무자료거래, 위장·가공거래 등 거래 내용이 사실과 다른 혐의가 있는 경우
(ㄷ) 납세자에 대한 구체적인 탈세 제보가 있는 경우
(ㄹ) 신고 내용에 탈루나 오류의 혐의를 인정할 만한 명백한 자료가 있는 경우
(ㄹ) 납세자가 세무공무원에게 직무와 관련하여 금품을 제공알선한 경우

③ 세무공무원은 정당한 사유가 있는 경우 해당 장부등을 일시 보관할 수 있다.
⑤ 세무공무원은 납세자가 일시 보관하고 있는 장부등의 반환을 요청한 경우로서 세무조사에 지장이 없다고 판단될 때에는 요청한 장부등을 즉시 반환하여야 한다.

14 납세자의 권리와 관련된 설명으로 가장 잘못된 것은?

① 세무조사결과에 대한 서면통지를 받은 자는 사전구제제도의 일종인 과세전적부심사를 청구할 수 있는데, 납기전징수 사유가 있는 경우에는 과세전적부심사를 청구할 수 없다.
② 세무공무원은 최근 4과세기간 또는 4사업연도 이상 동안 동일 세목의 세무조사를 받지 아니한 납세자에 대하여 정기선정에 의한 세무조사를 할 수 있다.
③ 세무공무원은 사업자등록증을 교부하는 경우에 납세자권리헌장의 내용이 수록된 문서를 납세자에게 교부하여야 한다.
④ 세무공무원은 납세자가 2 이상의 사업연도와 관련하여 잘못이 있는 경우에는 세무조사권 남용 금지원칙의 예외로서 같은 세목에 대하여 재조사를 할 수 있으나, 같은 과세기간에 대하여는 재조사를 할 수 없다.
⑤ 세무공무원은 납세자에 대한 구체적인 탈세제보가 있는 경우에는 납세자가 제출한 신고서 등이 진실한 것으로 추정하지 않는데, 이는 납세자의 성실성 추정원칙의 예외규정이다.

해답 ④

해설 세무공무원은 납세자가 2 이상의 사업연도와 관련하여 잘못이 있는 경우에는 같은 세목 및 같은 과세기간에 대하여 재조사를 할 수 있다.

제2절 과세전 적부심사

01 다음은 조세구제제도에 대한 설명이다. 잘못된 것은?

① 세법에 의한 처분으로서 위법·부당한 처분을 받거나, 필요한 처분을 받지 못함으로써 권리 또는 이익의 침해를 당한 자는 과세전적부심사를 청구할 수 있다.
② 세무조사결과통지를 하는 날부터 국세부과제척기간의 만료일까지의 기간이 3월 이하인 경우에는 과세전적부심사를 청구할 수 없다.
③ 과세전적부심사 청구를 받은 세무서장·지방국세청장 또는 국세청장은 청구를 받은 날부터 30일 이내에 국세심사위원회의 심사를 거쳐 결정을 하고 그 결과를 청구인에게 통지하여야 한다.
④ 부당한 과세처분의 통지를 받은 경우에는 그 통지를 받은 날로부터 90일 이내에 조세심판원장에게 심판청구를 제기할 수 있다.
⑤ 국세에 관한 행정소송은 국세기본법에 의한 심사청구 또는 심판청구를 거치거나, 감사원법에 의한 심사청구를 거친 후 제기할 수 있다.

해답 ①

해설 과세전 적부심사청구는 사전구제제도이므로, 위법.부당한 처분을 받거나, 필요한 처분을 받지 못함으로써 권리 또는 이익의 침해가 이미 발생하였다면, 사후구제제도인 불복청구를 통하여 구제를 받아야 한다.

02 다음은 국세청장에게 과세전적부심사청구를 할 수 있는 경우를 열거한 것이다. 틀린 것은?

① 과세전적부심사청구금액이 5억원 이상에 해당하는 경우
② 법령과 관련하여 국세청장의 유권해석을 변경하여야 하는 경우
③ 세무조사결과에 대한 서면통지를 받은 자가 통지내용에 대한 적법성 여부에 관하여 심사를 청구하는 경우
④ 국세청장의 업무감사결과(현지에서 시정조치하는 경우 제외)에 따라 세무서장 또는 지방국세청장이 행하는 과세예고통지에 관한 것
⑤ 국세청장의 훈령·예규·고시 등과 관련하여 새로운 해석이 필요한 경우

해답 ③

해설 국세청장에게 청구할 수 있는 사유는 다음과 같다.

ⅰ 법령과 관련하여 국세청장의 유권해석을 변경하여야 하거나 새로운 해석이 필요한 것
ⅱ 국세청장의 훈령·예규·고시 등과 관련하여 새로운 해석이 필요한 것
ⅲ 세무서 또는 지방국세청에 대한 국세청장의 업무감사 결과(현지에서 시정조치하는 경우는 제외한다)에 따라 세무서장 또는 지방국세청장이 하는 과세예고 통지에 관한 것
ⅳ 위 ⅰ, ⅱ, ⅲ에 해당하지 아니하는 사항 중 과세전적부심사 청구금액이 5억원 이상인 것

03 **「국세기본법」상 과세전적부심사청구에 대해 할 수 있는 결정에 관한 설명이다. 옳게 짝지어지 지 않은 것은?**

2010년 회계사

① 청구기간을 경과하여 청구한 경우 - 심사하지 아니한다는 결정
② 보정기간 내에 보정을 하지 아니한 경우 - 심사하지 아니한다는 결정
③ 청구가 이유 없다고 인정되는 경우 - 채택하지 아니한다는 결정
④ 청구가 이유 있다고 인정되는 경우 - 채택하는 결정
⑤ 청구가 일부 이유 있다고 인정되는 경우 - 재조사결정

해답 ⑤
해설 청구가 일부 이유 있다고 인정되는 경우, 일부채택 결정을 한다.

04 **다음 중 과세전적부심사를 청구할 수 있는 경우는?**

① 납세자가 국세의 체납으로 강제징수를 받을 때
② 조세범칙사건을 조사하는 경우
③ 세무조사결과통지를 하는 날부터 국세부과제척기간 만료일까지의 기간이 6개월 남은 경우
④ 납세자가 국세를 포탈하고자 하는 행위가 있다고 인정되는 때
⑤ 조세조약을 체결한 상대국이 상호합의절차의 개시를 요구한 경우

해답 ③
해설 다음 사유의 경우, 과세전적부심사의 청구를 배제한다.
1. 납기전징수의 사유가 있거나 세법에서 규정하는 수시부과의 사유가 있는 경우
2. 「조세범 처벌법」 위반으로 고발 또는 통고처분하는 경우
3. 세무조사 결과 통지 및 과세예고 통지를 하는 날부터 국세부과 제척기간의 만료일까지의 기간이 3개월 이하인 경우
4. 국제조세조정에 관한 벌률에 따라 조세조약을 체결 상대국이 상호합의절차 개시를 요구한 경우

05 **국세기본법상 과세전적부심사에 관한 설명이다. 옳지 않은 것은?** 2019년 회계사

① 세무서장은 세무조사에서 확인된 것으로 조사대상자 외의 자에 대한 과세자료 및 현지 확인조사에 따라 세무서장이 과세하는 경우에는 미리 납세자에게 그 내용을 서면으로 통지하여야 한다.

② 세무서장에게 과세전적부심사를 청구할 수 있는 자가 법령과 관련하여 국세청장의 유권해석 변경이 필요한 경우 국세청장에게 과세전적부심사를 청구할 수 있다.

③ 세무조사 결과 통지 및 과세예고통지를 하는 날부터 국세부과 제척기간의 만료일까지의 기간이 3개월 이하인 경우에는 과세전적부심사를 청구할 수 없다.

④ 과세전적부심사 청구를 받은 세무서장은 국세심사위원회의 심사를 거쳐 결정을 하고 그 결과를 청구를 받은 날부터 30일 이내에 청구인에게 통지하여야 한다.

⑤ 과세예고통지를 받은 자가 과세전적부심사를 청구하지 아니하고 통지를 한 세무서장에게 통지받은 내용에 대하여 과세표준 및 세액을 조기에 결정해 줄 것을 신청한 경우, 해당 세무서장은 신청받은 내용을 검토하여 2개월 이내에 결정하여야 한다.

해답 ⑤

해설 과세예고 통지를 받은 자는 과세전적부심사 청구를 받지 아니하고 통지를 한 세무서장이나 지방 국세청장에게 통지받은 내용의 전부 또는 일부에 대하여 과세표준 및 세액을 조기에 결정하거나 경정결정해 줄 것을 신청할 수 있다. 이 경우 해당 세무서장이나 지방 국세청장은 신청 받은 내용대로 즉시 결정이나 경정결정을 하여야 한다.

CHAPTER

06 심사와 심판(조세불복제도)

제1절 조세불복제도의 일반사항

01 국세기본법 상 조세불복제도에 관한 설명으로 옳은 것을 모두 묶은 것은? 2017년 회계사

ㄱ. 「조세범 처벌절차법」에 따른 통고처분은 「국세기본법」에 따른 불복을 할 수 없다.

ㄴ. 심사청구의 재결청은 그 청구에 대한 결정기간이 지나도 결정을 하지 못하였을 때에는 심사청구인은 결정의 통지를 받기 전이라도 그 결정기간이 지난 날부터 행정소송 제기를 할 수 있다는 내용을 서면으로 지체없이 그 청구인에게 통지하여야 한다.

ㄷ. 이의신청, 심사청구 또는 심판청구는 세법에 특별한 규정이 있는 것을 제외하고는 해당 처분의 집행에 효력을 미치지 아니한다. 다만, 해당 재결청이 필요하다고 인정할 때에는 그 처분의 집행을 중지하게 하거나 중지할 수 있다.

ㄹ. 조세심판관회의는 담당 조세심판관 과반수 이상의 출석으로 개의하고, 출석조세심판관 과반수의 찬성으로 의결한다.

① ㄱ, ㄴ　　② ㄱ, ㄷ　　③ ㄱ, ㄴ, ㄷ

④ ㄴ, ㄷ, ㄹ　　⑤ ㄱ, ㄴ, ㄷ, ㄹ

해답 ③

해설 ㄹ. 조세심판관회의는 담당 조세심판관 3분의 2 이상의 출석으로 개의하고, 출석조세심판관 과반수의 찬성으로 의결한다.

02 심사청구 등 조세불복절차에 대한 설명으로 가장 틀린 것은?

① 제2차 납세의무자로서 납부통지서를 받은 자도 불복청구를 할 수 있다.
② 심사청구가 이유 없다고 인정되는 때에는 그 청구를 기각하는 결정을 한다.
③ 납세자가 화재를 입어 당해 처분의 통지를 받은 날(당해 처분이 있은 것을 안 날)로부터 90일내에 심사청구를 할 수 없는 때에는 그 사유가 소멸한 날로부터 14일 이내에 심사청구할 수 있다.
④ 심판청구의 결정을 함에 있어서 심판청구를 한 처분 이외의 처분에 대하여는 그 처분의 전부 또는 일부를 취소 또는 변경하거나 새로운 처분의 결정을 하지 못한다.
⑤ 조세범처벌절차법에 의한 통고처분을 받은 자는 그 처분의 취소 또는 변경을 심사청구할 수 있다.

해답 ⑤

해설 다음의 처분은 국세기본법상 불복의 대상이 되지 못한다.

i 이의신청·심사청구 또는 심판청구에 대한 처분. 다만, 이의신청에 대한 처분에 대하여 심사청구 또는 심판청구를 하는 경우는 제외한다.
ii 「조세범 처벌절차법」에 따른 통고처분 다만, 고발 또는 통고처분과 관련 없는 세목 또는 세액에 대해서는 그러하지 아니하다.
iii 「감사원법」에 따라 심사청구를 한 처분이나 그 심사청구에 대한 처분

03 불복청구에 관한 설명으로 옳지 않은 것은?

2011년 세무사

① 제2차 납세의무자로서 납부통지서를 받은 자는 본래의 납세의무자에게 부과된 종합소득세 부과처분의 취소를 구하는 심판청구를 할 수 있다.
② 납세보증인은 본래의 납세의무자에게 부과된 상속세 부과처분의 취소를 구하는 심판청구를 할 수 있다.
③ 국세청장의 과세표준 조사·결정에 따른 처분에 대해서는 심사청구를 할 수 없다.
④ 「조세범 처벌절차법」에 따른 통고처분에 대해서는 심판청구를 할 수 없다.
⑤ 법인세법에 의한 소득처분으로 인하여 소득금액변동통지를 받은 자는 해당 소득처분의 취소를 구하는 심판청구를 할 수 있다.

해답 ③

해설 국세청장의 과세표준 조사·결정에 따른 처분에 대해서는 이의신청을 할 수 없다.

04 국세기본법상 조세불복제도에 관한 설명으로 타당하지 않은 것은?

① 신고납세방식 세목의 경우 신고납부를 한 때에 처분이 있었던 것으로 보아 이를 불복청구의 대상으로 한다.
② 불복청구에 대한 결정에 오기·계산착오 기타 명백한 잘못이 있는 경우 재결청은 직권 또는 불복청구인의 신청에 의하여 이를 경정할 수 있다.
③ 재결청은 필요하다고 인정할 때에는 당사자가 주장하지 아니한 사실에 대하여도 심리할 수 있다.
④ 조세범칙조사에 의하여 관할세무서장이 범칙자에게 벌금 등을 납부할 것을 통고하는 처분에 대해서는 불복청구를 할 수 없다.
⑤ 이의신청에 대한 결정을 함에 있어서는 반드시 이의신청심의위원회의 심의를 거쳐야 하나 그 결정은 관할세무서장을 구속하지 아니한다.

해답 ①

해설 조세불복은 국세기본법 또는 세법에 따른 처분으로서 위법 또는 부당한 처분을 받거나 필요한 처분을 받지 못함으로 인하여 권리 또는 이익을 침해당한 경우를 대상으로 하므로, 신고납세방식의 세목은 불복청구의 대상이 될 수 없다.

05 조세불복제도에 관한 설명으로 옳지 않은 것은?

2010년 세무사

① 이의신청인은 세무사를 대리인으로 선임할 수 있으며 선임된 세무사는 본인을 위하여 그 신청에 관한 모든 행위를 할 수 있으나, 그 신청의 취하는 특별한 위임을 받은 경우에만 할 수 있다.
② 물적납세의무를 지는 자로서 납부통지서를 받은 자는 위법 또는 부당한 처분을 받은 자의 처분에 대하여 해당 처분의 상대방이 아니므로 그 처분의 취소 또는 변경을 청구할 수 없다.
③ 이의신청을 받은 재결청은 이의신청인이 심각한 재해를 입은 경우에 이를 정부가 조사하기 위하여 상당한 시일이 필요하다고 인정되는 경우에만 해당 처분의 집행을 중지하게 하거나 중지할 수 있다.
④ 이의신청에 따른 결정기간 내에 결정의 통지를 받은 자가 심사청구를 하려면 이의신청에 대한 결정의 통지를 받은 날부터 90일 이내에 제기하여야 한다.
⑤ 담당 조세심판관에게 공정한 심판을 기대하기 어려운 사정이 있다고 인정될 때에는 심판청구인은 그 조세심판관의 기피를 신청할 수 있다.

해답 ②

해설 물적납세의무를 지는 자로서 납부통지서를 받은 자는 위법 또는 부당한 처분을 받은 자의 처분에 대하여 해당 처분의 상대방이 아니나, 국세처분으로 인하여 권리나 이익을 침해당할 수 있는 이해관계인에 해당되므로 불복청구를 할 수 있다.

06 **국세기본법상 국세불복에 관한 설명으로 옳지 않은 것은?** 2018년 회계사

① 청구기한까지 우편으로 제출한 심사청구서가 청구기간을 지나서 도달한 경우에는 그 기간의 만료일에 적법한 청구를 한 것으로 본다.

② 이의신청, 심사청구 또는 심판청구는 세법에 특별한 규정이 있는 것을 제외하고는 해당 처분의 집행에 효력을 미치지 아니하나, 해당 재결청이 필요하다고 인정할 때에는 그 처분의 집행을 중지하게 하거나 중지할 수 있다.

③ 조세심판관회의는 심판청구에 대한 결정을 할 때 심판청구를 한 처분 외의 처분에 대해서는 그 처분의 전부 또는 일부를 취소 또는 변경하거나 새로운 처분의 결정을 하지 못한다.

④ 담당 조세심판관은 필요하다고 인정하면 여러 개의 심판사항을 병합하거나 병합된 심판사항을 여러 개의 심판사항으로 분리할 수 있다.

⑤ 심사청구 또는 심판청구에 대한 재조사 결정에 따른 처분청의 처분에 대해서는 심사청구 또는 심판청구를 거치지 않을 경우 행정소송을 제기할 수 없다.

해답 ⑤

해설 위법한 처분에 대한 행정소송은 행정소송법 규정에도 불구하고 국세기본법에 따른 심사청구 또는 심판청구와 그에 대한 결정을 거치지 아니하면 제기할 수 없다. 다만, 심사청구 또는 심판청구에 대한 재조사 결정에 따른 처분청의 처분에 대한 행정소송은 그러하지 아니하다.

07 **국세기본법상 조세구제제도에 관한 설명이다. 옳지 않은 것은?** 2020년 회계사

① 「조세범 처벌절차법」에 따른 통고처분에 대하여는 심사 또는 심판을 청구할 수 없다.

② 세법에 따라 국세청장이 하여야 할 처분에 대하여는 이의신청을 할 수 없다.

③ 심사청구는 세법에 특별한 규정이 있는 것을 제외하고는 해당 처분의 집행에 영향을 미치지 아니하므로 심사청구인이 심각한 재해를 입은 경우에만 집행정지를 결정할 수 있다.

④ 심사청구 또는 심판청구에 대한 재조사 결정에 따른 처분청의 처분에 대한 행정소송은 심사청구 또는 심판청구와 그에 대한 결정을 거치지 아니하고 제기할 수 있다.

⑤ 과세전적부심사 청구인은 법령에서 정한 요건을 갖추어 국선대리인을 선정하여 줄 것을 신청할 수 있다.

해답 ③

해설 심사청구는 세법에 특별한 규정이 있는 것을 제외하고는 해당 처분의 집행에 영향을 미치지 아니하여 집행부정지의 원칙이 적용되나 예외적으로 집행정지의 원칙을 두 가지로 규정하고 있다.

1) 불복청구인이 심한 재해를 입은 경우
불복청구인이 심한 재해를 입은 경우로서 정부가 이를 조사하기 위하여 상당한 시일이 필요하다고 인정되는 때 재결청은 그 처분의 집행을 중지하거나 중지하게 할 수 있다.

2) 공매의 경우
이의신청, 심사청구, 심판청구가 계류 중인 때에는 국세의 체납으로 인하여 압류한 재산에 대하여 그 신청 또는 청구에 대한 결정이 확정되기 전에는 이를 공매할 수 없다. 다만, 그 재산이 부패·변질 또는 감량되기 쉬운 재산으로서 속히 매각하지 아니하면 그 재산가액이 감손될 우려가 있는 때에는 예외로 한다.

08 **국세기본법상 불복대상과 불복청구인에 대한 설명이다. 옳지 않은 것은?** 2009년 회계사

① 국세기본법 또는 세법에 의해 부당한 처분을 받아 권리 또는 이익의 침해를 당한 자로서 국세기본법에서 열거하고 있는 경우에 해당하는 자는 불복청구를 할 수 있다.

② 심사청구에 대한 처분에 대해서는 심판청구를 할 수 없다.

③ 조세범처벌절차법에 의한 통고처분에 대해서는 국세기본법에 따른 불복을 할 수 없다.

④ 감사원법에 의하여 심사청구를 한 처분에 대해서는 국세기본법에 따른 불복을 할 수 없다.

⑤ 국세기본법에 의해 위법한 처분을 받음으로써 권리의 침해를 당한 자뿐만 아니라 이로 인해 이익의 침해를 받게 될 납세보증인 또한 위법한 처분을 받은 자의 처분에 대하여 불복청구를 할 수 있다.

해답 ①

해설 국세기본법상 불복 대상자는 개괄주의에 해당하므로, 국세기본법 또는 세법에 따른 처분으로서 위법 또는 부당한 처분을 받거나 필요한 처분을 받지 못함으로 인하여 권리나 이익을 침해당한 자는 그 처분의 취소 또는 변경을 청구하거나 필요한 처분을 청구할 수 있다.

09 **「국세기본법」상 심사와 심판에 관한 설명으로 옳지 않은 것은?** 2018년 세무사

① 조세심판관은 심판청구에 관한 조사 및 심리의 결과와 과세의 형평을 고려하여 자유심증으로 사실을 판단한다.

② 조세심판관은 심판청구일 전 최근 5년 이내에 불복의 대상이 되는 처분의 기초가 되는 세무조사에 관여하였던 경우에는 그 심판관여로부터 제척된다.

③ 조세심판관의 임기는 2년으로 하고 한 차례만 중임할 수 있다.

④ 심판청구를 제기한 후 심사청구를 제기한 경우에는 그 심사청구를 각하하는 결정을 한다.

⑤ 국세의 심판청구금액이 5천만원 미만인 것으로 청구사항이 법령의 해석에 관한 것이 아닌 경우 조세심판관회의의 심리를 거치지 아니하고 주심조세심판관이 심리하여 결정할 수 있다.

해답 ③

해설 상임, 비상임 조세심판관의 임기는 3년으로 하고 상임 조세심판관의 경우 한 차례만 중임할 수 있으며, 비상임 조세심판관의 경우 한 차례만 연임할 수 있다.

10 **다음은 국세기본법상의 조세불복제도에 관하여 기술한 내용이다. 가장 잘못된 것은?**

① 이의신청은 임의적 절차로 당해 처분이 있은 것을 안 날(처분의 통지를 받은 때에는 그 받은 날)로 부터 90일 이내에 제기하여야 하며, 그 신청을 받은 세무서장 또는 지방국세청장은 국세심사위원회의 심의를 거쳐 그 신청을 받은 날로부터 30일 이내에 결정하여야 한다.

② 불복청구는 처분의 직접적 당사자인 납세자뿐만 아니라 제2차 납세의무자로서 납부통지서를 받은 자와 납세보증인 등도 가능하다.

③ 불복청구를 하더라도 당해 처분의 집행에는 효력을 미치지 않으므로 압류 및 공매에 제한이 없다.

④ 불복청구의 내용이나 절차가 국세기본법 또는 세법에 적합하지 아니하나 보정할 수 있다고 인정하는 때에는 20일 내의 기간(심판청구의 경우는 상당한 기간)을 정하여 보정을 요구할 수 있는데 이러한 보정기간은 청구기간 및 결정기간에 산입되지 않는다.

⑤ 심판청구에 대한 결정을 함에 있어서 심판청구를 한 처분보다 청구인에게 불이익이 되는 결정은 할 수 없다.

해답 ③

해설 불복청구를 하더라도 세법에 특별한 규정이 있는 것을 제외하고, 당해 처분의 집행에는 효력을 미치지 아니한다.

다음의 경우에는 예외적으로 행정처분의 집행이 정지된다.

i 불복청구인이 심한 재해를 입은 경우

ii 공매

제2절 이의신청·심사청구

01 국세기본법상 이의신청, 심사청구 및 심판청구에 대한 설명이다. 옳지 않은 것은? 2011년 회계사

① 국세기본법 또는 세법에 따른 동일한 처분에 대하여 심사청구와 심판청구를 중복하여 제기할 수 없다.

② 국세기본법 또는 세법에 따른 처분이 국세청장의 과세표준 조사·결정에 따른 처분인 경우에는 그 처분에 대하여 심사청구 또는 심판청구에 앞서 이의신청을 할 수 있다.

③ 이의신청, 심사청구 및 심판청구는 세법에 특별한 규정이 있는 것을 제외하고는 해당 처분의 집행에 효력을 미치지 아니한다. 다만, 해당 재결청이 필요하다고 인정할 때에는 그 처분의 집행을 중지하게 할 수 있다.

④ 심판청구에 대한 결정이 있으면 해당 행정청은 결정의 취지에 따라 즉시 필요한 처분을 하여야 한다.

⑤ 조세심판관회의 또는 조세심판관합동회의는 심판청구에 대한 결정을 할 때 심판청구를 한 처분보다 청구인에게 불리한 결정을 하지 못한다.

해답 ②

해설 이의신청 배제 사유는 다음과 같다.

1. 국세청장의 과세표준 조사·결정에 따른 처분
2. 국세청의 감사결과로서의 시정지시에 따른 처분
3. 국세청의 세무사찰 결과에 따른 처분
4. 상기(1, 2, 3) 처분 외에 국세청장의 특별한 지시에 따른 처분
5. 세법에 따라 국세청장이 하여야 할 처분

02 **「국세기본법」상 조세불복제도에 관한 설명이다. 옳지 않은 것은?** 2014년 회계사

① 심사청구서는 해당 처분을 하였거나 하였어야 할 세무서장에게 제출하여야 하며, 소관 세무서장 외의 세무서장, 지방국세청장 또는 국세청장에게 직접 제출한 경우에는 심사청구의 효력이 발생하지 아니한다.
② 이의신청, 심사청구 또는 심판청구는 세법에 특별한 규정이 있는 것을 제외하고는 해당 처분의 집행에 효력을 미치지 아니한다. 다만, 해당 재결청이 필요하다고 인정할 때에는 그 처분의 집행을 중지하게 하거나 중지할 수 있다.
③ 위법한 국세처분에 대한 행정소송은 「국세기본법」에 따른 심사청구 또는 심판청구, 「감사원법」에 따른 심사청구와 그에 대한 결정을 거치지 아니하면 제기할 수 없다.
④ 심판청구인은 담당 조세심판관에게 공정한 심판을 기대하기 어려운 사정이 있다고 인정될 때에는 그 조세심판관의 기피를 신청할 수 있다.
⑤ 「조세범처벌절차법」에 따른 통고처분에 대해서는 「국세기본법」에 따른 심사청구를 할 수 없다.

해답 ①
해설 심사청구서는 해당 처분을 하였거나 하였어야 할 세무서장에게 제출하여야 하며, 소관 세무서장 외의 세무서장, 지방국세청장 또는 국세청장에게 제출된 경우에는 그 심사청구서를 관할 세무서장에게 지체 없이 송부하고, 그 뜻을 해당 청구인에게 통지하여야 하며, 이 경우에도 심사청구의 효력은 발생한다.

03 **다음은 국세기본법에 의한 불복에 관한 사례이다. 가장 잘못된 것은? (단, '각하' 결정이 내려지는 경우에도 잘못된 것으로 본다.)**

① 이의신청을 제기한 날로부터 55일이 경과하였으나 이의신청결과를 통지받지 못하여 심사청구를 제기하였다.
② 제2차 납세의무자가 납부통지서를 받은 후에 심사청구를 제기하였다.
③ 당해 처분의 통지를 받은 날로부터 70일이 되는 날에 이의신청을 거치지 않고 심사청구를 제기하였다.
④ 심판청구인이 세무사를 대리인으로 선임하여 심판청구에 관한 행위를 대리하도록 하였으나, 그 청구의 취하는 특별한 위임을 받은 경우에 한하였다.
⑤ 사업이 중대한 위기에 처한 납세자가 처분의 통지를 받은 날로부터 90일 이내에 심사청구를 제기할 수 없어서, 그 사유가 소멸한 날로부터 10일이 되는 날에 심사청구를 제기하였다.

해답 ⑤
해설 납세자의 사업이 중대한 위기에 처한 경우에는 납부에 관한 기한만이 연장되는 사유이므로, 90일 이후에 심사청구를 제기하는 것은 형식적으로 부적법한 사유에 해당하므로 '각하' 결정이 내려진다.

04 국세기본법상 국세심사에 관한 설명이다. 옳지 않은 것은? 2021년 회계사

① 국세청장은 심사청구에 대한 결정을 할 때 심사청구를 한 처분 외의 처분에 대하여도 그 처분의 전부 또는 일부를 취소 또는 변경하는 결정을 할 수 있다.

② 심사청구인이 법정요건을 모두 갖추어 국선대리인을 선정하여 줄 것을 재결청에 신청하면 재결청은 지체 없이 국선대리인을 선정하고 그 결과를 신청을 받은 날부터 5일 이내에 심사청구인과 국선대리인에게 각각 통지하여야 한다.

③ 국세청장은 국세심사위원회의 의결이 법령에 명백히 위반된다고 판단하는 경우 구체적인 사유를 적어 서면으로 국세심사위원회로 하여금 한 차례에 한정하여 다시 심의할 것을 요청할 수 있다.

④ 심판청구를 제기한 후 같은 날 심사청구를 제기한 경우 그 심사청구를 각하하는 결정을 한다.

⑤ 심사청구는 해당 처분이 있음을 안 날(처분의 통지를 받은 때에는 그 받은 날)부터 90일 이내에 제기하여야 하고, 심사청구에 대한 결정은 심사청구를 받은 날부터 90일 이내에 하여야 한다.

해답 ①

해설 국세청장은결정을 할 때 심사청구를 한 처분 외의 처분에 대해서는 그 처분의 전부 또는 일부를 취소 또는 변경하거나 새로운 처분의 결정을 하지 못한다.(불고불리의 원칙)

제3절 심판청구

01 **「국세기본법」상 조세불복제도에 관한 설명으로 옳지 않은 것은?** 2013년 회계사

① 이의신청은 임의적 절차이므로 이의신청을 제기하지 않고 심사청구를 제기할 수 있다.
② 조세심판관은 심판청구에 관한 조사 및 심리의 결과와 과세의 형평을 고려하여 자유심증으로 사실을 판단한다.
③ 이의신청, 심사청구 또는 심판청구는 세법에 특별한 규정이 있는 것을 제외하고는 해당 처분의 집행에 효력을 미치지 아니한다. 다만, 해당 재결청이 필요하다고 인정할 때에는 그 처분의 집행을 중지하게 하거나 중지할 수 있다.
④ 동일한 처분에 대하여 심사청구를 한 후 인용되지 않을 경우 심판청구를 제기할 수 있다.
⑤ 조세심판관회의 또는 조세심판관합동회의는 심판청구에 따른 결정을 할 때 심판청구를 한 처분 외의 처분에 대하여는 그 처분의 전부 또는 일부를 취소 또는 변경하거나 새로운 처분의 결정을 하지 못한다.

해답 ④
해설 심사청구와 심판청구는 동일 심급 이므로, 동일한 처분에 대하여 심사청구를 한 후 심판청구를 제기할 수 없다.

02 **「국세기본법」상 심사와 심판에 관한 설명으로 옳지 않은 것은?** 2017년 세무사

① 「감사원법」에 따라 심사청구를 한 처분이나 그 심사청구에 대한 처분에 대하여는 「국세기본법」상 불복청구를 할 수 없다.
② 심사청구의 대상이 된 처분에 대한 재조사 결정에 따라 처분청의 처분이 있는 경우 해당 재조사 결정을 한 재결청에 대하여 심사청구 또는 심판청구를 제기할 수 없다.
③ 재결청은 이의신청인, 심사청구인 또는 심판청구인이 심각한 재해를 입은 경우 이를 정부가 조사하기 위하여 상당한 시일이 필요하다고 인정되는 경우에만 해 당 처분의 집행을 중지할 수 있다.
④ 조세심판관이 심판청구일 전 최근 5년 이내에 불복의 대상이 되는 처분, 처분에 대한 이의신청 또는 그 기초가 되는 세무조사에 관여하였던 경우에는 심판관여로부터 제척된다.
⑤ 심판청구사건에 대한 결정이 국세행정에 중대한 영향을 미칠 것으로 예상되어 국세청장의 요청이 있고 조세심판원장이 필요하다고 인정하는 경우에는 조세심 판관합동회의가 심리를 거쳐 결정하여야 한다.

해답 ②
해설 위법한 처분에 대한 행정소송은 국세기본법에 따른 심사청구 또는 심판청구와 그에 대한 결정을 거치지 아니하면 소송을 제기할 수 없는데 이를 행정심판전치주의라고 한다. 다만, 심사청구 또는 심판청구에 대한 재조사 결정에 따른 처분청의 처분에 대한 행정소송은 제외한다.

03 **과세관청은 20×6.3.2. (주)A에 대하여 매출누락을 이유로 제5기 사업연도(20×4.1.1.~12.31.)의 법인세 금 20억원의 부과처분을 하였다. 그에 대하여 (주)A는 행정심판을 제기하지 아니하였다. 한편, 과세관청은 같은 과세기간에 대하여, 20×7.4.4. 업무무관가지급금 인정이자 익금산입을 이유로 금 10억원의 증액 경정처분을 하였다가, 당해 인정이자계산상의 오류를 발견함에 따라 20×7.5.6. 금 3억원의 감액경정처분을 하였다. (주)A는 20×7.6.4. 조세심판원에 심판청구를 제기하여 20×6.3.2.자 과세처분 사유인 매출누락 사실이 없음을 주장하였다. 그와 관련한 조세심판원의 결정에 대한 설명으로 옳은 것은? (다툼이 있으면 판례에 따름)**

2021년 세무사

① 20×6.3.2.자 과세처분은 심판청구기간이 도과하여 불가쟁력이 발생하였으므로 심판청구 각하결정
② (주)A의 주장이 맞다고 하더라도 금 20억원의 세액은 "당초 확정된 세액"에 해당하므로 심판의 이익이 없어 심판청구 각하결정
③ 과세처분 취소결정이 필요한 경우 취소 대상으로 특정하여야 할 처분은 20×6.3.2.자 과세처분이다.
④ (주)A의 주장이 맞다면 27억원의 부과처분 중 20억원을 넘는 부분의 부과처분 취소결정
⑤ (주)A의 주장이 맞다면 27억원의 부과처분 중 7억원을 넘는 부분의 부과처분 취소결정

해답 ④

해설 ① 20×6.3.2.의 당초처분은 흡수설에 따라 20×7.4.4. 증액경정처분에 흡수되었으므로 불가쟁력이 발생하지 않는다.
② 증액경정이 있는 경우 불복청구의 이유로서는 당초 확정행위의 하자를 포함한 모든 과세요건 사실의 하자를 그 대상으로 한다.(조심2007서2783, 2008.12.11.)
③ 당초처분은 증액경정처분에 흡수되었고 감액경정처분은 증액경정처분에 역흡수 되었으므로, 취소 대상으로 특정하여야 할 처분은 20×7.4.4.자 처분이다.
④, ⑤ 처분청이 직권으로 감액하지 아니하였더라면 심판원의 결정에 따라 감액할 세액의 한도는 당초 처분청이 증액경정한 10억원이 한도가 되는 점을 감안하여 볼 때, 쟁점미수금에 대해 경정할 세액의 범위는 처분청이 당초 증액경정한 이 건 세액 10억원에서 직권으로 감액경정한 세액 3억원을 차감한 나머지 7억원 한도내에서 경정하는 것으로 한다.(조심2007서2783, 2008.12.11.) 즉, 27억원의 부과처분 중 20억원을 넘는 7억원에 대해서 부과처분 취소 결정을 한다.

제4절 기 타

01 최근 세무서류의 접수후 분실 사례가 논란이 되고 있다. 국세기본법상의 서류접수증 교부에 관한 다음 기술 중 잘못된 것은?

① 납세자로부터 과세표준신고서, 과세표준수정신고서 및 관련서류를 제출받는 경우 세무공무원이 접수증을 교부함을 원칙으로 한다.
② 서류접수증의 교부대상 세무서류에는 경정청구서, 각종 불복청구서 및 세법상 제출기한이 정해진 서류가 포함된다.
③ 세무서류를 세무공무원을 경유하지 아니하고 지정된 신고함에 납세자가 직접 투입하는 경우에도 접수증을 교부하여야 한다.
④ 납세자가 모사전송(팩스)으로 세무서류를 제출하는 경우 접수증을 교부하지 아니할 수 있다.
⑤ 납세자가 우편으로 세무서류를 제출하는 경우 접수증을 교부하지 아니할 수 있다.

해답 ③

해설 다음의 사유에 대해서는 접수증을 발급하지 아니할 수 있다.
i 납세자가 과세표준신고서 등의 서류를 우편이나 팩스로 제출하는 경우
ii 납세자가 과세표준신고서 등의 서류를 세무공무원을 거치지 아니하고 지정된 신고함에 직접 투입하는 경우

Part

06

국세징수법

CHAPTER

01 총칙

제1절 납세증명서 및 관허사업의 제한 등 납세자 징수관리규정

01 **다음 거주자 甲의 자료에 따른 세법상 설명으로 옳지 않은 것은?** 2013년 세무사

- 국세 1억원을 법령에서 정하는 정당한 사유 없이 체납하고 있음
- 20×2.4.1. 현재 체납발생일부터 1년이 경과함
- 체납국세와 관련하여 불복청구 중이거나 행정소송이 계류 중인 상태가 아님
- 납부기한연장이나 압류·매각의 유예를 받은 사실이 없음

① 국세청장은 비밀유지규정에 불구하고 甲의 인적사항·체납액·국세추징명세 등을 공개할 수 있다.

② 법원은 검사의 청구에 따라 甲에 대한 결정으로 30일의 범위에서 체납된 국세가 납부될 때까지 그 甲을 감치(監置)에 처할 수 없다.

③ 관할 세무서장은 납세자가 허가·인가·면허 및 등록 등을 받은 사업과 관련된 소득세, 법인세 및 부가가치세를 체납한 경우 해당 사업의 주무관청에 그 납세자에 대하여 허가등을 하지 아니할 것을 요구할 수 있다.

④ 세무서장은 국세징수를 위하여 필요한 경우로서 신용정보업자·신용정보집중기관 등 일정한 자가 甲의 체납 자료를 요구하는 경우에는 이를 제공할 수 있다.

⑤ 국세청장은 甲에 대하여 미화 5만달러 이상의 국외자산이 발견된 경우로서 관할세무서장이 압류·공매, 담보제공, 보증인의 납세보증서 등으로 조세채권을 확보할 수 없고, 강제징수를 회피할 우려가 있다고 인정되면 법무부장관에게 출국금지를 요청하여야 한다.

해답 ①

해설 국세청장은 「국세기본법」비밀유지규정에도 불구하고 체납 발생일부터 1년이 지난 국세의 합계액이 2억원 이상인 경우 체납자의 인적사항 및 체납액 등을 공개할 수 있다. 다만, 체납된 국세와 관련하여 심판청구등이 계속 중이거나 그 밖에 대통령령으로 정하는 경우에는 공개할 수 없다.

02 납세자(미과세된 자를 포함)가 납세증명서를 제출하여야 하는 경우를 모두 고른 것은?

2014년 세무사

ㄱ. 국세 강제징수에 따른 채권 압류로 세무서장이 그 대금을 지급받는 경우
ㄴ. 국세를 납부할 의무가 있는 외국인이 출국할 경우
ㄷ. 내국인이 외국으로 이주할 목적으로 외교부 장관에게 해외 이주신고를 하는 경우
ㄹ. 지방자치단체가 대금을 지급받아 그 대금이 지방자치단체금고에 귀속되는 경우

① ㄱ, ㄴ ② ㄱ, ㄷ ③ ㄴ, ㄷ
④ ㄴ, ㄹ ⑤ ㄷ, ㄹ

해답 ③

해설 납세자(미과세된 자를 포함)는 다음의 어느 하나에 해당하는 경우에는 납세증명서를 제출하여야 한다.
1. 국가, 지방자치단체 또는 정부 관리기관으로부터 대금을 지급받을 경우
2. 「출입국관리법」에 따른 외국인등록 또는 「재외동포의 출입국과 법적 지위에 관한 법률」에 따른 국내거소신고를 한 외국인이 체류기간 연장허가 등 대통령령으로 정하는 체류 관련 허가 등을 법무부장관에게 신청하는 경우
3. 내국인이 해외이주 목적으로 「해외이주법」에 따라 외교부장관에게 해외이주신고를 하는 경우

03 다음은 국세징수법상 납세증명서의 제출을 요구하고 있는 경우에 관하여 설명한 것이다. 틀린 것은?

① 감사원법의 규정에 의하여 검사대상이 되는 정부관리기관으로부터 대금의 지급을 받을 때
② 국가가 발주하는 건설공사를 수주하고 건설공사계약을 체결하는 때
③ 국내거소신고를 한 외국인이 체류기간 연장허가를 법무부 장관에게 신청하는 경우
④ 외국인등록을 법무부장관에게 신청하는 경우
⑤ 내국인이 해외이주 목적으로 외교부장관에게 해외이주신고를 하는 경우

해답 ②

해설 국가, 지방자치단체 또는 대통령령으로 정하는 정부 관리기관으로부터 대금을 지급받을 경우 납세증명서를 제출하여야 한다.

04 **세무서장은 납세자가 '법령이 정하는 사유' 없이 국세를 체납한 때에는 허가 등을 요하는 사업의 주무관서에 해당 납세자에 대하여 그 허가 등을 하지 않을 것을 요구할 수 있다. '법령이 정하는 사유'가 아닌 것은?**

2010년 세무사 수정

① 공시송달의 방법에 의하여 납세가 고지된 때
② 총 재산의 추산가액이 강제징수비를 징수하면 남을 여지가 없어 강제징수를 종료할 필요가 있는 경우
③ 경매가 개시된 때
④ 납세관리인을 정하지 아니한 때
⑤ 납세자가 재난 또는 도난으로 재산에 심한 손실을 입은 경우

해답 ④

해설 해당 '법령이 정하는 사유'는 다음과 같다.

1. 공시송달의 방법으로 납세가 고지된 경우
2. 「민사집행법」에 따른 강제집행 및 담보권 실행 등을 위한 경매가 시작되거나 「채무자 회생 및 파산에 관한 법률」에 따른 파산선고를 받은 경우 또는 「어음법」 및 「수표법」에 따른 어음교환소에서 거래정지처분을 받은 경우
3. 재난 등으로 인한 납부기한등의 연장 사유가 발생한 때
   ⅰ 납세자가 재난 또는 도난으로 재산에 심한 손실을 입은 경우
   ⅱ 납세자가 경영하는 사업에 현저한 손실이 발생하거나 부도 또는 도산의 우려가 있는 경우
   ⅲ 납세자 또는 그 동거가족이 질병이나 중상해로 6개월 이상의 치료가 필요한 경우 또는 사망하여 상중(喪中)인 경우
4. 총 재산의 추산(推算)가액이 강제징수비(압류에 관계되는 국세에 우선하는 「국세기본법」에 따른 채권 금액이 있는 경우 이를 포함)를 징수하면 남을 여지가 없어 강제징수를 종료할 필요가 있는 경우
5. 제1호부터 제4호까지의 규정에 준하는 사유가 있는 경우
6. 「국세기본법」에 따라 물적납세의무를 부담하는 양도담보권자가 그 물적납세의무와 관련한 국세 또는 강제징수비를 체납한 경우
7. 「부가가치세법」에 따라 신탁관련 물적납세의무를 부담하는 수탁자가 그 물적납세의무와 관련한 부가가치세 또는 강제징수비를 체납한 경우
8. 「종합부동산세법」에 따라 신탁관련 물적납세의무를 부담하는 수탁자가 그 물적납세의무와 관련한 종합부동산세 또는 강제징수비를 체납한 경우

05 **국세징수법 및 국세기본법상의 국세채권의 확보와 징수를 위한 조치에 관한 설명으로 옳은 것은?**

2004년 세무사

① 세무서장이 국세의 확정 전에 압류를 한 후 그 압류일로부터 3개월 이내에 압류에 의하여 징수하고자 하는 국세를 확정하지 않은 때에는 그 압류의 효력은 자동적으로 소멸된다.

② 납세증명서의 원칙적인 유효기간은 그 증명서를 발급한 날로부터 3개월간이다.

③ 세무서장은 체납액이 2천만원 미만인 납세자에 대하여는 신용정보업자에게 결손처분자료를 제공하여서는 안 된다.

④ 세무서장은 관허사업을 영위하고자 하는 자가 정당한 사유 없이 국세를 체납하고 있는 경우에는 체납횟수에 관계없이 관허사업의 주무관서에게 당해 납세자에 대하여 허가 등을 하지 아니할 것을 요구할 수 있다.

⑤ 국세청장은 체납발생일부터 1년이 경과한 국세로서 그 금액이 10억원 이상인 체납자에 대하여 그 명단을 공개할 수 있다.

해답 ④

해설 ① 세무서장이 국세의 확정 전에 압류를 한 후 그 압류일로부터 3개월 이내에 압류에 의하여 징수하고자 하는 국세를 확정하지 않은 때에는 그 압류를 즉시 해제하여야 한다.

② 납세증명서의 원칙적인 유효기간은 그 증명서를 발급한 날로부터 30일 간이다.

③ 세무서장은 체납액이 500만원 이상인 일정한 납세자에 대하여는 신용정보업자에게 체납자료를 제공할 수 있다.

⑤ 국세청장은 체납발생일부터 1년이 경과한 국세로서 그 금액이 2억원 이상인 체납자에 대하여 그 명단을 공개할 수 있다.

06 **국세징수법상 국세의 납부를 간접적으로 확보하는 수단에 관한 설명으로 옳지 않은 것은?**

2009년 세무사

① 납세담보를 제공하는 경우에는 담보할 국세의 100분의 120(금전, 납세보증보험증권 또는 「은행법」에 따른 은행의 납세보증서로 제공하는 경우에는 100분의 110) 이상의 가액에 상당하는 담보를 제공하여야 한다.

② 세무서장은 납세자가 법령에 정한 사유 없이 사업과 관련된 소득세, 법인세, 부가가치세를 체납한 때에는 허가 등을 요하는 사업의 주무관서에 해당 납세자에 대하여 그 허가 등을 하지 아니할 것을 요구할 수 있다.

③ 국세를 납부할 의무가 있는 외국인이 출국할 때에는 납세증명서를 제출하여야 한다.

④ 세무서장은 공익목적을 위하여 필요한 경우로서 법률에 정한 신용정보업자 등이 체납발생일로부터 1년이 지나고 체납액 500만원 이상인 자의 인적 사항 등에 관한 자료를 요구한 경우에 체납된 국세와 관련하여 쟁송중인 경우 기타 법령에 정한 경우를 제외하고는 이를 제공할 수 있다.

⑤ 관할세무서장은 납세자가 사업에서 심각한 손해를 입거나 그 사업이 중대한 위기에 처한 경우로서 관할 세무서장이 그 연장된 납부기한등까지 해당 국세를 납부할 수 있다고 인정하는 경우에도 납세담보의 제공을 요구할 수 있다.

해답 ⑤

해설 관할세무서장은 납세자가 사업에서 심각한 손해를 입거나 그 사업이 중대한 위기에 처한 경우로서 관할 세무서장이 그 연장된 납부기한등까지 해당 국세를 납부할 수 있다고 인정하는 경우 납세담보의 제공을 요구할 수 없다.

07 **「국세징수법」상 납세증명서 등 제도에 관한 설명으로 옳지 않은 것은?** 2021년 세무사

① 담보대출을 하고자 하는 은행이 납세의무자로부터 대출일 현재의 납세증명서를 전달 받더라도 은행에 우선하는 국세채권의 존재를 확인할 수없는 경우가 있다.
② 체납된 국세와 관련하여 심판청구가 계속 중인 경우에는 체납자의 인적사항 및 체납액 등을 공개할 수 없다.
③ 미납국세의 열람 대상에는 아직 체납상태에 이르지 아니한 국세채권도 일부 포함되어 있다.
④ 국세청장은 체납자 재산의 압류 및 담보 제공 등으로 출국금지 사유가 없어진 경우 즉시 법무부 장관에게 출국금지의 해제를 요청하여야 한다.
⑤ 「주택임대차보호법」에 따른 주거용 건물을 임차하여 사용하려는 자는 건물 소유자의 동의 없이 국세 체납액의 열람을 세무서장에게 신청할 수 있다.

해답 ⑤

해설 주거용 건물을 임차하여 사용하려는 자는 임대차계약을 하기 전 또는 임대차계약을 체결하고 임대차 기간이 시작하는 날까지 임대인의 동의를 받아 국세 체납액의 열람을 세무서장에게 신청할 수 있다. 다만, 임대차계약을 체결한 임차인으로서 보증금이 1천만원을 초과하는 자는 임대차 기간이 시작하는 날까지 임대인의 동의가 없어도 미납국세열람을 신청할 수 있다.

CHAPTER

02 징 수

제1절 임의적 징수절차

01 **재난 등으로 인한 납부기한등의 연장에 따라 납부기한이 연장된 국세 또는 체납액을 한꺼번에 징수할 수 있는 사유가 아닌 것은?** 2014년 세무사 수정

① 국세를 분할납부하여야 하는 각 기한까지 분할납부하여야 할 금액을 납부하지 아니한 경우
② 국세의 체납으로 강제징수를 받을 때
③ 담보의 변경이나 그 밖에 담보 보전에 필요한 세무서장의 명령에 따르지 아니하였을 때
④ 재산상황이나 그 밖의 사정의 변화로 유예할 필요가 없다고 인정될 때
⑤ 국세를 포탈하려는 행위가 있다고 인정되어 그 유예한 기한까지 유예에 관계되는 국세 또는 체납액의 전액을 징수할 수 없다고 인정될 때

해답 ②

해설 관할 세무서장은 재난 등으로 인한 납부기한등의 연장에에 따른 납부기한등의 연장 또는 납부고지의 유예를 한 후 해당 납세자가 다음 중 어느 하나의 사유에 해당하게 된 경우 그 납부기한등의 연장 또는 납부고지의 유예를 취소하고 연장 또는 유예와 관계되는 국세를 한꺼번에 징수할 수 있다.

1. 국세를 분할납부하여야 하는 각 기한까지 분할납부하여야 할 금액을 납부하지 아니한 경우
2. 관할 세무서장의 납세담보물의 추가 제공 또는 보증인의 변경 요구에 따르지 아니한 경우
3. 재산 상황의 변동 등의 사유로 납부기한등의 연장 또는 납부고지의 유예를 할 필요가 없다고 인정되는 경우
4. 납기전 징수사유(국세의 체납으로 강제징수를 받은 때 제외)에 해당되어 그 유예한 기한까지 유예에 관계되는 국세 또는 체납액의 전액을 징수할 수 없다고 인정될 때

02 납기 전 징수에 관한 설명으로 옳지 않은 것은?

2016년 세무사

① 세무서장은 납세자가 국세의 체납으로 강제징수를 받을 때에는 납기 전이라도 이미 납세의무가 확정된 국세를 징수할 수 있다.
② 세무서장(법령이 정하는 체납자의 경우에는 지방국세청장을 포함)은 납기 전 징수사유에 해당함에 따라 납세자가 납기 전에 납부 고지를 받고 지정된 기한까지 완납하지 아니한 경우에는 납세자의 재산을 압류한다.
③ 납기 전에 징수를 할 수 있는 국세에는 납세고지를 한 국세는 포함되나, 원천 징수한 국세는 포함되지 않는다.
④ 납세자에게 경매가 시작된 때에도 납기전징수 사유에 해당한다.
⑤ 세무서장이 납기 전에 국세를 징수하는 경우 이미 납세고지를 하였을 때에는 납부기한의 변경을 고지하여야 한다.

해답 ③
해설 납기 전 징수 대상국세에는 원천징수한 국세를 포함한다.

03 다음 중 국세의 납기전 징수사유가 아닌 것은?

2000년 세무사

① 국세의 체납으로 강제징수를 받을 때
② 지방세 또는 공과금의 체납으로 강제징수를 받을 때
③ 강제집행을 받을 때
④ 어음법 및 수표법에 의한 어음교환소에서 거래정지처분을 받은 때
⑤ 납세자가 재해로 인해 재산에 심한 손실을 받을 때

해답 ⑤
해설 관할 세무서장은 납세자에게 다음의 어느 하나에 해당하는 사유가 있는 경우 납부기한 전이라도 이미 납세의무가 확정된 국세를 징수할 수 있다.
1. 국세, 지방세 또는 공과금의 체납으로 강제징수 또는 강제징수가 시작된 경우
2. 「민사집행법」에 따른 강제집행 및 담보권 실행 등을 위한 경매가 시작되거나 「채무자 회생 및 파산에 관한 법률」에 따른 파산선고를 받은 경우
3. 「어음법」 및 「수표법」에 따른 어음교환소에서 거래정지처분을 받은 경우
4. 법인이 해산한 경우
5. 국세를 포탈(逋脫)하려는 행위가 있다고 인정되는 경우
6. 납세관리인을 정하지 아니하고 국내에 주소 또는 거소를 두지 아니하게 된 경우

04 재난 등으로 인한 납부기한등의 연장등에 관한 설명으로 옳지 않은 것은? 2017년 세무사 수정

① 세무서장은 납기가 시작되기 전에 납세자의 질병으로 장기치료가 필요하여 국세를 납부할 수 없다고 인정할 때에는 국세의 납세고지를 유예할 수 있다.
② 납부기한 연장기간에는 국세징수권의 소멸시효가 진행되지 아니한다.
③ 세무서장은 납세자가 독촉을 받은 후 사업이 중대한 위기에 처하여 체납액을 납부기한까지 납부할 수 없다고 인정할 때에는 법령에 따라 납부기한을 다시 정하여 납부기한을 연장할 수 있다.
④ 세무서장은 납부기한 연장 기간중 체납액에 대하여 교부청구를 할 수 있다.
⑤ 납부기한을 연장 받은 납세자의 재산상황 변화로 유예할 필요가 없다고 인정되어 세무서장이 납부기한의 연장을 취소한 경우 그 국세에 대하여 다시 납부기한을 연장 할 수 있다.

해답 ⑤
해설 관할 세무서장은 지정납부기한 또는 독촉장에서 정한 기한(이하 "지정납부기한등"이라 한다)의 연장을 취소한 경우 그 국세에 대하여 다시 지정납부기한등의 연장을 할 수 없다.

05 재난 등으로 인한 납부기한등의 연장등에 관한 설명으로 옳지 않은 것은? 2010년 세무사 수정

① 납세자는 납부기한등의 연장을 신청하려는 경우 기한(납부기한등 또는 납부고지 예정인 국세를 납부해야 할 기한을 말한다) 만료일 3일 전까지 다음의 사항을 적은 신청서를 관할 세무서장에게 제출해야 한다
② 납부기한등의 연장 대상이 되는 국세는 각 세법의 규정에 의한 자진납부분 이외의 것을 말하며, 「상속세 및 증여세법」의 규정에 의한 연부연납분은 제외된다.
③ 재난 등으로 인한 납부기한등의 연장은 납세자가 법령이 정하는 바에 의하여 세무서장에게 신청하여 승인을 얻을 수도 있고 세무서장이 법령이 정하는 바에 의하여 직권으로 실시할 수도 있다.
④ 납세자가 담보의 변경 기타 담보보전에 필요한 세무서장의 명령에 응하지 아니한 때에는 그 납부기한등의 연장을 취소하고 관계되는 국세 또는 체납액을 일시에 징수할 수 있다.
⑤ 관할 세무서장은 납부기한 등의 연장사유에 해당하는 사유가 전국적으로 일시에 발생하는 경우에는 관보, 일간신문 또는 정보통신망을 통하여 공고하는 방법으로 통지를 갈음할 수 있다.

해답 ②
해설 납부기한 연장의 대상이 되는 국세에는 「상속세 및 증여세법」 제71조의 규정에 의한 연부연납분도 포함된다.

06 **「국세징수법」상 징수절차에 관한 설명으로 옳지 않은 것은?** 2018년 세무사

① 세무서장은 세법에서 국세의 납부기한을 정하는 경우 외에는 국세의 납부기한을 납부의 고지를 하는 날부터 30일 내로 지정할 수 있다.
② 세무서장은 납세자가 지방세의 체납으로 강제징수를 받을 때에는 납기 전이라도 이미 납세의무가 확정된 국세를 징수할 수 있다.
③ 세무서장은 납부고지서를 징수결정 즉시 발급하여야 한다.
④ 세무서장은 납세자가 국세를 포탈하려는 행위가 있다고 인정될 때에는 납기 전이라도 이미 납세의무가 확정된 국세를 징수할 수 있다.
⑤ 「국세기본법」에 따라 물적납세의무가 있는 양도담보권자에게 납부고지가 있은 후 해당 재산의 양도에 의하여 담보된 채권이 변제에 의하여 소멸한 경우에도 그 재산은 양도담보재산으로서 존속하는 것으로 본다.

해답 ⑤

해설 납부고지가 있은 후 해당 재산의 양도에 의하여 담보된 채권이 채무불이행 등 변제 외의 이유로 소멸된 경우(양도담보재산의 환매, 재매매의 예약, 그 밖에 이와 유사한 계약을 체결한 경우에 기한의 경과 등 그 계약의 이행 외의 이유로 계약의 효력이 상실되었을 때를 포함한다)에도 양도담보재산으로서 존속하는 것으로 본다.

07 **국세징수법상 납기 전 징수에 관한 설명으로 옳지 않은 것은?** 2009년 세무사

① 납기 전 징수는 납세의무가 확정된 조세를 대상으로 한다는 점에서 확정 전 보전압류와는 다르다.
② 납세의 고지를 한 국세, 과세표준결정의 통지를 한 국세, 원천징수한 국세, 납세조합이 징수한 국세, 중간예납하는 법인세가 납기 전 징수대상에 해당한다.
③ 납기 전 징수 대상자에는 연대납세의무자, 납세보증인, 원천징수의무자가 포함되지 아니한다.
④ 납세자가 납세관리인을 정하지 아니하고 국내에 주소 또는 거소를 두지 아니하게 된 때에는 납기 전 징수 사유에 해당한다.
⑤ 납기 전 징수는 독촉절차 없이 강제징수를 집행할 수 있다.

해답 ③

해설 납기 전 징수 대상자에는 연대납세의무자, 납세보증인, 원천징수의무자도 포함된다.

08 「국세징수법」상 납부고지 등 징수에 관한 설명으로 옳은 것은? (다툼이 있으면 판례에 따름)

2021년 세무사

① 체납액의 징수는 강제징수비, 가산세를 제외한 국세의 순으로 한다.
② 독촉장을 발급하는 경우 독촉을 하는 날부터 30일 이내의 범위에서 기한을 정하여발급한다.
③ 제2차 납세의무자로부터 국세를 징수하고자 하는 경우 납부통지서를 발급하여야 한다.
④ 하나의 납부고지서로 여러 종류의 가산세를 함께 부과하는 경우에는 그 가산세 종류 별로 세액과 산출근거등을 구분하여 기재하여야 한다.
⑤ 국세를 포탈하려는 행위가 있다고 인정된다는 사유만으로는 납부기한 전 징수를 할 수 없다.

해답 ④
해설 납기 전 징수 대상자에는 연대납세의무자, 납세보증인, 원천징수의무자도 포함된다.

09 다음은 국세징수법상 제2차납세의무자와 양도담보권자에 대한 징수 규정을 설명하고 있다. 옳지 않은 것은?

2002년 세무사

① 제2차 납세의무자의 국세에 관하여 징수를 유예한 기간 중에 있어서는 그 국세의 주된 납세자에 대하여 납부통지서 또는 납부최고서를 발부하거나 강제징수를 하지 못한다.
② 주식회사인 주된 납세자가 채무자회생 및 파산에 관한 법률에 의하여 국세의 납세의무에 대하여 면책된 경우에 있어서도 제2차 납세의무에 관한 국세의 납세의무에는 영향을 미치지 아니한다.
③ 제2차 납세의무자로부터 징수할 금액을 징수하기 위하여 필요한 강제징수비는 그 징수할 금액 외로 징수할 수 있다.
④ 양도담보재산이 양도담보권자로부터 다시 제3자에게로 양도된 경우에는 양도담보권자에게 납부의 고지 후에 양도된 경우일지라도 압류되기 전에 양도된 때에는 당해 양도담보권자의 물적납세의무는 소멸된다.
⑤ 제2차 납세의무의 시효중단의 효력은 주된 납세자의 납세의무에는 미치지 아니하나, 주된 납세자의 납세의무 시효중단의 효력은 제2차 납세의무에 미친다.

해답 ①
해설 주된 납세자의 국세에 관하여 징수를 유예한 기간중에 있어서는 그 국세의 제2차 납세의무자에 대하여 납부통지서 또는 납부최고서를 발부하거나 강제징수를 하지 아니한다. 그러나 제2차납세의무자에 대하여 한 납부기한의 연장은 주된 납세자에 대하여 효력을 미치지 아니한다.

제2절 강제적 징수절차(강제징수)

01 국세의 보전압류에 관한 설명으로 옳은 것은? 2014년 세무사

① 세무서장은 납세자에게 납기 전 징수 사유가 있어 국세가 확정된 후에는 그 국세를 징수할 수 없다고 인정할 때에는 납세자가 신청한 금액의 한도에서 납세자의 재산을 압류할 수 있다.

② 납세자에게 납기 전 징수 사유가 있어 국세가 확정된 후에는 그 국세를 징수할 수 없다고 인정하여 납세자의 재산을 압류하였지만, 압류한 날부터 3개월이 지날 때까지 압류에 의하여 징수하려는 국세를 확정하지 아니한 경우 세무서장은 해당 재산의 압류를 즉시 해제하여야 한다.

③ 세무서장은 납기 전 징수사유가 있음을 이유로 납세자의 재산을 압류하고자 하는 경우 미리 지방국세청장의 승인을 받아야 하고, 해당 납세자에게는 압류할 것을 미리 문서로 통지하여야 한다.

④ 납세자가 납세담보를 제공하고 압류 해제를 요구한 경우 즉시 압류를 해제하여야 한다.

⑤ 납기 전 징수 사유가 있음을 이유로 압류한 재산이 금전인 경우 세무서장은 직권으로 확정된 국세에 이를 충당할 수 있다.

해답 ②

해설 ① 세무서장은 납세자에게 납기전 징수에 해당하는 사유가 있어 국세가 확정된 후에는 그 국세를 징수할 수 없다고 인정할 때에는 국세로 확정되리라고 추정되는 금액의 한도에서 납세자의 재산을 압류할 수 있다.

③ 세무서장은 납기전 징수사유가 있음을 이유로 납세자의 재산을 압류하고자 하는 경우 미리 지방국세청장의 승인을 받아야 한다. 이에 따라 재산을 압류하였을 때에는 해당 납세자에게 문서로 통지하여야 한다.

④ 납부기한 전 징수 사유가 있어 재산을 압류한 경우 다음의 어느 하나에 해당하면 즉시 압류를 해제하여야 한다.

1. 납세자가 납세담보를 제공하고 압류 해제를 요구한 경우
2. 압류를 한 날부터 3개월이 지날 때까지 압류에 따라 징수하려는 국세를 확정하지 아니한 경우

⑤ 세무서장은 압류한 재산이 금전, 납부기한 내 추심(推尋)할 수 있는 예금 또는 유가증권인 경우 납세자의 신청이 있을 때에는 확정된 국세에 이를 충당할 수 있다.

02 강제징수에 관한 설명으로 옳지 않은 것은?

2014년 세무사

① 발명 또는 저작에 관한 것으로서 공표되지 아니한 것은 압류할 수 없다.
② 직업 또는 사업에 필요한 기계·기구와 비품은 그 체납자가 체납액에 충당할 만한 다른 재산을 제공할 때에는 압류할 수 없다.
③ 압류할 재산이 공유물인 경우 그 몫이 정해져 있지 아니하면 그 몫이 균등한 것으로 보아 강제징수를 집행한다.
④ 압류의 효력은 체납자가 압류재산의 사용 또는 수익을 하는 경우에도 그 재산으로부터 생기는 천연과실(그 재산의 매각으로 인하여 권리를 이전할 때까지 수취되지 아니한 천연과실은 제외)에 대하여 미친다.
⑤ 세무공무원은 압류재산이 동산 또는 유가증권에 해당할 때에는 압류조서의 등본을 체납자에게 내주어야 한다.

해답 ④

해설 체납자 또는 제3자가 압류재산의 사용 또는 수익을 하는 경우에는 그 재산으로부터 생기는 천연과실(그 재산의 매각으로 인하여 권리를 이전할 때까지 수취되지 아니한 천연과실은 제외한다)에 대하여는 압류의 효력이 미치지 아니한다.

03 공매재산이 공유자의 지분인 경우에 체납하지 않은 공유자에 관한 설명으로 옳지 않은 것은?

2013년 세무사

① 세무서장은 공매를 하려면 공유자에게 우선매수권이 있다는 사실을 공고하여야 한다.
② 세무서장은 공매공고를 하였을 때에는 즉시 그 내용을 공매공고의 등기 또는 등록 전일 현재의 공유자에게도 통지하여야 한다.
③ 공유자는 매각결정 기일 전까지 공매보증금을 제공하고 매각예정가격 이상인 최고입찰가격과 같은 가격으로 공매재산을 우선매수하겠다는 신고를 할 수 있다.
④ 세무서장은 우선매수하겠다는 신고를 한 공유자가 있음에도 불구하고 매각예정가격 이상인 최고액의 입찰자를 낙찰자로 하여 매각결정하여야 한다.
⑤ 세무서장은 여러 사람의 공유자가 우선매수하겠다는 신고를 하고 공유자에게 매각결정을 하였을 때에는 특별한 협의가 없으면 공유지분의 비율에 따라 공매재산을 매수하게 한다.

해답 ④

해설 세무서장은 우선매수하겠다는 신고를 한 공유자가 있는 경우에는 매각예정가격 이상인 최고액의 입찰자를 낙찰자로 한다는 규정에도 불구하고 그 공유자에게 매각결정 하여야 한다.

04 **「국세징수법」상 국세의 확정전 보전압류에 관한 설명으로 옳지 않은 것은?** 2013년 세무사

① 압류한 재산은 그 압류에 관계되는 국세의 납세 의무가 확정되기 전에는 공매할 수 없다.
② 세무서장은 납기전 징수사유가 있는 경우에 미리 지방국세청장의 승인을 받아 국세로 확정되리라고 추정되는 금액의 한도에서 납세자의 재산을 압류할 수 있다.
③ 세무서장은 압류한 재산이 금전, 납부기한 내 추심할 수 있는 예금 또는 유가증권인 경우 납세자의 신청이 있을 때에는 확정된 국세에 이를 충당할 수 있다.
④ 세무서장은 압류를 한 날부터 3개월이 지날 때까지 압류에 의하여 징수하려는 국세를 확정하지 아니한 경우에는 압류재산의 전부 또는 일부에 대하여 압류를 해제할 수 있다.
⑤ 세무서장은 재산을 압류하였을 때에는 해당 납세자에게 문서로 통지하여야 한다.

해답 ④
해설 세무서장은 납부기한 전 징수사유에 해당하여 압류를 한 경우 압류를 한 날부터 3개월이 지날 때까지 압류에 의하여 징수하려는 국세를 확정하지 아니한 경우에는 재산의 압류를 즉시 해제하여야 한다.

05 **조건부 압류금지 재산인 것은?** 2012년 세무사

① 농업에 필요한 기계·기구
② 발명에 관한 것으로서 공표되지 아니한 것
③ 체납자의 생계유지에 필요한 소액금융재산으로서 개인별 잔액이 250만원 미만인 예금
④ 체납자와 그 동거가족의 생활에 없어서는 안 될 의복·침구·가구와 주방기구
⑤ 인감도장이나 그 밖에 직업에 필요한 인장(印章)

해답 ①
해설 조건부 압류금지재산은 다음과 같다.
1. 농업에 필요한 기계·기구, 가축류의 사료, 종자와 비료
2. 어업에 필요한 어망·어구와 어선
3. 직업 또는 사업에 필요한 기계·기구와 비품

06 압류재산의 매각에 관한 설명으로 옳지 않은 것은?

2012년 세무사

① 세무서장은 압류재산이 「자본시장과 금융투자업에 관한 법률」에 따른 증권시장에 상장된 증권인 때에는 해당 시장에서 직접 매각할 수 있다.

② 납세의무확정 전 그 징수확보를 위하여 법령에 따른 보전처분으로써 납세자의 재산을 압류한 경우, 그 압류에 관계되는 국세의 납세의무가 확정되기 전이라도 공매할 수 있다.

③ 세무서장은 법령이 정하는 일정한 경우에는 한국자산관리공사로 하여금 공매를 대행하게 할 수 있다.

④ 압류한 물건이 부패·변질 또는 감량되기 쉬운 재산으로서 속히 매각하지 아니하면 그 재산가액이 줄어들 우려가 있는 경우를 제외하고는, 「국세기본법」에 따른 이의신청 절차가 진행 중인 국세의 체납을 이유로 압류한 재산에 대해 그 신청에 대한 결정이 확정되기 전에는 공매할 수 없다.

⑤ 세무서장은 압류한 재산의 추산(推算) 가격이 1천만원 미만인 경우에는 수의계약으로 매각할 수 있다.

해답 ②
해설 압류에 관계되는 국세의 납세의무가 확정되기 전에는 공매할 수 없다.

07 사해행위 취소제도에 관한 설명으로 옳지 않은 것은?

2012년 세무사

① 「국세징수법」은 세무공무원이 강제징수를 집행할 때 체납자가 국세의 징수를 면탈(免脫)하려고 재산권을 목적으로 하는 법률행위를 하면 사해행위의 취소를 청구할 수 있도록 규정하고 있다.

② 사해행위의 취소는 법원에 소송을 제기하는 방법에 의하지 않아도 된다.

③ 체납자에게 압류를 면하고자 양도한 재산 이외에 다른 자력이 있어 국세를 완납할 수 있는 경우는 사해행위의 취소를 요구할 수 없다.

④ 「국세기본법」은 납세자가 제3자와 짜고 거짓으로 저당권 설정계약을 하고 그 등기를 함으로써 그 재산의 매각금액으로 국세를 징수하기 곤란하다고 인정할 때에는 세무서장으로 하여금 그 행위를 대상으로 사해행위의 취소를 요구할 수 있도록 규정하고 있다.

⑤ 제2차 납세의무자, 보증인 등으로부터 국세의 전액을 징수할 수 있는 경우에는 납세의무자의 무자력이 인정되지 않으므로 사해행위의 취소를 요구할 수 없다.

해답 ②
해설 사해행위의 취소는 법원에 소송을 제기하는 방법으로만 가능하다.

08 세무서장의 압류해제에 관한 설명으로 옳지 않은 것은? 2011년 세무사

① 압류 후 압류재산의 가격이 변동하여 징수할 체납액을 현저히 초과하는 때에는 즉시 압류를 해제하여야 한다.
② 압류에 관계되는 체납액 전부가 납부되어 압류가 필요 없게 된 때에는 즉시 압류를 해제하여야 한다.
③ 압류재산 매각 5일 전까지 소유자로 확인할 만한 증거서류를 세무서장에게 제출한 제3자의 소유권 주장이 상당한 이유가 있다고 인정하는 때에는 즉시 압류를 해제하여야 한다.
④ 제3자가 체납자를 상대로 소유권에 관한 소송을 제기하여 승소판결을 받고 그 사실을 증명한 때에는 즉시 압류를 해제하여야 한다.
⑤ 공매처분을 하여도 우선채권 및 강제징수비에 충당하고도 잔여가 생길 여지가 없는 것으로 판명된 때에는 즉시 압류를 해제하여야 한다.

해답 ①

해설 압류해제 요건은 다음과 같다. 또한 제3자 소유권 주장이 타당한 경우 즉시 압류를 해제야하여야 한다.

① 관할 세무서장은 다음의 어느 하나에 해당하는 경우 압류를 **즉시 해제하여야 한다.**
1. 압류와 관계되는 체납액의 전부가 납부 또는 충당된 경우
2. 국세 부과의 전부를 취소한 경우
3. 여러 재산을 한꺼번에 공매(公賣)하는 경우로서 일부 재산의 공매대금으로 체납액 전부를 징수한 경우
4. 총 재산의 추산(推算)가액이 강제징수비를 징수하면 남을 여지가 없어 강제징수를 종료할 필요가 있는 경우. 다만, 교부청구 또는 참가압류가 있는 경우로서 교부청구 또는 참가압류와 관계된 체납액을 기준으로 할 경우 남을 여지가 있는 경우는 제외한다.
5. 제41조에 따른 압류금지재산을 압류한 경우
6. 제3자의 재산을 압류한 경우
7. 그 밖에 제1호부터 제4호까지의 규정에 준하는 사유로 압류할 필요가 없게 된 경우

② 관할 세무서장은 다음의 어느 하나에 해당하는 경우 압류재산의 전부 또는 일부에 대하여 **압류를 해제할 수 있다.**
1. 압류 후 재산가격이 변동하여 체납액 전액을 현저히 초과한 경우
2. 압류와 관계되는 체납액의 일부가 납부 또는 충당된 경우
3. 국세 부과의 일부를 취소한 경우
4. 체납자가 압류할 수 있는 다른 재산을 제공하여 그 재산을 압류한 경우

09 압류재산의 매각과 청산에 관한 설명으로 옳은 것은? 2011년 세무사

① 압류한 재산의 추산가격이 2천만원이면 수의계약에 의하여 이를 매각하여야 한다.

② 매수인이 매수대금을 지정된 기한까지 납부하지 아니하여 압류재산의 매각결정을 취소하는 경우 계약보증금은 강제징수비, 압류와 관계되는 국세 순으로 충당하고 잔액은 국가에 귀속한다.

③ 공매를 집행하는 공무원은 체납자 등에게 공매통지를 한 후에는 체납자가 그 국세와 강제징수비를 완납하더라도 공매를 중지할 수 없다.

④ 세무서장이 공매절차를 통해 압류재산의 매수대금을 매수인으로부터 수령한 때에는 그 한도 안에서 그 매수인으로부터 체납액을 징수한 것으로 본다.

⑤ 압류재산에 관계되는 저당권에 의하여 담보된 채권은 압류재산 매각대금의 배분대상이 된다.

해답 ⑤

해설 ① 압류한 재산의 추산가격이 1천만원이면 수의계약에 의하여 이를 매각하여야 한다.
② 잔액은 체납자에 귀속한다.
③ 공매를 집행하는 공무원은 매각결정 기일전에 체납자 또는 제3자가 그 체납액을 완납하면 공매를 중지하여야 한다.
④ 세무서장이 공매절차를 통해 압류재산의 매수대금을 매수인으로부터 수령한 때에는 그 매수대금의 한도 안에서 체납자로부터 체납액을 징수한 것으로 본다.

10 **국세공무원이 행한 압류에 관한 설명으로 옳지 않은 것은?** 2010년 세무사

① 세무서장은 압류할 채권이 국세와 강제징수비를 초과하는 경우에 필요하다고 인정하는 때에는 그 채권 전액을 압류할 수 있다.

② 세무서장은 채권을 압류할 때에는 그 뜻을 제3채무자에게 통지하여야 하며, 그 압류를 한 때에는 그 뜻을 체납자인 채권자에게 통지하여야 한다.

③ 급료·임금·봉급·세비·퇴직연금, 그 밖에 이와 유사한 채권의 압류는 체납액을 한도로 하여 압류 후에 수입할 금액에 미친다

④ 관할 세무서장은 채권자를 대위하는 경우 압류 후 1년 이내에 제3채무자에 대한 이행의 촉구와 채무이행의 소송을 제기하여야 한다

⑤ 부동산의 압류는 그 압류재산의 소유권이 이전되기 전에 「국세기본법」 상의 법정기일이 도래한 국세에 대한 체납액에 대하여는 그 효력이 미치지 아니한다.

해답 ⑤

해설 부동산의 압류는 그 압류재산의 소유권이 이전되기 전에 「국세기본법」 상의 법정기일이 도래한 국세에 대한 체납액에 대해서도 그 효력이 미친다.

11 **납세자 갑의 재산이 다음과 같은 경우 국세징수법상 세무공무원이 압류할 수 있는 재산의 총액은 얼마인가? (단, 최저생계비를 감안하여 법령이 정하는 금액은 월 2,500,000원이다.)**

2009년 세무사 수정

○ 생계유지에 필요한 소액금융재산
- 보장성보험의 보험금 6,000,000원
- 적금잔액 : 1,000,000원

○ 월급여 : 3,000,000원(소득세 및 소득할 지방소득세를 공제한 금액임)

① 600,000원 ② 3,500,000원 ③ 4,000,000원
④ 5,600,000원 ⑤ 6,600,000원

해답 ③

해설 i 보장성보험의 보험금 5,000,000원 : 보장성보험의 환급금 중 250만원 이하의 금액은 압류금지

ii 적금잔액 1,000,000원 : 개인별 잔액이 250만원 미만인 예금(적금, 부금, 예탁금과 우편대체를 포함)은 압류금지

iii 월급여 3,000,000원, 최저생계비 2,500,000만원 압류금지

∴ (6,000,000−2,500,000) + 0 + (3,000,000−2,500,000) = 4,000,000

12 국세징수법상 압류의 요건에 대한 설명으로 가장 옳지 않은 것은? 2008년 세무사

① 세무서장은 납세자가 독촉장을 받고 지정된 기한까지 국세를 완납하지 아니한 때에는 납세자의 재산을 압류한다.

② 세무서장은 납기전징수 규정에 의하여 납세자가 납기 전에 납부의 고지를 받고 지정된 기한까지 완납하지 아니한 때에는 납세자의 재산을 압류한다.

③ 세무서장은 납세자에게 납기전징수에 해당하는 사유가 있어 국세의 확정 후에는 해당 국세를 징수할 수 없다고 인정되는 때에는 국세로 확정되리라고 추정되는 금액의 한도 안에서 납세자의 재산을 압류할 수 있으며, 이 경우 사전에 지방국세청장의 승인을 얻어야 한다.

④ 세무서장은 납세자에게 납기전징수에 해당하는 사유가 있어 국세의 확정 후에는 해당 국세를 징수할 수 없다고 인정되어 납세자의 재산을 압류한 때에는 해당 납세자에게 문서로 통지하여야 한다.

⑤ 관할세무서장은 납기전징수에 해당하는 사유가 있어 국세의 확정 후에는 해당 국세를 징수할 수 없다고 인정되어 압류한 재산이 금전, 납부기한 내 추심할 수 있는 예금 또는 유가증권인 경우 납세자의 신청이 없더라도 확정된 국세에 이를 충당할 수 있다.

해답 ⑤

해설 관할세무서장은 납기전징수에 해당하는 사유가 있어 국세의 확정 후에는 해당 국세를 징수할 수 없다고 인정되어 압류한 재산이 금전, 납부기한 내 추심할 수 있는 예금 또는 유가증권인 경우 납세자의 신청이 있을 때에는 확정된 국세에 이를 충당할 수 있다.

13 국세징수법상 강제징수절차 등에 관한 설명으로 가장 옳지 않은 것은? 2008년 세무사

① 결손처분된 조세라도 소멸시효기간이 지남으로써 납세의무가 종국적으로 소멸한다.

② 세무서장은 결손처분을 한 조세라 하더라도 압류할 수 있는 다른 재산을 발견한 때에는 지체없이 그 처분을 취소하고 강제징수를 하여야 한다.

③ 재판상의 가압류 또는 가처분이 있을 때는 강제징수절차가 중지된다.

④ 공매재산에 대하여 그 매수인이 매수대금의 납부기한까지 대금을 납부하지 아니한 경우 차순위자가 있다 하더라도 재공매에 붙인다.

⑤ 강제징수의 목적물인 총재산의 추산가액이 강제징수비에 충당하고 잔여가 생길 여지가 없는 때에는 강제징수를 중지하여야 한다.

해답 ③

해설 강제징수의 중지란, 강제징수의 목적물인 총재산의 추산가액이 강제징수비에 충당하고 남을 여지가 없을 때에 강제징수절차를 중지하는 제도를 말한다.
재판상의 가압류 또는 가처분은 이러한 강제징수절차의 중지 사유가 아니다.

14 **국세징수법상 과실에 대한 압류의 효력에 관한 설명으로 가장 옳지 않은 것은?** 2008년 세무사

① 천연과실의 수취권이 체납자에게 있는 경우 압류재산의 매각으로 인하여 권리를 이전할 때까지 수취되지 않은 과실에는 압류의 효력이 미치지 아니한다.
② 체납자가 압류재산을 사용 또는 수익하는 경우에는 그 재산으로부터 생기는 천연과실에 대하여는 압류의 효력이 미치지 않는다.
③ 압류의 효력이 미치는 천연과실은 체납자에 귀속되는 것에 한한다.
④ 채권을 압류했을 경우 압류 후의 이자에 대하여도 압류의 효력이 미친다.
⑤ 급료 등 계속수입채권의 압류는 국세와 강제징수비를 한도로 하여 장래에 수입할 금액에 압류의 효력이 미친다.

해답 ①
해설 체납자 또는 제3자가 압류재산의 사용 또는 수익을 하는 경우에는 그 재산으로부터 생기는 천연과실(그 재산의 매각으로 인하여 권리를 이전할 때까지 수취되지 아니한 천연과실은 제외)에 대하여는 미치지 아니한다.

15 **다음은 국세징수법상 강제징수의 절차·효력 등에 대한 설명이다. 가장 틀린 것은?** 2007년 세무사

① 강제징수에 의한 압류의 효력은 체납자 또는 제3자가 압류재산의 사용 또는 수익을 하는 경우 그 재산으로부터 생기는 천연과실에 대하여도 미친다.
② 체납자의 재산에 대하여 강제징수를 집행한 후 체납자가 사망하였거나 체납자인 법인이 합병에 의하여 소멸된 때에도 그 재산에 대하여 한 강제징수는 이를 속행하여야 한다.
③ 세무서장은 유가증권을 압류한 때에는 그 유가증권에 관계되는 금전채권을 추심할 수 있고, 세무서장이 금전채권을 추심한 때에는 그 한도 안에서 체납자의 압류에 관계되는 체납액을 징수한 것으로 본다.
④ 세무서장은 채권을 압류하는 때에는 체납액을 한도로 하여야 하지만, 압류할 채권이 체납액을 초과하는 경우에 필요하다고 인정하는 때에는 그 채권전액을 압류할 수 있다.
⑤ 강제징수는 재판상의 가압류(가처분)으로 인하여 그 집행에 영향을 받지 아니한다.

해답 ①
해설 체납자 또는 제3자가 압류재산의 사용 또는 수익을 하는 경우에는 그 재산으로부터 생기는 천연과실(그 재산의 매각으로 인하여 권리를 이전할 때까지 수취되지 아니한 천연과실은 제외)에 대하여는 미치지 아니한다.

16 **다음은 국세의 징수절차와 관련된 설명이다. 가장 틀린 것은?** 2007년 세무사

① 교부청구는 납세자에게 일정한 사유가 발생한 경우에 확정된 국세에 대하여 이미 강제환가절차를 집행하는 기관에게 강제환가대금의 배분을 청구하는 절차로서 국세징수권의 소멸시효를 정지시키는 효력이 있다.
② 세무공무원은 강제징수를 집행함에 있어서 체납자가 국세의 징수를 면하고자 재산권을 목적으로 한 법률행위를 한 경우에는 사해행위의 취소를 법원에 청구할 수 있다.
③ 세무서장은 압류하고자 하는 재산이 이미 다른 기관에서 압류하고 있는 재산인 때에는 그 압류에 참가할 수 있다.
④ 세무서장은 납세자에게 납기전징수의 사유가 있어 국세의 확정 후에는 당해 국세를 징수할 수 없다고 인정되는 때에는 국세로 확정되리라고 추정되는 금액의 한도 안에서 납세자의 재산을 압류할 수 있다.
⑤ 세무서장은 납기 시작 전에 납세자가 재해 또는 도난으로 재산에 심한 손실을 받거나 사업에 현저한 손실을 받은 경우 등에 해당하는 사유로 국세를 납부할 수 없다고 인정하는 때에는 납세의 고지를 유예하거나 결정한 세액을 분할하여 고지할 수 있다.

해답 ①
해설 교부청구는 국세징수권의 소멸시효를 중단시키는 효력이 있다.

17 **국세징수법상 채권의 압류에 관한 설명으로 가장 틀린 것은?** 2006년 세무사

① 압류대상이 되는 채권은 금전 또는 매각할 수 있는 재산의 급부를 목적으로 하는 내용을 갖는 것이어야 한다.
② 강제징수는 재판상의 가압류 또는 가처분으로 인하여 그 집행에 영향을 받지 아니한다.
③ 채권압류의 효력은 채권압류통지서가 제3채무자에게 송달된 때에 발생한다.
④ 압류할 채권의 범위는 체납된 세금의 징수확보를 위하여 필요한 최소한도의 범위에 한정되기 때문에 세무서장은 어떤 경우에도 채권전액을 압류할 수 없다.
⑤ 채권을 압류한 세무서장이 채권압류의 뜻을 제3채무자에게 통지한 때에는 국세와 강제징수비를 한도로 하여 채권자에게 대위한다.

해답 ④
해설 세무서장은 채권을 압류할 때에는 체납액을 한도로 하여야 한다. 다만, 압류하려는 채권에 국세보다 우선하는 질권이 설정되어 있어 압류에 관계된 체납액의 징수가 확실하지 아니한 경우 등 필요하다고 인정되는 경우 채권 전액을 압류할 수 있다.

18 **공매에 관한 설명으로 가장 틀린 것은?** 2006년 세무사

① 공매에 붙이는 재산 중 무체재산권이 있는 경우에는 이를 다른 재산과 구분하여 공매하여야 한다.

② 체납자는 직접 또는 간접을 불문하고 압류재산을 매수하지 못한다.

③ 국세기본법에 의한 이의신청·심사청구 또는 심판청구 절차가 진행 중이거나 행정소송이 계속 중에 있는 경우 국세의 체납으로 인하여 압류한 재산은 원칙적으로 신청 또는 청구에 대한 결정이 확정되기 전이라 하여도 공매할 수 있다.

④ 세무서장이 공매를 공고할 때에는 즉시 그 내용을 체납자·납세담보물 소유자와 그 재산상의 전세권·질권·저당권 기타의 권리를 가진 자에게 통지하여야 한다.

⑤ 세무서장은 직접 공매하기에 적당하지 아니하다고 인정되는 때에는 한국자산관리공사로 하여금 공매를 대행하게 할 수 있다.

해답 ③

해설 「국세기본법」에 따른 이의신청·심사청구 또는 심판청구 절차가 진행 중이거나 행정소송이 계속 중인 국세의 체납으로 압류한 재산은 그 신청 또는 청구에 대한 결정이나 소송에 대한 판결이 확정되기 전에는 공매할 수 없다. 다만, 그 재산이 부패·변질 또는 감량되기 쉬운 재산으로서 속히 매각하지 아니하면 그 재산가액이 줄어들 우려가 있는 경우에는 예외로 한다.

19 **강제징수에 관한 다음 설명 중 틀린 것은?** 2005년 세무사

① 납세자가 독촉장을 받고 지정된 기한까지 국세를 완납하지 아니한 때에는 납세자의 재산을 압류한다.

② 납세자에게 납기전 징수의 사유가 있어서 국세의 확정 후에는 당해 국세를 징수할 수 없다고 인정되는 때에는 국세로 확정되리라고 추정되는 금액의 범위 안에서 납세자의 재산을 압류할 수 있다.

③ 납세자의 재산을 압류하는 경우 그 재산의 가액이 징수할 국세액을 초과한다 하여 그 압류가 당연무효의 처분이라 할 수 없다.

④ 압류한 재산의 공매방법으로는 입찰과 경매 두 가지가 있지만, 예외적으로 법정요건을 만족하는 때에는 수의계약에 의한 매각도 가능하다.

⑤ 공매재산의 매수인은 이전등기를 받는 때에 소유권을 취득한다.

해답 ⑤

해설 공매재산의 매수인은 매수대금을 납부한 때에 매각자산의 소유권을 취득한다.

20 다음은 원칙적으로 재산압류의 효력이 발생하는 시기에 관하여 설명한 것이다. 가장 틀린 것은?

2005년 세무사

① 유가증권의 압류 : 주주명부 또는 채권원부에 압류사실을 등재한 때
② 부동산의 압류 : 압류의 등기가 완료된 때
③ 자동차관리법에 의하여 등록된 자동차의 압류 : 압류의 등록이 완료된 때
④ 동산의 압류 : 세무공무원이 점유한 때
⑤ 채권의 압류 : 채무자에게 채권압류통지서가 송달된 때

해답 ①
해설 유가증권의 압류 : 세무공무원이 점유한 때

21 체납자 甲의 재산이 다음과 같은 경우 「국세징수법」상 압류할 수 있는 재산의 총액은 얼마인가?

2016년 세무사

1. 질병을 원인으로 甲이 보험회사로부터 지급받은 보장성 보험의 보험금 은 아래와 같다.
   (1) 치료를 위하여 진료비, 치료비, 수술비, 입원비, 약제비 등으로 실제 지출되는 비용을 보장하기 위한 보험금: 3,000,000원
   (2) 치료 및 장애 회복을 위한 보험금 중 위 (1)에 해당하는 보험금을 제외한 보험금 : 5,000,000원
2. 보장성보험의 해약환급금: 3,000,000원
3. 甲의 은행 예금 잔액: 1,200,000원

① 500,000원 ② 2,500,000원 ③ 3,000,000원
④ 4,500,000원 ⑤ 11,200,000원

해답 ③
해설 (1) 실비 보장을 위한 보험금 : 전액 압류금지 재산
(2) 위 (1)에 해당하는 보험금을 제외한 보험금 : 5,000,000 × 1/2 = 2,500,000
(3) 보장성 보험의 해약환급금 : 3,000,000 - 2,500,000 = 500,000
(4) 은행예금 잔액 : 1,200,000 - 2,500,000 = △ 1,300,000 → '0'
(5) 압류가능재산 합계 : 2,500,000 + 500,000 = 3,000,000

22 국세징수법상 교부청구와 참가압류에 관한 설명으로 옳지 않은 것은?

① 교부청구와 참가압류 모두 국세징수권 소멸시효의 중단사유에 해당한다.
② 압류에 참가한 세무서장은 기압류기관이 그 압류재산을 장기간이 경과하도록 매각하지 아니하는 경우에는 이에 대한 매각처분을 기압류기관에 최고할 수 있다.
③ 국세를 포탈하고자 하는 행위가 있다고 인정되는 때에는 교부청구를 할 수 있다.
④ 교부청구의 해제는 교부청구를 받은 기관에 그 뜻을 문서로서 통지함으로써 행한다.
⑤ 세무서장은 참가압류통지서를 기압류기관에 송달함으로써 그 압류에 참가할 수 있다.

해답 ③

해설 국세를 포탈하고자 하는 행위가 있다고 인정되는 경우 납기전징수사유에 해당하나, 교부청구사유에는 해당하지 않는다.

23 국세징수법상 강제징수와 관련한 설명으로서 틀린 것은?

① 채권압류의 효력은 채무자에게 채권압류통지서가 송달된 때에 발생한다.
② 부동산에 대하여 압류등기를 행한 때에는 해당 압류부동산의 소유권이 제3자에게 이전되기 전에 법정기일이 도래한 국세의 체납액에 대하여도 그 효력이 미친다.
③ 체납자의 부동산에 대하여 참가압류를 한 후 기압류기관이 그 부동산에 대한 선행압류를 해제한 경우에 그 참가압류는 선행압류의 해제등기를 완료한 날에 소급하여 압류의 효력이 생긴다.
④ 관할 세무서장은 강제징수를 할 때 납세자가 국세의 징수를 피하기 위하여 한 재산의 처분이나 그 밖에 재산권을 목적으로 한 법률행위(「신탁법」에 따른 사해신탁을 포함)에 대하여 사해행위의 취소 및 원상회복을 법원에 청구할 수 있다.
⑤ 압류의 원인이 된 체납국세를 완납하였다고 하여 당해 압류가 당연히 실효로 되어 압류등기가 효력을 잃는 것은 아니다.

해답 ③

해설 체납자의 부동산에 대하여 참가압류를 한 후 기압류기관이 그 부동산에 대한 선행압류를 해제한 경우에 그 참가압류는 <u>참가압류의</u> 등기 또는 등록이 완료한 때로 소급하여 압류의 효력이 생긴다.

24 **다음 중 조건부 압류금지재산에 해당하는 것은?**

① 의료업을 영위하는 사업자의 그 사업에 필요한 약품
② 어업을 영위하는 사업자의 그 사업에 필요한 사업소용 건물
③ 가방제조업을 영위하는 사업자의 그 사업에 필요한 기계
④ 농업을 영위하는 사업자의 그 사업에 필요한 축사 및 창고
⑤ 판매업을 영위하는 사업자의 그 사업의 필요에 따라 보유하고 있는 상품

해답 ③
해설 다음의 재산은 그 체납자가 체납액에 충당할 만한 다른 재산을 제공할 때에는 압류할 수 없다.
1. 농업에 필요한 기계·기구, 가축류의 사료, 종자와 비료
2. 어업에 필요한 어망(어망)·어구(어구)와 어선
3. 직업 또는 사업에 필요한 기계·기구와 비품

25 **국세징수법상 압류의 해제에 관한 설명으로서 틀린 것은?**

① 납부, 충당, 공매의 중지, 부과의 취소, 기타의 사유로 압류의 필요가 없게 된 때에는 압류를 해제하여야 한다.
② 압류한 재산에 대하여 소유권을 주장하는 제3자가 압류재산의 매각 5일 전까지 소유자로 확인할 만한 증거서류를 세무서장에게 제출한 경우, 그 제3자의 소유권주장이 상당한 이유가 있다고 인정되는 때에는 압류를 해제하여야 한다.
③ 제3자가 체납자를 상대로 소유권에 관한 소송을 제기하여 승소판결을 받고 그 사실을 증명한 때에는 압류를 해제하여야 한다.
④ 체납자가 압류할 수 있는 다른 재산을 제공하여 그 다른 재산을 압류한 때에는 당초 압류한 재산에 대한 압류를 해제하여야 한다.
⑤ 압류 후 재산가격의 변동 기타의 사유로 그 가격이 징수할 체납액의 전액을 현저히 초과한 때에는 압류를 해제할 수 있다.

해답 ④
해설 체납자가 압류할 수 있는 다른 재산을 제공하여 그 다른 재산을 압류한 때에는 당초 압류한 재산의 전부 또는 일부에 대하여 압류를 해제할 수 있다.

26 국세징수법상의 압류재산의 공매 및 수의계약에 관한 설명으로 올바른 것은?

① 세무서장은 압류재산의 공매에 참가하고자 하는 자에 대하여 예외 없이 입찰보증금과 계약보증금을 징구하여야 한다.
② 공매시의 입찰보증금과 계약보증금에 갈음하여 국채와 약속어음 그리고 상장증권으로 납부할 수 있다.
③ 체납자와 세무공무원은 직접 또는 간접적으로 압류재산의 공매에 참가하여 이를 매수할 수 있다.
④ 압류재산의 추산가격이 1천만원 이하이면 압류재산을 수의계약에 의하여 매각할 수 있다.
⑤ 한국자산관리공사에 의한 공매대행여부는 세무서장이 결정하고, 이 경우 공매대행수수료는 이를 의뢰한 세무서장이 지급할 수 있다.

해답 ⑤

해설 ① 세무서장은 압류재산의 공매에 참가하고자 하는 자에 대하여 필요하다고 인정하면 입찰보증금과 계약보증금을 받을 수 있다.
② 공매시의 입찰보증금과 계약보증금에 갈음하여 국공채, 보험업법에 따른 보험회사가 발행한 보증보험증권, 상장증권으로 납부할 수 있다.
③ 체납자와 세무공무원은 직접 또는 간접적으로 압류재산의 공매에 참가하여 이를 매수하지 못한다.
④ 압류재산의 추산가격이 1천만원 미만이면 압류재산을 수의계약에 의하여 매각할 수 있다.

27 다음 중 압류의 효력을 잘못 설명한 것은?

① 압류는 국세징수권의 소멸시효의 진행을 정지시키며, 압류를 해제하면 소멸시효가 계속 진행한다.
② 압류의 목적이 된 재산에 관하여 법률상 또는 사실상의 처분이 금지된다.
③ 원물에 대한 압류의 효력은 원칙적으로 그 천연과실과 법정과실에 미친다.
④ 재판상의 가압류, 가처분은 강제징수의 집행에 영향을 주지 않는다.
⑤ 체납자의 재산에 대하여 강제징수를 집행한 후 체납자가 사망하였거나 체납자인 법인이 합병에 의해 소멸된 때에도 그 재산에 대하여 한 강제징수는 계속 진행하여야 한다.

해답 ①

해설 압류는 국세징수권의 소멸시효의 중단사유에 해당한다.

28 다음은 국세징수법에 관한 설명이다. 틀린 것은?

① 체납자는 직접·간접을 묻지 아니하고 압류재산의 공매 또는 수의계약에 있어서 매수에 참여할 수 없다.

② 납세자에게 독촉 또는 납부최고를 행함이 없이 납세자의 재산을 압류할 수 있는 경우가 있다.

③ 국세 확정 전 압류를 한 날로부터 1개월이 경과하기까지 압류에 의하여 징수하고자 하는 국세를 확정하지 않은 때에는 재산의 압류를 즉시 해제하여야 한다.

④ 부동산에 대하여 압류를 행하면 압류에 관계된 체납액은 물론이고 압류부동산의 소유권이 이전되기 전에 법정기일이 도래한 국세의 체납액에 대하여도 효력이 미친다.

⑤ 급료·연금·임금·봉급·상여금·세비·퇴직연금, 그 밖에 이와 비슷한 성질을 가진 급여채권에 대하여는 그 총액의 2분의 1에 해당하는 금액은 압류하지 못한다. 다만, 그 금액이 표준적인 가구의 「국민기초생활 보장법」에 따른 최저생계비를 고려하여 대통령령으로 정하는 금액에 미치지 못하는 경우 또는 표준적인 가구의 생계비를 고려하여 대통령령으로 정하는 금액을 초과하는 경우에는 각각 대통령령으로 정하는 금액을 압류하지 못한다.

해답 ③

해설 국세 확정 전 압류를 한 날로부터 3개월이 경과하기까지 압류에 의하여 징수하고자 하는 국세를 확정하지 않은 때에는 재산의 압류를 즉시 해제하여야 한다.

29 다음은 국세징수법상 압류의 개별적 효력에 대한 설명이다. 틀린 것은?

① 세무공무원이 질권이 설정된 재산을 압류하고자 할 때에는 그 질권자는 질권의 설정시기 여하에 불구하고 질물을 세무공무원에게 인도하여야 한다.

② 강제징수는 재판상의 압류 또는 가처분으로 인하여 그 집행에 영향을 받는다.

③ 세무서장은 유가증권을 압류한 때에는 그 유가증권에 관계되는 금전채권을 추심할 수 있다. 금전채권을 추심한 때에는 그 한도 안에서 체납자의 압류에 관계되는 체납액을 징수한 것으로 본다.

④ 세무서장이 채권을 압류할 때에는 그 뜻을 제3채무자에게 통지하여야 하며, 통지를 한 때에는 국세와 강제징수비를 한도로 하여 채권자에게 대위한다.

⑤ 급료·임금·봉급·세비·퇴직연금 기타 이에 유사한 채권의 압류는 체납액을 한도로 하여 압류 후에 수입할 금액에 그 효력이 미친다.

해답 ②

해설 강제징수는 재판상의 압류 또는 가처분으로 인하여 그 집행에 영향을 받지 않는다.

30 **다음 중 압류재산을 수의계약에 의하여 매각할 수 없는 경우는?**

① 압류한 재산의 공매에 전문지식이 필요한 때
② 수의계약에 의하지 아니하면 매각대금이 강제징수비에 충당하고 잔여가 생길 여지가 없는 때
③ 압류한 재산의 추산가격이 1천만원 미만인 때
④ 법령으로 소지 또는 매매가 규제된 재산인 때
⑤ 공매함이 공익상 적절하지 아니한 때

해답 ①

해설 압류재산이 다음의 어느 하나에 해당하는 경우에는 수의계약으로 매각할 수 있다.

1. 수의계약으로 매각하지 아니하면 매각대금이 강제징수비에 충당하고 남을 여지가 없는 경우
2. 부패·변질 또는 감량되기 쉬운 재산으로서 속히 매각하지 아니하면 그 재산가액이 줄어들 우려가 있는 경우
3. 압류한 재산의 추산(추산) 가격이 1천만원 미만인 경우
4. 법령으로 소지 또는 매매가 규제된 재산인 경우
5. 제1회 공매 후 1년간 5회 이상 공매하여도 매각되지 아니한 경우
6. 공매하는 것이 공익을 위하여 적절하지 아니한 경우

31 **납세의무자가 납부고지서에서 정한 납부기한까지 국세를 전액 납부하지 아니하는 경우 관할 세무서장이 납세의무자에 대하여 취할 수 있는 절차의 순서로 옳은 것은? (단, 납세의무자의 압류대상 재산은 「자본시장과 금융투자업에 관한 법률」에 의한 유가증권시장에 상장된 주식이며, 납기전 징수사유에 의한 납세고지가 아닌 것으로 가정한다.)** 2011년 세무사

① 최고 - 압류 - 공매
② 최고 - 독촉 - 직접 매각
③ 독촉 - 최고 - 압류 - 공매
④ 최고 - 독촉 - 압류 - 공매
⑤ 독촉 - 압류 - 직접 매각

해답 ⑤

해설 압류대상 재산이 「자본시장과 금융투자업에 관한 법률」에 의한 유가증권시장에 상장된 주식일 경우 직접매각이 가능하다.

32 「국세징수법」상 공매에 관한 설명으로 옳지 않은 것은? (다툼이 있으면 판례에 따름)

2017년 세무사

① 「국세징수법」상 강제징수절차를 통하여 압류재산을 매각한 후 그 매각대금을 배분함에 있어서 국세와 다른 채권 간의 우선순위는 압류재산의 매각대금을 배분하기 위하여 「국세징수법」상 배분계산서를 작성함으로써 강제징수가 종료되는 때에 비로소 확정된다.
② 세무서장은 압류한 재산이 예술품인 경우에는 직권으로 전문매각기관을 선정하여 예술품의 매각을 대행하게 할 수 있다.
③ 세무서장 이체납자에게 공매통지를 하지 않은 공매처분은 위법하다.
④ 「국세기본법」에 따른 심판청구 절차가 진행 중인 국세의 체납으로 압류한 재산이 감량되기 쉬운 재산으로서 속히 매각하지 아니하면 그 재산가액이 줄어들 우려가 있는 경우에도 청구에 대한 결정이 확정되기 전에 공매할 수 없다.
⑤ 공매를 집행하는 공무원은 매각결정 기일 전에 제3자가 그 체납액을 완납하면 공매를 중지하여야한다.

해답 ④

해설 심판청구절차가 진행중인 경우 압류한 재산이 감량되기 쉬원 재산으로 서 속히 매각하지 아니하면 재산가액이 줄어들 우려가 있는 경우 결정이 확정되기 전에 공매할 수 있다.

33 甲과 乙과 丙이 공유하고 있는 재산 중 甲의 지분을 「국세징수법」상 甲의 체납으로 공매하는 경우에 관한 설명으로 옳지 않은 것은?

2018년 세무사

① 세무서장은 '공유자(체납자 제외)에게 우선매수권이 있다는 사실'을 공고하여야 한다.
② 세무서장은 공매공고를 하였을 때에는 즉시 그 내용을 공매공고의 등기 또는 등록 전일 현재의 공유자인 乙과 丙에게 통지하여야 한다.
③ 乙 또는 丙은 매각결정 기일 전까지 공매보증금을 제공하고 매각예정가격 이상인 최고입찰가격과 같은 가격으로 공매재산을 우선매수하겠다는 신고를 할 수 있다.
④ 세무서장은 乙과 丙이 우선매수하겠다는 신고를 하고 그 공유자에게 매각결정을 하였을 때에는 특별한 협의가 없으면 공유지분의 비율에 따라 공매재산을 매수 하게 한다.
⑤ 세무서장은 공매재산이 우선매수하겠다고 신고한 乙 또는 丙에게 매각결정되었지만 그 매수인이 매각대금을 납부하지 아니한 경우에는 재공매하여야 한다.

해답 ⑤

해설 세무서장은 공유자에게 매각결정된 경우에 매수인이 매각대금을 납부하지 아니하였을 때에는 매각예정가격 이상인 최고액의 입찰자에게 다시 매각결정을 할 수 있다.

34 「국세징수법」상 압류재산의 매각에 관한 설명으로 옳지 않은 것은? 2018년 세무사

① 세무서장은 압류된 재산이 「자본시장과 금융투자업에 관한 법률」에 따른 증권 시장에 상장된 증권일 때에는 해당 시장에서 직접 매각할 수 있다.

② 심판청구 절차가 진행 중인 국세의 체납으로 압류한 재산이 부패·변질 또는 감 량되기 쉬운 재산으로서 속히 매각하지 아니하면 그 재산가액이 줄어들 우려가 있는 경우에는 그 청구에 대한 결정이 확정되기 전이라도 공매할 수 있다.

③ 세무서장은 압류재산이 수의계약으로 매각하지 아니하면 매각대금이 강제징수비에 충당하고 남을 여지가 없는 경우에는 수의계약으로 매각할 수 있다.

④ 매각 부동산을 평가한 감정평가법인 등은 압류한 예술품을 직접 또는 간접적으로 매수할 수 있다.

⑤ 여러 개의 재산을 일괄하여 공매하는 경우 그 가운데 일부의 매각대금으로 체납 액을 변제하기에 충분하면 체납자는 그 재산 가운데 매각할 것을 지정할 수 있다.

해답 ④

해설 다음 중 어느 하나에 해당하는 자는 자기 또는 제3자의 명의나 계산으로 압류재산을 매수하지 못한다.

1. 체납자
2. 세무공무원
3. 매각 부동산을 평가한 「감정평가 및 감정평가사에 관한 법률」에 따른 감정평가법인등 (같은 법 제29조에 따른 감정평가법인의 경우 그 감정평가법인 및 소속 감정평가사를 말한다)

35 「국세징수법」상 압류재산의 매각에 관한 설명으로 옳지 않은 것은? 2019년 세무사

① 강제징수의 목적물인 재산이 법정기일 전에 저당권 설정을 등기한 채권의 담보가 된 재산인 경우에 그 추산가액이 강제징수비와 해당 채권금액에 충당하고 남을 여지가 없을 때에는 강제징수를 중지하며, 강제징수의 목적물인 재산에 대하여 교부청구 또 는 참가압류가 있는 경우에도 세무서장은 강제징수를 중지하여야 한다.

② 강제징수의 목적물인 총재산의 추산가액이 강제징수비에 충당하고 남을 여지가 없을 때에는 체납자(체납자와 강제징수의 목적물인 재산의 소유자가 다른 때에는 그 소유자를 포함한다)도 강제징수의 중지를 세무서장에게 요청할 수 있다.

③ 세무서장은 체납자가 국세청장이 성실납세자로 인정하는 기준에 해당하는 경우에는 그 체납액에 대하여 강제징수에 의한 재산의 압류나 압류재산의 매각을 유예할 수 있다.

④ 세무서장은 강제징수가 유예된 체납세액을 강제징수 유예기간 이내에 분할하여 징수할 수 있다.

⑤ 성실납세자가 체납세액 납부계획서를 제출하고 국세체납정리위원회가 체납세액 납부 계획의 타당성을 인정하는 경우, 세무서장은 재산의 압류를 유예하거나 압류한 재산의 압류를 해제하여도 그에 상당하는 납세담보의 제공을 요구하지 아니한다.

해답 ①

해설 강제징수의 목적물인 재산이 「국세기본법」에 따른 채권의 담보가 된 재산인 경우에 그 추산가액이 강제징수비와 해당 채권금액에 충당하고 남을 여지가 없을 때에도 강제징수를 중지하여야 한다. 다만, 강제징수의 목적물인 재산에 대하여 교부청구 또는 참가압류가 있는 경우 세무서장은 강제징수를 중지하지 아니할 수 있다

36 「국세징수법」상 압류의 해제에 관한 설명으로 옳지 않은 것은?

2019년 세무사

① 세무서장은 제3자가 체납자를 상대로 소유권에 관한 소송을 제기하여 승소 판결을 받고 그 사실을 증명한 경우에는 그 압류를 즉시 해제하여야 한다.

② 압류 또는 압류 해제의 등기 또는 등록에 관하여는 등록면허세를 면제한다.

③ 세무서장은 재산의 압류를 해제하였을 때에는 그 사실을 그 재산의 압류 통지를 한 권리자, 제3채무자 또는 제3자에게 통지하여야 한다.

④ 세무서장이 보관 중인 재산을 반환할 때에는 영수증을 받아야 하나, 압류조서에 영수 사실을 적고 서명날인하게 함으로써 갈음할 수 있다.

⑤ 세무서장은 체납자가 압류할 수 있는 다른 재산을 제공하여 그 재산을 압류한 경우에는 압류를 즉시 해제하여야 한다.

해답 ⑤

해설 다음에 해당하는 경우 압류재산의 전부 또는 일부에 대하여 압류를 해제할 수 있다.

1. 압류 후 재산가격이 변동하여 체납액 전액을 현저히 초과한 경우
2. 압류와 관계되는 체납액의 일부가 납부 또는 충당된 경우
3. 국세 부과의 일부를 취소한 경우
4. 체납자가 압류할 수 있는 다른 재산을 제공하여 그 재산을 압류한 경우

다음에 해당하는 경우 압류를 즉시 해제하여야 한다.

1. 압류와 관계되는 체납액의 전부가 납부 또는 충당된 경우
2. 국세 부과의 전부를 취소한 경우
3. 여러 재산을 한꺼번에 공매(公賣)하는 경우로서 일부 재산의 공매대금으로 체납액 전부를 징수한 경우
4. 총 재산의 추산(推算)가액이 강제징수비(압류에 관계되는 국세에 우선하는 「국세기본법」에 따른 채권 금액이 있는 경우 이를 포함한다)를 징수하면 남을 여지가 없어 강제징수를 종료할 필요가 있는 경우. 다만, 제59조에 따른 교부청구 또는 제61조에 따른 참가압류가 있는 경우로서 교부청구 또는 참가압류와 관계된 체납액을 기준으로 할 경우 남을 여지가 있는 경우는 제외한다.
5. 그 밖에 제1호부터 제4호까지의 규정에 준하는 사유로 압류할 필요가 없게 된 경우

37 **「국세징수법」상 강제징수 중 압류에 관한 설명으로 옳지 않은 것은?** 2019년 세무사

① 세무공무원이 질권이 설정된 재산을 압류하려는 경우에는 그 질권자에게 문서로써 해당 질물의 인도를 요구하여야 한다. 이 경우 질권의 설정 시기가 법정기일 전이면 질물의 인도를 요구할 수 없다.
② 세무서장은 국세를 징수하기 위하여 필요한 재산 외의 재산을 압류할 수 없다.
③ 「주택임대차보호법」 및 같은 법 시행령의 규정에 따라 우선변제를 받을 수 있는 금액은 압류할 수 없다.
④ 급료·임금·봉급·세비·퇴직연금, 그 밖에 이와 유사한 채권의 압류는 체납액을 한 도로 하여 압류 후에 수입(收入)할 금액에 미친다.
⑤ 체납자 또는 제3자가 압류재산의 사용 또는 수익을 하는 경우에는 그 재산으로부터 생기는 천연과실(그 재산의 매각으로 인하여 권리를 이전할 때까지 수취되지 아니한 천연과실은 제외한다)에 대하여는 압류의 효력이 미치지 아니한다.

해답 ①
해설 세무공무원이 질권(質權)이 설정된 재산을 압류하려는 경우에는 그 질권자는 질권의 설정 시기에 관계없이 질물(質物)을 세무공무원에게 인도하여야 한다.

38 **「국세징수법」상 강제징수절차에 관한 설명으로 옳지 않은 것은?** 2021년 세무사 수정

① 관할 세무서장은 압류한 재산에 대한 제3자의 소유권 주장 및 반환을 구하는 청구가 부당하다고 인정하는 경우 그 재산에 대한 강제징수를 정지하지 아니할 수 있다.
② 세무서장은 가압류 또는 가처분받은 재산을 압류하여 매각하는 경우에 가압류 또는 가처분에 의하여 저지되지 아니하고 집행할 수 있다. 다만, 처분금지가처분이 된 재산을 압류한 경우로서 가처분권자가 본안소송에서 승소하여 자기앞으로 소유권이전을 하는 경우에는 가처분 이후에 이루어진 강제징수에 의한 압류등기를 말소신청할 수 있다.
③ 체납자는 관할 세무서장이 가치가 현저하게 줄어들 우려가 있다고 인정하여 제한할 경우를제외하고는압류된 자동차를 사용할수 있다.
④ 세무공무원은 체납자와 그배우자의 공유재산으로서 양자가 공동점유 하고 있는 동산을 압류할 수 있다.
⑤ 계속적 거래관계에서 발생하는 급료채권에 대한 압류의 효력은 체납액을 한도로 하여 압류후에 발생할 급료채권에도 미친다.

해답 ①
해설 제3자의 소유권 주장 및 반환청구가 부당하다고 인정하는 경우 강제징수를 정지하지 아니한다. (아니할 수 있다. X)

39 **「국세징수법」상 교부청구, 참가압류 및 공매에 관한 설명으로 옳지 않은 것은?** 2021년 세무사 수정

① 관할 세무서장은 다른 관할 세무서장의 국세 체납자에 대한 강제징수가 시작된 경우 그 관할세무서장에게 교부청구를 하여야 한다.

② 관할세무서장의 선행압류기관에 대한 참가압류 통지서 송달은 강제징수시작등 경우의 해당기관에 대한 교부청구를 갈음한다.

③ 참가압류를 한 후에 선행압류기관이 압류한 부동산에 대한 압류를 해제한 경우 참가 압류는 선행압류의 등기가 완료된 때로 소급하여 압류의 효력을 갖는다.

④ 원칙적으로 납부기한 전 징수사유가 있어 압류한 재산은 그 압류와 관계되는 국세의 납세 의무가 확정되기 전에는 공매할 수 없다.

⑤ 세무공무원은 제3자의 명의로도 압류재산을 매수하지 못한다.

해답 ③

해설 참가압류를 한 후에 기압류기관이 그 재산에 대한 압류를 해제하였을 때에는 그 참가압류(재산에 대하여 둘 이상의 참가압류가 있는 경우에는 그 중 가장 먼저 등기 또는 등록된 것으로 하고 그 밖의 재산에 대하여 둘 이상의 참가압류가 있는 경우에는 그 중 가장 먼저 참가압류 통지서가 송달된 것으로 한다)는 다음의 구분에 따른 시기로 소급하여 압류의 효력이 생긴다.

1. 권리의 변동에 등기 또는 등록을 필요로 하는 재산 : 참가압류의 등기 또는 등록이 완료된 때
2. 권리의 변동에 등기 또는 등록을 필요로 하는 재산 외의 재산 : 참가압류 통지서가 기압류기관에 송달된 때

40 **국세징수법령상 납세담보에 관한 설명으로 옳은 것은?** 2022년 세무사

① 양도성 예금증서는 납세담보로 제공할 수 있는 유가증권에 해당하지 않는다.

② 납세담보로서 금전을 제공한 자는 그 금전으로 담보한 국세 및 강제징수비를 납부할 수 없다.

③ 납세보증보험증권은 보험기간이 납세담보를 필요로 하는 기간에 20일을 더한 기간 이상인 것으로 한정한다.

④ 납세담보를 토지로 제공하는 경우에는 담보할 국세의 100분의 110의 가액에 상당하는 담보를 제공할 수 있다.

⑤ 납세담보를 현금화한 금전으로 징수해야 할 국세 및 강제징수비를 징수하고 남은 금전이 있는 경우 공매대금의 배분방법에 따라 배분한 후 납세자에게 지급한다.

해답 ⑤

해설 ③ 납세보증보험증권은 보험기간이 납세담보를 필요로 하는 기간에 30일을 더한 기간 이상인 것으로 한정한다.

④ 납세담보를 제공하는 경우에는 담보할 국세의 120%(금전, 납세보증보험증권 또는 「은행법」에 따른 은행의 납세보증서의 경우에는 110%) 이상의 가액에 상당하는 담보를 제공해야 한다.

41 **국세징수법상 고액·상습체납자의 감치와 관련된 설명 중 ㄱ~ㄷ에 들어갈 내용으로 옳은 것은?**

2022년 세무사

> 법원은 검사의 청구에 따라 체납자가 다음의 사유에 모두 해당하는 경우 결정으로 30일의 범위에서 체납된 국세가 납부될 때까지 그 체납자를 감치에 처할 수 있다.
> (1) 국세를 (ㄱ)회 이상 체납하고 있고, 체납 발생일부터 각 (ㄴ)년이 경과하였으며, 체납된 국세의 합계액이 (ㄷ)억원 이상인 경우
> (2) 체납된 국세의 납부능력이 있음에도 불구하고 정당한 사유 없이 체납한 경우
> (3) 「국세기본법」에 따른 국세정보위원회의 의결에 따라 해당 체납자에 대한 감치 필요성이 인정되는 경우

① ㄱ:2, ㄴ:1, ㄷ:1　② ㄱ:2, ㄴ:2, ㄷ:2　③ ㄱ:2, ㄴ:2, ㄷ:3
④ ㄱ:3, ㄴ:1, ㄷ:2　⑤ ㄱ:3, ㄴ:1, ㄷ:3

해답 ④

해설 국세청장은 체납자가 다음의 사유에 모두 해당하는 경우 체납자의 주소 또는 거소를 관할하는 지방검찰청 또는 지청의 검사에게 체납자의 감치를 신청할 수 있으며, 법원은 검사의 청구에 따라 체납자가 다음의 사유에 모두 해당하는 경우 결정으로 30일의 범위에서 체납된 국세가 납부될 때까지 그 체납자를 감치(監置)에 처할 수 있다.

① 국세를 3회 이상 체납하고 있고, 체납 발생일부터 각 1년이 경과하였으며, 체납된 국세의 합계액이 2억원 이상인 경우
② 체납된 국세의 납부능력이 있음에도 불구하고 정당한 사유 없이 체납한 경우
③ 「국세기본법」에 따른 국세정보위원회의 의결에 따라 해당 체납자에 대한 감치 필요성이 인정되는 경우

Part

07

국제조세조정에 관한 법률

제1장 총칙
제2장 국외특수관계인과의 거래에 대한 과세조정
(이전가격세제)
제3장 국외지배주주에게 지급하는 이자에 대한 과세조정
(과소자본세제)
제4장 특정외국법인의 유보소득에 대한 합산과세
(조세피난방지세제)
제5장 국외 증여에 대한 증여세 과세특례
제6장 상호합의절차
제7장 국가 간 조세행정 협조
제8장 해외금융계좌의 신고

CHAPTER

01 총 칙

01 **사례1과 사례2에서 일방법인A와 타방법인B 간의 국외특수관계자 여부를 판정할 때, 일방법인 A의 타방법인B에 대한 직접소유비율과 간접소유비율의 합계는 각각 얼마인가? (단, 출자비율은 의결권 있는 주식소유비율을 말한다.)** 2011년 세무사

[사례1]

구 분	출자자	피출자자	출자비율
직접소유	일방법인A	타방법인B	30%
간접소유	일방법인A	주주법인C	50%
	주주법인C	주주법인D	50%
	주주법인D	타방법인B	20%

[사례2]

구 분	출자자	피출자자	출자비율
직접소유	일방법인A	타방법인B	30%
간접소유	일방법인A	주주법인C	20%
	주주법인C	주주법인D	50%
	주주법인D	타방법인B	50%

	사례1	사례2
①	30%	30%
②	35%	35%
③	40%	40%
④	50%	35%
⑤	50%	50%

해답 ④

해설 사례 1 : 30% + 20% = 50%

사례 2 : 30% + 20% × 50% × 50% = 35%

02 **「국제조세조정에 관한 법률」에 의하면 국제거래에 대하여는 법인세법에 따른 부당행위계산부인 규정이 적용되지 않지만 "일정한 거래"에 대하여는 그러하지 아니하다. 다음 중 그 "일정한 거래"에 해당하지 않는 것은?**

① 자산을 무상으로 이전(현저히 저렴한 대가로 이전하는 경우를 제외한다)하거나 채무면제가 있는 경우
② 출연금을 대신 부담한 경우
③ 수익이 없는 자산의 매입 또는 현물출자를 받았거나 해당 자산에 대한 비용을 부담한 경우
④ 업무와 관련 없는 비용의 지출이 있는 경우
⑤ 법인의 감자에 있어서 주주의 소유주식 비율에 의하지 아니하고 일부 주주의 주식을 소각하여 주주인 법인이 특수관계자인 다른 주주에게 이익을 분여한 경우

해답 ④

해설 국제거래에 대해서는 「소득세법」 및 「법인세법」의 부당행위계산부인을 적용하지 아니한다. 다만, 다음에 대해서는 그러하지 아니하다.

1. 자산을 무상으로 이전(현저히 저렴한 대가를 받고 이전하는 경우는 제외한다)하거나 채무를 면제하는 경우
2. 수익이 없는 자산을 매입하였거나 현물출자를 받았거나 그 자산에 대한 비용을 부담한 경우
3. 출연금을 대신 부담한 경우
4. 그 밖의 자본거래로서 불균등(불공정)자본거래에 해당하는 경우

03 **특수관계의 판단기준인 주식의 간접소유비율의 계산에 대한 설명으로 가장 틀린 것은?**

① 일방법인 A가 타방법인 D의 주주인 법인 B의 의결권 있는 주식의 60%를 소유하고 있고, 주주법인 B는 D의 의결권 있는 주식 중 30%를 소유하고 있는 경우 A는 D법인주식의 18%를 간접소유하고 있다.
② 일방법인 A가 타방법인 D의 주주인 법인 B의 의결권 있는 주식의 40%를 소유하고 있고, 주주법인 B는 D의 의결권 있는 주식 중 30%를 소유하고 있는 경우 A는 D법인주식의 12%를 간접소유하고 있다.
③ 일방법인 A가 타방법인 D의 주주인 법인 B, C의 의결권 있는 주식을 각각 50% 소유하고 있고, 주주법인 B는 D법인주식의 30%를, 주주법인 C는 D법인주식의 40%를 소유하고 있는 경우 A는 D법인주식의 70%를 간접소유하고 있다.
④ 일방법인 A가 타방법인 D의 주주인 법인 B, C의 의결권 있는 주식을 각각 40% 소유하고 있고, 주주법인 B는 D법인주식의 30%를, 주주법인 C는 D법인주식의 20%를 소유하고 있는 경우 A는 D법인주식의 20%를 간접소유하고 있다.
⑤ 일방법인 A가 관계법인인 B의 주식 중 40%를 소유하고 있고, 관계법인 B는 주주법인인 C 주식의 30%를 소유하고 있으며, C주주법인은 타방법인 D의 의결권 있는 주식의 25%를 소유하고 있는 경우 A는 D법인주식의 3%를 간접소유하고 있다.

해답 ①

해설 간접소유 계산방법은 다음과 같다.

1. 일방법인이 타방법인의 주주인 법인의 의결권 있는 주식을 50% 이상 소유하는 경우에는 그 주주인 법인의 타방법인에 대한 의결권 있는 주식소유비율
2. 일방법인이 타방법인의 주주인 법인의 의결권 있는 주식을 50% 미만 소유하는 경우에는 당해 소유 비율과 그 주주인 법인의 타방법인에 대한 의결권 있는 주식 소유비율을 곱한 비율

04 **「국제조세조정에 관한 법률」상 국제거래의 유형 중 「소득세법」 및 「법인세법」에 따른 부당행위계산 부인규정을 적용하지 않는 경우는?** 2021년 세무사

① 자산을 무상으로 이전(현저히 저렴한 대가를 받고 이전하는 경우는 제외)하거나 채무를 면제하는 경우
② 출연금을 대신 부담한 경우
③ 자산을 시가보다 높은가액으로 매입 또는 현물출자를 받은 경우
④ 수익이 없는 자산을 매입하였거나 현물출자를 받는 경우
⑤ 법인의 감자에 있어서 주주등의 소유주식등의 비율에 의하지 아니하고 일부 주주등의 주식등을 소각하는 자본거래로 인하여 주주등(소액주주등은 제외)인 법인이 특수관계 인인다른 주주등에게 현저한이익(5억원 이상)을 분여한 경우

해답 ③

해설 다음 중 어느하나에 해당하는 국제거래의 경우 법인세법 또는 소득세법에 따른 부당행위계산부인을 적용하지 아니한다.

① 자산을 무상(無償)으로 이전(현저히 저렴한 대가를 받고 이전하는 경우는 제외한다)하거나 채무를 면제하는 경우
② 수익이 없는 자산을 매입하거나 현물출자를 받는 경우 또는 그 자산에 대한 비용을 부담하는 경우
③ 출연금을 대신 부담하는 경우
④ 그 밖의 자본거래로서 일정한 자본거래로 인하여 주주등(소액주주등은 제외)인 법인이 특수관계인인 다른 주주 등에게 이익을 분여한 경우

05 **다음은 국제조세조정에 관한 법률에서 사용하는 용어의 정의이다. 틀린 것은?**

① "국내사업장"이란 소득세법의 규정에 의한 비거주자의 국내사업장 및 법인세법의 규정에 의한 외국법인의 국내사업자을 말한다.

② "제한세율"이라 함은 조세조약에 따라 체약상대국의 거주자 또는 법인에 대하여 과세할 수 있는 최저세율을 말한다.

③ "상호합의절차"라 함은 조세조약의 해석이나 부당한 과세처분 또는 과세소득의 조정에 대하여 우리나라의 권한있는 당국과 체약상대국의 권한있는 당국간에 협의를 통하여 해결하는 절차를 말한다.

④ "정상가격"이라 함은 거주자·내국법인 또는 국내사업장이 국외특수관계자가 아닌 자와의 통상적인 거래에서 적용되거나 적용될 것으로 판단되는 가격을 말한다.

⑤ "국외지배주주"라 함은 내국법인 또는 외국법인의 국내사업장을 실질적으로 지배하는 외국의 주주·출자자 등을 말한다.

해답 ②

해설 "제한세율"이란, 조세조약에 따라 체약상대국의 거주자 또는 법인에 대하여 과세할 수 있는 최고세율을 말한다.

CHAPTER 02

국외특수관계인과의 거래에 대한 과세조정(이전가격세제)

제1절 이전가격세제

01 국외특수관계인과의 거래에 대한 과세조정에 관한 설명으로 옳지 않은 것은? 2014년 세무사

① 과세당국은 정상가격에 의한 과세조정을 적용할 때 신고된 거래가격과 정상가격의 차이에 대하여 납세의무자가 과실이 없다고 상호합의절차의 결과에 따라 확인되는 경우에는 「국세기본법」상 과소신고가산세를 부과하지 아니한다.

② 국제거래명세서 제출 의무가 있거나, 과세당국이 납세의무자에게 정상가격을 산출하기 위해 필요한 거래가격 산정방법 등의 관련 자료를 제출할 것을 요구하였으나 그 납세의무자가 법령으로 정한 정당한 사유 없이 자료를 기한까지 제출하지 아니하거나 거짓의 자료를 제출하는 경우에는 1억원 이하의 과태료를 부과한다.

③ 체약상대국이 거주자와 국외특수관계인의 거래가격을 정상가격으로 조정하고, 이에 대한 상호합의절차가 종결된 경우에는 과세당국은 그 합의에 따라 거주자의 각 과세연도 소득금액 및 결정세액을 조정하여 계산할 수 있다.

④ 국세청장은 거주자가 정상가격 산출방법에 대한 사전승인을 신청하는 경우 체약상대국의 권한 있는 당국과의 상호합의절차를 거쳐 합의하였을 때에는 정상가격 산출방법을 사전승인할 수 있다.

⑤ 과세당국이 정상가격에 의한 과세조정을 적용할 때 익금에 산입되는 금액이 국외특수관계인으로부터 내국법인에 반환된 것임이 확인되지 아니하는 경우에는 그 금액은 국외특수관계인에 대한 기타소득으로 처분한다.

해답 ⑤

해설 익금산입액이 국외특수관계인으로부터 내국법인에 반환된 것임이 확인되지 아니하는 경우에는 그 금액은 국외특수관계인에 대한 배당 또는 출자의 증가로 소득처분한다.

02 **국외특수관계인과의 거래에 대한 과세조정에 관한 설명으로 옳지 않은 것은?** 2013년 세무사

① 원가가산방법은 거주자와 국외특수관계인 간의 국제거래에서 자산의 제조·판매나 용역의 제공 과정에서 발생한 원가에 자산 판매자나 용역 제공자의 통상의 이윤으로 볼 수 있는 금액을 더한 가격을 정상가격으로 보는 방법이다.

② 국세청장은 사전승인 신청을 심사할 때 신청인이 동의하는 경우에는 신청인과 중립적 관계에 있는 전문가를 지정하여, 신청된 정상가격 산출방법에 관한 전문가의 검토의견을 참고할 수 있다.

③ 무형자산의 공동개발을 위한 정상원가분담액은 그에 대한 약정을 체결하고 원가등을 분담한 경우에만 거주자의 과세소득금액 계산 시 손금에 산입한다.

④ 이익분할방법을 적용할 경우, 거래순이익을 상대적 공헌도에 따라 배부할 때에는 거래형태별로 거래 당사자들의 적절한 기본수입을 우선 배부하는 경우를 포함한다.

⑤ 국외특수관계인과의 국제거래에 있어서 그 거래의 정상가격에 의한 과세조정은 조세회피목적 또는 과세소득실현을 전제조건으로 한다.

해답 ⑤

해설 국외특수관계인과의 국제거래에 있어서 그 거래의 정상가격에 의한 과세조정은 조세회피목적 또는 과세소득실현을 전제조건으로 하지 않는다.

03 **국외특수관계자와의 거래에 대한 과세조정의 설명으로 옳지 않은 것은? (단, 거주자에는 내국법인과 국내사업장을 포함한다.)** 2010년 세무사

① 과세당국은 국제거래 가격이 정상가격과 다른 경우에도 같은 국외특수관계자와의 같은 과세연도 내의 다른 국제거래를 통하여 그 차액을 상계하기로 사전에 합의하고 거주자가 그 거래내용과 사실을 증명할 때에는 그 상계되는 모든 국제거래를 하나의 국제거래로 본다.

② 과세당국은 거래 당사자의 어느 한 쪽이 국외특수관계자인 국제거래에서 그 거래가격이 정상가격보다 낮거나 높은 경우에는 정상가격을 기준으로 거주자의 과세표준 및 세액을 결정하거나 경정할 수 있다.

③ 정상가격의 산출방법으로 비교가능 제3자 가격방법, 재판매가격방법, 원가가산방법, 이익분할방법, 거래순이익률방법 중 가장 합리적인 방법을 선택하여야 하며, 이 방법으로 정상가격을 산출할 수 없는 경우 기타 합리적이라고 인정되는 방법을 통하여 정상가격을 산출한다.

④ 체약상대국이 거주자와 국외특수관계인의 거래가격을 정상가격으로 조정하고, 이에 대한 상호합의절차가 종결된 경우에는 과세당국은 그 합의에 따라 거주자의 각 과세연도 과세표준 및 세액을 조정하여 계산하여야 한다.

⑤ 거주자는 일정 기간의 과세연도에 대하여 정상가격 산출방법을 적용하려는 경우에는 법령으로 정하는 바에 따라 정상가격 산출방법을 적용하려는 일정 기간의 과세연도 중 최초의 과세연도 종료일까지 국세청장에게 승인 신청을 할 수 있다.

해답 ④

해설 체약상대국이 거주자와 국외특수관계인의 거래가격을 정상가격으로 조정하고, 이에 대한 상호합의 절차가 종결된 경우에는 과세당국은 그 합의에 따라 거주자의 각 과세연도 과세표준 및 세액을 조정하여 계산할 수 있다.

04 국제조세조정에 관한 법률상 국외특수관계자와의 거래에 대한 과세조정에 관한 설명으로 옳지 않은 것은?

2009년 세무사

① 정상가격의 산출방법으로는 비교가능 제3자 가격방법, 재판매가격방법, 원가가산방법, 이익분할방법, 거래순이익률방법 중 가장 합리적인 방법에 의하여 계산한 가격으로 하되, 이들 방법으로 정상가격을 산출할 수 없는 경우에는 그 밖의 합리적이라 인정되는 방법을 적용할 수 있다.

② 거주자가 일정기간의 과세연도에 대하여 정상가격산출방법을 적용하고자 하는 경우에는 법령이 정하는 바에 따라 정상가격산출방법을 적용하고자 하는 일정기간의 과세연도 중 최초의 과세연도 종료일까지 국세청장에게 승인신청을 할 수 있다.

③ 과세당국은 정상가격에 의한 과세조정에 따라 익금에 산입되는 금액에 대해 소득처분 및 세무조정을 하는 경우 그 익금에 산입되는 금액이 국외특수관계자로부터 내국법인에게 반환되었는지 여부를 확인하기 전까지는 임시유보로 처분한다.

④ 과세당국은 정상가격에 의한 과세조정에 따라 과세표준 및 세액을 결정하거나 경정한 날부터 4개월 이내에 부과제척기간이 만료되는 경우에는 임시유보로 처분한다.

⑤ 과세당국은 국제거래의 가격이 정상가격과 다른 경우에도 동일한 국외특수관계자와의 동일한 과세연도내의 다른 국제거래를 통하여 그 차액을 상계하기로 사전에 합의하고 거주자가 그 거래내용과 사실을 입증하는 때에는 그 상계되는 모든 국제거래를 하나의 국제거래로 보아 정상가격에 의한 과세조정 및 정상가격의 산출방법규정을 적용한다.

해답 ④

해설 다음의 경우에는 임시유보로 처분하지 아니하고, 익금에 산입되는 금액이 반환된 것임이 확인되지 아니하는 경우의 소득처분과 같이 처분하거나 조정한다.

1. 과세표준 및 세액을 결정하거나 경정한 날부터 4개월 이내에 부과제척기간이 만료되는 경우
2. 기획재정부령으로 정하는 이전소득금액 처분 요청서를 제출하는 경우
3. 해당 내국법인이 폐업한 경우(사실상 폐업한 경우를 포함한다)

05 **「국제조세조정에 관한 법률」상 국외특수관계자간 거래에 대한 과세조정의 규정에 관한 설명으로 가장 옳지 않은 것은?** 2008년 세무사

① 정상가격산출방법이 승인된 경우에는 사전승인된 정상가격산출방법의 전제가 되는 조건이나 가정의 중요한 부분이 실현되지 아니한 경우에도 내국법인은 그 승인된 방법을 준수하여야 한다.

② 과세당국은 거래당사자의 일방이 국외특수관계자인 국제거래에 있어서 그 거래가격이 정상가격에 미달하거나 초과하는 경우에는 정상가격을 기준으로 내국법인의 과세표준과 세액을 결정 또는 경정할 수 있다.

③ 정상가격 산출과 관련하여 비교가능 제3자 가격방법, 재판매가격방법, 원가가산방법, 이익분할방법, 거래순이익률법 중 선택시 우선순위는 없다.

④ 내국법인은 일정기간의 사업연도에 대하여 정상가격산출방법을 적용하고자 하는 경우에는 정상가격산출방법을 적용하고자 하는 일정기간의 사업연도 중 최초의 사업연도종료일까지 국세청장에게 승인신청을 할 수 있다.

⑤ 외국주주가 내국법인의 의결권 있는 주식의 50% 이상을 직접 또는 간접으로 소유한 경우 해당 내국법인과 외국주주는 특수관계에 있다.

해답 ①

해설 국세청장과 거주자는 정상가격 산출방법이 승인된 경우에는 그 승인된 방법을 준수하여야 한다. 다만, 아래의 사유에 해당하는 경우에는 그러하지 아니하다.

1. 자료의 중요한 부분이 제출되지 아니하거나 거짓으로 작성된 경우
2. 거주자가 사전승인 내용 또는 그 조건을 준수하지 아니한 경우
3. 사전승인된 정상가격 산출방법의 전제가 되는 조건이나 가정의 중요한 부분이 실현되지 아니한 경우
4. 관련 법령 또는 조세조약이 변경되어 사전승인 내용이 적절하지 아니하게 된 경우

06 **다음은 국외특수관계자와의 거래에 대한 과세조정시 이용되는 정상가격의 산출과 관련된 설명이다. 잘못된 적용방법은?**

2004년 세무사

① ㈜독도는 비교가능제3자가격방법과 재판매가격방법, 원가가산방법 중 원가가산방법이 ㈜독도에게 가장 적절한 방법이라고 생각해서 원가가산방법을 이용하였다.

② ㈜백두는 비교가능제3자가격방법과 재판매가격방법, 원가가산방법 중 어떤 방법으로든지 정상가격을 산출할 수 없어서 이익분할방법을 이용하여 정상가격을 산출하였다.

③ ㈜설악은 비교가능제3자가격방법과 재판매가격방법, 원가가산방법 중 어떤 방법으로든지 정상가격을 산출할 수 없어서 거래순이익률방법을 이용하여 정상가격을 산출하였다.

④ ㈜한라는 현재 산출가능한 방법인 원가가산방법 보다 합리적이라고 판단되는 법에서 정한 산출방법 외의 방법을 적용하였다.

⑤ ㈜태백은 일정기간의 과세연도에 대하여 정상가격산출방법을 적용하기 위하여 국세청장에게 사전승인신청을 하였다.

해답 ④

해설 비교가능 제3자 가격방법, 재판매가격방법, 원가가산방법, 이익분할방법, 거래순이익률방법으로 정상가격을 산출할 수 없는 경우에 기타의 합리적이라고 판단되는 방법을 적용한다.

07 **국제조세조정에관한 법률에서 정하는 정상가격산출방법의 사전승인제도의 설명으로 잘못된 것은?**

2002년 세무사

① 사전승인을 받고자 하는 자가 소정의 서류를 구비하여 국세청장에게 승인을 신청할 수 있는 때는 일정기간의 과세연도 중 최초의 과세연도 종료일까지로 한다.

② 국세청장은 체약상대국의 권한 있는 당국과의 상호합의절차를 거쳐 합의를 하여야만 정상가격산출방법을 승인할 수 있으나 일정한 경우 예외가 인정된다.

③ 국세청장은 정상가격산출방법을 대상기간 이전과세연도에 대하여 소급적용을 승인할 수도 있다.

④ 납세자는 일단 승인받은 산출방법을 준수하여야 하며, 법령이나 조약이 개정되는 경우를 제외하고는 사전승인된 내용의 변경신청을 할 수 없다.

⑤ 사전승인을 얻은 자는 확정신고기한 다음날부터 6월이내에 연례보고서를 제출할 의무를 진다.

해답 ④

해설 납세자는 일단 승인받은 산출방법을 준수하여야 하나, 일정한 사유가 있는 경우 사전승인 내용의 변경을 신청할수 있다.

08 **정상가격에 의한 과세조정을 함에 있어서 내국법인의 익금에 산입한 금액 중 내국법인에게 반환되지 않은 금액에 대하여는 당해 국외특수관계자에 대한 배당으로 처분하거나 출자의 증가로 처분한다. 다음 중 국외특수관계자에 대한 출자의 증가로 간주하여 사내유보로 처분하는 것은?**

2001년 세무사

① 국외특수관계자가 내국법인의 의결권 있는 주식의 50% 이상을 소유하는 자가 의결권 있는 주식의 50% 이상을 소유하고 있는 제3의 외국법인인 경우
② 국외특수관계인이, 내국법인의 사업방침의 전부 또는 중요한 부분을 실질적으로 결정할 수 있는 외국법인인 경우
③ 국외특수관계인이, 내국법인이 사업방침의 전부 또는 중요한 부분을 실질적으로 결정할 수 있는 외국법인인 경우
④ 국외특수관계인이, 내국법인의 의결권 있는 주식의 50% 이상을 소유하는 외국주주인 경우
⑤ 국외특수관계인이, 내국법인이 의결권 있는 주식의 50% 이상을 소유하는 외국법인인 경우

해답 ⑤
해설 국외특수관계인이, 내국법인이 의결권 있는 주식 50% 이상을 소유하는 외국법인인 경우 출자의 증가로 간주하여 사내유보로 처분한다.

09 **국제조세조정에 관한 법률상 국외특수관계인 및 관련 과세조정에 관한 설명으로 옳지 않은 것은?**

2022년 세무사

① "국외특수관계인"이란 거주자, 내국법인 또는 국내사업장과 특수관계에 있는 비거주자 또는 외국법인(비거주자 또는 외국법인의 국내사업장은 제외)을 말한다.
② 과세당국은 거주자와 국외특수관계인이 사전에 원가·비용·위험의 분담에 대한 약정을 체결하고 이에 따라 무형자산을 공동으로 개발 또는 확보하는 경우 거주자의 원가등의 분담액이 정상원가분담액보다 많을 때에는 정상원가분담액을 기준으로 거주자의 과세표준과 세액을 결정하거나 경정할 수 있다.
③ 체약상대국이 거주자와 국외특수관계인의 거래가격을 정상가격으로 조정하고, 이에 대한 상호합의절차가 진행 중인 경우 거주자는 경정청구를 할 수 있으며, 과세당국은 그 경정청구의 결과에 따라 거주자의 각 과세연도 과세표준 및 세액을 조정하여 계산하여야 한다.
④ 과세당국은 국외특수관계인과의 거래에 대한 과세조정에 관한 규정을 적용할 때 납세의무자가 일방적 사전승인을 받은 경우로서 신고한 거래가격과 정상가격의 차이에 대하여 납세의무자의 과실이 없다고 국세청장이 판정하는 경우에는 「국세기본법」에 따른 과소신고가산세를 부과하지 아니한다.
⑤ 거주자는 일정 기간의 과세연도에 대하여 일정한 정상가격 산출방법을 적용하려는 경우에는 그 정상가격 산출방법을 적용하려는 일정 기간의 과세연도 중 최초의 과세연도 개시일의 전날까지 국세청장에게 사전승인을 신청할 수 있다.

해답 ③

해설 체약상대국이 거주자와 국외 특수관계인의 거래가격을 정상가격으로 조정하고, 이에 대한 상호합의 절차가 종결된 경우에는 과세당국은 그 합의에 따라 거주자의 각 과세연도 과세표준 및 세액을 조정하여 계산할 수 있다. 또한 각 과세연도 과세표준 및 세액의 조정을 받으려는 거주자는 수정신고 또는 경정청구를 하여야 한다.

10 **「국제조세조정에 관한 법률」상 이전가격세제에 관한 설명으로 옳지 않은 것은?** 2020년 세무사

① 거주자는 일정 기간의 과세연도에 대하여 정상가격 산출방법을 적용하려는 경우에는 정상가격 산출방법을 적용하려는 일정 기간의 과세연도 중 최초의 과세연도 개시일의 전날까지 국세청장에게 승인 신청을 할 수 있다.

② 이전가격세제 등에 따른 과세조정을 적용할 때 익금에 산입되는 금액이 국외특수관계인(내국법인이 출자한 법인임)으로부터 내국법인에게 반환된 것임이 확인되지 않을 경우에는 그 금액은 국외특수관계인에 대한 배당으로 처분한다.

③ 납세지 관할 세무서장은 납세의무자가 법령이 정한 부득이한 사유로 국제거래명세서를 정해진 제출기한까지 제출할 수 없는 경우로서 납세의무자의 신청을 받은 경우에는 1년의 범위에서 그 제출기한의 연장을 승인할 수 있다.

④ 국세청장은 신청인이 일방적 사전승인을 신청하는 경우에는 신청일부터 2년 이내에 사전승인 여부를 결정하여야 한다.

⑤ 국외특수관계인과의 거래에 대한 과세조정에 따라 내국법인이 아닌 거주자의 소득금액을 조정한 결과 감액되는 소득금액 중 국외특수관계인에게 반환되지 않은 금액은 그 거주자의 소득금액으로 보지 아니한다.

해답 ②

해설 국외특수관계인이, 내국법인이 의결권 있는 주식 50% 이상을 소유하는 외국법인인 경우 출자의 증가로 간주하여 사내유보로 처분한다.

CHAPTER 03

국외지배주주에게 지급하는 이자에 대한 과세조정(과소자본세제)

제1절 과소자본세제

01 국외지배주주에게 지급하는 이자의 과세조정에 관한 설명으로 옳지 않은 것은? 2013년 세무사

① 국외지배주주에게 지급하는 이자에 대한 과세조정은 자본금 대신 과다한 차입금을 들여와 이익규모를 부당하게 줄이는 것을 방지하기 위한 것이다.

② 배당으로 간주된 이자의 손금불산입은 정상가격에 따른 과세조정 및 법인세법상의 지급이자 손금불산입에 우선하여 적용한다.

③ 배당으로 간주된 이자의 손금불산입을 적용할 때 서로 다른 이자율이 적용되는 이자나 할인료가 함께 있는 경우에는 높은 이자율이 적용되는 것부터 먼저 손금에 산입하지 아니한다.

④ 내국법인이 법령으로 정하는 바에 따라 차입금의 규모 및 차입 조건이 특수관계가 없는 자 간의 통상적인 차입 규모 및 차입 조건과 같거나 유사한 것임을 증명하는 경우에는 그 차입금에 대한 지급이자 및 할인료에 대해서는 배당으로 간주된 이자의 손금불산입규정을 적용하지 아니한다.

⑤ 국외지배주주의 지급보증에 의하여 제3자로부터 차입한 금액에 대한 이자 중 손금에 산입되지 아니한 금액은 배당으로 처분된 것으로 본다.

해답 ⑤

해설 국외지배주주의 특수관계인으로부터 차입한 금액이나 국외지배주주의 지급보증에 의하여 제3자로부터 차입한 금액에 대한 이자 중 손금에 산입되지 아니한 금액은 기타사외유출로 처분된 것으로 본다.

02 **국제조세조정에 관한 법률상 국외지배주주에게 지급하는 이자에 대한 과세조정에 관한 설명으로 옳지 않은 것은?** 2009년 세무사

① 내국법인의 차입금 중 국외지배주주로부터 차입한 금액과 국외지배주주의 지급보증에 의하여 제3자로부터 차입한 금액이 그 국외지배주주가 주식 등으로 출자한 출자지분의 2배를 초과하는 경우에는 그 초과분에 대한 지급이자는 그 내국법인의 손금에 산입하지 아니한다.
② 내국법인의 차입금 중 내국법인이 국외지배주주가 아닌 국외특수관계자로부터 차입한 경우에 차입조건이 해당 내국법인과 국외지배주주에 의하여 실질적으로 결정되는 경우에는 이를 국외지배주주로부터 직접 차입한 금액으로 본다.
③ 배당으로 간주된 이자의 손금불산입 규정을 적용함에 있어서 서로 다른 이자율이 적용되는 이자 또는 할인료가 함께 있는 경우에는 낮은 이자율이 적용되는 것부터 먼저 손금에 산입하지 아니한다.
④ 내국법인이 국외지배주주가 아닌 제3자로부터 차입한 금액에 대한 지급이자 중 손금불산입된 금액에 대하여 해당 차입거래가 제3자 개입거래에 해당되어 국외지배주주로부터 직접 차입한 것으로 보는 경우에는 배당으로 처분한다.
⑤ 내국법인이 국외지배주주의 지급보증에 의하여 국외지배주주가 아닌 제3자로부터 차입한 금액에 대한 지급이자 중 손금불산입된 금액은 기타사외유출로 처분한다.

해답 ③
해설 배당으로 간주된 이자의 손금불산입 규정을 적용함에 있어서 서로 다른 이자율이 적용되는 이자 또는 할인료가 함께 있는 경우에는 높은 이자율이 적용되는 것부터 먼저 손금에 산입하지 아니한다.

03 **외국법인 A Ltd.가 100% 투자한 외국인투자기업 ㈜서울(제조업)의 다음 자료(사업연도 : 20×2. 1. 1.~12. 31.)에 따라 「국제조세조정에 관한 법률」의 과소자본세제에 관한 규정에 의해 해당 사업연도에 귀속하는 배당으로 간주할 이자금액을 계산하시오. 다만, 차입금의 이자율은 고려하지 아니한다.** 2008년 세무사

(1) A Ltd.의 ㈜서울에 대한 출자금액 적수는 4백억원 (2) ㈜서울의 A Ltd.에 대한 총차입금 적수는 2천억원 (3) ㈜서울이 A Ltd.에게 지급한 이자는 5천만원

① 8,000,000원 ② 12,000,000원 ③ 18,000,000원
④ 20,000,000원 ⑤ 30,000,000원

해답 ⑤
해설 $50,000,000 \times \frac{2천억원 - 4백억원 \times 2배}{2천억원} = 30,000,000$

04 **내국법인인 서울제조㈜는 국외 지배주주인 Kho Ltd.로부터 60% 출자받아 20×1. 4. 20. 설립되었고 차입금 등의 내역은 다음과 같다. 20×9년 사업연도(1. 1~12. 31) 세무조정상 손금불산입액을 산출하면 얼마인가?** 2007년 세무사

(1) Kho Ltd. 로부터 직전년도(20×8년도) 말에 4,000,000,000원을 차입하였고 이자율은 6%이다. 동 차입금은 특수관계가 없는 자간의 통상적인 조건에 의한 차입금으로 입증되었으며, 회사는 동 차입금에 대해서 당기(20×9년도) 지급이자로 240,000,000원을 인식하였다.

(2) 사업연도 종료일 현재 재무구조

가. 자산총계	7,500,000,000원
나. 주주차입금	4,000,000,000원
다. 기타부채	3,000,000,000원
라. 부채총계	7,000,000,000원
마. 납입자본금	400,000,000원(설립 이후 변동 없음)
바. 이익잉여금	100,000,000원
사. 자본총계	500,000,000원

(3) 손금불산입액 산출시 "국외지배주주의 내국법인 출자금액"은 다음 금액 중 큰 금액에 당해 내국법인의 당해 사업연도종료일 현재 납입자본총액에서 국외지배주주가 납입한 자본금이 차지하는 비율을 곱하여 산출한 금액으로 할 것

가. 당해 사업연도종료일 현재 재무상태표상의 자산의 합계액에서 부채의 합계액을 공제한 금액

나. 당해 사업연도종료일 현재의 납입자본금

① 204,000,000원 ② 132,000,000원 ③ 139,200,000원
④ 153,600,000원 ⑤ 186,000,000원

해답 ①

해설 업종별배수 2배 적용

초과적수 :

내국법인의 국외지배주주에 대한 총차입금 적수-(국외지배주주의 내국법인 출자금액 적수×2배)

= 40억×365-{max(75억-70억, 4억)×365×60%×2배}

= 14,600억-2,190억 = 12,410억

초과적수에 대한 이자비용 = 2.4억×(12,410억/14,600억) = 2.04억

05 **금융업을 영위하는 내국법인이 국외지배주주로부터 차입한 금액이 국외지배주주 출자지분의 6배를 초과하고 있다. 이런 경우 국외지배주주로부터 자본금 대신 차입금을 들여와 내국법인의 이익규모를 부당하게 줄이는 것을 방지하기 위한 국제조세조정에 관한 법률상 제도로서 가장 옳은 것은?**

2006년 세무사

① 국외지배주주의 실체를 인정하지 아니하고 국외지배주주에 대하여 조세조약을 적용하지 아니한다.

② 내국법인이 법령이 정하는 바에 따라 차입금의 규모 및 차입조건이 특수관계가 없는 자 간의 통상적인 차입규모 및 조건과 동일 또는 유사한 것임을 입증하는 경우를 제외하고 그 초과분 차입금에 대한 지급이자는 손금으로 산입하지 아니하고 배당 또는 기타사외유출로 처분된 것으로 본다.

③ 법인의 부담세액이 실제발생소득의 100분의 15 이하인 국가 또는 지역에 본점 또는 주사무소를 둔 외국법인에 대하여 내국인이 출자한 경우에는 그 외국법인 중 내국인과 특수관계의 각 사업연도 말 현재 배당 가능한 유보소득 중 내국인에게 귀속될 금액은 내국인이 배당받은 것으로 본다.

④ 내국법인이 국외지배주주의 지급보증에 의하여 제3자로부터 차입한 경우 초과분 차입금을 국외지배주주가 납입한 자본금으로 본다.

⑤ 내국법인이 국외지배주주 및 국외 특수관계자가 아닌 자로부터 차입한 경우 그 거래에 대하여 이전가격세제를 적용한다.

해답 ②

해설 국외지배주주로부터 자본금 대신 차입금을 들여와 내국법인의 이익규모를 부당하게 줄이는 것을 방지하기 위한 국제조세조정에 관한 법률상 제도는 과소자본세제에 관한 규정이다.

06 **다음은 국외지배주주에게 지급하는 이자에 대한 과세조정에 대한 설명이다. 가장 잘못된 것은?**

2005년 세무사

① 국외지배주주에게 지급하는 이자에 대한 과세조정은 법인세법에 의한 지급이자 손금불산입 규정에 우선하여 적용한다.

② 서로 다른 이자율이 적용되는 이자 또는 할인료가 함께 있는 경우에는 높은 이자율이 적용되는 것부터 먼저 손금에 산입하지 아니한다.

③ 국외지배주주의 지급보증에 의하여 제3자로부터 차입한 금액에 대한 이자 중 손금불산입된 금액은 기타사외유출로 처분된 것으로 본다.

④ 내국법인이 국외지배주주가 아닌 국외특수관계자로부터 차입을 한 경우, 당해 내국법인과 국외지배주주간에 사전계약이 있을 것이라는 요건만 만족하여도 국외지배주주로부터 직접 차입한 것으로 본다.

⑤ 내국법인인 ㈜독도(금융업 영위)의 국외지배주주로부터 차입한 금액이 1,100억원(㈜독도는 국외지배주주로부터의 차입금 이외의 차입금은 없음)이고 그 국외지배주주의 출자지분이 200억원인 경우에는 국외지배주주에게 지급하는 이자는 손금에 산입한다.

해답 ④

해설 내국법인이 국외지배주주가 아닌 자로부터 차입한 금액이 다음의 요건 모두를 충족하는 경우에는 국외지배주주로부터 직접 차입한 금액으로 보아 적용한다. 다만, 내국법인이 국외지배주주가 아닌 국외특수관계인으로부터 차입한 경우에는 제2호의 요건에만 해당하여도 적용한다.

1. 해당 내국법인과 국외지배주주 간에 사전계약이 있을 것
2. 차입조건을 해당 내국법인과 국외지배주주가 실질적으로 결정할 것

07 **다음은 "국외지배주주에 지급하는 이자에 대한 과세조정"에 대한 설명입니다. 잘못된 것은?**

2002년 세무사

① 내국법인의 차입금 중 국외지배주주로부터 차입한 금액이 그 국외지배주주가 주식 등으로 출자한 출자지분의 2배(금융업의 경우 6배)를 초과하는 경우에는 그 초과분에 대한 지급이자 및 할인료는 그 내국 법인의 손금에 산입하지 않는다.

② 이 지급이자 손금불산입규정은 법인세법상의 다른 지급이자 손금불산입규정에 우선하여 적용한다.

③ 내국법인이 국외지배주주로부터 차입한 금액이 차입금의 규모 및 차입조건에서 특수관계가 없는 자간의 통상적인 조건과 동일 또는 유사한 것임을 입증하는 경우에는 그 차입금에 대한 지급이자 및 할인료에 대하여는 과소자본세제를 적용하지 않는다.

④ 과소자본세제를 적용받는 내국법인이 각 사업연도 중에 지급한 이자 및 할인료에 대하여 국외지배주주에 대한 소득세를 원천징수한 경우에는 과소자본세제에 따른 배당에 대한 소득세를 계산함에 있어 이미 원천징수한 세액과 상계하여 조정한다.

⑤ 국외지배주주의 지급보증에 의하여 제3자로부터 차입한 금액에 대한 이자 중 손금불산입된 금액은 배당으로 처분된 것으로 본다.

해답 ⑤

해설 국외지배주주의 지급보증에 의하여 제3자로부터 차입한 금액에 대한 이자 중 손금불산입된 금액은 기타사외유출로 처분한다.

08 **국제조세조정에 관한 법률에서 규정하고 있는 내용으로 옳지 않은 것은?** 2022년 세무사

① 제조업을 영위하는 내국법인이 국외법인으로부터 차입한 금액에 대한 이자비용이 조정소득금액의 30퍼센트를 초과하는 경우에는 그 초과하는 금액은 손금에 산입하지 아니한다.

② 내국법인이 국외특수관계인과의 혼성금융상품 거래에 따라 지급한 이자등 중 법령으로 정하는 기간(이하 "적정기간") 이내에 그 거래 상대방이 소재한 국가에서 거래 상대방의 소득에 포함되지 아니하는 등 과세되지 아니한 금액은 적정기간 종료일이 속하는 사업연도의 소득금액을 계산할 때 법령으로 정하는 바에 따라 익금에 산입하며「법인세법」에 따른 기타사외유출로 처분된 것으로 본다.

③ 조세조약에서 정의하지 아니한 용어 및 문구에 대해서는「국세기본법」제2조제2호에따른 세법에서 정의하거나 사용하는 의미에 따라 조세조약을 해석·적용한다.

④ 배당간주금액은 특정외국법인의 해당 사업연도 종료일의 다음 날부터 60일이 되는 날이 속하는 내국인의 과세연도의 익금 또는 배당소득에 산입한다.

⑤ 출자금액 대비 과다차입금 지급이자의 손금불산입 규정에 따라 손금불산입 되는 내국법인의 지급이자 및 할인료는「법인세법」에 따른 배당 또는 기타사외유출로 처분된 것으로 본다.

해답 ①

해설 내국법인이 국외 특수관계인으로부터 차입한 금액에 대한 순이자비용이 조정소득금액의 30퍼센트를 초과하는 경우에는 그 초과하는 금액은 손금에 산입하지 아니하며「법인세법」에 따른 기타사외유출로 처분된 것으로 본다.

CHAPTER 04

특정외국법인의 유보소득에 대한 합산과세(조세피난방지세제)

제1절 조세피난방지세제

01 **다음의 자료를 이용하여 내국법인 A의 배당간주금액을 계산하면 얼마인가? (단, 주어진 자료 이외의 다른 사항은 고려하지 않음)**

2013년 세무사

> (1) 내국법인 A는 내국법인 B의 주식을 100% 보유하고, B는 A와 특수관계에 있는 외국법인 Z의 주식을 30% 보유하고 있다.
> (2) 내국법인 A는 내국법인 C의 주식을 100% 보유하고, C는 외국법인 Z의 주식을 20% 보유하고 있다.
> (3) 외국법인 Z는 법인세 부담세액이 실제발생소득의 5%인 외국에 본점을 두고 있고, 그 배당가능유보소득이 1,000,000달러이다.

① 50,000달러 ② 200,000달러 ③ 250,000달러
④ 300,000달러 ⑤ 500,000달러

해답 ⑤
해설 1,000,000달러 × (30% + 20%) = 500,000달러

02 **국제조세조정에 관한 법률상 특정외국법인의 유보소득의 배당간주 제도에 대한 설명으로 가장 틀린 것은?**

2007년 세무사

① 법인의 실제발생소득의 전부 또는 상당부분에 대하여 조세를 부과하지 아니하거나 그 법인의 부담세액이 당해 실제발생소득의 100분의 15 이하인 국가 또는 지역에 본점 또는 주사무소를 둔 외국법인에 법 소정의 내국인이 출자한 경우에는 특정외국법인의 유보소득의 배당간주 규정이 적용된다.
② 사업연도가 1년인 특정외국법인의 각 사업연도말 현재 실제발생소득이 2억원 이하인 경우에는 특정외국법인의 유보소득의 배당간주 규정이 적용되지 않는다.
③ 각 사업연도말 현재 발행주식의 총수 또는 출자금액의 100분의 10 이상을 직접 또는 간접으로 보유하고 있는 내국인에 대하여는 특정외국법인의 유보소득의 배당간주 규정이 적용된다.

④ 특정외국법인이 조세피난처에 사업을 위하여 필요한 사무소·점포·공장 등의 고정된 시설을 가지고 있고, 그 국가 또는 지역에서 사업을 실질적으로 영위하고 있는 경우에는 도매업 또는 금융보험업 등을 영위하는 법인이더라도 유보소득의 배당간주규정을 적용하지 아니한다.

⑤ 특정외국법인의 유보소득이 배당간주 되어 내국법인의 익금으로 산입된 후 그 외국법인이 당해 유보소득을 실제로 배당한 경우(의제배당 포함)에는 이를 법인세법상 이월익금으로 본다.

해답 ④

해설 특정외국법인이 조세피난처에 국가 또는 지역에 사업을 위하여 필요한 사무소, 점포, 공장 등의 고정된 시설을 가지고 있고, 그 법인이 스스로 사업을 관리하거나 지배 또는 운영을 하며, 그 국가 또는 지역에서 주로 사업을 하는 경우에는 유보소득의 배당간주규정 적용하지 아니한다. 다만, 다음의 어느 하나에 해당하는 특정외국법인의 경우에는 그러하지 아니하다.

1. 도매업, 금융 및 보험업, 부동산업 및 임대업, 전문, 과학 및 기술 서비스업(건축기술, 엔지니어링 및 관련 기술서비스업은 제외한다), 사업시설관리, 사업지원 및 임대서비스업을 하는 특정외국법인으로서 대통령령으로 정하는 요건에 해당하는 법인
2. 주식 또는 채권의 보유, 지식재산권의 제공, 선박·항공기·장비의 임대, 투자신탁 또는 기금에 대한 투자를 주된 사업으로 하는 법인

03 투자자㈜는 피투자㈜의 주식을 소유하고 있다. 다음 중 아직 배당하지 않은 피투자㈜의 이익이나 과세소득의 전부 또는 일부가 투자자㈜의 과세소득에 반영될 수 있는 경우는? (단, 피투자㈜는 주식 또는 채권의 보유를 주된 사업으로 하고 있고, 투자자㈜는 자본시장과 금융투자업에 관한 법률에 의한 투자회사가 아니다.)

2005년 세무사

① 피투자㈜ 주식을 소유한 목적이 단기간 내의 매매차익을 얻는 데 있고 매수와 매도가 적극적이고 빈번하게 이루어지는 경우

② 피투자㈜ 주식의 소유목적이 장기적 지배목적인 경우

③ 투자자㈜가 피투자㈜ 주식의 10% 이상을 소유하고 있고 피투자㈜가 법인세를 부과하지 아니하는 국가에 본점을 둔 외국법인인 경우

④ 피투자㈜ 주식에 시장성이 없는 경우

⑤ 투자자㈜가 피투자㈜ 주식의 20% 이상을 소유하고 있어서 투자자㈜가 피투자㈜에 중대한 영향력을 미치고 지분법 적용대상에 해당하는 경우

해답 ③

해설 특정외국법인의 각 사업연도 말 현재 발행주식의 총수 또는 출자총액의 100분의 10 이상을 직접 또는 간접으로 보유한 내국인은 법인의 부담세액이 실제발생소득의 100분의 15 이하인 국가 또는 지역에 본점 또는 주사무소를 둔 외국법인에 대하여 내국인이 출자한 경우에는 그 외국법인 중 내국인과 특수관계의 각 사업연도 말 현재 배당 가능한 유보소득 중 내국인에게 귀속될 금액은 내국인이 배당받은 것으로 본다.

04 **국제조세조정에 관한 법률에서 규정하고 있는 내용에 관한 설명으로서 틀린 것은?** 2003년 세무사

① 법인의 부담세액이 실제발생소득의 100분의 15 이하인 국가 또는 지역에 본점 또는 주사무소를 둔 외국법인에 대하여 내국인이 출자한 경우에는 그 외국법인 중 내국인과 특수관계의 각 사업연도 말 현재 배당 가능한 유보소득 중 내국인에게 귀속될 금액은 내국인이 배당받은 것으로 보며, 배당으로 간주된 금액(이하 이 조에서 "배당간주금액"이라 한다)은 특정외국법인의 해당 사업연도 종료일이 속하는 내국인의 과세연도의 익금 또는 배당소득(이하 이 장에서 "익금등"이라 한다)에 산입한다.

② 배당으로 간주된 이자의 손금불산입(과소자본세제)에 있어서 손금불산입의 대상이 되는 지급이자 및 할인료에는 사채할인발행차금상각액과 융통어음할인료가 포함된다.

③ 정상가격에 의한 과세조정에 있어서 신고된 거래가격과 정상가격의 차이에 대하여 납세의무자의 과실이 없다고 상호합의절차의 결과에 따라 확인되는 경우 또는 납세의무자가 소득세나 법인세를 신고할 때 적용한 정상가격 산출방법에 관한 증명자료를 보관·비치하고, 합리적 판단에 따라 그 정상가격 산출방법을 선택하여 적용한 것으로 인정되는 경우에는 과소신고가산세를 부과하지 아니한다.

④ 정상가격에 의한 과세조정에 있어서 국제거래의 상대방인 국외특수관계자가 내국법인이 출자한 법인에 해당하는 경우에는 내국법인의 익금에 산입되는 금액 중 내국법인에게 반환되지 아니하는 금액은 그 국외특수관계자에 대한 출자의 증가로 간주하여 사내유보로 처분한다.

⑤ 과세당국으로부터 정상가격에 의한 과세조정의 적용에 필요한 거래가격산정방법 등의 자료제출을 요구받은 자가 정당한 사유없이 기한 내에 자료를 제출하지 않은 때에는 1억원 이하의 과태료에 처한다.

해답 ①

해설 특정외국법인의 해당 사업연도 종료일의 다음날부터 60일이 되는 날이 속하는 내국인의 과세연도의 익금 또는 배당소득에 산입한다.

05 **「국제조세조정에 관한 법률」상 특정외국법인의 유보소득 배당 간주에 관한 설명으로 옳지 않은 것은?**

2016년 세무사

① 특정외국법인으로서 선박·항공기·장비의 임대를 주된 사업으로 하는 법인이, 조세피난처에서 사업을 위하여 필요한 공장 등의 고정된 시설을 가지고 있고, 그 법인이 스스로 사업을 관리하며, 당해 지역에서 주로 사업을 하는 경우에는 유보소득의배당간주 규정을 적용하지 아니한다.

② 특정외국법인의 유보소득 중 배당으로 간주하는 금액은 특정외국법인의 배당 가능한 유보소득에 해당 내국인(당해 유보소득을 배당받는 것으로 간주되는 내국인임)의 특정외국법인 주식 보유비율을 곱하여 계산한다.

③ 특정외국법인의 유보소득을 배당받는 것으로 간주되는 내국인의 범위는 특정 외국법인의 각 사업연도 말 현재 발행주식의 총수 또는 출자총액의 100분의 10 이상을 직접 또는 간접으로 보유한 자로 한다.

④ 특정외국법인의 유보소득으로서 배당으로 간주된 금액은 특정외국법인의 해당 사업연도 종료일의 다음날부터 60일이 되는 날이 속하는 내국인의 과세연도의 익금 또는 배당소득에 산입한다.

⑤ 법인의 부담세액이 실제발생소득의 100분의 15 이하인 국가 또는 지역인지 여부를 판정함에 있어, 법인의 본점 또는 주사무소가 있는 국가 또는 지역에서 일반 적으로 인정되는 회계원칙이 우리나라의 기업회계기준과 현저히 다른 경우에는 우리나라의 기업회계기준을 적용하여 산출한 재무제표상의 법인세차감 전 당기 순이익을 실제발생 소득으로 본다.

해답 ①

해설 특정외국법인이 특정국가등에 사업을 위하여 필요한 사무소, 점포, 공장 등의 고정된 시설을 가지고 있고, 그 법인이 스스로 사업을 관리하거나 지배 또는 운영을 하며, 그 특정국가등에서 주로 사업을 영위함으로서 특정외국법인의 유보소득 배당간주 규정을 적용받지 아니하는 특정외국법인의 경우에도 특정업종 영위법인이나 특정사업 영위법인에 해당하는 경우에는 특정외국법인의 유보소득 배당간주 규정을 적용한다. 이때 특정사업 영위법인이란 다음의 행위를 주된 사업으로 하는 법인을 말하며, 이 경우 주된 사업의 판단기준은 해당 특정외국법인의 총 수입금액 중 50퍼센트를 초과하는 수입금액을 발생시키는 사업으로 한다.

① 주식 또는 채권의 보유
② 지식재산권의 제공
③ 선박·항공기·장비의 임대
④ 투자신탁 또는 기금에 대한 투자

06 **「국제조세조정에 관한 법률」상 특정외국법 인의 유보소득의 배당간주 규정에 관한 설명으로 옳지 않은 것은? (다툼이 있으면 판례에 따름)** 2017년 세무사

① 법인의 부담세액이 실제발생소득의 100분의 15 이하인 국가에 본점을 둔 외국법 인에 대하여 내국인이 출자한 경우 그 외국법인 중 내국인과 특수관계가 있는 법인은 특정외국법인에해당한다.

② 특정외국법인의 배당가능 유보소득은 특정외국법인마다 개별적으로 산정하여야 한다.

③ 선박임대를 주된 사업으로 하는 특정외국법인이 사업을 위하여 필요한 사무소를 가지고 있고 그 법인이 스스로 사업을 운영하며 그 사무소가 소재하는 국가에서 주로 사업을 하는 경우 특정외국법인의 유보소득의 배당간주 규정이 적용되지 아니한다.

④ 배당간주금액은 특정외국법인의 해당 사업연도 종료일의 다음날부터 60일이 되 는날이 속하는내국인의과세연도의 익금또는 배당소득에 산입된다.

⑤ 특정외국법인의 유보소득이 내국법인의 익금으로 산입된 후 그 특정외국법인이 그 유보소득을 실제로 배당한 경우에는 「법인세법」에 따른 이월익금으로 보거나 「소득세법」에따른 배당소득에해당하지 아니하는것으로 본다.

해답 ③

해설 다음 중 어느 하나의 특정사업을 영위하는 법인의 경우 특정외국법인의 유보소득 배당간주 규정을 적용한다.

① 주식 또는 채권의 보유
② 지식재산권의 제공
③ 선박·항공기·장비의 임대
④ 투자신탁 또는 기금에 대한 투자

CHAPTER

05 국외 증여에 대한 증여세 과세특례

01 국제조세조정에 관한 법률에서 규정하고 있는 국외증여에 대한 증여세과세특례와 관련된 다음의 설명 중 틀린 것은? 2000년 세무사

① 국내에 주소를 둔 자가 국외에 주소를 둔 자에게 국외에 있는 재산을 증여(증여자의 사망으로 인하여 효력이 발생하는 증여를 제외)하는 경우에는 상속세 및 증여세법의 규정에 불구하고 증여자는 국제조세조정에 관한 법률에 의하여 증세를 납부할 의무가 있다. 다만, 해당 재산에 대하여 외국의 법령에 의하여 증여세가 부과되는 경우에는 그러하지 아니하다.

② 국외증여에 대하여 국제조세조정에 관한 법률에 의해 증여세를 납부하기 위해 증여재산의 시가를 산정하는 경우, 증여재산의 증여일 전후 6월 이내에 이루어진 실제매매가액이나 증여재산의 증여일 전후 6일 이내에 평가된 공신력 있는 감정기관의 감정가액, 증여재산의 증여일 전후 6월 이내에 수용 등을 통하여 확정된 증여재산의 보상가액이 확인되는 때에는 이를 해당 증여재산의 시가로 한다.

③ 국외증여에 대하여 국제조세조정에 관한 법률에 의해 증여세를 납부할 때 시가를 산정하기 어려울 때에는 해당 재산의 종류·규모·거래상황 등을 참작하여 상속세 및 증여세법의 규제를 준용하여 증여재산가액을 평가한다.

④ 국외증여에 대하여 국제조세조정에 관한 법률에 의해 증여세를 납부할 때 상속세 및 증여세법의 규정을 준용하여 증여재산가액을 평가하는 것이 적절하지 아니한 경우에는 감정평가업자가 평가한 가액을 이용한다.

⑤ 국외증여에 대하여 국세조세조정에 관한 법률에 의해 증여세를 납부할 때 상장주식가액의 산정은 평가기준일 전 3개월 동안 공표된 매일의 거래소 최종시세가액의 평균액에 따른다.

해답 ⑤

해설 국외증여에 대하여 국세조세조정에 관한 법률에 의해 증여세를 납부할 때 상장주식가액의 산정은 평가기준일 전후 각 2개월 동안 공표된 매일의 거래소 최종시세가액의 평균액에 따른다.

02 「국제조세조정에 관한 법률」상 국외에 있는 재산의 증여에 관한 설명으로 옳은 것은?

2016년 세무사

① 거주자가 비거주자에게 국외에 있는 부동산을 증여하는 경우 수증자는 증여세를 납부할 의무가있다.

② 비거주자인 수증자가 거주자인 증여자의 특수관계인이 아닌 경우로서 국외에 있는 재산에 대하여 외국의 법령에 따라 증여세가 면제되는 경우 증여자의 증 여세 납부의무는 면제되지 아니한다.

③ 비거주자인 수증자가 거주자인 증여자의 특수관계인인 경우 국외에 있는 부동산에 대하여 외국의 법령에 따라 증여세가 부과되면 증여자의 증여세 납부의무를 면제한다.

④ 국외에 있는 재산을 증여하는 거주자에는 본점이나 주된 사무소의 소재지가 국내에 있는 비영리법인이 포함된다.

⑤ 증여재산의증여일전후6개월이내에공신력있는감정기관이평가한감정가액은 증여재산의 시가로볼 수 없다.

해답 ④

해설 국외 증여에 대한 과세특례 적용시 국외에 있는 재산을 증여하는 거주자에는 본점이나 주된 사무소의 소재지가 국내에 있는 비영리법인을 포함한다.

CHAPTER

06 상호합의절차

01 **상호합의절차에 관한 설명으로 옳지 않은 것은?** 2014년 세무사

① 우리나라와 체약상대국의 권한 있는 당국 간에 상호합의절차가 이루어지지 아니하여 상호합의절차를 계속 진행하기로 합의하는 경우 상호합의절차의 종료일은 개시일의 다음날부터 8년을 초과할 수 없다.

② 체약상대국과 상호합의절차가 시작된 경우에 상호합의절차의 종료일의 다음날부터 1년의 기간과 「국세기본법」 제26조의2 제1항에서 규정하는 국세 부과의 제척기간 중 나중에 도래하는 기간의 만료일 후에는 국세를 부과할 수 없다.

③ 우리나라의 거주자 또는 내국법인이 과세사실을 안 날로부터 3년이 지나 상호합의절차 개시를 신청한 경우에는 기획재정부장관이나 국세청장은 체약상대국의 권한 있는 당국에 상호합의절차 개시를 요청하지 않아도 된다.

④ 기획재정부장관이나 국세청장은 상호합의절차의 개시를 신청한 납세자가 상호합의절차의 진행에 필요한 자료제출 요구에 성실하게 협조하지 아니하는 경우에는 상호합의절차를 직권으로 종료할 수 있다.

⑤ 상호합의절차가 종결된 후에 법원의 확정판결이 있는 경우로서 그 확정판결 내용이 그 상호합의 결과와 다를 때에는 그 상호합의의 결과를 근거로 재심절차를 청구할 수 있다.

해답 ⑤

해설 상호합의절차가 종결된 후에 법원의 확정판결이 있는 경우로서 그 확정판결 내용이 그 상호합의 결과와 다를 때에는 그 상호합의는 처음부터 없었던 것으로 한다.

02 **상호합의절차에 관한 설명으로 옳지 않은 것은?** 2012년 세무사

① 상호합의절차란 조세조약의 해석이나 부당한 과세처분 또는 과세소득의 조정에 대하여 우리나라의 권한 있는 당국과 체약상대국의 권한 있는 당국 간에 협의를 통하여 해결하는 절차를 말한다.

② 내국법인이 체약상대국의 과세당국으로부터 조세조약의 규정에 부합하지 않는 과세처분을 받았거나 받을 우려가 있는 경우, 국세청장에게 상호합의절차의 개시를 신청할 수 있다.

③ 조세조약의 적용 및 해석에 관하여 체약상대국과 협의할 필요가 있는 경우, 신청인은 국세청장에게 상호합의절차의 개시를 신청할 수 있다.

④ 국세청장은 상호합의절차 개시 신청을 받은 이후에도 신청인이 동의하는 경우, 체약상대국에 상호합의절차 개시를 요청하지 아니할 수 있다.

⑤ 상호합의절차가 진행 중일 때에 법원의 확정판결이 있는 경우, 그 확정판결일을 상호합의절차의 종료일로 한다.

해답 ③

해설 조세조약의 적용 및 해석에 관하여 체약상대국과 협의할 필요가 있는 경우, 신청인은 기획재정부장관에게 상호합의절차의 개시를 신청할 수 있다.

03 **기획재정부장관이나 국세청장이 조세조약에 관하여 상호합의절차 개시의 신청을 받은 때에는 '법령에 정한 경우'를 제외하고는 체약상대국의 권한 있는 당국에 상호합의절차 개시를 요청하여야 한다. '법령에 정한 경우'에 해당하지 않는 것은?** 2010년 세무사

① 국외에서 법원의 확정판결이 있는 경우

② 국내에서 기획재정부 및 국세청의 유권해석이 있는 경우

③ 조세조약상 신청 자격이 없는 자가 신청한 경우

④ 납세자가 조세 회피를 목적으로 상호합의절차를 이용하려고 하는 사실이 인정되는 경우

⑤ 과세 사실을 안 날부터 3년이 지나 신청한 경우

해답 ②

해설 법령에 정한 경우는 다음과 같다.

1. 국내 또는 국외에서 법원의 확정판결이 있는 경우
2. 조세조약상 신청 자격이 없는 자가 신청한 경우
3. 납세자가 조세 회피를 목적으로 상호합의절차를 이용하려고 하는 사실이 인정되는 경우
4. 과세 사실을 안 날부터 3년이 지나 신청한 경우

04 상호합의절차의 개시와 관련된 설명으로 가장 틀린 것은?

2006년 세무사

① 조세조약의 적용 및 해석에 관하여 체약상대국과 협의할 필요가 있는 때에는 재정경제부장관에게 상호합의절차의 개시를 신청할 수 있다.

② 납세지 관할세무서장 또는 지방자치단체장은 납세고지 전에 상호합의 절차가 개시된 경우에는 그 절차의 종료일까지 고지를 유예하거나 결정된 세액을 분할고지할 수 있다.

③ 납세자가 조세회피를 목적으로 상호합의절차를 이용하려고 하는 사실이 인정되는 경우에는 거주자 등으로부터 상호합의절차의 개시신청이 있었다 하더라도 제정경제부장관 또는 국세청장은 체약상대국에 상호합의절차의 개시를 요청하지 않아도 된다.

④ 체약상대국의 권한 있는 당국으로부터 상호합의 절차의 개시요청을 받은 경우에는 이를 수락하는 의사를 체약상대국의 권한 있는 당국에 통보한 날을 상호합의절차의 개시일로 한다.

⑤ 상호합의절차가 개시된 경우 상호합의절차의 개시일부터 종료일까지의 기간은 불복청구기간에 산입한다.

해답 ⑤

해설 상호합의절차가 개시된 경우 상호합의절차의 개시일부터 종료일까지의 기간은 불복청구기간에 산입하지 않는다.

05 거주자는 일정한 경우 재정경제부장관 또는 국세청장에게 상호합의절차의 개시를 신청할 수 있다. 다음 중 국세청장에게 신청하는 경우가 아닌 것은?

2003년 세무사

① 체약상대국의 과세당국으로부터 조세조약의 규정에 부합하지 아니하는 과세처분을 받았거나 받을 우려가 있는 경우

② 조세조약에 따라 우리 나라와 체약상대국간에 조세조정이 필요한 경우

③ 조세조약의 적용 및 해석에 관하여 체약상대국과 협의할 필요성이 있은 경우

④ 현저히 형평을 잃거나 차별적으로 취하여진 체약상대국의 부당한 과세처분을 받았거나 받을 우려가 있는 경우

⑤ 세법의 규정에 부합하지 아니하거나 과세방법이 잘못된 체약상대국의 부당한 과세처분을 받았거나 받을 우려가 있는 경우

해답 ③

해설 조세조약의 적용 및 해석에 관하여 체약상대국과 협의할 필요성이 있은 경우 기획기재정부장관에게 상호합의절차 개시를 신청해야 한다.

06 **다음은 국제조세조정에 관한 법률의 상호합의 절차에 관하여 설명한 것이다. 가장 잘못된 것은?**

2001년 세무사

① 우리나라 국민·거주자 또는 내국법인과 비거주자 또는 외국법인(국내에 사업장을 둔 비거주자 또는 외국법인만 해당)은 조세조약의 적용 및 해석에 관하여 체약상대국과 협의할 필요성이 있는 경우, 체약상대국의 과세당국으로부터 조세조약의 규정에 부합하지 아니하는 과세처분을 받았거나 받을 우려가 있는 경우, 조세조약에 따라 우리나라와 체약상대국간에 조세조정이 필요한 경우에는 상호합의절차의 개시를 신청할 수 있다.

② 상호합의절차의 종료일은 우리나라와 체약상대국의 권한 있는 당국 간에 문서에 의하여 합의가 이루어진 날로 한다. 다만, 상호합의가 이루어지지 아니한 경우에는 개시일의 다음 날부터 5년이 되는 날을 상호합의절차의 종료일로 한다. 상호합의절차가 진행 중인 때에 법원의 확정판결이 있는 경우에는 그 확정판결일을 상호합의절차의 종료일로 한다.

③ 기획재정부장관 또는 국세청장은 상호합의절차가 종결된 경우에는 과세당국, 지방자치단체의 장, 국세심판원장 기타 관계기관 및 상호합의절차 개시 신청인에게 그 결과를 상호합의절차의 종료일의 다음 날부터 15일내에 통보하여야 한다.

④ 체약상대국과 상호합의절차가 개시된 경우에 상호합의절차의 종료일의 다음 날부터 5년간의 기간과 국세기본법상의 국세부과제척기간 중 먼저 도래하는 기간이 만료된 날 후에는 국세를 부과할 수 없다.

⑤ 기획재정부장관 또는 국세청장은 상호합의절차의 개시를 신청한 납세자에게 상호합의절차의 진행에 필요한 서류를 제출하도록 요구할 수 있으며 납세자가 이러한 자료제출요구에 성실하게 협조하지 아니하는 경우에는 상호합의절차를 직권으로 종료할 수 있다.

해답 ④

해설 체약상대국과 상호합의절차가 개시된 경우에 상호합의절차의 종료일의 다음 날부터 1년간의 기간과 국세기본법상의 국세부과제척기간 중 나중에 도래하는 기간이 만료된 날 후에는 국세를 부과할 수 없다.

CHAPTER

07 국가 간 조세행정 협조

01 국제조세조정에 관한 법률에 대한 설명으로 가장 틀린 것은? 2006년 세무사

① 거주자가 비거주자에게 국외에 있는 재산을 증여하는 경우에는 해당 재산에 대하여 외국 법령에 의하여 증여세가 부과되는 경우를 제외하고는 증여자가 증여세를 납부하는 의무를 진다.

② 체약상대국이 거주자와 국외특수관계인의 거래가격을 정상가격으로 조정하고, 이에 대한 상호합의절차가 종결된 경우에는 과세당국은 합의에 따라 거주자의 각 과세연도 소득금액 및 결정세액을 조정하여 계산할 수 있다.

③ 비거주자 또는 외국법인의 국내원천소득의 구분에 있어서는 소득세법 및 법인세법의 규정에 불구하고 조세조약의 규정이 우선적용된다.

④ 대상조세에 지방소득세가 포함되지 아니하는 조세조약의 규정상 비거주자 또는 외국법인의 국내원천소득 중 이자·배당 또는 지식재산권 등의 사용대가에 대하여는 조세조약상의 제한세율과 소득세법 및 법인세법에서 규정하는 세율 중 높은 세율을 적용한다.

⑤ 국제거래의 가격이 정상가격과 다른 경우에도 동일한 국외 특수관계자와의 동일한 과세연도 내의 다른 국제거래에 있어서 그 차액이 상계된다고 거주자가 입증하는 때에는 그 상계되는 모든 국제거래를 하나의 국제거래로 보아 정상가격을 기준으로 거주자의 과세표준 및 세액을 결정 또는 경정할 수 있다.

해답 ④

해설 대상조세에 지방소득세가 포함되지 아니하는 조세조약의 규정상 비거주자 또는 외국법인의 국내원천소득 중 이자·배당 또는 지식재산권 등의 사용대가에 대하여는 조세조약상의 제한세율과 소득세법 및 법인세법에서 규정하는 세율 중 낮은 세율을 적용한다.

02 **다음 중 국제조세조정에 관한 법률에서의 국가간 조세협력에 대한 설명으로 타당하지 않은 것은?**

2002년 세무사

① 비거주자의 국내원천소득의 구분에 있어서는 소득세법의 규정에도 불구하고 조세조약의 규정이 우선 적용된다.

② 과세당국은 체약상대국이 제한세율의 적용과 관련하여 내국법인에게 거주자 증명을 요구하는 경우에는 그 증명을 발급할 수 있다.

③ 납세지 관할 세무서장 또는 지방자치단체의 장은 국내에서 납부할 조세를 징수하기 곤란하여 체약상대국에서 징수하는 것이 불가피하다고 판단되는 경우에는 체약상대국의 권한 있는 당국에게 조세 징수를 위하여 필요한 조치를 하도록 요청할 수 있다.

④ 국세청장은 체약상대국이 조세조약에 따라 세무조사협력을 요청하는 경우 이를 수락할 수 있다.

⑤ 조세조약의 대상조세에 지방소득세가 포함되는 경우에는 외국법인의 국내원천소득 중 이자소득에 대하여 조세조약상의 제한세율과 지방소득세를 포함한 법인세법에서 규정하는 세율 중 낮은 세율을 적용한다.

해답 ③

해설 납세지 관할 세무서장 또는 지방자치단체의 장은 국내에서 납부할 조세를 징수하기 곤란하여 체약상대국에서 징수하는 것이 불가피하다고 판단되는 경우에는 국세청장에게 체약상대국에 대하여 조세 징수를 위하여 필요한 조치를 하도록 요청할 수 있다.

03 **다음은 국제조세조정에 관한 법률상 국가간 조세협력에 대한 설명이다. 틀린 것은?**

2000년 세무사

① 권한 있는 당국은 조세의 부과와 징수, 조세불복에 대한 심리 및 형사소추 등을 위하여 필요한 조세정보를 다른 법률에 저촉되지 아니하는 범위 내에서 체약상대국과 교환할 수 있다.

② 권한 있는 당국은 조세조약이 적용되는 자와의 거래에 대하여 세무조사가 필요하다고 판단되는 경우에는 그 거래에 대하여 체약상대국과 동시에 세무조사를 할 수 있다.

③ 납세지 관할세무서장 또는 지방자치단체의 장은 국내에서 납부할 조세의 징수가 곤란하여 체약상대국에서 징수하는 것이 불가피하다고 판단되는 경우에는 국세청장에게 체약상대국에 대하여 조세의 징수를 위하여 필요한 조치를 하도록 요청할 수 있다.

④ 국세청장은 체약상대국의 권한 있는 당국에게 위탁받은 조세징수와 관련된 법원의 확정판결문 등 조세징수대상자의 납세의무를 확인할 수 있는 자료를 요구할 수 있다.

⑤ 조세조약의 규정상 비거주자 또는 외국법인의 국내원천소득 중 이자·배당 또는 지적재산권 등의 사용대가에 대하여 조세조약상의 제한세율을 적용한다.

해답 ⑤

해설 조세조약의 규정상 비거주자 또는 외국법인의 국내원천소득 중 이자·배당 또는 지적재산권 등의 사용대가에 대하여 조세조약상의 제한세율과 소득세법 또는 법인세법에 정한 세율 중 낮은 세율을 적용한다.

04 **「국제조세조정에 관한 법률」상 국가 간 조세 협력에 관한 설명으로 옳은 것은?** 2017년 세무사

① 비거주자 또는 외국법인의 국내원천소득의 구분에 관하여는 「소득세법」과 「법인세법」이 조세조약에 우선하여 적용된다.

② 조세조약의 규정상 비거주자 또는 외국법인의 국내원천소득 중 이자소득 및 배당소득에 대해서는 조세조약 상의제한세율을 적용하여야 한다.

③ 납세지관할세무서장은 국내에서 납부할 조세를 징수하기 곤란하여 체약상대국에서 징수하는 것이 불가피하다고 판단되는 경우 체약상대국에 대하여 조세징수를 위하여 필요한 조치를 하도록 직접 요청할수 있다.

④ 권한 있는 당국은 조세조약상 체약상대국과 상호주의에 따른 정기적인 금융정보의 교환을 위하여 필요한 경우 체약상대국의 조세 부과 및 징수와 납세의 관리에 필요한 거주자의금융거래내용을 금융회사의장에게 요구할 수 있다.

⑤ 금융회사는 권한 있는 당국의 요구가 있는 경우에만 그 사용 목적에 필요한 최소한의 범위에서 해당 금융회사의 금융거래 상대방에 대한 납세자번호를 포함한 인적사항을 확인·보유할 수 있다.

해답 ④

해설 우리나라의 권한 있는 당국은 조세의 부과와 징수, 조세 불복에 대한 심리(審理) 및 형사 소추 등을 위하여 필요한 조세정보[납세의무자를 최종적으로 지배하거나 통제하는 개인(이하 "실제소유자"라 한다)에 대한 정보를 포함]와 국제적 관행으로 일반화되어 있는 조세정보를 다른 법률에 어긋나지 아니하는 범위에서 획득하여 체약상대국과 교환할 수 있다. 또한 과세당국은 조세정보의 교환을 위하여 필요한 경우 납세의무자의 실제소유자 정보를 납세의무자에게 요구할 수 있다.

05 **「국제조세조정에 관한 법률」상 국가 간 조세 협력에 관한 설명으로 옳지 않은 것은?**

2018년 세무사

① 비거주자 또는 외국법인의 국내원천소득의 구분에 관하여는 「소득세법」 및 「법인세법」이 조세조약에 우선하여 적용된다.

② 납세지 관할 세무서장은 국내에서 납부할 조세를 징수하기 곤란하여 체약상대국에서 징수하는 것이 불가피하다고 판단되는 경우에는 국세청장에게 체약상대국 에 대하여 조세 징수를 위하여 필요한 조치를 하도록 요청할 수 있다.

③ 체약상대국에 납부할 조세를 우리나라에서 징수해 주도록 조세조약에 따라 체약 상대국의 권한 있는 당국으로부터 위탁을 받은 경우에는 국세청장은 대통령령으로 정하는 바에 따라 납세지 관할 세무서장에게 국세징수의 예에 따라 징수하도록 할 수 있다.

④ 권한 있는 당국은 조세 불복에 대한 심리를 위하여 필요한 조세정보를 다른 법률에 저촉되지 아니하는 범위에서 획득하여 체약상대국과 교환할 수 없다.

⑤ 권한 있는 당국은 조세조약이 적용되는 자와의 거래에 대하여 세무조사가 필요하다고 판단되는 경우에는 그 거래에 대하여 체약상대국에 세무공무원을 파견하여 직접 세무조사를 하게 할 수 있다.

해답 ④

해설 우리나라의 권한 있는 당국은 조세의 부과와 징수, 조세 불복에 대한 심리(審理) 및 형사 소추 등을 위하여 필요한 조세정보[납세의무자를 최종적으로 지배하거나 통제하는 개인(이하 "실제소유자"라 한다)에 대한 정보를 포함]와 국제적 관행으로 일반화되어 있는 조세정보를 다른 법률에 어긋나지 아니하는 범위에서 획득하여 체약상대국과 교환할 수 있다.

CHAPTER

08 해외금융계좌의 신고

01 20×2년 현재 보유하고 있는 해외금융계좌를 20×3년에 신고하는 경우 이에 관한 설명으로 옳지 않은 것은?

2013년 세무사

① 해외금융계좌의 신고의무자가 금융회사에 해당하는 경우 신고의무를 면제한다.

② 해외금융계좌정보의 신고의무에 따른 계좌신고 의무자가 신고기한까지 해외금융계좌정보를 신고하지 아니하거나 과소 신고한 경우에는 미신고 금액 또는 실제 신고한 금액과 신고하여야 할 금액과의 차액에 20퍼센트 이하에 상당하는 과태료를 부과한다.

③ 해외금융계좌 신고의무 위반금액의 출처에 대한 소명을 요구받은 자는 신고의무 위반금액의 출처에 대하여 소명하지 아니하거나 거짓으로 소명한 경우에는 소명하지 아니하거나 거짓으로 소명한 금액의 20퍼센트에 상당하는 과태료를 부과한다.

④ 해외금융계좌의 신고의무자란 해외금융회사에 개설된 해외금융계좌를 보유한 거주자 및 내국법인 중에서 해당 연도의 어느 하루의 보유계좌잔액이 10원을 초과하는 자를 말한다.

⑤ 해외금융계좌 신고기한 내에 해외금융계좌정보를 신고한 자로서 과소신고한 자는 과세당국이 과태료를 부과하기 전까지 해외금융계좌정보를 수정신고할 수 있다.

해답 ④

해설 해외금융계좌의 신고의무자란 해외금융회사에 개설된 해외금융계좌를 보유한 거주자 및 내국법인 중에서 해당 연도의 매월 말일 중 어느 하루의 보유계좌잔액이 5억원을 초과하는 자를 말한다.

02 해외금융계좌의 신고에 관한 설명으로 옳지 않은 것은?

2011년 세무사

① 해외금융회사에 개설된 해외금융계좌를 보유한 거주자로서 해당 연도의 매월 말일 중에 어느 하루라도 보유계좌잔액이 5억원을 초과하는 자는 해외금융계좌정보에 대한 신고의무가 있다.

② 해외금융회사란 국외에 소재하는 금융업, 보험 및 연금업, 금융 및 보험 관련 서비스업 및 이와 유사한 업종을 하는 금융회사(내국법인의 국외사업장은 포함하고 외국법인의 국내사업장은 제외한다)를 말한다.

③ 신고의무자 중 국가와 지방자치단체는 해외금융계좌의 신고의무를 면제한다.

④ 해외금융계좌 중 실지명의에 의하지 아니한 계좌 등 그 계좌의 명의자와 실질적 소유자가 다른 경우에는 실질적 소유자가 해당 계좌를 보유한 것으로 본다.

⑤ 신고의무자 중 국내 거주기간이 1년 이하인 재외국민에 해당하는 경우 해외금융계좌의 신고의무를 면제한다.

해답 ④

해설 해외금융계좌 중 그 계좌의 명의자와 실질적 소유자가 다른 경우에는 명의자 및 실질적 소유자를, 공동명의 계좌인 경우에는 공동명의자 각각을 해당 계좌를 각각 보유한 것으로 본다.

03 해외금융계좌의 신고에 관한 설명으로 옳지 않은 것은?

2021년 세무사

① 계좌신고의무자가 해외금융계좌 수정신고 및 기한 후 신고를 한 경우(단, 과세당국이 과태료를 부과할 것을 미리 알고 신고한 경우는 제외)에는 해외금융계좌 신고의무 위반금액출처의 소명에 관한 규정을 적용하지 않는다.

② 해외금융회사에 1개의 해외금융계좌를 보유한 거주자 및 내국법인 중에서 해당연도의 매월 말일 중 어느 하루의 해외금융계좌 잔액이 5억원을 초과하는 자는 해외금융계좌 정보를 다음연도 6월 1일부터 30일까지 납세지 관할세무서장에게 신고하여야 한다.

③ 해외금융계좌 신고시 거주자 및 내국법인의 판정은 신고대상 연도종료일을 기준으로 한다.

④ 해외금융계좌 중 실지명의에 의하지 아니한 계좌 등 그 계좌의 명의자와 실질적 소유자가 다른 경우에 해외금융계좌 신고의무자를 실질적 소유자로 본다.

⑤ 계좌신고의무자가 국가, 지방자치단체 및 「공공기관의 운영에 관한 법률」에 따른 공공기관에 해당하는 경우 해외금융계좌의 신고의무를 면제한다.

해답 ④

해설 해외금융계좌 중 그 계좌의 명의자와 실질적 소유자가 다른 경우에는 명의자 및 실질적 소유자를, 공동명의 계좌인 경우에는 공동명의자 각각을 해당 계좌를 각각 보유한 것으로 본다.

Part

08

조세범처벌법

CHAPTER

01 조세법의 종류와 처벌

제1절 실질적 탈세범

01 조세포탈범에 관한 설명으로 옳지 않은 것은? 2011년 세무사

① 조세포탈범이 포탈세액을 법정신고기한이 지난 후 6개월 이내에 「국세기본법」에 따라 수정신고를 한 경우에는 형을 감경할 수 있지만, 기한 후 신고를 한 경우에는 형을 감경할 수 없다.

② 납세의무자의 신고에 의하여 납세의무가 확정되는 국세의 조세범칙행위 기수시기는 그 법정신고·납부기한이 지난 때이다.

③ 조세포탈범에 대해서는 징역형과 벌금형을 병과할 수 있다.

④ 조세포탈죄를 상습적으로 범한 자는 형의 2분의 1을 가중한다.

⑤ 소득금액 결정에 있어서 세무회계와 기업회계의 차이로 인하여 생긴 금액은 이를 사기나 그 밖의 부정한 행위로 인하여 생긴 소득금액으로 보지 아니한다.

해답 ①

해설 조세포탈범이 포탈세액을 법정신고기한이 지난 후 2년 이내에 「국세기본법」에 따라 수정신고를 하거나, 6개월 이내에 기한 후 신고를 한 경우에는 형을 감경할 수 있다.

02 조세범처벌법위반의 죄에 해당하는 경우를 모두 고른 것은?

2016년 세무사

ㄱ. 조세의 원천징수의무자가 정당한 사유 없이 징수한 세금을 납부하지 아니하였을 때
ㄴ. 납세의무자의 재산을 점유하는 자가 강제징수의 집행을 면탈하게 할 목적으로 그 재산을 은닉한 때
ㄷ. 이중장부를 작성하여 조세의 부과와 징수를 현저히 곤란하게 하는 적극적 행위로써 조세를 포탈한 때
ㄹ. 조세의 회피 또는 강제집행의 면탈을 목적으로 타인의 성명을 사용하여 사업자등록을 하거나 타인 명의의 사업자등록을 이용하여 사업을 영위한 때
ㅁ. 세무를 대리하는 세무사·공인회계사 및 변호사가 재화 또는 용역을 공급받지 아니하고 세금계산서를 발급하는 행위를 알선하거나 중개한 때

① ㄱ, ㄴ, ㅁ ② ㄱ, ㄷ, ㄹ ③ ㄱ, ㄴ, ㄹ
④ ㄱ, ㄷ, ㄹ, ㅁ ⑤ ㄱ, ㄴ, ㄷ, ㄹ, ㅁ

해답 ⑤

03 「조세범처벌법」상 조세의 포탈 등과 관련하여 "사기나 그 밖의 부정한 행위"로 명시되지 않은 것은?

2014년 세무사

① 이중장부의 작성
② 거짓 증빙의 수취
③ 장부와 기록의 파기
④ 세법상의 신고를 하지 아니하는 행위
⑤ 고의적으로 장부를 비치하지 아니하는 행위

해답 ④

해설 "사기나 그 밖의 부정한 행위"란 다음과 같다.

1. 이중장부의 작성 등 장부의 거짓 기장
2. 거짓 증빙 또는 거짓 문서의 작성 및 수취
3. 장부와 기록의 파기
4. 재산의 은닉, 소득·수익·행위·거래의 조작 또는 은폐
5. 고의적으로 장부를 작성하지 아니하거나 비치하지 아니하는 행위 또는 계산서, 세금계산서 또는 계산서합계표, 세금계산서합계표의 조작
6. 「조세특례제한법」에 따른 전사적 기업자원관리설비의 조작 또는 전자세금계산서의 조작
7. 그 밖에 위계(僞計)에 의한 행위 또는 부정한 행위

04 **「조세범처벌법」상 세금계산서의 발급의무 위반 등의 죄에 해당하지 않는 것은? (다툼이 있으면 판례에 따름)** 2016년 세무사

① 「부가가치세법」에 따라 세금계산서를 작성하여 발급하여야 할 자가 세금계산서를 거짓으로 기재하여 발급한 경우
② 「부가가치세법」에 따라 세금계산서를 발급받아야 할 자가 공급자와 통정하여 공급가액을 부풀리는방법으로 허위기재를 한세금계산서를 발급받은 경우
③ 재화 또는 용역을 공급하지 아니하고 「부가가치세법」에 따른 세금계산서를 발급한 경우
④ 재화 또는 용역을 공급하지 아니하고 「소득세법」에 따른 계산서를발급한 경우
⑤ 「부가가치세법」에 따라 세금계산서를 작성하여 발급하고 매출처별세금계산서 합계표를 정부에 제출하지 아니한 경우

해답 ⑤

05 **「조세범처벌법」 제3조는 '사기나 그 밖의 부정한 행위'를 아래 와 같이 말하고 있는데, (　　)에 들어갈 내용으로 옳지 않은 것은?** 2019년 세무사

사기나 그 밖의 부정한 행위란 (　　　) 행위로서 조세의 부과와 징수를 불가능하게 하거나 현저히 곤란하게 하는 적극적 행위를 말한다.

① 장부와 기록의 파기
② 재산의 은닉
③ 거짓 증빙 또는 거짓 문서의 작성 및 수취
④ 계산서, 세금계산서 또는 계산서합계표, 세금계산서합계표의 조작
⑤ 소득, 거래 등에 대한 귀속연도의 착오

해답 ⑤

06 「조세범처벌법」에 관한 설명으로 옳은 것은?

2013년 세무사

① 개인사업자의 종업원이 개인사업자의 업무에 관하여 조세포탈죄를 범한 경우 종업원을 벌할 뿐만 아니라 종업원을 고용한 개인사업자에게도 징역형을 과한다.

② 소득세의 원천징수의무자가 정당한 사유 없이 그 세금을 징수하지 아니하였을 때에는 2년 이하의 징역에 처한다.

③ 「소득세법」에 따라 현금영수증을 발급해야 할 사업자가 현금영수증을 발급하지 않을 경우에 과태료와 가산세를 병과한다.

④ 법인의 종업원이 조세포탈죄를 범한 경우 법인이 그 위반행위를 방지하기 위하여 해당 업무에 관하여 상당한 주의와 감독을 게을리 하지 않은 경우 법인은 처벌을 면한다.

⑤ 「국세기본법」에 따라 법인으로 보는 단체에 대해서는 양벌규정이 적용되지 않는다.

해답 ④

해설 ① 벌금형을 과한다.

② 소득세의 원천징수의무자가 정당한 사유 없이 그 세금을 징수하지 아니하였을 때에는 1천만원 이하의 벌금형에 처한다.

③ 「소득세법」에 따라 현금영수증을 발급해야 할 사업자가 현금영수증을 발급하지 않을 경우에 과태료를 부과하며, 가산세는 적용하지 아니한다.

⑤ 「국세기본법」에 따라 법인으로 보는 단체에 대해서도 양벌규정이 적용된다.

07 조세범칙행위의 처벌에 관한 설명으로 옳지 않은 것은?

2010년 세무사

① 사기나 그 밖의 부정한 행위로써 5억원 이상의 조세를 포탈한 자는 3년 이하의 징역 또는 포탈세액 등의 3배 이하에 상당하는 벌금에 처한다.

② 사기나 그 밖의 부정한 행위로써 조세를 포탈하거나 조세의 환급·공제를 받는 행위를 상습적으로 범한 자는 형의 2분의 1을 가중한다.

③ 「주세법」에 따른 면허를 받지 아니하고 주류, 밑술·술덧을 제조(개인의 자가소비를 위한 제조는 제외)하거나 판매한 자는 2년 이하의 징역 또는 2천만원 이하의 벌금에 처한다.

④ 「석유 및 석유대체연료 사업법」 제2조 제10호에 따른 가짜석유제품을 제조하여 조세를 포탈한 자는 5년 이하의 징역 또는 포탈한 세액의 5배 이하의 벌금에 처한다.

⑤ 납세의무자가 강제징수의 집행을 면탈할 목적으로 그 재산을 은닉·탈루하였을 때에는 3년 이하의 징역 또는 3천만원 이하의 벌금에 처한다.

해답 ③

해설 3년 이하의 징역 또는 3천만원(해당 주세 상당액의 3배의 금액이 3천만원을 초과할 때에는 그 주세 상당액의 3배의 금액) 이하의 벌금에 처한다.

08 조세범처벌법에 관한 설명으로 옳지 않은 것은?

2009년 세무사

① 지방국세청장 또는 세무서장은 주세법에 따른 면허를 받지 아니하고 제조한 물품을 몰취할 수 있다.
② 조세포탈죄에 대하여는 정상에 의하여 징역과 벌금을 병과할 수 있다.
③ 주(酒)세포탈의 경우에는 미수범에 대하여 처벌한다.
④ 조세범처벌법에 따른 범칙행위에 대해서는 국세청장, 지방국세청장 또는 세무서장의 고발이 없으면 검사는 공소를 제기할 수 없다.
⑤ 조세포탈범 공소시효는 5년으로 하되 특정범죄가중처벌법 등에 관한 법률의 적용 대상인 조세포탈범에 대해 법인에 대한 공소시효는 10년이다.

해답 ③
해설 조세포탈 미수범에 대한 처벌규정은 없다.

09 조세범처벌법에 관한 다음의 설명 중 틀린 것은?

2003년 세무사 수정

① 「주류 면허 등에 관한 법률」에 따른 면허를 받지 아니하고 주류, 밑술·술덧을 제조(개인의 자가소비를 위한 제조를 포함한다)하거나 판매한 자는 3년 이하의 징역 또는 3천만원 이하의 벌금에 처한다.
② 조세포탈 미수범은 처벌하지 않는다.
③ 세무회계와 기업회계의 차이로 인하여 생긴 금액은 사기 기타 부정한 행위로 인하여 생긴 소득금액으로 보지 아니한다.
④ 납세의무자의 신고에 의하여 부과징수하는 조세에 관한 포탈범칙행위의 기수시기는 원칙적으로 당해 세목의 과세표준에 대한 정부의 결정 또는 조사결정을 한 후 그 납부기한이 경과한 때이다.
⑤ 법인(「국세기본법」 제13조에 따른 법인으로 보는 단체를 포함)의 대표자, 법인 또는 개인의 대리인, 사용인, 그 밖의 종업원이 그 법인 또는 개인의 업무에 관하여 이 법에서 규정하는 범칙행위를 하면 그 행위자를 벌할 뿐만 아니라 그 법인 또는 개인에게도 해당 조문의 벌금형을 과(科)한다. 다만, 법인 또는 개인이 그 위반행위를 방지하기 위하여 해당 업무에 관하여 상당한 주의와 감독을 게을리하지 아니한 경우에는 그러하지 아니하다.

해답 ①
해설 개인의 자가소비를 위한 제조는 제외한다.

10 「조세범처벌법」상 주류 또는 유류에 대한 조세범처벌에 관한 설명으로 옳지 않은 것은?

2018년 세무사

① 가짜석유제품을 제조 또는 판매하여 조세를 포탈한 자는 3년 이하의 징역 또는 포탈한 세액의 3배 이하의 벌금에 처한다.

② 지방국세청장 또는 세무서장은 「주세법」에 따른 면허를 받지 아니하고 제조한 물품으로서 제조자나 판매자가 소지하는 물품을 몰취할 수 있다.

③ 「주세법」에 따른 납세증명표지를 재사용하거나 정부의 승인을 받지 아니하고 이를 타인에게 양도한 자는 2년 이하의 징역 또는 2천만원 이하의 벌금에 처한다.

④ 면세유의 부정 유통의 범칙행위를 한 자에 대해서는 「형법」 중 벌금경합에 관한 제한가중규정을 적용하지 아니한다.

⑤ 「주세법」에 따른 면허를 받지 아니하고 주류를 판매하기 위하여 제조하거나 판매한 자는 3년 이하의 징역 또는 3천만원(해당 주세 상당액의 3배의 금액이 3천만원을 초과할 때에는 그 주세 상당액의 3배의 금액) 이하의 벌금에 처한다.

해답 ①

11 「조세범처벌법」상 조세범처벌에 관한 설명으로 옳지 않은 것은?

2018년 세무사

① 「조세범처벌법」상 조세란 관세를 제외한 국세를 말한다.

② 사기나 그 밖의 부정한 행위로써 조세를 포탈한 자는 포탈세액이 5억원 이상인 경우에는 3년 이하의 징역 또는 포탈세액의 3배 이하에 상당하는 벌금에 처한다.

③ 법인의 사용인이 그 법인의 업무에 관하여 「조세범처벌법」에서 규정하는 범칙 행위를 한 경우 그 법인이 그 위반행위를 방지하기 위하여 상당한 주의 또는 감 독을 게을리한 경우에는 그 법인에게도 해당 조문의 벌금형을 과한다.

④ 사기나 그 밖의 부정한 행위로써 조세를 포탈하거나 조세의 환급·공제를 받는 죄를 상습적으로 범한 자는 형의 2분의 1을 가중한다.

⑤ 사기나 그 밖의 부정한 행위로써 조세를 포탈한 범칙행위의 공소시효는 5년이 지나면 완성된다.

해답 ⑤

12 **「조세범처벌법」상 조세범처벌에 관한 설명으로 옳은 것은?** 2020년 세무사

① 원천징수의무자가 원천징수를 하지 아니하였을 경우보다 원천징수한 세금을 납부하지 아니하였을 경우의 법정(法定) 형량이 더 크다.
② 개인의 사용인이 그 개인의 업무에 관하여 「조세범처벌법」에서 규정하는 범칙행위를 하여 징역형을 과한 경우 그 개인에게도 징역형을 과할 수 있다.
③ 「조세범처벌법」에 따른 범칙행위에 대해서는 국세청장, 지방국세청장 또는 세무서 장의 고발이 없더라도 포탈세액이 5억원 이상인 경우 검사는 공소를 제기할 수 있다.
④ 조세의 회피 또는 강제집행의 면탈을 목적으로 타인의 성명을 사용하여 사업자등록을 하는 경우 공소시효는 10년이 지나면 완성된다.
⑤ 납세의무자의 재산을 점유하는 자가 강제징수의 집행을 면탈하게 할 목적으로 그 재산을 은닉하였을 때에는 1년 이하의 징역 또는 1천만원 이하의 벌금에 처한다.

해답 ①

13 **「조세범 처벌법」에 관한 설명으로 옳은 것은? (단, 다른 법률은 고려하지 아니하며 다툼이 있으면 판례에 따름)** 2021년 세무사

① 「조세범처벌법」상 "조세"란 관세를 제외한 국세를 말한다.
② 납세의무자의 위임을 받아, 대여받은 세무사명의로, 납세의무자를 대리하여 세무신고를 하는 자가 조세의 부과를 면하게 하기 위하여 타인의 조세에 관하여 거짓으로 신고를 하였을 때에는 성실신고 방해 행위죄로 처벌할 수 없다.
③ 조세의 원천징수의무자가 정당한 사유 없이 그 세금을 징수하지 아니한 행위는 징수한 세금을 정당한사유없이 납부하지 아니한 행위에 비하여 법정형량이 크다.
④ 개인의 사용인이 「조세범 처벌법」에서 규정하는 범칙행위를 하면, 그 개인에게도 사용인에게 과한형과 같은형을 과한다.
⑤ 「조세범 처벌법」에 따른 범칙행위에 대한 공소제기는 세무서장 등의 고발을 요하지 아니한다.

해답 ①

14 **「조세범 처벌법」상 조세포탈등죄의 요건인 "사기나 그 밖의 부정한 행위"란 ( )에 해당하는 행위로서 조세의 부과와 징수를 불가능하게 하거나 현저히 곤란하게 하는 적극적 행위를 말한다. 다음 중 ( )에 들어갈 수 있는 행위의 개수는? (단, 제시된 행위 이외의 다른 행위는 없으며 다툼이 있으면 판례에 따름)** 2021년 세무사

○ 고의 없이 장부를 작성하지 아니하는 행위 ○ 거짓 문서의 수취 ○ 허위의 신고행위 ○ 기록의 파기 ○ 위계에 의한 행위 ○ 납세신고를 하지 아니하는 행위

① 1개 ② 2개 ③ 3개
④ 4개 ⑤ 5개

해답 ③

제2절 형식적 탈세범

01 **조세범처벌법에 관한 다음 설명 중 가장 잘못된 것은?** 2005년 세무사

① 포탈세액등이 5억원 이상인 경우 3년 이하의 징역 또는 포탈세액 등의 3배 이하에 상당하는 벌금에 처한다.

② 조세의 원천징수의무자가 정당한 사유없이 그 세금을 징수하지 아니하는 경우에는 1천만원 이하의 벌금에 처한다.

③ 부가가치세법의 규정에 의하여 세금계산서를 작성하여 교부하여야 할 자가 세금계산서를 교부하지 아니한 경우에는 1년 이하의 징역 또는 공급가액에 부가가치세의 세율을 적용하여 계산한 세액의 2배 이하에 상당하는 벌금에 처한다.

④ 납세의무자 또는 납세의무자의 재산을 점유하는 자가 강제징수의 집행을 면탈하거나 면탈하게 할 목적으로 그 재산을 은닉·탈루하거나 거짓 계약을 하였을 때에는 3년 이하의 징역 또는 3천만원 이하의 벌금에 처한다. 다만, 압수물건의 보관자가 그 보관한 물건을 은닉·탈루하거나 손괴 또는 소비하였을 때에는 그러하지 아니하다.

⑤ 법에 의한 납세증명표지를 재사용하거나 정부의 승인을 받지 아니하고 이를 타인에게 양도한 자는 2년 이하의 징역 또는 2천만원 이하의 벌금에 처한다.

해답 ④
해설 압수물건의 보관자가 그 보관한 물건을 은닉·탈루하거나 손괴 또는 소비했을 때에도 동일하다.

02 **다음의 조세범 중에서 징역과 벌금을 병과할 수 있는 것은?** 2002년 세무사

① 조세의 원천징수의무자가 정당한 사유 없이 그 세금을 징수하지 아니하거나 징수한 세금을 납부하지 아니하는 경우

② 석유류를 정한 용도 외의 다른 용도로 사용·판매하여 조세를 포탈하거나 조세의 환급·공제를 받은 경우

③ 증거인멸의 목적으로 세법에서 비치하도록 하는 장부 또는 증빙서류(「국세기본법」 제85조의3제3항에 따른 전산조직을 이용하여 작성한 장부 또는 증빙서류를 포함한다)를 해당 국세의 법정신고기한이 지난 날부터 5년 이내에 소각·파기 또는 은닉한 경우

④ 부가가치세법의 규정에 의한 재화 또는 용역을 공급함이 없이 세금계산서를 교부하거나 교부받는 행위

⑤ 납세의무자로 하여금 과세표준의 신고(신고의 수정을 포함)를 하지 아니하게 하거나 거짓으로 신고 또는 조세의 징수나 납부를 하지 않을 것을 선동하거나 교사한 경우

해답 ④
해설 조세포탈범과 가공세금계산서 등 수수범에 대해서는 병과할 수 있도록 하고 있다.

03 조세범처벌법상 조세범처벌에 관한 설명으로 옳지 않은 것은?
2008년 세무사

① 1억원의 세금계산서 1장을 허위로 발행한 경우에 비해 해당 세금계산서를 분할하여 5천만원의 세금계산서 2장을 허위로 발행한 경우 벌금이 경감된다.
② 조세포탈범을 판단함에 있어 "사기나 그 밖의 부정한 행위"란 이중장부 작성 등 행위로서 조세의 부과와 징수를 불가능하게 하거나 현저히 곤란하게 하는 적극적 행위를 말한다.
③ 주세법에 따른 주세보전명령 등 법에서 정한 명령사항을 위반한 자에게는 2,000만원 이하의 과태료를 부과한다.
④ 법인(「국세기본법」에 따른 법인으로 보는 단체를 포함)의 대표자, 법인 또는 개인의 대리인, 사용인, 그 밖의 종업원이 그 법인 또는 개인의 업무에 관하여 범칙행위를 하면 그 행위자를 벌할 뿐만 아니라 그 법인 또는 개인에게도 해당 조문의 벌금형을 과(科)한다. 다만, 법인 또는 개인이 그 위반행위를 방지하기 위하여 해당 업무에 관하여 상당한 주의와 감독을 게을리 하지 아니한 경우에는 그러하지 아니하다.
⑤ 무면허주류를 제조 또는 판매한 자는 3년 이하의 징역 또는 3천만원(해당 주세 상당액의 3배의 금액이 3천만원을 초과할 때에는 그 주세 상당액의 3배의 금액) 이하의 벌금에 처한다. 이 경우 밑술과 술덧은 탁주로 본다.

해답 ①
해설 벌금이 경감되지는 않는다. 즉, 형법 중 '벌금경합에 관한 제한 가중규정'을 적용하지 아니한다.

04 다음 중 조세범칙행위에 관하여 조세범처벌법에서 정하는 바를 설명한 것으로 잘못된 것은?
2002년 세무사

① 조세포탈범은 사기 기타 부정한 행위로서, 조세를 포탈하거나 조세의 환급·공제를 받는 행위를 말한다.
② 개별소비세 및 교통·에너지·환경세를 면제받는 석유류를 외국항행선박 또는 원양어업선박 외의 용도로 반출하여 조세를 포탈한 자는 3년 이하의 징역 또는 포탈세액등의 5배 이하의 벌금에 처한다
③ 소인된 인지를 재사용한 자에 대하여는 벌금이나 과료를 과할 수 있으나 징역형은 과할 수 없다.
④ 「주세법」에 따른 면허를 받지 아니하고 주류, 밑술·술덧을 제조(개인의 자가소비를 위한 제조는 제외한다)하거나 판매한 자는 3년 이하의 징역 또는 3천만원(해당 주세 상당액의 3배의 금액이 3천만원을 초과할 때에는 그 주세 상당액의 3배의 금액) 이하의 벌금에 처한다.
⑤ 조세범처벌법은 포탈범의 기수시기에 관하여 규정을 두고 있다.

해답 ③
해설 소인(消印)된 인지를 재사용한 자는 2년 이하의 징역 또는 2천만원 이하의 벌금에 처한다.

05 **「조세범 처벌법」상 처벌내용에 관한 설명으로 옳지 않은 것은?** 2012년 세무사

① 납세의무자를 대리하여 세무신고를 하는 자가 조세의 부과 또는 징수를 면하게 하기 위하여 타인의 조세에 관하여 거짓으로 신고를 하였을 때에는 2년 이하의 징역 또는 2천만원 이하의 벌금에 처한다.
② 조세를 포탈하기 위한 증거인멸의 목적으로 세법에서 비치하도록 하는 장부 또는 증빙서류를 해당 국세의 법정신고기한이 지난 날부터 5년 이내에 소각한 자는 2년 이하의 징역 또는 2천만원 이하의 벌금에 처한다.
③ 「주세법」 제44조에 따른 납세증명표지를 위조하거나 변조한 자에 대해서는 2년 이하의 징역 또는 2천만원 이하의 벌금에 처한다.
④ 조세의 원천징수의무자가 정당한 사유 없이 그 세금을 징수하지 아니하였을 때에는 1천만원 이하의 벌금에 처한다.
⑤ 조세의 회피 또는 강제집행의 면탈을 목적으로 타인의 성명을 사용하여 사업자등록을 한 자는 1년 이하의 징역 또는 1천만원 이하의 벌금에 처한다.

해답 ⑤

해설 조세의 회피 또는 강제집행의 면탈을 목적으로 자신의 성명을 사용하여 타인에게 사업자등록을 할 것을 허락한 자는 2년 이하의 징역 또는 2천만원 이하의 벌금에 처한다.

06 **세금계산서의 발급의무 위반 등에 관한 설명으로 옳은 것은?** 2010년 세무사

① 「부가가치세법」에 따라 세금계산서(전자세금계산서 포함)를 작성하여 발급하여야 할 자가 세금계산서를 발급하지 아니한 경우에는 2년 이하의 징역에 처한다.
② 「부가가치세법」에 따라 매입처별세금계산서합계표를 정부에 제출하여야 할 자가 통정하여 거짓으로 기재한 매입처별세금계산서합계표를 제출한 경우에는 매입금액에 부가가치세의 세율을 적용하여 계산한 세액의 3배 이하에 상당하는 벌금에 처한다.
③ 재화 또는 용역을 공급하지 아니하거나 공급받지 아니하고 「소득세법」에 따른 계산서를 발급하거나 발급받은 행위를 한 자는 2년 이하의 징역에 처한다.
④ 재화 또는 용역을 공급하지 아니하거나 공급받지 아니하고 「소득세법」에 따른 계산서를 발급하거나 발급받은 행위를 알선하거나 중개한 자는 2년 이하의 징역에 처한다.
⑤ 세무를 대리하는 세무사가 재화 또는 용역을 공급하지 아니하거나 공급받지 아니하고 「소득세법」에 따른 계산서를 발급하거나 발급받은 행위를 알선하거나 중개한 때에는 해당 형의 2분의 1을 가중한다.

해답 ⑤

해설 ① 1년 이하의 징역 또는 공급가액에 부가가치세의 세율을 적용하여 계산한 세액의 2배 이하에 상당하는 벌금에 처한다.
② 1년 이하의 징역 또는 매입금액에 부가가치세의 세율을 적용하여 계산한 세액의 2배 이하에 상당하는 벌금에 처한다.

③ 3년 이하의 징역 또는 그 세금계산서 및 계산서에 기재된 공급가액이나 매출처별세금계산서합계표, 매입처별세금계산서합계표에 기재된 공급가액 또는 매출처별계산서합계표, 매입처별계산서합계표에 기재된 매출·매입금액에 부가가치세의 세율을 적용하여 계산한 세액의 3배 이하에 상당하는 벌금에 처한다.
④ ③의 행위를 알선하거나 중개한 자도 ③과 같은 형에 처한다.

07 「조세범처벌법」상 세금계산서 발급 관련 범죄에 관한 설명으로 옳지 않은 것은? (다툼이 있으면 판례에 따름) 2017년 세무사

① 세금계산서를 발급하여야 할 자가 재화를 공급하면서 공급가액을 부풀려 세금계산서를 발급한경우세금계산서를거짓으로 기재하여발급한 죄에 해당한다.
② 재화를 공급하지 않은 자가 타인 명의를 위조하여 그 타인을 공급하는 자로 기재하여 세금계산서를 교부한 경우 거래 없이 세금계산서를 교부한 죄에 해당하지 않는다.
③ 재화를 공급한 자가 재화를 실제로 공급받은 자가 아닌 다른 사람에게 세금계산서를 발급한 경우 세금계산서 미발급으로 인한 죄에 해당하지 않는다.
④ 용역을 제공받은 사실이 없음에도 허위 세금계산서를 교부받은 이상 허위 세금 계산서를 자료상이 아닌 자로부터 교부받았다 하더라도 용역을 공급받지 않고 세금계산서를 발급받은 죄에 해당한다.
⑤ 거래 없이 세금계산서를 교부한 죄는 각 세금계산서마다 1개의 죄가 성립한다.

해답 ③

08 「조세범처벌법」상 징역형과 벌금형을 병과할 수 있는 것은? 2019년 세무사

① 재화 또는 용역을 공급하지 아니하거나 공급받지 아니하고 「부가가치세법」에 따른 세 금계산서를 발급하거나 발급받은 행위
② 납세의무자를 대리하여 세무신고를 하는 자가 조세의 부과 또는 징수를 면하게 하기 위하여 타인의 조세에 관하여 거짓으로 신고를 하였을 때
③ 조세의 원천징수의무자가 정당한 사유 없이 그 세금을 징수하지 아니하였을 때
④ 타인이 근로장려금을 거짓으로 신청할 수 있도록 근로를 제공받지 아니하고 근로소득 원천징수영수증을 거짓으로 기재하여 타인에게 발급한 행위
⑤ 조세의 회피 또는 강제집행의 면탈을 목적으로 타인의 성명을 사용하여 사업자등록을 하거나 타인 명의의 사업자등록을 이용하여 사업을 영위하는 행위

해답 ①

09 **「조세범처벌법」상 징역형과 벌금형을 병과할 수 있는 경우가 아닌 것은?** 2020년 세무사

① 사기나 그 밖의 부정한 행위로써 1억원 미만의 조세의 환급을 받은 경우
② 재화 또는 용역을 공급받지 아니하고 「부가가치세법」에 따른 매출·매입처별 세금계 산서합계표를 거짓으로 기재하여 제출한 경우
③ 「국제조세조정에 관한 법률」에 따른 해외금융계좌정보의 신고의무자로서 정당한 사유 없이 신고기한 내에 신고하지 아니한 금액이 50억원을 초과한 경우
④ 납세의무자를 대리하여 세무신고를 하는 자가 조세의 부과 또는 징수를 면하게 하기 위하여 타인의 조세에 관하여 거짓으로 신고한 경우
⑤ 재화 또는 용역을 공급하지 아니하고 「소득세법」 및 「법인세법」에 따른 매출·매입처별 계산서합계표를 거짓으로 기재하여 제출한 경우

해답 ①

제3절 기 타

01 **조세범처벌법상 국세청장 등의 고발을 기다려 논하는 범칙행위에 해당하지 아니하는 것은 몇 개인가?** 2008년 세무사

> (1) 법에 의한 납세증명표지를 위조 또는 변조
> (2) 납세의무자 또는 납세의무자의 재산을 점유하는 자가 강제징수의 집행을 면탈하거나 면탈하게 할 목적으로 그 재산을 은닉·탈루하거나 거짓 계약
> (3) 「주세법」에 따른 면허를 받지 아니하고 주류, 밑술·술덧을 제조(개인의 자가소비를 위한 제조는 제외한다)하거나 판매
> (4) 세금계산서를 교부하지 아니하거나 허위기재하여 교부
> (5) 위조 또는 변조한 법에 의한 납세증명표지를 소지 또는 사용

① 0개 ② 1개 ③ 2개
④ 3개 ⑤ 4개

해답 ①
해설 조세범처벌법에 따른 범칙행위에 대해서는 국세청장, 지방국세청장 또는 세무서장의 고발이 없으면 검사는 공소를 제기할 수 없다

02 **「조세범처벌법」에 관한 설명으로 옳지 않은 것은?** 2014년 세무사

① 조세의 원천징수의무자가 정당한 사유 없이 징수한 세금을 납부하지 아니하였을 때에는 2년 이하의 징역 또는 2천만원 이하의 벌금에 처한다.
② 「조세범처벌법」에 따른 범칙행위에 대해서는 국세청장, 지방국세청장 또는 세무서장의 고발이 없더라도 검사는 공소를 제기할 수 있다.
③ 지방국세청장은 제조자나 판매자가 소지하는 「주세법」에 따른 납세필증인의 압날을 하지 아니한 물품을 몰취할 수 있다.
④ 조세의 회피 또는 강제집행의 면탈을 목적으로 자신의 성명을 사용하여 타인에게 사업자등록을 할 것을 허락한 자는 1년 이하의 징역 또는 1천만원 이하의 벌금에 처한다.
⑤ 납세의무자로 하여금 조세의 징수나 납부를 하지 않을 것을 선동하거나 교사한 자는 1년 이하의 징역 또는 1천만원 이하의 벌금에 처한다.

해답 ②
해설 「조세범처벌법」에 따른 범칙행위에 대해서는 국세청장, 지방국세청장 또는 세무서장의 고발이 없으면 검사는 공소를 제기할 수 없다.

03 「조세범 처벌법」에 관한 설명으로 옳지 않은 것은? 2012년 세무사

① 「조세범 처벌법」상 조세는 관세를 제외한 국세를 말한다.
② 사기나 그 밖의 부정한 행위로써 조세를 포탈하는 죄를 상습적으로 범한 자에 대해서는 형의 2분의 1을 가중한다.
③ 포탈세액 등이 연간 5억원 미만이더라도 중대한 내국세관련 범칙행위의 경우에는 국세청장 등의 고발이 없어도 검사가 공소제기를 할 수 있다.
④ 법인의 대표자나 종업원이 그 법인의 업무에 관하여 「조세범 처벌법」에서 규정하는 범칙행위를 한 경우, 법인이 그 위반행위를 방지하기 위하여 해당 업무에 관하여 상당한 주의와 감독을 게을리 하지 않았다면, 법인에게는 해당 조문에 따른 벌금형을 과(科)할 수 없다.
⑤ 법인의 대표자나 종업원이 그 법인의 업무에 관하여 행한 범칙행위에 대하여 「특정범죄 가중처벌 등에 관한 법률」 제8조(조세 포탈의 가중처벌)의 적용을 받는 경우에 있어서 「조세범 처벌법」상 양벌 규정에 따른 법인에 대한 공소시효는 10년이 지나면 완성된다.

해답 ③
해설 조세범처벌법에 의한 범칙행위는 국세청장 등의 고발이 없으면 검사가 공소제기를 할 수 없다.

04 조세범처벌법에 관한 내용으로 틀린 것은? 2006년 세무사

① 조세범도 원칙적으로 형법총칙의 적용을 받지만 조세범처벌법이 특별히 규정한 사항에 대하여는 그 규정이 형법총칙에 우선하여 적용된다.
② 조세포탈범에 있어서는 미수범에 대한 처벌규정을 두고 있지 않다.
③ 조세범처벌법의 적용대상은 관세를 제외한 국세로 제한된다.
④ 부가가치세법의 규정에 의한 재화 또는 용역을 공급하지 아니하고 부가가치세법의 규정에 의한 세금계산서를 교부하거나 교부받는 행위를 한 자에 대하여는 정상에 의하여 징역과 벌금을 병과할 수 있다.
⑤ 조세범처벌법 따른 범칙행위에 대해서는 국세청장, 지방국세청장 또는 세무서장의 고발이 없어도 검사는 공소를 제기할 수 있다.

해답 ⑤
해설 조세범처벌법 따른 범칙행위에 대해서는 국세청장, 지방국세청장 또는 세무서장의 고발이 없으면 검사는 공소를 제기할 수 없다.

05 **다음은 형법규정의 적용을 일부 배제하는 조세범처벌법상 범칙행위를 열거한 것이다. 틀린 것은?**

2000년 세무사

① 무면허주류제조범
② 조세포탈범
③ 원천징수의무 불이행범
④ 납세증명표지 위조·변조범
⑤ 장부소각·파기·은닉법

해답 ⑤

해설 다음에 해당되는 경우, 「형법」 제38조제1항제2호 중 벌금경합에 관한 제한 가중규정을 적용하지 아니한다.
제3조:조세 포탈 등 • 제4조:면세유의 부정 유통 • 제4조의2:면세유류 구입카드등의 부정 발급
제5조:가짜석유제품의 제조 또는 판매 • 제6조:무면허 주류의 제조 및 판매
제10조:세금계산서의 발급의무 위반 등 • 제12조:납세증명표지의 불법사용 등
제13조:원천징수의무자의 처벌 • 제14조:거짓으로 기재한 근로소득 원천징수영수증의 발급 등
제10조:세금계산서의 발급의무 위반 등 • 제12조:납세증명표지의 불법사용 등
제13조:원천징수의무자의 처벌 • 제14조:거짓으로 기재한 근로소득 원천징수영수증의 발급 등

06 **「조세범처벌법」상 조세포탈에 관한 설명으로 옳지 않은 것은? (다툼이 있으면 판례에 따름)**

2017년 세무사

① 조세포탈이 성립하기 위해서는 법령에 열거된 사기나 그 밖의 부정한 행위를 통해 조세의 부과와 징수를 불가능하게 하거나 현저히 곤란하게 하는 적극적 행위를 할 것이 요구된다.
② 회사의 폐업 후에 부가가치세의 과세표준 및 세액을 관할세무서에 신고하지 아니하거나 세법상 요구되는 장부를 비치하지 않았다고 하여 조세포탈죄가 성립되지는 않는다.
③ 부가가치세는 신고납부기간이 경과한 때에 조세포탈행위의 기수가 된다할 것이고 그 납부 후에 포탈세액 일부를 납부하였다 하더라도 조세포탈죄의 성립에는 아무런 영향을 미칠수없다.
④ 조세포탈의 죄를 범한 자가 포탈세액에 대하여 법정신고기한이 지난 후 6개월 이내에 「국세기본법」에 따른 기한 후 신고를 하였을 때에는 형을 감경할 수 있다.
⑤ 매출누락에 따른 부가가치세의 포탈세액을 산정함에 있어서 매입세금계산서를 교부받지 아니한매입액에 대한매입세액을 매출세액에서 공제하여야한다.

해답 ⑤

Part

09

지방세법

제1장 총칙
제2장 취득세
제3장 재산세
제4장 그 밖의 보통세

CHAPTER

01 총칙

제1절 지방세 기본법

01 지방세기본법상 옳지 않은 것은?

① 지방자치단체는 지방세의 세목(稅目), 과세대상, 과세표준, 세율, 그 밖에 지방세의 부과·징수에 필요한 사항을 정할 때에는 이 법 또는 지방세관계법에서 정하는 범위에서 조례로 정하여야 한다.

② 지방자치단체의 장은 이 법 또는 지방세관계법에 따른 권한의 일부를 소속 공무원에게 위임하거나 중앙행정기관의 장(소속기관의 장을 포함), 다른 지방자치단체의 장 또는 설립된 지방자치단체조합의 장에게 위탁 또는 위임할 수 있다.

③ 지방세를 납부할 의무(이 법 또는 지방세관계법에 징수의무자가 따로 규정되어 있는 지방세의 경우에는 이를 징수하여 납부할 의무를 말함)가 성립된 소득·수익·재산·행위 또는 거래에 대해서는 의무 확정 후의 새로운 법에 따라 소급하여 과세하지 아니한다.

④ 특별시 관할구역에 있는 구의 경우에 재산세(「지방세법」 제9장에 따른 선박 및 항공기에 대한 재산세는 특별시세 및 구세인 재산세로 한다.

⑤ 과세의 대상이 되는 소득·수익·재산·행위 또는 거래가 서류상 귀속되는 자는 명의(名義)만 있을 뿐 사실상 귀속되는 자가 따로 있을 때에는 사실상 귀속되는 자를 납세의무자로 하여 지방세기본법 또는 지방세관계법을 적용한다.

해답 ③

해설 지방세를 납부할 의무(이 법 또는 지방세관계법에 징수의무자가 따로 규정되어 있는 지방세의 경우에는 이를 징수하여 납부할 의무를 말한다. 이하 같다)가 성립된 소득·수익·재산·행위 또는 거래에 대해서는 의무 **성립** 후의 새로운 법에 따라 소급하여 과세하지 아니한다.

02 지방세법의 불복절차에 대한 다음 설명 중 옳지 않은 것은?

① 지방세기본법에는 국세기본법과는 달리 심판청구절차가 없다.
② 지방세기본법상 불복청구에 대한 결정기간은 일률적으로 90일이다.
③ 지방세 납세의무자가 행정소송을 제기하기 위해서는 지방세기본법의 불복절차를 거쳐야 한다.
④ 지방세기본법에 의한 통고처분은 지방세기본법상 불복청구를 할 수 없다.
⑤ 시장·군수의 결정에 대한 이의신청 결과에 대하여 불복하는 경우 도지사나 조세심판원장에게 심사청구 할 수 있다.

해답 ③
해설 지방세 납세의무자가 행정소송을 제기하기 위해서는 지방세기본법의 불복절차를 거쳐야 하는 것은 아니다.

03 국세와 지방세에 대한 설명이다. 틀린 것은?

2002년 회계사

① 국가가 과세권을 가지고 있는 조세가 국세이며, 지방자치단체가 과세권을 가지고 있는 조세가 지방세이다.
② 국세는 국가의 재정수입의 조달을 주목적으로 부과되고, 지방세는 지방자치단체의 재정수입을 주목적으로 부과된다.
③ 국세와 지방세의 징수는 보통징수방법에 의한다.
④ 국세와 지방세는 모두 과세전적부심사 청구를 인정한다.
⑤ 국세와 지방세는 감사원법에 의하여 감사원에 심사청구를 할 수 있다.

해답 ③
해설 국세는 신고납부제도와 정부부과제도에 의하여 징수하며, 지방세는 보통징수, 신고납부, 특별징수의 방법에 의한다.

CHAPTER
02 취득세

제1절 취득의 개념

01 취득세에 관한 설명이다. 옳지 않은 것은? 2010년 회계사

① 선박·차량·기계장비의 종류의 변경 또는 토지의 지목을 사실상 변경함으로써 그 가액이 증가한 경우에는 이를 취득으로 보지 아니한다.

② 국가에 기부채납하는 것을 조건으로 취득하는 부동산에 대하여는 취득세를 부과하지 아니한다.

③ 관계법령의 규정에 의한 등기·등록을 이행하지 아니한 경우라도 사실상으로 취득한 때에는 이를 취득한 것으로 보고, 해당 취득물건의 소유자 또는 양수인을 각각 취득자로 한다. 다만, 차량·기계장비·항공기 및 주문에 따라 건조하는 선박은 승계취득의 경우에 한한다.

④ 「도시 및 주거환경 정비법」상 주택재건축조합이 당해 조합원용으로 취득하는 조합주택용 부동산(공동주택과 부대·복리시설 및 그 부속토지를 말하며, 비조합원용 부동산을 제외함)은 그 조합원이 취득한 것으로 본다.

⑤ 원시취득과 승계취득을 포함한 유·무상의 일체의 취득에 대하여 과세한다. 다만, 차량, 기계장비, 항공기, 주문을 받아 건조하는 선박은 승계취득인 경우로 한정한다.

해답 ①

해설 선박·차량·기계장비의 종류의 변경 또는 토지의 지목을 사실상 변경함으로써 그 가액이 증가한 경우에는 이를 취득으로 본다.

02 **다음 중 취득세가 부과되지 않는 경우는 어느 것인가?** 2002년 회계사

① 회사에서 사용할 기계장비를 관련 부품을 구입하여 자체 제작하여 취득하는 경우
② 차량을 사실상 취득하였지만 등록을 하지 아니한 경우
③ 보유토지의 지목이 임야에서 대지로 변경되어 토지의 평가액이 증가한 경우
④ 리스회사가 고객에게 금융리스방식으로 대여하기 위하여 기계장비를 취득하는 경우
⑤ 상속으로 인하여 상속인이 부동산을 취득하는 경우

해답 ①
해설 차량, 기계장치, 항공기 및 주문에 의하여 건조하는 선박은 승계취득에 한하여 취득으로 본다.

03 **다음은 취득세와 재산세에 대한 설명이다. 옳은 것은?** 2007년 회계사

① 비상장법인 주식 20%를 보유하고 있는 주주가 추가로 40%를 취득하여 60%가 되었을 경우 증가분 40%에 대하여 취득세가 과세되며 취득세의 과세표준은 동 법인 자산총액의 40%이다.
② 취득세는 법이 정한 일정한 자산의 취득에 대하여 과세하는데 여기서 취득이란 원시취득, 승계취득과 유상, 무상을 불문한 일체의 취득을 말한다. 다만 차량, 기계장비, 항공기 및 주문에 의하여 건조하는 선박은 승계취득에 한하여 취득세를 과세한다.
③ 주택의 경우에 토지분 재산세는 매년 7월 16일부터 7월 31일까지 건물분 재산세는 9월 16일부터 9월 30일까지 납부하여야 한다.
④ 재산세 과세대상 토지 중 분리과세대상 토지는 세제상 지원을 하기 위하여 종합합산과세대상 토지보다 저율의 세율을 적용하는 토지를 말한다. 자경농지 및 모든 공장용 건축물 부속토지는 분리과세대상 토지에 해당한다.
⑤ 재산세는 토지, 건축물, 주택만을 과세대상으로 한다.

해답 ②
해설 ① 비상장법인 주식 20%를 보유하고 있는 주주가 추가로 40%를 취득하여 60%가 되었을 경우 법인소유 취득세 과세대상자산 총가액의 60%를 과세표준으로 취득세를 과세한다.
③ 주택에 대한 재산세는 산출세액의 2분의 1을 매년 7월 16일부터 7월 31일까지, 나머지 2분의 1을 9월 16일부터 9월 30일까지 납부하여야 한다.
④ 골프장, 고급오락장용 토지 등은 종합합산과세대상 토지보다 고율의 세율을 적용하여 분리과세한다.
⑤ 재산세는 토지, 건축물, 주택, 선박과 항공기를 과세대상으로 한다.

제2절 과세대상

01 다음은 과점주주에 대한 취득세와 관련된 설명이다. 잘못된 것은? 2004년 회계사

① 개인인 “갑”이 특수관계자와 함께 비상장법인 지분의 60%를 장외에서 취득한 경우에는 취득세 납세의무가 있다.

② 개인인 “을”이 비상장법인 설립시 70% 지분을 취득한 경우에는 취득세 납세의무가 없다.

③ 다른 주주의 주식이 감자됨으로써 비상장법인의 대주주인 “병”의 지분비율이 60%에서 70%로 증가한 경우에는 취득세 납세의무가 있다.

④ 개인인 “정”이 새로 취득한 지분 비율이 50%인 경우에는 취득세 납세의무가 없다.

⑤ 개인이 과점주주가 된 후에 법인이 취득하는 부동산에 대해서는 법인은 취득세 납세의무가 있으나, 과점주주는 지분비율이 증가하지 않는 한 취득세 납세의무가 없다.

해답 ③

해설 다른 주주의 주식이 감자됨으로써 지분비율이 증가한 경우에는 취득세 납세의무가 없다.

제3절 과세표준

01 **20×2년 3월 1일에 부동산을 취득할 S씨는 세무전문가인 공인회계사 K씨로부터 취득세에 대하여 기본적인 설명을 들었다. K씨가 설명한 내용 중 가장 잘못된 것은?**

① 취득세는 법이 정한 일정한 자산의 취득에 대하여 과세하는바 여기에서 취득이란 원시취득, 승계취득 또는 유상, 무상을 불문한 일체의 취득을 말한다. 다만, 차량·기계장비·항공기 및 주문에 의하여 건조하는 선박의 원시취득에 대하여는 취득세가 과세되지 않는다.
② 취득세의 과세표준 계산에 있어서 사실상의 취득가격을 적용하는 경우 취득자가 법인이 아닌 경우에는 취득가격에 취득자산과 관련한 부가가치세는 포함하지 아니하나 연체료 및 할부이자는 포함한다.
③ 관계 법령에 따른 등기·등록 등을 하지 아니한 경우라도 사실상 취득하면 각각 취득한 것으로 보고 해당 취득물건의 소유자 또는 양수인을 각각 취득자로 한다.
④ 세율은 표준세율을 기초로, 조례가 정하는 바에 따라 50% 범위 안에서 가감 조정될 수 있다.
⑤ 취득가액이 50만원 이하인 때에는 취득세를 부과하지 아니한다.

해답 ②
해설 법인이 아닌 자가 취득하는 경우 취득가격의 범위에서 연체료 및 할부이자를 제외한다.

02 **「지방세법」상 취득세 및 재산세의 납세의무에 관한 설명이다. 옳지 않은 것은?** 2014년 회계사

① 광업권을 취득한 자는 취득세 납세의무를 진다.
② 취득세의 징수는 신고납부의 방법으로 한다.
③ 재산세는 관할 지방자치단체의 장이 세액을 산정하여 보통징수의 방법으로 부과·징수한다.
④ 토지에 대한 재산세 과세대상은 종합합산과세대상, 별도합산과세대상 및 분리과세대상으로 구분한다.
⑤ 취득세의 과세표준은 취득당시의 시가표준액으로 한다.

해답 ⑤
해설 취득세의 과세표준은 취득자가 신고한 가액으로 한다. 다만, 신고 또는 신고가액의 표시가 없거나 그 신고가액이 시가표준액보다 적을 때에는 그 시가표준액으로 한다.

CHAPTER

03 재산세

제1절 과세대상

01 김철수는 근로소득자로서, 출퇴근 목적으로 2015년 1월 1일 승용차를 구입하였다. 김철수가 구입한 자동차가 세법상 비과세, 면제, 소액부징수 대상이 아니라고 할 때, 다음 중 자동차 구입 및 운행과 관련하여 2015년에 부담하는 세목이 아닌 것은?

① 취득세　② 지방교육세　③ 자동차세
④ 교통·에너지·환경세　⑤ 재산세

해답 ⑤
해설 재산세는 토지, 건축물, 주택, 항공기 및 선박을 과세대상으로 한다.

제2절 납세의무자 및 납세지, 비과세

01 재산세의 납세의무에 대한 다음의 설명 중 옳지 않은 것은?

① 공유재산인 경우에는 가장 지분이 많은 자가 공유재산 전체에 대한 납세의무를 진다.
② 신탁법에 의하여 수탁자 명의로 등기된 재산의 경우에는 위탁자를 납세의무자로 본다.
③ 공부상에 개인 등의 명의로 등재되어 있는 종중재산으로서 종중소유임을 신고하지 않은 경우는 공부상의 소유자를 납세의무자로 본다.
④ 상속이 개시된 재산으로서 상속등기가 이행되지 아니하고 사실상의 소유자를 신고하지 않은 때에는 주된 상속자를 납세의무자로 본다.
⑤ 주택의 건물과 부속토지의 소유자가 다를 경우에는 당해 주택에 대한 산출세액을 건축물과 부속토지의 시가표준액 비율로 안분계산한 부분에 대하여 그 각각의 소유자를 납세의무자로 본다.

해답 ①
해설 공유재산인 경우 그 지분에 해당하는 부분(지분의 표시가 없는 경우에는 지분이 균등한 것으로 본다)에 대해서는 그 지분권자가 납세의무를 진다.

제3절 징수 납부

01 다음은 지방세의 세목과 납세의무자 및 징수방법에 관한 설명이다. 올바른 것은?

세목	납세의무자	징수방법
① 재산세	재산세과세대장에 재산의 소유자로 등재되어 있는 자	보통징수
② 자동차세	자동차를 사실상 이용하는 자	보통징수
③ 취득세	토지, 건축물 등의 자산을 취득하는 자	보통징수
④ 담배소비세	제조자, 수입판매업자, 외국으로부터의 반입자 등	보통징수
⑤ 등록면허세	재산권 등을 사실상 소유하는 자	신고납부

해답 ①

해설

세목	납세의무자	징수방법
② 자동차세	등록, 신고된 자동차를 보유한 자 및 유류에 대한 교통, 에너지, 환경세 납세의무자	보통징수
③ 취득세	토지, 건축물 등의 자산을 취득하는 자	신고납부
④ 담배소비세	제조자, 수입판매업자, 외국으로부터의 반입자 등	신고납부
⑤ 등록면허세	재산권의 등기, 등록을 받는자 및 면허를 받는 자	신고납부

02 「지방세법」상 재산세에 관한 설명으로 옳지 않은 것? 2013년 회계사

① 재산세의 과세기준일은 매년 6월 1일로 한다.
② 토지에 대한 재산세의 납기는 매년 7월 16일부터 7월 31일까지이다.
③ 선박에 대한 재산세의 과세표준은 「지방세법」에서 규정하는 시가표준액으로 한다.
④ 재산세 과세대상에 자동차는 포함되지 않는다.
⑤ 주택에 대한 재산세는 해당 주택의 소재지를 관할하는 지방자치단체에서 부과한다.

해답 ②

해설 토지에 대한 재산세의 납기는 매년 9월 16일부터 9월 30일까지이다.

CHAPTER

04 그 밖의 보통세

제1절 지역자원시설세

01 주택의 취득 또는 보유시 부과될 수 있는 지방세가 아닌 것은?

① 지역자원시설세　　② 지방교육세　　③ 재산세
④ 취득세　　⑤ 정답없음

해답 ①

해설 지역자원시설세의 과세대상은 다음과 같다.

1. 발전용수(양수발전용수는 제외), 지하수(용천수를 포함), 지하자원, 컨테이너를 취급하는 부두를 이용하는 컨테이너 및 원자력발전·화력발전으로서 대통령령으로 정하는 것
2. 소방시설, 오물처리시설, 수리시설, 그 밖의 공공시설로 인하여 이익을 받는 자의 건축물, 선박 및 토지

제2절 지방교육세

01 지방세법, 지방세기본법 및 지방세특례제한법에 대한 설명이다. 옳지 않은 것은? 2011년 회계사

① 지방세특례제한법에서도 조세특례제한법과 같이 최저한세액에 미달하는 세액에 대한 감면 등의 배제 규정이 있다.
② 납세의무자는 지방세기본법에 따라 신고한 취득세와 등록면허세는 지방세수납대행기관을 통하여 신용카드로 납부할 수 있다.
③ 국가, 지방자치단체 또는 지방자치단체조합에 기부채납을 조건으로 취득하는 부동산에 대하여는 취득세를 부과하지 아니한다.
④ 재산세의 과세대상 물건이 공부상 등재 현황과 사실상의 현황이 다른 경우에는 사실상 현황에 따라 재산세를 부과한다.
⑤ 지방소비세의 세액은 지방소비세의 과세표준에 100분의 5를 적용하여 계산한 금액으로 한다.

해답 ①

해설 지방세특례제한법에서는 최저한세액에 미달하는 세액에 대한 감면 등의 배제 규정이 없다.

Part

10

부록

CHAPTER

01 2023년 공인회계사 제1차 시험(세법개론)

01 「국세기본법」상 국세 부과제척기간에 관한 설명이다. 옳은 것은?

① 납세자가 역외거래에서 이중장부를 작성하여 법인세를 포탈한 경우 부과제척기간은 그 법인세를 부과할 수 있는 날부터 10년이다.

② 납세자가 부정행위로 상속세를 포탈하는 경우로서 제3자의 명의로 되어 있는 피상속인의 재산을 취득한 상속인이 사망한 때에는 과세관청은 해당 재산의 상속이 있음을 안 날부터 1년 이내에 상속세를 부과할 수 있다.

③ 「종합부동산세법」에 따라 신고하는 종합부동산세의 부과제척기간 기산일은 과세표준신고기한의 다음 날이다.

④ 심사청구에 대한 결정이 확정됨에 따라 그 대상이 된 과세표준과 연동된 다른 세목의 과세표준 조정이 필요한 경우 지방국세청장 또는 세무서장은 그 결정이 확정된 날부터 1년이 지나기 전까지 경정이나 그 밖에 필요한 처분을 할 수 있다.

⑤ 공제세액을 의무불이행의 사유로 징수하는 경우 해당 공제세액의 부과제척기간 기산일은 과세관청이 의무불이행이 있음을 안 날이다.

02 「국세기본법」상 제2차 납세의무에 관한 설명이다. 옳은 것만을 모두 고른 것은?

ㄱ. 청산인의 제2차 납세의무 한도는 분배하거나 인도한 재산의 가액이며, 그 재산의 가액은 청산 후 남은 재산을 분배하거나 인도한 날 현재의 시가로 한다.

ㄴ. 합명회사의 재산으로 그 법인에 부과되거나 그 법인이 납부할 국세에 충당하여도 부족한 경우에는 그 국세의 납세의무 성립일 현재 그 합명회사의 사원에 해당하는 자가 그 부족한 금액에 대하여 제2차 납세의무를 진다.

ㄷ. 법인이 과점주주의 조세채무에 대하여 부담하는 제2차 납세의무는 당해 법인의 순자산가액에 과점주주의 지분비율을 곱하여 산출한 금액을 한도로 한다.

ㄹ. 제2차 납세의무를 부담하는 사업양수인은 사업장별로 그 사업에 관한 모든 권리(미수금에 관한 것은 제외)와 모든 의무(미지급금에 관한 것은 제외)를 포괄적으로 승계한 자로서 양도인과 특수관계인인 자 또는 양도인의 조세회피를 목적으로 사업을 양수한 자이다.

① ㄱ, ㄴ ② ㄴ, ㄹ ③ ㄱ, ㄷ, ㄹ
④ ㄴ, ㄷ, ㄹ ⑤ ㄱ, ㄴ, ㄷ, ㄹ

해답 01 ④ 02 ⑤

03 **「국세기본법」상 신고와 경정청구에 관한 설명이다. 옳지 않은 것은?**

① 과세표준신고서를 신고 당시 해당 국세의 납세지를 관할하는 세무서장 외의 세무서장에게 제출한 경우에도 그 신고의 효력에는 영향이 없다.

② 과세표준신고서를 법정신고기한까지 제출한 자는 과세표준신고서에 기재된 과세표준 및 세액이 세법에 따라 신고하여야 할 과세표준 및 세액에 미치지 못할 경우, 관할 세무서장이 결정 또는 경정하여 통지하기 전까지 법정기간 내에 과세표준수정신고서를 제출할 수 있다.

③ 과세표준신고서를 법정신고기한까지 제출한 자는 소득이나 그 밖의 과세물건의 귀속을 제3자에게로 변경시키는 결정 또는 경정이 있을 경우, 그 사유가 발생한 것을 안 날부터 3개월 이내에 결정 또는 경정을 청구할 수 있다.

④ 기한후과세표준신고서를 제출한 자가 과세표준수정신고서를 제출한 경우 관할 세무서장은 신고일부터 2개월 이내에 해당 국세의 과세표준과 세액을 결정 또는 경정하여 신고인에게 통지하여야 한다.

⑤ 경정의 청구를 받은 세무서장은 그 청구를 받은 날부터 2개월 이내에 과세표준 및 세액을 경정하거나 경정하여야 할 이유가 없다는 뜻을 그 청구를 한 자에게 통지하여야 한다.

04 **「국세기본법」상 심판에 관한 설명이다. 옳지 않은 것은?**

① 심판청구의 대상이 된 처분의 취소·경정 또는 필요한 처분을 하기 위하여 사실관계 확인 등 추가적으로 조사가 필요하여 재조사 결정을 한 경우, 해당 재조사 결정에 따른 처분청의 처분에 대하여는 심판청구를 제기할 수 없다.

② 조세심판원이 심판청구에 대한 결정기간이 지나도 결정을 하지 못한 경우 심판청구인은 결정의 통지를 받기 전이라도 그 결정기간이 지난 날부터 행정소송을 제기할 수 있다.

③ 담당 조세심판관에게 공정한 심판을 기대하기 어려운 사정이 있다고 인정될 때에는 심판청구인은 그 조세심판관의 기피를 신청할 수 있다.

④ 조세심판관회의는 심판청구를 한 처분 외의 처분에 대해서는 그 처분의 전부 또는 일부를 취소 또는 변경하거나 새로운 처분의 결정을 하지 못한다.

⑤ 조세심판원장은 심판청구의 내용이 세법에 적합하지 아니하나 보정할 수 있다고 인정되면 상당한 기간을 정하여 보정할 것을 요구할 수 있다.

해답 03 ④ 04 ①

05 **「국세기본법」상 세무조사에 관한 설명이다. 옳지 않은 것은?**

① 세무공무원은 세무조사를 하는 경우 납세자권리헌장의 내용이 수록된 문서를 납세자에게 내주어야 한다.
② 거래상대방에 대한 조사가 필요한 경우에는 같은 세목 및 같은 과세기간에 대하여 재조사를 할 수 있다.
③ 세무공무원은 세무조사의 중지기간 중에도 납세자에게 국세의 과세표준과 세액을 결정 또는 경정하기 위한 질문을 할 수 있다.
④ 세법 적용에 착오가 있는 조사대상 과세기간의 특정 항목이 다른 과세기간에도 있어 동일·유사한 세법 적용의 착오가 있을 것으로 의심되어 다른 과세기간의 그 항목에 대한 조사가 필요한 경우에는 조사진행 중 세무조사의 범위를 확대할 수 있다.
⑤ 세무조사 중 세무공무원의 위법·부당한 행위가 있는 경우 납세자는 세무조사 기간이 끝나는 날까지 세무서장 또는 지방국세청장에게 세무조사 중지를 세무서 납세자보호위원회 또는 지방국세청 납세자보호위원회에서 심의하여 줄 것을 요청할 수 있다.

06 **「법인세법」상 손익의 귀속시기에 관한 설명이다. 옳은 것만을 모두 고른 것은?**

ㄱ. 법인이 매출할인을 하는 경우 그 매출할인금액은 상대방과의 약정에 의한 지급기일(그 지급기일이 정하여 있지 아니한 경우에는 지급한 날)이 속하는 사업연도의 매출액에서 차감한다.
ㄴ. 법인이 결산을 확정함에 있어서 차입일부터 이자지급일이 1년을 초과하는 특수관계인과의 거래에 따른 기간경과분 미지급이자를 해당 사업연도의 손비로 계상한 경우에는 그 계상한 사업연도의 손금으로 한다.
ㄷ. 중소기업이 아닌 법인이 장기할부조건으로 자산을 판매하고 인도기준으로 회계처리한 경우, 그 장기할부조건에 따라 각 사업연도에 회수하였거나 회수할 금액과 이에 대응하는 비용을 신고조정에 의하여 해당 사업연도의 익금과 손금에 산입할 수 있다.
ㄹ. 자산을 장기할부조건으로 취득하면서 발생한 채무를 기업회계기준이 정하는 바에 따라 현재가치로 평가하여 현재가치할인차금으로 계상한 경우 당해 현재가치할인차금은 취득가액에 포함한다.

① ㄱ ② ㄷ ③ ㄴ, ㄷ
④ ㄴ, ㄹ ⑤ ㄱ, ㄷ, ㄹ

해답 05 ③ 06 ①

07 **제조업을 영위하는 영리내국법인 ㈜A의 제23기(2023.1.1.~2023.12.31.) 자료이다. ㈜A의 제23기 각 사업연도 소득금액으로 옳은 것은?**

(1) ㈜A는 금융회사와 채무를 출자로 전환하는 내용이 포함된 경영정상화계획의 이행을 위한 협약을 체결한 법인이다.

(2) 당기 포괄손익계산서상 법인세차감전순이익은 210,000원이다.

(3) 매출액 300,000원과 매출원가 220,000원이 당기 포괄손익계산서상 누락되어 있다.

(4) 당기 포괄손익계산서상 판매비와 관리비 중 손익귀속시기가 도래하지 않은 선급비용 해당액 25,000원이 포함되어 있다.

(5) ㈜A는 B은행에 대한 차입금 200,000원을 출자전환하면서 주식 10주(액면가 5,000원, 시가 3,000원)를 교부하고, 다음과 같이 회계처리하였다.

(차)	차입금	200,000원	(대)	자본금	50,000원
				채무면제이익 (영업외수익)	150,000원

(6) ㈜A는 자기주식처분에 대해서 다음과 같이 회계처리하였다.

(차)	현금	30,000원	(대)	자기주식	20,000원
				자기주식처분이익 (자본잉여금)	10,000원

① 140,000원 ② 150,000원 ③ 175,000원
④ 290,000원 ⑤ 325,000원

해답 07 ③

08 **제조업을 영위하는 영리내국법인 ㈜A(중소기업 아님)의 제23기(2023.1.1.~2023.12.31.) 기업업무추진비 세무조정을 위한 자료이다. 손금불산입 세무조정 금액으로 옳은 것은?**

(1) 포괄손익계산서상 매출액은 15,000,000,000원이고, 이 금액에는 매출할인 3,000,000,000원이 차감되어 있다.

(2) 포괄손익계산서상 기업업무추진비로 비용처리한 금액은 70,000,000원이고, 문화접대비와 경조금 해당액은 없다.

(3) 제23기 기업업무추진비 내역은 다음과 같다.

구분	건당 3만원 이하분	건당 3만원 초과분
적격증명서류 수취분	15,000,000원	53,000,000원
영수증 수취분	1,500,000원	500,000원

(4) 포괄손익계산서상 복리후생비 중 적격증명서류를 수취한 기업업무추진비 해당 금액은 5,000,000원이고, 이 금액에는 대표이사가 업무와 무관하게 사적인 용도로 사용한 금액 1,000,000원이 포함되어 있다.

(5) 수입금액에 관한 적용률

100억원 이하	3/1,000
100억원 초과 500억원 이하	3천만원+(수입금액-100억원)×2/1,000

① 1,500,000원 ② 20,000,000원 ③ 21,500,000원
④ 23,000,000원 ⑤ 24,500,000원

해답 08 ④

09 **제조업을 영위하는 영리내국법인 ㈜A(한국채택국제회계기준 적용대상 아님)의 제23기(2023.1.1. ~2023.12.31.) 감가상각 자료이다. ㈜A의 기계장치에 대한 감가상각과 관련된 손금불산입 세무조정 금액으로 옳은 것은? 단, 전기 이전의 세무조정은 정확하게 이루어졌다.**

> (1) 기계장치의 취득원가는 100,000,000원이며, 제22기 기초 감가상각누계액은 60,000,000원이고, 제22기 기초 상각부인누계액은 5,000,000원이다.
> (2) 제22기 포괄손익계산서상 기계장치에 대한 감가상각비는 12,500,000원이고, 세무상 상각범위액은 13,500,000원이다.
> (3) 제23기 포괄손익계산서상 기계장치에 대한 감가상각비는 15,000,000원이다.
> (4) 제23기 포괄손익계산서상 수선비로 계상한 기계장치의 자본적지출액은 1,000,000원이고, 3년 미만의 기간마다 주기적 수선을 위한 지출은 아니다.
> (5) ㈜A는 기계장치에 대한 감가상각방법을 신고하지 않았다.
> (6) 기계장치에 대한 정액법 상각률은 0.125이고, 정률법 상각률은 0.300이다.

① 1,800,000원　② 2,500,000원　③ 5,250,000원
④ 5,550,000원　⑤ 6,750,000원

10 **「법인세법」상 기부금에 관한 설명이다. 옳지 않은 것은?**

① 특수관계인 외의 자에게 정당한 사유 없이 자산을 정상가액보다 낮은 가액으로 양도하는 경우 정상가액과 양도가액의 차액은 기부금에 포함한다.
② 법인이 기부금을 금전 외의 자산으로 제공한 경우 특수관계인이 아닌 자에게 기부한 일반기부금은 기부했을 때의 장부가액과 시가 중 큰 금액으로 해당 자산가액을 산정한다.
③ 법령에 따라 특별재난지역으로 선포된 경우 그 선포의 사유가 된 재난으로 생기는 이재민을 위한 구호금품의 가액은 특례기부금이다.
④ 내국법인이 각 사업연도에 지출하는 일반기부금 중 손금산입한도액을 초과하여 손금에 산입하지 아니한 금액은 해당 사업연도의 다음 사업연도 개시일부터 10년 이내에 끝나는 각 사업연도로 이월하여 그 이월된 사업연도의 소득금액을 계산할 때 손금산입한도액의 범위에서 손금에 산입한다.
⑤ 내국법인이 각 사업연도에 지출하는 기부금을 이연계상한 경우에는 이를 그 지출한 사업연도의 기부금으로 하고, 그 후의 사업연도에 있어서는 이를 기부금으로 보지 아니한다.

해답 09 ④ 10 ②

11 **제조업을 영위하는 영리내국법인 ㈜A의 제23기(2023.1.1.~2023.12.31.) 자료이다. 영리내국법인 ㈜B의 주식소각으로 인하여 ㈜A에게 발생하는 의제배당금액으로 옳은 것은? 단, 수입배당금 익금불산입은 고려하지 않는다.**

(1) ㈜A는 ㈜B의 주식 5,000주(1주당 액면가액 5,000원)를 보유하고 있고 취득명세는 다음과 같다.

취득일	주식수	비 고
2019.5.10.	2,000주	1주당 9,500원에 유상취득
2020.7.20.	2,500주	이익준비금의 자본금 전입으로 인해 취득
2021.3.20.	500주	주식발행초과금의 자본금 전입으로 인해 취득

(2) ㈜B는 2023년 2월 20일에 모든 주주가 소유하는 주식의 20%를 1주당 20,000원의 현금을 지급하고 소각하였다.

① 11,500,000원 ② 13,500,000원 ③ 14,500,000원
④ 15,500,000원 ⑤ 16,500,000원

12 **「법인세법」상 자산 및 부채의 평가에 관한 설명이다. 옳지 않은 것은?**

① 적격합병을 한 합병법인은 피합병법인의 자산을 장부가액으로 양도받은 것으로 한다. 이 경우 장부가액과 시가와의 차액을 법령으로 정하는 바에 따라 자산별로 계상하여야 한다.
② 법인이 신고한 화폐성외화자산·부채의 평가방법은 그 후의 사업연도에도 계속하여 적용하여야 한다. 다만, 신고한 평가방법을 적용한 사업연도를 포함하여 3개 사업연도가 지난 후에는 다른 방법으로 신고하여 변경된 평가방법을 적용할 수 있다.
③ 시설개체 또는 기술낙후로 인하여 생산설비의 일부를 폐기한 경우 당해 자산의 장부가액에서 1천원을 공제한 금액을 폐기일이 속하는 사업연도의 손금에 산입할 수 있다.
④ 유가증권 중 채권의 평가는 개별법, 총평균법 및 이동평균법 중 법인이 납세자 관할 세무서장에게 신고한 방법에 의한다.
⑤ 특수관계인인 개인으로부터 유가증권을 저가매입한 경우 매입가액과 시가와의 차액은 해당 유가증권의 취득원가에 포함한다.

해답 11 ⑤ 12 ②

13 **제조업을 영위하는 영리내국법인 ㈜A(한국채택국제회계기준 적용대상 아님)의 제23기(2023.1.1. ~2023.12.31.) 재고자산 평가와 관련된 자료이다. ㈜A의 제23기 재고자산에 대한 세무조정으로 옳은 것은?**

(1) 제23기 재고자산 내역

구 분	장부가액	선입선출법	총평균법	후입선출법
원재료	150,000원	250,000원	200,000원	150,000원
재공품	350,000원	370,000원	360,000원	350,000원
제 품	250,000원	230,000원	200,000원	270,000원

(2) ㈜A는 제22기까지 원재료의 평가방법을 총평균법으로 신고하여 평가하여 왔으나, 제23기부터 후입선출법으로 변경하기로 하고 제23기 10월 20일에 재고자산 평가방법의 변경신고를 하였다.

(3) ㈜A는 제22기까지 재공품의 평가방법을 총평균법으로 신고하여 평가하여 왔으나, 제23기에 평가방법 변경신고를 하지 않고 재공품을 후입선출법으로 평가하였다.

(4) ㈜A는 제품을 신고한 평가방법인 총평균법으로 평가하였으나, 계산착오로 인하여 50,000원을 과대계상하였다.

	익금산입·손금불산입	손금산입·익금불산입
①	50,000원 (유보)	-
②	70,000원 (유보)	-
③	70,000원 (유보)	50,000원 (△유보)
④	120,000원 (유보)	-
⑤	120,000원 (유보)	50,000원 (△유보)

해답 13 ⑤

14 **제조업을 영위하는 영리내국법인 ㈜A의 제23기(2023.1.1.~2023.12.31.) 자료이다. 가지급금 인정이자 및 지급이자 손금불산입 관련 세무조정이 제23기 각 사업연도 소득금액에 미치는 순영향으로 옳은 것은? 단, 전기의 세무조정은 정확하게 이루어졌다.**

(1) ㈜A가 특수관계인들에게 2022년 5월 6일에 대여한 「법인세법」상 업무무관가지급금(대여기간: 3년)의 내역은 다음과 같으며 이자수익은 전액 장부에 계상하였다.

구 분	연이자율	대여금	이자수익
갑	-	30,000,000원	-
을	8%	40,000,000원	3,200,000원

(2) ㈜A의 당기말 현재 차입금과 지급이자의 내역은 다음과 같으며 차입금은 모두 은행(특수관계인 아님)으로부터 2022년 3월 7일에 차입하였다.

구 분	연이자율	차입금	지급이자
기업구매자금대출*	8%	600,000,000원	48,000,000원
운영자금대출	10%	900,000,000원	90,000,000원

* 한국은행총재가 정한 규정에 따른 것임

(3) 당좌대출이자율은 12%이며 ㈜A는 「법인세법」상 금전대차거래의 시가를 신고하지 아니하였다.

① (+) 3,240,000원　② (+) 9,680,000원　③ (+) 9,760,000원
④ (+)10,240,000원　⑤ (+)13,440,000원

해답 14 ④

15 **제조업을 영위하는 영리내국법인 ㈜A의 제23기(2023.1.1.~2023.12.31.) 자료이다. 퇴직급여충당금 및 퇴직연금충당금 관련 세무조정이 제23기 각 사업연도 소득금액에 미치는 순영향으로 옳은 것은?**

(1) 당기말 확정급여형 퇴직연금운용자산 계정내역은 다음과 같다.

퇴직연금운용자산 (단위 : 원)

기초잔액	87,000,000	당기감소	10,000,000
당기증가	20,000,000	기말잔액	97,000,000

(2) 당기말 퇴직급여충당금 계정내역은 다음과 같으며 기초잔액의 세무상 부인액은 20,000,000원이다.

퇴직급여충당금 (단위 : 원)

당기감소	40,000,000	기초잔액	50,000,000
기말잔액	10,000,000	당기증가	0

(3) 당기중 종업원 갑과 을의 현실적인 퇴직으로 인하여 지급한 내역은 다음과 같으며 각 지급액은 퇴직급여충당금과 상계하는 회계처리를 하였다.

구 분	퇴직급여지급액	비 고
갑	30,000,000원	㈜A가 현금으로 지급
을	10,000,000원	퇴직연금운용자산에서 지급

(4) ㈜A는 신고조정에 의하여 퇴직연금충당금을 손금산입하고 있으며, 세무상 기초잔액은 40,000,000원(△유보)이다.

(5) 당기말 퇴직급여추계액은 일시퇴직기준 90,000,000원이고, 보험수리적기준 95,000,000원이다.

① (-)55,000,000원
② (-)65,000,000원
③ (-)75,000,000원
④ (-)95,000,000원
⑤ (-)97,000,000원

해답 15 ②

16 **「법인세법」상 대손금 및 대손충당금 손금산입에 관한 설명이다. 옳지 않은 것은?**

① 내국법인이 보유하고 있는 「민법」에 따른 소멸시효가 완성된 선급금은 해당 사유가 발생한 날이 속하는 사업연도의 손금으로 한다.

② 내국법인이 다른 법인과 합병하는 경우로서 채무자의 파산으로 회수할 수 없는 채권에 대한 대손금을 합병등기일이 속하는 사업연도까지 손비로 계상하지 않은 경우 그 대손금은 해당 법인의 합병등기일이 속하는 사업연도의 손비로 한다.

③ 대손충당금을 손금에 산입한 내국법인이 합병하는 경우 그 법인의 합병등기일 현재 해당 대손충당금 중 합병법인이 승계받은 금액은 그 합병법인이 합병등기일에 가지고 있는 대손충당금으로 보지 아니한다.

④ 대손충당금을 손금에 산입한 내국법인은 대손금이 발생한 경우 그 대손금을 대손충당금과 먼저 상계해야 하고, 상계하고 남은 대손충당금의 금액은 다음 사업연도의 소득금액을 계산할 때 익금에 산입한다.

⑤ 내국법인이 동일인에 대하여 매출채권과 매입채무를 가지고 있는 경우에는 당해 매입채무를 상계하지 아니하고 대손충당금을 계상할 수 있으나 당사자간의 약정에 의하여 상계하기로 한 경우에는 그러하지 아니하다.

17 **「법인세법」상 부당행위계산의 부인에 관한 설명이다. 옳은 것은?**

① 내국법인A가 「독점규제 및 공정거래에 관한 법률」에 따른 기업집단에 속하는 법인인 경우 그 기업집단에 소속되어 있는 다른 계열회사는 내국법인A의 특수관계인에 해당한다.

② 내국법인이 특수관계인의 출연금을 대신 부담하는 것은 조세의 부담을 부당하게 감소시킨 것으로 인정되지 아니한다.

③ 내국법인B에 과반수 이상을 출자하고 있는 내국법인C에 40%를 출자하고 있는 내국법인이나 개인은 내국법인B의 특수관계인에 해당하지 아니한다.

④ 부당행위계산의 부인규정을 적용할 때 토지의 시가가 불분명한 경우에는 「상속세 및 증여세법」에 따른 보충적 평가방법을 준용하여 평가한 가액을 우선적으로 적용한다.

⑤ 특수관계가 있는 내국법인간의 합병(분할합병은 포함하지 아니함)에 있어서 주식을 시가보다 높거나 낮게 평가하여 불공정한 비율로 합병한 경우 조세의 부담을 부당하게 감소시킨 것으로 인정된다.

해답 **16** ③ **17** ①

18 **제조업을 영위하는 영리내국법인 ㈜A의 제23기(2023.1.1.~2023.12.31.) 자료이다. 재해손실 세액공제액과 사실과 다른 회계처리로 인한 경정에 따른 세액공제액의 합계액으로 옳은 것은?**

(1) ㈜A의 사업용자산 화재내역은 다음과 같다.

구 분	화재 전 장부가액	재해상실가액	화재 후 장부가액
공장건물	400,000,000원	100,000,000원	300,000,000원
차량운반구	100,000,000원	40,000,000원	60,000,000원

(2) 사업용자산은 모두 화재보험에 가입되어 있으며 보험금으로 80,000,000원을 수령하였다.

(3) ㈜A가 보관하고 있던 타인소유 자산 100,000,000원이 공장건물 화재로 전액 상실되었다. ㈜A는 이에 대하여 변상책임을 부담한다.

(4) ㈜A는 사실과 다른 회계처리를 하여 관계당국으로부터 경고 조치를 받았으며 이에 「국세기본법」에 따라 2023년 10월 2일에 경정을 받았다. 사실과 다른 회계처리로 인한 과다납부 세액은 40,000,000원이다.

(5) 당기 사업연도의 법인세 관련 자료는 다음과 같으며 재해발생일 현재 미납법인세액은 없고 「국세기본법」에 따른 수정신고를 하여 납부할 세액도 없다.

산출세액	공제·감면 세액	가산세액	차감납부할세액
300,000,000원	30,000,000원*	6,000,000원**	50,000,000원

* 연구·인력개발비에 대한 세액공제액임

** 원천징수등 납부지연 가산세임

① 40,000,000원 ② 110,400,000원 ③ 118,400,000원
④ 150,400,000원 ⑤ 280,000,000원

19 **「법인세법」상 청산소득에 관한 설명이다. 옳지 않은 것은?**

① 외국법인과 비영리내국법인은 청산소득에 대한 법인세 납세의무가 없다.

② 청산소득에 대한 법인세의 납부의무가 있는 법인은 과세표준과 세액을 납세지 관할 세무서장에게 신고하여야 하나 청산소득의 금액이 없는 경우에는 그러하지 아니하다.

③ 내국법인의 해산에 의한 청산소득의 금액을 계산할 때 그 청산기간에 생기는 각 사업연도의 소득금액이 있는 경우에는 그 법인의 해당 각 사업연도의 소득금액에 산입한다.

④ 내국법인의 해산에 의한 청산소득의 금액을 계산할 때 그 청산기간에 「국세기본법」에 따라 환급되는 법인세액이 있는 경우 이에 상당하는 금액은 그 법인의 해산등기일 현재 자기자본의 총액에 가산한다.

⑤ 특별법에 따라 설립된 법인이 그 특별법의 개정이나 폐지로 인하여 「상법」에 따른 회사로 조직변경하는 경우에는 청산소득에 대한 법인세를 과세하지 아니한다.

해답 18 ③ 19 ②

20 **거주자 갑(금융업을 영위하지 않음)의 2023년 금융소득 관련 자료이다. 종합과세되는 이자소득금액과 배당소득금액의 합계액으로 옳은 것은? 단, 제시된 금액은 원천징수세액을 차감하기 전 금액이다.**

> (1) 출자공동사업자로서 현금배당 6,000,000원을 받았다.
> (2) 비상장내국법인으로부터 이익준비금의 자본금 전입으로 인하여 무상주(10,000,000원)를 받았다.
> (3) 상장내국법인으로부터 현금배당 7,000,000원을 받았다.
> (4) 법인으로 보는 단체로부터 현금배당 8,000,000원을 받았다.
> (5) 직장공제회로부터 초과반환금 1,000,000원을 받았다.
> (6) 법원보증금 이자 2,000,000원을 받았다.

① 0원 ② 25,000,000원 ③ 25,500,000원
④ 31,100,000원 ⑤ 31,500,000원

21 **「소득세법」상 사업소득에 관한 설명이다. 옳지 않은 것은?**

① 부가가치세 면세대상인 수의사가 제공한 의료보건용역에서 발생하는 사업소득은 원천징수대상이다.
② 간편장부대상자인 보험모집인에 해당하는 사업자에게 모집수당 등의 사업소득을 지급하는 원천징수의무자는 사업소득에 대한 소득세의 연말정산을 해야 한다.
③ 조림기간 5년 이상인 임지의 임목의 벌채 또는 양도로 발생하는 소득으로서 연 600만원 이하의 금액은 비과세 사업소득에 해당한다.
④ 사업자가 조직한 납세조합이 조합원에 대한 매월분의 소득세를 징수할 때에는 그 세액의 100분의 5에 해당하는 금액을 공제하여 징수하되, 공제하는 금액은 연 300만원을 한도로 한다.
⑤ 건설업을 경영하는 거주자가 자기가 생산한 물품을 자기가 도급받은 건설공사의 자재로 사용한 경우 그 사용된 부분에 상당하는 금액은 해당 과세기간의 소득금액을 계산할 때 총수입금액에 산입하지 아니한다.

해답 20 ⑤ 21 ④

22 **㈜A(중소기업 아님)의 영업부서 종업원인 거주자 갑의 2023년 근로소득 관련 자료이다. 갑의 2023년 근로소득 총급여액으로 옳은 것은?**

(1) 급여: 21,600,000원(월 1,800,000원×12개월)
(2) 잉여금 처분에 의한 상여금: 10,000,000원
(잉여금처분결의일: 2022.11.25., 지급일: 2023.1.25.)
(3) 식사대: 3,000,000원(식사대 이외에 별도로 식사를 제공받고 있음)
(4) 「발명진흥법」에 따른 직무발명보상금: 2,000,000원
(직무와 관련된 발명으로 인해 회사로부터 지급받은 금액임)
(5) 주택의 구입에 소요되는 자금을 회사로부터 무상으로 대여받음으로써 얻은 이익: 2,400,000원
(6) 휴일근로로 지급받은 초과근로수당: 2,000,000원
(7) 학자금: 8,000,000원
(회사 내부규정에 따라 자녀의 대학등록금으로 지급받은 금액임)

① 32,000,000원 ② 35,000,000원 ③ 37,000,000원
④ 45,000,000원 ⑤ 46,000,000원

23 **「소득세법」상 연금소득에 관한 설명이다. 옳지 않은 것은?**

① 공적연금소득을 지급하는 자가 연금소득의 일부 또는 전부를 지연하여 지급하면서 지연지급에 따른 이자를 함께 지급하는 경우 해당 이자는 공적연금소득으로 본다.
② 연금수령이 개시되기 전에 연금저축계좌에서 퇴직연금계좌로 일부가 이체되는 경우 이를 인출로 본다.
③ 연금계좌에서 인출된 금액이 연금수령한도를 초과하는 경우에는 연금외수령분이 먼저 인출되고 그 다음으로 연금수령분이 인출되는 것으로 본다.
④ 이연퇴직소득을 연금수령하는 연금소득의 금액은 종합소득과세표준을 계산할 때 합산하지 아니한다.
⑤ 원천징수의무자가 공적연금소득을 지급할 때에는 연금소득 간이세액표에 따라 소득세를 원천징수한다.

해답 22 ③ 23 ③

24 **거주자 갑의 2023년 토지(미등기 아님) 양도 관련 자료이다. 양도소득금액으로 옳은 것은?**

(1) 갑은 2023년 9월 8일 토지를 800,000,000원에 특수관계인이 아닌 자에게 양도하였다.
(2) 갑은 해당 토지를 2017년 6월 5일 특수관계인이 아닌 자로부터 취득하였으나, 실지거래가액을 확인할 수 없다.
(3) 갑은 해당 토지에 대한 자본적지출로 40,000,000원, 양도시 부동산 중개수수료로 5,000,000원을 지출하였으며, 지출 사실은 금융거래 증명서류에 의하여 확인된다.
(4) 토지 취득시 매매사례가액 및 감정가액은 확인되지 않으며, 토지 양도시 기준시가는 600,000,000원이고 취득시 기준시가는 420,000,000원이다.
(5) 6년 이상 7년 미만 보유한 토지의 장기보유특별공제율은 12%이며, 토지의 기타 필요경비에 대한 개산공제율은 3%이다.

① 200,112,000원 ② 211,200,000원 ③ 227,400,000원
④ 294,800,000원 ⑤ 323,312,000원

25 **거주자 갑의 2023년 종합소득공제 관련 자료이다. 갑의 인적공제액과 특별소득공제액의 합계액으로 옳은 것은?**

(1) 본인 및 부양가족 현황

구 분	나 이	비 고	
본인(남성)	50세	총급여액	30,000,000원
배우자	48세	은행예금이자	2,000,000원
모 친	78세	전통주 제조소득	6,000,000원
아 들	20세	소득없음	
딸	10세	소득없음	

(2) 모친의 전통주 제조소득은 「주세법」에 따른 전통주를 농어촌지역에서 제조함으로써 발생하는 소득이다.
(3) 딸은 항시 치료를 요하는 중증환자인 장애인이다.
(4) 「국민건강보험법」, 「노인장기요양보험법」 및 「고용보험법」에 따라 갑이 납부한 보험료는 2,500,000원이다.
(5) 무주택 세대주인 갑은 법령에 의한 국민주택규모의 주택을 임차하기 위한 주택임차자금 차입금의 원리금 5,000,000원을 상환하였다.
(6) 갑은 특별소득공제를 신청하였다.

① 12,500,000원 ② 14,000,000원 ③ 15,000,000원
④ 16,500,000원 ⑤ 18,000,000원

해답 24 ① 25 ③

26 **「소득세법」상 퇴직소득에 관한 설명이다. 옳지 않은 것은?**

① 거주자가 출자관계에 있는 법인으로의 전출이 이루어졌으나 퇴직급여를 실제로 받지 않은 경우는 퇴직으로 보지 않을 수 있다.

② 거주자가 퇴직소득을 지급받은 날부터 90일이 되는 날에 연금계좌에 입금하는 경우, 해당 거주자는 퇴직소득의 원천징수세액에 대한 환급을 신청할 수 있다.

③ 사용자 부담금을 기초로 하여 현실적인 퇴직을 원인으로 지급받는 소득은 퇴직소득이다.

④ 거주자의 퇴직소득금액에 국외원천소득이 합산되어 있는 경우로서 그 국외원천소득에 대하여 외국에서 외국소득세액을 납부하였을 때에는 공제한도금액 내에서 외국소득세액을 해당 과세기간의 퇴직소득 산출세액에서 공제할 수 있다.

⑤ 임원인 근로소득자가 계속근로기간 중에 「근로자퇴직급여 보장법」의 퇴직금 중간정산 사유에 해당하여 퇴직급여를 미리 지급받은 경우에는 그 지급받은 날에 퇴직한 것으로 본다.

27 **「소득세법」상 종합소득세의 신고 및 납부에 관한 설명이다. 옳지 않은 것은?**

① 납세지 관할 세무서장 또는 지방국세청장은 거주자가 과세기간 중에 사업부진으로 장기간 휴업상태에 있는 때로서 소득세를 포탈할 우려가 있다고 인정되는 경우에는 수시로 그 거주자에 대한 소득세를 부과할 수 있다.

② 중간예납 의무가 있는 거주자가 중간예납기간의 종료일 현재 그 중간예납기간 종료일까지의 종합소득금액에 대한 소득세액이 중간예납기준액의 100분의 30에 미달하는 경우에는 중간예납추계액을 중간예납세액으로 하여 납세지 관할 세무서장에게 신고할 수 있다.

③ 해당 과세기간의 개시일 현재 사업자가 아닌 자로서 그 과세기간 중 신규로 사업을 시작한 자는 중간예납의무를 지지 않는다.

④ 원천징수대상 소득이 발생 후 지급되지 아니함으로써 소득세가 원천징수되지 아니하고 종합소득에 합산되어 종합소득세가 과세된 경우에 그 소득을 지급할 때에는 소득세를 원천징수하지 아니한다.

⑤ 부동산매매업자는 토지의 매매차익과 그 세액을 매매일이 속하는 달의 말일부터 2개월이 되는 날까지 납세지 관할 세무서장에게 신고하여야 하나, 매매차익이 없거나 매매차손이 발생하였을 때에는 그러하지 아니하다.

해답 26 ② 27 ⑤

28 거주자 갑의 2023년 소득내역이다. 갑의 종합과세되는 기타소득금액으로 옳은 것은?

구 분	금 액	실제 필요경비
지역권(공익사업과 관련 없음)을 대여하고 받은 대가	3,000,000원	2,000,000원
복권당첨금품	3,001,000원	1,000원
상속받은 저작권 양도로 받은 대가	10,000,000원	8,000,000원
전국요리경연대회 상금*	4,000,000원	-
퇴직한 전 회사에서 받은 직무발명보상금	3,000,000원	-
일시적인 외부특강료	2,000,000원	-

* 「공익법인의 설립·운영에 관한 법률」의 적용을 받는 공익법인이 주무관청의 승인을 받아 시상하는 상금임

① 3,600,000원 ② 4,000,000원 ③ 5,200,000원
④ 5,400,000원 ⑤ 6,200,000원

29 거주자 갑의 2023년 종합소득 관련 자료이다. 사업소득에서 발생한 결손금 및 이월결손금 공제 후 갑의 종합소득금액으로 옳은 것은? 단, 부동산임대업은 주거용 건물임대업이 아니다.

(1) 종합소득금액 내역(△는 결손금을 의미함)

구 분	2022년	2023년
이자소득금액	5,000,000원	25,000,000원
배당소득금액	3,000,000원	16,500,000원
부동산임대업의 사업소득금액	△10,000,000원	15,000,000원
부동산임대업 이외의 사업소득금액	△30,000,000원	△35,000,000원
근로소득금액	15,000,000원	5,000,000원
연금소득금액	6,000,000원	6,000,000원
기타소득금액	4,000,000원	-

(2) 2021년까지 발생한 사업소득의 결손금은 없다.
(3) 기본세율을 적용받는 금융소득에서 결손금과 이월결손금을 제한 없이 공제하는 것으로 한다.

① 0원 ② 17,500,000원 ③ 27,500,000원
④ 29,000,000원 ⑤ 32,500,000원

해답 28 ① 29 ③

30 **「부가가치세법」상 주사업장총괄납부와 사업자단위과세에 관한 설명이다. 옳은 것은?**

① 주된 사업장에서 총괄하여 납부하는 사업자가 되려는 자는 그 납부하려는 과세기간 개시 후 20일 이내에 주사업장총괄납부 신청서를 주된 사업장의 관할 세무서장에게 제출하여야 한다.

② 주사업장총괄납부 사업자가 종된 사업장을 신설하는 경우 주된 사업장 관할 세무서장에게 주사업장총괄납부 변경신청서를 제출하여야 한다.

③ 주사업장총괄납부 사업자가 세금계산서 발급 없이 재화를 판매목적으로 자기의 다른 사업장에 반출한 경우 재화의 공급으로 본다.

④ 사업자단위과세 사업자가 법인인 경우 지점소재지를 납세지로 할 수 있다.

⑤ 사업자단위과세 사업자가 사업자단위과세를 적법하게 포기한 경우 그 포기한 날이 속하는 과세기간의 다음 과세기간부터 각 사업장별로 신고·납부하거나 주사업장총괄납부를 해야 한다.

31 **「부가가치세법」상 영세율에 관한 설명이다. 옳지 않은 것은?**

① 「관세법」에 따른 수입신고 수리 전의 물품으로서 보세구역에 보관하는 물품을 외국으로 반출하는 경우 영세율을 적용한다.

② 수출업자와 직접 도급계약에 따라 수출재화를 임가공하고 부가가치세를 별도로 적은 세금계산서를 발급한 경우 영세율을 적용하지 않는다.

③ 외국을 항행하는 원양어선에 재화를 공급하고 부가가치세를 별도로 적은 세금계산서를 발급한 경우 영세율을 적용하지 않는다.

④ 사업자가 대한적십자사에 공급하는 재화(대한적십자사가 그 목적사업을 위하여 당해 재화를 외국으로 무상 반출하는 경우에 한함)는 영세율을 적용한다.

⑤ 「관광진흥법」에 따른 종합여행업자가 외국인 관광객에게 공급하는 관광알선용역은 대가수령 방법과 관계없이 영세율을 적용한다.

해답 30 ⑤ 31 ⑤

32 **「부가가치세법」상 면세에 관한 설명이다. 옳은 것만을 모두 고른 것은?**

ㄱ. 상시주거용(사업을 위한 주거용 제외)으로 사용하는 건물의 임대용역에 대해서는 부가가치세를 면제한다.
ㄴ. 도서, 신문, 잡지, 관보, 「뉴스통신 진흥에 관한 법률」에 따른 뉴스통신, 방송 및 광고에 대해서는 부가가치세를 면제한다.
ㄷ. 은행업에 관련된 전산시스템과 소프트웨어의 판매·대여 용역에 대해서는 부가가치세를 면제한다.
ㄹ. 공익사업을 위하여 주무관청의 승인을 받아 금품을 모집하는 단체에 무상 또는 유상으로 공급하는 재화 또는 용역에 대해서는 부가가치세를 면제한다.
ㅁ. 수입신고한 물품으로서 수입신고 수리 전에 변질된 것에 대해서는 관세가 경감되는 비율만큼 부가가치세를 면제한다.

① ㄱ, ㄴ ② ㄱ, ㅁ ③ ㄴ, ㄹ
④ ㄱ, ㄷ, ㅁ ⑤ ㄴ, ㄷ, ㄹ

33 **일반과세자 ㈜A의 2023년 제2기 예정신고기간(2023.7.1.~2023.9.30.) 세금계산서 및 신용카드매출전표 수취내역이다. 2023년 제2기 예정신고기간의 매입세액공제액으로 옳은 것은?**

(1) 세금계산서 수취내역

일 자	내 역	공급가액	부가가치세
7.10.	원재료 구입	110,000,000원*	11,000,000원
7.12.	거래처 접대용 물품 구입	10,000,000원	1,000,000원
7.15.	생산직 직원들의 작업복 구입	20,000,000원	2,000,000원
8.10.	건물 구입**	500,000,000원	50,000,000원
	건물 철거비용**	30,000,000원	3,000,000원

* 실제 공급가액은 100,000,000원이나 착오로 110,000,000원으로 기재됨
** 토지와 건물을 일괄 구입 후 토지만 사용하기 위해 건물을 철거함

(2) 신용카드매출전표(부가가치세 구분표시) 수취내역

일 자	내 역	공급대가
9.10.	직원 추석선물(과세재화) 구입*	2,200,000원

* 2023년 신규로 사업을 시작한 간이과세자로부터 구입함

① 12,000,000원 ② 12,200,000원 ③ 63,000,000원
④ 63,200,000원 ⑤ 65,200,000원

34 **일반과세자로 음식점업을 운영하는 거주자 갑의 2023년 제1기 부가가치세 관련 자료이다. 2023년 제1기 부가가치세 확정신고를 하는 경우 차가감납부세액(지방소비세 차감 전)으로 옳은 것은?**

(1) 2023년 제1기 공급 및 대손 자료
① 2023년 제1기 공급가액은 600,000,000원이며, 이 중 신용카드매출전표 발행금액은 440,000,000원(부가가치세 포함)임
② 거래처에 대여한 3,300,000원이 회생계획인가결정에 따라 2023년 2월 1일 회수불능으로 판명됨
③ 2022년 제1기에 대손세액공제를 받은 외상매출금 중 4,400,000원(부가가치세 포함)이 2023년 6월 20일 회수됨
(2) 2023년 제1기 매입 자료
① 과세재화: 200,000,000원(공급가액)
② 국산 면세농산물: 54,000,000원
(3) 기타 자료
① 2023년 제1기 예정고지세액: 10,000,000원
② 음식점업의 의제매입세액 공제율은 8/108이며, 공제대상액은 한도 내 금액임
③ 2022년 제1기 공급가액은 500,000,000원이고, 2022년 제2기 공급가액은 700,000,000원임
④ 세금계산서 및 계산서는 적법하게 수취·발급하였으며, 전자신고방법에 의하여 부가가치세를 확정신고함

① 20,370,000원 ② 20,670,000원 ③ 22,270,000원
④ 26,090,000원 ⑤ 26,390,000원

35 **「부가가치세법」상 세금계산서에 관한 설명이다. 옳지 않은 것은?**

① 전자세금계산서 의무발행 사업자가 전자세금계산서를 공급시기인 10월 25일 발행하고, 전자세금계산서 발급명세를 다음달 25일 국세청장에게 전송한 경우에도 매출처별세금계산서합계표를 제출하여야 한다.
② 위탁판매에 있어서 위탁판매자가 직접 재화를 인도하는 때에는 위탁자가 세금계산서를 발급할 수 있다. 이 경우 수탁자의 등록번호를 덧붙여 적어야 한다.
③ 공급대가 20만원인 거래에 대하여 매입자발행세금계산서를 발행하려는 자는 해당 재화 또는 용역의 공급시기가 속하는 과세기간의 종료일부터 1년 이내에 자기의 관할 세무서장에게 거래사실 확인을 신청해야 한다.
④ 처음 공급한 재화가 환입된 경우 재화가 환입된 날을 작성일로 적고 비고란에 처음 세금계산서 작성일을 덧붙여 적은 후 붉은색 글씨로 쓰거나 음(陰)의 표시를 하여 수정세금계산서를 발급할 수 있다.
⑤ 수입되는 재화에 대하여는 세관장이 수입세금계산서를 수입하는 자에게 교부한다.

해답 34 ⑤ 35 ①

36 과세사업과 면세사업을 겸영하는 거주자 갑은 건물을 신축(공사기간: 2023.4.1.~2023.11.30.)하여 과세사업과 면세사업에 공통으로 사용할 예정이다. 2023년 제2기 과세기간 신축건물의 매입세액공제액으로 옳은 것은?

(1) 건물 신축 관련 공통매입세액은 2023년 제1기 10,000,000원이고, 2023년 제2기 20,000,000원이다.
(2) 사업별 공급가액 및 사용면적 비율은 다음과 같다.

구 분	공급가액		사용면적	
	과세	면세	과세	면세
2023년 제1기(예정비율)	40%	60%	50%	50%
2023년 제2기(실제비율)	45%	55%	53%	47%

(3) 2023년 제1기의 공통매입세액 안분은 정확하게 이루어졌다.

① 8,500,000원 ② 9,500,000원 ③ 10,900,000원
④ 13,500,000원 ⑤ 15,900,000원

37 거주자 갑은 2023년 7월 1일 간이과세자에서 일반과세자로 전환되었다. 2023년 제2기 과세기간 재고매입세액으로 옳은 것은?

(1) 2023년 7월 1일 현재 보유자산 현황

구 분	취득일	취득가액(공급대가)	시 가
상품	2023. 6. 1.	1,100,000원	2,000,000원
기계장치	2023. 1. 1.	확인안됨	55,000,000원
화물자동차	2022. 9. 1.	22,000,000원	11,000,000원
건물	2021. 3. 1.	110,000,000원	88,000,000원

(2) 업종별 부가가치율: 20%

① 5,694,500원 ② 6,709,500원 ③ 7,039,500원
④ 8,057,000원 ⑤ 16,894,500원

해답 36 ③ 37 ①

38 거주자 갑의 증여 관련 자료이다. 증여재산가액으로 옳은 것은?

(1) 갑은 2023년 7월 1일 거주자인 아들에게 지정지역 외에 소재한 토지X를 증여하였다. (2) 토지X의 증여일 현재 개별공시지가는 150,000,000원이고, 2023년 5월 1일 유사한 토지Y의 매매가액은 250,000,000원이며, 2023년 8월 1일 토지X의 감정가액은 200,000,000원이다. (3) 증여일 현재 토지X에는 금융기관 차입금 180,000,000원을 담보하기 위한 저당권 234,000,000원이 설정되어 있다.

① 180,000,000원　② 200,000,000원　③ 225,000,000원
④ 234,000,000원　⑤ 250,000,000원

39 「상속세 및 증여세법」상 상속재산에 관한 설명이다. 옳은 것은?

① 피상속인에게 귀속되는 재산적 가치가 있는 사실상의 모든 권리는 상속재산이나, 피상속인의 일신에 전속하는 것으로서 피상속인의 사망으로 인하여 소멸되는 것은 제외한다.
② 손해보험계약자가 피상속인이 아닌 경우 피상속인이 실질적으로 보험료를 납부하였더라도 피상속인의 사망으로 인하여 받는 보험금은 상속재산으로 보지 아니한다.
③ 피상속인이 신탁한 재산은 상속재산으로 보며, 수익자의 증여재산가액으로 하는 신탁의 이익을 받을 권리의 가액도 상속재산으로 본다.
④ 피상속인의 사망으로 인하여 「국민연금법」에 따라 지급되는 반환일시금은 상속재산으로 본다.
⑤ 제사를 주재하는 상속인이 상속받은 족보와 제구에 대하여는 재산가액 합계액 2억원을 한도로 상속세를 부과하지 아니한다.

40 「지방세법」상 재산세에 관한 설명이다. 옳지 않은 것은?

① 재산세의 과세대상이 되는 토지는 「공간정보의 구축 및 관리 등에 관한 법률」에 따라 지적공부의 등록대상이 되는 토지와 그 밖에 사용되고 있는 사실상의 토지이다.
② 재산세 과세기준일 현재 소유권의 귀속이 분명하지 아니하여 사실상의 소유자를 확인할 수 없는 경우에는 그 사용자가 재산세를 납부할 의무가 있다.
③ 1세대 1주택에 대한 주택 세율 특례 적용을 위하여 1세대 1주택 해당여부를 판단할 때 「신탁법」에 따라 신탁된 주택은 위탁자의 주택 수에 가산한다.
④ 지방자치단체가 1년 이상 공용 또는 공공용으로 사용하는 재산으로서 소유권의 유상이전을 약정하고 그 재산을 취득하기 전에 미리 사용하는 경우에는 재산세를 부과하지 아니한다.
⑤ 지방자치단체의 장은 재산세의 납부세액이 250만원을 초과하는 경우에는 납부할 세액의 일부를 납부기한이 지난 날부터 3개월 이내에 분할납부하게 할 수 있다.

해답 38 ② 39 ① 40 ④

CHAPTER

02 2023년 세무사 제1차 시험(세법학개론)

01 **〈국세기본법〉 국세기본법령상 납세의무가 성립하는 때에 특별한 절차 없이 그 세액이 확정되는 국세가 아닌 것은?**

① 인지세
② 원천징수하는 소득세 또는 법인세
③ 납세조합이 징수하는 소득세
④ 중간예납하는 법인세(세법에 따라 정부가 조사·결정하는 경우로 한정한다)
⑤ 원천징수 등 납부지연가산세(납부고지서에 따른 납부기한 후의 가산세로 한정한다)

02 **〈국세징수법〉 국세징수법령상 고액·상습체납자에 대하여 행할 수 있는 사항으로 옳지 않은 것은?**

① 관할 세무서장은 체납 발생일부터 1년이 지난 국세의 합계액이 2억원 이상인 경우에 체납자의 수입물품에 대한 강제징수를 세관장에게 위탁할 수 있다.
② 국세청장은 체납 발생일부터 1년이 지난 국세의 합계액이 2억원 이상인 경우에 체납자의 인적사항 및 체납액 등을 공개할 수 있으나 체납된 국세와 관련하여 심판청구가 계속 중인 경우에는 공개할 수 없다.
③ 국세청장은 체납 발생일부터 1년이 지난 국세의 합계액이 2억원 이상인 경우에 체납자의 주소 또는 거소를 관할하는 지방검찰청 또는 지청의 검사에게 체납자의 감치(監置)를 신청할 수 있다.
④ 법원의 결정으로 30일의 범위에서 체납된 국세가 납부될 때까지 체납자를 감치(監置)에 처할 수 있으며 감치의 집행 중에 체납된 국세를 납부한 경우 감치집행을 종료하여야 한다.
⑤ 국세청장은 정당한 사유 없이 5천만원 이상의 국세를 체납한 자 중 명단이 공개된 고액·상습체납자로서 관할 세무서장이 압류·공매, 담보 제공, 보증인의 납세보증서 등으로 조세채권을 확보할 수 없고, 강제징수를 회피할 우려가 있다고 인정하는 사람에 대하여 법무부장관에게 출국금지를 요청하여야 한다.

해답 01 ④ 02 ③

03 **〈국세기본법, 소득세법〉 국세기본법 및 소득세법상 납세의무의 승계와 연대납세 의무에 관한 설명으로 옳지 않은 것은?**

① 법인이 분할되거나 분할합병된 후 분할되는 법인이 존속하는 경우 분할법인, 분할신설법인 및 분할합병의 상대방 법인은 분할등기일 이후에 분할법인에 부과되거나 납세 의무가 성립한 국세 및 강제징수비에 대하여 연대하여 납부할 의무가 있다.

② 법인이 「채무자 회생 및 파산에 관한 법률」 제215조에 따라 신회사를 설립하는 경우 기존의 법인에 부과되거나 납세의무가 성립한 국세 및 강제징수비는 신회사가 연대하여 납부할 의무를 진다.

③ 법인이 합병한 경우 합병 후 존속하는 법인 또는 합병으로 설립된 법인은 합병으로 소멸된 법인에 부과되거나 그 법인이 납부할 국세 및 강제징수비를 납부할 의무를 진다.

④ 「소득세법」상 공동사업자는 해당 공동사업자별로 납세의무를 지나 주된 공동사업자에게 합산과세되는 경우에는 주된 공동사업자의 특수관계인은 손익분배비율에 해당하는 그의 소득금액을 한도로 주된 공동사업자와 연대하여 납세의무를 진다.

⑤ 법인이 분할 또는 분할합병한 후 소멸하는 경우 분할신설법인, 분할합병의 상대방 법인은 분할법인에 부과되거나 분할법인이 납부하여야 할 국세 및 강제징수비에 대하여 분할로 승계된 재산가액을 한도로 연대하여 납부할 의무가 있다.

04 **〈국세기본법〉 국세기본법상 심사청구에 관한 설명으로 옳지 않은 것은?**

① 국세청장은 국세심사위원회 의결이 법령에 명백히 위반된다고 판단하는 경우 구체적인 사유를 적어 서면으로 국세심사위원회로 하여금 한 차례에 한정하여 다시 심의할 것을 요청할 수 있다.

② 심사청구는 천재 등으로 인한 기한의 연장사유에 해당되어 정한 기간에 심사청구를 할 수 없을 때에는 그 사유가 소멸한 날부터 14일 이내에 심사청구를 할 수 있다.

③ 심사청구의 보정요구를 받은 심사청구인은 보정할 사항을 서면으로 작성하여 국세청장에게 제출하거나, 국세청에 출석하여 보정할 사항을 말하고 그 말한 내용을 국세청 소속 공무원이 기록한 서면에 서명 또는 날인함으로써 보정할 수 있다.

④ 심사청구인은 송부받은 의견서에 대하여 항변하기 위하여 국세청장에게 증거서류나 증거물을 제출할 수 있으며, 국세청장이 요구하는 경우 정한 기한까지 해당 증거서류 또는 증거물을 제출하여야 한다.

⑤ 심사청구의 대상이 되는 처분으로 권리나 이익을 침해당하지 않는 경우에는 그 심사청구가 이유 없다고 인정되므로 청구인의 주장을 받아들이지 아니하는 기각결정을 한다.

해답 03 ① 04 ⑤

05 **〈국세징수법〉 국세징수법상 압류한 재산을 수의계약으로 매각할 수 있는 경우가 아닌 것은?**

① 공매가 공익을 위하여 적절하지 아니한 경우
② 제1회 공매 후 1년간 5회 이상 공매하여도 매각되지 아니한 경우
③ 부패·변질 또는 감량되기 쉬운 재산으로서 속히 매각하지 아니하면 그 재산가액이 줄어들 우려가 있는 경우
④ 압류한 재산의 추산가격이 1천만원 미만인 경우
⑤ 수의계약으로 매각하지 아니하면 매각대금이 체납된 세액 이하가 될 것으로 예상되는 경우

06 **〈국세징수법〉 국세징수법상 압류에 관한 설명으로 옳지 않은 것은?**

① 납부기한 전 징수에 따라 납부고지를 받고 단축된 기한까지 국세를 완납하지 아니한 경우에는 독촉없이 압류한다.
② 채권 압류의 효력은 채권 압류 통지서가 체납자에게 송달된 때에 발생한다.
③ 체납자 또는 제3자가 압류재산의 사용 또는 수익을 하는 경우 그 재산의 매각으로 인하여 권리를 이전하기 전까지 이미 거두어들인 천연과실에 대해서는 압류의 효력이 미치지 아니한다.
④ 세무공무원은 제3자가 제3자의 주거에 체납자의 재산을 감춘 혐의가 있다고 인정되는 경우 제3자의 주거를 수색할 수 있고, 해당 주거의 폐쇄된 문·금고를 직접 열 수 있다.
⑤ 관할 세무서장은 체납자가 국가의 재산을 매수한 경우 소유권 이전 전이라도 그 재산에 관한 체납자의 국가에 대한 권리를 압류한다.

해답 **05** ⑤ **06** ②

07 **〈국세징수법〉 국세징수법령상 납부기한의 연장과 납부고지의 유예에 관한 설명으로 옳지 않은 것은?**

① 납세자가 납부기한의 만료일 10일 전까지 납부기한 연장 신청을 하였으나 관할 세무서장이 그 신청일부터 10일 이내에 승인 여부를 통지하지 아니한 경우에는 신청일부터 10일이 되는 날에 그 신청을 승인한 것으로 본다.

② 납세자가 도난으로 재산에 심한 손실을 입은 경우는 납부기한의 연장사유에 해당하나 「세무사법」에 따라 납세자의 장부 작성을 대행하는 세무사가 해당 납세자의 장부를 도난당한 경우는 해당하지 아니한다.

③ 관할 세무서장은 납부고지의 유예를 신청받은 경우 납부고지 예정인 국세의 납부하여야 할 기한의 만료일까지 납세자에게 납부고지 유예의 승인 여부를 통지하여야 한다.

④ 관할 세무서장은 납부기한의 연장을 하는 경우 그 연장과 관계되는 금액에 상당하는 납세담보의 제공을 요구할 수 있으나 납세자가 재난 또는 도난으로 재산에 심한 손실을 입은 경우에는 그러하지 아니하다.

⑤ 관할 세무서장은 납부고지의 유예를 한 후 해당 납세자인 법인의 해산으로 그 유예한 기한까지 유예와 관계되는 국세의 전액을 징수할 수 없다고 인정되는 경우 그 납부고지의 유예를 취소하고 유예와 관계되는 국세를 한꺼번에 징수할 수 있다.

08 **〈조세범처벌법〉 조세범처벌법상 1년 이하의 징역 또는 공급가액에 부가가치세의 세율을 적용하여 계산한 세액의 2배 이하에 상당하는 벌금에 처하는 범칙행위는 모두 몇 개인가?**

○ 「부가가치세법」에 따라 세금계산서를 발급하여야 할 자가 세금계산서를 발급하지 아니하거나 거짓으로 기재하여 발급한 행위
○ 「소득세법」 또는 「법인세법」에 따라 매출처별 계산서합계표를 제출하여야 할 자가 매출처별 계산서합계표를 거짓으로 기재하여 제출한 행위
○ 재화 또는 용역을 공급하지 아니하거나 공급받지 아니하고 「부가가치세법」에 따른 세금계산서를 발급하거나 발급받은 행위
○ 재화 또는 용역을 공급하지 아니하거나 공급받지 아니하고 「소득세법」및 「법인세법」에 따른 매출·매입처별 계산서합계표를 거짓으로 기재하여 제출한 행위
○ 「소득세법」 또는 「법인세법」에 따라 계산서를 발급받아야 할 자가 통정하여 계산서를 발급받지 아니하거나 거짓으로 기재한 계산서를 발급받은 행위
○ 「부가가치세법」에 따라 매입처별 세금계산서합계표를 제출하여야 할 자가 통정하여 매입처별 세금계산서합계표를 거짓으로 기재하여 제출한 행위

① 2개　② 3개　③ 4개
④ 5개　⑤ 6개

해답 07 ② 08 ③

09 **〈국세기본법〉 국세기본법령상 국세환급금과 국세환급가산금에 관한 설명으로 옳지 않은 것은?**

① 국세환급금을 충당할 경우에는 체납된 국세 및 강제징수비에 우선 충당해야 하므로 납세자가 납부고지에 따라 납부하는 국세에 충당하는 것을 신청한 경우에도 체납된 국세 및 강제징수비에 우선 충당해야 한다.

② 원천징수의무자가 원천징수하여 납부한 세액에서 환급받을 환급세액이 있는 경우 그 원천징수의무자가 그 환급액을 즉시 환급해 줄 것을 요구하는 경우에는 즉시 환급한다.

③ 국세환급금의 소멸시효는 세무서장이 납세자의 환급청구를 촉구하기 위하여 납세자에게 하는 환급청구의 안내·통지 등으로 인하여 중단되지 아니한다.

④ 세무서장은 국세환급금에 관한 권리의 양도 요구가 있는 경우에 양도인 또는 양수인이 납부할 국세 및 강제징수비가 있으면 그 국세 및 강제징수비에 충당하고, 남은 금액에 대해서는 양도의 요구에 지체 없이 따라야 한다.

⑤ 납세자가 상속세를 물납한 후 그 부과의 전부 또는 일부를 취소하거나 감액하는 경정 결정에 따라 환급하는 경우에는 해당 물납재산으로 환급하여야 한다. 이 경우 국세환급가산금은 지급하지 아니한다.

10 **〈조세범처벌법〉 조세범처벌법에 관한 설명으로 옳지 않은 것은?**

① 납세의무자로 하여금 과세표준의 신고(신고의 수정을 포함)를 하지 아니하게 하거나 거짓으로 신고하게 한 자 또는 조세의 징수나 납부를 하지 않을 것을 선동하거나 교사한 자는 1년 이하의 징역 또는 1천만원 이하의 벌금에 처한다.

② 사기나 그 밖의 부정한 행위로써 조세를 포탈하거나 조세의 환급·공제를 받은 자에 대해서는 정상(情狀)에 따라 징역형과 벌금형을 병과할 수 있다.

③ 「조세범처벌법」에 따른 범칙행위에 대해서는 국세청장, 지방국세청장 또는 세무서장의 고발이 없으면 검사는 공소를 제기할 수 없다.

④ 이중장부의 작성 등 장부의 거짓 기장으로 조세를 포탈하거나 조세의 환급·공제받는 범칙행위를 한 자에 대해서는 「형법」 제38조 제1항 제2호 중 벌금경합에 관한 제한 가중규정을 적용하지 아니한다.

⑤ 조세를 포탈하기 위한 증거인멸의 목적으로 세법에서 비치하도록 하는 장부 또는 증빙서류를 해당 국세의 법정신고기한이 지난 날부터 7년 이내에 소각·파기 또는 은닉한 자는 2년 이하의 징역 또는 2천만원 이하의 벌금에 처한다.

해답 09 ① 10 ⑤

11 **〈소득세법〉 소득세법령상 이자소득에 포함되지 않는 것은?**

① 국가가 발행한 채권으로서 그 원금이 물가에 연동되는 채권의 경우 해당 채권의 원금증가분
② 국외에서 받는 예금의 이자
③ 「신용협동조합법」에 따른 조합이 환매기간에 따른 사전약정이율을 적용하여 환매수하는 조건으로 매매하는 증권의 매매차익
④ 국채를 공개시장에서 통합발행하는 경우 그 매각가액과 액면가액과의 차액
⑤ 국가가 발행한 채권이 원금과 이자가 분리되는 경우 원금에 해당하는 채권의 할인액

12 **〈소득세법〉 B세무서장이 그 관할지역에 납세지를 두고 있는 (주)A의 법인소득금액을 경정하면서 주주인 거주자 甲을 귀속자로 하는 배당소득처분을 하고자 한다. 그에 관한 설명으로 옳지 않은 것은?**

① 처분되는 배당소득은 B세무서장이 경정일로부터 15일 내에 소득금액변동통지서에 따라 (주)A에 통지해야 한다.
② (주)A에게 소득금액변동통지서를 송달할 수 없는 경우에는 甲에게 통지해야 한다.
③ (주)A가 소득금액변동통지서에 따라 통지를 받은 경우 (주)A는 그 소득금액변동통지의 취소를 구하는 행정심판을 제기할 수 있다.
④ B세무서장이 (주)A에게 소득금액변동통지서를 통지한 경우 통지하였다는 사실을 甲에게 알려야 한다.
⑤ (주)A에게 소득금액변동통지서를 통지한 경우 그 통지하였다는 사실을 甲에게 알릴 때에는 알리는 내용에 소득금액 변동내용을 포함하여야 한다.

13 **〈소득세법〉 소득세법령상 원천징수시기에 관한 설명으로 옳지 않은 것은?**

① 무기명주식의 이익이나 배당에 대하여는 그 지급을 한 날 소득세를 원천징수한다.
② 출자공동사업자의 배당소득으로서 과세기간 종료일까지 지급하지 아니한 소득은 과세기간 종료일에 그 소득을 지급한 것으로 보아 소득세를 원천징수한다.
③ 원천징수의무자가 12월분의 근로소득을 다음 연도 2월 말일까지 지급하지 아니한 경우에는 그 근로소득을 다음 연도 2월 말일에 지급한 것으로 보아 소득세를 원천징수한다.
④ 퇴직소득을 지급하여야 할 원천징수의무자가 1월부터 11월까지의 사이에 퇴직한 사람의 퇴직소득을 해당 과세기간의 12월 31일까지 지급하지 아니한 경우에는 그 퇴직소득을 12월 31일에 지급한 것으로 보아 소득세를 원천징수한다.(공적연금 관련법에 따라 받는 일시금 아님)
⑤ 법인세 과세표준을 신고하면서 법인세법에 따라 처분되는 기타소득에 대하여는 신고일 또는 수정신고일에 그 기타소득을 지급한 것으로 보아 소득세를 원천징수한다.

해답 **11** ④ **12** ⑤ **13** ②

14 **〈소득세법〉 소득세법령상 기타소득에 관한 설명으로 옳지 않은 것은? (서화 · 골동품의 양도로 발생하는 소득은 고려하지 아니함)**

① 이자소득 · 배당소득 · 사업소득 · 근로소득 · 연금소득 · 퇴직소득 및 양도소득 외의 소득이어야 한다.

② 노동조합업무종사자로서 근로시간면제자가 「노동조합 및 노동관계 조정법」상의 근로시간면제한도를 초과하는 범위에서 지급받는 급여는 기타소득에 해당한다.

③ 특정 소득이 기타소득으로 법령에 열거된 것 중 어떤 소득에 해당하는지 여부는 기타 소득금액에 영향을 미치지 아니한다.

④ 뇌물은 위법소득이지만 기타소득으로 과세된다.

⑤ 종교인소득에 대하여 근로소득으로 원천징수한 경우에는 해당소득을 근로소득으로 본다.

15 **〈소득세법〉 거주자 甲이 양도한 자산에 관한 다음 자료에 따른 자산별 양도차익은? (단, 주어진 자료 외의 다른 사항은 고려하지 않음)**

(단위: 원)

구 분		주택(미등기)	토 지
취득일		2014. 5. 30.	2019. 4. 19.
양도일		2023. 7. 20.	2023. 9. 10.
취득당시	실지거래가액	-	-
	매매사례가액	287,000,000	-
	감정가액	280,000,000	-
	기준시가	180,000,000	30,000,000
양도당시	실지거래가액	500,000,000	-
	매매사례가액	410,000,000	50,000,000
	감정가액	400,000,000	-
	기준시가	300,000,000	60,000,000
자본적지출 · 양도비		8,000,000	3,000,000

① 주택 149,460,000원, 토지 22,000,000원

② 주택 199,460,000원, 토지 22,000,000원

③ 주택 199,460,000원, 토지 24,100,000원

④ 주택 207,600,000원, 토지 24,100,000원

⑤ 주택 212,460,000원, 토지 24,100,000원

해답 14 ③ 15 ⑤

16 **〈소득세법〉 다음은 거주자 甲이 2023년 귀속 기타소득으로 신고하고자 하는 소득 자료이다. 甲이 기타소득의 필요경비로서 공제가능한 최대의 금액은? (단, 각 소득은 사업소득에 해당하지 아니하며, 주어진 자료 외에는 고려하지 않음)**

소득 내용	실제 소요된 경비
계약의 위약으로 인하여 받는 위약금 중 주택입주지체상금 6,000,000원	4,000,000원
고용관계 없이 일시적으로 다수인에게 강연을 하고 받은 강연료 3,000,000원 (「소득세법」 제21조 제1항 제15호부터 제17호까지의 규정을 적용받지 아니함)	1,000,000원
사진에 속하는 창작품에 대한 원작자로서 창작품에 대하여 받는 대가 10,000,000원	7,000,000원
회화(국내 원작자 생존 중)의 양도로 받은 가액 80,000,000원	20,000,000원

① 12,800,000원 ② 13,600,000원 ③ 13,900,000원
④ 14,200,000원 ⑤ 85,600,000원

17 **〈소득세법〉 거주자 甲의 2023년 과세기간의 소득자료가 다음과 같을 때 종합소득 산출세액은?**

(1) 은행예금이자 30,000,000원
(2) 비실명이자 4,000,000원
(3) 비영업대금이익 12,000,000원(온라인투자연계금융업자를 통하여 지급받은 이자소득 아님)
(4) 외국법인 배당 5,000,000원
(5) 사업소득금액 40,000,000원

종합소득공제는 9,000,000원이라고 가정하고, 기본세율의 일부는 다음과 같다.

종합소득과세표준	기본세율
1,400만원 이하	과세표준 × 6%
1,400만원 초과 5,000만원 이하	84만원 + (과세표준 - 1,400만원) × 15%
5,000만원 초과 8,800만원 이하	624만원 + (과세표준 - 5,000만원) × 24%

① 10,960,000원 ② 11,290,000원 ③ 11,920,000원
④ 12,290,000원 ⑤ 13,090,000원

해답 16 ② 17 ②

18 **〈소득세법〉 소득세법령상 양도소득과세표준 예정신고 및 결정 · 경정에 관한 설명으로 옳지 않은 것은?**

① 건물을 양도(부담부증여 아님)한 경우에는 그 양도일이 속하는 달의 말일부터 2개월 내에 예정신고를 하여야 한다.

② 법령상의 토지거래계약에 관한 허가구역에 있는 토지를 양도할 때 토지거래계약허가(허가를 받은 후 허가구역 지정이 해제됨)를 받기 전에 대금을 청산한 경우에는 그 허가일이 속하는 달의 말일부터 2개월 내에 예정신고를 하여야 한다.

③ 해당 과세기간에 누진세율의 적용대상 자산에 대한 예정신고를 2회 이상 하는 경우에는 이미 신고한 양도소득금액과 합산하여 신고하여야 한다.

④ 납세지 관할 세무서장 또는 지방국세청장은 예정신고를 하여야 할 자가 그 신고를 하지 아니한 경우에는 해당 거주자의 양도소득과세표준과 세액을 결정한다.

⑤ 건물을 부담부증여하는 경우 부담부증여의 채무액에 해당하는 부분으로서 양도로 보는 경우에는 그 양도일이 속하는 달의 말일부터 3개월 내에 예정신고를 하여야 한다.

19 **〈소득세법〉 다음은 거주자 甲의 2023년 귀속 소득 관련 내역이다. 종합과세할 甲의 배당소득금액은? (단, 모두 종합소득과세 여부 판정대상 소득이며, 원천징수는 적법하게 이루어졌음. 제시된 금액은 원천징수 전의 금액이며, 주어진 자료 외의 사항은 고려하지 않음)**

배당수령	내역 금액
ㄱ. 주권비상장법인으로부터의 금전배당	15,000,000원
ㄴ. 법인세법에 따라 처분된 배당소득	4,000,000원
ㄷ. 자기주식소각이익의 자본금 전입으로 취득한 신주의 액면가액 (소각일로부터 2년 내 자본금전입)	8,000,000원
ㄹ. 외국법인으로부터 받은 배당소득	3,000,000원
ㅁ. 감자로 인한 의제배당	6,000,000원
ㅂ. 출자공동사업자의 배당소득	2,000,000원
ㅅ. 주식의 포괄적 교환차익을 재원으로 하는 자본잉여금의 자본금 전입으로 취득한 신주의 액면가액	1,000,000원
합계	39,000,000원

① 39,600,000원　② 39,800,000원　③ 40,750,000원
④ 41,800,000원　⑤ 42,000,000원

해답 18 ③ 19 ①

20 **〈소득세법〉 소득세법령상 거주자 甲이 배우자 및 직계존비속이 아닌 특수관계인에게 2023. 3. 1.에 자산을 증여한 후 그 자산을 증여받은 자가 그 증여일부터 10년 이내에 다시 타인에게 양도한 경우에 관한 설명으로 옳은 것은?**

① 甲이 그 자산을 직접 양도한 것으로 보되, 특수관계인이 증여세를 납부한다는 점을 고려하여 양도차익 계산시 취득가액은 증여시의 가액으로 한다.
② 甲이 자산을 직접 양도한 것으로 보는 경우 그 양도소득에 대해서는 甲과 증여받은 자가 연대하여 납세의무를 진다.
③ 甲에게 양도소득세가 과세되는 경우에는 수증자가 당초 증여받은 자산에 대하여 납부한 증여세는 필요경비에 산입한다.
④ 양도소득이 수증자에게 실질적으로 귀속된 경우에도 甲이 그 자산을 직접 양도한 것으로 본다.
⑤ 특수관계인이 그 자산을 양도한 것으로 보되 양도차익 계산시 취득가액은 甲의 취득 당시 가액으로 한다.

21 **〈법인세법〉 법인세법령상 외국자회사 수입배당금액의 익금불산입에 관한 설명으로 옳은 것은?**

① 내국법인(법령에 따른 간접투자회사등을 포함한다)이 해당 법인이 출자한 외국자회사로부터 받은 수입배당금액은 각 사업연도의 소득금액을 계산할 때 익금에 산입하지 아니한다.
② 내국법인이 수입배당금을 익금불산입할 수 있는 외국자회사란 내국법인이 의결권 있는 발행주식총수의 100분의 1을 초과하여 출자하고 있는 외국법인을 말한다.
③ 「국제조세조정에 관한 법률」에 따라 특정외국법인의 유보소득에 대하여 내국법인이 배당받은 것으로 보는 금액에 대해서는 각 사업연도의 소득금액을 계산할 때 익금에 산입하지 아니한다.
④ 내국법인이 적격합병에 따라 다른 내국법인이 보유하고 있던 외국자회사의 주식등을 승계받은 때에는 그 승계 전 다른 내국법인이 외국자회사의 주식등을 취득한 때부터 해당 주식등을 보유한 것으로 본다.
⑤ 혼성금융상품의 거래에 따라 내국법인이 지급받는 수입배당금액은 각 사업연도의 소득금액을 계산할 때 익금에 산입하지 않는다.

해답 20 ② 21 ④

22 **〈법인세법〉 법인세법령상 제조업을 영위하는 영리내국법인 (주)A는 2023.3.23.에 법인설립 등기를 하고 사업을 시작하였다. 제1기(2023.3.23.~12.31.) 사업연도 법인세 과세표준 및 세액의 신고를 위해 소득금액조정합계표를 작성하였으나, 신고 전 세무조정 사항에서 일부 오류가 발견되어 수정하고자 한다. 다음 자료를 반영하여 필요한 수정을 한 후의 올바른 제1기 사업연도 법인세 산출세액은? (단, (주)A는 중소기업이 아니며, 주어진 자료 이외에는 고려하지 않음. 계산 시 원 미만은 절사함)**

(1) 오류 수정 전 제1기 각 사업연도 소득금액은 304,000,000원이다.
(2) 오류 수정 전 제1기 소득금액조정합계표에는 다음 사항이 포함되어 있다.

세무조정 과목 및 금액	제1기 결산 상 회계처리	세무조정 내역
유형자산 처분손실 4,000,000원	(차변) 미수금 20,000,000 유형자산처분손실 4,000,000 (대변) 토지 24,000,000	토지 양도 후 2023.12.30.에 소유권 이전등기를 완료하였으나, 결산일 현재 대금청산이 되지 않아 처분손실을 손금불산입함
미수금 3,500,000원	(차변) 대손상각비 3,500,000 (대변) 미수금 3,500,000	2023.11.1.에 채무자의 부도가 발생한 채권에 대하여 결산상 대손 처리한 금액을 손금불산입함
이자비용 1,000,000원	(차변) 이자비용 1,000,000 (대변) 현금 1,000,000	이자비용으로 계상한 전기요금 납부지연 연체가산금 300,000원과 국민건강보험법에 따른 연체금 700,000원을 손금불산입함
장기할부 매출채권 2,000,000원	(차변) 장기할부매출채권 40,000,000 매출원가 35,000,000 (대변) 장기할부매출 40,000,000 제품 35,000,000	장기할부매출(판매가격 40,000,000원, 원가 35,000,000원)로 인한 장기할부매출채권의 현재가치 평가를 결산상 누락했으므로 현재가치할인 차금 상당액 2,000,000원을 익금 불산입함
임대수익 1,500,000원	(차변) 미수임대료 1,500,000 (대변) 임대수익 1,500,000	창고임대료(임대료 지급기간 3년) 기간경과분을 결산상 수익 계상했으나, 결산일 현재 받지 못한 금액을 익금불산입함

① 39,611,333원 ② 39,991,333원 ③ 40,276,333원
④ 40,808,333원 ⑤ 40,941,333원

해답 22 ⑤

23 **〈법인세법〉 제조업을 영위하는 영리내국법인 (주)A의 제23기(2023.1.1.~12.31.)에 대한 자료가 다음과 같을 경우 법인세법령상 부당행위계산과 관련한 제23기 사업연도 익금산입 세무조정 금액은? (단, 계산 시 원 미만은 절사하며, 주어진 자료 이외에는 고려하지 않음)**

(1) (주)A가 임원에게 업무와 관련없이 대여한 자금(가지급금) 내역

(단위: 원)

구 분	금 액	대여일 및 대여기간	제23기 약정이자 수취액 (결산상 이자수익 계상)
대표이사	50,000,000	2023.7.1.부터 1년	500,000
전무이사	40,000,000	2023.5.1.부터 2년	800,000
상무이사	30,000,000	2023.4.1.부터 7년	-

(2) (주)A의 제23기 사업연도 차입금

채권자	금액(원)	차입일 및 차입기간	연 이자율	비 고
B은행	50,000,000	2022.3.1.부터 1년	6%	
C은행	40,000,000	2022.1.1.부터 3년	3%	
(주)D	30,000,000	2022.10.1.부터 2년	4%	(주)A와 특수관계인에 해당됨

(3) 기획재정부령이 정하는 당좌대출이자율은 연 4.6%로 가정한다.

(4) 금전을 무상 또는 시가보다 낮은 이율로 대부한 경우에 적용하는 시가를 정하는 경우, 가중평균차입이자율의 적용이 불가능한 경우로서 기획재정부령으로 정하는 사유는 없는 것으로 가정한다. 또한 (주)A는 과세표준 신고 시 당좌대출이자율을 금전의 대여에 대한 시가로 선택하지 않았다.

(5) 1년은 365일로 가정한다

① 934,246원 ② 1,295,890원 ③ 1,434,246원
④ 2,239,725원 ⑤ 2,601,369원

해답 23 ①

24 **〈법인세법〉 영리내국법인 (주)A는 제조업을 영위하는 중소기업이다. (주)A의 제23기(2023.1.1.~10.31.) 사업연도에 대한 자료가 다음과 같을 경우 법인세법령상 기업업무추진비에 대한 손금불산입금액 중 기타사외유출로 소득처분되는 금액의 합계는? (단, 주어진 자료 이외에는 고려하지 않음)**

(1) 제23기 포괄손익계산서에 계상된 비용

항 목	금액(원)	내 역
복리후생비	3,000,000	(주)A의 직원이 조직한 조합(법인)에 지출한 복리시설비(세금계산서를 통해 지출 사실이 확인됨)
대손상각비	10,000,000	원활한 업무진행을 위해 객관적으로 정당한 사유 없이 거래처(특수관계인 아님)와의 약정에 의하여 채권을 포기하고 이를 비용으로 계상한 금액
접대비	225,000,000	대표이사 자녀 결혼식 하객 식사비 15,000,000원 포함

(2) 상기 포괄손익계산서 상 기업업무추진비 225,000,000원은 모두 한 차례의 접대에 지출한 금액이 3만원을 초과하며, 지출증빙서류가 없는 귀속불분명 금액 5,000,000원과 영수증을 수취하고 지출한 금액 4,000,000원을 제외하고는 신용카드를 사용하여 지출하였다.

(3) 제23기 수입금액(기업회계기준에 따라 계산된 제조업 매출액)은 650억원(사업연도 중에 중단된 사업부문에서 발생한 매출액 200억원과 특수관계인과의 거래에서 발생한 수입금액 90억원을 포함)이다.

① 75,930,000원　② 80,930,000원　③ 89,930,000원
④ 90,930,000원　⑤ 100,930,000원

25 **〈법인세법〉 영리내국법인 (주)A는 제23기(2023.1.1.~12.31.) 사업연도 중에 보유하던 토지 B의 50%를 양도하였다. 토지 B에 대한 자료가 다음과 같을 경우 해당 토지의 양도에 대한 제23기 사업연도의 법인세법령상 세무조정 내역 및 금액은? (단, 전기 이전의 세무조정은 적정하며, 주어진 자료 이외에는 고려하지 않음)**

(1) 제22기 사업연도 자본금과 적립금 조정명세서(乙)

(단위: 원)

①과목 또는 사항	②기초 잔액	당기 중 증감		⑤기말 잔액 (익기초현재)
		③감소	④증가	
토지 B	7,000,000			7,000,000

(2) 토지 B의 양도에 대한 제23기 사업연도 결산상 회계처리

(차변) 현금	70,000,000	(대변)	토지	62,000,000
			유형자산처분이익	8,000,000

① 세무조정 없음　② 익금산입 1,000,000원　③ 익금산입 4,500,000원
④ 익금불산입 3,500,000원　⑤ 익금불산입 7,000,000원

해답 24 ① 25 ④

26 **〈법인세법〉 다음은 법인세법령상 중소기업에 해당하는 영리내국법인 (주)A의 제23기(2023.1.1. ~12.31.) 사업연도에 대한 자료이다. 제23기 사업연도의 법인세 과세표준 및 세액조정계산서에 들어갈 기부금한도초과액은? (단, 전기 및 당기의 과세표준 및 세액은 적법하게 신고하였고, 기부금한도초과이월액손금산입은 없는 것으로 가정함. 주어진 자료 이외에는 고려하지 않음)**

(1) 제23기 사업연도 법인세 과세표준 및 세액조정계산서(일부)

(단위: 원)

사업연도: 2023.1.1.~12.31.	법인세 과세표준 및 세액조정계산서	법인명: (주)A

① 각 사업연도 소득계산	⑩ 결산서상 당기순손익		01	4,000,000
	소득조정금액	⑩ 익금산입	02	14,000,000
		⑩ 손금산입	03	45,000,000

(2) (주)A는 제23기 사업연도에 세무상 결손금이 발생하였으며, 발생한 결손금 전액에 대해서 소급공제를 받고자 한다. 이를 위해 법인세법령상 중소기업의 결손금 소급공제에 따른 환급 규정에 따라서 계산된 금액 1,200,000원을 적법하게 환급 신청하였다.

(3) 제22기 사업연도의 법인세 산출세액과 각 사업연도 소득에 대한 과세표준은 각각 35,000,000원(토지등 양도소득에 대한 법인세액 15,000,000원이 포함되어 있음)과 200,000,000원이다.

① 14,000,000원 ② 15,000,000원 ③ 16,000,000원
④ 17,000,000원 ⑤ 18,000,000원

27 **〈법인세법〉 법인세법상 성실신고확인서 제출에 관한 설명으로 옳지 않은 것은?**

① 「주식회사 등의 외부감사에 관한 법률」에 따라 감사인에 의한 감사를 받은 내국법인은 성실신고확인서를 제출하지 아니할 수 있다.
② 성실신고확인 대상인 내국법인이 법령에 따라 성실신고확인서를 제출하는 경우에는 각 사업연도의 종료일이 속하는 달의 말일부터 4개월 이내에 그 사업연도의 소득에 대한 법인세의 과세표준과 세액을 납세지 관할 세무서장에게 신고하여야 한다.
③ 「소득세법」에 따른 성실신고확인대상사업자가 사업용자산을 현물출자하여 내국법인으로 전환한 경우 그 내국법인은 법인으로 전환한 후 5년 동안 성실신고확인서를 제출해야 한다.
④ 성실신고확인서 제출 불성실 가산세를 적용할 때 법령에 따른 경정으로 산출세액이 0보다 크게 된 경우에는 경정된 산출세액을 기준으로 가산세를 계산한다.
⑤ 성실신고확인서 제출 불성실 가산세는 산출세액이 없는 경우에도 적용한다.

해답 26 ② 27 ③

28 **〈법인세법〉 법인세법상 비영리법인의 각 사업연도의 소득에 대한 법인세에 관한 설명으로 옳은 것은?**

① 비영리내국법인의 각 사업연도의 소득에는 고유목적사업에 직접 사용하는 자산의 처분으로 인한 모든 수입을 포함한다.
② 비영리내국법인의 고유목적사업준비금을 손비로 계상한 경우에는 그 계상한 고유목적 사업준비금을 이후 연속하는 3개 사업연도의 산출세액에서 순차적으로 차감한다.
③ 수익사업을 하는 비영리내국법인은 유형자산인 토지의 양도로 인하여 발생하는 소득이 있는 경우에 과세표준 신고를 하지 아니한다.
④ 수익사업을 하는 비영리내국법인은 장부의 기록·보관 불성실 가산세의 적용을 받지 않는다.
⑤ 비영리법인이 수익사업을 하는 경우에는 자산·부채 및 손익을 그 수익사업에 속하는 것과 수익사업이 아닌 그 밖의 사업에 속하는 것을 각각 다른 회계로 구분하여 기록하지 않을 수 있다.

29 **〈법인세법〉 법인세법령상 지급이자의 손금불산입에 관한 설명으로 옳지 않은 것은?**

① 「소득세법」에 따른 채권의 이자 중 그 지급받은 자가 불분명한 것으로서 채권의 이자를 당해 채권의 발행법인이 직접 지급하는 경우 그 지급사실이 객관적으로 인정되지 아니하는 이자는 내국법인의 각 사업연도의 소득금액을 계산할 때 손금에 산입하지 아니한다.
② 거래일 현재 주민등록표에 의하여 그 거주사실 등이 확인된 채권자가 차입금을 변제받은 후 소재불명이 된 경우의 차입금에 대한 이자는 채권자가 불분명한 사채의 이자에서 제외한다.
③ 특정차입금에 대한 지급이자등은 건설등이 준공된 날이 속하는 사업연도 종료일까지 이를 자본적 지출로 하여 그 원본에 가산한다.
④ 특정차입금의 연체로 인하여 생긴 이자를 원본에 가산한 경우 그 가산한 금액은 이를 해당 사업연도의 자본적 지출로 하고, 그 원본에 가산한 금액에 대한 지급이자는 이를 손금으로 한다.
⑤ 「국민연금법」에 의하여 근로자가 지급받은 것으로 보는 퇴직금전환금(당해 근로자가 퇴직할 때까지의 기간에 상당하는 금액에 한한다)은 특수관계인에게 해당 법인의 업무와 관련 없이 지급한 가지급금등에서 제외한다.

해답 28 ④ 29 ③

30 **〈법인세법〉 법인세법령상 즉시상각의 의제와 관련하여, 내국법인이 각 사업연도에 해당 자산의 가치를 현실적으로 증가시키기 위하여 지출한 다음 〈보기〉와 같은 수선비를 해당 사업연도의 손비로 계상한 경우에 자본적 지출에 포함하지 않는 경우를 모두 고른 것은? (단, 다음 〈보기〉의 각 항목들은 상호독립적이며, 각 항목은 해당 경우에서 제시된 사항 이외의 다른 조건은 고려하지 않음)**

〈보 기〉

ㄱ. 개별자산별로 수선비로 지출한 금액이 600만원 이상인 경우
ㄴ. 개별자산별로 수선비로 지출한 금액이 직전 사업연도종료일 현재 재무상태표상의 자산가액(취득가액에서 감가상각누계액상당액을 차감한 금액을 말한다)의 100분의 5에 미달하는 경우
ㄷ. 3년의 기간마다 주기적인 수선을 위하여 지출하는 경우

① ㄱ ② ㄴ ③ ㄱ, ㄷ
④ ㄴ, ㄷ ⑤ ㄱ, ㄴ, ㄷ

31 **〈부가가치세법〉 부가가치세법상 부가가치세 과세대상에 해당하는 것은?**

① 사업자가 자기의 사업과 관련하여 사업장 내에서 그 사용인에게 음식용역을 무상으로 제공하는 경우
② 공급받을 자의 해약으로 인하여 공급할 자가 재화 또는 용역의 공급없이 위약금 또는 이와 유사한 손해배상금을 받는 경우
③ 선주와 하역회사 간의 계약으로 하역회사의 선적지연으로 인하여 선주가 하역회사로부터 체선료를 받는 경우
④ 사업자가 자기의 사업과 관련하여 생산하거나 취득한 재화를 자기의 과세사업과 관련한 사후 무료서비스를 제공하기 위하여 사용 · 소비하는 경우
⑤ 사업자가 자기의 고객 중 추첨을 통하여 당첨된 자에게 자기생산 · 취득재화를 경품으로 제공하는 경우

해답 30 ② 31 ⑤

32 **〈부가가치세법〉 부가가치세법상 세금계산서에 관한 설명으로 옳은 것은?**

① 처음 공급한 재화가 환입된 경우 수정세금계산서 또는 수정전자세금계산서의 작성일에는 처음 세금계산서 작성일을 적고 붉은색 글씨를 쓰거나 음(陰)의 표시를 하여 수정세금계산서 또는 수정전자세금계산서를 발급할 수 있다.

② 관할 세무서장은 개인사업자가 전자세금계산서 의무발급 개인사업자에 해당하는 경우에는 전자세금계산서를 발급하여야 하는 기간이 시작되기 전까지 그 사실을 해당 개인사업자에게 통지하여야 한다.

③ 자동차운전학원 사업을 하는 일반과세자가 감가상각자산을 공급하는 경우에 그 공급받는 사업자가 사업자등록증을 제시하고 세금계산서의 발급을 요구하면 세금계산서를 발급해야 한다.

④ 법인사업자가 전자세금계산서를 발급하였을 때에는 전자세금계산서 발급일의 다음달 10일까지 전자세금계산서 발급명세를 국세청장에게 전송하여야 한다.

⑤ 매입자발행세금계산서를 발행하려는 자는 해당 재화 또는 용역의 공급시기가 속하는 과세기간의 종료일부터 6개월 이내에 거래사실확인신청서에 거래사실을 객관적으로 입증할 수 있는 서류를 첨부하여 신청인 관할 세무서장에게 거래사실의 확인을 신청하여야 한다.

33 **〈국제조세조정에 관한 법률〉 국제조세조정에 관한 법률상 출자금액 대비 과다차입금 지급이자의 손금불산입에 관한 설명으로 옳은 것은?**

① 금융업을 영위하는 내국법인(외국법인의 국내사업장을 포함한다)의 차입금 중 국외지배주주로부터 차입한 금액이 해당 국외지배주주가 출자한 출자금액의 2배를 초과하는 경우에는 그 초과분에 대한 지급이자 및 할인료는 그 내국법인의 손금에 산입하지 아니한다.

② 국외지배주주의 지급보증(담보의 제공 등 실질적으로 지급을 보증하는 경우를 포함한다)에 의하여 제3자로부터 차입한 금액에 대한 지급이자 손금불산입액은 배당으로 처분된 것으로 본다.

③ 손금불산입액으로 산정되는 지급이자와 할인액의 범위에는 내국법인이 국외지배주주에게 지급해야 할 사채할인발행차금 상각액, 융통어음 할인료 등 그 경제적 실질이 이자에 해당하는 것과 건설자금이자를 포함한다.

④ 서로 다른 이자율이 적용되는 지급이자와 할인액이 함께 있는 경우에는 초과차입금적수에 가중평균이자율을 곱하여 지급이자 손금불산입액을 산정한다.

⑤ 「국제조세조정에 관한 법률」상 출자금액 대비 과다차입금 지급이자의 손금불산입 규정은 「법인세법」상 지급이자의 손금불산입 규정보다 우선하여 적용한다.

해답 32 ③ 33 ⑤

34 **〈부가가치세법〉 부가가치세법상 부가가치세 납세의무가 없는 것은?**

① 농민이 자기농지의 확장 또는 농지개량작업에서 생긴 토사석을 일시적으로 판매하는 경우
② 청산 중에 있는 내국법인이 「상법」에 따른 계속등기 여부에 불구하고 사실상 사업을 계속하는 경우
③ 「새마을금고법」에 따라 설립된 새마을금고가 사업상 독립적으로 부가가치세가 과세되는 재화를 공급하는 경우
④ 사업자가 아닌 자가 개인적으로 사용하기 위해 부가가치세가 과세되는 재화를 수입하는 경우
⑤ 농·어민이 부업으로 소득세가 과세되지 아니하는 민박, 음식물 판매, 특산물 제조, 전통차 제조 및 그 밖에 이와 유사한 활동을 하는 경우

35 **〈부가가치세법〉 다음 자료는 제조업을 영위하는 일반과세자인 (주)A가 2023년 제2기 확정신고기간(2023.10.1.~12.31.) 중에 공급받은 재화의 거래내역이다. (주)A의 2023년 제2기 확정신고 시 부가가치세 매출세액에서 공제하는 매입세액은?**

(1) 국내거래처로부터 10.1.에 원자재를 구입하였으나 그에 대한 세금계산서(공급가액 60,000,000원, 부가가치세 6,000,000원)는 2024.1.10.에 발급받았다.
(2) 기념품을 구입하여 거래처의 창사기념일에 증정하였다. 기념품 구입시 세금계산서(공급가액 3,000,000원, 부가가치세 300,000원)를 발급받았다.
(3) 생산직 직원들의 작업복을 구입하고 세금계산서(공급가액 5,000,000원, 부가가치세 500,000원)를 발급받았다.
(4) 종업원 명절선물을 구입하고 세금계산서(공급가액 4,000,000원, 부가가치세 400,000원)를 발급받았다.

① 900,000원 ② 1,200,000원 ③ 6,500,000원
④ 6,900,000원 ⑤ 7,200,000원

해답 34 ① 35 ④

36 **〈국제조세조정에 관한 법률〉 국제조세조정에 관한 법률상 상호합의절차에 관한 설명으로 옳지 않은 것은?**

① 거주자 또는 내국법인과 비거주자 또는 외국법인은 조세조약에 따라 우리나라와 체약상대국 간에 조세조정이 필요한 경우에는 국세청장에게 상호합의절차의 개시를 신청할 수 있다.

② 국세청장은 상호합의절차의 개시 신청을 받거나 직권으로 상호합의절차 개시를 요청한 경우에는 기획재정부장관에게 보고하여야 한다.

③ 기획재정부장관은 조세조약의 적용 및 해석에 관하여 체약상대국과 협의할 필요성이 있는 경우에는 직권으로 체약상대국의 권한 있는 당국에 상호합의절차 개시를 요청할 수 있다.

④ 체약상대국의 권한 있는 당국에 상호합의절차 개시를 요청한 경우에는 상호합의절차 개시 요청일을 상호합의절차의 개시일로 한다.

⑤ 상호합의절차가 개시된 경우 상호합의절차의 개시일부터 종료일까지의 기간은 「국세기본법」상 불복청구기간과 불복결정기간에 산입하지 아니한다.

37 **〈부가가치세법〉 다음은 2023.10.1.에 신규로 사업을 개시하여 과세사업과 면세사업을 겸영하는 (주)A의 2023년 제2기 확정신고기간(2023.10.1.~12.31.)의 거래내역이다. (주)A의 2023년 제2기 확정신고시 납부하여야 할 부가가치세액(지방소비세 포함)은? (단, (주)A는 사업개시일에 사업자등록을 신청하였으며, 모든 거래에는 세금계산서 또는 계산서를 적법하게 수취하였거나 발급함)**

(1) 공급가액

과세사업분	면세사업분	공통사용재화(기계C)	계
200,000,000원	100,000,000원	12,000,000원	312,000,000원

(2) 매입세액

구 분	매입세액	비 고
과세사업	6,000,000원	기업업무추진비 관련 매입세액 500,000원 포함
면세사업	4,000,000원	
공통사용재화	7,500,000원	기계B 4,500,000원 기계C 3,000,000원 (2023년 제2기 과세기간 중 처분)
계	17,500,000원	

① 9,700,000원 ② 9,800,000원 ③ 10,200,000원
④ 10,300,000원 ⑤ 10,700,000원

해답 36 ④ 37 ①

38 **〈부가가치세법〉 제조업을 영위하는 일반과세자인 (주)A의 다음 자료를 이용하여 계산한 2023년 제1기 예정신고기간(2023.1.1.~3.31.)의 부가가치세 과세표준은? (단, 다음 자료의 금액에는 부가가치세가 포함되어 있지 않음)**

> 2023.1.10.: 제품B를 120,000,000원에 판매하고 그 대금은 1월 말일부터 매월 말일에 10,000,000원씩 12회로 나누어 받기로 하였다.
> 2023.2.10.: 제품C를 100,000,000원에 주문제작판매하기로 하고 거래처와 계약을 맺었다. 계약상 그 대금은 ① 계약시 10%, ② 40% 완성시 40%, ③ 70% 완성시 30%, ④ 인도시 20%를 받기로 하였다. 2023.3.31. 현재 거래처가 확인한 완성도는 40%이다.
> 2023.3.10.: 제품D를 제작하여 100,000,000원에 판매하기로 하고 거래처와 계약을 맺었다. 계약상 대금은 계약시 20,000,000원을 받고 잔금 80,000,000원은 2023.9.30.에 제품D를 인도하면서 받기로 하였다.

① 50,000,000원 ② 80,000,000원 ③ 100,000,000원
④ 170,000,000원 ⑤ 190,000,000원

39 **〈부가가치세법〉 부가가치세법상 영세율이 적용되지 않는 것은?**

① 「관세법」에 따른 수입신고 수리 전의 물품으로서 보세구역에 보관하고 있는 물품을 외국으로 반출하는 것으로서 국내사업장에서 계약과 대가수령 등 거래가 이루어지는 것
② 대한민국 선박에 의하여 채집되거나 잡힌 수산물을 외국으로 반출하는 것
③ 사업자가 국내에서 국내사업장이 없는 비거주자에게 직접 재화를 공급하고 그 대가를 외국환은행에서 원화로 받는 경우
④ 사업자가 국외에서 건설공사를 도급받은 국내사업자로부터 해당 건설공사를 재도급받아 국외에서 건설용역을 제공하고 그 대가를 원도급자로부터 원화로 받는 경우
⑤ 「항공사업법」에 따른 상업서류 송달용역

해답 38 ④ 39 ③

40 **〈부가가치세법〉 다음은 음식점업(과세유흥장소 아님)을 영위하는 간이과세자 甲의 2023년 과세기간(2023.1.1.~12.31.)의 부가가치세 관련 자료이다. 2023년 과세기간의 부가가치세 차감 납부할 세액(지방소비세 포함)은? (단, 세액공제를 적용받기 위한 모든 요건을 충족함)**

(1) 음식점업의 공급대가는 70,000,000원이며, 이 중 신용카드매출전표 발급금액은 30,000,000원이다.
(2) 면세농수산물 구입액은 4,360,000원이며, 모두 계산서 수취분이다.
(3) 식기 등 조리용품 구입액은 22,000,000원(부가가치세 2,000,000원 포함)이며, 세금계산서를 교부받았다.
(4) 주방 설비 11,000,000원(부가가치세 1,000,000원 포함)을 공급받았으며, 세금계산서를 교부받았다.
(5) 음식점업의 업종별 부가가치율은 15%이며, 2023년 예정부과기간의 고지납부세액은 없다.
(6) 전자신고세액공제는 고려하지 않는다.

① 135,000원 ② 150,000원 ③ 300,000원
④ 495,000원 ⑤ 510,000원

해답 40 ④

저자약력

원용대

성균관대학교 경영학부 졸업
고려대학교 법무대학원 조세법학 전공(법학석사)

현) • 교보생명 Specialist Financial Adviser
• ING생명 상속설계 강의
• Dr.Tax 세무회계컨설팅 대표세무사
• 세무법인 위더스 논현지점 대표세무사
• 성균관대학교 산학협력단 자문세무사
• 한국기술진흥원주최 : 세법강의
• 소상공인진흥원 자영업 컨설턴트
(경영진단, 사업타당성분석)
• 스마트경영아카데미 세법학강사

전) • 세무사
• 에듀윌경영아카데미 세법강사
• 상공회의소 세법강사
• 이나우스아카데미 세법강사
• 한국세무사회 세무연수원 교수
• 세무법인 해안 대표세무사

[주요 저서]
• 세법개론(도서출판 미래가치)
• 포인트 세법 핵심이론(도서출판 미래가치)
• 객관식 세법(도서출판 미래가치)
• 원세법학(도서출판 미래가치)
• 원포인트 세법학(도서출판 미래가치)
• 응용논제 120선(도서출판 미래가치)
• 최신 부가가치세 실무(비앤엠북스)
• 최신 양도소득세 실무(주식회사 좋은책)
• 최신 업종별 세무실무(조세통람사)

구범서

현) 세무사

[주요 저서]
• 포인트 세법 핵심이론(도서출판 미래가치)
• 객관식 세법(도서출판 미래가치)

객관식 세법

인 쇄 : 2024년 2월 13일
발 행 : 2024년 2월 19일
공 저 : 원용대 · 구범서
발행인 : 강명임 · 박종윤
발행처 : **(주) 도서출판 미래가치**
등 록 : 제2011-000049호
주 소 : 서울시 영등포구 선유로130 에이스하이테크시티 3 511호
전 화 : 02-6956-1510
팩 스 : 02-6956-2265

정가 45,000 원